Landadel-Schlösser
in Baden-Württemberg

Eine kulturhistorische Spurensuche

Gewidmet den aktiven und hilfsbereiten Mitgliedern der Heimatkundlichen Vereinigung Zollernalb

Titelbild: Wasserschloß Inzlingen bei Lörrach

Wolfgang Willig

Landadel-Schlösser
in
Baden-Württemberg

Eine kulturhistorische Spurensuche

ISBN und Titelmeldung
Landadel-Schlösser in Baden-Württemberg
– Eine kulturhistorische Spurensuche –
Autor: Wolfgang Willig
1. Auflage 2010
Auflagenhöhe: 2000
ISBN 978-3-9813887-0-1

Umschlaggestaltung: Natalie Müller
Druck: SV Druck & Medien GmbH & Co.KG, 72336 Balingen
Verlag: Selbstverlag Willig, 72336 Balingen
www.willig-selbstverlag.de
Gedruckt auf chlorfrei gebleichtem Papier

Preis: 28 €

Inhaltsverzeichnis

Vorwort 6

Einleitung 7

Gemeinden A-Z 13

Anhang 1: Reichsritterschaftsorte in Baden-Württemberg   607

Anhang 2: Adelsindex 613

Literaturempfehlung 617

Ortsindex 619

Übersichtskarte von Baden-Württemberg 638

Vorwort

Der Druck dieses kulturhistorischen Führers durch Baden-Württemberg ist ein mit Dank verbundenes Geschenk.

- Ein Dank an diese Gesellschafts- und Wirtschaftsform, die es mir ermöglichte, seit über 20 Jahren intensive Eigenstudien zu betreiben. Rund 600 km weiter im Osten hätte ich 1983 keinen Selbstverlag gründen dürfen, aufgrund dessen Erfolges es mir heute möglich ist, ein Werk zu veröffentlichen, an dessen Verkauf ich absolut nichts verdiene. Denn mit der im Selbstverlag veröffentlichten Reihe „Unterrichtsmaterialien für soziale Berufe" konnte ich über 200.000 Lehrbücher verkaufen und meinen Lebensunterhalt finanzieren.
- Daher kann und will ich einen Teil meines Erfolges in dieses Werk als eine Form von Kulturprojekt stecken. So ist die Hälfte der 2.000 gedruckten Exemplare als Geschenk an Menschen und Einrichtungen vorgesehen, die sich gesellschaftlich und sozial engagieren.
- Ein Dank an das Bundesland Baden-Württemberg, dessen gut ausgebautes Universitätssystem mir den Zugang zu einem Psychologiestudium in Tübingen öffnete. Meine Heimat ist nicht mein Geburtsort Aschaffenburg, nicht mein Wohnort Balingen mit dem Dorf Heselwangen, sondern ganz Baden-Württemberg (in Europa). Dieses Werk, in dem erstmals die Schlösser eines gesamten Bundeslandes dargestellt werden, soll es ermöglichen, durchs Ländle wie durch einen Garten zu gehen und dabei von den vielen kulturhistorischen Blüten dieses Landes zu pflücken.
- Ein Dank an die Teilnehmer meiner kulturhistorischen Exkursionen durchs Ländle. Im Rahmen dieser Fahrten habe ich viele der hier vorliegenden Beschreibungen ausgearbeitet. Die Resonanz zu diesen Fahrten, die ich für den Schwäbischen Heimatbund, die Heimatkundliche Vereinigung Zollernalb, das evangelische Bildungswerk Balingen-Sulz und die VHS in Ludwigsburg machte, ermutigte mich zur Herausgabe dieses Werkes.
- Ein Geschenk an Kloster Heiligkreuztal, das ich als Schulpsychologe bei Tagungen kennen und lieben lernte. Dies war mir Anstoß zu einer intensiven Beschäftigung mit Klosteranlagen und mit der Ordensgeschichte, was in den 1997 veröffentlichten kulturhistorischen Führer „Spurensuche in Baden-Württemberg: Klöster, Stifte, Klausen" mündete. Daher erhält der „Förderverein Kloster Heiligkreuztal" ein Viertel der Auflage. Die erzielte Verkaufssumme dient zum Erhalt und der Renovierung von Heiligkreuztaler Kunstwerken, insbesondere für das momentane Vorhaben „Renovierung der Schächerkapelle".
- Und schließlich ein Geschenk an mich. Ich habe an diesem Werk 10 Jahre lang mit großem Spaß gearbeitet und es genossen, jedes der hier beschriebenen Bauwerke vor Ort aufzusuchen. Meine 10. Buchveröffentlichung wird wohl auch mein letzte sein. Es soll ein Werk sein, in dem ich selbst immer wieder gerne schmökern werde.

Einleitung

„In jedem Dorf ein Schloss" kann man für bestimmte Regionen Baden-Württembergs (BWs) sagen. Im Kraichgau, im Hegau, im Bauland, am Oberlauf von Neckar, Kocher, Jagst, Rems und Fils war die Reichsritterschaft so stark vertreten, dass man in beinahe jedem Dorf einen Herrschaftssitz vorfindet. Dies ist typisch für weite Teile BWs. Der ländliche Raum wurde hier geprägt von einem in der Stauferzeit unfreien Ritteradel, der im oder beim Dorf seine Burg baute. Daraus entstand in der Neuzeit, nach der Zerstörung im Bauernkrieg oder im 30j. Krieg, ein Schloss oder ein Herrenhaus („Schlössle"). In Form von Ritterbünden und schließlich als Reichsritterschaft überlebte diese unterste Adelsschicht bis zur Napoleonischen Flurbereinigung. Ihr herrschaftliches Erbe gab dem ländlichen Raum ein individuelles Gesicht. Auf diesem Landadel und dessen Schlösser liegt der Schwerpunkt des vorliegenden Werkes. Darüber hinaus will das Werk jedoch alle Schlösser (nicht Burgen!) in BW erfassen und beschreiben.

Überhaupt: Baden-Württemberg war das Land der Reichsritter, denn insgesamt sechs Kantone waren hier vertreten. (Näheres hierzu S. 10-11 und Anhang 1, S. 607-612). Auf dementsprechend viele Landadelsschlösser stößt man in den entsprechenden Regionen. Aber auch in Regionen ohne Reichsritterschaft stehen viele Schlösser. So im Breisgau, wo die dortige Ritterschaft unter Vorderösterreichische Landeshoheit geriet und damit landsässig wurde. Dies bot jedoch die Chance, in Habsburger Diensten Karriere zu machen und somit das nötige Geld für einen Schlossbau zu verdienen. Oder in Oberschwaben und in Hohenlohe, wo die Aufsplitterung der Adelsfamilien Waldburg und Hohenlohe zu Dutzenden von Kleinresidenzen führte. Auch wenn diese Familien in den Fürstenstand aufstiegen, so blieben sie doch weiterhin ein prägendes Element ihrer ländlichen Region und wurden von ihr geprägt.

Selbst in Altwürttemberg überraschen die Schlösser in den vielen Landstädtchen. Württemberg war in kleine Amtsbezirke aufgeteilt, die nach einem Landstädtchen als Mittelpunkt benannt wurden. Der in einem Verwaltungsschloss sitzende Amtmann war in der Regel bürgerlicher Herkunft und gehörte zur württembergischen Ehrbarkeit. Nur die Obervögte wurden aus dem protestantischen Landadel rekrutiert. Insgesamt 25 Schlösser dieser Art gab es, von denen 18 bis heute vorhanden sind (s. Schorndorf).

Schloss und Schlössle

Im vorliegenden Werk wird eine Unterscheidung zwischen Schloss und Schlössle (Schlösschen) vorgenommen, weil es nicht nur die großen und allgemein bekannten Schlossanlagen darstellen will, sondern auch die unscheinbaren und häufig übersehenen Dorfadelssitze. Dabei ist die Unterscheidung zwischen beiden Begriffen schwierig und mitunter fließend.

So wird hier unter **„Schloss"** das große, ansehliche, prachtvolle Herrschaftsgebäude verstanden, das zudem häufig aus mehreren Flügeln besteht. Was fällt alles darunter?

Einleitung

- Zu allererst die Residenzen, für deren Bau nur Fürsten die nötigen Finanzmittel hatten (s. Ludwigsburg, Karlsruhe, Rastatt, Bruchsal).
- Dann die ausgedehnten Schlossanlagen der Grafenfamilien wie z.B. Hohenlohe, Fürstenberg und Waldburg, die entsprechend ihrem gesellschaftlichen Rang bauen „mussten" (s. Wolfegg, Heiligenberg).
- Weiterhin die Bauten einzelner Reichsritterfamilien, die in ihrer Blütezeit außergewöhnlich groß bzw. prachtvoll ausfielen (z.B. Schloss Assumstadt, s. Möckmühl).
- Und schließlich die barocken Anlagen von vielen Klöstern und Stiften sowie der Ritterorden, die damit ihre Reichsunmittelbarkeit demonstrieren wollten (s. Salem, Obermarchtal, Altshausen).

Was fällt unter **Schlössle**?

- Zuerst einmal das bescheidene Herrenhaus oder die Gutshofanlage eines (Reichs-)Ritters (s. Schemmerhofen).
- Sodann sonstige herrschaftliche Gebäude wie z.B. das Vogthaus (s. Hausen ob Verena) oder ein Freihof (s. Kirchheim/Teck). Dies entspricht der Bezeichnung durch die Bevölkerung, die bei manchem nicht weiter auffallenden Fachwerkhaus bis heute vom „Schlössle/Schlösschen" spricht (s. Aspach, OT Rietenau).
- Zum weiteren das Stadtpalais einer Adelsfamilie oder eines reichsstädtischen Patriziers, das zwar prachtvoll wirkt, jedoch keine Herrschaftsfunktion besaß (s. Schwäbisch Gmünd, Rokokoschlösschen im Park).
- Und schließlich die prachtvollen Rathäuser von Reichsstädten, die aufgrund territorialer Erwerbungen oder ihrer Wirtschaftskraft das Umland dominierten (s. Ulm).

Das herrschaftliche Umfeld

Das vorliegende Werk sieht das Schloss nicht isoliert, sondern ordnet es in ein herrschaftliches Umfeld ein. Dazu gehören z.B.

- stattliche Verwaltungs- und Ökonomiebauten
- Wappen als Herrschaftsinsignien
- Epitaphien in der (benachbarten) Kirche
- eigene Begräbnisstätten
- Parkanlagen

Hierzu gehört auch die Ansiedlung von Juden, denn „Judendörfer" waren in der Regel reichsritterschaftlich (s. Wallhausen). Alleine schon die Konfession eines Dorfes hängt mit der Herrschaft zusammen, denn das „Cuius Regio, Eius Religio" war ein Adelsprivileg, das zu vielen „Konfessionsinseln" (s. Neuhausen auf den Fildern) oder bikonfessionellen Dörfern führte (s. Fichtenau). Selbst wenn von der ehemaligen Herrschaft nur noch bescheidene bauliche Reste vorhanden sind, so heben sich doch viele Landadelsdörfer durch diese Zeichen vergangener Macht und Herrlichkeit von den Dörfern in den großen Fürsten-Territorien ab (s. Starzach).

- All dies will das vorliegende Werk mit einbeziehen, ohne jedoch auszuufern. Deshalb werden die entsprechenden Hinweise und Informationen nur kurz unter „Sonstiges" angetippt.
- All dies dient dem Ziel, dass der Leser bei seinem Besuch vor Ort die Möglichkeit erhält (und mit diesem Buch in Händen hält), sich einen Gesamteindruck von der Zentrale einer (Mini-)Herrschaft zu machen. Er soll sich nicht mit dem Anblick des Schlosses begnügen, sondern weitere Insignien herrschaftlicher Machtdemonstration aufsuchen. In idealer Weise dient hierzu, ein Dorf oder Städtchen zu Fuß zu erkunden. Insbesondere bei Burgstädtchen, die mit Burg/Schloss eine Einheit bilden, ist dies ein notwendiges Vergnügen (s. Kirchberg/Jagst). Damit kann man sich, mit dem Schlössle oder Schloss als Mittelpunkt, einen Gesamteindruck verschaffen.

Zum Einteilungsschema

Die **Zuordnung** eines Ortes zu einer Herrschaft ist häufig schwierig bzw. mitunter sogar willkürlich. Dieses Problem tritt sogar beim Vergleich wissenschaftlicher Werke über ein- und denselben Ort auf, wenn diese ihn unterschiedlich einordnen. Solche Zuordnungen (z.B. Verw. Baden = Verwaltung Baden) ist mit Unsicherheiten verbunden, da
- sich die Herrschaft im Laufe der Jahrhunderte in der Regel änderte
- häufig mehrere Herrschaften sich die Rechte teilten, bis hin zur Halbierung einer Ortsherrschaft (s. Gernsbach) oder der Bildung von Ganerbenherrschaften (s. Künzelsau).
- die einzelnen Herrschaftsrechte nur in Ausnahmefällen in einer Hand vereinigt waren, also Gerichtsrechte, Kirchenpatronat, Steuerhoheit fast immer auf verschiedene Besitzer aufgeteilt waren (s. Ahorn).
- innerhalb einer Herrschaft extraterritoriale Gebilde bestanden, so z.B. die Verwaltungszentralen der Reichsritterschaftskantone in Städten (s. Radolfzell).
- reichsritterschaftliche Rechte häufig umstritten waren. Dies gilt besonders in Dörfern, welche von Fürsten gekauft wurden (s. Aichstetten). Dort wurden oft die Ansprüche des Kantons unter Druck an den Käufer abgetreten. (s. Zimmern unter der Burg).
- die Abgrenzung zwischen reichsritterschaftlich und landsässig häufig unklar bzw. umstritten war. Weil der Besitz und die Herrschaft eines Ritters zum Großteil aus Lehen bestand, sah er sich immer wieder mit Ansprüchen der fürstlichen Lehensherren konfrontiert, die unvereinbar mit seinem Status als Reichsritter waren (s. Zwingenberg).

Es besteht auch eine Unschärfe hinsichtlich der **Jahreszahlen**. Sie sind in diesem Werk nur als eine ungefähre Orientierung zu interpretieren. Denn der Schwerpunkt liegt nicht auf der wissenschaftlich-historischen Exaktheit im Einzelnen, sondern auf einer Einordnung im Ganzen. Dies gilt auch für die Jahreszahlen zu den Gebäuden, die sich am Erbauungsjahr orientieren, wobei in der Regel spätere Umbauten vorgenommen wurden. - Eine andere Be-

Einleitung

deutung haben die Jahreszahlen (z.B. 2006) am Ende einer Ortsbeschreibung, denn sie verweisen auf das Jahr der Besichtigung. Dem Werk liegen 10 Jahre Vor-Ort-Besichtigungen zu Grunde.

Zur Kategorie **UMGEBUNG**:
Häufig wird im Anschluss an eine Beschreibung noch auf ein sehenswertes oder beachtenswertes Objekt in einem Ortsteil (OT) oder - abgesetzt mit einer Zeile Zwischenraum - auf eine benachbarte Gemeinde hingewiesen. Meist ist es so, dass man dort kein Schloss vorfindet, jedoch das Relikt einer Herrschaft, z.B. ein (ansonsten unauffälliges) Herrschaftsgebäude. Dabei kann sogar unter UMGEBUNG eine bedeutende Stadt eingeordnet werden, wenn sie zwar kein Schloss besitzt, jedoch mit anderen herrschaftlichen Gebäuden prunken kann. So wird z.B. die Stadt Biberach, auf deren Gemarkung kein Schloss steht, im Text zu Mittelbiberach aufgeführt. In diesem Zusammenhang ist der **Ortsindex** am Ende des Buches hilfreich, weil hier beim einzelnen Ort oder Objekt angegeben wird, unter welcher Gemeinde er/es abgehandelt wird.

Tipps
- Leider sind immer noch viele evang. **Kirchen** geschlossen. Der Besucher muss sich dann den Schlüssel beim Pfarramt oder im Dorf bei der Mesnerin besorgen. Dies ist zwar häufig mit Zeitaufwand und mitunter sogar Ärger verbunden. Aber die Mühe lohnt sich, wenn man anschließend eine mit Epitaphien „gepflasterte" Kirche (s. Adelsheim) oder ein besonders prächtiges Epitaph (s. Krautheim-Neunstetten) bewundern kann.
- Leider fehlen vor Ort in den meisten Fällen Informationstafeln oder Übersichtspläne. Dies ist v.a. bei unübersichtlichen Anlagen ärgerlich. Übersichtspläne sind hilfreich, damit man die historischen Gebäude in ihrer ehem. Funktion überhaupt erkennen kann. Informationstafeln an den einzelnen Gebäuden erhöhen das Interesse daran. Abhilfe kann mitunter ein ausgearbeiteter **„Historischer Rundgang"** schaffen, den man über die Gemeinde beziehen kann. Auch ein – in der Regel kostenloser - Ministadtplan kann hier hilfreich sein.
- Im Stuttgarter Theissverlag sind unter dem Titel „Kunst- und Kulturdenkmale....." die jeweiligen Gemeinden der einzelnen Landkreise dargestellt. Die Bände gibt es für die Landkreise AA, BB, BL, ES, HN, LB, PF, RA (mit BAD), RT, SHA, UL und WN. Anhand eines solchen Bandes kann man einen Landkreis Dorf für Dorf erkunden und entdecken. Einige Bände sind nur noch antiquarisch zu erhalten.
- Unter www.zvab.com (Zentralverzeichnis Antiquarischer Bücher) werden vergriffene Bücher Deutschlandweit angeboten

Exkurs zur Reichsritterschaft
„Er kann mich mal im Arsch lecken!". Dieser Ausspruch eines Götz von Berlichingen kann als Sinnbild für den Berufsstand der Reichsritter insgesamt stehen: Ritter ohne Furcht und Tadel, unabhängig und grob, in ständigem Einsatz

für den Kaiser, in ihrem Mut und Einsatz vergleichbar den Musketieren eines Sonnenkönigs, in ihrer Rücksichtslosigkeit und Verwegenheit vergleichbar den Condottiere der italienischen Renaissance. So mögen sie sich auch im Mittelalter und zu den Zeiten eines Franz von Sickingen oder eines Götz von Berlichingen selbst gesehen haben. Mit diesem Renommee boten sie sich und ihre Dienste mächtigen Herren an, vom Kaiser bis zum benachbarten Fürsten. Das erfolgreichste Beispiel ist der aus Schwaben stammende Landsknechtführer Frundsberg. Seine Schüler und Nachahmer im Bereich des heutigen BW waren Schertlin von Burtenbach (s. Freiberg), Albrecht von Rosenberg (s. Boxberg) und Götz von Berlichingen (s. Neckarzimmern).

In der Endphase ihrer Existenz jedoch, nach dem 30j. Krieg, waren die Reichsritter domestiziert. Als selbstständige, direkt dem Kaiser untergeordnete Adelsvereinigung waren sie in ihrer Mehrheit verschuldet, weshalb sich ihre Tätigkeit weitgehend darauf beschränkte, finanziell über die Runden zu kommen. So stoßen wir auf sie als bäuerliche Gutsbesitzer, in Hof- und Verwaltungsämtern an Fürstenhöfen, als Diplomaten in Habsburgs Diensten, als Offiziere im Heer des schwäbischen oder fränkischen Reichskreises. Eine lukrative Chance bot sich den kath. Ritterfamilien, wenn ein Familienmitglied als Chorherr in einem Domstift (z.B. Konstanz, Speyer, Würzburg) Karriere machte. So konnte man sogar zum Fürstbischof aufsteigen, weil die Domstiftsherren in der Regel aus der Reichsritterschaft stammten und aus ihrer Mitte den Bischof wählten. Die Familie von Schönborn ist diesbezüglich die erfolgreichste und bekannteste (s. Bad Schönborn). Zu diesem Kreis gehörten auch die Schenk von Stauffenberg, die erst in jüngster Zeit allgemein bekannt wurden (s. Albstadt).

Baden-Württemberg ist das Land der Reichsritter. Sie hinterließen hier wie sonst nirgends mehr in Deutschland die Spuren ihrer feudalen Welt: in Odenwald und Schwarzwald, an Donau, Neckar und Kocher, in Kraichgau, Hegau und der Ortenau. Organisiert in die Kreise „Franken" und „Schwaben" (siehe Anhang 1, Seite 607-612) hatten sie mittelalterliche Strukturen in die Neuzeit hinübergerettet. So kann man Schwaben und Franken als die **Kerngebiete** der Reichsritterschaft bezeichnen, weshalb gerade hier viele Dörfer vom Landadel geprägt wurden. In ihnen überrascht immer wieder das Ensemble „Schloss neben Kirche" (s. Achstetten) oder ein herrschaftliches Zentrum (s. „Malefizschenk" in Oberdischingen). Zudem diente die Dorfkirche häufig als Grablege, weshalb man hier ihre **Epitaphien,** also ihre Totengedächtnismale vorfindet. Dies können steinerne Wappen- oder Personendarstellungen oder auch nur hölzerne Totenschilde sein. Der Besucher sollte sich bewusst machen, welchen Reichtum damit der ländliche Raum besitzt, denn in den zentralisierten Nachbarstaaten, sei es Altbaiern oder auch Frankreich, gibt es das nicht. Nur in einer politisch zersplitterten, dezentralisierten Landschaft konnte sich diese Kultur entwickeln, weil hier das an sich unbedeutende Dorf eine Zentralitätsfunktion übernahm. Manche Dörfer konnten sogar als politisch selbstständige Einheit mit größeren Einheiten konkurrieren (s. Warthausen bei Biberach). Die finanziellen Mittel reichten zwar nicht für eine fürstliche Residenz, jedoch für die Ausgestaltung eines stattlichen Verwaltungszentrums (s. Angelbachtal).

Einleitung

Fazit
Zusammenfassend kann man sagen: Die verschiedenen Regionen in BW werden bis heute von den unterschiedlichen Herrschaften geprägt. Und zusammenfassend wage ich zu sagen: Baden-Württemberg ist das kulturhistorisch abwechslungsreichste und faszinierendste Bundesland Deutschlands. Daher halte ich es mit Ludwig Uhland („Wanderung", 1834):
„Dem Lande blieb ich ferne,
wo die Orangen glühn
Erst kennt ich jenes gerne
Wo die Kartoffeln blühn."

Gemeinden A–Z

Die wichtigsten **Abkürzungen:**

Bf. = Bischof, Fürstbischof, Erzbischof
BW = Baden-Württemberg
Fam. = Familie; in der Regel eine Adelsfamilie
Frh. = Freiherr
Gem. = Gemeinde. Diese Abkürzung umfasst die bei der Gemeindereform (1972-74) gebildete politische Gemeinde, worunter auch die Städte gerechnet werden.
Gf. = Graf. Diese Abkürzung umfasst den gesamten Hochadel (Graf, Landgraf, Markgraf, Pfalzgraf, Fürst, Kurfürst, Herzog)
Gft. = Grafschaft
Hr. = Herr = Abkürzung für den Niederadel (Ritter, Baron, Freiherr)
OT = Ortsteil, Stadtteil
s. = siehe

Hinweis: Die Buchstaben-Ziffern-Kombination am Rande einer Gemeinde (z.B. Aalen G 12) entspricht den Koordinaten auf der Baden-Württemberg-Karte (S. 638-639). Die Kombination gibt an, wo sich die jeweilige Gemeinde auf der Karte befindet.

G12 Aalen AA

Die **Reichsstadt** Aalen schaffte es nicht, ein eigenes Territorium zu erwerben. Hieran hinderte sie zum einen die nahe Fürstpropstei Ellwangen. Deren ausgedehntes Territorium reichte bis vor ihre Tore, was man heute anhand der ineinander gehenden Industriegebiete von Wasseralfingen und Aalen sehen kann. Die entsprechenden Orte jedoch waren ursprünglich durch Welten getrennt, denn die Reichsstadt war evangelisch, Wasseralfingen als Verwaltungsdorf der Fürstpropstei katholisch. Der Reichsstadt gelang es aber auch nicht, den umwohnenden Landadel auszukaufen, der sich im Ritterschaftskanton Kocher organisierte (s. Abtsgmünd). Diese gegensätzlichen Partner hinterließen in Wasseralfingen und in Fachsenfeld ihre Schlösser.

OT Wasseralfingen

Wasseralfingen. Die Ellwanger Fürstpropstei legte die Grundlagen für eine bis heute florierende Erzverarbeitung

Auf die Hr. von Ahelfingen, die nördlich der Reichsstadt Aalen im 13.Jh eine Herrschaft aufgebaut hatten, beziehen sich die Ortsnamen Wasser-, Ober- und Niederalfingen (s. Hüttlingen). Mauerreste ihrer Stammburg stehen über dem benachbarten Oberalfingen am Ende der Burgstraße, auf der Ostseite des dortigen Bauernhofes. Nach ihrem Aussterben 1545 fiel ein Teil an die Fürstpropstei Ellwangen. Die förderte die Verarbeitung von Erz durch den Bau eines Hochofens (1671), worauf die heutigen Schwäbischen Hüttenwerke zurückgehen.

Bauten: Das **Schloss**, 1590-93, ist eine Vierflügelanlage unter Satteldach auf den Grundmauern einer Wasserburg des 14.Jh. Es wirkt v.a. durch seine Kompaktheit auf einer künstlich aufgeschütteten Motte, umgeben von einem Graben. An Süd- und Ostseite sind zwei schlichte Wappen des Ellwanger Propstes zu sehen. Ursprünglich war es Sitz des Oberamtmannes, heute beherbergt es eine Sprachheilschule. Die kleine Schlosskapelle ist zugänglich.

UMGEBUNG: An der kath. Kirche des benachbarten **OT Hofen** stehen viele Epitaphien, darunter auch die von zwei Frauen von Ahelfingen.

OT Fachsenfeld

Die Burg des Ortsadels kam 1401 an die Hr. von Woellwarth im nahen Laubach (s. Abtsgmünd). Diese schlossen sich der Reichsritterschaft und 1591 der Reformation an. Nach dem 30j. Krieg siedelten sie Obdachlose in der Siedlung Pfannenstiel (heute: Himmlingsweiler) an, die in ihrer Mehrheit katholisch waren, weshalb in Fachsenfeld die kath. Konfession überwiegt.

Bauten: Das **Schloss** (1570) wurde durch den grundlegenden klassizistischen Umbau von 1829 (nach Kauf durch Frh. von Koenig) geformt und wirkt äußerlich unattraktiv. Der letzte Besitzer, Reinhard von Koenig, vermachte es einer Stiftung, die sich v. a. aus seinen Patenten als Konstrukteur und Erfinder finanziert. So gewinnt man bei Führungen einen faszinierenden Eindruck von seinem Leben als schrulliger Edelmann und Technikfan. – Dahinter erstreckt sich ein Englischer Park mit Blick auf die jenseits des Kochers gelegene Burg Niederalfingen (s. Hüttlingen). – **Sonstiges:** Drei prächtige Epitaphien der Woellwarth in evang. Kirche. Gedenktafel in kath. Kirche für Frh. von Koenig. (2006)

Abtsgmünd AA F11

Der **Kanton Kocher** der schwäbischen **Reichsritterschaft** hat seinen Namen von den vielen kleinen Ritterschaftsdörfern im Quellgebiet des Kochers. Das Gebiet des Kantons erstreckte sich sichelförmig von Nördlingen über Aalen, Schwäbisch Gmünd, Esslingen (mit der Verwaltungszentrale) bis nach Heilbronn. All diese Städte waren Reichsstädte, die den Rittern als Rückhalt dienten (s. Esslingen). Im Gebiet der heutigen Stadt Abtsgmünd, deren Namen auf die Zugehörigkeit zum kath. Kloster Ellwangen zurück geht, gab es vier reichsritterschaftliche Dörfer, die sämtlich evangelisch wurden.

OT Leinroden
1409 erwarben die Hr. von Woellwarth die Turmhügelburg Roden. Sie schlossen sich dem Kanton Kocher an. Mit der späten Einführung der Reformation (1597) stifteten sie eine Pfarrkirche für den Weiler. Das Dorf liegt ca. 2 km südlich des Kernortes Abtsgmünd.
Bauten: Von der **Turmhügelburg** Roden (um 1180) blieb der aus Buckelquadern bestehende, 18m hohe Unterbau erhalten. Darauf das Fachwerk-Dachgeschoss unter steilem Satteldach. Auf der Nordseite in 8 m Höhe befindet sich der vergitterte ehem. Eingang. Es ist die besterhaltene derartige Anlage in BW (s. Eigeltingen). Schön renoviert, in Privatbesitz. Sie kann betrachtet werden von der idyllisch jenseits des Flüsschens Lein am Jakobsweg gelegenen evang. Kirche (1604), in der Epitaphien der Woellwarth (17.Jh) sind.

OT Laubach
Auch dieser Ort (ca 2 km südlich Leinroden) ging im 15.Jh an die Woellwarth und war Teil des Kantons Kocher. Die bis heute hier sitzende Linie beerbte die Leinroder Linie. Reformation 1597.
Bauten: Das **Renaissanceschloss** wurde 1599 an Stelle einer Höhenburg erbaut. Der Hauptturm und drei Ecktürme sind um einen Hof mit unregelmäßigem Grundriss angeordnet. Erhöht über dem Flüsschen Lein gelegen. Privatbesitz, Zugang bis Parktor.

OT Neubronn
Auch dieses Dorf (ca 2 km nordwestlich Laubach) gehörte zum Kanton Kocher. Aus dem Besitz des Klosters Ellwangen war 1385 eine Burg an die Adelmann von Adelmannsfelden gelangt. Mit der Reformation wurde die Pfarrkirche gestiftet. 1638 als Erbe an die Woellwarth, 1760 an die Gemmingen.
Bauten: Das **Schloss** wurde 1732 völlig neu gestaltet. Die beiden Neorenaissancegiebel kamen Ende 19.Jh hinzu. Schöne Lage über Leintal. 1898 von Gemeinde gekauft, heute Privatbesitz. – **Sonstiges:** Evang. Kirche mit mehreren Epitaphien, darunter ein figürliches.

Abtsgmünd

Hohenstadt. Die Wallfahrtskirche neben dem Adelmann-Schloss, ein Symbol gelungener Rekatholisierung

OT Hohenstadt

Ebenfalls ein Ort des Kantons Kocher. Die Woellwarth als Ministeriale der Gf. Öttingen verkauften 1407 die Burg an die Adelmann von Adelmannsfelden, die mit kurzer Unterbrechung noch heute hier sitzen. Reformation 1579. Gegenreformation im 30j. Krieg. Anschließend stiegen mehrere Familienmitglieder zu hohen kirchlichen Ämtern im nahen Ellwangen auf.

Bauten: Das **Schloss**, 1595 an Stelle der Burg erbaut, ist eine viergeschossige Vierflügelanlage mit zwei Rundtürmen unter Mansarddach. Das wuchtige, renovierungsbedürftige Gebäude wird bewohnt von Gf. Adelmann. Nebengebäude, Zaun und Tor grenzen die Anlage zur Straße ab. Großer Park dabei.
– **Sonstiges:** Gegenüber dem Schloss, am Ende der Sackgasse, wurde ein Französischer Park gegen Eintrittsgebühr der Öffentlichkeit zugänglich gemacht. Er wird begrenzt von einer Orangerie unter Mansaddach (1756), die für Veranstaltungen vermietet wird. - Viele Epitaphien und die Familiengruft (mit wappengeschmückter Platte) überraschen in der kath. Wallfahrtskirche. - Im Friedhof (Richtung Schechingen) befindet sich eine Grabstätte der Gf. Adelmann. - Kirche und Schloss liegen über einem Seitental des Kochers.

UMGEBUNG: Im nahen Weiler **Wöllstein** (links des Kochers) steht die kath. Kapelle St. Jakob (Jakobsweg!) auf Mauern der ehemaligen Burg der Hacken von Wöllstein, deren Besitz 1374 an das Kloster Ellwangen fiel. Daneben das heute bewohnte ehem. Eremitenhaus.

OT Untergröningen

Adel auf einer Höhenburg, an deren Fuß das Dorf am Kocher entstand, wird bereits im 12.Jh erwähnt. Die Herrschaft wurde 1410 von den Schenken von Limpurg gekauft und fiel nach deren Aussterben (1713) als Erbe 1777 an die Fürsten von Hohenlohe-Bartenstein. Diese siedelten Katholiken vor dem Schloss an, sodass eine kath. Siedlung über dem evangelischen Dorf entstand. Da die Katholiken ihren Lebensunterhalt anders als die grundbesitzenden Bauern verdienen mussten, galt Untergröningen im 19.Jh als armes Handwerker- und Händlerdorf. 1827 wurde die Standesherrschaft von Württemberg gekauft.

Bauten: Das **Schloss**, 1564, war ursprünglich eine dreigeschossige Vierflügelanlage, wurde jedoch 1763 und 1796 zur barocken Dreiflügelanlage umgebaut. An die Renaissance erinnern noch die beiden geschweiften Schlossgiebel. Das fünfstöckige Gebäude unter Satteldach steht massive über dem Kochertal. Als Galerie und Museum am Wochenende geöffnet. Im Hauptflügel befindet sich die barockisierte kath. Schlosskirche mit einem Epitaph. - **Sonstiges:** Die Straße zum Schloss wird gesäumt von vielen kleinen Häuschen, die typisch sind für fahrende Händler („kath. Straße", s. Fichtenau).

UMGEBUNG: Im **Kerndorf Abtsgmünd** erinnern die Wappen am Pfarrhaus und an der nahen Zehntscheuer an die Herrschaft der Fürstpropstei Ellwangen. An der Außenwand der kath. Kirche sind Epitaphien von Ellwanger Amtmännern aufgereiht. (2010)

Achberg RV 0 10

Der preußische König besuchte 1856 das abgelegene Schloss Achberg!? Warum? Weil er scharf darauf war, den südlichsten Punkt der jüngsten preußischen Neuerwerbung kennen zu lernen. Denn als Teil der 1849 übernommenen Fürstentümer Hohenzollern gehörte Achberg zu **Preußen.** Bis zu dessen Auflösung 1947! Und selbst noch nach der Gründung des Landes BW 1952 war es Teil des Landkreises Sigmaringen, bis es endlich 1969 zum Landkreis Wangen kam. (Ich hätte es nicht gerne hergegeben, denn Achberg ist immer eine Dienstreise wert).

Schloss Achberg

Die abgelegene Burg über der Argen gelangte nach häufigem Besitzerwechsel 1530 an die Frh. von Syrgenstein. Diese bauten das Schloss, mussten jedoch aufgrund ihrer Schulden 1691 an den Deutschen Orden verkaufen. Der Landkomtur von Altshausen, Franz Benedikt von Baden, hatte anscheinend seinen Narren daran gefressen, denn er ließ

Achberg, Stuckdecke im Rittersaal.
Kriegerisch ging es beim Deutschen Orden zu

es repräsentativ herrichten und wohnte bis zu seinem Tode hier. Anschließend verfiel es in einen Dornröschenschlaf. Bei der Aufhebung des Deutschen Ordens 1806 schenkte es Napoleon den Sigmaringer Hohenzollern, wodurch Achberg zu einer hohenzollerischen Exklave im Allgäu wurde.

Bauten: Das **Schloss** (16.Jh.) wurde grundlegend 1693-1700 durch den Deutschen Orden umgebaut. Es ist ein viergeschossiges, burgartiges, monumentales Steinhaus mit einer überbordenden Stuckausstattung. Alleine die Stuckdecke im Rittersaal mit ihrem Trophäen- und Waffenschmuck wiegt 30 Tonnen. In Sporenlage über dem Fluss Argen massiv aufragend. Seit 1988 in Besitz des Landkreises RV, aufwändige Sanierung, heute Museum. Neben dem Schloss das Amtshaus, 17.Jh, mit Staffelgiebel.

UMGEBUNG: Im OT **Siberatsweiler** sind in der Kirche mehrere Wappenepitaphien und ein schönes Epitaph des Landkomturs Benedikt von Baden. (2005)

K11 Achstetten BC

„Herrschaftsempore, -sitz, -grabdenkmäler und -wappen" in Kirchengebäuden sind Reste des Zusammenwirkens von Adel und Kirche. Mit dem **Kirchenpatronat** erwarb die Herrschaft solche Rechte wie Auswahl und Kontrolle des Pfarrers, Familiengrablege in oder bei der Kirche, eigener Zugang zu einem reservierten Bereich innerhalb der Kirche. Aber sie hatte auch Pflichten wie z.B. die Pfarrerbesoldung und die Baulast. Bis zum 2. Vatikanischen Konzil hat sich dieses Adelsprivileg in der kath. Kirche gehalten. In Achstetten erinnern ein extrem langer, geschlossener Verbindungsgang zwischen Schloss und Kirche und ein abgetrennter Emporenteil an diese enge Verbindung.
Die **Reuttner** lebten als Patrizier im 14.Jh in St. Gallen. Im 15.Jh zogen sie nach Basel, wo sie in die Dienste des Bf. Basel traten. Im 17.Jh übernahmen sie den Namenszusatz **von Weyl,** weil sie das Schlossgut in Weil am Rhein besaßen. 1819 wurden sie Grafen. In Achstetten wohnen sie noch heute.

Kernort

Seit Mitte des 14.Jh saßen auf einer Wasserburg die Herren von Freyberg mit einer eigenen Linie, die sich dem Kanton Donau der Reichsritterschaft anschloss. Nach ihrem Aussterben 1639 kam die Herrschaft über verschiedene Stationen 1794 an den Landkomtur des Deutschen Ordens in Altshausen, Reuttner von Weyl. Der ließ das Schloss bauen und schenkte es seinem Neffen.
Bauten: Das **Schloss,** 1794-96, ist ein schlichtes dreigeschossiges Herrenhaus mit Mittelrisalit und zwei niedrigen Seitentrakten im großen Park. - **Sonstiges:** Ein über 100 m langer Verbindungstrakt auf hölzernen Säulen führt vom Schloss zur kath. Kirche, wo ein Teil der Empore für die „Herrschaft" reserviert ist. Ein Wappenepitaph im Chor. - Die Fam. Reuttner baute 1847 die (geschlossene) große Friedhofskapelle zu ihrer bis heute genutzten Grablege um. (2007)

F11 Adelmannsfelden AA

Die **Adelmann von Adelmannsfelden** sind ein noch heute bestehendes Geschlecht, das eng mit der Geschichte des nahen Klosters Ellwangen verbunden ist. 1136 wurden sie erstmals als dessen Ministeriale erwähnt, ihre Burg schützte das Klosterterritorium im Virngrund. Mit dem Umzug von Adelmannsfelden nach Neubronn (1385) und dem Kauf von Hohenstadt (1407) und Schechingen (1435) konnten sie eine geschlossene Herrschaft am Oberen Kocher schaffen, mit dem sie sich dem Kanton Kocher der Reichsritterschaft anschlossen. Ein Mitglied wurde im Deutschen Orden 1510 Deutschmeister. Nach einer kurzen Phase als Protestanten (1556-1636) dominierten sie in der Barockzeit das inzwischen zur Fürstpropstei umgewandelte Kloster Ellwangen. Ab 1674 waren sie dessen Erbmarschälle, woran in Ellwangen ihr prachtvolles Palais erinnert. 1790 stieg eine Linie in den Grafenstand auf (s. Steinheim, Schloss Schaubeck). Nach einer erneuten Konversion (1888) wohnt hier der evang. Zweig.

Kernort

Die Adelmann benannten sich nach dem Ort, den sie jedoch bereits 1385 ver-

ließen. Die Fam. von Vohenstein erwarb 1493 Burg und Dorf, schloss sich dem Kanton Kocher der Reichsritterschaft und der Reformation an. Bei ihrem Aussterben (1737) wurde das Erbe unter den Töchtern aufgeteilt, von denen eine den Frh. von Bernerdin heiratete, dessen Tochter wiederum 1785 als Franziska von Hohenheim vom württ. Herzog geheiratet wurde.
Bauten: Das **Schloss** im Ortszentrum wurde um 1760 auf den Mauern einer mittelalterlichen Burganlage erbaut. Es ist ein schmuckloses, dreistöckiges L-förmiges Gebäude mit Walmdach, umgeben von einem Graben. Renovierungsbedürftig. Heute wieder bewohnt von der Fam. von Adelmann. - Das Vohensteinsche **Schlösschen** ist ein unscheinbares Häuschen (Bachgasse 11, jenseits des Dorfweihers), an dem eine Tafel informiert, dass hier Franziska von Hohenheim geboren wurde. – **Sonstiges:** Evang. Kirche mit Friedhof, an dessen Mauer ein Grabmal der Anna von Vohenstein steht. (2010)

Adelsheim MOS C9

Die **Ritter von Adelsheim** kommen aus dem Raum Buchen-Walldürn: Sie besitzen das gleiche Wappen wie die Ritter von Rippberg (s. Walldürn), ihre Stammburg stand um 1300 in Hettigenbeuren (s. Buchen). 1303 wurden sie erstmals in Adelsheim als Ministeriale der Edelfreien von Dürn erwähnt. Sie beschränkten sich in ihren Erwerbungen auf das Gebiet zwischen Odenwald und Taubertal. Karriere machten sie in Diensten der Kurpfalz, wo sie bis zum Hofmeister aufstiegen. Sie schlossen sich der fränkischen Reichsritterschaft und der Reformation an. Im 18.Jh bestanden drei Linien: Oberes- und Unteres Schloss sowie Sennfeld. 1962 starb die letzte Linie aus, überlebte jedoch durch die Adoption (1936) eines Nachfahren der Berner Patrizierfamilie Ernest. Ihre 700-jährige Anwesenheit in Adelsheim dokumentiert sich besonders schön in ihrer Grabkapelle mit über 60 Epitaphien.

Adelsheim. Oberes Schloss am Wasserfall

Kernort

Das ursprüngliche Dorf stand im Bereich der Jakobskirche, die bis 1766 Pfarrkirche war. 1303 nannte sich ein Rittergeschlecht nach dem Dorf. Es gründete im 14.Jh die Stadt südlich des Dorfes als systematische Anlage, eine für Ritter außergewöhnliche Leistung. Nach dem gescheiterten Versuch, einem Mitglied eine Domherrenpfründe mit Gewalt zu verschaffen, musste man 1347 den Bf. Würzburg als Lehensherren anerkennen. Anschluss an den Kanton Odenwald der Reichsritterschaft und an die Reformation. 1732 kehrte die im Oberen Schloss wohnende Linie zum Alten Glauben zurück. 1806 kam der Ort an das Großherzogtum Baden.
Bauten: Das **Untere Schloss** (1738) steht an Stelle einer mittelalterlichen Wasserburg, von der Teile in den Barockbau integriert wurden. Das schmucklose

Adelsheim

dreistöckige Gebäude wirkt aufgrund der beiden massiven Eckflügel untypisch für Barock. Es steht zurück gebaut zwischen Marktstraße und Schlossgasse. Heute in Besitz der Fam. von Adelsheim von Ernest. Teile der ehem. Wehranlagen sowie Zufahrtsbrücke sind erhalten. Schlosspark dabei. – Das **Obere Schloss** (1504) ist ein Fachwerkhaus unter einem hohen Satteldach, geschmückt von einem Erker und zwei Wappen. Es steht als Blickfang neben einem künstlichen Wasserfall am Beginn der Marktstraße. – Das **Adamsche Schlösschen**, erbaut 1606 von Adam von Adelsheim, wurde im 19.Jh an Baden verkauft und diente als Bezirksamt. Das unscheinbare, verputzte, zweistöckige Gebäude steht neben einer Mühle in der Kreuzgasse. - **Sonstiges:** Südlich des Unteren Schlosses in der Schlossstraße bilden verschiedene Verwaltungsbauten (z.B. Rentamt) ein geschlossenes Rund. Dazu gehört die Zehntscheune mit Wappen, die heute als Heimatmuseum genutzt wird. – Teile der Stadtbefestigung sind erhalten. - Absolut sehenswert sind die rund 60 Epitaphien in der Jakobskirche im Norden der Stadt, die bis ins 14.Jh zurückgehen.

OT Sennfeld

Auch hier besaß die Fam. von Adelsheim die Ortsherrschaft, jedoch nur zur Hälfte und auch nur als Lehen des Bf. von Würzburg. Die andere Hälfte jedoch war seit dem 15.Jh in Händen der Rüdt von Collenberg bzw. der Berlichingen, und noch dazu als Allod (= Eigenbesitz). Beide Herrschaften schlossen sich dem Kanton Odenwald und der Reformation an und verwalteten das Dorf im Kondominat.

Sennfeld. Schloss an der Seckach

Bauten: Das **Schloss** (1713) steht an Stelle einer Burg an einer alten Steinbrücke über das Flüsschen Seckach. Es ist ein lang gestreckter, zweigeschossiger, schmuckloser Zweiflügelbau unter Walmdach. Über dem Portal das Allianzwappen zweier Berlichingenfamilien. Es wird genutzt als Hotel (nur für Feste) und medizinische Praxis. Großer Park zur Seckach hin. - **Sonstiges:** Sechs Epitaphien in der evang. Kirche, deren Chor dominiert wird von einer „emanzipierten" Darstellung (Frau mit ihren beiden Männern, 1615). – Jüdische Synagoge (1836, Hauptstr. 36), heute Museum. Der jüd. Friedhof liegt versteckt im Wald an Straße nach Adelsheim. 2007)

B9 Ahorn TBB

Wie kompliziert und verwirrend die **Herrschaftsverhältnisse** im Alten Reich sein konnten, dies zeigt uns das Reichsritterschaftsdorf Eubigheim im Bauland. Die hohe Gerichtsbarkeit lag beim Bf. von Mainz, wobei das Dorf zur Cent (=Gerichtsbezirk) Osterburken gehörte. Die niedere Gerichtsbarkeit wurde vom Ortsadel ausgeübt, der die Dorfherrschaft als Lehen der Gf. von Wertheim

(= Oberhoheit) besaß. Die Reichssteuern wiederum wurden vom Ritterkanton Odenwald eingezogen. Als sei dies nicht genug an Kompetenzvielfalt, wurde die Dorfherrschaft auch noch zwischen zwei Adelsfamilien geteilt. Doch es kam noch schlimmer, denn nach dem Konfessionswechsel der Walderdorff im 30j. Krieg eskalierten die Konflikte: zwei Priester in einer Kirche, Streit ums Glockenläuten, gewaltsame Kirchenöffnungen, Mischehen, unterschiedliche Zeitmessung (Gregorianischer und Julianischer Kalender) - und dies bei gerade mal 8 protestantischen und 30 katholischen Familien (1658). Zwei Kirchen und ein bescheidenes Schlösschen im verträumten 700-Seelen-Dorf Eubigheim lassen diese Konflikte nur noch erahnen.

OT Eubigheim

Ortsadel unter der Oberhoheit der Gf. Wertheim saß auf einer Wasserburg. Ab 1421 war die Dorfherrschaft zwischen den Rüdt von Collenberg und häufig wechselnden Landadelsfamilien (Rosenberg, Zobel, Walderdorff, Bettendorff) geteilt. Beide Ortsherren schlossen sich dem Kanton Odenwald der Reichsritterschaft und der Reformation an. Ab 1635 jedoch erfolgte eine Rekatholisierung durch die konvertierten Hr. von Walderdorff, einer aus Hessen (Dillkreis) stammenden Mainzer Ministerialenfamilie, weswegen heute die Katholiken in Überzahl sind. Deren Erbe fiel an die Herren von Bettendorff.
Bauten: Das Untere **Schloss** wurde um 1770 von den Hr. von Bettendorff erbaut. Es ist ein zweistöckiger Winkelhakenbau unter Walmdach mit zwei Ziertürmchen zur Hauptstraße hin. Über dem Eingang das Allianzwappen Stingelheim-Bettendorff. Seit 1867 in Gemeindebesitz, heute Rathaus. – Dahinter stand die Wasserburg („Oberes Schloss") der Rüdt, die völlig verschwunden ist. - **Sonstiges:** Die evang. Rokoko-Kirche mit zwei schlichten Epitaphien und die nach dem 2.Weltkrieg erbaute kath. Kirche mit Barockfassade (1781) stehen sich gegenüber. – Jüdischer Friedhof (ab 1880) mit 39 Grabsteinen im Norden des Dorfes.
UMGEBUNG: Im **OT Buch** wurde die evang. Kirche nach einem Brand (1738) im kath. Barockstil erbaut. Denn das reichsritterschaftliche Dorf war nach dem Aussterben der evang. Hr. von Rosenberg (1632) an den Lehensherren, den Gf. Wertheim, gefallen und der kath. Linie Löwenstein-Wertheim-Rosenberg zugeteilt worden. (2007)

Aichstetten RV M12

Der Ausverkauf reichsritterschaftlichen Besitzes war in der Barockzeit nicht aufzuhalten, da sich viele Ritterfamilien im 30j. Krieg hoch verschuldet hatten. Daher kam trotz Retraktprivileg (s. Amtzell) manches Rittergut in Besitz von Nichtrittern (Hochadel, Klöster, Bankiers). Für solche Fälle hatte sich die Reichsritterschaft ein kaiserliches Privileg verschafft, wonach weiterhin das Rittergut als zur Reichsritterschaft gehörig behandelt werden musste, mit z.B. Einzug der Steuern durch den Ritterkanton (= **Kollektationsrecht).** Deshalb durften die Gf. Waldburg-Zeil das Rittergut Altmannshofen nicht ihrem benachbarten Territorium einfügen.

Ahorn

Altmannshofen. Schloss mit Waldburgwappen

OT Altmannshofen

Hier saßen Ministeriale der Staufer. Sie verkauften 1539 Burg und Dorf an die Gf. von Landau (bei Riedlingen), welche sich dem Kanton Hegau der Reichsritterschaft anschlossen. 1662 Aufkauf durch die benachbarten Gf. Waldburg-Zeil.
Bauten: Das **Schloss,** 1620, mit Umbauten im 18.Jh, ist ein massiver dreistöckiger Bau unter Satteldach mit vier oktogonalen Ecktürmchen. Waldburgwappen auf der Ostseite. Es wirkt aufgrund von Graben und steinerner Brücke wasserburgartig. 1919 verkauft, heute Wohnungen. - **Sonstiges:** Waldburgwappen in der kath. Kirche, verwittertes Epitaph auf Südseite. (2007)

H7 Aidlingen BB

Das **Hecken- oder Schlehengäu** hat seinen Namen von den aufgelesenen Steinen, die zu Steinwällen aufgehäuft wurden, auf denen sich dann (Schlehen-)Büsche ansiedelten. Durch sie wird das Landschaftsbild geformt. Die so entstandenen Hecken zwischen den Feldern und Wiesen schützen vor Erosion und bieten Flora wie Fauna einen Schutzraum. Das Heckengäu ist ein nur schmaler Landstrich zwischen dem bewaldeten Ostschwarzwald und dem fruchtbaren Strohgäu (s. Ehningen). Es erstreckt sich von Rottweil im Süden bis Calw im Norden. Der Untergrund besteht aus wasserdurchlässigem Muschelkalk, weshalb man eine verkarstete Landschaft mit tief eingeschnittenen Tälern und steinigen Hängen antrifft, ideal als Schafweide. Inmitten dieser welligen, sanften Landschaft liegt das Dörfchen Deufringen, das sich aufgrund seines reizenden Schlösschens von den Nachbardörfern abhebt.

OT Deufringen

Alemannensiedlung. Das Dorf gehörte im Hochmittelalter den Pfalzgrafen von Tübingen, die es 1357 an die Gf. Württemberg verkauften. Diese belehnten damit 1392 die Ritter von Gültlingen. Anschluss an Kanton Neckar der Reichsritterschaft und an Reformation. 1699 wurde die Dorfherrschaft an Württemberg verkauft und das Dorf dem Amt Böblingen eingeordnet.
Bauten: Das **Schlössle** (1592) ist ein dreigeschossiger Bau unter Krüppelwalmdach mit Fachwerk auf Steinsockel. Es erhält sein adrettes Aussehen durch einen runden Treppenturm unter Zeltdach. Im Inneren ist es mit Renaissanceverzierungen (Rollwerk, Grotesken, Tierdarstellungen) ausgemalt. Genutzt als Bürgerhaus, daher zeitweise öffentlich zugänglich. - **Sonstiges:** Vier Epitaphien (16./17.Jh) in (gewesteter) Kirche.

Aidlingen

UMGEBUNG: Im benachbarten **Gärtingen** wohnen die Hiller von Gärtringen, nicht zu verwechseln mit den Jäger von Gärtringen (s. Neuffen). Sie stammen aus Graubünden. Im 17.Jh stiegen sie in württ. Diensten in den Adelsstand auf. Bereits im 12.Jh saß hier Ortsadel als Ministeriale der Gf. von Tübingen. Als Teil der Herrschaft Herrenberg kam das Dorf 1382 an die Gf. Württemberg. Sie vergaben das Rittergut als landsässiges Lehen an die Harder, die sich von Gärtringen nannten. Nach ihrem Aussterben kam es im 30j. Krieg an J.H. Hiller, der sich nach dem Ort nannte.
Bauten: Das Schloss (17.Jh) wurde 1728 umgebaut. Es ist ein lang gestrecktes, schmuckloses Herrenhaus, das zum „Schlossweg" hin von einem Traubenstock überwuchert ist, weshalb man das Wappen über dem Eingang kaum erkennen kann. – Mehrere Epitaphien und drei Totenschilde in gotischer evang. Kirche. Außen auf Südseite die Grabstätte der Hiller. (2006)

Albstadt BL K7

Zwei Gedenkstätten in Lautlingen erinnern an die führende Rolle der Brüder **Schenk von Stauffenberg** beim Attentat auf Hitler (20. Juli 1944). Das „Schenk" geht zurück auf das 13.Jh, als sie im Dienste (= als Ministeriale) der Gf. von Zollern für deren Bewirtung zuständig waren (s. Gaildorf). Wahrscheinlich stand ihr festes Haus unter der Burg Hohenzollern am Ort der heutigen Kapelle Mariazell (s. Hechingen). Ihr Amt wurde zum Titel, der Titel zum Namen, weshalb sie seit 1918 den offiziellen Nachnamen „Schenk von Stauffenberg" tragen. Ihre gräfliche Linie sitzt heute in Amerdingen (Bayr. Schwaben), die freiherrlichen in Rißtissen (s. Ehingen) und Wilflingen (s. Langenenslingen). - Bis 1970 besaß die Amerdinger Linie das Schloss im

Lautlingen. Kath. Insel im protestantischen Umland

Dorf Lautlingen, heute gehört ihnen noch die Domäne Tierberg auf der Albhochfläche. Die in Stuttgart wohnende Familie nutzte seit der Mediatisierung 1806 das Schloss nur noch als Zweitwohnsitz. Daher verbrachten die Brüder Claus und Berthold, die beide nach dem gescheiterten Hitlerattentat hingerichtet wurden, ihre Schulferien in Lautlingen.

OT Lautlingen

Das edelfreie Geschlecht der Herren von Tierberg saß im 13.Jh auf mehreren (verschwundenen) Burgen auf den umgebenden Höhen der Schwäbischen Alb. Aufgrund wiederholter Erbteilungen blieben ihnen nur die beiden Dörfer Lautlingen und Margrethausen, mit denen sie sich dem Kanton Neckar der Reichsritterschaft anschlossen. Da sie beim Alten Glauben blieben, war ihre Herrschaft vollständig von württembergisch-protestantischem Gebiet einge-

Albstadt

schlossen, was sich bis heute an den unterschiedlichen Bauformen der Kirchen erkennen lässt. 1625 ging ihr Erbe an die Schenken von Stauffenberg. Diese konnten in der Umgebung mehrere reichsritterschaftliche Dörfer erwerben (s. Geislingen).
Bauten: Das **Schloss**, 1848-50, ist ein schmuckloses, dreigeschossiges Herrenhaus mit Walmdach. Seit 1970 in Gemeindebesitz, genutzt als Musikinstrumenten- und Stauffenbergmuseum. Die Anlage mit Park, Forsthaus, Scheune und Gesindehaus ist durch eine Mauer mit Türmchen von Dorf und Bundesstraße abgegrenzt. Zugang in Schlosshof offen. - **Sonstiges:** Kath. Kirche mit Herrschaftsloge auf Südseite und Gruftkapelle (17.Jh) der Stauffenberg auf Nordseite des Chors. Auf dem Friedhof die Gedächtniskapelle zum 20. Juli 1944.

UMGEBUNG: Im benachbarten, zur gleichen Herrschaft gehörenden OT **Margrethausen** konnte ein Franziskanerinnenkloster die Reformation überstehen. Die Reste des Klosters prägen das Dorfbild.

UMGEBUNG: 1403 erwarb Württemberg von den Gf. Zollern die Burg Schalksburg (s. Balingen), die als sanierte Ruine im Wald bei OT **Burgfelden** zugänglich ist. Zur Herrschaft gehörte auch die Stadt **Ebingen**, wo in der evang. Kirche das figürliche Epitaph (1413) des Ritters Heinrich von Ringelstein aus dem Killertal überrascht.

(2009)

G10 Alfdorf WN

Das Wort „Zeug" hatte viele Bedeutungen. Auch Waffen wurden als Zeug bezeichnet, weshalb es in den Reichsstädten das „Zeughaus" und den „Zeugmeister" gab. Speziell für die Artillerie im Kriegseinsatz (= im Feld) wurde Ende des 15.Jh, also rund 100 Jahre nach Entdeckung der Feuerwaffen, ein neuer Offiziersrang geschaffen, der **Feldzeugmeister.** Der kommandierte weitgehend selbstständig und nur dem Oberbefehlshaber direkt untergeordnet die „Feldschlangen". Als Oberbefehlshaber der Artillerie kleinerer Staaten nannte man ihn im 17.Jh Generalfeldzeugmeister. – Ein solcher Generalfeldzeugmeister war Georg Friedrich vom (!) **Holtz** im 30j. Krieg, der dafür von Württemberg Alfdorf als Lehen erhielt. Seine Vorfahren werden als Ministeriale der Hr. von Rechberg 1398 erstmals erwähnt, das Stammgebiet lag um den Hohenstaufen. Seinen Nachfahren wiederum gefiel es im Welzheimer Wald anscheinend so gut, dass sie noch heute hier wohnen.

Kernort

Das Rodungsdorf fiel in der Reformation mit dem Kloster Lorch an Württemberg und wurde als Lehen an den Landadel vergeben. So kam es im 16.Jh an die Hr. von Neuhausen, die sich dem Kanton Kocher der Reichsritterschaft anschlossen, jedoch beim Alten Glauben blieben. Erst mit der Belehnung der Frh. vom Holtz (1628) konnte sich Württemberg mit der Reformation durchsetzen. Inzwischen lebt die Fam. vom Holtz in der 12. Generation hier.

Bauten: Das **Untere Schloss** (Altes Schloss, um 1550) ist ein massives, dreistöckiges Steinhaus mit Stufengiebeln und einem Allianzwappen über dem Eingang. Bewohnt von Frh. vom Holtz. Ein Torhaus mit zwei schlichten Wappen führt in die offene Hofanlage mit Ökonomiegebäuden. Privater Park dabei. „Untere Schlossstraße". - Das **Obere Schloss** (Neues Schloss, 1602) ist ein dreistöckiges Gebäude unter Satteldach mit rechteckigen Ecktürmen. Zwei Wappen über dem Portal. Seit 1986 Rathaus, „Obere Schlossstraße".

Alfdorf. Das Untere Schloss. Wohnsitz eines Generalfeldzeugmeisters

Ein Park erstreckt sich bis zur evang. Kirche. – **Sonstiges:** Auf halber Strecke zwischen beiden Schlössern steht die ausgefallene evang. Kirche, errichtet 1776 im verspielten Rokoko vom kath. Gmünder Baumeister J. M. Keller. In dieser Querschiffkirche (= ohne Chor) mit drei Epitaphien und Herrschaftsempore sind Kanzel und Altar übereinander angeordnet. Schockierend ist die Aufzählung der Gefallenen des 1.Weltkriegs an den Wänden rechts und links des Altars.

UMGEBUNG: Der **OT Adelstetten** gehörte zur Herrschaft Alfdorf. Die am Ostrand des Dorfes stehende Burg wurde wegen Baufälligkeit nach dem 2.Weltkrieg abgerissen. In einem Bauernhof in der Schlossgasse stecken Reste davon. (2010)

Allensbach KN N7

Eine neue, moderne Vorstellung von Staatssouveränität entstand infolge der französischen Revolution. Keine Extrarechte mehr für Einzelgruppen, weitreichende Kontrolle über die Staatsbürger und die Abläufe im Staat. Dem musste sich der mediatisierte Adel beugen (s. Ochsenhausen), daher wurde das schweizerisch-württembergisch-badische Bistum Konstanz aufgelöst. Da hinein passten auch keine Institutionen, deren Angehörige einen Sonderstatus besaßen. Folglich waren Niederlassungen geistlicher Orden in der ersten Hälfte des 19.Jh weitgehend verboten. Schließlich erlaubte man karitativ-gemeinnützige Organisationen unter der Bedingung, dass ihre Zentrale innerhalb des jeweiligen Staatsterritoriums lag. So entstanden die Mutterhäuser der neu gebildeten **Schwesternkongregationen** in den jeweiligen Ländern des Deutschen Bundes, wie z.B. die Heiligkreuzschwestern von Hegne für das Großherzogtum Baden.

OT Hegne

Das Schloss wurde in der Barockzeit vom Konstanzer Fürstbischof, der es 1591 aus der Erbmasse eines Landadligen erworben hatte, zum Sommersitz umgewandelt. Nach der Säkularisation (1803) wanderte es durch verschiedene Hände, bis es 1892 die „Barmherzigen Schwestern vom Hl. Kreuz in Ingenbol" (Kanton Schwyz) kauften, weil sie unbedingt für ihre Niederlassungen im

Allensbach

Bereich des Erzbistums Freiburg eine eigenständige Zentrale benötigten. Aber selbst das Schloss war noch zu klein für diese Franziskanische Gemeinschaft, die wie alle sozial-karitativen Gemeinschaften dieser Zeit einen enormen Zulauf verzeichnete (s. Untermarchtal). Daher wurde für das Provinzial-Mutterhaus Hegne kräftig angebaut.

Bauten: Das **Schloss,** 16.Jh, ein langgestreckter Renaissancebau mit Ecktürmchen, wurde 1879-82 total umgestaltet und durch weitere Anbauten nach 1892 im Historisierenden Stil u.a. um die Kirche erweitert. An der B 33 Konstanz-Singen gelegen und von ihr durch einen ummauerten Park abgetrennt.

OT Freudental

Freudental. Schloss über dem Bodensee

Die Fam. von Bodman, die den Rand des Überlinger Sees dominiert, schloss sich mit ihrer Burg dem Kanton Hegau der Reichsritterschaft an. Burg und Dorf kamen im 17.Jh als Erbe an die Fam. von Prassberg und fielen nach häufigem Besitzerwechsel 1804 erneut an die Bodman.

Bauten: Das **Schloss,** um 1700, ist ein frühbarocker, dreistöckiger, schmuckvoller Bau. Die Verbindung mit Spätrenaissanceformen formt eine ausgefallene Fassade. Variantenreiche Stuckgestaltung der einzelnen Zimmer. Seit 1804 in Besitz der Fam. von Bodman, nach wechselnden Nutzungen (Kinderheim, Hotel) seit 1987 Tagungs- und Gästehaus der Humboldtstiftung. In herrlicher Lage über dem Dorf liegend.

OT Langenrain

Dieser Ort war ebenfalls als Besitz der Fam. von Bodman Teil der Reichsritterschaft. 1655 kam er als Heiratsgut an die Frh. von Ulm (s. Erbach), die hier eine eigene Linie gründeten und das Schloss bauten. Nach deren Aussterben 1814 als Erbe erneut an die Bodman, in deren Besitz das Schloss bis heute ist.

Bauten: Das **Schlössle,** 1684-86, ist ein schmuckloses, längsrechteckiges, zweistöckiges Herrenhaus unter Satteldach. Freitreppe. Seit 1992 an Fachhochschule Konstanz vermietet und als Konferenz- und Gästehaus genutzt. – **Sonstiges:** Kath. Kirche mit Epitaphien der Fam. von Ulm zu Erbach.

UMGEBUNG: Direkt über dem Bodensee (Überlinger See) steht die Ruine eines Wohnturms der Burg **Kargegg**. Auch diese Staufische Ministerialenburg ist seit 1502 in Besitz der Fam. von Bodman. Man findet sie über der Marienschlucht, unterhalb eines Golfplatzes. Der Zugang ist offen. Ca 3 km von hier entfernt, auf halber Strecke nach Wallhausen, nur über einen Fußweg erreichbar, liegen Burg **Neudettingen** und Burgruine **Altdettingen** über dem Überlinger See am Teufelstich. Die beiden (benachbarten) ehem. Ministerialensitze wurden im 14.Jh von der Kommende Mainau des Deutschen Ordens gekauft. Nach der Zerstörung im 30j. Krieg wurde nur Neudettingen aufgebaut. Heute dient es als Forsthaus. (Die Zufahrt vom Konstanzer OT Wallhausen ist nur für Anlieger frei). (2008)

Allmendingen UL J10

An alle war gedacht, auch an das **fahrende Volk!** Diese Menschen unterstanden zwar nicht einer bestimmten Herrschaft, waren andererseits aber auch nicht rechtlos. Daher musste eine Adelsfamilie die Gerichtsbarkeit über sie, den „Kesslerschutz", übernehmen. Dies waren für Oberschwaben und Allgäu die **Hr. von Freyberg.** Deren Wurzeln liegen im Graubündner Rheintal. Aber bereits 1237 werden sie für Burg Freiberg bei Hürbel erwähnt, von wo aus sie sich im 13.Jh in fünf Hauptlinien aufspalteten: Achstetten, Aschau, Löwenfels, Angelberg, Eisenberg. Sie stellten Bischöfe in Augsburg und Eichstätt sowie drei Fürstpröpste in Ellwangen. Von der Eisenberg-Linie auf Burg Hohenfreyberg bei Füssen stammen weitere Linien ab, so auch die bis heute in Allmendingen wohnende.

Kernort
Alemannensiedlung, bestehend aus zwei Siedlungskernen (Groß- und Kleinallmendingen = östlich und westlich der Bahnlinie). Ortsadel im 12.Jh. Die Oberhoheit kam über die Gf. von Berg 1343 an die Gf. Habsburg, die das Dorf als Lehen an verschiedene Adlige vergaben. 1530 Erwerb der Hochgerichtsbarkeit. Anschluss an Kanton Donau der Reichsritterschaft. 1593 erwarben die Freyberg-Eisenberg aus dem benachbarten Altheim (s.u.) das Rittergut.
Bauten: Das **Alte Schloss** (16.Jh) ist der Rest einer Wasserburg. Der dreistöckige Steinbau mit Rundturm unter Krüppelwalmdach steht am Eingang in die Anlage und ist durch einen langen Gang mit dem **Neuen Schloss** (1783) verbunden. Diese Dreiflügelanlage mit zweistöckigem Mittelbau unter Mansarddach und Flügelbauten in Arkadenform steht zurück gebaut im Hintergrund. Angebaut an den Nordflügel ist die Kapelle mit einem Epitaph. Daneben Wirtschaftsbauten: Jägerhaus zur Hauptstraße, Gärtnerhaus am Park, Scheune und Mühle (jetzt Gaststätte). Von einem Bach durchflossener großer Park. Die von der Fam. von Freyberg bewohnte Anlage ist von einer Mauer umgeben. Lage: An der Hauptstraße (92) in Großallmendingen. - **Sonstiges:** Ein Totenschild und wappenverzierte Herrschaftsbank in kath. Kirche in Großallmendingen.

UMGEBUNG: Die rund 4 km entfernte Gemeinde **Altheim** war ebenfalls ein Rittergut. Nach häufigem Besitzerwechsel kam es 1528 an die Freyberg, die sich damit dem Kanton Donau der Reichsritterschaft anschlossen. Von hier aus erwarben sie Allmendingen. Das **Schloss** (1705) ist ein schlichtes Gebäude mit schönem Schweifgiebel. Es bildet zusammen mit den Wirtschaftsbauten eine geschlossene Hofanlage. Die privat bewohnte, renovierungsbedürftig Anlage steht am Dorfrand. - **Sonstiges:** In der kath. Kirche ist eine Gedenktafel für den Augsburger Bischof Johann Christoph von Freyberg (1666-90) angebracht, der hier geboren wurde. - **Achtung:** Im Alb-Donau-Kreis gibt es noch eine weitere Gemeinde Altheim (Alb), er sollte sich Alt-Donau-Kreis nennen! (2009)

Alpirsbach FDS

So gut wie jedes Kloster hatte Probleme mit seinem **Vogtherrn.** Die einen fühlten sich in der Wahlfreiheit behindert, die anderen ihrer Rechte oder Besitzungen beraubt, viele wurden sogar in der Reformation von ihrem Vogt kurzerhand aufgelöst. Die Vogtei über ein Kloster zu besitzen war für einen Adligen Gold wert, denn als Vogt (= Advocatus) übte er eine Kontrolle über den weltlichen Besitz des Klosters aus und konnte sich damit sein Territorium aufbauen oder abrunden (s. Endingen). Wenn ein Hochadelsgeschlecht die Vogteirechte über mehrere Klöster besaß, so delegierte es häufig die Vogtei über das einzelne Kloster an einen Parteigänger, der dann als Untervogt handelte. Seine Kernaufgabe war der Schutz des Klosters (Schirm- und Schutzvogtei), wofür er Abgaben erhielt (Kastvogtei). In Alpirsbach konnte der **Untervogt** dem Konvent in die Suppe spucken, so nahe stand sein Wohnturm am Kloster.

Kernort

Das 1095 gegründete Benediktinerkloster hatte wie alle Hirsau-Reform-Klöster die freie Vogtwahl und wählte die Gf. von Zollern, die an seiner Gründung beteiligt waren. Im Laufe der Jahrhunderte verlor es jedoch dieses Recht, so dass die Vogtei vererbt und verkauft wurde. So kam sie über die Herzöge von Teck und die Herzöge von Urslingen schließlich an die Gf. Württemberg. Die machten das Kloster landsässig und hoben es in der Reformation auf. Als Klosteramt mit einem evang. Abt an der Spitze diente es nur noch der Besitzverwaltung.
Bauten: Die Konventbauten (15.Jh) bilden mit der romanischen Kirche ein geschlossenes Geviert, in dem mehrere repräsentative Räume mit Erker dem Abt reserviert waren (heute Museum). – Die „**Untere Burg**" ist der romanische Wohnturm des Untervogts, Rest einer ehem. Wasserburg. Der dreistöckige Steinbau mit Fachwerkobergeschoss unter Krüppelwalmdach gehört heute zur benachbarten Brauerei. In ihm hängen die Glocken der kath. Kirche. – **Sonstiges:** Zahlreiche Epitaphien von Äbten, Amtleuten und Adligen in der evang. Kirche. – Westlich der Kirchenvorhalle steht ein Torturm, der von zwei ehem. Verwaltungsgebäuden eingefasst wird. Das nördliche ist das ehem. Kameralamt (= Finanzamt, jetzt Museum), ein einfacher Fachwerkbau. Das südliche ist die Alte Oberamtei, in der die weltliche Verwaltung des Klosters untergebracht war, dann das Oberamt, heute die Polizei. – Als „Schlössle" wird ein Gebäude mit Zierfachwerk bezeichnet, das sich der Klosterpfleger 1708 als Privathaus baute (A. Blarer-Platz 5). – Das Rathaus (1566) mit württ. Wappen war Tagungsort der Gerichts- bzw. Amtsversammlungen.

UMGEBUNG: Die Nachbargemeinde **Schenkenzell** geht auf die **Schenkenburg** zurück, deren Ruine ca. 1 km südlich des Ortszentrums in einer Schiltachschleife auf einem Felsen steht, - ein Blickfang an der Bundesstraße. Zerstört wurde sie 1520 im Kampf um das Erbe der Gf. Geroldseck. – In der Kirche des ehem. Klarissenklosters **Wittichen** steht ein Epitaph (1442) des letzten Herzogs von Urslingen, der Untervogt des Klosters war: ein bärtiger Kopf mit phrygischer Mütze. Von den Konventgebäuden hat sich der Lange Bau, ein eleganter Barockbau mit Bachdurchlass und Renaissanceportal erhalten.   (2008)

Altensteig CW H5

Der Stammsitz der **Hr. von Gültlingen** war das Dorf Gültlingen (Gem. Wildberg), das von einer ummauerten Wehrkirche überragt wird. Um 1100 wurden sie erstmals erwähnt. Als Ministeriale der Gf. Württemberg erhielten sie Berneck und Pfäffingen (s. Ammerbuch) und wurden 1495 Erbkämmerer (= zuständig für Finanzen) im neu geschaffenen Herzogtum. Balthasar von Gültlingen trug als Landhofmeister von Herzog Ulrich nach dessen Rückkehr 1534 entscheidend dazu bei, die Reformation in Württemberg einzuführen. Sein Epitaph steht in der Kirche in Berneck, wo die Familie noch heute auf zwei Schlössern wohnt.

OT Berneck

Ortsadel als Ministeriale der Gf. Hohenberg saß auf der Höhenburg und gründete das Burgstädtchen. Als er sich dem Schleglerbund (s. Heimsheim) anschloss und sogar zum „König" wurde, zerstörten die Gf. Württemberg 1394 seine Burg und zwangen ihn zum Verkauf an die Hr von Gültlingen. Anschluss an den Kanton Neckar der Reichsritterschaft und bereits 1536 Reformation. Im 18.Jh bildeten sich zwei Linien, weshalb zwei Schlösser benötigt wurden.

Berneck. 40 m hohe staufische Schildmauer

Bauten: Von der Staufischen **Burg** blieb eine 40 m hohe Schildmauer aus Buckelquadern erhalten, die eindrucksvoll am Berg steht. An sie schließt sich zur Stadtseite hin das **Obere Schloss** (1674) an, das nach einem Brand 1846 wieder aufgebaut wurde. Es wird gebildet von zwei parallel stehenden, hoch ragenden dreistöckigen Steinhäusern unter steilem Satteldach. Privat bewohnt, kein Zugang. – Unterhalb, jenseits der Kirchstraße, ist das **Untere Schloss** (1768) in den Hang hinein gebaut. Es ist ein zweistöckiger Steinbau unter Walmdach mit schönen Fenstergittern. - **Sonstiges:** Herrschaftsempore und zwei figürliche Epitaphien in der evang. Kirche, deren Chorboden mit Grabplatten gepflastert ist. - Die Fam. von Gültlingen besitzt heute eine eigene Gruft im Friedhof. - Das Burgstädtchen mit Fachwerkhäusern, Kirche und Burg-Schloss-Abschluss bietet einen tollen Anblick.

Kernort

Die Mutterkirche stand im ca. 1 km entfernten Altensteigdorf. Das Burgsstädtchen entstand unterhalb der Burg über dem Nagoldtal, auf der im 12.Jh Ortsadel als Ministeriale der Gf. von Tübingen saß. Ab 1355 regierte hier eine Linie der Gf. Hohenberg, die 1398 an die Gf. Baden verkaufte. Eine eigene Organisation bildete das Altensteiger Kirchspiel, das sich mit 10 Dörfern bis zum 20 km entfernten Enzklösterle erstreckte. Als eine Art Markgenossenschaft hatten die Mitglieder („Kirchspielverwandten") das Recht, den Holzeinschlag eigenständig zu regeln. Erst als Baden die Herrschaft in einer Krise 1603 an Württemberg verkaufte (s. Liebenzell), wurde die Selbstverwaltung eingeschränkt. Der

Altensteig

Obervogt für das gesamte Amt inklusive Kirchspiel saß im Neuen Schloss, der Untervogt saß im Alten Schloss.
Bauten: Das **Alte Schloss** (12./13.Jh) ist ein turmartiger Steinbau mit Fachwerkaufsatz, dessen bergseitige Nordwand schildmauerartig mit Buckelquadern verstärkt wurde. Teile der Umfassungsmauer und Rundtürme aus gotischer Zeit schließen die Anlage zur Bergseite hin ab. Heute Museum. Daran angebaut ist das **Neue Schloss** (1605), das zur Stadtseite hin schaut. Das kompakte dreistöckige Gebäude mit Fachwerkobergeschoss erhielt bei einem Umbau 1740 ein Mansarddach. Heute als Forstamt genutzt. Beide Schlösser stehen zwischen Kirchstraße und Hochfläche und bilden zusammen mit der evang. Kirche und den am Steilhang klebenden Fachwerkhäusern ein romantisches Ensemble.

UMGEBUNG: Ca. 7 km nördlich der Stadt steht **Burg Hornberg** im Wald. Der Ministerialensitz kam 1604 an Württemberg und wurde im 30j. Krieg zerstört. 1958-71 baute die Forstverwaltung den Bergfried wieder auf und richtete hierin ein Waldschulheim ein. Der 30m hohe quadratische Turm steht ca. 1 km vom Dorf Hornberg entfernt an der Straße nach Berneck. (2009)

I11 Altheim (Alb) UL

Ein fließender **Hungerbrunnen** verheißt eine schlechte Ernte. In dieser Regel steckt die Erfahrung, wonach hier nur dann im Sommer Wasser austritt, wenn es ein nasses, regenreiches und damit sonnenarmes Jahr ist. In den Normaljahren hingegen versickert das Wasser im Kalkboden der Schwäb. Alb und hinterlässt ein Trockental. Beim Hungerbrunnen, der auf der Grenze zwischen den Territorien der Reichsstadt Ulm und des Herzogtums Württemberg lag, bestand ein 40 x 60 m großer **Freiplatz** für Verfolgte, das „Narrenplätzle". Hier traf sich am Ostermontag die Jugend der umliegenden Dörfer zum Tanz, bis man dies wegen der „Ausschweifungen" verbot und 1724 an dessen Stelle den „Brezelmarkt" am Palmsonntag einführte. Dieser Krämermarkt ist noch heute das große Ereignis der dünn besiedelten Gegend. Lage: Auf halber Strecke Altheim-Heuchlingen, 500 m Fußweg.

Kernort
Die Alemannensiedlung kam als Teil der Herrschaft Albeck (s. Langenau) 1385 an die Reichsstadt Ulm. Altheim wurde Sitz eines Oberforstmeisters, der aus dem Ulmer Patriziat stammte und zugleich die Funktion des Amtmanns ausübte. Ab 1774 war er sogar für das gesamte Forst- und Jagdwesen der Reichsstadt zuständig. (Achtung: Es gibt im Alb-Donau-Kreis ein weiteres Altheim, s. Allmendingen.)
Bauten: Als **Schlössle** (1640) kann man das ehem. Amtshaus und Sitz des Oberforstmeisters bezeichnen. Es ist ein stattliches, zweigeschossiges Fachwerkhaus auf Steinsockel mit einem Satteldach. Eine Tafel aus dem 19.Jh erinnert an einen Oberforstmeister. (Kirchstr. 5) – **Sonstiges:** Die evang. Kir-

che, eine Wehrkirche im ummauerten Friedhof, dominiert das Ortsbild. In ihr hängen zwei Tafeln mit den Namen der Ratsherren, die zum Zeitpunkt des Umbaus (1696) die Reichsstadt regierten.

UMGEBUNG: Im nahen **Neenstetten** steht das 1602 errichtete Amtshaus (später Pfarrhaus) der Reichsstadt Ulm neben der denkmalgeschützten Hüle. Solche Dorfteiche waren lebensnotwendig für die Wasserversorgung der grundwasserlosen Alb. In den meisten Albdörfern wurden sie nach dem 2. Weltkrieg beseitigt, in vielen Dörfern um Ulm findet man sie glücklicherweise noch vor. (2006)

Altheim BC K9

„Das **Frauenkloster** als lebenslängliches Pensionat für die unversorgten Töchter des Landadels?!" Schöner und anschaulicher als mit der Äbtissinnengalerie im Kreuzgang der Frauenzisterze Heiligkreuztal kann einem das wohl kaum mehr vor Augen geführt werden. Hier findet man die Namen des regionalen Landadels, der das Kloster förderte und zugleich für sich nutzte: Landau, Justingen, Hornstein, Rietheim, Gremlich. So schön wie der Kreuzgang ist die gesamte Klosteranlage Heiligkreuztal.

Heiligkreuztal. Äbtissinsaal als Tagungsraum

OT Heiligkreuztal

Die Gründung 1228 geht auf eine Beginengemeinschaft zurück, die sich dem Zisterzienserorden anschloss. Im Unterschied zu den anderen derartigen Frauenzisterzen in Oberschwaben (s. Gutenzell) erreichte man keine Reichsunmittelbarkeit, sondern stand als Habsburger Landstand unter der Schirmherrschaft der Grafschaft Sigmaringen. Daher kam das Kloster mit seinem Territorium von 7 Dörfern erst 1804 an Württemberg, weil sich das vorderösterreichische Oberamt in Stockach lange dagegen wehrte.

Bauten: Als ein **Schlösschen** kann man das Äbtissinnenhaus mit seinem Renaissance-Staffelgiebel und zwei, in einer Mischung von Renaissance und Rokoko überraschend schönen Repräsentationsräumen ansehen. – **Sonstiges:** Die von der Gotik dominierte Klosteranlage wirkt insgesamt herrschaftlich, sowohl aufgrund ihrer Größe wie auch aufgrund weiterer Herrschaftsbauten (Herrenhaus, Amtshaus, Kornhaus). Das Herzstück, der Kreuzgang, verbildlicht auf selten schöne Weise die Symbiose von Kloster und Landadel. Man findet auf den mit Wappen versehenen (Fantasie-)Abbildungen der Äbtissinnen immer wiederkehrende Familiennamen (s.o.). Diese hatten ihre unverheirateten Töchter mit einer entsprechenden Dotation hier untergebracht, auf dass sie in der reich gewordenen Frauenzisterze „Karriere" machten. Nur so ist zu erklären, dass die Gf. von Landau und die Hr. von Hornstein innerhalb

Altheim

des Klausurbereichs, dessen Zutritt an sich für Laien streng verboten war, ihre Grablege einrichten durften. So läuft man im Kreuzgang über die Grabplatten der Gf. von Landau (s. Riedlingen), die im 13.Jh das Kloster förderten. Deren Burg stand an der Stelle der heutigen Domäne Landauhof beim benachbarten Dorf Binzwangen.

Die Anlage ist für BW einmalig: Über alle Jahrhunderte hinweg findet man architektonische Zeugnisse, von der Romanik bis zur modernen „Betonik". Dabei besucht man nicht ein „totes" Museum, sondern eine Bildungseinrichtung mit ständigem Treiben und Leben, unterhalten von der kath. Laienorganisation „Stefanusgemeinschaft" und seit 2009 an die Diözese Rottenburg-Stuttgart vermietet. Hier kann man in einer historischen Klosterzelle übernachten und im gotischen Refektorium essen. (2010)

M9 Altshausen RV

Der Deutsche Orden hatte seine Besitzungen im Alten Reich in **Balleien** (= Provinzen) unterteilt, die einige Kommenden (= Komtureien = örtliche Verwaltungszentren) umfassten. Das Zentrum der jeweiligen Ballei war die Landkommende, der Leiter der Ballei der Landkomtur. Über dem Landkomtur standen nur noch der Deutschmeister und der Hochmeister des Deutschen Ordens (s. Bad Mergentheim). Das heutige BW gehörte zu den Balleien Franken und Elsass-Burgund. Letztere umfasste ungefähr das alte Herzogtum Schwaben (südliches BW, Bayrisch-Schwaben, Elsass, nördliche Schweiz) sowie das sogenannte Kleinburgund (westliche Schweiz, Bern, Waadt). Altshausen war ab 1450 Landkommende, also Zentrum dieser Ballei, deren Landkomtur den Rang eines Reichsgrafen und den ersten Platz auf der Grafenbank des Schwäbischen Kreises einnahm.

Kernort

Hochadelssitz, der durch eine Schenkung 1246 an den Deutschen Orden gelangte. Mit den Dörfern der Umgebung war das Gebiet reichsunmittelbar, ein Grund mehr für die Ordensleitung, hier das Zentrum für die gesamte Ballei Elsass-Burgund einzurichten. So saß hier seit 1450 der Landkomtur, flossen hierher beträchtliche Einkünfte aus der Ballei. Ursprünglich sollte nach der Planung des Ordensbaumeisters J. K. Bagnato eine monumentale Barockanlage entstehen, von der nur ein kleiner Teil verwirklicht wurde. Mit dem Erwerb 1810 durch Württemberg ging die Anlage mit Ausnahme der Kirche in den Privatbesitz der Königsfamilie über und ist seit 1920 Wohnsitz der Fam. Herzog von Württemberg.

Bauten: Man betritt die immense Anlage durch einen eleganten Torbau mit württ. Wappen und Türmchen. Links bilden Burg, Schloss und Kirche eine miteinander verbundene Anlage. Die **Burg** („Alter Bau"), 16.Jh, ist ein viergeschossiger enormer Kasten unter Krüppelwalmdach. Dahinter erstreckt sich das eigentliche **Schloss,** („Neuer Bau"), 1655-69, ein durch Eckrisalite aufgelockertes dreigeschossiges Gebäude, das an der Hangkante stehend weit ins Land schaut. Beide sind seit 1920 Wohnsitz des Hauses Württemberg und über einen Gang mit der Herrschaftsempore in der kath. Kirche (s.u.) verbunden. - Rechts neben dem Torbau stehen Verwaltungsgebäude, Marstall, Reitschule und Ökonomiebauten. Diese Gebäude sind Sitz von Polizei, der württ. Domänenverwaltung und z. T. ungenutzt. – Geradeaus dehnt sich ein Park mit Orangerie und künstlichen Ruinen aus. – Über das Gelände verteilt stehen Skulpturen der Künstlerin Diane Herzogin von Württemberg. - **Sonstiges:** In der kath. Kirche geben viele Epitaphien und Wappentafeln der Landkomture einen Überblick über den kath. Landadel. Deren (verschlossene) Gruft mit 21 Grabnischen befindet sich unter der Totenkapelle im nördlichen Seitenschiff. Seit 1928 unterhält auch das Haus Württemberg in der Kirche seine (versperrte) Gruft und hat im Chor seine abgeschlossene Herrschaftsempore. - Die Allee zum Schloss und fünf wappengeschmückte Kavaliershäuser vor dem Schloss runden das herrschaftliche Bild ab. – In der Friedhofskapelle im Westen der Orangerie viele Epitaphien von Deutschordens-Amtleuten. – Den schönsten Blick auf die Anlage gewinnt man von der Straße Richtung Ostrach. (2009)

Ammerbuch TÜ

Das Herz des Reichsritterschaftskantons **Neckar-Schwarzwald** schlug am Oberen Neckar, wo sich entlang dieses Flusses von Sulz bis Plochingen die Ritterschaftsdörfer aufreihten. Auch im Dreieck zwischen Rottenburg, Herrenberg und Tübingen befanden sich mehrere Ritterschaftsdörfer, darunter drei im Gebiet der 1972 gebildeten Gemeinde Ammerbuch (Ortsnamen aus den Flüsschen Ammer und dem Forst Schönbuch zusammen gesetzt). Da passt es ja, dass ein Nachkomme der Reichsritterschaftlichen Familie von Ow momentan (2009) Bürgermeister ist.

OT Poltringen

Zusammen mit dem benachbarten Dorf Oberndorf bildete Poltringen ein Rittergut, bei dem die Herrschaftsverhältnisse besonders kompliziert waren. Die Oberhoheit war zwischen Baden, Habsburg und Württemberg gedrittelt. Auch die Dorfherrschaft war gedrittelt und an

Poltringen. Schickhardt-Schloss an der Ammer

verschiedene Adelsfamilien vergeben, die sich der Reichsritterschaft anschlossen. Ein Drittel war in Händen der Hr. von Ehingen, welche die Reformation einführten, wogegen sich die Mitbesitzer wehrten und 1608 Religionsparität durchsetzten. 1697 erwarb Habsburg den Badischen Anteil und belehnte mit seinen 2/3 die Frh. von Ulm zu Erbach. In Folge der ungleichen Machtverhältnisse wurde die Bevölkerung fast vollständig rekatholisiert, so dass (neben der bereits kath. Friedhofskirche) auch die ehemals evang. Clemenskirche 1816 an die Katholiken fiel.

Bauten: Das **Schloss** (1565-70) steht an Stelle einer ehem. Wasserburg. Es ist ein kompakter dreistöckiger Steinbau um einen kleinen Innenhof. Die vier Ecktürmchenaufsätze stammen von Schickhardt (1613). Über dem Eingangsportal das Wappen der Hr. von Wolkenstein und Gf. Eberstein. Privatbesitz, genutzt für Wohnungen. Zusammen mit den Ökonomiegebäuden bildet es ein schönes Ensemble, das v.a. von jenseits der Ammer wirkt. Dazu gehört eine der schönsten Renaissancemühlen BWs (mit Hofladen). Die von einer Mauer umgebene Anlage steht im Westen des Dorfes an der Straße nach OT Reusten. (Ein Bergschloss, das die Hr. von Ehingen von H. Schickhardt erbauen ließen, wurde 1790 von Württemberg abgerissen.)

OT Pfäffingen

Dorfadel und eine Seitenlinie der Ritter von Hailfingen saß auf insgesamt drei Burgen. Nach deren Aussterben kam die Dorfherrschaft 1527 an die Hr. von Gültlingen. Diese schlossen sich der Reformation und der Reichsritterschaft an und verkauften 1699 an Württemberg, das bereits seit dem 14.Jh die Oberhoheit besaß.

Bauten: Die drei Schlösser brannten ab (1598) bzw. wurden von Württemberg abgebrochen (1699, 1704). An sie erinnern nur noch Namen: Die Schlossscheuer mit württ. Wappen (neben dem Kindergarten jenseits der Ammer, „Im Herrschaftsgarten") und das Rathaus „Im Schlosshof". – **Sonstiges:** An und in der evang. Kirche Epitaphien der Hr. von Gültlingen, darunter ein figürliches, sowie zwei württ. Wappen. Einmalig ist die Innengestaltung in bäuerlichen Rokokoformen (1761), die von Dorfbewohnern finanziert wurde, die sich dafür namentlich rundum verewigt haben.

OT Entringen mit Burg Hohenentringen

Im 11.Jh war ein edelfreies Geschlecht an der Gründung der Klöster Hirsau und St. Georgen beteiligt, dessen Burg Graneck beim Dorf Entringen stand. Es stellte mehrere Domherren in Speyer und Straßburg, wanderte jedoch schließlich ins Patriziat der jungen Reichsstädte ab. Die Dorfherrschaft kam im 13.Jh an eine Seitenlinie der Ritter von Hailfingen (OT von Rottenburg), welche die Höhenburg Hohenentringen baute. Württemberg erwarb im 15.Jh die Oberhoheit. Reformation. Hohenentringen wurde im 16. Jh. als Ganerbenburg unter mehreren Reichsritterschaftlichen Familien aufgeteilt. Die Geschichte, die hier wohnenden fünf Familien hätten 100 lebende Kindern gehabt, ist bei einer Kindersterblichkeit von damals fast 70% äußerst unglaubwürdig.

Bauten: Das **Schlössle Hohenentringen** (um 1500) ist ein dreigeschossiger schmuckloser Steinbau unter Walmdach. Schöner Treppenturm. Wirtschaftsgebäude daneben. Seit 1877 in Besitz der Fam. von Ow-Wachendorf, die es zu einem beliebten Ausflugslokal mit der Spezialität Most machte. Es steht am Rande des Schönbuchs hoch über dem Dorf Entringen (Fußweg ca. 20 min), mit einem weiten Blick über das Ammertal und das Waldgebiet Rammert bis zur Schwäbischen Alb. Die Zufahrt über Tübingen-Hagelloch ist ausgeschildert. - **Sonstiges:** Im Dorf sind in der evang. Kirche Epitaphien der Dorfherrschaft (von Ehingen) sowie von Pfarrern und Bürgern. Die wappengeschmückte Herrschaftsempore wurde leider aus dem Chor entfernt und auf der Westempore (de-)platziert. (2009)

Amtzell RV N11

„Vorkaufsrecht für Reichsritter", so könnte man das **„Retraktprivileg"** umschreiben, das sich die Reichsritterschaft 1561 beim Kaiser besorgte. Denn bereits in der Gründungsphase war klar, dass Fürsten, Reichsstädte und Klöster zahlungskräftiger als Reichsrittern waren. Nach dem Retraktprivileg musste ein Rittergut zuerst Standesgenossen zum Verkauf angeboten werden, bevor Außenstehende zum Zuge kamen. Marktgesetze lassen sich jedoch nicht durch Verordnungen außer Kraft setzen. So auch hier: Wer mehr zahlen kann, der bekommt auch mehr. Und der (von Schulden geplagte) Verkäufer hatte kein Interesse, billig an einen Standeskollegen zu verkaufen. Mit dem Ergebnis, dass Ende des 18.Jh in jedem Kanton mehr als ein Drittel der Rittergüter in fremde Hände gelangt war. Im Falle von Amtzell jedoch sprang der Kanton Hegau ein und übernahm die Herrschaft, um sie 10 Jahre später zu einem wesentlich niedrigeren Preis doch noch an den geeigneten Mann zu bringen.

Kernort

Um 1370 war das Dorf in Besitz der Sürg von Syrgenstein (s. Argenbühl), die hier eine eigene Linie bildeten. Nach ihrem Aussterben kauften die Humpis von Waltrams, eine Seitenlinie der Ravensburger Patrizier- und Kaufmannsfamilie, die Herrschaft. Sie schlossen sich dem Kanton Hegau der Reichsritterschaft an. Ihr Erbe ging 1670 an die österreichisch-bayrische Familie von Altmannshausen. Nach deren Aussterben 1738 wurde die Herrschaft 10 Jahre lang vom Ritterkanton verwaltet. Der Weiterverkauf an die Reichlin von Meldegg erbrachte gerade mal die Hälfte des ursprünglichen Kaufpreises.
Bauten: Das **Schloss**, um 1500 als Wasserburg erbaut, wurde 1752 zu einem dreigeschossigen Rechteckbau mit Walmdach und zwei Rundtürmen umgebaut. Seit 1839 in Besitz der Gemeinde (Schul- und Rathaus). Heutige Nutzung durch Ortsvereine. - **Sonstiges:** Epitaph des letzten Sürg v. Syrgenstein, 1588, in kath. Kirche. Eine Burgruine („Schlössle") steht nördlich des Dorfes.

UMGEBUNG: Im OT **Pfärrich,** der zur Landvogtei gehörte (s. Weingarten), hatten die Humpis von Waltrams ihre Grablege. In der barocken Wallfahrtskirche mit gotischem Chor findet man vier Epitaphien, darunter ein seltenes für neugeborene und sogleich wieder verstorbene Zwillinge. (2003)

Angelbachtal HD E6

Wie kommt der Hessische Löwe an die Kirchentüre von Michelfeld, warum gab es im nahen Sulzfeld die „Hessische Burg" und warum war Kürnbach bis 1905 hessisch? Weil die Landgrafen von Hessen 1479 die **Gf. von Katzenelnbogen** beerbten, die als letzte Kraichgaugrafen die hiesigen Herrschaften an den Ritteradel vergeben hatten. – Die bereits im 11.Jh auftretenden Gf. von Katzenelnbogen hatten zwei Herrschaftsschwerpunkte. Zum einen die Niedergrafschaft zwischen Lahn und Taunus mit ihrer Stammburg, zum anderen die Obergrafschaft um Darmstadt. Der größte Teil ihres Erbes kam bei ihrem Aussterben (1479) über eine Erbtochter an die Landgrafschaft Hessen. Als diese 1557 aufgeteilt wurde, fiel der Kraichgaubesitz an die neu geschaffene Landgrafschaft Hessen-Darmstadt, die damit bis 1806 die Oberhoheit über OT Michelfeld besaß.

OT Michelfeld

Die Rechte der Kraichgaugrafen kamen von den Gf. Lauffen an die Gf. von Katzenelnbogen, welche die Dorfherrschaft an den umgebenden Landadel als Lehen vergaben, jedoch die Oberhoheit behielten. Die Hr. von Gemmingen kauften um 1500 das Dorf. Die hier sitzende Linie schloss sich dem Kanton Kraichgau der Reichsritterschaft und der Neuen Lehre an.

Bauten: Das **Schloss** (1753) steht an Stelle einer mittelalterlichen Wasserburg, an welche der Graben mit Brücke erinnert. Es ist ein kompakter, zweistöckiger Rechteckbau, der im 19.Jh ein repräsentatives, lichtdurchflutetes Treppenhaus und einen klassizistischen Dachaufsatz erhielt. Allianzwappen über Eingang. In den 1960er Jahren war es in einem desolaten Zustand und sollte abgerissen werden. Nach dem Verkauf an einen Privatunternehmer wurde es grundlegend saniert. Privat bewohnt, Kleiner Park dabei, Zugang bis Hoftor. - Die Wirtschafts- und Verwaltungsbauten daneben werden als Schlosshotel genutzt. Der Zugang führt durch ein kunstvoll geschmiedetes Portal. - Sonstiges: Die Epitaphien in der Kirche wurden 1909 ausgeräumt, zwei von ihnen stehen heute auf Burg Hornberg (s. Neckarzimmern). Über dem Kircheneingang das hessische Wappen (1766), ein etwas missglückter Löwe. - Grabstätte der Gemmingen auf dem Friedhof.

OT Eichtersheim

Hier erwarb die Kurpfalz im 13.Jh die Oberhoheit. Sie vergab die Dorfherrschaft an die umwohnenden Landadel, so ab 1557 an die Hr. von Venningen aus der Hilsbacher Linie. Diese schloss sich dem Kanton Kraichgau und der Reformation an, kehrte jedoch Ende des 17.Jh zum Alten Glauben zurück. Eichtersheim war zeitweise (bis 1907) Sitz einer eigenen Linie, die hier ihre Grablege einrichtete.

Bauten: Das **Schloss** (16.Jh) ist eine ungleiche Dreiflügelanlage mit einem Eckturm. Das Aussehen wird geprägt vom barocken Umbau (1767), woran ein Allianzwappen am Renaissanceportal erinnert. Das dreistöckige, von einem Wassergraben und einem wunderbaren großen Park umgebene Gebäude zählt zu den Postkartenmotiven des Kraichgaus. Seit 1969 in Gemeindebesitz, als Rathaus und Gaststätte genutzt. Zugang über eine Brücke. - **Sonstiges:** Zur Gesamtanlage zählen auch die Verwaltungs- und Wirtschaftsbauten am Rande des Parks (Friedrich-Hecker-Straße): Das Rentamt (1779), ein 16-achsiges Gebäude unter Mansarddach mit Wappen im Giebel, war Geburtshaus des

Angelbachtal

1848er Revolutionärs Friedrich Hecker. Daneben der Marstall, 18.Jh. Daneben die 1782 errichtete kath. Kirche mit der Familiengruft der kath. Venningen. Sie wird heute vom berühmten Bildhauer Jürgen Goertz, dessen Plastiken im Park stehen, als Atelier genutzt. – Im Dorf fallen die herrschaftlichen, wappengeschmückten Gebäude (Gutshof, Rathaus) auf. Die ehem. jüdische Synagoge blieb erhalten.

UMGEBUNG: Zur benachbarten Gemeinde **Östringen** gehört die Domäne „Stifterhof". Hier stand das ehem. Kloster und spätere **Ritterstift Odenheim,** das 1507 nach Bruchsal umzog. Die Anlage wurde im Bauernkrieg weitgehend zerstört, erhalten blieben die Ummauerung mit zwei Rundtürmen sowie der Speicher. Heute Gutshof, ca. 1 km östlich des Dorfes **Odenheim,** in dessen Zentrum der Amtshof des Ritterstifts erhalten blieb. Der Fachwerk-Gebäudekomplex bildet eine mit einem Torbogen abgeschlossene Hofanlage unterhalb der bombastischen kath. Kirche (Amtsgasse 6). (2009)

Eichtersheim. Eines der schönsten Wasserschlösser im Lande

Argenbühl RV N11

Das **Allgäu** ist eine Übergangslandschaft in die Hochalpen, an der BW nur einen kleinen Anteil hat. Der größte Teil davon fiel 1806/10 an Bayern, das unter Napoleon sein Territorium bis zum Bodensee erweiterte, um einen eigenen Hafen für die Salzverschiffung in die Schweiz zu besitzen. Geformt wurde das Allgäu von den Gletschern der letzten Eiszeit (bis vor ca 20.000 Jahren), welche eine „unruhige" Landschaft (Jungmoränenlandschaft, s. Kißlegg) hinterließen. Im BW-Teil des Allgäus haben sich Untere und Obere Argen tief eingeschnitten, weil sie auf ihrer kurzen Strecke von Isny bis Langenargen 800 m Gefälle überwinden müssen. Der 1972 geschaffene Namen Argenbühl (= Hügel über der Argen) fasst ein dünn besiedeltes Gebiet von Dörfern, Weilern und Einzelhöfen zusammen. Es war ein von **Freibauern** besiedeltes Gebiet (s. Leutkirch), deren Mittelpunkt das Dorf Eglofs mit seinem stattlichen Marktplatz bildete.

So weit erstreckte sich der **Reichsritterschaftskanton** Hegau-Allgäu-Bodensee. Im Umland der Reichsstadt Wangen verwalteten viele Ritter Besitzungen des Klosters St. Gallen. Sie konnten sich mit diesen Lehen zu Reichsrittern zusammenschließen, waren jedoch für einen eigenen Kanton zu wenige. Aber immerhin reichte es für eine eigene Verwaltungszentrale (Ritterhaus) in Wangen. Da viele Rittersitze nach dem 30j. Krieg aufgekauft wurden (s. Aichstetten), bestand am Ende ihr größtes in Ritterhand befindliches Gebiet nur noch um das Dorf Ratzenried.

Argenbühl

OT Ratzenried

Ministerialen des Benediktinerklosters St. Gallen verwalteten im 13.Jh von ihrer Burg Altratzenried das Dorf und acht Weiler der Umgebung. Nach häufigem Besitzerwechsel kaufte 1453 der Ravensburger Kaufmann und Patrizier Humpis die Herrschaft. Seine Nachkommen benannten sich nach dem Ort und schlossen sich dem Kanton Hegau der Reichsritterschaft an. 1815 verkauften sie an die Gf. von Beroldingen, die das neugotische Schloss errichteten. Nach deren Aussterben (1908) erbte Gf. Waldburg-Zeil das Schloss.

Bauten: Das **Schloss,** 16.Jh, wurde im Stile einer verklärenden Burgenromantik (z.B. mit Zinnenkranz, s. Lichtenstein) im 19.Jh total umgebaut. Es ist ein Ensemble von Haupthaus mit Stufengiebel, Palasgebäude und zinnengekröntem Turm. Schöner Eingang mit mehreren Wappen. Heute in Besitz des Humboldtinstituts, das auch den nebenstehenden Verwaltungsbau nutzt. – **Sonstiges:** Witwenhaus zwischen Schloss und Kirche. Mehrere Epitaphien der Humpis in kath. Kirche. - Zur **Burgruine** Altratzenried, die südlich des Dorfes oberhalb des Schlossweihers liegt, führt ein ausgeschilderter 300 m Fußweg vom Bauernhof „Platz" aus.

Ratzenried. Neogotik im Allgäu

UMGEBUNG: Vor dem OT Eglofs zweigt von der Bundesstraße Wangen-Isny, die entlang der Oberen Argen verläuft, eine Straße ab zum ca 500 entfernten **Schloss Syrgenstein,** das seit 1806 zu Bayern, Gemeinde Heimenkirch, gehört. Dies war der Stammsitz der Sürg von Syrgenstein, die ebenso wie die Humpis Patrizier in Ravensburg waren und als Ministeriale des Klosters St. Gallen im Allgäu zu Reichsrittern wurden, so auch mit Schloss Achberg (s.d.). Sie machten in kirchlichen und militärischen Diensten Karrieren in ganz Mitteleuropa, so auch im Domkapitel von Konstanz. Ihre um 1500 über der Argen erbaute Burg wurde durch spätere Ergänzungen zu einer Dreiflügelschlossanlage. Im Zentrum steht der mittelalterlich wirkende Wohnturm mit Ecktürmen, dreistöckig unter einem steilen Satteldach. Nach ihrem Aussterben (1892) wurde das Schloss 1913 von Waldburg-Zeil-Hohenems gekauft. Heute ist es eine gut gepflegte Privatanlage. Zugang bis zum Hoftor. - In der ca. 4 km entfernten Wallfahrtskirche **Maria Thann** (Gem. Hergatz, ebenfalls in Bayern) war ihre Grablege, woran zahlreiche Epitaphien und Totenschilde erinnern. (2007)

F9 Aspach WN

Wie kommt ein Forstknecht zu einem Epitaph in einer Kirche? - **Holz** war in einer Gesellschaft ohne Kohle, Öl oder Gas ein Grundstoff, dessen Verfügbarkeit die Möglichkeit zum sozialen Aufstieg bot. So auch im Falle des Kornwestheimer Schultheißen Konrad Minner, der 1524 den Badebetrieb in Rietenau

Aspach

erwarb. Ihm kam zugute, dass er als Forstknecht in Württembergs Diensten das Heizmaterial Holz günstig erhielt. Damit führte er den Badebetrieb zu höchstem Ansehen. Sein Sohn, der zum Forstmeister auf der nahen Burg Reichenberg (s. Oppenweiler) und damit wahrscheinlich sogar in den Adel aufsteigen konnte, baute sich in Rietenau ein Wohn- und Verwaltungsgebäude: das Schlössle.

OT Rietenau

Das Dorf wurde von einem eintretenden Ritter 1103 dem Kloster Hirsau geschenkt. Dieses verkaufte es 1262 an die Dominikanerinnen in Steinheim, mit deren Aufhebung (1564) es an Württemberg kam. - Bereits im 15.Jh waren die fünf Mineralquellen bekannt und an private Unternehmer verpachtet. 1524 verkauften die Dominikanerinnen an Konrad Minner. Trotz häufigen Besitzerwechsels bestand das Bad bis zum 2. Weltkrieg. Im 1826 erstellten Neubau ist heute die Verwaltung der „Rietenauer Mineralquellen" untergebracht.

Bauten: Das **„Schlössle"** (1593) ist ein stattliches Fachwerkhaus auf Steinsockel unter Satteldach. Das privat bewohnte Gebäude (August-Lämmle-Str.18) wirkt äußerlich wie ein ehemaliger Bauernhof, da auch noch Wirtschaftsgebäude den Hof begrenzen. – **Sonstiges:** Viel außergewöhnlicher als das Schlössle sind die beiden bemalten Doppelepitaphien in der evang. Kirche, wo Vater und Sohn Minner mit ihren Frauen dargestellt werden. Solche figürlichen Darstellungen konnten sich eigentlich nur reiche Adlige leisten. Außergewöhnlich sind dabei auch die Jagdhunde und das Gewehr (beim Sohn) als Insignien ihres Amtes sowie ihr Platz am Aufgang zur Empore. Möglicherweise durften sich die Minner nicht wie Adlige in der Kirche verewigen, weil sie nicht die Dorfherrschaft und das Kirchenpatronat besaßen.

UMGEBUNG: Der **OT Großaspach** gehörte zur Hälfte den Hr. von Sturmfeder im benachbarten Oppenweiler (s.d.) und war damit dem Kanton Kocher der Reichsritterschaft angeschlossen. Diese bauten 1612 ihr Verwaltungsgebäude unterhalb der Kirche. Den Umbau von 1698 dokumentierten sie mit ihrem Wappen sowie mit einer Abfolge von Buchstaben über der Eingangstüre, ein unlösbares Abkürzungsrätsel. Das stattliche Fachwerkhaus unter Satteldach wird heute als Pfarrhaus genutzt (Backnangerstr. 56). Die andere Hälfte des Dorfes gehörte Württemberg, das die Reformation gegen den Widerstand der Sturmfeder durchsetzte. (2008)

Auenwald WN G9

Es überrascht, in einer durchwegs evangelisch geprägten Region ein kath. Freizeitheim anzutreffen. Wie kommt es zu dieser Konfessionsinsel? Im **Augsburger Religionsfrieden** (1555) war festgelegt, dass Untertanen dem Bekenntnis des Landesherrn folgen müssen. Da Adlige nicht als Untertanen galten, durften sie im Privatbereich ihren Glauben ausüben. So praktizierten es die aus Oberschwaben stammenden Hr. von Winterstetten, welche Burg Ebersberg als Lehen besaßen, indem sie die Burgkapelle für ihren privaten Gottesdienst nutzten.

39

Auenwald

OT Ebersberg

Die Edelfreien von Eversberg saßen bereits 1193 auf der Burg. 1328 verkauften sie an Württemberg, das die Burg als Lehen an Landadlige vergab, die sich dem Kanton Kocher der Reichsritterschaft anschlossen. 1606 Verkauf an Melchior Jäger von Gärtringen, der als württ. Kanzler zudem das Hochgericht erhielt. Von seinen infolge des 30j. Kriegs verschuldeten Nachkommen kam das Rittergut an kath. Adel, so auch an die Hr. von Winterstetten. Diese erreichten, dass die anwohnenden Bewohner des Dorfes Lippoldsweiler ihrem Beispiel folgen durften. So entstand die einmalige Situation, dass der obere Teil eines Dorfes katholisch wurde und sich den neuen Namen Ebersberg gab, der untere jedoch protestantisch blieb und weiterhin Lippoldsweiler hieß. Durch den Verkauf an das Zisterzienserkloster Schöntal (1698) wurde dieser Zustand zementiert und blieb auch nach dem Verkauf an Württemberg (1786) bestehen.

Bauten: Von der **Burg** des 13.Jh blieben der runde Bergfried und Teile der Ringmauer erhalten. Nach einem Brand (1718) errichtete Kloster Schöntal das so genannte Schloss, ein schmuckloses Hauptgebäude mit einem Kapellenflügel. Über dem Portal das Wappen des Abtes Knittel, jedoch ohne das Schwert, also ohne Hochgerichtsbarkeit. In der Kapelle die originale Stuckdecke von 1725. Heute als kath. Freizeitstätte genutzt. – Das schönste an der Anlage ist der wunderbare Blick über das Murrtal.

UMGEBUNG: In der Nachbargemeinde **Rudersberg** gibt es das so genannte Schlössle. Der Hof des Backnanger Chorherrenstifts wurde 1717 an den Kommandanten von Schorndorf verkauft, der sich hier ein repräsentatives Haus erbaute. Das Fachwerkgebäude ist heute Weinstube und bildet zusammen mit dem ehem. Rathaus die Kulisse des Marktplatzes (Alter Rathausplatz 8).

UMGEBUNG: Rudersberg gehörte zur Herrschaft der Ritter von **Waldenstein,** die ihre Sechseckburg Waldenstein um 1250 an Württemberg verkauften. Das machte die Burg zum Verwaltungszentrum des 1450 gebildeten Amtes Rudersberg. Umbau zum Schloss im 16.Jh. Nach einem Brand (1819) sind nur noch Reste der Burganlage in den verschiedenen Gebäuden des 19.Jh erhalten. Waldenstein liegt ca. 3 km östlich der Stadt auf einem Bergsporn mit einem wunderbaren Rundblick über das Wieslauftal. Heute Hotel-Restaurant, Zufahrt ausgeschildert. (2004)

M10 Aulendorf RV

Ganz Oberschwaben war eine Nische für Miniherrschaften. Denn im 14.Jh scheiterte der Versuch Habsburgs, ein Herzogtum Schwaben unter seiner Regie zu schaffen, am Widerstand der Eidgenossen und Württembergs. Also schaltete man um auf das Prinzip „divide und impera" („teile und herrsche"). Habsburg förderte den Niederadel, die Reichsritter und Grafen, damit sie seine politischen Initiativen unterstützten. Daraus entstand in Oberschwaben ein regelrechtes **Satellitensystem,** bei dem der Wiener Kaiserhof die Vasallen und Parteigänger mit Herrschaften und Karrieren belohnte. Dies bot den Besitzern

Aulendorf

von zerstückelten Miniterritorien eine Zukunftsperspektive. So auch der **Fam. von Königsegg,** die aus dem unfreien Ministerialenstand in den Grafenstand aufstieg und deren Mitglieder im 17.Jh in höchste geistliche und weltliche Ämter gelangten (s. Königseggwald). Aulendorf war lange Zeit ihr Hauptwohnsitz. Schloss, Städtchen und moderne Therme, auf einer Seitenmoräne über dem Bahnhof gelegen, sind eines Besuches wert.

Kernort
Ein alter Adelssitz, auf dem Ministeriale des Reiches saßen, kam 1380 an die Hr. von Königsegg. In Windschatten Habsburgs gelang ihnen 1564 der Kauf der Herrschaft Rothenfels (im Allgäu) und 1629 der Aufstieg in den Grafenstand. Ab 1588 residierte hier eine eigene Linie, die 1638 den Stammbesitz Königsegg

Aulendorf. Mächtiges Schloss über Eisenbahnknotenpunkt

(s. Königseggwald) erwarb, 1653-1803 durchgehend das Amt des Landvogtes in Oberschwaben (s. Weingarten) ausübte und gewaltige Güter in Ungarn erheiratete. Sie entzog sich nach der Mediatisierung dem Druck des Königs von Württemberg, indem sie zeitweise in Ungarn wohnte. Überörtliche Bedeutung erlangte Aulendorf im 19.Jh als der wichtigste Eisenbahnknotenpunkt Oberschwabens mit Verbindungen nach allen vier Himmelsrichtungen.
Bauten: Die **Burg-Schloss-Anlage** enthält alle Stilrichtungen, von der Romanik bis zum Klassizismus und bildet ein verschachteltes Ensemble um einen unregelmäßigen Innenhof. Die mittelalterlich-spätgotische **Burg** schaut mit zwei markanten Staffelgiebeln zum steil abfallenden Schussental hin. Die dreistöckigen Steinbauten unter Satteldach werden als Rathaus genutzt. An der Nordseite wurde im 18.Jh das **Schloss** angebaut, dessen klassizistische Fassade zur Hauptstrasse hin schlicht-elegant wirkt. Es ist seit 1987 in Besitz des Landes BW und wird nach einer aufwändigen Sanierung als Zweigmuseum des Württ. Landesmuseums genutzt. – Herrschaftlich wirken auch die jenseits der Straße liegenden Wirtschaftsgebäude (1741), eine E-förmige Anlage mit Volutengiebel und Wappen. Sie zeigen, welche zentrale Funktion der Ort einmal hatte. Heute sind darin Kurhaus, Sparkasse und diverse Geschäfte untergebracht. Dahinter der Schlosspark (heute Kurpark) mit der Therme. - **Sonstiges:** Epitaphien, v.a. in klassizistischen Formen in kath. Kirche, in der seit Erhebung in Grafenstand eine eigene Grabkapelle im Südflügel besteht.
UMGEBUNG: Beim OT Tannhausen wurde 1725 ein Wildpark angelegt, was man noch heute an den barocken Gebäuden erkennen kann. (2009)

F9 Backnang WN

Am Neckar lag ursprünglich ein Herrschaftsschwerpunkt der **Mgf. von Baden,** hier richteten sie ihre erste Grablege ein. Die Gf. Baden, eine Nebenlinie der Zähringer, bauten nach 1100 eine Herrschaft auf, welche sich 1250 vom Neckar (Besigheim, Backnang, Stuttgart) über den Nordschwarzwald-Kraichgau (Pforzheim, Eppingen, Sinsheim) bis zum Rhein (Ettlingen, Durlach, Baden-Baden) erstreckte. In Backnang richteten sie ein Chorherrenstift ein, das dem Gedenken der verstorbenen Mitglieder dienen sollte. Mit der Übernahme von Burg Alt-Eberstein (1283) verlagerte sich die Herrschaft in den Nordschwarzwald. Anschließend wurde Kloster Lichtenthal bei Baden-Baden zur Grablege, weshalb in Backnang nur einige Grabdenkmäler der ersten Generation blieben.

Versteckt liegt Schloss Katharinenhof im Wald

Kernstadt
Der Burgberg war Sitz des Hochadelsgeschlechts der Hessonen, über die man sehr wenig weiß. Um 1111 kam er als Erbe an die Gf. Baden. Diese stifteten 1116 ein Augustinerchorherrenstift in Verbindung mit ihrer Grablege. 1245 Stadtgründung. 1297 Verkauf an die Gf. Württemberg, die zudem die Vogtei über das Stift erhielten, das mit der Reformation aufgehoben wurde. Backnang wurde zur württ. Amtsstadt, deren Stadtbild geprägt ist vom Wiederaufbau nach der Zerstörung durch den Sonnenkönig.
Bauten: Das **Schloss** (1605) wurde an Stelle von Stiftshäusern von H. Schickhardt erbaut, wobei es nur zu einem der geplanten zwei Flügel reichte. Es ist ein schmuckloses dreigeschossiges Gebäude mit zwei Zwerchgiebeln, in dem heute das Amtsgericht untergebracht ist. Dahinter steht die ehem. Schlossküche. – **Sonstiges:** Daneben erhebt sich die Stiftskirche, heute evang. Stadtkirche, in deren Krypta drei Steinsarkophage der Gf. Baden aus dem 13.Jh stehen. Sie wurden anhand von Wappen und anhängenden Bleitafeln identifiziert. Erhalten sind auch mehrere Epitaphien von Adligen aus nachbadischer Zeit. – Schloss und Stiftskirche stehen auf dem Burgberg bzw. ehem. Stiftsberg hoch über der Murr und der Stadt („Stiftshof"). Vom Stift blieben wenige Gebäude erhalten, darunter das Refektorium (heute evang. Dekanat) und ein schönes Fachwerkgebäude, in dem ein städtisches Amt untergebracht ist. Inmitten des Stiftshofs steht ein barocker Brunnen mit württ. Wappen (1713). – Zu Füßen des Burgbergs entwickelte sich die Bürgerstadt mit einem prächtigen Fachwerkrathaus.

UMGEBUNG: Prinz Friedrich von Württemberg ließ sich 1847 im Staatswald das **Jagdschloss Katharinenhof** erbauen, benannt nach seiner Frau. 1853 kam ein Wildpark dazu. 1916 an die Industriellenfamilie Reusch verkauft, die den Park mit einer Mauer umgab. Das Schloss ist ein zweigeschossiger klassizistischer Rechteckbau mit Belvedere. Es steht an der B 14 auf halber Strecke zwischen OT Strümpfelbach und Oppenweiler im Wald und ist von der Straße

zu sehen. Privatbesitz, bei besonderen Veranstaltungen der Stadt zugänglich.
- Der Zugang zur Gedächtnisstätte der Fam. Reusch, die ca. 200 m vom Dorffriedhof am Park- bzw. Waldrand liegt, ist offen. (2009)

Bad

Die Gemeinden mit dem Zusatz „Bad" werden unter ihrem ursprünglichen, historischen Namen aufgeführt. Beispiel: Bad Wurzach = Wurzach.

Baden-Baden G4

Der **Markgrafentitel** der **Gf. von Baden** geht auf Berthold von Zähringen zurück, der als Herzog von Kärnten zugleich Markgraf von Verona war und diesen Titel seinem zweiten Sohn Hermann vererbte. Anschließend stand diese Linie der Zähringer, die sich 1112 nach der Burg Baden im Nordschwarzwald nannte, immer mit einem Fuß im Südschwarzwald (s. Emmendingen und Lörrach). Zudem machte sie einen Riesenschritt bis zum Neckar und besaß um 1250 ihre größte Ausdehnung, als sie vom Neckar (Lauffen, Backnang) über den Nordschwarzwald (Liebenzell, Pforzheim, Baden-Baden) bis zum Rhein (Ettlingen, Durlach) reichte.

Bei einer schicksalhaften Teilung entstand 1535 die **Markgrafschaft Baden-Baden** mit einem Territorium von rund 1800 km². Sie setzte sich zusammen aus einem kompakten Gebiet zwischen Ettlingen und Bühl, der halben Herrschaft Sponheim (bei Bad Kreuznach) und einigen Flecken im Süden Luxemburgs. Nach vielen Wirren, die in die Besetzung durch die evang. Linie Baden-Durlach mündeten, wurde sie erst 1622 endgültig selbstständig und katholisch. Ihr bekanntestes Mitglied ist der Türkenlouis, dessen Enkel ohne Erben starb, so dass sie 1771 an die Linie Baden-Durlach fiel. Auf die Teilung geht der in Deutschland einmalige Doppelnamen für diese Stadt zurück, deren Bild mehr vom weltstädtischen Badebetrieb als von der Residenzfunktion geprägt ist.

Baden-Baden. Unzugängliches Schloss über weltoffener Stadt

Kernstadt
Bereits die alten Römer nutzten die unterhalb des Schlossbergs austretenden Thermalquellen, weshalb das moderne Bad nach Kaiser Caracalla benannt ist. 987 fiel Baden an die Zähringer und gab 1112 der Markgräflichen Nebenlinie den Namen. Um 1250 wurde die Siedlung zur Stadt und das Zisterzienserinnenkloster Lichtenthal als Hauskloster und Grablege gegründet. Die Gf. Baden verlegten 1479 ihren Hauptsitz von Burg Hohenbaden in die Stadt, die 1535-1705 Hauptstadt der halbierten Markgrafschaft war. Nach der totalen Zerstörung

Baden-Baden

durch die Truppen des Sonnenkönigs (1689) und dem Verlust der Hauptstadtfunktion diente das wieder aufgebaute Schloss nur noch als Sommerresidenz. Mit dem Bau des Spielkasinos stieg die Stadt im 19.Jh zum Weltbad auf, in dem der russische Hochadel seinen Sommer verbrachte. Die Sonderstellung dieser Stadt zeigt sich bis heute, denn sie ist die einzige Stadt in BW unter 100.000 Einwohnern, die bei der Gemeindereform kreisfrei wurde. Diese Stadt ist ein „muss"!
Bauten: Das **Neue Schloss** ist eine geschlossene Anlage miteinander verbundener, unterschiedlich hoher Gebäude aus verschiedenen Epochen. Es besteht aus dem 1573 errichteten Hauptgebäude, einem Kavaliersbau, Küchenbau und einer Remise, deren Untergeschoss als Orangerie erbaut wurde. Die umfangreiche Anlage über Stadt und direkt über der Therme ist seit 2000 in Besitz einer kuwaitischen Familie. Nutzung ungeklärt, kein Zugang. – Von **Burg Hohenbaden** (Altes Schloss) blieben nach einem Brand (1599) mächtige Ruinen. Die verschachtelte Anlage umfasst Teile vom 13.Jh (Bergfried, Schildmauer, Palas) bis 15.Jh (Bernhardsbau). Im 19.Jh wurde sie als „Kultruine" saniert. Man findet sie nördlich der Kernstadt, die Zufahrt „Altes Schloss" ist ausgeschildert. – Einer mittelalterlichen Ritterburg ähnelt **Schloss Solms** mit seinen neugotischen Formen. Die 1887 für Fürst Georg von Solms-Braunfels errichtete Villa steht auf einer Hangterrasse oberhalb des Kurhauses und ist als Dienstleistungszentrum zugänglich (Solmsstr. 1). - **Sonstiges:** Der Historismusstil aus der Blütezeit als Weltbad dominiert das Stadtbild. So stehen in Neogotik, Neorenaissance und Neobarock die Villen über die Stadt verteilt, eine prachtvoller als die andere. Ähnlich ist es mit prachtvollen Hotelbauten und Bäderpalästen, die Schlössern vergleichbar sind. All diese Repräsentationsbauten zu besichtigen benötigt es Tage. – In der kath. Stiftskirche hatten seit 1391 die Gf. Baden ihre Grablege, weshalb der Chorraum von ihren Epitaphien beherrscht wird, darunter als prächtigstes das Epitaph des Türkenlouis.
UMGEBUNG: Die Grablegefunktion erfüllte zuvor das 1245 von den Gf. Baden gegründete und bis heute bestehende Zisterzienserinnenkloster Lichtenthal im **OT Lichtental**. Hierher führt von der Innenstadt die berühmte Lichtentaler Allee, ein 3 km langer, von Historismus-Prachtbauten gesäumter Fußweg entlang der Oos mit über 20 Brücken in Eisenkonstruktion. In der Klosterkirche findet man einige Epitaphien (14.Jh). Die separat stehende Fürstenkapelle jedoch ist angefüllt mit Epitaphien, Grabplatten und drei Hochgräbern (nur zugänglich bei Führungen).

Neuweier. Nutzung als Restaurant und Weingut

OT Neuweier
Bereits im 13.Jh saßen die Hr. von Bach als Ministeriale der Gf. Eberstein und anschließend der Gf. Baden auf einer Wasserburg. Nach ihrem Aussterben kam das Erbe 1548 an die Hr. von Dalberg, die sich damit dem Kanton Ortenau der Reichsritterschaft anschlossen.

Baden-Baden

Bauten: Das **Untere Schloss** ist ein dreistöckiges Gebäude, das sich aus dem quadratischen Hauptgebäude (1548) mit zwei Rundtürmen und einem im 19.Jh angebauten Ostflügel zusammensetzt. Der Zugang auf der Westseite führt über eine Brücke zum Torbau mit dem Allianzwappen Cronberg/Dalberg. Im Innenhof stehen ein schöner Renaissancebrunnen und der wappengeschmückte, achteckige Treppenturm. Der für Wirtschaftsbauten genutzte Vorburgbereich ist ummauert. Der private Garten erstreckt sich auf der Ostseite. Seit 1897 in bürgerlichem Besitz, heute als Restaurant und Weingut genutzt (Mauerbergstr. 21). - **Sonstiges:** Das 1783 abgebrochene Obere Schloss war eine Wasserburg. Es stand auf der Westseite der kath. Kirche an Stelle des heutigen freien Platzes. Die Grundmauern des Gasthofs Rebstock stammen von seinem Wirtschaftshof.

UMGEBUNG: Bereits im 12.Jh kam **Steinbach** an die Gf. Baden, die es 1258 zur Stadt und zum Sitz eines Amtmanns machten. Das Amtshaus mit dem Wappen Baden-Sponheim ist heute Heimatmuseum (Steinbacherstr. 62). Der größte Grundbesitzer war jedoch das Zisterzienserinnenkloster Lichtenthal. Dessen Wappen sind am Pfarrhaus und an der Kellerei (= Wirtschaftshof) angebracht. Letzteres ist ein privat bewohntes Fachwerkgebäude (Im Kirchwinkel 19). Beide stehen nebeneinander unterhalb der kath. Kirche, an deren Nordeingang das verwitterte figürliche Epitaph des Ritters von Bach (15.Jh, s. o. Neuweier) auffällt.

UMGEBUNG: Die **Burg Yburg** ragt auf einem Porphyrfelsen oberhalb des **OT Varnhalt** empor. Hier saßen bis 1369 die Röder von Rodeck als Ministeriale der Gf. Baden. Anschließend galt die Burg als Raubritternest und wurde wiederholt zerstört, zuletzt 1689 im Pfälzischen Erbfolgekrieg. Erhalten blieben der quadratische Bergfried aus Porphyrquadern, ein Turm in der Vorburg sowie Umfassungsmauern.

UMGEBUNG: Das **Jagdschloss Hubertus** am Fremersberg überrascht aufgrund seines Grundrisses, der sich von der Form des kurpfälzischen Hubertusordens ableitet: Um einen eingeschossigen Kuppelbau herum sind vier spitzwinkelige Flügel angebaut. Das 1721 errichtete Schloss war Sitz des Kommandanten der französischen Truppen in der Bundesrepublik und ist heute Privatbesitz. Es gehört zwar zum **OT Oos** („Jagdhausstraße"), ist jedoch leichter von der westlichen Seite des Fremersberg, vom Dorf Winden (Gem. Sinsheim) zu erreichen. Von dort aus gelangt man über einen ca. 1 km langen Fußweg zum 1.Weltkrieg-Denkmal. Daneben ist das Schloss, von dem man jedoch nichts sehen kann, da das Gelände weiträumig umzäunt und gegen Blicke von Außen abgeschirmt ist.

UMGEBUNG: Die **Burg Alteberstein** war die Stammburg der Gf. Eberstein, die jedoch bereits 1283 als Mitgift an die Gf. Baden fiel. Von der staufischen Burganlage blieben mächtige Ruinen erhalten: die Schildmauer aus riesigen roten Porphyrquadern, der Bergfried und der Palas. Man findet sie im Osten der Stadt an der Straße nach Gernsbach über dem **OT Ebersteinburg.** (2009)

M2 Badenweiler FR

Baden-Baden und Badenweiler, zwei (200 km voneinander entfernte) Orte mit römischer Badetradition und dem gleichen Herrschergeschlecht, den Markgrafen von Baden. Denn diese waren auch im Breisgau präsent, und zwar mit der Markgrafschaft **Baden-Hachberg** (s. Emmendingen). Damit bestand Baden aus einer Oberen (im Breisgau) und einer Unteren Markgrafschaft (im Nordschwarzwald). 1535 fiel die Obere Markgrafschaft an die Linie Baden-Durlach und wurde somit 1556 evangelisch. Weshalb der Breisgau konfessionell gemischt ist, obwohl er insgesamt von den kath. Habsburgern dominiert wurde (s. Freiburg). Erst seit Mitte des 19.Jh existiert der Begriff **„Markgräfler Land"** für den oberen Breisgau zwischen Sulzburg und Lörrach, wo Baden ein kompaktes Territorium aufgebaut hatte (s. Lörrach). Die Burgruine von Badenweiler auf einem Schwarzwaldausläufer markiert den Beginn des Markgräfler Landes.

Kernort

Bereits in keltischer und römischer Zeit wurden die Quellen genutzt. Die Burg stammt wahrscheinlich von den Zähringern. Das darin wohnende Ministerialengeschlecht nannte sich „von Baden", zog in die Umgebung, blieb beim Alten Glauben und starb als Freiherrliche Linie 1820 aus (s. Schliengen-Liel). Über Umwege kam die Oberhoheit 1368 an die aus Freiburg vertriebenen Gf. von Freiburg, welche sie 1444 an die Mgf. von Hachberg-Rötteln vererbten, von denen sie wiederum als Erbe 1503 an die Mgf. von Baden kam. Im 19.Jh erlebte der Ort den Aufstieg zum europäischen Badeort, wozu der häufige Kuraufenthalt der Großherzoglichen Familie beitrug, die sich das Amtshaus zum Schloss umbauen ließ. Hier starb z.B. Anton Tschechow 1904 während einer Kur.

Badenweiler. Burgruine über moderner Badetherme

Bauten: Die **Burg,** 12.Jh, wurde im 16.Jh zur Festung ausgebaut und 1678 durch Frankreich zerstört. Sie bildet als mächtige Ruinenanlage den Blickfang über dem Ort mit einem gefühlvoll auf der Stadtseite eingefügten Kurhaus. - Im Ortszentrum („Schlossplatz") steht das **Schloss,** 1889 in kühler Neorenaissance an Stelle eines Amtshauses als Kurresidenz erbaut. Das dreistöckige Gebäude mit Schaugiebeln und verzierten Dachgauben liegt in einem weitläufigen Park mit Stall- und Remisengebäuden. Genutzt als Café und „Kunstpalais". – **Sonstiges:** Gegenüber, jenseits der Blauenstrasse, stehen mehrere Kavaliershäuser. - In der evang. Kirche sind mehrere Epitaphien von Beamten und Priestern. In ihrer Vorhalle steht die imposante Grabplatte des 1385 gestorbenen Gf. Egeno IV von Freiburg, der Badenweiler erwarb. – Der Ort besitzt die besterhaltene römische Badetherme Deutschlands, seit der Entdeckung 1784 überdacht. - Zudem besitzt er mehrere Gebäude aus seiner Blütezeit, die entsprechend der Historismusbezogenheit des 19.Jh burg-schloss-artig erstellt wurden. So wirkt z.B. das Grandhotel („Römerbad"), eine Vierflügelanlage mit Eckpavillons und offenen Galerien im

Inneren, wie ein Palast, und wird entsprechend von exklusiven Gästen besucht. Und so nennt sich außerhalb (im Süden) der Stadt ein neugotisches Gebäude „Schlössle".
UMGEBUNG: Im **OT Oberweiler** wurde mit der Wasserkraft eines Schwarzwaldbaches bis 1863 eine Eisenschmelze betrieben. Deren Verwaltungsgebäude („Faktorei"), ein zweistöckiger Barockbau, fällt durch sein prächtiges badisches Wappen über dem Eingang auf, vergleichbar dem im benachbarten Müllheim.
(2008)

Balgheim TUT L6

„Der Rhein gräbt der Donau das Wasser ab." Viele ehemalige Nebenflüsse der Donau sind zu Neckar- und damit Rheinzuflüssen geworden, weil das Oberrheintal tiefer liegt als das Obere Donautal und Wasser immer zum tiefsten Punkt fließt. So liegt z.B. der Neckar bei Rottweil, wo er in der Eiszeit den damaligen Donauzufluss Eschach anzapfte, 100 m tiefer als die Donau bei Tuttlingen (550 zu 650 m). Auf die Ur-Eschach geht das breite Tal zwischen beiden Städten zurück, in dem heute der Neckarzufluss Prim und der Donauzubach Faulenbach plätschern. Wie im Falle der Prim fraßen sich die Rheinzuflüsse im Laufe der Jahrtausende mit Hilfe der Erosion immer weiter Richtung Donau, verlegten ihre Quellen immer weiter nach Osten. Deshalb verläuft momentan die **Europäische Wasserscheide** (688 m) zwischen Donau und Rhein östlich von Balgheim, wie an der Bundesstraße angezeigt wird.

Kernort

Dorfadel tauchte um 1200 auf. Nach dessen Verschwinden (1403) entwickelte sich eine komplizierte Geschichte, weil Dorfherrschaft und Schloss über Jahrhunderte hinweg in unterschiedlichen Händen waren. 1438 erwarb die Reichsstadt Rottweil die Dorfherrschaft, die es 1689 infolge der hohen Verschuldung an Landadel verkaufte. Das Schloss hingegen wanderte durch verschiedene Hände, war 1553-1677 in Besitz der Rottweiler Patrizier Mock, die sich damit Mock von Balgheim nannten, und wurde erst durch die Hr. von Hornstein im 18.Jh wieder mit dem Dorf vereinigt. Diese vererbten die Herrschaft 1789 an eine Linie der Gf. Waldburg-Zeil-Trauchberg, die im 19.Jh den gesamten Besitz an Bürger und Gemeinde verkaufte.
Bauten: Das **Schlössle** ist ein zweistöckiges, achtachsiges, schmuckloses Gebäude unter Satteldach. Es steht südlich der Bundesstraße in einem Park und wird von einer Elektronikfirma und für Wohnungen genutzt. Privatbesitz. - Sonstiges: Drei Epitaphien (um 1750) von Freifrauen in kath. Kirche. – Der Wirtschaftshof des Schlosses bildet heute ein schönes Dorfzentrum mit Rentamt (mit nachgebildetem Waldburgwappen), Rathaus und Schafhaus.

UMGEBUNG: Mit Balgheim zusammen gewachsen ist inzwischen die Stadt **Spaichingen.** Aufgrund ihrer verkehrsgünstigen Lage überflügelte sie die anderen Orte der Oberen Grafschaft Hohenberg, weshalb 1688 das Obervogteiamt

Balgheim

von Fridingen (s.d.) hierher verlegt wurde. Das 1683 erbaute **Vogteischloss** wurde nach dem Übergang an Württemberg (1806) zum Oberamt. Das dreistöckige Steinhaus unter Satteldach ist heute Dienststelle der Polizei (Hauptstr. 79). – Gegenüber steht das unter Württemberg erbaute Oberamtsgericht. - Herrschaftlich wirkt auch das ehem. Kameralamt (1799). Das zweistöckige Gebäude unter Walmdach besitzt einen Eingang mit Mittelgiebel (Balgheimer Str. 1).   (2009)

K6 ## Balingen BL

Mit dem Erwerb der Herrschaft Schalksburg setzte sich Württemberg 1403 im Kernland der Zollern (s. Hechingen) fest. Denn in diesem Jahr verkaufte die seit 1288 existierende Seitenlinie **Zollern-Schalksburg,** deren Gebiet von Balingen bis Mühlheim an der Donau reichte, infolge Überschuldung die Grafschaft an die Gf. von Württemberg. An diese Seitenlinie erinnert neben der Schalksburgruine (im Wald bei Albstadt-Burgfelden) nur noch ein Epitaph des 1403 verstorbenen Stammhalters sowie das „Zollernschloss" in Balingen. Die Hirschgulden-Sage von Wilhelm Hauff stellt den Verkauf als Bruderzwist dar, bei dem die Herrschaft um eine anschließend wertlos gewordene Münze verscherbelt worden sei. Württemberg ließ sich durch Gerichtsprozesse und politische Initiativen der wiedererstarkten zollerischen Hauptlinie nicht vertreiben, weshalb seit der Reformation das Oberamt Balingen eine evangelische Exklave bildete.

Kernstadt
Das alemannische Dorf Balingen lag rechts des Flüsschens Eyach um die heutige Friedhofskirche. Die Stadt links der Eyach ist eine Gründung der Gf. Zollern (1255). Balingen wurde zum Zentrum der Herrschaft Schalksburg. Im Zollernschloss saß nach dem Kauf durch Württemberg ein Obervogt für die Ämter Balingen, Ebingen und Rosenfeld. Die württembergisch-evangelische Exklave war umklammert von den katholischen Herrschaften der Zollern (Hechingen), Habsburgs (Schömberg), der Reichsstadt Rottweil und der Reichsritterschaft (Geislingen, Dotternhausen).

Balingen. Das württ. Zollernschloss über der Eyach

Bauten: Idyllisch steht das **Zollernschloss** mit seinem schönen alemannischen Fachwerk unter einem Krüppelwalmdach am Südostrand der Stadt über der Eyach (Schlossstr./Neue Straße). Laut dendrochronologischer Untersuchung wurde es 1372 erbaut. Heute beherbergt es das Museum für Waagen und Gewichte und dient für Veranstaltungen. Daneben steht das Gesindehaus mit Fachwerkgiebel (1649), heute Jugendherberge. Beides seit 1920 in Stadtbesitz. Leider wurde der Anblick dieser Gebäude durch die jüngste Renovierung des Flusswehrs und dem Bau einer Tiefgarage und von Wohnhäusern im ehemaligen Gerberviertel am Flüsschen Eyach („Klein-Venedig") vermurkst. – **Sonsti-**

Balingen

ges: Epitaphien in der evang. Stadtkirche sowie ein Grabstein mit dem Wappen des letzten Gf. von Zollern-Schalksburg. - Epitaphien von Obervögten und ihren Frauen in der Friedhofskirche.

Balzheim UL K12

„Bleibe im Lande und ernähre ich redlich" kann man zu Aufstieg und Fall der **Familie Palm** sagen. Der aus der Reichsstadt Esslingen stammende Johann Palm machte in kaiserlichen Diensten Karriere und wurde katholisch. Zusammen mit seinen zwei Brüdern, die als Kaufleute und Bankiers erfolgreich waren, half er dem Kaiserhaus bei der Finanzierung der ständigen Kriege gegen Türken und Sonnenkönig. Die Belohnung für die ganze Familie erfolgte 1711 mit dem Aufstieg in den Reichsadel. Sein Sohn machte Karriere als Diplomat, wurde 1750 Reichsgraf und investierte sein ererbtes Geld in riesige Ländereien in Böhmen. Sein Enkel kaufte sich 1783 in den Reichsfürstenstand ein, indem er das Wiener Allgemeine Krankenhaus finanzierte. (Schon damals wälzte man Gesundheitskosten ab!). Damit hatte er sich jedoch übernommen, aufgrund seines aufwändigen Lebensstils hinterließ er so hohe Schulden, dass seine Söhne den Besitz verkaufen mussten. Die evangelisch gebliebenen Brüder hingegen waren ins Ländle zurückgekommen, wo sie einige bescheidene Rittersitze erwarben: Mühlhausen (s. Stuttgart), Bodelshofen (s. Wendlingen), Steinbach (s. Wernau). In Balzheim gedenkt man ihrer noch heute in Dankbarkeit, denn eine bedeutende Stiftung zur Finanzierung von Gemeindeaktivitäten geht auf sie zurück.

OT Oberbalzheim

Der Ort gelangte als Teil der Gft. Kirchberg im 15.Jh an die Ulmer Patrizier Ehinger. Die hier entstandene eigene Linie spaltete sich auf, weshalb es zwei Schlösser im Dorf gibt. Die Herrschaft galt als reichsunmittelbares Lehen und war nicht der Reichsritterschaft angeschlossen. Dies sollte sich 1740 rächen, als die evang. Linie der Palm die Herrschaft Balzheim erwarb, denn jetzt forderte Habsburg die Oberhoheit. Seit dem Aussterben der Palm (1949) wohnt hier die evang. Linie der Massenbach (s. Schwaigern).
Bauten: Das **Obere Schloss,** erbaut Anfang 16.Jh an Stelle einer Burg, ist ein dreigeschossiges Steinhaus unter Satteldach mit zwei runden Ecktürmen. Nach Brand von 1974 wieder aufgebaut. Darunter das **Untere Schloss,** 1583, das aus zwei im rechten Winkel aneinander gefügten Flügeln mit sechseckigem Treppenturm besteht. Beide Schlösser privat. – **Sonstiges:** Dazwischen steht die evang. Kirche, ehem. Grablege der im Unteren Schloss wohnenden Familie Ehinger, woran ein Totenschild erinnert. Schlösser und Kirche liegen erhöht auf einem Sporn über dem Illertal und dominieren das Ortsbild. - Heute sind beide Schlösser in Besitz der Fam. von Massenbach, die im nahen Wald einen eigenen Friedhof unterhält.
UMGEBUNG: Im **OT Unterbalzheim** stand die Pfarrkirche für beide Dörfer. Daher bauten 1583 die Ehinger eine Grabkapelle an, mit wunderbaren Renaissance-Epitaphien und zwei Totenschilden.

Balzheim

UMGEBUNG: Der benachbarte Ort **Dietenheim** wurde 1313 mit dem Schloss Brandenburg zu einer eigenen Herrschaft unter Habsburger Oberhoheit geformt. Nach wiederholtem Besitzerwechsel kam diese 1539 an die Gf. Fugger im nahen Illerkirchberg, welche zeitweise hier residierten und Dietenheim zur Stadt ausbauten. Vom **Schloss,** 1748, ist nur noch der Nordflügel erhalten, weil zwei Flügel 1808 abgebrochen wurden. Der schmucklose dreistöckige Kasten diente im 19.Jh als Gasthof und Poststation. Heute sind darin Wohnungen und Büros untergebracht (Königstraße 70). In der ca 100 m entfernten kath. Kirche hängt ein prächtiger Totenschild an der Orgelempore. - **Schloss Brandenburg** (im OT Regglisweiler) ist heute ein Frauenkloster. Die Gemeinschaft der Immakulataschwestern (Franziskanerinnen) kaufte 1929 das Gelände. Sie brach 1961 das Renaissance-Schloss der Gf. Fugger ab und erstellte einen Neubau in der Art des ursprünglichen Schlosses. Leider wird dieser Bau inzwischen von modernsten Klostergebäuden zur Strasse hin verdeckt. (2007)

E9 Beilstein HN

Der **Gleißende Wolf** von Wunnenstein war 1367 am missglückten Überfall der Schlegler im Wildbad (s. Heimsheim) beteiligt. Anschließend flüchtete er zum Rheingrafen, trat in Fürstendienste und befehdete mit deren Unterstützung die Reichsstädte Wimpfen, Frankfurt, Rothenburg und Straßburg. Schließlich trug er 1388 bei Döffingen entscheidend zum Sieg Württembergs über die Reichsstädte bei. – Die **Hr. von Wunnenstein** sind wahrscheinlich Nachkommen der Hr. von Waldeck (s. Calw), die den Königshof in Ilsfeld erhielten und sich 1251 nach dem Bergle Wunnenstein nannten. Als Ministeriale der Gf. Löwenstein und Gf. Württemberg erwarben sie Beilstein. 1456 starben sie aus, eine Autobahnraststätte und Epitaphien in Beilstein erinnern an sie.

Kernort

Burg und Städtchen wurden im 13.Jh von den Gf. Löwenstein gegründet und 1300 von Württemberg gekauft, das sie als Lehen an die Hr. von Wunnenstein gab. Nach deren Aussterben (1456) machte sie Württemberg zum Zentrum eines Amtes. 1693 totale Zerstörung durch den Sonnenkönig.
Bauten: Von der **Burg Hohenbeilstein** (um 1200) blieb ein fünfeckiger Bergfried und der innere Mauerring erhalten. Rondelle und Bollwerk stammen aus dem 16.Jh. Sie ist heute Gaststätte und Falknerei. - Unterhalb steht der 1577 erbaute Amtshof, der 1907 vom Stuttgarter Textilfabrikanten Vollmoeller zu einem **Neorenaissanceschlösschen** umgebaut wurde. Die aufgrund ihrer vielen Zierelemente romantisch wirkende Anlage steht erhöht über der Stadt und wird heute als „Haus der Kinderkirche" von der evang. Landeskirche genutzt (Schlossstr. 30). - **Sonstiges:** Daneben ist die Herrschaftskelter, heute ein Weingut (Schlossstr. 34). – Wenige Schritte weiter steht die frühgotische Magdalenenkirche, die 1803 aufgegeben und deren Chor abgebrochen wurde. In ihr unterhielten die Hr. von Wunnenstein ihre Grablege, wovon Epitaphien (auch des Gleißenden Wolf) erhalten blieben. Seit 1955 dient sie als Jugendheim

(Schlossstr. 42). - Von der Burg führen Schenkelmauern zum Städtchen, in dem einige schöne Fachwerkhäuser von Vögten und Bürgern stehen.
UMGEBUNG: Zwischen Beilstein und **Abstatt** findet man die Reste der Burg **Helfenberg** (Gem. Ilsfeld), nach der sich eine noch heute lebende Linie der Frh. von Gaisberg benennt. - Circa 1 km nördlich ist die Burg **Wildeck** teilweise erhalten. Im Mittelalter saßen hier die Hr. von Heinriet. Ab 1490 gehörte sie zur Gft. Löwenstein und war Sitz eines Forstmeisters. Heute beherbergt sie ein Staatsweingut. Von der 1533 errichteten Burg steht ein massiver Rechteckturm mit zwei Erkern und dem Wappen der Heinriet. Ein barockes Fachwerkhaus schließt sich an. Lage: östlich von Abstatt in den Weinbergen, Zufahrt bis Parkplatz ausgeschildert. – Auf dem Abstatter Friedhof fällt das überlebensgroße Epitaph eines Löwensteinschen Amtmanns auf (um 1600). (2005)

(Bad) Bellingen LÖ N1

Die **Hr. von Rotberg** nahmen mit ihrer Zugehörigkeit zum Landadel wie zum Basler Patriziat eine gängige Doppelfunktion ein (s. Mittelbiberach). 1247 wurden sie erstmals als Ministeriale des Bf. von Basel erwähnt. In der aufsteigenden Reichsstadt Basel übernahmen sie Leitungsämter bis hin zum Bürgermeister. Überraschen muss jedoch, dass sie 1515 ihre Burg Rotberg samt umliegenden Dörfern an die Stadt Solothurn statt an Basel verkauften, weshalb bis heute dieses Gebiet (samt Kloster Mariastein) eine Solothurner Exklave im Kanton Basel-Land ist. Bereits 1417 hatten sie mit dem Erwerb von Bamlach und Rheinweiler den Schwerpunkt ihrer Herrschaft in den Breisgau verlegt, wo sie jedoch nicht die Reformation einführen durften, weil Habsburg die Landeshoheit beanspruchte. Erst 1747 ordneten sie sich endgültig in die Breisgauer Ritterschaft ein und anerkannten damit ihre Landsässigkeit. Als Obervögte in Markgräflichen Diensten ließen sie sich in den benachbarten evang. Kirchen von Blansingen und Kleinkems (s. Efringen-Kirchen) beerdigen, wohnten jedoch in drei Teilorten von Bad Bellingen: Rheinweiler, Bamlach, Hertingen.

Die **Gf. von Andlau** (**Andlaw**) nannten sich nach der Benediktinerinnenabtei Andlau im Elsass, als deren Vizedomus sie 1144 erwähnt werden. Um 1400 teilten sie sich in zwei Hauptlinien. Die Stammlinie in Andlau und Walf schloss sich der Reichsritterschaft im Unterelsass und der Reformation an, was zu massiven Konflikten mit der Abtei führte, welche schließlich das Andlautal rekatholisierte. Im 18.Jh starb sie aus. Die Linie im elsässischen Wittenheim blieb kath. Sie unterteilte sich in die Linien Birseck (s. March), Wittenheim, Kingersheim, Klein-Landau und Andlaw-Homburg, benannt nach dem Dorf Homburg (Hombourg) im Oberelsass. Diese verlor den elsässischen Besitz in der franz. Revolution, woraufhin sie ihren Wohnsitz hierher verlegte, wo sie 1817 in den Grafenstand aufstieg. 1961 starb sie aus. Mit dem Dorf Bellingen gehörte sie zur Breisgauer Ritterschaft.

Rheinweiler. Schloss über Rhein und Autobahn

(Bad) Bellingen

Kernort

Das Dorf wurde 1006 dem Bf von Basel geschenkt und gelangte als Teil der Herrschaft Butenheim (Burg jenseits des Rheins bei Hombourg) an Habsburg, das die Herrschaft 1401 an die elsässische Uradelsfamilie von Andlau verlieh. Die richtete einen Fährverkehr zwischen ihren Besitzungen beidseits des Rheins ein. Als die Linie Andlaw-Homburg in der franz. Revolution ihren elsässischen Besitz verlor, verlegte sie ihren Wohnsitz hierher, wo sie 1961 ausstarb. 1956 wurde beim Bohren nach Erdöl das Heilwasser entdeckt, das aus dem Dorf einen Kurort machte.
Bauten: Das **Schlössle** (1590) wurde im 19.Jh grundlegend umgebaut. Der schmucke Kasten ist seit 1937 in Gemeindebesitz. Bei einer grundlegenden Sanierung wurden 1981 der Staffelgiebel sowie ein gläserner Treppenturm angefügt, so dass alt und neu ineinander über gehen. Heute Rathaus. – Kleiner **Schlosspark** zwischen Schloss und Kirche, großer Kurpark hinter dem Schloss. – **Sonstiges:** Im Friedhof neben der kath. Kirche eine Gedächtnisstätte mit Grabplatten der Andlaw-Homburg aus dem 20.Jh.

OT Rheinweiler

Das Kloster St. Alban in Basel verlieh im 14.Jh das Dorf an Basler Patrizier und 1417 an die Hr. von Rotberg. Diese schufen sich zusammen mit Bamlach und Hertingen eine kleine Herrschaft. Obwohl das Dorf als Reichslehen galt, forderte Habsburg die Mitgliedschaft in der Breisgauer Ritterschaft. So durften die Rotberg nur für sich in ihrer Schlosskapelle den evang. Glauben praktizieren, ihn jedoch nicht bei ihren Untertanen einführen. Nach ständigen Streitereien mit Habsburg anerkannten sie 1747 die Landsässigkeit.
Bauten: Das **Schloss** (1678) besteht aus zwei Gebäuden, die 1908 durch einen gelungenen neobarocken Zwischenbau miteinander verbunden wurden. Dabei wurden auf der Rheinseite ein Pavillon (heute Empfangsraum mit einem Renaissance-Epitaph) sowie auf der Dorfseite ein verspieltes Rundtürmchen eingefügt. Außenseite mit drei Allianzwappen. Das zweistöckige Gebäude unter Walmdach bietet einen schönen Anblick vom Dorf wie vom Rhein (bzw. von der Autobahn) her. Es wurde 1928 an den Landkreis verkauft und wird seitdem als Kreisaltenheim genutzt. – **Sonstiges:** In der separat stehenden Schlosskapelle (1539), heute kath. Dorfkirche, fallen im Chor zwei schöne Schlusssteine (Rotberg und Freiherr von Baden) auf.
UMGEBUNG: Auch das benachbarte Dorf **Bamlach** wurde 1417 von den Rotberg aus den Händen Basler Patrizier erworben. Auch hier scheiterte die Reformation am Widerstand Habsburgs, was die Konflikte zwischen den evang. Rotberg und der kath. Dorfbevölkerung verstärkte. Das Schloss wurde 1925 an die St. Josef-Anstalten in Herten verkauft und 1974 abgerissen. An seiner Stelle stehen hohe Betonneubauten. Nur der Schlosspark sowie gegenüber der Meierhof (Probsteiweg 1) blieben erhalten. An die Herrschaft erinnern zwei figürliche Renaissance-Epitaphien eines Ehepaars (1586, 1591) und das klassizistische Epitaph eines katholischen Rotberg (1819), die in der kath. Kirche im Westvorraum (= Chor der Vorgänger-Kirche) stehen. Drei Rotberg-Gräber (19.Jh) im Friedhof. (2009)

Bernstadt UL I11

Die **Patrizier** der Reichsstadt Ulm nahmen eine Sonderstellung ein, vergleichbar den Patriziern in den Reichsstädten Augsburg, Nürnberg, Frankfurt und Straßburg: Sie galten als gleichrangig mit Reichsrittern. Dies ermöglichte ihnen, in den umwohnenden Adel einzuheiraten. Schwierig wurde es, wenn sie sich mit einem Rittergut von der Reichsstadt absetzen wollten, wie es z.B. die Biberacher Schad machten (s. Mittelbiberach). Dies war nur dort möglich, wo keine Kollision mit reichsstädtischen Interessen auftrat, was u.a. der Familie Ehinger in Balzheim gelang. Im Bereich der Ulmer Herrschaft jedoch war nur eine Art landsässige Existenz unter der Oberhoheit der Reichsstadt möglich, so auch für die Besserer hier in Bernstadt auf der Schwäbischen Alb.

Kernort
Ortsadel als Ministeriale der Gf. von Helfenstein saß auf einer Burg nördlich der Kirche. Mit der Verpfändung der Grafschaft kam die Oberhoheit 1396 an die Reichsstadt Ulm. Nach dem Aussterben der Hr. von Bernstadt (1511) fiel das Erbe an die Ulmer Patrizierfamilie Besserer. Da jedoch die Reichsstadt den Grundbesitz und die verschiedenen Rechte inzwischen weitgehend aufgekauft hatte, unterhielt sie ihr eigenes Amtshaus und besoldete einen Vogt. Das Rittergut diente also nur als eine Art Sommerfrische („Lusthaus") für die Besserer.

Bernstadt. Patriziersitz im Territorium der Reichsstadt Ulm

Bauten: Das **Schloss** (1549) wurde nach der Zerstörung durch den Sonnenkönig in barocker Form wieder aufgebaut. Es ist ein viergeschossiges Steinhaus auf quadratischem Grundriss mit türmchenartigen Eckerkern. Seit 1824 in Gemeindebesitz, heute Rathaus. Es steht als pittoresker Blickfang am westlichen Ortsrand - **Sonstiges:** Daneben (Schmiedgasse 3) steht das Vogtshaus und 200 m weiter (Schmiedgasse 14) das Ulmer Amtshaus, beide heute privat bewohnt. – Ein schlichtes Wappenepitaph der Besserer in evang. Kirche, die als Wehrkirche im Bereich der abgegangenen Burg steht.

UMGEBUNG: Im Umland blieben mehrere **Amtshäuser** der Reichsstadt Ulm erhalten. So im nördlich gelegenen Dorf **Neenstetten** (s. Altheim/Alb). So auch im nordwestlich gelegenen Dorf **Lonsee**. Das 1618 neben der evang. Kirche errichtete Gebäude ist privat bewohnt (Hauptstr. 27). – Im Umland blieben auch noch einige Hülen (= Wassersammelplatz) erhalten, welche auf der wasserarmen Alb die Voraussetzung für eine dörfliche Besiedlung schufen. (2007)

Besigheim LB F8

Tief graben sich Neckar und Enz in den wasserdurchlässigen **Muschelkalk** ein und bilden mit ihren engen Schleifen eine pittoreske Felslandschaft. Daher wirkt das **Neckartal** zwischen Bad Cannstatt und Lauffen nicht eintönig,

Besigheim

obwohl der Fluss zu einer kanalartigen Wasserstraße umfunktioniert wurde. Die engen Flussschleifen entstehen, weil der Muschelkalk als Felsgestein den Flüssen den direkten Weg versperrt und sie zu Umwegen zwingt. So auch hier, wo die Mündung der Enz in den Neckar einen Bergsporn schuf, auf dem sich das malerische Städtchen Besigheim wie eine Burg erhebt.

Kernstadt

Ein fränkischer Königshof wurde 1153 den Gf. Baden geschenkt. Sie gründeten 1220 eine Stadt, deren natürliche Lage auf dem Felssporn sich zum Ausbau als Festungsstadt anbot. Damit sicherten sie ihren umfangreichen Besitzes im Neckarraum (s. Backnang). Dies erklärt, weshalb die Stadt erst 1595 zusammen mit dem badischen Restbesitz am Neckar an Württemberg verkauft wurde, als sich Baden in einer existenziellen Krise befand (s. Liebenzell). Die Stadt wurde als Zentrum eines württ. Amtes 1688 und 1693 von den Truppen des Sonnenkönigs zerstört. Leider riss man die Stadtmauern im 19.Jh ab.

Bauten: Die Stadtanlage über dem Neckar war auf beiden Seiten von Burgen gesichert, von denen die Wohntürme aus der Stauferzeit erhalten blieben. Die **Obere Burg** („Schochenturm", 1220) neben der Stadtkirche ist verbunden mit einem massiven Steinhaus, welches der Palas der Burg war und mit seinen kleinen Spitzbogenfenstern urtümlich wirkt. Von der **Unteren Burg** blieb nur der Turm erhalten („Waldhornturm"), die Burg selbst wurde 1693 zerstört. - Das **Schloss** wurde 1908 abgerissen, an seiner Stelle sind heute mehrere Ämter untergebracht („Schlossgasse"). - **Sonstiges:** Das Haus „Auf der Mauer 1" war ein Freihof (heute Amtsgericht). - In der evang. Stadtkirche hängen mehrere gemalte Epitaphien von Amtleuten.

UMGEBUNG: Auch das Nachbarstädtchen **Mundelsheim** war badisch, wobei seit dem 13.Jh die Ritter von Urbach (aus dem Remstal) unter badischer Oberhoheit die Ortsherrschaft ausübten. Nach dem Aussterben der Urbach (1512) richtete Baden ein eigenes Amt ein, das 1595 an Württemberg verkauft wurde; die Amtsschreiberei ist heute ein Wohnhaus. Das Dorf wurde 1422 zur Stadt erhoben, das östliche Stadttor blieb erhalten. Neben ihm steht das **Schlössle** (1600), ein ehem. Freihof. Es ist leider durch spätere Umbauten zu einem unauffälligen Gebäude geworden, an dem nur die doppelläufige Freitreppe und das Rundbogentor auffallen (Freihofstraße). Dazu gehörte als Schlossscheune das benachbarte Gasthaus. Daneben stand die Burg der Hr. von Urbach, von der nur eine Scheune mit zugemauerten Schießscharten übrig blieb. Wappenepitaphien der Freihofbesitzer (Wittstatt, Treppach, Winterstetten, Buchholz) und figürliche Epitaphien des badischen Amtmanns Wolff von Bergzabern mit seinen beiden Frauen findet man in der ehem. Pfarrkirche und jetzigen Friedhofkirche St. Kilian, die im Süden des Städtchens am Ende der Kilianstraße steht. Schaffnerei nebst Zehntscheune (Weinbaumuseum) des Damenstifts Oberstenfeld stehen als prächtige Fachwerkhäuser an der Marktstraße. (2004)

Beuron SIG L7

Tief gräbt sich die **Donau** zwischen Fridingen und Sigmaringen in die Schwäbische Alb, durchbricht in x-Windungen das harte Juragestein. Ein Tal, wie geschaffen für Burgen, ähnlich dem Tal der Großen Lauter (s. Hayingen). So stoßen wir hier auf entsprechend viele Burgen bzw. Burgruinen, manche wie Adlerhorste mit dem Felsgestein verbunden (s. Leibertingen und Fridingen). Eine Bilderbuchlandschaft, die man v.a. von oben, von einem der vielen Felsvorsprünge gesehen haben muss. Und darin, ganz klein von oben, das Kloster Beuron mit seiner weitläufigen Barockanlage.

Kloster Beuron

1077 als Augustiner-Chorherrenstift gegründet. Von seiner letzten Blütezeit im 18.Jh, als es auf den letzten Drücker vor der Säkularisation noch reichsunmittelbar wurde, zeugt die Barockanlage. Nach der Säkularisation (1803) wurde es von den Sigmaringer Hohenzollern als **Schloss** genutzt. 1863 jedoch schenkte Fürstin Katharina das Gebäude für die Gründung eines Benediktinerklosters, das erste neugegründete im 19.Jh in Deutschland (außerhalb von Bayern). Heute ist Beuron Erzabtei einer eigenen Kongregation von je 10 Männer- und Frauenklöstern.

Bauten: Die Klosteranlage ist eine lang gefügte Ansammlung von Gebäuden. An die im Norden stehende Kirche schließt sich nach Süden der 1701-1705 erbaute Klausurbereich mit dem Kapitelsaal an. Dem wurden 1889 das Refektorium samt Gastflügel im Osten und 1925 die theologische Hochschule samt Bibliothek im Süden angebaut. Hinzu kommt der Wirtschaftshof. Der Besucher kann die Kirche samt der im Beuroner Stil ausgemalten Gnadenkapelle besichtigen. Zudem ist in begrenztem Maße ein Zugang in den Wirtschaftshof bei der Pforte und in den Wissenschaftstrakt möglich.

Schloss Werenwag

Hier saßen Ministerialen der Gf. Hohenberg. Anscheinend war es einem Hugo von Werenwag in seiner abgelegenen Burg so langweilig, dass er sich mit Minnesang die Zeit vertrieb. Die Familie starb im frühen 16.Jh aus. Werenwag als Teil der Gft. Hohenberg wurde von Habsburg an Parteigänger vergeben, so auch 1626-77 an die Gf. Fürstenberg. Diese besitzen seit 1830 das Schloss.

Bauten: Die **Burg** ist ein Bergfried mit Buckelquadern, die Bauten des **Schlosses** stammen zum Großteil aus 17.-19.Jh. Es liegt in herrlicher Lage auf einem Felssporn, schön vom Donautal aus anzusehen. Zufahrt von Schwenningen aus möglich (2 km Schotterweg, „Anlieger frei"), Zugang bis zum Hoftor.

Beuron. Blick vom vom Knopfmacherfelsen ins Donautal

Beuron

UMGEBUNG: Im **OT Hausen im Tal** stehen in der schlichten kath. Kirche zwei Epitaphien der Hr. von Hausen, deren Burgruine auf einem Felsvorsprung hoch über Dorf und Donautal wie ein Vogelnest sitzt. Nach der Zerstörung der Burg durch Württemberg (1470) verlegten sie ihren Herrschaftsschwerpunkt ins benachbarte Stetten am kalten Markt (s.d.). Die Burgruine, heute in Besitz des Gf. Douglas, findet man über eine Abzweigung der Straße nach Schwenningen. Beim Wirtschaftshof im Burgvorhofbereich steht eine Informationstafel (beispielhafter Service!). Der Zugang ist offen. (2005)

F7 Bietigheim-Bissingen LB

Märchenhochzeiten gab es schon früher, z.B. die 1380 zwischen Gf. Eberhard III (dem Milden) und **Antonia Visconti,** …. jedenfalls aus Württemberger Sicht. Denn märchenhaft waren sowohl die Aussteuer mit 70.000 Gulden wie auch die politische Aufwertung, da der Mailänder Herrscher Bernabo Visconti seine weiteren legitimen Töchter durchwegs nur an bedeutendere Adelshäuser verheiratete, wie z.B. an die Herzöge von Bayern. Durch die Verschwägerungen mit dem europäischen Hochadel erreichten die Mailänder Aufsteiger aber auch eine politische Aufwertung und konnten kurze Zeit danach (1395) in den Herzogsstand aufsteigen. (Zu den unehelichen Viscontitöchtern: s. Riedlingen). Als Absicherung für den Witwenstand (= Morgengabe, s. Michelbach) mussten Antonia Visconti entsprechende Sachwerte zugesprochen werden. Dies war u.a. die Stadt Bietigheim, wo sie uns heute historisch und modern zugleich erwartet.

OT Bietigheim

Ortsadel saß auf einer (verschwundenen) Burg neben der heutigen Stadtkirche. Über die Gf. Vaihingen kamen die Gf. Württemberg 1360 in Besitz des Dorfes, das sie zur Stadt und Mittelpunkt eines Amtes erhoben. Die anschließende Erbauung eines Schlosses als südwestlicher Eckpunkt der Stadtbefestigung wird Antonia Visconti zugeschrieben. Im 16.Jh wurde zur Hauptstraße hin die Wohnung des Vogtes, das Neue Schloss, hinzugefügt, welches 1707 einen Brand überstand, bei dem das Visconti-Schloss zerstört wurde.

Bauten: Das „**Neue Schloss**" ist der an der Hauptstraße (Nr. 81) errichtete Vogtsbau, der den Brand 1707 überstand. Zusammen mit dem östlich angebauten Fruchtkasten (Nr. 79) ergibt es ein lang gestrecktes, nüchternes dreistöckiges Gebäude unter Satteldach. Württ. Wappen (1709). Heute von Stadt, Gaststätten und Geschäften genutzt. Dahinter der ehem. Schlosshof mit verschiedenen Nutzbauten, z.T. modern gestaltet. Hier stand mal das Visconti-Schloss – **Sonstiges:** Die mittelalterliche Burg stand an der Stelle der später erbauten Weinkelter neben der Stadtkirche. Sie wurde durch Württemberg 1291 zerstört, ihr Bergfried stürzte 1542 ein. An der Stelle der Burgkapelle wurde der Chor der evang. Stadtkirche erbaut. In ihm befindet sich auf 3/4 Höhe eine Frauenbüste mit Krone, vermutlich Antonia Visconti. – Den Wohlstand der Stadt demonstrieren viele stattliche Fachwerkhäuser (Hauptstr., Schieringerstr.). So auch das Hornmoldhaus (Stadtmuseum, wunderbar wegen seiner überbordenden Renaissance-Innenausmalung) und dahinter das Stadthaus der Frh. von Nippenburg (heute Stadtarchiv). – Der Renaissance-Marktbrunnen vor dem Rathaus mit der Statue des Landesherren ist typisch für württ. Amtsstädte. - Außerhalb der Altstadt steht eine Urkirche (Peterskirche) beim heutigen Friedhof, ausgestattet mit vielen Epitaphien von Bürgern und Beamten. – Nochmals Visconti, aber jetzt modern: Das ausgefallene Gebäude „Cafe Visconti" neben dem historischen Schloss, dazu die turmhohe, wie ein Stadttor wirkende Pferdeplastik von Goertz (s. Angelbachtal),…. welch ein gelungener Altstadtabschluss!

UMGEBUNG: Im OT **Untermberg,** der direkt unterhalb der Burg Altsachsenheim liegt, steht die Ruine **Mäuseturm** (= Mautturm), ein ehem. Zoll- und Wachtturm der Burg. (2006)

Binau MOS C7

Die **Fam. Riaucour** stammt aus dem Rhonetal. Sie kam über den Umweg Sachsen nach Südwestdeutschland, als Andreas die Diplomatenlaufbahn ergriff und 1748 Sächsischer Gesandter in Mannheim wurde. Mit dem Erwerb von Kleineicholzheim (1752) und Binau (1767) wurde er Reichsritter, mit der Herrschaft Gaußig bei Bautzen in der Oberlausitz Graf. 1794 starb die Familie aus. Tochter Henriette heiratete in die Kölner Familie Schall von Bell ein und erbte die sächsischen Besitzungen. Unter dem Doppelnamen von Schall-Riaucour existiert die Familie

Binau. Schloss der Gf. Riaucour. Französisches Flair am Unteren Neckar

noch heute. Marianne heiratete den Gf. von Waldkirch und erhielt den Südwestdeutschen Besitz (u.a. das im 2.Weltkrieg zerstörte Palais in Mannheim). Das Riaucour-Wappen krönt den Eingang des Schlosses in Binau.

Kernort
Ortsadel als Ministeriale der Wimpfener Stauferpfalz wohnte auf Burg Dauchstein. Die Oberhoheit kam 1330 mit der Mosbacher Cent an die Kurpfalz. 1448 erwarben die Ritter von Bödigheim die Dorfherrschaft und schlossen sich dem Kanton Odenwald der Reichsritterschaft und der Reformation an. Nach deren Aussterben häufiger Besitzwechsel, darunter auch Gf. Riaucourt.
Bauten: Das **Schloss** wurde 1744 vom berühmten Pfälzer Baumeister J.J. Rischer erbaut. Es ist ein lang gestreckter, zweistöckiger Bau. Das Portal mit dem Wappen auf der Hofseite wurde 1784 von Gf. Riaucour hinzugefügt. Heute Al-

tenheim, Zugang möglich. Zum Neckar hin bietet das Schloss mit dem französischen Garten einen schönen Anblick. – Von der um 1100 erbauten **Burg Dauchstein** stehen noch Bergfried und Reste der Schildmauer. Sie wurde 1974 von einem Ehepaar wieder hergestellt und wird seitdem von ihm bewohnt. Lage: Versteckt im Wald oberhalb des Dorfes, 50 m Fußweg. - **Sonstiges:** Mehrere figürliche Epitaphien der Hr. von Bödigheim in der simultan genutzten Kirche. (2006)

L8 Bingen SIG

Nach der Burg Hornstein im Laucherttal nannten sich im 13.Jh die **Hr. von Hornstein.** Das Ministerialengeschlecht spaltete sich im 14./15. Jh. in 13 Linien auf, von denen jedoch nur die Linie Hornstein-Hertenstein überlebte und sich anschließend erneut verzweigte. Balthasar von Hornstein in Grüningen heiratete eine von sieben Erbtöchtern der Hr. von Stoffeln und kaufte1579 die dortige Herrschaft Hohenstoffeln (s. Hilzingen), so dass das Geschlecht den beiden Kantonen Donau und Hegau der Reichsritterschaft angehörte. Noch heute sitzen Nachkommen auf Schlössern in Grüningen (s. Riedlingen) und Binningen (s. Hilzingen), die sich den Besitz ihrer Stammburg Hornstein teilen.

OT Hornstein
Die Stammburg steht als Ruine über dem Laucherttal. Sie gehörte zum Kanton Donau der Reichsritterschaft. Die Hornstein wurden von den benachbarten Sigmaringer Hohenzollern so bedrängt und eingeengt, dass sie schließlich 1789 ihre hiesigen Rechte und Besitzungen an sie verkauften.

Hornstein. Die Schlossruine dient als Kulisse für Freilichtspiele

Bauten: Das **Schloss** wurde um 1700 an Stelle der mittelalterlichen Burg erbaut. 1871 kauften es die Hornstein zurück und brachen es bis auf die Burgkapelle ab. Die gesicherte Ruine dient für Freilichtspiele. Zufahrt ausgeschildert. (Die Burg Hertenstein, ca. 3 km entfernt westlich über der Lauchert, ist vollständig verschwunden.)

UMGEBUNG: Am Rande des **OT Bingen** steht die kath. Kirche erhöht über dem Dorfe. An den spätgotischen Chor wurde eine moderne Erweiterung angefügt, in der sich neun Wappen-Epitaphien der Hornstein aus dem 16. und 17.Jh. befinden. (2009)

Blaubeuren UL J10

Bildung nahm in Württemberg seit der Reformation einen besonders hohen Stellenwert ein. Denn mit der Umwandlung von 13 Klöstern in **Klosterschulen** schuf Herzog Christoph 1556 eine Bildungseinrichtung, die als vorbildlich für ganz Deutschland bezeichnet werden konnte. Diese Schulen dienten als Vorbereitung für die Pfarrerausbildung an der Universität Tübingen und berechtigten zum Wohnen im dortigen evang. Stift. In dieser Tradition steht das evang. theologische Seminar Blaubeuren, ein Gymnasium mit Fächern wie Griechisch und Hebräisch (als Wahlfach). Daher kann man im Kloster nur die Kirche und den Kreuzgang besichtigen, weil das Konventgebäude weitgehend der Schule reserviert ist.

Kernort

Das Benediktinerkloster wurde 1085 am Blautopf gegründet, die Stadt entstand 1159 als Markt neben dem Kloster. Die Gf Helfenstein konnten Stadt und Klostervogtei vom König erwerben, mussten jedoch 1303 die Oberhoheit Habsburgs anerkennen. Als sie 1447 Stadt und Klostervogtei an die Gf. Württemberg verkauften, blieb die Oberhoheit Habsburgs bestehen, weshalb sich die Klosteraufhebung in der Reformation über 25 Jahre hinzog. Im 30j. Krieg zog Habsburg die Herrschaft als verfallenes Lehen vorübergehend ein, anscheinend wohnte damals die Tiroler Erzherzogin Claudia hier. Kloster und Stadt waren Sitz eines jeweils eigenen Oberamtes für rund sechs bzw. zwölf Dörfer. Die Stadt florierte durch Weberei und internationalem Leinwandhandel. Kloster, Verwaltung und Gewerbe, da darf man etwas Besonderes erwarten.

Klostergebäude: Das Kloster am Nordrand der Stadt neben dem Blautopf ist eine in sich weitgehend abgeschlossene spätmittelalterliche Anlage mit Wirtschafts- und Verwaltungsbauten. Da es keine Barockanlage ist, wirken die einzelnen Gebäude zwar herrschaftlich-stattlich, jedoch nicht wie ein Schloss (s. Salem). Herrschaftsfunktionen erfüllte dabei die **Oberamtei** als Sitz der Verwaltung des Klosteramtes, ein stattliches Gebäude (Klosterhof 8). An die geistliche und weltliche Herrschaft erinnern zudem die Epitaphien von Äbten und Adligen in Kirche, Kreuzgang und Kapitelsaal, die als Museum öffentlich zugänglich sind. Besonders zu beachten ist das feine figürliche Epitaph der Helfensteiner (Mutter und Sohn, um 1480).

Stadtgebäude: Kloster und Blautopf sind Besuchermagneten, die Stadt hingegen lässt man links liegen. Dabei ist es eines der schönsten Fachwerkstädtchen BWs, in der drei Gebäude als Schlösschen bezeichnet werden können. Zum einen das **Oberamt** in der Ritterstraße 3, heute Polizei, ein zweistöckiges Fachwerkgebäude auf Steinsockel unter hohem Satteldach. Als Adelssitz erbaut wohnte darin ab 1679 der Obervogt für das Amt Blaubeuren, das aus der Stadt samt 12 Dörfern bestand. - Zum anderen das **Große Haus,** ein Adelswohnsitz in prachtvollem Fachwerkhaus (1429), heute Stadtbücherei (Webergasse). – Und daneben schließlich das **Kleine Große Haus,** ein ebenfalls prachtvolles Fachwerkhaus (1457) mit Turm. Auch dies war ein Adelssitz, in dem 1540-1606 der Obervogt und im 30j. Krieg Erzherzogin Claudia wohnte (Webergasse 11). – **Sonstiges**: In der Klosterstraße (Nr. 12) steht ein Fachwerkhaus mit

Blaubeuren

einem Allianzwappen. Es war ursprünglich ein Adelswohnhaus, das zum Sitz des Forstmeisters wurde (heute evang. Gemeindehaus). - In der evang. Stadtkirche hängen drei Totenschilde und ein manieristisches Holzepitaph für einen Gf. Helfenstein, der im 16.Jh württ. Obervogt war.

UMGEBUNG: In der nahen Gemeinde **Laichingen** besaß das Kloster Blaubeuren im Kernort die Grundherrschaft unter württ. Oberhoheit. Nach der Reformation machte Württemberg das Albdorf zum Zentrum eines Unteramtes und errichtete ein **Amtshaus** (1563). Das schmucke Fachwerkhaus auf Steinsockel mit einer kleinen Freitreppe, das zeitweise als Rathaus diente („Altes Rathaus"), steht nahe dem Marktplatz (Weite Straße 1). Man blickt von hier auf die rund 200 m entfernte mächtige **Kirchenburganlage.** Die Gebäude umgeben die evang. Kirche im Halbkreis (Zeughaus, Heiligenhaus, Torhaus). Sie werden als Webereimuseum genutzt, denn Laichingen war ein Zentrum der Flachsverarbeitung, also der Leinenherstellung (s. Heubach). Man produzierte ursprünglich für die Ulmer Leinenhändler, wurde jedoch um 1600 gezwungen, sich auf Württemberg als Absatzmarkt zu beschränken. – Der **OT Machtolsheim** gehörte zum Klosteramt Blaubeuren. Einmalig für evang. Kirchen in ganz BW ist die Kirche aufgrund ihrer prachtvollen Rokokogestaltung mit dem württ. Wappen über dem Chorbogen. Hier sehen Engel anders aus als in kath. Barockkirchen!

(2009)

J11 Blaustein UL

Karstquellen und Quelltöpfe sind ein Markenzeichen der **Schwäbischen Alb,** sind typisch für den Jura allgemein. Sie entstehen, weil das Niederschlagswasser durch feine Risse und Klüfte in das poröse Kalkgestein eindringen kann, wo sich seine Wege zu Röhrensystemen und Höhlen erweitern. Wenn es dann auf wasserundurchlässige Schichten stößt oder von einem Tal angeschnitten wird, tritt es in entsprechenden Mengen aus. Deshalb gibt es auf der Albhochfläche nur wenige Bäche oder Seen, sprudeln statt dessen die Quellen auf beiden Seiten der Alb. So auch in der Ulmer Region, wo die Quelltöpfe aneinander gereiht liegen: die Schmiechquelle bei Hütten, die Achquelle beim Kloster Urspring, der Blautopf bei Blaubeuren und hier die Lauterquelle bei Lautern.

OT Lautern

Beim Lauterquelltopf, unterhalb der verschwunden Burg Lauterstein, bildete sich ein Weiler um eine Urkirche, die durch Württemberg protestantisch wurde. - Die romanisch-gotische Kirche liegt inmitten eines ummauerten Friedhofs mit dem Familiengrab der Maucler vom nahen Schloss Oberherrlingen. Ca. 150 weiter entspringt die Lauter. Neben dem Quelltopf wohnte der Wassermeister im barocken Haus unter Walmdach. Quelltopf, Kirchlein, immer enger werdendes Tal, Mühlen-Gaststätten, das Ganze bietet ein Bild wie aus einem Märchenbuch. Die Zufahrt ist von Herrlingen (bei kath. Kirche) ausgeschildert.

OT Herrlingen

Im 13. und 14.Jh saßen auf Burg Oberherrlingen Ministeriale, die 1489 an die Fam. von Bernhausen (auf den Fildern) verkauften. Diese kauften auch noch Burg Klingenstein (s.u.), schlossen sich dem Kanton Donau der Reichsritterschaft an und blieben beim Alten Glauben. 1839 Verkauf an Frh. von Maucler.

Bauten: Das **Schloss Oberherrlingen** (1588) steht an Stelle einer mittelalterlichen Burg. Es ist ein dreigeschossiges Steinhaus unter hohem Satteldach mit aufgemalter Architekturgliederung an den Schauseiten. Die beiden Spitzgiebel wirken seltsam. Das Hofgut ist Privatbesitz, Zugang bis zum schönen Hofgitter. – Daneben die 1708 erbaute Wallfahrtskapelle Maria Hilf. – **Sonstiges:** Mehrere Epitaphien in kath. Kirche im Dorf. Auf dem Friedhof das Grab von Erwin Rommel, an den auch noch ein Denkmal an der Straße nach OT Wippingen erinnert.

UMGEBUNG: An der Straße nach OT Bermaringen liegt das Hofgut **Hohenstein**. Es war ab 1693 in Besitz der Ulmer Patrizierfamilie Kraft, die hier ihr Landschlösschen errichtete. Das renovierungsbedürftige schlichte Herrenhaus (1693) mit schöner, wappengeschmückter Türe liegt an der Südwestecke des Hofguts.

OT Klingenstein

Ministerialen auf der Reichsburg verkauften um 1300 an die Hr. von Stain. Die hier sitzenden Stain spalteten sich in mehrere Linien, die im 16.Jh sukzessive an die Hr. von Bernhausen auf Schloss Oberherrlingen (s.o.) verkauften. Diese schlossen sich der Reichsritterschaft an und blieben beim Alten Glauben.

Klingenstein. Idyllisch liegt das Schloss über dem Blautal

Bauten: Das **Schloss** (1756) steht auf dem Gelände von drei Burgen der verschiedenen Stein-Linien. Der Massivbau mit kleinem Turm und Kapelle steht im Norden der Burganlage. Seit 1860 in Besitz der Ulmer Industriellenfamilie Leube. Von der **Burg** stehen noch Reste, darunter der Bergfried. Lage: Hoch über dem Blautal, Schlossstr. 43. Privatbesitz.

OT Arnegg

Im 14.Jh erwarb Württemberg die Ortsherrschaft, die über die Frh. von Stadion um 1700 an den Deutschen Orden in Ulm kam. Der baute ein Amtshaus.

Bauten: Als **Schlössle** (1783) kann man das ehem. Amtshaus bezeichnen. Der zweistöckige, ansehnliche Bau unter Walmdach mit dem Ordenswappen ist heute Rathaus. Er steht in der Ermingerstraße, die auch zur 1808 abgebrochenen **Burg** führt. Von der weitläufigen Burganlage ist noch der Mauerring erhalten, der imposant über einem Trockental steht. Auf dem Burggelände ist heute ein Bauernhof. – **Sonstiges:** Im Dorf ist das Denkmal zum 1. Weltkrieg an der barocken Kirche aufschlussreich: Der Drachentöter Georg mit Stahlhelm. (2006)

Bodman-Ludwigshafen KN

1146 werden die **Hr. von Bodman** erstmals genannt, seit 1217 sind sie als Reichsministeriale belegt. Ihre Stammburg war wohl Hohenbodman im Linzgau bei Owingen. Nach der Belehnung mit Bodman bauten sie sich die Burg auf dem Frauenberg, welche sie nach einer Brandkatastrophe mit mehreren toten Familienangehörigen (1307) den Zisterziensern in Salem schenkten. Sie zogen auf die neue Burg („Altbodman") auf dem gegenüberliegenden Berg. Im 15.Jh spalteten sie sich in zwei Hauptlinien auf: Bodman und Möggingen (s. Radolfzell). Die Bodman-Linie machte im Großherzogtum Baden Karriere (Staatsminister) und wurde 1902 in den Grafenstand erhoben. Seit 1873 wohnt sie im ehemaligen Amtshaus am Rande des Dorfes.

Bodensee = Bodmansee. Bei den Römern hieß er Bregenzer See, bei den Franzosen heute Konstanzer See (Lac de Constance). In Deutschland bildete sich jedoch im Hochmittelalter der Namen Bodensee aus, benannt nach dem Dorf Bodman. Was gab es hier so außergewöhnliches?

Bodman

Das Außergewöhnliche war eine Herzogspfalz bzw. nach der Unterwerfung der Alemannen eine Königspfalz, in der mehrere karolingische Könige ihren Aufenthalt nahmen. Sie wurde 1277 abgebrochen. Erst 1217 tauchten die Hr. von Bodman erneut auf, jedoch nicht als Hochadlige, sondern als Reichsministeriale. Sie schlossen sich dem Kanton Hegau der Reichsritterschaft an. Ihre neue Burg („Altbodman", von altus = hoch) wurde im 30j. Krieg zerstört, weshalb sie 1701 im Dorf ein Schloss bauten. Das wiederum brachen sie 1873 ab, weil sie inzwischen das Amtshaus als Schloss nutzten.

Bodman. Die Königspfalz gab dem Bodensee den Namen

Bauten: Das **Schloss,** 1757, ist das ehem. Amtshaus, das 1830-32 zum klassizistischen Schloss umgebaut wurde. Es ist ein siebenachsiger zweistöckiger Bau mit schönem Eingangsbereich (Freitreppe, Portal, säulengeschmücktes Dachhaus). 1907 wurde ein vierter Flügel angebaut. Es wird von Fam. von Bodman bewohnt und zugleich als Rentamt genutzt. Es liegt am östlichen Ende des Dorfes im öffentlich zugänglichen Englischen Park, der Teil eines sich bis zur Marienschlucht erstreckenden Landschaftsparks ist. Der Park bietet herrliche Ausblicke auf den Bodensee. – **Sonstiges:** Westlich des Schlosses stehen die Wirtschaftsgebäude mit einem Taubenhaus. – Neben dem Pfarrhaus steht die ehem. Obervogtei (Im Gries 1). – Die kath. Kirche besitzt viele Erinnerungen an die Fam. Bodman. So die bis 1839 benutzte Gruftkapelle mit zwei Epitaphien. So drei Totenschilde. Und 10 Kirchenfenster, die beim Umbau 1889 von den verschiedenen Mitgliedern der Fam. Bodman gestiftet und mit Wappen versehen wurden. – Eine Familiengrabstätte mit gusseisernem Denkmal (1846) steht inzwischen auf dem Friedhof (erhöht am westlichen Dorfausgang).

UMGEBUNG: Auf dem **Frauenberg** wurde an Stelle der durch Brand zerstörten Burg eine Wallfahrtskapelle mit Mönchshaus erbaut, betreut vom Kloster Salem. Neubau 1610. Seit 1982 von einer kath. Laiengemeinschaft („Agnus Dei") bewohnt. In der (offenen) Kapelle Epitaphien und Gemälde der Fam. Bodman. - Auf dem Berg gegenüber die **Burgruine** „Altbodman", 14.Jh. Der Fußweg zu Frauenberg und Altbodman, eine Strecke von jeweils ca 1,5 km mit ca 200 m Höhenunterschied, beginnt beim Parkplatz oberhalb „Königsweinberg".

UMGEBUNG: Im **OT Ludwigshafen** steht ca 100 vom See entfernt das „Schlössle" an der Stelle einer ehem. Wasserburg. Hier in residierte der Obervogt des Überlinger Spitals. Der zweistöckige Bau des 16.Jh besitzt barocke Stuckdecken. Durch die An- und Umbauten zu Eigentumswohnungen fällt es äußerlich nur noch anhand des Großherzoglich-badischen Wappens am Hoftor auf. (Schlössleweg 10)

UMGEBUNG: Zwischen Bodman und Ludwigshafen liegt das Dorf **Espasingen** mit den Resten eines Bodman-Schlosses (s. Stockach). (2008)

Bönnigheim LB   E7

Ganerbengemeinschaften, bei denen sich mehrere Adelsfamilien eine Burg oder sogar eine Herrschaft teilten, kamen häufig vor. Die Ursache der Teilung war meistens eine Erbteilung: ganerben = ge-anerben. Schwierig konnte es werden, wenn anschließend unterschiedlichste Adelsfamilien beteiligt waren, weil z.B. Töchter ihre Erbteile in andere Familien eingebracht hatten. So findet man viele Ganerbenburgen, Ganerbendörfer und sogar Ganerbenstädte, die in gemeinsamer Herrschaft (= Kondominat) verwaltet wurden. Meistens übernahm eine Familie die Führung oder hatte aufgrund eines herausragenden Rechtstitels das Sagen. Dennoch waren hier Konflikte vorprogrammiert, die nach der Reformation aufgrund konfessioneller Unterschiede eskalierten. So wurde z.B. in Künzelsau die Reformation eingeführt, obwohl sogar Bischöfe Stadtanteile besaßen. Ähnlich ging es in Bönnigheim, wo die vier Stadtviertel nach den Ganerben benannt und – typisch Altes Reich - zwei unterschiedlichen Ritterschaftskantonen zugeordnet waren.

Kernstadt

Die Merowingersiedlung kam über das Kloster Lorch 1232 an den Bf. Mainz. Das Städtchen wurde im 13.Jh als planmäßige Rechteckanlage mit vier Vierteln gegründet. Der Bischof vergab die Stadtherrschaft als Lehen an die Hr. von Sachsenheim, die einzelne Viertel an befreundete Adelsfamilien verkauften, nach denen sie schließlich benannt wurden: Sachsenheim, Neipperg, Gem-

Bönnigheim

mingen, Liebenstein. Diese schlossen sich den beiden reichsritterschaftlichen Kantonen Kocher und Kraichgau sowie der Reformation an. Der Bf. Mainz konnte nach dem 30j. Krieg die einzelnen Viertel erwerben und verpfändete die Stadt 1727 an seinen Schwager und Kanzler Gf. Stadion (s. Warthausen). Dessen außerehelicher Sohn Georg de la Roche heiratete Sophie Gutermann, die hier „Das Fräulein von Sternheim" als ersten deutschen Frauenroman verfasste. 1785 Verkauf an Württemberg, eigenes Oberamt.

Bauten: Das **Schloss** (1756) ist ein zweistöckiger Bau mit einem Mittelrisalit unter Mansarddach, der aufgrund des weiten Vorplatzes voll zur Wirkung kommt. Im Inneren überrascht ein Festsaal mit Rokokostuck. Nach 1785 diente es als Wohnsitz für Mitglieder der Herzogsfamilie und 1828-88 als Oberforstamt für den Stromberg. Heute Museum für moderne Kunst. – Westlich daneben steht der **„Kavaliersbau",** ein Rest des ehem. Liebensteiner Schlosses, das weitgehend wegen des Schlossneubaus abgerissen wurde. Das zweistöckige Gebäude mit Staffelgiebel ist heute Jugendhaus. – Die **Ganerbenburg** (16. Jh) geht auf die Stauferzeit zurück. Das zweistöckige Gebäude mit Staffelgiebel unter Satteldach mit angebautem Treppenturm wirkt aufgrund der Mauer aus Bruchsteinen mittelalterlich. Es steht am Rande des Sachsenheimer Viertels und ist seit 1977 in Privatbesitz („Burgplatz"). – Gegenüber steht das **Steinhaus** (1295), wahrscheinlich der Palas einer unvollendeten Burg und später Meierhof des Bf. Mainz. Heute Schnapsmuseum (Meierhof 7). - **Sonstiges:** Zwei überlebensgroße figürliche Doppelepitaphien der Hr. von Liebenstein im Chor der evang. Kirche, an deren Lettner (!) die Wappen der Ganerben angebracht sind. Außergewöhnlich ist das Sakramentshaus mit einem Ritter von Sachsenheim. – Im Städtchen kann man zwei Keltern, das Gemminger Amtshaus, den Bebenhäuser Klosterhof, interessante Ackerbürgerhäuser und Reste der Stadtbefestigung entdecken.

OT Hohenstein

Die Burg eines Dorfadligen kam im 14.Jh mit der Gft. Vaihingen unter die Oberhoheit von Württemberg. Das vergab die Herrschaft an häufig wechselnde Ritterfamilien, die sich dem Kanton Kocher der Reichsritterschaft und der Reformation anschlossen. 1738 fiel die Herrschaft als Erbe an die württ. Dienstadelsfamilie Schütz-Pflummern, die sich nach dem 1722 erworbenen Pflummern (bei Riedlingen) nannte.

Ganerbenstadt Bönnigheim. Das Stadionschloss als Musenhof

Bauten: Das **Schloss** (1593) ist ein dreistöckiger Renaissancebau mit zwei runden, wuchtigen Ecktürmen und einem Treppenturm. Walmdach und barocke Stuckdecken stammen aus späterer Zeit. Es steht zusammen mit Wirtschaftsbauten am Rande von modernen Laborgebäuden, denn seit 1950 befindet sich darin ein Institut für Textilforschung („Hohensteiner Institute"). Die Zufahrt vom Dorf ist ausgeschildert. - **Sonstiges:** Vier barocke Epitaphien der Gaisberg und der Schütz-Pflummern im Chor der evang. Kirche. Gräber der Schütz-Pflummern auf dem Friedhof daneben. – An der mittleren Straße stehen die ehem. herrschaftlichen Wirtschaftsbauten Kelter, Mühle, Meierei und das Dorfgefängnis, für welches ein Rundturm an der unteren Burgmauer verwendet wurde.

UMGEBUNG: Im Nachbardorf **Kirchheim** am Neckar zeugen noch Mauerreste und das Neckartor von seiner Sonderstellung als Freidorf. Obwohl es bereits um 1400 unter württ. Schutzherrschaft kam, konnte es solche Privilegien wie eigenes Hochgericht, Ummauerung und Markt behalten. Erhalten blieb auch ein Freihof („Schützsches Haus") mit Wappen und Inschrift der Schütz-Pflummern über dem Eingang (Starengasse). In der evang. Kirche sind zwei Epitaphien der Fam. von Urbach (auch Auerbach genannt), darunter eine Ritterfigur (1569), sowie das eines Bürgermeisters. (2009)

Bollschweil FR M2

Die **Ritter-Patrizier Snewlin** (Schnewlin, Snewelin, Schneulin) saßen als Patrizier in Freiburg und gleichzeitig als Ritter auf vielen Burgen im Breisgau. In der neu gegründeten Stadt Freiburg stellten sie zeitweise 10 Ratsherren und waren am häufigsten Schultheißen bzw. Bürgermeister im 13./14.Jh. Ihren Reichtum erwarben sie durch Geldgeschäfte und Silberhandel. Johannes Snewlin-Gresser gründete 1345 mit der Freiburger Kartause die teuerste Art eines Klosters und vergab Riesendarlehen an den Breisgauer Hochadel. Acht Linien erwarben im 14.Jh die umgebenden Burgen mit ca. 30 Dörfern, darunter auch die geschichtsträchtige Burg Zähringen. Nur zwei Linien lebten bis in die Neuzeit: Snewlin-Landeck (bis 1562, s. Teningen) und Snewlin-Bernlapp hier in Bollschweil (bis 1837).

Die Fam. von **Berstett** gehörte mit dem Dorf Berstett (ca. 25 km westlich Straßburg) zur elsässischen Reichsritterschaft und gleichzeitig zum Patriziat der Reichsstadt Straßburg, wo sie einige Stettmeister (= Bürgermeister) stellte. Mit Erwerbungen rechts des Rheins (z. B. in Schmieheim, s. Kippenheim) wurde sie Mitglied des Kantons Ortenau der Reichsritterschaft. Infolge der franz. Revolution flüchtete sie nach Baden, stellte im Großherzogtum einen Staatsminister und beerbte 1837 die Snewlin in Bollschweil. Bei ihrem Aussterben (1893) fiel das Erbe an die Fam. von **Holzing**, die aus dem Patriziat der Reichsstädte Biberach und Ravensburg stammt und erst seit 1652 geadelt war. Seit der Heiratsverbindung (1864) führt sie den Doppelnamen **Holzing-Berstett**. Aus ihr stammt die Schriftstellerin Marie Luise Kaschnitz, die im Schloss von Bollschweil aufwuchs.

Kernort

Die benachbarten Hr. von Staufen waren Vögte des Klosters St. Gallen für dessen Besitz im Hexental (s. Ebringen). Sie verkauften im 14.Jh an die Snewlin-

Bollschweil

Bernlapp. Die hier wohnende Linie wurde Mitglied der landsässigen Breisgau-Ritterschaft. Mit dem Erwerb des Freiherrentitels im 17.Jh nannte sie sich Frh. von Bollschweil. Bei ihrem Aussterben 1837 fiel das Erbe an die Frh. von Berstett und schließlich an Holzing-Berstett.
Bauten: Das **Schloss** wurde 1780 an Stelle einer Wasserburg erbaut und im 20.Jh umgestaltet. Die U-förmige Anlage besteht aus einem zweigeschossigen Herrenhaus mit Mansarddach und zwei schlichten Nebengebäuden. Bewohnt von Fam. von Holzing-Berstett. Park dabei. Die von einer Mauer umgebene Anlage liegt zwischen Unter- und Oberdorf am Mühlenweg.

UMGEBUNG: Besuchenswert aufgrund seiner Lage ist der **OT St. Ulrich** im Quellgebiet der Möhlin am Fuße des Berges Schauinsland, beinahe am Ende der Welt. Die Gebäude des ehem. Benediktinerklosters werden als Landvolkshochschule genutzt. (2006)

Bonndorf WT

Die **Hr. von Roggenbach** werden 1152 als Ministeriale der Zähringer erwähnt. Sie verlegten ihren Schwerpunkt an den Hochrhein, wo sie Karriere in Diensten des Bf. Basel machten. So stiegen sie von Amtmännern zu Landhofmeistern und schließlich sogar zu Bischöfen auf. Mit Bf. Sigismund (1782-94), der von den französischen Revolutionstruppen vertrieben wurde, endete die Herrschaft der Basler Bischöfe im heutigen Schweizer Kanton Jura. Von ihrer Stammburg Roggenbach, die sie bereits im 13.Jh verließen, blieben nur zwei Bergfriede und Ruinen erhalten. Man findet die „Roggenbacher Schlösser" im Steinatal südlich des OT Wittlekofen neben der Ruine Steinegg.
Der Erwerb der Herrschaft Bonndorf machte den Abt von **St. Blasien** zum **Fürstabt**. Eigentlich war das Benediktinerkloster selbst nur landsässig unter Habsburg und damit vorderösterreichisch. Aber der Erwerb der reichsunmittelbaren Herrschaft Bonndorf brachte politischen Freiraum und einen Sitz im Reichstag. Damit entstand eine dieser vielen konflikträchtigen Konstruktionen des Alten Reiches: Im Reichstag als Fürst, zuhause als Untertan (s. Heitersheim). Bonndorf profitierte davon, wie mehrere repräsentative Gebäude zeigen.

Bonndorf. Das Kloster St. Blasien baute sich eine gefürstete Grafschaft auf.

Kernort

Alemannensiedlung. Im Hochmittelalter Dorfadelssitz. Die Herrschaft Bonndorf als Teil der Landgrafschaft Stühlingen war in Händen häufig wechselnder Besitzer. 1613 wurde sie vom Kloster St. Blasien aus den Händen der überschuldeten Frh. von Mörsberg erworben. Durch Zu-

kauf des Umlandes konnte 1699 eine Grafschaft geformt werden, die schließlich 1746 gefürstet wurde.
Bauten: Das **Schloss** (1594) wurde 1726 unter St. Blasener Herrschaft grundlegend umgebaut. Es ist ein stattlicher rechteckiger Kasten unter Walmdach mit zwei polygonalen Erkertürmchen. Die schöne Freitreppe, die barocke Fensterrahmung und das St. Blasener Wappen über dem Portal geben ihm ein schmuckes Aussehen. Von einer Mauer geschützt liegt es am Rande eines großen Parkes (Kurpark). Heute als Fasnachtsmuseum und Stadtbücherei genutzt. (Schlossstraße, Zufahrt ausgeschildert.) – **Sonstiges:** Gegenüber steht ein Haus mit dem Abtswappen auf der Ostseite. Es ist die 1765 von St. Blasien gegründete Sparkasse, die zweitälteste in Deutschland. – An der Strasse nach Lenzkirch steht das 1777 gebaute Spital, heute Altenheim, ein stattlicher barocker Bau in Hufeisenform, ebenfalls mit St. Blasener Wappen. – Die barocke Schlosskapelle wurde im 19.Jh in den Friedhof, heute Stadtgarten an der Rothausstrasse, versetzt. (2009)

Bopfingen AA G13

In diesem östlichsten Zipfel BWs saßen die 1141 erstmals erwähnten **Gf. von Öttingen,** benannt nach ihrer Burg Öttingen im Nördlinger Ries. Unter den Staufern erwarben sie Besitzungen v.a. im Altmühltal, am Obermain und im Kraichgau. Nach dem Untergang der Staufer übernahmen sie deren Ries-Burgen (so auch Flochberg, s.u.) und konnten damit im nördlichen Ostschwaben zur dominanten Macht aufsteigen. Ihr Schicksal ähnelt dem der Hohenlohe: Aufstieg unter den Staufern, Behauptung nach deren Untergang, jedoch Verlust der politischen Spitzenstellung durch häufige Erbteilungen und Aufspaltung in konfessionsverschiedene Linien. So entstanden wie in Hohenlohe Miniresidenzen und Duodezfürstentümer: Öttingen, Wallerstein, Spielberg, und hier Baldern und Flochberg.

OT Baldern

Um 1280 erwarben die Gf. Öttingen die Burg Hohenbaldern vom Kloster Ellwangen, das jedoch bis 1803 die Lehenshoheit behielt. 1602-1798 residierte hier eine eigene Linie. Heute ist das Schloss in Besitz der kath. Linie Öttingen-Wallerstein.
Bauten: Eine **Burg** (14.Jh) wurde 1721-37 durch Gabriele Gabrieli zum barocken **Schloss** Hohenbaldern umgebaut. Der markante Turm wurde erst 1887 hinzugefügt. Torbau, Marstall und der mehrgeschossige Kernbau der ehem. Burg umfassen einen unregelmäßigen Hof. Im 2. Stock befindet sich ein prachtvoller Barockfestsaal und im Erdgeschoss die barockisierte kath. Schlosskapelle. Der Marstall ist aufgrund seiner Stuckdecken einmalig in BW. Die Anlage steht weithin sichtbar auf einer Scholle, die bei der „Riesexplosion" (s. Kirchheim am Ries) gebildet wurde. Tägliche Führungen. – Der Schlossberg ist als Englischer Park angelegt.

UMGEBUNG: Auch der benachbarte **OT Kerkingen** war öttingisch. Ortsadel saß auf einer verschwundenen Wasserburg südlich der Kirche. Wahrschein-

Bopfingen

lich stammt von ihm das Wappen-Epitaph in der kath. Kirche, aufgrund seiner rätselhaft-archaischen Form wohl 14.Jh.

UMGEBUNG: Zum Amt Baldern gehörte der **OT Aufhausen,** nachdem dort die Gf Öttingen im 17.Jh sämtliche Herrschaftsrechte aufgekauft hatten. Seit 1258 besaßen die Gf Öttingen bereits die Oberhoheit. Die dortige Burg Stein samt Ortsherrschaft hatten sie an ihre Schenken verliehen, die sich daraufhin Schenken von Schenkenstein nannten. Diese siedelten im 16.Jh Juden an. Im Bauernkrieg wurde die Burg zerstört. Übrig blieb der Rest eines Rundturms, seit 1931 in Gemeindebesitz. 200 m unterhalb der Ruine liegt der gut erhaltene und gepflegte jüd. Friedhof (neben heutigem Friedhof).

Schloss Baldern. Die Gf. Öttingen stammen aus dem Nördlinger Ries

UMGEBUNG: Im benachbarten **OT Oberdorf** hatten die Gf. Öttingen bereits im 14.Jh Juden angesiedelt. Diese machten im 19.Jh beinahe die Hälfte der Dorfbevölkerung aus. Die jüd. Synagoge (1812) ist als Museum erhalten.

Kernort

Die von den Staufern gegründete Stadt am Schnittpunkt zweier Fernstraßen wurde durch die Burg Flochberg über der Stadt gesichert. Das Ende der Stauferherrschaft brachte einen Machtkampf zwischen den Bürgern und den Gf. Öttingen, welche die Burg Flochberg im 14.Jh an sich bringen konnten, hier mit einer eigenen Linie vertreten waren und die Burg zur Festung ausbauten. Das Amt des Stadtamanns als Vertreter des Königs hatten jedoch die Ritter von Bopfingen inne, die auf einer Wasserburg vor dem Südtor saßen. Diese wurde 1378 durch die Stadtbürger zerstört. Erhalten blieb jedoch das Steinhaus, das die Ritter 1283 an das Kloster Kirchheim verkauften, ein verputztes Fachwerkhaus in der Härtsfeldstrasse. Schließlich konnte die Bürgerschaft im 14.Jh die Reichsunmittelbarkeit erreichen, wenn auch nur als Minireichsstadt ohne eigenes Territorium.
Bauten: Als **Schlössle** wurde das Stadthaus der Fam. Adelmann von Adelmannsfelden bezeichnet, das die Stadt 1608 kaufte und zum Amtshaus (heute Teil des Rathauses) machte. – **Sonstiges:** Mehrere Epitaphien in der evang. Stadtkirche, darunter in Rotmarmor ein wunderbares des Ritters von Emershofen, einer der Burgherren in Trochtelfingen (s.o.) (Frührenaissance, um 1525). Unbedingt sehenswert ist zudem die ehem. Grabplatte des Ritters von Bopfingen Walter IV (1336), eine der frühesten und zugleich elegantesten Darstellungen eines Ritters in BW.

UMGEBUNG: Die gewaltige Festungsanlage **Flochberg** steht seit ihrer Zerstörung durch die Schweden (1648) als markante Silhouette über der Stadt.

OT Trochtelfingen

Auch dieses Dorf unterstand der Oberhoheit der Gf. Öttingen. Insgesamt fünf Wasserburgen gab es im Ort, und entsprechend viele Herrschaften hatten hier Besitz und Untertanen. Die Lösung der auftretenden Konflikte bestand darin, dass sich das Dorf durch einen Sechserrat selbst regieren durfte, weshalb man es als „Freidorf" bezeichnete. Reformation 1563, im 30j. Krieg zwangsweise Gegenreformation der Öttingen-Wallersteinschen Untertanen.

Bauten: Das Stolch´sche **Schloss** hat als einzige Wasserburg überlebt. Der Steinbau steht seit 30 Jahren leer und ist stark renovierungsbedürftig, aber in seiner Originalität interessant. Privatbesitz, Zugang über einen Bauernhof. (Ostalbstrasse 30). – **Sonstiges:** In der evang. Kirche St. Andreas mehrere schlichte Epitaphien. – Interessant ist auch die Wuhrstrasse, in der es eine evang. Friedhofskirche (Margarethenkirche) mit romanischem Chorturm, einen Bauernhof als Rest eines ehem. Schloss (Nr. 14) sowie einen in neuester Zeit mit Grabstelen und Fantasieobjekten ausgeschmückten Garten gibt.

UMGEBUNG: Im benachbarten **Utzmemmingen** (Gem. Riesbürg) gab ebenfalls fünf Adelssitze unter der Oberhoheit der Gf. Öttingen. Von zweien kann man noch Reste entdecken. So ein zweistöckiges gelbes, stattliches, schmuckloses Haus unter Satteldach (Weilerstr. 16). Sowie den Gasthof Ochsen, eine einstöckige Gutshofanlage (Platz von Esvres). In der Leichenhalle auf dem Friedhof sind mehrere Wappen-Epitaphe aufgestellt, darunter eines der Hr. von Wöllwarth.

(2006)

Boxberg TBB C10

Es gab drei **Boxberger Fehden,** von denen die letzte aufgrund spektakulärer Aktionen ganz Deutschland in Atem hielt und Albrecht von Rosenberg in die Reihe der „wilden Ritter" à la Franz von Sickingen (s. Oberderdingen) und Götz von Berlichingen einfügte. Der Auslöser war, dass die Burg Boxberg über lange Zeit als Raubritternest galt. Deshalb zerstörte sie 1523 der Schwäbische Bund wegen Unterstützung des Raubritters von Absberg und verkaufte sie kurzerhand an die Kurpfalz. Die Burg war jedoch unter den **Rittern von Rosenberg** aufgeteilt (Ganerbenburg), weshalb sich „unschuldige" Familienmitglieder gegen den Verkauf wehrten. Hierzu starteten Hans Thomas und sein Neffe Albrecht spektakuläre Aktionen gegen die Mitglieder des Schwäbischen Bundes, indem sie hochgestellte Personen entführten: den Sohn des „Bauernjörgs", den Bruder des Salzburger Erzbischofs, den Nürnberger Reichstagsgesandten und den Ulmer Bürgermeistersohn. Kaiser Karl V musste sich einschalten und entschied schließlich für Albrecht, als der ihm beim Fürstenaufstand 1552 in Innsbruck zur Flucht verhalf und damit rettete. Albrechts Epitaph steht in der evang. Kirche vom OT Unterschüpf. So finden wir Erinnerungen an die Rosenberger in den Teilorten, im Kernort jedoch steht schlossartig das Kurpfälzer Amtshaus.

Boxberg

Kernort

Die Hochadelsfamilie von Boxberg zählte zum einflussreichen Kreis der Stauferratgeber, starb jedoch 1231 aus. Ihre Erben schenkten die Burg 1287 an den Johanniterorden, der sie in einer finanziellen Krise 1381 an die Ritter von Rosenberg verkaufte. Diese gründeten die Stadt, kauften Dörfer im Umland und führten die Reformation ein. Die Lehenshoheit lag bei der Kurpfalz, die wiederholt gegen die Rosenberger „Raubritter" vorging („Boxberger Fehden") und schließlich 1561 die Herrschaft für immer von Albrecht von Rosenberg kaufen konnte. Die Stadt wurde zum östlichsten Kurpfälzer Oberamt, das lange Zeit an den Bf. von Würzburg verpfändet war, was eine Rekatholisierung begünstigte. 1803 Teil des Fürstentums Leiningen und damit 1806 an Baden.

Bauten: Wie ein **Schlössle** wirkt das nach 1747 erbaute Kurpfälzer Amtshaus mit seinem wappengeschmückten Portal. Es ist ein neunachsiger, zweistöckiger Bau unter Walmdach. Heute Rathaus. – Als Rest der Rosenberger **Burg** steht ein Turmstumpf über der Stadt. - **Sonstiges:** Die kath. Kirche wurde unter Würzburger Herrschaft erbaut (1712, Wappen). – Die evang. Kirche, aufgrund ihrer Monumentalität als „evang. Bauland-Dom" bezeichnet, steht im anschließenden **OT Wölchingen**. Hierin findet man Grabdenkmäler der Stifterfamilie und der Rosenberg, die außergewöhnlich und z.T. rätselhaft sind (z.B. auf dem Rücken liegender Hund).

Unterschüpf. Schloss der Hr. von Rosenberg

OT Unter- und Oberschüpf

Aus dem Schüpfgrund stammen die Schenken von Limpurg (s. Gaildorf), die sich der Rebellion König Heinrichs gegen seinen Vater Kaiser Friedrich II anschlossen und deshalb ihre hiesigen Besitzungen verloren. Diese gelangten schließlich in Besitz der Hr. von Rosenberg, die sich dem Kanton Odenwald der Reichsritterschaft und der Reformation anschlossen. Mit ihrem Aussterben 1632 fielen die Besitzungen an die Bischöfe von Mainz und Würzburg als Lehensherren zurück, welche sie 1636 an die Gf. Hatzfeld vergaben. Versuch der Rekatholisierung. 1803 Teil des Fürstentums Leiningen und damit 1806 zum Großherzogtum Baden.

Bauten: Das **Schloss** in **Unterschüpf** ist eine 1610 errichtete zweistöckige Vierflügelanlage mit drei runden Ecktürmen und einem kleinen Arkadenhof. Zur Straße hin ein Rosenberg-Wappen. 1982 renoviert, heute Sprachheilschule. - **Sonstiges:** Daneben steht die kath. Kirche an Stelle der ehem. Schlosskapelle. Gegenüber steht die evang. Kirche mit mehreren Epitaphien der Rosenberg. - Das **Schlössle** in **Oberschüpf** ist ein 1587 errichtetes schlichtes dreistöckiges Gebäude. Treppenturm mit schönem Renaissanceportal. In Besitz der Stadt, mit einem modernen Anbau versehen, genutzt von Vereinen und als Wohnung. „Schlossplatz". – Sehenswert ist die romanische evang. Chorturmkirche am Dorfrand. – Sehr schön ist das „Fischgrätenhaus", ein manieristisch verziertes Fachwerkhaus, in der Grabengasse.

OT Angeltürn

Auch dieses Dorf war in Besitz der Hr. von Rosenberg, kam jedoch bereits im 16.Jh an die aus der Rheinpfalz stammenden Hr. von Dienheim, die sich der Reformation anschlossen. In einem Familienstreit suchte 1589 ein Erbe die Unterstützung der Kurpfalz und machte sich dafür landsässig. Nach dem Verkauf (1668) kam die Herrschaft an verschiedene Kurpfälzer Amtsadelsfamilien, weshalb das Dörfchen heute überwiegend katholisch ist.

Bauten: Das **Schlössle** ist ein 1617 erbautes zweistöckiges, schlichtes Fachwerkhaus auf Steinsockel. Wappen der Dienheim über Eingang. Aus der Schlosskapelle wurde die kath. Kirche. Park dabei. Steinstraße 4. - **Sonstiges:** Die burgartig über dem Dorf stehende evang. Kirche besitzt zwei Epitaphien sowie ein Grabmal der Frh. von Fick (18.Jh) auf dem Friedhof.

UMGEBUNG: Der konfessionell gemischte **OT Uiffingen** wurde 1803 Teil des Fürstentums Leiningen. Daran erinnert das Leiningsche Wappen über dem Eingang der kath. Kirche (1803). Die Protestanten erhielten 1819 ebenfalls eine neue Kirche im Weinbrennerstil. (2007)

Brackenheim HN E7

Die Hr. von **Neipperg** stammen vermutlich von einem edelfreien Geschlecht ab, das im benachbarten Schwaigern (s.d.) wohnte. 1241 werden sie als Reichsministeriale erwähnt, die wie viele andere mit ihrer Burg die Stauferpfalz Wimpfen absicherten. Nach einer Phase in Diensten der Gf. Württemberg (14.Jh) orientierten sie sich im 15.Jh an der Kurpfalz und nahmen solch lukrative Ämter wie z.B. das des unterelsässischen Landvogts in Hagenau ein. Sie schlossen sich der Reichsritterschaft und der Reformation an. Die Rückkehr zur Alten Kirche erfolgte erst, als sie bereits in Habsburger Diensten in höchste militärische Positionen aufgestiegen und 1726 in den Grafenstand erhoben worden waren. Die In Schwaigern wohnende Familie besitzt bis heute die Stammburg in Neipperg.

OT Neipperg

Der Ort liegt an einer alten Heerstraße. Der Ortsadel benannte sich nach dem Berg, auf dem er seine Burg errichtete. Mit dem Städtchen Schwaigern (s.d.) und mehreren Dörfern schlossen sich die Neipperg dem Kanton Kraichgau der Reichsritterschaft und der Reformation an.

Bauten: Zwei mittelalterliche Türme mit unterschiedlichen Funktionen ragen nebeneinander empor. Die **Untere Burg** mit dem romanischen Bergfried aus Buckelquadern, einem typischen Wehrturm, steht an der Spitze des Bergsporns. Die **Obere Burg** wird durch einen massiven Turm (um 1200) zur Bergseite hin gesichert, der zugleich als Wohnturm (= Donjon) diente, weil er einen heizbaren Raum besitzt. Ihn umgeben später errichtete Wohngebäude, darunter ein palasartiges Steinhaus. Das heute bewohnte Fachwerkgebäude überrascht mit einer wappengeschmückten Bauinschrift über dem Eingang (1579) und einem verwitterten Allianzwappen (158?). Mehrere Wirtschaftsbauten (19.Jh),

Brackenheim

Eingangstor mit Wappen (1851). Die ummauerte Anlage steht als Blickfang über dem Dorf in den Weinbergen. Als landwirtschaftliches Hofgut verpachtet, Zufahrt privat. – **Sonstiges:** Fünf Wappenepitaphien der Neipperg (16./17.Jh) in evang. Dorfkirche.

Neipperg. Staufische Ministerialenburg mit zwei Wohntürmen

Kernort

Die Merowingersiedlung mit Pfarrkirche stand im Bereich des heutigen Friedhofs. Rund 1 km nördlich davon gründeten die Herren von Magenheim eine planmäßige Stadt, die sie jedoch bereits im 14.Jh an die Gf. Württemberg verkauften. Das typisch nüchterne Verwaltungsschloss diente als Oberamt und mitunter als Witwensitz.

Bauten: Das **Schloss** (1559) steht an Stelle einer Wasserburg, von der noch Gräben und eine Steinbrücke erhalten sind. Der schmucklose dreistöckige Dreiflügelbau wird geziert von einem Renaissanceinnenhof mit hölzerner Galerie und runden Treppentürmchen. Privat bewohnt sowie von städtischen Behörden genutzt, daher teilweise zugänglich. – Sonstiges: Votivtafeln in evang. Stadtkirche. – Eines der vielen Fachwerkhäuser ist die ehem. Vogtei mit interessantem Erker (Obertorstr. 15). – Prächtiges württ. Rokokowappen am Giebel des Rathauses (1776). - Epitaphien von Bürgern und Amtleuten innen und außen an der außerhalb stehenden Friedhofskirche, einer Art Feldkirche.

OT Stockheim

Ministerialen errichteten im 12.Jh auf dem Stocksberg ihre Burg und nannten sich danach. Um 1300 kam die Burg Stocksberg an den Deutschen Orden, der hier eine Kommende und später ein Unteramt von Horneck (s. Gundelsheim) einrichtete. Nach der Zerstörung im Bauernkrieg Wiederaufbau.

Bauten: Von der **Ministerialenburg** Stocksberg aus der Stauferzeit sind noch Gräben, Mauern und der 30 m hohe Bergfried erhalten. Das nach dem Bauernkrieg errichtete **Schloss** ist eine Zweiflügelanlage mit manieristischem Schmuck. Die Inneneinrichtung ist im Stile des Historismus gestaltet. In Privatbesitz, nur von weitem über dem Dorf zu betrachten, keine Ausschilderung, Zufahrt Richtung Sportplatz. – **Sonstiges:** Im Dorf steht das Amtshaus (1604) in der Pfarrgasse, ein dreigeschossiger Bau mit Dachreiter und bescheidenem Wappen. – Ein Epitaph (1563) an der Südseite der kath. Kirche. – Das Zehnthaus mit Treppenturm und schöner Ostfassade (1604) steht am westlichen Dorfrand (Seestr. 15).

UMGEBUNG: Im Nachbarort **Güglingen** überrascht das Ortszentrum mit zwei massiven Steinbauten. Kelter-Bandhaus, heute Hotel-Restaurant „Herzogskelter", sowie die Zehntscheuer, heute Bankgebäude, bilden ein historisches Ensemble wie aus dem Bilderbuch. Bescheiden wirkt daneben das ehem. Amtshaus mit dem Wappen der württ. Herzöge, ein schönes Fachwerkhaus, das heute einen Teil des Rathauses bildet. Als Teil der Herrschaft Blankenhorn (s.u.) kam das Dorf bereits 1327 an Württemberg, das hier ein eigenes Amt einrichtete. - Südlich des **OT Eibensbach** steht im Wald die **Burg Blankenhorn** auf einem Strombergausläufer. Die Hr. von Neuffen hatten sich hier eine kleine Herrschaft aufgebaut, die 1327 an Württemberg verkauft wurde. Von der Anlage steht noch eine mächtige, 18 m hohe Schildmauer. - Im **OT Frauenzimmern** blieb vom Zisterzienserinnenkloster kein Gebäude erhalten. 1442 wurde das Klostergut an Württemberg verkauft und durch einen Hofmeier verwaltet. Der bekannteste Hofmeier war Jörg Enzberger, dessen Epitaph (1606) außen an der evang. Kirche angebracht ist. Sein prächtiges Wohnhaus im Dorfzentrum an der Kreuzung wird wegen des Erkers mit Maskengeschmückten Konsolen „Erkerhaus" genannt. (2009)

Braunsbach SHA E10

Evangelischer, katholischer und jüdischer Friedhof drücken das konfliktträchtige **Zusammenleben der Religionen** aus. Das Städtchen Braunsbach kann stellvertretend stehen für viele rein protestantische Ritterschaftsorte in Franken, in denen nach einem Herrschaftswechsel neue Bevölkerungsschichten angesiedelt wurden. In der Regel war dieses Neben- und Durcheinander mit vielen Konflikten innerhalb der Gemeinde und mit Widerstand gegen die Herrschaft verbunden. Und kann sogar bis in unsere Zeit hineinwirken, denn erst seit kurzem ist in Braunsbach bei der Wahl des Grabes nicht mehr die Konfession entscheidend.

Kernort
Ortsadel saß auf einer Burg, die bereits im 14.Jh auf mehrere Besitzer aufgeteilt war. Schließlich erwarb die Haller Patrizierfamilie Spieß die Dorfherrschaft durch Aufkauf aller Anteile. Reformation und Anschluss an den Kanton Odenwald der Reichsritterschaft. Nach ihrem Aussterben erbte 1549 Albrecht von Crailsheim-Morstein, der hier eine eigene Linie bildete. Nach deren Aussterben (1637) kam die Herrschaft über viele Umwege und Wirren an den Würzburger Hofrat von Vorburg, der sie dem Bf. von Würzburg als Lehen auftrug. Der zog das Lehen nach dem Aussterben der Vorburg (1712) ein und siedelte Katholiken an. Da sich diese v.a. mit Handwerk und Hausieren ernähren mussten, waren ihre Häuser sehr bescheiden (s. Fichtenau). Bereits seit 1600 waren Juden angesiedelt, die 1823 hier ein eigenes Rabbinat erhielten.
Bauten: Das **Schloss** (1570) ist eine unübersichtliche Vierflügelanlage mit zwei Rundtürmen und einem Treppenturm. Die massive Toranlage wirkt mittelalterlich. Es steht am oberen Ende des Dorfes und wird von mehreren Familien bewohnt. Im Westflügel ist die kath. Kirche eingerichtet. - **Sonstiges:** Die evang. Kirche war über einen Gang mit dem Schloss verbunden und wirkt noch heute wie ein Teil des Schlosses. In ihr steht ein Epitaph Albrechts von Crailsheim. - Der jüd. Friedhof liegt im Norden an der Straße zum Schaalhof. Das Rabbinatsgebäude ist seit 2008 jüd. Museum. – Vor dem erhaltenen Döttinger Torturm liegen rechts und links der Straße die beiden christlichen Friedhöfe.

Braunsbach

OT Döttingen

Auf einer Wasserburg saß im 13.Jh Dorfadel. Im 14.Jh wechselte er ins Haller Stadtpatriziat und trat zudem in Dienste der Hohenlohe. 1488 Verkauf an die Gf. Hohenlohe. Das Schloss war Sitz eines Amtmann für rund 10 Orte, darunter auch Burg Tierberg (s.u.). Im 30j. Krieg wurde hier von der verwitweten Gräfin ein Spital gestiftet, das erst 1922 durch die Inflation endete.

Bauten: Das **Schloss** (1584) ist eine sehr ländlich wirkende Dreiflügelanlage mit einem schönen Hofeingang. Unter den zweistöckigen Gebäuden unter Mansarddach fällt der Westflügel mit seinem zweigeschossigen Laubengang auf. Heute als Schlosshotel genutzt. - **Sonstiges:** Barocke Turmuhr (1733) mit zwei Wappen an evang. Kirche.

Burg Tierberg

Sitz einer 1220 erwähnten Ministerialenfamilie. 1335 als Lehen des Bf. Trier an die Gf. Hohenlohe, die im 15.Jh an die Hr. von Stetten verpfändeten. Wegen der Rückgabe kam es zum militärischen Konflikt, den die Stetten verloren („Tierberger Fehde"). Die Burg wurde zum Sitz eines Forstmeisters und diente als Jagdschloss. 1974 Verkauf an einen Künstler.

Bauten: Die **Burg** liegt auf einem Bergsporn zwischen zwei Seitentälern des Kocher. Sie ist zur Hochfläche hin durch Schildmauer und Bergfried mit stauferzeitlichen Buckelquadern (um 1220) geschützt. Dahinter ragt ein hoher Steinbau (Palas) empor und stehen mehrere Wirtschaftsgebäude. Zugang bis zum Tor, wo ein Plan der Anlage aushängt. Privat bewohnt.   (2010)

L1 Breisach FR

Breisgau = Breisachgau. Dieser Vulkanfelsen direkt am Rhein gab einem Teil des Oberrheingrabens den Namen. Der Breisgau ist eine Stufenlandschaft: Rheinauenwälder, in der Eiszeit geschaffene Schotterterrasse, fruchtbare Ebene mit Getreideanbau, weinbewachsene Schwarzwaldvorberge. Im Norden erhebt sich der lössbedeckte Klotz „Kaiserstuhl". Neben Freiburg, das aufgrund seiner Lage am Schwarzwaldübergang zur größten Stadt wurde, stoßen wir hier auf eine Menge von behäbigen Kleinstädtchen, deren Wohlstand auf Getreide und Wein beruhte. Darunter auch Breisach, das auf einem Ausläufer des Kaiserstuhls steht. Als Bindeglied zwischen den Habsburger Besitzungen in Breisgau und Oberelsaß und als deutscher Vorposten zu Frankreich war es bis ins 20.Jh hinein Schauplatz zahlreicher Kämpfe.

Die **Hr. von Falkenstein** (zu den Rittern von Falkenstein, s. Kirchzarten) stammen von Kappel bei Villingen. Im 12.Jh bauten sie ihre Stammburg Oberfalkenstein über Schramberg. Für kurze Zeit waren sie Vögte

Oberrimsingen. Schloss der Hr. von Falkenstein

des Benediktinerklosters St. Georgen, das ihnen auch als Grablege diente. Nach der Zerstörung ihrer Stammburg durch Rottweil verkauften sie die Herrschaft Schramberg an Hans von Rechberg. Sie zogen nach Villingen und 1545 nach Freiburg um, wo sie in Habsburger Diensten eine neue Karriere starteten. Mit dem Kauf von Oberrimsingen wurden sie Mitglied der Breisgauer Ritterschaft.

OT Oberrimsingen

Das Schloss war im 12.Jh Sitz einer Hochadelsfamilie. Die Dorfherrschaft kam 1430 als Lehen an die Hr. von Staufen, welche die Habsburger Landeshoheit anerkennen mussten und Mitglied der Breisgauer Ritterschaft wurden. 1621 verkauften sie an die Hr. von Falkenstein.

Bauten: Das **Schloss** (1773) ist ein zweigeschossiger Barockbau unter Walmdach. Die aufwändige Fassade mit Dreiecksgiebeln und prächtigem Falkensteiner Allianzwappen auf beiden Hausseiten sowie das schöne Hofgitter zeigen einen für ein Rittergut außergewöhnlichen Aufwand. Es wird privat bewohnt von der Kaufmannsfamilie Hosp, die ihr Wappen am Eingang angebracht hat. Lage: am Dorfausgang Richtung Breisach. - **Sonstiges:** Die Räumlichkeiten des dazu gehörenden Gutshofes (1626) werden für Feste vermietet und als Büros und Kleinkunstbühne genutzt. Die wuchtige Gebäudefront grenzt die Schlossanlage nach Westen und Norden ab. – Vom Schlosspark wurde ein Teil abgetrennt und als öffentlicher Park zugänglich gemacht.

Kernstadt

Diese Stadt nimmt eine Sonderstellung unter den Städten des Rheintals ein aufgrund ihrer exponierten Lage, denn alle anderen Städte liegen in der Ebene. „Wer Breisach besitzt, der hat die militärische Kontrolle über den Oberrhein". Der Kampf um Breisach lässt sich bis in die Zeit des Investiturstreites zurückverfolgen. Insbesondere in den deutsch-französischen Auseinandersetzungen war Breisach hart umkämpft. Während der 50-jährigen Besetzung unter dem Sonnenkönig Ludwig XIV wurde es zur totalen Festung ausgebaut, woran bis heute Reste der Stadtbefestigung und das vom berühmten Festungsbaumeister Vauban errichtete Rheintor erinnern. Nach dem Verlust baute Vauban jenseits des Rheins Neu-Breisach/Neuf-Brisach, ein hervorragend erhaltenes Festungsstädtchen.

UMGEBUNG: Im nahen Dorf **Wasenweiler** (Gem. Ihringen) steht versteckt ein Schlösschen. Seit 1290 besaß hier der Deutsche Orden die Dorfherrschaft. Das zweistöckige barocke Gebäude unter Walmdach wurde Anfang des 18.Jh an Stelle einer Wasserburg erbaut. Dazu gehört ein Ökonomiegebäude mit barocker Sonnenuhr. Die privat genutzte Anlage (Arztpraxis) steht im Nordosten des Dorfes unterhalb der Hauptstraße. (2008)

Bretten KA E6

1689 war ein Schicksalsjahr für die Kurpfalz und die angrenzenden Gebiete und Territorien. - Liselotte von der Pfalz löste den **Pfälzischen Erbfolgekrieg** bzw.

Bretten

Orleanskrieg aus, als 1685 die Kurpfälzer Hauptlinie mit ihrem Bruder ausstarb. Da sie mit dem Herzog von Orleans verheiratet war, forderte der Sonnenkönig entgegen bestehenden Verträgen für sie als seine Schwägerin bzw. für ihren Sohn die Kurpfalz als Erbe. Als die Forderung nicht durchgesetzt werden konnte, führte der französische Kriegsminister Louvois einen Krieg der verbrannten Erde. So stellt man beim Besichtigen der Städte und Dörfer im Kraichgau und am Unteren Neckar fest, dass kaum ein Gebäude vor dem Jahr 1689 gebaut wurde. Damals wurde mit der gesamten Stadt Bretten auch die zwei Jahre zuvor (1687) eingeweihte evang. Kreuzkirche zerstört, in der eine Gedenktafel daran erinnert.

Kernstadt

Nach dem Ort wurde im 12.Jh eine Grafschaft benannt. Die kam aus den Händen der Gf. von Lauffen 1158 an die Gf. Eberstein, welche 1254 die Stadt gründeten. Die Kurpfalz kaufte die Herrschaft im 14.Jh auf und machte die Stadt zum Oberamt. Da sie 1504 im Landshuter Erbfolgekrieg nicht von Württemberg erobert werden konnte, wurde sie zum Vorposten der Kurpfalz im Kraichgau. 1689 brannte sie völlig ab, der Wiederaufbau erfolgte jedoch rasch.
Bauten: Von der **Burg** der Gf. Eberstein blieb nur ein Turm erhalten, welcher zum Kirchturm der evang. Stiftskirche wurde. In ihr ist eine Grabkapelle gepflastert mit Epitaphien von Oberamtmännern und Bürgern, darunter die spätgotisch-verschnörkelte des Adam Bach (1514). – Wie ein **Schloss** ragt das klassizistische dreigeschossige Amtshaus (1784) empor. Es steht an Stelle eines 1689 zerstörten steinernen Wohnturms. Die Größe, der Treppenturm mit Aufsatz, die Mittelrisalite mit Dreiecksgiebel und das Wappen des Großherzogtums Baden geben ihm ein herrschaftliches Aussehen. Es steht gegenüber dem neuen Rathaus, in ihm sind Amtsgericht und Notariat untergebracht. – **Sonstiges:** Ihm gegenüber steht die 1702 wiedererrichtete Kreuzkirche, in deren Langhaus die Gedenktafel (s.o.) hängt. – Das Melanchthonhaus erinnert an den bedeutendsten Bürger dieser Stadt. – Von der Stadtbefestigung blieben zwei Türme erhalten.

OT Diedelsheim

Das Dorf wurde als Lehen des Bf. Speyer an Landadel vergeben, so auch an die Kechler von Schwandorf. Die Kurpfalz, welche die Landeshoheit besaß, führte die Reformation ein und kaufte schließlich 1749 auch die Dorfherrschaft.
Bauten: Das **Schloss** bestand aus drei herrschaftlichen Häusern samt Wirtschaftsgebäuden. Diese Gebäude sind inzwischen zu Wohnzwecken stark umgestaltet, so dass man ihnen äußerlich die ursprüngliche Funktion nicht mehr ansieht. Sie stehen an der Schwandorfstraße/Ecke Mühlgasse. – **Sonstiges:** 150 m entfernt erinnert ein Epitaph an der evang. Kirche an die Kechler.

UMGEBUNG: In der Nachbargemeinde **Walzbachtal** hatte der Bf. Speyer das Sagen. Im **OT Jölingen** steht der Speyrer Amthof, eine fränkische Dreiseitanlage (1577), die heute als Ortsverwaltung und als Ortsbücherei dient. Dazu gehört auch das anschließende Amtshaus, das 1730 vom Domkapitel erbaut und nach der Säkularisation zur Schule wurde. – Im **OT Wössingen** musste der Bf. Speyer die Herrschaft mit den Gf. Baden teilen. Beide Dorfteile wurden als Lehen an verschiedene Adlige vergeben und so aufgeteilt, dass schließlich die verschiedensten Herrschaften kunterbunt durcheinander regierten. Bei der Reformation blieb nur der Siebtel-Anteil des Speyrer Domkapitels in Unterwössingen beim Alten Glauben. Der Kirchherrenhof und die Meierei blieben erhalten, die zusammen einen großen Bauernhof bilden (Schlossstraße 21). - Drei Epitaphien in der evang. Kirche und ein riesiges, verwittertes Epitaph im Treppenhaus des modernen Rathauses. - Die Zehntscheune des Speyrer Domkapitels in Unterwössingen ist heute Gaststätte (Prinz-Max-Str. 15). (2008)

Bruchsal KA E5

Das **Bistum Speyer** zählt zu den typischen rheinischen Bistümern, die in der Römerzeit links des Rheins entstanden, unter den Merowingern eine Neugründung erlebten und aufgrund königlicher Schenkungen Diözese und Territorium auf die rechte Rheinseite ausweiteten. Es erlebte seine Blüte im 11.Jh unter den Salischen Kaisern, welche die Bischofskirche in Speyer zur Grablege wählten. Aufgrund vieler Konflikte mit der reichsunmittelbar gewordenen Stadt Speyer und infolge der Reformation, in welcher die Diözese stark schrumpfte, verlegten die Bischöfe ihren Schwerpunkt in das Gebiet ihres größten weltlichen Territoriums, in den Bruhrain rechts des Rheins. So wurde Bruchsal zum Bischofssitz. Das rechts- wie linksrheinische Territorium des Hochstifts umfasste bei der Aufhebung (1803) rund 1500 km² mit rund 55.000 Einwohnern in rund 100 Orten.

Wenn ein Adliger den Namen seiner bürgerlichen Gattin annimmt, so muss viel Geld im Spiel sein. So war es bei Gustav von Bohlen und Halbach, Diplomat in Reichsdiensten, als er 1906 Bertha Krupp heiratete und sich anschließend Krupp von Bohlen und Halbach nannte. Dieser Name stand anschließend nur dem Erben der Stahlfirma zu, die übrigen Erben waren bzw. sind „nur" von **Bohlen und Halbach**. Obergrombach, das 1885 von seinem Vater Gustav von Bohlen und Halbach erworben wurde, ist bis heute in Besitz dieser Familie.

OT Obergrombach

Der Bf. von Speyer gründete das Städtchen, das so klein blieb, dass es nur 1 Tor besaß und heute in einer Sackgasse endet. Häufige Verpfändungen an den regionalen Adel (Sickingen, Gemmingen). 1502 wurde hier die Bundschuhverschwörung

Bruchsal. Residenz des Fürstbischofs von Speyer. Parkseite

des Jos Fritz verraten. Nach der Zerstörung durch den Sonnenkönig (1689) wurde das Schloss als bischöfliche Sommerresidenz wieder aufgebaut. Das malerisch an den Burgberg angelehnte Miniaturstädtchen ist einmalig in BW.

Bauten: Von der mittelalterlichen **Burg** (um 1200) blieben der massive Bergfried mit neugotischem Zinnenkranz und die Ruine des vierstöckigen Palas mit Eck-

Bruchsal

turm erhalten. Diese „Oberburg" ist von einer malerischen Ringmauer umgeben. – Darunter steht das **Schloss** („Unterburg", 16.Jh), das nach dem Erwerb von Bohlen und Halbach neugotisch umgebaut wurde. Zugang in den Park ist vom Oberen Ende der Burgstraße her möglich. - Eigener Friedhof im Park. - **Sonstiges:** Die spätgotische, ursprünglich kath. Burgkapelle wurde 1845 Synagoge und ist heute evang. Kirche. - Der jüdische Friedhof liegt ca. 2 km nördlich des Dorfes am Waldrand.

Kernstadt

Der fränkische Königshof, der bei der Pfarrkirche St. Peter stand, wurde 1056 dem Bf. von Speyer geschenkt. Der baute eine Burg und gründete daneben die Stadt. Diese diente dem bischöflichen Hof häufig als Aufenthaltsort, weil die Stadt Speyer zur Reichsstadt aufstieg und sich der Reformation anschloss. Der Bischof wählte schließlich nach dem 30j. Krieg Bruchsal als Residenz, die zwar in den Kriegen des Sonnenkönigs verwüstet wurde, jedoch anschließend eine Blütezeit mit dem Bau des prachtvollen Rokokoschlosses erlebte.

Bauten: Das **Schloss** wurde ab 1720 von Kardinal Damian Hugo von Schönborn errichtet. Es ist im Kern eine Dreiflügelanlage im Pavillonsystem, dem eine Reihe von Anbauten und sonstigen Bauten hinzugefügt wurden, vom Landhospital bis hin zur schmucklosen Schlosskirche. An fast allen Gebäuden sind Speyer-Schönborn-Wappen angebracht, die nach einer Schablone angefertigt wurden. Das von Balthasar Neumann entworfene Treppenhaus kann als das non-plus-ultra gelten. Im 2.Weltkrieg zerstört, Wiederaufbau bis 1975, heute Museum und Behördensitz. - Auf der Westseite öffnen zwei vorgebaute Orangerien/Kavaliersbauten den Zugang zum Park im französischen Stil, der ursprünglich über die Bahnlinie hinaus ging. An dessen heutigem Ende stehen vier Häuser für gehobene Bedienstete. – Das Schloss wird auf der Ostseite zur Straße hin von einem Torbau mit Wachthaus abgegrenzt. Jenseits der Straße mit dem prachtvollen Damianstor reihen sich die Wirtschafts- und Verwaltungsbauten aneinander. - **Sonstiges:** Östlich hinter diesen Bauten führt der Weg auf den 400 m entfernten Steinsberg. Hier errichtete Bf. Franz von Hutten das Belvedere, genutzt als fürstliches Schießhaus, ein Zwillingspavillon mit Dachterrasse. Und daneben das „Wasserschlösschen", ein auf dem Wasserreservoir erbautes Sommerschlösschen mit wappengeschmücktem Balkon, das heute ein Teil des Schönborngymnasium ist. - In der Stadt ist noch der Bergfried der mittelalterlichen Burg erhalten, heute integriert ins Bürgerzentrum. Am hohen Eingang Bf. Ehrenberg mit Wappen. - Der Rokokostil zeigt sich an vielen Häusern. – Im Westeingang der Stadtkirche, die ab 1507 dem Ritterstift Odenheim (Gem. Östringen) als Kirche diente, hängen Wappensteine von Stiftsherren. - In der (verschlossenen) Peterskirche beim heutigen Friedhof befindet sich unter der Kuppel die Bischofsgruft mit drei Sargnischen. Im Kirchenraum stehen die Epitaphien von vier Bischöfen sowie von Domstiftherren und Hofräten.

UMGEBUNG: Im benachbarten **Karlsdorf** (Gem. Karlsdorf-Neuthart) stand anstelle einer mittelalterlichen Wasserburg ein im 18.Jh erbautes Schloss des Bf.

Speyer. Damit verbunden war ein Gestüt. Hierher siedelte der Großherzog von Baden 1813 die Einwohner eines überschwemmten Rheindorfes um, woran eine Plakette am Torbau erinnert. Dieser dreistöckige Torbau mit Durchfahrt blieb als einziger Rest des 1860 abgerissenen Schlosses. (2009)

(Bad) Buchau BC L10

"Freiadliges Stift, Damenstift, Fräuleinstift", alles Begriffe für eine Institution, die im Grenzbereich von Kloster und Welt angesiedelt war (und in Norddeutschland als evang. **Adelsstifte** bis in unsere Zeit bestehen). Hier konnten nur Frauen aus dem Adel eintreten, die ohne Gelübde nach den einfachen Regeln des Kirchenvaters Augustinus lebten. Also unverheiratet (keusch) und gehorsam, jedoch ohne Armutsverpflichtung und ohne gemeinsames Wohnen. Dabei war es auch möglich, aus der Institution auszuscheiden, z.B. im Falle einer Heirat. Die einzige gemeinsame Verpflichtung der Stiftsdamen bestand im Chorgebet, jedoch auch nicht täglich, sondern nur zu besonderen Anlässen. Im Grunde haben wir es hier mit einer Versorgungsanstalt für Mädchen aus besseren Kreisen zu tun. Im Falle des Damenstiftes Buchau aus besten Kreisen, nämlich nur freiherrlicher oder gräflicher Herkunft, also nicht aus Ministerialenadel.

Ein besonderes Verhältnis bestand zur daneben entstandenen **Reichsstadt**. Es gehört zu den staatsrechtlichen Blüten des Alten Reiches, dass auf Rufweite zwei selbstständige Miniherrschaften entstehen und bestehen konnten. In der Stadt wohnten nur Fischer und Handwerker, keine Patrizier. Wie muss man von hier aus zu dem hochherrschaftlichen Stift hinauf geschaut haben, zu dessen Kirche man ja nur einen beschränkten Zugang hatte; und von dort oben zu den „Banausen" hinunter..... Eine Unmenge von Konflikten wegen Kleinigkeiten war das Ventil für aufgestauten Neid, Ärger und Unterdrückung. Um dies nachzuvollziehen, sollte sich der Besucher von der Fußgängerzone her dem Stiftsbezirk auf einem Moränenhügel nähern. Hier das bescheidene Städtchen mit dem Rathaus als letztem Gebäude, direkt im Anschluss daran der ehemalige ummauerte Stiftsbezirk.

Kernstadt

Die Gründung als Benediktinerinnenkloster geschah in der Karolingerzeit, um 770. Äbtissin war im 9.Jh eine Tochter König Ludwigs (der Deutsche), was die Bedeutung dieses Ortes für den Hochadel belegt. Im 13.Jh erfolgte wohl die Umwandlung in ein Kanonissenstift. 1390 wurde daraus sogar ein freiweltliches Damenstift. Damit konnten Töchter aus höchsten Kreisen außerhalb (z.B. zuhause) wohnen und hatten Anspruch auf eine geregelte Versorgung. Seit 1347 galt das Stift reichsunmittelbar. Im Regensburger Reichstag saß die Äbtissin neben

Buchau. Reichsstadt und Reichsstift gehen ineinander über

(Bad) Buchau

so hochadligen Stiften wie Essen, Herford und Quedlinburg. Man ordnete sie auf der Ebene der Reichsgrafen ein, wobei die größte zusammenhängende Herrschaft das Gebiet um Straßberg (s.d.) ausmachte. Stift und Reichsstadt wurden 1803 den Fürsten Thurn und Taxis „zugeschanzt".
Bauten: Die herrschaftlichen Stiftsbauten des 18.Jh auf der NW-Seite der Kirche wurden nach der Säkularisation (1803) als **Schloss** genutzt und sind heute Kurklinik, weshalb Neubauten hinzu kamen. Vom Schlossplatz tritt man durch einen wappengeschmückten Torbogen unter dem „Kavaliersbau" (= ehem. Gästehaus, 1709) in eine Art Vorhof. Hier steht rechts ein von den Bauten der Äbtissin (Fürstenbau) und des Konvents (Damenbau) 1744-48 geformter Block, der entsprechend dem sonstigen Klosterbauschema zusammen mit der Kirche einen eigenen kleinen Innenhof bildet (Einblick über Klinikempfangshalle möglich). Links stehen Neubauten und geradeaus zwei Verwaltungsgebäude, davon eines mit Wappen. - **Sonstiges:** Die klassizistische kath. Kirche besitzt ein interessantes Deckenfresko, weil hier die Chorfrauen im modischen Ornat auftreten. In der 1925 entdeckten Krypta steht der Sarg der Lokalheiligen Adelindis. – Südlich von Kirche und Schloss bilden verschiedene Wirtschaftsbauten, vom ehem. Amtshaus (jetzt Pfarrhaus) bis hin zum Ökonomiegebäude (jetzt Progymnasium), einen weiteren im Halbrund abgeschlossenen Bezirk. – Jüdischer Friedhof an Straße nach Schussenried.

UMGEBUNG: Im benachbarten **Oggelshausen** war das Kirchenpatronat seit 1365 in Besitz des nahen Prämonstratenserstiftes Schussenried. Dieses baute 1715 ein Pfarrhaus, das zugleich dem Abt als Sommerresidenz diente. Daran erinnert ein Wappen über dem Eingang des schmucklosen, großen Gebäudes, das zusammen mit den Wirtschaftsbauten eine geschlossene Anlage südlich der Kirche bildet.

UMGEBUNG: Im benachbarten **Kanzach** steht eine vor kurzem mit EU-Geldern errichtete Turmhügelburg (Motte), wie sie als Dorfburgen im Hochmittelalter typisch und weit verbreitet waren (s. Eigeltingen). (2009)

C8 Buchen MOS

Von der namengebenden Burg der **Rüdt von Collenberg** auf einem Spessartberg gegenüber von Freudenberg am Main steht nur noch eine Ruine. Ihr Ursprungsort ist das Dorf Rüdenau westlich Miltenberg. 1280 erwarben sie Burg Collenberg am Main östlich Miltenberg und nannten sich danach. Als Ministeriale des Klosters Amorbach, des damals größten Grundbesitzers im Bauland, bauten sie 1286 eine Burg in Bödigheim. 1306 kam die Teilung in Collenberger und Bödigheimer Linie. Die Collenberger Linie blieb als Amtleute des Bf. von Mainz beim Alten Glauben und starb 1635 aus. Die Bödigheimer Linie teilte sich weiter auf, weshalb wir ihr Wappen mit dem Hund (Rüden) zwischen Buchen und Boxberg in vielen Dörfern antreffen: Bödigheim, Eberstadt, Hainstadt, Sennfeld, Sindolsheim und Eubigheim. Sie schloss sich wie der gesamte umwohnende Adel der Reformation an, so dass wir im **Bauland** immer wieder auf protestantische Inseln stoßen. Denn ansonsten wurde das Land zwischen Hinterem Odenwald und Tauber von den Bischöfen von Mainz und Würzburg dominiert, die es jedoch nicht erreichten, die Centgerichtsbarkeit (s. Neckargmünd) zur Landeshoheit umzuwandeln. Daher konnte sich hier der Adel der Reichsritterschaft anschließen, wie z.B. in Eberstadt und Bödigheim.

OT Bödigheim

Sitz von Ortsadel als Ministeriale der Hr. von Dürn, der abwanderte und im 17.Jh ausstarb. Der Grundbesitz war weitgehend in Händen des Klosters Amorbach, das zur Verwaltung 1286 die Rüdt einsetzte, die sich anschließend nach dem Dorf nannten. Die Oberhoheit gelangte aus den Händen der Dürn an den Bf. von Mainz (s. Walldürn). Als Mitglied des Kantons Odenwald der Reichsritterschaft führten die Rüdt gegen den Widerstand des Klosters Amorbach die Reformation ein. Nach dem Aussterben ihrer Verwandten (1635) übernahmen sie den Namenszusatz „von Collenberg".

Bauten: Das **Schloss** (18.Jh) ist ein zweigeschossiges, stattliches Gebäude mit dreigeschossigen Eckpavillons. Separat

Bödigheim. Einmalig in BW ist die sogenannte Augenscharte an der Burg der Rüdt von Collenberg

im Osten steht der sogenannte Pavillonbau unter Mansarddach. Die weitläufige Anlage liegt am Rande eines großen, nichtöffentlichen Parks. Privat bewohnt von Fam. Rüdt von Collenberg, Zugang bis Parktor. - Über dem Schloss stehen die Reste der mittelalterlichen **Burg,** die 1634 zerstört wurde. Erhalten blieben der steil hochragende staufische Bergfried mit Buckelquadern und der Renaissance-Palas mit verspieltem Giebel auf der Schauseite. Die Anlage am Berghang wird von einem Verein genutzt und ist zugänglich. Lage: Am Ostrand des Dorfes. - **Sonstiges:** Der Chor der evang. Kirche ist gepflastert mit Epitaphien, 15.-18.Jh. – Jüd. Friedhof an Straße nach Waldhausen.

OT Eberstadt

Auch hier wohnten die Rüdt von Bödigheim. Ab 1350 verwalteten sie als Ministeriale des Bf. Mainz den Amorbacher Grundbesitz. Ihr Beitritt zum Kanton Odenwald der Reichsritterschaft berechtigte sie, die Reformation einzuführen. Im 17.Jh bildete sich eine eigene Linie.

Bauten: Das **Wasserschloss** aus dem 16.Jh kann aufgrund seiner starken Rundtürme den Burgcharakter nicht verleugnen, obwohl es 1755 eine achtachsige Barockfassade erhielt. Von der quadratischen Renaissanceanlage blieben auf der Westseite die Umfassungsmauern erhalten. Bewohnt von den aus

Buchen

Österreich stammenden Frh. von Gatterburg, die vor zwei Generationen das Schloss erbten. Lage: Am nordöstlichen Rande des Dorfes.

OT Hainstadt

Auch hier wohnt noch heute eine Linie der Rüdt. 1157-1340 saß Ortsadel als Ministeriale der Hr. von Dürn auf einer Wasserburg. In deren Nachfolge war der Ort geteilt.

Eberstadt. Eines der vielen evang. Reichsritterdörfer im ansonsten kath. Bauland.

Die eine Hälfte wurde vom Bf. Mainz an häufig wechselnde Adlige vergeben, die andere Hälfte vom Bf. Würzburg. Obwohl sich dieser Adel der Neuen Lehre anschloss, konnten Mainz und Würzburg die Reformation unterdrücken. 1684 übernahm der Bf. Würzburg ¾ des Dorfes in Eigenherrschaft und unterstellte es seinem Amt in Rippberg (s. Walldürn). Das restliche Viertel gehörte unter den Rüdt zur Reichsritterschaft. Bei der Säkularisation kam das Dorf an die Fürsten von Leiningen und damit 1806 an Baden.

Bauten: Das **Schloss** (17.Jh) ist ein zweistöckiges, schmuckloses Gebäude in einem großen, ummauerten Park. Es war ursprünglich Amtshaus des Bf. Würzburg und ab 1803 Leiningisches Rentamt. Seit 1844 in Besitz der Rüdt, die noch heute hier wohnen. Kein Zugang.

Kernstadt

Die Merowingersiedlung wurde um 1260 von den Hr. von Dürn zur Stadt erhoben. 1309 übernahm der Bf. Mainz die Stadtherrschaft und richtete eine Kellerei (= Finanzverwaltung) ein, die dem Oberamt Amorbach unterstellt war. 1346-1525 bestand eine weitgehende Selbstverwaltung im Rahmen des Neun-Städtebundes (s. Tauberbischofsheim), die jedoch nach dem Bauernkrieg aufgehoben wurde.

Bauten: Die ehem. kurmainzische Kellerei wuchs auf dem Platz der mittelalterlichen Burg und bildet einen geschlossenen, als Museum genutzten Bereich innerhalb der Stadt („Museumshof"). In der ummauerten Anlage steht der 1493 als **Sommerresidenz** erbaute „Steinerne Bau", daneben das „Trunzerhaus" (17.Jh) und die Zehntscheune (1627) sowie der ehem. Marstall („Belzsche Haus"). - **Sonstiges:** In der kath. Kirche Epitaphien von Amtmännern und Bürgern.

UMGEBUNG: Im **OT Hettigenbeuren** steht der so genannte Götzenturm als Rest einer ehem. **Wasserburg**. Um 1300 wurde hier ein Boppo als Burgenbauer erwähnt, dessen Nachkommen nach Adelsheim (s.d.) umzogen. Das Kloster Amorbach als Grundbesitzer vergab das Lehen an häufig wechselnde Adlige, darunter auch die Berlichingen (daher „Turm des Götz"). Diese schlossen sich dem Kanton Odenwald der Reichsritterschaft an, konnten jedoch nicht die Reformation einführen, weil das Kloster das Kirchenpatronat besaß. Das schmucklosmassive Haus aus Bruchsteinen unter Walmdach steht in einem Park (Kurpark), durch den ein Bach fließt. Lage: An Straße nach Steinbach. (2002)

Bühl RA   H3

Es gibt viele Gründe zum Bau eines Schlosses. Einmalig ist jedoch wohl das Motiv für das im 20.Jh erbaute Schloss Bühlerhöhe. Den Hintergrund bildet eine Skandalgeschichte im Wilhelminischen Kaiserreich, bei der ein hoher Offizier eine geschiedene Bankiersgattin heiratete, die noch dazu jüdischer Abstammung war. Dies führte zur gesellschaftlichen Isolierung, welche die früh zur Witwe gewordene Frau durch eine spektakuläre Spende an den Kaiser vergessen lassen wollte: ein Genesungsheim, reserviert für 12 Generäle. Hierzu investierte sie ihr väterliches Erbe in Form von 12 Mio. Goldmark in ein schlossartiges Sanatorium auf den Höhen des nördlichen Schwarzwaldes, der Bühlerhöhe.

Schloss Bühlerhöhe

Aus persönlicher Enttäuschung beging die „Generalin" Hertha Isenbart 1918 Suizid, woraufhin das Schloss durch eine Finanzgruppe erworben und zum Luxushotel umgebaut wurde. Hierin erholten sich führende Politiker wie Stresemann, Adenauer und Brandt. Nach einer Krise in den 1970er Jahren übernahm es der Nürnberger Unternehmer Max Grundig und ließ es grundlegend sanieren. Heute gehört es zu einer internationalen Luxushotelkette.

Das **Schloss** (1911-14) ist ein dreigeschossiges, kuppelgekröntes, neubarockes Gebäude mit zwei im stumpfen Winkel angebauten Seitentrakten. In den Hof führt eine martialisch wirkende steinerne Toranlage. Speiseräume wie Terrassen bieten einen herrlichen Ausblick über Schwarzwald und Rheintal. Großer Park dabei. Lage: an der Schwarzwaldhochstraße, ca. 10 km südlich Baden-Baden, kurz vor der Abfahrt nach Bühlertal, beim Weiler Plättig. Nutzung ab 2010 unklar.

OT Neusatz-Waldsteg

Ortsadel als Ministeriale der Gf. Eberstein saß im 13.Jh auf einer Wasserburg, die 1407 an die Hr. von Staufenberg (s. Durbach) kam. Nach häufigem Besitzerwechsel erwarben 1721 die Gf. Baden das Dorf.

Bauten: Das **Schloss Waldsteg** (1705) ist ein dreistöckiges Steingebäude unter Walmdach. Von der mittelalterlichen Wasserburg sind noch ein massives Mauerstück und der Graben erhalten. Der Zugang erfolgt über eine moderne Brücke. Seit 1788 in Dorfbesitz diente es lange als Pfarrhaus. Heute unterhält die Stadt Bühl darin ein Institut für Stadtgeschichte. Es liegt im Weiler Waldsteg am Fuße des Schwarzwaldaufstiegs. Zufahrt ausgeschildert.

Kernstadt

Ausgehend von ihrer Burg Altwindeck (südöstlich Bühl, s.u.) bauten sich die Hr. von Windeck eine kleine Herrschaft auf (s.u. Lauf). Als Ministeriale der Gf. Eberstein und Vögte des Klosters Schwarzach hatten sie die Voraussetzungen zum Aufstieg, wurden jedoch durch die Gf. von Baden ausgebremst und sanken im 15.Jh auf Raubritterniveau ab. Die ältere Linie starb 1455, die jüngere 1592 aus. Ihr hiesiges Erbe fiel an die Hr. von Fleckenstein aus dem Elsass. 1720 Verkauf an die Markgrafschaft Baden-Baden, welche bereits seit 1404 die Oberhoheit besaß.

Bauten: Das **Stadtschloss** (1563) der Hr. von Windeck wurde zerstört. An

Bühl

seiner Stelle steht heute das Hotel „Badischer Hof" mit dem Allianzwappen Windeck-Reinach (Hauptstr. 36). – **Sonstiges:** Das badische Amtshaus (1791) ist ein stattliches dreigeschossiges, klassizistisches Gebäude, heute Polizeistation (Hauptstr. 91). - Jüdischer Friedhof mit rund 350 Grabsteinen aus dem 19.Jh im Osten des Stadtzentrums am Hang (C.-Netter-Straße).

UMGEBUNG: Über dem **OT Kappelwindeck** steht die Burgruine **Altwindeck** mit zwei Türmen und zwei Palas, weil sich nach einer Teilung zwei verfeindete Linien gebildet hatten. Im Vorburgbereich wurde ein Hotel-Restaurant errichtet. Weiter Blick über das Rheintal.

Schloss Bühlerhöhe. Die wohl ausgefallendste Schlossgründung des 20.Jh

UMGEBUNG: Unterhalb der Burg Altwindeck stand eine **Wasserburg** der Hr. von Windeck im **OT Rittersbach,** von der nur der Burgturm überlebte. Er wurde 1836 mit einem Mittelrisalit versehen. Das dreigeschossige, renovierungsbedürftige Gebäude steht auf einem ummauerten Grundstück. Privat bewohnt (Rittersbachstr. 15).

UMGEBUNG: Über der südlich angrenzenden Gemeinde **Lauf** ragt die Burgruine **Neuwindeck** empor, erbaut von der jüngeren Linie der Hr. von Windeck. Diese schloss sich der Ortenauer Reichsritterschaft an. Nach deren Aussterben kam die Burg an das Straßburger Patriziergeschlecht Hüffel, das sie 1721 an die Gf. Baden verkaufte. Reste der Burganlage sind der Wehrturm aus Granitblöcken, die Schildmauer und eine Palasruine.

UMGEBUNG: In **Aubach** (Gem. Lauf) steht ein schlössleartiges Gebäude aus dem 18.Jh. Das zweistöckige Hauptgebäude wirkt nur aufgrund der zwei risalitartigen Vorsprünge auf beiden Seiten herrschaftlich. Angebaut ist ein Haus unter Satteldach (1855). Die ummauerte Anlage liegt an der Straße nach Sasbach-Erlenbach, oberhalb des Sportplatzes. Sitz einer Multimedia Produktionsfirma.

UMGEBUNG: Rund 2 km entfernt steht inmitten von Obstbaumwiesen das Schlösschen **Lindenhaus** (Gem. Sasbach). Ursprünglich stand hier eine Wallfahrtskapelle, an deren Stelle der Besitzer des Aubacher Schlössles 1845 einen **Herrensitz** baute. Nach einem Brand (1982) blieb das Hauptgebäude mit einem repräsentativen Balkon erhalten. Privat bewohnt. Lage: Zufahrt von Bundesstraße Sasbach-Ottersweier möglich. (2006)

N6 Büsingen KN

D-78266, CH-8231. Das einzige Dorf Deutschlands mit eigenem Autokennzeichen (BÜS) – ca. 3 km östlich von Schaffhausen am Rhein gelegen - gehört politisch zu Deutschland und wirtschaftlich zur Schweiz. Diese Zwitterstellung verdankt es einem Konfessionskonflikt in der Barockzeit. Und zwar: Die Dorfherrschaft des 1529 evang. gewordenen Ortes gehörte dem Schaffhausener Patriziergeschlecht Im Thurn. Als die Stadt Schaffhausen 1693 einen Konfessionswechsel des Dorfherren befürchtete, ließ sie ihn festnehmen und erst 1699 nach langwierigen diplomatischen Verhandlungen wieder frei. Als Retourkutsche weigerte sich 1723 Habsburg, Büsingen in den Vertrag aufzunehmen, mit dem die Stadt die Hochgerichtsbarkeit für ihre Dörfer im Hegau erwerben konnte. Damit war das Dorf gänzlich von Schaffhausener und somit Schweizer Gebiet eingeschlossen. Auch die Grenzziehung des Wiener Kongresses und die anschließenden wiederholten Anschlussbegehren an die Schweiz änderten nichts an diesem Zustand.

Kernort

Die Kirche oberhalb des Ortes ist wohl eine frühchristliche Urkirche, was auch das für Bergkirchen typische Patrozinium St. Michael vermuten lässt. Als Mutterpfarrkirche für Schaffhausen und weitere Orte kam sie 1095 an das neu gegründete Kloster Allerheiligen in Schaffhausen. Da die Stadt in der Reformation das Kloster aufhob und seine Rechte übernahm, wurde auch im Dorf Büsingen die Pfarrkirche reformiert. Die Oberhoheit Habsburgs über das Dorf konnte diesen Prozess nicht stoppen, die Patrizierfamilie Im Thurn als Dorfherrschaft wurde ebenfalls protestantisch. Bis es zum Konflikt (s.o.) kam. Anschließend beharrte Habsburg stur auf seiner Oberhoheit, weshalb das Dorf 1806 an das Großherzogtum Baden und damit 1871 an Deutschland kam.

Bauten: Das **Schlössle** („Junkernhaus", Junkerstr. 61), um 1600 erbaut, ist ein dreistöckiger, schmucker Fachwerkbau unter Satteldach. Erinnerungstafel. Die Mauer und der Turm sind verschwunden. Sein Garten grenzt an den Rhein. – Sonstiges: Die evang. Bergkirche steht als eine Wehrkirchenanlage östlich des Dorfes auf einem Hügel. In ihr findet man drei Epitaphien der Ortsherrschaft. (Schlüssel im Dorf) (2001)

Calw CW H6

Die **Gf. von Calw** wurden auf dem Höhepunkt ihrer Macht im Machtkampf zwischen Staufer und Welfen zerrieben. Sie stammen wohl von den Enzgaugrafen ab, denn sie übernahmen deren Leitnamen Adalbert und waren auch noch Grafen im Murrgau (s. Ingersheim). Anfang des 11.Jh bauten sie die Namengebende Burg Calw. Zur Zeit des Investiturstreits erlebten sie ihre Glanzzeit (1035-1133) und gingen exklusive Heiratsverbindungen ein: mit der Fam. von Papst Leo IX (Gf. Egisheim-Dagsburg) und zwei herzoglichen Familien. Gf. Gottfried war engster Berater des Salierkaisers Heinrich V, der ihm die Pfalzgrafschaft bei Rhein (in Aachen) übertrug. Obwohl er Parteigänger der Staufer war, verheiratete er seine Tochter Uta (von Schauenburg) mit Welf VI, der nach seinem Tod 1133 das Erbe usurpierte. Der übergangene Neffe Adalbert erhielt nur Rest-Calw als welfisches Lehen und nannte sich nach Löwenstein (s.d.). 1260 starben die Grafen aus. Da die Burg in Calw völlig verschwunden ist, erinnert nur noch der mächtige Löwe im Stadtwappen an sie.

Calw

Kernstadt

Nach 1000 Burgbau auf dem kahlen Berg (= Calw), um 1250 Stadtgründung. Das Erbe der Gf. Calw kam über die Pfalzgrafen Tübingen 1345 an die Gf. Württemberg. Die Stadt wurde zum Zentrum der württ. Textilindustrie („Zeugmacher"), die 1650 gegründete Zeughandels-Compagnie entwickelte sich zum bedeutendsten Handelsunternehmen Württembergs. Hinzu kam im 18.Jh der Holzhandel mit Holland (s. Neuenbürg). Nur so ist zu verstehen, dass die Stadt nach der totalen Zerstörung durch den französischen General Melac (1692) wie ein Phönix aus der Asche wieder erstand. Man baute anschließend keine Notunterkünfte, sondern solch prächtige Fachwerkhäuser, dass Calw heute als eine der schönsten Fachwerkstädte BWs gelten kann.

Bauten: Als **Schlössle** dürfen zwei Gebäude bezeichnet werden, die den soliden Reichtum der Calwer Kaufmannsfamilien symbolisieren. Zum einen das 1694 von einem Mitglied der Zeughandels-Compagnie errichtete Altdeutsche Haus, ein prächtig verziertes, dreistöckiges Fachwerkhaus mit Erker (Lederstr. 39, private Nutzung). Zum anderen das 1791 vom Chef der Holzhandels-Compagnie erbaute Palais Vischer, ein dreistöckiger Barockbau unter Walmdach mit einem schönen Mittelrisalit (Bischofstr. 48, heute Museum). – **Sonstiges:** An Stelle der Burg wurde von Heinrich Schickhardt ein Renaissanceschloss erbaut, das jedoch unfertig blieb und schließlich zum Wiederaufbau der Stadt abgetragen wurde.

OT Hirsau

1059 wurde von den Gf. von Calw ein Benediktinerkloster gegründet, das in Deutschland ein geistliches, geistiges und politisches Erdbeben erzeugte. Die Cluny-Hirsau-Reformbewegung mündete in den Investiturstreit, der erst 1122 unter Mitwirkung von Gf. Gottfried von Calw mit einem Kompromiss endete.

Hirsau. Kreuzgang und Jagdschloss. Diese wunderbaren Ruinen verdanken wir dem Sonnenkönig

- Nach der reformationsbedingten Aufhebung wurde das Kloster zum Sitz eines eigenen Amtes. Die Gf. Württemberg bauten sich ein Jagdschloss, das samt Klosteranlage 1692 von Truppen des Sonnenkönig zerstört wurde. General Melac ist seitdem in Württemberg der Inbegriff des barbarischen Soldaten.

Bauten: Das vom berühmten Georg Beer erbaute **Renaissanceschloss** war eine Dreiflügelanlage am Südrand der Klosteranlage. Davon steht nur noch der Ostflügel, der mit zwei Doppelgiebel-Prachtfassaden eine romantische Ruine abgibt. Die Grundmauern des Westflügels wurden später überbaut, heute ist darin das Finanzamt. Die von Uhland besungene Ulme musste 1988 beseitigt werden. – In der erhaltenen gotischen Marienkapelle stehen mehrere Epitaphien von Äbten. – Die weitläufige Kloster-Schloss-Ruinenanlage, versehen mit Informationstafeln, wirkt romantisch.

OT Stammheim

Edelfreier Ortsadel im 12. Jh. Im 13. Jh saß Ortsadel als Ministeriale des Klosters Hirsau auf einer Burg am Ostrand des Dorfes. Das Kloster kaufte im 14. Jh die Dorfherrschaft zurück, so dass das Dorf nach der Reformation zum württ. Klosteramt Hirsau gehörte.

Bauten: Das **Schlössle** ist eine kleine Hofanlage, gebildet von Wohnhaus und Wirtschaftsbauten. Das zweigeschossige Wohnhaus (1746) steht auf den Mauern der Burg. Es ist auffallend ockergelb angestrichen. Privat bewohnt, Zugang bis zum schönen Torbogen mit Bauinschrift. Lage: Straße Richtung Deckenpfronn (Burggasse). – Gegenüber steht die ehem. Schafscheune, ein langer Steinbau.

UMGEBUNG: Der **OT Altburg** war von den Gf. Württemberg an die Truchsessen von Waldeck verliehen, die sich dem Kanton Kocher der Reichsritterschaft anschlossen. Das Schloss wurde 1823 abgebrochen. Man kann seine Form anhand von Gräben in einer Wiese erkennen, die von „Burgstr., Burggraben, Schlossstr., Schlosswiesenweg" umgrenzt wird. Im Chor der evang. Kirche, in der auch drei Epitaphien von Nonnen des verschwundenen Dominikanerinnenklosters stehen, ist ein Truchsess samt Frau abgebildet.

UMGEBUNG: Die **Burg** der Truchsessen von **Waldeck** steht als Ruine im Wald südlich von Calw, erhöht in einer Nagoldschleife. Man findet sie ca. 150 m über dem „Waldecker Hof", an der B 463 zwischen Calw und Bahnhof Bad Teinach bei der Abzweigung nach Holzbronn. Erhalten blieben Bergfried mit Buckelquadern und Ringmauer sowie ein großer Vorburgbereich. (2010)

Cleebronn HN   E7

Die Hochadelsfamilie der **Hr. von Magenheim** ist ein Zweig der Zeisolf-Wolfram, die 940 zum erstem Mal urkundlich erwähnt werden und noch um 1090 mehrere Grafschaften vom Schwarzwald bis zu den Ardennen innehatten. Die Hauptlinie war mit dem salischen Kaiserhaus verschwägert und gründete das Hauskloster Sinsheim. Ein Zeisolf nannte sich nach Brackenheim und ab 1147 nach Magenheim, wo er die Burgen Ober- und Niedermagenheim baute. Ihr Besitz beschränkte sich auf Zabergäu und Kraichgau. Nach einer gegen Württemberg verlorenen Schlacht (1277) kam der langsame Abstieg, an dessen Ende Württemberg die Herrschaft um Zaberfeld (s.d.) und die 1303 geteilte Herrschaft um Brackenheim erwarb. 1409 starb die Familie aus.

Burg-Schloss Magenheim

Über dem Dorf Cleebronn ragt Schloss Magenheim auf einem steilen Vorsprung empor. Württemberg kaufte die Herrschaft sukzessive auf und verlieh sie an den regionalen Landadel (Sachsenheim, Liebenstein), um sie schließlich ab 1658 durch einen Vogt selbst zu verwalten.

Bauten: Das **Schloss** (1592) ist ein 26 m hohes Steingebäude mit Staffelgiebeln, das noch Teile des stauferzeitlichen Palas besitzt (Buckelquadern). Die große Halle im

Cleebronn

EG ("Rittersaal") war Gerichtsraum. Im ummauerten Hof stehen neugotische Gebäude, welche die Frh. von Tessin als Besitzer im 19.Jh hinzufügten. Heute Privatbesitz. Eine Zufahrt ist von der Straße zum Michaelsberg (s.u.) möglich.

UMGEBUNG: Ca. 1 km entfernt erhebt sich der **Michaelsberg,** auf dem einmal die Burg Obermagenheim stand, von der nur noch der Graben auf der Westseite übrig blieb. In der romanischen Kirche, die an der Stelle eines gallo-römischen Heiligtums steht, befinden sich mehrere Epitaphien sowie ein Steinsarkophag. Das ehem. Kapuzinerkloster daneben ist heute Jugendbildungsstätte. – Am Fuße des Michaelsberges, an der Abzweigung nach Treffentrill (Tripsdrill), steht das **Hofgut Katharinenplaisir.** Es wurde 1735 vom Amtmann des Gf. Stadion in Bönnigheim für seine Frau Katharina angelegt. Das zweistöckige Herrenhaus unter Mansarddach besitzt ein Barockwappen mit Epigramm (= Sinngedicht). Jenseits der Straße steht die dazu passende Scheune, ebenfalls unter Mansarddach. - Im Rathaus von **Cleebronn** ist über einer Türe das Wappen der zeitweiligen Dorfherren, der Gf. Stadion, angebracht. (2009)

E11 Crailsheim SHA

Das **Ende der Reichsritterschaft** wurde bereits 1796 durch Preußen eingeläutet. Mit der Abdankung des letzten Mgf. von Ansbach-Bayreuth hatte Preußen dessen Herrschaft übernommen und den (später berühmten) Frh. von Hardenberg als Regierungschef eingesetzt. Der wollte eine moderne, an Preußen orientierte Verwaltung einführen, mit klaren Territoriumsgrenzen und Landeshoheit. Da störten die vielen Einsprengseln der fränkischen Reichsritter. So ließ er sie kurzerhand als landsässig deklarieren und ihre Dörfer besetzen. Das entsprechende juristische Gutachten brachte es auf folgende Formel: „Privilegien sind nur dann als gültig anzusehen, wenn sie für das Land keinen Nachteil bringen". (Heutige Großmächte argumentieren ähnlich). Die Rittergeschlechter in der Umgebung Crailsheims, die zuvor hier als Markgräfliche Oberamtmänner ihr Zubrot verdient hatten, wurden damit landsässig (s. OT Erkenbrechtshausen).

Die **Ritter von Crailsheim** sind ein weit verzweigtes Ministerialengeschlecht, von dem wir Mitglieder überall in der Umgebung antreffen (OT Erkenbrechtshausen, Satteldorf, Kirchberg-Hornberg). Ihr Ursprung geht auf eine verschwundene Burg hier an der Jagst zurück. In der Stadt Crailsheim erinnern nur noch Epitaphien in der Stadtpfarrkirche an sie.

Kernstadt

Crailsheim kam 1399 von den Hohenlohe an die Hohenzollern, die es zum politischen (Oberamtssitz) und wirtschaftlichen Zentrum der Westhälfte ihrer zersplitterten Markgrafschaft Ansbach machten. Das Schloss diente wiederholt als Witwensitz. Es gab im 18.Jh sogar konkrete Pläne für eine Landesuniversität.

Bauten: Am Platz des 1945 zerstörten **Schlosses** („Schlossplatz") steht heute ein Verwaltungsgebäude. – An die ehem. Bedeutung dieser Stadt erinnert die gotische evang. **Stadtpfarrkirche,** in deren Chor man außergewöhnlich prächtige und große Epitaphien findet. Die Epitaphien der Fhr. von Crailsheim in ihrer Ritterkapelle (an der Südwand des Schiffes) sind bescheidener. - Der „Diebsturm" als Nordostecke der Stadtmauer war evtl. Bergfried einer Staufischen Burg. – In der Nähe des jüdischen Friedhofs (19.Jh, nördlich des Volksfestplatzes) steht auf dem Kreckelberg eine burgähnliche Villa im Stile der Neugotik (1895).

UMGEBUNG: Im OT **Goldbach** saßen Ministerialen der Gf. Hohenlohe, später Gf. Ansbach. Ihr Erbe ging im 15.Jh an die Geyer von Giebelstadt (bei Ochsenfurt), die sich dem Preußischen König unterstellten und ihm 1708 den Ort vererbten. Drei Epitaphien (17.Jh) und ein Totenschild (1640) der Geyer befinden sich in der evang. Kirche (1725). Ihre baufällige Wasserburg wurde 1947 abgerissen.

UMGEBUNG: Im OT **Westgartshausen** saß eine Seitenlinie der Ritter von Goldbach, von denen nur noch ein einzigartiges Relikt in der evang. Kirche zeugt. Es ist ein Eckstein: auf der einen Seite mit einer Madonna, auf der anderen mit einem Ritter mit Kreuz und Schwert. Hier hat sich der Kirchenstifter als Pilger verewigt (1255). Die Wappen an Kanzeltreppe und Taufstein (1603) stammen von der späteren Herrschaft der Mgf. von Ansbach. An der Außenwand steht das Epitaph eines Ansbacher Amtmannes.

UMGEBUNG: Im OT **Jagstheim** hatte sich die Ritterfamilie von Ellrichshausen (s. Satteldorf) dem Kanton Odenwald der Reichsritterschaft angeschlossen. Ihre Burg neben der Kirche ist verschwunden. Nur noch zwei Totenschilde und ein Epitaph in der evang. Kirche erinnern an sie.

OT Erkenbrechtshausen

Bereits im 13.Jh saßen hier die Frh. von Crailsheim, lösten sich verschiedene Linien nacheinander ab. 1647 ging das Schloss an eine Ganerbengemeinschaft, welche Obdachlose ansiedelte. Wie so viele musste sich dieses reichsritterschaftliche Dorf (Kanton Odenwald) 1796 der Annexion durch Preußen beugen.
Bauten: Das **Wasserschloss,** 1525, ein langer, schmuckloser, einstöckiger Bau mit Fachwerk, wird auf zwei Seiten von Wasser und einem Sumpfbiotop geschützt. Vom Dorf führt eine idyllische Baumallee zur Tordurchfahrt. Zur Zeit in Sanierung, Nutzung unklar. (2009)

Creglingen TBB C12

Als Erbe der Kreuzzüge kann man drei außergewöhnliche romanische Kapellen im Tauberfränkischen Raum ansehen, die dem Oktogon (= Achteck) der **Grabeskirche** in Jerusalem nachgebaut sind. Sie gehen zurück auf die Hr. von Hohenlohe, die unter den Staufern aufgrund ihrer Reichsämter die Welt kennen lernten. So war Konrad zusammen mit Kaiser Friedrich II in Palästina. Wahrscheinlich wollte er mit dem Bau der Achteckkapellen in Grünsfeldhausen, Oberwittighausen und hier im OT **Standorf** (**Ulrichskapelle**) Gesehenes imitieren. Letztere

Creglingen

vermittelt in ihrer Originalität und Unverfälschtheit einen Hauch von Hochmittelalter. In ihr befindet sich eine in den Fußboden eingelassene Steinplatte aus dem 13.Jh, eine der in Mitteleuropa so seltenen Scheibenkreuzplatten. Der Besuch dieser Kapelle ist ein Muss! Aus der Stauferzeit stammen auch die Frauenzisterze Frauental und die Burg Brauneck.

Burg Brauneck

Konrad (s.o.) baute um 1230 die Stammburg der Linie Hohenlohe-Brauneck, die ihre Grablege in der benachbarten Frauenzisterze Frauental hatte (dort keine Epitaphien erhalten). Nach ihrem Aussterben wurde die Herrschaft 1448 an die Mgf. von Ansbach verkauft. Die Bauern zerstörten 1525 die Burg. Heute steht hier ein Bauernhof, in den Teile der Schildmauer, des Bergfrieds (mit Buckelquadern), des Palas und des „Eulenturms" verbaut sind. Man findet sie an der Straße Reinsbronn-Sechselbach. Zugang möglich. Infotafel am Eingang, offizielles Stauferdenkmal. Einen wuchtigen Eindruck bietet der Anblick vom Steinachtal her.

Kernstadt

Hier saßen Ministeriale auf einer Reichsburg, die im 14.Jh an die Hohenlohe-Brauneck kam. Stadtgründung. Nach deren Aussterben ging die Herrschaft 1448 an die Mgf. von Ansbach. Eine Ausdehnung wurde jedoch durch die Reichsstadt Rothenburg vereitelt, die ihre Dörfer mit der Landhege (s. Niederstetten) und Kirchenburgen (s.u. Finsterlohr) schützte. So wurde Creglingen Oberamtsstadt für nur rund ein Dutzend Dörfer, die fast alle zum heutigen Stadtgebiet gehören.

Bauten: Von der stauferzeitlichen **Burg,** die unter den Markgrafen als Oberamtssitz diente, stammen die Grundmauern der Häuser im „Schlosshof". So war das evang. Pfarrhaus ein Wohnturm. Es bildet zusammen mit Wirtschaftsgebäuden einen in sich geschlossenen Hof („Schlosshof"). - Das Kulturzentrum **„Romschlössle"** in der Romgasse ist eine kommunale Einrichtung in einem ehemaligen Adelssitz, der 1589 auf älteren Mauern erbaut wurde und 1694-1791 als Kastenamt (=Finanzamt) diente. Das dreistöckige Fachwerkgebäude auf Steinsockel ist Teil eines umfangreichen Baukomplexes. Zugang in den Innenhof offen. – **Sonstiges:** Aufwändige Epitaphien der adligen Oberamtsmänner in der evang. Stadtkirche. Eine besondere Rolle müssen dabei die Ritter von Seckendorff eingenommen haben, denn eine solch aufwändige Grabkapellenecke sowie das riesige Epitaph im Kirchenschiff über dem Eingang findet man sonst nur bei Herrschaftsinhabern. - Drei Türme und Teile der Stadtmauer stehen noch von der Stadtbefestigung. - An die im 17.Jh angesiedelte jüdische Gemeinde erinnert ein Museum in der Badgasse. Die Synagoge war in dem Haus neben dem Faulturm. Ein jüdischer Friedhof befindet sich im Wald südwestlich der Stadt.

UMGEBUNG: Ca 1 km südlich an der Straße nach Münster steht die **Herrgottskirche** mit dem berühmten Riemenschneideraltar. Dort hängen drei (vermutliche) **Totenschilde** der Stifterfamilie Hohenlohe-Brauneck aus dem 14.Jh, wahrscheinlich die ältesten in BW. Zudem ist die Kirche gepflastert mit Epitaphien von Markgräflichen Beamten und deren Familien, innen und außen, an der Wand und im Fußboden.

OT Archshofen

Vasallen der Hohenlohe-Brauneck schenkten ihre Burg dem Deutschen Orden, der hier eine Kommende einrichtete. Als die Mgf. von Ansbach einen Teil des Ortes erwarben, führte dies zu ständigen Konflikten mit der benachbarten Reichsstadt Rothenburg. Darunter litten auch die Besitzungen des Deutschen Ordens, weshalb der seinen Anteil an die Rothenburger Patrizierfamilie Lochinger verkaufte, die sich dem Kanton Odenwald der Reichsritterschaft anschloss. Die Grenze Markgrafschaft – Reichsstadt verlief bei der Holdermühle (Richtung Tauberzell).
Bauten: Das **Schlössle,** im Kern 16. Jh, umgebaut im 18. Jh, ist ein dreistöckiger, quadratischer Steinbau unter Walmdach. Der Flügel zur Kirche (mit Rittersaal) wurde abgebrochen. Es wechselte häufig den Besitzer. Schön sind zwei Allianzwappen an der Straßenseite (Lochinger, 1570; von Wolfskehl, 18.Jh). Bis vor kurzem als Gaststätte benutzt, jetzt Wohnung. – **Sonstiges:** Daneben die gotische evang. Kirche mit einem Wappenepitaph der Hr. von Finsterlohe. - Gegenüber (über der Straße, zur Tauber hin) sind die massiven Grundmauern und Gräben der zerstörten **Burg** zu sehen. – Dahinter die Synagoge, heute Vereinsheim der Kleintierzüchter („Lindenplatz").

UMGEBUNG: Im benachbarten OT **Finsterlohr** steht eine der typischen Rothenburger Wehrkirchen: klein, mit massivem Chorturm, vom mauergeschützten Friedhof umgeben. Die Stammburg der Ritter von Finsterlohe wurde im Städtekrieg 1381 von der Reichsstadt Rothenburg zerstört.

OT Reinsbronn

Auf einer Wasserburg saß Ortsadel als Ministeriale der Hohenlohe-Brauneck. Das Dorf kam im 15.Jh an die Geyer von Giebelstadt, die sich dem Kanton Odenwald der Reichsritterschaft und der Reformation anschlossen. Nach deren Aussterben 1708 an Preußen.

Reinsbronn. Bezaubernd wirkt der Renaissance-Innenhof des „Florian-Geyer-Schlösschen"

Bauten: Das **Schlössle** („Florian-Geyer-Schlösschen"), wurde 1588 am Ortsrand an Stelle einer Wasserburg erbaut. Typisch Renaissance ist der von Laubengängen umfasste Innenhof mit Treppenturm. Die Anlage wurde liebevoll von den Besitzern restauriert. Heute Wohnungen, Zugang zum Hof offen. – **Sonstiges:** Schönes Epitaph (1607) in der evang. Kirche.

Creglingen

OT Waldmannshofen
Der Ortsadel war in Diensten der Hohenlohe-Brauneck, ab 1448 der Mgf. von Ansbach. Im 15.Jh kam der Ort an die Hr. von Rosenberg, die sich dem Kanton Odenwald der Reichsritterschaft und der Reformation anschlossen. Nach deren Aussterben 1637 ging das Lehen an die kath. Gf. Hatzfeld (s. Weikersheim-Laudenbach).

Waldmannshofen. Ein Feuerwehrmuseum ist eine ausgefallene Art von Schlossnutzung

Bauten: Das **Schloss** wurde 1544 durch die Hr. von Rosenberg mit zwei schönen Volutengiebeln erbaut und 1660 von Gf. Hatzfeld umgebaut. Es wirkt **burgartig** aufgrund seiner massiven Türme und der Gräben. Seit 1886 in Gemeindebesitz, heute reich bestücktes Feuerwehrmuseum. – **Sonstiges:** Im Turmuntergeschoss der evang. Kirche mehrere figürliche Epitaphien der Rosenberg. (2006)

19 Dettingen an der Erms RT

In der Ordensgeschichte gilt das 15.Jh als eine Zeit des Niedergangs und der Verweltlichung. Im Gegensatz dazu steht jedoch eine Reformbewegung, welche beinahe alle etablierten Orden erfasste, von den Benediktinern über die Bettelorden bis hin zu den Augustinerchorherren. Zu Letzteren zählte der Reformorden der **Brüder vom Gemeinsamen Leben,** welcher im Bereich der Grafschaft Württemberg mit insgesamt sieben Niederlassungen vertreten war (s. Kirchentellinsfurt). Dieser Orden entstand in den Niederlanden im Rahmen der „Devotio-moderna-Bewegung", die auf dem Bestseller „Die Nachfolge Christi" des Mystikers Thomas von Kempen basiert. In Dettingen erinnern die Stiftskirche und das Schlösschen an ihn.

Kernort

Bereits im 11.Jh werden Burg und Stadt erwähnt, die um 1265 aus dem Besitz der Gf. von Urach an die Gf. Württemberg gelangten. 1482 übergab Gf. Eberhard im Barte die Pfarrkirche an die Brüder vom Gemeinsamen Leben im benachbarten Urach. Für sie geschah der Umbau zur Stiftskirche und der Bau eines Hauses an Stelle der Burg. Nach der Auflösung des Stifts durch Herzog Ulrich (1517) diente das Haus verschiedenen Adelsfamilien, die in Urach als Obervögte tätig waren.
Bauten: Das **Schlössle** (16.Jh) ist ein Fachwerkhaus über massivem Sockelgeschoss. Das zweistöckige Gebäude unter Satteldach ist seit 1986 Rathaus, der massive Gewölbekeller dient als Ratssaal. - **Sonstiges:** Spätgotisch sind der Chor der evang. Kirche und die nördlich anschließende Pankratiuskapelle (mit Wappendecke), erbaut 1494 von Peter von Koblenz. – Im Städtchen mehrere schöne Fachwerkhäuser, darunter auch der Stadthof des Klosters Zwiefalten, das der größte Grundbesitzer der Gegend war.

Dettingen an der Erms

UMGEBUNG: Im benachbarten Dorf **Neuhausen** (Gem. Metzingen) besaß das Kloster Zwiefalten die Dorfherrschaft, wurde jedoch von den Gf. Württemberg als Vogteiherren in seinen Rechten immer weiter eingeschränkt. Es konnte so die Einführung der Reformation nicht verhindern und trat schließlich 1750 seine Rechte an Württemberg ab. Der Zwiefaltener Klosterhof erfüllte Zentralitätsfunktionen für den Klosterbesitz in den umliegenden Dörfern. Er fällt durch seine Toreinfahrt (1602) auf und wird als **Schlössle** bezeichnet. Über dem Eingang des Hauptgebäudes mit doppelläufiger Treppe ist das Wappen Württemberg-Urach angebracht. Die Anlage wird momentan zu einer Wohnanlage vollständig neu gestaltet (Klosterstr. 13+15). – An der Uracherstraße errichtete das Kloster einen Fronhof (Fronhof 1-3). - In der evang. Kirche ist das Epitaph eines Klosterpflegers. (2008)

Dietingen RW K5

Italien war das Schicksalsland der **Herzöge von Urslingen.** Hier erwarben sie den Herzogstitel, als unter Barbarossa 1176 Konrad von U. das Herzogtum Spoleto erhielt. Seine Nachkommen nahmen höchste Positionen als Reichsverwalter in Mittelitalien ein, mussten jedoch wegen finanzieller Unregelmäßigkeiten 1230 auf alle italienischen Besitzungen verzichten. Die schwäbische Linie versuchte einen erneuten Aufstieg in Italien, als Werner von U. im 14. Jh die Leitung der Großen Kompanie übernahm, eines zumeist aus Deutschen bestehenden **Söldnerheeres.** Er wurde von seinen wechselnden Dienstherren Visconti, Venedig, Neapel und Papst besser bezahlt als jeder andere Condottieri (a condotta kämpfen = seine Truppe vermieten). In seinem Schlepptau suchten schwäbische Landadlige als Söldnerführer ihr Glück, darunter die Schenk von Stauffenberg, die Ritter von Neuneck und die Gf. von Landau. In der Heimat jedoch mussten die Gf. Urslingen sämtliche Besitzungen verkaufen und starben 1442 verarmt aus. Das Epitaph des letzten findet man in der Kirche des nahen Klarissenklosters Wittichen (s. Alpirsbach), dessen Vögte sie waren. Von ihrer Stammburg, nördlich des **OT Irslingen** auf einem Umlaufberg links des Schlichem („Schlichemklamm") beim Butschhof gelegen, stehen nur noch wenige (sanierte) Grundmauern.

Schloss Hohenstein

Auch diese Burg über dem Neckar geht auf das Hochadelsgeschlecht der Urslingen zurück. Im 13. Jh kam sie an die benachbarten Hr. von Zimmern (s. Bösingen) und von denen 1513 zusammen mit dem Dorf Dietingen an die Reichsstadt Rottweil. Seit 1839 ist die Anlage in Besitz der Gf Bissingen-Nippenburg. **Bauten:** Von der **Burg** in einer Neckarschleife blieben nur einige Grundmauern im Wald erhalten. - Auf der Hochebene darüber befindet sich das Hofgut, ein **Herrenhaus** mit Mansarddach, bewohnt von Gf Bissingen-Nippenburg. Die dazu gehörenden Wirtschaftsbauten sind vermietet. - Versteckt dahinter steht ein 1923 (!) von den Bissingen-Nippenburg erbautes und 1977 an ein Immobilienunternehmen verkauftes **Schloss.** Das zweigeschossige Gebäude mit repräsentativem, balkongeschmücktem Eingang ist in Eigentumswohnungen aufgeteilt.

Dietingen

Zugang bis zum schmiedeeisernen Hoftor. - Lage: ca 2 km westlich Dietingen, neben Autobahnrasthof Neckarburg, keine Ausschilderung. (Tipp: In der laublosen Zeit gut zu sehen von der Höhe jenseits des Neckars bei Villingendorf.)

UMGEBUNG: Gegenüber der Burgruine Irslingen, rechts der Schlichem, und von der Burgruine zu Fuß über die wildromantische Schlichemklamm erreichbar, steht das ehem. Rittergut **Ramstein**. Es wurde im 19.Jh von den Gf. Bissingen-Nippenburg gekauft, jedoch 1939 wieder verkauft und ist heute verpachtet (Pferdehof). (2008)

H13 Dischingen HDH

Thurn-und-Taxis-Land könnte man diesen östlichsten Landstrich BWs auf dem Härtsfeld bezeichnen, denn neben Schloss Taxis erwarb dieser Kurierdienst im 18.Jh die Schlösser Duttenstein, Ballmertshofen, Dunstelkingen und Eglingen. Vom Monte Tasso (= Dachsberg, daher ein Dachs im Wappen) bei Bergamo stammend, erhielt die Familie Tassis 1490 von König Maximilian den Auftrag für eine Nachrichtenverbindung zwischen Innsbruck und den erheirateten Niederlanden. Bei den damaligen Verkehrsmitteln und der Infrastruktur keine einfache Aufgabe, die aber so gut gelöst wurde, dass die Taxis 1595 das Postmonopol für das ganze Deutsche Reich erhielten. (Nebenbei: Post kommt von Posten. Alle 5 Meilen = ca. 35 km, wurde ein Pferdewechselposten eingerichtet.) Der Aufstieg war vorprogrammiert: 1512 geadelt, 1608 Reichsfreiherren, 1624 Reichsgrafen, 1695 Reichsfürstenstand ohne Stimme, 1754 mit Stimme, 1787 eigenes Minifürstentum (s. Scheer). Umbenennung in Thurn und Taxis, weil man 1645 eine Abstammung von der Mailänder Grafenfamilie de la Torre (= Turm) konstruierte. Als Entschädigung für die Rechte, die infolge der franz. Revolution links des Rheins verloren gingen, bekam sie 1803 rund 500 km² Klosterbesitz (s. Neresheim). Die durfte sie bis heute behalten und ist damit der größte Grundbesitzer der Bundesrepublik, residierend in einem ehemaligen Kloster in Regensburg. Erst 1867 wurde ihr das Postmonopol vom Deutschen Bund (teuer) abgekauft.

Dischingen. Aus Burg Trugenhofen wurde Schloss Taxis

Schloss Taxis
Weithin sichtbar über Dischingen liegt die ehemalige Reichsburg Trugenhofen, die im 14.Jh unter die Oberhoheit von Bayern (später Pfalz-Neuburg, s. Heidenheim) gelangte. Nach häufigem Besitzerwechsel wurde sie 1734 von den Gf. Thurn und Taxis gekauft, aus Pfälzer Oberherrschaft gelöst, zur Residenz ausgebaut und Zentrale für die Besitzungen im Umland. Seit 1817 heißt sie offiziell Schloss Taxis.
Bauten: Im Zentrum der weitläufigen **Schlossanlage** steht als Rest der ehemaligen Burg das „Hohe Schloss", ein Steinhaus aus dem 16.Jh mit Flankentürmen,

Freitreppe und Schlosskapelle. Daneben mehrere barocke (Kavaliersbau, Gästehaus) und neugotische Schlossbauten (Fürsten- und Prinzenbau, Theater). Insgesamt eine weitläufige Anlage mit vielfältiger Nutzung, von Sommerresidenz über Reitstall bis Museum. Englische Parkanlage. Der Weg zum Schloss ist ausgeschildert. Ein öffentlicher Weg geht durch die Anlage.
UMGEBUNG: Im benachbarten Dorf **Trugenhofen** steht die kath. Kirche mit einer Herrschaftsempore. Im dazugehörigen Friedhof sind mehrere Epitaphien für hochstehende Verstorbene, z.B. Frh. v. Gemmingen. Die Kirche war 1552-1613 evangelisch. Die konvertierten Gf. von Pfalz-Neuburg (s. Heidenheim) erzwangen die Rekatholisierung.

OT Ballmertshofen

Auch dieser Ort gehörte den Thurn und Taxis. Aus Ministerialenbesitz hatte 1442 die Reichsstadt Ulm das Dorf erworben, verkaufte es jedoch 1512 weiter, weil sie die Oberhoheit von Pfalz-Neuburg nicht anerkennen wollte. Die Frh. von Leonrod schlossen sich dem Kanton Kocher der Reichsritterschaft an. Die Gf. von Pfalz-Neuburg erzwangen zuerst die Reformation und 1613 die Rekatholisierung. 1749 an Thurn und Taxis.
Bauten: Das **Schloss,** um 1600, ist ein rechteckiger, schmuckloser, dreigeschossiger Steinbau mit geschweiften Giebeln und Erkerturm. Heute in Gemeindebesitz und als „Ländliche Bildergalerie" genutzt. – **Sonstiges:** Zwei schlichte Epitaphien und Herrschaftsempore in kath. Kirche.

Schloss Duttenstein

Versteckt im riesigen Wald steht dieses Schloss, das bis vor kurzem ebenfalls in Taxisbesitz war. Die mittelalterliche Burg kam nach häufigem Besitzerwechsel 1551 an die Gf. Fugger und wurde zum Jagdschloss inmitten eines Tierparks umgebaut. 1734 Verkauf an Thurn und Taxis. Nach dem 2. Weltkrieg diente es als Sanatorium. Verkauf an den Besitzer eines Medizinlabors.
Bauten: Das **Schloss** (1564-72) ist eine Vierflügelanlage auf einem Felsen, weshalb das vierstöckige Gebäude steil und kompakt empor ragt. Es besitzt auf beiden Seiten Staffelgiebelhäuser mit Eckerkern, was ausgefallen und untypisch wirkt. Schloss und Wirtschaftsgebäude werden von einer Ringmauer umschlossen, in der Burgreste in Form von Buckelquadern stecken. Östlich der Straße Demmingen – Eglingen gelegen. Der Zugang zum eingezäunten Wildpark ist für Fußgänger offen.

OT Eglingen

Immer noch sind wir im Taxisland! Das Dorf kam über verschiedene Vorbesitzer 1530 an die Fam. von Grafeneck, die sich dem Kanton Kocher der Reichsritterschaft anschloss. Die Gf. von Pfalz-Neuburg erzwangen zuerst die Reformation und 1613 aufgrund ihrer Oberhoheit die Rekatholisierung. Nach dem Verkauf an die Thurn und Taxis (1723) wurde das Schloss zum Amtshaus.
Bauten: Das **Schloss,** 1708, mit Flankentürmen und Rundturm wirkt wasserburgartig. Verkauft an Privatperson, renovierungsbedürftig. Mit den Wirt-

Dischingen

schaftsbauten und einer ehemaligen Brauerei bildet es eine schlicht-schöne dörfliche Anlage. Die Tordurchfahrt durch den Wirtschaftshof ist offen. – **Sonstiges:** Kath. Kirche mit mehreren Epitaphien außen an Nordwand.

UMGEBUNG: Auch das Nachbardorf **Dunstelkingen** gehörte ab 1786 den Thurn und Taxis. Die Frh. von Westerstetten als Ortsherrschaft hatten sich im 16.Jh dem Kanton Kocher der Reichsritterschaft angeschlossen. Von ihnen stehen in der barockisierten Kirche sehr schöne Epitaphien, so auch ein überlebensgroßer gewappneter Ritter in Rotmarmor. Das örtliche Schloss wurde 1796 bei einer Schlacht zwischen Österreich und Frankreich zerstört.

OT Katzenstein
Endlich mal ein Ort ohne Taxis! Ein Dorfadelssitz wird bereits im 11.Jh erwähnt. Seit 1382 besaßen die Hr. von Westerstetten die Dorfherrschaft. Sie schlossen sich dem Kanton Kocher der Reichsritterschaft an. Nach deren Aussterben 1632 fiel das Dorf an die Gf. von Öttingen als Lehensherrn. Die Burg diente als Nebenresidenz der Linie Öttingen-Baldern (s. Bopfingen).

Burg Katzenstein passt zur kargen Juralandschaft des Härtsfeldes

Bauten: Auf einem Jurafelsen steht die stauferzeitliche **Burg** mit Palas und Bergfried („Katzenturm"). 1669 Anbau des Neuen **Schlosses.** Seit 1939 in bürgerlichem Besitz. Nach grundlegender Sanierung (1967) heute als Hotel-Restaurant genutzt. Erhöht am Ortsrand stehend, dominant, massiv und mittelalterlich wirkend. Im Ostflügel die bei Führungen zugängliche Burgkapelle mit Fresken des 13.Jh.

UMGEBUNG: Und schon wieder Taxis! Am Weg nach Neresheim, ca 3 km östlich Katzenstein, liegt abseits der **Hochstatter Hof,** ein Gebäude mit barocken Schweifgiebeln. Der Bau des 18.Jh diente dem Abt des nahen Klosters Neresheim als Sommersitz. Mit der Säkularisation fiel er an das Haus Thurn und Taxis, wurde zur Landwirtschaftsdomäne und heute zum Golfplatz. (Zufahrt für Anlieger frei). (2006)

G7 Ditzingen LB

„Il connait son Gotha" sagt man in Frankreich, wenn jemand weiß, wer die wirklich wichtigen Leute sind. Der 1763 im Perthes Verlag in Gotha erschienene Gothaische Genealogische Hofkalender und seine Nachfolgewerke boten einen Überblick zu den Adelsstammbäumen in ganz Europa. So wurde der **Gotha** ein fester Begriff. Seit dem 2. Weltkrieg setzt der Starkeverlag mit dem „Genealogischen Handbuch des Adels" die Tradition für den deutschsprachigen Raum fort. - Mit dem Gotha hatten die **Frh. von Gaisberg** ihre Probleme.

Zwar wurden sie 1860 im Band Uradel aufgenommen, jedoch seit 1915 nur noch unter Briefadel geführt. Friedrich Frh. von Gaisberg erreichte, dass sie 1932 wieder in den Uradelband übernommen wurden. Seine Nachkommen wohnten bis vor kurzem im Schöckinger Schloss.

OT Schöckingen

Ortsadel als Ministeriale der Gf. von Vaihingen (Glemsgaugrafen). Die Hr. von Nippenburg erwarben im 15.Jh die Dorfherrschaft und bildeten eine eigene Linie auf zwei Burgen. Die Gf. Württemberg konnten die 1308 erworbene Oberhoheit zur Landeshoheit ausbauen und damit 1598 die Reformation erzwingen. Sie vergaben das Lehen nach dem Aussterben der Nippenburg 1660 an die Fam. von Gaisberg, welche heute hier nur noch ihren Friedhof unterhält.
Bauten: Die kompakte **Schlossanlage,** die durch einen Graben von der Schlossstraße getrennt wird, besteht aus verschiedenen Teilen. Man betritt sie über eine Brücke und kommt durch einen pflanzenüberwucherten Torturm in den Innenhof. Linker Hand steht ein zweistöckiges Fachwerkgebäude („Altes Schloss", 17.Jh). Es wurde an einen Architekten verkauft, der darin eine Stiftung zur Völkerverständigung unterhält. Rechter Hand steht ein verputztes Gebäude („Neues Schloss", 1566) mit einem massiven Erker. Es wurde auf den Grundmauern der Wasserburg erbaut und wurde von der Fam. von Gaisberg bewohnt. Die Gebäude sind mit mehreren Wappen geschmückt. Der Hof wird im Süden durch Wirtschaftsbauten begrenzt, darunter eine von Heinrich Schickhardt erbaute Kelter mit Schweifgiebel. – Nicht weit entfernt steht das **Hintere Schloss,** ein dreistöckiges, schmuckloses Gebäude (1754) mit einem Gaisbergwappen über dem schönen Eingang Es wird privat bewohnt (Hintere Schlossstraße/Schillerstr. 9). - **Sonstiges:** Epitaphien der Nippenburg wie der Gaisberg im Chor der evang. Kirche. – An die Herrschaft der Hr. von Nippenburg erinnert der Nippenburger Hof, ein Fachwerkensemble mit einem drachenverzierten Erker (Schlossstr. 20).

Kernstadt

Mitten durch das Dorf, entlang der Glems, verlief die Grenze zwischen den Bistümern Konstanz und Speyer und damit zwischen den Herzogtümern Schwaben und Franken. Württemberg erwarb die Landeshoheit und vergab die Burg als Lehen an häufig wechselnden Landadel aus der Umgebung. So 1665 an die Frh. von Münchingen, als deren Nachkommen die Hiller von Gärtringen heute das Schloss besitzen.
Bauten: Das **Schloss** steht auf den Grundmauern einer Wasserburg, weshalb sich das Wohngeschoss im 1.Stock befindet. Das schmucklose Herrenhaus unter Krüppelwalmdach wurde nach der totalen Zerstörung (1693) wieder aufgebaut. Parallel dazu steht ein Fachwerkgebäude unter Satteldach. Die beiden zweistöckigen, lang gestreckten Gebäude sind von Mauer und Graben umgeben. Privat bewohnt stehen sie in einem Park an der Glems. - Ein Teil des Schlossparks wurde zu einem öffentlichen Spielplatz und einem Parkplatz (Nr. 3) umgewandelt. - **Sonstiges:** Vier Epitaphien sind in der evang. Stadtkirche.

Ditzingen

Schöckingen. Schloss der Hr. von Gaisberg

UMGEBUNG: Im **OT Heimerdingen** steht das Pfarrhaus auf den Mauern einer Burg, die vom Ortsadel unter der Oberhoheit der Gf. Württemberg vom 13.-16.Jh bewohnt wurde. Das Pfarrhaus mit Fachwerkgiebel und württ. Wappen sowie das Gemeindehaus (16.Jh) bilden eine geschlossen wirkende Anlage (Burghof 3). Infotafeln sind vorhanden. In der evang. Kirche gegenüber steht das Epitaph des Dorfschultheißen Zeller mit Sohn (1615). (2006)

C10 Dörzbach KÜN

Die **Ritter von Eyb,** ein fränkisches Ministerialengeschlecht, wurden 1165 erstmals erwähnt. Ihre Stammburg Eyb (Stadt Ansbach) ist verschwunden. Rund ein Dutzend ihrer Mitglieder stieg zur Spitzenposition des Oberhofmeisters an einem Fürstenhof auf, drei wurden Bischöfe von Eichstätt. Als Kämmerer der Markgrafschaft Ansbach und Schenken des Bf. Eichstätt gehörten sie zu den führenden Geschlechtern innerhalb der fränkischen Reichsritterschaft. So stellten sie mehrere Hauptleute in den Kantonen Altmühl und Odenwald und zwei Direktoren des Fränkischen Kreises. Auch mit dem Dorf Dörzbach, das sie 1601 erwarben und wo sie heute noch wohnen, gehörten sie zur Reichsritterschaft.

Kernort

Ortsadel als Ministeriale der Hr. von Krautheim-Boxberg saß 1245-1416 auf einer Wasserburg an der Jagst. Die Gf. Limpurg waren bis 1747 Lehensherren. Die Fam. von Berlichingen erwarb im 15.Jh die zersplitterte Dorfherrschaft und schloss sich damit dem Kanton Odenwald der Reichsritterschaft und der Reformation an. 1601 Verkauf an die Fam. von Eyb, die das Rittergut innerhalb der Familie aufteilte. 1803 wurde der Ort im sogenannten Rittersturm gewaltsam von Hohenlohe besetzt und kam 1806 an Württemberg.
Bauten: Das **Schloss** (1526) ist eine geschlossene, hochragende, schmucklose Anlage um einen unregelmäßigen Innenhof. Im Südwestflügel haben sich Teile einer mittelalterlichen Burg erhalten. Einige Gebäude mit Türmchen. Dahinter der Park an der Jagst. Der Vorburgbereich wird gebildet von einem abgeschlossenen Kreis von renovierungsbedürftigen Wirtschaftsbauten. Die Anlage steht verdeckt im Ortszentrum hinter der Kirche. Privat bewohnt, Zugang in den Innenhof offen. - **Sonstiges:** Davor die evang. Kirche mit einem Eyb-Wappen über dem Eingang und einem halben Dutzend Epitaphien, z.T. figürlich.

UMGEBUNG: Im **OT Hohebach** liegt ein jüdischer Friedhof mit vielen Grabsteinen an der Straße nach Ailringen. Seine Lage ist ungewöhnlich: Nicht im Wald versteckt, sondern idyllisch am Hang über der Jagst.

OT Meßbach

Auch hier waren die Ritter von Eyb zeitweise Schlossherren, und zwar bereits 1328. Der Weiler erwuchs aus dem Schlossgut. Häufiger Besitzerwechsel. Unter den Berlichingen erfolgte der Anschluss an den Kanton Odenwald und an die Reformation. 1615 kaufte sich Erhard von Muggental, Amtmann des Bf. Mainz in Krautheim, mit Meßbach und Laibach in die Reichsritterschaft ein. Seine Familie siedelte nach dem 30j. Krieg Katholiken an und rekatholisierte das Dorf vollständig. Nach ihrem Aussterben (1715) kam es über viele Zwischenstationen 1832 an die Fam. von Palm, die noch heute hier wohnt.

Bauten: Das **Schloss** ist ein dreigeschossiger rechteckiger Baukörper unter einem Walmdach. Es erhält einen burgartigen Anstrich durch vier elegante, runde Ecktürme unter Zwiebelhauben. Der Anblick zur Straße wird von einem breiten Risalit mit Schweifgiebel dominiert. Es ist verbunden mit einem weiten Wirtschaftshof. Daneben der riesige, umzäunte Park im Englischen Stil mit exotischen Bäumen. – **Sonstiges:** Davor die kath. Kirche, die auf Palmschen Grundstück steht. Sie wurde 1777 von einem Deutschordenskomtur der Eyb erbaut, weshalb sein Wappen an der Fassade prangt.

OT Laibach

Ortsadel saß auf der Burg über dem Dorf. Im Spätmittelalter wechselten häufig die Besitzer. 1471 wurde die Burg als Raubritternest zerstört. Anschluss an den Kanton Odenwald der Reichsritterschaft, Einführung der Reformation. Die Fam. von Muggental erwarb 1615 das Rittergut und führte die Gegenreformation durch. Nach deren Aussterben durch einen Mord (1715) kam es 1777 an Fam. von Racknitz, eine wegen ihres Glaubens 1553 aus der Steiermark geflüchtete Familie, die 1965 ausstarb.

Bauten: Das **Schloss** (1629) ist eine hochragende Anlage, die einen rechteckigen Hof mit zwei Treppentürmchen umfasst. Durch den mit Pilastern geschmückten Rundturm und den mit Obelisken verzierten Giebel des Südwestflügels wirkt es zum Dorf hin prachtvoll. Mehrere Allianzwappen im Außenbereich. Die Schlosskapelle (17.Jh) dient dem Gemeindegottesdienst. Das Schloss in Besitz der Fam. von Racknitz ist z.T. vermietet. Ausgeschilderte Zufahrt durch einen großen Wirtschaftshof, Zugang in den Innenhof offen.- **Sonstiges:** Jüdischer Friedhof mit 20 verwitterten Grabsteinen im Wald auf halber Strecke nach Rengershausen (ausgeschildert). (2007)

Donaueschingen VS M4

Donaueschingen = Fürstenberg. Die **Fürsten von Fürstenberg** gehen auf die Gf. Urach-Freiburg zurück, die nach dem Aussterben der Zähringer (1218) den Großteil des Erbes erhielten und von denen sich der jüngere Sohn Heinrich 1245 nach dem nahen Fürstenberg nannte. Ab 1303 waren sie als Erben der Gf. Wartenberg Landgrafen der Baar. Zudem beerbten sie im 16./17.Jh die Grafen von Werdenberg, Helfenstein und Pappenheim. Sie teilten sich in viele Linien und Unterlinien auf (Kinzigtal, Heiligenberg, Meßkirch, Möhringen), die alle von der

Donaueschingen

Linie in Stühlingen überlebt und zusammenfassend 1744 beerbt wurden. Diese hatte sich 1723 für Donaueschingen als zentrale Residenz entschieden. Am Ende des Alten Reiches regierten sie über ein Territorium von beinahe 2.000 km² mit ca. 90.000 Einwohnern. Sie mussten sich jedoch der etwas größeren Markgrafschaft Baden unterordnen und wurden mediatisiert. Keine sonstige Große Kreisstadt im Ländle ist so von einer Adelsfamilie geprägt wie Donaueschingen: Bier, Musiktage, Reitturnier, Kunstsammlungen, klassizistisches Stadtbild.

Kernstadt

Ortsadel als Ministeriale des Klosters Reichenau und der Gf. Fürstenberg saß auf einer Burg. Ab 1292 Teilung der Ortsherrschaft mit den Hr. von Blumberg. Nach deren Aussterben 1488 Verkauf an die Gf. Fürstenberg, die bereits die Oberhoheit besaßen. Sitz einer eigenen Linie, die 1598 ausstarb. Über diverse Vererbungen kam die Stadt 1716 an die Linie in Stühlingen, die 1723 hierher umzog und ab 1744 alle Fürstenberger Territorien in ihrer Hand vereinigte. Das Dorf wurde erst 1810 zur Stadt erhoben. Diese nahm trotz Mediatisierung (1806) eine Residenzfunktion ein, weil die Gf. Fürstenberg als Standesherren von hier aus ihre Besitzungen regierten und bis heute verwalten.

Donaueschingen. Fürstenbergschloss neben der symbolischen Donauquelle

Bauten: Das **Schloss** (1723) ist ein lang gestrecktes, vierstöckiges Barockgebäude unter Mansarddach. Ein dreiachsiger Mittelrisalit mit einer Kuppel dominiert die Fassade. Von der Fürstenfamilie bewohnt, für Führungen geöffnet. Es steht im Osten der Stadt. Der riesige, teilweise öffentliche Park reicht bis zum Zusammenfluss von Brigach und Breg. - **Sonstiges:** Neben dem Schloss die „Donauquelle" in Form eines Brunnens mit allegorischer Figur. – Darüber die kath. Kirche mit Fürstenloge im Chor. - Oberhalb des Schlosses, am Karlsplatz, mehrere Historismus-Bauten (1868) mit Museen. – Das Amtshaus (18.Jh), ein Dreiflügelbau unter Mansarddach, steht beim Dianabrunnen am Postplatz. – Der Archivbau und die öffentliche Hofbibliothek, renovierungsbedürftige Bauten des 18.Jh, stehen nebeneinander oberhalb der bekannten Brauerei, deren Bier sämtliche Gaststätten der Stadt ausschenken. – Das Stadtbild spiegelt, vergleichbar Sigmaringen, den Aufstieg zur Residenz im 18.Jh wider. Nach einem Brand (1908) wurden sehr viele Häuser mit Jugendstilelementen gebaut.

OT Pfohren (Entenburg)

Auch dieses Dorf war in Besitz der Gf. Fürstenberg, bereits im 13.Jh erhielten sie es als Erbe der Zähringer. Die Wasserburg bekam aufgrund ihrer Lage in der Donauniederung vom hier jagenden Kaiser Maximilian den Namen „Entenburg".
Bauten: Die **Entenburg** (1471) ist ein massiver Steinbau mit vier gekürzten,

runden Ecktürmen. Sie wurde 1989 restauriert und wird heute als Galerie und Wohnung genutzt. Am Wochenende geöffnet. Lage: Am Dorfrand in der Donauniederung. Aufgrund ihres urtümlichen Aussehens ist die Entenburg einmalig in BW.

UMGEBUNG: Im benachbarten **OT Neudingen** stand ein karolingischer Königshof, Sterbeort des abgesetzten Kaisers Karl III (der Dicke). Auf deren Gelände gründeten die Gf. Fürstenberg ein Dominikanerinnenkloster als Hauskloster und Grablege. An der Stelle der 1852 abgebrannten Kirche errichteten sie eine Gruftkirche, die noch heute von ihnen genutzt wird. Der Zentralbau mit Kuppel in Neorenaissanceformen steht im Park (mit Fürstenberggräbern) am Ostrand des Dorfes. Mehrere Epitaphien sind außen angebracht. (2008)

Donzdorf GP H11

„Donzdorfer Fakultät" wurde in der 2.Hälfte des 19.Jh der Kreis um den Gf Albert Ulrich **von Rechberg** genannt, in Anspielung auf seine Rolle als Gegner der kath. theologischen Fakultät der Universität Tübingen. Während Professoren und Rottenburger Bischof einen aufgeklärten und staatstreuen Katholizismus in Württemberg vertraten, trafen sich im Donzdorfer Schloss die Vertreter einer neuen, konservativ-fundamentalistischen Bewegung: Politiker, Priester und adlige Gesinnungsgenossen. Letztere konnten den im Kulturkampf „verfolgten" Priestern eine Anstellung an „ihrer" Kirche bieten, weil sie als Patronatsherren das Recht auf Auswahl „ihres" Pfarrers hatten. Diese „ultramontane" Bewegung setzte sich schließlich in der römischen Kirche durch und erlebte ihren Höhepunkt auf dem 1. Vatikanischen Konzil mit den Dogmen von der Unfehlbarkeit des Papstes und der Unbefleckten Empfängnis Mariens. – Donzdorf und Winzingen gehören zu den wenigen kath. Dörfern im Filstal.

Kernort

In der Stauferzeit saßen Ministerialen der Gf. Helfenstein auf der Burg Scharfenberg (s.u.). Im 14.Jh übernahmen die Rechberg den Besitz. Teilung in zwei Linien, die sich beide dem Kanton Kocher der Reichsritterschaft anschlossen. Im 19.Jh wurde Donzdorf zum Hauptsitz der inzwischen in den Grafenstand aufgestiegenen Familie, deren Wohn- und Verwaltungssitz nach dem Verkauf des Schlosses (1987) oberhalb des Schlossparks errichtet wurde.
Bauten: Das **Neue Schloss**, 1568, ist ein dreigeschossiger Renaissancebau mit 4 Ecktürmchen. Am Hauptportal auf der Hofseite das Allianzwappen zweier Rechbergfamilien. Ihm gegenüber steht das **Alte Schloss,** ein Fachwerkbau des 15.Jh mit einem Erker. Beide Schlösser sind durch den „Küchenbau", einen schmucklosen Nutzbau des 19.Jh, miteinander verbunden. Wirtschaftsbauten, Mauer und ein großer Park schließen die umfangreiche Anlage aus fünf Jahrhunderten ab. Das schöne, in sich geschlossene Ensemble in der Dorfmitte wird heute als Rathaus, Polizeistation, Feuerwehr und Nobelrestaurant genutzt. – **Sonstiges:** Viele Epitaphien in der kath. Kirche, darunter auch hervorragende figürliche.

Donzdorf

UMGEBUNG: Südlich über dem Dorf befindet sich die Burgruine **Scharfenberg,** bis zum Umzug ins Neue Schloss der ursprüngliche Sitz der Ortsherrschaft. Im 19.Jh zerfiel die Anlage. Seit 1971 ist die Ruine in bürgerlichem Besitz. Bergfried und Palas wurden gesichert und abgerissene Gebäude wurden zu Wohnzwecken wieder errichtet. Kein Zugang.

Donzdorf. Schloss der Gf. Rechberg

UMGEBUNG: Nördlich über dem Dorf, an der Strasse nach Reichenbach, steht die Burg **Ramsberg.** Auch sie war 1328-1529 und 1809-1972 in Besitz der Rechberg. Dazwischen wechselten häufig die Besitzer, am längsten war das der Reichsritterschaft angeschlossene Rittergut in Besitz der Hr. von Bubenhofen. Heute wohnt hier ein Unternehmer, sind die Felder zum Golfplatz umgewandelt. Trotz 1830 abgebrochenem Bergfried ist die Staufische Burganlage anhand der starken Ringmauern aus Buckelquadern noch ersichtlich. Der Palas wurde im 16.Jh zum dreistöckigen Schloss unter Satteldach mit Staffelgiebel umgebaut. Imposant wirkt der Türnitz, eine dreischiffige säulengestützte Halle. Außerhalb des geschlossenen Rundes steht die Renaissance-Burgkapelle.

OT Winzingen

Im 14.Jh Ministerialensitz. Kauf durch die Rechberger auf Burg Staufeneck (s. Salach), die sich dem Kanton Kocher der Reichsritterschaft anschlossen. 1621-1824 in Besitz der Bubenhofen auf Ramsberg (s.o.), seitdem wieder Besitz der Rechberg und als einzige Schlossanlage nicht verkauft.
Bauten: Das **Schlössle** (1610) ist ein dreigeschossiger Steinbau mit schönen Portalen. Dahinter ummauerter Park. Mit den verpachteten Landwirtschaftsbauten bildet es einen großen Hof. - Die kath. Kirche diente den Bubenhofen als Grablege. Erhalten blieb die Herrschaftsempore in der Barockkirche.

UMGEBUNG: Von der benachbarten Gemeinde **Süßen** gehörte der Teil rechts der Fils (Kleinsüßen) dem Spital der Reichsstadt Gmünd und blieb deshalb katholisch. Der Teil links der Fils jedoch war als Helfensteiner Besitz 1396 an die Reichsstadt Ulm verkauft worden und daher evangelisch. Das Amtshaus (1712) der Reichsstadt, ein zweistöckiger langer Fachwerkbau unter Satteldach bei der evang. Kirche, ist heute Gemeindebücherei (Marktstr. 13). (2009)

J5 Dornhan RW

Die **Frh. von Podewils** stammen aus Hinterpommern, wo sie 1347 erstmals mit ihrer Stammburg Venteke Puchwilz erwähnt werden. Heute gibt es bei der Stadt Krag in Polen ein Schlosshotel Podewils. Sie bildeten eine pommersche (1741 Grafen), eine bayrische (1911 Grafen) und eine württ. Linie (Freiherrn).

Letztere erbte 1920 das Schloss in Mühringen (s. Horb) und wohnt seit 1805 im Schloss in OT Leinstetten.
Gf. Albrecht II von Hohenberg ist in der Manessischen Liederhandschrift mit einem Minnelied vertreten. Das dazu gehörige Bild zeigt ihn, wie er 1298 als Landvogt im Kampf für seinen Neffen König Albrecht von Habsburg fällt. Diese Schlacht fand in Leinstetten statt, ein Denkmal wurde auf den „Kreuzwiesen" beim Sportplatz errichtet (Zufahrt ausgeschildert).

OT Leinstetten

Ortsadel als Ministeriale der Gf. Hohenberg, ab 1371 der Gf. Habsburg, saß auf einer Wasserburg. 1474 kauften die Hr. von Bubenhofen das Rittergut und schlossen sich damit dem Kanton Neckar der Reichsritterschaft an. 1783 Verkauf an den Straßburger Patrizier von Frank, dessen Grab im Wald gegenüber dem Schloss versteckt liegt. 1805 Verkauf an Fam. von Podewils.
Bauten: Das **Schloss** besteht aus zwei separaten Gebäuden. Zum einen das Renaissancegebäude (1609), ein zweistöckiges Steinhaus mit typischem Schweifgiebel auf der Gartenseite und den Wappen Bubenhofen-Freyberg und Podewils über dem Eingang. Zum anderen das stadtpalaisartige zweistöckige Herrenhaus unter Walmdach. Es erhielt nachträglich einen Balkon mit Blick auf einen ursprünglich französischen Garten. Von der ehemaligen **Wasserburg** blieb nur ein zugewachsener Hügel, unter dem sich die alten Keller erhalten haben und noch heute genutzt werden. Umgeben von einer Mauer liegt die Anlage in einem großen Park neben dem Flüsschen Glatt. Bewohnt von Frh. von Podewils. - Sonstiges: Vier Epitaphien der Bubenhofen in der kath. Kirche.

UMGEBUNG: Das Nachbardorf **Bettenhausen** gehörte zum Rittergut Leinstetten. Hier erinnert in der kath. Kirche ein Wandgemälde mit dem Stifterwappen an die Hr. von Bubenhofen.

UMGEBUNG: Das Städtchen **Dornhan** war eine Gründung der Herzöge von Teck, die am Neckar eine Seitenlinie Oberndorf-Rosenfeld ausbildeten. Um 1400 kauften die Gf. Württemberg das Städtchen und machten es zum Mittelpunkt eines kleinen Amtes (Vogtei) mit gerade mal drei Dörfern. Das Amtshaus, ein dreistöckiges, privat bewohntes Steinhaus unter Satteldach, steht am Ostrand des Städtchens („Verwaltung 1"). Eine historische Tafel ist angebracht. – Prächtiges württ. Wappen (1732) an der Decke der evang. Stadtkirche. (2008)

Dotternhausen BL K6

Abrupt steigt die Schwäbische Alb auf ihrer Westseite an, so auch hier mit dem über 1000 m hohen **Plettenberg.** Dieser steile Anstieg wird bewirkt durch die Gesteinsformationen des Weißjura (Malm), die wesentlich härter sind als der darunter liegende Braunjura (Dogger) und der Schwarzjura (Lias), der das Albvorland bildet. Die Weißjurakalke eignen sich hervorragend zur Herstellung von Zement, was der Autofahrer auf der B 27 sehen kann, wenn er unter der

Dotternhausen

Transportverbindung zwischen dem Plettenberg und einem Zementwerk hindurch fährt. Ein dem Zementwerk angeschlossenes Fossilienmuseum ordnet die hier gemachten Funde in die Erdgeschichte ein und bietet dem Besucher die Möglichkeit, selbst Steine zu klopfen (Tipp für Familien mit Kindern!). Nach dem Plettenberg wurde ein Rittergut im 19.Jh benannt.
Der aus einer sächsischen Pfarrersfamilie stammende Johann **Cotta** heiratete 1659 eine Buchhändlerwitwe in Tübingen. Sein Enkel gründete im 18.Jh den Cottaverlag in Stuttgart. Der Aufstieg kam mit Johann Friedrich, der durch Verbindungen zu Schiller und Goethe ab 1806 deren Alleinverleger wurde. Er brachte ihre Werke billig unters Volk, indem er die Bücher ohne Einband produzierte, da der Einband aus Rinderhaut ein Buch teuer machte. Seinen Gewinn investierte er in den Kauf von Rittergütern. 1817 wurde er geadelt. Seine Nachkommen leben noch heute im Dotternhausener Schloss.

Kernort

Zusammen mit dem benachbarten Dorf Rosswangen bildeten Burg und Dorf ein Rittergut im Kanton Neckar der Reichsritterschaft. Lange waren sie in den gleichen Händen wie das 10 km entfernte Geislingen: ab 1388 von Bubenhofen, ab 1527 von Stotzingen. Habsburg als Lehensherr schenkte das Rittergut 1666 den Jesuiten zum Unterhalt ihres Studienkollegs in Rottenburg. Nach deren Aufhebung 1789 Erwerb durch Gf. von Bissingen-Nippenburg (s. Schramberg) und 1814 durch den berühmten Verleger Cotta. Zusammenlegung mit dem Gut Oberhausen (s.u.) zur Herrschaft Plettenberg. Beide Schlossgüter sind bis heute in Besitz der Frh. von Cotta.
Bauten: Das **Schloss** geht in seiner Substanz auf das 16.Jh zurück, ist jedoch in seinem Aussehen durch die neugotische Umgestaltung (1860) mit Zinnengiebeln und -türmchen geprägt. Das Herrenhaus unter einem steilen Satteldach steht längs der Schlossstraße innerhalb eines ummauerten Parks. Privat. - **Sonstiges:** Der Landwirtschaftshof daneben bildet einen abgeschlossenen Bereich. – Epitaph einer evang. Frau von Cotta (1838) an der Choraußenseite der kath. Kirche.

UMGEBUNG: Das nahe Dorf **Hausen** am Tann war ebenfalls dem Kanton Neckar der Reichsritterschaft angeschlossen. Hier hatte sich im Quellgebiet der Schlichem im 16.Jh die Fam. Scheer von Schwarzenberg ein Rittergut aus Habsburger und Württemberger Lehen geschaffen. Mitten durch ihre Hofgut-Schlossanlage **Oberhausen** ging die Oberhoheitsgrenze zwischen Württemberg und Vorderösterreich. In der Schlosskapelle fand 1711 die Scheintrauung von Wilhelmine von Graevenitz, Mätresse von Herzog Eberhard Ludwig, mit dem Gf. von Würben statt. Das Rittergut kam 1657 als Erbe an die Fam. von Stuben und nach deren Aussterben (1744) und mehrfachem Besitzerwechsel 1817 durch Kauf an die Verlegerfamilie von Cotta. Diese vereinigte es mit Dotternhausen (s.o.) zur Herrschaft Plettenberg.
Bauten: Das Hofgut **Oberhausen** besteht aus einem zweigeschossigen, L-förmigen Herrenhaus (1555) und mehreren Ökonomiegebäuden Von Hausen her bietet es mit seinem hohen Walmdach (mit Schleppgauben) einen massiven

Anblick. Seit 1817 in Besitz der Familie von Cotta, verpachtet, renovierungsbedürftig. Lage: nördlich oberhalb des Dorfes, Richtung Lochenpass. Die Zufahrt in Verlängerung der „Oberhausener Straße" ist nicht ausgeschildert. - Die anmutige Rokokokirche (1788) im Dorf Hausen besitzt fünf Epitaphien, darunter ein figürliches des Christoph von Scheer (1592) im Chor. (2008)

Dürmentingen BC L9

Die konfessionellen **Schwesterngemeinschaften** (kath. Kongregationsschwestern, evang. Diakonissen) entstanden im 19.Jh. Ihre Zielsetzung war die karitative Arbeit am Menschen in Form von Krankenpflege, Kinderbetreuung, Behindertenheimen und Sozialstationen. Selbst im 20.Jh tauchten noch neue Gemeinschaften auf, so 1929 die Immakulataschwestern vom Kloster Brandenburg (s. Balzheim). Diese Franziskanische Gemeinschaft bietet weit gestreute Angebote, vom Exerzitienhaus bis zum Altenheim. Aus dem Schloss in Heudorf machte sie ein Heim für sozialgeschädigte Kinder und Jugendliche.

OT Heudorf am Bussen
Der Bussen war ein zentraler Ort Habsburger Herrschaft (s. Uttenweiler). So stand auch dieses Dorf unter Habsburger Oberhoheit. Ortsherren waren seit 1293 die Hornstein und ab 1471 die Hr. von Stotzingen. Diese bauten das Schloss und schlossen sich dem Kanton Donau der Reichsritterschaft an. 1790 kauften die Fürsten Thurn-und-Taxis verschiedene Rittergüter im Umland des Bussen, so auch Heudorf und das benachbarte Göffingen, dessen Schloss anschließend abgerissen wurde. **Bauten:** Das **Schloss,** 1536 erbaut und im 18.Jh stark verändert, ist eine zweigeschossige Dreiflügelanlage. Das Hauptgebäude auf der Ostseite besitzt zwei Kuppeltürme, das Westgebäude zwei dekorative Türmchen. Seit 1956 Kinderheim, weshalb die Anlage durch Neubauten stark verändert wurde. Der westliche Schlosspark wurde zum Spielplatz. Im westlichen Park ein Gartenhaus unter Walmdach. – Ein Epitaph und Wappen der Stotzingen in kath. Kirche. - Zusammen mit dem Torhaus bildet das Ganze eine schöne, geschlossene Anlage. (2009)

Heudorf. Kinderheim im Schloss

Dürnau GP H10

Die 1108 erstmals erwähnten **Hr. von Zillenhardt** stammen von Ursenwang südlich Göppingen („Zillenhardter Wald"). Als Ministeriale der Gf. Württemberg stiegen sie bis zu Landhofmeistern auf. In der württ. Amtsstadt Göppingen, wo man auf ihre Epitaphien in der Oberhofenkirche und auf einen Totenschild im Museum „im Storchen" stößt, übten sie Verwaltungsämter aus. Mit einer eigenen Linie waren sie ab 1483 an der Jagst (s. Widdern) vertreten. Im

Dürnau

16.Jh verlagerten sie den Schwerpunkt in die Pfalz, wo sie Rhodt (bei Landau) und Mauer (bei Heidelberg) erwarben. 1478-1623 saß eine Linie in Dürnau, die hier eine prachtvolle Grablege hinterließ.

Kernort

Dorfadel als Ministeriale der Gf. Aichelberg saß auf einer Burg. Württemberg erwarb zusammen mit der Grafschaft 1339 die Oberhoheit und vergab 1478 die Dorfherrschaft als Lehen an die Hr. von Zillenhardt. Die schlossen sich dem Kanton Kocher der Reichsritterschaft und der Reformation an. Ihr Erbe fiel im 30j. Krieg an die Gf. Degenfeld, die 1682 zum Alten Glauben zurückkehrten. Sie verkauften das Dorf 1684 an das Herzogtum Bayern im benachbarten Wiesensteig, das Kapuziner ansiedelte. 1711 und 1771 konnte jeweils die Hälfte der Herrschaft zurück erworben werden.

Bauten: Vom 1845 abgebrochenen **Wasserschloss** überlebte nur ein Wirtschaftsbau, der heute als Wohnung und Museum genutzt wird. Der Schlossvorhof ist von modernen Gebäuden überbaut, der Schlosspark ist heute Spielplatz. Eine Tafel informiert über die Lage des verschwundenen Schlosses („Im Schlossgarten"). – **Sonstiges:** In der evang. Kirche stehen aneinander gereiht fünf figürliche Epitaphien der Hr. von Zillenhardt. Das Marmorepitaph des berühmten Militärs Christoph Martin von Degenfeld schließt die Reihe ab. Dessen prachtvolles Allianzwappen (Degenfeld/Adelmannsfelden) an der Decke sprengt den Rahmen einer Dorfkirche. Schloss und Kirche stehen ca. 100 m voneinander entfernt. – Im Friedhof am Südrand des Dorfes kniet in der Kapelle ein Ritter mit seiner Frau vor dem Kreuz. Die fein gearbeiteten, steinernen Figuren (um 1600) standen ursprünglich auch in der Dorfkirche.

UMGEBUNG: Das nahe Städtchen **Weilheim** an der Teck war eine Gründung der Zähringer, deren ursprünglicher Stammsitz auf der Limburg stand. 1334 erwarb Württemberg die Herrschaft und richtete im Städtchen ein Unteramt für zwei Dörfer ein. Die von den Gf. Aichelberg erbaute Burg wurde zum Schloss des Amtmanns umgebaut. Von dem blieb lediglich der Südflügel erhalten, der seit dem 30j. Krieg als Scheune diente. Das zweistöckige Fachwerkhaus unter hohem Satteldach steht auf einem Stadtmauerrest im Nordosteck der Altstadt an der Ecke Amtgasse/Schulstraße. Nur wenige Hinweise in evang. Kirche und Rathaus erinnern an die württ. Herrschaft. (2009)

I3 Durbach OG

Nach der **Burg Staufenberg** nannte sich ein Grafengeschlecht sowie viele Aufsteiger, die sie mit ihrem ursprünglichen Namen kombinierten: Kolb von .., Stoll von .., Bock von .., Wiedergrün von .., Hummel von ... Die markante Höhenburg war Verwaltungszentrum für die vielen Weiler des Durbachtals und bildete ein badisches Amt. Noch heute ist sie der Blickfang über dem Tal.
Die Fam. **Neveu de la Folie** stammt aus dem Anjou im Loiretal und kam vermutlich aus der Hugenottenhochburg La Rochelle im 30j. Krieg nach

Deutschland, wo Charles de Neveu zuerst in Schwedischen, dann in Habsburger Diensten kämpfte. Zur Belohnung wurde er von Habsburg zum Landvogt in der Ortenau (s. Ortenberg) ernannt und erhielt 1656 das Dorf Windschläg (OT von Offenburg) als Lehen. Seine Nachkommen erheirateten 1670 Biengen, Oberried und Dietenbach, womit sie Mitglied der Breisgauer Ritterschaft waren. (Diese Linie starb 1916 aus). 1700 Freiherrenstatus. Der Offenburger Stadtpfarrer Franz Xaver von Neveu wurde 1794 zum letzten Bischof von Basel gewählt, durfte jedoch aufgrund der französischen Revolution nie seine Residenz im Schweizer Jura betreten. Da er so gut wie keine Ausgaben für Repräsentation hatte, konnte er das Gut Hespengrund kaufen und samt 20.000 Gulden 1828 seinem Neffen vererben. Hier betreiben die Neveu noch heute ihr Weingut, eines von drei Schloss-Weingütern in Durbach.

Kernort

Nach dem Staufenberg nannte sich ein Grafengeschlecht. Nach seinem Aussterben (1132) war die Burg von Zähringer Ministerialen bewohnt und ab 1400 als Ganerbenburg unter Familien aufgeteilt, die häufig aus dem Straßburger Patriziat kamen. Die Landeshoheit lag bei den Gf.

Durbach. Schloss und Weingut der Frh. von Neveu

von Baden, die ab 1700 die Herrschaft vollständig übernahmen und ein Amt für die vielen Weiler einrichteten, welche die Gemeinde Durbach bilden. (Zur Orientierung: Das Ortszentrum im stark aufgefächerten Durbachtal liegt um die kath. Kirche.)

Bauten: Das **Schloss Staufenberg** wurde 1832 als Sommerresidenz der badischen Großherzöge im Sinne der Burgenromantik wieder hergestellt. Es ist eine ummauerte Anlage mit mehreren Bauten, die z.T. als Weinlokal zugängig sind, so das wuchtige Kellergebäude (1686) mit mächtigem Treppengiebel. Schönes Renaissanceportal mit Allianzwappen am mittleren Bau. Weingut in Besitz des Markgraf von Baden, auch genutzt für Veranstaltungen. Lage: an der Straße nach Oberkirch. – Das **Schloss Neveu** ist ein zweistöckiges, klassizistisches Herrenhaus unter Krüppelwalmdach. Der Mittelteil gibt dem Gebäude durch sein großes Wappen einen herrschaftlichen Anstrich. Bewohnt von Fam. von Neveu, die ein Weingut in den Nebengebäuden unterhält. Lage: nördlich der Kirche, Hespengrund Nr. 11. – Im Ortszentrum unterhalb der Kirche steht das **Schlösschen Grol,** erbaut von der elsässischen Ritterfamilie Zorn von Bulach. 1936 kam es als Erbe an die Graf von Wolff-Metternich. (Die hessischen Wolff führen seit 1440 nach Einheirat in die Fam. Metternich den Doppelnamen.) Von der ehem. Wasserburg blieb nur der Schlosskeller erhalten. Das Hauptgebäude ist ein schmuckloses Herrenhaus neben dem Wein-Verkaufspavillon (Grol 4). - Sonstiges: Ein Epitaph (1655) des Frh. von Orscelar in kath. Kirche. – Im Weiler **Lautenbach** stecken Reste eines Freihofs in einem Bauernhof („Rittergutstraße").

Durbach

UMGEBUNG: Im Weiler **Wiedergrün** stand der Stammsitz der Ritter von Wiedergrün, die sich im 16.Jh nach der Herrschaft Staufenberg nannten und 1627 ausstarben. 1683 wurde das Rittergut vom Kloster Allerheiligen gekauft und 1727 ein Schlössle an Stelle der zerstörten Wasserburg erbaut. Es ist ein schmuckloses Gebäude am Ende des Wiedergrüner Wegs, der von der Straße Ebersweiler-Nesselried abzweigt. (2007)

I7 Dusslingen TÜ

Die **Herter von Dusslingen** werden um 1100 als Ministeriale der Pfalzgrafen von Tübingen erwähnt, um 1260 übernahmen sie den Beinamen Herter. Nach einer Teilung (1393) häuften sich die finanziellen Probleme, weshalb sie 1446 ihre Dorfherrschaften im Steinlachtal an Württemberg verkauften. In dessen Diensten wurden sie Landvogt in Mömpelgard, Waldvogt im Schwarzwald und sogar Haushofmeister. Nach der um 1400 erworbenen Burg Harteneck (s. Ludwigsburg), welche sie bis zum Aussterben (1614) besaßen, nannten sie sich Herter von Herteneck. In Dusslingen erinnern Epitaphien und ein Schlossreste an sie.

Kernort

Die alemannische Siedlung wurde 888 erstmals als Dorf erwähnt. Der hier sitzende Ortsadel konnte seine Herrschaft über das gesamte Tal der Steinlach auf die Orte Nehren, Ofterdingen und Talheim mit der Burg Andeck (s.u.) ausweiten. Nach dem Verkauf an die Gf. Württemberg bekamen die Herter die Herrschaft als Lehen zurück, das Dorf wurde jedoch dem Oberamt Tübingen unterstellt.
Bauten: Die von der **Ringmauerburg** vorhandenen Teile sind anhand der Buckelquadern zu erkennen (Gebäudesockel, Hofeingang). Das dreistöckige, Schlössleartige Gebäude unter steilem Satteldach ist seit 1725 in Gemeindebesitz. Es war lange Zeit Rathaus und wird heute für Wohnungen genutzt. Man findet es am nördlichen Rand des Dorfes („Schlossstrasse, Schlosshof"). Info-Tafel davor.
– **Sonstiges:** Wappenepitaph und ein Totenschild der Herter in der evang. Kirche.

UMGEBUNG: Im benachbarten Mössingen gehörte der **OT Talheim** zum Kanton Neckar der Reichsritterschaft. Die Schenken von Stauffenberg und die Herter von Dusslingen (s.o.) saßen hier auf zwei (verschwundenen) Burgen: Burg Andeck auf einer Höhe westlich des Ortes und eine Wasserburg im Dorf. Nur noch fünf Epitaphien (davon drei figürlich) und zwei Totenschilde in der über dem Dorf gelegenen evang. Kirche („Bergkirche") erinnern daran. (2006)

G7 Eberdingen LB

Die **Fam. von Reischach** war wie so viele Adelsfamilien konfessionell gespalten. Die weit verzweigte Linie im Hegau blieb unter Habsburgs Oberhoheit katholisch, die Linie am Neckar wurde unter Württembergs Oberhoheit evangelisch. Ihr Herkunftsort ist Reischach (Gemeinde Wald), ein Weiler im Landkreis Sigmaringen, wo sie 1191 erwähnt wird. Den Stammort schenkte sie be-

Eberdingen

reits im 13.Jh der Frauenzisterze Wald, weshalb man hier keine direkten Spuren mehr von ihr vorfindet. Der Eber im Wappen soll ihre Wildheit ausdrücken. Als im 15.Jh unter vier Brüdern geteilt werden musste, entstanden die beiden unterschiedlichen Hauptstränge. Denn einer trat 1452 in württ. Dienste und erwarb anschließend von den Truchsessen von Höfingen (s. Leonberg) die benachbarten Dörfer Riet (s. Vaihingen), Eberdingen und Nussdorf. Kath. wie evang. Linie schlossen sich der Reichsritterschaft an. 1724 wurden sie Freiherren, 1810 Grafen. Die kath. Linie ist inzwischen ausgestorben. Die evang. Linie jedoch wohnt noch heute in Riet und wohnte bis 1977 im OT Nussdorf.

OT Nussdorf

Ortsadel saß als Ministeriale der Gf. Vaihingen auf einer Burg. Die Oberhoheit gelangte im 14.Jh an Württemberg. Die Ritter von Reischach erwarben 1468 von den Truchsessen von Höfingen den größten Teil der Dorfherrschaft und schlossen sich damit dem Kanton Neckar der Reichsritterschaft an.

Hochdorf. Bescheidenes Schlösschen am berühmten Keltensitz

Bauten: Das **Schloss** (1888) ist eine Ansammlung verschiedenster Bauten am Rande eines großen ummauerten Parks. Es entstand eine wilde Historismus-Mischung von Gebäuden mit Staffelgiebel, Fachwerk, Bergfried und Treppenturm. Die Anlage, erbaut an Stelle einer zerstörten Burg, war bis 1977 von den Gf. Reischach bewohnt. Inzwischen wechselten wiederholt die Besitzer und die Nutzung (z.B. Schule). Lage: Im Süden des Dorfes an Straße nach Eberdingen. - **Sonstiges:** Gegenüber steht die Friedhofskirche, deren Chor gepflastert ist mit Epitaphien der Reischach (16.Jh), die im Friedhof im 20.Jh eine Begräbnisstätte mit Sammelgrabplatte anlegten.

UMGEBUNG: Im Hauptort **Eberdingen** erinnern ein Reischach-Epitaph (1593) in sowie mehrere verwitterte Epitaphe außen an der evang. Kirche daran, dass auch dieses Dorf den Reischach gehörte.

OT Hochdorf

Hochdorf ist berühmt wegen des 1978 ausgegrabenen Grabes eines keltischen Fürsten, wozu ein Museum mit den nachgebauten Prunkstücken (Liege, Wagen) eingerichtet wurde. Daneben verblassen die Zeugnisse späterer Epochen. - Ortsadel als Ministeriale der Gf. Vaihingen (ab 1308 der Gf. Württemberg) saß auf einer Burg, die 1390 an die Hr. von Münchingen kam. Anschluss an Kanton Neckar der Reichsritterschaft und an die Reformation. Totale Verschuldung im 30j. Krieg. 1709 Verkauf an Fam. von Tessin. Sitz einer eigenen Linie, die 1975 ausstarb.

Eberdingen

Bauten: Das **Schloss** (1710) ist ein zweigeschossiges Gebäude unter hohem Walmdach, das wegen der Fensterfassade im Obergeschoss und des Portals elegant wirkt. Es steht in einem 2 ha großen Park. Privatbesitz, Zugang bis Gartenzaun. - **Sonstiges:** Außerhalb des umzäunten Bereichs, entlang der Hemminger Straße, stehen die Ökonomie- und Verwaltungsbauten (Schafstall, Pferdestall, Scheune, Gesindehaus, Remise) mit schlichten Wappen (19.Jh). Sie werden unterschiedlich genutzt, u.a. als Kunstgalerie. – Ein manieristisches Epitaph in evang Kirche, die in den Schlosspark hinein ragt. (2009)

M2 Ebringen FR

Wie konnte ein Kloster eine Landschenkung nutzen, wenn der erhaltene Besitz weit entfernt lag? Hierzu entwickelten sich zwei Lösungen. Die erste, ältere war die **Belehnung** eines Adligen mit dem fernen Besitz, der als Maier oder Vogt die weltlich-wirtschaftlichen Angelegenheiten regelte und geringe Abgaben an das Kloster zahlte. Die Gefahr dabei war, dass er eine Krise des Klosters ausnutzte, um sich den Besitz anzueignen. Zudem konnte aufgrund des Lehensrechtes seinen Nachkommen nicht die Verwaltung entzogen werden, auch nicht bei Misswirtschaft oder Konfessionswechsel. Die zweite, jüngere Lösung war die Selbstbewirtschaftung in Form einer **Propstei.** Hierzu führte ein Mönch als Verwalter/Geschäftsführer den Betrieb und wohnte vor Ort. Damit kam das Kloster voll und ganz in den Genuss der Einnahmen. Im Falle von Ebringen wurden sukzessive beide Lösungen praktiziert.

Kernort

Bereits in der Karolingerzeit erhielt das Kloster St. Gallen umfangreichen Grundbesitz im Breisgau. Es gab den hiesigen Besitz als Lehen an Ortsadel, der seine Burg auf dem Schneeberg hatte. Dessen Erbe ging an weitere Adelsfamilien, die nach dem Bauernkrieg aus der zerstörten Burg ins Dorf zogen. Schließlich verkauften die Hohenlandenberg 1621 die Dorfherrschaft an das Kloster St. Gallen, das damit die Kontrolle über seinen eigenen Besitz zurückkaufte. Es richtete eine Propstei ein, delegierte zwei Mönche hierher und baute ihnen sogar ein Schloss. Aufgrund der Vorgeschichte zählte die Propstei nicht zu den geistlichen Herrschaften im Breisgau, sondern war Mitglied der Breisgauer Ritterschaft.
Bauten: Das **Schloss** (1715) ist ein stattliches, zweigeschossiges Gebäude mit Eckrisaliten und Volutengiebeln. Eine elegante Freitreppe führt zum Portal mit Klosterwappen. Heute Rathaus. - Sonstiges: In der gegenüber stehenden kath. Kirche sind zwei Epitaphien der Frh. von Falkenstein. (2003)

C5 Edingen-Neckarhausen HD

„Ist´s am Fortunatstag klar, so verheißt´s ein gutes Jahr". Anscheinend war diese Bauernregel für den 12.Juli (Hl. Fortunatus) den **Gf. von Oberndorff** so verheißungsvoll, dass seit ihrer Rekatholisierung sämtliche Kinder den Begleitnamen Fortunat bzw. Fortunata trugen. Und sie täuschten sich letztlich nicht,

Edingen-Neckarhausen

denn ein Franz Albert Leopold Fortunat machte Ende des 18.Jh in der Kurpfalz eine solch gewaltige Karriere, dass die Familie bis zu ihrem Aussterben noch rund 200 „gute Jahre" erleben konnte. Aus der Nähe von Bayreuth stammend (Oberndorf bei Kemnath), wo sie 1244 als Ministeriale der Landgrafen von Leuchtenberg erwähnt werden, waren sie niedere Verwaltungsbeamte in der Oberen Pfalz (= Oberpfalz). Mit der Kurpfalz wurden sie zuerst protestantisch, dann in Diensten der Seitenlinie Pfalz-Neuburg Anfang des 17.Jh wieder katholisch. Mit dieser Linie kamen sie 1685 an den Neckar, wo Franz Albert zum Staatsminister und 1778 zum Statthalter der außerbayrischen Lande (Kurpfalz, Jülich-Berg, Neuburg) ernannt wurde, als Kurfürst Carl Theodor nach München umzog. Durch ihn stieg die ganze Familie in den Grafenstand auf (1790). Sowohl in Neckarhausen wie auch in Edingen gibt es Erinnerungen an sie.

OT Neckarhausen

Das Dorf war ebenso wie das benachbarte Ladenburg 1385-1705 ein Kondominat von Kurpfalz und Bf. Worms. Die Pfalz setzte 1565 die Reformation durch und vergab die Dorfherrschaft als landsässiges Rittergut. 1777 Aufkauf durch Fam. von Oberndorff, die hier 1963 in männlicher und 1995 in weiblicher Linie ausstarb.

Neckarhausen. Die Gf. Oberndorff hatten das Glück (Fortuna) gepachtet

Bauten: Das **Schloss** geht auf eine Anlage zurück, das der örtliche Postmeister nach 1648 errichtet hatte. 1823 wurde es grundlegend zu einem klassizistischen dreigeschossigen Herrenhaus mit zwei zweigeschossigen Seitenflügeln umgestaltet. Seit 1961 in Gemeindebesitz, heute Rathaus. – Hinter dem Schloss erstreckt sich ein weiter englischer Park mit einer Orangerie. Ein weiterer Park, von dem nur die schönen schmiedeeisernen Gitterportale erhalten sind, lag zum Neckar hin. - Sonstiges: Klassizistische Epitaphien der Oberndorff in der ehem. kath. Kirche, die heute als Festsaal dient. Eigener Friedhofsteil der Oberndorff.

OT Edingen

Der Besitz des Klosters Lorsch kam an die Kurpfalz, als diese im 13.Jh die Vogtei über das Kloster erwarb. Sie vergab das Dorf als landsässiges Rittergut, so 1722 an den Kurpfälzer Kanzler und 1792 an Gf. Oberndorff.
Bauten: Das **Schlössle** wurde 1761 als Sommersitz vom Frh. von Castell erbaut. Es ist ein spätbarockes, schlichtes, zweistöckiges Walmdachhaus. Filigran wirken der Balkon und das Torgitter. Es diente als Verwaltungssitz der schräg gegenüber stehenden, von den Gf. Oberndorff gegründeten Brauerei (jetzt Mälzerei). Seit 1935 Wohnungen (Hauptstr. 35) - Sonstiges: Park neben Brauerei.   (2004)

N1 Efringen-Kirchen LÖ

Zeitungsmeldung vom 2.4.04: „*Auf der Bahnstrecke Basel-Freiburg ist gestern bei Efringen-Kirchen ein ICE-Zug mit einem Traktor zusammen gestoßen und entgleist. Der Traktor war bei Arbeiten im Weinberg abgerutscht. Ein entgegen kommender ICE streifte den verunglückten Zug mit seinen beiden letzten Wagen…*" Die Beinahe-Katastrophe geschah am **Isteiner Klotz,** der so abrupt aus der Rheinniederung aufragt, dass nur ein schmaler Durchgang von wenigen 100 Metern zwischen Rhein und Felsen bleibt. An dieser Stelle steht der steilste Teil einer Jurakalkerhebung, die von Rheinweiler im Norden bis hierher reicht, so dass sich Autobahn, Ortsverbindungsstraße und Eisenbahn durch diese Passage zwängen müssen. Vor der Felswand klebt das wunderbare Dorf Istein in den Weinbergen.

OT Istein

Direkt am Isteiner Klotz, an der Stelle der dort wieder erbauten St. Veits-Kapelle (über dem Friedhof), befand sich einstmals eine (verschwundene) Höhlenburg in Besitz des Bischofs Basel (s. Schliengen). Der teilte sich die Dorfherrschaft mit dem Dompropst, wobei einzelne Rechte bzw. herrschaftliche Gebäude immer wieder verpfändet wurden, worauf der Namen „Schenkenschlössli" zurückgeht. Die verschiedenen Häuser in dem wunderbaren Fachwerkdorf sind mit Infotafeln versehen.

Bauten: Das **„Schenkenschlössli",** benannt nach den Schenk von Castell, brannte 1796 bei der Beschießung durch franz. Revolutionstruppen ab. Übrig blieben ein mittelalterlicher Turmrest und ein schmuckloses, privat bewohntes Gebäude. Ein Tor mit verwittertem Wappen führt unterhalb der Kirche durch das ehem. Schlossgelände. („Am Schenkenschlössle"). - Ein **Schlössle** („Freistedts Schlössli") wurde 1860 vom Frh. von Freistedt (außereheliche Sohn des badischen Großherzogs) anstelle einer Burg gebaut, 1918 an Stadt Karlsruhe geschenkt und ist seit 1954 in Besitz des Landkreises. Das Gebäude mit Treppenturm und Staffelgiebel ist jetzt ein Weingut („Schlossgut", Hauptstr. Nr. 23). – **Sonstiges:** Der Scholerhof, in Besitz der Dompropstei, war der Dinghof für 11 Bauernhöfe und wurde durch die Castell zum Freihof. Das 1680 erbaute Fachwerkhaus steht an der Straße „Im Innerdorf". - Originell wirkt das „Chänzeli" (= Kanzelhaus, 1599) wegen seiner vorgebauten Kanzel. – Daneben steht ein zweistöckiges, 1621 erbautes Staffelgiebelhaus mit Treppenturm, das als Vogtshaus diente („Stapfelhus").

OT Blansingen

Dieses abgelegene Dörfchen war mal bedeutend: Hier tagte ein Gericht im Freien, die Kirche ist eine Urkirche und im 11.- 13.Jh saß hier eine Hochadelsfamilie. 1277 jedoch erwarben die Hr. von Rötteln (s. Lörrach) die Oberhoheit. Die Gf. Baden-Hachberg als deren Erben erwarben 1464 den Dinghof des Klosters St. Georgen und damit auch die Dorfherrschaft.

Bauten: Das **Schlössli** (16.Jh), mit geschnitztem Gebälk in der Stube, war der Sitz des Vogtes. Das privat bewohnte Steinhaus gibt sich erst durch eine Infotafel zu erkennen (Alemannstr. 16,). – Im Chor der evang. Feldkirche hängt ein Epitaph sowie aus neuester Zeit eine Gedenktafel der Frh. von Rotberg.

Efringen-Kirchen

Auffallender sind jedoch zwei Barockepitaphien eines Vogtes samt Frau im Eingangsbereich. Epitaphien auch an der Südaußenseite. – Der Gasthof „Römischer Hof" wurde vom Vogt erbaut.

UMGEBUNG: Auch im benachbarten **OT Kleinkems,** einem am Hang klebenden Dorf, sind in der evang. Kirche drei Epitaphien der Rotberg aus dem 16. und 17.Jh. Am privat bewohnten ehem. Pfarrhaus ist das Wappen St. Blasiens angebracht.

UMGEBUNG: Im **OT Egringen** wurde der umfangreiche Besitz des Klosters St. Gallen von einem adligen Vogt verwaltet. Auf den Mauern seines verschwundenen Burgsitzes steht das ehem. Pfarrhaus (Kanderstr. 8). Als die Gf. Baden-Hachberg die Oberhoheit durchsetzten, wurde der Maierhof an das Spital in Basel verkauft, weshalb noch heute über ihm eine Metallfahne mit dem Baselstab weht. Daneben steht die evang. Kirche, an deren Turm zweimal das badische Wappen zu entdecken ist.

UMGEBUNG: In der Nachbargemeinde **Eimeldingen** wird das ehem. badische Vogthaus als Rathaus genutzt. Das Gebäude mit Staffelgiebel und Treppenturm, seit 1913 in Gemeindebesitz, steht im Ortszentrum an der Ecke Hauptstraße/Dorfstraße. Südlich der Kirche steht das sogenannte Schlößli, ein privat bewohntes zweistöckiges Haus mit aufgesetztem Fachwerk und rundem Treppenhausanbau.

UMGEBUNG: Auch die Nachbargemeinde **Fischingen** gehörte zu Baden-Hachberg, obwohl die Dorfherrschaft im 14.Jh in den Besitz der Deutschordens-Kommende Basel gelangt war. Denn Baden konnte seine Landeshoheit durchsetzen und somit die Reformation einführen. Am Ende wurde das Dorf von zwei Vögten verwaltet, von denen der eine im ehemaligen St. Gallener Dinghof wohnte. Das zweistöckige Gebäude unter Krüppelwalmdach besitzt eine schöne Eingangstüre mit dem Wappen des Deutschen Ordens (1607) und einem Komturwappen. Es ist privat bewohnt (Dorfstr. 22). – Eine Kuriosität am Rande: im Chor der evang. Kirche ist eine Sonnenuhr angebracht. (2009)

Ehingen UL K10

Ein Problem der **Reichsritterschaft** war die interne Kommunikation. Auf der untersten Ebene, innerhalb des Kantons, gab es die (schlecht besuchten) Plenumstage, auf denen ein Kantons-Direktorium gewählt wurde. Dieses arbeitete in einer Kanzlei, wozu der Kanton Donau die Stadt Ehingen ausgesucht hatte. Untereinander verständigten sich

Ehingen. Ständehaus. Tagungshaus der Stände von Österreich-Schwaben

die Kantone über Gesandtenkonferenzen. Diese fanden für den Schwäbischen Ritterkreis in Ehingen statt, denn der Kanton Donau hatte die Aufgabe, zu den gemeinsamen Beratungen einzuladen. Und schließlich korrespondierten die drei Ritterkreise (Schwaben, Franken, Rheinland, s. Kreßberg) untereinander bei Generalkorrespondenztagen, zu denen die diversen Direktorien zusammen kamen. Auch hier stand Ehingen an der Front, denn am 2.1.1806 wurde von hier aus dem Reichstag in Regensburg offiziell das Ende der gesamten Reichsritterschaft mitgeteilt.

Die **Landstände von Schwäbisch-Österreich,** eine Versammlung von rund 60 verschiedenen Miniterritorien unter Habsburger Landeshoheit, vertraten die Interessen von Klöstern, Städten, Freiherren, Grafen und direkt verwalteten Ämtern. Sie hatten sich als der schwäbische Teil Vorderösterreichs (in Abgrenzung zu Elsass, Breisgau und Vorarlberg) 1515 unter Kaiser Maximilian gebildet. Ihre Aufgabe beschränkte sich ursprünglich auf die Genehmigung von Steuern und die Organisation militärischer Vorhaben. Im 18.Jh kümmerten sie sich auch um die allgemeine Wohlfahrt (Feuerversicherung, Polizei, Bettlerunwesen). Nach dem 30j. Krieg tagten sie ebenso wie die Reichsritterschaft in Ehingen. Denn diese Stadt nahm eine Sonderstellung ein, war vergleichbar einer Reichsstadt. So stoßen wir in der Stadt Ehingen auf schlossartige Kanzleien, mehrere Adelssitze und in den weitum verstreuten Teilorten auf Schlösser von Reichsrittern.

Kernstadt

Die Gf. von Berg-Schelklingen, an die noch der OT Berg erinnert, gründeten im 13.Jh die Stadt. Die Herrschaft gelangte 1343 an die Gf. Habsburg, welche sie ständig verpfändeten. 1568 bezahlte die Stadt die Pfandsumme, erwarb dazu noch die verpfändete Herrschaft Schelklingen und war somit Herr im eigenen Haus. Dies wussten sowohl die Landstände wie auch die Reichsritter zu schätzen, weshalb sie Ehingen zum festen Tagungsort wählten und für ihr Direktorium repräsentative Gebäude errichteten.

Bauten: Als **Schloss** darf man das (Land-)Ständehaus (1750) bezeichnen. Der barocke, dreistöckige kubische Baukörper unter Mansardwalmdach zeigt zum Marktplatz seine Prachtfassade mit dem Habsburg-Wappen. Heute Amtsgericht mit Rokokositzungssaal im 2. Stock. – Ebenfalls als **Schloss** wirkt das Ritterhaus (1692). Der dreigeschossige Steinbau mit Volutengiebel unter Satteldach glänzt v.a. durch seine barocke Fassade. Heute Außenstelle des Landratsamtes. (Hauptstr. 41). – **Sonstiges:** Adelssitze gab es mehrere. Schlossartig wirkt der Ellerbacher Hof („Schlössle am Markt"), ein dreigeschossiger Barockbau unter Walmdach, erbaut nach 1688 von den Frh. von Freyberg, heute Geschäfts- und Wohnhaus. Das Optikgeschäft im Erdgeschoss ist jugendstilartig ausgemalt. - Prächtig wirkt der Marchtaler Hof, ein hoch ragendes Fachwerkhaus südlich des Marktplatzes (Schwanengasse 14), um 1400 von den Hr. von Stein errichtet und ab 1492 Stadthof des Prämonstratenserstiftes Obermarchtal. Kapelle daneben. – Zusammen mit Konviktkirche und kath. Konvikt bildet der Spethsche Herrenhof, ein dreistöckiger Fachwerkbau, eine geschlossene Front über dem Stadtsee. - Die Habsburger Verwaltung saß in der Vogtei (am Gänsberg), ein

Haus mit Rokokoportal. - Epitaphien und Totenschilde von Adligen in St. Blasiuskirche. – Als mächtiges Ensemble von Fachwerkbauten steht das Spital (mit Kapelle) über der Schmiech. Es besaß mehrere Dörfer samt Hochgerichtsbarkeit. Heute Museum.

UMGEBUNG: Im **OT Kirchbierlingen** steht ein herrschaftliches Pfarrhaus, 1758 vom Prämonstratenserstift Marchtal errichtet. Dieses hatte 1171 bei seiner Gründung die Kirche von den Gf. von Tübingen als Ausstattungsgut erhalten und anschließend sukzessive die Ortsherrschaft erworben. Das Pfarrhaus diente also gleichzeitig als Amtshaus und Pfarrerwohnung und fiel dementsprechend groß aus. Der dreigeschossige Steinbau unter Mansarddach kann als Schlössle bezeichnet werden. Lage: Im Ortszentrum östlich der Kirche.

OT Gamerschwang

Ministeriale der Gf. von Berg im 13.Jh. Die Oberhoheit kam 1343 an die Gf. Habsburg, welche die Dorfherrschaft an häufig wechselnde Adlige verliehen. Anschluss an den Kanton Donau der Reichsritterschaft. 1661 als Lehen an den oberösterreichischen Regimentskanzler Franz Christoph v. Raßler, dessen Familie sich anschließend von Gamerschwang nannte und heute auf Schloss Weitenburg am Neckar (s. Starzach) wohnt. 1770 Ansiedlung von Obdachlosen.

Gamerschwang. Stammsitz einer Beamtenadelsfamilie

Bauten: Das **Schloss** (1785) ist ein mächtiges, dreistöckiges Steinhaus unter Satteldach mit einem schönen, wappengeschmückten Barockportal. Es steht am Hang in einem Park über der Donau. Privat bewohnt, Zugang bis Parkeingang. (Raßlerstr.) - Sonstiges: In der kath. Kirche steht ein außergewöhnlich gestaltetes, klassizistisches Epitaph unter der Empore. Im Chor ist eine Mini-Herrschaftsempore mit Wappen. Auf der Südseite der Kirche separater Friedhof der Raßler.

OT Rißtissen

Römerkastell, dann Alemannensiedlung. Ministeriale der Gf. von Berg saßen im 13.Jh auf einer Wasserburg an der Riß. Die Oberhoheit kam 1343 an die Gf. Habsburg, welche die Ortsherrschaft an häufig wechselnde Adlige verliehen. Anschluss an den Kanton Donau der Reichsritterschaft. 1613 als Erbe an die Schenk von Stauffenberg, die nach wiederholter Weitervererbung innerhalb der verschiedenen Linien noch heute hier wohnen.
Bauten: Das **Schloss** (1782) ist ein nüchtern-frühklassizistisches, dreigeschossiges Gebäude unter hohem Walmdach. Den einzigen Schmuck bilden zwei Mittelrisalite, in deren Giebel ein Allianzwappen (Parkseite) bzw. eine verschnörkelte Signatur (Eingangsseite) weithin sichtbar sind. Das von Frh. Schenk von Stauffenberg bewohnte Gebäude steht gegenüber der kath. Kirche

am Rande eines weiten Landschaftsparks. - Sonstiges: Herrschaftsempore in der kath. Kirche. Außerhalb, hinter dem Chor, sind mehrere Epitaphien und der abgesperrte Friedhof der Fam. Schenk von Stauffenberg.

Schloss Mochental/ OT Kirchen

Der Sitz eines Grafengeschlechts kam als Erbe im 12.Jh an die Gf. von Berg, die es dem Benediktinerkloster Zwiefalten schenkten. Dieses richtete darin eine Propstei zur Verwaltung des Streubesitzes ein und kaufte 1621 das benachbarte reichsritterschaftliche Dorf Kirchen hinzu. Mochental wurde zum bevorzugten Sommersitz und Altersruhesitz der Äbte.

Bauten: Das **Schloss Mochental** (1734) ist eine Anlage mit Fernwirkung, auf einer Anhöhe stehend. Es besteht aus einem langen dreigeschossigen Mitteltrakt, dem zwei kurze Flügelbauten mit Volutengiebeln angefügt wurden, bekrönt von Dachreitern. Kapelle im Nordflügel. Die Räume dienen seit 1985 als Kunstgalerie und für ein skurriles Besenmuseum. – Das Schloss und der hufeisenförmige Wirtschaftshof, bei dem mehrere Wappen den Zeitpunkt der Erbauung angeben, bilden einen geschlossenen Komplex. – **Sonstiges:** Im **OT Kirchen** wurde das 1754 unterhalb der Kirche erbaute Pfarrhaus als „Neues Schloss" bezeichnet. Äußerlich schmucklos bildet es zusammen mit der Zehntscheune ein lang gestrecktes, zweistöckiges Gebäude unter Satteldach. – Die ehem. Herrschaftsmühle ist ein hochragendes, massives Steinhaus mit Zwiefaltener Wappen (1689, Brunnenstr. 43).

OT Granheim

Eine Seitenlinie der Hr. von Gundelfingen saß im 13.Jh auf der Burg. Nach ihrem Aussterben 1368 kam die Herrschaft 1415 an die Ritterfamilie von Speth, die sich dem Kanton Donau der Reichsritterschaft anschloss. Ausbildung einer eigenen Linie, die bis vor kurzem hier wohnte.

Bauten: Das **Schloss** (1776) ist ein dreigeschossiger Bau unter Mansarddach mit einem vorspringenden, wappengeschmückten Mittelrisalit. Durch die seitlichen Wirtschaftsbauten entsteht der Eindruck einer Dreiflügelanlage. Von Frau von Massenbach bewohnt, Zugang bis zum Hoftor. Park dabei. - **Sonstiges:** Die kath. Kirche diente als Grablege. Auf der Südseite ist ein Teil des Friedhofs für die Speth reserviert.

UMGEBUNG: Beim **OT Erbstetten** steht die Burg Warstein, auf der eine Nebenlinie der Gf. Berg im 13.Jh saß. Die Burgruine über dem Lautertal kam 1527 an die Hr. von Speth, denen sie noch heute gehört. (2009)

H7 Ehningen BB

Unvorstellbar hoch für unsere heutigen Begriffe war die **Kindersterblichkeit**, erst im 20. Jahrhundert erreichte die moderne Medizin einen radikalen Rückgang. So starben vor 1800 rund 2/3 der Neugeborenen bei der Geburt bzw. in den ersten 6 Lebensjahren. Heute hingegen sind es weniger als 1%. Die größte Auswirkung hatte dabei die verbesserte Geburtenhilfe, wodurch auch die Sterberate der gebärenden Mütter radikal gesenkt wurde. Denn anders als heute lag das Durchschnittsalter der Frauen in früheren Jahrhunderten unter dem der Männer. Wir können dies heute noch anhand der Epitaphien sehen, wo häufig ein Mann mit mehreren Frauen abgebildet wird. Kindergrabmäler in Kirchen sind zwar nicht häufig, aber nichts Außergewöhnliches. Überraschend ist es jedoch, gleich sieben Kinderepitaphien in der Kirche des Hofguts Mauren anzutreffen, auf denen Eberhard Wolf von Tachenhausen um 1600 sieben früh verstorbene Töchter betrauert.

Während die Keuperhöhen weitgehend unfruchtbare Wälder sind („Schwäbisch-Fränkischer Wald"), bietet der Untere Keuper, der Lettenkeuper, in Verbindung mit einer aufliegenden Lössschicht ideale Voraussetzungen für die Landwirtschaft. Diese Landschaft bezeichnet man als Gäu. So erstreckt sich der Obere- oder Korngäu in einem schmalen Streifen östlich des Nagoldtals zwischen dem Heckengäu (s. Aidlingen) und den bewaldeten Keuperhöhen des Schönbuch. Wie der Beiname „Korngäu" sagt ist es ein fruchtbares Land, das nördlich von Stuttgart zum Strohgäu wird. Dementsprechend sind die Dörfer als Haufendörfer angelegt und wirken behäbig, so auch das Dorf Ehningen.

Kernort
Ortsadel als Ministeriale der Gf. Tübingen saß auf zwei Wasserburgen. Württemberg erwarb im 14.Jh die Oberhoheit und zudem im 16.Jh die Dorfherrschaft, weshalb sich der hier wohnende Adel nicht der Reichsritterschaft anschließen durfte. Es verlieh die beiden Burgen an verdiente Amtsträger, so 1580 das

Mauren. Modern überbaute Schlossruine, einmalig für BW

Obere Schloss an den württ. Kanzler Brastberger. Als Erbe ging es 1639 an die Fam. von Breitschwert, die es wiederum 1910 an die noch heute hier lebende Fam. de la Chevallerie vererbte, deren Vorfahren als Hugenotten 1660 nach Preußen geflüchtet waren.

Bauten: Das **Obere Schloss** besitzt von der mittelalterlichen Wasserburg die Ringmauer mit Buckelquadern. Die Anlage wurde Anfang des 16.Jh zum Schloss umgebaut und später wiederholt verändert, was das Mansardwalmdach am Hauptgebäude (Wohnhaus) erklärt. Die Fachwerkgebäude auf Steinsockel stehen in einem vom Flüsschen Würm durchflossenen weiten Park (Schlossstr. 34). Privatbesitz, kein Zugang. Infotafel am Eingang. - **Sonstiges:** Die Untere Burg war auch zeitweise in Händen der Breitschwert, war sogar mal Wohnort einer württ. Prinzessin, wurde jedoch 1735 an Bauern verkauft und 1768 abgerissen. Sie lag im Südwesten der Kirche zwischen Burgwiesenstraße und Burgstraße an der Würm. – Epitaphien an und in der evang. Kirche.

UMGEBUNG: Rund 3 km außerhalb, an der Straße nach Holzgerlingen, liegt das **Hofgut Mauren,** das dem Kanton Neckar der Reichsritterschaft angeschlossen war. Wahrscheinlich auf römischen Mauern (daher Mauren) steht die (Wallfahrts-)Kirche, die bis ins 17.Jh mit einem bedeutenden Jahrmarkt verbunden war. Das unterhalb der Kirche stehende **Renaissanceschloss** wurde 1943 bei einem Bombenangriff zerstört, nur noch das massive Erdgeschoss mit Rechteckfenstern blieb erhalten. Darüber erhebt sich seit 2005 eine moderne Flachhauskonstruktion, eine in dieser Art und in der krassen Gegensätzlichkeit einmalige Anlage! Die überbaute Ruine steht in einem weiten Park am Bach. In der profanierten Kirche und im Friedhof daneben findet man mehrere Epitaphien der Schlossherren (Tachenhausen, Dusch, Schertlin). Dabei auch das Grab des im 1.Weltkrieg gefallenen schottischen Adligen Löwis of Menar, dessen Nachkommen bis heute Schloss und Park besitzen. Einen Schlüssel kann man im Hofgut daneben erhalten.

UMGEBUNG: In der Nachbarstadt **Böblingen** erinnert nur noch der „Schlossberg" oberhalb der evang. Stadtkirche an das im 2. Weltkrieg zerstörte Schloss der Gf. Württemberg. Mehrere herrschaftliche Gebäude blieben jedoch erhalten. So die ehem. Zehntscheune unterhalb des Rathauses, ein stattliches Steinhaus (1593) unter Krüppelwalmdach, das heute als Bauernkriegsmuseum genutzt wird. So das Wohnhaus eines Vogtes (um 1570, Marktplatz 27), das heute Teil des Deutschen Fleischermuseums ist. So die Stadtschreiberei (Marktplatz 29) und die Oberamtei (1688, Marktplatz 31). (2009)

M2 Ehrenkirchen FR

Der aus Oberschwaben stammende **Lazarus von Schwendi** (1522-83) genießt bis heute internationale Anerkennung. Der außerehelich geborene Sohn einer Seitenlinie der Ritterfamilie von Schwendi (s.d.) machte als Feldherr, Diplomat, Schriftsteller und Landvogt Karriere in Kaiserlichen Diensten. Angeblich habe er die Tokaierrebe von einem Kriegszug gegen die Türken ins Elsass gebracht, wo er als Landvogt für die Reichsstädte Türkheim und Kaysersberg zuständig war und in Kientzheim sein Epitaph steht. Hier tolerierte er die Protestanten und praktizierte damit die Politik des damaligen Kaisers Maximilian II. Als Habsburger Lehen erhielt er die Herrschaften Burkheim, Kirchhofen, Triberg und im Elsass Hohenlandsberg. Damit gründete er im Rheintal eine eigene Linie, die jedoch bereits im 17.Jh ausstarb. Zu seinen Ehren riefen 1986 seine ehem. Städte den deutsch-französischen „Lazarus von Schwendi-Bund" ins Leben, über den am Kirchhofener Schloss eine Tafel informiert.

OT Kirchhofen

Der Bf. von Basel war Besitzer der Mutterkirche für die umgebenden Orte. Die Landeshoheit gelangte im 14.Jh an die Gf. Habsburg, welche

Kirchhofen. Schloss des Lazarus von Schwendi

die Herrschaft als Lehen an Familien aus der landsässigen Breisgauer Ritterschaft vergaben. So auch 1570 an Lazarus von Schwendi, der hier 1583 starb. Im 30j. Krieg fielen 300 Bauern in einem Massaker, bei dem das Schloss abbrannte. 1738 wurde das Rittergut zusammen mit der benachbarten Herrschaft Staufen an das reiche Kloster St. Blasien als Lehen vergeben.

Bauten: Das **Wasserschloss** geht auf eine mittelalterliche Burg zurück, die wohl um 1500 von den Snewlin und 1570 von Lazarus von Schwendi umgebaut und nach der Zerstörung (1633) erst wieder 1741 vom Kloster St. Blasien aufgebaut wurde. Es ist eine wuchtige dreistöckige, quadratische Anlage, deren Südseite z. T. abgerissen wurde. Die drei massiven Rundtürme sowie der (trockene) Graben geben ihr ein burgartiges Gepräge. Sie kam 1806 an die Gemeinde und ist heute Schule. – Gegenüber ist an einem privat bewohnten Gebäude unter Krüppelwalmdach das Wappen des Klosters St. Blasien angebracht.

UMGEBUNG: In den **OT Ober- und Unterambringen** standen zwei (verschwundene) Schlösser der Hr. von Ampringen, deren letzter 1684 als Hoch- und Deutschmeister starb. Der Name ging mit der Erbtochter an die Wessenberg-Ampringen (s. Hartheim). (2008)

Eigeltingen KN M7

Turmhügelburgen als Sitz eines Ortsadligen waren im Hochmittelalter vermutlich in jedem Dorf mit einer Pfarrkirche (= Kirchdorf) gängig. Der aus dem Bauernstand kommende **Meier** baute am Rande des Dorfes einen steinernen Turm auf einen künstlich aufgeschütteten Erdhügel (= Motte). Damit überragte er die Holzhäuser und Lehmhütten. Der Wehrcharakter des Hauses wurde noch verstärkt, weil der Einstieg mehrere Meter über den Boden lag und somit ein Zugang nur über Leitern möglich war. Der Meier „stieg auf" zum Dorfherren, wurde zum Niederadligen. Man findet nur noch wenige Dörfer mit Resten solcher Turmhügelburgen, so in BW in Fronhofen (s. Fronreute), Leinroden (s. Abtsgmünd), Burgberg (s. Villingen-Schwenningen), Mönsheim und hier im OT Honstetten.

OT Honstetten

Auf einem Hügel mitten im Ort, umgeben von Häusern, steht der „Speicher" bzw. „Alter Turm", der Wohnturm des Ortsadels. Das Dorf selbst kam im Spätmittelalter zur Herrschaft Engen und damit an die Gf. Fürstenberg.

Bauten: Die **Burg** („Alter Speicher"), 12.Jh, ist ein dreigeschossiger Turm von 15 m Höhe unter Satteldach. Sie wurde lange Zeit als Speicher genutzt. Nach dem Verkauf (1790) an Dorfbewohner wurde sie bis ins 20.Jh bewohnt und ist heute in Gemeindebesitz.

UMGEBUNG: Die südlich des Dorfes im Wald liegende **Tudoburg** diente vermutlich im Frühmittelalter als Fluchtburg für die Bevölkerung. Für Graubünden sind solche Fluchtburgen belegt. Ihre Vorburg war evtl. im Hochmittelalter

Eigeltingen

von Juden bewohnt, die 1348 beim allgemeinen Pogrom im Zusammenhang mit der Pest getötet wurden. Die Burgruine ist eine weiträumige Anlage mit Infotafel. Zufahrt: hinter dem Friedhof links abbiegen, ca 1 km Fahrweg.

Kernort
Bis 1400 tagte hier das Landgericht der Landgrafschaft Hegau-Nellenburg an der Landstraße, anschließend wurde es von Habsburg nach Stockach verlegt. Im Dorf wohnte ein Adliger als Ministerialer des Klosters Reichenau auf der Burg Hegi. Häufiger Besitzerwechsel. An-

Eigeltingen. Privat bewohntes Schloss Hegi

schluss an den Kanton Hegau der Reichsritterschaft. Durch Kauf erwarb die Fam. von Raitenau 1595 das Dorf von den Vogt von Summerau und fügte es der Herrschaft Langenstein ein (s. Orsingen-Nenzingen).
Bauten: Das **Schloss Hegi,** um 1550, besteht aus zwei rechtwinklig zueinander stehenden Flügeln. Das Hauptgebäude fällt durch Staffelgiebel und Treppenturm mit Allianzwappen auf. Die ursprüngliche, ummauerte Anlage mit Ökonomiegebäuden wurde im 17./18.Jh durch die Nutzung als Brauerei und Kaufhaus stark verändert. Seit 1990 teilweise Wiederherstellung des ursprünglichen Zustandes, privat bewohnt. Lage: im Dorfzentrum neben einem Bach (Hauptstr. 45). – **Sonstiges:** In der kath. Kirche ein Epitaph von Stuben (1614).

UMGEBUNG: Ca 2 km nö des Dorfes an der Straße nach OT Heudorf liegt das Hofgut **Dauenberg.** Es ist eine herrschaftliche Anlage an der Stelle einer mittelalterlichen Burg. Besitzer ist Gf. Douglas von Schloss Langenstein, der es als exklusive Wohnanlage vermietet. Zugang bis zum (geschlossenen) Tor.
UMGEBUNG: Ca 5 km nö des Dorfes Eigeltingen liegt der Weiler **Münchhöf.** Er entstand aus einer Grangie (= Wirtschaftshof) des Zisterzienserklosters Salem. 1787-1802 war hier sogar die Verwaltungszentrale für die im Hegau verstreuten Besitzungen des Klosters, wofür das „Schlössle" erbaut wurde. Es ist ein zweigeschossiges Herrenhaus (1785) unter Walmdach, das nach einer grundlegenden Sanierung in acht Eigentumswohnungen aufgeteilt wurde. Daneben Wirtschaftsgebäude und moderne Landhäuser. Die gesamte Anlage ist von einem Park umgeben. (2007)

H10 Eislingen GP

Die **Herrschaftsverhältnisse** im Alten Reich waren häufig verdammt kompliziert und verwirrend. Das Dorf Großeislingen (rechts der Fils) gehörte zum Bistum Konstanz, weshalb der Bf. von Konstanz den Pfarrer einsetzte. Es war jedoch der Bf. von Würzburg, der seit 1343 die politische Oberhoheit besaß, weil ihn die Dorfherren, die Hr. von Rechberg, nach einer verlorenen Fehde als Lehenherrn anerkennen mussten. Der Einzug der Reichssteuern wiederum war Aufgabe des Ritterkantons Kocher, dem sich die Rechberg angeschlossen hatten. Dies galt jedoch nur für 2/3 des Dorfes, da das restliche Drittel zu Württemberg gehörte, das zudem Kleineislingen (links der Fils) besaß. Die Reformation verstärkte die Kluft: Ein Drittel der Großeislinger Einwohner besuchte die evang. Kleineislinger Kirche und lebte nach einem anderen Alltagsrhythmus (Julianischer Kalender, keine Feiertage). - Ein bescheidenes Schlösschen und je zwei kath. bzw. evang. Kirchen sind das Erbe.

OT Großeislingen

Geschichte: Ab 1286 ist Ortsadel bezeugt. Bereits um 1300 besaßen die Hr. von Rechberg 2/3 des Dorfes, mussten es jedoch 1343 vom Bf. von Würzburg als Lehen nehmen. Sie schlossen sich dem Kanton Kocher der Reichsritterschaft an. In der Reformation blieben sie beim Alten Glauben, während 1/3 des Dorfes als aufgehobener Klosterbesitz an Württemberg kam und protestantisch wurde. Nach dem Aussterben der örtlichen Rechberglinie vergab der Bischof die Herrschaft an wiederholt wechselnde kath. Adelsfamilien, so auch 1765 an die Gf. Welden, die das Schloss bauten.

Bauten: Das Schlösschen (1769) ist ein schmuckloser verputzter, dreigeschossiger Bau unter Walmdach. Seit 1977 ist es in Stadtbesitz und dient als Bücherei. Park dabei. Durch den Bau einer Brücke über die Bahntrasse liegt es jetzt verdeckt und versteckt am Südrand von Großeislingen ("Schlossstraße"). (2009)

Ellwangen AA F12

Geistliches **Stift und Landadel** bildeten häufig eine Symbiose. Dem Landadel gelang es im Laufe der Zeit, die Kapitel von Chorherrenstiften und Domstiften (s. Konstanz) mit Angehörigen zu besetzen. Deren Pfründe waren für ihn überlebensnotwendig, denn damit konnten nachgeborene Söhne versorgt werden, die sonst das Familienerbe geschmälert hätten. So findet man unter den Ellwanger Chorherren die Familien des Umlandes, die Adelmann, Öttingen, Rechberg. Umgekehrt setzten diese Familien ihre politischen und familiären Beziehungen ein, wenn das Stift bedroht wurde.

Ellwangen ist als **geistlicher Staat** einmalig in BW (s. Westhausen), was das Stadtbild prägte. Neben Klosterbauten gibt es im Stadtzentrum auch noch Stiftsherrenbauten, denn mit der Umwandlung des Benediktinerklosters in eine Fürstpropstei (1460) wurde das Stift für den umgebenden Ritteradel erst richtig attraktiv. Jetzt konnte man ein adliges Leben führen und war nicht an einengende Klosterregeln gebunden. So zeigt das heutige Stadtbild stärker als bei jeder anderen Stadt im Ländle den Bezug zur kath. Kirche. Von welcher Seite man auch immer nach Ellwangen kommt, immer sieht man geistliche Bauten.

Kernstadt

Das Benediktinerkloster wurde 764 gegründet und konnte ein großes Territorium erwerben. Als Reichsfürst (1215) ließ der Abt die Burg bauen. Damit wurden die Bürger der neu entstandenen Stadt in ihrem Selbständigkeitsstre-

Ellwangen

ben gebremst. Als das Kloster abgewirtschaftet hatte, versuchte man 1460 einen Neuanfang mit der Umwandlung in ein Kollegiatstift. Damit wurde Ellwangen zur Fürstpropstei mit 12 Chorherren aus dem Ritterstand, in Umfang und Bedeutung vergleichbar Kempten. Die Fürstpropstei diente nach dem 30j. Krieg in der Regel einem geistlichen Fürsten (Bischof, Deutschordenshochmeister) als zusätzlicher Prestigetitel. 1803 fiel das Stiftsgebiet, rund 350 km² mit rund 20.000 Einwohnern, an Württemberg. Das erhob die Stadt 1817-1924 zum Sitz des Jagstkreises, einem heutigen Regierungspräsidium vergleichbar.

Bauten: Das von Türmen und Bastionen gesicherte **Schloss**, 1603-08, besitzt aufgrund der Renaissance-Arkaden einen wunderbaren Innenhof. Ab 1720 wurde es zum repräsentativen Barockschloss mit prachtvollem Festsaal umgebaut. Es liegt über der Stadt, die Zufahrt ist ausgeschildert. Heute historisches Museum, Behördensitz und Jugendherberge. Man betritt es durch einen weiten, von Wirtschafts- und Verwaltungsbauten gebildeten Vorhof. – In der Stadt steht hoch aufragend über drei Geschosse das schlossartige **Palais** der Adelmann von Adelmannsfelden (1666), hervorgehoben durch zwei Allianzwappen über dem schönen Portal. Für Ausstellungen genutzt (Obere Straße 6). – **Sonstiges:** Kath. Stiftskirche: In den Seitenschiffen Gedenktafeln von Äbten und Fürstpröpsten; im südlichen Querhaus Wand mit Wappen aller 46 Äbte und 20 Fürstpröpste; im Kreuzgang Epitaphien der Chorherren; in die Westvorhalle („Altes Stift") Grabdenkmäler des umgebenden Adels (frühestes 1339). - Der Klosterbezirk ist geprägt von Barockbauten: Chorherrenhäuser, Stiftsbauten (z.B. Kustodie, Stadthalterei, Stiftsrathaus), Spital (heute Rathaus), Jesuitenkolleg (heute Landgericht). - Epitaphien von Beamten an Wolfgangkapelle (Friedhof).

Ellwangen. Das Schloss des Fürstpropstes überragt die geistliche Stadt

UMGEBUNG: Ca 10 km östlich der Stadt in Richtung Pfahlheim ist im Weiler **Rötlen** der Rest einer Burganlage zu sehen. Die (im 19.Jh abgebrochene) Burg der Ritter von Pfahlheim kam 1471 an das Kloster, das hier einen Obervogt für die umgebenden Dörfer einsetzte. Erhalten blieb der Graben sowie die Burgkapelle auf starken Stützmauern. (2006)

C8 Elztal MOS

Abreißen oder erhalten? Diese Frage stellt sich bei vielen historischen Gebäuden, deren Wiederherstellung wesentlich teurer als ein Neubau kommt. Zum Erhalt kann die **Denkmalstiftung BW** einen Beitrag leisten, die 1985 zur Förderung privater Initiativen im Denkmalschutz vom Land BW gegründet wurde. Sie finanziert ihre Arbeit aus den Erträgen einer 25 Mio. Euro starken Grundausstattung, von Spenden aus dem Kreis der Freunde und Förderer sowie mit Lottogeldern. Zwar geht der Großteil der Gelder an Privatpersonen, aber auch Kirchen und Gemeinden können Zuschüsse erhalten. So trug die Denkmalstiftung BW mit 75.000 DM rund 2,5% der Kosten für Wiederherstellung und Einrichtung des wunderbaren Schlösschens in Dallau bei, dessen Erhalt ein Jahrzehnt lang zur Diskussion stand.

OT Dallau

Dorf und Burg gelangten aus Reichsbesitz als Teil der Cent Mosbach unter die Oberhoheit der Kurpfalz. Die Dorfherrschaft lag in Händen der Hr. von Heinriet und ab 1382 der Mönch von Rosenberg. 1416 kaufte der Deutsche Orden das halbe Dorf, das anschließend im Kondominat mit der Kurpfalz regiert wurde. Diese führte in ihrem Teil die Reformation ein und erwarb 1668 im Tausch die andere Hälfte. Im Schloss wohnte ein Amtmann.
Bauten: Das **Schlösschen** (15.Jh) ist der Rest einer ehem. Wasserburg. Erhalten blieb das Hauptgebäude mit Staffelgiebeln und einem runden Eckturm. Es ist ein dreistöckiges Steinhaus, zu dessen Haupteingang eine (moderne) Treppe führt. Seit 1975 in Gemeindebesitz, seit 1985 von Vereinen und bei Kulturveranstaltungen genutzt. Lage: Im Dorfzentrum. (2000)

Emmendingen EM K2

„Verarmter Markgraf heiratet neureiche Bürgerliche" wäre heute ein Thema für die Boulevardzeitungen. - Die **Markgrafen von Hachberg** waren die armen Verwandten der Mgf. von Baden. Zurück geht die Verwandtschaft auf eine 1190 vorgenommene Teilung, bei welcher der Hauptstamm Burg Baden behielt und der zweitgeborene Gf. Heinrich die Grafschaft Breisgau erhielt. Seine Nachkommen nannten sich ab 1239 Mgf. von Hachberg. 1306 spaltete sich die Herrschaft Sausenberg ab, die anschließend äußerst erfolgreich war (s. Kandern). Der Versuch, die angeheirateten Hr. von Üsenberg zu beerben, scheiterte am Widerstand Habsburgs (s. Endingen). Vor einem Konkurs rettete sie 1356 die Heirat mit der Tochter des Freiburger Patriziers Johannes Malterer, die als Mitgift die verpfändete Burg Hachberg in die Ehe brachte. 1415 jedoch war es so weit: Wegen Überschuldung wurde die Mini-Markgrafschaft an die 225 Jahre entfernten Verwandten in Baden-Baden verkauft und anschließend ausgestorben. Emmendingen war neben Lörrach der Hauptort der Oberen Markgrafschaft.

Kernstadt

Ortsadel um 1100. Im 14.Jh kam die Dorfherrschaft an die Gf. Baden-Hachberg und war anschließend mit Burg Hachberg verbunden: Verpfändung an den Patrizier Malterer, 1415 Verkauf an Baden, 1535 bei der Landesteilung an die Linie Baden-Durlach, 1556 Reformation. Erst 1590 kam die Erhebung zur Stadt, die zum Sitz eines Landvogtes für die nördliche Herrschaft Hachberg mit 28 Dörfern im Bereich Kaiserstuhl-Elztal wurde.
Bauten: Das **Alte Schloss** ist der ehem. Stadthof des nahen Klosters Tennen-

bach, der 1585 zum Verwaltungsschloss umgebaut wurde. Das dreistöckige Steinhaus unter Satteldach bekommt durch einen achteckigen Treppenturm ein apartes Aussehen. Gegenüber Stadtkirche, heute Museum. - Das **Neue Schloss** (1790) ist ein dreigeschossiges, neunachsiges Gebäude unter Walmdach. Der Mittelrisalit mit dem badischen Wappen gibt ihm einen barocken Anstrich. Heute Amtsgericht, Karl-Friedrich-Str. 23. – Auf dem Gelände des Zentrums für Psychiatrie steht das **Weiherschloss,** ein ehem. Adelssitz. Im 18.Jh wurde es von einer Wiedertäuferfamilie bewirtschaftet. Das zweistöckige Gebäude unter Mansarddach steht ca. 2 km östlich des Stadtkerns („Am Weiherschloss") - Das Schlosserhaus ist ein zweistöckiges **Barockschlössle** mit schöner Eingangstreppe. Es war Wohnhaus der jeweiligen Oberamtmänner. So auch von Goethes Schwager J.G. Schlosser. Heute Stadtbücherei. Dahinter der Goethepark neben dem Neuen Rathaus. - **Sonstiges:** Zwölf Epitaphien von Beamten und Markgrafen in der evang. Stadtkirche. - Altes Rathaus, ein schöner Rokokobau unter Mansardwalmdach mit einer Büste des Markgrafen. – Prächtiges, barockes Stadttor mit Wappen.

UMGEBUNG: Die **Burg Hachberg** (auch Hochburg genannt) war seit 1161 in Besitz der Gf. von Baden und wurde bei der 1190 vorgenommen Teilung zum namengebenden Zentrum einer eigenen Markgrafschaft, die 1415 an das Stammhaus Baden zurück fiel. Im 16.Jh Ausbau zu einer Festung, die in den Kriegen gegen Ludwig XIV freiwillig geräumt und 1689 zerstört wurde. So steht über dem Brettenbachtal die imposanteste Burgruine des Breisgaus, vergleichbar Röttelen (s. Lörrach). Zufahrt ausgeschildert, 5 min Fußweg vom Parkplatz beim **Hofgut** „Meyerhof". Dieses historische Hofgut ist überbaut von Bauten im Historismusstil, die als Landwirtschaftsamt und Bauernhof genutzt werden. (2004)

Emmendingen. Wie ein gewaltiges Schiff wirkt die Ruine Hachburg

K1 ## Endingen EM

Der Aufstieg der **Hr. von Üsenberg** geschah auf Kosten der Klöster, deren Grundbesitz sie im Breisgau verwalteten. Als Parteigänger des Bf. von Basel und der Zähringer konnten sie die Vogteirechte über die Breisgauer Besitzungen der weit entfernten Klöster Andlau (Elsass) und Einsiedeln (Schweiz) erwerben. Diese nutzten sie wie viele Adlige zum Aufbau einer eigenen Herrschaft im und am Kaiserstuhl, an dessen südwestlichem Rand ihre verschwundene Stammburg stand (ca. 1 km nö Breisach). 1284 teilten sie den Besitz in eine Obere (Endingen) und Untere Herrschaft (Kenzingen). Ihr Aufstieg in den Grafenstand wurde jedoch bereits im 14.Jh durch das Aussterben beider Linien gestoppt. Habsburg hatte sich zuvor in die Position des Lehensherren gebracht und verhinderte jetzt, dass die Gf Baden-Hachberg das Erbe übernehmen und damit im nördlichen Breisgau ein geschlossenes Territorium ausbilden konnten (s. Emmendingen). So war Endingen, wo nur noch ein Adelshof an die Üsenberger erinnert, über 400 Jahre habsburgischer Verwaltungsmittelpunkt am Kaiserstuhl und als solcher bei den vorderösterreichischen Landständen vertreten.

Kernort

Zwei Siedlungskerne entwickelten sich um zwei Kirchen, die dem Frauenkloster Andlau und dem Männerkloster Einsiedeln aus altem Königsgut geschenkt worden waren. Durch konsequentes Ausnutzen ihrer Vogteirechte (s. Zwiefalten) konnten die Hr. von Üsenberg im Laufe des 13.Jh den Klosterbesitz in Eigenbesitz umwandeln. Sie vereinigten 1285 die beiden Siedlungen zur Stadt Endingen und machten sie zur Residenz für die Obere Herrschaft. 1379 endete diese Üsenberg-Linie mit dem Tode von Hesso IV, weshalb anschließend Habsburg die Stadt in Eigenregie übernahm.

Bauten: Als **Schlössle** kann man den 1485 erbauten Adelshof („Üsenberger Hof") bezeichnen, der als Museum und Tourismusbüro genutzt wird. Wahrscheinlich stand hier ehemals eine Stadtburg, die unter Habsburger Herrschaft zu einem Freihof für den umwohnenden Adel wurde, der ein Allianzwappen (Landeck/im Holtz) am Eingang hinterließ. Das Fachwerkhaus auf Steinsockel unter Krüppelwalmdach ist im Inneren mit schönen Wandmalereien versehen. Es steht auf einem freien Platz nördlich der Hauptstraße („Löwengasse/Adelshof"). – **Sonstiges:** Ein 1775 erbautes Rokokopalais (Haus Krebs) steht unterhalb des Marktplatzes (Hauptstr. 60). Mit einem schreitenden Löwen über den Bogenfenstern erinnert der Erbauer daran, dass er von der Savoyischen Kaufmannsfamilie Litschgi abstammt, die sich bereits 1407 in Endingen niederließ.

OT Kiechlinsbergen

Das Dorf Bergen kam 1306 von den Hr. von Üsenberg, den Vögten des Frauenklosters Andlau, an die Freiburger Patrizierfamilie Küchlin (daher der Ortsname). Andlau verkaufte 1344 seinen Grundbesitz an das Zisterzienserkloster Tennenbach (bei Emmendingen), das durch sukzessiven Aufkauf der Rechte die Küchlin ausbootete. Das Dorf wurde zum Verwaltungszentrum für den gesamten Klosterbesitz im Kaiserstuhl. Tennenbach übernahm 1658 die Dorfherrschaft vollständig und regierte durch einen Klosteramtmann unter Habsburger Landesherrschaft. Dementsprechend herrschaftlich fiel das Amtshaus aus.

Bauten: Das **Schlössle** (1678) steht an Stelle einer Burg. Der lang gestreckte Bau mit Wappen über dem Eingang, einer doppelläufigen Freitreppe und einem Mittelrisalit ist durch eine Mauer geteilt. In der Westhälfte das Pfarramt, in der Osthälfte eine Familie. Auf der Ostseite des Hofes steht ein frisch renoviertes Wirtschaftsgebäude. Lage: Am Nordrand des Dorfes an Kreuzung Herrenstr./Tennenbachstraße. Zugang in ummauerten Hof möglich.

UMGEBUNG: Das benachbarte Dorf **Riegel** war unter sehr vielen Herrschaften aufgesplittert. Denn von den 11 Enkeln des 1386 bei Sempach gefallenen Martin Malterer erbte jeder einen Anteil, was aufgrund der Einheirat weiterer

Familien zu einem zersplitterten Kondominat führte. Erst im 18.Jh vereinigten die Gf. Schauenburg die Dorfherrschaft in ihren Händen und bauten sich 1741 ein großes Schloss. Dieses stand zwischen Leopoldstraße, Schlossgasse und Herrenstraße, seine Mittelfront ist an den Häusern Leopoldstr. 8 und 10 zu erkennen. Auch der 1907 erbaute neobarocke Luxhof in der Leopoldstraße steht auf ehem. Schlossgelände. Der Schlosspark reichte bis zum Bahnübergang – Die für alle Herrschaften gemeinsame Kanzlei (1784) ist heute Rathaus. Die zweistöckige Dreiseitanlage, die 1908 neobarock umgebaut und mit einem prachtvollen Hofeingang versehen wurde, steht im Dorfzentrum. – Im Chor der kath. Kirche steht das klassizistische Epitaph einer Gräfin Hennin, über dem Altar ist das Allianzwappen Schauenburg/Hennin angebracht. – Erhalten blieb der barocke Pfleghof des Klosters Ettenheimmünster, heute Heimatmuseum. – Zum Leopoldskanal erstreckt sich der „Gemeindegarten", an dessen Rand eine Nepomukstatue mit einem prächtigen badischen Wappen steht. – Gegenüber erinnert die Amthofstraße an den Amtshof („Üsenberger Hof"). (2007)

Kiechlinsbergen. Ein Zisterzienserkloster als Dorfherr

M6 Engen KN

„Engen, Tengen, Blumenfeld, sind die schönsten Städtchen auf der Welt" hieß es früher im Schwabenland. Jedes dieser Ministädtchen entwickelte sein besonderes Flair, weil es unterschiedlichen Herrschaften angehörte. Denn der Hegau mit seinen Vulkankegeln bildete ein verschachteltes Gemenge von Reichsritterschaftlichen, Habsburger, Deutschordens und Bischöflichen Herrschaften, darunter das kleinste Fürstentum des Alten Reiches (s. Tengen). Inzwischen gibt es den **„Erlebnisweg Hegau",** mit dem man Besuchern die vielen Burgen, Schlösser und Ruinen bekannt machen will. Beschrieben wird er in den 2001 erschienenen Büchern von Michael Losse: „Burgen im Hegau" und „Burgen, Schlösser, Festungen im Hegau". - Der Fürstenbergische Besitz mit dem Zentrum Engen war das größte zusammenhängende Gebiet im Hegau.

Schillers Wallenstein hat mit „Ich kenne meine Pappenheimer" die **Reichserbmarschälle von Pappenheim** allgemein bekannt gemacht. Um 1100 werden sie als Ministeriale im Altmühltal erwähnt. Sie wurden Vertreter der Reichserzmarschälle von Sachsen und bekamen das Privileg, dem Kaiser das Schwert voran zu tragen. Mehrere Bischöfe in Eichstätt und Regensburg stammen aus der Familie. Im 15.Jh teilten sie sich in vier Linien, die sich dem Neuen Glauben anschlossen. Ein Konrad erbte 1582 Stühlingen und Engen von den Gf. Lupfen. Mit seinem Sohn starb diese Linie 1635 aus, an deren kurze Herrschaft in Engen ein Hausnamen und ein prächtiges Epitaph erinnern.

Kernstadt

Bereits bei der Landnahme der Alemannen entstand hier ein Dorf. Die systematische Stadtgründung auf dem lang gestreckten Höhenrücken erfolgte im 12.Jh durch die Hr. von Hewen, deren Burg auf dem benachbarten Vulkankegel Hohenhewen stand. Nach diesem Berg ist der Hegau (= Hewengau) benannt. 1404 kam die Herrschaft Hewen an die Gf.

Engen. Das Krenkinger Schlössle am Rande des Hegaustädtchens

Lupfen (s. Stühlingen), 1582 als Erbe an die evang. Reichserbmarschälle Pappenheim und 1639 als Erbe an die kath. Gf. Fürstenberg.

Bauten: Das **Schloss** („Krenkinger Schlössle") ist eine mittelalterliche **Burg** mit Umbauten bis ins 19.Jh. Der Winkelhakenbau besteht aus einem viergeschossigen Hauptbau und einem dreigeschossigen Anbau, beide unter Satteldach und mit Staffelgiebeln. Ein Treppenturm verbindet beide. Es steht im Süden der Altstadt auf einem separaten Höhenrücken und wirkt mächtig aufgrund seiner wuchtigen Höhe. Seit 1891 in Staatsbesitz, von Behörden genutzt (Polizei). – **Sonstiges:** In der hervorragend restaurierten Altstadt mit ihren traufständigen Steinbauten stehen herrschaftliche Adelshäuser (von Reischach in Spendgasse 9; „Engelsburg" in Hauptstr. 2, seit 1811 Pfarrhaus). Massiv ragt im Zentrum das ehem. Rentamt der Fürstenberger auf („Haus „Pappenheimer", neben dem renaissancebemalten „Gasthof Adler"). Im Bereich des Marktplatzes stand wohl die Stadtburg. - In der kath. Kirche sind sechs Epitaphien. Vom berühmten Hans Morinck stammt das Doppelgrabmal Pappenheim-Lamberg, das offensichtlich ein Tumbengrab abdecken sollte. Daneben Sigmund von Lupfen als geharnischter Ritter. Ein rätselhaftes Epitaph ist auf der Nordseite (nackte Person mit Schlingen).

UMGEBUNG: Auf dem höchsten Vulkankegel des Hegaus (867 m) steht die Burgruine **Neuhewen**. Sie wird auch „Stettener Schlössle" genannt nach dem OT **Stetten**. Die im 30j. Krieg zerstörte Anlage gehört noch heute der Fam. von Fürstenberg.

OT Bittelbrunn

Ab 1370 Ortsadel genannt. Im 16.Jh. ging die Ortsherrschaft an die Göder von Zaneck und wurde im 17.Jh als Teil der Herrschaft Engen fürstenbergisch.

Bauten: Das **Schlössle,** 1581, ist ein schmuckloses, dreistöckiges Steinhaus unter Satteldach mit Staffelgiebeln. Seit 1839 als Schul- und Rathaus in Gemeindebesitz, seit 1966 als Freizeitheim in Kirchenbesitz, („Schlössle Weg"). In der Nähe Zehntscheune mit Eichenfachwerk.

UMGEBUNG: Zur Herrschaft Hewen/Engen gehörte seit 1522 auch das rund 10 km entfernte Dorf **Emmingen** (Gem. Emmingen-Liptingen). Der Vogt wohnte in einem massiven Steinhaus mit Fachwerkobergeschoss, das heute privat genutzt wird („In der Burg"). Einmalig als Kulturzeugnis sind die im 30j. Krieg errichteten Pestkreuze, die im Norden und Süden des Dorfes stehen. – Die Schenkenbergkapelle, eine Wallfahrtskapelle mit vielen Motivtafeln, wurde neben einer abgegangenen Burg erbaut. Das barocke Kirchlein steht ca. 3 km südlich des Dorfes idyllisch im Wasserburger Tal. Zufahrt ausgeschildert. (2008)

K5 Epfendorf RW

Von hier am Oberen Neckar stammen die **Hr. von Zimmern** mit der berühmten „Zimmernschen Chronik" (s. Meßkirch). Im 13.Jh sind sie urkundlich mit einem Abt des Klosters Reichenau belegt, der Marienlieder verfasste. Im 15.Jh verlegten sie ihren Herrschaftsschwerpunkt an die Obere Donau, weil sie die Herrschaften Meßkirch und Wildenstein erheiratet hatten. In der Zeit des Humanismus entsprossen ihrer Familie mehrere geschichtsinteressierte Gelehrte. So machte der hier wohnende, 90 Jahre alt werdende Wilhelm Werner als Privatgelehrter genealogische Studien, die seinem Neffen Froben als Hintergrund für die Chronik dienten. 1594 starben sie aus. Von ihrer Burg blieb nur eine stattliche Ruine: der runde Bergfried, Palasmauern und ein runder Treppenturm. Sie steht über dem engen Bachtal an der Strasse Talhausen-Herrenzimmern. Der Zugang ist von Herrenzimmern (OT der Gemeinde Bösingen) ausgeschildert. – Mit dem Kauf der Burg konnte die Reichsstadt Rottweil ihr Territorium bis hierher ausweiten. An dessen Rändern jedoch saßen Reichsritter, so auch auf Burg Lichteneck.

Harthausen mit Burg Lichteneck

Die Hack von Harthausen, Ministeriale der Gf. Württemberg, bauten im 13.Jh ihre Burg nahe dem Dorf Harthausen. Ab 1477 häufiger Besitzerwechsel. 1549 gab Württemberg das Rittergut als Lehen an die Stein von Rechtenstein, die sich damit dem Kanton Neckar der Reichsritterschaft anschlossen. 1836 wurde die Burg in Lichteneck umbenannt. 1871 in Besitz der Frh. von Neubronner, seit kurzem in bürgerlichem Besitz und z.T. vermietet.
Bauten: Burg Lichteneck (1562) mit mittelalterlichem Kern ragt auf einem Sporn über einem Bachtal empor. Sie besteht aus zwei parallel angeordneten Steinhäusern, davon eines mit Staffelgiebel, die durch kurze Bauten miteinander verbunden sind. Graben und Torbrücke trennen sie vom Vorburgbereich mit den Wirtschaftsgebäuden. Privat bewohnt. – Park dabei. – **Sonstiges:** Am Hoftor die barocke Kapelle mit dem Wappen der Stein (1724) und dem der Neubronner über dem Eingang. Vier Gedenktafeln. Zugang bis zur Kapelle. Zufahrt: Straße Altoberndorf - Trichtingen, Abzweigung ausgeschildert („Anlieger frei"). Fußweg von Harthausen („Schlossstraße") ca. 1 km. (2008)

Eppingen HN   E7

Fachwerk war die gängige Bauform vor Erfindung der modernen Baustoffe Stahl und Beton. Die unterschiedlichen Formen von Fachwerk gaben ganzen Regionen ein typisches Aussehen. So unterscheidet man fränkisches und alemannisches Fachwerk, die beide wiederum viel aufwändiger waren als norddeutsches. Fachwerk begeistert und wirkt bis heute so attraktiv, dass man sogar eine Fachwerkstraße durch Deutschland anlegte. In Eppingen zeigt der Fachwerkpfad, der vom Bahnhof in die Altstadt führt, neun verschiedene Elemente aus Eppinger Fachwerkhäusern, so z.B. das Andreaskreuz und das alemannische Weible.

Kernstadt

In der Stauferzeit erhielt die reichsunmittelbare Siedlung Stadtrechte, wurde jedoch 1219 an die Gf. Baden verpfändet. Diese mussten sie nach der Niederlage von Seckenheim (1462) an die Kurpfalz abtreten. Die Stadt besaß eine wichtige Zentralitätsfunktion für den nördlichen Teil des Kraichgaus. Überraschenderweise wurde sie im Pfälzischen Erbfolgekrieg, in dem der Sonnenkönig die Kurpfalz verwüstete (s. Bretten), nicht zerstört. Die damals angelegte Verteidigungslinie, die von Pforzheim bis Neckargmünd ging, wurde als Eppinger Linien bezeichnet. Mit ihr schützte der badische Markgraf („Türkenlouis") Schwaben und Franken vor den Plünderungstouren der französischen Truppen. Reste davon sind bis heute im Gelände ersichtlich und sind durch einen Wanderweg mit Informationstafeln erschlossen.

Bauten: Es gibt zwar sehr viele hervorragend sanierte Fachwerkhäuser, jedoch kein richtiges Schloss. Als **Schlössle** wird nur ein dreistöckiger Fachwerkbau (16.Jh) bezeichnet, der Stadthof der Gf. Leiningen war. Dieser Fränkische Dreiseithof mit breiter Hofeinfahrt steht er in der Kirchstraße neben dem prächtigsten Fachwerkbau des Städtchens, dem Baumannschen Haus. – **Sonstiges:** Ein prächtiger Fachwerkbau ist auch die „Alte Universität", in welcher das Stadt- und Fachwerkmuseum untergebracht ist. Es hat seinen Namen, weil 1564 die Heidelberger Universität auf der Flucht vor der Pest hierher auswich.

UMGEBUNG: Das im **OT Rohrbach** aufgeführte Schlössle gehörte dem Kloster Odenheim, das 1385 die Dorfherrschaft erworben hatte, weshalb das Dorf unter der Landesherrschaft des Bf. Speyer stand und katholisch blieb. Die in einer Talsenke außerhalb des Dorfes liegende Anlage ist heute ein Bauernhof. Das schmucklose Ensemble von Herrenhaus und Zehntscheune steht im Osten Richtung Kernstadt.

UMGEBUNG: Im **OT Adelshofen** überrascht die klassizistische evang. Halbrundkirche aufgrund ihrer ausgefallenen Form. An ihrer Außenwand kann man einige Epitaphien der Hr. von Neipperg entdecken, welche die Dorfherrschaft ab 1434 innehatten. Dabei ist auch ein grimmig dreinblickender lebensgroßer Ludwig von Neipperg (1570), ein wahrer „Eisenfresser".

UMGEBUNG: Im **OT Kleingartach** steht das Neippergsche Amtshaus (Zabergäustr. 10), ein Fachwerkhaus mit Inschrifttafel (1601). An der Kirche ist ein verwittertes Epitaph angebracht. Am ehem. Rathaus sind die württ. Hirschstangen auf einer Renaissancetafel zu sehen (1601 bzw. 1845).   (2008)

J11 Erbach UL

Von hier stammen die Hr. von Wernau (s. Wernau) und die **Hr. von Ellerbach.** Letztere machten im 14.Jh Karriere in Habsburger Diensten, so z.B. 1356 als Landvögte von Schwaben. 1362 erwarben sie Laupheim, wohin 1438 ihren Herrschaftsschwerpunkt verlegten. Versuche zur Herrschaftsbildung im Bodenseeraum (Hagnau) und bei Günzburg waren zuvor gescheitert. 1570 starben sie aus. Das Ellerbacher Schlössle in Ehingen erinnert noch an sie.

Die Frh. von **Ulm zu Erbach** können ihren Namen „Ulm" wahrscheinlich darauf zurückführen, dass sie um 1140 als Stadtplaner am Aufbau der späteren Reichsstadt beteiligt waren. Als Ministeriale des Bf. von Konstanz waren sie anschließend am Hochrhein tätig, wurden Patrizier und Kaufleute in der Reichsstadt Konstanz und erwarben 1408 Schloss Marbach (s. Öhningen), womit sie sich der Reichsritterschaft anschlossen. Ihr Aufstieg als katholisch gebliebene Familie wurde von Habsburg gefördert. Die Grundlage schuf Hans Ludwig von Ulm, der 1611 Reichsvizekanzler wurde und Erbach als Habsburger Lehen erhielt. Seine Nachkommen nahmen im 18.Jh durchgehend das Amt des Habsburger Landvogtes in der Markgrafschaft Burgau ein, wozu sie in Günzburg residierten. Erbach ist noch heute ihr Wohnort.

Erbach. Das Schloss kann bei Führungen besichtigt werden

Kernstadt

Die Hr. von Ellerbach saßen auf Burg Erlbach als Ministeriale der Gf. Berg-Schelklingen. Nach dem Übergang 1345 an Habsburg wurde die Herrschaft an häufig wechselnde Adelsfamilien verpfändet. So auch 1535-1610 an die Augsburger Patrizierfamilie von Baumgarten, die das Schloss baute. Nach deren Aussterben wurde die landsässige Herrschaft als Lehen an die Frh. von Ulm gegeben, die sich seitdem „Ulm zu Erbach" nennen.

Bauten: Hoch ragt das **Schloss** als eine Mischung von Mittelalter und Renaissance über der Donauniederung empor. An die Burg erinnern Graben und Mauerring mit vier runden Ecktürmen. Im Torbau stecken die Reste des Bergfrieds. Das dreistöckige Wohnschloss, das wegen der Doppelgiebel wie zwei parallel stehende Häuser aussieht, wirkt mit seinen vier Rundtürmen massiv und unnahbar. Es wird von der Fam. von Ulm bewohnt, ist jedoch bei Führungen zugänglich. – Barocke Kapelle im Schloss. – Verpachtete Wirtschaftsgebäude dabei. – **Sonstiges:** Kath. Kirche mit der (verschlossenen) Familiengruft, einer Herrschaftsempore und mehreren Epitaphien (hinter dem Altar). - Schloss und Kirche stehen als ein harmonisches Ensemble erhöht über dem Städtchen.

OT Dellmensingen

Auch dieses Dorf war landsässig unter Habsburg. Im 13.Jh standen hier zwei Burgen des Ortsadels als Ministerialen der Gf von Berg-Schelklingen. Die Dorfherrschaft wurde vom 14. - 16.Jh von Habsburg an Ulmer Patrizier verliehen, so auch an die Krafft, die sich nach dem Ort nannten und katholisch blieben. 1556 Verkauf an Hr. von Stotzingen, 1659 Verkauf an Hr. von Werdenstein, deren verschwundene Stammburg bei Sonthofen stand und die 1796 ausstarben.
Bauten: Das **Schloss** (1650) ist ein schmuckloses dreistöckiges Steinhaus unter Satteldach. Es steht an Stelle einer mittelalterlichen Burg am Flüsschen Rot (Werdensteinstraße). In Privatbesitz, Nutzung unklar. Die Häuser jenseits der Straße (Amtshaus, Bäckerei) gehörten ebenso wie die Mühle an der Rot zum Schlossgut. – **Sonstiges:** Vier Epitaphien verschiedener Familien im Eingangsbereich der kath. Kirche. (2006)

Erolzheim BC L12

Das **Illertal** ist so breit, dass es nicht von diesem Flüsschen geschaffen sein kann. Vielmehr wurde das Tal vom Abfluss eines Eiszeitgletschers ausgeräumt und mit Schotter wieder zugeschüttet. Dieser Urstrom hinterließ eine breite, unfruchtbare Schotterterrasse, durch die heute die Iller fließt. Erolzheim mit seinem Schloss liegt am Übergang von der flachen Schotterterrasse zur bewaldeten Seitenmoräne.

Aus der Bergkapelle wurde 1843 die Frohbergkapelle, benannt nach Amalie von **Frohberg-Montjoie.** Die Stammburg dieser Familie im oberelsässischen Sundgau bei Hirsingen (Hirsingue) ist verschwunden. Den zweisprachigen Namen führte man, weil die verschiedenen Linien im Grenzbereich von Französischem und Schweizer Jura in Diensten des französischen Königs oder des

Erolzheim. Hinter dem weiten Torbau ragt das Schloss empor

Hochstifts Basel Karriere machten und 1763-75 sogar den Bischof stellten. Mit dem Landkomtur der Deutschordensballei Elsass-Burgund (s. Althausen) wurde die Familie 1743 in den Grafenstand erhoben. Amalie heiratete 1833 den bayr. Professor von Bernhard, der Erolzheim erwarb. Als sie bereits fünf Jahre später starb, wurde über ihrem Grabmal in der Bergkapelle eine Familiengrablege errichtet und der Kapellenberg nach ihrem Mädchennamen umbenannt. An diese traurig-romantische Geschichte erinnern dort mehrere Allianzwappen.

Von **Bemmelberg** nannte sich eine Seitenlinie der Reichsministerialen von Boyneburg (bei Eschwege in Hessen). Aus ihr stammt Konrad, Landsknechtführer Kaiser Karls V („der kleine Hess"), der 1568 die Herrschaft Hohenburg-Bissingen am Rande des Nördlinger Ries kaufte. Sein Sohn erwarb 1594 Erolzheim und hinterließ hier ein Schloss.

Erolzheim

Kernort

Die Burg war Sitz eines Ministerialengeschlechtes, das im 15.Jh eine Seitenlinie in Edelbeuren (s.u.) bildete und im 16.Jh ausstarb. 1567 Verkauf an die Hr. von Welden, die sich dem Kanton Donau der Reichsritterschaft anschlossen. 1594 Verkauf an die Hr. von Bemmelberg. Nach deren Aussterben (1826) kam die mediatisierte Herrschaft über den Frh. von Bernhard und häufigen Besitzerwechsel 1915 an den Ulmer Geheimrat Albert von Kienlin. Dessen Nachkommen verkauften 1987 das Schloss.

Bauten: Das **Schloss** steht auf den Grundmauern einer Burg des 16.Jh. Es ist ein dreigeschossiges, steil emporragendes Gebäude mit vier Eckerkern. Nach Norden und Westen wird es vollständig von einem Torbau mit Kienlinwappen abgeschlossen. 1945 abgebrannt, Wiederaufbau. Die schmucklose, aber imposante Anlage liegt auf einem Hügel über dem Dorf an der Straße nach Edelbeuren. Nach häufigen Besitzerwechseln seit 1993 für Wohnungen und Hotel (?) genutzt. – **Sonstiges:** Ein Rotmarmorepitaph (1520) und ein Sandsteinepitaph in kath. Kirche. – Von hier aus führt ein Kreuzweg zur wunderbar über dem Dorf gelegenen Frohbergkapelle. In der zugänglichen Kapelle sind mehrere Epitaphien und Wappen (19.Jh) der Bernhard. - An der Straße nach Ochsenhausen steht im Wald die offene Grabkapelle der Fam. von Kienlin (20.Jh).

OT Edelbeuren

Seit 1491 Sitz einer Nebenlinie der Hr. von Erolzheim. 1566-1630 in Besitz der Fam. von Edelstetten, die sich dem Kanton Donau der Reichsritterschaft anschloss. Nach dem Aufkauf durch die Frh. von Bemmelburg (1660) wieder mit dem Rittergut Erolzheim vereinigt und 1839 an Württemberg verkauft.

Bauten: Das **Schlössle** (18.Jh) ist ein frisch renoviertes, zweistöckiges Gebäude unter Mansardwalmdach. Das gut proportionierte, privat bewohnte Gebäude steht separat am Dorfrand Richtung Gutenzell („Zum Schlössle"). (2009)

M1 Eschbach FR

Jäger benötigen einen Unterstand, fürstliche Jäger brauchen ein **Jagdschloss.** Daher finden wir Jagdschlösser in allen Gesellschaftssystemen und über alle Zeiten hinweg (z.B. auch in sozialistischen Staaten!). Das ehem. Jagdschloss Weinstetter Hof steht heute deplaziert an einer vielbefahrenen Straße, weil die Rheinkorrektur des 19.Jh und moderne Infrastrukturmaßnahmen die großen Auenwälder weitgehend beseitigt haben. Die Jagdschlossanlage jedoch überlebte und wird modern genutzt.

Weinstetter Hof

Bereits seit 1271 besaß die Kommende Heitersheim den Ort Weinstetten, der nach einer Rheinüberschwemmung 1482 aufgegeben wurde. An seiner Stelle wurde 1606 das Jagdschloss vom Großprior des Malteserordens im benachbarten Heitersheim, ein gebürtiger Landgraf von Hessen-Darmstadt, errichtet. Die Ordensaufhebung (1806) brachte einen wiederholten Besitzer- und Nutzungs-

wechsel. Seit 1985 gehört die (renovierte) Anlage einer großen Malerwerkstätte, die sie als Firmen- und Schulungszentrum nutzt. Alte Gebäude mit moderner gewerblicher Nutzung....eine seltene Kombination.
Bauten: Das **Schlössle,** 1606, ist ein schmuckloses Gebäude mit Glockenturm. Gegenüber steht die „Alte Schmiede", 17.Jh, die im Obergeschoss einen „Fürstensaal" mit sehr frühen Stuckdecken (darunter ein beschädigtes Landgrafenwappen, s.o.) enthält. Der Zugang in den Hof der schönen, von Stallungen (1727) begrenzten Anlage mit Teich und Taubenhaus (wo findet man das noch!?) ist offen. Führung auf Anfrage. Lage: Der Hof liegt abseits der Siedlungen ca. 5 km westlich Eschbach an der Straße Grissheim-Bremgarten. (Das Finden der Anlage war schwierig!)

Eschbach. Gut erhaltener Dorfadelssitz

Kernort

Das Dorf kam 1500 an die Hr. von Rappoltstein aus Rappoltsweiler (Ribeauvillé) im Elsass, welche die Reformation einführen wollten. Was jedoch Habsburg unterband, da es die Landesherrschaft im Breisgau beanspruchte. 1613 Verkauf an die Malteser in Heitersheim. Mit dem „Eschbacher Castell" treffen wir auf einen der wenigen erhaltenen Dorfadelssitze (s. Eigeltingen), bewohnt vom örtlichen Niederadel ohne Dorfherrschaftsrechte, eine Art besserer „Freihof".
Bauten: Die **Burg** „Eschbacher Castell" ist ein dreigeschossiges Steinhaus unter Krüppelwalmbach, das im Laufe der Jahrhunderte immer weiter ausgebaut wurde. Seit 1769 in Gemeindebesitz und als Gasthof genutzt. Inzwischen in Privatbesitz und frisch renoviert, zugänglich als Bürogebäude. Es liegt direkt neben der Bahnlinie mitten im Dorf an der Hauptstraße. (2008)

Essingen AA G12

Die **Hr. von Woellwarth** starteten als Edelfreie und landeten bei den Rittern. Dies ist eines der vielen Beispiele dafür, dass sich die **Ritterschaft** im 14.Jh aus unfreien Ministerialen und abgestiegenen Edelfreien bildete. Ihre Stammburg Wellenwarte (= runde Warte) stand bei Harburg im Nördlinger Ries. 1140 erstmals erwähnt, erlebten sie nach dem Untergang der Staufer das Schicksal vieler kleiner Adelsgeschlechter: Sie mussten sich einen neuen Lehensherrn und eine Schutzmacht suchen, denn die Gf. Öttingen verdrängten sie aus dem Ries. So orientierten sie sich im 14.Jh an den Gf. Württemberg. Sie erwarben württ. Herrschaften zwischen Rems und Kocher (Welland) und auf dem Albuch und schlossen sich damit dem Kanton Kocher der Reichsritterschaft an. Das Kloster Lorch wurde zu ihrem Hauskloster mit Grablege (s. Wäschenbeuren). Bei der Teilung (1410) bildeten sich die ältere Linie Laubach (s. Abtsgmünd) und später die bis heute hier wohnende jüngere Linie Lauterburg.

Essingen

OT Lauterburg

Im 14.Jh gelangte die Burg zusammen mit der Herrschaft Rosenstein (s. Heubach) in Besitz der Gf. Öttingen, die 1357 an Württemberg verkauften. Der Burgvogt Georg von Woellwarth erwarb 1413 Dorf und Burg. Sein jüngerer Sohn bildete hier eine eigene Linie, die 1732 nach dem Schlossbrand wegzog.
Bauten: Von der 1732 abgebrannten **Burg** blieben Ruinen mit Buckelquadern aus der Stauferzeit, imposant auf einem Bergsporn stehend. Erhalten ist der Vorburgbereich mit einem befestigten Torhaus, dessen neu gerichtete Gebäude privat bewohnt werden. – Daneben die evang. Kirche mit einem Epitaph des Kirchenstifters (1612).

Kernort

Auch von hier wurden die Gf. Öttingen 1357 durch die Gf. Württemberg verdrängt, die damit 1413 die Woellwarth als eine Art östliche „Vorhut" belehnten. Diese schlossen sich der Reichsritterschaft an, bauten zwei Schlösser und wohnen noch heute hier. Bereits 1538 wurde die Reformation eingeführt.
Bauten: Das **Obere Schloss** („Dorotheenhof", 16.Jh) ist eine weitläufige Anlage mit Park und Pferdegestüt. 1696 an Gf. Degenfeld, im 19.Jh von den Woellwarth zurückgekauft und als Erbe heute in Besitz der Frh. von Unger (Braunschweiger Adel). Es liegt zurück gebaut an der Rittergasse. - Das **Untere Schloss** („Woellwarthsches Schloss", 16.Jh), ist eine schmucklose, verschachtelte Anlage mit mehreren schlichten Wappen. Der große Schlosspark daneben ist heute in Gemeindebesitz. – **Sonstiges:** Das Amtshaus (17.Jh) wurde als Witwensitz genutzt. Das stattliche Gebäude steht östlich gegenüber der evang. Kirche. – Viele Epitaphien in evang. Kirche z.T. figürlich, das prächtigste barock an der Nordwand des Schiffes. Auf der Empore ein Totenschild.

UMGEBUNG: Die Hr. von Roden, ein 1214-1536 existierendes Ministerialengeschlecht, besaßen Burg **Hohenroden** als Reichslehen. Diese kam bereits 1410 an die Woellwarth, die bis heute hier wohnen. Das **Schloss** (16.Jh) ist eine kompakte Anlage um einen Innenhof, mit Rundturm und Torturm. Der Zugang in den Vorburgbereich, der von einem Gutshof (mit einem Hofladen) gebildet wird, ist offen. Die Anlage liegt an der Straße Essingen-Lautern. (2006)

H8 Esslingen ES

Von wegen „Bürger und Ritter vertragen sich nicht"! Warum würden sonst die Reichsritter eine Reichsstadt für ihre **Kanzlei** auswählen? Die meisten reichsritterschaftlichen Kantone legten ihre **Verwaltungszentrale** mit Direktion, Steuertruhe und Archiv sowie ihren Versammlungsort in eine Reichsstadt. So z.B. der Teilkanton Allgäu in Wangen, der Teilkanton Ortenau in Offenburg, die Kantone Odenwald und Kraichgau in Heilbronn sowie die Kantone Neckar-Schwarzwald und Kocher in Esslingen. Hatten sich noch im Spätmittelalter Ritter und Bürger bekämpft, so wurden die Reichsstädte in der Neuzeit zu einem Rückhalt für die Reichsritter. Die Dominanz der Fürstenstaaten schuf im 16.Jh eine Situation, in der Bürger und Ritter als Verlierer zusammenfanden. Zudem wohnten in der Reichsstadt die Top-Juristen, welche die Ritter für ihre vielen Prozesse benötigten und die schließlich als „Consulent oder Syndicus" fest vergütet wurden. So stoßen wir in der Reichsstadt Esslingen auf das Epitaph des reichsritterschaftlichen Consulenten Harprecht in der Frauenkirche und auf eine schlossähnliche Kanzlei („Ritterhaus").

Kernstadt
Als Zentrum der Staufischen Herrschaft am Mittleren Neckar wurde Esslingen im 13.Jh Reichsstadt. Es konnte sich nach zahlreichen Kriegen gegen die Gf. Württemberg mit einem kleinen Landgebiet („das Filial": Deizisau, Mettingen, Vaihingen, Möhringen) behaupten. Sein Reichtum zeigt sich im Stadtbild in

Esslingen. Palmsches Palais und zeitweilig Rathaus

den mächtigen Häusern, in neun (Kloster-)Pfleghöfen und in vier Bettelordensklöstern. 1531 Reformation. Die Reichsritterschaftskantone Kocher und Neckar, welche Esslingen als Versammlungsort auswählten, richteten um 1600 eine gemeinsame Kanzlei ein; (ab 1643 Kanton Neckar in Tübingen). Nach dem 30j. Krieg, in dem die Stadt nicht erobert wurde, entstanden trotz wirtschaftlicher Krise mehrere schlossartige Palais, erbaut von der Stadt (Rathaus), der Ritterschaft (Ritterhaus) und der Bankiersfamilie Palm. Denn die drei Brüder Palm (s. Balzheim) waren in Kaisers Diensten zu den reichsten Bürgern der Stadt geworden.

Bauten: Die **Burg,** von der Schenkelmauern zur Stadt hinunter führen, war Teil der Stadtbefestigung. - Als **Schloss** kann man verschiedene prachtvolle Gebäude bezeichnen. Zum einen das **Ritterhaus** (1722-25), ein dreistöckiger Dreiflügelbau unter Walmdach, für den die Stadt den Bauplatz neben ihrem Rathaus stellte. Seine Barockfassade wird von einem Mittelportal geschmückt, dessen Säulen einen geschwungenen Balkon tragen. Die Fenstergitter sind mit dem Reichsadler verziert. Drei Zimmer besitzen schöne Stuckdecken. Die Rückseite öffnet sich mit einem Hof zum Neckar hin („italienische Form") und bildet zusammen mit dem Reichsstädtischen Rathaus (s.u.) ein Zwillings-Ensemble. Heute Teil des Amtsgerichts (Ritterstr. 10). – Drei palastartige **Rathäuser** (Reichsstädtisches, Altes, Neues) verkörpern vier Stilrichtungen: a) Das ursprüngliche **Reichsstädtische Rathaus** brannte beim großen Stadtbrand (1701) ab und wurde anschließend neu im Barockstil errichtet. Es ist ein zweistöckiger Dreiflügelbau mit dem Ehrenhof zur Straße hin („französische Form"). Das Gebäude wurde nach 1803 von Württemberg kurzerhand zum Gericht umfunktioniert, was es bis heute ist zusammen mit dem daneben erbauten Ritterhaus (s.o.; Ritterstr. 8). Anschließend benötigte die Stadt ein neues Rathaus, weshalb b) das aus dem Mittelalter stammende Kaufhaus für 40 Jahre zum Rathaus umfunktioniert wurde. Dieses sogenannte **Alte Rathaus** zeigt auf

Esslingen

der Südseite ein Feuerwerk an alemannischem Zierfachwerk, auf der Nordseite hingegen eine von Heinrich Schickhardt geschaffene Renaissancefassade mit einer schönen astronomischen Uhr (Rathausplatz). c) Schließlich ergab sich 1840 die Gelegenheit, das Obere Palais der Familie Palm zu kaufen und darin das **Neue Rathaus** einzurichten, das bis heute als solches genutzt wird. Es ist ein repräsentatives Rokoko-Stadtpalais (1748-51) mit einem Säulenbalkon über dem eleganten Portal. Neues und Altes Rathaus stehen sich am Rathausplatz gegenüber. – **Sonstiges:** Die Brüder Palm hatten sich zuvor (1708-11) bereits das Untere Palais erbauen lassen („Palmsche Bau", Ecke Archivstraße/Innere Brücke). Der dreiflügelige Bau, der als Gaststätte genutzt wird, wirkt aufgrund seiner schlichten Fassade wenig auffällig. – Das Gelbe Haus am Hafenmarkt ist ein mittelalterlicher Geschlechterturm. Man kann im Inneren (Stadtmuseum) noch die massiven Steinquader sehen. – Epitaphien und Totenschilde von Patriziern findet man in der Frauenkirche, in der Stadtkirche und in der ehem. Franziskanerkirche („Hintere Kirche").

UMGEBUNG: Im Übergang zum Schurwald, im Norden über der Stadt, stößt man auf zwei repräsentative Anlagen. **Schloss Hohenkreuz** war ein Patrizier-Landsitz, der 1722 von Jonathan von Palm erworben wurde. Er barockisierte das Hofgut, weshalb das Herrenhaus ein Mansarddach besitzt. Am Herrenhaus und am Meierhaus ist über dem Portal sein Wappen angebracht (Hohenkreuzstr. 1 und 5). Seit 1913 in Besitz der Stadt, heute als Wohnungen vermietet, renovierungsbedürftig. Um das Schlossgut herum entstand der moderne Stadtteil Hohenkreuz. (Die Grablege der Palm findet man im Friedhof der nahen Kirche St. Bernhard.) – Ca. 1 km weiter steht **Schloss Serach** am Hang. 1828 erwarb Gf. Alexander von Württemberg ein Landgut und ließ es zum „Dichterparadies" umgestalten. 1853 baute der neue Besitzer, Hohenlohe-Öhringen, ein Gästehaus und ein Wirtschaftsgebäude im Schweizer Stil hinzu. Die Bauten in Privatbesitz wirken mehr als Villa denn als Schloss. Schlößlesweg 39-47. Der englische Park ist heute öffentlich („Arboretum").

OT Weil

Jenseits des Neckars stand 1230-1558 das Dominikanerinnenkloster Weiler, das nach der Auflösung durch Württemberg verfiel. 1817 wurde das Gelände vom württ. König erworben und das Gestüt für Araberzucht aus Scharnhausen (s. Ostfildern) hierher verlegt, das jedoch nur bis 1932 bestand. An Stelle der Rennbahn steht heute ein Stadion.
Bauten: Erhalten blieb der 1820 von Hofbaumeister Salucci erbaute königliche Pavillon, das **Weiler Schlössle**. Das zweigeschossige Landhaus auf quadratischem Grundriss ist rundum von einer gusseisernen Veranda umgeben. Bedeutend ist es wegen seiner Inneneinrichtung, die original erhalten blieb, jedoch als Privatbesitz nicht besichtigt werden kann (Königsallee 33).   (2008)

Ettenheim OG K2

Der **Bischof von Straßburg** nahm nach dem Westfälischen Frieden (1648) eine Sonderstellung in der gallikanischen (= französischen) Staatskirche ein. Mit seinem elsässischen Besitz unterstand er dem französischen König, war jedoch zugleich Fürstbischof und Landesherr unter dem deutschen Kaiser. Diese Sonderstellung demonstrierte er in Straßburg und Saverne/Zabern mit Palästen, wie sie im 18.Jh kein sonstiger französischer Bischof mehr bauen durfte. Fürstbischof war er aufgrund eines rechtsrheinischen Territoriums von rund 300 km^2, aufgeteilt in ein Unteres Amt (im Renchtal, s. Oberkirch) und ein Oberes Amt um Ettenheim. Hierher flüchtete daher der aus bretonischem Hochadel stammende Bischof Rohan in der französischen Revolution.

Kernstadt

Eine Urpfarrei mit einem fränkischen Herrenhof wurde vom Ortsadligen an den Bf. Etto von Straßburg geschenkt (= Ettenheim). Im 14.Jh entstand daraus die Stadt als Verwaltungszentrum für die Dörfer des Oberen Amtes und des Klosters Ettenheimmünster. Hier residierte 1791-1803 der Bf. Straßburg, hier sammelten sich die französischen Exilanten (= Flüchtlinge). **Bauten:** Das **Schloss** („Palais Rohan") war ursprünglich das 1560 erbaute Amtshaus für das Obere Amt. Es ist ein zweistöckiges massives Steinhaus unter Satteldach mit dem Wappen des Erbauers (Bf. Schenk von Limpurg) auf der Giebelspitze. Schöner Zugang über eine Außentreppe mit dem Wappen des Neuerbauers nach dem 30j. Krieg, einem Bf. Fürstenberg. Es steht zurück gebaut in der Rohanstrasse und wird heute von der Stadtverwaltung genutzt. – **Sonstiges:** Einmalig in BW ist der prachtvolle Bischofsthron im Chor der kath. Kirche, wo sich auch das Grab des letzten Bischofs, Kardinal Rohan, befindet. - Das schöne Stadtbild ist vom Barock geprägt. – Auf den von Napoleon 1804 entführten Herzog von Enghien geht der Namen **Prinzenschlössle** für das ehemalige Stadthaus der unterelsässischen Ritterfamilie Zorn von Bulach zurück, mit deren Wappen (1626) über dem Eingang (Rohanstr. 21). - Und auch der Prinzengarten auf der Südseite des Städtchens ist nach dem entführten Herzog benannt. – Das Städtchen besitzt ein angenehmes, barockes Flair.

Ettenheim. Hier saß der Straßburger Fürstbischof beim Gottesdienst

UMGEBUNG: Ca. 10 km weiter in einem Schwarzwaldtal liegt **Ettenheimmünster**. Das Benediktinerkloster wurde 734 vom Bf. Straßburg gegründet. Es schuf sich durch Rodung ein eigenes Territorium, konnte jedoch trotz jahrhundertelanger Bemühungen nicht den Status der Reichsunmittelbarkeit erreichen. Die Klosteranlage wurde nach der Säkularisation (1803) abgerissen. Übrig blieben nur eine barocke Wallfahrtskirche und gegenüber ein repräsentatives Gästehaus in Form einer Dreiflügelanlage mit Ehrenhof.

Ettenheim

OT Altdorf

Ortsadel saß seit 1336 auf einer Wasserburg. Er schloss sich dem Kanton Ortenau der Reichsritterschaft an. Die Oberhoheit war zwischen dem Kondominat Baden/Nassau (s. Mahlberg) und Bf. Straßburg aufgeteilt. Nach dem 30j. Krieg wechselte häufig die Dorfherrschaft, bis sie 1783 an die elsässische Fam. von Türckheim kam, die damit in den Freiherrenstand aufstieg. Die baute das Herrenhaus, in dem sie bis heute wohnt.

Bauten: Das **Schlössle** (1787) besteht aus zwei zweistöckigen, äußerlich schmucklosen Steinhäusern unter Walmdach mit einem kleinen Türmchen. Es steht an der Stelle der ehem. Wasserburg im vom Bach durchflossenen, ummauerten großen Park. (Schmieheimer Str. 37, Schlossplatz). – **Sonstiges:** Familiengrablege der evang. Türckheim im Friedhof auf Nordseite der kath. Kirche. – Gedenktafel an der jüd. Synagoge (E. Lacroix-Straße), heute Kunsthalle. Der jüd. Friedhof ist im 3 km entfernten Schmieheim (s. Kippenheim). (2007)

F4 Ettlingen KA

Dicht an dicht drängen sich die **Fürstenresidenzen** in der Rheinebene zwischen Nordschwarzwald und Odenwald. Auf einer Strecke von rund 70 km stehen acht Residenzen von vier Fürstentümern: kurpfälzisch in Mannheim, Heidelberg und Schwetzingen, fürstbischöflich-speyrisch in Bruchsal, doppelt-badisch in Karlsruhe, Ettlingen, Rastatt und Baden-Baden. Nirgends sonst in BW stehen die Residenzen so gedrängt. Warum? Zum einen, weil im Unterschied zum hügeligen, unebenen Bergland die Rheinebene die Anlage von Residenzen nach Versailler Vorbild ermöglichte (s. Rastatt). Zum anderen, weil es nach einer Teilung (1535) zwei Fürstentümer Baden gab, das evang. Baden-Durlach und das kath. Baden-Baden. So standen sich beinahe auf Sichtweite das evang. Karlsruhe und das kath. Ettlingen gegenüber.

Ettlingen. Barockes Allianzwappen von Baden und Sachsen-Lauenburg am Schloss

Kernstadt

Zentrum in der Merowingerzeit und bereits 1192 Stadtrechte. 1219 kam die Stadt von den Staufern an die Gf. Baden und 1535 bei der Teilung an die Linie Baden-Baden. Die Reformation setzte sich weitgehend durch, wurde jedoch im 30j. Krieg rückgängig gemacht. Totale Zerstörung durch den Sonnenkönig (1689). Wiederaufbau des Schlosses als Witwensitz für Augusta Sibylla von Sachsen-Lauenburg, Witwe des Türkenlouis. Nach der „Wiedervereinigung" Badens (1771) Verlust der Residenzfunktion. Jedoch industrieller Aufschwung aufgrund der Wasserkraft der Alb, welche 15 Mühlen nutzten.

Bauten: Das **Schloss** (1728-33) ist eine dreigeschossige Vierflügelanlage um einen symmetrischen Innenhof. Es entstand auf den Mauern einer mittelalter-

Ettlingen

lichen Burg, von welcher noch ein Teil des Bergfrieds im Innenhof steht. Der Südflügel wird von zwei mächtigen, runden Ecktürmen mit welschen Hauben abgerundet. Der Westflügel öffnet sich zum Hof mit einer Arkade. Im Innenhof ein prachtvolles Allianzwappen Baden/Sachsen-Lauenburg. Im Nordostteil die Schlosskapelle, ausgemalt von Cosmas Damian Asam, genutzt für Konzerte. Zugang in den Innenhof offen. – Vom Schlosspark, der bis zum Stadtbahnhof reichte, ist nur noch ein bescheidener Rest geblieben. - **Sonstiges:** An der Fassade der kath. Pfarrkirche ist ebenfalls ein prachtvolles Allianzwappen angebracht. – Schöne Stadtanlage am Schwarzwaldflüsschen Alb.

UMGEBUNG: Das Tal des Schwarzwaldflüsschens Alb ist wegen zweier Klöster einen Abstecher wert. Die Ruinenanlage des Benediktinerinnenklosters **Frauenalb** (Gem. Marxzell) imponiert durch ihre gewaltigen Ausmaße. Wenig entfernt steht im Quellgebiet der Alb das weitgehend zerstörte Zisterzienserkloster **Herrenalb**. Im Chorraum der evang. Kirche überrascht das leere Grab (= Kenotaph) eines Mgf. von Baden, einmalig in BW. Epitaphien von Adligen und Amtmännern stehen in der Kirchenruine. (2007)

Fellbach WN G8

Das **Bistum Augsburg** geht auf die Römerzeit zurück und deckte seit der Karolingerzeit Ostschwaben ab, was in etwa dem heutigen Bayrisch-Schwaben entspricht. Mit einem Keil jedoch, der ungefähr den heutigen Landkreisen Heidenheim und Ostalbkreis entspricht, ragte es ins Gebiet des heutigen BW. - Das **Hochstift** Augsburg, also das Territorium des Bischofs, erstreckte sich über einen schmalen Streifen zwischen Wertach und Lech von den Alpen bis zur Donau, beinahe 2500 km². Zum Hochstift gehörte im Gebiet des heutigen BW keine Herrschaft, mit Ausnahme eines einzigen Dorfes, das überraschenderweise mitten im Zentrum des evang. Württemberg lag.

OT Öffingen

Das Dorf war bereits im 13.Jh in Besitz der Gf. Württemberg, gehörte also zur „Urgrafschaft". 1389 jedoch wurde es als Lehen an die Hr. von Neuhausen vergeben, die sich hier mit einer Seitenlinie niederließen. Diese blieb bei Alten Glauben und schloss sich dem Kanton Kocher der Reichsritterschaft an. 1618 verkaufte sie das Dorf an das Augsburger Domkapitel, das es von einem Obervogt verwalten ließ. Da das Dorf eine kath. Enklave im württ. Gebiet bildete, wurden hier die kath. „Gastarbeiter" beerdigt, die während des Baus der Residenz Ludwigsburg starben. Mit dem Hochstift Augsburg fiel das Dorf bei der Säkularisation 1803 an Bayern und kam erst 1810 an Württemberg.
Bauten: Das **Schlössle** (1712) der Hr. von Neuhausen ist ein dreigeschossiger quadratischer Steinbau unter Walmdach. Das frisch gerichtete, barocke Gebäude in Gemeindebesitz dient als Kulturzentrum. Es steht im Dorfzentrum (Schulstr. 14). – **Sonstiges:** Das **Amtshaus** (1759) des Augsburger Obervogtes ist ein zweistöckiges Barockgebäude unter Mansarddach. Helle Lisenen und

Fellbach

ein kleines Domstiftwappen lockern die rote Fassade auf. Das privat bewohnte Gebäude steht neben der kath. Kirche (Hauptstr. 37). - Von der alten Kirche blieb nur der Turm erhalten. Im Friedhof daneben steht die Grabpyramide der italienischen Baumeister Frisoni und Retti. (2006)

E12 Fichtenau SHA

Konfessionswechsel in der Barockzeit kam beim Adel häufig vor. Denn seit dem Westfälischen Frieden (1648) durften nur noch katholische Bewerber eine Chorherren- bzw. Domherrenstelle in einem kath. Stift bzw. Domkapitel besetzen. Damit war der Großteil des süddeutschen Landadels der Zugang zu gut dotierten Pfründen verwehrt. Die Folge war die Rückkehr vieler Adelsfamilien in den Schoß der kath. Kirche. Jedoch: Die Untertanen durften laut den Bestimmungen des Friedensvertrags nicht zum Konfessionswechsel gezwungen werden. Altgläubige Herrschaft - neugläubige Untertanen, da waren die Konflikte vorprogrammiert. In Fichtenau und Umgebung, an der heutigen Grenze zu Bayern, gibt es mehrere Beispiele dafür und können wir sogar noch Spuren davon entdecken. So z. B. in Form einer eigenen Umgangssprache zwischen angesiedelten Katholiken, dem Rotwelsch, und in Form einer kath. Strasse im OT Unterdeufstetten.

Wildenstein. Die Hofer von Lobenstein kamen als Glaubensflüchtlinge aus der Oberpfalz

OT Unterdeufstetten
Der Konfessionswechsel zeigt sich hier noch heute im Ortsbild: Das Dorf hat eine evang. und eine kath. Kirche, entlang der Strasse nach Wört steht zudem eine kath. Kapelle. In dieser Strasse mit ihren auffallend kleinen Häusern hatte die Ortsherrschaft im 18.Jh obdachlose Katholiken angesiedelt, die sich durch den Hausiererhandel ernähren mussten, da die alteingesessenen evang. Bewohner das bebaubare Land besaßen. Bis in jüngste Zeit war Unterdeufstetten als Hausiererdorf bekannt (und verschrien), ebenso wie die benachbarten Orte Matzenbach und Wildenstein. In diesen Orten wird noch gelegentlich das Rotwelsch der Jenischen gesprochen (s. Giengen). - Das im Umfeld der Reichstadt Dinkelsbühl gelegene Unterdeufstetten war seit dem 14.Jh in Besitz verschiedener Dinkelsbühler Patrizierfamilien, von denen die ab 1544 dominierende Familie Drechsel die Reformation einführte. Der Anschluss an den Kanton Kocher der schwäbischen Reichsritterschaft erfolgte erst 1655. Nach dem Verkauf der Drechsel (1694) wechselten sechsmal die Besitzer, darunter auch welche, die Katholiken ansiedelten. Schließlich gelangte der Ort 1794 an eine Linie der Seckendorff, die 1983 ausstarb. Preußen annektierte 1796 die Herrschaft (s. Crailsheim).
Bauten: Das **Schloss**, 1604, ist eine schmucklose, zweigeschossige Vierflügelanlage unter Walmdach um einen Innenhof. Renaissance-Schlosskapelle.

Die renovierungsbedürftige Anlage liegt im ummauerten Park, nach Außen vollständig abgeschirmt. Kleiner Torbau. Privatbesitz, kein Zugang. Lage: An Strasse nach Dinkelsbühl. – **Sonstiges:** Evang. Kirche, erbaut von Dolmetsch, mit Wappen der Fam. von Seckendorff im Chorfenster. – Wenige Häuser entfernt steht das ehem. Amtshaus mit Allianzwappen (1623, Marktstr. 27). - „Kath. Strasse" mit Kapelle St. Jakobus im Süden des Dorfes. Die Häuser sind hier kleiner als im Ortskern.

OT Matzenbach

Auch hier wurden im 17. und 18.Jh Katholiken angesiedelt, auch diese lebten vom Hausiererhandel (mit einem dementsprechenden Ruf), auch dieses Dorf gehörte zum Kanton Kocher der Reichsritterschaft, auch hier besaß eine Patrizierfamilie die Dorfherrschaft. Die Fam. Senft von Sulburg aus der Reichsstadt Hall hatte sie 1524 von den Hr. von Crailsheim erworben und die Reformation eingeführt.
Bauten: Das **Schloss** (1620) mit kath. Kapelle brannte 1873 ab. Übrig blieb nur ein Turm, heute Gefallenendenkstätte („Schlosshof"). Ein dort angebrachter Stein bietet Informationen zur Geschichte und zeigt die Lage der ehem. Schlossbauten auf.

OT Wildenstein

Auch hier tobte ein Konfessionskrieg. Lutherisch wurde das Dorf Ort 1561 durch die Marschall von Pappenheim, die sich dem Kanton Kocher der Reichsritterschaft anschlossen und im 30j. Krieg ausstarben. Anschließend wollten die Hr. von Knöringen rekatholisieren (s. Kreßberg), was jedoch nur begrenzt gelang. So siedelten sie obdachlos gewordene Katholiken unterhalb des Schlosses an. Erst der Verkauf (1662) an die Hofer von Lobenstein, die im 30j. Krieg aus der Oberpfalz wegen der Rekatholisierung durch Bayern geflüchtet waren, beendete den Konflikt mit den evang. Untertanen.
Bauten: Das **Schloss** (16.Jh) ist ein dreistöckiger Steinbau unter Satteldach mit Staffelgiebel. Auffallend sind die Staffelaufsätze anstelle der im 19.Jh abgebrochenen vier Ecktürme. Bewohnt von Fam. Hofer von Lobenstein. Großer Park dabei. - Sonstiges: Schräg gegenüber steht die evang. Kirche mit vier Wappen-Epitaphien im Eingangsbereich.

UMGEBUNG: Im **OT Bernhardsweiler** wollte die Dinkelsbühler Patrizierfamilie Goldochs als Dorfherrschaft Anfang des 16.Jh eine Wallfahrtskirche erbauen. Pfarrer wie Baumeister kamen aus dieser Familie. Der Versuch wurde abgebrochen, das Dorf an die Gf. von Ansbach verkauft. Von der Wallfahrtskirche blieb der schöne Chor erhalten, heute evang. Kirche. An die Wasserburg der Goldochs erinnern nur noch Gräben im Dörfchen und ein Haus mit der Jahreszahl 1511.

UMGEBUNG: Im **OT Wäldershub** steht am Ende der Holzapfelstraße (Nr. 18-22) eine Dreiseitanlage. Dies war einmal ein Rittergut. Die stark verbaute kleine Anlage, ein Längsbau mit zwei kleinen Flügeln (und abgerissenen vier Tür-

Fichtenau

men), wird privat bewohnt. Dieser Ort mit häufigem Besitzerwechsel war landsässig in der Mgft. Ansbach, die 1687 das Schlossgut kaufte und unter Bauern aufteilte. Diese bauten die Anlage entsprechend ihren Bedürfnissen um. (2010)

D9 Forchtenberg KÜN

Es ist erstaunlich, dass so viele der bekanntesten **Widerstandskämpfer** gegen das Naziregime aus dem Gebiet des heutigen BW stammen und noch dazu aus den verschiedensten politischen und gesellschaftlichen Kreisen kommen: Die adligen Brüder Claus und Berthold Schenk von Stauffenberg (s. Albstadt), der einfache Handwerker Georg Elser aus Königsbronn, der kath. Bischof Johannes Sproll in Rottenburg und die bürgerlichen Geschwister Hans und Sophie Scholl. Letztere wuchsen hier als Kinder des Stadtschultheißen auf, an sie erinnert ein Geschichtspfad durchs Städtchen.

Kernstadt

Die Friedhofskirche rechts des Kochers steht an Stelle einer Urkirche, die mit dem Sitz des Kochergaugrafen verbunden war. Die Hr. von Dürn als dessen Erben bauten 1240 die Burg links des Kochers und legten darunter das Städtchen an. 1323 an Gf. Hohenlohe, die es zum Mittelpunkt eines kleinen Amtes machten. Reformation. Bei der Teilung 1553 an die evang. Linie in Neuenstein.
Bauten: Nur noch eine 10 m hohe Schildmauer steht von der 1240 erbauten **Burg,** deren Umfang ½ ha Fläche betrug. Auf der Südseite wurde um 1600 ein **Schloss** errichtet, das man 1848 an Privatleute verkaufte. Diese ließen es verfallen, nur noch der riesige Keller blieb übrig. Die Anlage liegt über dem Städtchen. - **Sonstiges:** Ein Epitaph von einem Amtmann in der sehenswerten evang. Kirche. – Idyllisch wirkt das Städtchen mit den Häusern auf der Stadtmauer und einem prächtigen Hohenlohewappen (1604) über dem Stadttor. – Rechts des Kochers ließ ein Amtmann im 18.Jh ein „Teehaus" errichten, ein kleiner, aparter Barockpavillon.

OT Sindringen

Die Burg des Ortsadels kam 1328 als Erbe an die Gf. Hohenlohe, die sie zum Amtssitz machten. Reformation. Bei der Teilung 1553 fiel das Städtchen an die Linie in Bartenstein, was 1744 zu einem bewaffneten Konflikt zwischen der kath. Herrschaft und der evang. Bevölkerung führte („Osterkrieg", s. Schrozberg).
Bauten: Das **Schloss** wurde 1529 an Stelle der Burg erbaut, von welcher der rekonstruierte Bergfried erhalten blieb. Es ist ein schmuckloses Gebäude mit Erker und Zierfachwerk auf Steinsockel. Seit 1982 in Privatbesitz, kein Zugang. Zwischen Schlossstraße und Gartenstraße. - **Sonstiges:** Zwei schlichte Epitaphien in evang. Kirche. - Teile der Stadtmauer erhalten. - Stadtmühle mit Wappen.

UMGEBUNG: Zwischen Sindringen und Forchtenberg liegt **OT Ernsbach.** Das Dorf gehörte zum Hohenloher Amt Forchtenberg, bis man es aufgrund seiner gewachsenen Bedeutung 1669 zum eigenen Amt machte. Denn die

Mühlen lieferten die Energie für eine frühindustrielle Entwicklung, wie z.B. die Produktion von Siedeblechen für die Saline in Schwäbisch Hall. Verwaltung und Industrie, Tradition und Moderne beggnen sich in zwei Epitaphien in der evang. Kirche: Amtmann Wibel barock in Holz und Unternehmer Blezinger klassizistisch in Gusseisen. Unterhalb der Kirche steht das Amtshaus, ein zweistöckiger Steinbau mit Eingangstürmchen. (2007)

Frankenhardt SHA E11

Die Territorien der Reichsstädte entstanden häufig aus einer Mischung von Eigenerwerb und Besitzungen des städtischen **Spitals**. Denn solche Spitäler hatten weniger die Funktion eines Krankenhauses als vielmehr die eines Altenheimes, weshalb sie großen Grundbesitz beim Eintritt von Pfründnern erwarben, die damit ihre Pflege und Betreuung finanzierten. Durch gezielte Zukäufe gelang es ihnen schließlich sogar, Dorfherrschaften zu erwerben und ein eigenes Herrschaftsgebiet aufzubauen. Da das Spital der Kontrolle des reichsstädtischen Rates unterlag, konnte dieser die Spitalbesitzungen zum Reichsstadtterritorium rechnen. So machte es auch die Reichsstadt Hall, von deren sieben Ämtern ein Amt die vom Spitalvogt verwaltete Herrschaft Honhardt war.

OT Honhardt

Ministeriale der Gf. Hohenlohe saßen auf einer Wasserburg. Der Ort gelangte 1398 an einen Haller Patrizier. Als es mit dessen Erben Konflikte gab, zerstörte die Reichsstadt die Burg, kaufte die Herrschaft und gab sie an ihr Spital weiter. Jetzt saß ein Spitalvogt auf der wieder aufgebauten Burg. Da Hohenlohe beim Verkauf die Oberhoheit an die Markgrafschaft Ansbach abgetreten hatte, besetzte 1796 Preußen den Ort gewaltsam (s. Crailsheim).

Honhardt. Erhöht auf einer Motte steht das Schloss des Haller Spitals

Bauten: Das **Schloss** thront erhöht auf einer Motte, vollständig von Mauern und Graben umgeben. Die Anlage besteht aus einem dreistöckigen Steinbau mit Fachwerkaufsatz unter Sattelwalmdach, erbaut um 1700. Im Zentrum steht ein massiver Turm (15.Jh,) als Rest des mittelalterlichen Bergfrieds. Mauern und Wirtschaftsbauten machen die Anlage zu einem geschlossenen Geviert. Privatbesitz. Zutritt bei Sommerkonzerten möglich. – **Sonstiges:** Gegenüber steht das Pfarrhaus mit schönem Fachwerk, 1646 als Haller Amtshaus erbaut. – Der daneben stehende Gasthof Rössle hat auf der Giebelseite das Haller Spitalwappen. (2010)

F8 Freiberg LB

Sebastian **Schertlin von Burtenbach** (1496-1577) war wohl der finanziell erfolgreichste und intelligenteste Landsknechtführer Deutschlands, was er in seiner Lebensbeschreibung anschaulich und stolz darstellt. Aus dem Remstal stammend machte er zuerst eine Universitätsausbildung und lernte anschließend unter dem berühmten Georg von Frundsberg das Kriegshandwerk. An Gelegenheiten zur Anwendung fehlte es im 16.Jh infolge der Konfessionskriege und des Machtkampfes zwischen Habsburg und Frankreich nicht. Als Katholik kämpfte er für protestantische Fürsten und als Protestant für einen kath. König (Francois I). Für Kaiser Karl V kämpfte er gegen den franz. König und für den wiederum gegen den deutschen Kaiser. Solche Wechsel waren damals gängig. Er betrieb Krieg als Unternehmen, die erzielten Gewinne investierte er in Rittergüter. So nannte er sich nach dem ersten erworbenen Rittergut „von Burtenbach" (bei Augsburg). Dort, in Mauren (s. Ehningen), Stammheim (s. Stuttgart) und hier in Freiberg verwalteten seine Nachkommen, die sich dem Neuen Glauben und dem Kanton Kocher der Reichsritterschaft angeschlossen hatten, friedlich das Erbe. An sie erinnern ein Schlössle und mehrere Epitaphien in Geisingen und Beihingen.

OT Beihingen

Beihingen. Mächtig ragt das Alte Schloss empor

Ortsadel im 13. Jh. Die Oberhoheit war zwischen Württemberg und Gf Löwenstein geteilt, weshalb die Ortsherrschaft als geteiltes Lehen vergeben war. So war der größere Teil des Dorfes an diverse Ritterfamilien verliehen, darunter 1534 an Ludwig von Freyberg aus Neusteußlingen (s. Schelklingen), nach dem sich 1972 die Gesamtstadt benannte. Der kleinere Teil des Dorfes war an die Hr. von Stammheim verliehen, die sich damit dem Kanton Kocher der Reichsritterschaft anschlossen. Ihr Erbe fiel 1592 an die Schertlin von Burtenbach.
Bauten: Das **Alte Schloss** besteht aus zwei hohen Steinhäusern, die durch Mauern miteinander verbunden sind. Der nördliche Bau mit Rundbogenfries war wohl ein Wohnturm des 13.Jh. Der südliche Bau, Fachwerk auf Steinsockel, wurde 1480 erbaut. Zusammen mit einer turmbewehrten Mauer im Osten bilden sie einen kleinen Innenhof. Die burgartige Anlage steht erhöht über dem Dorf (Ludwigsburger Str. 11). Heute in Besitz der Stadt. – Gegenüber, abgetrennt durch die Ludwigsburger Straße, steht das **Neue Schloss** (1573), ein massiver dreigeschossiger Bau mit einem prächtigen Allianzwappen über dem Eingang (1573). Zu ihm gehören ein Park sowie Wirtschaftsbauten (Reiterhaus, Zehntscheune). Es gelangte 1710 in Besitz der Fam. von Gemmingen, von denen es die Fam. von Graevenitz kürzlich erbte. – Beide Schlösser sind als Mietwohnungen bewohnt. **Sonstiges:** Die evang. Kirche auf dem Hügel gegenüber dem Alten Schloss ist eine Schatzgrube mit vielen figürlichen und Wappenepitaphien (darunter zwei Schertlin), dem Totenschild eines Berner Edelmanns (von Erlach, 1634) und einer enormen Herrschaftsempore (mit Wappentafel

Freiberg

am Ausgang zum Turm, 1634). Die Grablege der Ortsherrschaft unter dem Chor mit 26 Gräbern ist zugemauert. – Schlosskelter mit überwuchertem Gemmingenwappen, neben der ein Toreingang zur Schlossanlage ebenso wie neben dem evang. Gemeindehaus erhalten blieb. - Rathaus mit Freybergwappen. - Das Ensemble „Altes Schloss" und Kirchenburg ist absolut sehenswert.

OT Geisingen

Die Oberhoheit lag bei Württemberg. Die Ortsherrschaft war seit 1361 an die Hr. von Stammheim vergeben, die sich damit dem Kanton Kocher der Reichsritterschaft anschlossen. Ihr Erbe fiel 1592 an die Schertlin von Burtenbach, die 1782 an Württemberg verkauften.

Bauten: Das **Obere Schloss** (1723) entstand aus einem Hofgut des Klosters Bebenhausen, was man bis heute an der geschlossenen Hofform ersehen kann. Das Hauptgebäude, ein Fachwerkhaus auf hohem Steinsockel, wurde von Friedrich von Kniestedt aus Heutigsheim (s.u.) erbaut, dessen Wappen zur Bilfingerstraße hin angebracht ist. Die Anlage wurde nach dem Verkauf an Württemberg unter Bauern aufgeteilt, das Hauptgebäude und die Meierei gehören inzwischen der Stadt. Die Gebäude sind bewohnt („Oberer Schlosshof"). - Auch das **Untere Schloss** bildete eine geschlossene Anlage, entstanden aus einer mittelalterlichen Wasserburg („Unterer Schlosshof"). 1856 brannte das eigentliche Schloss ab. Der 1671 von Wolf Schertlin errichtete Erweiterungsbau jedoch, das heutige **Schlössle,** blieb erhalten. Es ist ein Fachwerkhaus auf Steinsockel, das zusammen mit einem Torhaus idyllisch in der Talaue steht. Seit 1978 in Stadtbesitz, heute Museum. Die ehemaligen Wirtschaftsgebäude dienen umgebaut als Wohnhäuser. – **Sonstiges:** In der evang. Kirche viele Epitaphien, darunter mehrere hervorragende figürliche der Stammheim und zwei Wappenepitaphien der Schertlin. Einmalig in BW dürfte das Epitaph von Drillingen sein, die 1601 am Tag der Geburt starben.

OT Heutingsheim

Ortsadel im 13. Jh unter der Oberhoheit von Württemberg. Die Ortsherrschaft war seit 1372 an die Hr. von Stammheim vergeben, die sich damit dem Kanton Kocher der Reichsritterschaft anschlossen. Ihr Erbe fiel 1592 an die Schertlin von Burtenbach, die 1695 an die Hr. von Kniestedt verkauften. 1769 erwarb Württemberg das Rittergut.

Bauten: Das **Schloss** (Ende 17.Jh) ist eine ausgedehnte Gutshofanlage um einen längsrechteckigen Hof. Das Herrenhaus, ein zweigeschossiger Massivbau unter Walmdach, und mehrere Wirtschaftsgebäude werden durch eine Mauer mit Rundbogentoren von der Strasse abgegrenzt. Auffallend das niederdeutsche Fachwerk, was die Herkunft der Kniestedt verrät. Seltene manieristische Sonnenuhr am Stall. Immenser Park hinter dem Herrenhaus. Das Gut kam über die Gf. von Bruselle 1914 als Erbe an die Gf. Adelmann von Adelmannsfelden (s. Steinheim) und ist heute vermietet (Reiterhof, Büro). – **Sonstiges:** Gegenüber steht das unscheinbare Rentamt (Nr. 19) mit Wappen der Kniestedt. – Außen an evang. Kirche vier verwitterte Grabsteine der Kniestedt.

Freiberg

UMGEBUNG: In der jenseits des Neckars gelegenen Nachbargemeinde **Marbach** wurde das württ. **Verwaltungsschloss** 1693 durch die Truppen des Sonnenkönigs zerstört. Auf den Mauerresten wurde die Zehntscheune errichtet, worin heute das Amtsgericht untergebracht ist (Strohgasse 3). Daneben steht die ehem. Vogtei mit dem herzoglichen Wappen über dem Eingang (Strohgasse 5). Oberhalb des Schlosses blieb der Platz der verschwundenen Stadtburg als Freifläche erhalten (Burgplatz). - In der Alexanderkirche außerhalb der Altstadt, deren Ummauerung noch weitgehend erhalten blieb, befinden sich viele Epitaphien von Bürgern und Amtleuten. (2009)

L2 Freiburg FR

Die **Herzöge von Zähringen** sind als Stadtgründer wegen ihrer perfekten Stadtanlagen berühmt: Villingen, Offenburg, Neuenburg, Rheinfelden und Freiburg am Oberrhein, Bern, Fribourg, Solothurn, Thun, Burgdorf und Murten in der Westschweiz. Unter dem Leitnamen Berthold waren sie in der Stauferzeit das führende Geschlecht zwischen Ortenau und Genfer See. 1218 starben sie aus, von Seitenlinien stammen die heutigen Adelshäuser Baden und Fürstenberg ab. An sie erinnert in Freiburg der OT Zähringen, die Stadtanlage und das Münster mit dem figürlichen Epitaph Bertolds V.

Habsburg und Freiburg lebten eine 450 Jahre dauernde Symbiose. Die Stadt flüchtete sich 1368 in die Arme Habsburgs und fühlte sich darin so wohl, dass nach dem Anschluss an Baden (1806) die Rückkehr zu Habsburg erhofft wurde. Habsburg wiederum erwarb mit der Stadt die **Landgrafenrechte** für den Breisgau und konnte damit Klöster, Städte und Ritter unter seine Landesherrschaft bringen/zwingen. Die Habsburger Könige und die Wappen ihrer Länder am Historischen Kaufhaus zeugen von der innigen Beziehung.

Als Teil der Landgrafschaft Breisgau war die **Breisgauer Ritterschaft** landsässig unter Habsburger Landeshoheit, war also ein Teil Vorderösterreichs. Somit war ihr der Reichsritterstatus verwehrt. Freiburg als Verwaltungszentrum wurde zu ihrem Versammlungsort („Haus zum Ritter") und zugleich zu einem attraktiven Wohnort, was eine Reihe von prachtvollen Stadtpalais hinterließ, von denen die meisten 1944 zerstört wurden.

Kernstadt

Die 1120 als systematische Anlage gegründete Stadt kam 1218 beim Aussterben der Zähringer an die Gf. Freiburg, was für 150 Jahre zu heftigen Auseinandersetzungen führte. Nach einer militärischen Niederlage flüchtete sie 1368 unter den Schutz Habsburgs. Mit der Talvogtei konnte sie ein eigenes Territorium im Dreisamtal aufbauen (s. Kirchzarten). Nach dem 30j. Krieg wurde die Verwaltung Vorderösterreichs vom elsäs-

Freiburg. Das Kaufhaus mit den Habsburger Königen und Wappen

Freiburg

sischen Ensisheim hierher verlegt. Für 20 Jahre, 1677-97, war sie französisch und wurde vom berühmten Vauban zur Festung umgebaut (s. Breisach). Nach dem Zusammenbruch Österreichs kam sie 1806 an das Großherzogtum Baden und wurde 1821 Sitz eines Erzbischofs für die Oberrheinischen Bistümer (Freiburg, Rottenburg, Mainz). Schließlich war man so erzbadisch, dass eine knappe Mehrheit 1952 für ein eigenständiges Bundesland Baden stimmte.

Bauten: Das prachtvollste weltliche Gebäude ist das schlossartige **Historische Kaufhaus** (1532) am Münsterplatz. Seine Fassade zum Münsterplatz zeigt die Standbilder der vier zeitgenössischen Habsburger Könige (von links: Maximilian I, Philipp der Schöne von Spanien, Karl V, Ferdinand I). An den Erkern verkünden 10 Wappen die immense Ausdehnung der Habsburger Herrschaft, deren Territorien von Spanien über die Niederlande bis Ungarn reichten. Ein zeitgenössisches Zeugnis ist dabei das Wappen Württembergs, das damals (1519-1534) unter Habsburger Herrschaft stand. Das Gebäude diente als Kaufhaus und städtische Finanzverwaltung, war jedoch auch bis 1766 Tagungsstätte der Breisgauer Landstände, also der Vertreter von Adel, Klöstern und Städten. Der Bau ragt mit sechs Säulen und zwei polygonalen Ecktürmchen in den Münsterplatz hinein, was die städtisch-weltliche Herrschaft als Gegenpol zur geistlichen betont. - Aus dem 19.Jh stammt das **Colombischlösschen,** 1861 für die Witwe des spanischen Grafen Colombi errichtet. Die neugotische Villa, ein zweistöckiger kubischer Bau, steht erhöht auf einer Vaubanbastion im Colombipark an der Eisenbahnstraße. Das äußerlich steril wirkende Gebäude bezaubert durch seinen schwerelos-eleganten Innenhof. Heute Museum für Frühgeschichte.

Adelshöfe: Die Adelshöfe standen v.a. in Salzstraße und Herrenstraße. Hier wohnten die Sickingen, Andlaw, Kageneck, Snewlin, Küchlin, Falkenstein, Ampringen und Krozingen. 1944 wurden die Gebäude zerstört, nur zwei prächtige Fassaden blieben erhalten. Zum einen die Fassade vom **Sickingenpalais** mit dem Allianzwappen Sickingen-Castell am Giebel. Das 1773 von d´Ixnard für die Sickingen in Ebnet (s.u.) errichtete dreistöckige Gebäude wurde 1809 an Baden verkauft und diente der Großherzogsfamilie als Schloss. Heute Landgericht (Salzstr. 17). Zum anderen die Rokoko-Fassade der gegenüber stehenden **Deutsch-Ordens-Kommende** mit einem schwingenden Portal und einem kriegerischen, wappengeschmückten Giebel. Das 1768 von F.A. Bagnato erbaute dreistöckige Palais dient heute als Oberlandesgericht (Salzstr. 28). – An der Hauptstraße (Kaiser-Joseph-Str. 167) steht der **Basler Hof,** der als Stadtpalais von Konrad Stürzel von Buchheim, Kanzler Kaiser Maximilians I, um 1500 erbaut wurde (s. March). 1587-1679 residierte darin das Basler Domkapitel, nachdem es aus der protestantisch gewordenen Stadt Basel vertrieben worden war. Daher der Name und das Basler Wappen an der Fassade. 1698-1806 Sitz der Regierung Vorderösterreichs, heute Regierungspräsidium. Der dreistöckige Vierflügelbau mit Renaissanceerkern ist während der Dienstzeiten zugänglich. Im Inneren stehen die Königsstatuen des Historischen Kaufhauses (s.o.) – Eingeklemmt zwischen Franziskaner- und Gauchstraße kann das **Haus zum Walfisch** nicht seine volle Pracht entfalten. Es wurde 1517 als Stadtpalais

Freiburg

vom kaiserlichen Schatzmeister Jakob Villinger anstelle des Turnierplatzes der Adelsgesellschaft zum Gauch erbaut. Das dreistöckige gotische Gebäude glänzt auf der Vorderseite durch seinen prachtvollen Eingang und auf der Rückseite durch ein Reliefporträt Maximilians und ein neugotisches Wappen. Es wurde durch neugotische Anbauten ergänzt und ist als Sparkasse teilweise zugänglich.
-- Unscheinbar wirkt das **Greiffeneggschlössle,** erbaut vom letzten Habsburger Regierungspräsidenten Troendlin von Greiffenegg. Es steht am Aufgang zum Schlossberg an der Stelle der Unteren Burg. Das heute als Restaurant und Biergarten genutzte Gebäude bietet einen wunderbaren 270-Grad-Rundblick.
Sonstiges: Am Münsterplatz (Nr. 10) steht das **Haus zum Ritter.** Im Mittelalter war hier die Trinkstube des Adels, in dem alljährlich die Breisgauer Ritterschaft der vielen Vorfahren gedachte, die 1386 bei Sempach gegen die Eidgenossen gefallen waren. (Das Denkmal des Ritter-Patriziers Malterer auf der Schwabentorbrücke erinnert daran). Schließlich diente es als Versammlungsort der Breisgauer Ritterschaft, woran der Ritterhelm am Balkongeländer erinnert. 1766, gerade mal 10 Jahre nach dem Neubau, wurde das dreistöckige Haus an die Landstände verkauft und diente als deren Versammlungsort. 1832-1958 war es erzbischöfliches Palais (daher das später eingefügte Bischofswappen über dem Eingang) und heute ist es Domsingschule. - **Münster:** Ein Zeugnis des Adels über die Jahrhunderte hinweg ist das gotische Münster. Hier wird der Chorumgang von den Kapellen der Ritter-Patrizier-Familien gesäumt (Stürzel, Snewlin, Krozingen, Villinger-Böcklin, Blumeneck), hängt im Chor das barocke Monumentaldenkmal eines Generals von Rodt, findet man Epitaphien der Zähringer, eines Gf. von Baden-Hachberg (in der Grafenkapelle) und schließlich der Freiburger Erzbischöfe.

OT Ebnet

Das Dorf war im 14.Jh als Teil der Herrschaft Wiesneck in Besitz der Hr. von Snewlin. Die Erbtochter Anna heiratete 1568 den Enkel des geächteten Ritters Franz von Sickingen (s. Oberderdingen). Die Konversion der Hr. von Sickingen zur Alten Kirche war die Voraussetzung für einen Wiederaufstieg. Die Sickingen-Hohenburg nahmen führende Positionen in der Breisgauer Ritterschaft ein, unterhielten ein Palais in der Salzgasse (s.o.) und wanderten 1806 beim Anschluss an Baden nach Österreich aus, wo sie 1954 ausstarben. Die Herrschaft wurde 1811 vom badischen Hofmarschall Gayling von Altheim gekauft.
Bauten: Das **Schloss** (1751) steht an Stelle einer Wasserburg an der Mündung des Eschbach in die Dreisam. Es ist ein lang gezogenes zweigeschossiges Herrenhaus unter Mansarddach. Die schmucklose Hoffassade wird durch einen Treppenhausvorbau unter Walmdach unterbrochen. Die Gartenseite wird von einem Dreiecksgiebel mit prachtvollem Allianzwappen geschmückt. Herrenhaus, Torbau und Wirtschaftsbauten bilden ein harmonisches Ensemble in einem großen, ummauerten Park am Westeingang des Dorfes (Schwarzwaldstraße). Bewohnt von Fam. von Gayling. - **Sonstiges:** Rund 300 m entfernt steht die kath. Kirche mit einer Gedenktafel für Hr. von Sickingen. Daneben der Friedhof mit der Grabstätte der Gayling.

Freiburg

OT Munzingen

Auch dieses Dorf gehörte im 14.Jh den Snewlin und kam im 16.Jh an die Breisacher Patrizierfamilie von Pforr, die damit zur landsässigen Breisgauer Ritterschaft aufstieg. Nach ihrem Aussterben (1659) wurde das Erbe zwischen den Hr. von Reinach und den Hr. von Kageneck aufgeteilt. Diese beiden Familien stammten aus dem Elsass, aus dem sie als Habsburger Parteigänger nach dem 30j. Krieg ausgewandert waren.

Bauten: Das **Kageneck-Schloss** (1672) ist ein dreistöckiges Herrenhaus, dessen Mittelrisalit zum Hof hin von einem Allianzwappen Kageneck-Andlaw im Giebel geschmückt wird. Auf der Nordseite grenzen Wirtschaftsbauten und die Schlosskapelle den Hof ab. Die von Gf. Kageneck bewohnte Anlage steht erhöht über dem Dorf („Schlossbuck"). Sie wird zum Dorf hin von einer umzäunten Gartenanlage mit dicken Zwergen so abgeschirmt, dass man nur den stuckierten Giebel sehen kann. – Das **Schloss Reinach** (1750) ist eine Gutshofanlage im Ortszentrum, die heute als Hotel-Restaurant genutzt wird. Das zweigeschossige Herrenhaus unter Walmdach mit einer doppelläufigen Eingangstreppe bildet zusammen mit den Wirtschaftsbauten einen großen Innenhof (St. Erentrudisstr. 12). Der Hofeingang wird von einem Allianzwappen (1749) geschmückt. – **Sonstiges:** Von der im 30j. Krieg zerstörten Wasserburg steht noch ein runder Eckturm neben der Kirche. - In und an der kath. Kirche stehen Epitaphien der Pforr und Kageneck.

Munzingen. Wohnsitz der Gf. Kageneck

UMGEBUNG: In **St. Nikolaus,** einem Teilort des OT Opfingen, steht eine bewohnte ehem. Wasserburg. Das Rittergut unter badischer Oberhoheit wurde im 14.Jh von Freiburger Patriziern erbaut. Nach 1736 entstand darin ein Gasthaus mit Badebetrieb, weshalb es Badhof genannt wurde. Das Hauptgebäude bilden zwei massive, miteinander verbundene Häuser. Die gotische Eingangstüre überrascht mit einem Wappen. Privat bewohnt, Ökonomiebauten daneben, zurück gebaut in der Schlossgasse (Nr. 24).

UMGEBUNG: Im **OT Lehen** steckt ein turmartiges Steinhaus in einem Wohnhaus. Der Dorfadelssitz wurde wahrscheinlich von der Patrizier-Ritter-Familie von Tusslingen erbaut, die ab 1310 die Dorfherrschaft besaß. 1587 kam das Dorf an die Stadt Freiburg. Das dreistöckige bewohnte Gebäude, dessen ursprüngliche Funktion leider durch moderne Überbauung nicht mehr ersichtlich ist, steht in der Bundschuhstr. 41.

(2008)

Freudenstadt FDS

„Landeshauptstadt Freudenstadt" würde es wohl heute heißen, wenn im **Straßburger Bischofskrieg** (1592-1604) die protestantische Partei gewonnen hätte. Württemberg stand auf Seiten des evang. Bischofs Johann Georg von Brandenburg und hatte als Pfand für seine finanzielle Unterstützung das Renchtal (s. Oberkirch) erhalten. Am Ende siegte die kath. Seite mit Bf. Karl von Lothringen, weshalb Württemberg 1634 das Pfand zurückgeben musste. Mit dem Krieg im Zusammenhang zu sehen ist die Annexion (1595) des Klosters Reichenbach (Gem. Baiersbronn) und die Gründung Freudenstadts (1599). Damit sicherte sich Württemberg den Passweg über den Kniebis und verband seine Territorien auf beiden Seiten des Schwarzwaldes, zu denen ja auch das elsässische Reichenweier und die burgundische Grafschaft Mömpelgard gehörten. Im Zentrum sollte eine neue Residenzstadt mit einem Schloss entstehen, was die riesigen Ausmaße des Freudenstädter Markplatzes erklärt.

Das Herzogtum Württemberg baute im Nordschwarzwald in drei Bergbaurevieren **Silber** ab: bei Neubulach, bei Schönegründ im Murgtal (Baiersbronn) und v.a. hier um Freudenstadt. Das Silber steckt in Fahlerz, einem stark kupferhaltigen Gestein. Bei einem maximalen Silbergehalt von rund 0,15% konnte 1,5 kg Silber pro Tonne Gestein extrahiert werden. Im Zeitraum von 1598-1622 wurde damit rund eine Tonne Silber gewonnen. Dies war im Vergleich mit anderen Bergbaugebieten wie Sachsen oder Tirol nicht viel. Für Württemberg jedoch, das ansonsten so gut wie keine Bodenschätze besaß, war es so wertvoll, dass man dafür extra den Ort Christophstal gründete und mit besonderen Freiheiten ausstattete.

OT Christophstal

Herzog Christoph gründete 1572 die Siedlung für den Silberabbau. Aufgrund der Bergfreiheit kamen die Knappen aus ganz Württemberg. Obwohl seit 1700 kein Silber mehr gefördert wurde, nahm das Dorf eine Sonderstellung bis ins 19.Jh ein. **Bauten:** Das **Bärenschlössle** (1627) ist ein zweistöckiger Steinbau unter einem hohen Satteldach. Schöne Sonnenuhr. Errichtet als Sitz des Münzmeisters erhielt es den Status eines Freihofs mit Steuerbefreiung. Das am Waldrand am Ende der Christophstraße stehende Gebäude fällt aufgrund seiner Staffelgiebel auf. Heute Restaurant. 10 min Fußweg zur Innenstadt.

Christophstal. Das Bärenschlössle stammt aus der Zeit des Silberbergbaus

UMGEBUNG: Auch im benachbarten, verträumten Fachwerk-Städtchen **Dornstetten** wurde Bergbau betrieben, woran die Silbergasse erinnert. Das ehem. Amtshaus („Alte Vogtei") in dieser Straße sowie Wappen an zwei Brunnen und im Chor der evang. Kirche zeugen von der württ. Herrschaft. Kulturhistorisch außergewöhnlich ist ein wunderbares Fachwerkhaus im **OT Aach**, weil darin das **Waldgericht** („Waldgeding") für fünf Kirchspielgemeinden tagte.

Die zweimal jährlich stattfindenden Sitzungen behandelten Verstöße gegen die gemeinsame Waldnutzung. Das Waldgericht deckte den Bezirk eines hochmittelalterlichen Wildbanns ab (s. Waldenbuch), der über den Kniebis hinaus beinahe bis Oppenau reichte. Aus ihm wurde die Freudenstädter Gemarkung per Herzogsdekret heraus geschnitten. (2009)

Freudental LB F7

Wilhelmine von **Grävenitz** wurde in Württemberg zum Inbegriff der Mätresse. Ihre Familie stammte aus der Mark Brandenburg. Durch ihren Bruder Friedrich Wilhelm, den es 1704 im Spanischen Erbfolgekrieg als Offizier nach Württemberg verschlug und der Kammerjunker in Stuttgart wurde, lernte sie den württ. Herzog Eberhard Ludwig kennen. Der heiratete sie 1707 als „Zweitfrau", - die Reaktion von Kaiser, Kirche und Landständen auf diese Bigamie war unerbittlich. Daraufhin wurde sie 1711 mit dem böhmischen Gf. Würben (Wrbna) verheiratet, der anschließend pro Forma zum Oberhofmeister aufstieg, weshalb sie ständig in der Umgebung des Herzogs sein konnte. Sie erhielt als persönlichen Besitz die Orte Stetten, Welzheim, Brenz, Gochsheim und Freudental. Ihr Bruder wurde 1707 in den Grafenstand erhoben und bestimmte als Premierminister zusammen mit seiner Schwester bis zum Tod des Herzogs (1733) die württ. Politik. Das Untere Schloss in Freudental geht auf beide zurück.

Kernort

Die Kurpfalz musste 1504 die Oberhoheit über das Dorf an Württemberg abtreten, das die Dorfsherrschaft als Lehen an Konrad von Winterstetten vergab. Anschluss an den Kanton Kocher der Reichsritterschaft. Häufiger Besitzerwechsel. Ansiedlung von Juden, die im 19.Jh 40% der Bevölkerung ausmachen. 1725 kaufte Wilhelmine von Grävenitz das Rittergut und gab es ihrem Bruder. 1733 Beschlagnahmung durch Württemberg, das es zum Sitz des Oberforstmeisters für den Stromberg machte. König Friedrich nutzte das Schloss als Sommerresidenz. Nach mehrmaligem Besitzerwechsel steht es momentan ungenutzt.
Bauten: Das **Untere Schloss** wurde 1729-31 vom Ludwigsburger Baumeister Paolo Retti erbaut. Schmuckstück der Dreiflügelanlage ist der Mittelbau mit Eckrisaliten unter Mansardwalmdach. Es liegt am Rande eines Englischen Parks mit Seen und mehreren Wirtschaftsbauten. Zum Dorf hin wurden einige verputzte Herrschaftsbauten erstellt, darunter der **Prinzenbau** (1810), heute Rathaus, und gegenüber die nüchterne Kaserne für die Wachmannschaft. – Vom **Oberen Schlosse** blieb nur ein polygonaler Wendeltreppenturm erhalten, der in ein Fachwerkhaus verbaut wurde. Dieses steht neben der frühklassizistischen jüdischen Synagoge (1771) und bildet mit ihr ein Kulturzentrum. Das benachbarte Gesindehaus diente ab 1723 Juden als Wohnung und wurde daher Judenschlössle genannt. Es ist ein Fachwerkbau (1614) auf Steinsockel mit einer Rundbogeneinfahrt. Hier in der Strombergstraße, die bis 1933 Judengasse hieß, war das jüdische Viertel mit Synagoge und Schule. - **Sonstiges:** Evang. Kirche mit Alabaster-Epitaph (1687). - Jüdischer Friedhof westlich des Dorfes. (2009)

L7 Fridingen TUT

Die Habsburger Grafschaft **Hohenberg** war aufgeteilt in eine Untere Grafschaft mit der Verwaltungszentrale in Rottenburg am Neckar (s.d.) und eine Obere Grafschaft mit dem Obervogteisitz in Fridingen. Sie unterstand als Teil Vorderösterreichs der Regierung in Ensisheim im Elsass (nach 1648 Freiburg). Teile der Grafschaft waren jedoch an den Landadel vergeben, sei es verpfändet oder als Lehen. So gehörte z.B. die Herrschaft **Kallenberg** (Burg bei Fridingen) mit vier Dörfern ebenfalls zur Grafschaft Hohenberg, war jedoch über Jahrhunderte an die Truchsessen von Waldburg verpfändet. Insgesamt bestand Hohenberg aus einem Flickenteppich unterschiedlicher Herrschaften und althergebrachter Rechte. Dazu passt das Ackerbürgerstädtchen Fridingen: Fachwerkhäuser, 200 x 150 m im Karree, ein altertümliches Schloss. Ein Gang durch Fridingen ist eine Erinnerung an eine verschwundene Welt.

Die **Ifflinger von Graneck** stammen von Unteriflingen (Gem. Schopfloch, FDS), wo sie 1244 erwähnt werden. Sie wechselten ins Horber und schließlich ins Rottweiler Patriziat. Nach dem Kauf von Burg Graneck (1465) mit dem Dorf Niedereschach (RW), erweiterten sie ihren Namen. 1475-1543 besaßen sie Wellendingen (RW) und 1513 kauften sie das Rittergut Lackendorf (RW), das sie noch im 19.Jh. besaßen. Damit schlossen sie sich der Reichsritterschaft an. 1603 verkauften sie Graneck an die Reichsstadt Rottweil und bauten in Egesheim (TUT) eine neue Burg, die den Namen Granegg erhielt und von der noch ein 22 m hoher Turm steht. Als „Nebenerwerb" übernahmen sie das Obervogteiamt in Fridingen.

Kernort

Die Gf. von Hohenberg gründeten um 1300 eine Stadt im Rechteckformat: Eine Hauptstraße, zwei parallele Seitenstraßen. 1381 wurde die Herrschaft Hohenberg an Habsburg verkauft. Fridingen wurde zum Sitz des Obervogtes für die Obere Grafschaft bis zur Verlegung ins verkehrsgünstigere Spaichingen (1688). Dieses Amt übernahmen ab 1565 häufig die Ifflinger, die 1537-1793 das nach ihnen benannte Stadtschloss bewohnten. Nach dem Verlust der Obervogtei (1688) verblieb dem Städtchen ein Privileg: Die Handwerker der gesamten Oberen Grafschaft mussten als Zwangsmitglieder des Fridinger Zunftbezirkes ihre Beiträge hierher zahlen.

Bauten: Das **Schloss** („Ifflinger-Schlössle") erstand aus einer um 1300 erbauten Wohnburg, die um 1500 zum Schloss erweitert wurde. Leider brach man die Anlage zum Großteil nach 1800 ab, so auch den Nordteil des Hauptgebäudes, weshalb nur ein schmaler, vierstöckiger Steinbau unter Satteldach mit Staffelgiebel übrig blieb. Heute Stadtbücherei und Heimatmuseum. Die Schlossgasse davor war ehemals der Schlosshof, die bewohnten Häuser gegenüber waren Wirtschaftsgebäude. – **Sonstiges:** Die historische Stadtanlage blieb überraschend gut erhalten. Und: welches sonstige Ackerbürgerstädtchen hat heute noch einen Misthaufen vorzuweisen?

Schloss Bronnen

Fantastisch anzusehen ist Schloss Bronnen über dem Donautal, wie verwurzelt mit einem freistehenden Weißjurafelsen. Die von den Zollern erbaute Burg ge-

Fridingen

langte 1409 zusammen mit Mühlheim (s.d.) an die Frh. von Enzberg, in deren Besitz sie bis heute ist. Im 18.Jh Umbau zu einem Jagdschloss. Im 3. Reich hatte sich hier die Reichsfrauenführerin Scholz-Klink eingenistet.

Bauten: Von der **Burg** der Stauferzeit blieben einzelne Buckelquader erhalten. Die Anlage besteht aus einem Wohnturm von 11 x 8 m und dem zum Jägerhaus umgebauten Palas am Abgrund zur Donau. Der (verschlossene) Zugang führt über eine Holzbrücke. Privat bewohnt. Ein Wanderweg geht vom Gasthof Jägerhaus zur Burg. Am schönsten ist jedoch der Blick vom gegenüberliegenden Knopfmacherfelsen (an der Straße Beuron – Fridingen) auf die Burg: tief eingeschnittenes Tal, Kloster Beuron, Donaumäander, Felsen, Burg.

Schloss Bronnen. Ein Fels über dem Donautal

UMGEBUNG: Zwischen Fridingen und Burg Bronnen liegt die **Burg Kallenberg**, die einer unzusammenhängenden Herrschaft von vier Dörfern (Obernheim, Nusplingen, Erlaheim, Dormettingen) den Namen gab. 1401-1695 war sie von Habsburg an die Truchsessen von Waldburg verliehen, was zu ständigen Beschwerden und Aufständen führte. Die Bevölkerung bezahlte schließlich 1695 selbst die Auslösesumme für Habsburg. Erhalten blieb ein 14 m hoher Bergfried aus Buckelquadern und Bruchsteinen sowie Teile der Ringmauer, Ende 12.Jh. (2006)

Friedenweiler FR M4

„Emanzipation durch Urbarmachung der Erde". Diesen Eindruck muss man gewinnen, wenn man sieht, welch riesiges Gebiet die Frauen dieses Schwarzwaldklosters erschlossen. Vom Titisee im Süden bis Eisenbach im Norden schufen sie eine von Einzelhöfen geprägte Kulturlandschaft. Solche **Rodungen** wurden von so gut wie allen Schwarzwaldklöstern geleistet, die damit im Hochmittelalter ihren Beitrag zum Landausbau brachten. Damals, im 12. und 13.Jh, verdoppelte sich die Bevölkerung Deutschlands, weshalb auch die unwirtlichen Mittelgebirge erschlossen werden mussten. Zugleich schufen sich die Klöster die Voraussetzungen für einen umgangreichen Eigenbesitz (s. St. Blasien). Friedenweiler ist das einzige Frauenkloster, dem dies im Hochschwarzwald gelang.

Kernort

Das Benediktinerkloster St. Georgen, das v.a. den mittleren Schwarzwald erschloss, machte 1123 einen Tausch mit dem Kloster Reichenau, um hier mit der Gründung eines Frauenklosters seinen Einfluss zu verstärken. Die Vogtei gelangte als Erbe von den Zähringern an die Gf. Fürstenberg. Diese konnten

Friedenweiler

in der Reformation das Klostergebiet vollständig unter ihre Kontrolle bringen, weil St. Georgen aufgelöst wurde und Friedenweiler infolge Nachwuchsmangel ausstarb. Eine Neubesiedelung erfolgte 1570 mit Zisterzienserinnen aus dem Kloster Lichtental (s. Baden-Baden).
Bauten: Die **Barockanlage,** eine Vierflügelanlage mit der Kirche im Norden, entstand nach einem Großbrand (1725). Die dreistöckigen Gebäude unter Mansarddach bekommen durch Eckrisalite ein rhythmisches Aussehen. Der Südflügel wirkt aufgrund seines Mittelrisalites schlossähnlich. Heute Altenheim im Dorfzentrum (am „Schlossplatz").

UMGEBUNG: Im benachbarten Städtchen **Löffingen** war eine Obervogtei für fünf Dörfer der Gf. Fürstenberg. Das kreisrunde Stadtzentrum wird geprägt von vielen Staffelgiebelhäusern, wie sie für die Baar typisch sind. Darunter das Amtshaus des Obervogtes mit dem Allianzwappen Fürstenberg/Sulz (1739) (Rathausplatz 2, privat bewohnt). Schräg gegenüber fällt der Maierhof des Klosters St. Blasien, den über 200 Jahre die Familie Greif verwaltete, durch seine große Holztafel mit einem Greifen auf (Kirchstr. 5). (2009)

09 Friedrichshafen FN

Vom Seeschiff zum Luftschiff. - Friedrichshafen gibt es erst seit 1811, entstanden aus zwei Siedlungen und benannt nach dem Gründer, König Friedrich von Württemberg. Die günstige Lage am See und die massive Ansiedlung von Großindustrie (Schiffs- und Eisenbahnbau) leiteten das Industriezeitalter ein. Entscheidend war schließlich die königliche Unterstützung für den 1890 abgedankten Offizier Gf. Ferdinand **Zeppelin,** dessen Vorfahren aus Mecklenburg stammen und im 18.Jh in württ. Diensten zu Grafen aufstiegen. Sein Luftschiff brachte eine spezialisierte Hochtechnologie an den Bodensee (Flugzeugbau, Motorenbau, Zahnräder), was Friedrichshafen zur bedeutendsten **Industriestadt** Oberschwabens machte. Dies ist sozusagen ein Abbild der Entwicklung BWs: aus bescheidensten Anfängen zum heute industriell und finanziell führenden Bundesland. Denn äußerst bescheiden waren die ursprünglichen Siedlungen, die Miniaturreichsstadt Buchhorn und das unselbständige Benediktinerpriorat Hofen, aus dem im 19.Jh ein Schloss wurde.

OT Hofen

1085 gründeten die Gf. von Buchhorn ein Benediktinerinnenkloster und unterstellten es dem Männerkloster Weingarten. Die Unabhängigkeitsbestrebungen der Frauen wurden vom Vaterabt mit der Auflösung (1419) abgestraft. 1702 Neubeginn als abhängiges Männerpriorat, das bei der Säkularisation 1803 an die Gf. Nassau-Oranien fiel. Diese verkauften es 1811 an das Haus Württemberg, welches hierin seine Sommerresidenz einrichtete und heute zeitweise hier wohnt.
Bauten: Das **Schloss** wurde 1695-1702 als vierflügelige barocke Klosteranlage erbaut und 1824 zum Schloss umgebaut. Die Konventbauten, dreigeschossige Gebäude mit Volutengiebeln, sind nicht öffentlich zugänglich. Öffentlich zugäng-

Friedrichshafen

lich ist jedoch die Kirche, die im Norden die Anlage abschließt und seit 1810 dem evang. Gottesdienst dient. - **Sonstiges:** Westlich der Kirche steht der Bauhof, der über einen offenen Wandelgang mit dem Schloss verbunden ist. - Die Anlage liegt als Blickfang im Westen der Stadt auf einer Landspitze, umgeben von einem Park.

OT Efrizweiler

Ministeriale des Bf. Konstanz saßen im 12.Jh auf einer Turmhügelburg. Diese kam im 15.Jh an die Patrizierfamilie Besserer aus Ravensburg, welche sie 1479 mit dem benachbarten Dorf Kluftern zu einem Rittergut verband und dem Kanton Hegau der Reichsritterschaft anschloss. Nach häufigem Besitzerwechsel wurde das Rittergut 1719 an das Kloster Salem verkauft.
Bauten: Der blockartig am Rande des Dorfzentrums stehende Winkelhakenbau wirkt noch heute wie eine **Turmhügelburg.** Der Südflügel mit den bossierten Eckkanten stammt aus dem Mittelalter, der Westflügel aus dem 18.Jh. Das zweistöckige Gebäude unter Walmdach wird heute als „Gasthaus der Künste" genutzt. - **Sonstiges:** Daneben steht die (geschlossene) kath. Schlosskapelle mit Herrschaftsempore. – Im benachbarten **OT Kluftern** sind zwei Epitaphien im Chor der barocken kath. Kirche, darunter ein figürliches. (2004)

(Bad) Friedrichshall HN D8

Der **Kanton Odenwald** war der größte und mitgliederstärkste des Ritterkreises Franken. Er erstreckte sich von Frankfurt bis Crailsheim und von Würzburg bis Heidelberg. Zu seinen führenden Mitgliedern gehörten die verschiedenen Linien der Berlichingen, Crailsheim, Stetten, Gemmingen und Rüdt von Collenberg, die rund 1/3 der Kantonssteuer aufbrachten. Der Kanton war weitgehend protestantisch, jedoch nicht die Fam. des Mainzer Forstmeisters Echter von Mespelbrunn im Spessart, die mit Bf. Julius Echter von Würzburg den energischsten Gegenreformator hervorbrachte. Infolge des konfessionellen Gegensatzes verlegte man den Tagungsort des Kantons aus der Deutschordensstadt Mergentheim in die Reichsstadt Heilbronn und schließlich ab 1762 hierher nach Kochendorf.

OT Kochendorf

Seit 1262 saß hier Ortsadel als Reichsministeriale auf einem fränkischen Herrenhof. Daneben gab es auch die Ritter von Greck, welche die verschiedenen Rechte aufkauften und schließlich die Dorfherrschaft alleine ausübten. Sie schlossen sich dem Kanton Odenwald und der Reformation an. Aufgrund einer Erbteilung unter drei Brüdern war die Ortsherrschaft gedrittelt, so dass sich 1672 die St. André mit einem Drittel einkaufen konnten. Nach dem Aussterben der Greck (1749) verkauften die Erben und die St. André an den Ritterkanton, der hier seine Kanzlei einrichtete.

Kochendorf. Im Saint Andre-Schlösschen wohnte ab 1762 der Amtmann des Ritterkantons Odenwald

(Bad) Friedrichshall

Bauten: Das **Greckenschloss** (Oberes Schloss, um 1600) diente ab 1762 als Ritterschaftskanzlei. Die L-förmige, zweistöckige Anlage mit Treppenturm und schönen Schweifgiebeln unter Satteldach steht erhöht über dem Dorf. Seit dem 2.Weltkrieg als Schule genutzt. Unterhalb liegt der enge Wirtschaftshof mit wappengeschmücktem Eingang. - Das **Schloss Lehen** (1553) steht an der Stelle des fränkischen Herrenhofs und war ein Reichslehen (daher der Namen). Das ehem. Wasserschloss ist ein dreistöckiges Steinhaus mit Ziergiebeln, Erker, Treppenturm und manieristischem Wappen über dem Eingang. Heute Hotel. Südlich davon erstreckt sich der ehem. Wirtschaftshof, der zur Straße hin mit seinem massiven Steinhaus und dem von zwei massigen Rundtürmen geschützten Zugang abweisend wirkt. – Gegenüber steht das barocke **St. André-Schloss** (Unteres Schloss, 1710), ein dreistöckiges Steinhaus unter Walmdach, mit schöner Freitreppe und Wappen. Es diente ab 1762 dem Amtmann als Wohnsitz. Heute Notariat. – **Sonstiges:** Der Syndikus-Jäger-Bau (1777) wurde als Gästehaus vom Kantonssyndikus (= juristischer Berater) errichtet, wobei sein ehrgeiziger Plan einer Ritterakademie den Kanton beinahe in den finanziellen Ruin trieb. Er besteht aus zwei langen, barocken Gebäuden unter Mansarddach. Abgelegen am östlichen Dorfrand (Binnetstr. 14 und 20), aufgeteilt in Privatwohnungen. – Innen und Außen an der evang. Kirche Epitaphien der Greck. - Auf dem Alten Friedhof stößt man auf Gräber von Adelsfamilien. – Der Kindergarten Wächterstift (1882) geht auf eine Stiftung der Fam. von Wächter auf Gut Lautenbach (s. Oedheim) zurück. - Der kleine jüd. Friedhof liegt außerhalb des Dorfes Richtung Bahnhof. Die jüd. Synagoge ist heute Privathaus.

Schloss Heuchlingen

Die Burg über der Jagst war Sitz eines Ortsadligen. 1466 wurde sie vom Deutschen Orden gekauft, der ein Amt für die umgebenden Dörfer einrichtete.

Bauten: Das **Schloss** ist eine massig über der Jagst stehende Anlage. Es besteht aus einem vierstöckigen Hauptgebäude mit Mansarddach und geschwungenen Giebeln sowie einem viereckigen Bergfried mit geschweifter Haube. Rundtürme, Bastionen und Mauern geben der Anlage einen wehrhaften Anblick. Am Eingang zwei verwitterte barocke Wappen des Hochmeisters. Wirtschaftsbauten oberhalb. Heute Domäne.

Schloss Heuchlingen. Steil ragt das Deutschordensschloss über der Jagst empor

UMGEBUNG: Jenseits der Jagst liegt das Dorf **Duttenberg,** das 1484 vom Deutschen Ordens erworben wurde. In seinem Zentrum bilden kath. Kirche, Zehntscheune und ein Steinhaus ein schönes, geschlossenes Ensemble. Das Steinhaus war ehemals ein Adelshof, woran ein auf dem Kopf stehendes Allianzwappen (1541) erinnert.

UMGEBUNG: Im OT **Untergriesheim** steht im Friedhof die lebensgroße, leicht beschädigte Figur eines gepanzerten Ritters, wohl 14.Jh. Wer war das?   (2009)

Friesenheim OG J2

Dinghof, Kelnhof, Kellhof, Salhof, Fronhof, Zehnthof, Amtshof, Klosterhof..... sind regional unterschiedliche Begriffe für einen Verwaltungshof als Mittelpunkt einer **klösterlichen Grundherrschaft**. Die Klöster bekamen riesige, weit entfernte Grundbesitzschenkungen, die sie selbst nicht bearbeiten und verwalten konnten. Folglich richteten sie zentrale Höfe ein, an denen ein Villicus/Maier/Meier/Keller die Verwaltung in ihrem Auftrage besorgte. Mitunter war der Besitz zerstreut, sodass ein derartiger Hof für mehrere Dörfer zuständig war. Daraus konnte sich eine eigene Adelsherrschaft entwickeln, wenn das Maieramt über mehrere Generationen hinweg in der Familie vererbte wurde (s. Schwörstadt). Dem konnten Klöster im Hoch- und Spätmittelalter entgegen steuern, indem sie einem Mönch als Propst die Verwaltung übertrugen, womit aus dem Hof eine Propstei wurde (s. Ebringen). Mit dem Aufkauf von Herrschaftsrechten konnte sich daraus eine weltliche Klosterherrschaft entwickeln. Das gelang dem Kloster Schuttern teilweise in Heiligenzell, jedoch nicht in Friesenheim.

OT Heiligenzell

1016 bekam das nahe Benediktinerkloster Schuttern von Kaiser Heinrich dieses Schwarzwaldtal mit der frühmittelalterlichen Rodungssiedlung Ruckersweiler geschenkt. Das Kloster errichtete einen Dinghof, der mit einem Mönch besetzt war. Dies wurde als ein Ableger des Klosters, als eine Zelle gesehen, woraus sich der neue Namen Heiligenzell ableitete. Die Schutzvogtei über Schuttern und damit auch über die Propstei gelangte von den Hr. von Geroldseck an die Gf. Baden, die sie schließlich mit den Gf. Nassau bis 1629 teilten (s. Mahlberg). Schuttern konnte hier ebenso wie in seinem direkten Klosterbereich die Einführung der Reformation verhindern. 1629 wurde das kath. Baden-Baden Landesherr.
Bauten: Das **Schlössle** entstand aus dem Dinghof, genannt Georgenhof. Es ist eine Zweiflügelanlage, aufgeteilt in die Kapelle St. Georg mit Dachreiter und in Wohnungen. Die dreistöckigen Gebäude zeichnen sich durch barock-klassizistische Eingänge mit Abtswappen aus. Die Wirtschaftsbauten sind verschwunden. Die Anlage liegt erhöht über dem Dorf im ummauerten Park, idyllisch neben einem Bach. Zufahrt „Schlössle" ist ausgeschildert.

UMGEBUNG: Auch der Kernort **Friesenheim** war in Besitz des Klosters Schuttern unter Schutzvogtei der Gf. Geroldseck und anschließend Gf. Baden. Hier konnte das Kondominat Baden/Nassau aufgrund seiner Oberhoheit die Reformation durchsetzen. Erst als 1629 das kath. Baden-Baden Landesherr wurde, setzte eine Rekatholisierung ein, die jedoch nur bei der Hälfte der Einwohner erfolgreich war. 1912 bauten die Katholiken eine Kirche in einem sehenswerten Neubarock, so dass die Protestanten die alte Simultankirche ganz für sich erhielten. An deren Außenfassade steht das Epitaph einer Adelsfrau.

UMGEBUNG: Vom Benediktinerkloster **Schuttern** sind leider nur noch die Kirche und das heutige Pfarrhaus vorhanden. Das stattliche Gebäude unter Krüppelwalmdach ist der Rest einer barocken Residenzanlage mit Ehrenhof und großem Park. (2007)

M9 Fronreute RV

Urig und altertümlich sehen sie aus, die **Megalithtürme,** die aus Feldsteinen erbauten Bergfriede. Megalith (= großer Stein) hießen sie wegen der enormen Größe der einzelnen Steine, die man mit Kultbauten vorgeschichtlicher Gesellschaften in Verbindung brachte. Dabei waren dies schlicht und einfach nur Findlinge, welche die Alpengletscher ins Vorland transportiert hatten. Verwendet wurden sie im 12. und 13.Jh für den Burgenbau der „kleinen" Ministerialen, die sich keine Buckelquadersteine leisten konnten. So finden wir noch heute mehrere derartige Burgtürme im Bodenseeraum. Am imposantesten sind Burg Diessenhofen (s. Gailingen) und v.a. Burg Mammertshofen (Gem. Roggwil), beide im Schweizer Thurgau. „Gestriegelt und gebügelt" wirkt der Turm in Wolpertswende neben dem 18 m hohen Ungetüm von Fronhofen.

OT Fronhofen

Hier wohnte im 12.Jh ein Ministerialengeschlecht, das im 13.Jh wegzog und sich nach Burg Königsegg benannte (s. Königseggwald). 1380 erwarb Kloster Weingarten die Burg und machte sie zum Zentrum eines Klosteramtes für die vielen, zerstreuten Weiler.

Bauten: Der 18m hohe Megalithturm aus unbehauenen und unverfugten Feldsteinen überragt das Dorf. Er steht erhöht hinter der Kirche. Zugang über den Hof von Westen her.

Schloss Bettenreute

Die Wasserburg kam nach häufigem Besitzerwechsel an Ravensburger Patrizier und 1590 an die Reichsstadt selbst. Die musste jedoch nach dem 30j. Krieg aus finanziellen Gründen an die Hr. von Rehling verkaufen, die sie zum Zentrum eines Ritterguts mit den Dörfern Zußdorf und Danketsweiler machten.

Bauten: Das **Schloss** ist eine wasserburgartige Anlage mit trockenem Graben. Das dreistöckige Herrenhaus unter Satteldach mit Staffelgiebeln enthält das massive Mauerwerk der Vorgängerburg. Heute als Außenstelle der Justizvollzugsanstalt Ravensburg landwirtschaftlich genutzt, daher Registrierung bei Besuch notwendig. Die Anlage steht südöstlich Fronhofen an der Straße nach Ravensburg.

Fronhofen. Aus Feldsteinen errichtete Burgtürme (Megalithtürme) wirken urig und altertümlich

UMGEBUNG: Im benachbarten **Wolpertswende** wurde der **Hatzenturm** im 12./13.Jh ebenfalls von den Hr. von Königsegg erbaut. Im 14.Jh kam er an das Spital der Reichsstadt Ravensburg, das ihn zum Zentrum eines kleinen Amtes machte. Erhalten blieb ein quadratischer Bergfried aus kunstvoll zusammengefügten, unverfugten Feldsteinen. Er wirkt weniger imposant als der in Fronhofen, weil die Steine kleiner und die Baukunst perfekter ist. (2003)

Gaggenau RA G4

Was nutzt der größte Wald, wenn man ihn nicht wirtschaftlich nutzen kann? Erst durch die **Flößerei** wurde es möglich, den Schwarzwald intensiv zu bewirtschaften und den natürlichen Holzreichtum in Form von Langholz sowie von Schnitt- und Brennholz zu den Verbrauchern zu transportieren (s. Neuenbürg). Daran war entscheidend die 1488 gegründete und noch heute bestehende Murgschifferschaft beteiligt, welche die Murg samt Nebenbächen flößbar machte und selbst einen Wald mit rund 5.000 ha samt Sägemühlen bewirtschaftete. Erst mit dem Aufkommen der Eisenbahn wurde das Flößen eingestellt. In Hörden war der größte Holzfangplatz des Murgtals. Hier und auf dem Gaggenauer Amalienberg bauten sich ihre beiden reichsten Mitglieder Hofgüter.

OT Hörden

Die Gf. Eberstein erschlossen das Murgtal (s. Gernsbach). Ihrem Geldbedarf verdankt die Murgschifferschaft als eine Gemeinschaft von Investoren ihr Entstehen (1488). Zu ihrem reichsten Mitglied wurde Jakob Kast, weil er 1587 das Monopol für Flößerei wie auch für Holzhandel in der Mgft. Baden erwerben konnte. Als „Badischer Fugger" erbaute er sich in Hörden ein entsprechend repräsentatives Wohn- und Geschäftshaus. Sein Sohn Johann ließ sich in Gernsbach sogar ein Palais bauen (s.d.).
Bauten: Als **Schlössle** darf man das 1594 erbaute Haus Kast bezeichnen. Es ist ein zweistöckiges Gebäude unter Satteldach. Aus der Renaissance stammen Hoftorbogen, Fenster, Eingangstüre und Steinbalustrade. In der Barockzeit wurde es verändert. Heute ist das Gebäude in der Ortsmitte (Landstr. 43) Museum zur „Waldnutzung". Der daneben stehende Gasthof Ochsen gehörte ursprünglich dazu, was die ehemalige Größe der Anlage erahnen lässt.

Kernstadt

Gaggenau war ein Zentrum der Eisenverarbeitung, dies prägte seine industrielle Entwicklung. An der war Franz Anton Rindenschwender beteiligt, der vom einfachen Holzknecht zum Bevollmächtigten der Holländischen Holzkompanie aufstieg. Seine Aufgabe war es, als Mitglied der Murgschifferschaft den Holzkauf und den Transport der riesigen Holländerflöße zu organisieren. Ab 1782 machte er den Amalienberg urbar und legte darauf ein Mustergut an.
Bauten: Das **Hofgut Amalienberg** liegt im Süden des Städtchens auf einem hohen Felsen links der Murg. Das Herrenhaus wurde im 2. Weltkrieg zerstört. Übrig blieb ein 1828 erbautes Kavalierhaus, ein zweistöckiges anmutiges Gebäude mit zwei Seitentrakten, dessen gelbe Fassade durch drei Rundbögen und drei Medaillons mit den Köpfen berühmter Personen aufgelockert wird. Privat bewohnt, Zugang erlaubt. Landwirtschaftshof daneben. Lage: An Umgehungsstraße Ausfahrt Gaggenau Mitte; Privatweg zweigt von Berliner Straße ab.

Schloss Rotenfels

Auf der Suche nach Steinkohle stieß man 1839 auf eine Mineralquelle. Darauf gründet das moderne Thermalbad und der Namenszusatz „Bad". Nördlich angrenzend stand ursprünglich eine Eisenschmelze, die 1818-27 im Auftrag des nachgeborenen badischen Markgraf Wilhelm durch Friedrich Weinbrenner zum **Landschloss** umgebaut wurde. Es ist ein lang gestrecktes einstöckiges Herrenhaus, davor ein 1869 angefügter Portikus mit toskanischen Säulen. Solche Landhäuser im Stile des Venezianers Palladio waren im 19.Jh in England in Mode. Zusammen mit zwei lang gestreckten Nutzgebäuden umschließt die Dreiseitanlage einen weiten Vorhof. Als Landesakademie für Schulkunst und Schultheater genutzt. Lage: Links der Murg am Waldrand, Zufahrt ausgeschildert. (2009)

N7 Gaienhofen KN

Die **Höri** bildet eine Art Halbinsel zwischen Bodensee („Radolfzeller See") und dem Rheinausfluss aus dem See. Nur ein schmaler Streifen entlang dem Ufer ist flach, ansonsten geht es steil an bis auf 600 m („Schiener Berg"). Der **Bf. von Konstanz** hatte bereits früh Besitz und Rechte über Klöster erworben (s. Öhningen). Mit der Oberhoheit über die gesamte Höri, die er vom Stauferkaiser Friedrich Barbarossa 1155 aus altem Reichsbesitz bekam, konnte er hier eines seiner wenigen Territorien ausbauen. Im 20.Jh wurde die Höri von Künstlern entdeckt und zum Aufenthaltsort von Schriftstellern (z.B. Hesse) und Malern (z.B. Dix, Macke). Daran erinnert das Hörimuseum im OT Gaienhofen.

Kernort

Das Dorf ist bereits seit dem Hochmittelalter Besitz des Hochstifts Konstanz, das damit den regionalen Adel belehnte, so z. B. die Reischach und die Klingenberg. Ab 1500 übernahm es der Bischof in Eigenregie und machte es als Obervogtei zum Zentrum seiner kleinen Herrschaft. Meistens war dieses Amt an einflussreiche Landadelsfamilien vergeben, deren Epitaphien man in der Pfarrkirche im OT Horn entdecken kann: die Syrgenstein, Liebenfels, Stuben.
Bauten: Das **Schloss**, um 1700, ist ein Neubau unter teilweiser Verwendung von Mauern einer im 30j, Krieg zerstörten Wasserburg. Es ist ein mächtiger, schmuckloser Rechteckbau unter Satteldach, umgeben von einem Graben (darin heute Tennisplätze und Garagen). Ein Eckturm an Nordostecke ist erhalten. Nach häufigem Besitzerwechsel ab 1904 Landerziehungsheim, heute Internatsschule. Seit 1952 in Besitz der evang. Kirche. Direkt am See gelegen, Zugang in den Hof offen.

OT Horn

Horn bildet eine Art Nasenspitze der Höri. Als bischöflicher Ort wurde es vom Obervogt in Gaienhofen verwaltet. Das Dorf mit der Pfarrkirche liegt erhöht auf dem Hügel. Die Fischer siedelten direkt am See im OT Hornstaad. Das dortige Schlösschen war wohl Sitz eines Ortsadligen.

Hornstaad. Schlössle direkt am See

Gaienhofen

Bauten: Das **Schloss Hornstaad**, um 1640, ist ein schlichter Fachwerkbau mit 3 Allianzwappen am Treppenturm. Es wurde im 20.Jh um 4 m erweitert, was die Symmetrie stört. 1818 an Bürger verkauft, seit 1919 Gaststätte (Seerestaurant „Schlössli"). Direkt am See gelegen. – **Sonstiges:** Epitaphien der bischöflichen Obervögte von Gaienhofen in der hoch gelegenen kath. Kirche (die wollten wohl den Blick über den See genießen). (2008)

Gaildorf SHA F10

Dem Kaiser ein Glas Wein einzuschenken war das Recht der **Schenken von Limpurg.** Ihr Herkunftsort lag im Schüpfer Tal (s. Boxberg). Im 13.Jh zogen sie an den Oberen Kocher und benannten sich nach der Limpurg vor den Toren Schwäbisch Halls. Von den Staufern erhielten sie die Waldnutzungsrechte für ein Gebiet, das man bis heute als Limpurger Berge bezeichnet (s. Obersontheim) und woher das Holz für die Salinen in Hall geliefert wurde. In der Goldenen Bulle (1356) werden sie als Stellvertreter des Reichserzschenken – ein Amt, das der böhmische König innehatte – aufgeführt, weshalb sie bei der Kaiserkrönung tätig sein durften. Damit besaßen sie als Ministeriale eigentlich ideale Voraussetzungen zu einem Aufstieg vergleichbar den Truchsessen von Waldburg. Aber die Salzstadt Hall machte ihnen einen Strich durch die Rechnung, denn aufgrund ihrer Finanzkraft konnte sie die Reichsfreiheit samt einem kompakten Territorium erwerben und damit das Ausgreifen der Schenken nach Norden blockieren. Schließlich mussten diese sogar aus Geldnot 1541 ihre Stammburg an Hall verkaufen. Sie galten zwar als Grafen und fügten ihrem Titel ein „semperfrei" (= immer frei) an. Ihr Ländchen jedoch, das seit 1441 in die beiden Linien Gaildorf-Schmiedelfeld und Obersontheim geteilt war, umfasste gerade mal rund 340 km² mit Gaildorf als einziger Stadt.

Kernstadt

Ministerialensitz. Die Schenken von Limpurg übernahmen im 14.Jh die Ortsherrschaft. 1404 Erhebung zur Stadt, die nach der Teilung zum Sitz einer eigenen Linie wurde. 1540 Reformation. Als 1713 die männliche Linie der Schenken ausstarb, erbten insgesamt 10 Frauen die Grafschaft. So teilten sich am Ende des Alten Reiches vier Fürstenhäuser die Stadtherrschaft, von denen noch heute zwei mit eigenen Forstverwaltungen vertreten sind.

Gaildorf. Ein mächtiger Torbau schützt das Schloss der Schenken von Limpurg

Bauten: Das **Alte Schloss** am Kocher, eine ehemalige Wasserburg, ist eine idyllisch verwinkelte Vierflügelanlage, die aufgrund ihrer vier unterschiedlich hohen Fachwerkflügel (1482, 1570, 1660) sehr ländlich wirkt. Der wappengeschmückte und von zwei wuchtigen Rundtürmen geschützte Torbau führt in

Gaildorf

einen Innenhof mit malerischen, renaissancetypischen Galerien. Seit 1985 in Stadtbesitz, genutzt von VHS, als Museum und für Wohnungen. Angepasst an das Fachwerk des Schlosses ist der 1920 erbaute Kocherbau, in dem die Bentheimsche Forstverwaltung logierte, jetzt Cafe. – Jenseits des Kochers im Park bauten sich die erbenden Grafenfamilien im 19.Jh zwei **Schlösser.** Das eine (der Gf. Pückler) brannte 1945 ab. Das andere, erbaut 1846, dient heute als Rathaus und besitzt ein schönes Treppenhaus. Der stattliche Eingang wird vom Wappen der Gf. Bentinck-Waldeck gekrönt. - **Sonstiges:** Im Städtchen stehen Wirtschaftsbauten (Vogteihaus, Fruchtkasten mit prächtigem Fachwerk). - Drei bombastische figürliche Epitaphien in evang. Kirche und mehrere bescheidene außen. (2009)

N6 Gailingen KN

„Geht nicht, gibt's nicht" war wohl das Motto der **jüdischen Händler** im 19.Jh. Im Gefolge ihrer begrenzten rechtlichen Gleichstellung errang die jüdische Bevölkerung eine dominante Stellung in Handel, Banken und Industrie. Aus dem Nichts heraus in Führungspositionen, womit ist das zu erklären? Vermutlich anhand von Schlüsselqualifikationen, wie sie in der modernen Wirtschaftswelt gefordert werden: Flexibilität, Mobilität, Kommunikationsfähigkeit. Jüdische Händler warteten nicht auf Kunden, sondern kamen zu den Kunden (Wanderhandel). Wenn der Kunde kein Geld hatte, so tauschten sie ein Objekt ein, das sie anderswo wiederum als Ware absetzen konnten. Dieses Dreiecksgeschäft wertete man als Schachern ab. Das gewonnene Kapital steckten Juden nicht in sicheren (jedoch unrentablen) Grundbesitz, sondern ließen es in der Wirtschaft arbeiten und trieben damit die Industrialisierung voran. Rund 90% der Landjuden bestritten ihren Lebensunterhalt durch Handel. Offensichtlich ließ sich damit Wohlstand erreichen, wie die noch heute stattlichen Wohnhäuser von Gailingen zeigen.

Kernort

Gailingen besteht aus zwei Ortskernen, einem Ober- und Unterdorf. Die Ortsherrschaft war 1370-1518 in Händen der benachbarten Hr. von Randegg (s. Gottmadingen), die ein Drittel an die Stadt Schaffhausen verkauften. Mit den restlichen 2/3 gehörten die anschließend häufig wechselnden Adelsfamilien (Schellenberg, Speth) zum Kanton Hegau der Reichsritterschaft. Ab 1750 in Besitz der Frh. von Liebenfels, deren privat bewohnte Stammburg am Thurgauischen Bodenseeufer bei Mammern steht. Diese erwarben als Ministeriale des Bf. Konstanz verschiedene Rittergüter, so auch Oberstaad (s. Öhningen). Seit 1674 Ansiedlung von Juden, die im 19.Jh rund die Hälfte der Bevölkerung und zeitweise den Bürgermeister stellten.

Bauten: Das **Liebenfelsische Schlössle,** 1750-60, erbaut an Stelle eines Vorgängerbaus im Oberdorf, ist ein dreigeschossiger, klassizistisch-schlichter Walmdachbau auf hohem Kellersockel. Über dem Eingang mit doppelläufiger Treppe

Gailingen

das Wappen Liebenfels/Randegg. Ab 1869 in Besitz jüdischer Händler, seit 1993 aufgeteilt in Nutzergemeinschaft (Büros, Kirchengemeinde). Lage: Neben der kath. Kirche (Bergstraße). – **Sonstiges:** Herrschaftliche Hauptstraße im Unterdorf, gebildet von barock wirkenden Walmdachhäusern jüdischer Kaufleute. Das Bürgerhaus am gut gestalteten Synagogenplatz (mit Gedenktafel) besitzt noch die Kniestöcke mit Lüftungsöffnungen für die gelagerten Waren. – Ausgedehnter Jüdischer Friedhof am Waldrand nördlich über dem Dorf („Bürglestraße"). - Auf dem Gelände des nördlich davon gelegenen „Bürglischlosses", dem Rest einer mittelalterlichen **Burg**, steht heute ein Aussichtsturm. – Die Villa „Rheinburg" ca. 1 km westlich des Ortes ist eine Neorenaissance-Villa (1867) mit Glockenturm, die viele Arten von Nutzung erlebte, von der Erziehungsanstalt bis zum heutigen Weingut.

UMGEBUNG: Nur ein Sprung ist es über den Rhein ins Schweizer Städtchen **Diessenhofen,** wo die Burg Unterhof mit ihren Mauern aus Feldsteinen urig wirkt (Megalithturm, s. Fronreute). Nach einer aufwändigen Restaurierung wird sie in einer Mischung von alt und modern als Fortbildungszentrum genutzt. Man findet sie (zu Fuß) rechts hinter der Rheinbrücke neben der Kirche. (2008)

Gammertingen SIG K8

Die **Hr. von Speth,** ein 1248 in der Münsinger Gegend erstmals erwähntes Rittergeschlecht, stiegen im Dienste Württembergs im 15.Jh wiederholt bis zum Hofmeister, dem höchsten Amt des Herzogtums, auf. In dieser Zeit konnten sie Granheim (1415), Zwiefaltendorf (1441) sowie Untermarchtal (1444) erwerben und somit Streubesitz im Alb-Donau-Raum konzentrieren. Dietrich von Speth stellte sich jedoch gegen Herzog Ulrich. So half er der Herzogin Sabine (von Bayern) zur Flucht vor ihrem Mann und unterstützte den schwäbischen Bund bei der Eroberung des Landes. Daher entzog ihm Herzog Ulrich nach der Rückeroberung Württembergs (1534) sämtliche Besitzungen und gab sie erst nach der Niederlage des Schmalkaldener Bundes 1548 zurück. Dies betraf auch die 1524 erworbene Herrschaft Gammertingen, mit welcher die Speth der Reichsritterschaft beitraten und die sie unter drei Linien aufteilten.

Gammertingen. Eines von drei Speth-Schlössern im idyllischen Lauchertal

Kernstadt

Bereits in der Alemannenzeit war Gammertingen Adelssitz, wie durch ein reich ausgestattetes Adelsgrab belegt ist. Im 12.Jh saß hier ein Hochadelsgeschlecht, das sogar im Oberengadin Besitz erheiratete. Dessen Erbe ging an die Gf. von Veringen, die im 13.Jh die Stadt rechts der Lauchert anlegten. (Das Dorf befand sich bei der Pfarrkirche links der Lauchert). Nach ihrem Aussterben wurde die

163

Gammertingen

Herrschaft, die neben Gammertingen noch Neufra und Hettingen umfasste, 1468 von den Hr. von Bubenhofen und 1524 von Speth gekauft. Anschluss an den Kanton Donau der Reichsritterschaft. Napoleon schlug diese Dörfer 1806 dem Fürstentum Hohenzollern-Sigmaringen zu, weshalb die Speth 1827 ihren Besitz an die Hohenzollern verkauften.

Bauten: Das **Schloss,** 1777, von d´Ixnard erbaut, ist ein klassizistischer dreigeschossiger Bau mit einem schönen Treppenhaus. Klassizistisches Epitaph im Eingangsbereich. Leider wurde für den Bau einer Straße der Westflügel abgebrochen. 1827 Verkauf an die Fürsten Hohenzollern. Heute Rathaus mit dem Stadtwappen im Dreiecksgiebel. Auf der Seite zur Lauchert Terrasse mit allegorischen Figuren von Weckenmann. – **Sonstiges:** Die spätgotische Kapelle St. Michael war wohl die ehemalige Burgkapelle (ca. 100 m nördlich vom Schloss). - Ein Wappenepitaph (1727) in der kath. Pfarrkirche. (2010)

M5 Geisingen TUT

Markant schließt der **Wartenberg** die Baar nach Osten ab. Nach diesem Berg benannte sich ab 1138 ein Hochadelsgeschlecht, das zuvor in Geisingen saß. Als Landgrafen der Baar geriet es in Konkurrenz zu den gegenüber auf dem Fürstenberg sitzenden Grafen, von denen es aus dem Amt gedrängt und schließlich 1318 (nach dem Aussterben) beerbt wurde. (Nebenbei: Es gibt noch weitere Adelsgeschlechter von Wartenberg mit noch heute lebenden Mitgliedern.) Geisingen war Residenzstadt der Gf. Wartenberg.

Kernstadt

Alemannensiedlung an der jungen Donau. Im Hochmittelalter Sitz eines Hochadelsgeschlechtes (s.o.), das um 1300 die Stadt gründete. Nach dem Übergang an Gf. Fürstenberg war das Städtchen Sitz eines Obervogtes. Dieses Amt wurde häufig von den Ministerialen von Reckenbach ausgeübt, welche die Ortsherrschaft im Dorf Aulfingen (s.u.) besaßen und 1584 ausstarben. Bei der Teilung gelangte Geisingen an die Linie Fürstenberg-Heiligenberg.

Bauten: Die Schlossstrasse erinnert an das 1849 abgebrannte Schloss. Erhalten blieben in der Mohrengasse das Amtshaus mit Staffelgiebel und die Zehntscheune. - Insgesamt bietet das Städtchen ein schönes Bild, da viele Häuser mit Baar-typischen Stufengiebeln ausgestattet sind. – Epitaphien stehen in der (geschlossenen) gotischen Friedhofskirche im Osten des Ortes.

UMGEBUNG: Westlich des Städtchens erhebt sich der **Wartenberg** mit Blick auf die junge Donau. Die mittelalterliche Burg wurde 1780 abgerissen. Mit den Steinen baute sich Frh. von Lassolaye ein Schlösschen, das 1783 die Gf. Fürstenberg kauften. Der schlichte dreistöckige Bau unter Mansarddach mit einem risalitartigen Mittelteil ist in Privatbesitz. Zugang bis zum Tor offen. Die Zufahrt auf den Berg ist ausgeschildert.

OT Aulfingen

Alemannensiedlung im Aitrachtal, ca. 7 km südlich Geisingen. Die Oberhoheit kam als Erbe der Wartenberg an die Gf. Fürstenberg. Diese vergaben die Ortsherrschaft an häufig wechselnde Familien, darunter ihre Ministerialen von Reckenbach, und übernahmen sie 1775 selbst.
Bauten: Das **Schlössle** aus dem 18.Jh ist ein schmuckloser dreistöckiger, siebenachsiger Kasten unter Walmdach. Das Hirschgeweih über dem Eingang kennzeichnet es als Jagdschloss. Heute Ortsverwaltung und Büro. Es steht gegenüber der kath. Kirche.

OT Gutmadingen

Alemannensiedlung an der Donau, im Westen von Geisingen. Grund und Boden waren weitgehend in Besitz des Klosters Reichenau. 1100 – 1400 Ortsadel unter der Oberhoheit der Wartenberg bzw. Fürstenberg. Dann Sitz eines Vogtes.
Bauten: Wie ein **Schlössle** wirkt der Meierhof (16.Jh) des Klosters Reichenau mit seinen schönen Stufengiebeln. Zeitweise war er Witwensitz fürstenbergischer Gräfinnen. Er steht (privat bewohnt) am Ostrand des Dorfes (Alemannenstr. 14). – **Sonstiges:** Gegenüber der kath. Kirche steht der Vogtshof mit Stufengiebeln (1570). Über dem rundbogigen Scheunentor Maske und Inschrift. – Im Dorf blieben viele Bauernhäuser mit Stufengiebel erhalten, wie sie für die Baar typisch sind. In diesem fruchtbaren und daher von den Alemannen dicht besiedelten Kessel entwickelte sich das schwäbische Einhaus in besonders stattlicher Form. (2006)

Geislingen a. d. Steige GP H11

So weit konnte die Reichsstadt Ulm ihr Territorium ausdehnen, als sie 1396 die **Gf. Helfenstein** auskaufte. Deren Stammburg stand hier über dem Filstal, bereits um 1000 werden sie als Edelfreie und im 12.Jh als Grafen erwähnt. Im 13.Jh waren sie das mächtigste Geschlecht der Ostalb mit einem Herrschaftsbereich bis Blaubeuren und Heidenheim. Nach einer Teilung (1356) zwangen finanzielle Probleme die hier sitzende Linie zum Verkauf an die Ulmer „Pfeffersäcke". Sie behielt nur die Minigrafschaft Wiesensteig (s.d.). In der Stadt Geislingen erinnern eine Burgruine und ein Schlossflügel an sie.

Die Ritter von **Degenfeld** wurden erstmals 1257 erwähnt. Sie waren Ministeriale der Helfenstein, dann der Rechberg. Sie schlossen sich der Reformation an, wurden jedoch nach dem 30j. Krieg wieder katholisch. 1597 verkauften sie ihren Stammsitz Degenfeld (s. Schwäb. Gmünd) an Württemberg. Christoph Martin, dessen Marmorepitaph in Dürnau steht, rettete 1645 als Gouverneur in Diensten Venedigs Dalmatien und

Eybach. Gartenseite des Degenfeldschlosses

Geislingen a. d. Steige

Albanien vor den Türken. Seine Tochter Louise, Hofdame in Heidelberg, wurde vom Pfälzer Kurfürsten in morganatischer Ehe geheiratet und 1667 zur Raugräfin erhoben. Nach der Verbindung (1717) mit der Erbin der Hochadelsfamilie Schomburg, Herzöge in England, wurde eine Namenserweiterung zu Degenfeld-Schonburg vorgenommen (s. Gemmingen). Seit 1456 wohnt die Fam. von Degenfeld in Eybach.

OT Eybach

In der Stauferzeit saßen auf einer Burg Hoheneybach Ministerialen der Gf. Helfenstein. 1456 gelangte das Rittergut an die Hr. von Degenfeld, die sich dem Kanton Kocher der Reichsritterschaft und der Reformation anschlossen. Wegen des Widerstandes der Fürstpropstei Ellwangen, welche die Oberhoheit besaß, wurde die Kirche 1607-1968 simultan genutzt. Die heute noch hier wohnende Linie nennt sich Gf. Degenfeld-Schonburg.
Bauten: Das **Schloss** (1770) besteht aus einem zweigeschossigen Herrenhaus unter Mansarddach und einem Ostflügel zur Straße hin. Den schönsten Anblick bietet die Gartenseite aufgrund ihres wappengeschmückten Mittelrisalites. Der Vorhofbereich ist vermietet und offen. Südlich erstreckt sich ein schmaler Park am Eybbach entlang. – **Sonstiges:** In der kath. Kirche stehen mehrere (figürliche) Epitaphien der Degenfeld (- Schonburg), die heute in einem eigenen Friedhofsteil begraben werden.

Kernstadt

Die Gf. Helfenstein gründeten Anfang des 13.Jh die Stadt als systematische Anlage an der Fernhandelsstraße Rhein-Mittelmeer. Nach dem Verkauf an die Reichsstadt Ulm (1396) bildete die Grafschaft die Untere Herrschaft innerhalb des Reichsstädtischen Territoriums (s. Langenau). Im Stadtschloss residierten ein Obervogt und ein für die Finanzverwaltung zuständiger Pfleger aus dem Ulmer Patriziat. Die Reformation wurde gegen starken Widerstand in der Bevölkerung durchgesetzt. Der Elefant als Wappentier der Helfensteiner war wohl der Anlass für die Elfenbeinschnitzereien, die zum Exportartikel der Stadt wurden. So konnte man durch Kunsthandwerk und als Anspannstation für den Albaufstieg einen gewissen Wohlstand erlangen.
Bauten: Das **Stadtschloss** (1380) der Gf. Helfenstein bestand ursprünglich aus zwei rechtwinklig zueinander stehenden Flügeln, von denen der nördliche 1821 abgerissen wurde. Übrig blieb der Ostflügel. Es ist ein dreigeschossiger, lang gestreckter, schmuckloser Bau, heute von städtischen Ämtern genutzt. Lage: Im NO der Altstadt, neben dem Neuen Rathaus, „Schlossgasse". - Die **Burg Helfenstein** über der Stadt zerfiel nach ihrer Zerstörung (1552, Markgräfler Krieg). 1932 baute man einzelne Teile (Rondell, Grundmauern der Wohnhäuser) wieder auf. Sie liegt am Albaufstieg kurz vor OT Weiler. – Der auf einem Bergvorsprung gegenüber stehende, 27 m hohe **Ödenturm** war ein Wachturm zur Absicherung der Burg Helfenstein. – **Sonstiges:** In der evang. Stadtkirche sind zahlreiche Epitaphien und Totenschilde von Obervögten und Bürgern. - An die Ulmer Herrschaft erinnert der Alte Bau (16.Jh), einer der schönsten in alemannischem Fachwerk errichteten Fruchtkästen in BW (Moltkestr. 11).

Geislingen a. d. Steige

UMGEBUNG: Auch die benachbarte Gemeinde **Bad Überkingen** kam mit der Grafschaft Helfenstein zur Reichsstadt Ulm. Der Amtmann war dem Obervogt in Geislingen untergeordnet. Bereits im Mittelalter kannte man die Sauerquelle und waren die Badegäste international. Von den hochadligen Besuchern (Erzherzogin, Herzogin) wurden Wappentafeln hinterlassen, die noch heute im Badhotel (1588, Fachwerkhaus) zu sehen sind. Zudem stößt man in der evang. Kirche auf die Wappen von Ulmer Patriziern (z.B. Besserer) und Badegästen, welche die mit Bibelszenen und Wappen geschmückte Decke (Felderdecke) gesponsert haben. Imposant wirkt das alte Pfarrhaus, ein Fachwerkhaus im Dorfzentrum, jetzt Golfhotel.

UMGEBUNG: Auch das benachbarte Dorf **Kuchen** kam mit der Grafschaft Helfenstein zur Reichsstadt Ulm. Auch hier ist die Felderdecke (1588) in der evang. Kirche mit Wappen von Ulmer Patriziern und Tierdarstellungen geschmückt. Zudem ist ein Brunnentrog (1762) mit dem Wappen der Reichsstadt und der Patrizierfamilie Krafft geziert. (2009)

Geislingen BL   J6

Das Bubenhofer Tal zwischen Geislingen und Heiligenzimmern ist benannt nach den Rittern von **Bubenhofen,** die von hier aus ihren fulminanten Aufstieg starteten. Ihre Stammburg stand über dem Eyachtal bei Grosselfingen, im 14.Jh verlagerten sie ihr Herrschaftszentrum nach Geislingen. Als Hofmeister der Gf. Württemberg erwarben sie Ende des 15.Jh weitere Herrschaften, darunter Gammertingen und Hettingen (s.d.). Sie galten als reichste Ritterfamilie in Schwaben: Hans Caspar wurde als „Goldener Ritter" bezeichnet. Ihr Abstieg war so rasant, dass sie bereits in den 1520er Jahren ihren Besitz verkaufen mussten, so auch ihren Stammbesitz um Geislingen.

Kernort

Alemannische Siedlung. Das Dorf kam 1342 an die Hr. von Bubenhofen, die es zum Zentrum einer Herrschaft von mehreren Dörfern mit eigener Hochgerichtsbarkeit machten. Der finanzielle Absturz des „Goldenen Ritters" zwang 1516 zum Verkauf. Die Herrschaft kam an die Hr. von Stotzingen, die sich nach

Geislingen (BL). Schloss der Schenken von Stauffenberg

dem Ort benannten, das benachbarte Dotternhausen kauften und sich dem Kanton Neckar der Reichsritterschaft anschlossen. Nach wiederholtem Besitzerwechsel und Teilung wurde das Rittergut 1697 an die Schenken von Stauffenberg im nahen Lautlingen (s. Albstadt) verkauft.

Bauten: Das **Schloss**, 18.Jh, steht auf den Mauern einer mittelalterlichen Wasserburg. Es ist eine von Gräben umgebene schmucklose Drei-Flügel-Anlage unter Mansardwalmdach. Klassizistisches Portal mit Stauffenberg-Wappen

Geislingen

(1783). Seit 1925 in Gemeindebesitz, Nutzung für Bücherei und Vereine. Das Einmalige an der Anlage ist ein Pavillon (1716) im Barockgarten, der seine Originalausstattung mit Fayencenkacheln nach Delfter Art noch besitzt. – **Sonstiges:** Daneben ein Park mit Bach, teilweise von Schule und Festhalle überbaut. - Mehrere Epitaphien sowie vier Totenschilde der Hr. von Stotzingen in kath. Kirche. – Zwischen Schloss und Kirche standen die leider abgerissenen Wirtschaftsgebäude. (2009)

E7 Gemmingen HN

Zu den **Gf. Degenfeld-Schonburg:** Die Raugrafen, eine Seitenlinie der Emichonen im Nahegau und Vasallen der Kurpfalz, starben im 16.Jh aus. 1667 reaktivierte Kurfürst Karl Ludwig den Titel für seine morganatisch angetraute Gattin Louise von Degenfeld und erhob sie damit in den Grafenstand (**„Raugräfin"**). Zusammen hatten sie 14 Kinder, die somit Halbgeschwister der berühmten Liselotte von der Pfalz waren. Die älteste Tochter Elisabeth heiratete 1683 Meinhard von Schomburg (s.u.), der 1689 Herzog in England wurde. - Dessen Vorfahren waren die Hr. von Schönburg bei Oberwesel am Rhein (Rhein-Hunsrück-Kreis in Rheinland-Pfalz). Im 17.Jh gelang ihnen der Aufstieg in den europäischen Hochadel (1689 Herzogstitel) durch Kriegsdienste in Frankreich, England und Portugal. So entschied Friedrich in englischem Auftrag den Kampf Portugals um seine Unabhängigkeit von Spanien (1660-1665). Sein Sohn Meinhard heiratete 1683 Elisabeth Raugräfin zu Pfalz (s.o.). Ihre Tochter Maria heiratete Gf. Christoph Martin von Degenfeld. Die Nachkommen nennen sich seitdem **Degenfeld-Schonburg.** Wir stoßen auf sie mit Burg Streichenberg und Schloss Schomberg.

Die **Fam. von Gemmingen** ist eine weit verbreitete fränkische Ritterfamilie. Als ihr Stammvater gilt Hans, der 1259 kaiserlicher Landvogt in Sinsheim war. Im 14.Jh teilte sie sich in zwei Hauptlinien, die sich weiter verästelten und ein schier unüberschaubares Familiengeflecht bildeten. Die Gemmingen waren v.a. im Kraichgau verbreitet, wo sich alle Linien der Reichsritterschaft anschlossen. Mit Ausnahme der Seitenlinie Hagenschieß (s. Tiefenbronn) schlossen sich alle der Reformation an, wobei dies wagemutig früh in Gemmingen selbst geschah. Hier erinnern ein Schloss und Epitaphien an ihre Herrschaft.

Gemmingen. Renaissance-Schloss mit Epitaphiensammlung an Gartenmauer (rechts)

Kernort

Merowingersiedlung. Im 13.Jh saß Dorfadel als Ministeriale der Kraichgaugrafen und später der Kurpfalz auf einer Wasserburg. Aufteilung in drei Linien mit drei Schlössern. Wolf führte als erster Reichsritter bereits 1522 die Reformation ein und stiftete eine Lateinschule. Anschluss an Kanton Kraichgau der Reichsritterschaft. Im 18.Jh war die Dorfherrschaft zwischen den Hr. von Gemmingen und den Gf. Neipperg geteilt.

Bauten: Von den drei Schlössern überlebte nur das **Untere Schloss** (1592) an der Kreuzung im Dorfzentrum. Der dreistöckige Steinbau steht an der Stelle einer Wasserburg, von der noch der massive Rundturm im Garten sowie die kreuzrippengewölbten Räume im Erdgeschoss erhalten sind. Im Eingangsbereich findet man drei Kunstwerke des Manierismus: das phantasievolle Portal mit Bauinschrift, eine verzierte Altane (Balkon) und im Inneren das Epitaph des Erbauers. Privat bewohnt. Daneben eine Wand voll Wappenepitaphien, die beim Neubau der evang. Kirche hierher versetzt wurden. Der Schlosspark ist öffentlich. – **Sonstiges:** An der Friedhofstraße blieben zwei schöne Verwaltungsgebäude der Gemmingen erhalten: Das Rentamt, ein schlössleartiger Zierfachwerkbau mit einem wappengeschmückten Portal (1618) und gegenüber die Zehntscheune unter Krüppelwalmdach (1743), beide privat bewohnt. - Nördlich des neugotischen Neuen Rathauses, das am Platz des Mittleren Schlosses erbaut wurde, steht an der Schlossgartenstraße die lange Kelterscheuer (1568).

Streichenberg und Schomberg

Burg Streichenberg war ursprünglich in Besitz der Hr. von Gemmingen. Nach wiederholtem Besitzerwechsel kam sie 1594 an die Kurpfalz und wurde 1670 an die Kinder der „Raugräfin" vergeben, weshalb sie über Elisabeth (von Schomburg) und deren Tochter Maria 1738 an die Gf. Degenfeld fiel, die sich anschließend Degenfeld-Schonburg nannten. Die Landeshoheit kam 1803 mit der Auflösung der Kurpfalz an das Fürstentum Leiningen und 1806 an Baden.

Bauten: In den Dornröschenschlaf fiel **Burg Streichenberg** nach dem Umzug (1826) der Gf. Degenfeld-Schonburg in Schloss Schomberg (s.u.). Nur noch der Vorburgbereich wurde als Gutshof genutzt. Das Renaissanceschloss wurde jetzt von einer Interessengemeinschaft wieder hergerichtet und wird für Marketing, Kultur und private Feste genutzt. Es liegt ca. 2 km westlich außerhalb des Dorfes, von dem her die Zufahrt durch ein Schotterwerk führt. - Rund 1 km südlich Streichenberg liegt **Schloss Schomberg,** das seit 1826 von Gf. Degenfeld-Schonburg bewohnt wird. Das klassizistische, dreistöckige Gebäude mit Dreiecksgiebel steht versteckt in einem weiten Waldpark an der Straße zwischen Stebbach und Richen. Daneben ein Hofgut. - **Sonstiges:** Im **OT Stebbach** ist ein Friedhofsteil für die Gf. Degenfeld-Schonburg reserviert.

UMGEBUNG: Auch im nahen Dorf **Ittlingen** hatten die Hr. von Gemmingen das Sagen. 1360 erhielten sie das Dorf als Lehen der Gf. von Öttingen. Nach dem 30j. Krieg verkauften sie an den franz. Feldmarschall von Schmidtberg, konnten es jedoch 1778 wieder zurückkaufen. Das **Schlössle** ist ein zweistöckiges Barockgebäude unter Krüppelwalmdach mit dem Schmidtbergwappen am Hofportal. Herrenhaus, zwei Wirtschaftsgebäude und eine Baumreihe bilden eine geschlossene Gutshofanlage, die auf einem Hügel über dem Dorf steht. (2009)

Gengenbach OG

„Ödipus lässt grüßen!" Hier wollte in der Reformation ein Sohn (Stadt) seinen Vater (Kloster) ermorden, und wurde am Ende umgezogen. Nach vielen Spannungen zwischen dem uralten Kloster und der jungen Stadt schloss sich die Stadt der Reformation an und setzte einen protestantischen Prediger für die Klosterkirche durch. Selbst der Abt war bereits kalvinistisch geworden. Da kippte die Geschichte. Die Niederlage der Protestanten im Schmalkaldischen Krieg brachte in der Stadt die Katholikenpartei ans Ruder. Nach einer totalen Rekatholisierung kam eine Blütezeit im Barock, die zwei schlossartige Bauten hinterließ.

Gegenbach. Das Wappen auf dem schlossähnlichen Rathaus demonstriert Reichsstadtherrlichkeit

Kernstadt

Das Benediktinerkloster, das bereits seit 730 als fränkisches Reichskloster bestand, gründete um 1230 die Stadt. Als diese 1360 reichsunmittelbar wurde, standen sich zwei konkurrierende Institutionen auf engstem Raum gegenüber. Bereits 1526 schloss sich die Stadt der Reformation an und zwang das Kloster auch dazu. Nach ihrer Rekatholisierung ab 1548 erlebten beide 1689 die totale Zerstörung durch die Truppen des Sonnenkönigs. Der Wiederaufbau brachte ein idyllisches Stadtbild hervor.

Bauten: Die Abtei bildete mit der Kirche zusammen eine geschlossene Vierflügelanlage, bis der Ostflügel im 19.Jh abgebrochen wurde. Die Prälatur, der zur Stadt hin liegende Trakt des Abtes (Südflügel), kann als **Schloss** bezeichnet werden. Das dreigeschossige Gebäude mit zwei Volutengiebeln besitzt ein Wappenportal und ein prunkvolles Treppenhaus. Als Fachhochschule zugänglich. Ein Park an der Kinzig und die Wirtschaftsbauten (Mühle) runden die Anlage ab. – Schlossartig wirkt auch das reichsstädtische **Rathaus** (1784), ein dreistöckiges Rokokogebäude mit Mittelrisalit, repräsentativem Balkon und einem machtvollen Stadtwappen als Dachbekrönung. - **Sonstiges:** Teile der Stadtmauer und Stadttürme (mit Wappen) blieben erhalten. – Die reichsstädtische Ratskanzlei (1699, mit Volutengiebel) und das wappengeschmückte Korn- und Kaufhaus stehen am Marktplatz, dessen Mitte von einem Brunnen mit einem in spanischer Tracht gekleideten Ritter eingenommen wird. - Der Gasthof „Mercyhof" steht an Stelle eines Hofgutes des kaiserlichen Generals Mercy, das dem Kanton Ortenau der Reichsritterschaft angeschlossen war. – In der Klosterkirche und im Kreuzgang sind mehrere Epitaphien adliger Äbte. - Bürgermeister Bender wurde im 18.Jh geadelt und nannte sich von Löwenberg. Die Familie stellte mehrere Äbte und einen Feldmarschall. Ihr Palais mit Wappen über dem Eingang wird heute für Ausstellungen genutzt (Hauptstr. 13), ihre Grabkapelle steht auf dem Friedhof bei der Martinskirche. - Der daran anschließende, nicht zugängliche Löwenbergpark an der Straße nach Ohlsbach ist in Besitz der Gengenbacher Franziskanerinnen, deren Mutterhaus gegenüber steht und deren einheitlich gestalteten Gräber dem Friedhof ein besonderes Bild geben. - Die enge Engelgasse mit ihren Fachwerkhäusern lässt ans idyllischste Elsass denken.

UMGEBUNG: Im benachbarten **Berghaupten** ist das Rathaus in einem ehem. Schlösschen untergebracht. Das Dorf war geteilt, weil sich aus den Dinghöfen der Klöster Gengenbach und Schuttern zwei unterschiedliche Herrschaften entwickelten. Aus dem Gengenbacher Hof entstand die Wasserburg Falkenweiher, die dem Kanton Ortenau der Reichsritterschaft angeschlossen wurde. Sie kam 1699 an die Hr. von Schleiß, die 1788 das Schloss bauten. Der zweistöckige Bau besitzt einen Mittelrisalit mit Balkon und wappengeschmücktem Dreiecksgiebel. (2009)

Gerabronn SHA D11

Die meisten Reichsritterfamilien haben ihre Wurzeln in der **Stauferzeit.** Die Staufer benötigten für ihre zahlreichen Burgen und neu gegründeten Städte Verwalter und für ihre ständigen Kriege Reiter, wofür sie Unfreie als Ministeriale (= Dienstmannen) anstellten. Diese konnten aufgrund ihres Amtes Heiratverbindungen mit adligen Freien (= Edelfreie) eingehen. So bildete sich ein neuer Niederadelsstand: **die Ritter.** Nach dem Untergang der Staufer konnten sie im Dienste von Herzögen, Bischöfen und Grafen ihren sozialen Status behalten bzw. sogar in den Hochadel aufsteigen (z.B. Gf. Königsegg, Truchsessen von Waldburg). Auf Amlishagen, Morstein und Leofels saßen solche Dienstmannen, dort stoßen wir auf Bauten aus der Stauferzeit.

OT Amlishagen

Ministeriale nannten sich nach der Burg über dem tiefeingeschnittenen Brettachtal. 1463-1708 in Besitz der Herren von Wolmershausen, die sich dem Kanton Odenwald der Reichsritterschaft und der Reformation anschlossen. Ihre Erben, die Frh. vom Holtz, zogen ins Amtshaus oberhalb der Burg, das „Neue Schloss". Nach ihrem Konkurs kaufte 1821 der aus Crailsheim stammende Leibarzt des Marschalls Blücher das Schloss samt Burg, dessen Erben die Anlage noch heute besitzen. Leider ließ man die Burg im 19.Jh verfallen, erst seit 1984 erfolgte eine Sanierung.
Bauten: Die staufische **Burg** mit einer wuchtigen Schildmauer von 20 m Höhe und einer Palasruine ist eine weiträumige, von Ringmauern, Bastionen und vier Ecktürmen umgebene Anlage. Privatbesitz, am Wochenende geöffnet. – Der Besitzer wohnt im **„Neuen Schloss"**, das als ehem. Amtshaus 1601 umgebaut wurde. Seine Volutengiebel und der Treppenturm sind typisch für die Renaissance. – **Sonstiges:** Epitaphien in evang. Kirche und im anschließenden Friedhof mit dem Wappen der Holtz über dem Eingang. - Amlishagen liegt ca. 2 km nö. von Gerabronn.

OT Morstein

Auch hier saßen in der Stauferzeit Ministerialen, war man Mitglied des Kantons Odenwald, schloss man sich der Reformation an, stammt ein Gebäudeteil

(Bergfried) aus der Stauferzeit. Seit dem 14.Jh gehörte die Herrschaft den Frh. von Crailsheim. Weithin bekannt war Morstein aufgrund seiner immensen Reiherkolonie im Walde, um die 1570-93 sogar ein „Krieg" mit den Gf. von Ansbach geführt wurde.

Bauten: Die **Burg-Schloss-Anlage** besteht aus einem stauferzeitlichen Bergfried und Renaissance-Bauten. So sind das Staffelgiebelhaus und der angebaute Bastionsturm mit einer zierlichen Renaissancebalustrade geschmückt. Burgkapelle (1618). Heute in Besitz der Frh. von Crailsheim. Zugang bis zum malerischen Torhaus (1701) und in den Burggraben. – Das Schloss liegt am Rande des Dorfes auf einem Bergsporn über der Jagst.

UMGEBUNG: Ca 1 km östlich Morstein liegt **Burg Leofels** (Gem. Ilshofen). Hier verwalteten Ministeriale in der Stauferzeit eine Reichsburg über dem Jagsttal. Nach häufigem Herrschaftswechsel gelangte sie 1593 an das Haus Hohenlohe und wurde zum Amtssitz. 1707 von einem Blitz getroffen verfiel die Anlage. 1976 wurde sie der Stadt geschenkt. Die Burgruine mit Schildmauer, Wohnbauten und Bergfried aus dem 13.Jh ist nach einer aufwändigen Sanierung frei zugänglich. (2010)

Morstein. Eine filigrane Balustrate schmückt Bastionsturm und Staffelgiebelhaus

G4 Gernsbach RA

Zu den Verlierer der Geschichte zählen die **Gf. Eberstein.** Dabei hatten sie eigentlich bessere Ausgangsvoraussetzungen als die benachbarten Gf. Baden. Denn sie saßen bereits im 11.Jh vor ihnen im Nordschwarzwald und kontrollierten mit ihrer Burg Alt-Eberstein (s. Baden-Baden) sowohl das Rheintal als auch das Murgtal. Durch Rodung konnten sie große Besitzungen aufbauen, vom Schwarzwald bis in den Kraichgau (s. Kraichtal). Im Albtal gründeten sie die Klöster Herrenalb und Frauenalb. Zwei Teilungen (1219, 1360) sowie ihre Beteiligung am sogenannten Schlegerkrieg (s. Heimsheim) hatten jedoch zur Folge, dass die Hälfte des jeweiligen Besitzes an die Gf. Baden kam, 1283 als Erbe und 1387 durch Notverkauf. Baden vereinnahmte schließlich 1584 Titel und Wappen der Ebersteiner, an die nach dem Aussterben (1660) nur noch wenig erinnert. Aber immerhin trägt ein Schloss ihren Namen.

Schloss Neu-Eberstein

Nach einer Teilung (1219) errichtete eine Linie die Burg Neu-Eberstein, die nach dem Übergang der Stammburg Alt-Eberstein an die Gf. Baden (1283) als neuer Stammsitz diente. Sie war das Zentrum des durch Rodung erworbenen Eigenbesitzes im Murgtal. Nach einer erneuten Teilung ging 1387 die Hälfte der Burg bzw. Herrschaft an die Gf. Baden, nach dem Aussterben 1660 die restliche Hälfte. Die verwahrloste Anlage erlebte im 19.Jh einen Umbau zum „mo-

dernen" Schloss in persönlichem Besitz des Hauses Baden. Dieses verkaufte im Jahre 2000 an einen Kaufmann, zu dessen Vorfahren der Holzhändler Kast (s.u.) gehört. Jetzt wird es als Hotel-Restaurant genutzt.
Bauten: Die ausgedehnte Anlage ist eine Burg-Schloss-Mischung. An die mittelalterliche **Burg** erinnern eine gewaltige Schildmauer und der 1953 wieder aufgebaute Bergfried. Das **Schloss** hingegen ist die 1829 erfolgte Erneuerung der Bauten des 16./17.Jh, ein Ausbau im neugotischen Stil sowie der Anbau der Wirtschaftsbauten. Die Anlage bietet eine schöne Aussicht, da sie hoch über einer Murgschleife auf einem Granitfelsen ca. 2 km südlich Gernsbach steht (Zufahrt ausgeschildert). Schönes Renaissance-Torhaus mit Allianzwappen Eberstein/Fleckenstein.

Kernstadt

Die Stadtgründung 1230 durch die Gf. Eberstein diente der Erschließung des Murgtals. Infolge der Teilung 1360 bzw. des Verkaufs einer Hälfte an die Gf. Baden und aufgrund der Reformation war das Städtchen gespalten: das Kirchdorf mit evang. Kirche und Friedhof südlich, die ummauerte Marktstadt mit kath. Kirche und Friedhof nördlich des Waldbachs. Nach dem Aussterben der Gf. Eberstein zog das Speyrer Domstift deren Anteil als erledigtes Lehen ein, die Stadt wurde als Kondominat Speyer-Baden mehr schlecht als recht regiert. Überraschenderweise blieb bis heute die Hälfte der Bevölkerung protestantisch. - Gernsbach war das Zentrum der Murgflößerei und des Holzhandels. So wurde das ehem. Palais des Holzhändlers Kast, eines Sohnes des „Badischen Fuggers" (s. Gaggenau), zum „Alten Rathaus".
Bauten: Als **Schlössle** darf man das Palais Kast bezeichnen, das 1617 für den Murgflößer und Holzhändler Johann Kast durch den Heidelberger Hofbaumeister (!) J. Schoch erbaut wurde. Der dreistöckige Sandsteinbau dominiert den Marktplatz mit seinen Renaissanceverzierungen (Volutengiebel, Zierobelisken, polygonaler Erker). Bis 1918 Rathaus, heute privat genutzt. – **Sonstiges:** Ein figürliches Epitaph der Gf. Eberstein in evang., zwei in kath. Kirche. - Kondominatswappen am Eingang der kath. Kirche. - Aufwändige Grabanlage der Fam. Kast im evang. Friedhof, der ebenso wie der kath. heute noch bei der jeweiligen Kirche genutzt wird. - In der Schlossstr. 33-39 steht der Speyrer Amtshof („Alter Amtshof"), das Verwaltungsgebäude des Domstiftes. Das privat bewohnte Fachwerkensemble (16.Jh) liegt direkt am linken Murgufer. – Am rechten Murgufer (an der Bleichstraße) wurde der reizende Katzsche Garten, ein 1802 für die Murgschifferfamilie Katz angelegter Barock-Skulpturen-Park, von einer Bürgerinitiative vorbildlich wieder hergestellt. - Der Waldbach formte einen Graben, über dem die Stadtmauer samt zwei renovierungsbedürftigen Zehntscheunen wuchtig empor ragt. - Das Städtchen im engen Schwarzwaldtal bietet mit den Fachwerkhäusern, die überragt von zwei Kirchen am Berg kleben, einen malerischen Anblick.

UMGEBUNG: Der weit entfernte **OT Kaltenbronn** entstand aus zwei im 18.Jh errichteten Jagdhäusern. Das heutige Jagdhaus des Hauses Baden wurde 1870 als zweistöckiger Holzbohlenständerbau mit Loggia errichtet. (2009)

H12 Giengen HDH

Rotwelsch ist die Sprache der **Jenischen**. Als Jenischen (= kluge Leute) bezeichneten sich Familien, die nach dem 30j. Krieg entwurzelt waren und vom Hausiererhandel lebten. Als eine eigene Sprache hatten sie das **Rotwelsch** entwickelt. (rot = Bettler; welsch = Walchen = Romanen = unverständlich, vergl. Kauderwelsch). Wir finden in BW mehrere derartige Ansiedlungen, so z.B. in Matzenbach, Unterdeufstetten, Wildenstein (s. Fichtenau), Leinzell und Pfedelbach. Und hier in Burgberg, wo es sich ein Verein zur Aufgabe gemacht hat, das Rotwelsch als Sprache zu erhalten.

OT Burgberg

Die Burg über dem Hürbetal und die Mühle waren im 14.Jh im Besitz von Ministerialen der Gf. von Öttingen. Nach wechselnden Besitzern kam der Ort 1452 an die Fam. von Grafeneck, die beim Alten Glauben blieb. Nach deren Aussterben 1728 zogen die Gf. von Öttingen-Wallerstein das Lehen ein und siedelten obdachlose und entwurzelte Familien an. Die Siedlung der Jenischen („Wallersteinsiedlung") befand sich am Fuße des Dorfes (Ritterstraße, Wasserstrasse).
Bauten: Das **Schloss** steht an Stelle der im 30j. Krieg zerstörten Burg südlich oberhalb des Dorfes. Das schmucklose Herrenhaus mit schönem, wappengeschmücktem Eingang kam 1838 an Frh. von Linden. (Gründer des Lindenmuseums in Stuttgart. Maria von Linden machte 1891 als erste Frau Württembergs das Abitur und war die erste Professorin für Naturwissenschaften in Preußen.) Seit 1936 in bürgerlichem Besitz. Zufahrt durch den Wald („Schlosssteige", Anlieger frei). Zugang bis Tor. Daneben Hofgut.
UMGEBUNG: Das Entstehen der vielen kleinen Reichsstädte in Südwestdeutschland ist als ein Erbe der Staufer zu erklären. So auch bei **Giengen**, das von Kaiser Friedrich Barbarossa zum Zentrum seiner Besitzungen im Brenztal gemacht wurde. Der hatte dieses Gebiet nach der Scheidung von der örtlichen Grafentochter Adela behalten, um seinen Besitz im Ries abzurunden. Damit war die Grundlage gegeben für den anschließenden Aufstieg zur Reichsstadt, deren Gerichtshoheit jedoch nur bis zu den Stadttoren reichte. An die verschwundene Stauferburg erinnert die Burgstasse. In der evang. Stadtkirche stehen Grabdenkmäler der Bürger. (Der Straßennamen „Im Schlössle" könnte auf einen Adelshof hinweisen.)
(2005)

J5 Glatten FDS

Die **Hr. von Neuneck** können als typisch für die meisten ausgestorbenen Rittergeschlechter gelten. a) Sie tauchen in der Stauferzeit auf (1245 wurden sie als Ministeriale der Pfalzgrafen von Tübingen erwähnt). b) Sie teilen sich in mehrere Linien (bereits im 13.Jh bildeten sich die drei Linien Neuneck, Egelstal und Glatt). c) Sie sind auf eine umgrenzte Region beschränkt (Oberer Neckar) und schließen sich der dortigen Reichsritterschaft an (Kanton Neckar-Schwarzwald). d) Sie erleben eine kurze Blütezeit, die verbunden ist mit einer herausragenden Persönlichkeit (Reinhard machte Karriere in Fürstendiensten, s. Sulz-Glatt). e) Sie sterben im Zusammenhang mit dem 30j. Krieg aus (die Glatter

Glatten

Linie als letzte 1671 mit einem Reiteroberst, 150 Jahre nach der Neunecker Stammlinie). In Neuneck stand ihre Stammburg.

OT Neuneck
Um 12.Jh tauchte hier ein Ministerialengeschlecht auf, das wahrscheinlich zuvor (ab 1100) auf einer Turmhügelburg im nahen Unteriflingen (Gem. Schopfloch) saß. Es nannte sich nach der Burg Neuneck über der Glatt und dominierte das Glatttal bis zur Mündung in den Neckar (s. Sulz-Glatt). Die hier wohnende Linie starb 1520 aus, ihr Erbe kam an die Hr. von Ehingen, deren Erben 1613 an Württemberg verkauften. Neuneck wurde zum Sitz des Forstmeisters für das Amt Freudenstadt.

Neuneck. Die Turmburg als Teil eines bewohnten Hauses

Bauten: Die ursprüngliche Burg („Oberschloss") wurde 1658 abgetragen. In ihrem unteren Bereich stand das **„Untere Schloss"**, ein burgartiger Wohnturm, von dem der mittelalterliche Steinsockel aus Feldsteinen bis heute erhalten ist. Mit seinem massiven holzverkleideten Aufsatz aus dem 18.Jh. wirkt er urtümlich-rustikal. Das privat bewohnte Gebäude steht erhöht im Dorf oberhalb der Kirche. – **Sonstiges:** Vier Epitaphien in evang. Kirche, darunter zwei schöne figürliche. (2009)

Göggingen AA G11

Hier stößt man auf eines der vielen Beispiele für die Zusammenarbeit der Reichsstädte mit der Ritterschaft. Der Ritter Melcher von Horkheim war Hauptmann in der Schlacht bei Waldstetten (1449), in welcher die Städter von den Hr. von Rechberg besiegt wurden. Als er daraufhin entlassen wurde, erwarb er 1464 das Rittergut Horn und nannte sich anschließend Horkheim von Horn. Die Familie erheiratete Spraitbach, wo sie ein Schlössle baute. Mit Horn schloss sie sich der Reichsritterschaft an, starb jedoch Anfang des 17.Jh aus.

OT Horn
Das Rittergut über dem Leintal wechselte häufig den Besitzer und kam 1464 an die Fam. von Horkheim, die sich danach nannte und sich dem Kanton Kocher der Reichsritterschaft anschloss. Nach ihrem Aussterben wechselten erneut häufig die Besitzer. So kam es 1746 an die Fam. von Schwarzach, welche das Schloss an Stelle einer Burg baute.

Bauten: Das **Schloss** (1750) ist ein barockes, zweigeschossiges Herrenhaus unter Mansarddach. Der Eingangsbereich wird von einem Volutengiebel mit Balkon und Allianzwappen hervorgehoben. Das privat bewohnte Gebäude wurde nach einem Brand (1981) renoviert, wirkt jedoch momentan verwahrlost. Es liegt erhöht über dem Dorf und wird zur Straße („Kirchsteige") von

Göppingen

einem wappengeschmückten Torhaus mit Rundturm abgeschirmt. Durch den offenen Eingang gelangt man in einen Hof, gebildet von Schloss und Ökonomiebauten. - **Sonstiges:** Angebaut an das Torhaus steht die Schlosskapelle im Rokokostil, jetzt kath. Pfarrkirche, mit drei schlichten Wappenepitaphien der Fam. von Schwarzach.

UMGEBUNG: Das benachbarte **Heuchlingen** erstreckt sich mit der kath. Kirche links und dem Burgrest rechts der Lein. Die hiesige Linie der Rechberg hatte sich dem Kanton Kocher der Reichsritterschaft und der Reformation angeschlossen. Nach deren Aussterben (1585) zog Kloster Ellwangen das Lehen ein, machte die Reformation rückgängig und kaufte 1609 das Schloss, das anschließend verfiel. So findet man in der Schlossstraße ein Wohngebäude vor, in dem ein Burgrest aus der Stauferzeit anhand der Buckelquadern zu erkennen ist. Auch Schlossreste und die Anlage als Ganzes lassen sich noch erschließen. (2010)

H10 Göppingen GP

„Stauferstadt Göppingen", „Straße der Staufer"... Hier sind wir im **Kernland der Staufer,** die sich nach dem Berg Hohenstaufen nannten, wo sie jedoch nur in der (kurzen) Zeit als Herzöge von Schwaben ihren Wohnsitz hatten. Ihr Aufstieg zu Königen (1138) und Kaisern verleitete sie zu einer Großmachtpolitik, die mit dem Erwerb des Königreichs Sizilien den Keim des Untergangs in sich trug. Denn nach dem Tod Kaiser Friedrichs II (1250) verbluteten sie in Kämpfen um Unteritalien, wo der letzte Staufer (Konradin) hingerichtet wurde. Ihre Burg kam 1319 an die Gf. Württemberg, wurde im Bauernkrieg zerstört und ist völlig verschwunden. Im OT Hohenstaufen am Fuße des Berges wurde zu ihrem Gedächtnis ein Dokumentationszentrum eingerichtet. - Göppingen wurde von ihnen gegründet.

Kernstadt

Die um 1200 gegründete Stadt kam 1319 mit der Burg Hohenstaufen an die Gf. Württemberg. Als Mittelpunkt eines Amtes war sie Sitz eines Obervogtes, der häufig aus der Landadelsfamilie von Liebenstein kam (s.u.). Das Sauerbrunnenbad war Aufenthaltsort vieler württ. Grafen und Herzöge, entsprechend anspruchsvoll baute Herzog Christoph hier eine Residenz. Das alte Badehaus („Christophsbad") ist heute Teil einer Fachklinik (Faurndauerstraße). Nach einem Großbrand (1782) erfolgte eine Neuplanung der Stadtanlage im klassizistischen Gitterbrett-Schema, das nach einer teuren Innenstadtsanierung heute prachtvoll wirkt.
Bauten: Das **Schloss** (1565) wurde an Stelle einer Burg von Aberlin Tretsch erbaut. Die Vierflügelanlage mit Eckpavillons besitzt ein aufwändiges Renaissanceportal. Von den beiden Treppentürmen ist die „Rebenstiege" von Martin Berwart im südwestlichen Treppenturm berühmt: eine freitragende Wendeltreppe, fantasievoll mit Weinranken und Tieren verziert. Heute Amtsgericht, Zugang offen. Graben, Befestigungen und der Park („Schlossgarten") sind

noch vorhanden. Lage: Im Westen der Altstadt (Schlossstraße). – Das **Liebensteiner Schlössle** (1536) ist ein Fachwerkbau auf zweistöckigem Steinsockel unter einem hohen Satteldach. Es wurde bis zum Bau des Schlosses in Jebenhausen (s.u.) von dieser Familie als Freihof bewohnt. Seit 1938 in Stadtbesitz und Museum („Im Storchen"). Lage: Im Süden der Altstadt, am Ende der Schlossstraße. - **Sonstiges:** Mehrere schöne Epitaphien von Rittern (Zillenhardt, Liebenstein, Degenfeld) aus 15./16.Jh in der gotischen Oberhofenkirche (nordöstlich außerhalb der Altstadt).

OT Jebenhausen
Der Sitz von staufischen Ministerialen kam mit dem Hohenstaufen an die Gf. Württemberg. Diese belehnten damit 1344 die Ritter von Ahelfingen. 1467 kauften die Hr. von Liebenstein die kleine Herrschaft über drei Dörfer, schlossen sich dem Kanton Kocher der Reichsritterschaft und der Reformation an und leben noch heute hier. Bereits im Mittelalter war das Sauerbrunnenbad berühmt und Anziehungspunkt illustrer Gäste, bis die Quelle 1770 verschüttet wurde. 1777 Ansiedlung von Juden, die 1839 fast die Hälfte der Bevölkerung stellten.

Jebenhausen. Liebenstein-Schloss neben versiegter Sauerbrunnen Quelle

Bauten: Das **Schloss** (1686) ist ein stattlicher zweistöckiger Steinbau unter hohem Satteldach mit zwei schönen Volutengiebeln. Die Ecken werden von türmchenartigen Erkern geschmückt. Es steht in einer Senke, wo sich die Sauerwasserquellen befanden. Noch heute in Besitz der Fam. von Liebenstein, die es als Wohnungen vermietet (Heimbacher Straße 24). - **Sonstiges:** Mehrere Epitaphien der Liebenstein in der ehem. evang. Kirche, die seit 1992 als Museum die Erinnerung an die jüdische Kultur bewahrt. – Das ehem. **Badhaus** (1610) ist ein unübersehbares Fachwerkhaus an der Hauptstraße. Es ist heute Naturkundliches Museum. (2009)

Gomadingen RT J9

Von 1939 an wurden in der Pflegeanstalt Grafeneck im Rahmen des nationalsozialistischen „**Euthanasieprogramms**" über 10.000 behinderte Menschen getötet. Hier war die zentrale Vernichtungsstätte für Süddeutschland eingerichtet, in die man von andernorts Heiminsassen zwangsweise verlegte. Dies geschah gegen den Widerstand von Angehörigen. Heute erinnert daran eine Gedenkstätte im Schloss Grafeneck.

Schloss Grafeneck
Eine Burg der Hr. von Dapfen kam 1536 in Besitz der Gf. Württemberg, die an deren Stelle ein Jagdschloss bauten. Die Vierflügelanlage auf einer künstlichen Terrasse wurde 1762-72 von Herzog Karl Eugen völlig umgestaltet. Die damals

Gomadingen

hinzu gefügten Gebäude (Flügelbauten, Opernhaus, Kirche, Marstall) brach man im 19.Jh ab, als das Schloss zur Pflegeanstalt wurde. Seit 1947 unterhält die Samariterstiftung ein Pflegeheim.

Bauten: Das **Schloss** steht erhöht auf einer künstlichen Terrasse mit Fernwirkung in ein Seitental der Großen Lauter. Erhalten blieb ein dreistöckiges, in sich geschlossenes Gebäude mit einem winzigen Innenhof. Mansarddach. An der schönen Baumallee zum Schloss reihen sich heute Behindertenhäuser an Stelle der verschwundenen barocken Bauten aneinander. Lage: Auf halber Strecke zwischen Gomadingen und Münsingen, Zufahrt ausgeschildert.

Schloss Grafeneck. Die Aufarbeitung der Vergangenheit („Vergangenheitsbewältigung") ist eine fundamentale Aufgabe jeder Gesellschaft

UMGEBUNG: Ca. 1 km südlich liegt das Haupt- und Landgestüt **Marbach**, das bedeutendste Gestüt in BW. Mit dessen Gründung gab Herzog Christoph von Württemberg 1553 der heimischen Pferdezucht einen Impuls, der bis heute nachwirkt. Die Dreiflügelanlage mit Gebäuden verschiedener Epochen wirkt herrschaftlich. Das dreigeschossige Hauptgebäude rechts des Tores mit ehem. offenen Arkaden stammt aus dem 16.Jh. Inmitten des Hofes steht ein schöner gusseiserner Brunnen.

UMGEBUNG: Eine Außenstelle des Gestüts ist im ehemaligen Dominikanerinnenkloster **Offenhausen** neben der Lauterquelle untergebracht. In der Kirche zeigt ein Museum die Entwicklung der Pferdezucht in Württemberg. Hier ist auch eine kleine Wappensammlung zu sehen.

UMGEBUNG: Im Hauptort **Gomadingen** unterscheidet sich das württembergische Wappen (1760) in der evang. Kirche von den barocken Wappen dieser Zeit, weil es vermutlich von einem Dorfmaler „primitiv" angefertigt wurde.

UMGEBUNG: Im nahen Dorf **Eglingen** (Gem. Hohenstein) steht das „Schlössle" an Stelle einer Burg des Ortsadels, der 1249-1413 hier saß. Die Hr. von Speth erwarben anschließend das Dorf und schlossen sich damit dem Kanton Donau der Reichsritterschaft an. Das unauffällige Gebäude steht im Oberdorf am Rande eines Hanges, der Rest der ehemals geschlossenen Anlage wurde im 19.Jh beseitigt. Ihr umgebautes Herrenhaus dient heute als Kindergarten (Schlossstr. 30). (2007)

Gomaringen TÜ

Kommunale **Finanzprobleme** sind nicht erst ein Problem heutiger Zeit. Auch das Verscherbeln von Tafelsilber war schon früher eine gängige Methode. So waren z.B. nach dem 30jährigen Krieg die meisten **Reichsstädte** finanziell aus-

Gomaringen

gelaugt, v.a. aufgrund der erpressten Schutzgeldzahlungen und dem Wegbrechen der Absatzmärkte für ihre Produkte. Nach dem Westfälischen Frieden, der ihre Existenz garantierte, schleppten sie sich mit einem gewaltigen Schuldenberg durch 155 Jahre bis zur Napoleonischen Aufhebung (1803). Zur Tilgung der Last wurde meistens abgelegener Streubesitz verkauft. Die Freie Reichsstadt Reutlingen jedoch musste ihr Tafelsilber, nämlich das Dorf Gomaringen vor ihrer Haustüre opfern, um sich von der Besetzung durch Franzosen zu befreien.

Kernort
Der Dorfadel war im 13.Jh in Diensten der Gf. Tübingen. Er erwarb die umgebenden Weiler und wurde so einflussreich, dass er mehrere Äbte in den reichen Landklöstern (v.a. Bebenhausen) stellen konnte. Seine Krise wurde von der benachbarten Reichsstadt Reutlingen 1482-96 zum Aufkauf genutzt, sehr zum Verdruss des Konkurrenten Württemberg. Auf der Burg saß jetzt ein Patrizier als reichsstädtischer Amtmann. Aber Reutlingen wurde 1648, nach dem Friedensschluss, von franz. Truppen zu Schutzgeldzahlungen erpresst, die es nur durch den Verkauf des Dorfes aufbringen konnte. Württemberg richtete im Schloss ein Unteramt ein.

Gomaringen. Verwaltungssitz der Reichsstadt Reutlingen

Bauten: Das **Schloss** (um 1590) ist eine Zweiflügelanlage mit dreistöckigen Fachwerkbauten. Es bildet mit Mauern und Pfarrscheune einen abgeschlossenen Hof. Aufgrund des massiven Unterbaus zum Flüsschen Wiesaz (Steilhang) hin wirkt es burgartig. Ab 1813 Pfarrhaus, heute in Gemeindebesitz. Jüngstens hervorragend restauriert und mit Informationstafeln versehen. Für kommunale Einrichtungen (VHS) und als Gustav-Schwab-Museum genutzt, daher häufig geöffnet. Durch eine Brücke mit dem Schlossvorhof verbunden, der von mehreren ehemaligen Scheunen gebildet wird. Die kompakte Anlage ist ein Glanzstück im Dorfzentrum (Zufahrt ausgeschildert). (2007)

Gondelsheim KA E5

Die **Gf. Douglas** stammen aus schottischem Uradel und werden bereits im 12.Jh erwähnt. 1631 spaltete sich der schwedische Zweig ab, weil Robert Douglas im 30j. Krieg in die Dienste Gustav Adolfs trat. Bekannt wurde der Name in Deutschland durch Theodor Fontanes Gedicht „Archibald Douglas". Zu Fontanes Zeit studierte der schwedische Gf. Karl Douglas in Deutschland, wo er 1846 die Gf. Louise von Langenstein heiratete, die außereheliche Tochter des Großherzogs Ludwig von Baden. Ihr Sohn Wilhelm erbte und erweiterte das Schloss in Gondelsheim.

Gondelsheim

Gondelsheim. Das Douglas-Schloss im Romantikstil

Kernort

Das in der Merowingerzeit gegründete Dorf hatte in Mittelalter und Neuzeit verschiedene Besitzer, so auch ab 1483 die Landschad von Steinach, die sich damit dem Kanton Kraichgau der Reichsritterschaft und der Reformation anschlossen. Die Oberhoheit übte die Kurpfalz aus. 1650-1761 in Besitz der Frh. von Mentzingen, welche das Rittergut nach vielen Konflikten an Baden abtraten. So erhielt es 1784 Prinz Ludwig als Privatbesitz und brachte es als Großherzog 1831 in die Grafschaft Langenstein (s. Orsingen-Nenzingen) ein, die er mit seinem persönlichen Vermögen für seine beiden Kinder aus der Verbindung mit Katharina Werner schuf.

Bauten: Das **Schloss** ist ein pittoreske Ansammlung von Gebäuden in Neugotik und Jugendstil. Der westliche Teil in englischer Neugotik mit einem türmchenverzierten bergfriedartigen Turm (1857), der östliche Teil mit vielen Jugendstilverzierungen (1906). Die zweigeschossigen Gebäude unter Satteldach mit Stufengiebel stehen in einem großen (öffentlich zugänglichen) Park. Die Anlage dient als Rentamt und ist nur zeitweise von der Fam. Graf Douglas bewohnt. Zum romantischen Bild passt der daneben stehende gotische Kirchturm. Lage: Im Osten des Dorfes, neben der evang. Kirche. **Sonstiges:** Das neoromanische Mausoleum der Douglas steht oberhalb des Schlosses am Waldrand. - Die jüdische Synagoge ist Privathaus (Leitergasse 6) – Die umgebaute Zehntscheune ist heute Rathaus. (2008)

N6 Gottmadingen KN

„Bin ich denn schon drinnen?" fragt sich der Besucher, und meint in der Schweiz oder in Deutschland. Denn hier sind die **Grenzen** fließend und die Zollstationen – im Gegensatz zu früheren Zeiten – nicht mehr besetzt. Das deutsche Staatsgebiet der Gemeinden Gottmadingen und Gailingen ist von drei Seiten von der Schweiz eingefasst, neben der Rheingrenze auch noch im Osten und Westen vom Kanton Schaffhausen. Diese verschachtelte Grenzziehung geht hat ihre Ursache darin, dass sich die nördlich des Rheins liegenden Reichsstädte Stein und Schaffhausen den Eidgenossen anschlossen und kleine Territorien erwarben. In ihrer Expansion wurden sie jedoch von Habsburg gebremst, das mit dem Erwerb der Landgrafschaft Nellenburg (1465) die Oberhoheit über dieses Gebiet erhalten hatte (s. Büsingen). In der verbleibenden Lücke lagen drei Dörfer, die unter Habsburger Oberhoheit zum Kanton Hegau der Reichsritterschaft gehörten.

Kernort

Der Zipfel von Stein am Rhein reicht bis an den südlichen Ortsrand. Gottmadingen war Hauptort der kleinen Herrschaft Heilsberg mit der ca 600 m

nordwestlich des Ortes liegenden Burg, von der nur noch Grundmauern blieben. Eine eigene Linie der Hr. von Randegg (s.u.) wohnte hier 1300-1518. Kauf 1556 durch die Hr. von Schellenberg, die sich der Reichsritterschaft anschlossen. Häufiger Besitzerwechsel im 17./18.Jh.
Bauten: Als **Schlössle** konnte man das im 16.Jh auf den Resten einer Wasserburg erbaute Amtshaus bezeichnen, bevor es im 19./20.Jh stark umgebaut wurde, wobei es ein Zeltdach statt Staffelgiebel bekam. 1886 an Gemeinde verkauft, heute Rathaus. Durch Straßenbau und Bachkorrektur wurde das Bodenniveau so angehoben, dass heute nur noch zwei statt ursprünglich drei Stockwerke zu sehen sind. Insgesamt verstümmelte Anlage, da auch noch die umgebenden Wirtschaftsgebäude und Mauern abgerissen wurden. – Wie ein Burgturm wirkt das Sudhaus einer Brauerei.

OT Randegg

Keine zwei Kilometer sind es im Osten wie im Westen bis zur Schweizer Grenze. 1214-1553 saß hier Dorfadel, der zudem die Herrschaften Heilsberg (s.o.) und Gailingen erwarb. Dessen Erbe wurde 1556 von den Frh. von Schellenberg aufgekauft. Sie schlossen sich der Reichsritterschaft an. Im 17.-19.Jh wechselte die Ortsherrschaft häufig den Besitzer. Ansiedlung von Juden, die 1851 fast die Hälfte der Einwohner stellten.
Bauten: Das **Schloss** (1567) war eine Vierturmanlage mit Wendeltreppe unter Mansarddach. Ein Turm ist inzwischen zerstört. Seit 1923 in Besitz der gleichen Familie. Heute für Kunstausstellungen genutzt. Erhöht stehend wirkt es massiv wie eine Burg und dominiert das Dorfbild. Die Burgkapelle ist profaniert. - Sonstiges: Das Dorfzentrum ist geprägt von stattlichen Häusern ohne Wirtschaftshof, ein typisches Zeichen für jüdische Händler (Otto-Dix-Straße) - Der jüd. Friedhof liegt außerhalb hinter dem Zollgebäude am Hang.

OT Bietingen

Auch hier sind es keine zwei Kilometer bis zur Grenze nach Schaffhausen. Unter Habsburger Oberhoheit besaßen die Hr. von Stoffeln seit dem 14.Jh die Ortsherrschaft. Diese wurde 1579 von der Fam. von Hornstein erworben, welche sich der Reichsritterschaft anschloss. Bis 1995 wohnte hier eine eigene Linie.
Bauten: Das **Schloss** (1719) ist ein zweigeschossiges Steinhaus mit Satteldach und neugotisch-schlichten Staffelgiebeln in einem ummauerten Park. Mehrere Wappen am Haus und Allianzwappen Hornstein-Liebenfels über dem Gartentor. Privatbesitz, kein Zugang. Blick über die Mauer möglich. Es liegt unterhalb der Kirche in der Pfarrhofstraße. – **Sonstiges:** Zwei Gedenkplatten für Hornstein-Frauen an den beiden Seitenaltären in der kath. Kirche. (2008)

Grafenau BB   G7

Die Napoleonische **Säkularisation** schuf Voraussetzungen zur Bereicherung, ähnlich der Privatisierung nach dem Fall des Eisernen Vorhangs. Wer aufgrund entsprechender Beziehungen zugreifen durfte, der machte sein Schnäppchen.

Grafenau

Dies gilt auch für Württemberg, wo erst nach 1815 eine Trennung von Staatsgütern und persönlichem Besitz des Herrscherhauses vorgenommen wurde. Zuvor erlaubte die unklare rechtliche Situation dem württ. Kurfürsten bzw. König Friedrich, erfolgreiche Politiker wie auch intime Freunde mit Klostergütern zu belohnen. Aschhausen (s. Schöntal), Schloss Ehrenfels (s. Hayingen) und die Malteserkommende Dätzingen waren solche Geschenke.

Einer dieser Günstlinge war Graf Karl Ludwig **Dillen**, der innerhalb von 15 Jahren einen atemberaubenden Aufstieg hinlegte: vom Pferdezureiter zum Generalleutnant, vom Bürgerlichen zum Grafen und persönlichen Adjutanten des Königs. Seine größte militärische Leistung bestand darin, einen Aufstand in Oberschwaben niedergeschlagen zu haben. Seine Vorfahren stammen aus dem hessischen Korbach und kamen 1677 als Mediziner nach Neuenstadt. Die Familie nahm 1880 eine Namenserweiterung auf Dillen-Spiering vor und starb im 20.Jh aus.

OT Dätzingen

Ortsadel schenkte 1263 dem Johanniterorden Burg und Dorf. Der richtete eine Kommende ein. Württemberg erzwang die Reformation, der Malteserorden rekatholisierte jedoch das Dorf im 30j. Krieg, weshalb es zusammen mit dem benachbarten Weil der Stadt eine kath. Insel im evang. Umfeld bildete. Die Aufhebung der Kommende erfolgte wie bei allen Ritterorden erst 1805/06. König Friedrich schenkte das Schlossgut 1810 seinem Günstling Karl Ludwig Dillen.

Dätzingen. Pompöser Anbau an bescheidenes Johanniterschlössle

Bauten: Das **Schloss** steht an Stelle einer Wasserburg. Es ist im Kern eine bescheidene Renaissance-Vierflügelanlage (um 1600), an die 1812 auf der Nordseite ein klassizistischer Säulenvorbau angebaut wurde. Wie die Faust aufs Auge… Protzig wirkt das prachtvolle Wappen des Gf. Dillen im Giebeldreieck. Seit 1961 in Gemeindebesitz, heute als Kulturzentrum genutzt. Park und Wirtschaftsbauten dabei.

(2006)

N4 Grafenhausen WT

Wo liegt dieser Ort? Wenn Grafenhausen „Tannenzäpfle" hieße, so wüsste jeder Bierkenner, dass er im Hochschwarzwald liegt. Denn das „Tannenzäpfle" avancierte zum Kultbier, das aus der Flasche getrunken wird. Hergestellt wird es in der **Rothausbrauerei**, die 1791 vom St. Blasener Abt gegründet wurde. Sie fiel mit der Säkularisation 1806 an das Großherzogtum Baden und zählt heute zu den ertragreichsten Beteiligungen des Landes BW. Der Name geht auf die Schaffhauser Patrizierfamilie Rot zurück, welche die Vogtei über das Frauenkloster (s.u.) ausübte. Die Gebäude (ca. 2 km vom Dorf entfernt) sind 1906 im Historismusstil erbaut worden.

Kernort

Das Kloster Allerheiligen in Schaffhausen errichtete hier vermutlich ein Frauenkloster, das im 15.Jh aufgelöst wurde. Nach der Reformation tauschte die Stadt Schaffhausen als Rechtsnachfolgerin des Klosters das Dorf mit den Gf. Lupfen, behielt jedoch (bis heute) einen Wald von 350 ha in Eigenbesitz. Grafenhausen wurde Teil der Herrschaft Bonndorf (s.d.) und damit 1609 an St. Blasien verkauft. Das Kloster verwaltete den Besitz 1736-1806 über eine Propstei. **Bauten:** Stattlich wie ein **Schlössle** steht das ehem. Propsteigebäude unterhalb der Kirche. Der schmucke zweistöckige Barockbau unter Walmdach mit dem Abtswappen auf der Südseite ist heute Pfarrhaus. Nach dem Brand (1928) wurde er wieder aufgebaut.

UMGEBUNG: In der Nachbargemeinde Ühlingen-Birkendorf stößt man auf herrschaftliche Bauten, Reste von Klöstern. So war im **OT Berau** ein Benediktinerinnenkloster, von dem nur das Haus des Propstes (Propstei) erhalten blieb. Es ist ein zweistöckiges Gebäude mit einem wappengeschmückten Barockeingang, heute privat bewohnt. Im **OT Riedern** gab es sogar ein Chorherren- und ein Chorfrauenstift. Vom Männerstift blieb das Stiftsgebäude neben der Kirche erhalten. Es ist ein stattlicher Barockbau (1743) unter Mansarddach, heute als Pfarrhaus genutzt. Vom Frauenstift blieb ein Gebäude erhalten („Untere Propstei"). (2006)

Grenzach-Wyhlen LÖ O 1

Die **Hr. von Bärenfels** nannten sich nach Burg Bärenfels bei Duggingen südlich von Basel. Sie waren Patrizier in Basel, wo sie wiederholt das Schultheißenamt innehatten. Zugleich verdienten sie ihr Geld in Diensten der Mgf. Baden, indem sie als Vögte bzw. Obervögte Herrschaften verwalteten. Zudem erwarben sie selbst mehrere Rittergüter im Umkreis der Stadt Basel, darunter auch die Burg Steinegg bei Wehr, die nach ihnen in Bärenfels umbenannt wurde. Sie schlossen sich der Reformation an. 1854 starben sie aus. 1459-1735 waren sie Dorfherren in Grenzach, wo neben dem Schlossrest nur noch ein Barockepitaph an sie erinnert.

OT Grenzach

Das Dorf war Teil der Herrschaft Rötteln (s. Lörrach), wobei der kleinere Dorfteil „Unter der Straß" unter Habsburger Oberhoheit stand. Die Gf. Baden-Hachberg vergaben es an wiederholt wechselnde Basler Patrizier, so auch 1459 an die Hr. von Bärenfels. Baden führte als Landesherrschaft 1556 die Reformation ein, kaufte 1735 von den Hr. von Bärenfels die Dorfherrschaft und 1741 von Habsburg die restlichen Hoheitsrechte, um sich anschließend mit den Untertanen ebenso zu streiten wie zuvor die Hr. von Bärenfels.

Grenzach-Wyhlen

Bauten: Vom **Wasserschloss** (16.Jh) blieb nur ein Flügel erhalten. Der schmucklose, dreistöckige Bau unter Krüppelwalmdach wird privat bewohnt . Kein Zugang. Der umgebende Park ist durch Neubauten und Tennisplätze verbaut. Es liegt im Westen des Dorfes (Schlossstraße). - **Sonstiges:** Zwei Epitaphien der Hr. von Bärenfels im Chor und zwei im Eingangsbereich der evang. Kirche.
UMGEBUNG: Oberhalb des **OT Wyhlen,** Richtung Rührberg, steht das ehem. Prämonstratenserkloster Himmelpforte. Erhalten blieben die Kirche sowie das Konventgebäude mit Wappen. (2010)

F8 Großbottwar LB

Einige der schönsten **Fachwerk-Rathäuser** stehen im Neckartal. Neben dem bekanntesten und größten in Markgröningen findet man sie in Beilstein, Gemmrigheim, Steinheim, Bietigheim, Besigheim und hier in Großbottwar. Ihre Größe erklärt sich weniger aus den Verwaltungsfunktionen als vielmehr als Zentrum für Handel und gesellschaftliches Leben. So spielte der große Saal im gesellschaftlichen Leben der städtischen Führungsschicht eine wichtige Rolle als Treffpunkt für Festlichkeiten und Empfänge. Das Erdgeschoss wiederum wurde als Markthalle oder Verkaufshalle genutzt. Die Rathäuser im Neckarraum dokumentieren einen Reichtum, der vermutlich mit dem **Weinbau** zusammenhängt. So wurde das Großbottwarer Rathaus 1553 errichtet, einem in Qualität wie Quantität hervorragenden Weinjahr. Die Weinjahre im Herzogtum Württemberg sind dokumentiert, weil seit ca. 1500 alle württ. Amtsstädte mit Weinbau verpflichtet waren, eine „Weinrechnung" aufzustellen. Dadurch entstand eine Weinchronik, wie sie in drei Schautafeln im Bürgersaal des prächtigen Großbottwarer Rathauses zu sehen ist.

Kernort

Um einen fränkischen Militärstützpunkt entwickelte sich eine Siedlung bei der Martinskirche. Auf dem östlich angrenzenden Areal wurde vor 1279 eine planmäßige Stadt erbaut. Als Teil der Herrschaft Lichtenberg (s. Oberstenfeld) kam sie 1357 an Württemberg. Sie wurde zum Zentrum eines kleinen Amtes mit 13 Dörfern und Weilern. An ihrem Rand bauten im 16.Jh die Hr. von Rechberg einen Freihof, dessen Besitzer nach dem 30j. Krieg häufig wechselten, wobei die Steuerbefreiung immer wieder von Württemberg bestritten wurde. Schließlich kam der Hof 1752 durch Heirat von der Fam. von Dachröden an General Alexander von Bouwinghausen, dem Berater des Herzogs Karl Eugen. Er wurde mit dem Aussterben der Familie 1825 an den Staat verkauft.

Großbottwar. Freihof-Schlössle mit umstrittener Steuerbefreiung

Bauten: Das **Schlössle** (1706) entstand an Stelle des durch die Truppen des

Sonnenkönigs 1693 zerstörten Freihofes. Es ist ein zweistöckiges Fachwerkhaus auf Steinsockel mit einem weit vorkragenden Erker. Zusammen mit den Wirtschaftsbauten (Scheune, Stall, Remise) bildet es eine geschlossene Hofanlage. Kleiner Barockgarten dabei. Bis vor kurzem diente es als Forstamt und der Polizei, inzwischen wird es privat bewohnt. Es liegt im Norden der Stadt (Heilbronnerstr. 7). - **Sonstiges:** In der evang. Kirche hängen zwei Epitaphien von Adelsfamilien, die im Freihof wohnten. – Prachtvolles Fachwerk-Rathaus, in dem ursprünglich das Untergeschoss für die Metzger, der 1.Stock als Tanzsaal, der 2.Stock als Gerichtsstube und die Dachgeschosse als Kornvorratsräume genutzt wurden. – Pflegehof des Klosters Murrhardt mit stilisiertem württ. Wappen (1688), Mühlgasse 33+35. (2009)

Grünsfeld TBB B10

Während die Burggrafen von Nürnberg zu Kaisern aufstiegen, landeten die Burggrafen von Mainz hier im Taubertal! Die **Hr. von Rieneck** (bei Lohr am Main) waren im 12.Jh Erben einer Hochadelsfamilie, deren Mitglieder zugleich Burggrafen der Stadt Mainz und Vögte des Erzbistums Mainz waren. Beste Voraussetzungen zum Aufstieg in den Fürstenstand. Aber mit dem Machtanstieg der Mainzer Erzbischöfe, die den König krönen durften, wurden sie in den Spessart abgedrängt. Nach einer Erbteilung (1463) blieb nur noch Besitz um Lohr (1559 ausgestorben) und hier im Taubergrund. In Grünsfeld hinterließen sie bei ihrem Aussterben (1502) ein von Tilman Riemenschneider angefertigtes feines Epitaph der Dorothea von Rieneck.

Kernort

Die Merowingersiedlung war im Hochmittelalter Sitz der Edelfreien von Zimmern-Lauda. Deren Besitz kam 1213 als Erbe an die Gf. Rieneck, die 1320 die Stadt als Zentrum ihrer Taubertalbesitzungen gründeten. Die hier ab 1463 regierende Linie endete 1502 mit Dorothea von Rieneck. Den Streit um das Erbe gewann ihr Sohn aus erster Ehe mit dem Landgrafen von Leuchtenberg (in der Oberpfalz), indem er sich dem Bf. von Würzburg als Lehensherrn unterstellte. Deshalb fiel die Herrschaft mit deren Aussterben 1646 an den Bf. von Würzburg. Grünsfeld wurde zum Amtssitz für 14 Dörfer.
Bauten: Vom **Schloss** (1487) blieb nur der lang gestreckte Ostflügel mit Buckelquadern und gotischem Staffelgiebel, wohl ehemals die Schlossscheune. Das bewohnte und kommunal genutzte Gebäude („Rienecksaal") steht im Osten der Stadt auf einem Felsen (Schlossstraße). Das eigentliche Schloss stand unterhalb davon und bildete eine geschlossene Vierflügelanlage. Erhalten blieb auch noch die daneben stehende ehem. Zehntscheune. Von der Ummauerung sind Teile des Wehrgangs sowie ein mächtiger Turmrest erhalten. – **Sonstiges:** Herrschaftlich wirkt das ehem. Amtshaus, ein 1596 erbautes zweistöckiges Fachwerkhaus unter Satteldach. Schöne Stuckdecken (Heimatmuseum). - Mehrere bedeutende Epitaphien (14.-17.Jh) der Rieneck und der Leuchtenberg in kath. Kirche, darunter im Chor das der Dorothea. Über dem Eingang zur

Grünsfeld

Kirche hängt das vereinigte Wappen der Hochstifte Mainz und Würzburg, weil 1659 beide Bistümer in einer Hand waren. - Ein Blickfang ist das Rathaus (1579), ein Fachwerkbau mit wunderbaren manieristischen Schnitzereien.

UMGEBUNG: In der Nachbargemeinde **Großrinderfeld** prangt das Wappen des Bf. von Mainz über dem Eingang der kath. Kirche. Im Inneren hängt das Epitaph des Ritters Zobel von Giebelstadt. - Im **OT Ilmspan** jedoch prangt das Wappen des Bf. von Würzburg über dem Eingang der kath. Kirche (Schönborn, 1766). (2008)

D8 Gundelsheim HN

Direkt unter dem Hochmeister, der auf der Marienburg in Preußen den **Deutschen Orden** leitete, stand der **Deutschmeister,** zuständig für die Balleien und Kommenden im Gebiet des Deutschen Reiches. Als Residenz diente in der Anfangszeit des Ordens seine jeweilige Herkunftskommende. 1440 jedoch bestimmte man die Burg Horneck in der „Deutschen Ebene" (s. Neckarsulm) zur Dauerresidenz. Als Horneck im Bauernkrieg 1525 zerstört wurde, verlegte man die Residenz in die Mergentheimer Burg (s. d.). Noch heute besitzt Schloss Horneck eine wunderbare Fernwirkung in die Neckarebene hinein.

Schloss Horneck
Der auf der Burg sitzende Ministeriale schenkte 1255 seinen Besitz dem gerade mal 65jährigen Deutschen Orden und wurde selbst Ordensritter. Der Orden errichtete eine Kommende als Teil der Ballei Franken, erhob das uralte Dorf Gundelsheim 1378 zur Stadt und richtete hier 1440 seine Verwaltungszentrale

Gundelsheim. Weithin sichtbar ragt das Deutschordensschloss Horneck über das Neckartal empor

für den Deutschmeister ein. Nach dessen Wegzug blieb Horneck immerhin die Zentrale des Neckaroberamtes („Deutsche Ebene").

Bauten: Das **Schloss** wurde nach der Zerstörung im Bauernkrieg 1533 erbaut und erhielt in der Barockzeit seine momentane Gestalt. Es ist eine massive dreistöckige Vierflügelanlage mit Gräben, Brücken, Mauern und wehrhaften Rundtürmen. Der mittelalterliche, 35m hohe Bergfried in der Mitte zerteilt die Anlage und schafft zwei Innenhöfe. Seit 1960 in Besitz der Siebenbürger Sachsen, die hierin ein Museum und ein Altenheim unterhalten. Im Eingangsbereich befinden sich Gipsnachbildungen von Deutschmeistern des 15./16.Jh und barocke Wappen. Die Anlage ragt als massiver Komplex über dem Städtchen Gundelsheim empor. – Im Vorburgbereich dient die ehem. Kelter mit einer Art Burgturm für Veranstaltungen („Deutschmeisterhalle").

Ein Torbogen mit drei wappentragenden Rittern steht am Übergang zur Stadt **Gundelsheim.** Diese ist ein typisches Burgstädtchen mit einer gepflasterten, von historischen Gebäuden gesäumten Hauptstraße. So stehen hier die ehem. Bannwirtschaft mit Komturwappen (Nr. 29) und das ehem. Ordensspital, heute Apotheke. Abgeschlossen wird die Hauptstraße von der kath. Kirche mit einem Ritterstandbild an der Außenwand und mehreren Wappenepitaphien sowie prachtvollen Deutschordenswappen im Innenraum. - Die Stadtmauer zum Neckar hin ist erhalten. (2009)

Gutenzell-Hürbel BC L11

Reichsunmittelbare **Frauenzisterzen** gab es nur in Südwestdeutschland. Denn einzig und allein hier schafften es Frauengemeinschaften, die sich in der ersten Hälfte des 13.Jh dem Zisterzienserorden angeschlossen hatten, zur Reichsfreiheit und später zu einem Sitz im Reichstag zu gelangen. Der Ausgangspunkt hierfür war die **Königsvogtei**, die alle Zisterzienserklöster bei ihrer Gründung erhielten. Damit wurden sie in weltlichen Angelegenheiten vom König vertreten, der „Schutz und Schirm" des Klosters an einen Beamten vor Ort delegierte. Die offizielle Anerkennung als reichsunmittelbar erfolgte unter den Kaisern aus dem Hause Habsburg, das sich damit in Schwaben eine Klientel schaffen konnte. Davon profitierte neben den Frauenzisterzen Baindt, Heggbach und Rottenmünster auch Gutenzell.

OT Gutenzell

Das Kloster entstand wie alle oberschwäbischen Frauenzisterzen aus einer Frauensammlung, die 1237 in den Zisterzienserorden aufgenommen wurde. Es besaß von vornherein die Königsvogtei, was schließlich 1480 zur Reichsunmittelbarkeit führte. Die Äbtissinnen kamen zumeist aus dem umliegenden Landadel. Bei der napoleonischen Aufhebung ging das Kloster samt einem Territorium von acht Dörfern an die bayrischen Gf. Toerring. Die Klausuranlage mit Ausnahme des Ostflügels (heute Pfarrhaus) brach man im 19.Jh ab.

Gutenzell. Frauenzisterze in idyllischer Lage

Bauten: Das ehemalige Gästehaus des Klosters wurde 1803 zum **Schloss.** Es ist ein eleganter, durch Pilaster und Gesimse gegliederter Barockbau, in dem jetzt die gräfliche Verwaltung und das Forstamt untergebracht sind. Daneben die kath. Kirche mit mehreren Epitaphien von Äbtissinnen und der Hr. von Freyberg, die hier ihre Grablege hatten. – **Sonstiges:** Die Anlage wirkt heute wie eine Seite im Buch der Romantik. Unter einem giebelgezierten Torgebäude hindurch gelangt man in den „Schlossbezirk" mit Park, ehem. Gästehaus, Kirche, Pfarrhaus und dem Flüsschen Rot. Diese Lage ist typisch, denn die Zisterzienserklöster mussten ursprünglich in unerschlossener Lage an einem Bach angesiedelt werden.

OT Hürbel

1237 gingen Burg und Ort als Erbe eines freien Adelsgeschlechtes an die benachbarten Hr. von Freyberg, an deren verschwundenen Stammsitz heute nur noch ein Weiler im Tal der Rottum erinnert. Sie schlossen sich dem Kanton Donau der Reichsritterschaft an. 1819 Verkauf an Frh. von Reuttner, dann an Gf. Welden.

Bauten: Das **Schloss**, 1521, mit späterer Umgestaltung, ist ein zweigeschossiger, schmuckloser Rechteckbau unter hohem Satteldach mit vier runden Eckturmchen. Es wurde 1908 an das Kloster Bonlanden (s. Erolzheim) verkauft und als Kinderheim genutzt. Heute in Besitz eines Industriellen, vermietet, verwahrlost wirkend. – **Sonstiges:** Mehrere Epitaphien in kath. Kirche.

UMGEBUNG: Westlich von Hürbel kann man auf zwei Landsitze stoßen. So auf Schloss Sommershausen (s. Ochsenhausen), das als Hofgut den Hr. von Freyberg in Hürbel gehörte. Und auf einen Herrensitz im Weiler **Ellmannsweiler** (Gem. Maselheim), der 1588-1627 ebenfalls den Freyberg gehörte. Das reichsritterschaftliche Rittergut hatte zuvor häufig den Besitzer gewechselt, innerhalb der Biberacher Patrizierfamilien diente es als „Kleingeld". Es steht erhöht über dem Weiler, ein schmuckloser dreistöckiger Kasten aus dem 18.Jh unter Mansardwalmdach. („Schlossgasse"). Heute landwirtschaftliches Hofgut. (2009)

N9 Hagnau FN

Entlang des Bodensees hatten sich die oberschwäbischen Klöster mit Weinbergen eingedeckt und abgabepflichtige Höfe erworben. Für die entsprechenden Ernteeinnahmen unterhielten sie große Pfleghöfe. Ein schönes Beispiel hierfür bietet der Fremdenverkehrsort Hagnau, in dem sich die Klöster gegenseitig die Schäfchen wegnahmen.

Kernort

Die Burg neben der Kirche war im 13.Jh Sitz von Ministerialen der Welfen. Letztere schenkten das Dorf ihrem Hauskloster Weingarten, das in einer finanziellen Krise nach dem 30j. Krieg die Dorfherrschaft mit dem Schweizer Kloster Einsiedeln teilte und anschließend (1693) zurückkaufte. Andere Klöster besaßen Grundbesitz ohne Herrschaftsrechte.

Bauten: Das **Schlössle**, 1711-14, ist ein herrschaftlicher, 84 m langer, schmuckloser Bau. Er war Verwaltungszentrum des Benediktinerklosters Weingarten. In der Mitte ist eine von Freitreppen eingefasste Durchfahrt, darüber das Klosterwappen, seltsamerweise ohne Schwert (= Zeichen der weltlichen Herrschaft). Heute Rathaus und Museum (Im Hof 5). - Ein **Burgrest** blieb von der ehem. Ministerialenburg erhalten, und zwar der untere Teil eines Wohnturms aus Buckelquadern und Feldsteinen. Dieser später zum Hof des Zisterzienserklosters Salem gewordene Bau nördlich der Kirche wird heute privat bewohnt.
- **Klosterhöfe:** Der Hof des Prämonstratenserstiftes Schussenried (Hauptstr. 24) ist ein renovierungsbedürftiger Dreiflügelbau (1730) mit Schweifgiebeln. - Hof des Benediktinerklosters Irsee (Seestr. 34). - Amtshaus der Dorfherrschaft

mit Wappen der Klöster Weingarten und Einsiedeln und schöner Hofanlage, 1692, heute Hotel Löwen. (Alle Höfe sind mit Informationstafeln versehen!). – **Sonstiges:** Grabplatten außen an kath. Kirche. (2005)

Haigerloch BL J6

Mit einer Dreifachschleife durchbricht das Flüsschen **Eyach** den **Muschelkalk**, um 10 km weiter in den Neckar zu münden. Diese Schleifen geben dem Städtchen seinen Reiz, denn eng gedrängt auf Felsen stehen sich Stadt und Schloss gegenüber. In der ersten Schleife das Judenviertel, in der zweiten die Oberstadt, in der dritten die Schlossanlage. Das ehemalige Residenzstädtchen ist ein Geheimtipp.

Nur knapp 60 Jahre (1576-1634), nur zwei Generationen lang, regierte eine Seitenlinie der **Zollern** in der Herrschaft Haigerloch. Nach ihrem Aussterben 1634 ging das Erbe an die Hohenzollern in Sigmaringen. Diese wählten Haigerloch häufig zum Aufenthaltsort, weil sie hier auf Eigengut saßen, während sie in Sigmaringen unter der Oberhoheit von Habsburg standen. In der Zeit der selbstständigen Grafschaft Haigerloch wurde die wunderbare Renaissanceschlossanlage gebaut.

Kernstadt

Die Burg der Gf. von Haigerloch fiel nach deren Aussterben 1170 an die Gf. von Hohenberg, die auf dem Berg gegenüber ihre neue Burg bauten, deren Reste im jetzigen Schloss stecken. Sie verkauften 1381 die gesamte Gft. Hohenberg an Habsburg (s. Rottenburg). Die Stadt kam jedoch 1497 im Tausch gegen die Graubündner Herrschaft Rhäzüns an die Gf. von Zollern. Bei einer Teilung (1576) bildete sich hier eine eigene Linie. Seit deren Aussterben (1634) Teil des Fürstentums Sigmaringen und mit diesem ab 1850 preußisch.

Haigerloch. Ein Geheimtipp über der Eyach

Bauten: Das **Schloss** (1580-85) auf einem Felsen über der Eyach besitzt Reste einer mittelalterlichen Burg. Es besteht aus einem zweiflügeligen Hauptgebäude, dessen Höhe je nach Lage auf dem Felsen variiert. Es bildet zusammen mit den Nebengebäuden (Marstall, Fruchtkasten, Vogtei, Torhaus) einen geschlossenen Hof. Wunderbarer Blick auf das Städtchen und wunderbarer Anblick vom Städtchen her. Seit 1975 in Besitz einer örtlichen Unternehmerfamilie, welche die Anlage renovierte und als Tagungsstätte vermietet. Ausgeschilderte Zufahrt von der Straße nach Rangendingen mit 300 m Fußweg vom Parkplatz. Ausgeschilderter Zugang von der Unterstadt über eine Treppe, vorbei an der Schlosskirche. - Diese barockisierte Schlosskirche ragt unterhalb des Schlosses auf dem Felsen empor. In ihr gibt es eine prächtige Herrschaftsempore, zwei Totenschilde, zwei

Haigerloch

lebensgroße Stifterfiguren und Wappen an Altar und Chorbogen. - Am Übergang Unterstadt-Oberstadt steht ein **„Schlössle"** (1668). Das dreistöckige Gebäude mit rundem Erkerturm ist Gaststätte und war bis vor kurzem Teil einer Brauerei („Haigerlocher Schlossbräu"). – Der „Römerturm" in der Oberstadt ist der Bergfried der 1095 erwähnten **Burg** der Gf. Haigerloch– **Sonstiges:** Im ehemaligen jüdischen Viertel „Im Haag" befinden sich ein (offener) jüdischer Friedhof mit 650 Steinen und die 2003 wieder hergestellte Synagoge mit rituellem Bad. Dazwischen steht ein schmuckloses Wohnhaus (Im Haag 37), erbaut 1780 auf den Resten des **Haagschlösschens.** Das zweistöckige Gebäude unter Walmdach war ein Freihof für adlige Amtsträger und seit 1815 in jüdischem Besitz.

UMGEBUNG: Im **OT Gruol** steht ein Bauernhaus mit Scheune („Schlössle 2") an der Stelle einer ehem. Wasserburg an der Stunzach. Die Burg war als Zollerisches Lehen an häufig wechselnde Adelsfamilien vergeben und besaß den Status eines Freihofs.

OT Bad Imnau

Die Imnauer Fürstenquelle verweist darauf, dass hier die Hohenzollern kurten. 1516 hatten sie den Ort, der Teil der Herrschaft Hohenberg war, von den Hr. von Weitingen gekauft. Die Mineralquellen waren bereits im 16.Jh bekannt, aber erst Fürst Josef Friedrich von Hohenzollern-Sigmaringen machte im 18.Jh das Dorf zum Badeort mit Schloss.

Bauten: Das **Schlössle** (Fürstenbau), 1733, ist ein vierstöckiges verputztes Gebäude unter Walmdach, das 1872 um zwei Stockwerke erhöht wurde. Prachtwappen über dem Portal. Bis vor kurzem Sanatorium unter Leitung der Heiligkreuzschwestern von Hegne (s. Allensbach), jetzt Kurhotel. - **Sonstiges:** Daneben steht der Kursaal, ein 1868 aus Holz und Glas erstellter Hallenbau im Neorenaissancestil, der in dieser Art einmalig in BW ist. Er ist für Ausstellungen und Veranstaltungen geöffnet. Schloss und Kursaal begrenzen das Dorf nach Westen („Badstraße"). Großer Kurpark dabei. (2009)

16 Haiterbach CW

Unterschwandorf. Schickhardtschloss im Schwarzwaldtal

Die **Kechler von Schwandorf** erscheinen 1270 als Ministeriale der Gf. Hohenberg und der Gf. Tübingen. Zwischen Nagold und Horb bauten sie eine kleine Herrschaft mit Zentrum in Unterschwandorf auf. So erwarben sie die benachbarten Dörfer Obertalheim (1288), Untertalheim (1385) und Gündringen. Eine eigene Linie erhielt 1552 Diedelsheim (s. Bretten) als Lehen des Bf. von Speyer. In württ. Diensten verdienten sie als Amtleute ein Zubrot, stiegen jedoch nicht in Spitzenpositionen auf. Sie schlossen sich der Reichsritterschaft und der Reformation an, wobei 1634 die Linie Gündringen (s. Nagold) zum Alten Glauben zurückkehrte. 1924 starben sie in Unterschwandorf aus.

OT Unterschwandorf

Ortsadel, der sich ab 1283 den Beinamen Kechler zulegte, saß auf einer Burg. Die Oberhoheit kam von der Gf. Hohenberg an Württemberg. Anschluss an Kanton Neckar der Reichsritterschaft und an die Reformation, im 17.Jh teilweise Gegenreformation. 1806 zum Königreich Württemberg.

Bauten: Das **Schloss** (um 1600) ist eine beinahe hufeisenförmige Anlage mit offenem Innenhof. Das von H. Schickhardt errichtete Hauptgebäude mit einer Kapelle fällt durch eine schöne Holzgalerie auf. Der Ostflügel erhielt im 19.Jh Staffelgiebel. Die dreistöckigen Gebäude stehen massiv und weithin sichtbar über dem Waldachtal. Privat bewohnt, Zugang in den Hof offen. - **Sonstiges:** Unterhalb stehen die Wirtschaftsbauten (Scheune, Mühle) und jenseits des Bachs die im 19.Jh erbaute kath. Kirche. - Ein jüdischer Friedhof mit 17 Grabsteinen liegt ca. 1 km östlich des Schlosses im Wald.

UMGEBUNG: Im Dorf **Haiterbach**, das zu Württemberg gehörte, steht ein Epitaph im Chor der evang. Kirche.

UMGEBUNG: In der Gemeinde Waldachtal steht im **OT Salzstetten** hinter einer Gaststätte das „**Schlössle**". Ursprünglich Sitz des Ortsadels unter Habsburger Landeshoheit kam es im 17.Jh an das Horber Spital und wurde 1716 aufgeteilt. Der östliche Hausteil wurde zur Gaststätte Sonne (bis heute), der westliche wurde Wohnung. Dieser Teil ist heute in Händen der Gemeinde und wird nach einer aufwändigen Restaurierung für Kultur- und Vereinsveranstaltungen genutzt. Das zweistöckige Gebäude unter Satteldach (1514) fällt v.a aufgrund seines Rundturms, einer rundbogigen Einfahrt und des Vorbaus mit Rundbogenfries auf. Es steht nordöstlich der Kirche (Haupstr. 49). (2008)

Hardheim MOS B9

Beinahe 20 Jahre lang (1598-1617) kämpfte der aus der fränkischen Reichsritterschaft stammende Würzburger Bf Julius Echter von Mespelbrunn gegen die Erben der 1556 ausgestorbenen Gf. Wertheim. Es war einer der vielen **konfessionellen Konflikte** im Vorfeld des 30j. Krieges, die fast alle für die kath. Seite erfolgreich endeten. So auch hier, wo der Bischof die Orte zurückforderte, welche als Lehen des Bistums protestantisch geworden waren. Sein Sieg kappte die Grafschaft Wertheim um über die Hälfte ihres Gebietes, hinterließ Burgruinen und brachte die Rekatholisierung von Hardheim und Schweinberg.

Kernort

1197-1607 war die Dorfherrschaft weitgehend in Besitz einer Ministerialenfamilie, die sich nach dem Dorf nannte. Sie besaß Lehen von den Gf. Wertheim, dem Bf. von Würzburg (Untere Burg) und dem Bf. von Mainz (Obere Burg). In Abstimmung mit dem Gf. von Wertheim führte sie 1555 die Reformation ein. Mit ihrem Aussterben 1607 konnte Bf. Julius Echter zugreifen, sich militärisch gegen ihre Erben durchsetzen und im Dorf ein Amt für rund 10 Dörfer einrichten.

Bauten: Die Untere Burg, die 1444 in einem Konflikt mit dem Bf. von Würzburg zerstört wurde, war eine **Wasserburg.** Nur noch der Bergfried aus der Stauferzeit („Steinerner Turm") auf quadratischem Grundriss ragt markant empor. Er steht im Süden des Dorfes eingeklemmt zwischen Häusern, da das Burgareal leider überbaut wurde. - Das Obere **Schloss** (1561) ist eine Renaissance-Anlage mit zwei mächtigen Rundtürmen. Auf der Nordseite führt eine Steinbrücke über den Burggraben zum prächtigen, wappengeschmückten Portal. Als Rathaus bildet es das Ortszentrum zusammen mit weiteren, um den „Schlossplatz" gruppierten herrschaftlichen (heute städtischen) Gebäuden: **Sonstiges:** Auf der Westseite steht der Marstall (1550), der als Grundbuchamt genutzt wird. Auf der Nordseite die Erftalhalle mit wappenverziertem Portal (1683), eine in dieser Größe außergewöhnliche Zehntscheune im Spätrenaissancestil (heute Stadthalle und Museum). (Ein Neobarockbau auf der Ostseite ist die ehem. Realschule). Insgesamt wirkt die Anlage überdimensioniert für die Größe des Ortes, ein Zeichen für seine ehem. Zentralfunktion. –In der kath. Kirche (1884) sind in der Chormauer mehrere Grabsteine aus der Vorgängerkirche eingemauert.

Hardheim. Rekatholisiert vom Würzburger Bischof Julius Echter

UMGEBUNG: Im **OT Schweinberg** erinnert eine Burgruine mit ihrem Bergfried daran, dass hier in der Stauferzeit ein freiadliges Geschlecht saß. (Reste der romanischen Bauplastik befinden sich heute im Landesmuseum Karlsruhe.) Sein Erbe kam an die Gf. von Wertheim und wurde 1613 vom Bf. von Würzburg (zurück)erobert.

UMGEBUNG: Ca. 7 km nördlich direkt an der Straße nach Miltenberg liegt oberhalb des Flüsschens Erfa der ehem. Wirtschaftshof (= Grangie) **Breitenau** des Zisterzienserklosters Bronnbach. Die Anlage kam bei der Säkularisation in Besitz der kath. Linie der Gf. Löwenstein. Das schmucklose Herrenhaus ist bewohnt von Gf. Ballestrem, einer aus Schlesien geflüchteten Familie. An der Kapelle (1777) und der unterhalb stehenden Fruchtscheune (1463) kann man verwitterte Abtswappen sehen. An der Strasse steht das bemooste Standbild Kaiser Karls VI, dessen Reise zur Krönung in Frankfurt 1711 hier vorbei führte. (2008)

L1 Hartheim FR

Schmal ist der Grat zwischen Heiligung und Verketzerung in der Römisch-Katholischen Kirche. Dies musste Ignaz Heinrich von **Wessenberg-Ampringen** (1774-1860) feststellen, der als Generalvikar des Bistums Konstanz im Sinne einer abgeklärten Aufklärung die Seelsorge modernisierte und damit Generationen von Priestern vorbildlich formte. So verbesserte er die Ausbildung am Priesterseminar Meersburg, sorgte für eine kontinuierliche Fortbildung in Form von Pastoralkonferenzen und organisierte ein umfassendes Visitationssystem. Aufgrund seines Vorgehens gegen barocke Frömmigkeitsformen (Wallfahrten, Heiligenverehrung) wurde er jedoch in Rom auf eine Stufe mit Luther und Calvin gestellt. Daher durfte er nach der Auflösung des Bistums Konstanz nicht Erzbischof von Freiburg werden, obwohl ihn der Wahlkonvent der Diözese hierfür vorschlug. Er selbst stammte aus dem Breisgau und war im Dorf Feldkirch aufgewachsen.

OT Feldkirch

Der Dorfname geht auf eine verschwundene mittelalterliche Feldkirche zurück, die als Martinskirche Zentralfunktion hatte. 1562 gelangte die Dorfherrschaft von den Hr. von Staufen an die aus dem Aargau stammenden Ritter von Wessenberg. Das Dorf gehörte zur landsässigen Breisgauer Ritterschaft. Mit der Heirat der Erbin von Ampringen (s. Ehrenkirchen) erweiterten sie ihren Namen und in Habsburger Diensten machten sie Karriere. So wurde der Bruder des oben angeführten Ignaz Heinrich 1848 Ministerpräsident von Österreich. 1866 starb die Familie aus.

Bauten: Das **Schloss** (1577, umgestaltet 1690 und 1900) ist ein schmuckloses dreigeschossiges Herrenhaus unter Walmdach, mit Wappen auf der Nordseite. Der Eingang zum weiten Park wird flankiert von zwei zweigeschossigen, breiten Torbauten. Seit 1866 in bürgerlichem Besitz wird es heute von verschiedenen Mietern bewohnt. – Sonstiges: Wappen an der Parkmauer. - Mehrere Epitaphien in der kath. Kirche mit Herrschaftsempore, darunter ein figürliches von Philipp von Wessenberg, Vater des Generalvikars. (2008)

Haßmersheim MOS D7

Die Anfänge der Ritter **Horneck** von **Hornberg** im 13. Jh sind weitgehend unklar. Als Ministeriale des Bf. Speyer nannten sie sich nach Burg Hornberg (s. Neckarzimmern). Sie waren im Bereich der Kurpfalz weit verbreitet, so auch mit einer Linie in der Oberpfalz bei Nabburg. Diese Linie, die nach 30j. Krieg zum Alten Glauben zurückkehrte, starb im 19. Jh aus. Die Hauptlinie erwarb 1362 Hochhausen und nannte sich anschließend Horneck von Hochhausen. Sie schloss sich der Reformation und der Reichsritterschaft an. 1734 starb sie aus. In Hochhausen hinterließ sie eine außergewöhnliche Kirche mit wunderbaren Epitaphien.

Die **Fam. von Gemmingen** war mit über 20 Schlössern die am häufigsten vertretene reichsritterschaftliche Familie im Gebiet des heutigen BW. Dies verdankte sie v.a. Hans dem Reichen von der Burg Guttenberg, der im 15.Jh Herrschaften aufkaufte. Damit gelang es, Uriel von G. auf den Bischofsstuhl von Mainz zu bringen (1508-14), was eine kath. gebliebene Seitenlinie (s. Tiefenbronn) später in Augsburg und Eichstätt wiederholte. Ihr Herrschaftsschwer-

Haßmersheim

punkt war der nördliche Kraichgau um Bad Rappenau, wo die verschiedenen Linien noch heute die Schlösser in Bonfeld, Babstadt, Fürfeld, Treschklingen sowie Burg Hornberg und hier Burg Guttenberg bewohnen.

Burg Guttenberg
Die Burg gehörte zu den Wehrbauten, mit denen die Stauferpfalz Wimpfen gesichert wurde. Sie kam im 14.Jh in Besitz der Gf. Weinsberg, die sie 1449 an Hans den Reichen von Gemmingen verkauften. Mit der nie eroberten Burg war die Herrschaft über das Dorf Neckarmühlbach zu ihren Füßen verbunden. Anschluss an die Reformation und an den Kanton Kraichgau der Reichsritterschaft.

Burg Guttenberg. Das Untere Neckartal wird gesäumt von Burgen

Bauten: Im Zentrum der Anlage steht die stauferzeitliche **Burg** mit einem 46 m hohen, quadratischen Bergfried und einer 18 m hohen, gekrümmten Schildmauer. Daran angebaut sind der Alte Bau (15.Jh, heute Museum) mit schönem Barockportal und der Neue Bau (16.Jh, bewohnt von Fam. von Gemmingen). Die Anlage ist vollständig von einer Ringmauer mit runden Ecktürmen umgeben. Der Zugang über eine Brücke und durch eine Pforte in den Innenhof der mächtigen, kompakten Anlage ist offen. Die über dem Neckar thronende Anlage gilt als Beispiel erhaltener Burgenromantik. Die Zufahrt ist ausgeschildert.
- **Sonstiges:** Außerhalb der Ringmauer stehen die Wirtschaftsbauten, getrennt von der Burg durch eine Parkplatzzufahrt. Den Parkplatz benötigt man für die Greifvogelwarte, deren Vorführungen einen unromantischen Rummel erzeugen. – Das sogenannte Brunnenhaus war wohl ein Renaissance-Lusthaus. Der Steinbau mit Staffelgiebeln und Doppelwappen ist heute Gasthaus. – Eine massive Toranlage neben den Wirtschaftsbauten war ursprünglich das äußere Tor. Hier beginnt ein Fußweg zur Burgkapelle, die im Wald auf halbem Weg nach Neckarmühlbach steht. Zusammen mit dem Friedhof daneben diente sie den Gemmingen als Grablege, deshalb außen und innen viele Grabdenkmäler. –
UMGEBUNG: Das Dorf **Neckarmühlbach** am Fuße der Burg Guttenberg besitzt im Dorfzentrum mehrere herrschaftliche Fachwerkhäuser.

OT Hochhausen

Dorfadel verwaltete den Fronhof des Klosters Weißenburg, das ihn 1362 als Lehen an die Horneck von Hornberg vergab. Diese schlossen sich dem Kanton Kraichgau und der Reformation an. Als sie 1734 ausstarben, vergab der Bf. von Speyer als Rechtsnachfolger des Klosters Weißenburg das Lehen an die kath. Linie der Gf. Helmstatt, die bis heute hier wohnt.
Bauten: Das **Schloss** wurde 1752 an Stelle der Burg erbaut. Es ist eine zweistöckige Dreiflügelanlage um einen kleinen Ehrenhof. Allianzwappen über dem Eingang. Das äußerlich schmucklose Gebäude wird als Gästehaus für Tagungen vermietet. Es liegt erhöht über dem Dorf in einem alten Park. Die Zufahrt

ist ausgeschildert. – Dabei ein Gutshof. - **Sonstiges:** Hervorragende figürliche Epitaphien der Horneck sowie ein Epitaph der Helmstatt in der evang. Kirche. Das Tympanon einer sagenumwobenen Hl. Notburga steht im Nebenchor. Die romanisch-gotische Wehrkirchenanlage mit Friedhof liegt idyllisch erhöht über dem Neckar. – Die Grablege der Helmstatt befindet sich im Friedhof bei der 1815 errichteten kath. Kirche. – Drei Friedhöfe sowie die kleinen Tagwerkerhäuser im engen Bachtal verwundern den Besucher. (2005)

Hausen ob Verena TUT L6

Die **Herrschaft Hohenkarpfen** war ein Mosaiksteinchen in der Württembergischen Expansion an die Donau (s. Tuttlingen). Sie wurde 1444 von den Gf. Württemberg als Teil der Herrschaft Lupfen erworben. Graf Eberhard im Barte verlieh die zwei Dörfer an seinen außerehelichen Sohn Hans von Wirtemberg, der sich anschließend von Karpfen nannte. Die Herrschaft wohnte im Rietheimer Schloss (s.d.), Hausen wurde von einem Vogt verwaltet.

Kernort

Der Berg Hohenkarpfen über Hausen gelangte als Reichslehen nach dem Aussterben des Hochadelsgeschlechts, das bereits im 11.Jh hier saß, an die Gf. Lupfen. Aber als sich auf dem Burgberg ein Raubritter einnistete, zog der Kaiser die Herrschaft wieder an sich, um sie schließlich 1444 an die Gf. Württemberg zu verkaufen. Gf. Eberhard im Barte verlieh sie 1491 seinem außerehelichen Sohn Hans von Wirtemberg, dessen Nachkommen sich „von Karpfen" nannten. Reformation. Die Miniherrschaft unter Württemberger Landeshoheit kam durch Einheirat 1663 an die Fam. Widerholt (s. Rietheim-Weilheim).
Bauten: Das ehem. Vogthaus wird „Glunzenhof" nach der Familie genannt, die hier über Generationen dieses Amt ausübte. Es ist ein überputztes Fachwerkhaus (1685) mit schöner Holzveranda. Frisch renoviert, privat bewohnt (Kirchstr. 5). – **Sonstiges:** Darüber die evang. Kirche mit drei schlichten Epitaphien der Hr. von Karpfen aus dem 16.Jh. Das Gestühl im Chor war wohl für die Ehrbarkeit des Dorfes, der Herrschaftsstuhl für den Vogt reserviert.
Der **Hohenkarpfen** südlich des Dorfes bietet einen wunderbaren Rundblick. Die Burg ist seit dem 30j. Krieg zerstört. Der am Fahrweg liegende Meierhof mit zwei Fachwerkgebäuden dient heute als Hotel-Restaurant bzw. als Kunstmuseum mit Ausstellungen zu südwestdeutschen Malern. (2009)

Hayingen RT J9

Das **Tal der Großen Lauter** ist ein beliebtes Ausflugs- und Wandergebiet. Das Flüsschen schneidet sich tief in das harte Juragestein ein und mündet bei Obermarchtal in die Donau. Dadurch bildet sich ein felsengesäumtes Tal, eine ideale Voraussetzung für den Bau von Höhenburgen. Es gibt wohl kein vergleichbares Tal in BW mit so vielen Burgruinen auf solch kurzer Strecke, was der **Burgenweg** Reutlingen-Zwiefalten für den Tourismus nutzen will. Dies ist v.a.

Hayingen

den Hr. von Gundelfingen zu verdanken, welche die Stadt Hayingen gründeten. Leider wurde das Tal durch die Gemeindereform 1972 in der Mitte auseinander gerissen: Die Nordhälfte mit Gundelfingen kam zu Münsingen, (s. d.) ein Teil der Südhälfte zu Hayingen.

Kernstadt

Das Städtchen hatte bereits im 9.Jh eine Zentralfunktion, denn hier stand eine Mutterpfarrkirche für neun Filialen, die später zum Dekanatssitz wurde. Die Hr. von Gundelfingen gründeten im 13.Jh die systematische Stadtanlage, von deren Mauer noch Teile mit einem runden Eckturm stehen. Das verschwundene Stadtschloss stand am Karlsplatz nordöstlich der Kirche („Schlossburren, Schlossgartenstraße"). Mit der Verlagerung des Herrschaftsschwerpunktes nach Neufra (s. Riedlingen) und dem Übergang der Herrschaft an die Gf. Helfenstein (1546) bzw. Gf. Fürstenberg als deren Erben (1627) verlor Hayingen seine Residenzfunktionen. Nur noch mehrere herrschaftliche Gebäude (Spital, Fruchtkasten und Rathaus) zeugen von einstiger Bedeutung. Im Chor der kath. Kirche stehen zwei schöne Wappenepitaphien (s. u. Maisenburg).

Das Tal der Großen Lauter: Burgruinen

Anhausen. Die mächtige Ruine Schüllzburg über dem herrschaftlichen Forsthaus

Anhausen: Mächtiger und imposanter als sonstige Burgruinen steht die **Schülzburg** am Berghang, weil ihre Umfassungsmauern zur Talseite hin weitgehend erhalten blieben. Sie war das Zentrum einer kleinen Herrschaft der Hr. von Speth, die sich dem Kanton Donau der Reichsritterschaft anschlossen und die mittelalterliche Burg 1605 zum Schloss umbauten. Erst 1884 wurde es bei einem Brand zur Ruine, die der Fam. von Speth gehört, welche im nahen Granheim (s. Ehingen) wohnt. Der Zutritt ist wegen Einsturzgefahr verboten. Unterhalb der Ruine steht das Spethsche Forsthaus (1763), ein privat bewohntes zweigeschossiges Gebäude unter Walmdach, mit Wappen über Eingang.

Indelhausen: Die **Maisenburg**, eine bereits im 12.Jh erbaute Höhenburg, kam im 15.Jh in Besitz der Hr. von Baustetten, von denen ein Epitaph in Hayingen steht. Sie fiel 1538 als Erbe an die Reichlin von Meldegg und wurde 1764 von den Hr. von Speth erworben. Die heute vorhandenen Burgreste (Schildmauer, Ummauerung) stammen wohl von einer Burg des 14.Jh. Im Vorburgbereich steht ein Bauernhof.

Münzdorf: Über einem Seitental thront die Burg **Derneck** (= Degenhards Eck) der Hr. von Gundelfingen. Die Gf. Fürstenberg als Erben verkauften 1647 die Anlage, kauften sie jedoch 1768 zurück und bauten ein Forsthaus. Von der Burg des 14.Jh sind nur Ruinen erhalten. Das Forsthaus über dem Abhang wird jetzt vom Schwäb. Albverein für Übernachtungen genutzt. Es wirkt vom Tal her, von der Abzweigung zur Burgruine, schlössleartig.

Umgebung: Die nördlich anschließenden Burgruinen Hohen- und Niedergundelfingen, Bichishausen und Hohenhundersingen gehören zur Stadt Münsingen, die BR Warstein zu Ehingen-Erbstetten.

OT Ehestetten

Hier saß ein Zweig der Gundelfinger, der 1364 die Ortsherrschaft an die Hr. von Speth verkaufte. Diese schlossen sich dem Kanton Donau der Reichsritterschaft an. Die Oberhoheit jedoch lag bei Württemberg, das 1615 den Speth einen Vogt vor die Nase setzte, nachdem diese sich mit der Dorfgemeinde zerstritten hatten. Dies ist eines von vielen Beispielen für die begrenzte Unabhängigkeit der Reichsritter.

Bauten: Das **Schloss** (16.Jh) ist ein zweigeschossiges Gebäude mit rundem Eckturm und Stuckdecken im Obergeschoss. Die Ummauerung mit dem imposanten Rest einer Bastion blieb teilweise erhalten. Im 19.Jh als Erbe an Gf. Bodman, dann als Bauernhof genutzt, heute Privatwohnung. Es liegt am Dorfrand (Schlossstr. 1) und ist von der Straße nach Hayingen gut zu überblicken.

Schloss (Neu-)Ehrenfels

Beim Quelltopf der Zwiefaltener Aach, nahe der Wimsener Höhle, liegt versteckt hinter Bäumen eine ehemalige Sommerresidenz des Zwiefaltener Abtes. Die Burg Altehrenfels der Hr. von Gundelfingen kam über Württemberg an das nahe Benediktinerkloster, das sie 1516 abreißen ließ. (Nur noch Grundmauern sind vorhanden). Rund 1 km südlich davon baute der Abt 1735-40 an Stelle eines Maierhofes Schloss (Neu-)Ehrenfels, das nach der Säkularisation an Württemberg kam. König Friedrich schenkte es seinem von der Insel Rügen stammenden Staatsminister Gf. Norman(-Ehrenfels) für seine Verdienste beim Erwerb der Königskrone. Von der zweistöckigen Dreiflügelanlage wird nur der Südflügel, die ehem. Kapelle mit wappengeschmücktem Mittelrisalit, bewohnt. Er steht auf einem immensen, 66 m langen Keller mit Kreuzgratgewölbe. Nord- und Ostflügel dienten als Stall und Bedienstetenunterkunft. Der Hofeingang wird von zwei Kavaliershäuschen flankiert. Die Anlage kam als Erbe an die Fam. von St. Andrè und kann nur von Außen eingesehen werden. (2009)

Schloss Ehrenfels, Gartenfront.

Hechingen BL   J7

Hier steht die Stammburg der schwäbischen, fränkischen und Brandenburg-preußischen **Hohenzollern.** Im 11.Jh nannte sich ein Hochadelsgeschlecht nach der Burg auf dem Zollern (ab 14.Jh Hohenzollern), der als Zeugenberg markant vor dem Albtrauf aufragt. Durch Einheirat in die Burggrafschaft Nürnberg spaltete sich im 13.Jh eine fränkische Linie ab, die sich im 15.Jh in die Markgrafschaften Ansbach und Bayreuth teilte. Fast parallel dazu entwickelte sich daraus eine weitere Linie, weil 1415 der Nürnberger Burggraf vom König mit dem Kurfürs-

Hechingen

tentum Brandenburg belohnt worden war. Diese brandenburgische Linie erlangte internationale Bedeutung. So konnte sie sich im 18.Jh mit dem Königstitel von Preußen schmücken und 1871 den deutschen Kaisertitel erwerben. Im Schwabenland hingegen blieben die weniger erfolgreichen katholischen Hohenzollern. Diese wurden - aufgeteilt in die Linien Hechingen und Sigmaringen - 1623 vom Kaiser zu Fürsten erhöht, als Belohnung für ihre diplomatischen Dienste bei der Durchsetzung kath. Interessen im Vorfeld des 30j. Krieges. 1850 traten sie ihre Herrschaftsrechte samt Stammburg an die evangelischen Verwandten in Berlin ab, denen wir die heutige Burg Hohenzollern verdanken.

Burg Hohenzollern

1061 wird ein Geschlecht der Zollern erstmals urkundlich erwähnt. Sein Aufstieg erfolgte über die fränkische Seitenlinie (s.o.). In Schwaben hingegen stand es kurz vor dem Ausverkauf an Württemberg und musste 1423 die Zerstörung der Stammburg hinnehmen. Wiederaufbau und Wiederaufstieg gelang im Schlepptau der Habsburger Politik.

Bauten: Die **Burg** ist ein neugotisches Gesamtkunstwerk, vergleichbar der Hohkönigsburg im Elsaß, denn die völlig zerfallene Burganlage wurde von Preußen 1850-67 im romantisch-historisierenden Stil wieder aufgebaut. Eine Mischung von Burg, Schloss und Festung. Mit drei Kapellen: kath., evang., orthodox. Aus dem Tal bietet die Anlage einen traumhaften Anblick: ein schwäbisches Neuschwanstein. Sie ist mit jährlich 300 000 Besuchern eines der meistbesuchten Einzelobjekte im Ländle. (Berg und Burg liegen auf Gemarkung der Gemeinde Bisingen. Die Zufahrt von B 27 ist ausgeschildert. Vom Parkplatz unterhalb der Burg sind es ca 10 min Fußweg. Im Sommer ist sonntags ein Bahn-Bus-Dienst eingerichtet.)

UMGEBUNG: Unterhalb der Burg ist auf dem Friedhof des **OT Boll** die Grabstätte der heutigen Hohenzollern. Im benachbarten **OT Stetten** findet man Reste (Kirche, Kreuzgangruine) eines Dominikanerinnenklosters, das von den Zollern im 13.Jh als Hauskloster und Grablege gegründet wurde.

Kernstadt

Die im 13.Jh gegründete Stadt wurde nach der Zerstörung der Burg auf dem Hohenzollern (1423) Verwaltungsmittelpunkt und Wohnsitz der Gf. Zollern. Die Erbteilung von 1576 schuf eine eigene Linie Hohenzollern-Hechingen, die ständig über ihre Verhältnisse lebte und daher die Untertanen auspresste. Der Widerstand verschiedener Dörfer ist ein Beispiel für kommunale Demokratiebewegungen im 18.Jh. Als Mitglied des Rheinbundes überlebte Hechingen die Napoleonische Flurbereinigung (s. Sigmaringen). Die Residenzstadt wurde nach dem Übergang an Preußen (1850) Oberamtssitz. 1973 entstand aus den Landkreisen Hechingen und Balingen der „Zollernalbkreis", dessen Namen an die historische Bedeutung erinnert.

Bauten: Das **Schloss** wurde 1819 an Stelle eines Renaissanceschlosses erbaut. Es ist eine klassizistische Dreiflügelanlage mit kapitellgeschmücktem Mittelrisalit und drei Dreiecksgiebeln. Heute in Besitz der Sparkasse Zollernalb. Gegenüber steht das „Alte Schloss", im 18.Jh als Kanzlei erbaut, zeitweise als Prinzenbau genutzt, heute Museum für Hohenzollern. Es ist ein dreigeschossiger Bau mit Giebeldreieck. Beide Schlösser am „Schlossplatz". - Die schlossartige Villa Eugenia (Zollernstr. 10) wurde als Lustgartenhaus 1786 erbaut und 1833 für die sozial engagierte Fürstin Eugenia umgebaut. Im umgebenden Park stehen herrschaftliche Gebäude verschiedenster Nutzung. Heute Kulturbegegnungshaus. – **Sonstiges:** In der kath. Stiftskirche hängt eine Bronzegrabplatte von Peter Vischer im Chor. Eine im Boden eingelassene Tafel weist auf die (verschlossenen) Fürstengräber hin. - Die jüdische Synagoge (Goldschmiedstr. 20), 1767, ist hervorragend renoviert. - Der jüd. Friedhof liegt im Wald an der Straße nach OT Sickingen.

Hechingen. Villa Eugenia, ein Beispiel für Bürgerengagement.

UMGEBUNG: Von der Straße nach OT Weilheim zweigt eine ausgeschilderte Zufahrt zur Schloss- und Parkanlage **Lindich** ab. Sie wurde 1738-43 als **Jagdschloss** mit sechs Kavaliersbauten im Halbkreis inmitten eines Landschaftsparks erbaut. Vom Schlösschen mit Kuppellaterne ging ein radiales Wegenetz aus. Im 19.Jh Musikaufführungen des Fürstenhofs, mit Auftritten von Liszt und Berlioz. 1990 wurde die völlig verwahrloste Anlage vom Fürstenhaus an eine Investorengruppe verkauft, die nach einer gelungenen Sanierung z.T. selbst darin wohnt. Ein Kavaliersbau dient als Restaurant. (2008)

Heidelberg HD C6

Die **Fam. von Handschuhsheim** starb 1585 auf spektakulär-tragische Weise aus, als der 16-jährige Hans wegen Ehrverletzung von Friedrich von Hirschhorn erstochen wurde. 1195 wurde sie erstmals in Diensten des Klosters Lorsch erwähnt. In der Kurpfalz übernahmen ihre Mitglieder bedeutende Ämter bis hin zum Hofmeister König Ruprechts von der Pfalz. Trotz weiter Verzweigung im 15.Jh blieb Hans 1585 als einziger Erbe übrig. Die Familie hinterließ eine Wasserburg inmitten des OT Handschuhsheim und wunderbare Grabdenkmäler.

„Die **Pfalzgrafen bei Rhein** residierten am Neckar." Ursprünglich waren sie Pfalzgrafen von Lothringen, also im Kernland der Franken, und damit zuständig für die Königspfalz in Aachen. Mit dem Wechsel des Amtes von einer Dynastie zur anderen wanderte die Pfalzgrafschaft über Eifel, Mosel und Mittelrhein ins Nordpfälzer Bergland. Erst als 1156 mit Konrad von Staufen ein Halbbruder Kaiser Barbarossas das Amt erhielt, konnte sie sich in dem Gebiet festsetzen, das man heute als Kurpfalz und Rheinpfalz bezeichnet. 1225 erbten die Gf. Wittelsbach das Amt, womit bis zum Ende des Alten Reiches eine Verbindung zwischen Bayern und der Pfalz bestand. Bei der Teilung (1329) kam der Nordteil Baierns an die Kurpfalz, weshalb man ihn anschließend Oberpfalz nannte. Mit der Goldenen Bulle (1356) zählte der Pfalzgraf zu den sieben Kurfürsten, die den deutschen König wählten, was aus der Pfalz die Kurpfalz machte. Sie stellte 1400-1410 selbst den König und produzierte viele Seitenlinien (Neuburg, Simmern, Zweibrücken…), welche das Überleben der Dynastie sicherten. Zwei Existenzkrisen entstanden im 17.Jh. Zum einen infolge der Wahl Friedrichs V zum König von Böhmen („Winterkönig"), die den 30j. Krieg auslöste und zum Verlust der Oberpfalz führte. Und zum anderen infolge der Heirat Liselottes von der Pfalz mit dem Bruder des Sonnenkönigs, was den verheerenden Pfälzer Erbfolgekrieg auslöste, dem Heidelberg seine weltbekannte Burg-Schloss-Ruine verdankt.

Kernstadt

Die Stadt wurde 1196 vom Pfalzgrafen Heinrich am Schnittpunkt zweier Fernstraßen als Verwaltungszentrum gegründet. Aus ursprünglich einer von vier Residenzen der Pfalzgrafen (Neustadt, Alzey, Bacharach) stieg sie 1356 zur alleinigen Hauptstadt der Kurfürsten auf. Die Geschichte der Stadt ist untrennbar mit dem Auf und Ab der Kurpfalz verbunden. 1386 erhielt die Stadt die erste Universität Deutschlands, was mit der Ausweisung der Juden verbunden war. Nach der Reformation wurde sie zum Zentrum des deutschen Kalvinismus, erhielt in der Renaissance prächtige Bauten und mit dem Schlossgarten ein „8. Weltwunder". Im 30j. Krieg verlor sie unter bayrischer Besetzung ihre weltberühmte Bibliothek (Bibliotheca Palatina) an den Papst. 1693 wurde sie im Pfälzischen Erbfolgekrieg vom Sonnenkönig völlig zerstört und verlor 1720 aufgrund des Konfliktes zwischen dem reformierten Kirchenrat und den kath. Kurfürsten ihre Hauptstadtfunktion an Mannheim. In der Romantik bildete sich hier ein Kreis berühmter Personen, die sich im Kloster Neuburg (s.u.) trafen. Damals wurde die Schlossruine zum nationalen Symbol. Heute ist sie ein internationales Symbol für deutsches Mittelalter.

Bauten: Das **Residenzschloss** besteht aus Bauten vom Mittelalter (Ruprechtsbau, vor 1400) über Spätgotik (Bibliotheksbau) und Renaissance (Ottheinrichbau) bis zum 17.Jh (Englischer Bau). Einige Bauten stehen als Ruine, einige sind als Museum zu besichtigen. Die geballte Ansammlung der mächtigen Bauten und die imposanten Ruinen der Bastionen dominieren das Stadtbild und sind das international bekannteste Bauwerk Deutschlands. Die Bedeutung des berühmten hängenden Gartens lässt sich nur noch erahnen. - **Sonstiges:** Die Heiliggeistkirche war die Grablege der Kurfürsten. 1693 wurden die 55 Gräber zerstört und anschließend die Grabsteine beseitigt. Erhalten blieben nur die Deckplatte des Königspaares sowie Epitaphien von Priestern und Amtmännern. An der südlichen Chorwand Wappenfries des regionalen Landadels (15. Jh). – Über die Stadt verteilt stehen Adelshöfe und Palais: Großherzogliches Palais, Palais Sickingen-Boisserée, Palais Weimar, Palais Cajeth, Palais Rischer, Palais Moraß, Palais der Venningen (Haus „Riesen"), Palais Wiser. - Ein prächtiges Beispiel bürgerlicher Renaissance ist das Haus „zum Ritter", erbaut 1592 für den Tuchhändler Charles Belier, heute Luxushotel.

OT Handschuhsheim

Das bedeutende urfränkische Dorf gehörte im 13.Jh zur Herrschaft Schauenburg, die zwischen dem Bf. Mainz und der Kurpfalz umstritten war. Im Dorf gab es drei Rittergüter, darunter die Wasserburg der Hr. von Handschuhsheim. Nach deren Aussterben (1585) fiel ihr landsässiges Rittergut an die Hr. von Helmstatt.

Handschuhsheim. Die massiven Reste der ehem. Wasserburg inmitten dieses Stadtteils überraschen

Das Dorf wurde im Pfälzer Erbfolgekrieg 1689 vollständig zerstört. 1820 kaufte die Gemeinde die Wasserburganlage.

Bauten: Die 1911-13 wieder hergerichtete Anlage der **Wasserburg** steht unübersehbar im Dorfzentrum. Inmitten der quadratischen, von Mauern und Graben umgebenen Anlage erhebt sich ein dreistöckiges, burgartiges Steinhaus unter hohem Satteldach (1544). Entlang der Ostmauer sind die Reste des mittelalterlichen Palas mit spätgotischen Anbauten und einem Treppenturm erhalten. Die Anlage wird von einem Verein unterhalten und ist für kulturelle Veranstaltungen und Vereinsfeste geöffnet. - Das nahe **Schlösschen** (18.Jh) geht zurück auf ein 1609 errichtetes Herrenhaus mit polygonalem Treppenturm, dessen Portal mit den Wappen ehemaliger Besitzer verziert wird. Das zweistöckige Gebäude unter Mansarddach wird von einem nördlichen Erweiterungsbau verunstaltet. In ihm ist heute die städtische Musikschule. Es liegt beim Grahampark, dem ehem. Schlosspark, der nach dem letzten privaten Schlossbesitzer benannt ist. - **Sonstiges:** Mehrere figürliche Epitaphien der Hr. von Handschuhsheim in der kath. Kirche. Das Doppelgrabmal von Hans und Margarethe von Ingelheim (1519) zeigt vollendete Frührenaissance. An der Kirchenaußenwand wurden Grabdenkmäler aus dem ehem. Friedhof aufgereiht.

OT Wieblingen

In dem urfränkischen Dorf unterhielt das Kloster Lorsch einen Klosterhof, den die Ingram von Wieblingen verwalteten. Die Schutzvogtei über Lorsch lag in Händen der Kurpfalz, die sie zum Ausbau der Landesherrschaft einsetzte und das Dorf in die Cent Kirchheim einordnete. Nach dem Wegzug der Ingram (1409) wurde das Rittergut von Heidelberger Beamten gekauft und kam so 1711 an die Fam. von Vultée, die das Schloss baute. 1927 kaufte es Elisabeth von Thadden und richtete darin eine Reformschule für evang. Mädchen ein.

Bauten: Das **Schlösschen** steht auf dem Gelände des ehem. Lorscher Klosterhofs. Das 1727 erbaute Herrenhaus ist ein klassizistisch-schmuckloses zweistöckiges Gebäude unter Mansarddach. Schöner Balkon zum Park. Der unpassende Turm wurde 1909 hinzugefügt. – **Sonstiges:** Im weiten Schlosspark stehen mit Kavaliershaus, Zehntscheune mit Wappen und kleiner evang. Kirche weitere historische Gebäude sowie moderne Schulbauten. Die gesamte Anlage wird vom evang. Thadden-Gymnasium genutzt, die Schulleitung residiert im Herrenhaus. Lage: Kreuzung Mannheimer Straße/Klostergasse.

Heidelberg

OT Rohrbach

Über dieser urfränkischen Siedlung stand die Burg der edelfreien Familie von Kirchheim. Die Pfalzgrafen erwarben als Vögte des Bistum Worms bereits vor 1200 die Oberhoheit und 1234 die Dorfherrschaft. Das Dorf wurde der Cent Kirchheim eingeordnet. Karl-August von Pfalz-Zweibrücken, der „Jäger aus Kurpfalz", errichtete 1770 ein Jagdschloss.

Bauten: Das **Schlösschen** (1770) ist ein klassizistisches zweistöckiges Herrenhaus mit Mittelrisalit, der von einem schönen Fries verziert wird. Giebel und der Säulenportikus mit Terrasse wurden später von Amalie von Baden hinzugefügt. Moderne Anbauten wirken nicht störend. Englischer Park dabei. Heute Lungenfachklinik, Zugang eingeschränkt möglich (Thoraxklinik, Amalienstr. 5).

UMGEBUNG: Kloster **Neuburg** über **OT Ziegelhausen** wird heute von Benediktinern bewohnt. In und bei der Kirche des ehem. Klosters, das eine bewegte Geschichte mit mehreren Ordenswechseln erlebte, steht eine Reihe von Epitaphien. Sie stammen von Äbtissinnen, Nonnen und auch Domherren, weil im 19.Jh Wappensteine vom Wormser Domkreuzgang hierher verkauft wurden, als sich hier ein Kreis berühmter Romantiker traf. (2005)

H12 Heidenheim HDH

Den bis dahin größten Zuwachs an Territorien und Klostervogteien erreichte Württemberg 1504 im **Landshuter Erbfolgekrieg**. Im Kampf um das Erbe des Herzogtums Bayern-Landshut hatte sich Herzog Ulrich einer großen Koalition von Kaiser und süddeutschen Fürsten gegen die Kurpfalz angeschlossen. Nach dem Sieg erhielt er sowohl mehrere Pfälzer Ämter (z.B. Möckmühl) und Klostervogteien (z.B. Maulbronn) als auch die Oberhoheit über die Grafschaft Löwenstein. Zusätzlich wurde er noch von Bayern-München für seine Hilfe belohnt in Form der Herrschaft Heidenheim samt der Vogteirechte über die Klöster der Umgebung, darunter auch über Königsbronn (s.d.). Für die unterlegenen Heidelberger Erben wurde das Herzogtum Pfalz-Neuburg geschaffen. Mit der reformationsbedingten Auflösung der Klöster wurde das Gebiet des heutigen Landkreises Heidenheim weitgehend württembergisch.

Kernstadt

Alemannisches Dorf auf den Resten eines römischen Kastells. Auf dem Reichsgut erstellten die Staufer die Burg Hellenstein sowie die planmäßige Stadtanlage. Die Herrschaft Hellenstein gelangte von den Hr. von Gundelfingen über die Gf. Helfenstein und über Bayern-Landshut 1504 als „Belohnung" an Württem-

Heidenheim. Mächtig steht Schloss Hellenstein über der industriereichen Stadt

berg. Als dessen östlichster Vorposten wurde die Stadt zum Oberamt und durch eine Festung gesichert. Erstaunlich ist die starke Industrialisierung des 19.Jh, die bis in die heutige Zeit das Stadtbild prägt.
Bauten: Von **Burg** Hellenstein (um 1130), die 1530 abbrannte, ragen noch Ruinen am Rande des Schlosshofes empor. Das **Schloss** wurde 1598-1608 nach den Plänen des Landesbaumeisters Schickhardt im Renaissancestil gebaut und im 19.Jh teilweise abgebrochen. Heute steht noch der Nordtrakt mit der Schlosskirche (historisches Museum) und der Fruchtkasten (Kutschenmuseum). Erhalten blieb auch der von Geschütztürmen flankierte Portalbau. Die Anlage steht als Blickfang auf einem 70 m hohen Kalkfelsen über der Stadt (Zufahrt ausgeschildert). – **Sonstiges:** Der Fußweg von der Stadt führt durch eine Parkanlage mit der evang. Stadtpfarrkirche (Michaelskirche, 1492).

OT Schnaitheim

Im 13.Jh saß Dorfadel auf einer Wasserburg, die im 14.Jh an die Hr. von Scharenstetten fiel. Diese wurden 1436 zu Forstmeistern der Gf. Helfenstein im benachbarten Heidenheim. Auch unter Württemberg, das im Dorf alle Gerichtsrechte aufkaufte und ab 1504 die Herrschaft Heidenheim besaß (s.o.), blieb das Dorf Sitz eines adligen Oberforstmeisters (s. Winterbach). Der wohnte ab 1680 im Schlössle, das Württemberg dafür kaufte. Im 18.Jh war das Amt fast ständig in Händen der Fam. Schilling von Cannstatt.
Bauten: Das **Schlössle**, um 1600, ist ein Fachwerkgebäude auf Steinsockel mit vier Ecktürmchen und prächtigen Giebeln. Im 19.Jh Schulhaus, heute Sozialstation. Es liegt zwischen Bahnlinie und dem Flüsschen Brenz („Am Jagdschlössle"). – Sonstiges: Mehrere gusseiserne Epitaphien von adligen Oberforstmeistern an der Außenwand der evang. Kirche und Epitaphien in der Kirche.

OT Oggenhausen

Das Dorf kam im 15.Jh in Besitz der aus Schwäbisch Gmünd stammenden Patrizierfamilie Vetzer (Fetzer), die sich dem Kanton Donau der Reichsritterschaft anschloss und beim Alten Glauben blieb. 1587 Aufteilung in zwei Linien, die nacheinander im 17.Jh ihre Schlösser an Württemberg verkauften, das bereits zuvor die Oberhoheit besaß. Zeitweise residierte die württembergische Nebenlinie Weiltingen (s. Sontheim) im Alten Schloss. Durch Ansiedlung von Glaubensflüchtlingen aus Kärnten und Tirol nach dem 30j. Krieg wurde die Bevölkerung protestantisch.
Bauten: Das Alte (Untere) **Schloss**, ein schmuckloses Bauernwohnhaus unter Walmdach, steht 100 m westlich der evang. Kirche. Der Dorfplatz daneben ist der ehem. Innenhof des Schlossgutes, gebildet aus Wohnhäuser anstelle der ursprünglichen Ökonomiegebäude. In der Mitte der Dorfbrunnen mit Infos zur Ortsgeschichte. - Das Neue (Obere) **Schloss**, der heutige Gasthof gegenüber der Brauerei, ist infolge der Umbauten als Schloss nicht mehr erkennbar. Daneben Reste der Schlossmauer. – **Sonstiges:** In der evang. Kirche ein Epitaph. (2006)

Heilbronn HN

Wie ein Stachel im Fleisch der protestantischen Reichsstadt saß die Deutschordenskommende. Auf diese spannungsgeladene Konstellation von kath. **Ritterorden** in evang. Reichsstädten stößt man häufig, z.B. in Schwäbisch Hall (Johanniterorden) und in Straßburg, Nürnberg, Ulm und hier in Heilbronn (jeweils Deutscher Orden). Während die sonstigen Stadtklöster in der Reformation aufgelöst wurden, weil der Rat für deren weltliche Angelegenheiten zuständig war, konnten die Niederlassungen der Ritterorden aufgrund ihres Sonderstatus weiter bestehen. Denn beide Ritterorden nahmen einen Fürstenstatus ein und waren reichsrechtlich in ihrer Existenz geschützt. Damit überlebte der Deutschhof, der das größte profane Anwesen in Heilbronn bildete, die Reformation. Die extraterritoriale Kommende in der Reichsstadt war ebenso wie das Schloss im OT Kirchhausen Teil der „Deutschen Ebene".

Kernstadt

Die Stadt entwickelte sich aus einem bedeutenden fränkischen Königshof. Kaiser Friedrich II legte die Grundlagen für den Reichsstadtstatus, der Ende des 14.Jh erreicht wurde. Sie konnte ein kleines Territorium von vier Dörfern auf 65 km² erwerben. Bereits 1528 Anschluss an die Reformation. Aufgrund eines Privilegs durfte sie den Neckar stauen, so dass hier die Schiffe umgeladen werden mussten. Dies brachte einen Wohlstand, der im Unterschied zu anderen Reichsstädten den 30j. Krieg überlebte. Zugleich war die Reichsstadt ein politisches Zentrum für den Landadel, da hier die Reichsritterschaftskantone Kraichgau und Odenwald ihre Zentrale (Archiv, Direktorium) einrichteten. Das verschwundene Gebäude stand in der Hafenstraße - Der Deutsche Orden besaß seit der Stauferzeit aufgrund einer Schenkung der Hr. von Dürn einen Hof, den er zur Kommende ausbaute. Neben viel Streubesitz gehörte ihr das Dorf Sontheim. Konflikte mit der Reichsstadt waren nach der Reformation an der Tagesordnung: die Reichsstadt versperrte den äußeren Zugang zur kath. Kirche mit einer Kette, die Katholiken sangen Marienlieder bei offener Kirchentüre usw.

Heilbronn. Der Deutschhof, kath. Enklave in evang. Reichsstadt

Bauten: Der **Deutschhof** ist ein in sich geschlossener Gebäudekomplex, der nach dem 2.Weltkrieg wieder aufgebaut wurde. Dominiert wird das äußere Bild vom barocken, lang gestreckten, **schlossähnlichen** Südwestflügel (18.Jh) entlang der Deutschhofstraße und der anschließenden kath. Kirche. Einen inneren Kern bilden die stattlichen Wohn- und Nutzbauten (Trappanei, Komturbau, Steinbau mit Weinkeller, Küchengebäude), die im 16.Jh nach der Zerstörung im Bauernkrieg erbaut wurden. Die Gebäude werden heute als Pfarramt, VHS und Museum genutzt. Zugang in Innenhof offen. In der Kirche sind mehrere Epitaphien von Komturen und Patriziern. Lage: Am südwestlichen Altstadtrand (Deutschhofstraße). – Prachtvoll wie ein Schlössle wirkt das Renaissance-**Rathaus** aufgrund seiner Fassade mit einer astronomischen Uhr. - Ein Patrizierlandsitz ist das **Trappenseeschloss** am Rande des Pfühlparks. 1576 ließ sich hier ein Bürgermeister ein Wasserschlösschen bauen, das 1784 „modernisiert" wurde. Das dreistöckige kompakte Gebäude unter Walmdach ist über eine Steinbrücke erreichbar. Es wird heute als Kunst- und Auktionshaus genutzt. Ein Restaurant befindet sich daneben. Lage: Im Osten Richtung Weinsberg, Jägerhausstr. 151. – Wie ein Schlössle wirkt auch das **Schießhaus** mit seinem verspielten Rokoko unter Mansarddach. Es diente als Festsaal für Schützenfeste. Das von einem kleinen französischen Park umgebene Gebäude steht links des Neckars beim Hauptbahnhof (Schießhausstraße). Genutzt für Festveranstaltungen. - **Sonstiges:** Zwei schöne Kommunalbauten blieben aus der Reichsstadtzeit erhalten. So das hinter dem Rathaus stehende reichsstädtische Archiv im Rokokostil, heute Gedenkstätte zum 2.Weltkrieg. So das „Fleischhaus" (Kramstr. 1, neben Deutschhof); der Renaissance-Steinbau mit Verkaufsarkaden diente gleichzeitig als Schlachthaus, Gerichtsgebäude und Hochzeitshaus (hier gings ums und ans Fleisch)! - Am Marktplatz heißt ein Steinhaus (14.Jh) mit Renaissance-Erker Käthchenhaus (Kleist, „Das Käthchen von Heilbronn"). – In der evang. Stadtkirche findet man in der Vorhalle und im Chor viele Epitaphien von Patriziern und Rittern. – Einer der schönsten aufgelassenen Stadtfriedhöfe in BW ist der Alte Friedhof mit Grabmälern von „Consules et Senatores".

OT Kirchhausen

Das Dorf wurde von Württemberg 1404 an den Deutschen Orden verkauft. Es gehörte direkt dem Deutschmeister, weshalb hier statt eines Komturs ein Amtmann saß, welcher der Zentrale in Gundelsheim bzw. Mergentheim direkt unterstand. Da sich die Dorfbewohner nicht am Bauernkrieg beteiligten, was untypisch für den Deutschen Orden ist, bekam das Dorf anschließend besondere Privilegien.

Kirchhausen. Hier residierte ein Deutschordens-Amtmann, der dem Deutschmeister direkt unterstellt war

Bauten: Das **Schloss** (1576) ist eine ummauerte, grabengeschützte Zweiflügelanlage anstelle einer Wasserburg. Das zweigschossige Hauptgebäude wird von prachtvollen geschweiften Giebeln und vier Rundtürmchen über bossiertem Sockel geschmückt. Typisch Renaissance ist die Hoffront mit den Arkaden. Ins Haus führt ein wappengeschmücktes Portal (1749). Heute Ortsverwaltung und Notar. Mit der daneben stehenden barocken Zehntscheune und dem ehem. Fruchtkasten besitzt Kirchhausen einen der stattlichsten Dorfplätze in BW. – **Sonstiges:** Der Amtmann wohnte in einer Dreiseithofanlage mit Inschrift (1628) über dem Tor (Deutschritterstr. 34).

OT Horkheim

Zur Sicherung der Neckarfurt saß Dorfadel auf einer Wasserburg. Anschließend ergab sich eine komplizierte Situation, da Württemberg das Dorf und die Kurpfalz die Burg als Lehen an verschiedene Adelsfamilien gab, darunter auch Patrizier der Reichsstadt. Dies erklärt, weshalb sich Juden in der pfälzischen Burganlage niederlassen konnten, während sie im württ. Dorf verboten waren.

Bauten: Mehr **Burg** als Schloss wirkt die Anlage mit Graben, Umfassungsmauern, Steinhaus und Ökonomiegebäuden. Die Gebäude stammen aus verschiedenen Epochen. Die unübersichtliche Anlage liegt am Rande des Dorfes in einem ehem. Sumpfgebiet. Privat bewohnt, genutzt für Kulturveranstaltungen, Zugang in den Hof offen. – **Sonstiges:** Daneben die evang. Kirche mit schlichten Epitaphien der Dorfherrschaft.

OT Klingenberg

Gegenüber Horkheim, jenseits des Neckars, saß Dorfadel auf einer Höhenburg, die 1407 als badisches Lehen an die Hr. von Neipperg kam. Diese schlossen sich dem Kanton Kraichgau der Reichsritterschaft und der Reformation an.

Bauten: Das **Schloss** wurde im 16.Jh auf den Mauern der zerstörten Burg erbaut und im 18.Jh barockisiert. Der schmucklose zweistöckige Kasten unter Walmdach bietet zusammen mit den Ökonomiebauten ein verwahrlost wirkendes Ensemble. Es steht erhöht über dem Dorf („Schlossweg"). Bis 1950 in Besitz der Gf. Neipperg, jetzt von der Stadt vermietet. – **Sonstiges:** Das Schloss war ursprünglich über einen 200 m langen Gang mit der evang. Kirche verbunden, auf deren Südseite die zugemauerte Türe noch zu sehen ist. In ihrem Chor stehen zwei Wappenepitaphien der Neipperg.

UMGEBUNG: Im **OT Böckingen** saß Dorfadel auf einer verschwundenen Burg am See. Die Reichsstadt Heilbronn kaufte das Dorf auf. 1/3 blieb jedoch als Rittergut in Adelshand, weshalb ein barockes Epitaph für ein Frl. von Gemmingen (1770) in der evang. Kirche steht.

UMGEBUNG: Das Reichsdorf **OT Biberach** wurde 1407 von der Reichsstadt Wimpfen gekauft und aus Geldnot nach dem 30j. Krieg an einen General von Klug verkauft. Dessen Epitaph steht in der evang. Kirche. Der wiederum verkaufte es 1681 an den Deutschen Orden, welcher heimatlose Katholiken ansiedelte, was zu endlosen Prozessen führte.

UMGEBUNG: Das Rittergut **Hipfelhof** wurde 1695 vom Spital der Reichsstadt Wimpfen ans Spital der Reichsstadt Memmingen verkauft, weshalb es 1803 an Bayern fiel. 1812 Verkauf an die Fam. von Cotta, die 1855 ein klassizistisches Schlösschen baute. – Der Besucher findet eine weitläufige Anlage am Rotbach vor. An der verlassenen, mächtigen Mühle (1784) sind zwei Wappen des Memminger Heiliggeistspitals mit Inschrift erhalten. Daneben steht das ehem. Pfarrhaus (1791). Das heute privat bewohnte Schlössle steht verdeckt im Norden der Hofgutanlage. Die Zufahrt vom **OT Frankenbach** ist ausgeschildert. (2009)

Heiligenberg FN M8

Die meisten **Landadelsschlösser** in BW wurden im 16.Jh erbaut! Warum? Dies erklärt sich zum einen mit dem Ersatz für die im Bauernkrieg zerstörten Burgen. Darüber hinaus scheint diese Zeit eine Blüte der Adelskultur hervor gebracht zu haben. Denn der Landadel, der sich gerade in der Reichsritterschaft oder in Grafenvereinen organisiert hatte, wollte und musste seine Unabhängigkeit mit einem entsprechenden Gebäude demonstrieren. Da erst in der zweiten Hälfte des 16.Jh der aus Italien kommende **Renaissancestil** in Deutschland richtig bekannt wurde, sind im Land viele Schlösser in diesem neuen Stil erbaut – im Gegensatz zu Kirchen und Klöstern, von denen es infolge der Reformation nur ganz wenige Neubauten gibt. In BW ist der Ottheinrichsbau in Heidelberg das schönste Beispiel für die Hochadels-, der Rittersaal in Heiligenberg das schönste Beispiel für die Landadelskultur im Renaissancestil.

Kernort

Hier war das Zentrum der karolingischen Linzgaugrafschaft und einer späteren Landgrafschaft. Die Gf. von Heiligenberg waren im 11.Jh Vögte des Bistums Konstanz und stellten im Investiturstreit einen Gegenbischof. 1277 verkaufte der letzte dieses Geschlechts an die Gf. Werdenberg, die 1534 von den Gf.

Heiligenberg. Ein herrliches Renaissanceschloss über dem Bodensee

Fürstenberg beerbt wurden. Eine eigene Linie baute das neue Schloss. Ihr Erbe ging 1716 an die Linie in Meßkirch, 1744 an die Hauptlinie in Donaueschingen. Nach der Mediatisierung von 1806 durch das Großherzogtum Baden wurde das Schloss für kurze Zeit aus seinem Dornröschenschlaf geweckt, als es eine Fürstenbergwitwe zum Aufenthaltsort wählte. Damals erwarb ihr „Gesellschafter" Frh. von Lassberg (s. Altes Schloss in Meersburg) die berühmte Nibelungenhandschrift für das Haus Fürstenberg.

Bauten: Das **Schloss,** 1559-98 auf einem Endmoränefelsen gebaut, bietet einen herrlichen Blick über den Bodensee. In der weitläufigen Anlage sind Schloss und Vorburg durch eine Brücke miteinander verbunden. Das Schloss (Baumeister Jörg Schwartzenberger) besitzt den schönsten Renaissance-Festsaal BWs („Rittersaal") und eine Schlosskapelle mit Herrschaftsempore, Fürstengruft und zwei Totenschilden. Das Schloss ist in Besitz der Fam. Fürst von Fürstenberg und kann im Sommer besichtigt werden (der hohe Eintrittspreis lohnt sich). – **Sonstiges:** Auf dem „Postplatz", dem gelungenen Übergang vom Schloss zum Städtchen, stehen Gerichtslinde und „Fürstenbrunnen". Hier war der Gerichtsort der Landgrafschaft.

UMGEBUNG: In zwei Teilorten entdeckt man Kirchen mit Epitaphien. Zum einen in **Betenbrunn,** wo ein Miniatur-Kollegiatstift mit der Grablege der Gf. Werdenberg bestand. Daher sind die denkmalgeschützten Bauernhäuser um die Kirche ehem. Chorherrenhäuser, das Gasthaus die ehem. Propstei. Zum

Heiligenberg

anderen in **Röhrenbach** mit der Mutterpfarrkirche, weshalb sich hier die Einwohner von Heiligenberg begraben lassen mussten und sich die Amtspersonen entsprechend verewigten.

UMGEBUNG: Ein Abstecher zum **Ramsberg** (Gem. Herdwangen-Schönach), wo die Reste einer Ministerialenburg mit Kapelle stehen, birgt eine Überraschung. Heute wohnt auf diesem abgelegenen Berg am Jakobspilgerweg ein Einsiedlermönch, ein Bruder Jakobus aus dem Kloster Beuron. Lage: zwischen OT Hattenweiler und Kleinschönach. (2003)

G6 Heimsheim PF

Die **Ritterbünde** des Spätmittelalters waren die Vorläufer der Reichsritterschaft. Sie entstanden in der 2. Hälfte des 14.Jh als Gesellschaften „zum Esel, zum Wolf, zur Krone, zum Schwert" usw. Ihr Ziel war, sich gegen die wachsende Macht der Fürsten und gegen die wirtschaftliche Dominanz der Reichsstädte zu behaupten. Dazu raubten sie Kaufleute aus, erzwangen Lösegeldzahlungen und vollführten spektakuläre Überfälle. So gelang z.B. den „Martinsvögeln", einer am Martinstag 1366 gegründeten Adelsgesellschaft, um ein Härle Haar ein Überfall auf den Gf. Württemberg (s. Teinach-Zavelstein). Am Ende mussten die Ritter als Verlierer in die Dienste von Fürsten oder Städtebünden treten. Man fasst diese 30 Jahre dauernden Auseinandersetzungen in Südwestdeutschland unter dem Begriff **Schleglerkrieg** zusammen, weil sie 1395 mit der Gefangennahme von drei Königen (= Anführer) des Schleglerbundes (benannt nach dem Dreschflegel als ihrem Abzeichen) endeten. Daran erinnert in Heimsheim das „Schleglerschloss".

Kernstadt

In der Stauferzeit wohnte hier edelfreier Dorfadel. Die Burg wurde im 14.Jh unter mehreren Rittern aufgeteilt, darunter auch die Stein von Steinegg (s. Neuhausen). Als 1395 die drei „Schleglerkönige" Friedrich und Reinhard von Enzberg und Wolf von Stein hier ihre Überfälle planten, kam ihnen der von Württemberg zuvor und nahm sie gefangen. Die Ritter von Stein verkauften ihren Besitz anschließend an die Hr. von Gemmingen (s. Tiefenbronn). So war schließlich die Dorfherrschaft in Heimsheim zwischen den kath. Gemmingen und dem evang. Württemberg geteilt. Erst 1687 gelangte sie gänzlich an Württemberg und 1724 als Lehen an den württ. Premierminister Gf. von Graevenitz. Bereits 1733, mit dem Sturz seiner Schwester Wilhelmine als Mätresse, endete dessen Herrschaft.

Bauten: Das Zentrum („Schlosshof") wird geprägt von einem krassen Gegensatzpaar: mittelalterliche Burg neben Rokokopalais. Die mittelalterliche **Burg** („Schleglerschloss") ist eine von den Hr. von Gemmingen 1415 (also nach dem

Heimsheim. Schleglerburg und Grävenitz-Schloss

Schleglerkrieg) erbaute Wohnburg. Das wuchtige fünfgeschossige Steinhaus aus Bruchsteinen hat wenig von seiner Wirkung verloren, da es unter Württemberg als Fruchtkasten äußerlich kaum verändert wurde. In Landesbesitz, von der Gemeinde genutzt. Daneben steht an der Stelle der Burg, in der die Schleglerkönige gefangen wurden, das von Graevenitz erbaute **Neue Schloss** (1729). Das neunachsige Adelspalais unter Mansarddach mit einem barocken Eingangsportal diente auch als Kanzlei und ist heute Rathaus. Der Festsaal mit Rokokostuckdecken kann besichtigt werden. – Zehntscheune und evang. Stadtkirche begrenzen den Schlosshof. (2005)

Heitersheim FR M1

Der **Johanniterorden** bzw. **Malteserorden** entstand in der Zeit der Kreuzzüge als erster christlicher Pflegeorden für die Betreuung von kranken Pilgern. Später übernahm er auch noch den bewaffneten Kampf gegen die Muslime und wurde damit ebenso wie die Templer und der Deutsche Orden zu einem Ritterorden. Diese Orden erwarben neben ihren Burgen in Palästina große Ländereien in Europa, weil dankbare Pilger Schenkungen machten oder adlige Ordensritter ihren Besitz mitbrachten. So entstand in Europa ein Netz von Kommenden (= einzelne Verwaltungszentren), die zusammengefasst wurden in Balleien (= Provinzen, s. Altshausen), die wiederum zu einem Großpriorat (= Land) gehörten. Der Johanniterorden hatte Europa aufgeteilt in acht verschiedene Zungen (= Sprachen, Länder), darunter auch das Großpriorat Deutschland, mit einem Großprior an der Spitze. Dieser unterstand der Ordenszentrale in Rhodos bzw. später in Malta. Die meisten Großprioren entstammten ebenso wie die sonstigen Ritter dem Landadel, wie die Auflistung beim hiesigen Museum zum Malteserorden zeigt. Seit 1505 war Heitersheim Sitz des deutschen **Großpriors**. Ein solch hohes Amt in einem solch kleinen Städtchen?

Kernstadt

Aufgrund von Schenkungen des Gf. von Baden-Hachberg, der selbst in den Orden eintrat, entstand 1335 eine Kommende als Zentrum einer kleinen Herrschaft von neun Dörfern. Schließlich wurden sogar die Kommenden Freiburg, Kenzingen und Neuenburg geschluckt. Das Territorium war im Vergleich zum sonstigen Besitz der Johanniter in Deutschland so groß, dass der Großprior von Deutschland 1505 seinen ständigen Sitz in Heitersheim nahm. Kaiser Karl V erhob ihn zum Reichsfürsten und stellte ihn dem Hochmeister des Deutschen Ordens gleich. Es war eine komplizierte rechtliche Konstruktion: im Reichstag als Fürst, im Breisgau dagegen landsässig unter Habsburg. 1806 wurde der Johanniterorden aufgehoben, der Großprior musste abdanken.

Heitersheim. Kanzlei. Zentrale des Malteserordens im Deutschen Reich

Heitersheim

Bauten: Die ovale **Burganlage** ist ein abgeschlossener Bereich im Osten um einen kleinen Hof. In den Gebäuden ist eine Sonderschule eingerichtet. Zugang durch die Kirche hindurch oder über den Schulhof. Damit verbunden ist die **Residenzanlage,** die im 16.Jh im Westen auf dem Gelände der Vorburg errichtet wurde. Von ihr blieben nur der Kanzleibau (mit prächtigem Wappen und kleinem Museum zum Malteserorden), Torbauten und Ökonomiegebäude übrig, da Schloss und Kirche im 19.Jh abgerissen wurden. Die Gebäude werden von den Vinzentinerinnen aus Freiburg genutzt, die auch die heutige Kirche erbauten. Daneben großer Park mit römischer Ausgrabung. Die Anlage liegt im Osten der Stadt an der Straße nach Sulzburg. Am Museum ist ein Übersichtsplan angebracht. – **Sonstiges:** Viele Epitaphien von Großprioren und Beamten in der kath. Pfarrkirche und auf dem benachbarten Friedhof. (2008)

D7 Helmstadt-Bargen HD

Von hier stammen die **Hr. von Helmstatt.** Sie gehen zurück auf Heinrich, einen Sohn des Raban von Wimpfen, der sich 1229 von Helmstatt nannte, um sich von seinen Brüdern Göler von Ravensburg zu unterscheiden. Als Parteigänger der Kurpfalz saßen sie im 15./16.Jh 86 Jahre lang auf dem Bischofsstuhl in Speyer, so lange, dass man das Hochstift Speyer bereits als Pfälzer Eigenbistum betrachtete. Sie verzweigten sich in viele Linien. So treffen wir im Kraichgau auf sie in Neckarbischofsheim, Waibstadt, Fürfeld, Oberöwisheim und bis heute in Hochhausen. Den Grafentitel erhielten sie durch Einheirat in die lothringische Grafschaft Mörchingen (Morhange). An ihrem Stammsitz Helmstadt erinnern leider nur noch Epitaphien an sie.

OT Helmstadt

Im 13.Jh Ortsadel auf einer Wasserburg. Die Kurpfalz konnte ihre Gerichtsrechte (Centbezirk, s. Schwarzach) zur Landesherrschaft ausbauen, so dass die Hr. von Helmstatt hier nur landsässig waren. Zeitweise wohnten hier in drei (verschwundenen) Schlössern drei Linien, die sich der Reformation anschlossen. 1684 kam die Ortsherrschaft als Erbe an die Berlichingen.
Bauten: Nur noch ein Renaissancebrunnen mit drei wappenverzierten Pfeilern im Hof eines Gutshofes erinnert daran, dass hier (östlich des Dorfes) einmal ein **Wasserschloss** stand. – **Sonstiges:** In der evang. Kirche findet man drei Wappenepitaphien und drei figürliche der Helmstatt. – Das Dorf ist ein schönes, stattliches Bauerndorf, in dem das Rathaus in einem ehem. Bauerngut herrschaftlich wirkt. (2006)

G7 Hemmingen LB

Die **Frh. von Varnbühler** stammen von Handwerkern ab, denn ihre Vorfahren waren im 14.Jh Zunftmeister in der Reichsstadt St. Gallen. Ein Mitglied wurde als Bürgermeister 1489 von den Eidgenossen vertrieben, weil man ihn für die Zerstörung des Rorschacher Klosters verantwortlich machte. Anschließend machten sie als Juristen in ganz Deutschland Karriere, so auch in württ. Diensten. Am erfolgreichsten war Johann Konrad, der als Gesandter beim Westfälischen Friedenskongress 1648 Württemberg so gut vertrat, dass er zur Belohnung mit Hemmingen belehnt wurde. Er nannte sich anschließend von und zu Hemmingen. Im 19.Jh stellte die Fam. von Varnbühler zwei bedeutende Minister im Königreich Württemberg. Da sie inzwischen nicht mehr hier wohnt, hat sie Schloss Hemmingen an die Gemeinde vermietet.

Kernort
Dorfadel teilte sich im Spätmittelalter die Dorfherrschaft mit Württemberg, das die Oberhoheit besaß. 1444 an Hr. von Nippenburg (s. Schwieberdingen), die sich dem Kanton Neckar der Reichsritterschaft und der Reformation anschlossen. Nach deren Aussterben (1646) vergab Württemberg das Lehen an J.K. Varnbühler.

Hemmingen. Das Schloss ist ein Konglomorat. Im Hintergrund die Kirche

Bauten: Das **Schloss** besteht aus drei Teilen des 14.-19.Jh, die 1852 durch den württ. Baumeister Leins neugotisch zusammengefasst wurden. Heraus kam eine Ansammlung verschiedenster Bauten: Im Westen das Alte Schloss (14.Jh) mit einem Donjon mit Eckerkern; im Norden zum Park der Neubau (1852) mit einem Turmpaar; im Osten das Untere Haus /1709) mit Eckturm. Die Gebäude werden von vielen prachtvollen Wappen geschmückt. Von der Fam. von Varnbühler vermietet und als Rathaus genutzt. Dahinter der weite, öffentliche Landschaftspark. – Gegenüber (im Süden) steht der **Neue Bau** (1542), ein dreistöckiges Fachwerkhaus auf Steinsockel unter Satteldach. Als Wohnungen vermietet. Über dem Eingang sind ebenfalls prächtige Wappen angebracht. - **Sonstiges:** Daneben die evang. Kirche mit Herrschaftsempore und im Chor und auf Empore ca. 12 Epitaphien der Nippenburg und der Varnbühler. Darunter sind hervorragende figürliche Arbeiten, die alleine schon den Besuch lohnen. (2009)

Herbolzheim EM K2

Verpfändungen statt Lehensvergabe waren für Habsburg ein gängiges Mittel, um an Geld zu kommen, ohne die Machtkontrolle abgeben zu müssen. Denn das Pfand konnte zu jeder Zeit wieder ausgelöst werden, während beim Lehen das Aussterben der Familie abgewartet werden musste. So wurden z.B. die Donaustädte, die seit 1386 verpfändet waren, 1680 gegen den Widerstand der Gf. Waldburg ausgelöst (s. Waldsee). Auch die Breisgauer Herrschaft Kirnberg war ab 1370 über 200 Jahre an Landadelsfamilien als Pfand vergeben. Schließlich wurde sie 1680 an den neureichen Aufsteiger Schmid von Brandenstein verpfändet, an den im Dorf Herbolzheim ein Palais erinnert.

Die **Hr. von Kageneck** werden als Ministeriale des Bf Straßburg 1256 erstmals erwähnt. Ihre Stammburg bei Colmar ist verschwunden. Sie schlossen sich der

Herbolzheim

elsässischen Reichsritterschaft an und übernahmen zugleich in der Reichsstadt Straßburg als Patrizier 34 mal das Amt des Stättmeisters. Dort erinnert an sie das „Haus am Kageneck". Unter französischem Druck kehrten sie zur Alten Kirche zurück. Einer ihrer vielen Zweige wurde 1625 in die Breisgauer Ritterschaft aufgenommen, stieg 1771 in den Grafenstand auf und machte im Großherzogtum Baden als Politiker und Wissenschaftler Karriere. Im Breisgau finden wir sie in Munzingen (s. Freiburg, seit 1659), Stegen (1702), Umkirch (1778) und hier in Bleichheim.

OT Bleichheim

Das Dorf aus der Karolingerzeit kam als Teil der Herrschaft Üsenberg 1370 an Habsburg. Dieses verpfändete das Dorf an häufig wechselnde Adlige, zeitweise auch als Teil der Herrschaft Kirnberg (s.u.). Schließlich kam es 1680 als Lehen an die Frh. von Kageneck, die bis vor kurzem hier mit einer Linie wohnten.
Bauten: Das **Schloss** ist ein schmuckloses Herrenhaus (1688) unter Walmdach. Das kubische Gebäude mit schönem Balkon bildet zusammen mit einer wappengeschmückten Mühle (1759) und einer Scheune (1590) ein idyllisches Ensemble an der Bleich. Man findet es versteckt hinter Bäumen außerhalb des Dorfes an der Straße nach Broggingen.
UMGEBUNG: Die Herrschaft **Kirnburg** umfasste fünf Dörfer mit der Stadt Kenzingen als Hauptort (s.d.). Von der 1638 zerstörten **Burg** stehen noch Ruinen. Sie befindet sich ca. 1 km im Wald östlich von Bleichheim.

Kernort

Aus dem Dorfadel, Ministeriale der Gf. Zähringen, stammte im 13.Jh ein Minnesänger. Seit 1254 gehörte das Dorf zur Herrschaft Kirnberg (s.u.). Mit ihr kam es 1357 nach dem Aussterben der Hr. von Üsenberg an Habsburg und war fast ständig verpfändet. So auch 1680 an den Generaleinnehmer Schmid, der als Schmid von Brandenstein geadelt wurde. Seine Nachkommen besaßen hier noch im 19.Jh Herrschaftsrechte.
Bauten: An die Habsburger Herrschaft erinnern Wappen am Rathaus und gegenüber an der ehemaligen Zollstation (Hauptstr. 41). Das in der Nähe stehende Haus „Alte Burg" mit einem wunderbaren Renaissance-Fachwerk lässt vermuten, dass hier im 13.Jh. der Dorfadel saß (Rusterstr. 6). - Entlang der Hauptstraße fallen die vielen palaisartigen Gebäude mit Rokokoeingängen auf, Zeichen einer frühindustriellen Wohlhabenheit. Hier hinein fügt sich das Wohn- und Amtshaus der Schmid von Brandenstein unterhalb der kath. Kirche, in der über dem Chorbogen die Wappen der Patronatsherrschaften angebracht sind.   (2009)

Herbrechtingen HDH

Nach der Reformation stammte rund 1/3 des **Territoriums** Württembergs aus ehemaligem Klosterbesitz, der über Klosterämter separat verwaltet wurde. Dieser kam v.a. von den Landklöstern, die Gebiete erworben und die Reichsunmittelbarkeit angestrebt hatten. Das Mittel zur Aufhebung lag in den Vogteirechten, welche die Gf. Württemberg systematisch über zwei Jahrhunderte hinweg gesammelt hatten. Von Herrenalb im Westen über Murrhardt im Norden bis Zwiefalten im Südosten konnten sie damit die Äbte und Pröpste als Räte (= Berater und Diplomaten) in die Regierung einbinden. Den weitesten Vorstoß nach Osten erreichte Württemberg mit der Vogtei über die Klöster an der Brenz. Dies waren neben dem Zisterzienserkloster Königsbronn die beiden ehem. Benediktinerklöster Herbrechtingen und Anhausen.

Kernstadt

Das Benediktinerkloster wurde 774 von Abt Fulrad von St. Denis gegründet und 1144 in ein Chorherrenstift umgewandelt. Im 14.Jh erwarben die Gf. Württemberg die Schutzvogtei. Nach der Reformation stand ein evang. Propst an der Spitze des kleinen Klosteramtes.

Herbrechtingen. Ein bachdurchflossenes Restaurant im Klosterkeller

Bauten: Als **Schlössle** darf man das Propsteigebäude (1472) bezeichnen, in dessen Keller ein Wasserkanal durch ein Restaurant plätschert. Das zweistöckige Gebäude unter Satteldach wirkt v.a. auf der fachwerkverzierten Außenseite herrschaftlich. Das daneben im Rahmen der Sanierung eingefügte gläserne Treppenhaus bietet einen interessanten Gegensatz. - **Sonstiges:** Anstelle des Konventsüdflügels wurde 1666 ein Fruchtkasten gebaut, dessen gewaltiger Dachgeschossraum für Veranstaltungen dient. Dieses Gebäude wird für eine Schule und als Kulturzentrum genutzt. Die insgesamt geschlossene Anlage liegt am Rande der Stadt neben Friedhof und evang. Kirche (= ehem. Klosterkirche). In der stehen zwei Epitaphien der Hr. von Eselsburg sowie vier gusseiserne Epitaphien von nachreformatorischen Pröpsten. – Von hier geht es ins **Eselsburger Tal** mit seinen ausgefallenen Felsformationen. Die Eselsburg selbst ist nur noch in Grundmauern erhalten.

UMGEBUNG: Rund 2 km südwestlich der Kernstadt liegt das ehem. Benediktinerkloster **Anhausen** an einem Quelltopf, dessen Wasser der Brenz zufließt. Die Vogtei über Anhausen kam 1504 im Rahmen des Landshuter Erbfolgekrieges an Württemberg (s. Heidenheim). Die Konventanlage, deren Kirche im 19.Jh abgerissen wurde, ist heute ein Gutshof und daher nur von außen zu betrachten. Im Gebäude mit Ecktreppenturm und Monogramm des Herzogs Karl Eugen (1792) war nach der Reformation die **Oberamtei** eingerichtet. Von den Konventbauten abgesetzt steht die ehem. **Prälatur** (= Haus des Abtes), ein dreistöckiges Steinhaus unter Satteldach. Aufgrund seiner beiden Renaissanceerker wirkt das privat bewohnte Gebäude wie ein Schlössle.

UMGEBUNG: Ca. 3 km südlich Anhausen steht auf einem Felsen über Brenz und Eselsburger Tal die zum Teil abgestürzte Burgruine **Falkenstein** (Gem. Gerstetten). Im Vorburgbereich haben sich zwei bewohnte Steinhäuser erhalten, von denen das westliche einen Dürnitz besitzt. Dies ist eine spätgotische Halle mit Kreuzrippengewölbe, das von zwei massiven Rundpfeilern getragen wird. Die Halle wird für Feste vermietet. (2007)

K8 Hettingen SIG

„Wie gewonnen, so zerronnen" kann man zu Aufstieg und Fall der **Ritter von Bubenhofen** sagen. Ihr Herrschaftszentrum war Geislingen (s.d.). Im 15.Jh kauften sie eine Reihe von Kleinherrschaften zwischen Neckar und Donau auf, weshalb sie als die reichsten Ritter Schwabens galten und der bedeutendste von ihnen, Hans Caspar, „Goldener Ritter" genannt wurde. Der regierte ab 1498 als Hofmeister das Herzogtum Württemberg in Vertretung des minderjährigen Herzog Ulrich. Er hatte jedoch den Überblick über sein Vermögen verloren und starb verarmt 1537 im Kloster Bebenhausen. Zuvor hatte er alle seine Herrschaften verkauft, so auch Gammertingen und Hettingen an die Hr. von Speth (s. Gammertingen). An ihn, seine beiden Frauen und 9 Kinder erinnert das Stifterbild an der Westwand in der Bubenhofen-Grabkapelle in Hettingen.

Kernort

Das tief eingeschnittene, bilderbuchartige Laucherttal, ein Nord-Süd-Tal der Schwäbischen Alb, gehörte den Gf. von Veringen aus dem benachbarten Veringenstadt. Nach häufigem Wechsel wurde die Herrschaft 1468 von Hans von Bubenhofen gekauft. Sein Sohn Hans Caspar (s.o.) wollte 1503 den Aufstieg

Hettingen. Burg-Schloss über Ministädtchen

der Familie mit der Einrichtung eines Kollegiatstiftes mit sieben Chorherren demonstrieren, die zugleich die Grablege betreuen sollten. Ein teures Stift ist für ein Rittergeschlecht ein ungewöhnlich-waghalsiges Unternehmen, das prompt scheiterte, denn mit dem Verkauf an die Hr. von Speth 1524 wurde es aufgelöst. Die Speth erwarben zugleich die benachbarten Dörfer Gammertingen und Neufra und bildeten in jedem Dorf eine eigene Linie. Anschluss an den Kanton Donau der Reichsritterschaft. Bei der Mediatisierung 1806 an das Fürstentum Hohenzollern-Sigmaringen, weshalb die Speth 1827 ihren Besitz an die Hohenzollern verkauften.

Bauten: Das kompakte **Schlösschen,** 1720, wirkt mittelalterlich, weil es Reste der Vorgängerburg enthält: Bergfried, romanisches Burgtor, Schildmauer. In beherrschender Lage über dem „Städtchen", mit dem es über eine Schenkelmauer verbunden ist, weckt es den Eindruck romantisch-mittelalterlichen Ritterdaseins. 1978 an die Gemeinde verkauft, heute Rathaus. Die schönen Stuckdecken können besichtigt werden. – **Sonstiges:** Aufwändige figürliche Epitaphien der Speth aus 16./17.Jh in der kath. Kirche. Nur noch ein Schlussstein und das Stifterbild in der Grabkapelle erinnern an die Herrschaft der Bubenhofen. (2010)

Heubach AA G11

Es fällt auf, dass sich viele Orte im Bereich der Schwäbischen Alb auf **Textilproduktion** spezialisierten: Leinen in Ulm und in Laichingen auf der Ostalb, Leinwandhandlungscompagnie in Urach, Wollmarkt in Kirchheim/Teck, Unterwäsche (Trikotage) in Albstadt auf der Westalb. Die trockenen Böden der Alb lieferten mit Schafweide und Flachsanbau die Grundstoffe Wolle und Leinen. So entstand auf der Alb aus dem Flachsanbau die Leinen-Hausweberei. Diese diente zuerst als Zubrot zur mageren Landwirtschaft, wurde dann zum Beruf und mündete schließlich aufbauend auf der beruflichen Qualifikation und Erfahrung der Bevölkerung in eine florierende Textilindustrie. Das Miedermuseum im Schloss zu Heubach dokumentiert diese Entwicklung.

Kernort

Burg Rosenstein wurde unter den Staufern zur Reichsburg, bewohnt von den Hack von Wöllstein. Diese machten um 1320 das Dorf am Fuß des Berges zur Stadt. Die Herrschaft kam als Reichspfand 1357 an die Gf. Württemberg, die sie 1413 an die Ritter von Woellwarth weiter verpfändeten.

Heubach. Manieristische Jagdszenen und ein Miedermuseum erwarten den Schlossbesucher

Nachdem Württemberg Heidenheim (1504) erworben hatte, gewann Heubach eine Brückenfunktion zu den neuen Besitzungen. Deshalb kaufte Württemberg 1579 die Herrschaft Rosenstein zurück und machte Heubach zur Amtsstadt. Die Woellwarth behielten nur noch das Schloss, das ihnen jedoch nicht einmal als Freihof (s. Kirchheim/Teck) anerkannt wurde, weshalb sie nach zermürbenden Auseinandersetzungen wegzogen.

Bauten: Das **Schloss** (1525) steht markant-massiv über dem Städtchen. Der dreistöckige Fachwerkbau auf Steinsockel unter Satteldach ist äußerlich schmucklos. Im Inneren jedoch überraschen die bei der Renovierung entdeckten Renaissance-Ausmalungen. Frisch renoviert, seit 1985 in Stadtbesitz, genutzt als Stadtbücherei und Miedermuseum (Triumph). - **Sonstiges:** Viele Epitaphien und zehn Totenschilde der Woellwarth in der evang. Kirche, die als Kirchenburganlage mit Torturm erhalten blieb. – Das Amtshaus (1581) der württ. Herrschaft („Oberamtei") ist ein schönes Fachwerkhaus am Markplatz, heute Pfarrhaus. –

UMGEBUNG: Der **Rosenstein,** eine Hochfläche 250 m über dem Albvorland, diente in vorgeschichtlichen Zeiten als Fluchtburg. Die Höhlen wurden bereits von Mammutjägern benutzt. Von der staufischen Burg sind Reste des Palas mit Buckelquadern erhalten.

UMGEBUNG: Die Nachbargemeinde **Böbingen** war konfessionell gespalten. **Oberböbingen** wurde unter württ. Oberhoheit protestantisch, wobei jedoch 1/3 des Dorfes beim Alten Glauben blieb, weil die Reichsstadt Gmünd durchsetzte, dass ihre Untertanen in Mögglingen zur Kirche gehen durften. In der romanischen evang. Michaelskirche steht ein figürliches Epitaph des Hans von

Woellwarth (1558). – Das unter den Woellwarth protestantisch gewordene reichsritterschaftliche Dorf **Unterböbingen** wurde 1599 an Diethelm Blarer von Wartensee, Amtmann des Stifts Ellwangen verkauft, der es rekatholisierte. 1715 kam es an das Ellwanger Stiftskapitel. Als Ellwangisches Schlössle wird das Pfarrhaus (jetzt Gemeindehaus) unterhalb der modernen kath. Kirche bezeichnet. Es besteht aus zwei stattlichen parallelen Bauten (1695) mit Volutengiebeln und dem schlichten Stiftswappen über dem Eingang. (2009)

N6 Hilzingen KN

Nach dem **Hohenstoffeln,** einem Vulkankegel mit ehemals drei Burgen, benannten sich zwei Familien. Auf den Burgen Hinterstoffeln und Vorderstoffeln saß ab 1241 das edelfreie Geschlecht der Hr. von Stoffeln, das Anfang des 15.Jh ausstarb. Auf Burg Mittelstoffeln wohnte ab dem 14.Jh ein Ministerialengeschlecht von Stoffeln, das Ende des 16.Jh ausstarb. Die Herrschaft wurde 1579 von Balthasar von **Hornstein** gekauft. Bis in neueste Zeit sitzen daher Hornsteinfamilien auf Schlössern in den OTs Binningen und Weiterdingen sowie in Bietingen (s. Gottmadingen).

Auf der Hilzinger Kirchweih, am Sonntag den 2. Oktober 1524, nahm der **Bauernkrieg** erst richtig seinen Anfang. Nach Unruhen in Stühlingen und im Gebiet des Klosters St. Blasien hatte man hierher in den Hegau ein Treffen vereinbart. Vom benachbarten Hohentwiel aus bot der aus Württemberg vertriebene Herzog Ulrich (vergebens) seine Hilfe an. Hier wurde das Losschlagen beschlossen. Anschließend sprang der Funke auf das Allgäu und Oberschwaben über. Hier in Hilzingen endete er auch, und zwar am 16. Juli 1525 nach einer Niederlage. Daran erinnert das Bauernkriegsmuseum beim Schloss.

Kernort

Das Dorf mit der Mutterpfarrkirche für ein halbes Dutzend Dörfer war mit dem Herzogssitz Hohentwiel verbunden, mit dem es 1007 als Reichsbesitz an das neugegründete Bistum Bamberg kam. Die Oberhoheit lag bei der Landgrafschaft Nellenburg und somit ab 1465 bei Habsburg. Im Dorf selbst gab es mehrere (verschwundene) Adelssitze, deren Besitzer häufig wechselten, was mit ständigem Ärger verbunden war. Nach dem Bauernkrieg übernahm Habsburg die Dorfherrschaft, verkaufte sie jedoch 1659 an das Benediktinerkloster Petershausen (s. Konstanz), das bereits die Kirche besaß. Zwei Mönche wohnten im Schloss und verwalteten die Miniherrschaft (mit OT Riedheim, s.u.), bis das Kloster 1803 aufgehoben wurde.

Bauten: Das **Schloss,** Neubau nach 30j. Krieg, ist ein schmuckloser, dreistöckiger Kasten unter Walmdach. Nach 1803 badisches Rentamt, seit 1965 Gemeindebesitz (Rathaus). In den Wirtschaftsgebäuden ist ein Heimatmuseum mit Bauernkriegsabteilung untergebracht. Dahinter ein Park mit Bach. – **Sonstiges:** Im Dorfbild fällt das ehem. Vogteigebäude des Klosters Petershausen aufgrund seiner historisierenden Fassadenmalerei auf. Das Gebäude wurde von Peter Thumb erbaut und dient heute als Pfarrhaus (P.-Thumb-Str.1). - Das ursprüngliche Dorf-

Hilzingen

zentrum befand sich im Westen des Dorfes an der Kreuzung zweier Fernstraßen (Gottmadingerstr./Dietlishoferstr.), wo heute noch der Kellhof mit zwei langen, aus Bruchstein errichteten Scheunen und einem Fachwerkhaus (1685) eine geschlossene Anlage bildet. Hier stand ursprünglich auch die Pfarrkirche.
UMGEBUNG: Nordöstlich des Dorfes ragt der **Staufen** als steiler Bergkegel mit Resten einer mittelalterlichen Burg auf, die im 30j. Krieg zerstört wurde. Lediglich von der Ringmauer sind größere Teile mit Megalithsteinen (= große, unbearbeitete Blöcke) erhalten.

OT Riedheim

Dorfadel als Ministeriale der Gf. Nellenburg errichtete hier seine Burg. Im Spätmittelalter war das Dorf als Teil der Herrschaft Heilsberg in Besitz der Hr. von Randegg (s. Gottmadingen). Diese schlossen sich dem Kanton Hegau der Reichsritterschaft an. 1621 erwarb Habsburg, das bereits die Oberhoheit besaß, auch noch die Dorfherrschaft und verkaufte sie 1735 an das Reichskloster Petershausen (s.o.)
Bauten: Die **Burg** ist eine Wohnturmanlage aus dem 13.Jh, umgeben von Ringmauern. Im Zentrum des regelmäßigen Rechtecks steht der viergeschossige Wohnturm mit Staffelgiebeln unter Satteldach und gotischen Fenstern. Sein Eingang ist in fast 5 m Höhe. Es ist eine außergewöhnlich gut erhaltene, grundlegend sanierte Anlage, die aufgrund der unverputzten Bruchsteinwände „urig-echt" wirkt. Genutzt für Festveranstaltungen. (Burgstraße).

OT Binningen

Das Dorf gehörte zur Herrschaft auf dem benachbarten Vulkankegel Hohenstoffeln (s.u.). Ministerialen saßen auf dem (verschwundenen) Burgturm neben der Kirche. Nach deren Aussterben 1579 kauften die Frh. von Hornstein die Herrschaft Stoffeln. Sie schlossen sich der Reichsritterschaft an, die Oberhoheit lag bei Habsburg. Die hier bis heute sitzende Linie baute das Schloss am Dorfrand.

Binningen. Das Hornstein-Schloss mit Gutshof und Park

Bauten: Das **Schloss** (1705) ist ein Zweiflügelbau. Dem schmucklosen, zweigeschossigen Herrenhaus wurde 1906 ein in Höhe und Stil angepasster Flügel angefügt. Beide Gebäude unter hohem Mansarddach sind frisch gerichtet. Sie stehen am Bach (am westlichen Dorfrand) und werden von Fam. von Hornstein bewohnt. Ein landwirtschaftlicher Gutshof dabei. Im weiten, ummauerten Park steht eine anmutige Kapelle. - **Sonstiges:** Im Friedhof bei der neugotischen kath. Kirche unterhält die Fam. von Hornstein eine eigene Grabstätte.
UMGEBUNG: Von den drei Burgen auf dem **Hohenstoffeln** blieben nur noch Ruinen übrig. Bekannt wurde der Berg im 20.Jh, weil sich eine Bürgerinitiative unter Leitung des Arztes und Heimatdichters Ludwig Finckh vehement gegen den Basaltabbau wehrte und 1939 die Unterstellung unter Naturschutz erreichte.

Hilzingen

OT Weiterdingen

Das Dorf war als Reichslehen in Besitz der Hr. von Stoffeln und gelangte 1579 an die Frh. von Hornstein. Diese schlossen sich mit einer eigenen Linie, die 1805 ausstarb, der Reichsritterschaft an.
Bauten: Das **Schloss** (1693) steht erhöht über dem Dorf an Stelle einer zerstörten Burg. Der dreigeschossige, schmucklose Bau mit neun Achsen ist an den Längsseiten durch je einen Mittelrisalit zerteilt. Allianzwappen über dem Portal. Im Inneren schwerer Barockstuck. Seit 1855 nach Zwangsversteigerung in Besitz des Bistums Freiburg, 1955-90 von Missionsbenediktinerinnen bewohnt, heute „Bildungshaus junger Christen" und für Festveranstaltungen zu vermieten. Die Außenansicht wird durch moderne Anbauten leider gestört. – **Sonstiges:** Erhöht (!) über dem Schloss steht die kath. Kirche, eine ehem. Kirchenburg. In ihr sind viele bedeutende Epitaphien der Stoffeln und Hornstein. – Unterhalb des Schlosses in der Schlossstraße war der Wirtschaftshof des Schlosses. Im Gasthof Krone war die Schlossverwaltung. - Das Amtshaus, ein schmuckloser, barocker Walmdachbau mit Freitreppe, steht im Norden des Schlosses (Amtshausstr. 1).
UMGEBUNG: Der **Seeweiler Hof** war ein barockes Lust- und Jagdhaus mit Gaststätte. Er liegt am verlandeten Binninger See und ist heute Bauernhof. Äußerlich fällt er nicht weiter auf. (2008)

J6 Hirrlingen TÜ

Das Herz des Reichsritterschaftskantons **Neckar-Schwarzwald** schlug am Oberen Neckar, wo sich entlang dieses Flusses von Sulz bis Plochingen die Ritterschaftsdörfer aufreihten. Zudem war in der württembergischen Universitätsstadt Tübingen die Kanzlei des Kantons eingerichtet, da man hier auf geschulte Juristen zurückgreifen konnte. Besonders dicht lagen die Ritterschaftsdörfer zwischen Horb und Tübingen, also im Überschneidungsbereich von Habsburg, Württemberg und Hohenzollern. Die Konfessionszugehörigkeit der einzelnen Orte verrät den jeweiligen politischen Einfluss: kath. Habsburg (s. Rottenburg) oder evang. Württemberg. In Hirrlingen steht das wohl anmutigste Schloss des Kantons.

Hirrlingen. Das schönste Schloss des Kantons Schwarzwald-Neckar

Kernort

Die Fam. von Ow konnte ab 1275 die Dorfherrschaft als Lehen der Grafschaft Hohenberg ausüben. Wie ihre Verwandten im benachbarten Wachendorf (s. Starzach) war sie Mitglied der Reichsritterschaft und blieb beim Alten Glauben. Nach ihrem Aussterben 1720 entstand eine komplizierte Situation: Das Eigengut wurde vom Kanton Neckar wegen hoher Verschuldung unter Zwangsverwaltung gestellt und 1736 an Württemberg verkauft, während das Habsburg-Hohenberger Lehen als Erbe an den österreichischen Gf. Attems (aus der Steiermark) kam. Schließlich gelangte das ganze Dorf durch Kauf über den dänischen Gesandten Carl von Wächter 1804 an den dänischen König. Aber auch dies schützte nicht 1806 vor der Aufhebung und Unterstellung unter die Souveränität des Königreichs Württemberg.

Bauten: Die **Schlossanlage** der Renaissancezeit (1557) blieb weitgehend erhalten. Man betritt die geschlossene Anlage durch einen Torbogen mit dem Wappen der Gf. Attems. Links (Südseite) stehen Wirtschafts- und Verwaltungsbauten an Stelle einer verschwundenen Wasserburg. Hier hängt auch ein Übersichtsplan. Im Zentrum steht das schöne dreigeschossige Herrenhaus mit zwei Rundtürmen, Treppenturm und einem Erker mit zwei Allianzwappen (Ow 1557, Attems 1780). Heute Rathaus. - Schlossteich und Gemüsegarten blieben erhalten. – **Sonstiges:** In der kath. Kirche stehen neun Epitaphien der Hr. von Ow, die meisten figürlich. (2009)

Hirschberg HD C6

Die **Gf. Wiser** sind ein Beispiel für die „Blutauffrischung" durch einen Machtwechsel. Ihr Stammort lag bei Melk an der Donau. 1500 wurden sie geadelt. Als Protestanten zogen sie ins Fürstentum Pfalz-Neuburg (an der Donau), wo sie hohe Ämter einnahmen. Bei der Konversion der Neuburger Pfalzgrafen wurden sie 1613 wieder katholisch und zogen mit ihnen 1685 nach Heidelberg, als die dortige Kurpfalz-Linie ausstarb. 1690 erfolgte der Aufstieg in den Freiherren- und 1702 in den Grafenstand, denn Franz Melchior wurde Kanzler der Kurpfalz (bis 1716). Seine Söhne teilten sich in zwei Linien: Die schwarze Linie in Siegelsbach ist ausgestorben, die weiße Linie in Leutershausen wohnt noch heute hier.

OT Leutershausen

Der hiesige Besitz des Klosters Lorsch an der Bergstraße wurde von den Hr. von Hirschberg verwaltet. Deren Nachfolger saßen als landsässige Ministeriale der Kurpfalz auf der Burg Hirschberg. Reformation. Nach ihrem Aussterben 1611 kam das Dorf über mehrere Zwischenbesitzer 1701 an die Gf. Wiser, die entsprechend der sonstigen Kurpfälzer Politik einen Teil der Untertanen zum kath. Glauben zurückführten.

Bauten: Das **Schloss** (1710) ist ein dreigeschossiges Herrenhaus unter Walmdach, erbaut vom Baumeister Rischer. Die Gebäudemitte ist durch ein Wappenportal und vier Pilaster betont. Die ursprünglich vorhandene Kuppel musste wegen Statikproblemen beseitigt werden. Dahinter ein langer franz. Park mit klassizistischem Gartensaal. Die Nebengebäude (Verwaltungshaus, Remise, Zehntscheune, Kapelle) flankieren den Hof. Von Gf. Wiser bewohnt, zurückgebaut in der Schlossgasse, nach allen Seiten abgeschirmt. – **Sonstiges:** Blick auf das Schloss von kath. Kirche möglich. Im Friedhof Grablege der Gf. Wiser. – Auf dem namengebenden Hirschberg erinnern einige Steine an zwei Burgen. Die untere war die Hirschburg, die obere ist namenlos. (2004)

Hohberg OG

Nur wenige Mitglieder des **Kantons Ortenau** der Reichsritterschaft schlossen sich der Reformation an. Zu stark war der Druck der umgebenden Territorialherren, die durchwegs beim Alten Glauben blieben (Bf. Straßburg, Landvogtei Ortenau, Mgft. Baden-Baden). Zu den wenigen Protestanten zählte die Fam. von **Roeder,** deren Namen auf ihre Rodungstätigkeit im Sasbachtal (s. Kappelrodeck) hinweist. (Nebenbei: Ein Zweig gehörte im 18.Jh im Unterelsass zur Königlichen Ritterschaft). Aber auch diese Familie war konfessionell gespalten, was sich bis heute im OT Diersburg in Form von zwei Kirchen und drei Friedhöfen zeigt.

OT Diersburg

Die im 12.Jh erbaute Burg der Hr. von Tiersberg, einer Nebenlinie der Gf. Geroldseck, kam nach deren Aussterben an die Gf. Baden, welche die Dorfherrschaft 1463 als Erblehen an die Hr. von Roeder vergaben. Diese benannten sich nach dem Dorf, schlossen sich dem Kanton Ortenau der Reichsritterschaft an und führten bereits 1523 die Neue Lehre ein. Nach der Zerstörung von Burg und Dorf im 30j. Krieg verlegte man das Dorf an den ehem. Gutshof, der zum Schloss wurde.
Bauten: Die **Burg** mit zwei Palasruinen liegt am Ende des Tals („Schlossgasse"), wo noch einige bewohnte Häuser daran erinnern, dass hier ursprünglich das Dorf stand. - Das **Schloss** (1664) steht am Taleingang in der Mitte des heutigen Dorfes. Die Gutshofanlage mit einem zweistöckigen Herrenhaus unter Mansarddach und Wirtschaftsbauten bildet ein Halbrund. Barockes Wappen (1668) über Eingangstüre. In Besitz der Frh. von Roeder, heute Weingut. Der Park jenseits des Baches ist öffentlich. – **Sonstiges:** Es gibt drei Friedhöfe. Die evang. Linie der Roeder besitzt ihren eigenen Friedhof am Berg oberhalb des Schlosses. Neben der neu erbauten evang. Kirche (mit alten Wappenfenstern der Roeder) liegt der Gemeindefriedhof mit Grabsteinen einer kath. Roeder-Linie, welche die kath. Kirche (1837) erbauen ließ. Der jüdische Friedhof mit über 200 Grabsteinen liegt am Dorfrand am Bach (gängigerweise liegen sie abgelegen am Waldrand!).

UMGEBUNG: Alle Ortsteile von Hohberg gehörten zur Reichsritterschaft. OT Hofweier und OT Niederschopfheim bildeten zusammen mit dem benachbarten Dorf Schutterwald 1506-1806 die Herrschaft Binzburg, benannt nach der verschwundenen Wasserburg Binzburg. Diese stand im Westen des **OT Hofweier,** wo am Ostturm der stattlichen und farbenprächtigen kath. Kirche (1763) eine Tafel mit Wappen davon kündet, dass sie von den Roeder von Diersburg als Patronatsherren erbaut wurde. Die Herrschaft Binzburg jedoch war von den Rittern von Bach über die Hr. von Dalberg im 18.Jh an die Hr. von Franckenstein gelangt. An diese erinnert im **OT Niederschopfheim** eine Inschrift über dem Eingang des stattlichen Pfarrhauses. (2007)

Hohenfels KN M8

Die verheerende Niederlage des Deutschen Ordens bei Tannenberg in (Ost-) Preußen (1410) ist mit dem Namen eines Brüderpaars aus dem schwäbischen Landadel verbunden: Konrad und Ulrich **von Jungingen**. Als Hochmeister stand ab 1393 Konrad an der Spitze dieses Ritterordens. 1407 folgte ihm sein Bruder Ulrich nach, der in der Schlacht fiel. Die (verschwundene) Stammburg der Hr. von Jungingen befand sich bei dem gleichnamigen Dorf im Killertal bei Hechingen. Auch das Dorf Jungnau hat seinen Namen von ihnen, dort erinnert noch ein Burgturm an sie (s. Sigmaringen). Der Herrschaftsschwerpunkt der Hr. von Jungingen verlagerte sich bis zu ihrem Aussterben 1501 an den nördlichen Bodensee. Die beiden Brüder wurden mit großer Wahrscheinlichkeit auf Burg Hohenfels geboren, welche ihre Mutter als Erbe in die Ehe eingebracht hatte.

Schloss Hohenfels

Die (verschwundene) Stammburg Alt-Hohenfels der Hr. von Hohenfels stand beim Haldenhof oberhalb Sipplingen (neben dem Bodenseewasserwerk). 1292 Erbteilung und Bau von Neu-Hohenfels, das 1352 als Erbe an die Hr. von Jungingen ging. Die gaben ihren Stammbesitz im Killertal auf und bauten dafür am Bodensee ihre Herrschaft aus. Nach ihrem Aussterben (1501) Verkauf an den Deutschen Orden, der hier die Obervogtei für die fünf Dörfer einrichtete, welche seit 1972 die heutige Gemeinde Hohenfels bilden. Die Oberhoheit lag in Händen Habsburgs. 1806 an das Fürstentum Hohenzollern Sigmaringen.

Schloss Hohenfels. Vom Deutschordensschloss zum internationalen Internat

Bauten: Die **Burg** wurde nach Zerstörung im 30j. Krieg wieder aufgebaut und 1760 durch Ordensbaumeister Bagnato zum **Schloss** umgebaut. Es ist eine mittelalterlich-geschlossen wirkende Vierflügelanlage mit Staffelgiebeln und kleiner Burgkapelle. Prachtvolles Barockwappen am Giebel im Hof. Im Gelände stehen mehrere Epitaphien von Ordensangehörigen. Wirtschaftsbauten im Fachwerkstil bilden den Burgvorhof. Die Anlage ist seit 1931 in Besitz der Internatsschule Salem. Abgelegen auf einer Hochebene, Zufahrt über die Straße Herdwangen-Liggersdorf oder aus dem Tal (Neumühle). Zugang in den Hof offen.

UMGEBUNG: In den Ortsteilen stößt man immer wieder auf Häuser und Kirchen mit dem Wappen des Deutschen Ordens, so in Deutwang an der Zehntscheune, im Weiler Kalkofen-Schernegg (Haus Nr. 2), in Liggersdorf in der Kirche. (2004)

Hohentengen WT O4

Unaufhaltsam marschierten die Schweizer **Eidgenossen** bis zum Rhein vor. Nach dem Sieg von Sempach (1386) schlossen sich im Jahrzehntetakt weitere Städte und Landschaften den sieben Kantonen der Urschweiz an (s. Rottweil)

Hohentengen

oder wurden erobert. Dies geschah im Norden und Osten auf Kosten der Habsburger. Ein gewaltiger Schlag gegen diesen „Erzfeind" gelang 1415, als Erzherzog Friedrich der Reichsacht verfiel, weil er dem vom Konzil abgesetzten Papst Johannes (XXIII) zur Flucht aus Konstanz verholfen hatte. Prompt eroberten die Eidgenossen den Aargau samt Habsburger Stammburg und Grablege. 1460 folgte in einem kurzen Feldzug die Annexion des Thurgaus. Und 1499 setzten sie im Schweizer bzw. Schwabenkrieg ihre faktische Unabhängigkeit durch und nahmen anschließend die Reichsstädte Basel und Schaffhausen samt deren Umland in ihren Bund auf. Damit war weitgehend die bis heute zu Deutschland bestehende Grenze geschaffen.

Mit einem Bein in der Eidgenossenschaft stand der **Bf. von Konstanz.** Denn mit der Eroberung des Aargaus (1415) und des Thurgaus (1460) kamen die bischöflichen Besitzungen links des Rheins unter die Oberhoheit der Eidgenossen. Dies betraf im Thurgau die Städtchen Arbon, Bischofszell und Steckborn sowie im Aargau Zurzach und die Herrschaft **Kaiserstuhl-Rötteln.** Letztere bestand aus dem Städtchen Kaiserstuhl samt fünf Dörfern beiderseits des Hochrheins, darunter rechts des Rheins das Dorf Hohentengen mit der Burg Rötteln.

OT Hohentengen

Die Burg Rötteln bzw. Rotwasserstelz kam im 13.Jh an die Hr. von Regensberg, einem im Zürichgau wohnenden Hochadelsgeschlecht. Infolge ihres Niedergangs verkauften sie 1294 die kleine Herrschaft samt der Stadt Kaiserstuhl an den Bf. Konstanz. Die Oberhoheit, die Habsburg den Hr. von Regensberg aufgezwungen hatte, fiel mit der Eroberung des Aargaus 1415 an die Eidgenossen. Von deren Schutz profitierten die Dörfer Hohentengen, Lienheim und Herdern im 30j. Krieg.

Hohentengen. Herrlich liegt Schloss Rötteln-Rotwasserstelz direkt am Rhein

Bauten: Burg **Rötteln** war Sitz des bischöflichen Obervogtes. Die stauferzeitliche **Burg**, ein fünfstöckiger Bergfried, stand auf einem Rheinfelsen und erhebt sich jetzt massiv über den Rhein. Zum Fluss hin wurde 1787 vom Obervogt von Wittenbach ein **Barockschlösschen** errichtet. Dessen dreistöckige Gebäude stehen mit den Grundmauern im Wasser. Schöne Eingangstüre mit Hochstiftwappen. Die privat bewohnte Anlage steht außerhalb des Dorfes an der Brücke, die über den Rhein ins Städtchen Kaiserstuhl führt. Von hier aus wirkt sie als ein absoluter Blickfang. Zugang bis zum Tor, Einblick in den von einem Wirtschaftsgebäude abgegrenzten Hof ist möglich. - **Sonstiges:** In und an der kath. Kirche im Dorf Hohentengen ist jeweils ein Epitaph angebracht.

UMGEBUNG: Wie ein Puppenstuben-Burgstädtchen wirkt **Kaiserstuhl** am Schweizer Rheinufer. Die Hauptstraße wird gesäumt von gotischen Häusern, darunter der Stadthof des Klosters St. Blasien mit herrlichen Renaissance-Ausmalungen im Treppenhaus. Der aus Feldsteinen errichtete Burgturm über der Stadt wirkt urtümlich.

UMGEBUNG: Rund 2 km Rheinabwärts stand auf einer kleinen Erhöhung über dem Rhein die Burg **Wasserstelz**. Sie war als Lehen des Klosters Reichenau an Adelsfamilien vergeben und seit 1753 unbewohnt. Die Ruine findet man beim Weiler Gugenmühle neben dem Gasthaus Wasserstelz. (2009)

Holzgerlingen BB H7

Dem **Schönbuch** erging es früher nicht anders als heute den nordischen Urwäldern in Kanada. Außerhalb des gebannten Gebiets von rund 16 km² (ca. 10% der Gesamtfläche) wurde er so stark abgeholzt oder war durch Überweidung so verkümmert, dass im 18.Jh nur noch eine Art Parklandschaft mit einzelnen Bäumen übrig blieb. Erst die Ablösung der Holz- und Weiderechte 1821-23 ermöglichte eine geregelte Forstwirtschaft. Zur Überwachung der neu bepflanzten Gebiete wurde sogar eine militärisch organisierte Forstwache eingesetzt. Für den Verzicht auf ihre Rechte erhielten die anliegenden 5 Städte und 43 Dörfer Anteile am Waldgebiet. Zu ihnen gehörte auch das Dorf Holzgerlingen, dessen Namen den Waldbezug ausdrückt.

Kernort
Die alemannische Siedlung liegt am Nordwestrand des Reichswaldes Schönbuch. Im 13.Jh wohnte Dorfadel auf zwei Burgen. Er gehörte zu einer Sippe von Ministerialen, die in Diensten der Gf. Tübingen den nördlichen Schönbuch verwalteten. 1357 erwarben die Gf. Württemberg die Oberhoheit und übernahmen schließlich auch die Dorfherrschaft. Die Wasserburg Kalteneck vergaben sie als Lehen ohne Herrschaftsrechte und verkauften sie 1489 an einen Bürger.
Bauten: Das **Schloss Kalteneck** (15.Jh) ist ein von Wasser umgebener Winkelhakenbau mit kleinem Dachreiter. Das dreistöckige Fachwerkhaus auf pfeilergestütztem Steinsockel wirkt idyllisch und ist im Großraum Stuttgart in seiner Art einmalig. Das als Gemeindekulturzentrum genutzte Haus steht im Süden des Dorfes (Schlossstr. 25). - **Sonstiges:** Das evang. Pfarrhaus steht vermutlich auf den Grundmauern einer Burg, die zusammen mit der Kirche ummauert war und im 16.Jh als Jagdschloss genutzt wurde. – Ein Kinderepitaph der Hr. von Remchingen an und drei Epitaphien von Pfarrern in der evang. Kirche.

Holzgerlingen. Urig wirkt Wasserschloss Kalteneck

Holzgerlingen

UMGEBUNG: Im Nachbarort **Altdorf** steht das Pfarrhaus ebenfalls an Stelle einer Burg, die von der oben angeführten Ministerialensippe erbaut wurde. Als Schlössle wird ein Haus (Laienstr. 27) bezeichnet, das 1830 vom Schaichhof hierher versetzt wurde. (2009)

16 Horb FDS

Viele Landadelsfamilien saßen auf Schlössern in den heute zu Horb gehörenden Dörfern. So die **Keller von Schleitheim** in OT Nordstetten. Ihr Name geht auf ihre Funktion als Keller (= Maier) des Klosters Reichenau zurück. Als Patrizier in Schaffhausen erwarben sie das Dorf Schleitheim, verkauften es jedoch wegen der Reformation an die Stadt und wanderten aus. Adam Heinrich erwarb im 30j. Krieg als Stadthauptmann von Konstanz solch ein Vermögen, dass er 1638 Dettensee und 1648 Nordstetten kaufen konnte. - So die **Frh. von Münch,** die aus Augsburg 1735 hierher kamen, als ihr Vorfahre Christian als reicher Bankier die Erbtochter von Mühringen und Mühlen heiratete. Zudem kaufte er Aystetten bei Augsburg (1729) und Filseck (1749, s. Uhingen). 1788 stiegen sie in den Freiherrenstand auf. 1920 fiel ihr Erbe an die Frh. von Podewils, die noch heute in OT Mühringen wohnen.

Schweizer Klöster schufen sich gerne ein zweites Standbein, indem sie Herrschaften im Alten Reich aufkauften (s. Hagnau). Insbesondere das Benediktinerkloster **Muri** im Aargau orientierte sich am Deutschen Reich, weil es sich in einer schizophrenen Situation befand. Einerseits gehörte es mit seinen acht Dörfern seit der Eroberung des Aargaus durch die Eidgenossen (1415) zum Untertanenland und musste als Hauskloster der frühen Habsburger (mit deren Grablege) die Aufhebung befürchten. Andererseits war es 1701 vom Kaiser zur Fürstabtei erhoben worden und saß somit im Reichstag. Folglich kaufte sich Muri 1706 das reichsritterschaftliche Rittergut Glatt (s. Sulz). Nach dem Sieg der Protestanten im 2.Villmerger Krieg (1712) verstärkte sich der Druck auf Muri. Deshalb erweiterte es anschließend seine Herrschaft am Neckar mit den 4-D-Dörfern Dettensee, Dettingen, Dettlingen, Dießen, die heute Teilorte von Horb sind. In Dettingen baute es sein Verwaltungsschloss.

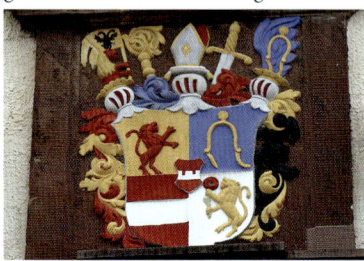

Dettingen. Mit dem Schwert demonstriert der Abt von Muri die Hochgerichtsbarkeit

OT Dettingen
Ortsadel als Ministeriale der Gf. Hohenberg saß auf drei verschwundenen Burgen. Im 16.Jh war die Dorfherrschaft zwischen den Hr. von Ow und den Hr. von Wernau aufgeteilt, die sich damit dem Kanton Neckar der Reichsritterschaft anschlossen. Das Kloster Muri kaufte 1706 und 1725 die Anteile auf und richtete eine zentrale Verwaltung ein. Bei der Säkularisation 1803 fiel die Klosterherrschaft an Hohenzollern-Sigmaringen und damit ab 1850 an Preußen.

Bauten: Das **Schloss** ist eine 1746 erbaute Vierflügelanlage um einen winzigen Innenhof. Das dreistöckige Gebäude unter zwei Mansarddächern wirkt herrschaftlich aufgrund des wappengeschmückten Eingangs und der Pilastergliederung. Heute kommunale Einrichtungen und Wohnungen. Es steht im Ortszentrum in einem kleinen Park. – Von **Burg** Unterdettingen blieben Mauerreste in einem Bauernhof erhalten. Sie stand nördlich des Dorfes an der Mündung des Dießenbachs in den Neckar (oberhalb der Straße nach Dießen). - **Sonstiges:** Die kath. Kirche überrascht mit zwei prächtigen Wappen des Klosters Muri über dem Südportal und am Chorbogen. Das Schwert im Wappen demonstriert den Besitz der Blutgerichtsbarkeit.

UMGEBUNG: Auch das benachbarte Dorf **Dießen** gehörte Muri. Diese kleine Herrschaft war 1499 an die Hr. von Ehingen gekommen, die eine Burg bauten und sich der Reichsritterschaft anschlossen. Ihr Erbe fiel 1556 an die Hr. von Wernau und 1636 an die Schenk von Staufenberg, denen es Muri 1708 abkaufte. Die gut renovierte Burgruine Hohendießen steht mächtig über dem Dorf (Zufahrt ausgeschildert). Im Chor der kath. Kirche erinnern drei Epitaphien an die Hr. von Wernau, welche das Dorf der kath. Konfession erhielten, indem sie es zu einer selbstständigen Pfarrei machten. Im Kirchenschiff überrascht die Ausmalung mit den Wappen der jeweiligen Herrschaft.

UMGEBUNG: Im benachbarten Dorf **Dettlingen** erinnert ein Wappen über der Westempore an die Herrschaft des Klosters Muri.

OT Dettensee

Immer noch Kloster Muri. - Im 14.Jh saß Ortsadel auf einer Wasserburg, die im 15.Jh in den Besitz der Hr. von Weitingen überging. Sie wurde 1529 von den Gf. von Tengen, 1591 von den Gf. Zollern-Haigerloch, 1638 von den Keller von Schleitheim und schließlich 1715 vom Kloster Muri gekauft. 1803 an Hohenzollern-Sigmaringen.

Bauten: Von der **Wasserburg** steht nur noch der schlichte Südflügel mit einem Rundturm. Daran schließt sich das 1585 errichtete Vogteigebäude an, ein zweistöckiger Steinbau mit Volutengiebeln. Die preisgekrönt renovierte Anlage wird heute für ein Architekturbüro und als Wohnung genutzt. - Das 1818 abgebrochene Schloss stand östlich davon, die Zehntscheune westlich. Auf dem Schlossgelände sind inzwischen Privathäuser und ein Feuerwehrhaus errichtet. - **Sonstiges:** Die kath. Kirche diente den Gf. von Tengen, die zuvor die Landgrafschaft Nellenburg besessen hatten, als Grablege, was jedoch keine Epitaphien hinterließ.

OT Nordstetten

Das Dorf gehörte zur Burg Isenburg, die bei den ca. 3 km entfernten Isenburger Höfen stand. Die Landeshoheit fiel 1381 mit der Gft. Hohenberg an Habsburg. Aus den Händen des

Nordstetten. Schloss mit Schwarzwälder Dorfgeschichten

Dorfadels kam die Dorfherrschaft Ende 15.Jh an häufig wechselnde Besitzer und wurde 1648 von den Keller von Schleitheim gekauft. Diese bauten das Schloss und siedelten Juden an. So gab es hier 1822 die erste jüdische Volksschule des Königreichs Württemberg.

Bauten: Das **Schloss** (1739) ist ein dreigeschossiger, neunachsiger Kasten unter Satteldach. Von den vier Ecktürmen blieb einer erhalten. Mit seinen zwei eleganten Volutengiebeln wirkt es zum Neckartal hin wuchtig. Allianzwappen über dem Eingang. Im Inneren schöner Stuck. Seit 1858 in Gemeindebesitz, als Ortsverwaltung und Berthold-Auerbach-Museum genutzt, daher zugänglich. – Daneben steht als Rest der mittelalterlichen **Burg** ein Rundturm mit Fries und Kegeldach. – **Sonstiges:** Jüdischer Friedhof mit Grab des jüd. Schriftstellers Berthold Auerbach, der mit seinen „Schwarzwälder Dorfgeschichten" im 19.Jh einen riesigen, deutschlandweiten Erfolg erzielte.

OT Mühringen

Ortsadel als Ministeriale der Gf. Hohenberg. 1516 an den Tiroler Kanzler Beat Widmann. Anschluss an den Kanton Neckar der Reichsritterschaft und Ansiedlung von Juden. In der Neuzeit wechselte oft die Dorfherrschaft. 1735 als Erbe an den Augsburger Bankier Christian von Münch. Vor kurzem wurde entdeckt, dass der Gründer der Berlitzsprachschulen ein von hier in die USA ausgewanderter Jude war.

Mühringen. Jüdischer Friedhof, weit abgelegen im Wald

Bauten: Das **Schloss** ist eine Mischung von Mittelalter, Renaissance und Neugotik. Im Zentrum steht der mächtige mittelalterliche Bergfried („Heidenturm") mit neugotischem Zinnenaufsatz. Eingefasst wird er von einem imposanten dreistöckigen Speicher aus dem 16.Jh. („Neuer Bau"). Angefügt wurden 1875 mehrere Gebäude im neugotischen Stil. Schlosskapelle mit Kunstwerken. Bewohnt von Fam. von Podewils, unzugänglich. Die Anlage schwebt wie ein Märchenschloss über dem Dorf. - Sonstiges: Die kath. Kirche besitzt zwei Kinderepitaphien, darunter ein Zwillingspaar, sowie ein Allianzwappen über dem Eingang. – Der jüdische Friedhof liegt ca. 1 km oberhalb des Dorfes im Wald.

OT Mühlen

Ortsadel als Ministeriale der Gf. Hohenberg. Bereits im 14.Jh erwarben die Hr. von Neuneck das Dorf und schlossen sich damit dem Kanton Neckar der Reichsritterschaft sowie der Reformation an. Nach ihrem Aussterben (1590) häufiger Besitzerwechsel und schließlich 1735 an Christian von Münch. Der siedelte im Schloss Juden an.

Bauten: Das **Schloss** brannte 1807 ab. Der Neubau ist ein dreistöckiges massives Gebäude, das äußerlich unauffällig und renovierungsbedürftig wirkt. Bewohnt. Lage: ca. 100 m östlich der evang. Kirche an der Remigiusstraße.

Sonstiges: Das Gut **Egelstal** war der Wirtschaftshof der jeweiligen Dorfherrschaft. Die renovierungsbedürftige Vierflügelanlage (1557) besteht aus äußerlich schlichten Wirtschaftsbauten und dem Wohnhaus des Meiers. Sie ist in Wohnungen aufgeteilt. Lage: Außerhalb des Dorfes am Fahrradweg nach Horb, rechts des Neckars (Egelstaler Weg) - Am „Egelstaler Weg" liegt im Neubaugebiet der jüdische Friedhof. – In der evang. Kirche sind mehrere figürliche Epitaphien der Hr. von Neuneck, darunter zwei figürliche. – Gegenüber dem Schloss steht die Zehntscheune, ein massives Steinhaus mit Staffelgiebel.

Kernstadt

Die Stadt kam 1381 mit der Grafschaft Hohenberg an Habsburg (s. Rottenburg). Als Sitz eines Obervogtes zog sie den Landadel der Umgebung an. Zudem entstand ein kleinstädtisches Patriziat. 1806 an Württemberg. - Der Blick vom Neckar auf die Stadt, die sich mit historischen Gebäuden den Hügel hochzieht, hat wenig Vergleichbares in BW.

Bauten: Die **Obere Burg** geht auf die Gf. Hohenberg zurück, hier residierte der Habsburger Obervogt. Sie wurde um 1800 weitgehend abgebrochen. Erhalten blieben nur der Bergfried („Schurkenturm") mit Buckelquadern, zwei gotische Spitzbogentore und Mauerreste. Kleiner Burggarten dabei. Lage: Oberhalb von Marktplatz und Stiftskirche. – Eine **Untere Burg** stand im Bereich der Hirschgasse. An ihrer Stelle wurde im 14.Jh das **Steinhaus** als Speicher des Klosters Reichenbach errichtet. Der massive Bau mit gotischen Staffelgiebeln ist heute kath. Gemeindezentrum. – Das „Stubensche-**Schlösschen**" wurde 1519 als Patrizierhaus erbaut und kam im 18.Jh in Besitz des Frh. von Stuben. Das schöne Fachwerkhaus mit Renaissance-Arkadenhof steht am Übergang zur Neckarinsel in der Neckarstraße. Es ist in Eigentumswohnungen und Stadtbücherei aufgeteilt. – Auch das Heimatmuseum gegenüber war ein Adelssitz, wie das Wappen der Hr. von Ow über dem Eingang des Fachwerkhauses anzeigt. – **Sonstiges:** Am Markplatz (Nr. 16) steht das Geßlersche Haus, erbaut 1726 im Rokokostil vom Obervogt Geßler von Brauneck, der aus einer Horber Kaufmanns-Patrizierfamilie stammt. – Stiftskirche und Franziskanerkirche (Liebfrauenkapelle) waren beim Patriziat als Grablege beliebt. So findet man in beiden viele Epitaphien der führenden Familien bis hin zum Obervogt. In der Franziskanerkirche sind an den Pfeilern die Wappen dieser Familien und über dem Chorbogen das Habsburg-Hohenberg-Wappen angebracht. – Das Städtchen auf einem Höhenzug über dem Neckar ist alleine schon wegen seines Stadtbildes mit vielen Fachwerkhäusern sehenswert. (2009)

Hornberg OG K4

Das **Hornberger Schießen** erklärt man mit dem Besuch, den Herzog Christoph von Württemberg 1564 seiner abgelegenen Besitzung im Schwarzwald abstattete. Das Empfangskomitee schoss die Begrüßungskanonen ab, sobald es in der Ferne eine Staubwolke sah. Damit hatte man für eine gewöhnliche Reisekutsche und eine Rinderherde sein Pulver verschossen. So steht der Aus-

Hornberg

druck für ein mit großem Tamtam angekündigtes „Event", bei dem am Ende „außer Spesen nichts gewesen" ist. In Hornberg steht man zu seiner Vergangenheit und wiederholt jedes Jahr das Schießen auf einer Freilichtbühne.

Kernstadt

Die Herrschaft Hornberg mit dem Zentrum Burg Althornberg auf halber Strecke nach Triberg umfasste um 1100 das Gebiet entlang der Gutach bis Schönwald. Überraschenderweise war sie in Händen der Hr. von Ellerbach, deren Stammsitz Erbach bei Ulm ist. Der größere Teil wurde 1280 als Herrschaft Triberg abgetrennt (s.u.). Übrig blieb die Herrschaft Hornberg, die bis zur Mündung der Gutach in die Kinzig reichte. Sie wurde im 15.Jh sukzessive an die Gf. Württemberg verkauft. Diese machten das Städtchen zum Sitz eines Obervogts, der für ein unzusammenhängendes Gebiet von Schiltach bis Königsfeld zuständig war, weshalb man im ansonsten kath. Kinzigtal auch evang. Dörfer vorfindet.
Bauten: Auf dem **Schlossberg** stehen nur noch Reste der ursprünglichen Anlage. Von der mittelalterlichen **Burg** steht der 30m hohe Bergfried am höchsten Punkt, darunter der Pulverturm. In diesem Bereich befand sich das Obere Schloss, in welchem der Obervogt wohnte. Dieses wurde nach der Zerstörung durch die Franzosen (1689) als Barockschloss neu erbaut, jedoch bereits im 19.Jh abgerissen. Südlich davon, im Bereich des Rondells, stand das 1641 zerstörte Untere Schloss, Sitz des Stadtvogts. Das Schlosshotel, ein schmuckloses Gebäude, wurde erst 1896 auf der Westseite des Schlossbergs als „Neues Schloss" erbaut. Vom Schlossberg hat man einen wunderbaren Blick aufs Stadtbild, das geprägt wird von der Gutach. - **Sonstiges:** Epitaphien von Vögten in der evang. Kirche.

UMGEBUNG: Auch das Nachbarstädtchen **Triberg** gehörte ursprünglich zur Herrschaft Hornberg. Bei der Abtrennung (1280) entstand eine eigene Herrschaft Triberg, die 11 Dörfer bis zur Gutachquelle bei Gütenbach umfasste. Nach dem Aussterben der Hr. von Ellerbach kam sie über die Gf. Hohenberg 1355 an Habsburg, das sie ständige verpfändete, so auch im 16.Jh an den berühmten Lazarus von Schwendi. 1654 finanzierten die Untertanen die Auslösung aus der Pfandschaft und unterstanden somit wieder direkt der Habsburger Regierung in Freiburg. Für die 1642 abgebrannte Burg, auf deren Gelände heute Kurgarten und Kurhaus stehen, wurde ein Amtshaus als Sitz eines Obervogtes erbaut. Das mächtige Fachwerkhaus auf Steinsockel dient heute als Forsthaus. Es steht am Amtshausweg oberhalb des Marktplatzes. (2006)

M4 Hüfingen

Statt Fürstentum Liechtenstein könnte es auch Fürstentum Schellenberg heißen. Denn die **Hr. von Schellenberg** aus dem Isartal erwarben im 13.Jh eine Herrschaft, der sie ihren Namen gaben. Zusammen mit der Gft. Vaduz wurde daraus 1719 das Fürstentum Liechtenstein, weil die österreichischen Fürsten Liechtenstein beide Herrschaften erwarben und zu Liechtenstein vereinigten. Die Hr. von Schellenberg jedoch hatten die Herrschaft in diesem Gebiet bereits

B5 Ilvesheim HD

Die **Kurpfalz** ist eine Schöpfung des Kaisers Friedrich Barbarossa, der seinen Halbbruder **Konrad** 1156 zum Pfalzgrafen am Rhein machte und die entsprechende Ausstattung besorgte. Die bestand zum einen aus den mittelrheinischen Gütern des abgesetzten Pfalzgrafen Hermann von Stahleck. Zum anderen aus staufischen Eigengütern am Unteren Neckar und nördlichen Oberrhein. Und schließlich aus den Vogteirechten über die Bistümer Speyer und Worms sowie über das Kloster Lorsch, die als Kirchenlehen verwaltet wurden. Ilvesheim gehörte zu dieser Grundausstattung.

Ilvesheim

Der umfangreiche Besitz des Klosters Lorsch am Unteren Neckar wurde 1156 dem Pfalzgrafen Konrad als Lehen überlassen. Damit erwarb die Kurpfalz die weltliche Herrschaft und ordnete Ende des 13.Jh das Dorf dem Centbezirk Schriesheim ein (s. Neckargmünd). Sie vergab es als landsässiges Lehen an den regionalen Adel (Strahlenberg, Horneck von Erligheim, 1550–1645 Landschad von Steinach) und schließlich 1698 an Lothar Friedrich von Hundheim. Der stammte aus einem um 1600 geadelten rheinischen Geschlecht und war erst mit dem Herrschaftswechsel 1685 als Verwalter der Kurpfalz an den Neckar gekommen, wo er seinen in Düsseldorf (Herzogtum Berg) residierenden Kurfürsten vertrat. Unter ihm wuchs die kath. Gemeinde auf fast 50% der Dorfbewohner an und erhielt die vorhandene Kirche, während die Calvinisten mit einer Scheune vorlieb nehmen mussten. Seine Nachkommen verkauften im 19.Jh ihre Besitzungen an das Großherzogtum Baden und starben 1855 aus. 1868 wurde im Schloss eine Blindenschule mit Internat eingerichtet, heute die einzige staatliche in BW.
Bauten: Das **Schloss** (1700) steht an Stelle der 1690 von den Franzosen zerstörten Burg. Das Hauptgebäude ist ein fast quadratischer dreigeschossiger Bau mit vier verspielten Ecktürmchen. Die eingeschossigen Flügelbauten unter Mansarddach wurden ursprünglich als Orangerie und Küche erbaut. Im Süden zum Dorf hin stehen Amtshaus und Ökonomiebauten. Die geschlossene Anlage ist als Heimsonderschule begrenzt zugänglich. - **Sonstiges:** Die kath. Kirche wurde 1790 samt barockem Pfarrhaus von der Herrschaft erbaut. In der ehem. evang. Kirche (1803) ist heute die Stadtbücherei untergebracht. (2004)

M6 Immendingen TUT

Der Rhein gräbt der Donau das Wasser ab. Südöstlich von Immendingen **versickert** das **Donauwasser** in den Bodenspalten, um ca. 10 km südlich beim Städtchen Aach in einem Quelltopf wieder ans Tageslicht zu kommen und als Rheinzufluss („Radolfzeller Aach") bei Radolfzell in den Bodensee zu münden. Die wasserdurchlässigen Schichten des Juragesteins und das Gefälle zum Bodensee hin machen dies möglich. Denn hier liegt die Donau rund 150 m höher als der Bodensee-Rhein, weshalb der unterirdische Wasserstrom mit durchschnittlich 15 Promille Gefälle verläuft. Gängig ist 1 Promille. Daher kann man im Hochsommer im ausgetrockneten Donaubett laufen. Ein Fußweg von ca 15 min führt von der Straße Immendingen – Engen zur Versickerungsstelle.

kauft und ist heute als Jugendbildungsstätte in Besitz einer Studentenorganisation des Bistums Rottenburg. Sie thront weithin sichtbar über dem Kochertal. 300 m Fußweg vom Dorf. - Am Weg steht das ehemalige Amtshaus mit schönem Fachwerk, heute Heimatmuseum. (2006)

Illerkirchberg UL K12

Auf die Absteiger folgten die Aufsteiger. ... Die **Gf. von Kirchberg** waren in der Stauferzeit das führende Geschlecht zwischen Iller und Donau. 1093 stifteten sie ihr Hauskloster Wiblingen (s. Ulm), im 13.Jh brachten sie zwei Minnesänger hervor. Erbteilungen führten jedoch im Spätmittelalter zum Niedergang, der 1498 mit dem Verkauf der Grafschaft und 1510 mit dem Aussterben der Familie endete. Ihre Herrschaft wurde von der aus dem Weberstand aufgestiegenen **Fam. Fugger** übernommen. Der Erwerb der Grafschaft Kirchberg (1507) brachte Jakob Fugger (dem Reichen) den Einstieg in den Landadel und 1514 den Grafentitel. Seinen Aufstieg in die Hochfinanz hatte er mit dem Aufbau einer Organisation erreicht, welche die Pfründ- und Ablassgelder nach Rom transferierte. So konnte er die Kriege der Habsburger Könige und die Kaiserwahl Karls V finanzieren. Als Absicherung übernahmen die Fugger Bergwerke in Tirol und kauften Herrschaften in Schwaben, so z.B. Babenhausen (in Bayrisch Schwaben), Burg Stettenfels (s. Untergruppenbach) und Niederalfingen (s. Hüttlingen). Damit wurde der Schwerpunkt kontinuierlich und konsequent vom Finanzgeschäft zum Landbesitz verlagert, was 1803 mit dem Aufstieg in den Fürstenstand seinen krönenden Abschluss fand. Noch heute wohnt eine Linie im Schloss in Oberkirchberg.

OT Oberkirchberg

Der Stammsitz der Gf. von Kirchberg wurde 1498 an Bayern-Landshut verkauft, das ihn 1504 nach dem Landshuter Erbfolgekrieg (s. Heidenheim) an König Maximilian und damit an Jakob Fugger verlor. Die Fugger bekamen die Grafschaft nur als Pfand und erst seit 1735 als Lehen. In den Wirren der napoleonischen Flurbereinigung wurde das Dorf 1806 bayrisch und 1810 württembergisch.
Bauten: Das **Schloss** (1764) wurde von F.A. Bagnato am Platz der mittelalterlichen Burg erbaut. Die frühklassizistische dreistöckige Dreiflügelanlage öffnet sich zu einem parkähnlichen Hof, der zur Straße hin von einem Ökonomiegebäude, dem Torbau mit prachtvollem Wappen und von der kath. Kirche abgeschirmt wird. Die Anlage liegt in einem Park über der Iller. Sie wird von der Fam. Graf Fugger-Kirchberg bewohnt. Zugang zu Torbau und Kirche offen (Schlossstraße). - **Sonstiges:** Herrschaftsempore mit Wappen in kath. Kirche. - Mehrere Bauten (Gräfliche Zentralverwaltung, Rathaus, Kornhaus) bilden einen herrschaftlichen Platz vor der Schlossanlage. - Mausoleum (1761) im Friedhof im Süden des Dorfes.
UMGEBUNG: Im **OT Unterkirchberg** erinnert ein kleines Wappen am Portal des barocken Pfarrhauses, dass dieses Dorf zum Benediktinerkloster Wiblingen gehörte. (2007)

Hüfingen

UMGEBUNG: Das benachbarte, idyllisch wirkende Städtchen **Bräunlingen** geht auf die außerhalb stehende Remigiuskirche zurück, die als fränkische Gründung die Mutterkirche für 22 Siedlungen in der Baar war. - Die staufische Ortsadelsburg ist verschwunden, in ihrem Bereich steht der Kelnhof des Klosters Reichenau, ein Steinhaus mit Staffelgiebeln, wie sie für die Baar typisch sind (Heimatmuseum, Zwingelgasse). - Aus Fürstenberger Besitz kam die Stadt 1305 an Habsburg, das sie an Adlige verpfändete, so auch an die Hr. von Schellenberg. Deren Stadtschloss (= Altes Schloss) brannte 1917 ab und wurde verändert aufgebaut, weshalb nur noch ein Wappen an die ursprüngliche Funktion erinnert (Blaumeerstr./Kirchstr.). - Inmitten der Stadt stand der ummauerte Adelshof der Stehelin von Stockburg. Deren „Stockburg" wurde 1667 in die heutige Form umgebaut und ist nur noch durch Lage und umgebende Freifläche als Adelssitz erkennbar. Das Steinhaus steht an einem Fußweg südlich des Rathauses („Mostegässle") – Die vielen für die Baar typischen Staffelgiebelhäuser erzeugen ein wunderbares, stattliches Stadtbild. (2009)

G12 Hüttlingen AA

Die **Fugger** waren nicht nur erfolgreiche Kaufleute und Bankiers, sondern spielten auch noch Monopoly: „Kaufe Herrschaftsrechte und Grundstücke". Während andere Adlige ihre finanziellen Mittel nach dem Erwerb von Herrschaftsrechten aufgebraucht hatten, konnten die Fugger aus dem Vollen schöpfen und ihre Herrschaft durch den Aufkauf von Grund- und Boden festigen: Rund ¼ ihrer Investitionen ging in den Grundstückskauf. So erwarben sie im Laufe des 16.Jh fast 50 Herrschaften mit rund 100 Dörfern und mehreren Städten. Alleine 1550-60 kauften sie 9 Herrschaften für insgesamt 450.000 Gulden, darunter als bedeutendste die Herrschaft Kirchheim (in Bayrisch Schwaben) samt Schloss Stettenfels (s. Untergruppenbach) und Niederalfingen.

OT Niederalfingen

Wie eine Stauferburg wirkt die Anlage über dem Kochertal, stammt jedoch aus der Neuzeit. Ursprünglich war es die Stammburg der Hr. von Ahelfingen, die sich ein kleines Territorium schaffen konnten. Im 14.Jh kam sie als württembergisches Lehen an die Hr. von Hürnheim, die bereits Burg Stettenfels und Kirchheim in bayr. Schwaben besaßen

Niederalfingen. Fuggersche Burgenromantik im 16.Jh., Studentenromantik im 20.Jh.

und ihre gesamte Herrschaft 1551 für 250.000 Gulden an die Gf. Fugger verkauften. Diese bauten die Burg unter Verwendung von Buckelquadern neu und schlossen sich dem Kanton Kocher der Reichsritterschaft an.

Bauten: Das **Schloss,** 1577, mit Gebäuden aus sauber bearbeiteten Buckelquadern, steht auf einem trapezförmigen Grundriss. Ruine der Schlosskapelle mit Renaissancegiebel. Die ummauerte Anlage wurde 1838 an Württemberg ver-

Hüfingen

1317 an die Gf. Werdenberg abgetreten. Ihr weiterer Versuch zur Herrschaftsbildung im Allgäu scheiterte, weil das um 1280 erheiratete Kißlegg bereits 1381 teilweise und 1708 endgültig an die Gf. Waldburg kam. Am erfolgreichsten waren sie in der Baar, wo sie 1383 durch Heirat Hüfingen erwarben, anschließend die Dörfer der Umgebung aufkauften und Bräunlingen als Pfand im 15.Jh erhielten. Den Höhepunkt ihrer Macht bildete der Besuch von Kaiser Maximilian in Hüfingen. Anschließend kam der finanzielle Abstieg, so dass sie nach dem Verkauf von Hüfingen (1620) nur noch Hausen (bis 1783) besaßen und der letzte Schellenberger 1812 als Hartz IV Empfänger in Hüfingen starb.

Kernort

Römische Siedlung und alemannisches Gräberfeld sind Zeugnisse uralter Siedlung. Im 13.Jh kam das Dorf als Lehen der Gf. Fürstenberg an die Hr. von Blumberg, welche die Stadt gründeten. 1383 als Heiratsgut an die Hr. von Schellenberg, die infolge finanzieller Probleme 1620 an die Gf. Fürstenberg (Linie Meßkirch) verkauften. Diese machten Hüfingen zum Sitz eines Oberamtes und bauten das neue Schloss als Residenz. Nach ihrem Aussterben (1744) waren alle Fürstenberger Territorien in einer Hand vereinigt und wurde die Hauptresidenz nach Donaueschingen gelegt. Das Städtchen verfiel in einen Dornröschenschlaf.

Hüfingen. Fürstenbergschloss an der Breg

Bauten: Das **Obere Schloss** (1723) ist eine dreistöckige Zweiflügelanlage unter Satteldach. Das schmucklose, lang gestreckte Gebäude schließt das Städtchen nach Süden ab. Heute Fürstlich Fürstenbergisches Altenpflegeheim. Schöne Lage an der Breg, das Stadtbild nach Süden dominierend. - An den Schlossteil mit Staffelgiebel ist das Schellenberghaus angebaut, Restbesitz und letztes Wohnhaus der Hr. von Schellenberg. Ein Teil davon wurde zur Festhalle umgebaut, weshalb es wenig herrschaftlich wirkt (Im „Süßer Winkel") - **Sonstiges:** Sieben Epitaphien der Schellenberg in kath. Kirche. – Der „Sennhof" steht im Bereich der mittelalterlichen Hinteren Burg. Das lang gestreckte Gebäude mit Staffelgiebeln bestand aus drei Teilen: Rentamt, Zehntscheune und Salzstadel. Es war wahrscheinlich ursprünglich der Verwaltungsbau der Burg und wurde 1719 zum „Sennhof" erweitert. Heute Wohnungen (Sennhofstraße).

OT Hausen vor Wald

Die Burg kam als Lehen der Gf. Fürstenberg 1485 an die Hr. von Schellenberg, die sich damit dem Kanton Hegau der Reichsritterschaft anschlossen. Aufgrund ihrer totalen Verschuldung verkauften sie 1783 an die Gf. Fürstenberg, die 1823 das Schloss abrissen. Erinnerung an die Schellenbergherrschaft sind: Sechs Wappenepitaphien, ein Totenschild und die wappengeschmückte Herrschaftsloge in der kath. Kirche; das Bauernhaus daneben mit Infotafel und Wappen; ein Wappen am benachbarten Pfarrhaus, ehem. Amtshaus.

Immendingen

Kernort

Dorfadel als Teil der Landgrafschaft Baar und damit unter der Oberhoheit der Gf. von Fürstenberg spaltete sich im 14.Jh in zwei Linien mit jeweils eigenem Schloss. Die damit geteilte Dorfherrschaft ging im 15./16.Jh durch verschiedene Hände. Ab 1672 saßen im Oberen Schloss die Roth von Schreckenstein, deren letztes Mitglied Friedrich vielfältige Verbesserungen in Landwirtschaft und Bildung einführte. 1807 verkaufte er sein Rittergut an die Hr. von Reischach, die seit dem 15.Jh im Unteren Schloss wohnten. Der gesamte Ort war Teil des Kantons Hegau der Reichsritterschaft.

Immendingen, Das Obere Schloss, heute Rathaus

Bauten: Das **Obere Schloss,** 15./16.Jh. ist eine wasserburgartige Anlage mit einem Renaissance-Arkadenhof. Die Schauseite des dreistöckigen Gebäudes mit drei runden Ecktürmen geht zum Dorf hin. 1834 an Gf. Fürstenberg verkauft, die hierin 1835 die erste Maschinenfabrik Badens einrichten. Seit 1956 als Rathaus genutzt. Lage: neben der kath. Kirche. - Das **Untere Schloss** steht an der Donaustraße südlich der Bahnlinie. Wegen Nutzung als Fabrik wurde es total verbaut. Das dreistöckige Gebäude unter Satteldach ist anhand des Turms als Schloss identifizierbar. Nutzung unklar.

OT Bachzimmern

In diesem Weiler ca. 3 km nördlich des Hauptortes, seit 1218 in Besitz der Gf. Fürstenberg, wurde 1707-1864 Eisenerz verhüttet. Dies war die Grundlage der Immendinger Maschinenfabrik (s.o.). Aus dieser Zeit stammen die beiden Schlösschen mit völlig unterschiedlichen Funktionen.

Bauten: Das **Obere Schloss** (1787) ist ein zweistöckiger Barockbau unter Mansardwalmdach mit einem schönen Mittelrisalit. Das Hirschgeweih über dem Eingang verrät es als Jagdschloss. Heute privat bewohnt. Lage: rechts des Baches neben dem historischen Gasthof „Flamme". Ca. 200 m entfernt steht links des Baches das **Untere Schloss,** ein quadratischer Kasten unter Walmdach mit einem kleinen Dachreiter. Mit seinem Fachwerkobergeschoss wirkt es sehr ländlich. Es diente als Verwaltungsgebäude, weshalb im 19.Jh der Industriepionier Ferdinand von Steinbeis als Oberhüttenwart in Diensten der Gf. Fürstenberg hierin wohnte. Heute Privatbesitz.

UMGEBUNG: Wenn man schon in diesem abgelegenen Bachtal unterwegs ist, so sollte man auch den ca. 3 km nördlich liegenden **OT Ippingen** besuchen. Der „Ippinger Riese", die Zehntscheune des Klosters Amtenhausen aus dem 15.Jh, steht gewaltig inmitten des Dorfes. Vom Benediktinerinnenkloster **Amtenhausen** selbst, das ca. 2 km nordwestlich von OT Zimmern stand, blieb nur noch das schöne barocke Gästehaus erhalten. Privat bewohnt.   (2009)

Immenstaad FN

„Jedem Mönchlein sein tariflich garantierter Ferienaufenthalt", so könnte eine Entwicklung der Barockzeit gekennzeichnet werden. Denn damals kam in den Klöstern die Mode auf, **Sommerschlösser** als Erholungsort für Mönche und als Residenz von Fürstäbten zu erwerben. Nicht mehr das alte mönchische Ideal der Askese stand im Vordergrund, sondern das neue Ideal der Entfaltung aller Kräfte, was sich ja auch in der Barockkunst ausdrückt. Für die Menschen dieser Zeit bedeutete dies eine konsequente Weiterentwicklung des ursprünglichen Mönchtums und kein Niedergang, ebenso wie bestimmte Entwicklungen unserer Zeit von uns als Fortschritt erlebt werden, während sie zukünftige Generationen als Dekadenz ansehen werden. Zwei derartige Sommerschlösser stehen westlich von Immenstaad: Kirchberg und Hersberg.

Schloss Hersberg

1267-1621 saß hier ein Ministerialengeschlecht, das sich nach dem Berg benannte. Nach dem Verkauf an das Benediktinerkloster Ochsenhausen wurde die Burg 1658 zur Sommerresidenz umgebaut. Es ist eine barocke Dreiflügelanlage mit der Kapelle im Hauptflügel. Seit 1930 ist das Schloss in Besitz des Pallottinerordens, der darin ein Aufbaugymnasium unterhielt und heute Kurse zur religiösen Fortbildung anbietet. (Zugang zur Kapelle möglich). Es steht erhöht über dem Ort Richtung Hagnau.

Schloss Hersberg. Hier machten Benediktinermönche Ferien am Bodensee

UMGEBUNG: Zwei Epitaphien der Hr. von Hersberg sind in der kath. Kirche des nahen OT **Kippenhausen.**

Schloss Kirchberg

An der Strasse nach Hagnau steht Schloss Kirchberg direkt am Bodensee. Das nahe Zisterzienserkloster Salem hatte es im Mittelalter als Grangie, also als Gutshof bewirtschaftet. Zur Sommerresidenz wurde es 1779 umgebaut. 1803 kam es in Privatbesitz der Gf. von Baden. Seit 1995 ist es in viele exklusive Eigentumswohnungen aufgeteilt.

Bauten: Falls einem das massive Eingangstor geöffnet wird, kann man ein vornehmes frühklassizistisches Schloss (1779), dahinter den ursprünglichen vierstöckigen Wohnbau mit Staffelgiebeln und Freitreppe (1541), nördlich davon Wirtschaftsbauten und Stallungen (1742) sowie einen dezent in den Weinberg eingefügten modernen Bau bewundern. Die Größe der Anlage überrascht. Die Zufahrt ist ausgeschildert.

Kernort

Das Dorf entstand aus mehreren Teilsiedlungen und war unter drei verschiedenen Herrschaften aufgeteilt. Ein Drittel besaßen die Hr. von Dankentschweil, die sich mit mehreren Epitaphien im spätgotischen Chor der kath. Kirche verewigt haben. Doch ihr Wohnsitz, das Schlössle **Helmsdorf** im Osten des Ortes, erinnert nicht mehr an sie. Diese Dreiflügelanlage des 17. Jh wurde im 19. Jh durch die Nutzung als Brauerei so arg verstümmelt, dass man seine ursprüngliche Funktion als Herrschaftssitz nicht mehr erkennen kann. Es steht direkt am Bodensee, neben einem Campingplatz, und wird heute als Gaststätte genutzt. (2003)

Ingelfingen KÜN D10

Der **Merkantilismus** war eine in Frankreich entwickelte Form von Wirtschaftspolitik, die bis zur Französischen Revolution die europäische Wirtschaft dominierte. Sie bestand v.a. darin, dass ein Staat die Exporte förderte und gleichzeitig die eigene Wirtschaft durch Schutzzölle vor der ausländischen Konkurrenz schützte. In der heutigen Agrarpolitik lebt diese Wirtschaftsform fort. In der Barockzeit hingegen vernachlässigte man die Landwirtschaft, was die Ausbeutung und Verarmung der Landbevölkerung und damit letztlich die Französische Revolution zur Folge hatte. Statt dessen förderte man spezialisierte Wirtschaftszweige und gründete Manufakturen für Luxuswaren. Im zersplitterten Deutschen Reich wollten so gut wie alle Staaten das französische Vorbild nachahmen. So auch die Gf. Hohenlohe mit der Anlage einer Handwerkervorstadt im beschaulichen Residenzstädtchen Ingelfingen.

Kernort

Die Hr. von Boxberg errichteten um 1180 Burg Lichteneck über dem Kochertal. Sie kam 1287 in Besitz der Hr. von Hohenlohe, die das Städtchen im Tal gründeten, es zum Amtssitz sowie 1487 zum Sitz des Ruralkapitels (= Dekanat) machten und 1556 die Reformation einführten. Ab 1701 residierte hier eine eigene Linie. Fürst Friedrich Ludwig ließ die Handwerkervorstadt anlegen. Nach seiner Niederlage als preußischer Oberbefehlshaber in der Schlacht bei Jena und Auerstedt (1806) zog er sich nach Öhringen zurück, das er zuvor von der Hauptlinie geerbt hatte. Das Städtchen fiel in einen Dornröschenschlaf, aus dem es auch die Entdeckung von Salzheilquellen nicht weckte. So findet man ein romantisches Duodez-Residenz-Städtchen vor, vergleichbar Kirchberg oder Langenburg.

Ingelfingen. Der Schwarze Hof, ein Schmuckstück der Renaissance

Bauten: Über dem Städtchen thront die **Burgruine** Lichteneck. - Das Stadtbild wird von der lang gestreckten **Residenzanlage** dominiert, die in einer Abfolge von Bauten zwischen Schlossstraße und Schlosspark eingeklemmt ist. Im Zentrum steht das dreigeschossige **Schloss** (1712), aus dem das Treppenhaus risalitartig hervor tritt, wodurch zur Stadt hin eine Dreiflügelanlage entsteht. Dieser Teil ist seit 1962 in Stadtbesitz und wird als Rathaus genutzt. – Daran schließt sich ein Adelshof an, der im 18. Jh als **Prinzessinnenbau** und heute als Schlosshotel dient. - Nach Westen wird die Anlage durch einen Renaissance-

Ingelfingen

Adelshof mit wunderbarem Laubengang-Innenhof („Schwarzer Hof", 17.Jh), dem Kutschenhaus aus Fachwerk (1720) sowie durch die evang. Kirche mit zwei Epitaphien und Herrschaftsempore abgeschlossen. - **Sonstiges:** Der Schlosspark wurde durch die Anlage einer Umgehungsstraße stark reduziert. - Als Altes Schloss wird die ehemalige Amtskellerei (= Finanzamt) bezeichnet, die in einer Privatinitiative frisch renoviert wurde und für Wohnungen dient. Es ist ein quadratisches Steingebäude unter Mansarddach (Alte Schlossgasse 17). – Ein Wohnhaus fällt aufgrund des prachtvollen Allianzwappens Hohenlohe/Solms (1550) auf (Schlossstr. 25). - Die weitgehend erhaltene Stadtmauer zieht sich den Berg hoch. – Die **Handwerkervorstadt** („Mariannenvorstadt", benannt nach der Fürstin) wurde zwischen 1782 und 1806 nach einem vorgegebenen Hausbauschema angelegt. Die privat bewohnten Häuser stehen entlang der Mariannenstraße im Osten des Städtchens. (2007)

F8 Ingersheim LB

Die **Deutsche Burgen Vereinigung** (DBV) wurde 1899 gegründet und ist damit die älteste überregionale Denkmalschutz-Initiative Deutschlands. Sie setzt sich für die Erhaltung historischer Burgen und Wehrbauten ein und informiert über aktuelle wissenschaftliche Forschungen in diesem Bereich. Hierzu unterhält sie ein wissenschaftliches Institut (Europäisches Burgeninstitut) und gibt die Dreimonats-Zeitschrift „Burgen und Schlösser" heraus. Ihre Verwaltungszentrale befindet sich auf der Marksburg in 56338 Braubach. Die Mitglieder sind Schlossbesitzer sowie Burgen- und Schlösserinteressierte „Normalbürger". Ihnen werden von den einzelnen Landesgruppen Aktivitäten vor Ort geboten, so z.B. Burgenexkursionen und themenbezogene wissenschaftliche Tagungen. Die Landesgruppe BW wird von Thomas Leibrecht geführt, der im Kleiningersheimer Schloss wohnt.

OT Kleiningersheim

Ingersheim war Sitz eines Grafengeschlechtes und im 11.Jh unter den Gf. Calw Gerichtsort für den Murrgau. – In Kleiningersheim wohnten im 12.Jh Ministeriale der Gf. Baden (s. Backnang). Die Herrschaft kam 1488 an die Gf. Löwenstein, wurde jedoch im Landshuter Erbfolgekrieg 1504 von Württemberg erobert und ins Amt Bietigheim eingefügt. Das Schlossgut wurde als Lehen vergebe. Zuerst an die Nothaft, die das Schloss bauten. Dann 1600 an den württ. Kanzler Melchior Jäger (daher „Jägersburg") und 1726 an die Frh. von Woellwarth.
Bauten: Das **Schloss** (1580, „Jägersburg") an der Neckarhangkante hoch über den Weinbergen ist ein romantisch wirkendes Ensemble mit Eckürmchen, Staffelgiebeln und Zwerchhäusern. Sein Aussehen erhielt es durch den Historismus-Ausbau (1912). Schöner Innenhof mit hölzerner Galerie. Kleine Gartenterrasse zum Neckar hin. Zugang bis Hoftor. Bis 1908 in Besitz der Woellwarth. Seit 1963 bewohnt von Fam. Leibrecht, die im Nebengebäude ein Büro der Schilleruniversität Heidelberg und der Deutschen Burgen Vereinigung einrichtete. Es steht am Dorfrand unterhalb der evang. Kirche. (2003)

Ingoldingen BC L10

Drei Linien der **Schenken von Winterstetten** folgten aufeinander. a) Die 1181 erstmals erwähnten Schenken des Herzogtums Schwaben, die 1214 ausstarben. b) Konrad von Tanne, der 1215 von Kaiser Friedrich zum Nachfolger ernannt wurde und zudem Erzieher des Kaisersohns Heinrich wurde. c) Da er nur eine Tochter hinterließ, wurden 1243 Amt und Namen an seinen Schwiegersohn Konrad von Schmalegg übertragen. Aus dieser Verbindung stammt der Minnesänger Ulrich von Winterstetten sowie eine Seitenlinie, die nach dem Verkauf der Stammbesitzungen (1331) in württ. Dienste trat. Diese blieb beim Alten Glauben, erwarb 1506 Freudental sowie im 17.Jh Ebersberg (s. Auenwald) und starb 1694 aus. Eine weitere Seitenlinie kam über Dienste in Baden nach Norddeutschland (Celle, Dänemark), wurde protestantisch und starb 1838 aus. In der Stammheimat erinnern nur noch Ortsnamen an sie.

OT Winterstettenstadt

Auf der Burg saßen die Schenken (s.o.), die aus dem Dorf eine Stadt mit zwei Toren und Marktrecht machten. 1331 verkauften sie ihren Besitz an Habsburg, das ihn 1438 an die Truchsessen von Waldburg verpfändete. Diese behielten ihn bis zum Ende des Alten Reichs, obwohl der Widerstand der Bevölkerung gegen ihre Herrschaft gewaltig war, was diese im 18.Jh mit dem Verlust der Stadtrechte bezahlen musste (s. Waldsee).

Winterstettenstadt. Das schönste Fachwerkhaus Oberschwabens

Bauten: Die **Burg** südwestlich über dem Dorf ist verfallen, ihre Steine wurden zum Bau des Pfarrhauses in Stafflangen (s. Mittelbiberach) verwendet. - **Sonstiges:** Das prächtigste Fachwerkhaus Oberschwabens ist das Rief-Haus, das 1702 von Bürgermeister-Gastwirt Rueff als Wohn- und Gasthaus erbaut wurde. Nach der bis 1968 hier wohnenden Familie wurde es auch Hallerscher Hof genannt. Das barocke Schmuckstück, ein zweistöckiges Gebäude unter einem mächtigen Satteldach, wird heute als Festhalle genutzt.

Kernort

Das Dorf wurde von den Hr. von Degernau (s.u.) dem Benediktinerklosters St. Georgen geschenkt, als dieses 1083 in Königseggwald gegründet wurde. Nach seiner Verlegung in den Schwarzwald (1085) behielt der regionale Adel die Vogteirechte über die örtlichen Klosterbesitzungen. In der Reformation versuchte jedoch Württemberg, in seiner Funktion als Vögte des aufgehobenen Klosters St. Georgen, auch hier die Reformation einzuführen und besetzte 1566 kurzerhand das Dorf. Habsburg hatte jedoch inzwischen die Schutzvogtei für die vertriebenen Mönche übernommen und ließ den Landvogt in Altdorf (s. Weingarten) militärisch dagegen vorgehen. Der machte anschließend Ingoldingen zu einem eigenen Landvogtei-Amt mit Hochgericht.

Bauten: Der Landvogt ließ im 16.Jh ein Gebäude erbauen, das zugleich als **Amts-**

Ingoldingen

haus und Pfarrhaus diente. Das zweistöckige Gebäude unter Satteldach wurde im 18.Jh barockisiert und ist heute Rathaus. Es steht neben der kath. Kirche, bei welcher der ausgefallene Renaissanceturm ins Auge springt.
UMGEBUNG: An die Herrschaft des Klosters St. Georgen erinnert im **OT Degernau** das kleine Wappen (1729) an der Zehntscheune direkt an der Durchgangsstraße. Hier war der Sitz eines Hochadelsgeschlechtes, das an der Klostergründung beteiligt war.
UMGEBUNG: Über dem Südeingang der kath. Kirche im **OT Muttensweiler** erinnert ein Wappen (1751) daran, dass das Prämonstratenserkloster Schussenried das Kirchenpatronat besaß. In dieser Funktion machte es die Reformation rückgängig, welche die Reichsstadt Biberach 1533 eingeführt hatte. (2009)

02 Inzlingen LÖ

Die **Reich von Reichenstein** werden bereits im 12.Jh als Ministeriale des Bf von Basel erwähnt. 1239 erhielt Rudolf Rich die Obere Burg Birseck, nannte sie in Reichenstein um und benannte sich nach ihr. Sie waren Erbkämmerer des Hochstifts Basel und stellten 1286-96 den Bischof. Zugleich waren sie Patrizier in der Reichsstadt Basel, aus der sie wegziehen mussten, weil sie im Schweizer/Schwaben Krieg 1499 auf Habsburger Seite standen. Ihr Schwerpunkt verlagerte sich rechts des Rheins, wo sie 1294 Brombach und 1394 Inzlingen erworben hatten. 1720 stiegen sie in den Grafenstand auf. Anfang des 19.Jh verkauften sie ihre rechtsrheinischen Besitzungen, so auch Inzlingen, wo sie das idyllischste Wasserschlösschen BWs hinterließen.

Inzlingen. Das schönste Wasserschloss im Ländle

Kernort
Das Dorf kam mit der Herrschaft Röttlen 1315 an Baden-Hachberg-Sausenberg (s. Lörrach), das damit 1394 die Reich von Reichenstein belehnte. Da sich diese der Breisgauer Ritterschaft anschlossen und damit der Landeshoheit von Habsburg unterstellten, konnten sie die Einführung der Reformation durch Baden-Durlach verhindern. Damit lösten sie einen über 200 Jahre währenden Streit wegen der Oberhoheit zwischen Baden und Habsburg aus. 1819 verkauften sie ihren Besitz in Inzlingen.
Bauten: Das **Wasserschloss** (1564) ist eine kompakte, vollständig von Wasser umgebene Vierflügelanlage. Der Rundturm an der Seite ist ein Rest der mittelalterlichen Wasserburg. Man gelangt über eine Brücke durch ein wappengeschmücktes Torhaus in einen winzigen Innenhof. Der Zugang in die Innenräume mit wunderbaren Stuckdecken ist möglich, da sie vom Rathaus und von einem Restaurant genutzt werden und damit halböffentlich sind. Das dreistöckige Gebäude unter Walmdach, umgeben von einem wassergefüllten Graben, wirkt wie aus dem Märchenbuch. Seit 1969 in Gemeindebesitz. - Sonstiges: Das ehem. Amtshaus („Meierhaus", 1580) mit Staffelgiebel und Sonnenuhr steht in der Dorfstraße. (2009)

Isny RV N12

Zwei selbständige Staaten existierten nebeneinander innerhalb der Mauern dieses Städtchens: Adliges **Reichskloster** und **Reichsstadt**. Anderswo gab es ähnliche Konstellationen auf engstem Raum (Buchau, Gengenbach), und in der Regel waren sie Anlass für ständige Reibereien. Diese steigerten sich in Isny zur Feindseligkeit, als in der Reformationszeit eine konfessionelle Trennung entstand: katholisches Kloster in protestantischer Stadt. Aus der einfachen Umklammerung wurde eine doppelte, wenn das Umland der Stadt wiederum vom Kloster kontrolliert wurde: katholisches Kloster in protestantischer Stadt in katholischem Umland.... Wer erwürgt wen? Dies war der Fall in Kempten, Gengenbach und St. Gallen, so ähnlich finden wir es in Isny, wo sich kath. Klosterkirche und evang. Stadtkirche gegenüber stehen.

Kernstadt

Das 1096 gegründete Benediktinerkloster erlaubte 1235 die Gründung einer Marktsiedlung, die 1365 zur Freien Reichsstadt aufstieg, indem sie sich aus der Herrschaft der Klostervögte, der Truchsessen von Waldburg, frei kaufte. Wirtschaftliche Grundlage waren (wie bei fast allen Reichsstädten des Bodenseeraums) Leinenproduktion und Tuchhandel. Das Kloster hingegen verschuldete sich und sank zu einer reinen Versorgungsanstalt des Adels ab. Folglich wollte die Stadt dieses anachronistische Gebilde in der Reformationszeit beseitigen. Ödipus lässt grüßen! 13 Jahre lang versperrte man Außenstehenden den Zugang zur Klosterkirche. Die Stadt scheiterte, weil sie von den kath. Gf. Waldburg, die als Schutzvögte des Klosters das städtische Umland in Besitz genommen hatten, mit einer Wirtschaftsblockade belegt wurde. Anschließend lebte man in Koexistenz zusammen. Das Kloster erlangte schließlich auch noch die Reichsfreiheit (1781) und schleppte sich total überschuldet bis zur Säkularisation von 1803. Die Gf. von Quadt zu Wickrath erhielten es und funktionierten die Klostergebäude zum Schloss um.

Bauten: Das **Schloss** ist die Barockanlage des Klosters, 18.Jh. Die schmucklose Anlage aus Konvent- und Wirtschaftsbauten wurde 1942 an die Stadt Stuttgart verkauft, die sie als Altenheim nutzte. Heute Wohnungen. Als Teil des Nordflügels dient die barocke ehem. Klosterkirche. Auf ihrer Südostseite gelangt man in die Marienkapelle mit vielen barocken Abbildungen von Äbten. – Sonstiges: Von der Reichsstadtherrlichkeit überlebten große Teile der Stadtmauer und die geschlossene Stadtanlage. Das Rathaus ist ein ehemaliges Patrizierhaus, worauf die Wappen am Erker hinweisen.

OT Neutrauchburg

Die Herrschaft Trauchburg wurde 1306 von den Gf. von Veringen an die Truchsessen von Waldburg verkauft. Diese erwarben zugleich die Vogtei über das Kloster Isny und bauten sich hier im Allgäu ein geschlossenes Territorium auf. Bei der großen Teilung

Schloss Neutrauchburg. Vom Witwensitz zum Kurzentrum

1429 (s. Wolfegg) entstand eine Linie Trauchburg, die sich wiederholt teilte. Nach deren Aussterben fiel die Grafschaft 1772 an die Linie in Zeil. Bereits zuvor hatte man den Verwaltungsmittelpunkt von der zerstörten Stammburg Alttrauchburg (Gem. Wengen, direkt hinter der heutigen Grenze zu Bayern) hierher in den Weiler Mechensee verlegt, der 1786 zu Neutrauchburg umbenannt wurde. Gleichzeitig baute man die Schlossanlage als Witwensitz und Verwaltungszentrum aus.

Bauten: Das **Schloss**, 1776-88, ist ein dreigeschossiger Rechteckbau unter Mansarddach. Die Fenster und der Eingangsbereich wirken als Schmuck. Kapelle daneben. Das Schloss ist umgeben von vielen zweigeschossigen Verwaltungsbauten in lockerer Anordnung, die mit den Namen römischer Götter bezeichnet wurden. Heute Kurzentrum im Besitz der Fam. Waldburg-Zeil (Schlossstraße). (2007)

D9 Jagsthausen HN

Götz von Berlichingen, der 1480 hier geboren wurde, lebte zwar nur wenige Jahre hier, wird jedoch seit 1950 infolge der Burghofspiele mit Jagsthausen identifiziert (s. Neckarzimmern). - **Die Ritter von Berlichingen** wählten Ende des 14.Jh Jagsthausen zum Stammwohnsitz. Ab 1212 sind sie für das Dorf Berlichingen (s. Schöntal) belegt, ihren namengebenden Wohnturm behielten sie bis 1953. Im benachbarten Zisterzienserkloster Schöntal kann man noch heute ihre Grablege besichtigen. Über die Jahrhunderte hinweg gab es ständige Teilungen, beerbte man sich untereinander nach dem Aussterben einer Linie und teilte erneut. Als Reichsritter waren sie führend im Kanton Odenwald, wurden (außer der Heidingsfelder Linie) protestantisch und blieben es auch im Unterschied zu den meisten Ritterfamilien. Ihre Lehen nahmen sie weit gestreut von Bischöfen, Fürsten, Grafen und Klöstern, wodurch sie sich gegen überraschende politische Wechsel absicherten. Ihre Besitzungen reichten von Würzburg bis Heilbronn. Das Herz ihrer Herrschaften lag jedoch immer im Jagst-Kocher-Gebiet, wo sie heute in Jagsthausen drei Schlösser besitzen und noch wohnen.

Jagsthausen, Friedhof. Adliger Totenkult mit industriezeitlichen Materialien

Kernort
Römisches Kastell am Limes. Merowingersiedlung. - Dorfadel von Hausen als Ministeriale der Gf. Hohenlohe saß im 13.Jh auf einer Wasserburg. Nach seinem Aussterben (1370) kauften die benachbarten Berlichingen sukzessive die Dorfherrschaft auf, die sie als Lehen des Bf. von Würzburg bis zum Ende des Alten Reiches behielten. Anschluss an Kanton Odenwald der Reichsritterschaft. Wiederholte Familienteilungen führten zum Bau von drei Schlössern im Dorf, die noch heute in Besitz der durch einen ehem. Bundespräsidenten „aufgefrischten" Familie sind.

Jagsthausen

Bauten: Am bekanntesten ist die „**Götzenburg**" (Altes Schloss, 15./16.Jh). Sie steht an Stelle der ehem. Burg über der Jagst. Man betritt den geschlossenen Burghof vom Dorf her (Süden) durch einen neugotischen türmchengeschmückten Torbau (1878). Zur Rechten (Osten) steht der Palas mit Rittersaal, zur Linken (Westen) eine hölzerne Galerie, geradeaus (Norden) der Marstall mit zwei mächtigen Rundtürmen. In Besitz der Fam. von Berlichingen, Schlosshotel, genutzt für Festspiele. – Das **Rote Schloss** (1595) ist ein stattlicher zweigeschossiger Steinbau unter barockem Mansarddach mit einem wappengeschmückten Eingang. Es steht (unbewohnt) neben der Kirche im Ortszentrum. – Das **Weiße Schloss** (1792) ist ein Herrenhaus mit einem neubarock-protzigen Eingangsbereich. Es liegt in einem großen Park im Westen des Dorfes. Bewohnt von Fam. von Berlichingen, kein Zutritt. - **Sonstiges:** Viele Epitaphien in evang. Kirche. - Ausgefallen ist die Gussstahlkonstruktion (1865) als Grablege im Dorffriedhof. (2006)

Jestetten WT O 5

Idyllisch liegt das Schweizer Benediktinerkloster **Rheinau** in einer Rheinschleife. Im Klettgau war es aufgrund von Schenkungen größter Grundbesitzer (s. Küssaberg). Mit Gewalt wollten die Gf. Sulz als Landgrafen des Klettgaus im 15.Jh die Vogtei und damit die Herrschaft übers Kloster ausüben. Dieses flüchtete jedoch 1455 unter die Schirmherrschaft der Eidgenossenschaft und wurde daher erst 1862 aufgelöst (s. Wutöschingen). So findet der Besucher auf einer Insel eine riesige Barockanlage vor, die über eine Brücke mit einem ausgedehnten Wirtschaftshof verbunden ist, über dem ein protestantisch gewordenes Ministädtchen thront. Die beiden Gasthöfe Salmen direkt an der hölzernen Rheinbrücke und im Dorf Jestetten erinnern mit dem Klosterwappen an die enorme Grundherrschaft des Klosters.

Der **Jestetter Zipfel** ist nur durch einen 1,2 km engen Durchlass bei Baltersweil mit Deutschland verbunden. Denn die Eidgenossenschaft setzte sich hier rechts des Rheins fest. Zum einen durch die Stadt Zürich, die 1496 mit dem Erwerb des Städtchens Eglisau auch die vier Dörfer des Rafzer Feld erwarb und damit über den Rhein hinüber griff. Zum anderen durch die Stadt Schaffhausen, die sich ein Territorium im nördlichen Klettgau aufbaute, indem sie sukzessive Dorfvogteien von Patriziern und vom Bf. Konstanz aufkaufte. Schließlich kauften Zürich und Schaffhausen nach dem 30j. Krieg die auf dem Papier bestehende Oberhoheit über diese Gebiete von den Gf. Sulz. Nur in Altenburg, Balm, Lottstetten und Jestetten konnte sich die Landgrafschaft Klettgau behaupten, wozu sie in Jestetten ein Verwaltungsschloss baute.

Kernort

Die Dorfherrschaft, die mit vier Burgen verbunden war, gelangte im 15.Jh an verschiedene Schaffhausener Patrizierfamilien und von diesen im 17.Jh teilweise an das Kloster Rheinau, das zugleich der größte Grundbesitzer war. Die anderen Teile wurden von den Gf. Sulz aufgekauft, die als Klettgau-Landgrafen die

Jestetten

Landeshoheit inne hatten. An Stelle einer Burg erbauten sie das Oberschloss als Sommerresidenz sowie Landvogt- und Witwensitz. 1774 wurde es von einer Frauengemeinschaft erworben, die als „Kloster Tabor vom Berg Sion" für kurze Zeit (bis 1806) eine exotische Rolle in der Ordensgeschichte einnahm.
Bauten: Das **Obere Schloss** (16.Jh) besteht aus zwei Gebäuden, wobei das dreistöckige Hauptgebäude mit seinem Staffelgiebel den Anblick dominiert. Ein Allianzwappen (1564) ist Teil der Türverzierung am Treppenturm. Das erhöht über dem Dorf stehende Gebäude wird als Kreisaltenheim genutzt (Schlossbergstraße). Darunter eine Straße, deren Häuser ehemals von der Diener- und Beamtenschaft bewohnt wurden. – Der Kern des **Mittleren Schlosses** (1544) steckt im alten Schul- und Gemeindehaus mit gotischem Saal. Das zweistöckige, lang gestreckte Gebäude mit Dachreiter steht unterhalb der kath. Kirche (Kirchstr. 2) - **Sonstiges:** Wappen von Kloster Rheinau und Gf. Sulz sowie ausgefallenes Wappenepitaph (Patrizier von Greuth mit vier Ehefrauen) in kath. Kirche. – Prächtig wirkt der Gasthof Salmen, ein zweistöckiges Barockgebäude unter Mansarddach, mit einem Eingang mit doppelläufiger Freitreppe und prachtvollem Kloster- und Abtswappen (1788). Heute Gasthof am Ende der Kirchstraße. (2009)

I6 Jettingen BB

Im österreichischen Kärnten stößt der Besucher auf eine beachtenswerte Vergangenheitsbewältigung bezüglich **Religionsgeschichte.** Überraschenderweise wird bei der Beschreibung einzelner Städte (z.B. Villach, Klagenfurt) oder bei Stadtführungen explizit darauf verwiesen, dass man hier nach der Reformation weitgehend protestantisch war. Die Rekatholisierung erfolgte durch Erzherzog Ferdinand, der als Kaiser Ferdinand II den 30j. Krieg auslöste. In seinen Stammlanden Kärnten und Steiermark hatte er zuvor in einer kalkulierten Salamitaktik den protestantisch gewordenen Adel so ausgetrickst, dass der 1629 nur noch die Wahl zwischen Rückkehr zur Alten Kirche oder Auswanderung hatte. Neben den Frh. von Racknitz (s. Rappenau) kamen damals die **Bernerdin von Pernthurm** nach Württemberg, wo sie 1640 das Schloss in Sindlingen kauften. 1737 erbten sie von den Vohenstein Adelmannsfelden, wo eine Franziska geboren wurde, die als Reichsgräfin von Hohenheim von Herzog Karl Eugen von Württemberg 1785 geheiratet wurde. In Sindlingen hält ein Schloss und die evang. Kirche die Erinnerung an sie wach.

OT Sindlingen
Der Weiler kam aus den Händen der Gf. Hohenberg 1364 an die Kurpfalz und 1440 an Württemberg, das ihn als Lehen an die Hr. von Gültlingen vergab. Diese schlossen sich der Reformation und dem Kanton Neckar der Reichsritterschaft an. Das Schlossgut kam 1640 an die Bernderdin und nach deren Aussterben (1782) als Erbe an Franziska von Hohenheim. 1840 wurde es vom Haus Württemberg erworben.
Bauten: Das **Schloss** (16.Jh) ist der Rest einer Vierflügelanlage, die 1782 von Franziska von Hohenheim umgebaut und 1848 teilweise abgebrochen wurde.

Der erhaltene Winkelhackenbau ist ein schmuckloser dreigeschossiger Kasten unter Walmdach mit Dachreiter. Eine Brücke und Gräben erinnern noch an die Funktion als Wasserburg. Heute Pferdepension und Reiterzentrum mit Übernachtungsmöglichkeit. Weiter Park dahinter. - Sonstiges: Gegenüber steht die evang. Mauritiuskapelle mit fünf Wappenepitaphien der Bernerdin und Marmorbüste der Franziska von Hohenheim. – Ökonomiebauten an der zum Schloss führenden Schlossstraße. Lage: Sindlingen liegt rund 2 km östlich Unterjettingen inmitten einer typischen Strohgäulandschaft.

UMGEBUNG: Im benachbarten Dorf **Öschelbronn** (Gem. Gäufelden) stehen an der Kirchhofmauer einige verwitterte Epitaphien (17./18.Jh) der Fam. von Bernerdin aus Sindlingen.
UMGEBUNG: Im benachbarten **Mötzingen** stand ein Schloss, das 1945 zerstört wurde. Reste davon sind in einem Gebäude (Schlossgartenstr. 7) verbaut, wo zudem eine Nische mit der Wappentafel der Hr. von Anweil (1592) steht. Diese hatten 1581 das Gut als württ. Lehen erhalten und das Schloss gebaut. Das Epitaph eines Hans von Anweil (1792) steht in der evang. Kirche. – Das Hofgut **Niederreutin** an der Straße nach Bondorf wurde 1837-42 im klassizistischen Stil erbaut. Es gehört dem Haus Württemberg und ist Zentrum einer Golfanlage. (2009)

Kandern LÖ N2

Die Markgrafen von **Hachberg-Sausenberg** stiegen als badische Neben-Nebenlinie von der Bezirksliga in die europäische Liga auf und mussten sich am Ende wegen Nachwuchsmangel vom Spielbetrieb abmelden. 1306 hatten sie sich als Nebenlinie von Baden-Hachberg (s. Emmendingen) abgespalten und mit der Burg Sausenberg die Landgrafenrechte für den Bereich südlich der Stadt Neuenburg erhalten. Als sie bereits neun Jahre später die weitaus größere Herrschaft Rötteln (s. Lörrach) erbten, zogen sie auf Burg Rötteln um. Mit dem Erbe der Gf. von Freiburg (1444 Badenweiler, 1458 Grafschaft Neuchatel) stiegen sie in die europäische Politik ein, wurden Ratgeber Karls des Kühnen und des franz. Königs. Weil jedoch der männliche Erbe fehlte, fiel die Herrschaft an die über 300 Jahre entfernten Verwandten in Baden. In ihrem Stammbereich Kandern hinterließen sie leider nur bescheidene Spuren.

Kernort

Das Städtchen war der Hauptort der Herrschaft Sausenberg, deren Schwerpunkt sich jedoch nach 1315 auf die Burg Rötteln verlagerte. Nach dem Übergang an Gf. Baden (1503) war hier der Sitz des Oberförsters für die gesamte Markgrafschaft Rötteln-Sausenberg.
Bauten: Das Forsthaus (1589) mit einem schönen, spätgotischen Portal diente auch als **Jagdschloss**. Das dreistöckige Haus unter Krüppelwalmdach bildet zusammen mit dem ummauerten Garten und einer Staffelgiebelscheune ein schönes Ensemble (Hauptstr. 39). – **Sonstiges:** Weiter geht es an der Hauptstraße zum barocken Amtshaus (Hauptstr. 57), zur historischen Gaststätte Weserei

Kandern

(Hauptstr.81) und zur Verwaltung der Bergwerke, einem Gebäude mit badischem Wappen („Faktorei", Hauptstr. 89). - Viele verwitterte Epitaphien von Bürgern und Amtleuten in der klassizistischen evang. Kirche. - Das Städtchen wird durch die wild fließende Kandern und den Blumenplatz, eine Art Marktplatz im Biedermeierstil, geprägt.

OT Sitzenkirch und Burg Sausenberg

1232 wurde der Sausenberg durch die Gf. Baden-Hachberg gekauft und die Burg errichtet, nach der sich 1306 eine Nebenlinie der Gf. Hachberg nannte. Als Grablege wählte sie das 1120 gegründete Benediktinerinnenkloster Sitzenkirch. Die Burg verlor ihre Bedeutung mit dem Erwerb der Herrschaft Rötteln (1311) und wurde schließlich 1678 vom Sonnenkönig zerstört. Auch die Grablege wurde bedeutungslos und letztmals 1384 genutzt, das Frauenkloster löste sich wegen Bauernkrieg und Reformation auf.

Bauten: Die **Burg Sausenberg** steht ca. 3 km nordöstlich Kandern im Wald. Nur noch der runde Bergfried sowie bescheidene Reste der Befestigung blieben erhalten. Sie ist erreichbar über einen Fußweg vom **OT Sitzenkirch.** An die Grablege erinnern in der evang. Kirche die „urigen" Wappenepitaphen der Gf. Heinrich (1318) und Otto (1384) mit „wilden" Büffelhörnern. Vom Kloster blieb westlich der Kirche nur noch ein Gebäude erhalten, das als Scheune genutzt wird.

UMGEBUNG: Auf dem „Sausenhard", einem Feld am Fahrweg zwischen dem Dorf Mappach und dem Hofgut Kaltenherberg, tagte im Mittelalter die Landsgemeinde. Hinweistafeln führen zu einem Stein am Waldrand. Hier trafen sich in Wehr und Waffen Vertreter der gesamten Herrschaft Sausenberg-Rötteln, die in die Viertel Rötteln, Sausenberg, Schopfheim und Weil eingeteilt war. In der Neuzeit übernahm Rötteln (s. Lörrach) diese Funktion.

UMGEBUNG: In der Nachbargemeinde **Wittlingen** saß ein Obervogt für die drei badischen Dörfer Wittlingen, Schallbach und Rümmingen. Das Vogthaus, ein dreistöckiges Steinhaus mit Treppenturm unter Krüppelwalmdach, ist ein schmuckloses Gebäude (privat bewohnt, Mühlestr. 4). Die evang. Kirche wurde 1774 von Baden im (trockenen) Zopfstil erbaut.

UMGEBUNG: In der evang. Kirche im Nachbarort **Schallbach** überrascht der prachtvolle Vogtstuhl für zwei Personen inmitten der schmucklosen Stühle der Dorfrichter. (2009)

13 Kappelrodeck OG

Roeder = Roder, und zwar Waldroder. Der Bevölkerungszuwachs in der Stauferzeit war nur möglich, weil man unzugängliche Waldgebiete erschloss (**= Innere Kolonisation**). Darauf hatten sich Klöster spezialisiert (s. Friedenweiler), insbesondere im Mittleren Schwarzwald das Benediktinerkloster St. Georgen. Die Anwerbung und Ansiedlung von Bauern musste jedoch organisiert werden, eines der vielen Aufgabenfelder für Ministeriale, und zugleich Chance für den Aufbau einer eigenen kleinen Herrschaft. Die nutzte die noch heute existierende **Fam. von Roeder,** die im Sasbachtal und um Kappelrodeck rodete.

Kernort

Bereits im 13.Jh saßen die Roeder im benachbarten Sasbachtal auf Burg Hohenrod (s.u.) und hier auf der Burg Rodeck, also auf Rodungs-Burgen. Wahrscheinlich erschlossen sie das Achertal im Auftrag des Klosters St. Georgen, das hier einen Dinghof besaß. 1316 wurde der Hof an den Bf. Straßburg verkauft, der

Schloss Rodeck. Burgenromantik im idyllischen Schwarzwaldtal

ihm seinem Territorium im Renchtal einfügte (s. Oberkirch). Die Roeder jedoch unterstellten sich mit ihren beiden Burgen den Gf. Baden, die sie zur Belohnung mit Burg und Dorf Diersburg (s. Hohberg) belehnten. Nach dem Aussterben des hiesigen Zweiges im 17.Jh wechselten die Besitzer oft.
Bauten: Schloss Rodeck (1882), ein Neorenaissancebau mit einer sehr schönen Ostfassade, liegt weithin sichtbar über dem Ort. Von der mittelalterlichen **Burg** zeugen die Ringmauer mit mächtigen Granitblöcken und die unteren Geschosse des Bergfrieds. Im 20.Jh in Besitz des Landkreises und als Altenheim genutzt, heute privat bewohnt. Zufahrt ausgeschildert.

UMGEBUNG: Die **Burg Hohenrod** (im Osten der Gem. **Sasbachwalden**) war der Stammsitz der Frh. von Roeder. Von hier aus rodeten sie das Sasbachtal. Die Ruine wurde 1881 durch diese Familie zurück gekauft und vor dem völligen Verschwinden bewahrt. Da in der Nähe eine Brigittenkapelle stand, wird die Burgruine auch noch als Brigittenschloss bezeichnet.

UMGEBUNG: Im Städtchen **Renchen** erinnern nur noch zwei unbebaute Flächen an die 1641 hier abgebrannten Schlösser. Das Stadtschloss (Freihof) der Hr. von Windeck stand südlich der Stadtkirche. Das Schloss des Bf. Straßburg, zu dessen Hochstiftterritorium Renchen gehörte, stand auf der Anhöhe über dem Stadtkern. Das Gelände wurde zum Stadtgarten („Schlossberg"). (2004)

Karlsruhe KA F4

Bei einer schicksalhaften Teilung entstand 1535 die **Markgrafschaft Baden-Durlach** mit einem Territorium von rund 1700 km². Sie setzte sich zusammen aus einem kompakten Gebiet zwischen Karlsruhe und Pforzheim sowie den Herrschaften Hachberg (s. Emmendingen) und Rötteln (s. Lörrach). Die Reformation wurde offiziell erst 1556 eingeführt. Die 1594 besetzte Bruder-Markgrafschaft Baden-Baden musste nach der verlorenen Schlacht bei Wimpfen (1622) wieder geräumt werden. Den 30j. Krieg überlebte nur ¼ der Bevölkerung, welche anschließend den Zerstörungskriegen des Sonnenkönigs ausgelie-

Karlsruhe

fert war. Eine Erholung brachte die protestantisch-hausväterliche Regierung von Karl Friedrich, der 1771 mit der Übernahme der Markgrafschaft Baden-Baden das Territorium verdoppelte. Und damit eine Voraussetzung schuf, dass unter Napoleon der Aufstieg zum Großherzogtum erreicht werden konnte. Das dabei 5-fach vergrößerte Territorium von rund 15.000 km² reichte in Form einer Banane vom Bodensee bis zum Main. Im Schlepptau dieses Aufstiegs wuchs die 1715 vollständig neu geschaffene Residenzstadt Karlsruhe zur Großstadt.

Wenn Karl seine Ruhe suchte, so hätte er nicht seine Hauptstadt hierher verlegen dürfen! Mit dem Bau eines Schlosses im Auenwald am Rhein durch Mgf. Karl Wilhelm ging eine **Hauptstadtverlegung** einher, wie sie in der Barockzeit typisch war (s. Ludwigsburg). Man benötigte für die riesigen Anlagen Raum, den man in den gewachsenen Residenzstädten (z.B. Durlach) oder in Tälern (z.B. Heidelberg) nicht vorfand. So barock wie die Residenz ist auch die Stadtanlage, deren Fächerform nichts Vergleichbares in BW hat.

Kernstadt

1715 wurde im Hardtwald ein kreisrundes Areal für ein Jagdschloss gerodet, von dessen Turm aus 32 schnurgerade Straßen in alle Richtungen gingen. Südlich des Schlosses plante man die Stadtanlage, für die man Siedler aus aller Welt mit Steuerprivilegien und freier Religionsausübung anlockte. Für deren Häuser war eine bestimmte Geschosshöhe samt Dachform vorgegeben. Das einheitliche Stadtbild änderte sich mit dem Aufstieg zum Großherzogtum, weil man in die Stadt hinein monumentale Herrschafts- und Wirtschaftsbauten setzte. Die Architekten Friedrich Weinbrenner und Heinrich Hübsch, die fürs ganze Großherzogtum stilbildend waren, hinterließen auch hier ihre Spuren.

Bauten: Die **Schlossanlage** besteht aus einem dreistöckigem Corps de Logis, an den zwei Flügel im 45° Winkel angebaut sind. Die eintönige Fassade wird durch einen Mittelrisalit mit Balkon und wappengekröntem Giebel sowie zwei Uhrtürmen an den Flügelrändern unterbrochen. Dahinter erhebt sich der Turm des ursprünglichen Jagdschlosses und erstreckt sich der weite Hardtwald, der als eine Art Stadtgarten genutzt wird. Davor bildet der weite Schlossplatz den Übergang zur Stadt. Die Schlossgebäude werden als Museum genutzt. – **Schlosspark-Bauten:** In Schlossnähe wurden an Stelle des Hoftheaters moderne Pavillons für das Bundesverfassungsgericht errichtet. Daneben liegt der Botanische Garten mit Gewächshäusern, erbaut an Stelle der Orangeriegebäude. – Am westlichen Parkrand steht die staatliche Majolikamanufaktur. - Im östlichen Teil des Parks, im sogenannten Fasanengarten, steht ein bescheidenes Gebäude (1765), das als Fasanenschlösschen bezeichnet wird.

– **Stadtbauten:** Viele herrschaftliche Wohn- und Verwaltungsbauten aus dem 19.Jh sind über die Stadt verteilt. Das Palais (1897) des Erbprinzen ist heute Sitz des Bundesgerichtshofes (Kriegsstraße). Das „Markgräfliche Palais" (1813) am Rondellplatz ist heute Teil einer Bank. Aus der Finanzkanzlei wurde das Regierungspräsidium, aus der Großherzoglichen Kanzlei das Landratsamt. Zudem gibt es viele Stadthäuser von Adligen, die am Hofe Dienste ausübten.

Oststadt: Schloss Gottesaue

Nur kurzzeitig treten die Gf. von Lindenfels im Odenwald als Gf. von Hohenberg auf. Als Vögte des Klosters Lorsch kamen sie in den Pfinzgau, dessen Grafen sie vor 1100 wurden. Sie nannten sich nach dem Hohenberg über Durlach (s.u.), starben jedoch bereits 1130 aus. Auf sie geht das 1094 gegründete Benediktinerkloster Gottesaue zurück, an dessen Stelle nach der Reformation ein Schloss gebaut wurde.

Schloss Gottesaue. Erbaut an Stelle eines ehemaligen Benediktinerklosters

Bauten: Schloss Gottesaue (1594) ist ein monumentaler dreigeschossiger Rechteckbau mit mächtigen Rundtürmen an den Ecken und in der Mitte. Beim Wiederaufbau nach dem 2. Weltkrieg wurde die schöne manieristische Fassadengestaltung beibehalten, die Innenausstattung jedoch modern gestaltet. Im Eingang steht das Epitaph des 1110 gestorbenen Berthold von Hohenberg, das aber erst Ende 15.Jh angefertigt wurde, wobei man Hohenberg mit Henneberg verwechselte. Das von der Musikhochschule genutzte Gebäude steht inmitten weiter Parkfläche am Südrand von Oststadt und der Durlacher Allee („Gottesauer Platz"). Wirtschaftsgebäude und Marstall blieben daneben erhalten.

OT Durlach

Die Burg auf dem Turmberg (= Hohenberg) und die von den Staufern um 1191 gegründete Stadt kamen 1219 an die Gf. Baden. Nach der Zerstörung der Turmburg (1279) bauten diese eine Wasserburg am Rande der Stadt. Durlach wurde nach der Teilung (1535) zur Residenz und gab der Linie ihren Namen. Nach der totalen Zerstörung durch die Truppen des Sonnenkönigs (1689) ging die Hauptstadtfunktion an das neu gegründete Karlsruhe über. Schließlich wurde 1938 die Eingemeindung erzwungen.

Bauten: Vom **Schloss Karlsburg** (1565) blieb nur der Torbau, Prinzessinnenbau genannt, mit einem prachtvollen Wappenstein im Torbogen. Das eigentliche Residenzschloss stand östlich davon. Es ist vollständig verschwunden, nur noch der massive Unterbau einer Terrasse ist zwischen den Häusern Pfinztalstr. 1 und 3 zu sehen. - Der an den Torbau anschließende Kavaliersbau ist der 1702 errichtete Westflügel einer nicht vollendeten Residenzanlage. Dieses Gebäude wird von Stadtverwaltung und als Museum genutzt. Der südlich anschließende Schlosspark ist öffentlich. - **Sonstiges:** Epitaphien von Beamten in evang. Kirche. – Das Stadtbild wird geprägt von den einheitlichen Häuserzeilen aus dem Wiederaufbau nach 1689.

OT Grötzingen

Vermutlich waren hier im frühen Mittelalter eine Urpfarrkirche und die Gerichtsstätte für den gesamten Pfinzgau, dessen Grafen sich nach Grötzingen

Karlsruhe

nannten. Ihre Burg stand auf dem Durlacher Turmberg. Nach deren Aussterben kam der Gau über die Gf. Hohenberg an die Staufer, die Burgmannen (= Ministeriale) ansiedelten. Die Oberhoheit fiel 1219 an die Gf. Baden, die nach der Teilung (1535) ein Schloss als Witwensitz bauten. Da dieses als einziges 1689 von den Truppen des Sonnenkönigs nicht zerstört wurde, diente es bis zum Bau des Karlsruher Schlosses als Residenz.

Bauten: Das **Schloss Augustenburg** (16.Jh), benannt nach Augusta Maria von Holstein-Gottorf, besteht aus einem Hauptgebäude mit kurzen Seitenflügeln. Der Mittelbau wird von vorspringenden Ecktürmen flankiert. Über dem Eingang mit doppelläufiger Freitreppe hängen zwei Allianzwappen und eine Inschriftentafel. Das zweistöckige Fachwerkhaus auf Steinsockel wirkt sehr ländlich. Heute Altenheim und Gaststätte. Es bildete zusammen mit den Wirtschaftsbauten („Kavaliershaus") eine abgeschlossene Anlage. Zugang in Hof offen. Lage: gegenüber der evang. Kirche.

UMGEBUNG: Im **OT Hohenwettersbach** steht ein schmuckloses Herrenhaus (1763) in einem großen, ummauerten Park. Das zweistöckige Gebäude unter hohem Walmdach geht auf einen Gutshof zurück, den ein Gf. Baden seiner außerehelichen Tochter schenkte, als diese einen Schilling von Cannstatt heiratete. Das Gut befindet sich heute noch in Familienbesitz und ist nicht zugänglich („Am Lustgarten").

UMGEBUNG: Im **OT Rüppur** wohnte Dorfadel auf einer Wasserburg, der in Diensten der Gf. Baden hohe Positionen einnahm. So wurde ein Mitglied Bf. von Worms, eines badischer Haushofmeister. 1782 starb die Familie aus. Das baufällige Schloss war bereits seit 1762 abgebrochen. Erhalten blieben die Meierei (Rastatter Str. 17) und die Mühle an der Alb. Das Schloss stand gegenüber „Am Rüppurer Schloss".

UMGEBUNG: Bereits zum kath. Baden-Baden gehörte **Schloss Scheibenhardt** im Süden der Stadt bei OT Bulach. Hier stand eine Grangie (= Gutshof) des Klosters Herrenalb, die 1502 von den Gf. Baden gekauft wurde. Diese bauten ein Schloss zu 15 Achsen mit einer halbkreisförmigen Außenanlage. Das schmucklose Gebäude ist heute Teil eines Golfplatzes mit eigener Auffahrt auf die Schnellstraße nach Ettlingen. Wirtschaftsbauten und Brücke mit Wachthäuschen dabei. (2009)

I2 Kehl OG

Hanauer Land – Pays de Hanau: Die Grafschaft **Hanau-Lichtenberg** erstreckte sich mit drei Ämtern rechts und mit 11 links des Rheins. Sie geht zurück auf die Hr. von Lichtenberg in den Nordvogesen, die als Vögte des Klosters Neuweiler (Neuwiller-les-Saverne) und als Lehensleute der Bf. von Straßburg und Metz ein Territorium aufbauten. Als Residenzort wählten sie Buchsweiler (Bouxwiller). 1272-1306 und 1353-65 saßen sie auf dem Straßburger Bischofsthron. Ihr Erbe kam 1480 über eine Tochter zur Hälfte bzw. 1570 vollständig an die Babenhauser Linie der Gf. von Hanau, die sich anschließend Hanau-Lichtenberg nannte und 1545 die Reformation einführte. Der Sonnenkönig machte sich und damit Frankreich 1680 im Zuge einer „Reunion" zum Oberlehensherrn ihrer elsässischen Besitzungen. 1736 wurden die Gf. Hanau von den Gf. Hessen-Darmstadt beerbt, wobei jedoch Hanau-Lichtenberg verwaltungsmäßig selbstständig blieb. Anscheinend war die Erinnerung an die Gf. Hanau so positiv, dass man sich auf beiden Seiten des Rheins nach ihnen benannte. Zudem fiel mir auf, dass man in den (zauberhaften) Dörfern und Städtchen des Pays de Hanau weitgehend zweisprachig ist, vermutlich weil in diesem größten lutherisch-protestantischen Gebiet Frankreichs der Gottesdienst in beiden Sprachen angeboten wird. - Kork wurde im 18.Jh zur Verwaltungszentrale für die 22 Dörfer rechts des Rheins.

Lichtenberg im Unterelsass. Zerstörte Epitaphien. Bei uns gab es keine französische Revolution!

OT Kork

Das Dorf mit seiner Mutterkirche kam 1274 als bischöfliches Lehen an die Hr. von Lichtenberg. Hier tagte ein Waldgericht auf dem (heute denkmalgeschützten) Platz „Korker Bühl" neben der Kirche. Als in den Verwüstungskriegen des Sonnenkönigs die Schlösser in Willstätt und Lichtenau zerstört wurden, verlegte man die Zentrale für die rechtsrheinischen Besitzungen hierher in den Schutz der Festung Kehl. 1892 kaufte der Landesverein für Innere Mission die Schlossanlage und richtete eine Heilanstalt ein, das heutige Epilepsie-Zentrum. **Bauten:** Das **Schloss** (1728-32) war gleichzeitig Amtshaus und Jagdschloss. Das zweigeschossige verputzte Gebäude mit einem schmucklosen Dreiecksgiebel und einem Treppentürmchen steht zurück gebaut und unauffällig am Rande des großen, mit Diakonieeinrichtungen überbauten Parks. Heute Fachschule und Wohnungen. – **Sonstiges:** Auffallender wirkt die daneben stehende ehemalige Landschreiberei (1716) im regionaltypischen Fachwerkstil, heute Begegnungszentrum. Beide Gebäude stehen in der Herrenstraße. – Im schmucken Dorf sind weitere Gebäude (z.B. Stadtschreiberei) und der ehem. Gerichtsplatz durch Info-Tafeln gekennzeichnet. – In der evang. Kirche hängen drei Wappenepitaphe von Amtleuten. Außen verweist ein prächtiges Barockwappen auf die hessische Herrschaft. - (Ein Tipp: weitere prachtvolle Wappen hängen an evang. Kirchen des rechtsrheinischen Hanauer Landes, z.B. in Willstätt, Bodersweier, Legelshurst, Leutesheim.)   (2007)

Kenzingen EM K2

Die **Ritter von Hürnheim** stammen aus Hürnheim (Gem. Ederheim) im Nördlinger Ries. 1268 wurde ein Hürnheim zusammen mit König Konradin in Neapel enthauptet. Wolf von Hürnheim heiratete 1498 in den Breisgau ein. Als Parteigänger Habsburgs bekam er 1515 die Herrschaft Kirnberg mit der Stadt

Kenzingen

Kenzingen verpfändet (s. Herbolzheim) und war an der Regierung des besetzten Württemberg beteiligt. Dabei tendierte er jedoch zu Luther, denn 1522 berief er einen Prediger nach Kenzingen, was zu einem Strafgericht Habsburgs führte. Zusammen mit seiner Familie ist er in einem herrlichen Epitaph in der Kenzinger Kirche verewigt.

Die **Pfalzgrafen von Tübingen** stiegen im Breisgau zu Grafen ab, aus Reichsunmittelbarkeit wurde Landsässigkeit. - Ein Pfalzgraf Götz von Tübingen aus der Böblinger Linie heiratete 1340 die Erbin der Gf. von Freiburg, die aber nur die Herrschaft Lichteneck erhielt. Als Gf. von Tübingen und Lichteneck gelang ihnen der Aufbau einer kleinen Herrschaft am Kaiserstuhl (Burg Lichteneck, Umkirch, Burkheim). Sie standen zwar an der Spitze des Breisgauer Adels, wurden jedoch 1529 von Habsburg in die Landsässigkeit gezwungen. Somit hatten sie kein Recht auf Einführung der Reformation in ihrem Gebiet, obwohl sie selbst evangelisch wurden. 1634 starben sie aus, über Hecklingen ragt ihre Burg Lichteneck empor.

OT Hecklingen

Von den Gf. von Nimburg kam das Dorf an die Gf. von Freiburg, welche die Burg Lichteneck bauten und damit den engen Straßendurchlass zwischen Schwarzwald und Kaiserstuhl kontrollierten. Die kleine Herrschaft fiel 1356 über die Erbtochter an die Gf. Tübingen. Das Haupterbe jedoch, nämlich die Stadt

Hecklingen. Barockschloss unter Burg Lichteneck

Freiburg, wurde ihr verweigert und kam schließlich an Habsburg. Was zur Folge hatte, dass die reichsunmittelbare Herrschaft Lichteneck 1529 in einem Entscheid Kaiser Karls V zu einem Teil der Breisgauer Ritterschaft und damit landsässig gemacht wurde. Nach dem Aussterben der Gf. Tübingen (1634) vergab Habsburg die Herrschaft an häufig wechselnde Ritterfamilien, so auch 1774 an die Gf. von Hennin, die nach dem Anfall von Lothringen an Frankreich in Habsburger Diensten in den Breisgau zogen.

Bauten: Das **Schloss** (1776) ist ein neunachsiges, zweigeschossiges Herrenhaus unter Mansarddach im französischen Stil. Das stattliche Gebäude mit einer doppelläufigen Freitreppe bildet mit der darüber stehenden Burgruine einen wunderbaren Anblick. Es ist seit 1929 in Besitz der Gemeinde und wird heute von den Vereinen genutzt. Frisch renoviert steht es im Norden des Dorfes neben dem barocken Pfarrhaus. – Darüber ragt die 1675 zerstörte **Burg Lichteneck** empor, von der die Ummauerung und der Turmrumpf erhalten blieben. – **Sonstiges:** Als Oberes Schloss wird ein schmuckloses, zweistöckiges Gebäude unter Walmdach bezeichnet, das von den Gf. Hennin 1836-1953 bewohnt war (Hinterdorfstr. 19) - In der kath. Kirche hängen zwei klassizistische Gedenktafeln an Gf. Hennin.

Kenzingen

Kernort

Die Stadt wurde als systematische Anlage von den Hr. von Üsenberg auf einer Insel der Elz gegründet. Bei der Teilung 1284 wurde sie Hauptort der Unteren Herrschaft. Als die hiesigen Üsenberger 1357 ausstarben, fiel die Herrschaft an Habsburg, das zuvor die Anerkennung seiner Lehenshoheit erzwungen hatte. Es machte Kenzingen zum Hauptort der Herrschaft Kirnberg (s. Herbolzheim). Diese wurde an häufig wechselnden Landadel verpfändet, so 1515 an die Hr. von Hürnheim. 1522 schloss sich der Großteil der Einwohner zusammen mit dem Stadtpfarrer der Neuen Lehre an, weshalb 16 Bürger hingerichtet wurden. Nach dem Aussterben der Hürnheim (1544) übernahm Habsburg die Herrschaft in Eigenregie.

Bauten: Ein Schloss stand wohl nie in der Stadt. Ein Geschichtsweg führt zu den historischen Gebäuden, so auch zu Amtshaus (Hauptstr. 50) und Rentamt (Hauptstr. 35) sowie zum Adelshof der Hr. von Bettscholdt-Blumeneck mit ihrem Wappen über dem Torbogen (Alte Schulstr. 20). Am Rathaus demonstriert ein Wappen die vielen Herrschaften der Habsburger. Insgesamt konnte das schöne historische Stadtbild erhalten werden. - Die Epitaphien von Wolf von Hürnheim, seiner Frau Beatrix und seiner früh verstorbenen Tochter Veronika stehen in einer Seitenkapelle der kath. Kirche. Solche lebensechten Gesichter sind typisch für den berühmten Christoph von Urach. - **Sonstiges:** Südlich, außerhalb der Stadt, steht das Zisterzienserinnenkloster **Wonnental**. Die Anlage ist in ihrer Form erhalten, jedoch ohne Kirche. Zudem ist sie durch die Umwandlung in Wohnungen als Kloster nicht mehr zu erkennen.

UMGEBUNG: Im **OT Nordweil** ist der Vogthof, ein bewohnter Fachwerkbau auf Steinsockel (1576, Herrenbergstr. 9), ein Relikt der komplizierten Herrschaftsverhältnisse. Das Kloster Alpirsbach hatte hier umfangreichen Grundbesitz, der mitsamt den Vogteirechten 1567 an Württemberg fiel. Der Versuch einer Reformation wurde von Habsburg gestoppt, weil es die Landeshoheit beanspruchte. So kam es schließlich zu der Lösung, dass der im Vogthof wohnende evang. Vogt nicht in die kath. Kirche gehen musste. Diese steht als Blickfang zusammen mit dem Pfarrhaus über dem Dorf.

UMGEBUNG: Das benachbarte **Malterdingen** gefällt als Miniaturstädtchen. Das Pfarrhaus neben der evang. Kirche fällt aufgrund eines prächtigen Wappens der Markgrafen Baden-Durlach (1749) auf. (2009)

Kernen WN G9

Aus Klöstern und sogar Schlössern wurden im 19.Jh **soziale Einrichtungen,** statt Schlösser baute man in der beginnenden Industrialisierung Behindertenheime und Krankenhäuser. In der sozialen Krise dieser Zeit entstand ein neues Denken, das heute für uns selbstverständlich ist. So geht exakt die Hälfte der heutigen Psychiatrischen Krankenhäuser in BW auf die „Irrenanstalten" zurück, die man im 19.Jh in aufgehobenen Klöstern (Zwiefalten, Schussenried,

Weißenau, Rottenmünster) und einem Schloss (Winnenden) einrichtete. Behinderte wurden zu Menschen, die man nicht mehr im Haus versteckte, sondern denen sich die Gemeinschaft verpflichtet fühlte. Hierfür begeisterten sich evang. Diakonissen (s. Schwanau) und kath. Kongregationsschwestern (s. Allensbach). Damals entstand im Schloss Stetten die wohl bekannteste Behinderteneinrichtung Württembergs.

OT Stetten

Die Dorfadelsfamilie, die 1241 erwähnt wurde, erhielt das Amt des Erbtruchsessen der Gf. Württemberg. Eine Nebenlinie auf der Yburg, die bereits um 1443 ausstarb, verkaufte ihren Dorfanteil an Württemberg. Nach dem Aussterben der Hr. von Stetten (1505) erwarben die Thumb von Neuburg, Erbmarschälle der Gf. Württemberg, die Herrschaft. Sie schlossen sich der Reformation und der Reichsritterschaft an. Zwei Erbtöchter brachten 1645 das Rittergut an ihre Ehemänner (Bonn, Liebenstein), nach denen zwei Schlossgebäude benannt sind, und verkauften 1658 an Württemberg. Das Schloss wurde zum Witwensitz, war 1712-1733 in Besitz der berühmt-berüchtigten Wilhelmine von Grävenitz und 1810–1830 Sitz einer württ. Nebenlinie. 1863 wurde es von der „Heil- und Pflegeanstalt für Schwachsinnige" im nahen Winterbach gekauft und zu den Anstalten Stetten gemacht, die aufgrund ihrer vielen Gebäude das Dorfbild dominieren.

Stetten. Bonnbau und Mittlerer Bau. Hier wohnte Wilhelmine von Grävenitz

Bauten: Die **Yburg** (= Eibenburg) steht als Ruine erhöht in den Weinbergen über dem Dorf. Das quadratische viergeschossige Steinhaus ohne Dach ist zu Fuß in 5 min. erreichbar. - Das **Schloss** ist eine zweigliedrige Anlage mit einer in Württemberg seltenen frühbarocken Ausgestaltung. Im nördlichen Gebäude („Mittelbau"), das durch seinen wappengeschmückten Giebel (1672) auffällt, steckt der Palas der mittelalterlichen Wasserburg (1387). Das südliche Gebäude (Bonnsche Bau, erbaut 1516 von den Thumb) wirkt daneben mit Fachwerkgiebel und Renaissance-Treppenturm unauffällig. Seine Ausgestaltung mit Kapelle (1682) und Wintersaal ist jedoch außergewöhnlich. Beide Gebäude werden nach Westen vom Liebensteinschen Bau mit dem „Sommersaal" (1692) abgeschlossen. An ihn angebaut ist nach Norden der Eberhardinische Bau, errichtet 1723 für die Grävenitz. Die Gebäude sind Teil der Anstalten und teilweise zu besichtigen (Schlüssel an Pforte). - Der Schlosspark entstand an Stelle eines ehemaligen Sees. - Sonstiges: Das Amtshaus für den Yburgschen Dorfteil, ein schöner zweistöckiger Fachwerkbau (1620), ist heute Heimatmuseum (Hindenburgstr. 24). – Ein Holzepitaph für Konrad Thumb von Neuburg hängt in der evang. Querschiff-Kirche und zwei stehen im Kirchturmerdgeschoss.

UMGEBUNG: Im **OT Rommelshausen** blieben die herrschaftliche Schafscheune und daneben das Haus des Maiers erhalten (Schafstr. 23). (2009)

Kippenheim OG J2

Bei der **Emanzipation der Juden** in Folge der französischen Revolution übernahm Baden eine Vorreiterrolle in Deutschland. So erhielten die Juden hier bereits 1808 Gewerbefreiheit und freie Religionsausübung, während Württemberg erst 1828 ein vergleichbares Gesetz verabschiedete. Die völlige Gleichberechtigung mit Wegzugrecht und freier Berufswahl wurde zwar erst 1862 in Baden gewährt, in ganz Deutschland jedoch noch später mit der Gründung des Kaiserreichs (1871). Ab diesem Zeitpunkt schrumpften die „**Judendörfer**", weil viele Juden in die Städte umzogen. Die rechtliche Gleichstellung brachte zudem einen Integrationsschub, dessen Folgen sich in einer „Verdeutschung" der jüdischen Mitbürger zeigte, was man auf jüdischen Friedhöfen am Übergang von hebräischen zu deutschen Inschriften erkennen kann. So auch in Schmieheim, wo die Grabsteine im unteren, alten Bereich nur hebräisch beschriftet sind, im oberen, nach 1884 eingerichteten Bereich jedoch auch auf Deutsch. Mit 2300 Gräbern ist der Schmieheimer Verbandsfriedhof der größte in BW.

OT Schmieheim

Sitz von Ortsadel als Ministeriale der Gf. Geroldseck. Seltsamerweise waren es immer Ritterfamilien aus dem Elsass, die seit 1367 die Dorfherrschaft ausübten. Zuerst die Hattstatt, ab 1449 die Bock von Gerstheim und die Böcklin von Böcklinsau und ab 1702 in einer Drittelung die Wurmser von Vendenheim, die Berstett und die Waldner von Freundstein. Anschluss an den Kanton Ortenau der Reichsritterschaft und an die Reformation. Juden wurden hier erstmals 1709 erwähnt. Anschließend wuchs ihre Anzahl so stark an, dass Schmieheim Sitz eines eigenen Rabbinats wurde und 1856 mit 850 Personen 47% des Dorfes jüdischer Abstammung waren. Anschließend ging ihre Zahl kontinuierlich zurück und stand mit Beginn des Hitlerregimes bei 112, von denen rund 1/3 durch Auswanderung überlebte.

Schmieheim. In Händen elsässischer Ritterfamilien

Bauten: Das **Schloss** (1609), eine ehem. Wasserburg, ist ein schmuckes, dreistöckiges Steinhaus unter steilem Satteldach mit zwei Ecktürmen und einem Treppenturm. Geschmückt von einem Wappen über dem Eingang und Quadermalerei. Seit 1925 in Gemeindebesitz, heute Ortsverwaltung. – **Sonstiges:** Eine Informationsbroschüre führt durch das jüdische Schmieheim, so auch zur Synagoge, die jedoch aufgrund späterer Nutzung als solche nicht mehr erkennbar ist. - Der jüdische Friedhof diente den Gemeinden in Kippenheim, Lahr, Altdorf, Ettenheim, Friesenheim, Orschweier und Rust als gemeinsame Grablege. Er liegt an der Straße nach Wallburg sanft am Hang.

UMGEBUNG: Das Dorf **Kippenheim** kam als Teil der Herrschaft Lahr-Mahlberg erst 1629 vollständig an Baden, weshalb hier die Gegenreformation nur teilweise durchgeführt werden konnte (s. Mahlberg). Aus der Zeit des Kondominats stehen Epitaphien von Bürgern und Amtleuten in und an der evang.

Kippenheim

Kirche. An das Kondominat Baden/Nasssau erinnert das Wappen am Renaissance-Rathaus. Im 19.Jh siedelten sich hier Juden an. Ihre 1850 erbaute Synagoge ist eine wilde Mischung des Historismus. Sie überlebte die „Reichskristallnacht", weil sie zwischen Häusern eingeklemmt steht. (Poststr. 17)   (2007)

E11 Kirchberg an der Jagst SHA

„Wo endet die Stadt und wo beginnt die Schlossanlage?" fragt sich der Besucher, wenn er die Silhouette Kirchbergs vom Jagsttal her sieht oder durchs Städtchen läuft. In Kirchberg sind **Schloss und Burgstädtchen** ineinander verwoben wie sonst nirgends mehr in BW. Dies erklärt sich zum einen aus der Lage auf einem schmalen Bergsporn. Zum anderen jedoch aus einem architektonischen Trick, der aus der Not eine Tugend machte und den Ehrenhof des Schlosses in die Stadt hinein baute. Kirchberg wurde damit zur riesigen Kleinresidenz einer Hohenlohe-Seitenlinie.

Kernstadt

Die Ortsadelsburg kam 1313 an die Gf. Hohenlohe, welche die Stadt gründeten und 1398 an die benachbarten Reichsstädte Hall, Rothenburg und Dinkelsbühl verpfändeten. Reformation. Nach dem Rückkauf (1591) Residenz einer Nebenlinie, die 1764 in den Reichsfürstenstand erhoben wurde und 1861 ausstarb. Das Schloss wurde nach 2. Weltkrieg an die evang. Heimstiftung verkauft und ist heute Altenheim. Zugang zu den Höfen und Parks offen.

Kirchberg. Die wohl schönste Duodez-Residenz in Hohenlohe

Bauten: Die Oberstadt vor dem Schloss entstand aus Beamtenhäusern und wirkt noch heute herrschaftlich, während in der Unterstadt an der Jagstfurt die Handwerker, Müller und Fischer wohnten. Zur besseren Orientierung habe ich die Oberstadt samt Schloss in 5 Einzelteile zerlegt, die man vom zentralen Platz („Frankenplatz") im Süden der Stadt nacheinander durchläuft:
a) Die „barocke" **Vorstadt** (Poststr., Marktstr.) wird flankiert vom barocken Hofgarten mit Orangerie, für den der Platz beim Schloss fehlte. Sie endet am Graben mit dem Stadtturm („Neuer Weg"). b) Hier beginnt das eigentliche **Burgstädtchen**, in dem die evang. Kirche (1730, Neubau 1930) versteckt zwischen Häusern steht. Ihr Turm war Teil der Stadtbefestigung. c) Gleitend und fast unmerklich ist der Übergang in den weiten **Ehrenhof,** denn der ist gleichzeitig Teil der Stadt mit Kommunalbauten (Rathaus, Amtshaus, Pfarrhaus) und Teil der Schlossanlage („Langer Bau", Witwenbau, Wachhäuschen). d) Das **Renaissanceschloss** beginnt mit dem Schlossgraben samt Steinbrücke, hinter der man von einer wappengekrönten Inschrift über dem Tordurchgang begrüßt wird. Die 1590-97 erbaute Vierflügelanlage besitzt einen (typischen) Rittersaal.
e) Am Ende der Bergzunge sind die schlichten **Wirtschaftsbauten** um einen

Innenhof angeordnet. – **Sonstiges:** Auf der Westseite der schmalen Bergzunge, entlang von Burgstädtchen und Schlossanlage, legte man einen lang gestreckten Englischen Park mit Häuschen und Skulpturen an. - Auf dem alten Friedhof (100 m südlich des zentralen Frankenplatzes) stehen zahlreiche verwitterte Grabdenkmale, z.T. herrschaftlich.

UMGEBUNG: Im OT **Lendsiedel** stand die Mutterkirche der Gegend. Dort finden wir in der gotischen Kirche eine Reihe von figürlichen und Wappenepitaphien (v.a. 16.Jh), darunter auch welche der Hr. von Crailsheim auf Hornberg (s.u.). An der Außenwand der Kirche sind Grabsteine von Beamten und Bürgern angebracht.

UMGEBUNG: Im OT **Lobenhausen** saß im 11.Jh eine Hochadelsfamilie, deren Erbe über Umwege 1399 an die Gf. von Ansbach verkauft wurde. Diese setzen einen adligen Amtmann in die Burg, an deren Stelle nach der Zerstörung im Bauernkrieg ein Amtshaus trat. Nach dessen Zerstörung im 30j. Krieg wurde auf dem Gelände die Kirche samt Kirchhof errichtet. Von der Burg zeugen die imposanten Mauern hinter dem Chor der evang. Kirche.

OT Hornberg

Gegenüber von Kirchberg steht auf einer Bergzunge über dem Jagsttal eine Burg, die im 15.Jh von den Frh. von Crailsheim als Lehen der Mgft. Ansbach erworben wurde. Diese schlossen sich dem Kanton Odenwald der Reichsritterschaft und der Reformation an. Seit 1706 Sitz einer eigenen Linie. 1796 von Preußen annektiert (s. Crailsheim). Das Dorf

Hornberg. Tief schneidet sich die Jagst in den Hohenloher Muschelkalk ein

entstand im 16.Jh durch Ansiedlung von Heimatlosen und galt lange als bettelarm **Bauten:** Von der **Stauferburg** sind noch Schildmauer und ein mächtiger Bergfried aus Buckelquadern erhalten. Der steht neben dem Burgtor, das in einen engen Burghof führt. Gebäude mit Fachwerk in den Obergeschossen bilden das Schloss (16.Jh) mit dem Renaissancetypischen Treppenturm. Im Besitz der Crailsheimschen Familienstiftung, vermietet, keine Besichtigung. - Vom Dorf führt eine breite Brücke über den Halsgraben zum Tor und eine Rampe zum ehem. Wirtschaftshof. Blick auf Schildmauer möglich. Die Geschlossenheit der Anlage lässt sich auf dem Weg von der Kernstadt zur Jagst erkennen. (2009)

Kirchentellinsfurt TÜ 17

„Einheit, Gleichheit, Brüderlichkeit" vor der französischen Revolution?! Mit der Gründung des Stiftes Einsiedel versuchte der württ. Herzog Eberhard im Barte 1492 ein soziales Experiment. Hier lebte eine Gemeinschaft von je 12 Klerikern, Adligen und Bürgern unter einem Dach. Dies war möglich im Rahmen einer Reformbewegung des 15.Jh, die sich „Chorherren und **Brüder vom**

Kirchentellinsfurt

Gemeinsamen Leben" nannte. Das Stift Einsiedel muss für Herzog Eberhard eine so immense Bedeutung gehabt haben, dass er sich hier begraben ließ. Nach der reformationsbedingten Aufhebung des Stiftes wurden seine Gebeine in die Tübinger Stiftskirche gebracht und es wieder als Jagdschloss genutzt.

Schloss Einsiedel

1482 Bau eines Jagdschlosses, 1492 Umwandlung zum Stift (s.o.), das mit der Reformation (1534) aufgehoben wurde. 1580 und 1619 abgebrannt. Teilweiser Wiederaufbau. Vom Schloss blieb nur der schlichte, zweigeschossige Westflügel mit Renaissance-Holzgalerie und Treppenturm. Heute Hofgut in Besitz des Hauses Württemberg. Seit 1963 Nutzung als Jugendfreizeitstätte der kath. Kirche. Zufahrt: Über schmale Ortsverbindungsstraße nach Pfrondorf.

Kernort

Das Dorf entstand aus zwei Siedlungen, was man noch heute bemerken kann: Tälisfurt am Neckar als Fischersiedlung und Kirchen auf dem Berg als fränkisches Herrschaftszentrum. Aus Königsbesitz wurde es 1007 dem neuerrichteten Bistum Bamberg geschenkt. Dann gelangte es mit der Gft. Hohenberg 1381 an Habsburg, das es als Lehen 1525 an den vorderösterreichischen Kanzler Beat Widmann vergab. Der schloss sich dem Kanton Neckar der Reichsritterschaft an. 1594 Verkauf des Dorfes an Württemberg und des Schlosses an den Nürnberger Patrizier Imhof. Reformation. Erst 1769 schaffte es Württemberg, die Rechte des Kantons Neckar zu beseitigen.

Kirchentellinsfurt. Großes Schloss (mit Erker) und Kleines Schloss

Bauten: Das **Große Schloss,** um 1560, ist ein dreistöckiger Fachwerkbau auf Steinsockel unter Satteldach. Schöner Erkeranbau. Ab 1764 Bauernhof. Seit 1980 Gemeindebesitz, (skurriles) Heimatmuseum und Rittersaal für Feste. Daneben **Kleines Schloss,** ehemaliges Gesindehaus, um 1600, zweistöckiger Fachwerkbau auf Steinsockel unter Satteldach. Heute Wohnungen und Gaststätte. Beide Schlösser waren bis zur Renovierung 1980 mit Abriss der Schlossscheune durch eine Mauer vom Dorf getrennt. Zugang ausgeschildert („Schlosshof"). – **Sonstiges:** Ca 200 m entfernt evang. Kirche mit mehreren Epitaphien der Imhof und ihrer Nachfahren. (2008)

G13 Kirchheim am Ries AA

„Kirchheim am Mondkrater" könnte man auch sagen. In diesem östlichsten Zipfel BWs, am westlichen Rand des **Nördlinger Ries,** bietet sich dem Betrachter eine faszinierend seltsame Landschaft. Der Meteoriteneinschlag, der diesen riesigen Trichter verursachte, hat durch das Herausschleudern von Gesteinsmasse eine besondere Art von Hügeln an seinem Rande geformt: kahle Rundkörper, ohne Bäume, mit Dolineneinbrüchen. Von einem dieser Hügel herab kann man die geschlossene Klosteranlage von Kirchheim überblicken und weit ins Ries hineinschauen.

Kernort

Die Geschichte der 1267 gegründeten Frauenzisterze Kirchheim (am Ries) ist eng mit den Gf. von Öttingen verbunden, denen sie als Hauskloster diente. Die Reformation wurde nur deshalb überstanden, weil die damalige Äbtissin aus dem Hause Öttingen sich gegen ihren Bruder behaupten konnte, wobei jedoch das Dorf protestantisch wurde. 1806 fiel die Anlage an die kath. gebliebenen Gf. Öttingen-Wallerstein im benachbarten Baldern (s. Bopfingen).

Bauten: Rund 7,5 ha umfasst die von einer Mauer umgebene **Klosteranlage**, in die man durch ein barockes Eingangstor gelangt. Leider ging viel von ihrer schlossartigen Wirkung verloren, weil rund 50% der ehem. Bauten, darunter zwei Kreuzgangflügel, im 19.Jh abgerissen wurden. Zudem siedelte man nach dem 2. Weltkrieg innerhalb des Klosterbezirkes heimatvertriebene Bauern an, weshalb viele historische Nutzbauten zu privaten Wohnungen umgebaut wurden. - Herrschaftlich wirkt der **Abteiflügel** aufgrund seines Barockeingangs und der ehem. Äbtissinnenwohnung mit dem barocken Prälatensaal. Heute Altenheim. – Sonstiges: Sehenswert sind v.a. die verschiedenen Grabdenkmäler in der Kirche (durch den Altar verdeckt die eleganten des Stifterehepaars), unter der Nonnenempore und in der Stiftskapelle (= ursprüngliche Kirche).

(2009)

Kirchheim unter Teck ES H9

Freihöfe findet man in vielen Städten, meistens als **Adelssitz** in Form eines massiven Steinbaues. In der Regel waren sie das Wohnhaus einer Adelsfamilie, die innerhalb der Stadt keine Herrschaftsrechte ausübte. Mit dem Freihof waren eine Sonderstellung und bestimmte Privilegien verbunden. So unterstanden die im Freihof wohnenden Personen nicht dem Stadtgericht, waren von landesherrlichen Steuern und Abgaben befreit und mussten keine bzw. reduzierte Verpflichtungen gegenüber der Stadt erfüllen (z.B. beim Mauerbau). Mitunter war mit dem Privileg der Immunität auch ein uraltes Recht auf Asylgewährung verbunden. So in Kirchheim, wo der Freihof aufgrund seiner Privilegien eine weitergehende Sonderstellung als in anderen Städten einnahm. Hier besaßen die adligen Besitzer neben der niederen auch noch die hohe Gerichtsbarkeit (Blutgericht) und konnten sich 1608 dem Kanton Kocher der Reichsritterschaft anschließen. Damit galt der Freihof als reichsunmittelbar und bildete einen exempten Bezirk innerhalb der Stadt.

Die Ehefrau des verstorbenen Herrschers bildete beim Landadel ebenso wie am Fürstenhof einen gewissen Unruhefaktor, weshalb sie bei Nicht-Wiederverheiratung in der Regel eine separate Wohnstätte erhielt. Beim Landadel geschah dies in Form eines separaten Wohnhauses, an Fürstenhöfen jedoch durch Schlösser in abgelegenen Städten. Auf solche **Witwenresidenzen** trifft man z.B.

Kirchheim unter Teck

für die badischen Markgrafschaften in Ettlingen und Grötzingen (s. Karlsruhe). Württemberg konnte aufgrund des größeren Territoriums viele Schlösser zur Auswahl anbieten, so in Böblingen, Leonberg, Göppingen, Stetten (s. Kernen) und Nürtingen. Kirchheim jedoch gilt als der Witwensitz par excellence.

Kirchheim u. Teck. Das Schloss als Festung und Witwensitz

Kernstadt
Die Siedlung kam als Reichsgut im 11.Jh an die Herzöge von Teck, die sie 1180 zur Stadt erhoben und im Laufe des 14.Jh zusammen mit ihrem sonstigen Besitz an die Gf. von Württemberg verkauften (s. Owen). Sie wurde Zentrum eines württ. Amtes und zudem Sitz eines Obervogtes, so des berühmt-berüchtigten Kriegshelden Konrad Widerholt vom Hohentwiel. Die Burg wurde im 16.Jh zur Landesfestung ausgebaut, diente jedoch zudem als Schloss für sechs Herzogswitwen. 1690 brannte die Stadt weitgehend ab. Die anschließend wiedererbauten Häuser zeigen, dass hier ebenso wie in Calw (s.d.) ein gewisser Wohlstand bestand, der auf Tuchproduktion und Tuchhandel basierte.

Bauten: Das **Schloss** (16.Jh) ist eine schmucklose, lang gestreckte Vierflügelanlage, ehemals geschützt von Wassergräben. Der Schlossteil, der 1794 zum Witwensitz für Franziska von Hohenheim umgebaut wurde, ist öffentlich als Museum zugänglich. Von der Festungsanlage blieb die gewaltige Südwestbastei erhalten. Daneben steht das Wachthaus am ehem. Stadttor. Der Marstall, ein langes Fachwerkhaus beim Schloss, ist heute Lehrerseminar. Lage: Im Südwesten der Altstadt (Schlossplatz, Marstallgasse). – Das **Schlössle** im **Freihof** ist ein schmuckloses, dreistöckiges Steinhaus (1606) auf einem Kreuzförmigen Grundriss. Im Inneren reicher Stuck. Auf den beiden Eingangsseiten jeweils zwei (verwitterte) Wappen. In der ummauerten Freihofanlage wurde nach dem Verkauf an Württemberg der bedeutendste Wollmarkt BWs abgehalten (bis 1914). Heute dient das Gelände für Schulen. Die Musikschule ist im Schlössle mit Wappen über dem Eingang untergebracht. Lage: Wollmarktstr. 30, nördlich außerhalb der Altstadt, östlich der Plochingerstraße. - **Sonstiges:** Mehrere Adelshäuser in der Altstadt. So das „Mönchshaus" (Max-Eyth-Str. 57), ein Fachwerkhaus. Und schräg gegenüber das „Stiftshaus" (Nr. 44), ein 1690 errichtetes Barockgebäude für adlige Fräuleins. – In der Nähe steht das Vogthaus, wo der Obervogt wohnte, wenn das Schloss als Witwensitz diente. Es ist ein massives Steinhaus, das über einen Wehrgang mit der Nordost-Bastei verbunden war. Schönes Hofportal (Widerholtstr.). – Mehrere Epitaphien von adligen Obervögten in evang. Stadtkirche, so im Chor die prachtvollen Barocktafeln für das Ehepaar Widerholt und für Sebastian Welling. Einmalig ist wohl die Aufteilung des gevierteilten württ. Wappens in 4 Schlusssteine. – Die nach dem Brand von 1690 errichteten Häuser, allen voran das schmuckreiche Rathaus, machen aus Kirchheim eine der schönsten Fachwerkstädte BWs.   (2009)

Kirchzarten FR L2

Im Gestrüpp der Miniherrschaften und Herrschaftskonstruktionen des Alten Reiches nimmt die **Freiburger Talvogtei** eine Sonderstellung ein. Hier schuf sich eine Landstadt eine eigene Herrschaft gegen den Willen ihres Landesherrn. Ausgangspunkt war die gewaltsame Politik der Snewlin-Landeck gegen das von ihnen bevogtete Chorherrenstift St. Märgen, wobei sogar ein Abt ermordet wurde. Die Stiftsherren siedelten in ihrer Not in die Stadt Freiburg um und verkauften 1462 ihren Grundbesitz an die Stadt. Damit war für den Klostervogt nichts mehr zu holen, die Vogteirechte wurden an die Stadt verkauft. Diesen Kauf hatten die Habsburger als Landesherren verboten, weil sich damit die Stadt selbst zum Landesherrn machte, erst nach drei Jahrzehnten willigten sie ein. Weitere Ankäufe rundeten den Besitz ab, der von St. Märgen über Wagensteig, Buch und Zarten bis Bickenreute reichte. Kirchzarten mit seiner Mutterkirche für 12 Dörfer bot sich als Zentrum an, hier bekam der Talvogt ein eigenes Schloss.

Die **Ritter von Falkenstein** (zu den Hr. von Falkenstein, s. Breisach), rodeten im 12.Jh als Ministeriale der Zähringer das Dreisamtal bis zum Titisee. Ihre 1120-40 erbaute Burg kontrollierte den Passweg über den Schwarzwald. Ihre Herrschaft, darunter auch die Vogtei über das Stift St. Märgen, wurde um 1400 von den Snewlin auf Burg Landeck (s. Teningen) gekauft. Um 1500 starben die verschiedenen Linien aus. An sie erinnert nur noch eine Burgruine am Eingang zum Höllental und v.a. das zarte Epitaph eines Ritters Kuno in der Kirchzartener Kirche.

Kernort

Das Dorf Zarten war im 8.Jh Mittelpunkt einer Mark, die Pfarrkirche Mittelpunkt einer Großpfarrei mit 12 Filialkirchen, daher der Namen. Die Ritter von Falkenstein erwarben im 12.Jh die Vogtei über den St. Gallener Dinghof. Nach dem Übergang an die Snewlin wollten diese den riesigen Grundbesitz des Stiftes St. Märgen als Eigentum übernehmen.

Kirchzarten. Die Talvogtei, ein Unikum im Habsburger Breisgau

Bei den damit eintretenden gewaltsamen Konflikten war die Stadt Freiburg der lachende Dritte (s.o.). Diese teilte ihre Herrschaft Talvogtei in vier Ämter (Vogteien) auf. Der Talvogt als höchste Verwaltungsinstanz wurde jährlich von zwei Mitgliedern des Freiburger Stadtrates kontrolliert. Die Untertanen hatten ihre eigenen Dorfgerichte, die hohe Gerichtsbarkeit jedoch übte die Stadt aus. Nach dem Übergang an Baden wurde 1808 die Talvogtei aufgelöst.

Bauten: Das **Schloss** (16.Jh) ist eine Dreiseitanlage mit polygonalem Treppenturm. Die dreistöckigen Gebäude unter Satteldach bilden zusammen mit der niedrigen Mauer einen abgeschlossenen Vorhof. Schöner Saal im Nordflügel. Seit 1990 Gemeindebesitz, jetzt Rathaus. Lage: Im Westen außerhalb des Dorfes an der Dreisam, Zufahrt ausgeschildert („Talvogteistr."). - **Sonstiges:** Ein sehr zartes und sehr altes Epitaph (1343) des Ritters Kuno von Falkenstein steht in der kath. Kirche.

Kirchzarten

UMGEBUNG: Das Hofgut **Bickenreute** südöstlich des Ortes war als Weiherhof (Wasserburg) zwischen Talvogtei und wechselnden Adelsfamilien geteilt. Der Freiburger Ratsschreiber Mayer von Fahnenberg errichtete im 18.Jh das barocke Herrenhaus, ein zweistöckiges Gebäude unter Walmdach. Privatbesitz. Fußweg vom Sportplatz ca. 1 km.

UMGEBUNG: Im **OT Zarten** steht ein Wohnhaus, in dem ein ehem. Wohnturm steckt. Das dreistöckige Gebäude unter Satteldach ist in Privatbesitz und kann nur von außen besichtigt werden. Äußerlich fällt es ansonsten kaum auf (Haus Bundesstraße 16). (2008)

N11 Kißlegg RV

Das Allgäu bietet die typische Kulturlandschaft des Voralpenraums. Die letzte **Eiszeit** (bis vor ca. 20 000 Jahren) hat eine kleinräumige, „unruhige" Landschaft mit Seen, Mooren, Bächlein, Wiesen und Wäldchen hinterlassen (**Jungmoränenlandschaft**). Dazwischen Siedlungen von Einzelhöfen, Weilern und Residenzstädtchen, überragt von einzelnen Barockkirchen. Mit den Alpen im Hintergrund gibt es das Bild, das den Voralpenraum touristisch so anziehend macht. So auch Kißlegg mit seinen Seen und den beiden Schlössern.

Kernort
Sitz von Ministerialen des Benediktinerklosters St. Gallen, das hier seinen größten Kelhof (= Wirtschaftshof) im Allgäu unterhielt. Die Dorfherrschaft kam um 1280 als Erbe an die Hr. von Schellenberg, von denen eine eigene Linie im Alten Schloss wohnte. Bereits 1381 wurde

Kißlegg. Das Alte Schloss in typisch oberschwäbischer Landschaft

jedoch geteilt. Der größere Teil des Besitzes gelangte über mehrere Landadelsfamilien 1669 an die Waldburg-Trauchburg, die daraufhin das Neue Schloss errichteten. Das Alte Schloss der Schellenberger kam 1708 als Erbe ebenfalls an die Gf. Waldburg, jedoch an die Linie Wolfegg, die bis heute hier wohnt. Die Existenz zweier Herrschaften, die sich beide dem Kanton Hegau der Reichsritterschaft angeschlossen hatten, zeigt sich sowohl in zwei Schlössern als auch in zwei Grabkapellen und zwei Herrschaftsemporen in der Kirche.

Bauten: Das **Alte Schloss**, 16.Jh, ist eine mittelalterlich wirkende wasserburgartige Anlage. Das renovierungsbedürftige Hauptgebäude mit Ecktürmen und Staffelgiebeln unter einem hohen Satteldach wird bewohnt von Fam. Graf von Waldburg-Wolfegg. Die im Süden des Ortes idyllisch am See liegende Anlage wirkt unübersichtlich, weil die Nebengebäude keinen geschlossenen Hof bilden. - Das **Neue Schloss**, 1721-27 von J.G. Fischer an Stelle eines Renaissanceschlosses erbaut, ist ein eleganter dreigeschossiger Bau mit zwei kurzen Seitenflügeln. Feiner Rokokostuck in Räumen und Schlosskapelle. Großer Park. Seit 1960 in Gemeindebesitz, heute Museum und Rathaus. – **Sonstiges:** Die kath. Kirche mit

Herrschaftsempore und Epitaphien der Waldburg im nördlichen, zum Neuen Schloss gerichteten Seitenschiff und Herrschaftsempore und Epitaphien der Schellenberg im südlichen, zum Alten Schloss gerichteten Querschiff.
UMGEBUNG: Im Weiler **Bärenweiler,** ca 3 km südlich des Kernortes an der Straße nach Wangen, besteht seit 1619 eine Altenheimstiftung der Gf. Waldburg-Trauchburg (s.o.). Die herrschaftliche Anlage mit Kirche ist noch heute in Besitz dieser Familie. (2007)

Köngen ES H9

Der fulminante Aufstieg der Ministerialenfamilie **Thumb von Neuburg** hätte in der Barockzeit bei einer kath. Familie in den Grafenstand geführt, hier jedoch wurde er abrupt durch die Reformation gestoppt. Bereits die Heirat mit einer Gräfin von Aichelberg 1382 brachte neben dem Erwerb von Köngen solch einen Prestigezuwachs, dass die Thumb zu Erbmarschällen der Gf. Württemberg ernannt wurden. Konrad war der engste Ratgeber von Eberhard im Barte und von Herzog Ulrich. Seine Tochter Ursula heiratete Johann von Hutten, der von Herzog Ulrich ermordet wurde, was zur Abwendung der Ritterschaft von Württemberg führte. Ein Thumb war als württ. Landeshofmeister 1534 entscheidend an der Einführung der Reformation beteiligt. Seit 1739 wohnen die Thumb in Unterboihingen (s. Wendlingen), in Köngen jedoch war ihre Grablege und glänzt frisch renoviert das von ihnen erbaute Schloss.

Kernort

In der Nähe eines Römerkastells, dessen Größe der „Römerpark aufzeigt, siedelten Alemannen. Aus dem Besitz der Gf. Hohenberg kam das Dorf 1336 an die Gf. Aichelberg und als Heiratsgut 1382 an die Thumb von Neuburg. 1532 führten sie die Lutherische Lehre ein, schützten jedoch den von Katholiken wie Protestanten verfemten Mystiker Kaspar Schwenckfeld vor der Verfolgung (s. Öpfingen). 1666 verkauften sie die Hälfte des Rittergutes, das dem Kanton Neckar der Reichsritterschaft angeschlossen war, an Württemberg. 1739 tauschten sie den Rest gegen Unterboihingen ein.

Köngen. Sultan Suleiman im Rittersaal

Bauten: Vom vierflügeligen **Schloss** (16.Jh) stehen nach dem Abbruch im 19.Jh nur noch zwei Flügel. Es ist ein stattlicher, dreistöckiger, verputzter Winkelhakenbau unter Walmdach mit barocker Außenbemalung und Wappen über dem Eingang. Seit 1991 in Gemeindebesitz, frisch renoviert, Kulturzentrum. Prachtstück ist der Renaissancerittersaal mit Herrscherbildnissen, darunter auch Sultan Suleiman. Der anschließende Park wird von den Wirtschaftsbauten auf der Südseite begrenzt. Lage: Am Westrand des Dorfes (im Oberdorf, Blumenstraße) neben einem Seniorenzentrum. – **Sonstiges:** In der evang. Kirche im Unterdorf viele Epitaphien der Thumb, darunter auch mehrere figürliche. (2009)

B10 Königheim TBB

Das Wasserschlösschen Mespelbrunn im Spessart ist ein in ganz Deutschland bekanntes Kalendermotiv. Hier war seit 1412 der Stammsitz der **Echter von Mespelbrunn,** Forstmeister des Bf. Mainz, mit dem sie sich dem Kanton Odenwald der Reichsritterschaft anschlossen. Ihr Verharren beim Alten Glauben gab Julius Echter die Chance zum Aufstieg auf den Würzburger Bischofsstuhl. Konsequent führte er die Gegenreformation durch (s. Hardheim), u.a. indem er frei werdende Lehen an seine Familie vergab, wie in Rippberg (s. Walldürn) und hier in Gissigheim. Im 17.Jh starben die Echter aus, ihr Erbe kam an die Gf. Ingelheim, die bis heute in Mespelbrunn wohnen.

Der Stammsitz der **Ritter von Riedern** ist das Dorf Riedern an der Erf (Gem. Eichenbühl im Landkreis Miltenberg). Als Ministeriale der Gf. Wertheim und des Bf. von Mainz konnten sie keine große Herrschaft aufbauen. Sie schlossen sich der Reichsritterschaft an, jedoch nicht der Reformation. Ein schönes Epitaph des letzten von Riedern befindet sich in der Stadtkirche in Tauberbischofsheim. Ihre Höfe und Teilherrschaften im Gebiet zwischen Main und Tauber (Werbach, Hundheim, Boxtal) wurden v.a. von den Gf. Wertheim gekauft, nur in Gissigheim waren sie bis zum Aussterben 1588 Dorfherren.

OT Gissigheim

Die Oberhoheit über das Dorf lag beim Bf. Würzburg, der das Dorf Ende des 14.Jh als Lehen an die Fam. von Riedern vergab. Die schloss sich damit dem Kanton Odenwald der Reichsritterschaft an. Die Gf. Wertheim setzten als Besitzer des Kirchenpatronats die Reformation gegen den Willen der Dorfherren und des Bischofs durch. Nach dem Aussterben der Hr. von Riedern vergab 1588 Bf. Julius Echter das Dorf an seinen Bruder und rekatholisierte es. 1702 fiel es an die Fam. von Bettendorff.

Bauten: Das **Schloss** ist eine schmucklose Zweiflügelanlage unter Mansarddach, eingeklemmt in die Häuserzeile und nur durch seine Größe auffallend. Heute Grundschule. Das moderne Gemeindehaus im Hof passt sich gut ans Ensemble an. (Schlossstraße). - **Sonstiges:** Ein jüdischer Friedhof mit nur 12 Grabstelen liegt leicht übersehbar in einem Neubaugebiet im Osten des Dorfes.

Kernort

Das Städtchen, dessen Namen wohl auf einen Königshof zurückgeht, wurde 1149 vom König dem Bf. von Würzburg geschenkt. Ortsadel saß auf zwei Burgen neben der Kirche. Von ihm erwarb der Bf. von Mainz im 16.Jh die Ortsherrschaft. Die Stadt wurde dem Amt in Tauberbischofsheim unterstellt und 1598 die Reformation rückgängig gemacht, welche die Gf. Wertheim als Inhaber des Kirchenpatronats eingeführt hatten.

Bauten: Das Mainzer **Amtshaus** ist ein dreistöckiges Fachwerkhaus auf Steinsockel, heute Rathaus. Eine Gedenktafel mit Wappen erinnert an das Erbauungsjahr. Es steht unterhalb der Kirche. - **Sonstiges:** Ein jüdischer Friedhof liegt außerhalb am Hang (jenseits der Umgehungsstraße). Der bachdurchflossene Ort wirkt idyllisch.

(2004)

Königsbach-Stein PF F5

Die **Fam. von Saint-André** stammt aus der Dauphiné, dem Kronland des französischen Thronfolgers (= Dauphin), eine Alpenländische Provinz zwischen der Provence und Savoyen. Hier war eine Hochburg der Hugenotten, weil Adel wie Bürgertum die kalvinistische Lehre annahmen. Nach Deutschland flüchtete die Familie 1572 infolge der Bartholomäusnacht. Zwei Generationen später kämpfte Daniel Rollin im 30j. Krieg für Schweden und Hessen, wurde Gouverneur von Lippstadt und schließlich mit dem Erwerb von Königsbach zum Reichsritter. Seine Nachkommen erwarben die Rittergüter Kochendorf (eigene Linie, 1813 ausgestorben), Kilchberg, Wankheim und Kressbach mit dem Eckhof, wo heute noch ein Zweig wohnt (s. Tübingen). In Königsbach war die Familie 1944 im Mannesstamm ausgestorben, adoptierte jedoch Achim von Arnim und nennt sich jetzt Saint André-Arnim.

OT Königsbach

Dorfadel als Ministeriale der Gf. Eberstein saß im 12.Jh auf einer Burg auf dem Steinhausberg. 1488 ausgestorben. Die Herrschaftsverhältnisse waren wahnsinnig kompliziert, da Oberhoheit und Dorfherrschaft in jeweils 12 Teile zersplittert waren. So vergab Baden mit 5/12 Oberhoheit an andere Ritterfamilien als die Markgrafschaft Ansbach mit 7/12. Anschluss an Kanton Kraichgau der Reichsritterschaft und Einführung der Reformation. Daniel Rollin von Saint André erwarb durch Heirat und 1650 durch Kauf den Ansbacher Teil der Dorfherrschaft. Von hier aus wurden weitere Rittergüter erworben bzw. der Johannistaler Hof errichtet, der noch heute in Familienbesitz ist. Die geteilte Dorfherrschaft schuf permanent Konflikte, die erst mit der Eingliederung in das Großherzogtum Baden 1806 endeten.

Königsbach. Schloss der St. Andrè

Bauten: Das **Schloss** wurde im 16.Jh als Wasserburg von den Hr. von Venningen erbaut, von denen das prächtige Wappen mit Bauinschrift am Torbau stammt. Die zweistöckige Dreiflügelanlage unter hohem Walmdach stammt aus der Renaissance, wurde jedoch erst im 19.Jh mit der Hinzufügung von vier runden Ecktürmen zu ihrer heutigen Form gebracht. Über dem Eingangsportal das Wappen von Daniel Rollin. - Im Westvorhof stehen Wirtschaftsgebäude, unter denen die Zehntscheune mit Staffelgiebel auffällt. Der umgebende Park aus dem 18.Jh wird von zwei barocken, polygonalen Gartenpavillons eingerahmt. Die ummauerte Anlage liegt am Südostrand des Dorfes neben der Straße Remchingen-Stein. Von Saint-André-Arnim bewohnt, Zugang bis Torbau frei. – Von der **Burg** des Ortsadels an der Schlossbergstraße gibt es nur noch einige Steine. – **Sonstiges:** Riesige Epitaphien in und Epitaphien außen an evang. Kirche, die als ehem. Kirchenburg über dem Dorf steht. Eigener ummauerter Friedhof der Saint-André auf Nordseite der Kirche. – In die Straße eingelegte Bronzeplatte an Stelle der Synagoge in der Saint-André-Straße. - Jüdischer Friedhof am Rande des Neubaugebiets jenseits der Straße Remchingen-Stein,

Königsbach-Stein

am Ende der Schwarzwaldstraße. – Schönes Dorfbild mit Fachwerkhäusern, prächtigem Rathaus und großen Hofanlagen.

OT Stein

Die Burgsiedlung des 12.Jh war in Besitz der Herren von Stein auf Steinegg (s. Tiefenbronn), die aufgrund ihrer Beteiligung am Schleglerkrieg (s. Heimsheim) von den Gf. Baden vertrieben wurden. Die Burg wurde zum Sitz eines badischen Amtmanns. Das Dorf mit vielen Fachwerkbauten entstand als befestigte Anlage im Halbkreis um den Burghügel, was ihm bis heute den Anstrich eines anmutigen Burgstädtchens gibt.

Bauten: Die **Burg** auf einem Turmhügel (Motte) wurde bis auf den quadratischen Bergfried (16.Jh) zerstört. Er steht neben dem 1825 erbauten Amtshaus, einem zweigeschossigen Haus unter Walmdach, in das Reste des mittelalterlichen Palas verbaut wurden und das heute als Pfarrhaus-Dekanat dient. Der trocken gelegte Wassergraben, Teile der Brücke und Mauerreste blieben vom ehem. Befestigungssystem erhalten. - **Sonstiges:** Epitaphien von Amtleuten in evang. Kirche. – Sehr schönes Dorfbild mit Fachwerkhäusern, prächtigem Rathaus und großen Hofanlagen. (2009)

G12 Königsbronn HDH

Die Zisterzienser gelten als die Ingenieure unter den Mönchsorden. Ihre Ordensregel forderte körperliche Arbeit und die Ansiedlung in unerschlossenen Gebieten. Damit waren sie an der inneren Kolonisation beteiligt, welche die Mittelgebirge im Hochmittelalter erschloss. Mit der Ansiedlung in Königsbronn griff man auf ihr technisches Wissen zurück, um die Schüttung der Brenzquelle für die Verarbeitung von Bohnerz zu nutzen.

Kernort

An der Brenzquelle wurde 1303 das letzte Zisterzienserkloster BWs vom Habsburger König Albrecht gegründet, daher der Namen. Die Vogteirechte gelangten im Landshuter Erbfolgekrieg (1504, s. Heidenheim) an Württemberg. Erst 1553 wurde die Reformation eingeführt, nachdem durch den Markgräfler Krieg die Klosteranlage zerstört worden war. Dem Klosteramt unterstand rund ein Dutzend Dörfer. Das Eisenwerk war 1769-88 an den geschäftstüchtigen J.G. Blenzinger verpachtet, der zeitweise fast 2.000 Arbeiter beschäftigte.

Bauten: Als **Schlösschen** kann man ein siebenachsiges Gebäude (1778) neben dem Brenzquelltopf bezeichnen. Sein Schmuckteil ist der prachtvolle Rokoko-Mittelrisalit mit geschweiften Giebeln. Erbaut wurde es von Blenzinger, dem ein Obelisk an der Außenwand der evang. Kirche gewidmet ist. - **Sonstiges:** In der Oberamtei (1700) mit „Fürstensaal" ist ein Museum zur Eisenverhüttung eingerichtet. - Das Haus des evang. Prälaten (Prälatur, 1757) ist heute Pfarrhaus und Forstamt. - In der evang. Kirche auf dem Klostergelände steht das Epitaph einer Gräfin von Helfenstein. - Die gusseisernen Grabplatten (17./18.Jh) an der Klostermauer dokumentieren die Leistungen der Bohnerzverhüttung. (2006)

Königseggwald RV M9

Die **Gf. von Königsegg** können in ihrem Aufstieg als typisch für viele oberschwäbische Geschlechter gelten, die im Dienste Habsburgs Karriere machten. Aus dem unfreien Ministerialenstand stiegen sie 1494 zu Freiherren und 1629 zu Grafen auf und konnten die Herrschaften Aulendorf (1380) und Rothenfels-Staufen (Immenstadt im Allgäu, 1565) erwerben. Als Habsburger Parteigänger übernahmen sie lukrative Ämter: 1653-1803 Landvögte für Oberschwaben, Domherrenstellen in Konstanz und Köln (bis hin zum Kurfürstbischof), Reichskammergerichtspräsidenten. Das große Geld machten sie in Ungarn, wo sie immense Güter erheirateten und ein Zweig im 19.Jh zeitweise lebte. In Königseggwald finden wir ihre Stammburg sowie ihren heutigen Wohnsitz.

Königseggwald. Auch ein klassizistisches Treppenhaus kann prachtvoll wirken

Kernort

Ministeriale der Welfen aus dem nahen Fronhofen (s. Fronreute) nannten sich nach der Burg Königsegg, die ca. 3 km östlich des Dorfes im Wald steht. Von der mittelalterlichen Anlage sind Reste im schmucklosen Gebäude des 16./17. Jh erhalten. Im Zuge ihres Aufstiegs verlegten sie den Herrschaftsschwerpunkt nach Aulendorf. 1631 Aufteilung in zwei Linien, wobei der Stammbesitz mit dem Dorf Königseggwald an die Aulendorfer Linie fiel, die hier ein Schloss als Nebenresidenz baute. Nach dem Verlust der ungarischen Güter (1918) wurde Königseggwald zum Hauptwohnsitz.

Bauten: Das **Schloss,** 1765-68 an Stelle einer Wasserburg erbaut, ist als erster Schlossbau von Michel d´Ixnard richtungweisend für die klassizistische Architektur in Süddeutschland. Der gleichmäßig gegliederte Baukörper, bei dem der Mittelrisalit mit Wappen-Dreiecksgiebel und Balkon ins Auge springt, wird von einem hohen Walmdach mit vielen Kaminen bedeckt. Es steht in einem Park und ist durch Mauer, Kirche und Wirtschaftsbauten von der Strasse abgegrenzt. – **Sonstiges:** Schlichte Epitaphien in und an kath. Kirche. – Forstamt und ehemaliges Spital stehen daneben. (2006)

Konstanz KN N8

Das **Bistum Konstanz** war im Mittelalter das flächenmäßig größte des Alten Reiches. Es deckte Schwaben weitgehend ab. In der Reformation wurde das halbe Bistum protestantisch, so auch die Reichsstadt Konstanz, weshalb der Bischof seinen Sitz nach Meersburg verlegte. Anschließend gewann der katholisch gebliebene Landadel im Bistum immer mehr an Einfluss, so dass sich das Domkapitel in der Barockzeit gänzlich aus der regionalen Ritterschaft rekrutierte. Mit dem Ende des Alten Reiches endete das Bistum Konstanz, denn die neu entstandenen souveränen Staaten wollten Bistumsgrenzen in Übereinstimmung mit ihren Staatsgrenzen, weshalb die Diözesen Freiburg für Baden und Rottenburg für Württemberg errichtet wurden. Im Konstanzer Stadtbild findet man eine Mischung von Bischofsstadt und Reichsstadt, stehen Domherrenpalais neben mittelalterlichen Patrizierhäusern.

Kernstadt

Aufgrund seiner günstigen Lage am Ausfluss des Rheins aus dem Bodensee war das Gebiet schon seit Urzeiten besiedelt. Auf den Resten einer römischen Stadt errichteten die alemannischen Herzöge 590 den Bischofsitz für ihr Herzogtum, was die Größe des Bistums erklärt. Südlich der Bischofskirche stand die (verschwundene) Pfalz („Pfalzgarten"). Die Stadt, entstanden aus der Beamten-, Handwerker- und Fischersiedlung, erlangte bereits im 13.Jh den Status der Reichsunmittelbarkeit. Den Höhepunkt an Macht und Glanz erlebten Stadt und Bischof 1414-18, als hier ein Allgemeines Konzil abgehalten wurde, welches die große Kirchenspaltung beendete. Sowohl das sogenannte Konzilgebäude (heute Tagungshaus) als auch die Gedenkstätte für den hier verbrannten böhmischen Reformator Johannes Hus erinnern daran. Nach der Reformation wurde der protestantisch gewordenen Stadt durch Kaiser Karl V 1548 der Status der Reichsfreiheit entzogen. Als rekatholisierte Habsburger Landstadt dümpelte sie bis zum Ende des Alten Reiches vor sich hin, denn auch der 1526 nach Meersburg umgezogene Bischof kehrte nicht mehr zurück. An den (gescheiterten) letzten Bistumsverweser aus der Breisgauer Ritterfamilie von Wessenberg (s. Hartheim), der konsequent das Bistum im Sinne der Aufklärung reformierte, erinnert das Wessenberghaus. – Besonderheit: Die Kernstadt ist die einzige Gemeinde der Bundesrepublik südlich des Rheins.

Bauten: Nach Domherrenfamilien aus der Ritterschaft sind in der Stadt verschiedene **Palais** benannt: Botzheimscher, Rhineggscher, Stadionscher und als prächtigster der Blarersche Domherrenhof (Gerichtsgasse 15, heute Landgericht). Zudem gab es die Dompropstei (Rheingasse 20), Domdekanei (Gerichtsgasse 9), Domschule (Konradigasse 7) und das Stadtpalais des bischöflichen Oberamtmannes (Rheingasse 19). – **Sonstiges:** Kapellen mit den Epitaphien von Domherren verschiedener Familien säumen das Langhaus des Münsters, in dem auch die Epitaphien mehrerer Bischöfe zu finden sind. Einen einmaligen Überblick über den schwäbisch-alemannischen Landadel bieten die Wappentafeln der Domherren (15.-19.Jh) im Kreuzgang. – Die Stadt scheint nur aus Domherren- und Patrizierhäusern zu bestehen. So haben viele Häuser ihren mittelalterlichen Namen bewahrt, selbst wenn sie durch spätere Umbauten modern aussehen. Besonders auffallend sind die beiden Geschlechtertürme (Hohes Haus, Haus zum Goldenen Löwen) in der Hohenhausgasse

UMGEBUNG: Auf der anderen Seite des Rheins nimmt das ehem. reichsunmittelbare Benediktinerkloster **Petershausen** ein großes Areal ein (Benediktinerplatz). Bei dieser Barockanlage stoßen wir auf etwas untypisches: Schlossähnlich wirkt hier der Konventbau (heute Archäologisches Landesmuseum), bescheiden hingegen das Haus des Abtes (Prälatur) an der Rheinfront.

Insel Mainau

Ministerialen des Klosters Reichenau brachten 1271 beim Eintritt in den Deutschen Orden ihren Besitz mit: Die Insel samt Burg sowie die angrenzenden Teile des Bodanrück. Mainau wurde zur reichsten Kommende der Ballei Elsass-Burgund (s. Altshausen) und war dementsprechend beim Landadel als Versorgungsstätte für nachgeborene Söhne begehrt. Bei der Säkularisation (1805) kam der Besitz an das badische Markgrafenhaus, von dem die Insel 1928 an das schwedische Königshaus und weiter an Gf. Benadotte vererbt wurde. Der machte daraus die Blumeninsel, ein riesiger Park.

Mainau. Die reichste Kommende des Deutschen Ordens

Bauten: Das **Schloss**, 1739-56 durch den Ordensbaumeister J.C. Bagnato erbaut, ist eine stattliche dreigeschossige Dreiflügelanlage mit einem schönen Ehrenhof. Der Hauptbau besitzt im Giebelfeld ein prächtiges Ensemble von Barockwappen (Hochmeister, Landkomtur, Mainaukomtur). - Auf der Seeseite ist ein **Burgrest** in Form eines massiven Turms erhalten. - Auch in der kath. Kirche findet man ein vergleichbares Ensemble von Barockwappen über dem Chorbogen. Vor der (verschlossenen) Gruft der Bernadotte hängt das Epitaph des Baumeisters J.C. Bagnato.

OT Dettingen

Zum OT Dettingen gehören zwei herrschaftliche Anwesen. a) Burg **Neudettingen** über dem Überlinger See am Teufelstich ist nur über einen Fußweg erreichbar. Der ehem. Ministerialensitz wurde im 14.Jh von der Kommende Mainau des Deutschen Ordens gekauft und nach der Zerstörung im 30j. Krieg neu aufgebaut. Das stattliche Gebäude mit Staffelgiebel („Burghof") und einem Komturwappen (1661) über dem Eingang wird heute als Ausflugslokal genutzt. Man kommt zu ihm über einen 2 km langen Fußmarsch vom Wanderparkplatz oberhalb des Konstanzer OT Wallhausen. Im Wald dahinter liegt, abgetrennt durch einen Graben, die Burgruine **Altdettingen.** Der Mauerrest stammt vom Wohnturm. – b) Die Domäne **Rohnhauser Hof** steht oberhalb der Straße von Dettingen nach Langenrain. Das barocke zweistöckige Wohnhaus unter Walmdach wird auf beiden Eingangsseiten vom Wappen des Mainauer Komturs Reutner von Weil (1766) geschmückt. Die schmucke Anlage wird als Bauernhof genutzt. Ausgeschilderte Zufahrt. (2009)

Korntal-Münchingen LB G8

Württemberg war das Land des **Pietismus.** Diese religiöse Bewegung geht auf Philipp Jakob Spener zurück, der Ende des 17.Jh gelebte Frömmigkeit an Stelle des starren, formelhaften, staatlich verordneten Protestantismus setzte. In Württemberg wurden seine Vorstellungen von der Bildungselite aufgegriffen, von der Staatskirche jedoch anfangs bekämpft. 1743 gab schließlich die württ.

Regierung dem Druck nach und erlaubte „Privaterbauungsversammlungen". Ihren Höhepunkt erreichte die Bewegung mit Johann Michael Hahn (1758-1819) und seiner Hahnschen Gemeinschaft. Um die Auswanderung dieser gebildeten und aktiven Menschen zu verhindern, gab ihnen König Wilhelm die Möglichkeit, eine eigene Gemeinde zu gründen. Dies geschah 1819 mit dem Kauf des Rittergutes Korntal.

Als bodenständig darf man die **Fam. von Münchingen** bezeichnen, denn sie erwarb nur im Korngäu Rittergüter: Münchingen, Korntal, Hochdorf, Ditzingen. Bereits im 12.Jh wird sie als Keller (= Verwalter) der Glemsgaugrafen erwähnt. Im Fahrwasser Württembergs stellte sie drei Äbte in Hirsau und eine Reihe von Amtleuten. Sie schloss sich der Reichsritterschaft und der Reformation an. 1853 starb in Ditzingen der letzte männliche Vertreter. Bereits 1722 war die Stammlinie ausgestorben. In Münchingen hinterließ sie einen Wohnturm und schöne Epitaphien.

OT Münchingen

Seit dem 12.Jh saß Ortsadel auf einer Wasserburg. Der Großteil des Dorfes gelangte über den Esslinger Spitalhof in Besitz von Württemberg und wurde erst 1665 als Lehen an die Fam. von Münchingen vergeben. Die schloss sich der Reformation und dem Kanton Neckar der Reichsritterschaft an. Nach dem Aussterben verkaufte die Erbtochter 1733 an ihren Stiefvater August Friedrich von Harling, der als Militär nach Württembergs gekommen war. Dessen Vorfahren stammen von Harlingen bei Walsrode in Niedersachsen mit Sitz auf Gut Bienenbüttel. 1873 starb auch diese Linie aus.

Münchingen. Altes und Neues Schloss

Bauten: Der Rest der **Wasserburg** ist ein mittelalterlicher dreistöckiger Wohnturm aus Buckelquadern mit einem Fachwerkobergeschoss unter Krüppelwalmdach. Zugang über einen Treppenturm. Schönes Allianzwappen (1558) auf halber Höhe. Gegenüber steht das zweistöckige barocke **Schlössle** (1735) unter Mansarddach. Das Schlossgut wurde nach häufigem Besitzerwechsel 1950 von einem Architekten-Brüderpaar erworben und stilecht renoviert. Heute Privatwohnungen, Zugang in Hof offen. Mit Wirtschaftsgebäude, Stall und Weiher, abgeschirmt von einer Mauer, bildet es am Rand des alten Dorfes ein überraschendes Ensemble. („Schlossgasse"). – **Sonstiges:** Zahlreiche figürliche Epitaphien der Münsingen und ein Wappenepitaph der Harling in der evang. Kirche, die neben dem prachtvollen Fachwerk-Rathaus steht. – Der Spitalhof mit einem wappengeschmückten Torbogen war ursprünglich der Fronhof des Katharinenspitals Esslingen, heute Altenheim (Hintere Gasse 3).

OT Korntal

Der bereits 1297 erwähnte Hof gelangte über verschiedene adlige Besitzer 1621 an die Hr. von Münchingen. Deren Nachfolger von Harling verkauften 1819 das über 300 ha große Rittergut an den Leonberger Bürgermeister Gottlieb Hoffmann, der eine Pietistengemeinde von 68 Familien vertrat. Diese durften hier ohne Gängelung durch die Staatskirche ihr Glaubensideal verwirklichen, weshalb die Gemeinde direkt der königlichen Regierung unterstellt wurde. Sie wuchs rasant und gründete im kath. Oberschwaben Wilhelmsdorf, ein Dorf mit modellhaften Behinderteneinrichtungen und Schulen. 1919 verlor sie den Sonderstatus und musste eine Trennung von weltlicher und kirchlicher Gemeinde vornehmen. Aufschlussreich ist, dass der Anteil der Katholiken im Dorf heute rund 25% beträgt.

Bauten: Das **Herrenhaus** mit Münchingenwappen (1691) über dem Eingang zeugt vom ursprünglichen Hofgut. Darin wohnte nach 1819 der Gemeindevorsteher G. Hoffmann, dann wurde es zum Gemeindegasthaus, heute dient es als Hotel-Restaurant. Man findet das schmucklose Gebäude am „Saalplatz" neben dem Betsaal (Kirche).

UMGEBUNG: An der Straße nach Schöckingen liegt das ehem. Rittergut **Mauer** an der Stelle einer römischen Villa. An einem Fachwerkbau des Hofguts der Gf. Leutrum von Ertingen ist ein Allianzwappen (1703) angebracht.(2009)

Kraichtal KA E6

Der Kraichgau war ein Land der Edelleute, denn in nahezu jedem zweiten Dorf befand sich ein Adelssitz. Der Landadel orientierte sich nach Heidelberg, dem Hof der pfälzischen Kurfürsten. Aber er wurde nicht landsässig, weil die Katastrophe des Landshuter Erbfolgekriegs (1504, s. Heidenheim) und die Reformation nach Calvin statt nach Luther die Kurpfalz dem Adel entfremdete. So organisierte sich der Landadel in der Reichsritterschaft und schloss sich 1545 als **Kanton Kraichgau** dem Schwäbischen Ritterkreis an, obwohl dieses Gebiet ansonsten zum Rheinischen Reichskreis zählte. Damit bildete der Kanton Kraichgau ein Bindeglied zwischen Schwäbischer, Fränkischer und Rheinischer Ritterschaft. - Drei Teilorte der 1972 entstandenen Gemeinde Kraichtal waren reichsritterschaftlich.

Die **Hr. von Mentzingen** stammen ebenso wie die Helmstatt und die Göler von Ravensburg vom Ritter Raban von Wimpfen ab, der 1190 auf der Stauferpfalz Wimpfen wohnte. Daher führen auch sie das Rabenwappen. Sie nahmen im 15.Jh hohe Ämter in der Kurpfalz ein, waren Berater König Ruprechts von der Pfalz. Im 16.Jh schlossen sie sich dem Kanton Kraichgau der Reichsritterschaft und der Reformation an. Zudem waren sie 1728 an der Gründung einer besonderen Einrichtung für evang. Adelstöchter, des evang. Kraichgauer Damenstifts (s. Pforzheim), beteiligt. Da verwundert es natürlich, heute in ihrem Stammsitz Menzingen eine katholische Linie anzutreffen.

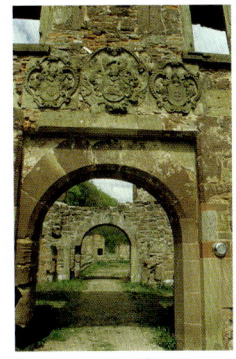

Menzingen. Die schönste Schlossruine im Kraichgau ist ein Erbe des 2.Weltkriegs

OT Menzingen

Nach dem Dorf aus der Merowingerzeit nannte sich 1253 eine Ministerialenfamilie, die auf der Wasserburg saß und sich bereits 1521 als eine der ersten Ritterfamilien der Reformation anschloss. Sie war an der Gründung des Kantons Kraichgau und dessen Anschluss an die Schwäbische Reichsritterschaft aktiv beteiligt. Der Konfessionswechsel im 19.Jh geschah infolge einer Eheverbindung mit einer Frau von Andlau-Birseck, von der das Rittergut Hugstetten (s. March) geerbt wurde.

Bauten: Die **Wasserburg**, errichtet nach dem Bauernkrieg (1539), wurde 1945 zerstört und liegt seitdem im Dornröschenschlaf. Die Dreiflügelanlage mit vier Ecktürmen und einem schönen dreiteiligen Wappen über dem Eingang steht im Norden des Dorfes. Aufgrund einer Bürgerinitiative ist diese wohl schönste Ruine des Kraichgaus so weit gesichert, dass sie von Gruppen besichtigt werden kann. Ansonsten geschlossen, Zugang durch Burgvorhof (Reiterhof) bis zum Graben offen (Untere Schlossstraße). – Das **Schloss** („Schwanenburg") wurde 1560 an Stelle einer Burg errichtet. Der Winkelhakenbau mit Treppenturm ist ein dreigeschossiger Steinbau unter Walmdach, bei dem v.a. der Westflügel mit Freitreppe, Renaissance-Hauptportal, Balkon, Wappentafeln und Bauinschrift auffällt. Im Schlosshof die Deckplatte eines Hochgrabes, 1387, mit fein-figürlicher Darstellung eines Ritters. Das von der Fam. Mentzingen bewohnte Schloss steht erhöht über dem Dorf am Hang (Obere Schlossstraße).

OT Gochsheim

Gochsheim gilt als Bilderbuchstädchen des Kraichgaus. Um 1250 wurde die Stadt von den Gf. Eberstein gegründet, 1660 bei ihrem Aussterben war sie die letzte vollständig in ihrem Besitz befindliche Stadt (s. Gernsbach). Über die Erbtochter kam sie an die Gf. Württemberg-Neuenstadt. Diese Linie starb 1742 aus, das Erbe fiel an Württemberg.

Bauten: Die Burg-Schloss-Anlage steht als Blickfang über dem Kraichbachtal, ein beliebtes Motiv für Kalenderblätter. Das **Renaissanceschloss** bestand aus zwei Teilen, von denen der größere Teil, das Hinterschloss, 1829 abgebrochen wurde. Heute steht hier ein Kindergarten. Erhalten blieb jedoch der vordere Teil (Vorderschloss), ein zweigeschossiger Bau mit geschwungenen Giebeln, zwei Ecktürmen und zwei Treppentürmen. Über dem Eingang das Allianzwappen Württemberg-Eberstein. Innenhof mit Holzgalerie, typisch Renaissance. Das Glanzstück ist das Turmzimmer mit verspieltem manieristischen Stuck. Heute als Heimatmuseum und für Veranstaltungen genutzt. Ein Rest der **Burg** ist anhand einer Buckelquaderecke im Vorhofbereich zu erkennen. – **Sonstiges:** In der evang. Kirche wird die Gruft vor dem Chor von einer Deckplatte mit dem letzten Herzogspaar abgedeckt. Diese Art von Totenmal ist aufgrund von Lage und Gestaltung einmalig in BW. - Die ehem. Synagoge und „Judenschule" (Hauptstr. 70) ist heute Privathaus. - Im verträumt wirkenden Städtchen steht der Adelshof der Hr. von Mentzingen (Hauptstr. 97) und das Amtshaus, Sitz des Oberamtes (Hauptstr. 60). Zudem wurden funktionslos gewordene Gegenstände und Gebäude erhalten: Fuhrwerkspoller, Backhaus, Saustall,

Scharfrichterhaus. - Ca. 1 km südlich der Stadt liegt an der alten Straße nach Flehingen der jüd. Friedhof.

OT Unteröwisheim

Die Dorfherrschaft wurde um 1400 von den Gf. Baden dem Kloster Maulbronn geschenkt, welches das Dorf über einen Pflegehof verwaltete. Mit der Reformation kam die Herrschaft an Württemberg, der Pflegehof wurde für den Amtmann zum Schloss umgebaut.

Bauten: Das **Schloss** ist eine in sich geschlossene Anlage, die zugleich die nordöstliche Ecke der Befestigung bildete. Die Anlage besteht aus zwei- und dreigeschossigen Wohn- und Wirtschaftsbauten. Die Brücke über den Graben führt zum Eingang mit einem barocken württ. Wappen. Auf der Südseite blieben Reste eines mittelalterlichen Turms mit Bossenquadern erhalten. Nach einem Brand (1989) Wiederaufbau und heute CVJM-Heim.

OT Oberöwisheim

Ministeriale saßen auf einer verschwundenen Burg. Die Dorfherrschaft kam 1411 an die Hr. von Helmstatt. Die Oberhoheit war zwischen der Kurpfalz und dem Domkapitel von Speyer geteilt, weshalb die Reformation nur teilweise eingeführt werden konnte. Um 1750 übernahm das Domkapitel die Herrschaft.

Unteröwisheim. Vorposten Württembergs im Kraichgau

Bauten: Anstelle der 1734 abgebrannten Burg steht heute die kath. Kirche. Das **Amtshaus** des Domkapitels ist ein stattliches zweistöckiges Gebäude unter Krüppelwalmdach. Über der schönen Freitreppe ist das Wappen des Domkapitels angebracht. Das privat bewohnte Haus (Arztpraxis) steht im Dorfzentrum. – **Sonstiges:** Die evang. Kirche wurde bis 1876 als Simultankirche benutzt, weshalb im Chorraum ein evang. Ritter (1569) einem kath. Amtmann (1745) gegenüber steht. – Einheitliches Dorfbild am Bach.

UMGEBUNG: Zwei Teilorte gehörten noch zur Reichsritterschaft. Zum einen der OT **Neuenbürg** als Lehen des Bf. von Speyer in den Händen der Hr. von Remchingen, welche die Reformation einführten. Nach ihrem Aussterben (1657) zog Speyer das Lehen ein und rekatholisierte das Dorf. Die kath. Kirche steht an der Stelle der ehem. Wasserburg, deren Turm zum Kirchturm mit Schießschartenschlitzen wurde. Im Chor das Epitaph einer Frau von Remchingen (1555). - Zum anderen der OT **Münzesheim**, der als Lehen der Gf. Baden an die Hofwart von Kirchheim vergeben war. Als diese 1675 ausstarben, gab Friedrich von Baden das Dorf seinen außerehelichen Söhnen, die sich danach benannten. Von der im 18.Jh abgerissenen Wasserburg blieben keine Spuren. In der Turmhalle der evang. Kirche sind Epitaphien der Hofwart erhalten. (2008)

L8 Krauchenwies SIG

Kiesabbau, ein riesiger Baggersee und weite Nadelholzwälder im feucht-sandigen Boden sind Folgen der vorletzten **Eiszeit** (Risseiszeit vor ca 200.000 J.), in der sich ein Gletscher mit seinen Moränen bis zur Donau vorschob. Die anschließende Erosion ebnete das Gelände ein, weshalb man von der **Altmoränenlandschaft** spricht, im Unterschied zur „unruhigen" Jungmoränenlandschaft der letzten Eiszeit (Würmeiszeit, s. Kißlegg). In der letzten Eiszeit entstand durch die abfließenden Wassermassen eines Gletschers ein Urstromtal, was sich bis heute anhand des bequem-breiten Tales von Pfullendorf nach Krauchenwies erkennen lässt.

Kernort
Die Dorfherrschaft unter Oberhoheit von Habsburg wechselte häufig. 1595 kauften die Sigmaringer Hohenzollern Dorf und Wasserschloss und vereinigten sie mit ihrer Grafschaft. Heute wohnt die Fam. Erbprinz von Hohenzollern-Sigmaringen im Landhaus im Park.
Bauten: Das **Alte Schloss** („Wasserschlösschen", um 1780) steht an Stelle einer zerstörten Wasserburg. Die frühklassizistische, hufeisenförmige Anlage mit Kapelle befindet sich in Besitz des Fürstenhauses. Sie liegt am Eingang des öffentlichen Parks. Kein Zugang, da Renovierung notwendig. – Dahinter steht im Park das klassizistische Fürstliche **Landhaus** (1828-32), konzipiert als Endpunkt einer von Pfullendorf im Urstromtal verlaufenden Chaussee. Das schmucklose zweistöckige Gebäude mit massiven Eckrisaliten kontrastiert mit Vasen, die in der symmetrisch gestalteten Gartenanlage auf Podesten stehen. Umzäunt, kein Zugang, privat. – **Sonstiges:** Jenseits der Straße der Marstall (Pferdestall), 1789, durch spätere Straßenführung vom Park getrennt, renovierungsbedürftig. - Der Park selbst geht über in einen großen Wildpark mit dem Jagdschloss Josefslust (s. Sigmaringen).

UMGEBUNG: Im 10 km entfernten **Pfullendorf,** eine der typisch südwestdeutschen Mini-Reichsstädte, blieb das wunderbares Stadtbild mit vielen Fachwerkhäusern erhalten. Das bedeutendste Patriziergeschlecht waren hier die Hr. von Gremlich, die bereits 1216 bei Stadtgründung von Pfullendorf erwähnt werden, 13mal den Bürgermeister stellten und das Stadtammanamt (= Richteramt) von Kaiser Karl IV verpfändet bekamen. Zwei Totenschilde von ihnen hängen in der kath. Stadtkirche. Ihr Haus („Gremlichhaus") steht neben dem prächtig-mächtigen oberen Stadttor („Obertor"). Es war ursprünglich ein Wohnturm in typischer Lage an der Stadtmauer, woran eine Gedenktafel erinnert (Pfarrhofgasse 23). Auch am **„Alten Haus",** eines der ältesten (1317) und originalsten Wohnhäuser BWs, erinnert eine Gedenktafel an den Bürgermeister Gremlich, der hier 1348 die Stadt vor dem Überfall des umwohnenden Adels rettete. Auch dieses alemannische Fachwerkhaus war ursprünglich ein mittelalterlicher Wohnturm, der die Stadtmauer an einer neuralgischen Stelle verstärkte. Es steht im Nordwesten der Altstadt an der Pfarrhofgasse. Heute Museum. (2006)

Krautheim KÜN C9

Die **Hr. von Krautheim** erlebten unter den Staufern einen fulminanten Aufstieg, vergleichbar den benachbarten Geschlechtern Hohenlohe, Dürn und Weinsberg. Als edelfreies Geschlecht werden sie 1165 erstmals erwähnt. 1231 beerbten sie die Hr. von Boxberg. 1240, also gegen Ende der Stauferzeit, stiegen sie in höchste Positionen im Reich auf. Der ältere Zweig starb 1253 aus, der jüngere 1317. - Ihre Glanzzeit fällt zusammen mit dem Übergang von der romanischen zur gotischen Kunst. Die Schwere der Romanik gekoppelt mit der Eleganz der frühen Gotik führte zum sogenannten **Übergangsstil**. Krautheim besitzt mit der Burgkapelle eines der filigransten Beispiele.

Die **Gf. Salm** spalteten sich 1019 von den Gf. Luxemburg (Lützelburg) ab und nannten sich nach der Burg Salm, 25 km südlich der belgischen Stadt Stavelot. Sie teilten sich 1163 in die Linien Niedersalm (= Altsalm) und Obersalm (bei Schirmeck in den Vogesen). Nach dem Aussterben beider Linien im 15.Jh übernahmen die Erben den Namen. So auch die Gf. Reifferscheid bei Ahrweiler in der Eifel, die das Niedersalmer Erbe 1455 erhielten. Daraus stammt die kath. Linie Salm-Reifferscheid-Bedburg, die aus den Entschädigungen bei der Säkularisation (1803) das Fürstentum **Salm-Reifferscheid-Krautheim** bildete. Dessen südlich der Jagst liegender Teil kam 1806 unter württembergische und dessen nördlicher Teil unter badische Landeshoheit. 1838 wurde die Standesherrschaft von Baden aufgekauft.

Kernort

Burgbau und Stadtgründung auf dem Bergsporn rechts der Jagst („Krautheim auf dem Berg") gehen auf die Hr. von Krautheim zurück, die um 1200 von Altkrautheim (s.u.) hierher zogen. Ihr Erbe kam an die Gf. Eberstein im Schwarzwald, die es jedoch 1365 an den Bf. von Mainz

Krautheim. Staufische Burg und Schloss des Mainzer Amtmanns bilden ein Ensemble

verkauften. Auch der Johanniterorden, der hier eine Kommende eingerichtet hatte, verkaufte in einer finanziellen Krise seine hiesigen Besitzungen. So wurde Krautheim zu einem Amt für 20-25 Mainzer Orte an der Jagst und im Bauland und schloss sich dem Neunstädtebund an (s. Tauberbischofsheim). 1803 wurde Krautheim zur Verwaltungszentrale eines Mini-Fürstentums (s.o.).

Bauten: Von der **Burg** überlebten runder Bergfried, Palas und Kapelle die Zerstörung im Bauernkrieg. Das Portal des Palas sowie die Kapelle (mit Herrschaftsempore) sind im Übergangsstil von der Romanik zur Gotik gestaltet. Am Wochenende geöffnet, Betreuung durch die Deutsche Burgenvereinigung. - Verschlossen bleibt hingegen das an die Kapelle angebaute **Schlösschen,** ehem. Sitz des Amtmanns, weil es privat bewohnt wird. Der schmuckarme Winkelhakenbau mit Treppenturm (1602) wurde neugotisch umgestaltet. Über dem Eingang das Wappen des Bf. Mainz. – **Sonstiges:** Mehrere Epitaphien von adligen Amtmännern in und an der kath. Stadtkirche. - Daneben das „Johanniterhaus", ein stattlicher Steinbau mit geschweiftem Giebel. Das Gebäude wurde 1590 als Verwaltungsbau

Krautheim

des Bf. Mainz errichtet und ist heute Museum zum Johanniterorden. - Von der Stadtanlage sind nur noch Reste der Stadtmauer und ein Stadttor erhalten.
UMGEBUNG: Im Tal links der Jagst liegt das ursprüngliche Dorf Krautheim, nach der Stadtgründung als **Altkrautheim** bezeichnet. Folglich stand hier auch die ursprüngliche Pfarrkirche, eine Mutterkirche, welche die Hohenlohe dem Johanniterorden schenkten. An der Außenmauer des modernen Baus stehen 5 Epitaphien von Mainzer Amtmännern.

OT Gommersdorf

Dieses Dorf an der Jagst gehörte auch zum Amt Krautheim. Das nahe Zisterzienserkloster Schöntal war jedoch infolge großer Schenkungen, die es mit einer Grangie (= Wirtschaftshof) bewirtschaftete, seit dem 13.Jh der alleinige Grundbesitzer im Dorf. Dies demonstrierte der Abt, indem er den mittelalterlichen Klosterhof zu einer Sommerresidenz umbaute.
Bauten: Die **Sommerresidenz** ist ein Steinhaus mit barocken Volutengiebeln, die von einer Muschel gekrönt werden. Es bildet zusammen mit einem Fachwerkhaus ein schmuckes Ensemble (heute Gaststätte). - Aber auch das Pfarrhaus (1596) wirkt **schlossartig** aufgrund seiner Renaissance-Ziergiebel und des Treppenturms. – **Sonstiges:** In der kath. Kirche hängt eine prächtige Gedenktafel zum Kirchenbau, vor der Kirche ein Epitaph des Schultheißen mit seiner Familie.
UMGEBUNG: Auch der **OT Klepsau** gehörte zum Amt Krautheim. Das Haus des örtlichen Vogtes, ein frisch renoviertes Fachwerkhaus, fällt v.a. wegen seines originellen Barockeingangs (1701) mit einer mittelalterlich wirkenden Fratze auf (Weinbergstr. 1).

OT Neunstetten

Die Dorfherrschaft war unter der Oberhoheit des Bf. von Mainz auf verschiedene Familien aufgeteilt. Im 15.Jh kauften die Frh. von Berlichingen die Dorfherrschaft sukzessive auf. Der berühmt-berüchtigte Götz schloss das Dorf dem Kanton Odenwald der Reichsritterschaft und der Neuen Lehre an, weshalb dieses Dorf ein Exot im katholisch geprägten Krautheim ist.
Bauten: Das **Schlösschen**, Ende 16.Jh an Stelle einer Burg erbaut, ist ein dreistöckiges Fachwerkhaus auf Steinsockel. Ausgefallen ist die ausgemalte Wendeltreppe. Dahinter steht ein „Lusthaus" mit Tanzsaal und angebautem Wehrturm. Die preisgekrönt renovierte Anlage ist heute privat bewohnt. – **Sonstiges:** Mehrere Epitaphien der Berlichingen in der evang. Kirche, wobei das figürliche Epitaph eines Götz-Enkels so außergewöhnlich groß ist, dass es die Nordseite des Schiffes ausfüllt. (2007)

E12 Kreßberg SHA

Die **Frh. von Knöringen** waren als Inhaber der beiden Herrschaften Hohenkreßberg und Wildenstein (s. Fichtenau) sowohl fränkische wie schwäbische Reichsritter, was typisch ist für viele Ritterfamilien. 1197 wurden sie als Ministeriale des Bf. Augsburg in Unterknöringen (bei Günzburg) erwähnt. Sie teilten sich in viele Linien. Die hiesige Linie stellte zwei Bischöfe in Augsburg.

Rittergut Tempelhof

Das Rittergut gehörte im 15.Jh dem Deutschen Orden. 1544 kauften es die Frh. von Knöringen und schlossen sich damit dem Kanton Altmühl an. Sie bauten das wehrhafte Schloss und machten es nach der Zerstörung von Hohenkreßberg (s.u.) zu ihrem Wohnsitz. Im 19.Jh Verkauf an die evang. Kirche, die 1843 eine Kinderrettungsanstalt mit Lehrerseminar (vergleichbar Beuggen, s. Rheinfelden) einrichtete. Nach dem 2.Weltkrieg evang. Kinderheim. Zur Zeit ungenutzt.

Bauten: Das **Schloss,** 1620, ist ein dreistöckiges Steinhaus mit vier Eckturmartigen Vorsprüngen. Allianzwappen über dem Eingang. Es bildet zusammen mit Nutzbauten (Ökonomie, Wohnungen) einen geschlossenen Hof. Das Bild des typischen, geschlossenen Ritterguts ist leider durch die vielen Bauten aus Kinderheimzeiten zerstört. Es liegt zwischen den OT Waldtann und Marktlustenau. Zufahrt ausgeschildert, Zugang offen.

UMGEBUNG: Im Hauptort **Marktlustenau** stoßen wir auf konfessionsbedingte Konflikte. Das Marktdorf am Fuße des Kreßbergs war Mittelpunkt der kleinen Herrschaft Kreßberg. Die fränkischen Ritter von Seckendorff schlossen sich damit bereits 1530 der Reformation und anschließend dem Kanton Altmühl an. Die Hr. v. Knöringen kauften das Dorf. Als sie im 30j. Krieg zum Alten Glauben konvertierten, konnten sie aufgrund des Eingreifens der evang. Mgft. Ansbach, welche die Oberhoheit ausübte, nur 1/3 der Bevölkerung rekatholisieren. So besaß der Marktflecken schließlich alle wichtigen Einrichtungen bikonfessionell: paritätisch besetzter Gemeinderat, zwei Bürgermeister, zwei Schulen, ja sogar ein evang. und ein kath. Wirtshaus. Bis zum Bau einer kath. Kirche (1895) wurde die gotische Kirche simultan genutzt.

Die 1973 bei der Gemeindereform namengebende Burg **Hohenkreßberg** ist seit 1648 zerstört. Ihre Steine wurden für das Fundament der 1896 errichteten kath. Kirche verwendet. – Außen an der evang. Kirche das figürliche Epitaph eines Knöringen-Kindes.

(2010)

(Bad) Krozingen FR M1

Die Gf. von Pfirt, ein Zweig der Gf. von Mömpelgard (Monbeliard), kontrollierten mit der Burgundischen Pforte (Sundgau, Belfort) eine strategische Schlüsselregion. Diese kam durch Heirat 1324 an Habsburg, das damit eine Lücke zwischen Aargau und Oberelsass schließen konnte. Die anschließende friedliche Eroberung des Breisgaus war die logische Konsequenz (s. Freiburg). 1648 kam das Oberelsass an Frankreich, aus Pfirt wurde Ferrette, heute ein verschlafenes Burgstädtchen unter einer romantischen Burgruine. Nach diesem Städtchen nannten sich auch die 1315 erstmals erwähnten Hr. von Pfirt, Ministeriale der Gf. von Pfirt. Im Gefolge der Habsburger kamen sie im 15.Jh in den Breisgau, wo sie 1484 Biengen erwarben. Die Einheirat in die Fam. von Sickingen (in Ebnet) führte im 17.Jh zur Herrschaftsteilung im Höllental und anschließend zu endlosen Prozessen zwischen beiden Familien. 1848 starb die Fam. von Pfirt aus. In Biengen und Krozingen hinterließ sie zwei Schlösschen.

(Bad) Krozingen

Kernort

Am Platz des heutigen Rathauses befand sich wohl ein alemannischer Herrensitz mit einer Eigenkirche daneben. Ortsadel existierte bis ins 16.Jh. Die Dorfherrschaft kam 1660 an die Hr. von Pfirt, die damit zur Breisgauer Ritterschaft unter Landeshoheit der Habsburger gehörten. Größter Grundbesitzer war jedoch das Kloster St. Blasien, das hier eine Propstei zur Verwaltung seines gesamten Breisgauer Besitzes einrichtete. Entsprechend seiner Bedeutung durfte der Mönch-Propst in einem Schlösschen residieren.

Bauten: Das Propstei-**Schloss** (1579) wurde 1749 durch Propst M. Herrgott grundlegend umgestaltet. Es ist ein dreigeschossiges Steinhaus unter Walmdach. Wappen am Treppenturm. Das privat bewohnte Gebäude besitzt eine Musikinstrumentensammlung und ist bei Konzerten im „Fürstensaal" der Öffentlichkeit zugänglich. Es liegt am südlichen Stadtrand in einem Park mit einer Rokokokapelle („Am Schlosspark"). – Das **Schlössle** der Hr. von Pfirt (17.Jh) ist ein zweistöckiger verputzter Steinbau auf quadratischem Grundriss unter Walmdach. Auf der Hausrückseite wird ein Wappen-Portal durch einen modernen Anbau verdeckt. Heute Volksbank und nicht mehr als Schloss erkennbar. Es steht im Stadtzentrum am Lammplatz. - **Sonstiges:** An und in der kath. Kirche Epitaphien von Dorfadel und Einwohnern. – Daneben das Rathaus mit Treppenturm.

UMGEBUNG: Wie ein Schlösschen wirkt das Pfarrhaus des Klosters St. Trudpert mit seiner doppelläufigen Freitreppe im OT **Tunsel**. – Der „Heidenhof", ein turmartiges, zweistöckiges Gebäude (1566) mit hohem Stufengiebel, war der ehemalige Ortsadelssitz. (St. Michaelstr. 26).

UMGEBUNG: Das Schloss im OT **Biengen** ist eine im 16.Jh erbaute Gutshofanlage, die durch Zubauten grundlegend verändert wurde. Das schmucklose Gebäude steht umgeben von Weinbergen erhöht über dem Dorf. (2007)

A9 Külsheim TBB

Uissigheim. Der hingerichtete Ritter Arnold, eine schockierende Erinnerung

Judenverfolgungen gab es im Mittelalter immer wieder. Die beiden größten Verfolgungswellen fanden zu Beginn der Kreuzzüge (1096) und beim ersten Ausbruch der Pest (1348) statt. Aber im Unterschied zu unserer „zivilisierten" Zeit schützte damals die Obrigkeit die Juden und gab es keine systematische Ausrottung, keinen Holocaust. Im Taubertal sind zwei Ritter in die unrühmliche Geschichte der Judenverfolgungen eingegangen. Zum einen ein Ritter Rindfleisch von Röttingen, der 1298 seine jüdischen Gläubiger beseitigte, wozu er die erfundene Geschichte einer Hostienschändung als Vorwand nahm. Zum anderen 1336 Ritter Arnold von Uissigheim, der als „König Armleder" das einfache Volk gegen die Juden aufhetzte. Dessen schockierendes Grabmal steht hier.

Külsheim

OT Uissigheim

Sitz eines edelfreien Geschlechts, das im 12.Jh in die Ministerialität abstieg. Aus diesem Geschlecht stammte Ritter Arnold III, der 1336 eine Judenverfolgung auslöste und auf Anordnung des Bf. von Würzburg dafür hingerichtet wurde. Aber: Anschließend wurde er als seliger Arnold bis ins 18.Jh hinein vom Landvolk verehrt. So wurde von seinem Grabstein Sand abgeschabt, den man in Krankheitsfällen dem Vieh gab. Nach dem Aussterben der Hr. von Uissigheim kam die Dorfherrschaft 1645 an den Bf. von Mainz.
Bauten: Von der mittelalterlichen **Burg** stecken Reste des Bergfrieds im massiven Kirchturm (Burgstraße). - **Sonstiges:** In der kath. Kirche stehen zwei Epitaphien aus dem 14.Jh: Ein Wappenepitaph und das figürliche des Ritters Arnold. Man kann noch erkennen, dass der Sandstein an der Ritterbrust abgeschabt ist, weil ihn die Bauern ihrem Vieh als Krankheitsschutz fütterten. Es gab auch einen „Arnoldskasten", in den die Bauern opferten.

Kernstadt

Die Cent Külsheim kam 1240 an den Bf. von Mainz, der damit eine Landeshoheit aufbaute. Das Dorf wurde 1292 zur Stadt erhoben. 1803 wurde sie dem Fürstentum Leiningen zugeschlagen und kam damit 1806 an Baden.
Bauten: Das **Schloss** ist eine mächtige Vierflügelanlage mit einem runden Bergfried aus Buckelquadern. Der Südflügel (1482) besitzt einen schmuckreichen Kapellenerker. Es wird geschützt von Rondellen und Graben mit steinerner Brücke. Heute Rathaus in dominanter Lage über dem Städtchen. - **Sonstiges:** Ein Epitaph (16.Jh) in kath. Kirche. - Großer jüdischer Friedhof an Straße nach Steinbach. – Viele quellengespeiste Brunnen stehen im verwinkelten Städtchen, weil hier Muschelkalk und Sandstein aufeinander stoßen. (2008)

Künzelsau KÜN D10

Die **Hr. von Stetten** werden 1098 erstmals erwähnt und sind durchgehend seit 1251 belegt. Vom 14.Jh an gab es die Linien Inneres und Äußeres Haus, seit 1692 die zusätzliche Linie Buchenbach. Infolge ihrer zahlreichen Teilungen und komplizierten Besitzverhältnisse verloren sie gegenüber ihren regionalen Konkurrenten, den Gf. Hohenlohe, an Macht und mussten sich auf den Status als Reichsritter beschränken. - Ihr Stammschloss Stetten über dem Kochertal ist außergewöhnlich als moderner Wirtschaftbetrieb, bei dem Alt und Neu ineinander übergehen.

Schloss Stetten

1098 erstmals erwähnt. Die Burg wurde nie erobert. Bei einem Konflikt mit den Gf. Hohenlohe wegen Burg Tierberg zogen die Hr. von Stetten den Kürzeren und mussten seit dem 15.Jh die Lehenshoheit der Gf. Hohenlohe anerkennen. Anschluss an Kanton Odenwald der Reichsritterschaft und an die Reformation. Die Teilung der Burg in ein Inneres und ein Äußeres Haus besteht noch heute.
Bauten: Mehr **Burg** als **Schloss** ist die kompakte, verwinkelte Anlage auf einem Sporn über dem tief eingeschnittenen Kochertal. Bergfried und Schildmauer stammen aus der Stauferzeit, das Burg-Wohnhaus (Inneres Haus) und

die Kapelle aus dem 15.Jh. Man betritt die mittelalterlich wirkende Anlage über eine Brücke mit malerischem Torbau. - Seitlich davor (rechterhand) steht ein Barockbau mit Mansarddach (Äußeres Haus), der 1715 nach Brand als **Schlössle** errichtet wurde. – **Sonstiges:** Heute ist Schloss Stetten ein moderner Wirtschaftsbetrieb. So ist das weite Areal oberhalb des Schlosses mit modernen Gebäuden überbaut (Betreutes Wohnen, Altenpflegeheim). Im Sommer finden Schlossfestspiele zu historischen Themen statt. - Zufahrt über die Abzweigung von der Straße Mäusdorf-Laßbach. Zugang möglich bis in den Hof und auf die Gartenterrasse mit Blick ins Kochertal. Besucher werden freundlich empfangen.

UMGEBUNG: Unterhalb liegt am Kocher der zugehörige Ort **Kocherstetten.** In und an der gotischen evang. Kirche (1510) stehen mehrere Epitaphien der Hr. von Stetten.

Kernstadt

Die heutige Kreisstadt war über Jahrhunderte hinweg als Ganerbenstadt (s. Bönnigheim) unter mehrere Herrschaften aufgeteilt. Die Reichsstadt Hall, die Bischöfe von Mainz und Würzburg, die Frh. von Stetten, die Gf. Hohenlohe und Kloster Comburg waren mit wechselnden Anteilen in der Stadtherrschaft vertreten. Jede Herrschaft baute ihr Amtshaus. Hohenlohe erzwang die Reformation in der Pfarrkirche, die Katholiken erhielten in Nagelsberg (s.u.) eine eigene Pfarrei. Ab 1679 dominierte das Haus Hohenlohe, was sich in einem Schlossbau mit Kanzlei niederschlug.

Bauten: Das **Schloss Bartenau** steht am Platz einer mittelalterlichen Wasserburg („Schlossplatz"). Die Vierflügelanlage (1679-91) mit vier Rundtürmen und einem arkadengesäumten Innenhof wurde 1937 mit einer monotonen Fassade wieder erbaut. Hohenlohe-Wappen am Eingang und im Hof. Seit 1871 Schule, heute Aufbaugymnasium mit Internat. - Daneben steht der lange Kanzleibau, 1678. – **Sonstiges:** Fünf steinerne Epitaphien im Chor der evang. Kirche. - Die Amtshäuser von Mainz (Keltergasse 47), Würzburg (Scharfengasse 6) und Kloster Comburg (Schnurgasse 16) sind als historische Gebäude erhalten.

OT Nagelsberg

Eine Burg des Ortsadels kam 1492 an den Bf. von Mainz und wurde zum Sitz eines Amtmanns für das umgebende Kochertal. Nach der Reformation richtete man hier die Pfarrei für die Untertanen der Bischöfe und Klöster ein, die in der Stadt Künzelsau katholisch geblieben waren.

Bauten: Die **Burganlage** ist überbaut von Häusern. Erhalten blieb jedoch die Steinbrücke über den Burggraben, der Pulverturm sowie der gemauerte Eingang. Man findet sie am Ende der Mühlbergstrasse, vor dem Friedhof. Vom Tal aus kann man erkennen, dass Häuser auf der ehem. Burgmauer aufsitzen. – **Sonstiges:** Vier Epitaphien von Mainzer Amtleuten in der kath. St. Jakobskirche.

UMGEBUNG: Hoch über der Stadt liegt im Norden der **OT Garnberg.** Die Ortsherrschaft lag in Händen der Hr. von Stetten, die 1690 ein Schloss bauten. Dieses kam schließlich an den Tübinger Professor G.F. Forstner, der hier 1790 ein Mustergut anlegte. - Das Schloss ist ein massiver, zweigeschossiger Steinbau unter Walmdach mit einer gemauerten Terrasse und einem schlichten Hohenlohewappen über dem Eingang. Es steht am Rande der Muschelkalkebene direkt über dem Steilhang. Privatbesitz (Forstnerstr. 8-16).

UMGEBUNG: Im Nachbardorf **Amrichshausen** erinnern die Wappen des Würzburger Bf. Julius Echter und seines Neffen Adolf von Ehrenberg daran, dass sie das Dorf rekatholisierten und die Kirche bauten. (2007)

Kürnbach KA E6

Zur 2/3 hessisch, zu 1/3 badisch. Erst 1905 endete dieses Kuriosum, das seinen Ursprung im Jahre 1598 hat. Damals zog die Landgrafschaft Hessen-Darmstadt, welche von den Gf. Katzenelnbogen Hoheitsrechte im Kraichgau geerbt hatte (s. Angelbachtal), das Lehen der ausgestorbenen Hr. von Sternenfels ein und übernahm deren Anteil an der Dorfherrschaft in Eigenregie. Der restliche Anteil war in Händen Württembergs und kam 1810 im Tausch an das neu gebildete Großherzogtum Baden. So bestand weiterhin ein **Kondominat** mit der Doppelbesetzung von Ämtern, zwei Gemeindekassen, zwei Standesämtern und einem Bürgermeisterwechsel im 3-Jahres-Rhythmus. Die Staatszugehörigkeit war an das jeweilige Wohnhaus gebunden, da es keine eindeutige Trennungslinie innerhalb des Dorfes gab. Dieses Kuriosum hinterließ eine badische und eine hessische Kelter sowie aus Darmstadt stammende Schlossbesitzer.

Kernort

Auf einer Wasserburg saß Ortsadel, der im 13.Jh Burg Sternenfels erbaute und sich danach nannte (s. Zaberfeld). Die Lehenshoheit gelangte in Besitz der Gf. Katzenelnbogen und damit ab 1479 an deren hessische Erben. Württemberg hatte bereits 1320 einen Anteil an der Dorfherrschaft erworben, den es bis 1810 behielt. Mit dem Aussterben der hiesigen Linie der Hr. von Sternenfels übernahm Hessen-Darmstadt 1598 deren 2/3-Anteil an der Dorfherrschaft. So bestand über 200 Jahre ein Kondominat von Hessen und Württemberg und fast 100 Jahre von Hessen und Baden.

Kürnbach. Schlossgut am Rande eines bis 1905 geteilten Dorfes

Bauten: Das **Schloss** steht an Stelle der Wasserburg. Die unregelmäßige Dreiflügelanlage umschließt mit dem Wirtschaftsflügel einen malerischen Innenhof. Das barocke Fachwerkobergeschoss auf dem massiven Erdgeschoss erzeugt einen ländlichen Eindruck. Schön ist die Schauseite mit zwei Erkern und einer kleinen Baumallee. Die Buckelquader an der Scheune stammen aus der Stauferzeit (um 1200). 1896 kaufte es der Darmstädter Hofapotheker Gros, dessen Nachfahren noch heute hier wohnen. Es liegt idyllisch am Bach am Ostrand des Dorfes (Bachstr. 27). – Daneben der Winzerkeller (1620), ehemals hessi-

Kürnbach

sche Zehntscheune (Klosterstr. 21). - **Sonstiges:** Herrschaftliches **Amtshaus** des Deutschen Ordens, der seit 1297 den Kirchenzehnt besaß. Der zweistöckige privat bewohnte Massivbau unter Walmdach (1730) diente als Pfarrhaus. Er steht versteckt hinter der Kirche, fällt jedoch durch ein modernes Tor mit Deutschordenskreuz auf. - In der evang. Kirche sind mehrere Epitaphien, darunter ein monumentales des letzten Hr. von Sternfels. Badisches und hessisches Wappen über den Eingängen. – Die badische Kelter (1670, ursprünglich württembergisch) ist heute Bürgerhaus (Marktplatz 5). – Die Hessenkelter (1751) ist ein lang gestreckter Fachwerkbau (Lammstr. 17). – Von den beiden Toren sind Reste mit Wappen erhalten (Bachstr. 8; Obertor am Ende der Burgstraße).   (2008)

O 4 Küssaberg WT

Der Landkreis Waldshut ist die geologische Abbildung BWs im Kleinformat. Zwischen Hochschwarzwald und Schaffhausener Rheinfall ist das **süddeutsche Schichtstufenland,** das weitgehend dem geologischen Aufbau BWs entspricht, auf eine Strecke von nur 40 km zusammen gepresst (s. Singen). Die von West nach Ost fallenden Schichten beginnen mit dem Grundgebirge, das mit Gneisen und Graniten den Hochschwarzwald zwischen St. Blasien und dem Hotzenwald bildet. Ein schmaler Streifen Buntsandstein tritt am Abfall des Hotzenwaldes nach Waldshut zu Tage. Dem folgt der Muschelkalk, der den Untergrund für eine fruchtbare Hochebene zwischen den Flüssen Steina und Wutach bildet. Der daran anschließende Keuper (Gipskeuper, Mergel) formt östlich der Wutach ein welliges Hügelland. Abgeschlossen wird das Schichtstufenland vom Jura, dessen oberste Schicht als harter Weißjura den Berg Randen im Kanton Schaffhausen bildet. Keuper und unterste Juraschicht (Schwarzjura) formen den Klettgau. Infolge der geschichtlichen Entwicklung kam dessen nördliche Hälfte an den Kanton Schaffhausen, die südliche Hälfte an Deutschland.

Burg Küssaburg

Die Burg auf dem Küssaberg war Sitz eines Grafengeschlechtes, das 1172 die Landgrafschaft Albgau (s. Stühlingen) erbte und 1250 ausstarb. Der Bf. Konstanz erwarb 1244 die Burg. 1497 trat er sie zusammen mit der Stadt Tiengen an die Gf. Sulz ab, die sie zur Festung der Landgrafschaft Klettgau (s. Waldshut-Tiengen) ausbauten. Im 30j. Krieg (1634) wurde sie zerstört.
Bauten: Von der **Festung** blieben die Ringmauer und der Zwinger erhalten. Restauriert wurden vom Küssaburgbund der Torturm sowie Teile der stauferzeitlichen Burg mit dem Bergfried. Die weitläufige Anlage, die im Sommer für Aufführungen genutzt wird, ist mit zahlreichen Informationstafeln versehen.

OT Rheinheim

Die Dorfherrschaft unter der Oberhoheit der Herrschaft Küssaburg kam im 13.Jh an den Bf. Konstanz, der sie 1497 an das Benediktinerkloster Rheinau (s. Jestetten) verkaufte. Die Oberhoheit lag bei der Herrschaft Küssaburg, mit der

Küssaberg

sie an die Gf. von Sulz und damit an die Landgrafschaft Klettgau gelangte. Das Dorf war Sitz des Landgerichts für die Herrschaft Küssaberg.
Bauten: Herrschaftliche **Häuser** machen das Dorfzentrum zu einem der schönsten im Landkreis. Das ehem. **Jagdschloss** (1526), ein zweistöckiger Steinbau mit Staffelgiebel, fällt durch seinen Treppenaufgang und die Sonnenuhr auf. Es diente lange Zeit Rathaus und heute als Heimatmuseum (Rathausring). - Das Pfarrhaus, die Pfarrscheune und die Zehntscheune sind stattliche Gebäude mit Staffelgiebeln und Wappen des Klosters Rheinau. Ebenso findet man das Rheinauwappen an und in der kath. Kirche (z.B. Kanzel).

UMGEBUNG: Auch im idyllisch gelegenen Dörfchen **Bühl** (Gem. Klettgau) stößt man auf das Kloster Rheinau. Hier unterhielt es eine Propstei zur Verwaltung des Besitzes, heute Pfarrhaus. Das daran zu sehende Wappen stammt jedoch vom Bf. von Freiburg, der es anlässlich einer Renovierung (1922) anbrachte. Das Klosterwappen prangt am Altar der kath. Kirche. (2009)

Kupferzell KÜN D10

Die Stadtkirche evangelisch - die Schlosskapelle katholisch, dies sind untrügliche Zeichen eines **Konfessionswechsels** nach dem 30j. Krieg. Denn die zum 1.1.1624 geltende Konfession der Untertanen durfte laut Friedensvertrag bei einem späteren Konfessionswechsel der Herrschaft nicht über Zwangsmaßnahmen verändert werden. Dies galt auch für das Haus **Hohenlohe,** von dem ein Zweig 1667 zum Alten Glauben zurückkehrte (s. Waldenburg). Anschließend siedelte man Katholiken in den Residenzstädtchen an, die hier links der Kupfer eine eigene Straße „Vorstadt" erhielten. Diese benötigten eine Kirche, deren Bau laut Friedensvertrag jedoch vom Kaiser erlaubt werden musste, wogegen sich die alteingesessene Bevölkerung vehement wehrte. Um das zu umgehen, richtete die Herrschaft im Schloss eine Kapelle für den Privatgottesdienst ein, die den kath. Untertanen offen stand. In Kupferzell erhielten sie erst 1902 eine eigene Kirche im Schlosspark.

Kernort

Die Zelle am Flüsschen Kupfer kam 1323 an die Gf. Hohenlohe, die hier ein Amt für 10 Dörfer einrichteten. Das fiel bei der Teilung 1555 an die Linie im benachbarten Waldenburg und erlebte daher den Konfessionswechsel. Nach 1667 wurden landlose Katholiken angesiedelt, für deren Betreuung ein Hospiz (= Unter-

Kupferzell. Sehr funktional wirkt das Hohenlohe-Schloss

kunft) für drei Franziskaner aus Schillingsfürst eingerichtet wurde. Das Dorf diente im 18.Jh und 19.Jh als Nebenresidenz.
Bauten: Das **Schloss** (1727) ist eine Dreiflügelanlage mit einem dreistöckigen

281

Kupferzell

Hauptgebäude unter Mansarddach. Über den beiden Portalen Allianzwappen. Bescheidenes Kapellentürmchen. Die Anlage in einem weiten Park am Dorfrand wird heute als Akademie für Landbau und Hauswirtschaft genutzt.
- **Sonstiges:** Das Amtshaus (1713), ein dreistöckiges Doppelgebäudes mit Treppenturm, dominiert den Marktplatz. Über dem Portal das Allianzwappen Hohenlohe/Welz. – Im Dorf die evang. Kirche mit einem prächtigen Allianzwappen. Im Schlosspark die schmucklose kath. Kirche.
UMGEBUNG: Außergewöhnlich prächtig ist das Hofgut „Schafhof" beim Weiler Belzhag im Westen des Kernorts. (2010)

C5 Ladenburg HD

Wenn ein Fürstbischof nicht einmal mehr eine Residenz besitzt, so kann es mit seinem Hochstift nicht weit her sein! – Das altehrwürdige **Bistum Worms** erlebte einen tiefen Abstieg. Wahrscheinlich gab es bereits im 4.Jh im römischen Worms einen Bischof, womit es zu den ältesten Bistümern Deutschlands zählt. Die Burgunder und anschließend die Franken führten die Tradition fort. Im Hochmittelalter kam der Abstieg. Denn der Pfalzgraf bei Rhein (= Kurpfalz) nutzte seine Stellung als Bistumsvogt und damit Vertreter in weltlichen Angelegenheiten rigoros aus, um mit Bischofslehen sein Territorium aufzubauen bzw. zu erweitern. Schließlich sank es im Spätmittelalter zu einer Art Landesbistum der Kurpfalz ab und wurde nach dem 30j. Krieg aufgrund seiner Verarmung nur noch von anderen Fürstbischöfen mitregiert. Das weltliche Territorium des Fürstbischofs (= Hochstift) umfasste 1789 gerade mal 75 km² mit rund 3500 Einwohnern. Symptomatisch für den Abstieg dürfte sein, dass der Bischof zuerst aus seiner „Hauptstadt" Worms und schließlich sogar aus seiner Ausweichresidenz in Ladenburg vertrieben wurde.

Kernstadt

Keltische Siedlung, dann römisches Kastell und Stadt (Civitas Lopodunum). Die Siedlungskontinuität nach der Eroberung durch die Alemannen (260) ist offensichtlich, denn nach der Stadt (Civitas) wurde der fränkische Lobdengau benannt. Der fränkische Königshof wurde 628 dem Bf. Worms geschenkt, der in den Konflikten mit der Reichsstadt Worms hierher auswich. Die Kurpfalz erzwang jedoch 1370 eine gemeinsame Stadtregierung (Kondominat) und führte 1565 die Reformation ein. 1705 kam die Stadt gänzlich an die Kurpfalz und fiel anschließend in einen Dornröschenschlaf, weshalb die historische Struktur außergewöhnlich gut erhalten blieb.
Bauten: Das **Schloss** („Bischofshof", 16.Jh) steht an der Stelle eines karolingischen Königshofs. Es ist ein zweistöckiges Gebäude mit zwei Erkern und einem achteckigen Treppenturm, bemalt im Stil der italienischen Renaissance. Mehrere schöne Bischofswappen. Heute historisches Museum. - **Sonstiges:** Mehrere Epitaphien des Stiftsadels (v.a. von Sickingen) in der kath. St. Galluskirche, die auf den Mauern einer römischen Marktbasilika steht. - Zwei Bischofsgräber in der St. Sebastianskapelle neben dem Bischofshof. - Von den ehemals sieben

Adelshöfen in einem eigenen Stadtviertel blieben der ummauerte Bettendorffer Hof in der Jesuitengasse sowie der Handschuhsheimer Hof und das Palais Preysing in der Rheingaustraße erhalten. - An den Domhof erinnert nur noch der Straßennamen. (2004)

Langenargen FN O 10

Montfort = Starkenberg. So nannte sich seit 1206 Gf. Hugo, der von seinem Vater Pfalzgraf Hugo von Tübingen die Besitzungen im Bodenseeraum erhielt, welche dieser zuvor von den Gf. Bregenz erheiratet hatte. Der Schwerpunkt seiner Herrschaft lag im Vorarlberger und rätoromanischen Raum, daher wahrscheinlich der romanische Namen. Aufgrund vieler Teilungen und der Abspaltung der Gf. Werdenberg (1258, s. Trochtelfingen) verloren die Gf. Montfort jedoch ihre Besitzungen südlich des Bodensees und mussten am Ende (1780) auch den Rest an Habsburg abtreten (s. Tettnang). In Langenargen ist die Namensgebung für das „maurische" Schlösschen eine nachträgliche Anerkennung für sie.

Kernort
Der Ort war im Hochmittelalter bedeutend. Hier befand sich die Gerichtsstätte für den Argengau, hier war die Mutterkirche für 32 Siedlungen. Er gelangte 1290 unter die Herrschaft der Gf. Montfort, die 1330 auf der vorgelagerten Insel eine starke Burg bauten. Diese wurde später zur Sommerresidenz umgebaut. Die starke Konkurrenz der Reichsstadt Lindau hinderte die Stadt am Aufschwung. Mit dem Ausverkauf kam 1780 der Ort an Habsburg und unter Napoleon an Württemberg. Das neu erbaute Schloss kam 1873 an die badische Großherzogin Luise von Preußen, die drei Jahrzehnte lang die Sommerferien hier verbrachte. Heute ist es in Stadtbesitz.

Schloss Montfort ist eine Mischung von Neugotik und Maurischem Stil

Bauten: Das **Schloss Montfort** wurde 1861-66 an der Stelle der Burg für den württ. Thronfolger als Privatbesitz erbaut. Es ist ein kompakter und zugleich eleganter Bau aus Klinkersteinen, der ähnlich der Stuttgarter Wilhelma in neugotischen und maurischen Formen erbaut wurde. Das zweistöckige Gebäude mit zinnenbekränztem Turm wird von schmalen Ecktürmchen eingefasst. Heute Gaststätte und Kulturveranstaltungen. Es liegt am Westrand des Städtchens und ist durch einen Damm mit dem Schlosspark verbunden. An dessen Rand steht ein zweistöckiges Kavaliershaus (Untere Seestr. 7). – **Sonstiges:** Das Amtshaus ist ein Steinbau mit Staffelgiebel, heute privat bewohnt (Obere Seestr. 39). – Mehrere Epitaphien von Priestern und Amtleuten in Annakapelle.

UMGEBUNG: In der Stadt **Kressbronn** wird eine Villa „**Schlössle**" genannt, erbaut 1896 in einer Mischung von Neorenaissance und Schweizer Heimatstil. Heute Galerie und Museum mit großem Park zum See (Seestr. 20).

Langenargen

Zu Kressbronn gehört die urtümlich aussehende Wasserburg **Gießen.** Als Adelssitz kam sie 1405 an die Reichsstadt Lindau, die sie zum Mittelpunkt einer Herrschaft von fünf Siedlungen machte. Man betritt die von einer Ringmauer mit Rondelltürmen geschützte Anlage über einen Torturm. Im Zentrum stehen der rechteckige Bergfried (13.Jh) und ein dreigeschossiger Palas (1325) mit Staffelgiebel. Seit 1810 als Bauernhof in Privatbesitz. Lage: ca. 8 km im Norden von Langenargen an der Landstraße nach Tettnang, 400 m vor der Brücke über die Argen. Neben der Brücke steht das ehem. Zollhaus der Reichsstadt Lindau, ein stattlicher zweigeschossiger Bau (1784). (2005)

112 Langenau UL

Das größte **Reichsstadtterritorium** nach Nürnberg besaß die Reichsstadt Ulm. Mit über 800 km² entspricht es einem mittleren Landkreis im heutigen BW. Der Aufbau gelang im Spätmittelalter wie bei allen Reichsstädten auf Kosten des umwohnenden Adels. Während sich jedoch andere Städte damit begnügen mussten, einzelne Dörfer oder Rittergüter aufzukaufen, konnte Ulm fast gleichzeitig Ende des 14.Jh zwei Grafschaften (Albeck und Helfenstein) erwerben. Es war die Krise des Adels und die Glanzzeit der Städte. Aber dennoch ist es unglaublich, welche finanziellen Ressourcen diese Reichsstadt besaß, denn 1377 wurde sowohl der Grundstein für den Münsterbau gelegt wie auch die Grafschaft Albeck gekauft. Die Grafschaft wurde zur Oberen Herrschaft innerhalb des Reichsstädtischen Territoriums, verwaltet von patrizischen Obervögten in Langenau und Albeck.

OT Albeck

Die Burg auf dem Eck am Albrand, an der Handelsstraße Ulm-Nürnberg liegend, war in der Stauferzeit Sitz eines Hochadelsgeschlechtes. 1293 kam die Herrschaft an die Gf. Werdenberg und wurde Sitz einer eigenen Linie. Diese musste jedoch bereits 1377 überschuldet an die benachbarten Ulmer „Pfennigfuchser" verkaufen, welche hier ein Oberamt einrichteten. Dieses umfasste ab dem 16.Jh nur noch das Städtchen (s. u. Langenau).
Bauten: Von der mittelalterlichen **Burg** blieb nur ein neugotisch erhöhter Rundturm erhalten, denn auf dem Burggelände hatte man das Ulmer Amtshaus errichtet, das wiederum später einem jugendstilartigen Wohngebäude weichen musste. Auf dessen Südseite steht unzugänglich der bewohnte Rundturm mit Zinnenkranz. Graben und Burgmauern sind z. T. noch erhalten. Das insgesamt große Gelände über dem Dorf („Alte Steige") ist nur von Außen einsehbar.

Kernort

Die Stadt wurde 1301 von den Gf. Werdenberg aus drei Siedlungen mit drei uralten Kirchen (Obere-, Mittlere- und Untere Kirche) zusammengefügt, weshalb sie bis heute sehr lang gezogen wirkt. Als Teil der Herrschaft Albeck wurde sie an die Reichsstadt Ulm verkauft. Die starke Quellschüttung des Flüsschen Nau schuf ideale Voraussetzungen für Mühlen aller Art und damit wirtschaftliche

Aktivitäten. Die Ulmer Wirtschaft jedoch wollte keine Konkurrenz, weshalb der Ort zum Zulieferer für die Ulmer Barchentproduktion (= Mischung von Leinwand und Baumwolle) reduziert wurde. Dies sowie die Einführung der Reformation erzeugte Widerstand. Ab dem 16.Jh saß in Langenau der Obervogt für die gesamte Obere Herrschaft, eine den Ulmer Patriziern reservierte Position.
Bauten: Das **Amtshaus** ist ein lang gestrecktes zweistöckiges Gebäude mit Zierfachwerk unter Satteldach, das von Geschäften und Wohnungen genutzt wird. Im ummauerten Hof steht eine uralt wirkende Scheune. (Hindenburgstr. 17). - **Sonstiges:** Das Welserschlössle (1671) ist ein unauffälliges verputztes Haus mit einer Eselsrückenpforte, benannt nach Gf. Welser als Besitzer im 19.Jh. Hindenburgstr. 33, heute Geschäftshaus. - Eine herrschaftliche, geschlossene Anlage ist der ehem. Pfleghof des Klosters Anhausen hinter der Martinskirche (Kirchgasse). Hier stand ursprünglich ein fränkischer Königshof. Das württ. Wappen über dem Eingang wurde 1744 angebracht, als das Herzogtum den Pfleghof als Pfand auslöste und damit gegenüber der Reichsstadt seine Macht demonstrierte. Im 15.Jh erhielt der Hof das Privileg des Asyls, woher das Freihäusle auf der Südseite seinen Namen hat. Die Gebäude in Stadtbesitz dienen heute als Museum, Gemeindehaus und Bücherei. – Die evang. Martinskirche ist eine alemannische Urkirche am Ort eines römischen Tempels, worauf ein römischer Grabstein hinweist. In ihr stehen mehrere Epitaphien von Ulmer Patriziern („Senatoren"). Prächtig prangen die Wappen der Reichsstadt Ulm sowie der zur Zeit der Renovierung (1669) zuständigen Amtleute und Bürgermeister (z.B. Schad, Ehinger) über dem Chorbogen.

UMGEBUNG: Die Nachbargemeinde **Rammingen** war eine kath. Enklave des Zisterzienserklosters Kaisheim (bei Donauwörth) im prot. Ulmer Gebiet. Verwaltet wurde sie von der Grangie **Lindenau**. Hier steht noch der zweistöckige Gästebau mit schönen Volutengiebeln, heute eine beliebte Ausflugsgaststätte. Mit den Wirtschaftsgebäuden bildet er einen Gutshof. Lage: ca. 2 km nördlich des Dorfes. - Auf der Westseite der kath. Dorfkirche steht als Rest der Ortsadelsburg der renovierte Stumpf des Bergfrieds.

UMGEBUNG: Im Nachbardorf **Asselfingen** steht in der Hirschstraße (Nr. 16) der ehem. Gasthof Hirsch, heute ein Bauernhof. Hier stand eine der beiden Ortsadelsburgen. Nach der Reformation übte das evang. Ulmer Damenstift die Dorfherrschaft durch einen hier wohnenden Vogt aus. Die äußerlich unauffällige Anlage besteht aus einem Wohnhaus unter Walmdach und Wirtschaftsgebäuden. (2007)

Langenbrettach HN D9

„Wer zuerst kommt, mahlt zuerst" ist nicht nur eine Lebenserfahrung, sondern war eine der vielen Vorschriften, mit denen man eine für die Gemeinschaft fundamentale Einrichtung/Erfindung unter Kontrolle behalten wollte. Das ursprünglich zu den Königsregalien zählende Mühlenrecht gelangte im Hochmittelalter an die Landesherren, die es im Rahmen von **„Zwing und Bann"** zum Landesausbau verwendeten. So führten sie den **Mühlenbann** ein, womit sie die Anzahl der Mühlen festlegten und nur der von ihnen bestätigte Müller das Recht zum Mahlen besaß. Komplementär dazu waren die Untertanen verpflichtet, nur in einer bestimmten Mühle mahlen zu lassen, die so zur **Bannmühle** wurde. Damit war häufig ein weiter Anfahrtsweg verbunden, - eine der vielen Ursachen für Konflikte mit der Herrschaft. Mit dem Mühlenbann konnte kontrolliert werden, ob das in einem bestimmten Gebiet gewachsene Getreide auch hier verwertet wurde. Eine weitere Vorschrift engte den Spielraum der Müller ein, denn sie erhielten statt Geld in der Regel 1/16 oder 1/32 des Mehls. Solche Regelungen galten bis ins 19.Jh hinein, wie der Kaufvertrag (1837) der prachtvollen manieristischen Mühle im OT Brettach zeigt, mit dem der Mühlenbann endete.

OT Brettach

1261 Dorfadelssitz. Die Oberhoheit gelangte von den Gf. Weinsberg an die Kurpfalz und 1504 im Landshuter Erbfolgekrieg (s. Heidenheim) an Württemberg. Der aus Böhmen stammende Religionsflüchtling Heinrich Chanovsky von Langendorf, Oberforstmeister im benachbarten Neuenstadt, baute 1594 ein Schloss, das 1664 von der Linie Württemberg-Neuenstadt erworben wurde. – Nach dem Dorf nennt sich eine nur in BW bekannte Apfelsorte.

Bauten: Das Chanovsky-**Schlösschen** (1594) ist ein zweistöckiges Steingebäude mit einem hohen, verzierten Volutengiebel. Das manieristische, privat bewohnte Haus mit wappengeschmücktem Eingang steht direkt an der Hauptstraße. - **Sonstiges:** Zum Schlösschen gehörte ein

Brettach. Das manieristische Schlösschen eines Glaubensflüchtlings aus Böhmen

Gesindehaus. Das private Gebäude gegenüber der Kirche fällt durch ein Renaissanceportal (1580) auf. – Mehrere Epitaphien und zwei Wappen Württembergs sind in der evang. Kirche. - Das Gasthaus Lamm an der Hauptstraße fällt wegen seines manieristischen Portals (1601) mit einem Fischweibchen-Wappen auf. – Das prachtvollste Gebäude des Dorfes ist die **Mühle** an der Brettach. Der zweistöckige Steinbau mit einem dreigeschossigen, löwengekrönten Volutengiebel ist dem Chanovsky-Schlösschen sehr ähnlich, es wurde wahrscheinlich vom gleichen Baumeister 1601 errichtet. Frisch saniert dient sie als dörfliches Kulturzentrum mit Museum.

UMGEBUNG: Zur Gemeinde gehört der Weiler **Neudeck,** bei dem die Burg der Hr. von Neudeck (Neydeck) verschwunden ist. Nur noch die mächtige Schafscheune (1589) erinnert an die Vergangenheit. (2006)

Langenburg SHA D11

Auf Rätselhaftes stößt man hier im Jagsttal: Zum einen auf die Krypta im OT **Unterregenbach,** die zu einem Kloster gehört haben muss, was man aber nur aufgrund der archäologischen Funde erschließen kann, da es keinerlei Urkundenbelege dafür gibt. Zum anderen auf die figürliche Grabplatte des **Ritters Rezzo** in voller Rüstung in der Kirche des Dorfes **Bächlingen,** die wegen des frühen Zeitpunktes (1320) erstaunt, denn für diese Zeit finden wir figürliche Abbildungen nur beim Hochadel, also nicht bei Rittern (Die zeitnächsten Epitaphe von Rittern tauchen 20 Jahre später in Bopfingen, Öpfingen und Kirchzarten auf, s.d.). Zudem ist das Objekt, das er mit sich trägt, rätselhaft: eine Maske als Wappen? Und wie kommt das Ministerialengeschlecht der Rezze, das 1257-1475 hier saß, zu diesem italienischen Vornamen, der in Italien so gar nicht existiert? (Rezzo ist evtl. eine Variation des Kurznamens Renzo = Lorenzo = Laurentius). Haben die Hohenlohe einen natürlichen (= außerehelichen) Sohn von einem ihrer vielen Italienzüge unter den Staufern mitgebracht und ihm Bächlingen überlassen, das damals mit der Mutterpfarrkirche Zentralfunktion für das umgebende Jagsttal hatte? Erst im Spätmittelalter wurde die darüber liegende Siedlung vor der „Langen Burg" (= Langenburg) zum Hauptort. Heute ist sie ein Besuchermagnet.

Kernort

Beim vermuteten Kloster in Unterregenbach wurden Fundamente eines Herrensitzes entdeckt. Vermutlich wurde im 12.Jh dieser Herrensitz auf den Bergsporn über dem Jagsttal verlegt und eine „Lange Burg" gebaut, weil man hier sicherer war. Wahrscheinlich verwendete man dabei Steine des verschwundenen

Langenburg. Das Residenzstädtchen über dem Jagsttal mit Bächlingen

Klosters für den Burgbau. 1235 ging das Erbe an die Gf. Hohenlohe, die unter Kaiser Friedrich II hohe Staatsämter einnahmen. Langenburg als Burgstädtchen überflügelte bald Bächlingen und ist seit 1573 Sitz einer eigenen Linie.
Bauten: Das **Schloss** (1610-27) enthält Reste der mittelalterlichen Burg (mit Buckelquadern) und barocke Veränderungen (1756-61). Trotzdem gilt es als eine Renaissanceanlage par Excellence aufgrund seines schönen Innenhofs (Galerie, volutengeschmückte Zwerchgiebel) und der Schlosskapelle. Die langgezogene Anlage („Lange Burg") auf einem Sporn über dem Jagsttal wird von Rundtürmen und Bastionen geschützt. Der 1963 abgebrannte barocke Ostflügel ist wieder aufgebaut. Zur Stadt hin (Schlossvorplatz) liegt der Marstall (1448, heute Automuseum) und ein öffentlich zugänglicher Barockgarten. Das Schloss ist für Führungen geöffnet. – **Sonstiges:** Westlich des Schlosses entwickelte sich ein anheimelndes Miniresidenz-Städtchen mit Fachwerkhäusern und einem Stadttor mit Wappen. Das gotische Steinhaus mit Staffelgiebel und Wappen (1585) in der Hauptstrasse diente als fürstlicher Witwensitz. Die evang. Kirche (mit Fürstenloge und Familiengruft) ist gepflastert mit Epita-

Langenburg

phien der herrschaftlichen Familie und von Beamten. Fast völlig gefüllt wird der spätgotische Chor von einer Doppelgrab-Tumba, eine Arbeit von Michael Kern. - Im Friedhof (an der Straße nach Gerabronn) errichtete sich die Fürstenfamilie 1905 ein eigenes Mausoleum, ein Zentralbau nach dem Vorbild Ravennas.

UMGEBUNG: Ca 4 km östlich, an der Straße Richtung Blaufelden, liegt das **Jagdschloss Ludwigsruhe.** Der Architekt Leopold Retti baute es 1742 in einem Wildpark. Das zweistöckige Gebäude unter Mansarddach wirkt aufgrund von Freitreppe und Balkon elegant. In Besitz der Fürstenfamilie, vermietet. Der Zugang in den Hof ist offen. (2006)

K9 Langenenslingen BC

Es ist immer wieder erstaunlich, wie sich innerhalb einer Adelsfamilie solch ein Zusammengehörigkeitsgefühl erhält, dass beim Aussterben einer Linie noch nach Jahrhunderten die andere Linie das Erbe antritt. Das bedeutendste derartige Beispiel bietet Baden (s. Emmendingen und Lörrach). Ähnliches geschah im Falle der **Schenk von Stauffenberg,** die sich im 16.Jh in eine Wilflinger und eine Amerdinger Linie aufspalteten. Die Wilflinger Linie erwarb 1613 Rißtissen, 1619 Lautlingen, 1696 Baisingen und Geislingen, 1747 Jettingen, stellte einen Bischof von Konstanz und wurde 1791 in den Grafenstand erhoben. Als sie rund 250 Jahre nach der Aufspaltung 1833 im Mannesstamm ausstarb, fiel ihr Besitz an die freiherrliche Amerdinger Linie. Diese teilte sich 1874 in einen gräflichen Zweig in Amerdingen (in Bayerisch Schwaben) mit den Widerstandskämpfern Berthold und Claus (s. Albstadt) und einen freiherrlichen Zweig in Rißtissen und hier in Wilflingen.

OT Wilflingen

Die Kirche hinter dem Schloss und die St. Lupus-Kirche, von der nur der freistehende gotische Kirchturm am Ortsrand blieb, waren Pfarrkirchen für die beiden Siedlungskerne Unter- und Oberwilflingen. Im 14.Jh kamen beide Dörfer an die Frh. von Hornstein, die noch heute im nahen Grüningen (s. Riedlingen) sitzen. Über die Truchsessen von Bichishausen fielen sie 1471 als Erbe an die Schenk von Stauffenberg, die sich dem Kanton Donau der Reichsritterschaft anschlossen und bis heute hier wohnen. In jüngster Zeit wurde das Dorf Wilflingen bekannt, weil der Schriftsteller Ernst Jünger („Stahlgewitter") als Gast des Frh. von Stauffenberg seinen Lebensabend im herrschaftlichen Forsthaus verbrachte (heute Gedenkstätte).

Wilflingen. Stauffenbergschloss und Ernst-Jünger-Museum

Bauten: Das **Schloss** aus dem 16.Jh wurde 1710 erneuert. Es besteht aus einem dreigeschossigen Steinhaus unter Satteldach und einem Nordflügel mit vier runden Ecktürmen. Der Wirtschaftstrakt schließt den Hof nach Westen ab.

Langenenslingen

Mehrere Totenschilde hängen im Treppenhaus. Bewohnt von Frh. Schenk von Stauffenberg. - **Sonstiges:** Jenseits der Straße steht das Forsthaus mit Walmdach, heute Ernst-Jünger-Museum. – Die kath. Kirche ist über einen Brückengang mit dem Schloss verbunden. Drei Epitaphien stehen am Durchgang zum Schloss. - Ummauerter Park gegenüber. – Auf dem Friedhof steht ein bescheidenes Grabmonument der Stauffenberg. - Auch der **Eisighof,** eine Domäne südöstlich des Dorfes, gehört der Fam. Schenk von Stauffenberg. Das barocke Hauptgebäude unter Walmdach wird für Festveranstaltungen vermietet.

Kernort

Im heutigen Ortszentrum steht das Schloss-Rathaus, am Ortsausgang (Richtung Altheim) die gotisch-barocke Kirche St. Mauritius mit Friedhof. Beide waren Zentren zweier, im Hochmittelalter bereits verbundener Siedlungskerne. Aus den Händen des Ortsadels kam das Dorf 1306 an Habsburg, 1409 an die Gf. Werdenberg und 1535 an die Gf. Zollern. Als Teil der Grafschaft Sigmaringen teilte es deren Schicksal. Ein Allianzwappen stammt aus dem 18.Jh, als das Schloss wiederholt als Witwensitz diente.

Bauten: Das **Schloss,** 1578, mit Umbauten 1620-30, ist ein zweigeschossiges, rechteckiges Steinhaus unter Satteldach. Vier polygonale Ecktürme und ein schlichtes Allianzwappen Zollern/Montfort (1719) schmücken es. Heute Rathaus. Es steht neben der neugotischen Kirche im Ortszentrum.

UMGEBUNG: Im OT **Dürrenwaldstetten** bilden Kirche, Pfarrhaus und Pfarrscheune ein schlossähnliches Ensemble. Das Wappen (1781) des Klosters Zwiefalten über Chorbogen und Pfarrhauseingang stammt vom Erbauer, Abt Nikolaus Schmidler. (2008)

Lauchheim AA G13

Was unterscheidet den Ritter eines geistlichen Ordens (= Ritterorden) vom weltlichen Ritter? In der Gründungszeit der **Ritterorden** vieles, in späteren Zeiten wohl nur noch wenig. Diesen Eindruck kann man gewinnen, wenn man im Rittersaal der Kapfenburg die Decke betrachtet, wo geflügelte nackte Frauen (Engel?) die Wappen von Ordensrittern halten. In einem Kloster oder Stift wäre eine solche Darstellung zu keiner Zeit vorstellbar gewesen. Doch: Schon alleine dieser manieristisch verspielte Rittersaal lohnt den Besuch!

Schloss Kapfenburg

Südlich des Städtchens Lauchheim, am nordwestlichen Rande der Jurahochebene Härtsfeld (s. Neresheim), thront die Kapfenburg. Der Deutsche Orden rundete seinen

Kapfenburg, Rittersaal. „Lustig war das Deutschordensleben..."

Streubesitz am Ries ab, indem er diese Burg 1364 den Gf. von Öttingen abkaufte. Hiermit konnte er ein geschlossenes Territorium mit der Stadt Lauchheim (s.u.) bilden, sein viertgrößtes im Bereich des heutigen BW. Auf der Burg richtete er eine Kommende (= Verwaltungszentrum) ein, die zur Ballei Franken gehörte. Die Säkularisation kam für den Deutschen Orden erst 1805, der Besitz fiel an Württemberg und ist nach einer grundlegenden Renovierung seit 1999 Musikschulakademie.

Bauten: Die weitläufige **Burg-Schloss-Anlage** bietet einen imposanten Anblick weit ins Tal der jungen Jagst. Die mittelalterliche Burg wurde im Laufe der Zeit ausgebaut, weshalb die verschiedenen Gebäude aus dem 15.-18.Jh stammen. Man betritt die Vorburg („Unterer Schlosshof") durch eine mächtige Rundbastei, erbaut 1534 mit Quadern des hiesigen Braunjuras, und steht inmitten der Wirtschafts- und Verwaltungsbauten: rechterhand Brauerei, Forstamt und Kapelle, linkerhand Schlossscheune, Bandhaus (= Küferei), Fruchtkasten und Finanzverwaltung („Trysolei"). Vor einem ragt steil das eigentliche **Schloss** auf, dessen Innenhof man über eine Treppe und zwei Durchgänge erreicht. Die beiden Hauptgebäude sind nach den jeweiligen Komturen als ihren Erbauern benannt: links der um 1600 erbaute Westernachbau mit der heutigen Verwaltungszentrale, rechts der barocke Hohenlohebau. Interessant ist v.a. der Westernachbau, weil sich in ihm der Rittersaal (s.o.) mit einer eleganten Stuckdecke sowie die Schlosskapelle mit Epitaphien von Komturen und ein Wappenfries befinden. – Im Hohenlohebau bewirtet das Restaurant Fermata Tagungsgäste wie Besucher. Von hier aus hat man Zutritt zum Gang des Obergeschosses, in dem die Wappen der Komture und Deutschmeister aneinander gereiht hängen. - Zugang in den Schlosshof offen. Sonntägliche Führungen. Zufahrt ausgeschildert.

UMGEBUNG: Im Städtchen **Lauchheim** findet man noch Reste des Deutschen Ordens. So zeigt eine Tafel am erhaltenen Stadttor (Oberer Torturm) das große Ordenswappen, umgeben von Wappen von Ordensstädten. Barockpfarrhaus unterhalb der Kirche mit Ordenswappen. Das Rathaus war da sAmtshaus.

UMGEBUNG: Im OT **Röttingen** war die Grablege der Hr. von Schenkenstein, deren Burg bei Aufhausen (s. Bopfingen) verschwunden ist. Von ihnen findet man in der kath. Kirche vier wunderbare Totenschilde, der älteste 1405.

UMGEBUNG: Von weiteren Besitzungen des Deutschen Ordens auf den Höhen des Härtsfeldes blieben Wappen erhalten. So in **Waldhausen** (Gem. Aalen) zwei schlichte Wappen an einer Scheune (am Ortsausgang Richtung Hülben). So im Weiler **Michelfeld** (zwischen Oberriffingen und Aufhausen, beide Gem. Bopfingen) das Jägerhaus, ein barockes Walmdachhaus mit einem kleinen Wappen des Landkomturs von Eyb (1753) über dem Eingang. (2006)

Lauda-Königshofen TBB B10

Zwei Familien benannten sich nach der Stadt **Giebelstadt** im Ochsenfurter Gäu. Zum einen die **Geyer,** von denen eine Linie in Goldbach (s. Crailsheim) saß. Sie schlossen sich der Reformation an. Florian Geyer, ihr berühmtestes Mitglied, kämpfte 1525 auf Seiten der Bauern. Kurz nach dem Aufstieg zu Grafen (1685) starben sie aus (1704), ihr Erbe fiel an den König in Preußen. - Zum anderen die **Zobel,** die vermutlich aus Grünsfeld stammen und sich um 1300 nach Giebelstadt nennen. Sie waren eng mit dem Hochstift Würzburg verbunden. Bf. Melchior, ihr bekanntestes Mitglied, wurde 1558 vom Ritter Grumbach ermordet. Bis 1933 wohnte eine Linie im Schloss in OT Messelhausen.

Als **Madonnenländchen** bezeichnet man volkstümlich Taubertal und Bauland (s. Ravenstein), weil in Dorf, Feld und Flur Bildstöcke mit Marienmotiven stehen. Damit zeigt die Bevölkerung, dass man hier gut katholisch ist und zum Territorium eines Hochstifts (Würzburg oder Mainz) oder des Deutschen Ordens gehörte. Dabei verbreitete sich die Reformation auch hier, wie die OTs Lauda und Sachsenflur zeigen. Die Bildstöcke dienten zur Erinnerung an einen Unfall, als Sühnekreuz, als Totenleuchte, als Pestkreuz oder einfach nur zur Marienverehrung. So auch im OT Gerlachsheim, wo die Mariengruppe vor dem Schloss alle anderen übertrumpft.

OT Gerlachsheim

1197 wurde hier ein Prämonstratenserinnenkloster gegründet, dessen Vogtei beim jeweiligen Ortsherren von Lauda lag. Daher kam sie 1506 mit Lauda an den Bf. Würzburg, der das Kloster im Zuge der Reformation 1552 aufhob. Der Vaterabt im Stift Oberzell (bei Würzburg) wehrte sich jedoch zäh dagegen und erreichte 1717 eine Neugründung als Priorat. Das fiel bei der Säkularisation 1803 an die Gf. Salm-Reifferscheid-Bedburg, die hier für kurze Zeit residierten (s. Krautheim). 1813 wurde in den Gebäuden ein Bezirksamt für 21 Gemeinden eingerichtet und 1838 die gesamte Herrschaft an Baden verkauft. **Bauten:** Das **Schloss** (1721) ist die ehem. Konventanlage. Der hufeisenförmige Bau bildet mit der Kirche eine Vierflügelanlage. Die schmucklosen dreistöckigen Gebäude unter Satteldach werden als Kreisaltenheim genutzt. Freistehend vor dem Schloss erhebt sich bombastisch-prachtvoll die „schmerzensreiche Maria als Trösterin". - **Sonstiges:** Nördlich davon erstreckt sich ein weiter Park mit den Wirtschaftsbauten. - Das Wappen über dem Rokoko-Pfarrhaus stammt vom Stift Oberzell.

Gerlachsheim. Das Madonnenländchen hat seinen Namen von den vielen Madonnenbildstöcken. Im Hintergrund das Schloss

OT Lauda/Oberlauda

Edelfreie saßen auf einer Burg über dem Dorf Oberlauda. Sie gründeten die Stadt Lauda als systematische Anlage. Oberhoheit und Stadtherrschaft gelangten über komplizierte und unerklärbare Wege an den Bf. Würzburg. Der machte

Lauda-Königshofen

1506 die Stadt zum Zentrum eines kleinen Amtes, dessen Amtmann im Schloss in Oberlauda wohnte. Das Kirchenpatronat war in Händen der Kurpfalz, welche die frühe Übernahme der Reformation durch die Bevölkerung duldete, was jedoch Bf. Julius Echter 1581 rückgängig machte. 1803 wurde das Amt Teil des Fürstentums Leiningen (s. Neudenau) und kam damit 1806 an Baden.

Bauten: Das **Schloss** in Oberlauda nennt sich Unteres in Abgrenzung zum im Bauernkrieg zerstörten Oberen Schloss (= Burg). Es ist ein schmuckloses zweistöckiges Steinhaus mit Fachwerkaufsatz unter Walmdach. Am privat bewohnten Gebäude berichtet eine Tafel, dass hier Johann Gottfried von Aschhausen, Bf. von Würzburg und Bamberg, als Sohn des Amtmannes geboren wurde. Separat ist ein löwengeschmücktes Wappen angebracht. (Brunnenstr. 15-17). – **Sonstiges:** In der kath. Stadtkirche in Lauda befinden sich mehrere Epitaphien von Amtleuten und Bürgern.

OT Messelhausen

Die Siedlung der Merowingerzeit ist eines der typischen Beispiele für die komplizierten Herrschaftsverhältnisse. Die hohe Gerichtsbarkeit lag bei der Cent Königshofen und damit beim Bf. Mainz. Die Dorfherrschaft war als Lehen der evang. Gf. Hohenlohe an Landadel vergeben. So ab 1538 an die kath. Zobel von Giebelstadt, die sich damit dem Kanton Odenwald Reichsritterschaft anschlossen.

Bauten: Das **Schloss** (1740) steht an Stelle einer ehem. Wasserburg. Es ist ein schmuckloser Bau, der durch Mittelrisalit und Ecklisenen gegliedert wird. Das dreistöckige, lang gestreckte Gebäude besitzt einige schön stuckierte Räume, darunter die Schlosskapelle. Als Pius-Keller-Haus für Einkehrtage geöffnet. Der bachdurchflossene Park ist öffentlich zugänglich. Lage: Im Dorfzentrum. – **Sonstiges:** Beim prächtigen, wappengeschmückten Portal der kath. Kirche erkennt man die Renaissance u.a. daran, dass die Engelchen ihr männliches Geschlecht zeigen. In der Kirche steht ein Epitaph der Zobel. Die Kreuzigungsgruppe im Friedhof fällt durch ihr Zobelwappen auf. – Eine Zehntscheune mit Wappen steht an der Straße nach Marbach.

OT Königshofen

Ein karolingischer Königshof, nach dem sich das Dorf benennt, wurde zum Mittelpunkt einer Cent (= Hochgerichtsbezirk). Er stand wahrscheinlich bei der kath. Kirche, weil hier bis ins 18.Jh Gericht gehalten wurde. Aus den Händen des Bf. von Würzburg kam der Centbezirk, der 23 Dörfer und Weiler umfasste, 1418 an den Bf. von Mainz. Das Dorf wurde dem Amt Tauberbischofsheim eingeordnet, die Herrschaft von einem Vogt ausgeübt. In die Geschichte ging Königshofen ein, weil hier 1525 im Bauernkrieg bei einer Schlacht Tausende von Bauern den Tod fanden.

Bauten: Von Königshof samt Verwaltungsgebäuden blieb nur noch ein freistehender massiver Turm mit Fachwerkaufsatz übrig. Er wird „Goden" (= Gaden) genannt, weil er Teil einer Kirchenburg war. An ihm sind zwei Wappen des Bf. Mainz (1544, 1600) angebracht. – Das Vogtshaus („Hohes Haus") ist ein dreistöckiges Fachwerkhaus auf Steinsockel mit Außentreppe. Es steht am Südostrand der Altstadt (Obere Mauerstr. 24).

OT Sachsenflur

Ansiedlung von Sachsen unter Karl dem Großen. 1230-1516 saß Ortsadel auf einer Burg. Die Oberhoheit kam von der Gf. Hohenlohe an die Kurpfalz, welche das Dorf als Lehen an häufig wechselnden Landadel gab, so 1561 an die Hr. von Rosenberg. Anschluss an die Reformation und den Kanton Odenwald der Reichsritterschaft. Nach dem Aussterben der Rosenberg (1632) war die Dorfherrschaft zwischen Kurpfalz und Bf. Mainz geteilt.

Sachsenflur. Evang. Inselchen im Madonnenländchen

Bauten: Das **Schlösschen,** eine Zweiflügelanlage mit Treppenturm, war ursprünglich eine Wasserburg. Es wurde von den Hr. von Stetten erbaut, daher ein Allianzwappen Stetten-Layen am Treppenturm (1583). Ins Auge springt der dreistöckige Fachwerkbau auf Steinsockel unter Krüppelwalmdach, der wohl Teile des ehem. Bergfrieds enthält. An einigen Stellen Schießscharten. Mit dem Eingangtörchen wirkt die bewohnte Anlage idyllisch. Sie liegt gegenüber der evang. Kirche am Dorfrand (Schlössleinstr.). Zugang in Hof offen.

UMGEBUNG: Beim **OT Unterbalbach** liegt an der Straße nach Oberbalbach ein großer jüdischer Friedhof. Beide Balbachs waren in der Reformation evangelisch geworden, wurden jedoch im 30j. Krieg vom Deutschen Orden in Mergentheim rekatholisiert. Auf ihn geht die Ansiedlung von Juden zurück. (2007)

Lauffen HN E8

Die **Gf. von Lauffen** stammen von den Grafen im (bayrischen) Nordgau mit dem Leitnamen Poppo ab. Seit 1037 nennt sich ein Zweig dieser Popponen nach Lauffen. Ein Familienmitglied war 1102-24 Erzbischof in Trier. Ab 1011 waren sie Grafen im Lobdengau (bei Ladenburg), zudem als Erben der Zeisolf-Wolfram zeitweise auch Grafen im Kraich-, Enz- und Elsenzgau. Sie gründeten das Kloster Odenheim sowie neben Lauffen die Städte Dilsberg, Eberbach und Hornberg. 1219 starben sie mit Poppo IV aus. An sie erinnert nur noch der ehemalige Bergfried ihrer Burg.

Kernstadt

Beim alemannischen Dorf links des Neckars stand wahrscheinlich in der Karolingerzeit ein Königshof neben der Martinskirche. Die Nordgaugrafen bauten auf der benachbarten Felseninsel im Neckar eine Burg, nach der sich ein Zweig benannte. Als heilig galt die Grafentochter Regiswind, die laut einer Legende von ihrer Amme ertränkt wurde. Die Stadt wurde um 1200 rechts des Neckars gegründet. Dorf, Burg und Stadt fielen nach dem Aussterben (1219) an die Gf. von Baden und wurden 1361 von den Gf. Württemberg gekauft. Diese errichten hier ein Oberamt und eine Festung. Mit der Schlacht bei Lauffen eroberte sich Herzog Ulrich 1534 Württemberg zurück. Das Dorf mit der mächtigen

Lauffen

Regiswindiskirche, die Insel mit dem Burgturm und das Ministädtchen über dem Fluss bilden eine in BW einmalige Kombination.
Bauten: Auf dem Felsen der Neckarinsel steht der Bergfried der **Burg** („Unteres Schloss"), ein viereckiger romanischer Turm aus dem 11.Jh. Er ragt inmitten eines massiven Steinhauses empor, das anstelle der im 30j. Krieg zerstörten Burg als Oberamtsitz gebaut wurde und heute als Rathaus dient. - **Sonstiges:** Auf den Mauern des „Oberen Schlosses", das im Städtchen (rechts des Neckars) stand, wurde 1807 ein Privathaus erbaut, dessen Dimension man erst richtig von der Neckarbrücke bei der Schleuse erkennen kann. Nur von hier lässt sich auch die Stadtmauer in ihrer ganzen Länge betrachten. – Im Städtchen steht noch der 1568 von Herzog Christoph erbaute Schlossflügel, der später zur Stadtkelter umfunktioniert wurde (Hotel-Restaurant „Alte Kelter"). - Epitaphien von Amtleuten und Bürgern sind in der Regiswindiskirche.

UMGEBUNG: Das nördlich benachbarte **Nordheim** hat seinen Namen in Bezug auf Lauffen, weil hier Franken zum Schutz und zur Versorgung des Königshofes angesiedelt wurden. Das Dorf kam zwar 1380 an Württemberg und wurde deshalb protestantisch, der Bf. von Worms behielt jedoch als Rechtsnachfolger eines Wormser Klosters umfangreiche Besitzungen sowie das Kirchenpatronat. So erbaute er 1763 gegenüber der evang. Kirche ein elegantes Rokokogebäude, das mit seinem Mittelrisalit wie ein **Schlösschen** wirkt. Über dem Eingang brachte er das Wappen Worms-Mainz an, weil im 18.Jh beide Bistümer in Personalunion verbunden waren. Darin wohnten der kath. Verwalter der bischöflichen Besitzungen sowie der evang. Pfarrer, eine der vielen für uns unglaublichen Kombinationen im Alten Reich. Elegantes Pfarrhaus, Kirche und ehem. Rathaus mit Sichtfachwerk (1593) bilden ein schmuckes Dorfzentrum. Dahinter erstreckt sich ein weiter Park entlang des Baches, der zum Schloss der Fam. von Marval gehörte. 1854 wurde an dessen Stelle das villenartige Wohnhaus des Konsuls von Seybold erbaut, in dem das heutige Rathaus untergebracht ist. (2009)

K11 Laupheim BC

Die **Hr. von Welden** werden 1202 als Ministeriale der Gf. Burgau erstmals erwähnt. Ihre Stammburg stand in Welden (Gemeinde nordwestlich von Augsburg). Im Bistum Augsburg waren sie ab 1472 Erbmundschenken. Domherrenstellen besetzten sie in Augsburg, Freising, Eichstätt und Würzburg. Nach dem Verkauf ihrer Stammburg an die Gf. Fugger (1597) verlegten sie ihren Hauptwohnsitz ins frisch erworbene Laupheim. 1621 teilten sie sich in drei Linien: Großlaupheim, Kleinlaupheim und Hochaltingen (bei Nördlingen). Sie schlossen sich der Reichsritterschaft an und blieben wie fast alle Ritter des Kantons Donau beim Alten Glauben. Die Großlaupheimer Linie musste 1723 wegen Schulden an die Verwandten in Hochaltingen verkaufen, die Kleinlaupheimer 1829 an Württemberg. Heute leben nur noch die Nachkommen der Kleinlaupheimer Linie in Bayern.

Kernstadt

Die Stadt war im Frühmittelalter ein Herrschaftszentrum mit der Mutterkirche für fünf Siedlungen. Ministeriale der Gf. Berg saßen 1181-1310 auf der Burg in Großlaupheim. Mit der Markgrafschaft Burgau gelangte die Oberhoheit 1331 an Habsburg, das die Dorfherrschaft 1362 als Lehen an die Hr. von Ellerbach (in Erbach) vergab, die sich dem Kanton Donau der Reichsritterschaft anschlossen. Nach deren Aussterben erbten 1582 die Hr. von Welden. Die Teilung (1621) in die beiden selbstständigen Rittergüter Groß- und Kleinlaupheim schuf große Probleme mit den Untertanen wegen ständig überzogener Geld- und Fronforderungen, die erst 1840 mit dem Verkauf an Württemberg endeten. Seit 1730 waren Juden angesiedelt, woraus sich im 19.Jh die größte jüdische Gemeinde Württembergs mit rund 800 Personen entwickelte. Bedeutende jüdische Männer stammen von hier, so z.B. der geadelte Bankier Dr. Kilian von Steiner, auf den Großunternehmen wie WMF und BASF zurückgehen, und Carl Laemmle, der die Filmmetropole Hollywood begründete.

Laupheim. Schloss Großlaupheim beherbergt das größte Museum zur jüdischen Geschichte in BW

Bauten: Das **Schloss Großlaupheim** besteht aus drei Teilen, alle unter 1752 hinzu gefügten Mansarddächern. Der Weg führt von der Stadt durch einen barocken Torbogen zu einem wappengeschmückten Durchgang, über dem sich das „**Neue Schloss**" (1581) erhebt, ein dreistöckiger Steinbau mit frühbarocken Arkaden auf der Rückseite. Mit ihm verbunden steht links (nördlich) die „**Lehensburg**" (1550), ein dreigeschossiger, burgartiger Bau mit vier Ecktürmen. Unterhalb von ihr steht links (nordwestlich) das **Vogteigebäude** („Schlössle") mit einem kleinen Park. Hinzu kommen mehrere Wirtschaftsbauten, so auch rechts ein langes Ökonomiegebäude (18.Jh). Die Anlage erhebt sich über dem Stadtzentrum. Sie wurde 1843 an die (später geadelte) jüdische Familie Steiner verkauft und zur Brauerei umgebaut. Seit 1961 in Besitz der Stadt, Museum zur Geschichte der Juden. - Unterhalb erstreckt sich der 7 ha große Schlosspark. - Das **Schloss Kleinlaupheim** (Biberacher Straße, in der Weststadt), 1766, ist ein dreigeschossiger Rokokobau mit Mittelrisalit unter Mansarddach. Heute Polizei und Amtsgericht. – **Sonstiges** in **Großlaupheim:** Mehrere Epitaphien in kath. Stadtkirche neben dem Schloss. – Nachdenklich macht das klassizistische Epitaph für ein Ehepaar in der kath. Friedhofskirche St. Leonhard (Ecke Ulmer-/Kapellenstr.), wonach eine Frau von Welden (um 1780) bei der Geburt des 15. Kindes mit 38 Jahren starb. - Gepflegter, offener Jüdischer Friedhof („Judenberg, Synagogenweg") in der Stadtmitte. - Spital am Marktplatz, gestiftet von letzter Frau von Ellerbach, mit Gedenkwappentafel für Stifterin (1585), jetzt Altenheim.

Laupheim

OT Unter- und Obersulmetingen
Ca 4 km westlich der Kernstadt liegen ineinandergehend die beiden Dörfer mit zeitweise gemeinsamer Geschichte. Hier saß im 10.Jh ein Hochadelsgeschlecht und ab 1225 eine Ministerialenfamilie, die 1528 ausstarb. Beide Dörfer wurden im 16.Jh Teil des Kantons Donau der Reichsritterschaft, wurden im 18.Jh an das Kloster Ochsenhausen verkauft, gingen bei der Säkularisation (1803) an den Fürsten Metternich-Winneburg und 1805 an Thurn- und Taxis.
Obersulmetingen, im 16.Jh von den Schad von Mittelbiberach erworben, kam als Erbe 1596 an die Ulm von Erbach, die 1699 an das Benediktinerkloster Ochsenhausen verkauften. Das Kloster richtete hier eine Verwaltungszentrale („Pflegamt") ein und baute 1725 das **Schloss** über der Riß an der Stelle eines Vorgängerbaus. Das massige, dreigeschossige Gebäude unter Mansarddach mit Dachreiter steht im Ortszentrum. Die Schlosskapelle wurde durch Umbau (1932) zur heutigen Dorfkirche und ist von außen nicht als Kirche erkennbar.
Untersulmetingen gelangte 1551 aus Händen der Ulmer Patrizier Roth von Schreckenstein an Jakob Fugger aus Augsburg. Die hier ab 1595 sitzende Linie baute das Schloss grundlegend um und verkaufte es 1735 an das Kloster Ochsenhausen. Das **Renaissanceschloss**, ein schmuckloser dreigeschossiger Bau unter einem mächtigen Satteldach (um 1600), wird heute privat bewohnt. Die Kapelle daneben wurde beim Schlossumbau errichtet. Die Hälfte des Kapellengebäudes diente dem Kaplan als Wohnung und ist heute Sitz der Ortsverwaltung. - Drei Epitaphien von Kindern der Gf. Fugger in der Niederkirch an der Straße nach Rißtissen. (2003)

H11 Lauterstein GP

Ein Reiter auf seinem Pferd samt militärischer Ausrüstung im Chor der Kirche!? So verewigt sich General Franz Xaver Leo, Graf von Rechberg und Rothenlöwen, 1767 in „seiner" kath. Kirche im idyllisch gelegenen Burgstädtchen Weißenstein. Die Selbstdarstellung des Adels in „seiner" **Patronatskirche** war selbstverständlich, sogar mit militärischen Insignien. Diese Art der barocken Inszenierung kann jedoch als einmalig für BW gelten. - Wir befinden uns hier im Kerngebiet der Hr. von Rechberg (Hohenrechberg, Donzdorf, Waldstetten s.u.), bis vor kurzem besaßen sie noch Schloss Weißenstein.

OT Weißenstein
Auf der Burg über dem Lautertal saßen 1241-1401 Ministerialen der Gf. Helfenstein. Sie verkauften an die Hr. von Rechberg, die der Ansiedlung unterhalb der Burg 1384 Stadtrechte verliehen, sich dem Kanton Kocher der Reichsritterschaft anschlossen, katholisch blieben, 1624 in den Grafenstand aufstiegen und innerhalb ihrer verschiedenen Linien vererbten.

Weißenstein. Rechberg-Schloss über Miniatur-Burgstädtchen

Bauten: Das **Burg-Schloss** (16.Jh) ist eine Vierflügelanlage, gebildet von dreistöckigen Steinbauten unter Satteldach. Gotische Schlosskapelle. Die Außenfassade wurde im 19.Jh mit Staffelgiebel und Turmerker neugotisch umgestaltet. 1971 an einen Wissenschaftler verkauft, der darin ein Labor für experimentelle Fotografie einrichtete. Die märchenhaft über dem Ort stehende Anlage ist durch einen langen, überdachten Gang mit der barocken kath. Kirche verbunden. In ihr sind erhöht im Chor drei überlebensgroße Epitaphien und mehrere kleine Wappenepitaphien, vermutlich von Kindern.

UMGEBUNG: Auch die Teilorte der nahen Gemeinde Waldstetten waren bereits im 13.Jh rechbergisch und wurden im 16.Jh dem Kanton Kocher der Reichsritterschaft angeschlossen. So saß im **OT Waldstetten** eine Rechberg-Linie, deren 1601 neben der Kirche erbautes Schloss im 30j. Krieg zerstört wurde. 1699 erwarb die Fürstabtei Ellwangen die Herrschaft. Ihr Amtshaus, ein kubisches, schmuckloses, bescheidenes Gebäude unter Walmdach wurde als Schlössle bezeichnet. Das Haus mit dem Wappen (1772) des Stiftsheiligen St. Vitus über dem Eingang steht links der Straße nach Gmünd („Beim Schlössle"). – Der **OT Wißgoldingen** gehörte den Rechberg im benachbarten Donzdorf. 1742 verkauften sie an den Frh. vom Holtz in Alfdorf. Ihr Amtshaus, ein stattlicher schmuckloser Bau unter Satteldach, dient seit 1612 als Pfarrhaus. Im alten Chor der kath. Kirche stehen zwei Wappenepitaphien der Rechberg. (2009)

Lehrensteinsfeld HN   E8

Rund ein Drittel der Bevölkerung des Deutschen Reiches starb im **30jährigen Krieg.** Aber wie in allen Kriegen gab es auch Kriegsgewinnler. Erwartungsgemäß waren dies erfolgreiche Militärs, die im oder nach dem Krieg Herrschaften aufkauften. So z.B. der in schwedischen Diensten stehende Oberst von St. Andrè (s. Königsbach), der kaiserliche Kriegskommissar Lang (s. Leinzell) oder auch Feldmarschall Melchior von Hatzfeld (s. Niederstetten). Die großen Verlierer waren die Reichsstädte und viele alteingesessene Landadlige, wie in Lehrensteinsfeld die uralte Kraichgauer Familie Gemmingen. Hier war der Gewinner ein in französischen Diensten stehender Feldmarschall.

Kernort

Das Dorf wuchs bereits im Mittelalter aus Lehren und Steinsfeld zusammen. Württemberg erwarb im 14.Jh die Oberhoheit und vergab 1393 das Lehen an die Hr. von Weiler. 1477 kamen beide Dörfer an die Hr. von Gemmingen, die sich damit dem Kanton Kraichgau der Reichsritterschaft und der Reformation anschlossen. 1649 verkauften sie an den kath. Feldmarschall Ludwig von

Lehrensteinsfeld. Adelssitz, Feldmarschallschloss, Industriellenschloss, Weingut

Lehrensteinsfeld

Schmidtberg, der aus den Rheinlanden stammt. Ansiedlung von Juden. Nach dem Aussterben der Schmidtberg (1777) erwarben die Gemmingen erneut die Herrschaft und bauten das Schloss um, das 1886 von Julius Dietzsch aus Stuttgart gekauft wurde.

Bauten: Das **Schloss** (16.Jh) steht an Stelle einer Wasserburg. Der dreistöckige Steinbau unter Satteldach verdankt sein Aussehen weitgehend dem frühklassizistischen Umbau von 1778. Das Schloss zeigt seine Schauseite zum weiten Park hin, an dessen Nordseite eine Orangerie steht. Bewohnt von Dietzsch-Dörtenbach, heute ein Weingut. - **Sonstiges:** Grabkapelle der Gemmingen auf dem Friedhof mit Epitaphien der Schmidtberg. - Herrschaftsloge in evang. Kirche. - Von der 1969 abgebrochenen Kirche steht noch der Chorturm als markanter Punkt im Dorfzentrum. – Jüd. Synagoge in Resten erhalten (Lehrenerstr. 41). (2004)

L7 Leibertingen SIG

Wenn man Kindern und Jugendlichen **Burgenromantik** vermitteln will, so muss man sie hierher ins Donautal bei Beuron schicken. Burg Wildenstein, „die schönste Jugendherberge Deutschlands", sitzt wie ein Adlerhorst auf dem Felsgestein rechts über der Donau, die hier spektakulär die Schwäbische Alb durchbricht. Zwischen Fridingen und Sigmaringen gibt es einen Reihe solcher Adelssitze auf freistehenden Felsen, z.B. Bronnen (s. Fridingen) Werenwag (s. Beuron), Gutenstein (s. Sigmaringen). Burg Wildenstein ist die größte und spektakulärste von allen.

Burg Wildenstein. Mehr Festung als Burg, wie ein Adlerhorst über dem wildromantischen Donautal liegend

Burg Wildenstein

Dieser Sitz eines freiadligen Geschlechts kam 1398 an die Hr. von Zimmern (s. Meßkirch), welche die Burg im 16.Jh zu einer für uneinnehmbar gehaltenen Festung umbauten. Dies ist außergewöhnlich, denn solch aufwändigen Anlagen konnten sich eigentlich nur große Reichsstädte und Fürsten leisten. Weil die Festung jedoch abseits wichtiger Strassen lag und damit strategisch wertlos war, richteten hierin die erbenden Gf. Fürstenberg im 18.Jh ein Staatsgefängnis ein. Seit 1972 ist sie in Besitz des DJH.

Bauten: Die **Burg-Festung** besteht aus drei Teilen. Vom 500 m entfernten Parkplatz führt eine schöne Buchenallee über eine Zugbrücke zur (1.) Vorburg. Über eine weitere Zugbrücke geht es zum (2.) Festungsbollwerk mit meterdicken Mauern. Anschließend gelangt man über einen Hof, der beidseitig von einem gedeckten Gang eingefasst wird, zu (3.) Palas und Burgkapelle, die als Reste der mittelalterlichen Burg auf dem äußersten Felsen sitzen Diese scheinen mit dem Felsen verwachsen und erzeugen so den adlerhorstartigen An-

blick vom Donautal aus. Die Anfahrt von Leibertingen her ist ausgeschildert.
UMGEBUNG: Im **OT Thalheim** steht in der Hohenzollernstr. (Nr. 28) ein ehemaliges **Jagdschloss** der Sigmaringer Hohenzollern. Das schmucklose Wohnhaus wird privat bewohnt. (2003)

Leimen HD D6

Nach dem 30j. Krieg wurde der **Hoffaktor** in allen großen und in vielen kleinen deutschen Territorien zur Voraussetzung zum Funktionieren des Hoflebens. In der Regel waren es Personen, die bei Heereslieferungen ihr Organisationstalent bewiesen hatten und dadurch reich geworden waren. Damit konnten sie anschließend den Landesherren bei der Beschaffung von Luxusgütern und bei der Staatsfinanzierung helfen. Juden nahmen dabei eine Schlüsselposition ein, weil sie über ihr familiäres Netzwerk kurzfristig größere Darlehen aus dem Ausland besorgen konnten. So bürgerte sich auch die Bezeichnung **Hofjuden** ein, zu denen solch bekannte Namen wie Rothschild, Oppenheimer („Jud Süß"), Wertheimer und Madame Kaulla gehörten. Als typisch kann der Mannheimer Hof gelten, der seine Prunk- und Verschwendungssucht im 18.Jh nur mit Hilfe der jüdischen Familienverbände May und Mayer befriedigen konnte. Ihr Nachfolger war Aaron Elias Seligmann, der nach dem Umzug des Kurfürsten von Mannheim nach München nach Bayern geholt wurde, um hier einen Staatsbankrott zu verhindern. Damit stieg er 1814 zum Freiherrn von Eichthal auf, seine Nachkommen gründeten die bayrischen Banken „Hypothekenbank" und „Vereinsbank", heute HypoVereinsbank. Aber auch im Großherzogtum Baden waren sie weiterhin aktiv, z.B. in St. Blasien mit der Gründung der ersten Maschinenfabrik Badens. In Leimen hinterließen sie eine gute Erinnerung in Form eines Schlösschens.

Kernort

Das Dorf kam 1351 aus dem Besitz der Hr. von Bolanden an die Kurpfalz. Diese befestigte es und machte es 1464 zum Amtssitz der Kirchheimer Cent (s. Neckargmünd). Reformation. 1689 völlig Zerstörung durch die Truppen des Sonnenkönigs. 1779 errichtete der hiesige Schutzjude und Salzhändler Aaron Seligmann eine Tabakmanufaktur und schließlich als Hoffaktor 1792 ein Schloss. **Bauten:** Das **Schloss** (1792) ist ein zweigeschossiger, lang gestreckter Bau zu 11 Achsen. Die Strenge des klassizistischen Gebäudes unter Mansarddach wird durch den Balkon über dem Eingang gemildert. Es steht inmitten der Stadt und ist seit 1841 Rathaus.

OT Gauangelloch

Die Ritter von Angeloch saßen als Ministeriale des Bf. Worms auf einer Wasserburg. 1330 erwarb die Kurpfalz die Oberhoheit und ordnete das Dorf der Meckesheimer Cent ein. Somit mussten die Hr. von Bettendorff, welche die Dorfherrschaft seit 1476 besaßen, hier landsässig bleiben. Sie schlossen sich der Reformation an und wohnen bis heute hier.

Leimen

Bauten: Die im 30j. Krieg zerstörte **Wasserburg** wurde 1665 wieder aufgebaut, wie eine Bauinschrift verkündet. Nach dem Abbruch im 19.Jh blieb nur noch ein schlichtes Steingebäude unter Krüppelwalmdach erhalten. Es wird heute als Galerie für afrikanische Kunst von Frh. von Bettendorff genutzt und steht außerhalb des Dorfes an der Straße nach Schatthausen. - **Sonstiges:** Viele Epitaphien der Bettendorff in evang. Kirche.

UMGEBUNG: Von Gauangelloch rund 8 km entfernt liegt die Gemeinde **Mauer**, Fundort des Homo Heidelbergensis. Auch hier setzte die Kurpfalz die Landeshoheit durch. Die Wasserburg der hiesigen Dorfadelsfamilie, welche 1652-1763 die Bettendorff und anschließend die Zillenhardt besaßen, ist völlig verschwunden. Sie stand in den Wiesen rechts der Elsenz. - Erhalten blieb das Schlösschen „Sorgenfrei" (Sanssouci), das sich Carl von Zillenhardt 1780 erbaute. Das frühklassizistische Gebäude besitzt nur 6 Räume auf zwei Stockwerken und einen verspielten Balkon. Das privat bewohnte Gebäude steht am Dorfrand Richtung Schatthausen („beim Schlössl"). (2005)

G11 Leinzell AA

Ein explosionsartiger **Bevölkerungszuwachs** verdoppelte im 19.Jh Deutschlands Einwohnerzahl von 25 auf 56 Millionen. Man erklärt dies anhand des technischen Fortschrittes in der Medizin, durch den die Lebenserwartung eines Neugeborenen von unter 40 Jahre (1800) auf 45 Jahre (1900) und heute rund 80 Jahre anstieg. Aber ebenso wie der heutige Bevölkerungszuwachs in afrikanischen Ländern schuf dies Ernährungsprobleme. Denn die einsetzende Industrialisierung erzeugte erst langsam die Voraussetzungen, um solche Menschenmassen zu versorgen. Und ebenso wie heute führte der entstandene Bevölkerungsdruck zur **„Auswanderung".** Mit dem Unterschied, dass damals ein „Aufnahmemarkt" in Übersee bestand. So wurde in vielen Ländern Europas über das Ventil Auswanderung ein soziales Problem entschärft, wozu Staatsregierungen wie örtliche Instanzen sogar finanzielle Hilfen gaben. Leinzell ist diesbezüglich ein extremes Beispiel, weil hier wirtschaftliche Voraussetzungen und Bevölkerungszahl besonders weit auseinander klafften.

Kernort

Burg und Siedlung gehen auf das nahe Kloster Ellwangen zurück, das hier zu seinem Schutz und zur Landerschließung Ministeriale ansiedelte. Die Hr. von Westerstetten schlossen sich im 16.Jh dem Kanton Kocher der Reichsritterschaft an, blieben jedoch beim Alten Glauben. 1636 kaufte der kaiserliche Kriegskommissar von Lang das Rittergut. Um die Einnahmen zu erhöhen,

Leinzell. Fachwerk ist typisch für ländliche Adelssitze

Leinzell

wurden im 18.Jh obdachlose Familien angesiedelt. Ihre kleinen Häuschen kann man noch heute zwischen Schloss und Friedhof erkennen. Diese sogenannten Jenischen (s. Giengen) mussten sich von Hausieren ernähren, da die vorhandene Landwirtschaftsfläche bereits vergeben war und zur Hälfte vom Rittergut bewirtschaftet wurde. Leinzell war so arm, dass sich die Gemeinde 1855 unter Staatsfürsorge stellte. So wurde mit staatlicher Hilfe die Auswanderung von 28 Familien in die USA finanziert.

Bauten: Das **Schloss** (1650) mit einem renaissancetypischen Treppenturm steht an Stelle einer Wasserburg. Das dreistöckige Gebäude unter Satteldach wirkt aufgrund seiner Fachwerkobergeschosse ländlich. Ausgefallen ist die Holzpfostengalerie, auf welcher das Obergeschoss aufliegt. Das privat bewohnte, ummauerte Gebäude steht im Dorfzentrum an der Durchgangsstraße. - **Sonstiges:** Ein Wappenepitaph (1504) ist im Chor der kath. Kirche. Die steht außerhalb des Dorfes im Friedhof, wo Gräber der Fam. von Lang (19.Jh) erhalten blieben.

UMGEBUNG: Das benachbarte Dorf **Iggingen** gehörte zum Territorium der Reichsstadt Gmünd, die hier ein Vogteiamt einrichtete. Die Reichsstadt baute ihre Herrschaft auf den Besitzungen der Gmünder Klöster und Bürger auf, erwarb 1557 die Rechte der Schenken von Limpurg und einigte sich 1587 mit Württemberg bezüglich der Untertanen des Klosters Lorch. So bestanden die Voraussetzungen, hier eine kleine Zentrale einzurichten. Das reichsstädtische Amtshaus ist ein zweistöckiges Fachwerkhaus (1650) unter Satteldach. Das gemeindeeigene Gebäude (Schönhardtstr. 25) ist momentan aufgrund seiner Verwahrlosung nicht bewohnbar. (2010)

Lenningen ES 19

Eine eigene Herrschaft am Rande der Schwäb. Alb war wohl der Traum der **Schilling von Cannstatt,** deren feste Häuser in Owen, Neuffen und hier stehen. Insgesamt 24 Rittergüter besaßen sie im Verlauf ihrer Existenz, mit einigen gehörten sie für kurze Zeit der Reichsritterschaft an, aber nirgends saßen sie durchgehend an einem festen Ort. Vielmehr tauchen sie häufig als Amtleute der Gf. Württemberg auf, deren Erbschenken sie waren: zweimal in der Spitzenposition des Oberhofmeisters, oft als Obervögte (z.B. im nahen Kirchheim), fast 100 Jahre lang als Oberforstmeister der Ostalb in Schnaitheim (s. Heidenheim). Nach dem 30j. Krieg verdienten sie ihr Geld häufig als Offiziere. Als symptomatisch für ihre vereitelten Ambitionen kann das bezaubernde Schlösschen in Oberlenningen stehen, wo sie als württ. Vögte nur bis zum 30j. Krieg wohnten.

Oberlenningen. Wunderbar renoviertes Dorfschlössle

Lenningen

OT Oberlenningen

Sitz eines edelfreien Ortsadelsgeschlechtes. Die Herrschaft kam über die Gf. von Teck 1386 an Württemberg, das hier ein Amt für vier Gemeinden einrichtete. Als Vögte amteten im 15.Jh die Schilling von Cannstatt, die ab 1478 auf der Burg Wielandstein und nach deren Zerstörung im benachbarten Owen wohnten. Im Ort bauten sie als Nebenwohnsitz ein repräsentatives Haus, das nach ihrem Wegzug nach dem 30j. Krieg funktionslos wurde und schließlich an Handwerker verkauft wurde.

Bauten: Das **Schlössle** (1596) ist ein dreigeschossiges Fachwerkhaus auf Steinsockel unter einem Satteldach. Kleiner Fachwerkanbau. Wie ein Erker wirkt die Fensterpartie. Frisch renoviert ist es ein Glanzpunkt, erhöht im Dorf über der jungen Lauter stehend. Heute als Stadtbücherei und als Museum der Papierfabrik Scheufelen genutzt.

UMGEBUNG: Zwei mächtige Burgruinen stehen im Quellgebiet der Lauter. Die Burg **Wielandstein** über Oberlenningen wurde von Ministerialen der Gf. Teck errichtet. Im 15.Jh versuchten die Schilling von Cannstatt, sich von hier aus eine eigene Herrschaft aufzubauen. Es ist eine Abschnittsburg mit drei hintereinander liegenden Einzelburgen, die im 16.Jh zerfielen. Die **Sulzburg** über Unterlenningen wurde im 14.Jh von den Hr. von Neidlingen errichtet. Sie wirkt aufgrund der letzten Renovierung etwas klotzig. (2009)

G7 Leonberg BB

Der **Truchsess** stand der Hofverwaltung vor (s. Waldburg) und übte damit eines der vier klassischen Hofämter aus (Mundschenk, Marschall, Kämmerer). Je nach Region und Epoche wechselt der Begriff: Hausmeier, Haushofmeister, Droste, Seneschall. Im Spätmittelalter trat an seine Stelle der Landhofmeister, was eine Machterweiterung brachte, denn der stand der Verwaltung des gesamten Territoriums vor und bestimmte somit die Landespolitik.

Aus dem Amt wurde ein Titel, aus dem Titel ein Namenszusatz. So auch bei den **Truchsessen von Höfingen,** die ab 1290 Truchsessen der Gf. Württemberg waren und dies als erbliches Amt ausübten. Sie teilten sich in zwei Linien, die alle im Einflussbereich Württembergs Besitzungen erwarben, jedoch letztlich keine geschlossene Herrschaft aufbauen konnten. Die Herrschaft über ihren Stammsitz Höfingen hatten sie bereits lange vor ihrem Aussterben (1711) verloren.

OT Höfingen

Ortsadel um 1100 als Ministeriale der Gf. Calw, bzw. Pfalzgrafen Tübingen und schließlich Gf. Württemberg. Ihre Burg wurde zerstört, weil sie am Schleglerbund (s. Heimsheim) beteiligt waren. Im 15.Jh

Höfingen. Truchsessenburg über der Glems

mussten sie schrittweise die Dorfherrschaft an Württemberg abgeben. Sie besaßen jedoch weiter das Schloss, das nach ihrem Aussterben (1711) an General von Mitschefahl (1761 ausgestorben) vergeben wurde.
Bauten: Das **Schloss** (1582) entstand auf dem Mauern der zerstörten Burg. Aufgrund seiner Hanglage am Südrand des Dorfes benötigt das dreigeschossige Gebäude einen massiven Unterbau auf der Talseite. Mit Staffelgiebel, rundem Treppenturm und seinem Fachwerk auf massiven Steinmauern steht es als Blickfang über dem Glemstal. Seit 1970 Hotel-Restaurant, zur Zeit leer stehend. Moderne Bauten daneben. - **Sonstiges:** Ein Truchsess-Epitaph (1702) und zwei Kinderepitaphe in evang. Kirche. - Der „Grafenhof" (Pforzheimer Str. 26), ein schönes Fachwerkhaus, hat den Namen von der Dorfherrschaft der Gf. Württemberg.

Kernstadt

Leonberg war die erste Stadtgründung der Gf. Württemberg, erbaut 1248 als Festung auf einem Sporn über der Glems zur Sicherung der damaligen württ. Westgrenze. Die Stadt wurde Mittelpunkt eines Amtsbezirks mit einem Obervogt, der im Schloss residierte. Dieses

Leonberg. Pomeranzengarten mit Wappenbrunnen unter dem Schloss

diente zudem aufgrund seiner Nähe zur Residenz Stuttgart wiederholt als Witwensitz. So geht der berühmte Renaissancegarten auf Herzogin Sybille von Sachsen-Anhalt zurück, die als Witwe 1609-14 hier lebte.
Bauten: Das **Schloss** (1565) ist ein äußerlich schmuckloser, lang gestreckter, dreigeschossiger Steinbau unter Satteldach. Zur Gartenseite mit einem Balkon, zur Stadtseite mit Sichtfachwerk und zwei Allianzwappen Württemberg/Sachsen-Anhalt. Es bildet zusammen mit Marstall (mit Wappen) und Fruchtkasten einen durchgehenden Komplex, der heute von Behörden genutzt wird. - **Sonstiges:** Berühmt ist das Schloss wegen seines **Renaissancegartens** („Pomeranzengarten"), einer der wenigen erhaltenen in Deutschland. Die terrassenförmige Anlage über dem Glemstal wird von Mauern eingefasst. In der Mitte der symmetrisch angelegten Beete steht ein wappengeschmückter Brunnen mit Obelisk. Gut gepflegt, Zugang offen. – In der evang. Stadtkirche sind viele Epitaphien der Ehrbarkeit. – Typisch für einen mittelalterlichen Adelssitz steht der „Schwarze Adler" an der Stadtmauer, direkt neben dem Obertor, so dass er die schwächste Stelle der Befestigung absicherte. Der dreigeschossige Massivbau mit Fachwerkgiebel war ursprünglich ein Adelshof, ab 1440 Bebenhäuser Pfleghof und ab 1539 Vogtshof (Graf-Ulrich-Str.5). – Die vielen Fachwerkhäuser formen ein schönes Stadtbild.
UMGEBUNG: An der Straße nach Stuttgart-Büsnau steht im Glemstal („Mahdental") gegenüber Gasthof Glemseck das **Hofgut Seehaus.** 1609 wurde es als Jagdhaus von Heinrich Schickhardt erbaut. Die Dreiseitanlage mit dem Wohnhaus im Osten, den Ställen (mit Kreuzgratgewölbe auf Säulen) im Norden und

Leonberg

der Scheune im Westen wirkt nicht schlossartig. Sie wird seit 2003 für ein Resozialisierungsprojekt straffälliger Jugendlicher genutzt. Zugang möglich. (2009)

M11 Leutkirch RV

Wie und wann schaffte es der Adel, freie Bauern unter seine Herrschaft zu zwingen? Eine von vielen Antworten kann das Schicksal der **„Freien auf der Leutkircher Heide"** geben. Vermutlich hatten sich ihre Vorfahren als fränkische Wehrbauern in einem Militärbezirk um die (spätere) Reichsstadt Leutkirch angesiedelt. Für diese Vermutung spricht das Patrozinium des fränkischen Staatsheiligen St. Martin in Leutkirch und in Urlau. Sie hatten ihr eigenes Gericht (an der Reichsstraße) und regelten intern die Steuerverteilung. Daraus hätte eine reichsunmittelbare Bauernrepublik wie z.B. Harmersbach (s. Zell) oder Schwyz werden können. Im 15. und 16.Jh jedoch erlebten die in 39 Weilern um Gebrazhofen, Herlazhofen und Wuchzenhofen wohnenden Freien eine kontinuierliche Aushöhlung ihrer Rechte. Während sie sich noch von der üblichen Verpfändung an Adlige (z.B. Gf. Montfort) frei kaufen konnten, war ihr Widerstand gegen den kaiserlichen Landvogt vergebens, als der ihnen sein Gericht aufzwang und die Steuerverteilung festlegte. In Gebrazhofen (s.u.) errichtete er ein Verwaltungsgebäude für die „Obere Landvogtei". Nachdem die Landvogtei in ständigen Besitz von Habsburg gelangt war (s. Weingarten), galten um 1600 die rund 300 Bauernfamilien als nichtleibeigene Untertanen Habsburg. Nur noch bescheidene romanische Reste in der kath. Martinskirche in Urlau und die Reichsfreiheit der Stadt Leutkirch erinnern an die Bauernfreiheit.

Kernstadt

Aus einem Dorf freier Bauern wurde unter den Staufern die Stadt bei der Leutkirche (= Pfarrkirche des Gaues), die zur Reichsstadt aufstieg. Aufgrund ihrer Herkunft bestand eine eigene Bauernzunft neben den drei Handwerkszünften und den Patriziern. Wohlstand entstand durch Weberei und Handel mit Leinwand. Reformation 1546. Die Pfarrkirche St. Martin wurde jedoch weiterhin von den umwohnenden Landvogtei-Katholiken als Pfarrkirche benutzt. In der Stadt durfte die kath. Minderheit aufgrund eines Ratsbeschlusses nicht mehr als 25 Familien umfassen.

Bauten: Das prachtvolle Rokoko-**Rathaus** (1741), vergleichbar einem Schlössle, ist typisch für eine kurze wirtschaftliche Erholungsphase der Reichsstädte im 18.Jh. Das zweistöckige Gebäude unter Walmdach rundet den schönen Marktplatz ab. Sehenswert ist der Stuck im Ratssaal sowie im Treppenaufgang, wo eine Schwörhand die Bürger an ihren Gehorsamseid erinnert. – Die 1553 zugezogene Fernhändlerfamilie Furtenbach von Hummelsberg stellte Bürgermeister und Baumeister. Ihr **Schlösschen** ist ein dreistöckiges Gebäude (1736) unter Mansardwalmdach mit einem entzückenden Rokoko-Teehaus im Garten (Kemptenerstraße, heute Kinderheim St. Anna). Ihr wie ein Bürgerhaus wirkendes „Stadtschloss" am Westrand der Altstadt fällt nur durch den daneben neu angelegten Garten im französischen Stil auf (Ecke Untere Grabenstr./Bachstr.). –

Schöne Fachwerkhäuser, Türme und Stadtmauerreste vermitteln Reichsstadtatmosphäre. – Mehrere Epitaphien, darunter das eines Ritters, in kath. Stadtkirche.
UMGEBUNG: Im **OT Gebrazhofen** fällt ein massives Steinhaus („Zollhaus") unterhalb der kath. Kirche auf. Dies war ein von der Landvogtei errichtetes Verwaltungszentrum für die Leutkircher Heide. Heute in Privatbesitz, bewohnt.

Schloss Zeil

Nördlich und südlich der Kernstadt hatten die Gf. Waldburg ihr Territorium ausgebaut. Während im Süden Richtung Isny die Linie Trauchburg herrschte (s.u. Schloss Rimpach), dominierte nördlich die heute noch bestehende Linie Zeil. 1337 wurde die Herrschaft Zeil für die Truchsessen von Waldburg von der Gft. Nibelgau abgetrennt und als Reichspfand übergeben. 1526 schließlich gelangte sie als Reichslehen fest in ihren Besitz und war ab 1595 Sitz einer eigenen Linie. Diese teilte sich 1675 in die Linien Wurzach und Zeil. Letztere beerbte mehrere aussterbende Seitenlinien (s. Wolfegg), wohnt bis heute hier, besitzt die Schwäbische Zeitung in Leutkirch sowie eine Reihe von Kliniken und gilt damit als reichste Familie Oberschwabens.
Bauten: Das **Schloss**, 1597-1612, ist eine weitläufige Anlage. Man betritt sie von Nordosten (Kirche/Gaststätte) durch das wappengeschmückte „Rote Tor" und steht im Hofgarten mit einem schönen Brunnen. Hier ist eine Aussichtsterrasse mit Blick auf die Alpen zugänglich. Vom Hofgarten führt ein Durchgang mit einem Reliefbildnis, zwei Totenschilden und einem Allianzwappen in den inneren Schlosshof, der von einer Vierflügelanlage mit massiven Ecktürmen gebildet wird. Der dreigeschossige Bau ist ähnlich denen in Meßkirch und Wolfegg. Hier wohnt die Fürstenfamilie. Ein weiterer Durchgang führt zum Wirtschaftshof, gebildet von Stallungen, Fruchtkasten und Beamtenwohnungen. Dahinter, an der steil abfallenden Südwestspitze des Berges, stand ursprünglich die Burg.
Sonstiges: Das Schloss ist über einen langen Gang mit der barockisierten kath. Kirche verbunden. In ihr hängen zwei ergreifende Kinderepitaphien aus der Zeit der Romantik. Die Familiengruft ist nicht zugänglich.
UMGEBUNG: Ca. 2 km entfernt, an der Wurzacher Ach, liegt **OT Unterzeil**. In und an der kath. Kirche sind mehrere Epitaphien von Beamten und Amtleuten.

Schloss Rimpach

Auf halber Strecke zwischen Leutkirch und Isny führt eine wunderbare Baumalle von **OT Friesenhofen** zum **Jagdschloss** Rimpach. Es wurde 1755 durch den Bischof des Salzburger Suffraganbistums Chiemsee erbaut, der aus der Trauchburg-Linie stammte. Die beiden zweigeschossigen Pavillons unter Mansarddächern sind durch einen schönen, Ende des 20.Jh wiederhergestellten Mittelteil miteinander verbunden. Auf der Südseite führt ein Gang

Schloss Rimpach. Jagdschloss eines Bischofs

Leutkirch

zu einer anmutigen Rokoko-Kapelle. Die ummauerte, frisch renovierte Anlage kann als Inbegriff des verspielten Landschlösschens gelten. Sie wird bewohnt von Fam. Erbprinz zu Waldburg-Zeil. – Daneben Wirtschaftsbauten. (2009)

J8 Lichtenstein RT

Ein Märchenschloss im dreifachen Sinne empfängt den Besucher. Märchenhaft aufgrund seiner Lage auf einem Felsen hoch über der Echazquelle. Märchenhaft in seiner Gestalt entsprechend den Träumen der Burgenromantik. Und märchenhaft, weil es auf einen Fantasieroman von Wilhelm Hauff zurückgeht. Im frühen 19.Jh, in der Zeit der Romantik, entdeckte man das Mittelalter und damit auch die Burgen neu. Das Ergebnis war eine **Burgenromantik,** bei der man aus Ruinen Burgen entstehen ließ und nach Idealvorstellungen neue Burgen baute. Das bekannteste Beispiel hierfür sind die Schlösser des „Märchenkönigs" Ludwig II. Ihre Ausstrahlung wirkt bis in heutige Zeit, weshalb 1972 die aus drei Dörfer gebildete Gemeinde nach Schloss Lichtenstein benannt wurde.

Schloss Lichtenstein. Märchenburg auf einem Weißjurafelsen

Schloss Lichtenstein
Die mittelalterliche Burg, die ca. 600 m südöstlich des Schlosses am Albtrauf stand, wurde 1377 zerstört. Zu ihren Resten (Grundmauern, Gräben) führen Hinweisschilder. Das darauf sitzende Geschlecht erbaute eine neue Burg an Stelle der heutigen. Es stammte aus der Nähe von Gammertingen, war ursprünglich in Diensten der Gf. von Achalm (bei Reutlingen) und dann von deren Erben, den Gf. von Württemberg. Nachdem der Letzte des Geschlechts 1687 vor Wien beim Kampf gegen die Türken gefallen war, stand die Burg verlassen und wurde 1802 abgebrochen. Gf. Wilhelm aus einer Seitenlinie des Hauses Württemberg, Herzog von Urach, war von dem Hauffschen Roman so begeistert, dass er einen Neubau nach seinen Idealvorstellungen errichten ließ.
Bauten: Das **Schloss** ist eine 1839-42 erbaute mehrteilige Anlage. Der Besucher kommt in einen frei zugänglichen Schlosshof mit Gästebau (links) und Verwaltungs- und Fürstenbau (rechts). Abgesetzt davon und nur bei Führungen zugänglich steht der über eine Zugbrücke erreichbare Hauptbau - ein „Adlerhorst", weil er mit dem frei stehenden Felsen über dem Tal verwachsen zu sein scheint. Zu besichtigen sind neugotische Räume, die mit mittelalterlichen Kunstwerken „aufgepeppt" wurden. Die Anlage wird „geschützt" von Mauern und Bastionen. Die romantisch-neugotische Märchenburg ist noch immer Privatbesitz einer Seitenlinie des Hauses Württemberg. Ausschilderung von Straße Genkingen – Engstingen. (2007)

(Bad) Liebenzell CW G6

Wie zwei feindliche Brüder standen sich die seit 1535 geteilten Markgrafschaften Baden gegenüber. Als Baden-Baden total überschuldet war, kam Baden-Durlach den Hauptgläubigern Fugger zuvor und besetzte 1594 das „Bruderland". Diese **„Oberbadische Okkupation"** dauerte bis zum 30j. Krieg, bis zur Niederlage von Wimpfen (1622). Sie kostete wie alle Militäraktionen viel Geld, weshalb Baden-Durlach seine östlichen Besitzungen an Württemberg verkaufte. Zuerst (1595) Besigheim und Mundelsheim, schließlich (1603) die Ämter Altensteig und Liebenzell. Somit kam Liebenzell zur württ. evang. Landeskirche, wo es heute als eine Hochburg des **Pietismus** gilt, weil sich hier im 20.Jh die „Liebenzeller Mission" niederließ, ein spätes Kind der Erweckungsbewegung. Missionsberg und Schlossberg stehen sich (freundlich) gegenüber.

Kernort

Der Namen weist auf eine geistliche Niederlassung hin, die jedoch unbekannt ist. Ortsadel als Ministeriale der Gf. Calw saß auf der Burg über dem Dorf. Die Oberhoheit kam im 13.Jh an die Gf. Eberstein, welche sie 1273 an die Gf. Baden verkauften. Diese gründeten im 14.Jh die Stadt als Zentrum eines kleinen Amtes. Sie geriet jedoch aufgrund des Vorstoßes Württembergs nach Westen (s. Mönsheim) in eine Frontlage. Als nach der Teilung (1535) der badische Herrschaftsschwerpunkt von Pforzheim ins Rheintal verlegt wurde, war der Verkauf an Württemberg (1603) eine logische Konsequenz.
Bauten: Von der **Burg** (12.Jh) blieben die imposante Schildmauer und ein 34m hoher Turm in ihrer Mitte erhalten. Das dreieckige Burgareal ist mit Häusern überbaut, die 1954 für Tagungen hergerichtet wurden (Internationales Forum für Jugendbegegnung). Eine öffentliche Gaststätte in neu erbautem Pavillon bietet einen wunderbaren Blick ins Nagoldtal. Die Anlage steht als eindrucksvolles Beispiel für staufische Schildmauerburgen über dem Städtchen. - **Sonstiges:** Viele Epitaphien von Amtleuten und Bürgern in und an der evang. Kirche.

UMGEBUNG: Das Hofgut **Georgenau** war im 18.Jh Sitz eines Forstmeisters. 1859-1927 in Besitz der Familie Georgii (daher der Namen), die ihn zum landwirtschaftlichen Gutshof umbaute. Aus dem 18.Jh blieb das Herrenhaus erhalten, über dessen Portal ein Wappen mit Inschrift (1739) auffällt. Das dreistöckige Gebäude unter Walmdach wird von seitlichen Anbauten mit Türmchen aus dem 19.Jh flankiert. Dahinter versteckt sich ein Englischer Park mit einem Miniaturtempel. Das schön hergerichtete Hofgut ist als Hofladen zugänglich. Es liegt westlich von **OT Möttlingen,** die Zufahrt ist ausgeschildert. (2006)

Lörrach LÖ O1

Die Markgrafen von **Hachberg-Sausenberg-Rötteln** stachen als badische Nebenlinie die Hauptlinie in Baden-Baden aus, wurden jedoch am Ende von ihr beerbt. - Die **Hr. von Rötteln** hatten im 12. und 13.Jh als Vögte der Klöster St. Gallen und St. Alban eine starke Position im Umfeld der Stadt Basel aufgebaut und stellten einen Basler Bischof (1238-48). Ihr Erbe fiel 1311 an die Mgf. von

Lörrach

Baden-Hachberg-Sausenberg, die sich kurz zuvor (1306) von Baden-Hachberg abgespaltet hatten (s. Kandern). Diese verlegten ihren Herrschaftsmittelpunkt auf die Burg Rötteln und nannten sich Hachberg-Rötteln. Nachdem sie von den Gf. von Freiburg 1458 die Grafschaft Neuenburg/Neuchatel geerbt hatten, wechselten sie aufs europäische Parkett. So wurde Mgf. Rudolf IV Kammerherr der mächtigen Herzöge von Burgund. Sein Sohn Philipp heiratete die Nichte des französischen Königs, wurde Marschall von Frankreich und Gouverneur der Provence. Er überließ 1490 in einem Erbvertrag seine oberrheinischen Besitzungen den 300 Jahre entfernten Verwandten, den Mgf. von Baden. (Seine Tochter, verheiratet mit dem Herzog von Longueville, erbte 1503 nur Neuchatel, weil dort die weibliche Erbfolge gleichberechtigt war. 1581 erhielten ihre Nachkommen eine Entschädigung von Baden). So spielte man in der europäischen Großmachtpolitik mit und wurde am Ende doch nur badisch.

OT Rötteln

1103 taucht ein Dietrich von Rötteln als Schirmherr des Klosters St. Alban in Basel auf. Aus Klostervogteirechten wurde eine solide Herrschaft rechts des Rheins aufgebaut. Die fiel 1315 als Erbe an die Mgf. von Hachberg-Sausenberg, welche die Burg ausbauten und von den Gf. von Freiburg 1444 die Herrschaft

Rötteln. Tumba der Anna von Freiburg in evang. Kirche

Badenweiler und 1458 die Grafschaft Neuchatel erbten. 1490 schlossen sie einen Erbvertrag („Rötteler Gemächte") mit den Gf. von Baden, wonach diese im Falle eines fehlenden männlichen Erben die Herrschaft Rötteln erhalten sollten, was 1503 auch eintrat. Bei der badischen Teilung 1535 fiel Rötteln an Baden-Durlach, mit dem es 1556 protestantisch wurde. Die Burg wurde zur Festung ausgebaut und Sitz eines Landvogtes sowie des Landgerichts, die nach der Zerstörung der Festung durch den Sonnenkönig (1678) in die Stadt Lörrach umzogen.

Bauten: Die **Burg-Festung** steht als zweitgrößte Burg-Ruinenanlage Badens nördlich von Lörrach auf einem Schwarzwaldausläufer über dem Wiesental. Erhalten blieben Reste der ummauerten mittelalterlichen Oberburg mit dem Bergfried (12.Jh). Der durch einen Graben abgetrennte Vorburgbereich war ebenfalls ummauert und bildete eine Art Burgstädtchen mit Landschreiberei, Wirtshaus, Scheunen, Ställen, Backhaus, Waschhaus. Zufahrt über OT Haagen. Geringer Eintritt. Am imposantesten ist der Anblick von der von Rheinfelden kommenden Autobahn. - **Sonstiges:** Der **Weiler Rötteln** liegt ca. 2 km entfernt auf einem Hügel. Am Rande steht die evang. Kirche mit Blick auf Burg Rötteln. Seit 1418 war sie Hauptkirche der Herrschaft Rötteln, sollte wohl auch Grablege der Markgrafen werden, was jedoch schließlich die Stiftskirche in Neuchatel wurde. Nach der Reformation war sie Sitz des evang. Superintendenten für die

Obere Markgrafschaft. In und an ihr stehen mehrere Epitaphien, darunter das außen an der Nordwand angebrachte der Hr. von Rötteln. Absolut sehenswert sind dabei die beiden liegenden Figuren von Gf. Rudolf III in Rüstung und seiner Gattin Anna von Freiburg, die man in einer Grabkapelle rechts hinter dem Altar entdecken kann. Zufahrt über Tumringen, Freiburgerstraße (Autobahnzubringer).

OT Brombach

Das Dorf gehörte dem Kloster St. Blasien, die Vogtei lag bei den Hr. von Rötteln. Die Dorfherrschaft wurde 1294 von den Basler Patriziern Reich von Reichenstein gekauft. Gegen ihren Widerstand wurde von Baden-Durlach die Reformation eingeführt. 1810 verkauften die Hr. von Reichenstein ihre Besitzungen in Brombach.

Bauten: Das **Schlössle** steht auf den Mauern einer 1678 durch den Sonnenkönig zerstörten Wasserburg. Die Ruinenanlage gelangte 1880 in Besitz des Fabrikanten Großmann, der ein neugotisches Schlösschen mit Turm und Zinnen unter Einbeziehung der Gebäudereste baute (z.B. St. Blasien-Wappen über Eingang). Seit 1962 in Gemeindebesitz, Ortsverwaltung. Lage: Inmitten eines kleinen Parks im Ortszentrum (Ringstraße). - **Sonstiges:** Sehenswert ist die evang. Kirche aufgrund ihrer Mischung von gotisch und Jugendstil.

OT Stetten

Besitz des Frauenstifts Säckingen, dessen Vögte die Gf. Habsburg waren. Die vergaben die „Untervogtei" ab 1495 an die Hr. von Schönau. Baden-Durlach besaß zwar die Hochgerichtsbarkeit, konnte jedoch nicht die Reformation gegen den Widerstand Habsburgs einführen. Daher ist das Dorf eine kath. Enklave am Südrand von Lörrach. 1725 übernahm das Frauenstift die Dorfherrschaft selbst.

Bauten: Das **Stettener Schlössle** (1666) ist ein schmales, dreistöckiges Steinhaus mit einem oktogonalen Treppenturm. Das Allianzwappen über dem Eingang und ein schönes Hofportal schmücken es. Die ummauerte Anlage ist in Privatbesitz und wird von einer Firma genutzt. Lage: im Dorfzentrum südlich der kath. Kirche, an Inzlingerstraße/Schlossgasse. Zugang in Hof offen.

Stetten. Herrschaft des Frauenstiftes Säckingen

UMGEBUNG: Das Dorf **Lörrach** wurde erst 1682 zur Stadt, weil nach der Zerstörung der Burg Rötteln die Verwaltungszentrale für die Herrschaft Rötteln hierher verlegt wurde. Die Markgrafen planten an der Stelle der mittelalterlichen Wasserburg den Bau einer Residenz. Nur noch der Namen Burghof im Süden der Innenstadt erinnert daran. (2008)

E9 Löwenstein HN

Es gab drei Geschlechter, die sich nacheinander **Gf. Löwenstein** nannten: a) vor 1100-1277 eine Seitenlinie der Gf. von Calw, deren Löwen-Wappen dem Ort den Namen gab. b) Nach deren Verkauf kam die Grafschaft ans Reich und wurde von König Rudolf von Habsburg 1287 seinem natürlichen (= außerehelichen) Sohn Albrecht von Schenkenberg gegeben, der sich danach benannte. Seine Nachkommen verkauften 1441 an die Kurpfalz. c) Die eigenständige Grafschaft unter Pfälzer Oberhoheit wurde 1494 von Kurfürst Friedrich (der Siegreiche) seinem Sohn Ludwig gegeben, der aus der Ehe mit der heimlich geheirateten Augsburger Bürgertochter Klara Dett stammte. Die Kurpfalz musste jedoch 1504 nach dem verlorenen Landshuter Erbfolgekrieg die Oberhoheit an Württemberg abtreten. - Ludwigs Enkel heiratete 1566 Anna von Stolberg, Erbin der Gft. Wertheim, was zur Namenserweiterung und im 18.Jh zum Aufstieg in den Fürstenrang führte. Seit 1611 gibt es eine kath. Linie (Löwenstein-Wertheim-Rosenberg) und eine evang. Linie (L.-W.-Freudenberg). Letztere ist bis heute im Städtchen Löwenstein präsent.

Kernort

Gf. Adalbert III von Calw baute im 11.Jh die Burg, sein Sohn nannte sich danach. Die Burgsiedlung erhielt 1287 Stadtrechte. Die ursprünglich bis zur Murr reichende Grafschaft schrumpfte infolge des Aufstiegs der konkurrierenden Gf. Württemberg auf ein Gebiet, das heute Löwensteiner Berge heißt (s. Sulzbach a. d. Murr). Zudem besaß sie nach 1504 keine politische Bedeutung mehr. Das Städtchen, das nach dem Erwerb der Gft. Wertheim nur noch als Zweitresidenz diente, wurde 1945 bei einem Bombenangriff fast völlig zerstört.

Bauten: An das 1945 zerstörte **Schloss** erinnern nur noch die mächtigen Stützmauern unterhalb der Kirche. An seiner Stelle steht das fürstliche Forstamt. - Terrassen und Treppen aus dem 19.Jh mit Ritterfigur und „Lustgärtchen" sowie Teile einer Schenkelmauer führen hoch zur **Burg** (13.Jh). Nach der Zerstörung im 30j. Krieg blieben Reste der Schildmauer samt Turm, des Torbaus und des Zwingers erhalten. – **Sonstiges:** Vier Epitaphien in evang. Kirche. – Das Städtchen liegt herrlich am Rande der Keuperberge, mit einem weiten Blick über die Neckarebene. An seinem Rand steht das Freihaus, ein schönes Fachwerkhaus auf Steinsockel (1619), durch das der Wehrgang der Stadtmauer läuft. Es war zeitweise adliger Witwensitz und ist heute Museum.

UMGEBUNG: Unterhalb der Stadt liegt im Tal **Schloss Teusserbad.** An der bereits im 16.Jh bekannten Mineralquelle steht das Wasserschlösschen der Gf. Löwenstein. Der burgartige, schmal-hoch aufragende, verputzte Steinbau mit Treppentürmchen ist nur über einen Steg erreichbar. Leider wirkt er überrenoviert. (Zufahrt ausgeschildert, kein Zugang. Mineralwasserfirma daneben.)

Schloss Teusserbad. Skurril wirkt das Wasserschlösschen neben der Mineralquelle

Löwenstein

UMGEBUNG: Das 1242 gegründete Zisterzienserinnenkloster **Lichtenstern** wurde 1554 durch Württemberg aufgehoben und zum Klosteramt. Seit 1836 ist es eine Behindertenanstalt der evang. Kirche. In der frühgotischen Kirche stehen mehrere Wappenepitaphe aus dem Mittelalter, darunter das der Stifterin Luitgard von Weinsberg. Das Amtsgebäude („Oberamtei", 16.Jh) ist ein großes, schmuckloses Steinhaus. (Lage: Abgeschieden im Wald des Sulmtals. Zufahrt ausgeschildert.) (2006)

Ludwigsburg LB F8

„Der Staat bin ich" des Sonnenkönigs Ludwig XIV galt im Zeitalter des **Absolutismus** als Regierungsmaxime. In beinahe ganz Europa hatten sich die Fürsten die absolute Macht angeeignet. Selbst im Herzogtum Württemberg waren die einflussreichen Landstände weitgehend ausgeschaltet, weil der Landtag über Jahrzehnte nicht mehr einberufen wurde. So konnten die Landesherren aufgrund ihrer uneingeschränkten Herrschaft nach Belieben riesige **Barockresidenzen** aus dem Boden stampfen. Im Bereich des heutigen BW wurde Rastatt statt Baden-Baden zur Hauptstadt, Karlsruhe statt Durlach, Mannheim statt Heidelberg und zweimal Ludwigsburg statt Stuttgart. Wie Versailles die Epoche des generellen, europaweiten Absolutismus verbildlicht, so bilden Schloss- und Stadtanlage Ludwigsburg den Absolutismus in Württemberg ab.

Kernstadt

Der Erlachhof, eine Grangie des Klosters Bebenhausen, diente den Gf. Württemberg als Ausgangspunkt für Jagden. 1704 wurde er zum Jagdschloss und anschließend zur Landesresidenz ausgebaut. Der Erbauer Eberhard Ludwig (1693-1733), der ins kollektive Gedächtnis aufgrund seiner Liaison mit der Gräfin Grävenitz einging, gab der systematisch angelegten „Hauptstadt" seinen Namen.

Ludwigsburg. Schloss und Stadt als barocke Neuschöpfungen

„Lumpenburg" hieß sie dagegen bei den zur Fronarbeit hierher abkommandierten Untertanen. Ludwigsburg wurde nochmals für kurze Zeit Residenz, als Carl Eugen 1764 aufgrund seiner eigenmächtigen Regierungsweise von den württ. Ständen beim Kaiser verklagt wurde. Nach 1775 führte Ludwigsburg als Garnisons- und Schulstadt (Hohe Karlsschule) ein bescheidenes Dasein, das Schloss wurde zum Behördenzentrum. Erst die Idee des „Blühenden Barock" machte die Residenz samt Park zur Touristenattraktion.

Bauten: Das **Residenzschloss** ist eine immense Anlage mit zwei gegenüber stehenden Corps de Logis, die durch Zwischenbauten miteinander verbunden sind, an denen weitere Anbauten angefügt wurden. In der Gestaltung der verschiedenen Teile zeigt sich die Handschrift der diversen Herzöge des 18.Jh. - Die unterschiedliche Gestaltung zeigt sich auch im großen Park, der vom französischen

Ludwigsburg

Barockpark über den Englischen Garten mit einer romantischen Burgruine („Emichburg") bis hin zum Märchengarten geht. – Durch eine Sichtachse mit der Residenz verbunden ist **Schloss Favorite,** als Jagdschloss 1716-19 im Wald nördlich der Residenz erbaut. Heute ist hier ein öffentlicher Tierpark, der Zugang zur Schlossgaststätte ist offen. - **Sonstiges:** Zur Residenz gehören auch mehrere Adelspalais und ein Gesandtenpalais. Man findet sie an den Straßen neben der Residenz (Marstallstr. 15, Schlossstr. 19 und 31, Schorndorferstr. 42). – An der Straße nach Eglosheim, oberhalb der Heilbronner Straße, liegt die Villa Marienwahl. Das 1820 errichtete klassizistische Gebäude war Wohnsitz der Fürstin Pauline zu Wied, einer Tochter König Wilhelms II. - Die Stadtanlage wurde 1709 als völlige Neukonzeption begonnen. In ihrer rational-logischen Konzeption fasziniert sie noch heute, vergleichbar Mannheim, Karlsruhe und Rastatt. Hier stehen sich im Sinne der Aufklärung kath. und evang. Kirche gegenüber.

Schloss Monrepos

Beim Eglosheimer Weiher, der zur Wasserjagd genutzt wurde, ließ Herzog Carl Eugen 1764 das Lustschlösschen Monrepos erbauen und den See in ein Bassin verwandeln. Vollendet wurde die aus Schloss und Wirtschaftsbauten bestehende Anlage erst 1804. Sie ist bis heute in Besitz des Hauses Württemberg, jedoch der Öffentlichkeit zugänglich. Sie liegt 3 km nordwestlich der Innenstadt beim OT Eglosheim und ist durch eine Allee direkt mit Schloss Favorite verbunden. Idyllisch wirkt die Kirchenruine auf der Insel.

OT Oßweil

Dorfadel saß im 11.Jh auf der Holderburg, die Oberhoheit lag bei der Grafschaft Asperg und damit ab 1308 bei den Gf. Württemberg. Diese vergaben die Dorfherrschaft als Lehen an die Hr. von Kaltental, die sich dem Kanton Kocher und der Reformation anschlossen. Im 30j. Krieg erhielten die Hr. von Bidembach das Lehen, das mit deren

Oßweil. Reichsritterschaftliche Idylle neben Fürstenresidenzstadt

Aussterben (1747) von Württemberg eingezogen und gegen den Protest der Reichsritterschaft dem Ludwigsburger Stadtvogt unterstellt wurde.
Bauten: Aus dem Mittelalter stammt die **Holderburg.** Das Fachwerkobergeschoss des dreistöckigen Gebäudes sitzt auf einem mittelalterlichen Steinsockel. Ursprünglich war das befestigte Wohnhaus von Graben, Mauer und Wirtschaftsgebäuden umgeben, die aber alle verschwunden sind. Das urig wirkende Gebäude unter Krüppelwalmdach wurde musterhaft renoviert. Privat bewohnt, Zugang bis Tor bzw. Gartenzaun offen. Lage: Im Norden des Dorfes („Hinter der Holderburg, Holderstraße"). – Der Hauptbau des Oßweiler **Schlosses** geht im Kern auf einen mittelalterlichen Wohnturm zurück, dem ein Mansarddach aufgesetzt wurde. Im 16.Jh kam ein Fachwerkflügel mit Treppenturm und schönem Giebel hinzu. Man betritt die in sich geschlossene Anlage,

die von der Gemeinde u.a. als Kindergarten genutzt wird, durch ein schönes Steintor (1595). Sie liegt im Süden des Dorfes an der Westfalenstraße. - **Sonstiges:** Ein Epitaph und ein Wappenstein der Hr. von Kaltental in evang. Kirche.

Schloss Harteneck

Um 1200 wurde auf dem Berg über dem Neckar von den Gf. Baden eine Burg erbaut, die zusammen mit der benachbarten Burg Hoheneck den Flussübergang sichern sollte. Auf beiden Burgen saßen die Ministerialen Hack von Hoheneck, von denen Harteneck um 1400 an die Herter von Dusslingen (s.d.) kam. Diese nannten sich anschließend Herter von Herteneck. Nach ihrem Aussterben (1614) kam das unter württ. Landeshoheit stehende Schloss an häufig wechselnde Besitzer.

Bauten: Das **Schloss** (1706) ist ein barockes Herrenhaus unter Walmdach, das in eine mittelalterliche Burganlage hinein gebaut wurde. Von der Burg blieben Mauerreste und eine fünfbogige Steinbrücke. Das dreistöckige, frisch renovierte Herrenhaus wird als Dienstleistungszentrum einer Autofirma genutzt. Es liegt am Rande eines Neubaugebiets östlich der Straße nach Neckarweihingen, verdeckt von einem Altenpflegeheim (Schlössesweg). Daneben liegt das Hofgut Harteneck.

UMGEBUNG: Die Ruinen der benachbarten **Burg Hoheneck** zeugen von ihrer früheren Bedeutung. Sie liegt über dem OT Hoheneck, der bis ins 16.Jh als Stadt galt und folglich ummauert war.

UMGEBUNG: Im benachbarten **Asperg** ragt der **Hohenasperg** 70 m über die Ebene empor. Für Württemberg, das ihn 1308 von den Gf. von Tübingen erwarb, spielte er eine bedeutende Rolle als Festung und als Gefängnis für prominente Häftlinge, bis hin zu einem Vater Graf in heutiger Zeit. Von der 1535 errichteten Festung blieb das wappengeschmückte Löwentor (1675) erhalten, von dem ein Hohlweg zur Festung führt. Heute ist hier das Zentralkrankenhaus der Landeshaftanstalten eingerichtet.

UMGEBUNG: In der Nachbargemeinde **Affalterbach** stehen in der Erdmannhäuserstr. 7 und 9 zwei ineinander gebaute Häuser, die als **Schlössle** bezeichnet werden. Hier wohnte Dorfadel als Ministeriale der Gf. von Wolfsölden (s.u.), dann der Gf. Calw und ab 1322 der Gf. Württemberg. Die verputzten renovierungsbedürftigen Gebäude (18.Jh), in deren Inneren Reste einer steinernen Wendeltreppe stecken, werden privat bewohnt. – In der Dorfmitte des **OT Wolfsölden** wurden 2005 beim Neubau eines Wohnhauses die Fundamente einer Burg entdeckt. Hier saß um 1100 ein Hochadelsgeschlecht, eine Seitenlinie der bedeutenden Hessonen (s. Backnang). Diese starben im 12.Jh aus, ihr Erbe fiel an die Gf. Calw. Die Fundamente wurden nach einer erregten öffentlichen Diskussion konserviert und zugedeckt.
(2007)

J2 Mahlberg OG

In der Ortenau stoßen wir auf ein international verbreitetes und berühmtes Fürstengeschlecht, das an der Lahn seine Wurzeln hat: Die **Gf. von Nassau.** Eine ihrer vielen Linien änderte nach der Heirat (1515) mit der Erbin von Oranien (= Orange in der Provence) den Namen und stieg durch Wilhelm von Oranien zu Königen in den Niederlanden (bis heute) und England auf. Eine andere Linie stellte 1292 einen deutschen König (Adolf) und mündete 1806 ins souveräne Herzogtum Hessen-Nassau mit der Hauptstadt Wiesbaden. Aus dieser Linie stammt der Zweig, der 1353 Saarbrücken erheiratete und 1507 die Gft. Mörs-Saarwerden und damit auch Lahr-Mahlberg erwarb. Das verträumte Städtchen Mahlberg mit seiner Burg-Schloss-Anlage und der evang. Rokokokirche ist ein Geheimtipp.

In der ehem. Markgrafschaft Baden-Baden gab es eine Reihe von Orten, in denen eine evang. Minderheit die Gegenreformation überlebte. Diese Orte wurden bis 1629 im **Kondominat** von Baden und Nassau gemeinsam regiert, waren daher zum Zeitpunkt des „Normaljahrs" 1624 protestantisch. Als das rekatholisierte Baden-Baden hier umgehend die Gegenreformation durchführen wollte, durfte es dies nach den Bestimmungen des Westfälischen Friedens nur mit angezogener Handbremse. Daher überlebte hier in Mahlberg ebenso wie in den Nachbardörfern Kippenheim und Friesenheim ein hoher Anteil an Protestanten, im Unterschied zur sonstigen, vollständig rekatholisierten Markgrafschaft. So mag es weniger überraschen, dass heute die evang. Kirche unübersehbar im Ortszentrum steht.

Kernstadt

Mahlberg. Schlossanlage über dem badisch-nassauischen Kondominats-Städtchen

Mahlberg = Gerichtsberg. Die Burg auf dem Vulkankegel kam 1218 an die Staufer, welche einen Reichsschultheißen einsetzten, womit die Stadt als reichsunmittelbar galt. Aber nach dem Untergang der Staufer eroberten die Gf. Geroldseck die Stadt und brachten sie 1426 als Mitgift an die Gf. Mörs-Saarwerden (in Lothringen) und damit 1507 an Nassau-Saarbrücken. Seit 1497 wurde die Herrschaft in Folge finanzieller Probleme gemeinsam mit Baden regiert (Kondominat). Wechsel zum Neuen Glauben (1558). Bei der innerbadischen Teilung 1535 kam die badische Hälfte an Baden-Baden, das 1629 eine territoriale Abgrenzung durchsetzte. Die Stadt Lahr fiel an Nassau, Mahlberg mit rund einem Dutzend Dörfer (s. Kippenheim) an Baden.

Bauten: Die Schlossanlage besteht aus vier im Kreis angeordneten Gebäuden auf dem weithin sichtbaren Basaltkegel. Entlang einer hohen Mauer kommt man zum **Alten Schloss,** einem burgähnlichen, dreigeschossigen, massiven Steinbau (14.Jh), ehem. die Landschreiberei. Hier ist der Eingang zur eigentlichen Schlossanlage, an deren höchsten Stelle das **Neue Schloss** steht, welches 1630 als badisches Amtshaus errichtet wurde. Es ist ein zweigeschossiger Bau unter Walmdach mit repräsentativem Portal und Allianzwappen. An der

Mahlberg

Schmalseite ein spätgotischer Treppenturm. Die Anlage ist durch Bäume verdeckt. Seit 1828 in Besitz der Frh. von Türckheim-Altdorf (s. Ettenheim) und z.T. vermietet. – Sonstiges: Am Zugang stehen das Rathaus, ein ehem. Marktgebäude (Rathausplatz), und die achteckige Schlosskirche mit Rokokoausstattung, die seit 1803 wieder protestantisch ist.

UMGEBUNG: Der **OT Orschweier** war als Lehen des Bf von Straßburg an wechselnden Landadel (von Bach, Cronberg, Bettendorff, Türckheim) verliehen, der sich dem Kanton Ortenau der Reichsritterschaft anschloss. Das Herrenhaus wurde im 19.Jh von den Boecklin aus dem nahen Rust errichtet. Das unauffällige zweistöckige Gebäude steht von einer Mauer umgeben in einem kleinen Park an der Ecke Schloßstr./Boecklinstraße. Privat bewohnt.

UMGEBUNG: Die nahe **Stadt Lahr** kam bei der Teilung 1629 an die Gf. Nassau und blieb protestantisch. Dies brachte einen enormen wirtschaftlichen Aufschwung, denn ihre Kaufleute durften ihre Produkte (Tabak, Zichorie, Flachs) im Nassauischen Holland vertreiben. Ihre Blütezeit war das 19.Jh, was die reichen Fabrikantenvillen im Historismusstil erklärt. – Lahr war im 13.Jh der Hauptort einer Linie der Gf. Geroldseck. Ihre verschwundene Wasserburg gilt aufgrund ihrer Regelmäßigkeit als einzigartig in Deutschland. Nur ein Turmrest („Storchenturm") und ein Mauerstückchen blieben erhalten (Ecke Kreuzstr./Rathausplatz). – An und in der evang. Stadtkirche, ehem. Stiftskirche, viele Epitaphien von Stiftsherren und Bürgern. (2004)

Mainhardt SHA E9

Der **Mainhardter Wald** ist Teil des Schwäbisch-Fränkischen-Waldes (s. Obersontheim). Der Untergrund besteht hier aus Stubensandstein, eine der vielen Keuperstufen. Da er wenig für Landwirtschaft geeignet ist, lebte die Bevölkerung von Holzwirtschaft und Glaserzeugung. Und von Mühlen, weil hier 50% mehr Niederschlag fällt als im Landesdurchschnitt.

In welch starkem Maße die **feudalen Strukturen** des Alten Reiches noch ins 19.Jh hinein wirkten, dies zeigt der über 30 Jahre dauernde Streit wegen eines Kirchenbaus. - 1806 kamen die Fürstentümer Hohenlohe an das Königreich Württemberg, die Fürsten durften jedoch ihre Besitzungen als **Standesherrschaft** behalten und verwalten. So kassierten hier die Hohenlohe-Bartenstein den Kirchenzehnten, bauten jedoch keine dem Bevölkerungszuwachs entsprechende Kirche. Dies führte zu einem 20jährigen Prozess und 1837 zu ihrer Verurteilung. Als sich 10 Jahre später bezüglich eines Neubaus noch immer nichts getan hatte, kam es im Rahmen der 48-Revolution zum Aufstand der Bevölkerung. Der erzwungene Kirchenneubau, konzipiert für 3.000 Personen, verkannte jedoch die zukünftige Bevölkerungsentwicklung, weshalb 1962 eine Verkleinerung vorgenommen wurde.

Kernort

Die Reste eines Römerkastells liegen im Westteil des Ortskerns. Im Hochmittelalter kam das Dorf zur Herrschaft Gleichen (s. Pfedelbach) und damit 1416

Mainhardt

an die Gf. Hohenlohe, die hier ein Amt einrichteten. Mit der protestantischen Linie Pfedelbach fiel es 1726 an die kath. Linie Bartenstein (s. Schrozberg), die es im 18.Jh als Nebenresidenz wählte und die kath. Schlosskapelle von Kapuzinern betreuen ließ.
Bauten: Das **Schlösschen** (1730) wurde als Amtshaus erbaut. Es besteht aus zwei zweistöckigen Gebäuden unter Mansarddach, die an der Hauptstraße durch ihr barockes Aussehen auffallen. Seit 1977 in Stadtbesitz, heute Diakoniestation. In der Schlosskapelle ist ein Römermuseum untergebracht. (2004)

B5 Mannheim MA

B3, M5, U15.....diese **Planquadratestadt** passt nicht in die herkömmlichen Muster von Stadt-, Konfessions- oder Wirtschaftsgeschichte. So ungewöhnlich wie die Straßenbenennung in der Kombination von Buchstaben und Zahlen ist ihre Geschichte. Hier wurde nach dem 30j. Krieg experimentiert, indem Menschen aller Konfessionen bis hin zu Juden und Täufern zusammenleben durften. Indem man den Glaubensflüchtlingen und Zuwanderern ihre französische Muttersprache in Gottesdienst und sogar Verwaltung erlaubte. Indem man den Zunftzwang abschaffte. Erst die Truppen des Sonnenkönigs im pfälzischen Erbfolgekrieg und der Absolutismus des 18.Jh machten dem ein Ende. Aber am Ende wurde aus diesem Experiment der größte Industriestandort Südwestdeutschlands.

Kernstadt

Die Hr. von Hausen verkauften 1284 ihre Burg Rheinhausen an der Neckarmündung an den Pfalzgrafen bei Rhein (Kurpfalz). Kurfürst Friedrich IV nutzte 1606 die strategische Lage zum Bau der Festung Friedrichsburg. Daneben wurde eine Stadt systematisch in Quadratblöcken angelegt und mit einer sternförmigen Mauer umgeben. Bereits zu diesem Zeitpunkt war sie ein Zentrum für Glaubensflüchtlinge aus den spanischen Niederlanden (= Wallonien = Belgien). Nach der Zerstörung im 30j. Krieg erfolgte ein Wiederaufbau durch Siedler aus ganz Europa, welche der calvinistische Kurfürst mit den oben aufgeführten Privilegien anlockte. Der erneuten totalen Zerstörung im pfälzischen Erbfolgekrieg folgte ein Wiederaufbau, erneut nach dem Planquadrateschema. 1720 wurde Mannheim zur Residenz, weil die kath. Kurfürsten der Linie Pfalz-Neuburg aus Heidelberg wegzogen. Es entwickelte sich ein Zentrum für Handel, Kunst- und Kultur (Antikensammlung, Nationaltheater, Akademie der Wissenschaften). 1803 fiel die rechtsrheinische Kurpfalz an Baden, Mannheim war nur noch eine unbedeutende badische Nebenresidenz. Aber nach 1871 kam eine explosionsartige Industrialisierung, weil mit Elsass-Lothringen ein zusätzlicher Wirtschaftsraum erschlossen wurde und hier der letzte Industriehafen am Oberrhein war, bis Frankreich nach dem 1. Weltkrieg den Rheinkanal baute.
Bauten: Das **Schloss** (1720-1750) besitzt mit 400m die längste Fassade aller deutschen Schlösser. Dies erklärt sich aus der Form mit einem Hauptgebäude (Corps de Logis) und zwei Längsflügeln, denen sich zwei weitere Querflü-

gel anschließen. Das etwas einförmige Bild der dreigeschossigen Anlage wird durch den Mittelteil des Hauptgebäudes und die viergeschossigen turmartigen Eckpavillons aufgelockert. Die im 2. Weltkrieg zerstörten Bauten dienen nach dem Wiederaufbau für Universität und Museum. - Die Schlosskapelle befindet sich in einem Querflügel. – Der Zugang zum Park und zum Rhein wird durch Bahngleise und Straßen abgeschnitten. - **Sonstiges:** Gegenüber der Residenz steht in A2 **Palais Bretzenheim,** das die vier außerehelichen Kinder der Liaison von Kurfürst Karl Theodor mit einer Tänzerin erhielten. Als Gf. Bretzenheim stiegen sie 1789 sogar in den Fürstenstand auf. Das dreigeschossige frühklassizistische Gebäude ist heute Amtsgericht. - Ein Beispiel für das Zusammenleben der Konfessionen und Sprachen ist die Konkordienkirche (= Eintracht), die als Doppelkirche für deutsche und belgische Calvinisten erbaut wurde. - Die Stadtanlage ist auf das Schloss hin konzipiert, in den Schlossvorplatz münden ihre Straßen.

OT Seckenheim

Das Dorf wurde vom König dem Kloster Lorsch geschenkt. Die Pfalzgrafen bei Rhein (= Kurpfalz) als dessen Vögte ordneten es bereits 1247 ihrem Territorium ein. 1462 fand hier eine Schlacht statt, in der Kurfürst Friedrich den Beinahmen „der Siegreiche" erhielt, weil er über die geballte Allianz von Württemberg, Baden und Bf. Mainz siegte. 1767 kaufte der Kurpfälzer Staatsrat Frh. von Stengel so viele Güter und Rechte zusammen, dass er damit ein Rittergut mit einem Schlösschen schaffen konnte.

Bauten: Das **Schlösschen** (1768) ist ein zweistöckiges Herrenhaus unter Mansarddach. Anbauten aus dem 19.Jh beeinträchtigen das Gesamtbild. Das schmucklose Gebäude liegt über dem Neckar. Es wird heute als Gaststätte und Bürgerhaus genutzt. Hinweisschild „Schloss" (Stengelstraße). (2004)

March FR L2

Vom Kanzleischreiber zum Stellvertreter des Herrschers und schließlich zum heutigen Regierungschef stieg der **Kanzler** auf. Der Einfluss des Kanzleivorstehers, Kanzler genannt, stieg im 15.Jh mit dem Bedeutungszuwachs der Kanzlei. Zugleich bot sich damit für bürgerliche Akademiker die Chance, über den Beamten- oder Amtsadel in den Landadel aufzusteigen. Denn mit der Einführung des Römischen Rechts und der zunehmenden Verschriftlichung (Bürokratisierung) brauchte man fähige Juristen. Beat Widman (s. Kirchentellinsfurt) und Martin Achtsynit (s. Niefern-Öschelbronn) nutzten ebenso die Chance wie Konrad Stürzel. Der Jurist an der neuen Freiburger Universität wurde 1481 Kanzler in Innsbruck, von wo aus er als Vertreter König Maximilians Tirol und Vorderösterreich verwaltete. In Freiburg baute er sich ein Schloss-Palais („Basler Hof") und finanzierte eine Familienkapelle im Münster. Als **Stürzel von Buchheim** stieg er 1491 in den Adelsstand auf mit dem Kauf der Herrschaft March, deren Dörfer Buchheim, Hugstetten und Holzhausen bei der Gemeindereform 1972 diesen gemeinsamen Namen wählten.

March

OT Buchheim

Das Dorf war Mittelpunkt einer Mark (= March) von sechs Dörfern. Der hier sitzende Ortsadel verkaufte an die Freiburger Patrizierfamilie Snewlin. Diese formte mit den anderen Marchdörfern eine kleine Herrschaft, die Konrad Stürzel 1491 aufkaufte und sich nach Buchheim nannte. Als Mitglied der Breisgauer Ritterschaft erlebten seine Nachkommen im 17. Jh einen Niedergang und starben 1790 aus. Verkauf an den aus Lothringen stammenden General Chaquemin, der sich in Schackmin von Buchheim umbenannte.

Bauten: Das **Schloss** (1759) wurde an Stelle einer Wasserburg erbaut. Das schlichte zweistöckige Herrenhaus unter Walmdach steht in einem großen Park mit See. Einstöckige Wirtschaftsbauten und eine Mauer schirmen es zur Straße hin ab. Privat bewohnt, (Schlossstr.). - **Sonstiges:** In der 200 m entfernten kath. Kirche ist ein Epitaph (1559) der Stürzel im Chor und eines an der Außenmauer.

OT Hugstetten

Auch dieses Dorf kam um 1400 an die Freiburger Patrizierfamilie Snewlin und damit 1491 an Konrad Stürzel von Buchheim. Nach dem Aussterben der Stürzel kam die Herrschaft über General Schackmin 1801 an den Frh. von Andlau-Birseck, der ursprünglich Landvogt des Bf Basel war und bei der Besetzung des Jura durch franz. Revolutionstruppen hierher flüchtete. Seine Nachkommen übernahmen hohe Ämter im Großherzogtum Baden und starben 1871 aus.

Hugstetten. Eines der vielen Schlösser der Breisgau-Ritterschaft

Bauten: Das **Schloss** (1805) ist ein schmuckloses, dreistöckiges, großes Herrenhaus unter Walmdach. Auf zwei Seiten werden Mittelrisalite durch Allianzwappen geziert. – Als **Altes Schloss** wird das 1670 errichtete Verwaltungsgebäude an der Straße bezeichnet, das durch sein seltsames Dach auffällt. Es wird geziert vom Wappen eines Deutschordensritters von Stürzel. - Die ummauerte Anlage in einem weiten Park am Bach ist seit 1871 in Besitz einer Linie der Kraichgauer Familie von Mentzingen (Dorfstr.). - **Sonstiges:** Im Norden, außerhalb der umzäunten Anlage, bilden Backhaus, Waschhaus, Verwaltungsgebäude und Pfarrhaus ein Ensemble, dem man die ehemalige Zugehörigkeit zum Schloss ansieht. Heute Rathaus und Heimatmuseum. Daneben die Gallus-Kirche, die seit 1965 dem evang. Gottesdienst dient, mit mehreren Epitaphien an der Außenwand. Dahinter am Berg erstreckt sich der öffentliche Teil des Schlossparks mit einem Teehäuschen.

OT Holzhausen

Auch dieses Dorf wurde 1491 von den Snewlin an Konrad Stürzel verkauft. Seine Nachkommen verkauften es jedoch bereits 1612 an Konrad Harsch, der zusammen mit dem benachbarten Reute eine kleine Herrschaft formte.

Bauten: Das **Schloss** ist ein um 1750 erbautes schlichtes, zweistöckiges Herrenhaus unter Krüppelwalmdach. Das renovierungsbedürftige Gebäude mit einem ummauerten Garten wird privat bewohnt. (Ecke Buchheimerstr./Buchsweilerstr.). - **Sonstiges:** Der angebaute, renovierungsbedürftige Wirtschaftshof hat einen anderen Besitzer.

OT Neuershausen

Ortsadel saß auf einer Wasserburg, deren Turm inzwischen im Rinkenhof, benannt nach der Fam. Rink von Baldenstein, verbaut ist. Habsburg besaß die Landeshoheit. Die Dorfherrschaft kam 1601 an die Gf. Kageneck und 1779 an die Gräfin Schauenburg geborene Hennin, die das schöne Schloss baute. Seit 1839 ist das Schlossgut in Besitz der Fam. Marschall von Bieberstein, deren Vorfahren aus Sachsen stammen.
Bauten: Das **Schloss** (1783) ist ein zweigeschossiges, ausgewogen proportioniertes Gebäude unter Walmdach. Die Fassade ist durch Lisenen gegliedert. Die doppelläufige Treppe und der Dreiecksgiebel mit dem Wappen „Hennin" geben der Straßenseite ein herrschaftliches Aussehen. Privat bewohnt (Eichstetterstr.) - **Sonstiges:** Großer Park mit Wirtschaftsbauten auf beiden Seiten des Schlosses. – Auf der Nordseite des Schlosses liegt der Rinkenhof, ein Gutshof mit Burgresten. – In der kath. Kirche sind zwei Epitaphien.

UMGEBUNG: Die Nachbardörfer Gottenheim und Bötzingen bildeten die Herrschaft Kranzenau. Nach dieser Burg bei **Bötzingen** nannte sich ein Zweig der Snewlin, deren Erbe 1672 an die Frh. von Wittenbach fiel. Ihr Amtshaus ist das heutige Gasthaus Adler an der Hauptstraße. Der barocke, zweistöckige Vierseithof (1730) unter Walmdach besitzt einen Saal mit schöner Stuckdecke im 2.Obergeschoss. (2007)

Markdorf FN N8

Nur noch ein Torso war das **Bistum Konstanz** nach der Reformation, denn der größte Teil war mit der Schweizer Eidgenossenschaft und dem Herzogtum Württemberg evangelisch geworden. Der Bischof selbst war aus seiner ebenfalls evangelisch gewordenen Hauptstadt Konstanz vertrieben. Aber auch das **Hochstift,** also das Territorium des Fürstbischofs, war nur ein Torso, denn es bestand außerhalb des Bodanrücks und der Höri (s. Gaienhofen) nur noch aus solchen Fetzen wie hier um Markdorf.

Kernstadt

Ortsadel, der auf einer Burg beim Dorf nordwestlich der heutigen Stadt saß, gründete im 13.Jh die Stadt. Nach seinem Aussterben 1356 führten die Hr. von Homburg als Erben und der Konstanzer Bischof als Lehensherr einen Krieg um den Besitz. Erst 1414 konnte sich der Bischof durchsetzen. Markdorf wurde Obervogtei und fiel bei der Säkularisation 1803 an das Großherzogtum Baden.
Bauten: Die **Burg,** 1510, mit Buckelquadern von der mittelalterlichen Burg, ist

Markdorf

das Wahrzeichen des Städtchens. Trutzig-markant ragt ihr fünfgeschossiger Turm empor. Daneben steht das **Schloss,** das 1739-43 durch J.C. Bagnato als eine Art Stadtpalais des Bischofs erbaut wurde. Da es zwischen Burg, Stadttor und Stadtmauer eingeklemmt war, kommt der erhöhte Mittelrisalit seiner Fassade nicht zur Geltung. Burg und Schloss liegen an der Südwestecke der Stadtmauer neben dem Stadttor und werden als Hotel-Restaurant genutzt („Schlosshotel"). – **Sonstiges:** Mehrere Epitaphien in kath. Stadtkirche. - Teile der Stadtmauer blieben im Burgbereich erhalten.

OT Ittendorf

Die Schenken von Schmalegg (bei Ravensburg), die hier eine eigene Linie bildeten, schufen sich ein Kleinterritorium, das bis nach Friedrichshafen reichte. Ihr Erbe kam 1371 an die Hr. von Hohenfels, die 1434 an die Reichsstadt Überlingen verkauften. Die verwaltete den Besitz über ein eigenes Amt, musste jedoch aufgrund der hohen Verschuldung nach dem 30j. Krieg an das Schweizer Kloster Einsiedeln verkaufen. Das machte aus der Burg eine Statthalterei für seine neu erworbenen Besitzungen nördlich des Bodensees (s. Hagnau), die es jedoch 1693 wieder abstieß. Der Bf. von Konstanz nutzte es anschließend als Jagdschloss.

Ittendorf. Gar nicht barock wirkt das auf einem Moränenhügel stehende ehem. Jagdschloss

Bauten: Das burgartige **Schloss** wurde 1671 durch Vorarlberger Baumeister erstellt. Das hohe Steinhaus mit Staffelgiebel steht imposant auf einem Hügel über der Fernstrasse. Großer Park dabei. Privatbesitz, kein Zutritt. Daneben das sogenannte Jägerhaus, ehemals Zehntscheune (A. Strobel-Strasse 11) sowie die ehem. Torkel (um 1500). – **Sonstiges:** In der kath. Kirche ist das Epitaph einer adligen Vogtfrau. (2005)

G7 Markgröningen LB

Vom Maier zu Grafen stiegen die **Leutrum von Ertingen** auf. In Ertingen an der Donau waren sie 1106 als Maier (= Verwalter) für das Kloster Buchau tätig. Als Patrizier in Esslingen (13.Jh) machten sie den Vornahmen Luitram zum Familiennamen Leutrum. In Pforzheim gelang ihnen im 15.Jh ein kometenhafter Aufstieg durch die Heirat mit der verwitweten Schwester des badischen Gf. Jakob. Denn anschließend nahmen sie über 300 Jahre lang höchste Positionen in der Mgft. Baden-Durlach ein und erwarben viele badische Lehen, so z.B. Niefernburg, Bauschlott und Würm. Sie schlossen sich der Reformation und der Reichsritterschaft an. 1703 Aufteilung in die beiden Linien gräflich – freiherrlich. Bedeutendstes Mitglied war Karl Magnus (1680-1738), der als Feldherr in Europa für Schweden und unter Prinz Eugen berühmt wurde und auf Sardinien zum Grafen aufstieg. 1717 erheirateten sie Unterriexingen, wo sie bis vor kurzem wohnten.

Markgröningen

OT Unterriexingen

Ortsadel als Ministeriale der Gf. Vaihingen, ab 1308 Gf. Württemberg, saß 1190-1560 auf einer Burg über der Enz und schloss sich dem Kanton Neckar der Reichsritterschaft an. Nach seinem Aussterben wechselten die Besitzer häufig, bis schließlich 1717 die Leutrum einen Teil der Dorfherrschaft erwarben, denn der größte Teil war zuvor von Württemberg aufgekauft worden.

Unterriexingen. Schloss und Burg über dem Enztal

Bauten: Die Schlossanlage wird überragt vom Bergfried mit den Buckelquadern der mittelalterlichen **Burg,** von der zudem noch Gräben und Bauten aus Bruchsteinmauerwerk erhalten sind. Daran wurde im 18.Jh das zweistöckige **Schloss** unter Walmdach angefügt, das zum Dorf hin seine Front mit einem Mittelrisalit zeigt. Bewohnt von Fam. Fürst von Ratibor und Corvey, die es nach dem 2.Weltkrieg von den Leutrum ererbte und hier einen Hundezuchtbetrieb unterhält. Zugang bis Hoftor (Schlossparkstraße). - **Sonstiges:** Gutshof neben dem Schloss. - In evang. Kirche im Dorf ein interessanter Patronatsstuhl. – Die ehem. Wallfahrtskirche über dem Dorf (beim Friedhof) wurde 1875 von Gf. Leutrum als Privatbesitz renoviert. In ihr sind rund 30 Epitaphien (14.-18. Jh), z.T. figürlich. Geschlossen. Am Rande des Friedhofs liegt eine eingezäunte Grablege der Leutrum.

UMGEBUNG: In der Stadt **Markgröningen** erinnert die Schlossgasse an das Schloss der Gf. Württemberg, das 1724 abgebrochen wurde. Auf dem Schlossgelände steht heute das Helene-Lange-Gymnasium. In der evang. Stadtkirche erinnert die Grabplatte (1280) des Gf. Hartmann von Landau-Grüningen daran, dass hier das Mitglied einer württ. Nebenlinie begraben wurde. In der Kirche sind zudem Epitaphien von Adel, Amtleuten und Bürgern. – Die Stadt ist berühmt wegen ihrer vielen prachtvollen Fachwerkhäuser, allen voran das Rathaus, bei dem ein Brunnen mit württ. Wappen und der Reichssturmfahne steht. - Fantastisch gelungen ist die Mischung von alt und neu in der Kirche des Heiliggeistspitals, an dem mehrere Wappen des Heiliggeistordens zu finden sind. (2009)

Maulbronn PF F6

Weltkulturerbe ist die Klosteranlage, zu der das bescheidene Schloss gehört. Die Anlage kann stellvertretend stehen für 750 Zisterzienserklöster, die es im Spätmittelalter in Europa gab. Denn sie entspricht dem Klosterbauschema, welches die Zisterzienser aus dem benediktinischen Kloster, wie es der St. Gallener Klosterplan aufzeigt, entwickelten. Dabei kann Maulbronn als die besterhaltene derartige Anlage Europas bezeichnet werden. Letztlich blieb die mittelalterliche Anlage nur deshalb erhalten, weil das Kloster in der Reformation aufgehoben wurde und eine neue Funktion als Schule (bis heute) und Ver-

Maulbronn

waltungszentrum erhielt. Bei einem reichsunmittelbaren Kloster wäre hier eine Barockanlage entstanden.

Kernort

Das 1147 gegründete Kloster erhielt solch gewaltige Zuwendungen, dass es schließlich rund 50 Dörfer sein Eigen nennen konnte. Wer reich ist, der weckt Begehrlichkeiten: Hier stritten sich die Kurpfalz und Württemberg. Im 15.Jh eignete sich die Kurpfalz die Schirm- und Kastvogtei mit Gewalt an, verlor sie jedoch 1504 im Landshuter Erbfolgekrieg

Maulbronn. Auch das bescheidene Jagdschloss gehört zum Weltkulturerbe

(s. Heidenheim) an das expandierende Württemberg, das sich den „dicken Fisch" in der Reformation gänzlich einverleibte. Die Gebäude jedoch blieben erhalten, weil sie weiterhin als Klosteramt für die 50 Dörfer sowie als evang. Schule benötigt wurden. Nebenbei diente Maulbronn fürstlichem Vergnügen, weshalb ein Jagdschloss gebaut wurde.

Bauten: Das **Schloss** (1588) ist ein zweigeschossiger Steinbau mit zwei runden Ecktürmchen unter Satteldach. Eingangsbereich mit Treppe und Erbauungsinschrift. Das schmucklose Gebäude steht außerhalb des Museumsbereiches im Nordosten der Klosteranlage, verdeckt von den Konventbauten. Es war im 19.Jh Oberamt und wird heute von der Seminarschule genutzt. - **Sonstiges:** Im Klosterhof steht eine Reihe von Wirtschafts- und Verwaltungsbauten, die weit herrschaftlicher wirken als das Schloss (Mühle, Fruchtkasten, Kameralamt). – In der Kirche und im Kreuzgang stehen einige Epitaphien von Äbten sowie des Stifters. (2007)

N10 Meckenbeuren FN

Kaufleute müssen ihren Gewinn re-investieren. Zum einen in neue Waren, um den Gewinn zu steigern; zum anderen in mündelsichere Anlagen, um das riskante Warengeschäft abzusichern. Das bekannteste Beispiel hierfür sind die Augsburger Fugger, welche mehrere Grafschaften kauften (s. Illerkirchberg). Bereits rund 100 Jahre zuvor hatten die Ravensburger Patrizier **Humpis** (= Hundbiss, daher zähnezeigende Hunde im Wappen) in ähnlicher Weise mehrere Dorfherrschaften im Umland der Reichsstadt gekauft. Damit standen sie auf zwei Beinen: zum einen waren sie als Stadtpatrizier Mitglied der 1394 gegründeten, europaweit tätigen Großen Ravensburger Handelsgesellschaft, zum anderen zählten sie mit dem Erwerb eines Rittergutes zum Landadel. Das 10 km von der Reichsstadt entfernte Brochenzell lag für sie ideal.

OT Brochenzell

In Karolingerzeit stand hier eine Mutterpfarrkirche für 12 umliegende Weiler. 1274 kam der Ort an die Gf. von Heiligenberg und 1447 nach mehreren Besit-

Meckenbeuren

zerwechseln an die Ravensburger Patrizierfamilie Humpis. Diese schlossen sich dem Kanton Hegau der Reichsritterschaft an. 1721 verkauften sie das Dorf an das Kloster Weingarten.
Bauten: Burgartig wirkt das **Schlössle** aus dem 16.Jh. Das dreigeschossige, massive Steinhaus unter Satteldach fällt durch seine eineinhalb (ehemals vier) Ecktürme und zwei Rundportale auf. Es steht im Mittelpunkt des Dorfes, das es besitzt und mit Unterstützung eines Fördervereins als (originelle) Gaststätte nutzt.

Brochenzell. Patriziersitz, gerettet von der Dorfgemeinschaft

OT Liebenau

Ortsadel saß im 13.Jh auf einer Burg. Ab 1309 Sitz eines Vogtes der Gf. Montfort (s. Tettnang). Diese bezahlten damit 1581 den Augsburger Juristen Dr. Laymann für seine Dienste. Der ließ das Schloss bauen und schloss sich dem Kanton Hegau der Reichsritterschaft an. Seine Nachkommen verkauften die Herrschaft 1668 an das Benediktinerkloster Weingarten. 1870 Einrichtung einer Heil- und Pflegeanstalt im Schloss, die heute als Stiftung Liebenau fast 5.000 Mitarbeiter an 80 Standorten beschäftigt.
Bauten: Das **Schlössle** entstand 1581 aus der ehemaligen Turmhügelburg, indem der quadratische dreigeschossige Wohnturm nach beiden Seiten verlängert wurde. 1620 kam ein Kapellenflügel hinzu, wobei der nordöstliche Burgturm zum Kirchturm wurde. 1978 Anbau eines modernen Treppenhauses. Heute wird es als Verwaltungszentrale der Heilanstalt genutzt, umgeben von Park und modernen Gebäuden. (2008)

Meersburg FN N8

Das Fürstbistum Konstanz bot den katholisch gebliebenen schwäbischen Ritterfamilien in der Barockzeit die Chance zum Aufstieg in den geistlichen Fürstenstand. Denn das **Domkapitel,** das den Bischof wählte, setzte sich ebenso wie in Speyer, Würzburg, Mainz und anderswo vollständig aus dem Landadel zusammen. Nur in Ausnahmefällen, in Krisenzeiten, hatte ein Kandidat aus fürstlichem Hause eine Chance auf den Bischofssitz, so z.B. der Kaisersohn Andreas von Österreich kurz vor dem 30j. Krieg. Ansonsten wählte das Domkapitel einen Standeskollegen aus seiner Mitte, also landsässigen und reichsritterschaftlichen Adel. So stammt die prachtvolle Residenzanlage in Meersburg letztlich von nachgeborenen Söhnen des Landadels, welche die geistliche Karriere wählten. Die Mischung von barocker Bischofsresidenz und mittelalterlichem Fischer-Burg-Städtchen schafft ein besonderes Flair.

Kernstadt

Eine Fischersiedlung direkt am See, die Unterstadt, war das ursprüngliche Dorf. Darüber erhob sich vermutlich bereits im 7.Jh auf einem Molassefelsen

Meersburg

eine Burg („Dagobertsturm"). Die gelangte im 13.Jh an den Konstanzer Bischof, der umgehend das Städtchen in Form der Oberstadt anlegte. Ebenso wie in Konstanz strebten die Bürger den Reichsstadtstatus an, scheiterten jedoch 1458 endgültig. Einen Aufschwung erlebte Meersburg ab 1526, als der Bischof seinen Sitz aus dem evang. gewordenen Konstanz hierher verlegte und sich eine repräsentative Residenzanlage baute. Nach der Säkularisation (1803) versank es im Dornröschenschlaf, aus dem es erst durch den modernen Tourismus erweckt wurde.

Bauten: Die **Höhenburg** („Altes Schloss"), 14.Jh mit Umbauten des 16.Jh, ist eine gut erhaltene, mittelalterlich wirkende Anlage. Im Westen steht der massive Bergfried („Dagobertsturm") mit unbehauenen Feldsteinen (Megalithturm). Daran stoßen nach Osten in einem langen (L-förmigen) Anbau die Wohngebäude (Palas, Dürnitz) an. Dieser Kernbau wird von Mauern mit vier runden Ecktürmen geschützt. Die Burg wurde 1838 durch Frh. von Lassberg gekauft, dessen Schwägerin Annette von Droste-Hülshoff vor ihrem Tode hier lebte. Heute Privatbesitz, als Museum geöffnet. Lage: Im Stadtzentrum. – Oberhalb der Burg und im krassen Gegensatz dazu steht das barocke **Neue Schloss** (1710-77). Es ist ein symmetrischer, klar gegliederter Bau von 19 Achsen, aus dessen Fassade das Treppenhaus von Balthasar Neumann als eigenständiger Baukörper heraus tritt. Prächtiges Wappen von Kardinal Rodt auf beiden Giebelseiten. Als Museum und Cafe im Sommer zugänglich. Im östlichen Teil die Schlosskapelle, heute evang. Kirche. Zum See hin der Schlosspark mit Fernblick. - **Sonstiges:** Östlich an das Neue Schloss schließen sich schlichte Wirtschaftsgebäude sowie prachtvolle Barockbauten an: Der Reitstall (1760, heute Staatsweingut) und das ehem. Priesterseminar (1735, heute Gymnasium, mit Wappen von Bf. Stauffenberg). - Dem Schloss gegenüber steht das Adelspalais der Reichsritterfamilie von Rodt, aus der im 18.Jh drei Bischöfe kamen. Das viergeschossige Gebäude mit prächtigem Volutengiebel überrascht mit dem Wappen an Vorder- und Rückseite. – Daneben steht die ehem. Hofkanzlei, ein dreistöckiges Steinhaus mit Allianzwappen über dem Eingang. – Prachtvolles Epitaph des Kanzlers von Castell in kath. Kirche. - Grabdenkmale bei der Friedhofkapelle an der Strasse nach Baitenhausen (u.a. von Droste-Hülshoff). – In der Unterstadt steht das dreistöckige „Seeschlössle" mit Staffelgiebel, das mit dem Stadttor einen Teil der Befestigung bildet. – In einzigartiger Weise thronen Burg, Schloss, Reithaus und Priesterseminar über dem See und bilden die imposante Seefassade. (2009)

Meersburg. Mächtig ragt die Burg über dem Bischofsstädtchen empor

Mengen SIG L9

In zahlreichen Ausgrabungen im Umkreis der **Heuneburg** wurde entdeckt, dass sich hier an der Oberen Donau um 600 vor Chr. ein **frühkeltischer Fürstensitz** befand. Inzwischen ist das Gelände der Heuneburg bei Hundersingen (Gem. Herbertingen) ein Freilichtmuseum und die ehem. Zehntscheuer des Klosters Heiligkreuztal im Dorf Hundersingen das dazu eingerichtete Museum. Zudem führt von der Heuneburg ein Archäologischer Rundweg zu mehreren keltischen Grabhügeln, darunter mit dem 13 m hohen Hohmichele zum höchsten Mitteleuropas. - Das benachbarte Städtchen Mengen kann leider nur auf Reste eine bedeutenden Römerniederlassung und auf mittelalterliche Relikte stolz sein.

Kernstadt

Das alemannische Dorf Mengen lag bei einer römischen Niederlassung. Anscheinend wurde es von Franken übernommen, wie das Kirchenpatrozinium St. Martin vermuten lässt. Seine zentrale Bedeutung zeigt sich darin, dass hier bis 1810 ein Dekanatssitz bestand und Kaiser Barbarossa 1170 „Auf dem Hof" einen Gerichtstag abhielt. Um 1257 erfolgte neben dem alten Dorf, das zu Ennetach (= jenseits der Ach) umbenannt wurde, eine planmäßige Stadtgründung. Die Stadt gelangte 1285 unter Habsburger Oberhoheit und wurde den fünf Habsburger Donaustädten zugeordnet (s. Waldsee). Deshalb war sie 300 Jahre lang an die Gf. Waldburg verpfändet, bis sie sich davon freikaufen konnte.
Bauten: Einen hervorragenden Eindruck von einem **Adelshof** gibt der Alte Fuchs, ein dreistöckiges Fachwerkhaus auf hohem Steinsockel. Es steht in typischer Lage an der Südostecke der Stadtmauer und vermittelt noch heute aufgrund der Schießscharten und der Ummauerung einen wehrhaften Eindruck. Das frisch renovierte Gebäude dient der VHS und ist daher geöffnet. – Auch der **Wohnturm** „Kazede", der an der Nordostecke der Stadtmauer steht, war ein Adelshof. Im dreistöckigen Gebäude (1233) mit Fachwerk ist das Notariat untergebracht (Wasserstr. 4). - **Sonstiges:** An die Gerichtsstätte erinnert nur noch der Straßenname „Auf dem Hof". - Daneben steht die Liebfrauenkirche mit sieben Epitaphien der Hr. von Freyberg und Hr. von Stotzingen, darunter ein figürliches (1550). – In der geschlossenen Martinskirche sind zwei Epitaphien, darunter ein schönes der Fam. von Westerstetten. (2009)

(Bad) Mergentheim TBB C10

„Deutschordensstadt". Hier befand sich seit 1525 die Zentrale des **Deutschen Ordens.** Der war in den Kreuzzügen 1189 als Ritterorden in Nachahmung der Johanniter und Templer entstanden. Seine Glanzzeit erlebte er in Preußen, wo er einen souveränen Staat aufbauen konnte. Nach dem Übertritt des Hochmeisters zur Neuen Lehre wurde seine Zentrale von der Marienburg nach Mergentheim verlegt. Zugleich übernahm der für Deutschland zuständige Deutschmeister auch noch das Amt des Hochmeisters und stieg in den Fürstenstand auf. Er schaffte es aber nicht mehr, ein geschlossenes Territorium um Mergentheim aufzubauen, weshalb einige Dörfer im heutigen Stadtgebiet überwiegend evangelisch sind. Der Orden prägte das Bild der Residenzstadt, und dennoch ist hier nicht überall Deutscher Orden.

(Bad) Mergentheim

Kernstadt

Denn ursprünglich war hier der Johanniterorden, dem 1207 ein Königshof sowie die Pfarrrechte für die Gründung eines Hospizes geschenkt wurden. Daran erinnern heute der Johanniterhof (am Platz des Königshofes), das Kirchenpatrozinium St. Johannes und das Johanniterwappen am Pfarrhaus. Der Eintritt von drei Brüdern aus dem Hause Hohenlohe in den jungen Deutschen Orden (1219) veränderte die Machtverhältnisse. Der Deutsche Orden gründete eine Kommende, verlegte 1525 seine Zentrale hierher und baute die Burg wie auch das Territorium im Umland der Stadt aus. Erst 1809 fiel dieses mit der Ordensauflösung an das Königreich Württemberg.

Bauten: Die Weitläufigkeit der **Burg-Schloss-Anlage** entstand aus dem Raumbedarf als Zentrale des Deutschen Ordens. Man betritt die ummauerte Anlage von der Stadt her über eine Brücke und steht vor einem Torturm, der provokativ mit einem prächtigen württembergischen Königswappen (19.Jh) geschmückt ist. Deutschordenswappen kann man erst im großen Hof an den einzelnen Ökonomie- und Verwaltungsbauten entdecken. In diesen sind heute verschiedene Ämter. Das eigentliche **Schloss** liegt rechterhand hinter der Kirche. Es enthält von der Wasserburg (12.Jh) den Bergfried, Mauerteile und die Fünfeckform. 1565-1574 wurde es zur Residenz ausgebaut, worauf die Renaissancegiebel sowie die in BW einmalig schöne, filigrane Treppe von Martin Berwart zurückgehen. Entsprechend den gestiegenen Repräsentationsansprüchen erfolgte eine Barockisierung im 18.Jh. Es ist als Ordensmuseum öffentlich zugänglich. Zusammen mit der barocken (evang.) Schlosskirche, in deren Gruft viele Hochmeister begraben sind, formt es eine geschlossene Fünfeckanlage. Lage: im Osten der Stadt. Der Übergang vom Schlosspark in den Kurpark ist fließend. - **Sonstiges:** In der Stadt kann man Wappen des Deutschen Ordens entdecken, z.B. am Hospital, am Rathaus, an der Münze. – Viele Epitaphien und Grabplatten von Ordenskomturen in der Dominikaner-, der Kapuziner- und der St. Johannes-Kirche. Wappenfries in der Dominikanerkirche. – Großer Stadthof der Zisterze Schöntal mit Wappen in der Mühlwehrstraße.

Wachbach. Ein Wasserschloss im Dornröschenschlaf

OT Wachbach

Die Herrschaftsverhältnisse waren extrem kompliziert. Die Oberhoheit teilten sich Kurpfalz, Hohenlohe, Ansbach und Bayern. Die Dorfherrschaft war in ähnlicher Weise zersplittert, bis im 15.Jh der Deutsche Orden 40% und die Hr. von Adelsheim die restlichen 60% in ihre Hände bekamen. Die Adelsheim schlossen sich damit dem Kanton Odenwald der Reichsritterschaft und der Reformation an, was eine neue Art von Kompliziertheit im Dorfleben erzeugte (s. Eislingen).

Bauten: Das **Schloss** (1592) ist eine zweistöckige Vierflügelanlage unter Walmdach. Sein Aussehen wird durch die drei rund-massigen Ecktürme und ein

schönes Renaissanceportal geprägt. Das unbewohnte, renovierungsbedürftige „Dornröschenwasserschloss" liegt unterhalb der Kirche in den Nasswiesen.
- **Sonstiges:** Mehrere Epitaphien der Hr. von Adelsheim in evang. Kirche. – Selten findet man ein solch gut erhaltenes Beginenhaus wie hier. Das an der Kirchhofmauer stehende, schön renovierte Steinhaus ist heute Kindergarten.
UMGEBUNG: In Stadtnähe stößt man auf zwei Dörfer mit evang. Kirchen. So in den **OT Neunkirchen** und **OT Althausen,** wo zwar die Oberhoheit jeweils beim Deutschen Orden lag, die Geyer von Giebelstadt jedoch als Dorfherren die Reformation gegen dessen Widerstand durchsetzten. In Neunkirchen wurde ihr Amtshaus zum Rathaus („Geyerplatz") und stehen mehrere Epitaphien in der evang. Kirche. In der evang. Kirche von Althausen ist das Epitaph eines Deutschordenritters. – Rund 2 km nordwestlich Althausen liegt das Hofgut **Üttingshof.** 1871 wurde hier ein Herrenhaus erstellt, das seit 1993 in Privatbesitz ist und vorbildlich renoviert wurde.

UMGEBUNG: Östlich Mergentheim liegt auf dem Kitzberg, einem ins Taubertal vorspringenden Bergsporn, die **Burg Neuhaus** (Gem. Igersheim). Der Deutsche Orden hatte sie 1411 den Gf. Hohenlohe abgekauft und zu einer Festung ausgebaut, auf der er Gelder und wichtige Urkunden lagerte. Dies war ein Grund für die Zerstörung im Bauernkrieg. Nach dem Wiederaufbau wurde das Hochgericht aus dem benachbarten Markolsheim hierher verlegt und viele Frauen als „Hexen" gefoltert und hingerichtet. Seit der Säkularisation Staatsdomäne, privat bewohnt, Trakehnergestüt. Von der Burg blieben der runde Bergfried, Rondelle, Wirtschaftsbauten, Gräben und eine Brücke erhalten. (2007)

Merzhausen FR M2

Womit finanzierte der **Jesuitenorden** die lange und intensive Ausbildung seiner Ordensmitglieder? Dieser Orden, der sich als Speerspitze der Gegenreformation verstand, wollte mit geistigen Waffen die „Ketzer" bekämpfen. Hierzu bot er gehobene Schulbildung in seinen Studienkollegs und übernahm die Leitung von Universitäten wie z.B. in Freiburg. Bei solch einem hohen Anspruch musste der Ordensnachwuchs gut und lange ausgebildet werden, was viel Geld kostete. Deshalb machte der neuzeitliche Orden das gleiche, was bei mittelalterlichen Klöstern gängig war. Er übernahm Hofgüter (z.B. Hochmauren in Rottweil) und sogar ganze Dörfer (s. Dotternhausen), um damit einen finanziellen Grundstock zu besitzen. Dies ist der Hintergrund für das „Jesuitenschlösschen" in Merzhausen.

Kernort

Merowingersiedlung. Ortsadel als Ministeriale der Gf. von Freiburg saß im 13.Jh auf einer Wasserburg. Unter Habsburger Landeshoheit wurde das Dorf aufgeteilt und an verschiedene Adelsgeschlechter vergeben, die damit der Breisgauer Ritterschaft angehörten. Darunter waren auch die Snewlin-Bernlapp im benachbarten Bollschweil, die es 1635 an die Jesuiten in Freiburg verkauften.

Merzhausen

Diese bauten auf dem Berg ein Lustschlösschen für gestresste Uniprofs. Nach Aufhebung des Ordens kauften 1773 die Snewlin zurück.

Bauten: Das **Jesuitenschlösschen** bildet zusammen mit einem Hofgut eine Vierflügelanlage. Das dreistöckige Hauptgebäude (Corps de logis) besitzt einen Mittelrisalit auf der Parkseite. Heute in Besitz einer Stiftung, genutzt als Gaststätte und Weinbaubetrieb. Lage: Im Westen des Dorfes auf dem Berg, Zufahrt ausgeschildert. – Es gibt auch noch das **Alte Schlösschen** im Osten des Dorfes. Das schmucklose Herrenhaus mit Staffelgiebeln steht am Bach, an der Straße nach Au (Hexentalstr. 12). Privatbesitz, heute als Pferdehof genutzt. –- **Sonstiges:** Ein schlichtes Epitaph auf Westseite der kath. Kirche sowie ein Kinderepitaph. (2003)

M8 Meßkirch SIG

Die „**Zimmern´sche Chronik**" ist eine Familiengeschichte, verwoben mit den Genealogien, Anekdoten, Sagen und (Skandal-)Geschichten der anderen süddeutschen Geschlechter. Verfasst wurde sie im 16.Jh von Gf. Froben von Zimmern. Die Unterlagen für die Chronik besorgte er sich von seinem Onkel, der auf der Stammburg in Herrenzimmern (s. Epfendorf) seinen Lebensabend mit genealogischen Studien verbrachte. Vermutlich wird manche Familie, die in der Chronik nicht gut weg kam, das anschließende Aussterben der Gf. Zimmern mit einer gewissen Häme kommentiert haben. Aber in Meßkirch hinterließen sie ein vorbildliches Renaissanceschloss.

Kernstadt

Meßkirch. Mit diesem Renaissance-Schloss und der Zimmern´schen Chronik schufen die Gf. von Zimmern eine bleibende Erinnerung

Aus den Händen der Truchsessen von Waldburg-Rohrdorf, einer Nebenlinie der Waldburg mit Sitz auf einer verschwundenen Burg im OT Rohrdorf, kam der Ort 1354 als Erbe an die Hr. von Zimmern. Sie verlegten ihren Herrschaftsschwerpunkt hierher und erwarben Burg Wildenstein (1398, s. Leibertingen). 1538 stiegen sie in den Grafenstand auf. Sie förderten einen Maler, der als Meister von Meßkirch im schwäbischen Raum zum Begriff wurde. Aber auf dem Höhepunkt kam das adelstypische Ende: Der Sohn von Gf. Froben hatte keinen männlichen Nachwuchs. Das Erbe ging 1594 an die Gf. Helfenstein und nach deren Aussterben 1627 an die Gf. Fürstenberg. Als Sitz einer eigenen Linie blühte die Stadt bis 1744.

Bauten: Das **Schloss,** 1557-94, ist das erste echte Renaissanceschloss in BW und gilt daher als Vorbild für weitere Schlösser (z.B. in Heiligenberg). Die Vierflügelanlage unter Satteldächern mit vier Eckpavillons steht kompakt auf einer Anhöhe über dem Städtchen. Außen setzen Wappenreliefs und prächtige Portale, innen der Festsaal mit der Holzkassettendecke die dekorativen

Meßkirch

Akzente. Von der **Burg** (1384) wurde ein Rest als Nordwestflügel in die Anlage eingebaut („Schlössle", heute Notariat). Die Anlage ist seit 1961 in Besitz der Stadt und wird für Festveranstaltungen, als Museum und als Kindergarten genutzt. - **Sonstiges:** Daneben die Remise mit Oldtimermuseum. - Dahinter der Schlosspark auf ehem. Wallanlage. – Daneben die kath. Kirche mit zwei bronzenen Renaissance-Epitaphien der Gf. Zimmern, künstlerisch bedeutend und selten. - Am Stadtrand steht die (geschlossene) Liebfrauenkirche mit zahlreichen Epitaphien des 18.Jh.

OT Menningen

Der Ortsadel besaß die Dorfherrschaft als Lehen der Herrschaft Meßkirch. So saß hier 1391-1664 die Fam. von Gremlich, ein Patriziergeschlecht aus der Reichsstadt Pfullendorf. Nach deren Aussterben zog Fürstenberg das Lehen ein. **Bauten:** Das **Schloss,** eine ehem. Wasserburg, steht am Dorfausgang Richtung Göggingen Das einfache schmucklose Gebäude mit Wappen über der Eingangstüre ist privat bewohnt. – Sonstiges: Die spätgotische kath. Kirche besitzt zwei prachtvolle Totenschilde der Gremlich, 1631 und 1664.

UMGEBUNG: Im 10 km entfernten Dorf **Wald** fährt man direkt auf die Barockanlage eines Frauenklosters zu, das als erstes in Deutschland 1216 in den Zisterzienserorden übernommen wurde. Bis zum Konzil von Trient war es für den Landadel und das Stadtpatriziat reserviert, was zwei Äbtissinnentafeln im Konvent anschaulich machen. Heute ist es eine renommierte Mädchenschule unter Leitung der Liobaschwestern aus Freiburg. In der Kirche und im Kreuzgang befinden sich viele Wappen von Äbtissinnen, die typischerweise aus dem umgebenden Landadel stammten. (2003)

Michelbach an der Bilz SHA F10

Die Ehen zwischen Adelsfamilien wurden von den Vormündern arrangiert und ausgehandelt. Dazu gehörte u.a. auch, dass der Ehefrau für den Fall des Witwenstandes eine standesgemäße Existenz vertraglich zugesichert wurde. Dies war die **Morgengabe,** da sie der Frau am Morgen nach der (vollzogenen) Brautnacht gegeben wurde. In Michelbach wurde für diesen Fall extra ein Schloss gebaut, das jedoch nie seinen Zweck erfüllte, denn die Frau starb vor dem Mann. Da blieb nur noch die Nutzung als Verwaltungsgebäude. (Die Bilz ist eine Höhe der Limpurger Berge).

Kernort

Das Dorf entstand als fränkische Grenzsiedlung zur Absicherung des Königshofes in Vellberg (s.d.). Im 14.Jh war es als Kondominat unter verschiedenen Herrschaften aufgeteilt, die sukzessive von den Schenken von Limpurg in Obersontheim ausgekauft wurden. Bei der Eheverbindung mit der höher stehenden Adelsfamilie Reuß-Plauen baute man hier ein Schloss als Witwensitz. Da jedoch die Frau 16 Monate vor dem Manne starb, wurde es anschließend

Michelbach an der Bilz

nur teilweise für Forstamt und Amtsverwaltung genutzt. 1746 fiel das Erbe an die Fürsten Löwenstein-Wertheim-Virneburg.
Bauten: Das **Schloss,** 1611, ist ein dreistöckiger Steinbau mit Schneckengiebeln unter einem Satteldach und einem polygonalen Treppenturm auf der Hofseite. Zusammen mit den zweistöckigen Wirtschaftsgebäuden bildet es eine geschlossene Vierflügelanlage um einen großen Innenhof. Seit 1946 in Besitz der evang. Kirche, heute evang. Aufbaugymnasium. (2000)

L10 Mittelbiberach BC

Als **Patrizier** im Reichsstädtischen Rat und als **Landadliger** im Ritterrat - wie verträgt sich das? Im Falle der **Schad** von (Mittel-)Biberach schlecht. Um 1400 heirateten die Schad in das Patriziat der Reichsstadt ein, die Schadhofgasse ist nach ihnen benannt. Sie nahmen führende Positionen ein (Ratsherr, Spitalpfleger, Bürgermeister) und erwarben zugleich Herrschaftsrechte in den umliegenden Dörfern (Mittelbiberach, Stafflangen, Obersulmetingen, Laupertshausen). Mit der Entscheidung der Reichsstadt Biberach für die Einführung der Reformation wurde jedoch der Kaiserliche Rat Dr. Hans Schad zu ihrem Gegenspieler. Nicht nur dass er die Einführung der Reformation in den oben angeführten Dörfern verhinderte (u.a. indem er seinen Bruder zum Pfarr-Herr gefährdeter Kirchen machte)! Nein, er schnappte auch noch im Zusammenspiel mit den Habsburgern der Reichsstadt 1529 die Herrschaft Warthausen weg, womit die Träume von einem geschlossenen Reichsstadtterritorium endeten. Die Schad nannten sich von Mittelbiberach, weil sie hier ihren Stammsitz hatten.

Kernort
Die aus Waldsee stammenden Schad waren Patrizier in den Reichsstädten Biberach, Ulm und Memmingen. Die Biberacher Linie erwarb 1440 Burg und Dorf Mittelbiberach, nachdem die Herrschaft zuvor durch die Hände der verschiedensten adligen Besitzer gewandert war. Sie schloss sich damit dem Kanton Donau der Reichsritterschaft an. Als ihr die Reichsstadt einen evang. Prediger aufzwingen wollte, sperrte sie so lange die Zehntabgaben, bis Biberach nachgab. Nach ihrem Aussterben 1596 fiel die Herrschaft an die Frh. von Ulm. Diese erwarben die Hochgerichtsbarkeit und kauften 1699 vom Damenstift Buchau die Dörfer Reute, Rindenmoos und Oberdorf hinzu.

Mittelbiberach. Eine ländliche Renaissanceanlage par Excellence

Bauten: Die **Schlossanlage,** 16.Jh, ist eine Ansammlung von Bauten, die einen Hof auf drei Seiten umschließen. Man betritt sie durch einen Torbau, der über einen Laubengang mit oktogonalem Torturm mit dem Hauptgebäude verbunden ist. Dieses („Neuer Bau", 1532) ist ein dreigeschossiger Backsteinbau mit vier Eckerkern und Staffelgiebel unter Satteldach. In ihm befinden

Mittelbiberach

sich die Schlosskapelle und die Wohnräume der Fam. Graf Brandenstein-Zeppelin, die es 1922 erbte. Dem Neuen Bau gegenüber, im Süden der Anlage, schließen mehrere Wirtschaftsgebäude den Hof ab. - Ein Park mit barockem Gebäude liegt jenseits der Straße. – **Sonstiges:** Unterhalb des Schlosses steht die kath. Kirche (1600). Im Chor überrascht ein riesiges Epitaph (1598) der Schad/Speth: zwei Brüder, verheiratet mit zwei Schwestern. Daneben ein Wappenepitaph Ulm/Toerring (1681). Auf der Herrschaftsempore über dem Chor hängen zwei Totenschilde der Gf. Brandenstein (20.Jh). Drei Epitaphien sind unter der Westempore.

UMGEBUNG: In der Reichsstadt **Biberach** ist der Gegensatz der Konfessionen auf Schritt und Tritt ersichtlich. Kaiser Karl V zwang mit seiner Ratsverfassung der evang. Stadtbevölkerung eine kath. Stadtregierung auf, die erst 1648 durch die konfessionelle Parität abgelöst wurde. Anschließend trafen sich die evang. Ratsherren in einem eigenen Gebäude, dem Haus zum Kleeblatt, einem mächtigen, dreistöckigen Gebäude unter Krüppelwalmdach (am Markplatz). Auf die kath. Ratsherren hingegen stößt man in der Stadtkirche, die seit 1549 von beiden Konfessionen genutzt wird und damit als erste Simultankirche Deutschlands gilt. Hier besaßen die Patrizierfamilien Brandenburg und Pflummern eigene Kapellen mit Epitaphien und Totenschilden. Ihre Häuser waren das Brandenburgerhaus (1442, Schadhofgasse) und der Ochsenhausener Hof (Altenbegegnungsstätte, Gymnasiumstr.). Das Renaissancehaus der Patrizier Strölin aus Ulm steht am Holzmarkt. Die konfessionelle Trennung zeigte sich auch im reichen Spital mit zwei (geschlossenen) Kapellen. Welche Blüten die Parität erzeugte, dies schildert der berühmte Biberacher Stadtschreibers Martin Wieland in seinem satirischen Roman „Geschichte der Abderiten" anhand eines Prozesses um den Schatten eines Esels.

UMGEBUNG: In **Stafflangen** (OT von Biberach) hatte das Prämonstratenserkloster Schussenried das Pfarrhaus 1758-67 zu einem Sommerschloss ausgebaut. Von der Dreiflügelanlage ist nur noch der Südflügel, ein schmuckloser Kasten, erhalten. (2008)

Möckmühl HN C8

Wie kommen ein **böhmisches Rokokoschloss** und ein oberschwäbisches Adelsgeschlecht nach Hohenlohe an die Jagst? Das Schloss geht zurück auf Karl Reinhard von **Ellrichshausen,** der damit von Kaiserin Maria Theresia für seine Verdienste als österreichischer Generalfeldzeugmeister (= Oberbefehlshaber der Artillerie) im 7-jährigen Krieg belohnt wurde. Auf dem Hradschin in Prag steht sogar sein Denkmal. Seine 1271 erstmals erwähnten Vorfahren stammen von Ellrichshausen bei Satteldorf (s.d.) und stellten 1441-1461 zwei Deutschordens-Hochmeister. Ende des 17.Jh erheirateten sie Züttlingen mit Schloss Assumstadt, das sie jedoch 1938 an die Waldburg-Wolfegg verkauften, von denen eine gräfliche Linie noch heute hier wohnt.

Möckmühl

**OT Züttlingen:
Schloss Assumstadt**

Das Dorf Züttlingen kam im 13.Jh als Lehen des Bf. Würzburg an die Tumminge von Domeneck (s.u.). Nach deren Aussterben 1445 wechselten die Besitzer häufig. Anschluss an die Reformation und an den Kanton Odenwald der Reichsritterschaft. Dessen Hauptmann Hans von Herda zog um 1600 von Burg Domeneck in das neu gebaute Schloss Assumstadt, das 1676 an die Hr. von Ellrichshausen kam und durch Karl Reinhard völlig neu erbaut wurde.

Schloss Assumstadt. Böhmischer Barock an der Jagst

Bauten: Schloss Assumstadt, das 1769 unter Leitung von zwei Prager Architekten erbaut wurde, sucht seinesgleichen in BW. Es ist ein zweigeschossiger Dreiflügelbau unter Mansarddach mit breiten Pilastern. Der Mittelflügel mit seiner eleganten Freitreppe zum Hof und seinem Kuppelsaal zum Garten wirkt prachtvoll. Beide Eingänge sind jeweils von einem waffengeschmückten Ellrichshausenwappen und einem bescheidenen Waldburgwappen gekrönt. Privat bewohnt, Kuppelsaal für Festveranstaltungen zu mieten. – Daneben steht das ebenfalls von einer Waldburgfamilie bewohnte Amtshaus. - Großer Park im Englischen Stil. - Mehrere bewohnte Ökonomiebauten zur Jagst hin. Lage: Rechts der Jagst, Zugang in den Hof offen. Ausschilderung von der Straße her. – **Sonstiges:** Links der Jagst liegt das Dorf **Züttlingen** mit der 1873 erbauten evang. Pfarrkirche. Die ursprüngliche Pfarrkirche in Assumstadt wurde 1799 abgebrochen. Dafür wurde bis 1873 die Kapelle im Friedhof genutzt, deren Chor die Fam. von Ellrichshausen zur Grabkapelle umfunktionierte. Daneben die Gräber der Fam. Graf Waldburg.

UMGEBUNG: Burg Domeneck war Sitz von Ministerialen des Würzburger Bischofs. Nach ihrem Aussterben (1445) kam das Erbe an häufig wechselnde Landadelsfamilien (s.o. Züttlingen), so die Burg 1692 an die Gf. Leutrum von Ertingen. Diese bauten eine Barockanlage, welche seit 1980 in Besitz der Fam. von St. Paul ist. Das schlichte, schmucklose Herrenhaus sowie die Nebengebäude wirken renovierungsbedürftig. Im Osten steht ein Rundturm als Rest der mittelalterlichen Burg. Die Anlage liegt rechts der Jagst neben dem Fahrradweg, verdeckt durch den Wald. Hinweistafel an der Jagstbrücke.

Kernstadt

Das 1250 von den Hr. von Dürn gegründete Burgstädtchen war Mittelpunkt einer Cent (= Hochgericht) für 23 Dörfer. 1504 eroberte es Württemberg im Krieg gegen die Kurpfalz (s. Heidenheim). Mit der Reformation wurde das Kollegiatstift aufgehoben, dessen Gebäude am Burgberg als Privathäuser erhalten blieben.
Bauten: Das **Schloss** wurde 1902 vom württ. General Gustav von Alvensleben auf den Grundmauern des mittelalterlichen Palas mit einem Treppenturm erbaut. Das dreistöckige, neugotische Steinhaus unter Krüppelwalmdach

Möckmühl

wird von dessen Nachkommen bewohnt. Es steht zusammen mit dem 25 m hohen Bergfried, Rest der mittelalterlichen **Burg,** in einem durch Mauern abgeschlossenen nichtöffentlichen Park. Hier wurde 1519 Götz von Berlichingen als württ. Amtmann gefangen genommen, daher „Götzenturm". Die Anlage prägt zusammen mit den Gebäuden des Kollegiatstifts das Stadtbild. - **Sonstiges:** Rathaus mit einer prächtigen, manieristischen, wappengekrönten Inschrift (1589). – Das Städtchen über der Jagst bildet eine Bilderbuchkulisse mit Fachwerkhäusern und Burgberg. (2007)

Mosbach MOS C8

Nur zwei Generationen, immerhin aber fast 90 Jahre, existierte das Fürstentum **Pfalz-Mosbach.** Bei einer Teilung zwischen vier Brüdern war es 1410 als Minifürstentum aus der östlichen Kurpfalz heraus geschnitten worden. Die beiden Pfalzgrafen Otto I und II waren die meiste Zeit in Heidelberg oder in der Oberpfalz. Sie manövrierten sich durch waghalsige Aktionen und eine überzogene Erwerbspolitik ins finanzielle Abseits. Als Otto II kinderlos starb, fiel das Land 1499 an das Stammhaus in Heidelberg zurück. Daher ist es nicht verwunderlich, dass man in Mosbach keine Residenz vorfindet.

Kernstadt
Um 730 Gründung eines Benediktinerklosters. Die Siedlung wurde durch die Staufer zur Reichsstadt, wurde jedoch 1329 an die Kurpfalz verpfändet. 1410-1499 war sie Sitz einer eigenen Linie (s.o.) und anschließend ein kurpfälzisches Oberamt für die 4 Amtskellereien. 1803 kam sie an das neu geschaffene Fürstentum Leiningen (s. Mudau) und damit 1806 an Baden.
Bauten: Das **Alte Schloss** ist ein massiver Steinbau, der 1898 durch seinen Besitzer historisierend mit Staffelgiebel umgestaltet wurde. Privat bewohnt. - Dahinter das **Neue Schloss,** das im 18.Jh unter Einbeziehung älterer Bauteile entstand. Der zweigeschossige Massivbau unter Krüppelwalmdach wirkt wie ein großes Wohnhaus (Teil eines Altenstiftes, Infotafel). Beide „Schlösser" stehen auf dem Platz der mittelalterlichen Burg am Ende der Schlossgasse (Nr. 24, 26), neben der Stadtmauer. - **Sonstiges:** Die ehem. Stiftskirche am Marktplatz ist durch eine Mauer in einen kath. Chor und ein evang. Schiff getrennt. In beiden stehen Epitaphien, so auch der Pfalzgräfin Johanna (1444) im kath. Teil.

OT Lohrbach
Ortsadel saß im 13.Jh als Reichsministeriale auf einer Wasserburg. 1330 erwarb die Kurpfalz die Oberhoheit und richtete eine Kellerei ein. 1576-1598 diente das Schloss als Witwensitz. 1803 an das Fürstentum Leiningen.
Bauten: Das **Schloss** (16.Jh) ist eine dreiflügelige Anlage. Von der mittelalterlichen Wasserburg blieb ein Bergfried erhalten. Die dreistöckigen Steinbauten mit Treppenturm und Erker wirken idyllisch aufgrund ihrer Lage am westlichen Dorfrand: versteckt hinter Wirtschaftsgebäuden und einem Torturm, eingebettet in Gräben und Feuchtwiesen. Tierfiguren verzieren die Gräben. Privatbesitz, schön renoviert, als Wohnungen genutzt. Zugang in den Vorburgbereich offen.

Mosbach

- **Sonstiges:** Die Front zum Dorf hin wird gebildet vom Torturm und von Wirtschaftsgebäuden. So steht rechts des Torturms die ehem. Zehntscheune, die 1757 zur kath. Kirche umgebaut wurde und heute Wohnung und für Kunstausstellungen genutzt wird.
UMGEBUNG: Auch im **OT Neckarelz** unterhielt die Kurpfalz eine Amtskellerei. Das 1602 errichtete Gebäude ist ein zweigeschossiger, langer Bau mit einem verzierten Portal. Heute kath. Fortbildungsstätte (Martin-Luther-Str.14). Dahinter steht das „Templerhaus", eine ehemalige Burg, die vom Johanniterorden zur Kirche umfunktioniert wurde. (2004)

B8 Mudau MOS

Die **Gf. Leiningen** treten Ende 11.Jh mit Emicho als Grafen des Wormsgaus auf. 1096 war er führend an Judenpogromen in Speyer und Mainz beteiligt. Bereits 1237 wurde eine Teilung vorgenommen, eine von vielen folgenden. Ihre Besitzungen lagen v.a. im Raum Pfälzer Wald – Vogesen - Nordostlothringen. Ihr Niedergang kam im 14.Jh infolge der Konkurrenz zur Kurpfalz und der häufigen Teilungen. 1803 erhielt die 1779 gefürstete Hauptlinie Leiningen-Dagsburg-Hardenburg als Entschädigung für ihre linksrheinischen Verluste Ämter der Bf. Mainz, Bf. Würzburg und der Kurpfalz im Gebiet Odenwald-Bauland-Taubergrund. Für ihr Fürstentum von rund 1250 km² mit 90.000 Einwohnern wählten sie als Residenz das Barockkloster in Amorbach. Bereits 1806 wurde das Fürstentum mediatisiert. Amorbach kam unter bayerische, der Großteil unter badische Landeshoheit. So auch das Unteramt Mudau im Odenwald, wo anschließend Schloss Waldleiningen errichtet wurde.

Schloss Waldleiningen
Im wenig erschlossenen Odenwald erbauten sich die Fürsten von Leiningen ein Märchenschloss. Die neugotische Anlage im Stil englischer Landsitze entstand 1828-47 an Stelle eines Jagdhauses. Es ist eine kompakte, geschlossene Anlage von zweistöckigen Sandsteinbauten, die aufgrund ihrer Staffelgiebel und zinnengekrönten Türmchen verspielt

Schloss Waldleiningen. Burgenromantik am Ende der Welt als Therapie gegen modernen Stress

wirken. Im Rittergang im oberen Geschoss sind die lebensgroßen Standbilder berühmter Männer aufgestellt. Ausgemalte Kapelle. Das Schloss liegt in einem Bachtal, ca. 6 km nördlich **OT Schlossau,** an der Grenze zu Hessen. Heute Sanatorium für Psychosomatik. Offener Zugang in Innenhof und Park. (2002)

F6 Mühlacker PF

Die **Waldenser** nennen sich nach dem reichen Lyoner Kaufmann Petrus Waldes (Valdes), der sich 1176 die Bibel übersetzen ließ, was jedoch von der Kirche verboten war. Die durch ihn ausgelöste religiöse Armutsbewegung wurde 1184 als Irrlehre (Ketzerei) verurteilt, seine Anhänger verfolgt. Schließlich konnte die Bewegung nur in den unzugänglichen Cottischen Alpen westlich von Turin überleben, wo sie sich 1598 der französischen calvinistischen Kirche anschloss. Mit ihr wurde sie nach der Aufhebung des Edikts von Nantes verboten, was 1699 zu einer Fluchtwelle führte. Ein Teil der Gemeinde überlebte im Gebirge, weshalb es heute rund 20.000 Waldenser in Italien gibt. Im kriegszerstörten Württemberg wurden Waldenser in den damaligen Ämtern Maulbronn und Leonberg in eigenen Siedlungen angesiedelt, was ein Museum im Nachbardorf Schönenberg (Gem. Ötisheim) darstellt. Bis 1823 durfte bei ihnen auf französisch gepredigt werden. Ihre typischen Hofanlagen haben sich am besten in Großvillars (Gem. Oberderdingen) erhalten. Im Gebiet der Gemeinde Mühlacker gab es Waldensersiedlungen in Sengach und Dürrmenz.

Möglicherweise waren die **Hr. von Enzberg** ursprünglich die Gf. des Enzgaus und stiegen im 13.Jh zu Ministerialen der Gf. Calw ab. 1236-1325 waren sie Schirmvögte der nahen Zisterze Maulbronn. Ihre Besitzungen wurden jedoch vom finanzstarken Kloster sukzessive aufgekauft. Zudem gerieten sie unter den Druck der benachbarten Fürsten, welche die Kontrolle Maulbronns anstrebten. 1384 wurde ihre Burg von der Kurpfalz zerstört und 1395 wurden zwei Familienmitglieder als Schleglerkönige (s. Heimsheim) von Württemberg gefangen genommen. Schließlich siedelten sie 1409 nach Mühlheim an der Donau um, wo sie heute noch wohnen. In Enzberg hinterließen sie leider keine Spuren.

OT Enzberg

Im 11.Jh war hier der Hauptsitz eines Enzgaugrafen. 1236 werden die Hr. von Enzberg erstmals erwähnt. An ihre 1384 zerstörte Burg über dem Dorf erinnern nur noch Straßen- und Flurnamen (Burgherrenstraße). 1405 verkauften sie den Großteil ihres Besitzes in der Region an das Kloster Maulbronn und verlegten 1409 ihren Herrschaftsschwerpunkt an die Donau. Aber erst 1506 verkauften sie die verbliebenen ¾ der Dorfherrschaft an die Hr. von Wallstein, die sich damit dem Kanton Neckar der Reichsritterschaft anschlossen. Nach häufigem Besitzerwechsel erwarb 1685 Württemberg das gesamte Dorf, was zu der kuriosen Situation führte, dass es bis 1806 von zwei verschiedenen württ. Ämtern (Rentamt und Klosteramt Maulbronn) verwaltet wurde und unterschiedliche Abgaben gezahlt werden mussten.

Bauten: Das **Schlössle** ist der Rest einer 1584 erbauten, größeren Schlossanlage, die 1869 abbrannte. Von der Erbauerin Ursula von Neuneck, geb. Wallstein, stammt das Allianzwappen über dem Kellereingang. Nach dem Brand wurde nur noch ein einziges Gebäude errichtet. Das renovierungsbedürftige dreistöckige Fachwerkhaus auf Steinsockel steht im Dorfzentrum (Rathausplatz 5) und ist privat bewohnt.

UMGEBUNG: Das Dorf **Dürrmenz** liegt auf beiden Seiten der Enz. Die Siedlung links der Enz wird überragt von der **Burg Löffelstelz,** auf der Verwandte der Hr. von Enzberg saßen. Diese verkauften ihre Herrschaft an das nahe Klos-

Mühlacker

ter Maulbronn, weshalb sie nach der Reformation an Württemberg fiel. Von der Burg, die malerisch auf dem Felsen über der Enz empor ragt, stehen nur noch Reste des Wohnturms und der Außenmauern. – In dem durch Frankreich zerstörten Dorf wurden 1699 Waldenser angesiedelt, welche ihre Siedlung nach ihrem Herkunftstal „Du Queyras" nannten. Sie erhielten die Peterkirche unterhalb der Burg, die mit ihrem romanischen Turm am Rande eines großen Friedhofs steht. Im 2.Weltkrieg wurden ihre typischen Häuschen an der „Waldenserstraße" (rechts der Enz) zerstört.

OT Mühlhausen

Ortsadel saß auf einer Burg in einer weiten Enzschleife. Die Dorfherrschaft war 1381 weitgehend in Händen des Klosters Maulbronn, konnte jedoch 1508 von den Thumb von Neuburg erworben werden. Diese schlossen sich dem Kanton Kocher der Reichsritterschaft und der Reformation an. 1785 Verkauf an Württemberg.

Mühlhausen. Torbau, Schloss und Park sind typisch für Landschlösser

Bauten: Das **Schloss** (1566) ist ein dreigeschossiger Steinbau mit Staffelgiebel und zwei polygonalen Ecktürmen auf der Talseite. Treppenturm mit Malereien aus der Entstehungszeit. Allianzwappen über Eingang und auf der Innenseite des Torbaus. Großer Park. Lage: im Norden an der Dorfausfahrt (Parkstraße). - **Sonstiges:** Davor steht die große Kelter. – In der evang. Kirche sind mehrere Epitaphien der Thumb, darunter auch zwei große figürliche.
UMGEBUNG: Von **OT Lomersheim** stammen die edelfreien Hr. von Lomersheim, die im 12.Jh das Kloster Maulbronn gründeten. Nach ihrem Abstieg in den Ministerialenstand verkauften sie ihren Besitz an das Kloster und zogen nach Untereisesheim (s. Wimpfen). Von ihrer Burg ist ein Bergfriedstumpf erhalten (Turmstraße/Burggraben). In der evang. Kirche stehen zwei manieristische figürliche Epitaphien. - Im **OT Lienzingen** steht eine selten gut erhaltene Kirchenburganlage mit Gaden zur Vorratshaltung. (2006)

D6 Mühlhausen HD

Die **Überbruck von Rodenstein** kamen als d´Outrepont aus Lothringen. Sie kombinierten ihren eingedeutschten Namen mit der Herrschaft Rodenstein (im hessischen Odenwald bei Fränkisch Crumbach), die sie 1671 erhielten. Ihre Karriere ist eines der vielen Beispiele für die nach 1685 einsetzende Rekatholisierung im Gebiet der Kurpfalz (s. Siegelsbach). Denn aufgrund ihrer Herkunft war diese Familie katholisch, das kleine reichsritterschaftliche Dorf Tairnbach jedoch vollständig lutherisch.

OT Tairnbach

Das Dorf entstand im 13.Jh als Rodungssiedlung. Unter der Oberhoheit des Bf. Mainz war die Dorfherrschaft in Händen der Hr. von Hirschhorn. Diese

schlossen sich dem Kanton Odenwald der Reichsritterschaft und der Reformation an. Nach ihrem Aussterben (1632) wechselten häufig die Besitzer. 1736 übernahmen die Überbruck von Rodenstein die Herrschaft und bauten eine Schlosskapelle für den kath. Gottesdienst. Das Rittergut wurde nach dem Tode des letzten Überbruck 1905 von der Gemeinde erworben.
Bauten: Das **Schloss** (1750) ist ein zweistöckiges, lang gestrecktes Herrenhaus unter Krüppelwalmdach. Prachtvoll wirkt das Wappen der Überbruck. Seit 1905 in Gemeindebesitz, heute Ortsverwaltung. Das Schmuckstück im Dorfzentrum verliert durch die vorbeiführende Durchgangsstraße an Wirkung. - **Sonstiges:** Die Ökonomiegebäude brannten 1928 ab, die Schlosskapelle wurde abgerissen, der Park unterhalb des Schlosses wurde in neuester Zeit überbaut.
UMGEBUNG: Im **OT Rettigheim** überrascht am Turm der Kirche das Wappen des Bf. Speyer, Eberhard von Dienheim (1598). (2009)

Mühlhausen-Ehingen KN M6

Das Ausbluten des südwestdeutschen Adels im 30j. Krieg schuf für das Kaiserhaus Habsburg die Chance, seiner österreichischen Klientel attraktive Angebote machen zu können. So ermöglichte es seinem Hochadel den Aufstieg ins Reichsfürstentum (s. Tengen) und seinem Beamten- und **Briefadel** den Zugriff auf Rittergüter (s. Mühlingen). Wie z.B. hier in Mühlhausen, wo zwei Tiroler Beamtenfamilien nacheinander zum Zug kamen. Zuerst die Fam. von **Rost**, die in Diensten des Bf. von Brixen in den Adelsstand aufgestiegen war. Als es Johann von Rost im 30j. Krieg auf den Posten des Konstanzer Stadthauptmanns verschlug, bot ihm Habsburg mehrere Herrschaften zur Ent- bzw. Belohnung an. Er fasste zwei Rittergüter zur Herrschaft Singen-Mägdeberg zusammen und schuf damit die Basis für den Aufstieg in den Grafenstand. Beerbt wurden die Gf. von Rost von den Frh. von **Enzenberg,** die in Tirol als Zollherren und Beamte 1587 in den Adelsstand aufgestiegen waren. Kaiserin Maria Theresia vermittelte ihrem Patenkind F. J. von Enzenberg die Heirat mit dem Waisenkind Walburga von Rost und damit die Herrschaft Singen-Mägdeberg. In Mühlhausen erinnern Epitaphien in der kath. Kirche an die Fam. von Rost.

OT Mühlhausen

Das Dorf war Teil der Herrschaft Mägdeberg. 1358 erlangte Habsburg die Oberhoheit. Es vergab im 16.Jh das Lehen an die Hr. von Reischach und 1657 an den Konstanzer Stadthauptmann von Rost, der es mit Singen zur Herrschaft Singen-Mägdeberg vereinigte. Die Verwaltung wurde ins Dorf verlegt, da die Burgen Mägdeberg und Hohenkrähen seit dem 30j. Krieg zerstört waren. Die landsässige Herrschaft kam 1774 an die Gf. Enzenberg, die 1840 an die Gf. Langenstein (s. Orsingen-Nenzingen) verkauften.
Bauten: Das **Schloss** ist das ehem. Amtshaus, das 1735 zum zweigeschossigen Herrenhaus mit Walmdach umgebaut wurde (Schlossstr. 35). Seit 1877 in bürgerlichem Besitz und zur Gaststätte und Brauerei ausgebaut, was an den um den Hof gruppierten Gebäuden noch ersichtlich ist. Dem Schloss gegenüber steht das Neue Amtshaus (1698). Die Gebäude werden für Geschäfte und Woh-

Mühlhausen-Ehingen

nungen genutzt. – **Sonstiges:** In der kath. Kirche am Ortsausgang sind drei Epitaphien der Rost.
UMGEBUNG: Oberhalb des Ortes steht die Burgruine **Mägdeberg** auf einem Phonolithkegel. Es ist eine weitläufige, im 30j. Krieg zerstörte Anlage. 10 min Fußweg vom Parkplatz.
UMGEBUNG: Das Pfarrhaus im **OT Ehingen** ist so stattlich, dass es als Pfarrschlössle bezeichnet wird.
UMGEBUNG: Ebenfalls zu Fuß (vom P+R Parkplatz bei der B 33) erreichbar ist die Burgruine **Hohenkrähen** (Gem. Hilzingen). Als Raubritternest wurde sie 1512 zerstört, wieder aufgebaut und im 30j. Krieg endgültig zerstört. Heute in Besitz des Gf. Douglas, der im Schloss im nahen Schlatt (s. Singen) wohnt. Von der Vorburg, die als Jugendherberge genutzt wird, führt ein steiler Weg zu Mittel- und Oberburg. (2007)

L6 Mühlheim a. d. Donau TUT

Seit exakt 600 Jahren wohnen hier die **Frh. von Enzberg.** Ihre Stammburg war Enzberg im nördlichen Schwarzwald (s. Mühlacker), wo sie im Überschneidungsbereich von Württemberg und der Kurpfalz zerrieben und vom finanzstarken Kloster Maulbronn ausgekauft wurden. Schließlich gerieten sie als Könige im Schleglerbund (s. Heimsheim) so stark unter Druck, dass sie 1409 hierher auf die Alb auswichen. Im Reichsritterschaftskanton Hegau nahmen sie aufgrund der Größe ihres Territoriums eine Sonderstellung ein. Es umfasste die Dörfer Böttingen, Königsheim, Mahlstetten, Nendingen, Stetten und das (wunderbare) Städtchen Mühlheim. An diese Vergangenheit knüpft das Ehrenamt des Seniorchefs als Vorsitzender des „St. Georgenvereins der Württembergischen Ritterschaft" an.

Kernort
Am Platz einer römischen Siedlung entstand links der Donau der OT Altstadt mit seiner Urkirche St. Gallus. Rechts der Donau bot sich der Bergsporn für den Bau einer Burg an. Hier gründeten die Gf. von Zollern-Schalksburg (s. Balingen) im 13.Jh das Burgstädtchen. 1391 Verkauf an Hr. von Weitingen, der eine Enzberg heiratete und 1409 an deren Brüder verkaufte. Die Oberhoheit wurde jedoch von Habsburg als Inhaber der Gft. Hohenberg (s. Rottenburg) für einen Teil des Territoriums gefordert. Man blieb wie die Mehrheit des Kantons Hegau beim Alten Glauben. Das Städtchen wurde wiederholt in den 30j. Krieg verwickelt. So erinnert eine Gedenkstätte unterhalb des Schlosses an ein Gemetzel, bei dem 300 Schweden umkamen.
Bauten: Das **Hintere Schloss** steht am äußersten Ende des Sporns über der Donau. Sein Aussehen ist vom Umbau von 1755 (Mansarddach) geprägt. Es stecken jedoch noch Teile der Vorgängerburg (16.Jh) in ihm, so z.B. die zwei mar-

Mühlheim. Mächtig ragt das Enzberg-Schloss über das Donautal

kanten Rundtürme. Bewohnt von Fam. von Enzberg. - Ca 100 m entfernt steht das **Vordere Schloss,** ein spätgotischer dreigeschossiger, schmuckloser Kasten unter Walmdach. Es ist seit 1987 in Stadtbesitz und wird als Museum und Bürgersaal genutzt (Schlossstr. 3). - Dazwischen stehen das ehem. Rentamt und die Zehntscheune. – **Sonstiges:** Im Burgstädtchen ist v.a. das Rathaus sehenswert, ein gotischer Fachwerkbau mit offener Halle. - Die „Burg" (Hintere Gasse) war wohl ein Ministerialensitz zur Sicherung der Stadtmauer zum Berg hin. - Typisch katholisch sind die vielen Kirchen und Kapellen, davon eine völlig abgelegen im Wald. - Die Grablege der Enzberg befindet sich in der Urpfarrkirche St. Gallus im OT Altstadt (beim Friedhof, Richtung Kolbingen). (2009)

Mühlingen KN M7

Briefadel vermischte sich nach dem 30j. Krieg mit Uradel. Die Erhebung in den Adelsstand war eine gängige Methode, verdiente Amtsträger zu belohnen. Insbesondere militärische Verdienste wurden mit der Vermittlung eines Wappenbriefs abgegolten, denn in der Regel waren diese Ämter mehr mit Titeln als mit Mitteln verbunden (s. Mühlhausen-Ehingen). Zu dieser Art von Entlohnung konnte v.a. Habsburg greifen, das ab 1438 bis zum Ende des Alten Reiches den Kaiser stellte. Den so geadelten Familien war zwar in den ersten beiden Generationen der Zugang zu den Domstiften und Adelsklöstern verwehrt. Aber durch die Verheiratung mit dem vorderösterreichischen kath. Landadel und dem Erwerb reichsritterschaftlicher Güter konnte schließlich auch die obligatorische Ahnenprobe bestanden werden.
Zu diesen Familien (z.B. Raßler von Gamerschwang, Raitner von Raitenau, Holzing, Wessenberg) zählen auch die **Buol von Berenberg,** ein aus Rätien (= Graubünden) stammendes Rittergeschlecht. Im 16.Jh waren sie zu Stadtschreibern im Städtchen Kaiserstuhl abgestiegen (s. Hohentengen), wo sie ein Rokokoschlösschen hinterließen. Der Wiederaufstieg kam durch Ignatz von Buol, der als Hauptmann in Habsburger Diensten 1707 geadelt wurde. Die Familie nannte sich nach dem Erwerb des Rittergutes Beerenberg (beim OT Zoznegg) Buol-Berenberg. In Mühlingen steht ihr Schloss.

Kernort

Die Merowingersiedlung stand seit dem 14.Jh unter der Oberhoheit der Landgrafschaft Nellenburg (s. Stockach) und damit seit 1465 Habsburgs. Die Gf. von Tengen erwarben 1506 die Dorfherrschaft und schlossen sich dem Kanton Hegau der Reichsritterschaft an. Nach ihrem Aussterben (1591) häufiger Besitzerwechsel, bis das Rittergut 1731 von den Frh. von Buol erworben wurde. **Bauten:** Das **Schloss** (1731) steht an Stelle einer Burg erhöht am Hang (Schlossstr. 20). Es ist ein schmuckloser, von einer Mauer umgebener dreistöckiger Walmdachbau. Das renovierungsbedürftige Gebäude ist weiterhin in Adelsbesitz, steht jedoch seit 1997 leer. – **Sonstiges:** Nördlich der kath. Kirche blieb vom ehem. Friedhof die bis heute genutzte Grablege der Fam. von Buol erhalten. Die Mischung verschiedenster Arten von Grabmalen erzeugt einen besonderen Reiz. (2009)

M1 Müllheim FR

Wappen erzählen Territorial- und Familiengeschichte. In Renaissance- und Barockwappen demonstrierten Fürsten gerne, welche Gebiete ihre Familie im Laufe der Jahrhunderte erworben und geerbt hat. So verewigten sich die Markgrafen von Baden im 18. Jh. an vielen Orten mit dem prächtigen Wappen, das man am Müllheimer Amtshaus vorfindet: in Badenweiler-Oberweiler, Offenburg, Griesheim und Malterdingen. Dieses „Standartwappen" zeigt die über Jahrhunderte erworbenen Herrschaften. Im Zentrum steht dabei der Schild der Markgrafschaft Baden, nach der das Markgräflerland benannt ist, zu dessen Verwaltungsmittelpunkt Müllheim wurde.

Müllheim. Badisches Wappen, 1763. Üsenberg, Sponheim, Neu-Eberstein, Mahlberg, Lahr, Rötteln, Badenweiler, Alt-Eberstein, Hachberg (im Uhrzeigersinn)

Kernstadt
Ortsadel als Ministeriale der Zähringer im 12. Jh. Als Teil der Herrschaft Badenweiler kamen Ober- und Niedermüllheim 1218 an die Gf. Freiburg und 1444 an die Gf. Hachberg-Rötteln (s. Kandern). Reformation. Nach Zerstörung der Burg Badenweiler zogen Burgvogt und Oberamtmann 1727 nach Müllheim, das zu einem Verwaltungsmittelpunkt für die Obere Markgrafschaft Baden wurde.

Bauten: Wie ein **Schlössle** wirkt das siebenachsige Amtshaus (1725) unter Mansarddach. Herrschaftlich sind v.a. die doppelläufige Freitreppe und das Wappen über dem Portal. Es steht als Touristinformationsbüro am „Markgräfler Platz". – **Sonstiges:** Daneben die Martinskirche (heute Veranstaltungssaal) mit vielen Epitaphien von Amtmännern. Die zugemauerte Türe auf der Nordseite führte zum Burgvogteihaus, dessen Platz heute ein Parkplatz einnimmt. – Die verzweigte Familie **Blankenhorn** hatte entscheidenden Anteil am Aufschwung der Stadt und hinterließ entsprechend herrschaftliche Bauten: Stammhaus (Wilhelmstr. 23), Elisabethenheim (mit Blankenhornpark), Anwesen Graf (Ecke Badstraße), sowie in der Werderstraße den Lindenhof, die „Blankenhornvilla" (Nr. 49), die Villa Kräuter und den Judithgarten (Nr. 45). Am prächtigsten wirkt das um 1800 erbaute frühklassizistische Palais Blankenhorn mit Dreiecksgiebel und Prachtbalkon (gegenüber Marktplatz, heute Museum) (2009)

J9 Münsingen RT

Die **Hr. von Gundelfingen** sind eine 1105 erstmals erwähnte Hochadelsfamilie, die nach einer Aufteilung unter fünf Söhnen (1250) an Einfluss verlor und sukzessive aus dem Lautertal verdrängt wurde. Nur die Linie Niedergundelfingen-Derneck war erfolgreich und verlagerte nach dem Erwerb von Neufra (1399) ihren Herrschaftsschwerpunkt an die Donau (s. Riedlingen). Sie starb 1546 aus, ihr Erbe fiel an die Gf. Helfenstein und 1627 an die Gf. Fürstenberg. Nur noch Reste blieben von ihren Stammburgen im Lautertal.

Münsingen

Die Wiedervereinigung fand 1482 statt. Jedenfalls für die **Grafschaft Württemberg**, die zuvor 40 Jahre lang in Württ.-Urach und Württ.-Stuttgart aufgeteilt war und deshalb geschwächt im Konzert der süddeutschen „Großmächte" taumelte (s. Urach). Mit dem **Münsinger Vertrag** von 1482 wurde die Grundlage für den Aufstieg zum Herzogtum (1495) und schließlich Königreich (1806) gelegt. Der Gewinner waren neben Eberhard im Barte die Landstände, also die (landsässigen) Vertreter von Klöstern, Städten und Ämtern, die in der Folgezeit immer wieder in der württembergischen Politik mitmischten.

Kernstadt

Markungsgröße, Martinskirche und frühe(re) Bedeutung lassen vermuten, dass Münsingen Hauptort eines fränkischen Militärsbezirks im Land der unterworfenen Alemannen war. Als Erbe der Gf. von Urach kam der Ort 1263 an die Gf. Württemberg, die ihn zur Stadt erhoben. Das Schloss wurde zum Sitz des Vogtes.

Bauten: Die Schlossbauten an der Südostecke der Stadt bildeten einen großen Hof: Das ursprüngliche **Schloss**, um 1480, ist wahrscheinlich verschwunden. An seiner Stelle steht ein Fachwerkhaus auf massivem Erdgeschoss, mit rundem Eckturm („Schlosshof 1", jetzt Landratsamt). Daneben steht das sogenannte Alte Schloss, ein massiver Steinbau mit Fachwerkgiebel und Krüppelwalmdach, der jedoch wohl ehemals nur ein Speicher war (Schlosshof 2, jetzt Heimatmuseum). Von ihm aus führte eine Türe zur verschwundenen Stadtmauer. Abgeschlossen wird die Anlage auf der Ostseite vom Finanzamt, einem Bau des 19.Jh. Möglicherweise nimmt das im Hintergrund stehende heutige Forstamt den Platz des ehemaligen Marstalls ein. – **Sonstiges:** In der evang. Kirche befinden sich zwei unauffällige Epitaphien von evang. Pfarrern.

UMGEBUNG: Am Rande des aufgegebenen Truppenübungsplatzes, des „Gutsbezirks", steht das **Schlösschen Ludwigshöhe** bzw. Lindich. Es wurde 1831 erbaut und gelangte 1860 als Rittergut an den württ. Minister Varnbühler. Das neugotische Schlösschen mit württ. Wappen liegt in einem schönen Park. Der Privatbesitz ist bei Kunstauktionen zugänglich. Man findet es am Ortsende von **OT Auingen** („Königstr.10"). Ausschilderung: „Schloss im Gutsbezirk".

UMGEBUNG: Nach dem **OT Magolsheim** nannte sich ein Truchsessengeschlecht (s.u. Bichishausen). Das Dorf wurde bikonfessionell, weil 1/3 zum evang. Württemberg und 2/3 zur Reichsritterschaft unter den kath. Gf. Stadion gehörte. So trugen die Menschen je nach Konfession andere Kleider, hatten über 100 Jahre unterschiedliche Zeitrechnung (julianisch und gregorianisch) und verwendeten unterschiedliche Begriffe für die Feldflur. Auf dem Schlossareal (Schloss der Gf Stadion, um 1800 abgerissen) steht heute die Ortsverwaltung. Reste der Schlossmauer kann man hinter der evang. Kirche entdecken. Der ehem. Fruchtkasten, ein Gebäude mit Schießscharten, ist heute Privatwohnung (Baldeckstr. 6). In der Amtsgasse stand das verschwundene württ. Amtshaus.

Münsingen

OT Buttenhausen

Auffallend am Dorfbild ist das Fehlen von Scheunen. Hier wohnten Menschen, die nicht vom Ackerbau, sondern vom Handel lebten: Juden. Im 18.Jh wurden sie von den Frh. von Liebenstein angesiedelt. 1870 machten sie über die Hälfte der Bevölkerung aus. Hier gab es die einzige jüdische Realschule in BW, gestiftet von dem Münchner Kunsthändler Bernheimer. In ihr ist heute eine Ausstellung zur jüd. Geschichte untergebracht. Orte der Erinnerung sind zudem der jüd. Friedhof am Westhang sowie ein Mahnmal an der Stelle der 1938 zerstörten Synagoge.
Bauten: Das **Schlössle**, 1816, ein schmuckloser Bau unter mächtigem Walmdach, steht erhöht am Dorfrand an der Kreuzung Heimtal-/Wasserstetter-Strasse. Es ist heute Verwaltungszentrale einer Behinderteneinrichtung. Über dem Eingang das Wappen eines Hr. von Weidenbach, der es 1840 besaß.

Niedergundelfingen. Burgen säumen das Lautertal

Das Tal der Großen Lauter: Burgruinen

Das Lautertal, dessen obere Hälfte weitgehend zu Münsingen gehört, ist gesäumt von Burgruinen. (zum unteren Lautertal: s. Hayingen).
Gundelfingen: Stammsitz der Hr. von Gundelfingen war wahrscheinlich die Burg **Niedergundelfingen** auf einem Umlaufberg der Lauter. Von der Burg blieben die Ummauerung eines wuchtigen Gebäudes aus dem 13.Jh sowie eine Kapelle erhalten. Die zerfallene Burg wurde 1906 wieder hergerichtet und der Torbereich mit einer burgartigen Wohnung versehen (Privatbesitz). Ein schöner Fußweg führt zum wappengeschmückten Eingang. - Das davor entstandene Dorf blieb nach der Gründung der Stadt Hayingen (s.d.) in seiner Entwicklung stehen. Nur noch Teile eines frisch renovierten Stadtmauer-Wehrganges sowie die massiv-wehrhaften Häuser daneben erinnern an die versuchte Aufwertung zum Burgstädtchen. - Hoch über dem Dorf auf einem Jurafelsen steht die Burg **Hohengundelfingen,** von der nur Grundmauern übrig blieben. (Die Zufahrt ist möglich über die Straße nach Dürrenstetten, mit kurzer Fußstrecke).
Bichishausen: Auch hier ragt eine Burgruine mit Palas und Schildmauer über der Lauter empor. Auf der Burg saß im 13.Jh ein Zweig der Gundelfinger, der 1353 an die Truchsessen von Magolsheim (s.o.) verkaufte, die sich anschließend nach dem Dorf nannten. Ihr Erbe fiel 1510 an Heinrich Trost von Buttler, dessen figürliches Epitaph (1541) in der kath. Barockkirche steht. 1552 Verkauf an die Gf. Helfenstein und damit 1627 als Erbe an die Gf. Fürstenberg.
Hundersingen: Burg Hohenhundersingen schließt den Reigen der Burgruinen ab. Der Anblick ihres schlanken Turmes aus Buckelquadern verfolgt einen durch die Windungen des Lautertals. Das Ortsadelsgeschlecht verkaufte 1352 an die Gf. Württemberg, weshalb die Grenze zwischen kath. Fürstenberg und prot. Württemberg zwischen Bichishausen und Hundersingen verlief. Sie wird noch heute durch eine Markierung an der Lautertalstraße gekennzeichnet. (2009)

Mulfingen KÜN D10

Das **Bistum Würzburg** reichte weit in den Nordwesten des heutigen BW hinein, den es in die Landkapitel (= Dekanate) Buchen, Mergentheim, Crailsheim, Ingelfingen, Hall und Weinsberg aufgeteilt hatte. Das **Hochstift,** also das Territorium des Bischofs, breitete sich jedoch erst durch die konsequente gegenreformatorische Politik des Bf. Julius Echter in Taubertal und Bauland aus (s. Hardheim). Anschließend wurden Verwaltungsämter in Hardheim, Lauda, Freudenberg, Grünsfeld und Rippberg eingerichtet. Zuvor war Jagstberg der einzige Amtsort des Hochstifts im Gebiet des heutigen BW, weil hier der Bf. Würzburg die Centrechte (= Hochgericht) bereits im 13.Jh an sich bringen konnte.

OT Jagstberg

Burg der Gf. Hohenlohe. Mit dem Centbezirk (= Hochgericht), der sich bis ins Kochertal bei Künzelsau erstreckte, erwarb der Bf. Würzburg die Oberhoheit über die Burg und die 1340 gegründete Stadt. Nach wiederholt wechselnder Lehensvergabe an den Landadel übernahm das Hochstift schließlich selbst die Ortsherrschaft und machte 1470 die Stadt als seinen südlichsten Vorposten zum Amtssitz für rund sieben Dörfer. Der Amtmann zog 1782 nach Mulfingen um. 1803 fiel der Ort an die Gf. Hohenlohe, weshalb sich eine Linie seitdem Hohenlohe-Jagstberg nennt (s. Niederstetten).
Bauten: Die Burg ist vollständig verschwunden. - Das **Amtshaus** (1614) ist ein zweistöckiges Steingebäude unter Satteldach. Die Schweifgiebel und die Eckquader mit Löwenköpfen geben ihm ein schlossartiges Aussehen. Ab 1782 diente es als Pfarrhaus, heute ist es Wohnhaus. - Amtshaus und die daneben stehende kath. Kirche bilden ein wunderbares Ensemble auf einem Sporn über dem Jagsttal. – Urtümlich wirkt die Alte Kelter, ein massives Steingebäude.

Kernort

Die Burg war um 1100 der Sitz einer edelfreien Adelsfamilie und um 1300 einer Ministerialenfamilie. Mit der Cent Jagstberg erwarb der Bf. Würzburg die Oberhoheit und vergab die Dorfherrschaft als Lehen an häufig wechselnden Adel. Da das Stift Möckmühl das Kirchenpatronat besaß, wurde durch Württemberg die Reformation eingeführt, was jedoch Bf. Julius Echter rückgängig machte. 1782 wurden Amtssitz und Centgrafensitz von Jagstberg hierher verlegt.
Bauten: Das **Amtshaus** (1782) ist ein zweistöckiges Gebäude unter Satteldach, dessen einziger Schmuck die schmiedeeisernen Fenstergitter bilden. An der Südostecke hängt ein verwittertes Wappen des Bf. F.L. von Erthal (1782). Heute Rathaus. – Sonstiges: Das Haus des Centgrafen (= Richter), ein zweistöckiges Gebäude unter Krüppelwalmdach, wurde zum Kinderheim St. Josefspflege. Eine Gedenktafel erinnert hier an die 1944 nach Auschwitz transportierten Sinti-Kinder (Hauptstraße). – Kunstvolles Epitaph eines knienden Ritters in kath. Kirche, leider ohne Inschrift.

OT Ailringen

Das Reichsdorf kam als Teil der Cent Jagstberg um 1300 unter die Oberhoheit des Bf. Würzburg, der es an häufig wechselnden Adel vergab. Der Deutsche Orden kaufte im 15.Jh die Dorfherrschaft auf und richtete hier ein Amt für seinen bis Künzelsau reichenden Streubesitz ein.

Mulfingen

Bauten: Das **Amtshaus** ist ein zweistöckiges Steingebäude unter Satteldach. Das erhöht im Dorf stehende Haus wurde zu einem Luxushotel umgebaut. - **Sonstiges:** Deutschordenswappen über dem Südportal der kath. Kirche. Diese steht als Wehrkirche hoch über dem Dorf im ummauerten Friedhof, der mit braunen und weißen Holzkreuzen überrascht. – Das Rathaus, ein Fachwerkhaus auf Steinsockel, wirkt aufgrund der Arkaden und seiner Lage über dem Bach idyllisch.

OT Buchenbach

Die Burg, Sitz einer Ministerialenfamilie der Gf. Hohenlohe, wurde 1340 an die Rezze von Bächlingen (s. Langenburg) verkauft. 1418 erwarben die Hr. von Stetten die Dorfherrschaft als Lehen des Bf. Würzburg. Sie schlossen sich der Reformation und dem Kanton Odenwald der Reichsritterschaft an. Ab 1693 residierte hier eine eigene Linie, die auch heute wieder die Burg besitzt. **Bauten:** Das **Schloss** (15. Jh) gilt als Paradebeispiel eines mittelalterlichen Dorfherrensitzes. Burgartig ragen Bergfried und Palas, ein vierstöckiges Steinhaus mit Fachwerkgiebel unter Krüppelwalmdach, über dem Dorf empor. Die renovierte Anlage ist vollständig von einer Mauer umgeben, sodass der Zugang nur bis zum Hoftor möglich ist. In Besitz der Fam. Frh. von Stetten. - **Sonstiges:** Zwei Epitaphien in evang. Kirche. - Das Amtshaus, ein zweistöckiger Fachwerkbau unter Mansarddach, wurde zum Rathaus.

Buchenbach. Dorfadelssitz im Jagsttal

UMGEBUNG: Der **OT Hollenbach** war Sitz eines Amtes der Gf. Hohenlohe-Weikersheim, woran die Amtsstraße und die Epitaphien von Amtleuten sowie mehrere Hohenlohewappen in der gotischen evang. Kirche erinnern. Vor der Kirche steht eine stattliche Gerichtslinde. (2007)

K10 Munderkingen UL

Die meisten mittelalterlichen Pfarrkirchen unterstanden nicht dem Diözesanbischof, weil Klöster oder Adlige das Patronatsrecht über sie besaßen. Gerade Klöster waren am **Patronatsrecht** interessiert, weil sie damit ihre Einnahmen steigern konnten. Denn der nächste Schritt war die **Inkorporation,** also die Einverleibung der Pfarrkirche ins Kloster. Dadurch wurde es dem Kloster ermöglicht, Konventangehörige zur Betreuung der Gemeinde abzustellen, so dass kein Priester bezahlt werden musste. So geschah es auch mit der reichen Pfarrei Munderkingen. Dementsprechend luxuriös fiel das Pfarrhaus aus, das als Stadtwohnung und Sommerresidenz vom Obermarchtaler Abt genutzt wurde.

Kernstadt

Das Patrozinium des fränkischen Nationalheiligen St. Dionysius (St. Denis) lässt vermuten, dass hier eine fränkische Wehrsiedlung bestand. Die Stadt gelangte 1297 aus der Hand des Ortsadels an Habsburg und zählte zu den fünf Donaustädten (s. Waldsee). Die Pfarrkirche wurde 1381 dem nahen Prämonstratenserstift (Ober-)Marchtal geschenkt, das im Pfarrhaus einen Mönch als Pfarrer logierte und daneben die Zehntabgaben sammelte.

Bauten: Das **Schloss** (1707), ein dreigeschossiger Barockbau mit zwei volutengeschmückten Flügelbauten, wurde als Pfarrhaus und Stadtresidenz des Obermarchtaler Abtes unterhalb der Kirche gebaut. Es dient heute zusammen mit der benachbarten Zehntscheune als kath. Gemeindezentrum. Über der Donau stehend kommt die Wirkung erst vom jenseitigen Ufer voll zur Geltung. – **Sonstiges:** Hohe Fachwerkhäuser von Patriziern (Kircher, Bochenthaler) und Klöstern (Zwiefaltener Hof), ein mittelalterliches Spital, ein stolzes Renaissance-Rathaus, ein Franziskanerinnenkloster sowie drei weitere Kapellen zeugen von der Bedeutung der Donaustadt. (2003)

Munderkingen. Dieses Pfarrhaus über der Donau diente dem Obermarchtaler Abt als Stadthotel

Nagold CW H6

Gibt es eine **Siedlungskontinuität** von den Römern bis heute? Oder haben die Alemannen beim Überrennen des römischen Limes im Jahre 260 tabula rasa gemacht, die römische Bevölkerung ausgerottet und die vorhandene Infrastruktur zerstört? Die moderne Forschung geht von einer Siedlungskontinuität aus, denn an vielen Orten zeigt sich, dass die vorhandene Kultur und Infrastruktur in reduzierter Form weiter genutzt wurde. Dies gilt ebenso für Stadtsiedlungen (z.B. Ladenburg, Konstanz) wie für das Land, wo sich die Alemannen entsprechend ihrer vorangehenden Lebensweise ansiedelten. Diese Siedlungskontinuität scheint auch in Nagold gegeben zu sein, wo eine nach dem fränkischen Nationalheiligen Remigius benannte Urkirche an der Stelle eines römischen Gutshofes steht.

Kernstadt

An der Stelle eines römischen Gutshofes siedelte in der Merowingerzeit ein fränkischer Adliger und baute die Remigiuskirche (heute Friedhofskirche) als Mutterkirche des karolingischen Nagoldgaus. Erst im 13.Jh wurde die Stadt Nagold ca. 2 km entfernt durch die Gf. Tübingen gegründet, deren Erbe an die Gf. Hohenberg kam. Nach dem Verkauf an die Gf. Württemberg (1363) wurde die Burg Hohennagold zum Sitz eines Obervogtes, der nach dem 30j. Krieg in die Stadt umzog.

Bauten: Der Obervogt residierte in der **Alten Oberamtei.** Das um 1400 erbaute mächtige Fachwerkhaus war zuvor Fruchtkasten, wurde nach 1806 Oberamt und ist heute Polizeistation. Oberamteistr. 6. – Erhalten blieb das **Steinhaus** der Ritter

Nagold

von Nagold, ein Ministerialensitz in typischer Lage an der Stadtmauer. Unter Württemberg diente das auf der Stadtmauer aufsitzende, mittelalterlich wirkende zweistöckige Gebäude als Meierhof. Heute Stadtmuseum (Badgasse 3). - Die **Burg Hohennagold** (13.Jh) steht als mächtige Anlage auf einem Schwarzwaldausläufer nordwestlich der Stadt. Im 30j. Krieg zerstört. Schildmauer, Bergfried und Umfassungsmauern erhalten. - **Sonstiges:** Der Untervogt (für die Stadt) wohnte in der Alten Vogtei (Turmstr. 26). – Am Alten Turm, Rest der ehem. Stadtkirche, wirkt der Eingang mit einem Wappen der Stifterfamilie von Weihingen mittelalterlich. - Außerhalb der Stadt befindet sich die Remigiuskirche mit vielen Epitaphien von Amtmännern und Bürgern.

OT Vollmaringen

Ortsadel. Vollmaringen bildete zusammen mit dem Nachbarort Göttelfingen eine kleine Herrschaft, die 1317-1454 in Besitz der Hr. von Dettlingen (bei Horb) war. Von den anschließend häufig wechselnden (kath.) Adelsfamilien schlossen sich die Hr. von Neuhausen dem Kanton Neckar der Reichsritterschaft an.

Vollmaringen. Eigentumswohnungen, inzwischen eine gängige Form der Schlossnutzung

Bauten: Das **Schloss** (1669) ist eine stattliche Zweiflügelanlage an Stelle einer staufischen Turmburg, von der noch Reste im Hauptbau enthalten sind. Das Fachwerkobergeschoss über dem zweistöckigen Steinbau sowie das Krüppelwalmdach wirken ländlich. Wappen (1739) über dem Eingang. Aufgeteilt in Eigentumswohnungen, schön renoviert. Es steht am südlichen Ortsrand Richtung OT Hochdorf (Schlossstraße). - **Sonstiges:** Ca. 2 km nördlich außerhalb des Dorfes steht an der Straße nach Nagold die ehem. Pfarrkirche, heute Friedhofskirche. Hier stand einmal das Dorf Londorf mit einer Mutterkirche. Über dem Südeingang ein Wappen (1681).

UMGEBUNG: Im benachbarten **OT Gündringen,** ebenfalls reichsritterschaftlich und ebenfalls katholisch, stehen zwei Epitaphien der Kechler von Schwandorf (s. Haiterbach) auf dem Friedhof in der neuen Aussegnungshalle.

UMGEBUNG: Die benachbarte Gemeinde **Rohrdorf** war Kommende des Johanniterordens. Aufgrund der von Württemberg erzwungenen (Teil-)Reformation zog der Komtur nach Dätzingen (s. Grafenau) um. Die Kirche wurde simultan genutzt. Neben der Kirche steht wie ein **Schlössle** das ehem. Kommendegebäude erhöht über der Nagold, ein Steinbau unter Walmdach. Mehrere Wappen und Inschriften sowie ein kleiner gotischer Erker erzeugen eine repräsentative Schaufassade. Auch im kleinen Innenhof sind Wappen angebracht. Heute Rathaus. (2007)

Neckarbischofsheim HD D7

Dieses Städtchen liegt weder am Neckar noch wohnte hier ein Bischof, denn 1274-1966 wohnten hier die **Hr. von Helmstatt**. Gemeinsam mit den Mentzingen und Ravensburg gehen sie auf Raban von Wimpfen zurück, der 1190 als Ministerialer der Staufer erstmals erwähnt wird (s. Helmstadt-Bargen). In Kurpfälzer Diensten stiegen sie in höchste Ämter auf. Bereits im 13.Jh bildete sich in Neckarbischofsheim eine eigene Linie, aus der um 1400 der Kanzler des Königs Ruprecht von der Pfalz kam und die als die bedeutendste der vielen Linien gilt. Überall im verträumt wirkenden Städtchen stoßen wir auf ihre Spuren: Burg und Schloss, Verwaltungsbauten und Stadttürme, Grablege („Totenkirche") und manieristische Stadtkirche. Ein Geheimtipp!

Kernort

Das Dorf (im Bereich der Totenkirche) war bereits im 10.Jh in Besitz des Bischofs von Worms (daher Bischofsheim), der es zuerst an den Ortsadel und 1274 an die Ministerialenfamilie von Helmstatt verlieh. Die hier sitzende Linie gründete 1378 die Stadt südlich des Dorfes, schloss sich dem Kanton Kraichgau

Neckarbischofsheim. Das Renaissance-Tor zum Alten Schloss.

der Reichsritterschaft an und führte 1556 die Reformation ein. Sie starb 1802 aus. Aus der Hochhausener Linie (s. Haßmersheim) hatte man einen Sohn adoptiert, dessen Nachfahren 1966 ausstarben. Da im Großherzogtum Baden 1806 plötzlich drei Bischofsheime zu unterscheiden waren, gab man bekannte Flüsse als Namenszusatz: Rhein-, Tauber- und hier Neckar-.
Bauten: Die **Wasserburg** („Steinernes Haus") ist ein turmartiger Steinbau, 15.Jh, mit Umbau von 1546 (Treppenhaus mit Bauinschrift), idyllisch am See gelegen. Stadtbesitz, genutzt für Veranstaltungen. - Im dazu gehörenden öffentlichen Park überlebte ein schöner Renaissance-Torbogen als Rest des ehem. Burghofes. – Zur Stadt hin steht das **Neue Schloss** (1829), ein schmuckloser, klassizistischer, dreistöckiger Winkelhakenbau, heute Schlosshotel. – **Sonstiges:** Die evang. Stadtkirche (1610) im Stil des Manierismus (Eingänge, Westgiebel) ist eine Rarität, denn zu dieser Zeit wurden kaum Kirchen gebaut. – Gegenüber das Rathaus, dem man infolge der Umbauten seine ehem. Funktion als Adelswohnung („Alexanderburg") nicht mehr ansieht, und das ehem. Rentamt, ein Fachwerkhaus. - Teile der Stadtmauer mit zwei Türmen erhalten. - Im Norden (Stadtausfahrt) steht erhöht an der Hauptstraße die „Totenkirche" mit mehr als 40 Epitaphien der Helmstatt, ein hervorragender Überblick über 500 Jahre (1343 bis 1842) Totenkult. (2005)

C6 Neckargmünd HD

Die Cent ≠ Der Zehnte. Die **Cent** ist ein **Gerichtsbezirk,** der Zehnte ist eine Art Kirchensteuer. Die Cent entstand aus dem Gericht für die Hundertschaft (Centum = Hundert), einer Untergliederung der fränkischen Grafschaft. Im Laufe der Jahrhunderte wurde daraus der Hochgerichtsbezirk, in dem ein Gericht für Bluttaten und Freveltaten zuständig war (vergl. heutige Unterscheidung Amtsgericht-Landgericht). Der Kurpfalz gelang es, vom Reich mehrere Centbezirke zu erwerben und die Herrschaftsrechte des darin wohnenden Adels und der Kirche so einzuschränken, dass sie damit die Landeshoheit besaß. Der Amtmann auf Burg Dilsberg verschaffte sich eine besonders starke Position, weil er die Kontrolle über zwei Centbezirke und die beiden Centgrafen (= Richter) an sich zog.

OT Dilsberg

Die Burg auf dem Dilsberg über einer Neckarschleife kam von den Gf. von Lauffen über die Hr. von Dürn (1219) und das Reich 1330 an die Pfalzgrafschaft am Rhein. Zugleich erwarb die Kurpfalz die Hoheitsrechte für die umgebende Meckesheimer Cent, 1380 für die benachbarte Stüber Cent. Die Stadt entstand 1347 als systematisch angelegtes Burgstädtchen und bildete zusammen mit der Burg eine Festung zum Schutze Heidelbergs. Zudem richtete man ein Verwaltungszentrum in Form eines Oberamtsmanns ein, der sich die Zuständigkeit für die beiden Centen im Laufe der Zeit verschaffte. 1560 zwang die Kurpfalz in einem Vertrag den innerhalb des Centbereichs wohnenden Adel unter die Landeshoheit. Damit war ihm der Beitritt zur gerade entstehenden Reichsritterschaft verwehrt. Nach dem 30j. Krieg übte der Festungskommandant auch die Amtmannsfunktion aus. In der Regel wurde hierfür ein Mitglied des regionalen Adels ausgewählt.

Bauten: Als **Schlössle** (16.Jh) darf man das Kommandantenhaus bezeichnen. Das zweistöckige Steinhaus unter Krüppelwalmdach mit einem Treppenturm steht am Rande der Burganlage, die im 19.Jh abgerissen wurde. Von der Burg blieb neben einer mächtigen, mittelalterlichen Schildmauer der Treppenturm des Palas erhalten. - Die ursprüngliche Festungsanlage ist noch heute ersichtlich: Im Halbrund um die Burg liegt das Städtchen, geschützt durch eine Stadtmauer, die durch aufsitzende Häuser geschlossen und abweisend wirkt.

UMGEBUNG: In der benachbarten Gemeinde **Wiesenbach** steht versteckt im Wald **Schloss Langenzell.** 1880 erwarben die Fürsten von Löwenstein-Wertheim-Freudenberg das Hofgut und errichteten darüber ein Schloss inmitten eines Landschaftsgartens. Das vielgestaltige Gebäude im Neorenaissancestil mit Schaugiebeln, Türmchen, Erkern und Balkonen ist an Privatpersonen vermietet. Es liegt ca. 2 km östlich Wiesenbach an der Straße nach Lobbach, von der aus Schlossteile im Winter zu sehen sind. Zugang nur bis zum Hoftor.   (2000)

Neckarsulm HN E8

Die Bezeichnung **„Deutsche Ebene"** geht auf den Deutschen Orden zurück, der entlang des Unteren Neckar ein weitgehend geschlossenes Territorium erwerben konnte. Zugeordnet war es der Ballei Franken, der größten des Deutschen Ordens. Verwaltet wurde es von Schloss Horneck aus (s. Gundelsheim) als Neckaroberamt und war in die Ämter Gundelsheim, Heilbronn, Neckarsulm, Kirchhausen, Heuchlingen und Stockheim unterteilt. In jedem dieser Orte stehen bis heute Verwaltungsschlösser des Deutschen Ordens, so auch hier in Neckarsulm.

Kernstadt
In der Stauferzeit errichteten die Gf. von Weinsberg eine Burg auf dem Scheuerberg und gründeten die Stadt. 1335 verkauften sie die Herrschaft Scheuerberg an den Bf. Mainz, der sie 1484 gegen die Deutschordenskommende Stadtprozelten (am Main) eintauschte. Damit konnte der Deutsche Orden seinen Besitz am Unteren Neckar so perfekt abrunden, dass man von der „Deutschen Ebene" sprach. Nach der Zerstörung der Burg im Bauernkrieg zog der Amtmann in das Stadtschloss, das nach einem weitgehenden Ausbau häufig als Tagungsort innerhalb der Ballei diente.

Neckarsulm. Kommende des Deutschen Ordens. Wehrturm, Schloss und Bandhaus.

Bauten: Die **Schlossanlage** wirkt mittelalterlich, ist aber weitgehend nach der Zerstörung des 2. Weltkriegs neu erbaut. Von der mittelalterlichen Wasserburg steht noch der romanische Bergfried. Blickfang sind ein massives Steinhaus (Palas, 16. Jh) und das parallel dazu stehende, gleich hohe ehem. Bandhaus (= Küferhaus). Beide bilden mit ihren gotischen Staffelgiebeln und dem hohen Satteldach ein rustikal wirkendes Paar, überraschenderweise ohne Ordenswappen. Davor ein kleiner Park, ehem. Schlossgarten. Zum Tal hin säumen die Wirtschaftsgebäude und die Hauskapelle den Hof. Schlossmauer, Tortürme und Torhaus wurden 1845 abgebrochen. Genutzt wird die stattliche Anlage als Zweiradmuseum, Gaststätte und Weinkeller. Sie steht an der Südwestecke der Altstadt über den Bahngleisen. – **Sonstiges:** Den Marktplatz dominiert das elegante Rokoko-Rathaus mit Mansarddach und Freitreppe. Gegenüber steht die ehem. Kelter (1567) mit dem Wappen des Deutschordens-Hochmeisters Hund von Wenkheim (heute Sparkasse). (2009)

Neckartenzlingen ES H8

Die **bürgerliche Herkunft** einer Landadelsfamilie verrät sich häufig durch den Doppelnamen, bei dem der bürgerliche Namen mit einer Burg oder einem Rittergut verknüpft wurde. Hierbei kann es sich um eine Patrizierfamilie handeln (z.B. Senft zu Suhlburg, s. Untermünkheim, Reichlin von Meldegg, s. Owingen) oder um Beamtenadel (z.B. Merz von Staffelfelden und Zott von Berneck, s. Schramberg) oder um Juristen in hohen Positionen (z.B. Spreter von Kreidenstein, s. Rottweil) oder um Kaufleute (z.B. Humpis von Ratzenried, s. Argenbühl). So gesehen müssen die hiesigen Spengler von und zu Neckarburg Handwerker als Vorfahren gehabt haben.

Kernort

Die Ritter von Riet (vom benachbarten Altenriet) saßen 1295 auf der „Burg zur Mühle" (= Neckarburg). 1406 verkauften sie die Ortsherrschaft an die Gf. Württemberg, welche bereits die Oberhoheit besaßen. Diese gaben die Burg als Lehen an die Spengler aus dem nahen Tübingen, die sie in Neckarburg umbenannten und sich danach nannten. 1614 kaufte Württemberg die Neckarburg und machte sie zum Alterswohnsitz für Offiziere.

Neckartenzlingen. Die Neckarburg überrascht im verkehrsreichen Neckartal

Bauten: Das **Schlössle Neckarburg** (16.Jh) ist ein zweistöckiges Fachwerkhaus auf Steinsockel unter Krüppelwalmdach. Über dem Eingang Inschrift mit Allianzwappen Spengler-Sigwart. Daneben am Hang steht das Brunnenhaus, benannt nach dem Brunnen davor. Heute Privatwohnungen. - Darunter stehen die ursprünglich dazu gehörende Mühle (16.Jh), die Bannmühle für fünf Dörfer war, sowie ein als Pension geführtes Wohnhaus. Lage: links des Neckars, eigene Zufahrt. – **Sonstiges:** Im Dorf rechts des Neckars stehen in der evang. Kirche die figürlichen Epitaphien von Hans Spengler mit Ehefrau und drei erwachsenen Töchtern sowie von drei Kindern (1629). – Der Fruchtkasten, ein massiver Steinbau (1602), ist mit Schießscharten versehen.

UMGEBUNG: Das Hofgut **Hammetweil** entstand aus einer Burg, die 1543 an die Thumb von Neuburg kam. Im 16.Jh schlossen sie sich dem Kanton Neckar der Reichsritterschaft an und bauten die Burg zum Schloss um. Dieses wurde 1821 abgebrochen. Nur noch Terrassenmauern mit zwei runden Ecktürmchen erinnern an das Schloss. An ein oberhalb davon stehendes Barockgebäude baute man 1868 ein Herrenhaus im Schweizerhausstil an. Die Anlage wird heute als Golfplatz betrieben. Daneben Friedhof mit Gräbern der Thumb. Idyllische Lage über dem Neckar und über B 297, auf halber Strecke zwischen Pliezhausen und Neckartenzlingen.

UMGEBUNG: In der Nachbargemeinde **Bempflingen** gibt es das „**Schlössle**". Es war vermutlich das Wohnhaus des württ. Vogtes, denn Württemberg hatte im 15.Jh die Ortsherrschaft gekauft. Das schlichte Fachwerkhaus auf Steinsockel, umgeben von einem Garten, war wohl Teil einer größeren Anlage, die nach dem 2.Weltkrieg mit Häusern überbaut wurde. Man findet es in der Mittelstädter Str. 7, zurückgebaut hinter Nr. 9.

(2009)

Neckarwestheim LB E8

Verschiedene Fam. von Liebenstein gab es im Sundgau, im Egerland und am Mittelrhein. 1243 tauchen die **Ritter von Liebenstein** im Neckarraum auf. Ursprünglich waren sie Ministeriale im Umfeld der Wimpfener Stauferpfalz, im 14.Jh der Gf. Württemberg. 1445 teilten sie sich in zwei Linien, von denen eine 1467 Jebenhausen (s. Göppingen) erwarb. An der Stadt Bönnigheim besaßen sie seit 1517 ein Viertel, das nach ihnen benannt ist. Sie schlossen sich der Reformation und der Reichsritterschaft an. 1678 zog eine Linie nach Jebenhausen, wo man sie noch heute antrifft. Der frisch renovierte Stammsitz in Neckarwestheim zeugt von der Glanzzeit im 16.Jh.

Schloss Liebenstein

Ortsadel nannte sich nach der 1120-50 erbauten Burg Liebenstein. Um 1500 Aufteilung der Burg in eine Obere und eine Untere Burg. Aus der Oberen Burg stammte ein 1504 gewählter Bf. von Mainz. Reformation und Anschluss an Kanton Kocher der Reichsritterschaft. Die Obere-Burg-Linie starb 1657 aus, was zu solch einem Streit zwischen den Erben aus der Unteren Burg führte, dass beide Brüder ihren Anteil an Württemberg verkauften. Der eine zog nach Köngen und der andere nach Jebenhausen (s. Göppingen).

Bauten: Die ummauerte Anlage besteht aus der Oberen Burg, die in der Renaissance 1525-1600 zum Schloss umgebaut wurde, und der Unteren Burg. Man betritt die **Obere Burg** durch einen Torbau. Rechts steht das Schloss-Hotel, das im Kern einen mittelalterlichen Wohnturm enthält. Um den Hof gruppieren sich die Wirtschaftsbauten (Zehntscheune, Bandhaus, Schmiede u.a.). Der Weg führt in die **Untere Burg** zum massiven mittelalterlichen Bergfried mit Aussichtsplattform. Hier steht auch das Glanzstück der Anlage: die **Schlosskapelle** (1599, Schlüssel im Hotel). Mit ihren beiden prunkvollen manieristischen Schaugiebeln dominiert sie das Bild v. a. nach Norden zum Tal hin. In ihr steht ein figürliches Epitaph. – Schloss Liebenstein ist seit 1982 in Besitz der Gemeinde und wird als Hotel- und Golfbetrieb geführt. Es liegt südlich des Dorfes in den Weinbergen, die Zufahrt ist ausgeschildert. Schon alleine der Blick aus dem Tal auf Kapelle und Schlossbauten lohnt die Anfahrt.(2006)

Schloss Liebenstein. Die Burgkapelle ist Manierismus pur

Neckarzimmern MOS D8

Vom Raubritter zum Reichsritter. Der Werdegang des berühmt-berüchtigten **Götz von Berlichingen** spiegelt die Gründungsphase der **Reichsritterschaft** wider. 1480 wurde er in eine Epoche geboren, die als Blütezeit der Heckenreiter und Schnapphähne gelten kann. Götz war einer der schlimmsten: Städte wie Fürsten wurden durch konstruierte, an den Haaren herbei gezogene Anlässe befehdet und anschließend zu hohen Lösegeldzahlungen gezwungen. Als er sich mit seinen „Millionen" 1517 eine eigene Burg (Hornberg) kaufte und seriös sein Geld in Fürstendiensten verdienen wollte, machte ihm das Schicksal einen doppelten Strich durch die Rechnung. Als Amtmann des in Reichsacht gefallenen Ulrichs von Württemberg und als Bauernhauptmann wurde er zweimal festgesetzt und in Prozesse verwickelt. Und nach der Verurteilung wie so viele Ritter rehabilitiert, weil ihn Kaiser Karl V für seine Feldzüge benötigte. Götz warb anschließend für das Projekt „Reichsritterschaft", weil er erkannt hatte, dass nicht Einzelaktionen, sondern nur eine strukturierte Standesorganisation den Ritter vor der Fürstenmacht schützen konnte. Mit über 70 Jahren schrieb er schließlich auf Burg Hornberg seine Lebenserinnerungen.

Burg Hornberg

Nach der Burg der Gf. Lauffen nannte sich im 12.Jh eine edelfreie Familie. 1259 kaufte der Bf. von Speyer die Burg und gab sie als Lehen den Horneck, die sich danach nannten. Nach häufigem Besitzerwechsel wurde die Burg samt drei Dörfern 1517 von Götz von Berlichingen gekauft. Hier verbrachte er seinen 16-jährigen Hausarrest nach dem

Burg Hornberg. Hier langweilte sich Götz von Berlichingen 16 Jahre lang

Bauernkrieg. Anschluss an den Kanton Odenwald der Reichsritterschaft. 1612 kam die Herrschaft an die Fam. von Gemmingen, die noch heute hier mit einer eigenen Linie wohnt.

Bauten: Die ummauerte Anlage besteht aus zwei Teilen: Die obere Hauptburg, die untere Vorburg. Die **Hauptburg** enthält einen Bergfried aus dem 12.Jh, einen Palas mit Staffelgiebel, einen Treppenturm (16.Jh) und eine Burgkapelle mit Familiengruft. Als Museum genutzt. Am oberen Burgtor stehen mehrere prachtvolle, leicht lädierte Epitaphien (aus Angelbachtal-Michelfeld hierher gebracht). – Im Vorburgbereich steht das **Schlössle** („Mantelbau", 1510), ein mächtiges, dreistöckiges Steinhaus unter Walmdach, von Gemmingen bewohnt. Mehrere Nebengebäude des 17./18.Jh. - Die Anlage wird als Schlosshotel geführt, wozu moderne Veränderungen (Aussichtsterrasse) vorgenommen wurden. Zufahrt ausgeschildert. Herrlicher Blick übers Neckartal.

Kernort

Das Dorf gehörte zur Burg Hornberg und damit zur Reichsritterschaft. Bereits 1522 Einführung der Reformation. Nachdem die Burg unbewohnbar geworden war, zogen die Gemmingen 1634 ins Dorf.

Bauten: Das **Alte Schloss** (1634) ist ein zweigeschossiger Massivbau mit manieristischem Rundbogenportal, unter Satteldach mit geschweiften Giebeln. Es diente ab 1755 als Rentamt und heute für Wohnungen und Weinverkauf (Hauptstr. 2) – Das **Neue Schloss** (1755) ist ein zweigeschossiges Steinhaus mit Mittelrisalit unter Satteldach. Es erhielt 1873 geschweifte Giebel, um es stilistisch an das Alte Schloss anzugleichen. Heute Rathaus (Hauptstr. 4). - **Sonstiges:** Vier Wappenepitaphien in evang. Kirche. (2005)

Neidenstein HD D7

Die **Hr. von Venningen** werden 1219 erwähnt. Sie stammen wahrscheinlich von Finningen bei Augsburg und kamen 1303 in den Kraichgau, weil sie als Ministeriale der Gf. Öttingen zur Sicherung des Ellwanger Klosterbesitzes die Propstei Wiesenbach beschützen sollten. Schließlich übernahmen sie Leitungsfunktionen am Pfälzer Hof (z.B. Hofmeister), erwarben umfangreichen Besitz und waren lange Zeit im Kraichgau die reichste Ritterfamilie. Die reichsten Ritterfamilien muss man sagen, den sie spalteten sich in viele Zweige auf, die sich der Reformation und der Reichsritterschaft anschlossen: Eschelbronn, Daisbach, Königsbach, Hilsbach-Zuzenhausen, Eichtersheim, Grombach, Neidenstein und ein Zweig im Elsass. Aus der Familie stammen zwei Deutschmeister des Deutschen Ordens und zwei Bischöfe (15.Jh in Basel und Speyer). Alle Linien starben aus, mit Ausnahme der Hilsbacher Linie, die Ende des 17.Jh zur Alten Kirche zurückkehrte. Ein Nachkomme wohnt im Burgstädtchen Neidenstein mit seiner Bilderbuchkulisse.

Kernort

Im 13.Jh saßen Ministeriale des Bf Worms auf der Höhenburg, die seit 1319 durchgehend in Besitz der Hr. von Venningen ist. Die hier sitzende Linie schloss sich dem Kanton Kraichgau der Reichsritterschaft und der Reformation an. Nach ihrem Aussterben (1688) erbte die kath. Linie aus Hilsbach.

Neidenstein. Eines der schönsten Burgstädtchen im Kraichgau

Bauten: Mächtig ragt die burgartige **Schlossanlage** über dem Schwarzbachtal empor. Sie wird zum Berg hin durch den Bergfried aus Bruchsteinen und der Schildmauer, beide 13.Jh, sowie durch einen Graben und Wachtürme geschützt. Der Palas mit drei steinernen Erkern (13./14.Jh) wurde 1956 modernisiert und ist heute bewohnt. Zwei Tortürme schützen zum Tal hin. Der Zugang in die Außenanlage ist offen. – **Sonstiges:** Von der Burg führt eine Schenkelmauer zum Städtchen hinab, wodurch der Vorburgbereich geschützt wurde. In ihm stehen das Jägerhaus (heute Museum) und das bewohnte Herrenhaus mit Treppenturm, beides Fachwerk auf Steinsockel (16.Jh). Daneben die nüchterne kath. Kirche (19.Jh). - Im Fachwerk-Städtchen diente die evang. Kirche (1770) als Grablege der Venningen, wovon wunderbare Epitaphien übrig blieben. Der Ort in seiner Gesamtheit ist ein „muss". (2008)

Neresheim AA G13

Das **Härtsfeld** (= Hartes Feld), eine Hochebene zwischen Heidenheim-Aalen (im Westen) und der Grenze zu Bayern (im Osten), bildet als östlichster Ausläufer der Schwäb. Alb den Übergang zwischen Schwäbischem und Fränkischem Jura. Obwohl seine Höhenlage nur 550-650 m beträgt, ist sein Klima rau. Zudem ist es dünn besiedelt, da das Wasser im Kalk des Weißjuras versickert. Weit auseinander liegende Dörfer, unendliche Landschaft, weiße Felsen,

Neresheim

sanft eingesackte Trockentäler: das Härtsfeld hat seinen besonderen Reiz! Erschlossen wurde es vom Kloster Neresheim, dem es in der Barockzeit sogar gelang, den viel beschäftigten Baumeister Balthasar Neumann hierher zu holen.

Kernort

Das 1095 gegründete Benediktinerkloster Neresheim besiedelte das unwirtliche Härtsfeld und besaß deshalb in fast allen Dörfern Herrschaftsrechte (Grundbesitz, Kirchenpatronat). Die Vogteirechte und damit die Oberhoheit waren jedoch in Händen der Gf. von Öttingen, was über Jahrhunderte hinweg zu Konflikten führte. Schließlich konnte sich das Kloster 1763 die Reichsunmittelbarkeit erkaufen, indem es das östliche Drittel des Härtsfelds an die kath. Linien der Öttingen (Wallerstein, Baldern) abtrat, um das westliche Drittel mit allen Rechten zu besitzen. Das südliche Drittel war im Laufe des 18.Jh von den Thurn und Taxis aufgekauft worden (s. Dischingen), welche dann bei der Säkularisation 1803 das Kloster samt Territorium erhielten. Sie nutzten die ausgedehnte Anlage als Verwaltungszentrum und Schloss. Seit 1920 ist es wieder von Benediktinern besiedelt.

Bauten: Der viergeschossige Torbau mit Erkertürmchen stammt im Kern aus dem 12.Jh. Da der Abt (= Prälat) darin wohnte, nannte man ihn **Prälatur**. Erstaunlich ist, dass er sich damit auch in der Barockzeit zufrieden gab. - Erhöht darüber steht der **schlossartige** Konventbau, eine Vierflügelanlage mit der Kirche auf der Nordseite. Die Fernwirkung der von B. Neumann entworfenen Kirchenfassade ist phänomenal, die dreigeschossigen, schmucklosen Gebäude des Konventbaus hingegen wirken einzig durch ihre Größe. –

Sonstiges: Im Westen schließt sich der weitläufige Wirtschaftshof an, der von Gebäuden gebildet wird, die heute für die Verpflegung und Unterbringung von Gästen („Pilgern") dienen. Vom im Tal liegenden Dorf ist der Blick auf die Anlage fantastisch. (2003)

D8 Neudenau HN

Gewaltig waren die Entschädigungen für die von Frankreich annektierten linksrheinischen Gebiete der Gf. Leiningen, aus denen 1803 das **Fürstentum Leiningen** im Raum Odenwald-Bauland-Taubergrund gebildet wurde: Für den Verlust von rund 160 km² erhielt die gefürstete Hauptlinie rund 1250 km² mit 90.000 Einwohnern. Das Fürstentum entstand aus Ämtern der aufgehobenen Hochstifte Mainz (Miltenberg, Amorbach, Buchen, Walldürn, Tauberbischofsheim) und Würzburg (Hardheim, Lauda) sowie der aufgelösten Kurpfalz (Mosbach, Boxberg). Die fürstliche Residenz ist bis heute im ehem. Benediktinerkloster Amorbach. Neben dem dortigen Barockbau wirken die Schlösser der gräflichen Seitenlinien in Billigheim und Neudenau armselig.

Kernort

Die Hr. von Dürn gründeten im 13.Jh die Stadt auf einem Sporn über der Jagst und verkauften sie im Zuge ihres Niedergangs 1364 an den Bf. Mainz (s. Wall-

dürn). Dieser ordnete sie dem Amt Krautheim ein und machte die Burg zum Sitz eines Kellers (= Finanzamtmann) für die Region bis zum Kloster Billigheim (s.u.). 1803 wurde Neudenau zum Sitz der Gf. Leiningen-Dagsburg-Falkenburg-Heidesheim, die 1910 ausstarb.
Bauten: Von der mittelalterlichen **Burg** ist noch der Wohnturm (13.Jh) mit Buckelquadern sowie der gotische Palas mit Wappen des Bf. Mainz und Renaissance-Ausmalungen erhalten. Das 1840 angebaute **Schloss** ist ein schmuckloser und unscheinbarer Winkelhakenbau, der nach 1871 als Schule diente. Die Anlage ist heute Heimatmuseum. Sie steht leicht erhöht über dem Städtchen (Billigheimer Str. 3). - **Sonstiges:** In geringer Entfernung liegt oberhalb der Kurmainzschule der sehr alte jüdische Friedhof (15.Jh). – Schöner Blick auf die Altstadt mit ihren Fachwerkhäusern von der Jagst aus.

OT Herbolzheim

Dorfadel, Ministeriale der Hr. von Dürn, saß auf der Burg. 1361 erwarb der Bf. Mainz die Herrschaft und unterstellte sie dem Amt Krautheim. Die Dorfherrschaft war bis ins 16.Jh an oft wechselnden Adel verpfändet.
Bauten: Die Burg (13.Jh) war eine nahezu quadratische Anlage, von der nur der runde Bergfried mit Zinnen erhalten blieb. Sie ist in Privatbesitz. – Der Vorburgbereich wurde 1565 zum Schloss ausgebaut. Hier steht das ehem. Amtshaus mit dem Wappen des Bf. Mainz über dem Eingangstor. Das mächtige Steingebäude mit gewaltigen Kellern erhebt sich an der „Pfarrsteige/Am Schlossweg". - **Sonstiges:** Vom Burgberg führen Schenkelmauern zum Dorf, dessen Häuser mit hohen Stützmauern an den Hang angeklebt wirken. Renovierungsbedürftig ist der 1594 erbaute Schafhof am Hang.

UMGEBUNG: Das Zisterzienserinnenkloster im nahen Dorf **Billigheim** kam unter die Schutzvogtei des Bf. Mainz, der es in der Reformation aufhob und das Einkommen seiner Hofhaltung zuschanzte. In der Säkularisation (1803) wurde die Herrschaft zum Sitz der Gf. Leiningen-Dagsburg-Falkenburg-Guntersblum, die 1935 ausstarb. Das zum Schloss umgebaute Amtsgebäude brannte 1902 ab. Es stand im Westen der Kirche, wo heute eine bachdurchflossene Parkfläche ist. An der erhaltenen Kutschenremise, ein einstöckiges Haus unter Mansarddach, hängt ein prachtvolles Wappen des Bf. Mainz (1605, heute Kindergarten). In der Kirche stehen zwei figürliche Epitaphien der beiden letzten Äbtissinnen. (2007)

Neuenbürg PF G5

Die Blütezeit der **Holländerholz-Flößerei** begann 1746 mit dem Auftreten des Holzhändlers Christian Friedrich Lidell aus Neuenbürg, der badische und württembergische Kaufleute in einer „Kompagnie" zusammen brachte. Im waldarmen Holland benötigte man Unmengen an Eichen für den Schiffsbau und starke Tannen für die Fundierung des moorigen Untergrunds. Schwarzwaldtannen wurden damit zu einem Exportschlager und deckten zeitweise 1/3 des Holländischen Bedarfs ab. Dies war nur über einen enormen Kapitaleinsatz und eine

Neuenbürg

perfekte Organisation möglich. Hierzu bildeten sich analog zur Murgschifferschaft (s. Gaggenau) **Kompagnien,** die einen Kontrakt über Liefermengen und -bedingungen mit den betroffenen Landesherren abschlossen. Sie organisierten alle Schritte vom Holzeinschlag über das Flößen und Zölle zahlen bis zum Verkauf. Bei den vielen Kriegen war dies ein risikobehaftetes Geschäft, das jedoch in Glanzzeiten 15-50% Gewinn abwarf. Greenpeace hätte Alarm geschlagen, denn am Ende des Alten Reiches war der Schwarzwald so abgeholzt, dass er nicht einmal mehr den Eigenbedarf des Umlandes decken konnte. Die Wiederaufforstung im 19.Jh machte den ursprünglichen Mischwald zum heutigen Tannenwald. So hat „Das kalte Herz" von Wilhelm Hauff mit dem Holländer-Michel einen realen Hintergrund, an den das Märchenmuseum im Neuenbürger Schloss anknüpft.

Kernort

Die Gf. von Vaihingen bauten im 12.Jh ca. 10 km südlich Pforzheim eine „neue Burg", eine von vielen Vorstößen zur Erschließung des Schwarzwaldes. Die Herrschaft gelangte 1320 an Württemberg, das sie unter Kaiser Karl IV als böhmisches Lehen nehmen musste, was bis 1806 galt. Württemberg rückte damit weit ins Gebiet der Gf. von Baden vor. Wohl aufgrund dieser strategischen Lage wurde die Burg zum Sitz eines Obervogtes und diente wiederholt als Wohnort eines württ. Erbprinzen. Die unterhalb der Burg in der Enzschleife gegründete Stadt lebte von Flößerei, Bergbau und Mühlen.

Neuenbürg, Schlosseingang. Ein wichtiger Vorposten Württembergs im Nordschwarzwald

Bauten: Das **Schloss** („Vordere Burg") ist eine Vierflügelanlage auf trapezförmigen Grundriss. Der Besucher betritt von der Stadt her durch ein frühbarockes, massiges Portal (1658, Westflügel) den malerischen Innenhof. Nord- und Südflügel sind zwei auseinander strebende, schmucklose, dreigeschossige Gebäude. Der Ostflügel wurde im 30j. Krieg zerstört, nur der Renaissance-Treppenturm und Außenmauern blieben erhalten. Die Gebäude werden als Restaurant und Museum genutzt. Lage: Hoch über der Stadt mit steilem Fußweg. Umständliche Zufahrt. – Ca. 300 m östlich des Schlosses steht die Ruine der **Hinteren Burg,** die im 14.Jh zur Sicherung des Schlosses zum Höhenrücken hin erbaut wurde. Im 16.Jh diente sie nur noch als Fruchtkasten. Es ist eine in die Natur eingebettete, romantisch wirkende Anlage. Ein hierher versetzter Renaissance-Treppenturm steht daneben - **Sonstiges:** Epitaphien von Obervögten und Bürgern in der (geschlossenen) St. Georgs Kapelle im romantischen Friedhof, gelegen am Fußweg zur Stadt. - Idyllische Stadtanlage entlang der Enzschleife. (2009)

Neuenstadt HN D9

Die Nebenlinie der Herzöge von **Württemberg-Neuenstadt** bestand fast 100 Jahre. Sie geht auf Herzog Eberhard III zurück, der 1649 seinem Bruder und dessen Nachkommen die Ämter Neuenstadt, Möckmühl und Weinsberg überließ. Württemberg behielt die Landeshoheit, vergab nur die niedere Gerichtsbarkeit und den vollen Nutzen, so dass das Territorium nicht geschmälert wurde (s. Winnenden). So entstand ein Mini-Fürstenhof, der den Widerspruch in sich vereinigte, gleichzeitig Musenhof und Militärschmiede zu sein, denn seine Herzöge erwarben eine bedeutende Bibliothek und zeichneten sich in diversen europäischen Kriegen aus, v.a. in Nordeuropa. Durch die Heirat mit der letzten Gräfin Eberstein wurde Gochsheim (s. Kraichtal) erworben, dann starb diese Linie 1742 ebenfalls aus. In Neuenstadt hinterließ sie ein Schloss und eine außergewöhnliche Grabstätte.

Kernstadt

Ein uralter Gerichtsplatz war Gerichtsstätte des gesamten Brettachgaus. Daneben gründeten die Gf. von Weinsberg im 14.Jh eine neue Stadt bei ihrem Herrenhof. Diese kam 1450 an die Kurpfalz, wurde 1504 von Württemberg erobert, wurde Sitz eines Amtmanns und gab der 1649-1742 bestehenden Nebenlinie ihren Namen.

Bauten: Das **Schloss** (1565) besteht aus mehreren Teilen, die heute von Behörden genutzt werden. Der längste Teil ist der Dürnitzbau als Nordflügel. Mit der Kirche verbunden ist der Ostflügel mit rundem Eckturm. Auf der Westseite steht der Marstall. Die schmucklosen Gebäude wirken unauffällig und ländlich. - **Sonstiges:** Mit dem Schloss ist die evang. Kirche verbunden, deren Kirchturm zugleich Torturm (mit Allianzwappen Württemberg-Eberstein) war. In ihrem Chor sind Epitaphien einer Gräfin Weinsberg und von adligen Amtmännern. Absolut sehenswert ist die verschlossene Gruft unter dem Chor mit den (bemalten) Särgen der Nebenlinie. – Einmalig in BW ist der Gerichtsplatz nördlich vor der Stadt. Er wird gebildet von Linden, deren Äste durch steinerne, wappengeschmückte Säulen (16./17.Jh) gestützt werden.

OT Bürg

Die Burg der Hr. von Gochsen (aus Nachbarort Gochsen) wurde durch Teilungen im 14.Jh zur Ganerbenburg. Die Oberhoheit lag bei Württemberg. Die Hr. von Gemmingen kauften die Dorfherrschaft im 15.Jh auf und saßen hier mit einer Linie, die sich der Reformation und dem Kanton Odenwald der Reichsritterschaft anschloss.

Bürg. Die meisten Menschen sehen dieses Schloss über dem Kocher nur im Vorbeirasen

Bauten: Das **Schloss** mit stattlichen Staffelgiebeln steht als Blickfang über dem steilen Kochertal, auch von der Autobahnbrücke zu sehen. Es ist ein spätgotischer, turmartiger Steinbau (1545) auf hohen Stützmauern, vom Dorf durch

Neuenstadt

Graben und Brücke getrennt. Heute als Erbe in Besitz der Fam. von Mentzingen. - **Sonstiges:** Jenseits der Straße der Schlossgarten. - Barocke und klassizistische Epitaphien in evang. Kirche.

OT Stein mit Schloss Presteneck

Ortsadel saß im 13.Jh auf einer Burg, an deren Stelle heute die kath. Kirche steht. Die Oberhoheit kam 1367 von den Gf. Weinsberg an den Bf. Mainz, der die Dorfherrschaft an Landadel verpfändete: Gemmingen, Echter von Mespelbrunn, Dalberg. Im 16.Jh Umzug ins Wasserschloss Presteneck.

Bauten: Das **Wasserschloss** (1583) ist eine dreiflügelige, mit einer Mauer abgeschlossene Anlage um einen (zugänglichen) Innenhof. Es wirkt prächtig aufgrund der beiden Hauptgebäude mit Schweifgiebeln. Schönes Wappen der Gemmingen über dem Portal. Die von Wassergraben und Grünfläche umrahmte Anlage ist in Eigentumswohnungen unterteilt. Zugang über ein Torhaus. Abgrenzung zur Straße durch eine riesige, renovierungsbedürftige Scheune. - **Sonstiges:** Die mittelalterliche Burg wurde im 19.Jh für den Bau der kath. Kirche beseitigt.

UMGEBUNG: Im **OT Kochertürn** stehen zwei schlichte, gotische Frauenepitaphien in der kath. Kirche. (2007)

D9 Neuenstein KÜN

„Im Westen der Titel, im Osten die Mittel". Während man im Westen des Reiches einen hochtrabenden Adelstitel mit einem lächerlich kleinen Territorium bekommen konnte (s. Tengen), blieb man im Osten trotz riesiger Besitzungen nur landsässig unter Habsburger Landesherrschaft. Erstaunlich viele süddeutsche Adelsgeschlechter erwarben hier durch Heirat oder als Habsburger Parteigänger riesige **Latifundien.** In den Ländern Böhmen, Mähren und Ungarn zählte u.a. der katholische süddeutsche Adel bis zum 1.Weltkrieg zu den Großgrundbesitzern (s. Königseggwald). Ein Extremfall war Böhmen, wo während des 30j. Krieges rund 70% des Bodens den Besitzer wechselte, weil Habsburg den protestantischen Adel enteignete. In Schlesien hingegen, das nach dem 30j. Krieg nicht vollständig rekatholisiert und 1742 von Preußen annektiert wurde, stieg der protestantische Adel ein. Hier investierte er in die aufkommende Montanindustrie, in Kohle- und Erzgruben und deren Verarbeitung. Ein Beispiel dafür ist Schloss Neuenstein, dessen grundlegende Neugestaltung erst durch schlesisches Geld möglich wurde.

Kernort

Die Hr. von Stein, deren Stammburg Neufels beim OT Neureut verschwunden ist, bauten 1230 eine Wasserburg und nannten sie Neuen-

Neuenstein. Hohenloheschloss mit viel Neorenaissance

stein. Diese kam um 1300 an die Gf. Hohenlohe, die 1351 die Stadt gründeten. Nach der Landesteilung (1551) saß hier eine Hauptlinie, die im Unterschied zur anderen Hauptlinie in Waldenburg (s.d.) evangelisch blieb und nach ihrem Aussterben (1698) von der Öhringer Seitenlinie beerbt wurde. Das Neuensteiner Schloss wurde zur zentralen Wohlfahrtseinrichtung für das Fürstentum umgenutzt. 1873 kaufte die Fürstenfamilie das Schloss zurück und baute es mit den Überschüssen ihrer schlesischen Industriebetriebe zum zentralen Museum und Archiv des Hauses Hohenlohe um. Insgesamt wurden dabei über 2 Mio. Goldmark verbaut.

Bauten: Das **Schloss** (1555-68) ist eine 40x50 m große Anlage, die mit dem wappengeschmückten Torbau, den massiven Ecktürmen und dem Bergfried der mittelalterlichen Wasserburg ein wehrhaftes Aussehen behalten hat. Oberhalb des 3.Stockwerks wurde es 1906-14 vom Burgenrestaurator Bodo Ebhardt so gestaltet, dass es aufgrund der Ziergiebel das Aussehen einer Renaissanceanlage par Excellence besitzt. Als Museum können Kaisersaal, riesiger Rittersaal und Küche besichtigt werden. Nicht öffentlich sind das Archiv und die Privaträume der Fam. Fürst zu Hohenlohe-Oehringen, die seit 1948 hier wohnt. Besonders schön ist der Anblick vom Park mit aufgestautem See. - **Sonstiges:** Wirtschaftsbauten daneben. – Mehrere Epitaphien von Pfarrern und Amtleuten in und an der evang. Kirche. Im Chor steht das leere Tumbengrab von Gf. Wolfgang Julius, flankiert von vier Löwen und geschmückt mit zwölf Alabasterreliefs von seinen Schlachten.

UMGEBUNG: Im **OT Kirchensall** war ein Amtssitz für acht Weiler eingerichtet, woran am Südportal der evang. Kirche ein prächtiges Allianzwappen Hohenlohe/Sachsen-Hildburghausen erinnert. (2004)

Neuffen ES H9

Unübersehbar steht die Ruine von Hohenneuffen am Albrand. Hier saßen die edelfreien **Hr. von Neuffen,** die kurzzeitig höchste Politik machten und am Vater-Sohn-Konflikt der Staufer scheiterten. Durch Heirat mit den Gf. von Urach waren sie um 1100 aus Ostschwaben auf die Alb gekommen. Um 1200 wählte Berthold von Weißenhorn (in Bayrisch-Schwaben) den Berg Hohenneuffen zum namengebenden Wohnsitz. Er ließ durch seinen Sohn Heinrich 1212 den 17-jährigen Friedrich II als Gegenkönig aus Sizilien nach Deutschland holen. Mit diesem Coup gelangte die Familie auf den Höhepunkt ihrer Macht. Heinrich wurde Erzieher des Kaisersohns (Heinrich VII) und war 1235 an dessen Rebellion gegen Kaiser Friedrich II federführend beteiligt. Dessen Scheitern und die Aufteilung in die drei Linien Neuffen, Güglingen und Weißenhorn führten zum Abstieg mit anschließendem Aussterben. Neben der Burg Hohenneuffen erinnern 51 Lieder des Minnesängers Gottfried von Neuffen in der Manesse-Handschrift an dieses Geschlecht.

Die **Jäger von Gärtringen** sind außereheliche Nachkommen von Gf. Eberhard im Barte. Das bedeutendste Familienmitglied war Melchior, der zum Kanzler und höchsten Ratgeber des württ. Herzogs Friedrich aufstieg. Damit konnte er 1606

Ebersberg (s. Auenwald) und Höpfigheim (s. Steinheim) erwerben. Geboren wurde er im Neuffener Vogthaus als Sohn des hiesigen Vogtes.

Kernort
Die Siedlung am Fuße des Hohenneuffen bekam um 1230 Stadtrechte. Von den Erben der Hr. von Neuffen wurde sie 1301 an die Gf. von Württemberg verkauft, die sie zum Mittelpunkt eines kleinen Amtes und Sitz eines Vogtes machten. Der Ausbau der Burg Hohenneuffen zur Festung verschaffte zwar der Stadt Bedeutung und Einkommen, machte sie jedoch zum Spielball kriegerischer Konflikte. So brannte sie im 30j. Krieg 1634 beinahe vollständig ab.

Neuffen. Das Schillingsche Große Haus

Bauten: Als **Schlössle** darf man zwei Adelshäuser bezeichnen, deren Bewohner in württ. Diensten standen. Zum einen das Melchior-Jäger-Haus, ein dreistöckiges gelb verputztes Haus (1590) unter seltsamen Dachformen, in dem bis 1935 das Kameralamt untergebracht war. Daneben das „Große Haus" der Schilling von Cannstatt, ein zweistöckiger Steinbau mit einem Fachwerkobergeschoss unter Satteldach (1595). Heute Stadtmuseum. Beide Häuser stehen nebeneinander am Unteren Graben, wo sie die Stadtmauer verstärkten. - **Sonstiges:** Die evang. Kirche diente den Hr. von Neuffen als Grablege. Im Schiff sind mehrere Epitaphien der Schilling von Cannstatt, darunter ein urig wirkendes Wappenepitaph (1352) am Abgang zur Gruft. – Das Vogthaus, ein lang gestrecktes Steinhaus, steht auf der Stadtmauer beim Oberen Graben.

UMGEBUNG: Die Burg **Hohenneuffen** wurde im 16.Jh zur zweitstärksten württ. Landesfestung nach dem Hohentwiel ausgebaut. Die Bastionen sind noch gut erhalten, da sie 1802 nur teilweise abgebaut wurden. Die mächtige Anlage bietet einen herrlichen Blick ins Neckartal. Touristisches Ausflugsziel mit Gaststätte. (2009)

K8 Neufra SIG

„In jedem Dorf ein Schloss" kann man für die **Fam. von Speth** sagen, die sich auf der Mittleren Alb ausbreitete. In Gammertingen, Hettingen, Zwiefaltendorf (s. Riedlingen), Untermarchtal, Granheim (s. Ehingen), Ehestetten und Anhausen (s. Hayingen) war sie mit eigenen Linien und einem entsprechenden Repräsentationsbau vertreten. Der konnte nicht groß ausfallen, wenn die Herrschaft so klein war wie hier in Neufra. Aber: small is beautyfull.

Neufra
Auf zwei (verschwundenen) Burgen saßen im Hochmittelalter die Hr. von Lichtenstein, bevor sie ins Echaztal umzogen (s. Lichtenstein). Aus württembergischem Besitz kam das Dorf 1468 an die Hr. von Bubenhofen und gelangte als Teil ihrer Herrschaft Gammertingen 1524 an die Hr. von Speth. Als Mitglied

des Kantons Donau der Reichsritterschaft blieben sie katholisch. Sie benutzten das Dorf als Puffer für die Versorgung der nachgeborenen, unversorgten Söhne, die hier 1599-1608, 1620-1633, 1657-1734 jeweils eine eigene Linie bildeten. 1806 wurde die Herrschaft Gammertingen dem Fürstentum Hohenzollern-Sigmaringen zugeteilt und 1827 an den Fürsten verkauft.

Neufra. Klein, aber fein. Typisch für viele Landadelssitze

Bauten: Das **Schlössle,** 1690, ist ein schlichtes, bescheidenes Haus mit Fachwerkobergeschoss und zwei niedlichen Eckturmchen. Über dem Portal ein Allianzwappen, am Eck eine Madonna. Als ehem. Forsthaus in Privatbesitz. Es steht an der Straße nach Albstadt. – **Sonstiges:** Zwei Epitaphien in kath. Pfarrkirche. Daneben die Zehntscheune mit dem Fenster einer Kapelle (13.Jh.)   (2007)

Neuhausen a. d. Fildern ES H8

„Katholisch Neuhausen" hieß es im Volksmund, weil das vollständig von Württemberger Gebiet umgebene Dorf der einzige katholische Ort auf den Fildern war. Die **Hr. von Neuhausen** übten die Ortsherrschaft als Habsburger Lehen aus, standen also unter der Oberhoheit und somit dem Schutz der Habsburger. Damit konnten sie sogar ihr Dorf Hofen (s. Stuttgart) gegen den Druck Württembergs beim Alten Glauben halten. Als Reichsritter machten sie nach dem 30j. Krieg Karriere in den fränkischen Bistümern Bamberg und Würzburg. Daher wurden sie schließlich auch von den aus den Mainlanden stammenden Hr. von Rotenhan beerbt. Seit ihrer ersten Erwähnung als Reichsministerialen (1154) bis zu ihrem Aussterben (1754) war Neuhausen ihr Stammsitz, woran zwei Schlösser erinnern.

Kernort

Die Hr. von Neuhausen saßen seit dem 12.Jh auf einer Burg an der Stelle des heutigen Rathauses. Als Ministeriale der Gf. Hohenberg (s. Rottenburg) kamen sie im 14.Jh unter Habsburger Oberhoheit. Aufteilung in zwei Linien (1331) und Teilung der Dorfherrschaft. Die Reinhardsche Linie konnte Hofen (s. Stuttgart), Oberensingen (s. Nürtingen) und Großengstingen (Gem. Engstingen) erwerben. Die Wernersche Linie hingegen machte wegen Überschuldung und mit Skandalen (Brudertötung, Vaterschaftsprozesse) reichsweit von sich reden. Anschluss an den Kanton Neckar der Reichsritterschaft. Die Herren von Rotenhan erbten 1655 eine Hälfte des Dorfes und 1754 den Rest. Sie verkauften 1769 ihren schwäbischen Besitz teuer an den Bf. von Speyer, weshalb das Dorf 1803 an das Großherzogtum Baden und erst 1806 an Württemberg fiel. Beide Schlösser wurden im 19.Jh von der Gemeinde erworben.

Bauten: Das **Obere Schloss** (1518) ist ein stattliches gotisches Fachwerkhaus, das v.a. als Amtshaus diente. Heute städtische Einrichtungen. Es steht zwischen der kath. Kirche und dem **Unteren Schloss** (1567), einem dreistöckigen verputzten Renaissancebau unter Satteldach. Dessen repräsentativ gestaltete Südfassade wird von zwei Ritterstandbildern auf originelle Weise geziert. Die Ostfassade fällt wegen ihres „verspielten" Giebels mit Ritterfigur auf. Heute Rathaus. – **Sonstiges:** In der kath. Kirche sind vier Epitaphien. – Auf dem Friedhof sind sowohl in der Marienkirche als auch in der Aussegnungshalle Epitaphe zu sehen, darunter eines mit einem freistehenden, ca. 40 cm hohen Löwen, dem Wappentier der Hr. von Neuhausen.

Neuhausen, Neues Schloss. Kath. Enklave auf den Fildern

UMGEBUNG: Das benachbarte **Denkendorf** war Sitz eines exklusiven Ordens: die Chorherren vom Heiligen Grab. Nach der Aufhebung in der Reformation war hier der Sitz eines der vier Superintenden der württ. Landeskirche, heute dienen die Gebäude der Landeskirche als Fortbildungsstätte. In der evang. Kirche findet man in der Westvorhalle Epitaphien von Pröpsten und im südlichen Seitenschiff Wappensteine des umwohnenden Adels, so auch der Hr. von Neuhausen. Lage: erhöht im Süden des Dorfes. (2009)

Neuhausen PF

Die **Hr. von Steinegg** gehören zu den Verlierern der Geschichte. Um 1100 bauten sie sich durch Roden des Waldgebiets Hagenschieß eine kleine Herrschaft im Umkreis ihrer Stammburg Steinegg auf. Nach ihrem Aussterben fiel das Erbe 1324 an einen Zweig der oberschwäbischen Ministerialenfamilie Stein zum Rechtenstein, der sich anschließend Stein von Steinegg nannte. Er wurde dieser Erbschaft nicht froh, weil ihm die expandierenden Gf. Württemberg im Genick saßen. So schloss sich Wolf von Steinegg mit anderen Landadligen im Schleglerbund zusammen. Als Schleglerkönig wurde er 1395 im benachbarten Heimsheim (s.d.) gefangen und musste anschließend seine Herrschaft an die Hr. von Gemmingen verkaufen, die sich diplomatischer anstellten. Nur noch der Namen Steinegg erinnert an sie.

OT Steinegg

Die edelfreien Hr. von Steinegg wurden erstmals 1150 erwähnt. Ihr Erbe fiel an die Hr. von Stein zum Rechtenstein, die hier eine eigene Linie etablierten. Diese erwarb Anteile an den Dörfern in der Umgebung, so auch an Heimsheim. Nach 1395 verkauften sie ihre Besitzungen an die Hr. von Gemmingen, deren hiesige Linie sich nach dem großen Waldgebiet Hagenschieß nannte (s. Tiefenbronn). Als einzige Gemmingenlinie blieb sie beim Alten Glauben, weshalb ihre Mitglieder Bischöfe in Augsburg und Eichstätt werden konnten.

Neuhausen

Bauten: Die **Burg Steinegg** (15.Jh) wurde 1839 ebenso wie der gesamte Besitz an Baden verkauft, jedoch anschließend sofort zurück gekauft und vor dem Verfall gerettet. Die teilweise wieder aufgebaute Ruinenanlage liegt idyllisch in einem Seitental der Würm. Torbau, Treppenturm, Palas und abgewinkelter Bau (beide mit Staffelgiebel) sind 1961 von der Pforzheimer evang. Kirche wieder hergerichtet worden. Heute evang. Freizeitheim. Daneben die Burgkapelle, die heute als evang. Kirche dient, sowie der Dorffriedhof. Oberhalb davon steht ein Rundturm als Rest einer mittelalterlichen **Vorburg.** Zufahrt ausgeschildert.

Steinegg, Rittersaal. Sitz einer kath. Gemmingen-Linie

UMGEBUNG: Auch **Neuhausen** gehörte zur Herrschaft Steinegg. Die kath. Kirche war eine Kirchenburg, was man anhand eines Rundturms und der Wehrmauer erkennen kann. Sie diente den Gemmingen seit 1600 als Grablege, weshalb hier und an der Wehrmauer mehrere Epitaphien zu entdecken sind. Herrschaftsempore im Chor. (2008)

Neulingen PF F6

Zu den schönsten Dorfanlagen BWs darf man Bauschlott rechnen. Einmalig in BW ist auf jeden Fall seine Form. Hier bildet eine auffallend breite Straße von 30-40 m die Ortsachse, an der die ehemaligen Bauernhöfe und wichtigsten Gebäude aufgereiht sind. Die Breite der Straße ist auf einen Quellbach mit zahlreichen Tümpeln zurückzuführen, der ursprünglich in der Mitte plätscherte. Damit hatte man fließendes Wasser, zugleich standen die Häuser auf dem Trockenen. Diese Form bezeichnet man als **Straßenangerdorf:** eine Grünfläche (= Anger) im Dorf erstreckt sich lanzettförmig zwischen zwei Häuserreihen. Aufgrund der ausgefallenen Dorfform mit ihren vielen Fachwerkhäusern übersieht man in Bauschlott leicht das Schloss, das unauffällig am Ende der Straße steht.

OT Bauschlott

Die Siedlung wurde im 11.Jh im Rahmen der Erschließung neuer Landstriche angelegt. Um 1500 kaufte der aus dem Kinzigtal stammende Konrad von Wallstein die Dorfrechte der verschiedenen Besitzer auf und baute ein Wasserschloss. Nach dem Aussterben der Familie (1580) führte Baden-Durlach, das die Landeshoheit innehatte, die Reformation durch. Nach häufigem Besitzerwechsel wurde die Herrschaft 1726 von Baden in Eigenregie übernommen. Im Sinne der Romantik ließ man eine Mischung von Jagdschloss und Gutshof bauen, ähnlich wie Schloss Hohenheim für Württemberg.

Bauten: Das **Schloss** wurde 1800-1806 von Friedrich Weinbrenner an Stelle des Wasserschlosses als klassizistisch-romantische Anlage erbaut. Man betritt

Neulingen

die Anlage von der Dorfstraße (Anger) her durch einen zweigeschossigen Kavaliersbau mit Durchgang und steht im Schlosshof mit Brunnen. Linkerhand (im Westen) steht das zweistöckige, siebenachsige Herrenhaus unter Walmdach mit einem Terrassenvorbau. Galerieartige Trakte verbinden das Herrenhaus mit dem Kavaliersbau (im Süden) und den Ökonomiegebäuden (im Norden). Hinter dem Herrenhaus liegt ein verwilderter Landschaftspark mit Aussichtsturm. Gegenüber (im Osten) ist der Wirtschaftshof, den man von der Straße durch ein wappengeschmücktes Portal betritt. Die Anlage ist seit 1961 in Privatbesitz und wird als Künstlergalerie, Gaststätte und Wohnungen genutzt. Lage: im Westen des Dorfes, an der Straße nach Stein. - **Sonstiges:** Gegenüber (jenseits der Dorfstraße) steht das ehem. badische Forsthaus, ein Fachwerkhaus mit Scheune. – Ein figürliches Epitaph des Eglof von Wallstein steht an der Friedhofsmauer neben dem beschädigten Epitaph seiner Frau. (2009)

D10 Niedernhall KÜN

Die aufwändigste Sanierung und Restaurierung ist für die Katz, wenn das Objekt anschließend nicht genutzt wird. Hinter diesem Satz verbirgt sich ein häufig auftretendes Problem der heutigen **Denkmalpflege:** Wie kann man moderne Ansprüche mit alter Substanz verbinden? In vielen Fällen ist es privater Initiative zu verdanken, dass ein Objekt wieder hergerichtet wird, obwohl damit beachtliche Mehrkosten im Vergleich zu einem Neubau verbunden sind (s. Elztal). Gerade die besonders großen Objekte wie Kloster- und Schlossanlagen sind diesbezüglich schwer zu nutzen. Spektakuläre private Rettungsaktionen mit anschließend öffentlicher Nutzung gelangen für Kloster Heiligkreuztal (s. Altheim) und Schloss Haigerloch (s.d.). Das abgelegene Schloss Hermersberg verdankt seine Rettung ebenfalls einer Privatinitiative, wenn auch mit anschließender privater Nutzung als repräsentative Wohnanlage.

Schloss Hermersberg

Hermersberg (= Hermannsberg) war ein Weiler des Hochmittelalters am Rande eines großen Jagdgebietes. Hier errichteten im 16.Jh die Gf. Hohenlohe ein Jagdschloss. Aufgrund der nur gelegentlichen Nutzung verwahrloste es immer wieder, was zu Ausbesserungen ohne fundamentale Eingriffe führte. Nach dem 2.Weltkrieg wurde es als Flüchtlings-

Schloss Hermersberg. Idyllisch gelegenes Jagdschloss

heim genutzt und war anschließend unbewohnbar. Ein weltweit erfolgreicher Künzelsauer Unternehmer kaufte es 1971 und ließ es sanieren, mit doppelt so hohen Kosten als erwartet.

Bauten: Das **Schloss** besteht aus drei Teilen: der Alte Bau (um 1540) im Süden mit einer Wendeltreppe, ihm gegenüber im Norden der Saalbau (um 1560) mit Renaissance-Schweifgiebel, und als Verbindungsstück der Küchenbau (um 1560) mit einem massiven, freistehenden Kamin. Im Saalbau wurde um 1600 nach Weikersheimer Vorbild der Rittersaal ausgemalt, der heute für kulturelle Veranstaltungen teilöffentlich ist. Privat bewohnt, kein Zutritt. Blick auf das Schloss von der Straße nach Niedernhall möglich. Davor ein See, dahinter ein Biobauernhof.

Kernort

Hall = Salz. Niedernhall heißt so in Abgrenzung zu Schwäbisch Hall. Die Salzsiederechte waren in Besitz des umwohnenden Adels, darunter auch der Berlichingen. Die Stadt selbst wurde als Kondominat von Bf. Mainz und Gf. Hohenlohe regiert, wobei letztere die Reformation einführten. Die ständigen Querelen mit dem Mainzer Amt in Nagelsberg (s. Künzelsau) führten dazu, dass die Gf. Hohenlohe ab 1590 die Salzsole im benachbarten Weißbach versotteten (s.u.). Das Städtchen verfiel in einen Dornröschenschlaf.

Bauten: Das „**Götzenhaus**" erinnert daran, dass hier Götz von Berlichingen in seiner Jugend 8 Monate lang bei seinem Onkel lebte. Das dreistöckige Fachwerkhaus auf Steinsockel unter Satteldach wurde 1564, also erst nach Götzens Tod, erbaut. Der Adelshof steht in typischer Lage als Teil der Stadtbefestigung an der Kocherbrücke. - **Sonstiges:** Zwei Epitaphien in evang. Kirche. Jenseits des Kocher mehrere Epitaphien von Amtleuten an und in der Friedhofskapelle. - Verträumtes Städtchen mit vielen Fachwerkhäusern.

UMGEBUNG: Im benachbarten Dorf **Weißbach** hatten die Gf. Hohenlohe die ungeschmälerte Herrschaft, weshalb sie die in Niedernhall gewonnene Salzsole hierher leiteten. Das ehem. Verwaltungsgebäude der Saline steht als schmuckloses **Schlössle** (1754, „Jägerhaus") am Kocher. Es ist ein zweistöckiges Gebäude unter Mansarddach mit einem Treppenturm zum Kocher hin. Heute Teil einer Baufirma. Hinweisschild, jedoch kein öffentlicher Zugang. Ein Blick darauf ist von der Parkbucht an der Straße nach Niedernhall möglich.   (2007)

Niederstetten TBB C11

Bis hierher reichte das Territorium der **Reichsstadt Rothenburg.** Die Reichsstädte mit einem großen, geschlossenen Territorium schützten ihr Gebiet mit der sogenannten **Landhege,** einer lebenden Mauer aus dornigem Buschwerk und einem Graben davor. Reste davon sind hier noch heute zu erkennen, z.B. bei den durch Tortürme geschützten Durchlässen an den Straßen Rinderfeld - Lichtel und Wildentierbach - Heimberg. Zudem erhielten die Dörfer ihren Schutz durch starke **Wehrkirchen** und ummauerte Friedhöfe (s. Obrigheim). In dieser Gegend besitzen selbst kleine Dörfer wuchtige Wehrkirchen, so auch die Teilorte Oberstetten und Wildentierbach.

Die **Gf. von Hatzfeld** stammen von Hatzfeld an der Eder. Eine Seitenlinie erwarb im 15.Jh Wildenberg bei Wissen an der Sieg, erheiratete die Herrschaft Crottorf und nannte sich Hatzfeld-Crottorf. Hieraus stammt ein Brüderpaar, das zu den Gewinnern des 30j. Krieges zählte: Franz als Bf. von Würzburg und Bamberg (1631-42) und Melchior als Feldmarschall in Kaisers Diensten. Von letzterem steht eine prachtvolle Tumba im benachbarten Laudenbach (s. Weikersheim), denn er erhielt von seinem Bruder die Lehen, welche mit dem Aussterben der Hr. von Rosenberg an den Bf. von Würzburg fielen. Darunter auch die Herrschaft Haltenbergstetten mit Niederstetten.

Kernort

Merowingersiedlung im Vorbachtal. Im 13.Jh war die über dem Ort stehende Burg Haltenbergstetten im Besitz der Hohenlohe-Brauneck. Nach häufigem Herrschaftswechsel kam die Herrschaft 1415 an die Ritter von Rosenberg, die sich damit dem Kanton Odenwald der Reichsritterschaft und der Reformation anschlossen. Nach deren Aussterben wurde sie 1641 vom Bf. von Würzburg als Lehensherrn an seinen Bruder Melchior gegeben und fiel 1794 erneut an das Hochstift Würzburg. Mit der Säkularisation (1803) kam sie an die Hohenlohe-Bartenstein-Jagstberg, welche noch heute das Schloss besitzen. 1848 startete hier eine Protestwelle gegen die adligen Standesherren, bei der sich die Bevölkerung durch das Verbrennen von Akten von der Doppelbelastung Staat/Standesherr befreien wollte. Damals wurde die herrschaftliche Kanzlei niedergebrannt.
Bauten: Das **Schloss Haltenbergstetten** wurde auf der Grundlage der Burg im 16. und 17.Jh gebaut. Es liegt schmucklos, aber imposant über dem Ort. Besichtigung nur von Außen. Führung in kath. Schlosskapelle mit Rokokoausstattung und Grabstätte des letzten Fürstenpaares im Chor möglich. Park daneben am Waldrand. – **Sonstiges:** Viele Epitaphien der Hr. von Rosenberg in der evang. Jakobskirche im Städtchen. - Von der Stadtmauer sind drei Türme erhalten. - Der ausgefallene Säulenvorbau beim Bahnhof wurde im 19.Jh auf Kosten des Fürsten gebaut, damit er trockenen Fußes vom Zug in die Kutsche gelangen konnte. - Synagoge (Mittelgasse 4) und alter jüd. Friedhof (1680) überlebten das Naziregime.

OT Oberstetten

Die Burg des Ortsadels wurde 1441 von der Reichsstadt Rothenburg im Krieg mit den Mgf. von Ansbach zerstört. 1525 Verkauf an die Reichsstadt, die hier ein Amt für vier Dörfer einrichtete und die Reformation einführte. Da der Ort außerhalb der Landhege lag, wurde auf den massiven Kirchturm ein extra Auslugtürmchen aufgesetzt.
Bauten: Wie ein **Schlössle** steht das ehem. Amtshaus im schönen Ortszentrum am Vorbach, ein zweistöckiger, verputzter Barockbau unter Mansarddach. Auf einer Tafel im Giebel des Mittelrisalites spricht man von „Senatus" und „Präfectio". Eine Inschrift über dem Eingang erinnert an die Umwidmung in ein Gasthaus (1810). Heute Vereinsheim. – **Sonstiges:** Die evang. Kirche mit mehreren Wappen von Reichsstadt und Patriziern.
UMGEBUNG: Im **OT Wildentierbach** baute die Reichsstadt Rothenburg an Stelle der zerstörten Burg im 16.Jh eine Kirchenburg. Die imposante Anlage mit hohen Mauern um den Friedhof liegt erhöht am Rande des Dorfes. An der Außenwand der Kirche stehen zahlreiche Epitaphien von Pfarrern aus dem Rothenburger Patriziat.

OT Pfitzingen

Nach diesem Ort nannte sich 1103-1171 ein Edelherrengeschlecht, das wahrscheinlich identisch mit den Hr. von Weikersheim war und ab 1178 unter dem Namen Hohenlohe in die Geschichte eintritt. Mit einer 150jährigen Unterbrechung (1372-1517) gehörte der Ort bis zum Ende des Alten Reiches den Gf. Hohenlohe.

Bauten: Das ehem. **Jagdschlösschen,** um 1750, mit einem rechteckigen Treppenturm aus 16.Jh ("Schnecke"), ist heute Schulbauernhof. Der zweistöckige, verputzte Bau unter Walmdach steht am Nordrand des Dorfes, in Nachbarschaft zu zwei weiteren Barockbauten (Gasthof Krone und Wohnhaus mit Mansarddach). (2006)

Niederstotzingen HDH I12

Rulaman könnte hier gelebt haben! Im Tal der Lone machte und macht man spektakuläre **vorgeschichtliche Funde.** Während heute der Reiz dieser Landschaft am Übergang von Schwäbischer Alb zum Donautal v.a. in seiner Abgeschiedenheit liegt, scheint dies in der Altsteinzeit anders gewesen zu sein. Die Höhlen des karstigen Juragesteins boten sich den Jägern als Wohnung an. Heute findet man darin ihre künstlerisch-religiöse Hinterlassenschaft, darunter in der Vogelherdhöhle bei Stetten ob Lontal (s.u.) die berühmten Tierplastiken aus Elfenbein (z.B. Wildpferd) und die Menschendarstellungen (z.B. Löwenmensch). Einiges davon ist im Schloss in Tübingen (Urzeitmuseum der Universität) und im Museum in Ulm ausgestellt. - Sämtliche Teilorte von Niederstotzingen waren dem Kanton Donau der Reichsritterschaft angeschlossen.

OT Oberstotzingen

Alemannensiedlung. Im 15.Jh in Besitz der Schenken von Geyern, 1508 an Fam. von Jahrsdorf aus der Oberpfalz, die sich dem Kanton Donau der Reichsritterschaft anschloss. 1661 Verkauf an die Patrizier Ungelter aus Ulm.

Bauten: Das **Schloss,** 17.Jh, steht an Stelle einer mittelalterlichen Wasserburg, von der Graben und Mauern z.T. erhalten sind. Es besteht aus einem dreistöckigen Hauptgebäude unter Mansarddach. Schöne Eingangstüre mit Wappen. Der Zugang vom rondellartigen Vorplatz geht über eine Scheinbrücke durch ein Tor mit zwei Wachhäuschen. Französischer Garten. Wirtschaftshof auf Südseite. Seit 1833 in Besitz der Gf. Maldeghem, jetzt in Besitz einer Luxushotelkette. Großer Park dahinter. „Stettener Straße".

Oberstotzingen. Leerstehendes Schloss

Kernort

Alemannensiedlung an einer Kreuzung von Römerstraßen. Als Ortsadel wird 1268 ein Ulrich von Stotzingen erstmals erwähnt. Nach wiederholtem Besit-

Niederstotzingen

zerwechsel kam der Ort 1457 an die Hr. von Stain (Stein), die sich in zwei Linien aufteilten und der Reichsritterschaft anschlossen. Sie spalteten sich auf und hatten im 17.Jh drei Sitze im Ort: a) Die Linie im 1810 abgebrochenen Steinhaus, die katholisch blieb und 1661 an Zisterzienserkloster Kaisheim verkaufte. b) Die Linie im Burgschloss (heutiges Schloss), die evang. wurde und 1809 ausstarb. Ihr Erbe kam an Gf. Maldeghem, einem kath. Geschlecht aus altflandrischem Adel. c) Von Linie b spaltete sich 1628 eine Linie ab, die das Freihaus (ehemaliger Pfleghof des Kl. Königsbronn) als Wohnsitz wählte. Sie verkaufte 1809 an die Gf. Maldeghem.
Bauten: Das **Schloss,** 1777-83, eine Dreiflügelanlage in Form eines französischen Stadtpalais, liegt im vollständig von einer Mauer umgebenen weiten Park. Das dreistöckige Gebäude mit wappengeschmücktem Mittelrisalit und Balkon ist unbewohnt. Die „Schlosspassage" davor, gebildet aus Torhaus und Rentamt, wird von Gewerbebetrieben und Geschäften genutzt. - Das privat bewohnte **Freihaus** (Große Gasse 25) wird vollständig von einer Mauer gegen die Straße abgeschirmt und wirkt wie eine Gutshofanlage. – **Sonstiges:** Auf dem Friedhof Kapelle (1870) mit Grablege der Gf. Maldeghem, die bis heute genutzt wird. – Neun Epitaphien im verschlossenen Turmzimmer der modernen kath. Kirche.

OT Stetten ob Lontal

Merowingersiedlung. Das Dorf über dem Lontal kam im 14.Jh an die Hr. von Riedheim, die mit kurzen Intermezzos bis 1821 die Ortsherrschaft besaßen. Anschluss an den Kanton Donau der Reichsritterschaft. Aufgrund des Versuchs, die Reformation einzuführen, kauften die Riedheim den Ort zurück und richteten eine Wallfahrt ein.
Bauten: Das **Schloss,** 1583, ist ein dreistöckiger Winkelhakenbau mit Schweifgiebeln und zwei Eckerkern. Der Park ist von Mauern mit Ecktürmchen umgeben. Seit 1821 in Besitz der Gf. Maldeghem, heute von einem Restaurierungsmaler bewohnt. Zugang bis Treppe möglich. – **Sonstiges:** Die Häuser in der Umgebung des Schlosses (Brauerei, Gasthof, Kunstschmiede) gehörten zum Rittergut. Jedes Jahr im Sommer findet hier ein Ritterturnier statt. – Kath. Kirche mit Wallfahrtskapelle hinter dem Altar.
UMGEBUNG: Die Fam. von Riedheim besaß seit dem 14.Jh die Herrschaft **Kaltenburg,** zu der neben der Burg noch der Weiler Lontal gehörte. Die Ruinen des Burg-Schlosses Kaltenburg stehen an der Mündung der Lone in die Hürbe erhöht über dem Tal im Wald. Gebaut 1621, zerstört bereits 10 Jahre später im 30j. Krieg. Nur die Ecktürme sind z.T. erhalten. (2010)

F6 Niefern-Öschelbronn PF

Immer wieder trifft man Menschen, die einen lateinischen Familiennamen tragen. Stammen sie von den alten Römern ab? Nicht ganz, aber immerhin von einem **Humanisten** des 16.Jh, der seinen allzu gewöhnlichen Namen aufgepeppt und latinisiert hat. So wurde aus Schneider Sartorius, Bäcker Pistorius (Pfister), Müller Molitor. Bizarr wird es bei dem aus Böhmen stammenden, verballhornten Namen **Achtsynit**. Man verstand ihn als „er achtet sich nicht" im Sinne von „er hält sich nicht für etwas Besseres" und machte daraus ein Amelius (= nicht besser). Als Kanzler der Markgrafschaft Baden war Martin Achtsynit (Amelius) entscheidend an der Einführung der Reformation beteiligt. Sein Grabmal steht in der Pforzheimer Schlosskirche, sein Schloss hier in Niefern.

OT Niefern
Nach dem Dorf nannte sich im 12.Jh eine Seitenlinie der edelfreien Hr. von Enzberg, die im 13.Jh zu Ministerialen des Bf. Speyer absank. Im 16.Jh erwarb Markgraf Karl II von Baden die Dorfherrschaft und schenkte die Burg seinem Kanzler Achtsynit, der sie zu einem Renaissanceschlösschen umbaute. 1714 kaufte Baden das Schloss zurück.

Niefern. Unter Kanzler Achtsynit/Amelius wurde Baden-Durlach protestantisch

Bauten: Das **Schloss** (Niefernburg) ist ein 1556 auf mittelalterlichen Resten erbauter Fachwerk-Winkelhakenbau mit einem Renaissance-Treppenturm. Das dreigeschossige Hauptgebäude mit einem Staffelgiebel unter Satteldach enthält Reste des ehem. Bergfrieds. Die Anlage ist von einer Mauer umgeben. Infotafel dabei. Ab 1856 als Waisenhaus genutzt, heute Mädchenheim. Lage: Im Osten des Dorfes (Schlossstr. 57). - **Sonstiges:** Viele Epitaphien von badischen Amtleuten und Priestern in der evang. spätgotischen Kirche. (2003)

Nürtingen ES H9

In Württemberg war es üblich, die Ehefrau des Herzogs nach dessen Tode vom Hofe zu entfernen und in der Provinz zu „ver- und entsorgen". Dazu wurde ihr bereits im Heiratsvertrag ein **Witwensitz** garantiert, der zugleich als Absicherung des eingebrachten Heiratsgutes diente. Mit dieser Morgengabe (s. Michelbach) war die finanzielle Versorgung nach dem Tode ihres Mannes gesichert, die ansonsten evtl. durch den Nachfolger in Frage gestellt gewesen wäre. An die Anwesenheit mehrerer Herzogswitwen im benachbarten Kirchheim und hier in Nürtingen erinnert das von Herzoginnen gestiftete und mit Hochadelswappen geschmückte Altartuch in der Stadtkirche.

Kernstadt
Als Teil der Gft. Urach kam die Siedlung 1254 an die Gf. Württemberg. Diese gründeten die Stadt auf dem Plateau über dem Neckar. Im Schloss, das 1421-1698 wiederholt als Witwensitz diente, wurde 1442 Württemberg in die Linien Urach und Stuttgart geteilt (s. Urach). Die Amtsstadt war Sitz eines Vogtes, der dem Obervogt in Kirchheim unterstand. Die Lateinschule wurde im 18.Jh berühmt, besucht wurde sie z.B. von Hölderlin und Schelling. Bereits 1783 wurde hier die erste Realschule Württembergs gegründet.

Bauten: Das **Schloss** nördlich der Kirche wurde bereits Ende des 18.Jh (1773) abgebrochen. Nur Stützmauern erinnern daran. - **Sonstiges:** Auf dem Plateau blieben mehrere herrschaftliche Bauten erhalten. So bilden die Stadtschreiberei, das Vogthaus und die Lateinschule eine geschlossene Front spätbarocker Bauten, die v.a. zur Markstraße hin beeindruckt. Weitere Herrschaftsbauten waren der Pfleghof des Klosters Salem und das städtische Spital. - Von den Vögten stehen mehrere Epitaphien in der evang. Stadtkirche. Das Herzoginnen-Altartuch bildet ein kulturhistorisches Unikat in BW.

OT Oberensingen

Ministeriale der Gf. Teck saßen im 14.Jh auf einer Wasserburg. Württemberg erhielt mit dem Erwerb der Grafschaft die Oberhoheit. Im Dorf bildeten sich zwei Rittersitze, die an häufig wechselnde Besitzer vergeben wurden. Darunter waren Angehörige des württ. Herrscherhauses ebenso wie verdiente Amtleute. **Bauten:** Das Vordere **Schloss** wurde 1598 von Heinrich Schickhardt für Moser von Filseck erbaut. Es ist ein schmuckloses dreistöckiges Steinhaus, das zur Gartenseite hin eine schöne Holzgalerie besitzt. Heute Samariterstift und Tagesklinik, weshalb der Gesamteindruck durch Neubauten und Anbauten dominiert wird. Schöner Park dabei. Lage: rechts der Aich, Stuttgarterstr. 62, Zugang in den Hof offen. – Das Hintere **Schloss** (Maler-Kornbeck-Schlössle) wurde 1558 an Stelle einer Burg für die Hr. von Neuhausen erbaut. Das dreistöckige, schmucklose Gebäude bekam diesen Namen, weil es 1885-1920 in Besitz dieses Künstlers war. Es wird heute von einer Firma genutzt. Lage: links der Aich, Im Wiesengrund 2, Zugang in den Hof begrenzt offen. – **Sonstiges:** In der evang. Kirche stehen zwei Wappenepitaphien. (2009)

D6 Nußloch HD

Die **Hr. von Bettendorff** kamen bereits 1390 mit Pfalzgraf Ruprecht aus der Oberpfalz in die Rheinpfalz, wo sie in Heidelberg bis zum Haushofmeister aufstiegen. Ihre Stammburg Pettendorf steht bei Neunburg in der Oberpfalz. Mit Eubigheim (s. Ahorn) und Gissigheim (s. Königheim) waren sie Mitglied der fränkischen Reichsritterschaft. Eine Linie blieb bei der Alten Kirche, machte Karriere in Diensten des Bf. Mainz und stellte 1552-1580 den Bischof von Worms. Ihre Stadthöfe finden wir in Walldürn und Ladenburg. 1940 starben sie im Mannesstamm aus. Ihr Name überlebte jedoch aufgrund einer Adoption, weshalb sie heute noch in Nußloch wohnen.

Kernort

Ortsadel saß auf zwei (verschwundenen) Burgen. Der Kurpfalz gelang es bereits im 13.Jh, die Kirchheimer Cent vom Reich zu erwerben und damit eine Landeshoheit aufzubauen (s. Neckargmünd). So erhielten die Hr. von Bettendorff nur beschränkte Herrschaftsrechte, als sie 1400 die Wasserburg erwarben. Folglich konnten sie sich hier nicht der Reichsritterschaft anschließen und nicht die Einführung der Reformation verhindern.

Nußloch

Bauten: Das **Schlösschen** steht an Stelle der 1689 durch den Sonnenkönig zerstörten Wasserburg. Das zweistöckige verputzte Herrenhaus unter Mansardwalmdach wirkt v.a. aufgrund des wappengeschmückten Balkons. Es liegt in einem Park, versteckt hinter der kath. Kirche, an der Hauptstraße Richtung Leimen. Bewohnt von Bettendorff. Zugang bis Hoftor frei. - **Sonstiges:** Epitaphien der Bettendorff an der Außenwand der kath. Kirche. (2005)

Oberderdingen KA E6

Ein „Ritter gegen Tod und Teufel" war **Franz von Sickingen**. - Die erste Hälfte des 16.Jh war die Zeit der wilden Ritter: Götz von Berlichingen, Hans Thomas von Absberg, Wilhelm von Grumbach, Albrecht von Rosenberg (s. Boxberg). Der wildeste und berühmteste war jedoch Franz von Sickingen. Dessen Ritteraufstand (1522/23) gegen die Fürsten verstärkte die Notwendigkeit, den Rittern einen festen Platz in der Hierarchie zuzuweisen, was schließlich zur Organisation „Reichsritterschaft" führte. Franz konnte eine Fehde gegen seinen Lehensherren Kurpfalz und den Bf. von Trier nur deshalb wagen, weil er der mächtigste und reichste Ritter seiner Zeit war. Er besaß (meist in Pfandbesitz) rund 75 Burgen und 20 Städte. Seine Vorfahren nannten sich seit 1281 nach dem Dorf Sickingen. Vermutlich waren sie ein Zweig der seit 1216 belegten Ministerialenfamilie von Flehingen (s.u., gleiches Wappen). Als Ministeriale der Kurpfalz verlagerten sie ihren Schwerpunkt in die linksrheinische Pfalz, wo sie die Festung Landstuhl erwarben, auf der Franz verwundet starb. Sein Scheitern hatte den Verlust der Lehen zur Folge, nur die Eigen-Besitzungen wurden nach 20 Jahren zurückgegeben. Aber bereits seine fünf Enkel erlebten einen Wiederaufstieg und gründeten fünf neue Linien: Sickingen, Landstuhl, Ebernburg, Schallodenbach und Hohenburg. Letztere wurde im Breisgau zur einflussreichsten Familie (s. Freiburg). Damit einher ging die Rückkehr zur Alten Kirche. Die Sickingen starben 1932 aus. Selbst der Ortsname ging 1936 bei der Zwangseingemeindung verloren und wurde leider 1972 bei der Gemeindereform nicht reaktiviert. So erinnern hier nur noch Epitaphien an dieses außergewöhnliche Geschlecht.

OT Flehingen-Sickingen

Ortsadel saß als Ministeriale der Kurpfalz auf einer Wasserburg. In einem einmaligen Aufstieg wurden Besitzungen bis ins Hochstift Trier erworben. Franz von Sickingen schloss sich bereits 1520 Luther an, wahrscheinlich als erster Ritter. Nach dem Ritteraufstand wurde sein Besitz konfisziert, erst seine Enkel erhielten 1542 den Eigenbesitz zurück und schlossen sich damit dem Kanton Kraichgau der Reichsritterschaft an. Rekatholisierung im 30j. Krieg. 1773 Aufstieg in

Sickingen. Die Wiedergeburt eines geächteten Rittergeschlechts

Oberderdingen

Grafenstand. 1818 Verkauf des Rittergutes an den Großherzog von Baden, der es zur Standesherrschaft Langenstein (s. Orsingen-Nenzingen) hinzufügte, von der es die Gf. Douglas erbten.

Bauten: Die Wasserburg unterhalb der kath. Kirche wurde im 19.Jh beseitigt, hier steht heute die Schlossgartenhalle. Eine weitere Burg stand am Hang, ihren Platz nimmt die kath. St. Magdalena-Kirche ein. In ihr sind viele Epitaphien der Sickingen, darunter im Chor das wohl größte der gesamten Reichsritterschaft: Das monumentale Doppelgrabmal, 1610 vom berühmten Jeremias Schwarz angefertigt, füllt den Raum bis zur Decke. - Sickingen liegt im Südosten von Flehingen. Unterhalb der Kirche informieren Tafeln zur Geschichte.

OT Flehingen

1216 wird Ortsadel erwähnt, der seit dem 14.Jh unter der Oberhoheit der Kurpfalz stand und im 30j. Krieg ausstarb. Er schloss sich bereits 1522 der Reformation und dann dem Kanton Kraichgau der Reichsritterschaft an. Nach dem Aussterben 1638 fiel das Dorf an die Frh. von Metternich, Linie zur Gracht, die eine teilweise Rekatholisierung durchsetzten.

Bauten: Das **Schloss** wurde an Stelle einer Wasserburg 1565 errichtet. Es ist eine dreigeschossige Vierflügelanlage mit quadratischen Ecktürmen und schöner Eckquaderung. Eine Steinbrücke führt über den Schlossgraben zu einem Portal mit dem Allianzwappen Metternich-Wetzhausen (1722). Seit 1876 in Gemeindebesitz, heute vom Kommunalverband als Bildungszentrum für Tagungen und Fachschulen unterhalten. Dabei speist man in der Orangerie. Kleines Sickingenmuseum dabei. Lage: Im Westen des Dorfes, an der Mündung des Kohlbachs in die Kraich. Park mit zum Bildungszentrum gehörenden modernen Gebäuden. - **Sonstiges:** Acht figürliche Epitaphien der Hr. von Flehingen in evang. Kirche. - Jüdischer Friedhof auf halber Strecke nach Gochsheim oberhalb der Kläranlage.

Kernort

Dorfadel saß auf einer Burg, wo heute die Kirche steht. Das Zisterzienserkloster Herrenalb errichtete 1216 für seinen hiesigen Besitz eine Grangie (= Wirtschaftshof), die es nach dem Erwerb der Dorfherrschaft (1250) zu einem Pfleghof und schließlich 1480 zu einem Stabsamt für seine Dörfer im Kraichgau ausbaute. Da sich die Gf. Württemberg die Vogteirechte über das Kloster Herrenalb angeeignet hatten, konnten sie nach der reformationsbedingten Aufhebung (1535) auch hier die Herrschaft übernehmen und ein Klosteramt für 7 Dörfer einrichten.

Bauten: Die ummauerte **Anlage** mit Amtshaus, Zehntscheune, Kelter, Bandhaus (= Küferei), Abtskapelle, freistehendem Kirchturm und Kirche ist in dieser Art einmalig in BW. Sie bildet einen in sich abgeschlossenen, ausgedehnten Bezirk inmitten des Städtchens („Amthof"). Die massiven Gebäude werden von Behörden (Rathaus, Polizei) und der evang. Kirche genutzt. - Neben dem Tor mit Klosterwappen, das bis vor 200 Jahren mit einer Zugbrücke den Zugang sicherte, steht die ehem. Amtsschreiberei, heute ein Weingut. (2008)

Oberdischingen UL J11

Der **Malefizschenk** von Oberdischingen baute ein schwäbisches Interpol auf. Da die territoriale Zersplitterung von den „Übeltätern" (= Malefiz) in Form grenzüberschreitender Aktivitäten weidlich genutzt wurde (- ein Sprung über den Bach, und schon ist man im sicheren Ausland -), bot Gf. Franz Ludwig Schenk von Castell Ende des 18.Jh dem Schwäbischen Kreis seine Dienste an. In dessen Auftrag baute er ein **Strafverfolgungssystem** mit Polizisten, Gefängnis und Arbeitsdienst auf. Damit stieß er in eine Marktlücke, das brachte Geld, mit dem er bauen konnte. Aber es brachte ihm auch die Trennung von seiner Gattin wegen unstandesgemäßer Jagd. So erlebt der Besucher eine Überraschung, wenn er von Ulm her kommend in diesen Flecken mit 1600 Seelen einbiegt. Ihn empfängt ein herrschaftliches Dorf, wie es kein zweites in BW gibt, ein „Klein-Paris".

Kernort

Dorfadel saß im 13.Jh als Ministeriale der Gf. Berg (s. Schelklingen) auf einer Wasserburg. Die Dorfherrschaft kam im 15.Jh an die Hr. von Stotzingen, die sich damit dem Kanton Donau der Reichsritterschaft anschlossen. 1661 kam das Dorf in Besitz der Schenk von Castell. Aufgrund der eingangs geschilderten

Oberdischingen. Der Malefizschenk hinterließ die prachtvollste Dorfstraße BWs

Funktion konnte der Ort grundlegend neu gebaut werden, unter Einsatz der Gefangenen als Beschäftigungstherapie: Allee, Herrenstraße, Schloss, schlossartige Kanzlei, außergewöhnliche Kirche. Nach dem Ende des Alten Reiches (1806) machte das Königreich Württemberg dem Grafen den Prozess wegen seiner Tätigkeit. Die Herrschaft wurde 1851 von der jüdischen Hoffaktorenfamilie Kaulla aufgekauft, die damit zu Standesherren aufstieg.

Bauten: Durch eine Kastanienallee fährt man in eine herrschaftliche, perspektivisch aufs Dorfzentrum („Schlossplatz") hin angelegte Straße (**„Herrenstraße"**). Sie entstand 1770-83 durch den Bau von je fünf stattlichen Verwaltungs- und Wohnbauten mit französisch-barockem Mansarddach (heute privat bewohnt). - Das von Häftlingen gebaute und von ihnen 1807 aus Rache abgefackelte **Schloss** stand im (heutigen) Schlosspark links (östlich) der Straße. Erhalten blieb der **Kavaliersbau** westlich des Schlosses, ein zweistöckiges, fünfachsiges Walmdachhaus, heute Teil des daneben erbauten Altenheims. - Das Altenheim steht als moderner Neubau an der Stelle eines zweiflügeligen Schlösschens, das nach dem Schlossbrand neben dem Kavaliersbau erstellt wurde, 1900 an die Gf. Fugger und 1929 an die Steyler Mission verkauft wurde. 1969 brannte es ebenfalls ab. Der Neubau stört das Ensemble von Kavaliersbau, Pfarrhaus mit Volutengiebel und ehem. Poststation, jetzt Restaurant. – Wie eine **Schlossanlage** wirkt das Kanzleigebäude auf der Nordseite des Schlossplatzes aufgrund seines elegant erhöhten Mittelteils und der lisenengeschmückten Fassaden, 1767 an Stelle einer Burg erbaut. Die hufeisenförmig um einen Ehrenhof gebaute, dreiflügelige Anlage mit zwei Eckpavillons diente

Oberdischingen

auch als „Zuchthaus" und wird heute als Rathaus und Gemeindezentrum genutzt. – **Sonstiges:** Eine Tafel in der kath. Kirche („schwäbisches Pantheon") erinnert an den Malefizschenk. In der Wallfahrtskirche („Kapellenberg") zeigt eine Tafel die nichtzugängliche Gruft der Schenken von Castell an. (2006)

13 Oberkirch OG

Die **Diözese Straßburg** war in 13 Landkapitel (= Dekanate) aufgeteilt, von denen drei im heutigen Baden lagen: Ettenheim, Offenburg, Ottersweier. Das Bistum umfasste also nicht nur das Unterelsass, sondern auch das Gebiet des mittleren Schwarzwalds von der Oos (Rastatt) bis zur Elz (Emmendingen). Damit griff es ebenso wie andere linksrheinische Bistümer (Speyer, Worms, Mainz, Köln) über den Rhein nach Osten. Warum? Weil all diese Städte Römergründungen waren, die bereits in der Spätantike zu Bischofssitzen wurden. Auf sie griffen die Franken zurück, um das rechtsrheinische Germanien zu missionieren, wozu die Bischöfe Klöster gründeten und die Bistumsgrenzen nach Osten ausweiteten. Da war es nur konsequent, dass in der Karolingerzeit die Bischöfe von Mainz und Köln zu Erzbischöfen wurden und ab dem 14.Jh zu den sieben Kurfürsten zählten. – Fast alle Bischöfe konnten sich im Laufe des Mittelalters neben der geistlichen Macht ein weltliches Territorium (= **Hochstift**) schaffen (s. Walzbachtal). So auch der Straßburger Bischof, der um Ettenheim im Oberen Amt (s.d.) und hier im Renchtal im Unteren Amt Landesherr war, mit Oberkirch als Verwaltungszentrale.

Mit der **Schauenburg** ist ein frühes Beispiel von Frauenemanzipation verbunden. Diese Burg kam als Erbe von den Zähringern an die Gf. von Calw, deren Erbtochter Uta um 1130 Herzog Welf VI heiratete. Nach ihrer Trennung behielt sie den Herzogstitel, übertrug ihn kurzerhand auf ihren Wohnort und nannte sich Herzogin Uta von Schauenburg. – Die Frh. von Schauenburg sind ein seit dem 12.Jh auf der Schauenburg wohnendes Ministerialengeschlecht, das sich im Laufe der Zeit in viele Linien in Lothringen, Luxemburg, Mähren und im Breisgau unterteilte. Die Seitenlinien stiegen 1657 in Habsburger Diensten in den Grafenstand auf und starben 1787 mit dem skandalumwitterten und als Breisgauer Kreishauptmann verhafteten Christoph Anton aus. Die Stammlinie hingegen beschränkte sich auf den Besitz im Umfeld der Schauenburg, stieg als Reichsritter 1654 in den Freiherrenstand auf und wohnt noch heute hier.

OT Gaisbach mit Schauenburg

Die Schauenburg wurde im 11.Jh von den Zähringern zur Sicherung der Passstraße zum Kniebis angelegt. Sie wurde von Uta von Schauenburg an die Gf. von Eberstein vererbt, in deren Besitz sie bis zum Aussterben

Gaisbach. Eingang zum neugotischen Schloss, darüber die Schauenburg

1660 blieb. Bewohnt wurde die Burg als Lehen von der Ministerialenfamilie von Schauenburg, welche die Burg innerhalb der Familie aufteilte (Ganerbenburg). Nach dem 30j. Krieg zog sie aus der zerstörten Burg hinunter ins Dorf Gaisbach, wo sie noch heute wohnt. Als Verwalter in ihren Diensten bzw. als Gastwirt lebte hier 1649-67 Christoph von Grimmelshausen und verarbeitete seine Kriegserlebnisse und Traumata mit dem weltberühmten Roman „Die Abenteuer des Simplicissimus Teutsch".
Bauten: Die **Schauenburg** über dem Dorf ist noch heute in Besitz der Fam. von Schauenburg. Nach umfangreichen Restaurierungsmaßnahmen sind kulturelle Aufführungen in der immensen mittelalterlichen Ruinenanlage möglich. Von den ehemals fünf Wohntürmen der Ganerben sind noch zwei erhalten. - Das Bild der weitläufigen Gaisbacher **Schlossanlage** im ummauerten Park wird von den neugotischen Bauten des 19.Jh geprägt. Dabei besteht die Anlage infolge einer Erbteilung aus zwei Teilen. Zum einen das schlichte Untere Haus aus dem 17.Jh, welches ehemals der Wirtschaftshof der Burg war. Zum anderen das 1870 erbaute rechtwinklige **Schlössle** mit zwei dreigeschossigen Flügeln, davon einer mit Staffelgiebel. Bewohnt von Fam. von Schauenburg, die einen Biergarten am Parkrand betreibt. – **Sonstiges:** Daneben steht die kath. Kirche mit einer Bronzetafel für den Erbauer Hannibal, einem Wappenepitaph im Chor und wappengeschmückten Chorfenstern. – Dahinter ist das von Grimmelshausen erbaute Gasthaus „Silberner Stern" mit Gedenktafel.

Kernstadt

Das Renchtal samt der Reichsdörfer Renchen, Oberkirch und Oppenau gelangte um 1300 an den Bf von Straßburg, der sich hier eine geschlossene Herrschaft („Unteres Amt") schuf. 1326 Stadtrechtverleihung. Oberkirch wurde Sitz eines Oberamtmannes für sechs Gerichtsbezirke. 1604-34 besaß Württemberg, das zuvor aktiv den evang. Bischof im Straßburger Bischofskrieg unterstützt hatte, das Renchtal als Pfand (s. Freudenstadt). Nach der totalen Zerstörung 1689 durch den Sonnenkönig ist das Stadtbild vom Wiederaufbau im franz. Mansarddachstil geprägt. (Achtung: Hausnummernzählung anders: linke Straßenseite hat gerade Nummern).
Bauten: Das neunachsige **Amtshaus** (1704), zweigeschossig unter Walmdach, war Sitz des Oberamtmannes und damit Verwaltungszentrale des Unteren Amtes. Sehr schön ist der Eingang mit doppelläufiger Treppe und prächtigem Allianzwappen. Heute Polizeistation und Amtsgericht (Hauptstr. 48). - **Sonstiges:** Das Palais (1743) des Oberamtmanns Fischer, ein zweistöckiger Steinbau unter Mansarddach, mit doppelläufiger Treppe und Balkon, ist in Wohnungen aufgeteilt (Hauptstr. 22). – Das heutige Gasthaus zur Sonne (Hauptstr. 34) war ehemals Stadthaus der Patrizierfamilie Rohart von Neuenstein, die sich nach ihrer im 30j. Krieg zerstörten Burg Neuenstein über dem benachbarten Dorf Lautenbach nannte. Das Gebäude mit Renaissancetreppe fällt wegen seines Allianzwappens (Neuenstein/Zorn von Bulach, 1629) über dem Eingang auf (Hauptstr. 34). - Gegenüber steht der Löwenbrunnen mit dem Wappen des Bf. von Manderscheid (1570). – Vier Epitaphien in kath. Kirche.

Oberkirch

UMGEBUNG: Im Nachbardorf **Lautenbach** ist die Wallfahrtskirche wegen ihres Altars berühmt. In ihr hat sich der Ortenauadel, der an der Finanzierung beteiligt war, verewigt. Man findet die Wappen der Neuenstein, Schauenburg und Staufenberg in den Chorfenstern, die aus der berühmten Werkstatt des Peter Hemmel von Andlau stammen. (2009)

K9 Obermarchtal UL

Zum Bauen braucht man Geld, Architekten und Maurer. All das fehlte nach den Wirren und Zerstörungen des 30j. Krieges. Folglich konnte man für den Wiederaufbau nicht mehr auf das technische Know-how von einheimischen Baumeistern zurückgreifen, sondern musste die Spezialisten aus einer Region holen, die vom Krieg verschont geblieben war. Dies war für Vorarlberg der Fall. So kamen die Mitglieder der Familien Beer und Thumb als „Gastarbeiter" aus dem Bregenzerwald und brachten den Barock mit. Daher stößt man ständig auf die **Vorarlberger Baumeister.** Wegen der dabei neu entwickelten Art von Kirchenbau spricht man von **Wandpfeilerkirchen.** In Obermarchtal entstand die erste derartige Kirche, eingebettet in eine Schlossanlage.

Kernort
Das Prämonstratenserstift Marchtal war ehemals eine Reichsabtei mit 10 Dörfern, also ein reichsunmittelbarer Klosterstaat. Die weitläufige und prachtvolle Anlage entstand nach dem 30j. Krieg als erste derartige, von Vorarlberger Baumeistern (Michael Thumb, Franz Beer) im Bereich des heutigen BW erstellte Barockanlage. Sie wurde nach 1803 (Säkularisation) von den Thurn und Taxis als Schloss genutzt und wird seit dem Verkauf an die Diözese Rottenburg-Stuttgart (1973) als Schule und als Akademie für Lehrerfortbildung unterhalten.

Obermarchtal. Vom oberschwäbischen Klosterstaat zum Thurn-und-Taxis Schloss

Bauten: Bereits der Zugang durch einen aufwändigen Torbau in den weiten, von Wirtschaftsbauten gesäumten Ehrenhof erinnert eher an ein **Schloss** als an ein Kloster. Die ab 1684 erstellte, symmetrische Anlage im Osten der Kirche zeigt dem Betrachter einen Südflügel, der mit seinen Eckpavillons und dem halbrunden Eingangs-Mittelrisalit alle adligen Schlossanlagen im weiten Umkreis in den Schatten stellt. Getoppt wird dies noch durch den ehem. Speisesaal im Ostflügel, der 1753 mit 12 großen Spiegeln zum prachtvollsten Festsaal eines Klosters in BW ausgeschmückt wurde („Spiegelsaal"). Und auch die Fernwirkung der Anlage auf einem Steilhang über der Donau ist phänomenal.
- **Sonstiges:** In der barocken Kirche mit Wandpfeilerschema stehen mehrere Epitaphien von Äbten sowie eines Stain vom Rechtenstein (1739). - In der spätgotischen Friedhofskirche, ehem. Pfarrkirche des Dorfes, stehen fünf Wappenepitaphien der Stain aus dem benachbarten Rechtenstein (s.d.). (2007)

Oberrot SHA F9

Wie man Verträge austrickst, dies zeigt die **Rekatholisierung** von **OT Hausen**. Die Dorfherrschaft war in Besitz des Klosters Comburg, gegen dessen Widerstand die Schenken von Limpurg 1548 die Reformation einführten, weil Hausen kirchlich Filiale von Oberrot war. Nach dem 30j. Krieg war eine Rekatholisierung aufgrund des Westfälischen Friedens nicht erlaubt, da das Dorf ja im Stichjahr 1624 protestantisch gewesen war. Also vergab Comburg die frei werdenden Höfe nur noch an kath. Bauern, womit bis 1696 die Bevölkerung zu 2/3 katholisch wurde. Die Katholiken benötigten eine Kirche, deren Bau jedoch sogar das Reichskammergericht in Wetzlar untersagte. Also baute sich der Stiftsdekan Gf. Heinrich von Ostein ein „Ferienhaus mit Kapelle", sein Bruder machte eine Stiftung zur Anstellung eines Pfarrers. 1770 schließlich wurde die Kirche und damit die Rekatholisierung offiziell anerkannt. Einen Hinweis auf diese Geschichte gibt in der 1877 neu erbauten Kirche das Wappen des Gf. von Ostein in der Südwand.

Kernort

In dieser alten Merowingersiedlung stand die Mutterpfarrkirche für das Rottal. Auf einer Burg rechts der Rot saßen bereits im 11.Jh die Ritter von Roth, von denen ein Zweig in Ulm als Patrizier und ein anderer als Reichsritter Roth von Schreckenstein Karriere machte. Die Herrschaft über das Dorf wurde im 15.Jh von den Schenken von Limpurg aufgekauft, welche die Reformation einführten. Ein Dorfteil jedoch war in Besitz des benachbarten Klosters Murrhardt, mit dessen Aufhebung er 1558 an Württemberg fiel und als Lehen an die Senft von Sulburg vergeben wurde. Auf sie geht das Schlösschen zurück.
Bauten: Das **Schlösschen** (1738) wurde an Stelle einer Burg erbaut. Es ist ein schmuckloses zweistöckiges Barockpalais unter Mansarddach mit dem Wappen der Senft über dem Eingang. Das privat bewohnte Gebäude steht im Dorfzentrum (Rottalstr. 60) - **Sonstiges:** Drei Epitaphien der Senft sind im Chor der evang. Kirche, zahlreiche Epitaphien von Pfarrern und Vögten stehen an der Außenwand. Über dem Südportal ist das Wappen (1513) der drei Kirchenherren Limpurg, Rot und Murrhard angebracht. (2006)

Obersontheim SHA F11

Löwensteiner- und Waldenburger Berge, Murrhardter-, Mainhardter-, Welzheimer Wald, so lauten die Landschaftsbezeichnungen im **Naturpark Schwäbisch-Fränkischer-Wald.** Der Keuper als geologischer Untergrund formt diese bewaldete Hügellandschaft. Hierzu zählt auch die Gegend südlich von Schwäbisch Hall, benannt nach den Schenken von Limpurg: **Limpurger Berge.** Von hier bezog die Reichsstadt Hall ihr Holz zum Sieden des wertvollen Salzes, weshalb große Flächen entwaldet wurden. Am Übergang zu den Ellwanger Bergen liegt Obersontheim, ein ehemaliger Residenzort der Schenken von Limpurg.

Kernort

Der Ort hat seinen Namen von der Lage südlich des fränkischen Königshofes Vellberg (Suntheim = Südheim), bestand also schon zur Zeit der Merowinger.

Obersontheim

Der Ortsadel verkaufte um 1400 an die Frh. von Crailsheim, die wiederum 1475 an die Schenken von Limpurg. Diese bauten hier eine ihrer Residenzen, in der eine eigene Linie ein Miniterritorium regierte. 1561 Reformation. Nach Aussterben der Limpurg (1713) Aufteilung unter den zahlreichen Erben.

Bauten: Das **Schloss** (16.Jh) bildet zusammen mit Kirche-Amtshaus-Kanzlei (Rathaus) ein Ensemble, das den Rahmen eines Dorfes sprengt. Es ist eine dreiflügelige Anlage mit zwei Renaissance-Treppentürmchen im Innenhof und mehreren Schmuckwappen. Weitere Gebäude schließen sich nach Westen an. Die Anlage wird wie eine **Burg** durch einen Graben (Brücke auf Westseite) sowie durch eine Mauer mit mächtigen Rundbastionen geschützt. Heute in Privatbesitz, als Altenheim und für Feste genutzt. – **Sonstiges:** Im Chor der evang. Kirche stehen ca. 15 Epitaphien der Schenken und im Langhaus zwei prächtige Doppelepitaphien, davon eines in außergewöhnlicher Lage über dem Ausgang der Kirche. - Unterhalb der Kirche steht ein schöner Fachwerkbau, der zeitweise als Amtshaus genutzt wurde und heute Geschäftshaus ist. – Daneben steht das Rathaus, ein prächtiger Fachwerkbau (1596) mit zwei Halbtürmen. Erbaut wurde es als Kanzlei, was sein schlössleartiges Aussehen erklärt. – In der Hauptstrasse befindet sich das ehem. Spital, ein renovierungsbedürftiges Fachwerkhaus. (Alle Gebäude beschildert)

Obersontheim. Wie ein Schlössle wirkt die ehem. Kanzlei, heute Rathaus

UMGEBUNG: Zur Nachbargemeinde Bühlertann gehört die **Tannenburg**, die weithin sichtbar über dem Bühlertal steht. Sie diente in der Stauferzeit dem Kloster Ellwangen als Grenzbefestigung und sicherte die Reichsstraße Nördlingen-Hall. Seit 1431 verwaltete ein Amtmann den örtlichen Klosterbesitz. Von der **Burg** der Stauferzeit steht noch auf der Ostseite die hohe Schildmauer mit Buckelquadern, verstärkt durch Ecktürme, sowie auf der Westseite des Innenhofs ein trapezförmiger Palas. Das Ensemble wird durch eine Mauer (mit Wohnbauten) umschlossen. Die außerhalb stehende **Kapelle** ist geöffnet. - Seit 1931 in Besitz einer Familie, die eine mustergültige Renovierung durchführte und an Gruppen vermietet. Lage: An Straße Bühlertann-Rosenberg. Ausgeschilderte Abzweigung. Infotafeln vor Ort. Zugang in Hof offen. (2009)

K10 Oberstadion UL

Habsburg betrieb eine attraktive und insbesondere in der Barockzeit erfolgreiche **Klientelpolitik.** Der Wiener Hof übte auf den Adel eine starke Anziehungskraft aus, weil der Kaiser Titel, Land und Karrieren vergeben konnte wie kein sonstiger Reichsfürst. Gerade für den katholischen schwäbischen Adel bot sich damit eine Aufstiegschance, wie das Beispiel der **Fam. von Stadion** zeigt. Als Ministerialen-

Oberstadion

geschlecht „Stadegun" war sie aus dem Graubündner Prättigau bereits im 12.Jh hierher umgesiedelt. 1392 teilte sie sich in eine schwäbische und eine Elsass-Breisgau-Linie. In Folge der Reformation kam eine totale Hinwendung zu Habsburg, was sich auszahlte: 1627 die Position des Deutschmeisters, 1686 die Belehnung mit der Habsburger Herrschaft Warthausen, 1697 Besitz in Böhmen mit rund 20.000 Einwohnern in 67 Orten und 1705 den Aufstieg in den Reichsgrafenstand durch Kauf von Thannhausen (bei Günzburg). Die höchste Position erreichte Philipp von Stadion, der als Außenminister 1808 Österreich in den (verlorenen) Krieg gegen Napoleon führte. Eine parallel ablaufende Orientierung zu den fränkischen Bistümern (v.a. Mainz) hatte Heiratsverbindungen mit den Gf. Schönborn geschaffen, von denen sie beim Aussterben 1908 beerbt wurden.

Kernort

Das Dorf war seit dem 14.Jh Stammsitz der Hr. von Stadion. Im 15.Jh stieg „Hans der Reiche" zum Landhofmeister von Württemberg auf. Anschluss an den Kanton Donau der Reichsritterschaft. 1693 starb diese Linie aus, ihr Erbe kam an die Stadion in Mainz (s. Bönnigheim), die unter Mithilfe Habsburgs weitere

Oberstadion. Im Schlepptau Habsburgs machten die Gf. Stadion Karriere

Herrschaften erwarben und in Wien Karriere machen. 1908 starben sie aus, ihr Erbe fiel an die Gf. Schönborn.
Bauten: Das **Schloss**, 1756-77, ist ein viergeschossiger Barockbau unter Mansarddach. Von der Vorgängerburg wurde ein 1536 errichteter Turm übernommen. Am Hofeingang steht die barocke **Kanzlei**, in der Gf. Schönborn wohnt. Privatbesitz, Zugang bis Hoftor. – **Sonstiges:** Ein gedeckter Gang führt durch den Park zur Herrschaftsempore im Chor der barockisierten kath. Kirche (1473). Mehrere Epitaphien der Stadion, darunter das prachtvolle des „Hans der Reiche", angefertigt vom berühmten Jörg Syrlin.
UMGEBUNG: Im **OT Moosbeuren** steht ein kleines Kirchlein, in welchem ein Epitaph an die Zughörigkeit des Dorfes zur Fam. Schenk von Stauffenberg erinnert. 1607 kam der reichsritterschaftliche Ort an die benachbarten Hr. von Stadion. Das 1758 gebaute Schloss wurde bereits 1850 wieder abgebrochen.

UMGEBUNG: Die benachbarte 250-Seelen-Gemeinde **Grundsheim** gehörte ebenfalls zur Reichsritterschaft. Die entsprechende Wasserburg („Schlosswiesen") ist verschwunden. In der wunderbar über dem Dörfchen gelegenen Kirche befinden sich mehrere Epitaphien der Hr. von Rechberg und Gf. Bissingen-Nippenburg, darunter ein figürliches.
UMGEBUNG: Die benachbarte 600-Seelen-Gemeinde **Emerkingen** war ebenfalls reichsritterschaftlich. Das entsprechende Schloss wurde 1870 abgerissen („Schlossstraße"). Übrig blieb ein massiver Turm neben der Kirche, wohl von der Burg stammend.

(2003)

F9 Oberstenfeld LB

Viele Klostergründungen entstanden aus dem Bedürfnis von Adelsfamilien, unverheiratete Töchter zu versorgen. Aber wohin mit diesen Mädchen, wenn es infolge der Reformation keine Klöster mehr gibt? Als Lösung dafür wurden im norddeutschen Raum viele Frauenklöster in **evang. Damenstifte** umgewandelt, von denen einige noch heute bestehen. Für die Bewohnerinnen änderte sich mit dem Übergang kaum etwas am Lebensstil. Denn bereits zuvor hatten sie als freiweltliche Stiftsdamen weitgehend ohne bindende Regel gelebt, durften über ihren persönlichen Besitz verfügen und erhielten ihre direkten Einkünfte aus der Klosterpfründe. Wir finden auch in BW drei Beispiele für diese Lösung: In Ulm (s. Langenau), in Pforzheim („Kraichgauer Adliges Damenstift") sowie hier in Oberstenfeld.

Kernort

Das um 1016 gegründete Frauenkloster wurde 1244 in ein Damenstift umgewandelt. Somit durften nur noch Damen und Fräuleins, also nur noch adelige Frauen eintreten (s. Buchau). Es stand unter dem Schutz der Burg Lichtenberg (s.u.) und somit ab 1357 unter der Oberhoheit Württembergs. Als es in der Reformation von Herzog Ulrich aufgehoben werden sollte, wehrte sich die Ritterschaft am Mittleren Neckar so vehement dagegen, dass es schließlich in ein evang. Damenstift umgewandelt wurde. Es war reserviert für maximal 12 Mädchen des Reichsritterschaftskantons Kocher, dem sich 1550 das Stift direkt anschloss. Ein Frauenstift als Ritterschaftsmitglied, dies ist einmalig für BW und vermutlich für die gesamte Reichsritterschaft. Mit der Säkularisation (1803) wurde es überraschenderweise nicht aufgehoben. Vielmehr machte der württ. König seine Tochter zur Äbtissin des Stiftes, das erst mit dem Ende der Monarchie 1920 aufgelöst wurde.
Bauten: Die barocken **Stiftsgebäude** (1713) sind ein dreistöckiger Winkelhakenbau südwestlich der Kirche. Durch moderne Umbauten ging das herrschaftliche Aussehen verloren. Es wird heute als Altenheim genutzt. Kleiner Park dabei. - **Sonstiges:** Kunsthistorisch berühmt ist die romanische Stiftskirche (um 1200) mit einer dreischiffigen Säulenkrypta (11.Jh). Epitaphien von Äbtissinnen stehen im Chor und in der Krypta. Im südlichen Seitenschiff unterhielten die Hr. von Weiler auf Burg Lichtenberg (s.u.) ihre Grablege. – Neben der Kirche stehen mehrere Stiftshäuser, die heute privat bewohnt werden. – Im Dorf stehen zwei weitere interessante Kirchen.

Burg Lichtenberg

Nach dem Berg nannte sich ein Hochadelsgeschlecht, das im 13.Jh Bischöfe in Speyer und Würzburg stellte. 1357 musste es jedoch an die aufsteigenden Gf. Württemberg verkaufen und 1407 starb es aus. Kaiser Karl IV setzte im 14. Jh durch, dass Württemberg die Burg als Lehen Böhmens nehmen musste, was bis 1805 andauerte. Dies ist eine der vielen Blüten des Alten Reiches. Württemberg wiederum vergab die Burg 1483 als Afterlehen an die Hr. von Weiler, die sich hier nicht Reichsritterschaft anschließen durften (im Unterschied zu ihrer Stammburg Weiler, s. Obersulm). Sie wohnen noch heute hier, ihre Grablege war in der Oberstenfelder Stiftskirche (s.o.).

Bauten: Die **Burg** ist eine staufische Anlage (um 1200) mit Bergfried und Schildmauern in Buckelquadertechnik. Spätere Um- und Anbauten formen einen idyllischen Innenhof. Gotische Kapelle mit Wandmalereien. Die massive Anlage liegt erhöht auf einem Bergsporn über dem Bottwartal. Sie ist von der Fam. von Weiler bewohnt, wird jedoch für Feste vermietet. (2005)

Obersulm HN E9

Fast 900 Jahre alt ist die **Fam. von Weiler,** die 1127 erstmals erwähnt wird. Die Ritter von Weiler waren Ministeriale der Gf. Weinsberg und der Gf. Löwenstein. In württembergischen Diensten stiegen sie zu Obervögten von Schorndorf und 1483 zum württ. Landhofmeister auf. Wegen Raubritterei wurde ihre Burg Maienfels 1441 von den Reichsstädten zerstört (s. Wüstenrot). 1483 erwarben sie Burg Lichtenberg, wo sie heute noch wohnen (s. Oberstenfeld). Sie schlossen sich der Reichsritterschaft und der Reformation an. Ihre Stammburg steht in Weiler.

OT Weiler

Im 12.Jh Ortsadel. Die Oberhoheit und die Lehensherrschaft gelangte 1504 im Landshuter Erbfolgekrieg (s. Heidenheim) von der Kurpfalz an Württemberg. Die Hr. von Weiler schlossen sich dem Kanton Odenwald der Reichsritterschaft und bereits 1530 der Reformation an. Im Königreich Württemberg gehörten

Weiler. Viele Schlösser stehen an Stelle mittelalterlicher Wasserburgen

sie zu denjenigen Standesherren, gegen deren Privilegien sich 1848 die Bevölkerung mit gewalttätigen „Krawallen" auflehnte.
Bauten: Das **Schloss** (1588) ist ein zweistöckiges Gebäude unter Krüppelwalmdach mit einem Wappen über dem Eingang. Der Gebäudeteil unter Satteldach sowie der Turm wurden Anfang des 19.Jh. angebaut. Die renovierungsbedürftige Anlage steht an Stelle einer mittelalterlichen Wasserburg am Westrand des Dorfes in einem weiten Park mit See. Sie wird von einer Computerfirma genutzt. – Das Rentamt, ein Fachwerkbau mit geschnitzten Holzstützen (1599), begrenzt den Park nach Süden. – **Sonstiges:** Die Grablege der Hr. von Weiler wurde im 19.Jh in einer ehemaligen Wallfahrtskirche auf dem Friedhof eingerichtet. Mehrere verwitterte Epitaphien.

OT Eschenau

Auch hier saß im 13.Jh Ortsadel als Ministeriale der Gf. Löwenstein. Auch hier kam die Oberhoheit 1504 von der Kurpfalz an Württemberg. 1507 wurde das Dorf von den Hr. von Gemmingen erworben, die sich dem Kanton Kraichgau der Reichsritterschaft und der Reformation anschlossen. Häufiger Besitzerwechsel. 1740 kam es an den württ. Kriegskommissar von Killinger, der das Schloss nach den Plänen des Ludwigsburger Baumeisters Retti umgestaltete.

Obersulm

Bauten: Das **Schloss** (1573) steht an Stelle einer 1504 zerstörten Wasserburg, von der ein quadratischer Turm an der NW-Ecke erhalten blieb. Es ist ein dreistöckiger Kasten mit geschweiften Renaissancegiebeln unter Satteldach. 1745 wurde die Fassade mit einem dreiachsigen Mittelrisalit sowie Eckrisaliten barock gestaltet. Schöner Eingang mit Balkon und Wappen des Frh. von Hügel im Dreiecksgiebel. Gartenhaus und Orangerie im zugewachsenen Park. Privatbesitz, Zugang bis Gartentor möglich. Lage: Erhöht im Dorf, „Schlossstraße". - **Sonstiges:** Gegenüber, jenseits der Straße, steht das ehem. Amtshaus, heute Rathaus. Das Gebäude mit barockem Mittelrisalit wirkt herrschaftlich. – Die Epitaphien der Dorfherren formen an der Friedhofsmauer eine idyllische Ecke. – Die jüd. Synagoge blieb erhalten (Treutlinger Str. 9).

OT Affaltrach

Die Schwäbisch Haller Johanniterkommende erwarb 1278-1322 die Dorfherrschaft und verlegte aufgrund der Reibereien mit der evang. Reichsstadt um 1600 den Kommendesitz von Hall hierher. Aber auch hier gab es Konflikte, weil die Oberhoheit seit 1504 bei Württemberg lag, das gegen den Willen des Ordens die Reformation durchgesetzt hatte. Nach der Ansiedlung von Katholiken wurde die Kirche simultan genutzt.
Bauten: Das **Schloss** (1694) ist der ehem. Sitz des Komturs. Das zweistöckige Gebäude wirkt aufgrund seiner zwei Rundtürme verspielt. Es steht im Dorfzentrum und ist heute Sitz einer Weinkellerei („Am Ordensschloss"). - **Sonstiges:** Zwei Epitaphien von Ordensrittern in der evang. Kirche. – Gegenüber der Kirche steht die renovierte Synagoge (1851), heute Museum. – Der jüd. Friedhof liegt oberhalb des Dorfes.
UMGEBUNG: Im **OT Sülzbach** stand die Mutterkirche des Weinsberger Tals. In der manieristischen evang. Kirche hängen ein prächtiges Epitaph des Dorfbürgermeisters Oettinger und drei barocke Epitaphien. (2004)

C7 Obrigheim MOS

„Eine feste Burg ist unser Gott", aber bei einem Überfall nutzte Gottvertrauen wenig. - Den Dörfern war es in der Regel im Unterschied zu den Städten nicht erlaubt, sich mit einer Mauer zu schützen. Daher bot sich die Kirche als einziger Steinbau als Rückzugsort an. Zu einer **Wehrkirche** wurde sie, wenn man den Kirchturm so massiv mauerte, dass er mit einer Mauerstärke von 1-2 m wie ein Bergfried wirkte. Dabei schützte er auch das Heiligste, nämlich Chorraum und Sakristei, weshalb die mittelalterlichen Dorfkirchen fast immer **Chorturmkirchen** waren. Der Nachteil war, dass er nur wenigen Menschen Platz bot. Wollte man zudem Vieh und Vorräte retten, so bot sich nur der Kirchhof (= Friedhof) an. Umgeben von einer hohen und starken Mauer sowie mit einer Eingangsbastion gesichert, bildete er eine **Kirchenburg** inmitten des Dorfes. Hier konnte die Bevölkerung in Kammern (= Gaden) ihre Vorräte einlagern, wie man sie noch heute in Lienzingen (s. Mühlacker) vorfindet. Solche Wehrkirchen und Kirchenburgen standen überall in Schwaben und Franken, denn aufgrund der

Obrigheim

territorialen Zersplitterung gab es ständig Fehden. Die Kirche in Obrigheim hat bis heute aufgrund ihrer Lage den Burgcharakter bewahrt.

Kernort
1222 wird Dorfadel erwähnt, der mit seiner Burg die Stauferpfalz Wimpfen absicherte und den Besitz des Klosters Reichenbach (Gem. Baiersbronn) verwaltete. Die Familie verzweigte sich in die Gabel, Kind, Nest und Vetzer, weshalb es zeitweise drei Burgen gab, eine davon auf dem Felsen bei der Kirche. Die Kurpfalz erlangte im 14. Jh die Oberhoheit und verdrängte die Ministerialen aus der Dorfherrschaft, bis sie schließlich sogar die Landeshoheit besaß. Die Neuburg überlebte als einzige der drei Burgen, weil sie von der Kurpfalz als Afterlehen an ihre Parteigänger vergeben war.

Schloss Neuburg. Eines der vielen burgartigen Schlösser am Unteren Neckar

Bauten: Das **Schloss Neuburg** ist eine der typischen Blickfang-Burgen des Unteren Neckartals. Hoch ragt der fünfstöckige Hauptbau (16. Jh) unter Satteldach über dem steilen Abhang zum Neckar auf. Das Steinhaus mit polygonalem Treppenturm wirkt wie ein mittelalterlicher Wohnturm. Bescheiden steht daneben ein Anbau (1845) im neugotischen Stil, der mit einem wuchtigen Torbau das Aussehen zur Bergseite hin bestimmt. Heute Hotel-Restaurant. Lage: hoch über dem Dorf, die Zufahrt ist ausgeschildert. - **Sonstiges:** Die evang. Kirche bildete zusammen mit der daneben stehenden Burg eine ummauerte Anlage auf einem Felsen inmitten des Dorfes. In ihr sind mehrere, z.T. figürliche Epitaphien des Adels, der auf Schloss Neuburg wohnte. – Brunnensäule mit Kurpfälzer Wappen. (2004)

Ochsenhausen BC L11

„Lieber Sauhirt in der Türkei als Standesherr im Königreich Württemberg", soll ein Fürst von Waldburg-Zeil die Situation der entmachteten Adligen nach 1806 gekennzeichnet haben. Mit der von Napoleon initiierten Mediatisierung, d.h. der Einordnung der Minifürstentümer und Herrschaften in die neu gebildeten Königreiche und Großherzogtümer des Rheinbundes, endeten jahrhundertealte Freiheiten und Privilegien. Das Königreich Württemberg ging besonders hart gegen die **Standesherren** vor und nahm ihnen zuerst einmal fast alle Hoheitsrechte. Erst nach 1815 musste ihnen der König von Württemberg aufgrund § 14 der Bundesakte des neugebildeten Deutschen Bundes bestimmte Privilegien einräumen: Eigener Gerichtsstand, Ortspolizei und das Patronatsrecht für die Kirche. Württemberg handelte dies über zwei Jahrzehnte hinweg in Einzelverträgen mit den einzelnen Häusern aus. Von den Querelen blieb auch nicht die gefürstete **Fam. Metternich-Winneburg** verschont, obwohl aus ihr der berühmteste Politiker dieser

Ochsenhausen

Zeit stammte. Nach nur 22 Jahren gab sie ihr 1803 geschaffenes Fürstentum Ochsenhausen auf.

Kernort

Das Benediktinerkloster wurde 1093 als Priorat St. Blasiens gegründet. Erst 1388, im großen Papstschisma, erlangte es seine Selbstständigkeit, als es einen anderen Papst als das Mutterkloster anerkannte. Als Reichskloster erwarb es ein außergewöhnlich großes Territorium, das zum Zeitpunkt der Säkularisation

Ochsenhausen. Mehr Schloss als Kloster

66 Dörfer und Weiler (darunter Schloss Ummendorf, s.d.) mit rund 11.000 Untertanen umfasste. Die Gf. Metternich, deren Wurzeln in der rheinischen Reichsritterschaft liegen, wurden damit für den Verlust ihrer linksrheinischen Herrschaft Winneburg entschädigt. Ihr neu geschaffenes Fürstentum Ochsenhausen kam jedoch bereits 1806 infolge der Mediatisierung unter württ. Staatshoheit. 1825 verkaufte der österreichische Außenminister Klemens von Metternich die überschuldete Standesherrschaft an Württemberg.

Bauten: Mehr **Schloss** als Kloster ist die ab 1670 erstellte, frühbarocke Anlage mit ihren vier Türmen und dem Mittelrisalit. Prachtvoll wirkt sie von der B 312 aus (von Osten kommend). Nach Verkauf an Württemberg und verschiedenen Nutzungen (u.a. Ackerbauschule, Aufbaugymnasium) ist hierin seit 1988 die Landesmusikschule untergebracht. Besichtigung möglich. Vor dem Schloss stehen in der weitläufigen Anlage der **Fürstenbau** (heute Stadtverwaltung und Museum), die Klosterkirche mit mehreren Epitaphien und mehrere Landwirtschafts- und Verwaltungsbauten. – **Sonstiges:** Auch im darunter entstandenen Dorf stößt man auf Relikte der Klosterherrschaft. So ist das heutige Rathaus im ehemaligen Kornhaus eingerichtet. Besonders schön wirkt das wappengeschmückte Amtshaus an der zentralen Kreuzung, heute eine Arztpraxis. – An der Straße nach Reinstetten, im ehem. Dorf Goldbach, wurde vom Kloster ein Spital eingerichtet. Die Anlage umfasst ein zweistöckiges Rokokogebäude unter hohem Mansarddach, einen mittelalterlichen Fachwerkbau und eine Kapelle.

UMGEBUNG: Eine echte Spurensuche und damit ein spannendes Vergnügen ist es, in den umliegenden Dörfern und Weilern nach den Zeugnissen der Klosterherrschaft zu suchen. Schon beinahe zwanghaft haben sich die Äbte mit ihrem persönlichen und/oder dem Klosterwappen in Kirchen bzw. Kapellen verewigt, meist am Chorbogen oder über dem Altar. So z.B. in Reinstetten, Steinhausen (Rottum) und Edenbachen. Oder an Gasthäusern wie z.B. in Erlenmoos und Berkheim. Viel Spaß bei der Spurensuche!

UMGEBUNG: Schloss **Sommershausen** war ein Gutshof der benachbarten reichsritterschaftlichen Herrschaft Hürbel (s. Gutenzell-Hürbel). 1843 wurde es von Frh. von König-Warthausen erworben. Das neugotische Gebäude (1906) mit vier Staffelgiebeln und einem Türmchen ist seit 1978 in bürgerlichem Besitz. Es liegt zwischen den OTs Reinstetten und Wennedach am Waldrand in einem Park mit exotischen Bäumen, rund 300 m von einer Bushaltestelle entfernt. (2009)

Oedheim HN D8

Die **Capler von Oedheim** werden 1280 erstmals erwähnt. Seit 1408 führen sie den Beinamen Bautz. Mit dem Schloss und dem Willenbacher Hof traten sie der Reichsritterschaft bei. 1967 starben sie aus, ihr Erbe kam an die Hr. von Gemmingen.
„Man ging zu Fuß zum Odenwald" erzählen die alteingesessenen Oedheimer. Dabei liegt der Odenwald rund 20 km Luftlinie entfernt im Nordwesten. Man ging zum Schloss und damit zum Kanton Odenwald der Reichsritterschaft, während die Dorfherrschaft in Händen des Deutschen Ordens war. Eine häufig anzutreffende Situation, dass **zwei Herrschaften** auf engstem Raum nebeneinander existierten. In Oedheim findet man Reste von beiden.

Kernort

Das Dorf kam als Reichsgut im 13.Jh an die Gf. von Weinsberg, als deren Ministeriale seit 1280 die Capler auf einer Burg an der Kocherfurt saßen. Das Dorf wurde als Teil der Herrschaft Scheuerberg (s. Neckarsulm) 1335 an den Bf. Mainz verkauft und kam so 1484 an den Deutschen Orden. So unterstand es dem Deutschordensamt Heuchlingen (s. Friedrichshall), das Rittergut am Rande des Dorfes jedoch war dem Kanton Odenwald angeschlossen.
Bauten: Das **Schloss** (16.Jh) ist eine ländlich-idyllische kleine Dreiseitanlage von Fachwerk- und Steinbauten. In Wohnhaus und Burgmauer stecken Reste der mittelalterlichen Burg. Schön ist der Renaissance-Innenhof mit einem Arkadengang. Im Eingangsbereich zwei Wappenepitaphien. Seit 1990 in Besitz eines aus Polen stammenden Adligen, Vermietung für Feste, ansonsten verschlossen. Auf dem Gelände des ehem. Schlossparks steht heute die Gemeindehalle. Lage: Im Osten des Dorfes. – Als **Schlössle** darf man das Frauenhaus ansehen, ein schönes Fachwerkhaus mit geschnitztem Erker und verspielten Renaissance-Ausmalungen. Erbaut 1528 als herrschaftliches Witwen-Wohnhaus, heute Privathaus. Lage: An der Gasse zur Kocherfähre.
- **Sonstiges:** Das Amtshaus des Deutschen Ordens ist heute Rathaus. An ihm hängt eine Steintafel (1600) mit den Wappen der Ordensbesitzungen. – Der jüdische Friedhof liegt jenseits des Kocher im Wald an der Straße nach Heuchlingen.

Lautenbacher Hof. Leider ist der Zugang zu dieser prachtvollen Neo-Renaissance-Fassade verwehrt

Oedheim

UMGEBUNG: Zwei Gutshöfe waren mit den beiden Herrschaften verbunden. Zum einen der **Willenbacher Hof,** den Hans Wolf von Capler 1603 erbaute. Am Herrenhaus mit Treppenturm findet man zweimal sein Wappen. Das Hofgut liegt im Norden des Dorfes an der Straße nach Heuchlingen, Zugang offen. - Zum anderen der **Lautenbacher Hof,** der 1483 mit Oedheim an den Deutschen Orden kam. 1823 erwarb ihn Fam. von Wächter und baute das prachtvolle Neo-Renaissance-Schloss. Der renovierungsbedürftige Gutshof in Besitz der Fam. von Palm liegt ca. 3 km im Süden des Dorfes neben der Straße nach OT Dahenfeld. Anlieger frei, Zugang verschlossen.
UMGEBUNG: Im **OT Degmarn** findet man Deutschordenswappen über dem Eingang zur kath. Kirche (1723) und zum Pfarrhaus (1764).   (2006)

N7 Öhningen KN

Viele **Klöster** auf engem Raum lassen auf einen gewissen Wohlstand in der Region schließen. Dies gilt in zweierlei Hinsicht. Zum einen musste eine Gegend einen Überschuss erwirtschaften, damit man etwas davon verschenken und ein Kloster gründen konnte. Zum anderen wurde ein Landstrich durch die Ansiedlung von Mönchen aufgewertet, weil diese sich „die Erde untertan machten". Beides passt wohl auf den westlichen Bodenseeraum mit seinen frühen Benediktinerklöstern: Reichenau, Schaffhausen, Wagenhausen, Stein am Rhein und hier, auf der Halbinsel Höri, Schienen und Öhningen. Mit dem Erwerb der Eigenkloster- bzw. Vogteirechte und der daraus entstehenden Kontrolle über die beiden Klöster schuf der Bf von Konstanz die Voraussetzungen für den Aufbau eines eigenen Territoriums auf der Höri (s. Gaienhofen). Mit Öhningen konnte er reformationsbedingte Verluste ausgleichen.

Kernort
Gründung eines Benediktinerklosters um 965 als bischöfliches Eigenkloster. 1166 Umwandlung in ein Augustiner-Chorherrenstift. Nach einer finanziellen Krise wurde es vom Hochstift Konstanz 1536 vollständig übernommen, weshalb der Bischof automatisch das Amt des Propstes einnahm und den jeweiligen Dekan als eine Art Geschäftsführer ernannte. Die Verwaltungsangelegenheiten wurden von einem Obervogt erledigt, dessen Gebäude heute als Rathaus genutzt wird.

Schloss Oberstaad steht direkt am Hochrheinufer

Bauten: Die Konventbauten, 16.Jh, wirken zum Tal hin wie eine herrschaftliche, **schlossähnliche** Vierflügelanlage mit der Kirche auf der Nordseite. An der Südwestecke steht das mittelalterliche dreistöckige Stammhaus mit Staffelgiebel und einem barock umgestalteten (stuckierten) Kapitelsaal als Schmuckstück. Heute Pfarramt und Wohnungen. Mehrere Wappen von Bischöfen (Fugger, Prassberg) am Torhaus, im Hof und in der Kirche. Die Anlage liegt

in herrlicher Aussichtslage erhöht über dem Bodensee am Rande des Dorfes.
– **Sonstiges:** Daneben steht das Obervogteigebäude, ein repräsentativer Massivbau (nach 1650), über dessen Eingang zwei Engel das Wappen des Bauherrn (Bf. Prassberg) halten.

Schloss Oberstaad

Die Wasserburg der Hr. von Hohenklingen aus dem nahen Stein am Rhein kontrollierte die Schifffahrt auf dem Rhein, der hier aus dem Bodensee ausfließt. Ab dem 15.Jh wechselten häufig die Besitzer, darunter auch die Hr. von Liebenfels. Das Rittergut war dem Kanton Hegau der Reichsritterschaft angeschlossen.

Bauten: Die **Burg** ist ein um 1200 aus Feldsteinen errichteter, urig wirkender Wohnturm, der gotisch umgestaltet und mit Staffelgiebel versehen wurde. Das Schlössle, ein zweistöckiges Fachwerkgebäude auf Steinsockel, umrahmt den Wohnturm auf drei Seiten. Im 19.Jh als Trikotagefabrik stark verändert. 1972 grundlegend renoviert. Privat bewohnt. Lage: Direkt am Bodenseeufer neben der Schiffslandestelle, zu der im OT Endorf eine Straße abzweigt. Zugang bis Tor.

OT Kattenhorn

Ministerialen der Hr. von Hohenklingen saßen hier auf einer Wasserburg. 1444 erwarben die Gf. Fürstenberg die Oberhoheit. Unter den häufig wechselnden Ortsherren tauchen adlige Amtleute des Bf. Konstanz auf. Das Rittergut war dem Kanton Hegau der Reichsritterschaft angeschlossen.

Bauten: Das **Schlössle** ist eine ehem. Wasserburg, die 1867 zu einem villenähnlichen zweiflügeligen Walmdachbau umgestaltet wurde. Im 19.Jh wechselnde Besitzer, seit 1925 in Besitz der gleichen Familie. Am Ortsrand zum See hin gelegen, von Mauer und Park abgeschirmt. Zugang bis zur Schlosskapelle mit Wappen des Bf. Mark-Sittich von Hohenems, 1520. Diese wurde in einen Eckturm der Burgbefestigung gebaut.

OT Wangen

Auf der Burg Marbach saßen Ministerialen des Klosters Reichenau. Sie war 1598-1829 in Besitz der Frh. von Ulm (s. Erbach), die sich dem Kanton Hegau der Reichsritterschaft anschlossen. Bereits im 16.Jh wurden Juden angesiedelt, darunter Vorfahren Albert Einsteins.

Bauten: Schloss Marbach, 17.Jh, ist ein zweistöckiges Herrenhaus unter Walmdach, das im 19.Jh durch Umbau zur Kurklinik stark verändert wurde. Erhalten blieben zwei schöne Renaissanceeingänge. Nach häufigem Besitzerwechsel seit 1987 in Besitz der Firma Jacobs-Suchard und als Tagungsstätte genutzt. Herrliche Lage im Park über dem See. Daneben stehen drei 1988 hinzugefügte modernen Pavillons und oberhalb ein Gästehaus („Bella Vista"). Es liegt auf halber Strecke zwischen Wangen und Hemmenhofen direkt an der Landstraße. - **Sonstiges:** In der kath. Kirche im Dorf steht im ehem. Chor eine hervorragende Tumba (1610) des Frh. Hans Caspar von Ulm („schlafender Ritter") sowie ein Epitaph. - Entlang der Hauptstraße stehen klassizistische Walmdachhäuser aus dem 19.Jh, erbaut von jüdischen Kaufleuten (s. Gailingen). - Der jüd. Friedhof liegt versteckt im Wald oberhalb des Dorfes.

Öhringen

UMGEBUNG: Im **OT Schienen** auf dem Schiener Berg wurde in Karolingerzeit ein Benediktinerkloster gegründet, das jedoch bereits um 900 seine Selbstständigkeit verlor und als dem Kloster Reichenau untergeordnete Propstei 1757 aufgelöst wurde. Erhalten blieb das südlich der romanischen Kirche stehende Propsteigebäude, ein stattliches dreistöckiges Gebäude (1574) unter Walmdach. Die unmittelbar benachbarte Reihe recht niedriger, modernisierter Häuser waren ehem. die Wirtschaftsbauten der Propstei. – Von der Schrotzburg, Sitz eines alemannischen Hochadelsgeschlechts, blieben nur wenige Grundmauern. (2008)

E9 Öhringen KÜN

Die **Familiengrablege** als gemeinsame Identifikationsstätte, die Gräber der Vorfahren als konfessionsübergreifendes Band. Es ist der **Ahnenkult** des Adels, der uns die vielen Kirchen mit Epitaphien beschert. In vielen anderen Ländern, z.B. in der Schweiz oder in Frankreich, findet man diese geballte Anzahl von Grablegen nicht. Aber auch in den norddeutschen Territorialstaaten oder in Altbayern sind sie selten, weil sich hier der Landadel nicht so ausbilden konnte wie in Franken und Schwaben. Im höheren Adel war mit der Grablege in der Regel ein **Kollegiatstift** verbunden, dessen Stiftsherren zur Pflege des Ahnenkultus eingesetzt wurden. So auch in Öhringen, wo das Stift zwar mit der Reformation aufgehoben wurde, jedoch dafür mit dem gemeinsamen Archiv weiterhin eine Zentrale für die vielen Hohenlohe-Linien bestand.

Kernstadt

Drei Grafen und die Kaisermutter Adelheid stifteten 1037 ein Kollegiatstift, das ihrem Sohn als Bf. von Regensburg unterstellt wurde, weshalb dieses Hochstift bis 1803 die Oberhoheit über Öhringen innehatte. Die Gf. Hohenlohe erhielten um 1250 die Schutzvogtei über das Stift und somit die weltliche Herrschaft, die sie zur Landesherrschaft ausbauten. Sie richteten im Stift ihre Grablege ein. Nach der Landesteilung zwischen den Linien Neuenstein und Waldenburg (1551) und der reformationsbedingten Aufhebung des Stiftes (1556) galt Öhringen bis 1782 als gemeinsamer Besitz, an dem zeitweise bis zu neun Linien beteiligt waren. Dabei konnte ein Zweig der Neuensteiner Linie inmitten der Stadt seine Residenz errichten. Das Familienarchiv war bis zum Umzug nach Neuenstein im 20.Jh im Westturm der Stiftskirche gelagert.
Bauten: Das **Schloss** ist ein dreistöckiger Winkelhakenbau unter Mansarddach mit fünf schmuckreichen Volutengiebeln. 1616 wurde der Lange Bau mit Treppenturm an Stelle von Chorherrenhäusern als Witwensitz errichtet. Als es 1677 zur Residenz einer eigenen Linie wurde, erfolgte der Anbau des Marstalls im rechten Winkel mit Allianzwappen über dem Tor. Dem wurde 1775 der Remisenbau im Rokokostil und eine Freitreppe zum Schlossgarten hinzugefügt. 1814 schließlich wurde das klassizistische Palais für den Erbprinzen angebaut. Seit 1961 ist es in Stadtbesitz und dient als Rathaus und VHS. Es steht südlich der Stiftskirche am Marktplatz. – **Sonstiges:** Der 6 ha große Schlosspark („Hof-

park") ist heute Stadtpark. Auf seiner Südseite steht ein „Lusthaus" (1743), jetzt „Bürgerhaus". – Das Hofjägerhaus (1578), ein dreistöckiger Fachwerkbau auf Steinsockel, steht zwischen Schloss und Park. – Im Chor der evang. Stiftskirche sind zahlreiche hervorragende figürliche Epitaphien, auf der Nordseite die Neuensteiner, auf der Südseite die Waldenburger Linie. In der Krypta stehen Epitaphien sowie fünf Tumben (Kaisermutter Adelheid, ihr Sohn und mehrere Grafen). – Kreuzgang, Kapitelsaal und ein Stiftsherrenhaus mit Wappen (1555, Kirchbrunnengasse) erinnern an das Kollegiatstift. – Das Gelbe Schlössle (1580), ein dreistöckiger Fachwerkbau mit Treppenturm und Wappentafel, war ein Adelshof (Bismarckstraße). - Das Obere Tor führt in die Karlsvorstadt, die 1782 für Verwaltungsbauten angelegt wurde. Hier steht das Fürstenpalais, ein dreistöckiges Gebäude mit wappengeschmücktem Balkon unter Walmdach, heute Amtsgericht. – Von den im 19.Jh angesiedelten Juden blieben die Synagoge (Untere Torstr. 23) und der Friedhof erhalten.

OT Cappel

Der Weiler gehörte dem Kollegiatstift und gelangte mit diesem unter die Herrschaft der Gf. Hohenlohe. Er fiel bei der Landesteilung 1555 an die Linie Neuenstein und schließlich an den in Öhringen residierenden Zweig. Dieser baute in einer kleinen Parkanlage 1736 ein bescheidenes Lustschlösschen. Bescheiden und Lust - ein Widerspruch in sich!.

Bauten: Das **Schlösschen** (1736) ist ein lang gestrecktes, einstöckiges Barockgebäude unter Mansarddach mit klassizistischen Rundbogenfenstern. Mit den Wirtschafts- und Wohngebäude bildet es ein Hofgut im weiten Park. Es steht im Westen des Dorfes an der Straße nach Öhringen hinter einem Einkaufszentrum. – Herrschaftliches Brauereigebäude mit Wappen.

UMGEBUNG: Im **OT Michelbach** am Wald richtete die Linie Hohenlohe-Neuenstein ein Amt für rund ein Dutzend Dörfer und Weiler ein. Das Amtshaus (1761) ist ein dreistöckiges Barockgebäude unter Mansarddach, dessen Fassade mit vier Holzpilastern und Holzfächern auffällt. Es ist heute Verwaltungsstelle (Keltergasse).

UMGEBUNG: Als Luxushotel ist **Schloss Friedrichsruhe** (Gem. Zweiflingen) bekannt. Hier befand sich ein im 30j. Krieg zerstörter Tiergarten. Die Gf. Hohenlohe-Öhringen bauten 1712-17 ein Jagdschloss, das 1943 zum Schlosshotel umgestaltet wurde und jetzt dem Unternehmer Würth (s. Niedernhall) gehört. Das

Schloss Friedrichsruhe. Vom Jagdschloss zum Luxushotel

zweistöckige Gebäude unter Mansarddach besitzt einen schönen, durch Pilaster, Balkon und Zwerchgiebel geschmückten Mittelteil. Nordöstlich davon steht der ehem. Marstall mit achteckigem Treppenturm, in dem das Restaurant untergebracht ist. Die Gebäude liegen in einem weiten Park mit schöner Baumallee rund 10 km nördlich Öhringen und 2 km südlich Zweiflingen. (2004)

K11 Öpfingen UL

Wiedertäufer und sogenannte religiöse Schwärmer waren eine Begleiterscheinung der Reformation. Als Schwärmer und damit Irrlehrer eingeordnet wurde bis in jüngste Zeit der Mystiker **Kaspar Schwenckfeld** (1489-1561). Der aus Schlesien stammende Adlige vertrat eine Lehre, wonach der einzelne Mensch seinen Zugang zu Gott selbst finden muss. Wichtig ist demnach die innere Offenbarung, das „innere Licht", die unmittelbare Erleuchtung. Die Bibel und die offizielle Kirche bieten nur den Rahmen, sind nur ein Erziehungsmittel für den „äußeren Menschen". Es war eine gewaltlose, idealistische Lehre, die heute für den Friedensnobelpreis qualifizieren würde. Aber damals wurde er sowohl von der Alten wie von der Neuen Kirche zum Ketzer abgestempelt und verfolgt. Schwäbische Adlige boten ihm Unterschlupf, so auch der hier wohnende Ferdinand von Freyberg, dessen außergewöhnliches Epitaph wir in der kath. Kirche vorfinden.

Kernort

Hier saßen im 12.Jh Ministeriale der Gf. von Berg (s. Schelklingen) bzw. ab 1343 der Gf. Habsburg. Die geteilte Ortsherrschaft – (deshalb zwei Schlösser) - wurde im 16.Jh von einer Freyberglinie erworben, die sich dem Kanton Donau der Reichsritterschaft anschloss. Sie stellte lutherische Pfarrer ein, bot jedoch gleichzeitig dem Mystiker Schwenckfeld hier und in Justingen bis zu seinem Tode (1561 in Ulm) Schutz. So erlaubte sie auch den Untertanen die Zusammenkunft in privatreligiösen Zirkeln, eine damals unerhörte Freizügigkeit. Deshalb griff Habsburg als Oberhoheit zweimal mit militärischen Mitteln ein, besetzte 1545-47 und 1621-25 das Dorf und erreichte nach dem 30j. Krieg eine Rückkehr zur Alten Kirche.

Öpfingen. Ferdinand von Freyberg, der Beschützer des Reformators Schwenckfeld

Bauten: Das Obere **Schloss** (16.Jh) steht über der Donau. Das renovierte, hochragende, dreistöckige Steinhaus unter Satteldach wird heute für Wohnungen genutzt. Eine Tafel erinnert an Schwenckfeld. – Das gegenüber stehende Untere **Schloss** (17.Jh), ein lang gestreckter, zweistöckiger Bau mit barocker Bemalung, ist ebenfalls frisch renoviert. Auffallend sein Satteldach mit vielen Dachgauben. Heute Rathaus und Wohnungen. – **Sonstiges:** In der kath. Kirche fallen unter den vielen Epitaphien die beiden von Ferdinand und seiner Frau Veronika auf, die sich im Langhaus gegenüber stehen, prachtvoll mit manieristischen wilden Männern und Frauen geschmückt. Die Tiere zu ihren Füssen (Hund, Löwe) sind entgegen sonstiger Gepflogenheit vertauscht, - für mich ein Rätsel. Außergewöhnlich ist auch das Epitaph (1345) des Ministerialen Berthold von Berg mit dem Wappen und dem Königskopf als Helmzier. Denn für diese Zeit finden wir solche Abbildungen nur beim Hochadel, kaum bei Rittern (s. Langenburg). (2008)

Offenburg OG

Die **Ortenau** (ursprünglich Mortenau) umfasst das Gebiet, in dem die Schwarzwaldflüsse Kinzig und Rench in die Rheinebene münden. Sie war eine fränkische Gaugrafschaft, die über die Zähringer 1218 an die Staufer gelangte. Nach deren Untergang fasste König Rudolf von Habsburg das Reichsgut unter einer **Reichslandvogtei** zusammen (s. Ortenberg). Dem Landvogt oblag auch die Kontrolle der Reichsstädte Offenburg, Gengenbach und Zell, womit diese zwar reichsunmittelbar, aber nicht frei waren. So konnte der König über sie verfügen und sie auch verpfänden, was er immer wieder tat (s. Waibstadt). Zudem war die Landvogtei selbst fast durchwegs verpfändet: 1334-1351 an die Gf von Baden, 1351-1557 an den Bf. von Straßburg, der 1405-1505 die Herrschaft mit der Kurpfalz teilen musste. 1557 nahm Habsburg die ganze Pfandschaft an sich und ordnete sie als Landvogtei (widerrechtlich) Vorderösterreich ein. 1701 bekam sie der Türkenlouis (von Habsburg, nicht vom Kaiser!) als Belohnung für seine Siege. Dies erklärt das markgräflich-badische Wappen am Offenburger Amtshaus, denn nach der Zerstörung von Burg Ortenberg (1678) residierte hier der Landvogt.

Kernstadt

Die Stadtanlage geht wohl auf die Zähringer zurück, die als Gf. der Ortenau hier am Kinzigübergang eine Marktsiedlung anlegten. Sie wurde bereits 1235 zur Reichsstadt. Die Errichtung der Landvogtei durch König Rudolf schuf für die Stadt eine Zwitterstellung. Einerseits bot der

Offenburg. Sitz der Landvogtei Ortenau mit dem Wappen der Markgrafschaft Baden

Landvogt Rückhalt, andererseits unterlag die Stadt einer ständigen Gängelung. Typisch ist, dass dem gewählten Rat statt eines eigenen Bürgermeisters ein königlicher Reichsschultheiß vorstand. Dies erklärt, warum die 1525 protestantisch gewordene Stadt bereits 1530 wieder zum Alten Glauben zurückkehrte. (Eine ähnliche Entwicklung gab es in der Reichsstadt Gengenbach!). Offenburg wurde von den Reichsrittern der Ortenau, die als abgetrennter Teil des Kantons Neckar-Schwarzwald eine eigene Verwaltung besaßen, als Tagungsort und Verwaltungszentrale (Archiv, Kasse) ausgewählt.

Bauten: Das großartigste Gebäude der Stadt ist das **schlossartige** Amtshaus der Landvogtei, erbaut am Platz eines ehem. Königshofes. Das barocke, 1714-17 errichtete zweistöckige Gebäude unter Mansarddach fällt bereits durch seine Größe von 11 Achsen auf. Der prachtvolle Mittelrisalit mit Portal und Balkon wird vom badischen Wappen gekrönt. Heute Polizeistation. (Hauptstr. 96). –

Sonstiges: Das daneben stehende reichsstädtische Rathaus (1741) ist zwar größer, jedoch weniger repräsentativ. Schönes Stadtwappen über dem Eingang und historisierende Bemalung zur Reichsritterschaft in der Seitengasse. – Das Ritterhaus wurde 1784 als Palais des Reichsschultheißen erbaut und erst 1803 zur Zentrale der Reichsritter. Das lang gestreckte zweistöckige Gebäude in schlichten klassizistischen Formen mit einem Mittelrisalit und einem Wendelturm im

Offenburg

Hof ist heute Museum und Stadtarchiv (Ritterstr. 10). – Das Vinzentiushaus war das Stadtpalais der Fam. von Ried. Das schmucklose Haus (1764) ist Teil eines Altenstiftes (Kornstr.12). Idyllisch wirkt der dazugehörige malerische Garten an der Stadtmauer mit Skulpturen und Steinen (nur zeitweise geöffnet). - In der kath. Stadtkirche Hl. Kreuz stehen zwei Epitaphien eines Frh. von Neveu, der als letzter Bf. von Basel hier beerdigt wurde (s. Durbach). Das Epitaph des Ritters Jörg von Bach (vom berühmten Christoph von Urach, außen am Chor) zeigt eleganteste Frührenaissance.

UMGEBUNG: Im **OT Fessenbach,** das zur Landvogtei gehörte, gibt es den Rieshof. Dieser Freiadelssitz an Stelle einer Wasserburg kam 1684 an das Benediktinerkloster Gegenbach und im 19.Jh an die Fam. von Seebach, weshalb er auch Seebacher **Schlössle** genannt wurde. Das einstöckige, lang gestreckte Gebäude unter Walmdach steht am Rande eines Bachbiotops im Nordwesten des Dorfes („Im Ries").

UMGEBUNG: Der **OT Waltersweier** war eines von 30 Landvogtei-Dörfern. Die Existenz eines Adelshofes (**„Freihof"**) lässt jedoch vermuten, dass hier im 15.Jh ein Straßburger Patrizier eine ritterschaftliche Herrschaft aufbauen wollte. Im 18.Jh gelangte der Hof an die Fam. von Dürfeld, von der ein Epitaph (1768) in der kath. Kirche steht. Der Adelshof (1755) ist ein unauffälliges Herrenhaus unter Mansarddach mit einem Wappen über dem Eingang. Heute Ortsverwaltung („Freihofstraße").

UMGEBUNG: Im **OT Griesheim** saß der Vogt für acht Dörfer der Landvogtei. Er wohnte im heutigen Gasthof Krone, einem zweistöckigen Fachwerkbau unter Walmdach im Norden des Dorfes. Das Gericht für diese Dörfer tagte neben der Kirche, in der ein barockes Wappen die Markgrafen von Baden als Landvögte ausweist.

UMGEBUNG: Auch im benachbarten **Appenweier** saß ein Habsburger Landvogt und tagte ein bedeutendes Gericht für sechs Dörfer, die eine Waldgenossenschaft bildeten. Das **Landvogteigebäude** ist ein stattliches zweistöckiges Barockgebäude (1765) unter Mansarddach. Heute Rathaus (Ortenauerstr. 13). Ein prächtiges badisches Wappen ist in der kath. Kirche. (2009)

F9 Oppenweiler WN

Burkard von Oppenweiler, genannt **Sturmfeder,** wird 1280 erwähnt. Seine Nachkommen erwarben verschiedene Besitzungen in der Region und schlossen sich der Reichsritterschaft an. Da sie beim Alten Glauben blieben, hatten sie häufig Konflikte mit Württemberg, das gegen ihren Willen die Reformation durchsetzte. Nachdem sie im 17.Jh in Hessen eine große Erbschaft erheiratet hatten, wohnten sie kaum mehr in Oppenweiler und nannten sich „Erbsaß Lerch von und zu Dirmstein". 1901 starben sie im Mannesstamme aus. Ihr Erbe kam an (adoptierte) Verwandte, die den Namen als jeweiligen Namenszusatz übernahmen (Sturmfeder-Horneck, -Brandt) und bis heute existieren. In Oppenweiler erinnern ein ausgefallenes Schloss und ihre Epitaphien an sie.

Oppenweiler

Kernort

Ortsadel, der sich Sturmfeder nannte, saß auf einer Wasserburg. Die Gf. Württemberg erwarben 1364 von den Gf. Baden die Oberhoheit, mit der sie 1599 die Einführung der Reformation erzwangen, obwohl das Kirchenpatronat in Händen der Sturmfeder lag. Und obwohl sich diese dem Kanton Kocher der Reichsritterschaft angeschlossen hatten.

Oppenweiler. Wintervergnügen rund um das Wasserschloss

Sie durften nur einen Privatgottesdienst abhalten, wozu sie die Schlosskapelle benötigten. Nach vielen Konflikten wurde 1747 ein Vertrag geschlossen, der Württemberg das kirchliche Visitationsrecht und die faktische Kontrolle über das Dorf zusprach.

Bauten: Das **Wasserschloss** wurde 1782 auf achtseitigem Grundriss an Stelle einer Wasserburg errichtet. Der dreistöckige Bau wirkt äußerst elegant, weil er in der Mitte von einem Belvedere überragt wird und einen schönen wappengeschmückten Eingang hat. Er liegt von Wasser umgeben in einem weiten Park, der vom berühmten Landschaftsarchitekten von Sckell entworfen wurde. Im Park steht ein verwitterter klassizistischer Gedenkstein (1800). Seit 1939 Rathaus. - **Sonstiges:** Im Schlossvorhof bilden die Verwaltungs- und Wirtschaftsbauten eine geschlossene Front. – Viele figürliche Epitaphien (1365 - 1606), darunter zwei bombastische im Chor, und fünf Totenschilde der Sturmfeder in der evang. Kirche. – Im Friedhof schlichte Grabsteine der Sturmfeder aus dem 19.Jh.

Burg Reichenberg

Die Burg über dem Murrtal wurde 1230 von den Gf. von Baden erbaut und Ministerialen übergeben. Sie kam jedoch bereits 1297 als Heiratsgut an die Gf. Württemberg. Im 15.Jh verlor sie ihre strategische Bedeutung und wurde zum Sitz eines eigenen Unteramtes und ab 1519 eines Forstmeisters für das Waldgebiet zwischen Murr und Rot (s. Aspach). Seit 1930 wird sie von der Paulinenpflege in Winnenden als Behindertenwohnheim genutzt.

Bauten: Von der 1230 erbauten **Burg** sind noch die Ringmauer und der wuchtige Bergfried erhalten, beide mit staufischen Buckelquadern. Die in die Burganlage eingefügten Fachwerkbauten (1562) sind schmucklos. Der Zugang in den Innenhof und in die romanische Burgkapelle ist offen. Die kompakte Anlage auf dem Berg ist ein imposanter, mittelalterlich wirkender Blickfang. (2009)

Orsingen-Nenzingen KN M7

Das familiäre Beziehungsgeflecht innerhalb des Adels war wichtig für Berufswahl und Karriere. Ein Musterbeispiel hierfür bietet die **Fam. von Raitenau,** die seit 1325 in Oberreitenau bei Lindau wohnte. Durch die Heirat mit Helena von Hohenems (1558) boten sich Chancen auf höchste Kirchenämter.

Denn Helena war über ihre Mutter (Clara von Medici) eine Nichte von Papst Pius IV (1559-65). So hatte bereits Helenas Bruder, Markus Sittikus I von Hohenems, vom Militär zum Bf. von Konstanz und (skandalumwitterten) Kardinal umgesattelt. Ihr ältester Sohn **Wolf Dietrich** schlug ebenfalls die geistliche Laufbahn ein und gilt als der bedeutendste Fürsterzbischof von Salzburg. (Bekannt ist er heute v.a. wegen seiner Liaison mit der Bürgertochter Salome Alt, mit der er über ein Dutzend Kinder hatte und für die er das später zu Mirabell umbenannte Schlösschen „Altenau" baute.) Er endete tragisch, weil er dem Herzog von Bayern im Konflikt um Salzhandelsrechte 1612 unterlag. Als Gefangener seines Cousins Markus Sittikus II von Hohenems, der ihm im Amte folgte, starb er auf der Festung Hohensalzburg. Als Erzbischof hat er seine Verwandten massiv gefördert, durch ihn wurde 1593/95 Burg Langenstein zum Schloss umgebaut.

Schloss Langenstein

1174-1344 Sitz eines Reichenauer Ministerialengeschlechts, das durch seine Schenkungen die Gründung der Deutschordenskommende Mainau veranlasst und 1344 ausstirbt. Habsburg als Inhaber der Landgrafschaft Nellenburg (ab 1465) verlieh die Herrschaft an verschiedenen Parteigänger. Der häufige Besitzerwechsel endete 1568 mit dem Erwerb durch die Fam. von Raitenau. Sie schloss sich dem Kanton Hegau der Reichsritterschaft an. Ihr bedeutendstes Mitglied Wolf Dietrich (s.o.) baute die Burg zum Schloss um, kaufte die benachbarten Dörfer Eigeltingen und Volkertshausen dazu und schenkte die Herrschaft seinem Bruder. Als Erbe kam sie 1671 in Besitz der Tiroler Fam. von Welsperg. Großherzog Ludwig von Baden kaufte 1826 das Schlossgut, um es seinen außerehelichen Kindern mit dem Titel „Gf. von Langenstein" zu überlassen. Da seine Tochter den schwedischen Gf. Douglas heiratete, kam das Schloss 1872 als Erbe in Besitz der Fam. Douglas. (s. Gondelsheim).

Schloss Langenstein über einem Trockental

Bauten: Kern der **Burg** (um 1100) ist ein aus dem Felsen gehauener und mit großen Findlingen (Megalithsteinen) errichteter Wohnturm, der über einem Trockental imposant empor ragt. Er ist eingefügt in die Gesamtanlage von Bauten, die Bf. Wolf Dietrich im 16.Jh erstellen ließ. Im Nordflügel ist ein Fasnachtsmuseum untergebracht ist. Als **Neues Schloss** (um 1600) wird das ehem. Rentamt bezeichnet, bewohnt von Gf. Douglas. Mehrere Portale mit Wappen. In der im 19.Jh evang. gewordenen (nur bei Gottesdienst zugänglichen) Kapelle befinden sich Epitaphien und die Gruft der Gf. Douglas. - Wirtschaftsbauten schließen die weiträumige Anlage nach Süden hin ab. Der Zugang in den Vorhof ist offen. Großer Park und Golfplatz. Anfahrt: über Straße Steißlingen-Eigeltingen.

UMGEBUNG: Im **OT Orsingen** diente die kath. Kirche als Grablege der Raitenau. Zwei Epitaphien hängen an der Chornordwand. Bf. Wolf Dietrich ließ vom berühmten Hans Morinck eine Tumba für seine 1586 verstorbene Mutter Helena anfertigen, die ihrer Bedeutung für die Familie entspricht. Das filigrane Werk füllt eine Seitenkapelle. (2007)

Ortenberg OG

Die Entstehung der **Landvogteien** geht auf König Rudolf von Habsburg zurück, der damit Reichsbesitz wiederherstellen und verwalten wollte. Wie im Elsass, in Franken, in der Wetterau und in Oberschwaben (s. Weingarten) setzte Rudolf in der **Ortenau** einen Landvogt ein, der als Beamter absetzbar war. Seine Aufgabe war die Verwaltung der Güter und Rechte des Reiches und die Sicherung des Landfriedens. Er übte im Auftrag des Königs die hohe Gerichtsbarkeit aus, ernannte die Schultheißen und zog die Steuern der Städte sowie die Schirmgelder der Klöster ein. Die Landvogtei Ortenau bestand aus ca. 30 Dörfern mit den Gerichten Ortenberg, Griesheim, Appenweier und Achern. So war der Landschaftsname (s. Offenburg) zum staatsrechtlichen Begriff „Reichslandvogtei Ortenau" geworden. Der Landvogt residierte bis zu deren Zerstörung (1678) auf der Burg Ortenberg.

Schloss Ortenberg

Wahrscheinlich erbauten die Zähringer eine Burg, um damit das Kinzigtal als wichtigste Schwarzwaldstraße zu kontrollieren. 1274-1678 diente sie dem Landvogt als Sitz. Da die Landvogtei über 200 Jahre verpfändet (Bf. Straßburg, Kurpfalz, Baden) und ab 1551 von Habsburg vereinnahmt war, bekam dieses lukrative Amt in der Regel ein Landadliger in Fürstendienst. Nach der Zerstörung durch den Sonnenkönig wurde die Landvogtei in die Stadt Offenburg verlegt.

Schloss Ortenberg, ein Produkt der Burgenromantik, war ursprünglich Sitz der Ortenauer Landvogtei

Bauten: Die auf einem Vorhügel des Schwarzwalds stehende Anlage ist eine Mischung aus Burg und neugotischem Schloss. Von der mittelalterlichen **Burg** sind nur noch der Bergfried, einige Buckelquader und die Umfassungsmauer erhalten. Auf den Ruinen der Burg ließ der baltische Kaufmann von Berckholtz das **Schloss** 1838-43 im neugotischen Stil errichten. Das Hauptgebäude ist ein viergeschossiger quadratischer Sandsteinbau mit vier polygonalen Ecktürmen und einem Zinnenkranz. Festungsartige Bastionen suggerieren Wehrhaftigkeit. Die Bauten werden als Jugendherberge und von der Gemeinde genutzt. - Vom Kinzigtal her wirkt die Anlage wie ein Märchenschloss, vergleichbar den Burgen Hohenzollern (s. Hechingen) und Lichtenstein. (2006)

H8 Ostfildern ES

Klassik ist das Original, Klassizismus die Nachahmung. - In der Kunstgeschichte wird als Klassik die Zeit der griechischen und römischen Antike bezeichnet. Auf diese griff man zurück, als man sich zum Ende des 18.Jh von der Überladenheit des Barock und der Verspieltheit des Rokoko abgrenzen wollte. So erklärt sich das Entstehen des nüchtern wirkenden **Klassizismus,** der die Epoche zwischen 1770 und 1830 dominierte. Hier wird das Bild der Architektur durch die griechisch-römische Tempelstirnwand mit Dreiecksgiebel und Säulenportikus und der Verwendung von wenig Dekor bestimmt. Berühmte Bauten dieser Zeit sind das Brandenburger Tor in Berlin, das Schloss Charlottenburg in Potsdam und die Klosterkirche in St. Blasien. Aber auch einige Schlösser in BW wurden im klassizistischen Stil erbaut (s. Königseggwald), so auch das in Scharnhausen, kombiniert mit einem griechischen Tempelchen.

Scharnhausen. Säulenportikus und Dreiecksgiebel sind typisch für Klassizismus

OT Scharnhausen
Dorfadel saß im 13.Jh auf zwei Burgen. Die Oberhoheit kam im 14.Jh an die Gf. Württemberg, welche die Dorfherrschaft an wechselnden Adel vergaben und sie im 16.Jh selbst übernahmen. 1810 errichtete Kronprinz Wilhelm neben dem Schloss ein Gestüt, dessen berühmte Araberzucht 1819 nach Weil (s. Esslingen) verlegt wurde.
Bauten: Das **Schloss** (1784) wurde als Lustschloss mit Englischem Park zur Ergänzung von Schloss Hohenheim (s. Stuttgart) erbaut. Es ist ein zweistöckiges Gebäude unter Walmdach, dessen Schauseite von einem Säulenportikus mit Dreiecksgiebel dominiert wird. Das privat bewohnte Gebäude liegt am westlichen Dorfausgang Richtung Ruit, umgeben von einem riesigen Parkgelände. Von einem öffentlichen Weg entlang dem Flüsschen Körsch kann man es bewundern. - Hier gelangt man zur Hofermühle, die seit 1810 als Pferdehof dient, weshalb der gusseiserne Brunnen von einer Fohlenstatue gekrönt wird. - **Sonstiges:** Oberhalb des Schlösschens liegt ein ionisches Tempelchen („Amortempel"), ein Gartenpavillon auf 12 Säulen. Er ist zu Fuß von der Bergstraße bzw. Jahnstraße her erreichbar.

UMGEBUNG: Im benachbarten **Filderstadt** steht im Zentrum des **OT Bernhausen** das Schlössle. Das verputzte Gebäude (1588) fällt durch seine Außengestaltung mit barocker Sonnenuhr und gotischem Portal auf. Vermutlich diente es einmal als Wohnhaus eines württ. Amtmannes, heute ist es privat bewohnt (Rosenstr. 4). – Im **OT Bonlanden** wurde das Pfarrhaus an der Stelle der Dorfadelsburg erbaut, von welcher der Graben mit Steinbrücke erhalten blieb. Das erhöht auf einer Erdmotte stehende Pfarrhaus bildet zusammen mit der evang. Kirche ein schönes Ensemble im Dorfzentrum. (2009)

Owen ES H9

„Grafen vertreiben Herzöge" könnte die Schlagzeile für das Vorrücken der Gf. Württemberg auf die Alb lauten. Kontinuierlich verdrängten sie die **Herzöge von Teck,** eine Seitenlinie der Zähringer, die sich seit 1188 nach diesem Zeugenberg der Schwäbischen Alb nannte. Konrad von Teck griff 1292 sogar nach der Königskrone, starb jedoch bei der Wahl. Ihr Abstieg kam in Folge einer Besitzteilung. So starb die Linie Oberndorf-Rosenfeld am Oberen Neckar 1363 völlig verarmt aus, die Linie Kirchheim-Owen 1439. Die Gf. Württemberg hatten sie zuvor weitgehend aus ihren Besitzungen verdrängt und präsentierten sich anschließend als ihre legitimen Nachfolger, indem sie 1495 bei der Erhebung in Herzogsstand die Teckschen Rauten in ihr Wappen übernahmen.

Burg Teck
Seit 1381 hatte Württemberg die Burg samt Herrschaft vollständig in Besitz. 1525 wurde sie im Bauernkrieg zerstört und nicht mehr aufgebaut, weshalb nur noch Umfassungsmauern blieben. Die vorhandenen Gebäude wurden im 19. und 20.Jh errichtet, um eine Bewirtschaftung der zahlreichen Ausflügler und Besucher zu ermöglichen. Lage: Östlich von Owen. Zufahrt ausgeschildert. Rund 2 km Fußweg vom Parkplatz.

Kernstadt
Neben dem Dorf wurde 1276 von den Hr. von Teck die Stadt gegründet, die mit der Burg Teck 1381 an die Gf. Württemberg kam. Diese ließen die Herrschaft von wechselnden Landadelsfamilien verwalten, so auch von den Speth, von denen sie um 1500 durch Heirat an die Schilling von Cannstatt kam. Diese leiteten von hier aus die benachbarten Ämter in Oberlenningen und Neuffen. Als im 30j. Krieg das Tecksche Stadtschloss zerstört wurde, bauten die Schilling ein seit der Reformation aufgehobenes Frauenkloster zum Stadtschloss um.
Bauten: Das **Schloss** (17.Jh) ist ein ehemaliges Frauenkloster. Der schmucklose, dreistöckige Kasten unter Walmdach dient heute als Musikschule. Lage: neben dem Friedhof, beim Bahnhof. – Am Platz des zerstörten Teckschen Stadtschlosses steht heute das Rathaus. – **Sonstiges:** In der evang. Kirche, die den Herzögen von Teck als Grablege diente, steht im Chor die Grabtumba Konrads II mit dem Teckschen Wappen, gekrönt von einem Helm mit Adlerkopf und Königskrone. Fünf Grabplatten von Adligen, die früher außerhalb der Kirche standen, liegen jetzt abgedeckt mit einem Holzpodest im Chor. (2009)

Owingen FN M8

Städtische **Patrizier und Landadel** entstammten teilweise der gleichen sozialen Schicht. Meistens waren die Patrizier der Reichsstädte ehemalige Ministeriale des Königs, die seine Interessen im Stadtregiment vertraten. Landadlige wiederum waren häufig ehemalige Patrizier, die sich eine Alternative in Form einer unabhängigen Herrschaft aufzubauen suchten. Wenn es der Reichsstadt nicht gelang, eine solche Miniaturherrschaft dem eigenen Territorium einzufügen, so konnte ein Zwitterzustand wie hier eintreten: Die Reichlin von Meldegg waren im nahen Überlingen Patrizier und hier in Billafingen Reichsritter.

Owingen

Die **Roth,** von Oberrot bei Gaildorf stammend, gehörten zu den exklusiven Patrizierfamilien der Reichsstadt Ulm. Nach Übernahme von Burg Schreckenstein als Helfensteiner Lehen (1351) nannten sie sich **Roth von Schreckenstein.** 1547 zogen sie wegen der Einführung der Reformation aus Ulm weg. In Fürstenberger Diensten waren sie Landvögte und wurden Ende des 17.Jh mit dem Erwerb von Immendingen und Billafingen Reichsritter. Sie stellten einen Fürstbischof von Breslau und einen Fürstabt von Kempten sowie im 19.Jh einen Preußischen Kriegsminister und einen Schriftsteller, der ein grundlegendes Werk zur Geschichte der Reichsritterschaft schrieb. Im OT Billafingen hinterließen sie Schloss und Epitaphien.

OT Billafingen

Bereits ab dem 13.Jh kaufte eine Überlinger Patrizierfamilie Herrschaftsrechte auf. 1481 erwarben die Reichlin von Meldegg die Ortsherrschaft und schlossen sich mit einer eigenen Linie dem Kanton Donau der Reichsritterschaft an, während die umwohnenden Reichsritter zum Kanton Hegau gehörten. Sie wurden 1654 von ihren Verwandten in Überlingen beerbt, die 1675 den Ort an die Roth von Schreckenstein verkauften.
Bauten: Das **Schloss,** 1795, ist ein schlicht-klassizistischer zweigeschossiger Bau in ummauertem Park. Privat bewohnt. Am Ortsausgang Richtung Owingen. – **Sonstiges:** In der kath. Kirche (mit Wappen des Deutschen Ordens und der Reichlin über dem Eingang) sind Epitaphien der Roth von Schreckenstein. – Stattliches Bräuhaus (1840).
UMGEBUNG: Beim **OT Hohenbodman** erinnert ein runder Bergfried, der eindrucksvoll auf einem Bergkegel steht, an das Ministerialengeschlecht der Bodman (s. Bodman-Ludwigshafen). 1478-1803 gehörte der Ort zum Territorium der Reichsstadt Überlingen.

UMGEBUNG: Das Nachbardorf **Herdwangen** (Gem. Herdwangen-Schönach) gehörte seit 1678 dem Kloster Petershausen (s. Konstanz), das zudem 1776 die Hochgerichtsbarkeit hinzu erwarb. Es wurde von einem Propst verwaltet. Der residierte in einem schlössleartigen zweistöckigem Gebäude unter Walmdach mit einem Mittelrisalit, in dem heute die Gemeindeverwaltung untergebracht ist. (2003)

E9 Pfedelbach KÜN

Das **Hohenloher Land** hat seinen besonderen Reiz. Die Ebene wird aufgrund der vielen eingekerbten Täler von Tauber, Jagst und Kocher als abwechslungsreich erlebt. Dazu trägt auch die historisch gewachsene Aufsplitterung in Städtchen und Kleinresidenzen bei. Denn die Fam. von Hohenlohe, die diesem Land ihren Namen gab, spaltete sich in viele Linien auf (s. Weikersheim). So treffen wir auf keine große Zentralstadt, sondern auf eine Menge operettenhaft verträumter Residenzen, wie hier mit dem Städtchen Pfedelbach.

Pfedelbach

Kernort

Im 13.Jh Ortsadel auf einer Wasserburg. 1472 Aufkauf durch Gf. Hohenlohe. 1615-1728 Sitz einer eigenen evang. Linie, die auch die Gft. Gleichen besaß. Deren Erbe fiel 1728 an die kath. gewordene Linie in Bartenstein (s. Schrozberg). Diese siedelte landlose Katholiken beim Landschlösschen Charlottenberg (Siedlung Heuberg) an. In der franz. Revolution wohnte im Städtchen der Bruder des berühmten Revolutionärs Mirabeau mit einer Emigrantenarmee („Legion Mirabeau").

Pfedelbach. Wasserburgartig steht das Hohenlohe-Schloss im Zentrum des Städtchens

Bauten: Das **Schloss** (um 1600) wirkt nach Außen wie eine Vierflügelanlage, wobei jedoch nur zwei Flügel bewohnbar sind. Die Giebel und der säulengeschmückte Innenhof sind typisch Renaissance. Das Schloss steht wasserburgartig mit Graben, Rundtürmen und mächtigem Torturm im Stadtzentrum. Seit 1962 in Stadtbesitz, genutzt für Wohnungen und von Vereinen. Barocke kath. Schlosskapelle. – **Sonstiges:** Gegenüber stehen die Wirtschaftsbauten („Langer Bau") mit Staffelgiebeln, genutzt von Behörden. – Der Gasthof Sonne ist ein schlichter, als Witwensitz konzipierter Mansarddachbau (1760) mit schönen Rokokoräumen im Obergeschoss, die von der VHS genutzt werden. – In der evang. Kirche mit Renaissancekanzel stehen mehrere Epitaphien von Pfarrern und Adligen.

UMGEBUNG: Rund 2 km südlich der Stadt liegt das Landschlösschen **Charlottenberg** (1712) in schöner Höhenlage, heute Bauernhof. Daneben die Siedlung Heuberg. – Rund 2 km weiter erinnert die Burgstraße im **OT Obergleichen** an die Burg Gleichen, die samt der gleichnamigen Herrschaft von den Gf. Löwenstein 1416 an Hohenlohe kam.

UMGEBUNG: Ein eigenes Amt der Gf. Hohenlohe war im nahen Dorf **Adolzfurt** (Gem. Bretzfeld) eingerichtet. 1333 hatten sie die Wasserburg der Hr. von Maienfels erworben, an deren Stelle sie im 16.Jh ein **Schloss** bauten. 1777 wurde es bis auf den Südflügel und einen Rundturm abgerissen. Dieses schmucklose Gebäude in Privatbesitz steht in einem Park neben der evang. Kirche. Kein Zugang.

UMGEBUNG: Im nahen Dorf **Unterheimbach** (Gem. Bretzfeld) erinnern nur noch Ruinen auf dem Schlossberg an die Burg der Ritter von Heimberg, die im 14.Jh ins Patriziat der Reichsstadt Heilbronn wechselten. Die Dorfherrschaft war zwischen Hohenlohe und den Hr. von Gemmingen auf der benachbarten Burg Maienfels (s. Wüstenrot) geteilt, wobei letztere zum Kanton Odenwald der Reichsritterschaft gehörten. In der evang. Kirche hängen hinter dem Altar zwei schlichte, frühbarocke Holz-Epitaphien (um 1650). (2004)

G6 Pforzheim PF

Zu einer bedeutenden Herrschaft gehört ein **Kollegiatstift!** Es war Teil des Herrschaftsanspruchs, die Weltpriester der „Hauptstadt" in einem Kollegium zusammen zu fassen (= Kollegiatstift) und ihnen, modern ausgedrückt, „staatliche" Aufgaben zu übertragen. Dazu studierten die Stiftsherren, jedoch nicht Theologie, sondern meistens kirchliches und weltliches Recht, womit sie anschließend als Diplomaten oder Juristen eingesetzt werden konnten. Dies war für die Herrschaft kostenneutral, da die Stiftsherren bereits im Studium mit ihrer Pfründe versorgt waren. Aber vor allem diente ein Kollegiatstift dem **Ahnenkult** des Herrscherhauses, das seine Grabdenkmäler häufig direkt in den Chor platzierte, wie z.B. in der Pforzheimer Stiftskirche. Damit konnte die weltliche Herrschaft geistlich untermauert und zelebriert werden. – In Pforzheim war die Symbiose von Herrschaft und Stift aufgrund der direkten Nachbarschaft bereits äußerlich ersichtlich. War, denn leider ist das Schloss verschwunden, und nur noch die Stiftskirche ragt über der Stadt empor.

Kernstadt

Als Erbe kam die Stadt 1219 an die Gf. Baden. Sie war die wirtschaftlich stärkste Stadt der Markgrafen, weshalb sie hier eine Universität einrichten wollten. Hierzu wurde 1460 ein Kollegiatstift gegründet, dessen Stiftsherren analog zum Vorgehen in Heidelberg und später in Tübingen als Professoren eingesetzt werden sollten. Eine vernichtende Niederlage im Krieg gegen die Kurpfalz (1462) machte diese Pläne zunichte. Nach der Landesteilung 1535 diente das Schloss bis zum Umzug nach Durlach (s. Karlsruhe) als Residenz und die Stiftskirche als Grablege. Erst 1556 wurde offiziell die Reformation eingeführt. Im Pfälzer Erbfolgekrieg wurde die Stadt vom Sonnenkönig zerstört. Die Ansiedlung von „welschen" (= französischsprachigen) Uhrmachern im Waisenhaus war die Keimzelle der Schmuckindustrie, weshalb in einem Museum (Reuchlinhaus) die Geschichte des Schmucks mit unglaublich schönen Exemplaren gezeigt wird.
Bauten: Das **Schloss** (1561) nördlich der Schlosskirche wurde 1692 zerstört und verfiel im 18.Jh. Nur noch der dreistöckige massive Archivturm mit einem verwitterten Wappen blieb erhalten. Daran ist die ehem. Kellerei angebaut, ein 2003 in den Formen des 1945 zerstörten Barockbaus (1699) wieder errichtetes, elegantes Gebäude, das als Gaststätte genutzt wird. - **Sonstiges:** Daneben steht die Schloss- bzw. Stiftskirche mit ihren zahllosen Epitaphien, darunter das des Reformationskanzlers Achtsymit (s. Niefern). Einmalig für BW ist das Epitaph eines Zigeunerhäuptlings („Freigraf von Kleinägypten"). Die Krönung ist jedoch der zur Grablege umfunktionierte Chor mit den Epitaphien der Markgrafen; in der Mitte steht das Hochgrab der Stammeltern der Baden-Durlacher Linie, eine exzellente Arbeit von Christoph von Urach.

OT Dillweißenstein

Der Ort im Nagoldtal entstand 1890 durch die Zusammenlegung von Dillstein im Norden mit Weißenstein im Süden. Über dem **OT Weißenstein** steht die Ruine von **Burg Kräheneck,** auf der im 11.Jh eine Nebenlinie der Gf. von Hildrizhausen saß. Die staufische Anlage mit einer 10m hohen Schildmauer aus

Buckelquadern ist über einen Fußweg (15 min.) erreichbar. - Mitten im Dorf erhebt sich **Burg Weißenstein,** auch Rabeneck genannt. Der Ministerialensitz kam 1579 an die Gf. Baden. Die staufischen Burgreste wurden im 19.Jh vom badischen Staat teilweise wieder aufgebaut, so dass ein vierstöckiges massives Gebäude unter Kupferdach im Kontrast zur Schildmauer steht. Jetzt Jugendherberge mit dem Wappen der Hr. von Neuhausen über dem Eingang. Burg wie Städtchen, zu dem eine zinnenbewehrte Bogenbrücke (1856) führt, ragen spektakulär über der Nagold empor.
UMGEBUNG: Das benachbarte Dorf **Würm** gehörte zur **Burg Liebeneck,** die ca. 3 km südlich versteckt im Wald steht. Man findet die Burgruine rechts der Würm über einen Aufstieg mit rund 80 m Höhenunterschied (ca. 15 min Fußmarsch von Bushaltestelle und Parkplatz). Die Herrschaft kam 1448 als badisches Lehen an die Leutrum von Ertingen, die sich dem Kanton Neckar der Reichsritterschaft und der Reformation anschlossen. Die evang. Kirche im Dorf diente ihnen als Grablege, wovon aber nur ein barockes Epitaph blieb.   (2008)

Pfullingen RT

In Pfullingen kann man ein außergewöhnliches Denkmal der Ordensgeschichte entdecken: Ein steinernes gotisches Sprechgitter beim ehem. Klarissenkloster. Freistehend in einem Garten, losgelöst von sonstigen Bauten, führt es uns vor Augen, dass eine Grundregel weiblichen Klosterdaseins die **strenge Klausur,** der Abbruch von Kontakten zur Außenwelt war. Während die Mönche der Männerorden auch in der Welt aktiv sein konnten, hatten die Frauen im Mittelalter nur die Wahl zwischen „Mann oder Mauer". Hier steht man vor der Mauer.

Kernstadt
Pfullingen war ursprünglich Zentrum des fränkischen Pfullichgaues und Sitz einer Hochadelsfamilie, aus welcher der Hl. Wolfgang stammt. Diese starb bereits im Hochmittelalter aus, ihre Grafenburg (Obere Burg) ist verschwunden. Im 13.Jh gründete die Ministerialenfamilie Remp das Klarissenkloster. Württemberg erwarb die Oberhoheit und nach dem Aussterben der Ministerialenfamilie Remp von Pfullingen (1487) auch die Ortsherrschaft. Mit der Reformation kam zudem der Besitz des Klarissenklosters an Württemberg, das die Stadt dem Oberamt Urach unterstellte.

Pfullingen. Anmutig wirkt das Remp-Schlössle

Bauten: Das **Schloss** wurde 1563 an Stelle einer Wasserburg („Untere Burg") der Remp vom württ. Herzog Christoph als Jagdschloss erbaut. Nur noch Süd- und Ostflügel sind erhalten. Es ist zudem durch spätere Nutzungen so stark verändert, dass es als Schloss kaum mehr zu erkennen ist. Heute städtische Einrichtungen (VHS, Musikschule). – Südlich davon (entlang der Echaz) steht das **„Schlössle"** (um 1450). Mit seinem schönen Fachwerk auf Steinsockel diente

Pfullingen

es den Remp als Wohnhaus. Heute Museum. Beide Schlösser stehen in einem von der rauschenden Echaz durchflossenen Park, nordwestlich von Marktplatz, Rathaus und Stadtkirche („Schlossstraße"). – **Sonstiges:** In der evang. Martinskirche, der Urkirche des Gaues, überrascht das große Renaissance-Epitaph eines Bürgermeisters. - In der Klosterstrasse stehen die Reste (Kirche, Sprechgitter) des in der Reformation aufgelösten Klarissenklosters. (2007)

18 Pliezhausen RT

Die **Frh. von Kniestedt** hinterließen eine gute Erinnerung aufgrund einer Stiftung, die der Schule und den Armen zu Gute kam. Sie stammen aus Niedersachsen, ihr Stammschloss stand bei Hildesheim. 1149 erschienen sie als Ministeriale von Heinrich dem Löwen. In Württemberg bildete sich eine eigene Linie durch Levin von Kniestedt, der 1672 Stallmeister in Württemberg wurde. Im 18.Jh war ein Familienmitglied Kammerpräsident des Herzogs und gleichzeitig Direktor des Ritterkantons Neckar. Der letzte dieses Zweiges, Carl, machte eine Stiftung von 50.000 Gulden, die den drei Dörfern Rübgarten, Heutingsheim (s. Freiberg) und Kleinbottwar (s. Steinheim) zugute kam. Die Linie starb 1815 in Württemberg in männlicher Linie aus. In Rübgarten erinnert neben dem Schloss auch noch die Kirche an sie.

OT Rübgarten

Die Vol von Wildenau, die als Ministeriale der Gf. Tübingen im Hochmittelalter hier im südlichen Schönbuch eine Rodungsinsel schufen, hatten die Ortsherrschaft bis zum 30j. Krieg inne. Sie schlossen sich dem Kanton Neckar der Reichsritterschaft und der Reformation an. Nach wiederholtem Besitzerwechsel wurde die Dorfherrschaft 1706 von Levin von Kniestedt gekauft und fiel nach dem Aussterben der Kniestedt (1815) an das Königreich Württemberg, das damit den Aufsteiger Gf. Dillen (s. Grafenau) belehnte. Diese Familie starb im 20.Jh aus, das Schlossgut wurde 1954 an Bauern und Bürger verkauft.

Rübgarten. Schloss und Kirche sind ineinander verwachsen

Bauten: Das **Schlössle,** 1710, ist ein zweigeschossiger, schmuckloser, von Mauer und Park umgebener Fachwerkbau auf Steinsockel. Das Wappen der Kniestedt über dem Garten-Rundbogentor ist überwuchert. In Privatbesitz. – **Sonstiges:** Verwinkelt ins Schloss hinein gebaut steht die evang. Kirche, die 1811 aus der Schlosskapelle entstand, weshalb der Keller unter der Kirche zum Schloss gehört.

UMGEBUNG: Im Nachbardorf **Walddorf** (Gem. Walddorfhäslach) muss es viele Trinker gegeben haben, wenn sich ein Gastwirt sogar ein **Schlössle** leisten konnte! Es ist ein zweistöckiges Fachwerkhaus (1579) auf Steinsockel mit einem schmucken Erkervorbau. Sein Sohn fügte 1607 die Renaissance-Toreinfahrt hinzu. Frisch renoviert bietet es das Bild einer reichen Hofanlage. Das als Wohnungen genutzte Schmuckstück steht am Dorfausgang Richtung Pliezhausen („Schlosshof"). - Das Dorf kam 1342 von den Pfalzgrafen von Tübingen an Württemberg und wurde Sitz eines Unteramtes für 7 Dörfer. Der Kirchturm ist vermutlich der Bergfried der verschwundenen Burg und würde aufgrund seines achteckigen Zeltdaches gut ins Berner Oberland passen. (2008)

Radolfzell KN N7

Die Fam. **von Bodman** saß in vielen Dörfern am westlichen Bodensee (= Bodmansee), so auch eine Linie in Möggingen und Güttingen. Die Chance zum Aufstieg ergab sich für die hiesige Linie, als ein Familienmitglied 50 Jahre lang (1678-1728) Fürstabt des Reichsstiftes Kempten war. Sie erhielt das Kemptener Schenkenamt und stellte Domherren in Augsburg, Freising und Regensburg. Mitte 19.Jh musste sie jedoch ihren Besitz verkaufen und starb 1922 aus. Dennoch wohnt noch heute ein Bodman im Mögginger Schloss.

Der Reichsritterschafts-Kanton **Hegau-Bodensee-Allgäu** war zweigeteilt in ein Viertel „Allgäu-Bodensee" (s. Wangen) und ein Viertel „Hegau". Ebenso wie im Kanton Donau blieben die Mitglieder beim alten Glauben, was Karrieren beim Hochstift Konstanz oder in Habsburger Diensten ermöglichte. Von daher ist es nachvollziehbar, dass die Hegauritter ihre Kanzlei („Ritterhaus") in das vorderösterreichische Radolfzell legten. Sie brachten daran ihr Wappen an, mit dem sie die Reichsunmittelbarkeit sowie geforderte Hoheitsrechte (Gerichtsbarkeit, Fischerei, Jagdrecht) demonstrieren wollten.

Kernstadt

Die Stadt „Radolfs Zelle" entstand als eine Marktsiedlung bei der Stiftskirche, mit der eine bedeutende Wallfahrt verbunden war. Noch heute gibt es das Fest der „Hausherren" (= Stadtpatrone). Das Benediktinerkloster Reichenau gründete als größter Grundbesitzer im 13.Jh die Stadt, verkaufte jedoch bereits 1298

Radolfzell, Ritterhaus. Das Wappen demonstriert den Sonderstatus der Reichsritterschaft

die Stadtherrschaft an die Gf. Habsburg. Unter Habsburger Herrschaft hatte Radolfzell die Rechte einer reichsunmittelbaren Stadt und kaufte sich ein kleines Territorium zusammen (z.B. Böhringen).

Bauten: Das **Schlössle**, 1619, wurde östlich vom Münster an Stelle von zwei Chorherrenhäusern für Erzherzog Leopold erbaut („Österreichisches Schlössle" Marktplatz 8), jedoch nie von Habsburg als Schloss genutzt. Es ist ein hohes Steinhaus mit zwei Ecktürmchen und Staffelgiebeln auf asymmetrischem Grundriss. Am Südportal ein prachtvolles Wappen. Im Inneren Rokokodecken. Heute als Stadtbücherei genutzt. - Schlossartig wirkt das **Ritterhaus** (= Kanzlei der Reichsritterschaft), entstanden aus dem ehem. Stadthaus der Frh.

Radolfzell

von Schellenberg, die es 1609 dem Kanton schenkten. Der erweiterte es um zwei Häuser und baute es zum Palais mit wappengeschmückter Freitreppe um. Heute Amtsgericht (Seetorstr. 5). – **Sonstiges:** Im kath. Münster stehen einige Epitaphien. – Der Rest einer Burg steckt in einem dreigeschossigen, klassizistisch veränderten Steinhaus, das im Mittelalter Sitz des Stadtrichters und Stadtburg des Reichenauer Abtes war (Hinter der Burg 3). – Das Egloffsche Haus in der Kaufhausstraße war ein Freihof der Fam. Egloff von Zell, die als auswärtige Bürger im 15.Jh in der Stadt ein eigenes Haus unterhielt. Das viergeschossige Fachwerkhaus diente im 17.Jh als Münzstätte, daher der weitere Name „Münzschmiede". – Das Petershauser Amtshaus gehörte ursprünglich dem Kloster St. Georgen in Stein am Rhein, was das Wappen der beiden Klöster über dem Eingang erklärt. Das mächtige viergeschossige Gebäude (1619) diente nach der Säkularisation der badischen Domänenverwaltung bzw. 1854-1903 als Forstamt (Forsteistraße).
UMGEBUNG: Auf der **Mettnau,** der Halbinsel östlich der Kernstadt, steht das 1878 errichtete „Scheffelschlösschen", ehem. Villa des Dichters Victor von Scheffel. Heute Scheffelmuseum und Kurverwaltung.

OT Möggingen

Frühalemannische Siedlung, die als Königsgut 860 dem Kloster St. Gallen geschenkt wurde. Ortsadelssitz. Im 13.Jh als Lehen an Hr. von Bodman. Im 16.Jh Bildung einer eigenen Linie, die sich dem Kanton Hegau der Reichsritterschaft anschloss und wiederholt den Ritterhauptmann stellte. Sie musste jedoch Mitte des 19.Jh ihre Herrschaft wegen des finanziellen Ruins verkaufen. Nach ihrem Aussterben (1922) fiel ihr Besitz an die Stammlinie in Bodman.
Bauten: Das **Schloss,** um 1600, wurde im 19.Jh umgebaut und der Turm beseitigt. Der schmucklose Steinbau mit sechseckigem Treppenturm steht auf einem Moränenhügel. Die ummauerte Anlage wirkt wie ein „Dornröschenschloss", weil sie von Wassergräben und Feuchtbiotopen umgeben und von Pflanzen überwuchert ist. Seit 1935 wieder von einem Gf. Bodman bewohnt, seit 1946 Teilvermietung an Vogelwarte („Max-Planck-Institut"). Keine Besichtigung, jedoch Zugang in den Hof möglich. Westlich des Dorfes gelegen („Schlossstraße").
- **Sonstiges:** Im Dorf sind in der kath. Kirche einige Wappenepitaphe der Bodman. Westlich der Kirche steht im Park ein Mausoleum als Grablege der heutigen Bodman. An einem Haus gegenüber der Kirche ist das Allianzwappen Bodman-Hallwil zu entdecken.
UMGEBUNG: Im benachbarten **OT Güttingen** steht in der Litzelbergstr. 9 ein Haus, das durch Umbauten (1925) nicht mehr als Schloss erkenntlich ist. Auch die hier sitzende Linie der Fam. Bodman, von der man drei Wappenepitaphien in der Kirche vorfindet, hatte sich der Reichsritterschaft angeschlossen.
UMGEBUNG: Auch auf der **Burg Homburg** über dem nahen **OT Stahringen** saßen die Hr. von Bodman. Die seit 1158 von Ministerialen des Bf. Konstanz bewohnte Burg kam 1566 als Habsburger Lehen an die Bodman in Möggingen. Zerstörung im 30j. Krieg. Lage: An Sträßchen nach Steißlingen. Zugang durch einen Bauernhof im Vorburgbereich, die Ruine steht auf einem Nagelfluhfelsen.

Radolfzell

OT Böhringen

Auch hier stößt man auf eine Fam. von Bodman. Sie wohnt im Schlossgut **Rickelshausen,** das seit 1976 als Gästehaus der Öffentlichkeit zugänglich ist. Das Dorf gehörte der Stadt Radolfzell, die Oberhoheit besaß Habsburg, im Schloss wohnte der Habsburger Beamtenadel.

Bauten: Das **Schloss Rickelshausen,** 1769-72, ist ein Herrenhaus unter Krüppelwalmdach. Der Eingang wird geschmückt von einem großen Wappen der Familie von Senger. Nach 1823 zur Fabrik umgestaltet, wobei einer der beiden freistehenden Flügelbauten abgebrochen wurde. Es liegt in einem großen Park, versteckt hinter Bäumen, westlich des Dorfes an der Straße nach Singen. Vermietung als Gästehaus. – Jenseits der Straße führt ein Privatweg zum ca. 1 km nordwestlich liegenden **Weiherhof,** dessen Namen an eine verschwundene Wasserburg erinnert. Das renovierte Gebäude (19.Jh) ist um Neubauten erweitert und in Eigentumswohnungen unterteilt. Der riesige Park dient dem privaten Pferdesport. (2008)

(Bad) Rappenau HN   D7

Rappenau = Rabans Au. Der 1190 erwähnte Raban von Wimpfen saß im Umkreis der Stauferpfalz Wimpfen auf mehreren Burgen. Er gilt als Stammvater der Ritterfamilien Helmstatt, Mentzingen und Göler von Ravensburg, die alle den Raben im Wappen führen. Dies ist eines der vielen Beispiele dafür, dass die Wurzeln der Reichsritter auf die Staufer zurückgehen. Denn diese beauftragten Unfreie (Dienstmannen, Ministeriale) mit Führungsaufgaben, worunter auch der Bau und die Verwaltung der Burgen fielen (s. Gerabronn). Auf diese Burgen bzw. Schlösser stößt man hier in jedem Ortsteil.

Die **Hr. von Ehrenberg** waren ein Freiadelsgeschlecht, das im 13.Jh in den Ministerialenstand abstieg. Als Reichsritter schlossen sie sich der Reformation an, kehrten jedoch nach der Heirat mit der Schwester des Würzburger Bf. Julius Echter zum Alten Glauben zurück. Deren Sohn Adolf wurde als Bf von Würzburg (1624-31) zum größten Hexenverfolger im Deutschen Reich. Schließlich ließ er sogar im Hexenwahn, dem vermutlich 1200 Untertanen zum Opfer fielen, seinen eigenen Neffen hinrichten und löschte damit die eigene Familie aus, die anschließend mit Adolfs Bruder 1647 endete. In Heinsheim steht ihre Stammburg und war ihre Grablege.

Rappenau, Kernstadt. Solch wunderbare Schlösser hinterließen die Kraichgauer Reichsritter

Die **Fam. von Racknitz** stammt aus der Steiermark, Stammburg Perneck. 1553 wurde sie in den Freiherrenstand erhoben. Wie der Großteil des Steirer und Kärntner Adels schloss sie sich der Reformation an. Als im 30j. Krieg 1629 Kaiser Ferdinand II im Zuge seiner radikalen Rekatholisierungspolitik den dortigen Adel vor die Alternative stellte, entweder katholisch zu werden oder auszuwandern (s. Jettingen), ging sie ins Exil nach Regensburg und anschließend nach Nürnberg. In Diensten der Kurpfalz erlebte sie eine Renaissance. So erwarb sie Heinsheim und erheiratete Talheim (bei Heilbronn) und Laibach (s. Dörzbach). Die Laibacher Linie erlosch 1965, die Heinsheimer lebt noch heute hier.

OT Heinsheim

Ministeriale des Bf. Worms nannten sich nach der Burg Ehrenberg über dem Dorf. Sie machten v.a. als Domherren Karriere und gelangten auf den Bischofsthron von Speyer (1336-63) und Würzburg (1624-31). Sie schlossen sich dem Kanton Kraichgau der Reichsritterschaft und bereits 1527 der Reformation an. Nach ihrem Aussterben 1647 fiel die Herrschaft an den Bf. Worms zurück, der in der Burg ein Amt einrichtete. Der Eigenbesitz jedoch kam an die erbenden Hr. von Helmstatt und wurde 1727 durch die aus der Steiermark stammende protestantische Fam. von Racknitz gekauft, die noch heute hier wohnt.

Bauten: Die **Burg Ehrenberg** steht als lang gestreckte Anlage über dem Neckar. Vom Kernbau des 13.Jh sind der Bergfried, die Schildmauer und die Palasruine vorhanden. Im Vorburgbereich wurden im 16.-18.Jh Wohn- und Wirtschaftsbauten mit Staffelgiebeln sowie die Burgkapelle (1602) errichtet. Seit 1803 (Säkularisation) in Besitz der Fam. Racknitz, privat bewohnt. Blickfang vom jenseitigen Neckarufer. – Im Dorf steht das **Untere Schloss** (1727) inmitten eines großen Parks. Das schmucklose, zweistöckige Herrenhaus mit Freitreppe und Balkon unter Walmdach ist als Hotel in Besitz der Fam. von Racknitz. Daneben die Schlosskapelle (1706) mit Herrschaftsgestühl. Ausschilderung „Schlosshotel". - **Sonstiges:** Über dem Dorf steht die evang. Bergkirche mit vielen Wappen-Epitaphen der Ehrenberg sowie einem monumentalen Familien-Epitaph, auf dem der spätere Hexenverfolger Adolf als unschuldiges Kind zu sehen ist. Daneben der Friedhof mit Gräbern der Fam. von Racknitz. - Jüdische Synagoge in der Schlossgasse (3/1) heute Lagerraum.

Burg Ehrenberg. Eine der spektakulären burgartigen Schlossanlagen am Unteren Neckar

Kernstadt

Merowingersiedlung. Bei der Wasserburg des Raban von Wimpfen entstand das Dorf. Die Oberhoheit lag beim Bf. Worms, die Dorfherrschaft war zwischen verschiedenen Ritterfamilien geteilt (Helmstatt, Münchingen, Gemmingen), weshalb es zwei Wasserburgen gab. Anschluss an den Kanton Kraichgau der Reichsritterschaft und an die Reformation. Ab 1592 war das Rittergut in Händen der Gemmingen.

Bauten: Das **Schloss** (1601) ist auf drei Seiten von Wasser umgeben. Der dreistö-

(Bad) Rappenau

ckige Steinbau unter Walmdach besitzt zwei Wehrtürme (einer mit Renaissance-Dekor) und einen Treppenturm mit Prunkportal. Das Schmuckstück liegt idyllisch in einem weiten Park im Westen des Kurortes. Seit 1949 in Stadtbesitz, grundlegend renoviert, heute für Ausstellungen und Veranstaltungen genutzt und daher am Wochenende nachmittags geöffnet. – In der ca. 150 m entfernten Turmstraße steht ein Turm, vermutlich der Rest der zweiten Wasserburg. - **Sonstiges:** Der jüdische Friedhof liegt links am Ortsausgang Richtung Siegelsbach.

OT Bonfeld

Ortsadel als Reichsministeriale saß im 13.Jh auf einer Wasserburg. Das Erbe kam 1345 als Lehen des Bf. Worms an die Frey von Treschklingen und 1445 an die Hr. von Helmstatt. Diese verkauften 1476 an Hans den Reichen von Gemmingen. Das Dorf wurde zum Verwaltungszentrum der Linie auf Burg Guttenberg (s. Haßmersheim). Anschluss an Kanton Kraichgau und Reformation. Infolge wiederholter Teilungen innerhalb der Familie wurden drei Schlösser erbaut, von denen nur eines erhalten blieb, das noch heute von Fam. von Gemmingen bewohnt wird.

Bauten: Die drei Schlösser standen westlich der Kirche. Erhalten blieb nur das **Obere Schloss** (1748), ein zweistöckiger, aus drei Flügeln bestehender Barockbau unter Walmdach. Der Eingangsbereich mit Freitreppe und wappengeschmückter Türe ist der einzige äußerliche Schmuck. Es liegt in einem Park. Privatbesitz. – Unterhalb (südlich) steht im Wirtschaftshof der „Wasserturm", ein Rest der 1622 zerstörten **Wasserburg** (Mittleres Schloss). – Unterhalb (südlich, an Straße nach Fürfeld) stand das 1956 abgebrannte Untere Schloss. Heute ist hier öffentliches Parkgelände mit einer Baumallee. - **Sonstiges:** Der Ortsmittelpunkt mit evang. Kirche (mit Herrschaftsempore), zwei Zehntscheunen und barockem Pfarrhaus (mit Wappen über Eingang) bietet einen herrschaftlichen Gesamteindruck. – Das Amtshaus in der Martin-Luther-Straße ist ein unauffälliges Wohnhaus. - Grablege der Gemmingen im Friedhof.

OT Fürfeld

Auch hier saß Ortsadel als Ministeriale des Bf. Worms auf einer Burg. Im 14.Jh erwarben die Hr. von Helmstatt das Dorf und machten es 1380 zur Stadt. 1516 Verkauf an die Gemmingen, die bis heute hier wohnen. Anschluss an Kanton Kraichgau und Reformation.

Bauten: Das **Schloss** (1519-35) entstand aus einer Burg und enthält ineinander verbaut romanische, gotische, Renaissance- und Barock-Elemente. Es steht als massiver, verschachtelter Steinbau mit zwei Ecktürmen erhöht am Ostrand des Dorfes (Schlossbergstraße). Privat, Zugang bis zum Schlossgraben, wo mehrere Epitaphien aus der abgebrochenen Kirche stehen. - **Sonstiges:** Daneben der Wirtschaftshof. – Am Ortsrand, am Ende der Seegartenstraße, steht das Schießhäuschen (1577), ein rundes Befestigungstürmchen mit Schießscharten. Es war Teil der Stadtmauer und diente der Überwachung der benachbarten Fernstraße.

(Bad) Rappenau

OT Treschklingen

Auch hier saß Ortsadel als Ministeriale des Bf. Worms auf einer Burg. Auch hier kam das Rittergut über die Helmstatt im 16.Jh an die Gemmingen. Auch hier Anschluss an Kanton Kraichgau und Reformation. Inzwischen wohnt eine kath. Gemmingen-Linie hier.

Bauten: Das **Schloss** (1802) ist ein äußerlich unauffälliges, zweistöckiges Herrenhaus unter Krüppelwalmdach. Auf der Hofseite ein Treppenhaus mit Wappen. An Stelle der umgebenden Wirtschaftsbauten stehen heute Wohnhäuser. Privat bewohnt. "Im Gutshof". - **Sonstiges:** Viele Epitaphien in der kleinen evang. Kirche. – Am Ortsende, Richtung Fürfeld, steht beim Friedhof eine von den kath. Gemmingen 1839 errichtete Gruftkapelle. Deren Fenster bestehen aus Wappenscheiben, die zu besonderen Anlässen geschenkt wurden.

OT Babstadt

Auch hier saß Ortsadel als Ministeriale des Bf. Worms auf einer Burg. Auch hier Anschluss an Kanton Kraichgau und Reformation. Nach häufigem Besitzerwechsel kam das Rittergut 1732 an die Gemmingen, die auch hier bis heute wohnen.

Bauten: Das **Schloss** (1898-1911) steht an Stelle eines Barockschlosses, von dem das Eingangsportal mit Ziergiebel übernommen wurde. Das stattliche, zweistöckige Herrenhaus unter Walmdach steht in einem ummauerten Park an der Hauptstraßenkreuzung. Privat bewohnt. - **Sonstiges:** Zwei Epitaphien in evang. Kirche. – Auf dem Friedhof Grabstätte der Gemmingen mit Grabsteinen von barock bis modern.

OT Obergimpern

Merowingersiedlung. Ortsadel saß auf einer Wasserburg. Da die Landeshoheit seit 1368 bei der Kurpfalz lag, konnten die Helmstatt als Lehensträger nicht der Reichsritterschaft beitreten. Nach deren Aussterben kam ¾ des Dorfes 1690 an die aus Ungarn stammenden Gf. Yrsch und ¼ an die Gf. Wiser, die beide mit der kath. Linie Pfalz-Neuburg an den Neckar gekommen waren und eine Rekatholisierung betrieben. Mit dem Ergebnis, dass das kath. Pfarrhaus heute neben der evang. Kirche steht, die bis 1904 als Simultankirche diente.

Bauten: Das **Barockschloss,** ein schlichtes Herrenhaus auf rechteckigem Grundriss, erhielt Ende des 19.Jh ein 3. Stockwerk, was die Proportionen stört. Es ist umgeben von einem schönen Park, in dem die 1766 abgebrochene Wasserburg stand. In Besitz der Fam. von Bülow als Erben der Gf. Yrsch. Lage: Im Dorfzentrum unterhalb der evang. Kirche. Schlossstraße - **Sonstiges:** Zwei Wappenepitaphien in evang. Kirche.

UMGEBUNG: Zwischen Obergimpern und Grombach liegt das Hofgut **Oberbiegelhof,** das im 19.Jh aus dem Besitz der Hr. von Helmstatt an die Gf. Reitzenstein kam. Das barocke Herrenhaus wird von einer schönen Eingangstüre mit Wappen der Helmstatt geschmückt.

OT Grombach

Wieder ein Dorf, wo Ortsadel als Ministeriale des Bf. Worms auf einer Wasserburg saß. Ab 1498 in Besitz der Hr. von Venningen, die sich dem Kanton

(Bad) Rappenau

Kraichgau und der Reformation anschlossen. Nach wiederholtem Besitzerwechsel kam das Dorf um 1700 an die konvertierte Linie Venningen, die erfolgreich eine Rekatholisierung durchführte.
Bauten: Das **Schloss,** eine Wasserburg (14.-16.Jh), steht efeuüberwuchert am Ortsrand südlich der Kirche. Wehrmauer, Wehrturm mit Wetterfahne, Treppenturm mit Wappen und der viergeschossige Wohnturm mit Krüppelwalmdach bilden ein stimmungsvolles Ensemble. Daneben liegt das lang gestreckte Verwalterhaus, ein zweistöckiger Barockbau mit Allianzwappen. Die

Grombach. In jedem Teilort Bad Rappenaus steht (versteckt) ein Schlösschen

Wirtschaftsbauten im Vorburgbereich bilden einen Gutshof. Zugang über Gutshof möglich. Wunderbarer Anblick von Osten auf das „Dornröschenschloss". (2005)

Rastatt RA G3

Heute die USA, gestern England, vorgestern Frankreich. Vor 300 Jahren bestimmte das **Frankreich des Sonnenkönigs** das kulturelle und politische Leben. Absolutismus und Merkantilismus, Vaubansche Festungsbauten und Barockgärten, Sprache und Sitten, Moliere und Aufklärung, Bekleidung und Mode wurden von den europäischen Führungsschichten übernommen. Aus dieser Zeit stammen die vielen französischen Begriffe in der deutschen Sprache. In der Baukunst war Schloss Versailles das unerreichbare Vorbild für viele deutsche Kleinstfürsten. So auch hier in Rastatt, wo die vom Schloss strahlenförmig ausgehenden Straßen bereits nach 400 m am Flüsschen Murg endeten.

Kernstadt
Das Dorf kam bereits 1203 an die Gf. Baden und bei der Teilung 1535 an die kath. Linie Baden-Baden. Nach den Verheerungen des Pfälzischen Erbfolgekriegs verlegte der „Türkenlouis" 1700 seine Residenz aus Baden-Baden und baute hier eine neue Residenzstadt nach streng logischem Grundriss (s. Ludwigsburg). Das Residenzschloss stand nach der „Wiedervereinigung" mit Baden-Durlach (1771) leer und wurde für mehrere Friedenskongresse genutzt (1714, 1797-99). Nach den Napoleonischen Kriegen baute man die Stadt zur Bundesfestung aus, die 1849 den Demokraten als letzte Zuflucht vor den preußischen Truppen diente, worüber heute ein „Revolutionspfad" informiert.
Bauten: Die **Residenz** (1700-07) wurde nach Versailler Vorbild an Stelle eines Jagdschlosses erbaut. Die prächtige Dreiflügelanlage öffnet sich zu einem weiten Ehrenhof. Heute Museen (Wehrgeschichte, Freiheitsbewegungen), zugänglich bei Führungen. Die Anlage umfasst zusammen mit Wirtschaftsbauten und Barockpark eine enorme Fläche. Die Schlosskapelle ist geschlossen.

Rastatt

- **Sonstiges:** Zu einer Residenz gehören Kavaliershäuser. Diese stehen vor dem Ehrenhof in der Herrenstraße (Rossihaus, Vogelsches Haus). – Die Stadt wurde im Westen des Schlosses nach einem barocken Gittermuster angelegt. Ihr Bild wird dominiert von Rathaus und kath. Stadtkirche St. Alexander, die sich gegenüber stehen und so den zentralen Platz bilden. - Über die Stadt verteilt findet man weitere herrschaftliche Bauten (Gymnasium, Polizei im Zeughaus, Post im Brauhaus) und Brunnen. - Die **Pagodenburg** ist ein Nachbau des Teehauses im Münchner Nymphenburger Park. Das anmutige Miniaturschlösschen unter Mansarddach steht auf einer ehem. Bastion zwischen Einsiedelner Kapelle, Wasserturm und Badner Halle. – Reste der Festungsanlage vorhanden.

Schloss Favorite. Schwarz hebt sich der Grottenputz vom Hintergrund ab

Schloss Favorite

Die aus Böhmen stammende Sybilla Augusta, Gattin des Türkenlouis, ließ nach dem Vorbild ihres Heimatschlosses Schlackenwerth weit außerhalb der Stadt ein Lustschloss anlegen. Der Besucher wird bereits von weitem überrascht, weil sein Blick durch zwei Arkadenreihen zu je 28 Achsen auf das Schloss hin gelenkt wird. Kommt er näher zum dreigeschossigen Bau mit 15 Achsen, so ist die nächste Überraschung der bei uns völlig unübliche Grottenputz (= in Putz eingedrückte zerschlagene Kieselsteine). Zu guter letzt überrascht auch noch bei einer Führung die prunkvolle Ausstattung. - Im Park stehen vier Kavaliershäuser, die heute u.a. als Gaststätte dienen. Abseits liegt die (geschlossene) Eremitage, ein achteckiger Zentralbau mit einem Kranz winziger Zimmer um eine Kapelle. Die weite Anlage liegt zwischen **OT Förch** und Kuppenheim, umgeben von Wald und Wiesen. (2006)

D5 Rauenberg HD

Wie geht man mit dem **architektonischen Erbe** um? Dieses Problem stellt sich immer wieder aufs Neue (s. Niedernhall, s. Elztal), weshalb ich als Mitglied mehrerer Bürgervereinigungen diesbezüglich immer wieder bittere Erfahrungen machen musste. In Bezug auf Burgen entwickelte sich im 19.Jh eine einseitige, national gefärbte Sichtweise, welche die Vergangenheit durch den Wiederaufbau von Burgruinen verklärte. Schlösser hingegen galten als weniger erhaltenswert. Diese gegensätzliche Bewertung lässt sich anschaulich in der Gemeinde Rauenberg erkennen: eine neugotische Burg im OT Rotenberg, eine verunstaltete Schlossanlage im Kernort Rauenberg.

Kernort

Das Dorf bestand aus zwei Teilen, die als Lehen des Bf Mainz in Händen der beiden Landadelsfamilien Hirschhorn und Talheim waren und nach deren

Aussterben häufig den Besitzer wechselten. Die Reformation konnte nicht eingeführt werden, weil auch der Bf. von Speyer an der Dorfherrschaft beteiligt war. Diese erwarb er 1677 vollständig. 1720 verlegte er den Amtssitz von Rotenberg hierher, wozu anschließend das Schloss gebaut wurde.

Bauten: Das **Schloss,** 1737 an Stelle einer zerstörten Wasserburg erbaut, besteht aus zwei rechtwinklig angeordneten schmucklosen Verwaltungsgebäuden. Leider merkt man ihm die Nutzung als Fabrik nach der Säkularisation bis heute an. Im Westflügel ist ein Winzermuseum untergebracht, dieser Teil ist äußerlich noch am besten erhalten (Zugang über „Alte Kirchgasse"). Der renovierungsbedürftige Südflügel an der Landfriedstrasse wird von einer Firma genutzt. Hier ist über dem Hauptportal zum offenen Hof das Wappen des Bf. von Speyer (Schönborn) angebracht. Daneben fließt ein Bach entlang dem ummauerten Park mit einem versteckten Wehrturm. – Sonstiges: In der kath. Kirche das grob gearbeitete Epitaph des Melchior von Talheim in einer Kapelle auf der Nordwestseite.

OT Rotenberg

Auf der Burg saß Dorfadel. Der Bf von Speyer übernahm bereits im 13.Jh die Herrschaft und erhob das Dorf 1338 zum Ministädtchen als Zentrum eines Amtes, das er anschließend ständig verpfändete. Nach dem Sieg bei Seckenheim (1462) nahm sich die Kurpfalz das Pfand, musste es jedoch nach der Niederlage im Landshuter Erbfolgekrieg (1504) wieder heraus geben. Der Verwaltungssitz wurde 1720 nach Rauenberg verlegt.

Rotenberg, Jugendburg. Burgenromantik im 20.Jh

Bauten: Die **Burg** ist eine 1921 errichtete neugotische Anlage an Stelle einer zerfallenen Burg, von der nur noch ein Treppenturm mit dem verwitterten Wappen des Bf. von Speyer (1542) übrig blieb. Am talseitigen Erker hat der Erbauer Fhr. von Reichenau sein Wappen angebracht. Der romantisch wirkende Bau steht als Blickfang erhöht über dem Dörfchen. Heute Jugendbildungsakademie. - **Sonstiges:** Im Chor der kath. Kirche stehen zwei Epitaphien der Hr. von Helmstatt. – Sehenswert ist ein Barockhaus mit drei Fratzen gegenüber der Kirche. - Das verträumt wirkende Städtchen war über Schenkelmauern mit der Burg verbunden. (2009)

Ravensburg RV N10

Das Herzstück einer Reichsstadt waren ihre **Kommunal- und Versorgungsbauten.** Denn diese waren – wie heute - ein Teil der Legitimation gegenüber den (Wahl-)Bürgern. Damit konnten Reichsstädtischer Rat und Verwaltung vorweisen, dass sie etwas für das Funktionieren der alltäglichen Geschäfte leisteten und somit den Wohlstand förderten. Hierin unterschied sich die Reichsstadt von der Landstadt, in welcher die Steuergelder zur herrschaftli-

Ravensburg

chen Hofhaltung abgezogen wurden (s. Ludwigsburg), weshalb sie nicht mehr zur Verbesserung der städtischen Infrastruktur verwendet werden konnten. In der Reichsstadt hingegen stand sogar noch in der Zeit des Absolutismus der Rat unter dem Druck, sich gegenüber den Bürgern legitimieren zu müssen. Ravensburg bietet das anschaulichste Beispiel für reichsstädtische Kommunalbauten in BW.

Die **Welfen** sind das einzige bis heute bestehende Hochadelsgeschlecht Deutschlands, das seinen Stammbaum bis zur Karolingerzeit (802) belegen kann. Als fränkische Adlige kamen sie aus dem Maas-Moselgebiet an den Bodensee. Der Familie entstammen ein deutscher König, die Könige von Burgund und in der Neuzeit die Könige von England. Berühmt-berüchtigt ist neben Ernst August Prinz von Hannover noch Heinrich der Löwe, mit dessen Onkel Welf VI die schwäbische Linie 1191 ausstarb. Sie hatte ihre Grablege im benachbarten Kloster Weingarten und ihren Wohnsitz hier auf der Ravensburg/Veitsburg. Diese behielt ihre Zentralfunktion auch anschließend, denn sie wurde 1274 zum Sitz des Landvogtes in Oberschwaben.

Veitsburg

Eine bereits vorhandene Fluchtburg wurde von den Welfen zu ihrem Herrensitz ausgebaut und Ravensburg genannt. Den Staufern als ihren Erben diente sie als Verwaltungsmittelpunkt für ihren oberschwäbischen Besitz. König Rudolf von Habsburg führte diese Tradition fort, indem er von hier aus das Reichsgut durch einen Landvogt verwalten ließ. Nach der Zerstörung im 30j. Krieg zog der Landvogt nach Altdorf um (s. Weingarten). Zudem erfolgte eine Umbenennung in Veitsburg (nach der 1833 abgebrochenen, dem Hl. Veit geweihten Burgkapelle). 1748 wurde das Areal an die Reichsstadt Ravensburg verkauft, die durch den Deutschordensbaumeister J.C. Bagnato auf den Ruinen des Bergfrieds ein Rokokoschlösschen erstellen ließ.

Bauten: Das **Schlössle** („Veitsburg", 1751), ist ein anmutiger, kompakter zweistöckiger Bau unter Walmdach, mit einem 1884 angefügten Aussichtsturm. Es dient schon immer als Gaststätte. Zusammen mit den Wirtschaftsbauten, in denen eine Jugendherberge untergebracht ist, bildet es eine geschlossene Anlage. Es liegt erhöht über der Stadt und ist per PKW erreichbar. Wunderbarer Blick auf die Stadt und ins Schussental. – **Sonstiges:** Unterhalb, zur Stadt hin, ragt der „Mehlsack" in die Höhe. Die Reichsstadt erbaute 1429 diesen Wachtturm, um einen „Einblick" in die Ravensburg zu haben. Heute gilt er als Wahrzeichen der Stadt.

Kernstadt

Die Welfen gründeten zu Füßen ihrer Burg eine Marktsiedlung, die 1294 zur Reichsstadt aufstieg und durch Tuchproduktion und Handel reich wurde. Großen Anteil daran hatte die „Große Ravensburger Handelsgesellschaft", die um 1390 vom Patrizier Ital Humpis (s. Meckenbeuren) gegründet wurde und Niederlassungen in Süd- und Westeuropa unterhielt. Die Reichsstadt erwarb ein kleines Territorium (Schmalegg, Wolpertswende). Sie schloss sich 1544 der Reformation an, musste jedoch die von Kaiser Karls V angeordnete kath. Ratsmehrheit akzeptieren. Nach dem Übergang an Württemberg (1810) entwickelte sich die Stadt zum Industriezentrum, ohne die historische Substanz zu zerstören. - Zu den einzelnen Gebäuden führt die vom Stadtarchiv verfasste erstklassige Broschüre „Historische Stadtrundgänge".

Bauten: Rathaus, Kornhaus, Waaghaus (= Zollhaus) mit Turm, Brotlaube und Lederhaus (= Schuhhaus) bilden ein geballtes Ensemble reichsstädtischer Herrlichkeit, weil sie nebeneinander an der Straße „Marienplatz" stehen, dem Schnittpunkt zwischen patrizischer Oberstadt und Handwerker-Unterstadt. Die stattlichen, schönen Gebäude stammen aus der Blütezeit des 15.Jh. Waaghaus und Brotlaube sind mit dem prachtvollen Reichsstadtwappen geschmückt. – Weitere Kommunalbauten sind das Spital, das Seelhaus und zwei Salzhäuser. - **Sonstiges:** Zur Reichsstadt gehören Patrizier. In Ravensburg stößt man auf besonders viele, deren Wohnhäuser noch erhalten sind: Humpis, Deuring, Belli, Güldrich, Möttelin, Neidegg. Sie wohnten in der Oberstadt, v.a. entlang der Marktstraße. Stellvertretend für alle sei das Humpis-Quartier angeführt, das nach einer grundlegenden Sanierung Museum ist. – In der evang. Karmelitenkirche erinnert die Kapelle der Ravensburger Handelsgesellschaft (nördlich am Chor) an die Kooperation der städtischen Eliten: reiche Patrizier und studierte Bettelmönche. Die hierin aufgestellten Epitaphien stammen von Kaufleuten, die „ihr" Kloster unterstützten. Das des Henggi (Johannes) Humpis gilt als Deutschlands ältestes Kaufmannsgrabmal (1429). - In der kath. Liebfrauenkirche sind zwei Epitaphien. – Die Stadtmauer blieb weitgehend erhalten und vermittelt mit ihren Türmen ein mittelalterlich-wehrhaftes Bild.

OT Weißenau

Das 1145 gegründete Prämonstratenserstift in der Weißen-Au (im Unterschied zur Reichen-Au) erlangte 1286 den Status der Reichsunmittelbarkeit, unterstand aber dem Landvogt auf der Ravensburg. Es konnte ein nur kleines geschlossenes Territorium vor seinen Toren aufbauen. Seit 1892 werden die Gebäude als psychiatrisches Krankenhaus genutzt.

Bauten: Jede barocke Klosteranlage ist einem Schloss vergleichbar (s. Salem). So steht die 1711-24 errichtete Vierflügel-Anlage imposant im Schussental. Es sind jedoch keine äußerlichen Herrschaftsinsignien vorhanden. Die schönsten Räume (Festsaal und Kapitelsaal) sind der Öffentlichkeit zugänglich. – Auch die Bauten im Wirtschaftshof zeigen außer dem Torbau (Wappen ohne Schwert, folglich fehlt die Hochgerichtsbarkeit) keine Herrschaftsinsignien. Im Gästehaus informiert ein Museum über die Klostergeschichte.

UMGEBUNG: Das 1742 vom Kloster Weißenau errichtete **Schloss Rahlen** ist ein zum Sommersitz umgebauter Domänenhof (Grangie). Das spätbarocke zweigeschossige Gebäude unter Mansarddach bildet zusammen mit den Wirtschaftsbauten eine geschlossene Hofanlage, die als Fachklinik für Suchtkranke genutzt wird. Es liegt erhöht rechts der Schussen. Die Zufahrt ist möglich von der Verbindungsstraße Weißenau – Oberzell. Einen schönen Blick auf Rahlen hat man von der Schussentalbrücke der B 33 aus. (2009)

C9 Ravenstein MOS

Als **Bauland** wird das Gebiet zwischen dem Hinteren Odenwald im Westen und dem Taubergrund im Osten bezeichnet. Seinen Namen hat es von den weiten Ackerbauflächen, wodurch es sich vom waldreichen, unfruchtbaren Odenwald und dem rebenbepflanzten Taubertal unterscheidet. Fruchtbar ist es aufgrund des Muschelkalkuntergrundes, den es mit dem südlich angrenzenden Hohenlohe gemeinsam hat. Weitere Gemeinsamkeiten sind die starke territoriale und konfessionelle Zersplitterung sowie das Fehlen einer Zentralstadt, weshalb man hier auf kleine Städte und viele Bauerndörfer stößt. Das 1972 entstandene Ravenstein kann als typisch gelten: Nur knapp 3000 Einwohner verteilt über fünf Dörfer, stark landwirtschaftlich geprägt, OT Ballenberg mainzisch-katholisch, OT Merchingen reichsritterschaftlich-evangelisch.

OT Merchingen

Merchingen. Die Bürger betreiben im Schloss ein Hotel-Restaurant

Ortsadel als Ministeriale der Hr. von Krautheim. Im 14.Jh als Lehen des Bf. Würzburg an eine Linie der Hr. von Aschhausen, die sich dem Kanton Odenwald der Reichsritterschaft und der Reformation anschloss. Nach deren Aussterben 1595 kam die Herrschaft an eine Ganerbengemeinschaft, in der sich schließlich die Berlichingen durchsetzten. 1803 zum Fürstentum Salm-Krautheim und damit 1806 zu Baden.

Bauten: Das **Schloss** (nach 1523) ist eine Winkelhakenanlage, die man durch den Torbau mit Wappen über dem Eingang betritt. Zur rechten (im Westen) steht der mächtige, renovierungsbedürftige Wohnbau mit geschweiftem Giebel, der noch in Besitz eines Frh. von Berlichingen ist. Zur linken (im Süden und Südosten) steht der renovierte Teil in Gemeindebesitz, der als Hotel-Restaurant von einer Bürgerinitiative unterhalten wird. Hier ist v.a. der lang gestreckte Saalbau mit Staffelgiebel, rundem Eckturm und Treppenturm interessant, in dessen Obergeschoss Wandmalereien (Jagdszenen) frei gelegt wurden (für Veranstaltungen zugänglich). - Sonstiges: Jüdischer Friedhof im Wald an Straße nach Ballenberg.

OT Ballenberg

Ortsadel saß im 13.Jh auf einer Burg. Die Oberhoheit kam als Erbe von den Hr. von Krautheim an die Gf. Eberstein, welche die Stadt gründeten und 1364 an Bf. Mainz verkauften. Ballenberg wurde Sitz eines Centgerichts (s. Neckargmünd) und eines Amtmanns. Als Teil des Oberamtes Krautheim 1803 zum Fürstentum Salm-Krautheim und damit 1806 zu Baden.

Bauten: Wie ein abgeschlossener Bezirk wirkt die Anlage rund um die Kirche. Im mächtigen Fachwerkgebäude (1598) nördlich der Kirche war der Sitz des Centgerichts (Bischof-Gerlach-Str. 8). Daneben stehen mehrere Wirtschaftsbauten. Auffallend ist das Pfarrhaus im Rokokostil, wohl das eleganteste des gesamten Baulandes. - **Sonstiges:** Auffallend ist auch das ehem. Rathaus, ein Renaissance-Fachwerkbau auf Massivgeschoss, mit zwei Rundbogenportalen, davon eines mit Mainzer Wappen (1598, Stadtstraße). (2007)

Rechberghausen GP G10

„Hausen (= Siedlung) der **Rechberg**". Hier befinden wir uns im Kernland der 1179 erstmals erwähnten Hr. von Rechberg, staufische Ministeriale, die das Marschallamt des Hzgt. Schwaben ausübten. Auf dem Höhenrücken zwischen Fils und Rems, in einer Art Parallelogramm zwischen Göppingen-Geislingen und Gmünd-Aalen, stehen ihre Burgen. Ihre Stammburg war Hohenrechberg (s. Schwäb. Gmünd). Aufgrund vieler Teilungen bildeten sich viele Zweige und gab es häufigen Besitzwechsel. Das berühmt-berüchtigtste Familienmitglied war Hans von Rechberg, der von seiner Burg in Schramberg aus im 15.Jh die Städte überfiel. 1626 stiegen sie in den Grafenstand auf, seitdem nennen sie sich „von Rechberg und Rothenlöwen", weil sie zwei rote Löwen im Wappen führen. Ihre Besitzungen in Bayrisch-Schwaben (Herrschaft Illereichen) gelangten im 18.Jh v.a. an die Gf. Fugger, mit denen sie häufige Heiratensverbindungen eingingen. Sie selbst kehrten ins Filstal zurück, wo sie noch heute großen Grundbesitz verwalten (s. Donzdorf). Ihre Schlösser und Burgen sind inzwischen verkauft, so auch die in Rechberghausen.

Kernort

Beim Dorf Husen links des Marbachs saß im 12.Jh Ortsadel als staufische Ministeriale. Bereits um 1300 waren jedoch die Ritter von Rechberg die Dorfherren. Stadtgründung auf der Höhe gegenüber (rechts des Marbachs). Die Oberhoheit gelangte von den Herzögen von Teck an Habsburg. Trotz häufigem Besitzerwechsel kam der Ort immer wieder an die Rechberg. Sie zählten zu den wenigen Familien, die im Reichsritterschaftskanton Kocher bei der Alten Religion blieben. Nach dem Aussterben der hiesigen Linie wurde die Herrschaft 1789 von den Gf. Degenfeld-Schonburg gekauft.

Bauten: Von der **Burg** beim ehemaligen Dorf Husen, die 1685 abbrannte, überlebten nur der Torbau und eine angrenzende Doppelkapelle mit reicher Renaissancestuckdecke. Im ehem. Burgvorhof stehen mehrere Ökonomiegebäude, die von den Gf. Degenfeld-Schonburg vermietet werden (Werkstatt, Bauernhof). Zufahrt: Richtung Oberhausen, Abzweigung „Schlosshof", erhöht am Waldrand liegend. - In der Stadt steht das **Barockschloss,** 1721, ein stattlicher, zweistöckiger Rechteckbau unter Mansarddach, mit dem Rechbergwappen über dem Eingang. Seit 1920 als Rathaus in Stadtbesitz. – **Sonstiges:** Von der ummauerten Stadtanlage steht noch das Obere Stadttor. – Im Unterbau des Chores der kath. Jugendstil-Kirche (1912) befindet sich die Gruft der Gf. Degenfeld-Schonburg (nur bei Führungen zugänglich). (2010)

K9 Rechtenstein UL

„Wer will bleiben von Händeln rein, der hüt sich vor Freyberg, Rechberg und Stain!" Nach diesem geflügelten Wort zählte offensichtlich die weit verzweigte Ritterfamilie der **Stain (Stein)** von Rechtenstein zu den Raufbolden und war führend am Schleglerauſstand beteiligt (s. Heimsheim). Überall in Schwaben taucht sie auf, bis in den Kraichgau hinein. Außer der Linie in Niederstotzingen, die kurz vor ihrem Aussterben sogar in den Hochadel einheiratete, blieb sie beim alten Glauben. Inzwischen sind fast alle Linien ausgestorben und sie selbst aus Süddeutschland verschwunden. In Rechtenstein ragen die Reste ihrer Stammburg markant-romantisch über der Donau empor.

Rechtenstein. Kirche, Bergfried, Turmhaus und Bauernhof formen eine malerische Silhouette über der Donau

Kernort
Ministeriale von Stein wurden bereits in 1.Hälfte des 12.Jh erwähnt. Ihr Wappen mit den drei Wolfsangeln weißt auf Verwandtschaft mit Stadion und Pflummern. Durch Teilungen bildeten sich viele Seitenlinien. 1410 bei der Annahme der Lehenshoheit Württembergs standen hier zwei Burgen. Anschluss an der Kanton Donau der Reichsritterschaft. Nach ihrem Aussterben (1743) kam das Erbe an die Hr. von Freyberg.

Bauten: Von der 1817 abgebrochenen **Burg** stehen der romanische Bergfried und darunter das bewohnte Turmhäuschen. Dahinter steht auf dem ehem. Burggelände ein Bauernhof mit Zehntscheune und mehreren wappengeschmückten Gebäuden. Hier ist der Schlüssel zum Turm erhältlich, denn die Anlage ist seit 1869 in dessen Besitz. – **Sonstiges:** Die kath. Kirche unterhalb der Burg wurde erst vom letzten Hr. von Stain (1744) errichtet, weshalb die Epitaphien seiner Vorfahren in der ehem. Pfarrkirche in Obermarchtal zu finden sind (s.d.). - Das eng gedrängte Ensemble von Kirche und Bergfried auf einem Felsen hoch über der Donau und der 300-Seelen-Gemeinde formt eine markante Silhouette.

UMGEBUNG: In der Nachbargemeinde **Lauterach** sind zwei interessante Ziele. So steht im spektakulär auf einen Donaufelsen gebauten **OT Neuburg** eine Michaelskirche, die Mutterkirche der Umgebung und Burgkapelle zugleich war. Und im OT **Reichenstein** überrascht ein Bergfried, Rest der vom Kloster Zwiefalten 1499 gekauften Burg. 1970 wurde der Turm wieder hergestellt, so dass er zugänglich ist. (2004)

N7 Reichenau KN

Kaiser Karl der Große machte die frühen Klöster zu Entwicklungskernen seines immensen Reiches. Hierzu übernahmen sie als **Reichsklöster** politische, wirtschaftliche, wissenschaftliche und kulturelle Funktionen. Politische, weil viele Äbte gleichzeitig als Bischöfe amtierten und Staatsgefangene in Klöstern verwahrt wurden, so z.B. der Sachsenherzog Widukind auf der Reichenau. Wirtschaftliche, weil König und Adel ganze Regionen schenkten, so dass Reichenau und St. Gallen die größten Landbesitzer Alemanniens wurden. Wissenschaftliche, weil die Mönche nicht körperlich, sondern geistig arbeiteten, weshalb die Reichenau so berühmte Gelehrte wie Walafried Strabo und Hermann den Lahmen hervor brachte. Kulturelle, weil nur Kleriker und Mönche lesen und schreiben konnten, was auf der Reichenau zu einer besonderen Blüte führte. So war die hiesige Schreibwerkstatt berühmt aufgrund ihrer Bibliothek und der Buchmalereien. Aus dieser Blütezeit stammen die Gebäude, die Reichenau zum Weltkulturerbe werden ließen. Daneben fallen die Schlösschen auf der Insel kaum auf.

OT Mittelzell

Vom karolingischen Reichskloster zum bischöflichen Altenheim stieg das Benediktinerkloster im Laufe der Jahrhunderte ab. Nach einer Blüte im Früh- und Hochmittelalter erlebte das Kloster, das nur Hochadlige aufnahm, einen radikalen geistigen Niedergang. Parallel dazu verlor es fast alle Besitzungen und konnte nur ein kleines Territorium um die Insel (Bodanrück, Schweizer Bodenseeufer) retten. Dies riss sich der Bf. Konstanz 1540 unter den Nagel, indem er das Kloster in ein vom ihm abhängiges Priorat umwandelte. Damit übernahm ein von der Reformation gebeutelter Bischof die Reste eines abgewirtschafteten Klosters. Nach vielen Querelen löste er es schließlich 1757 völlig auf und richtete in den Gebäuden eine Sammelstation für alte Weltpriester ("Missionsstation") ein.

Bauten: Im Dorfzentrum dominiert die Klosterkirche mit ihrem massiven Westwerk. Auf der Südseite bilden die zweistöckigen Konventbauten eine Dreiflügelanlage mit zwei Renaissance-Treppentürmen. - Rund 300 m südwestlich davon steht **Schloss Königsegg,** um 1600 von den Gf. Königsegg als Stadthotel errichtet. Die Anlage besteht aus Hauptgebäude, Gästehaus, Gesindehaus und Park. Das dreistöckige Herrenhaus mit vier Ecktürmchen und einem Erkervorbau wurde durch einen Ulmer Kaufmann im 19.Jh neugotisch umgestaltet. Es wird heute von einer medizinischen Akademie genutzt (Schlossstr./Mittelzellerstr.). - **Sonstiges:** Zwischen Kloster und Schloss steht das ehem. Vogteihaus, in dem der fürs Dorf zuständige Ammann wohnte. Das mittelalterliche, dreistöckige Fachwerkhaus auf Steinsockel unter Krüppelwalmdach besitzt ein romanisches Triforiumfenster. Heute Inselmuseum.

UMGEBUNG: Ein Straßendamm führt vom Festland auf die Insel. An dessen Ende steht die Burgruine **Schopfeln,** 1240 zum Schutz der Insel erbaut. Später war sie Sitz der Äbte in ihrer Funktion als Landesherrn.

OT Unterzell

Das Kloster erbaute auf der Insel Kirchen und Kapellen, die heute weitgehend verschwunden sind. Erhalten blieben jedoch die Kirchen St. Georg (in Oberzell, mit den karolingischen Ausmalungen) und hier St. Peter und Paul, weil mit ihnen jeweils ein Chorherrenstift verbunden war. Neben letzterer steht das Schloss des bischöflichen Obervogtes.

Reichenau

Bauten: Das **Schloss Windeck** (auch Bürgle genannt) ist ein dreistöckiges schmuckloses Herrenhaus mit Staffelgiebel und Rundturm. Das 1627 erbaute Steinhaus wird leider durch die Flachdachbauten an den Giebelseiten verhunzt. Heute Ferienheim. (2002)

G8 Remseck LB

Die Ritter Nothaft tauchen erst 1300 auf, wahrscheinlich hießen sie zuvor von Wolfsölden. Ihr ausgefallener Namen „Not habend" könnte einen Abstieg ausdrücken. Nach der Belehnung mit Hochberg (= Hohenberg) nannten sie sich **Nothaft von Hohenberg.** Als Amtleute in Diensten Württembergs erhielten sie Beihingen (s. Freiberg) und Hochdorf (s.u.) und stiegen Mitte des 16.Jh zum württ. Hofmeister auf. Sie schlossen sich der Reichsritterschaft und der Reformation an. 1684 starben sie aus. Mit Hochberg und Hochdorf prägten sie zwei Ortsteile der 1975 entstandenen Stadt, die sich nach Schloss Remseck im OT Neckarrems nennt.

Die 1125 erstmals erwähnten **Ritter von Kaltental** waren welfische Ministeriale. Bereits 1310 verkauften sie ihren Stammsitz Kaltental im Süden von Stuttgart an Württemberg und zogen in den Norden Stuttgarts. Mit Mühlhausen, Aldingen, Oßweil und Burg Schaubeck schlossen sie sich der Reichsritterschaft und der Reformation an. Die 1746 ausgestorbene Linie hinterließ in Aldingen prächtige Epitaphien und ein Schloss.

OT Aldingen

Als Lehen der Gf. Tübingen-Asperg kam die Burg 1278 an die Hr. von Kaltental. Diese schlossen sich damit dem Kanton Kocher der Reichsritterschaft an. Aufgrund einer Teilung gab es zwei Schlösser im Dorf. Die Reformation konnte erst 1568 eingeführt werden, da sich die im Älteren Schloss wohnende Linie dagegen wehrte. So blieb die Schlosskapelle bis zum Ende des 30j. Krieges katholisch. Nach dem Aussterben der Kaltental (1746) zog Württemberg das Lehen ein.

Bauten: Das **Schloss** (1580) wird Neues oder Äußeres Schloss genannt, in Abgrenzung zum 1690 zerstörten Älteren Schloss. Es ist ein dreistöckiger Massivbau unter Satteldach mit Dachgauben. Die Bauinschrift (1580) und ein prächtiges Barockwappen schmücken die Hofseite. Stuckdecken (vor 1740) im Inneren. Schlichte Rückseite mit Wappen. Heute von Ämtern (Notariat) genutzt. Lage: „Schlosshof" an der Cannstatter Straße. - **Sonstiges:** Die evang. Kirche besitzt 24 (von ehem. 36) Epitaphien der Kaltental, darunter viele schöne figürliche. Auch in der Westvorhalle stehen Wappensteine. – Östlich der Kirche stand das 1690 zerstörte Ältere Schloss. Von ihm blieben Fundamentreste an einzelnen Gebäuden in der Schlösslestraße erhalten. – Von der ebenfalls 1690 zerstörten Zehntscheune blieb der Keller erhalten (Kelterstraße 24). – Eine weitere Zehntscheune steht in der Kirchstraße.

OT Hochberg

Die Ritter von Hohenberg saßen auf einer Burg, die um 1340 als württ. Lehen an die Nothaft vergeben wurde. Diese nannten sich nach dem Dorf, schlossen sich dem Kanton Kocher der Reichsritterschaft und der Reformation an und starben 1684 aus. Ihr Erbe fiel an die Hr. von Gemmingen, welche die Dorfherrschaft 1778/82 an Württemberg verkauften.

Bauten: Das **Schloss** steht auf einem Sporn über dem Neckar. Um einen mittelalterlichen Kern mit kleinem Innenhof wurden 1593 von Heinrich Schickhardt Anbauten mit Fachwerkobergeschossen errichtet. Ein mächtiges vierstöckiges Torhaus unter Satteldach führt in den offenen Schlosshof. Die dunkle, renovierungsbedürftige Anlage wird heute für Wohnungen genutzt. Herrliche Lage über dem Neckar („Am Schloss"). - **Sonstiges:** Im Vorburgbereich steht die ehemalige Kelter mit Allianzwappen, an welche das Fachwerk-Amtshaus angebaut wurde. – Gegenüber steht die evang. Kirche mit sieben Epitaphien der Nothaft, darunter im Eingangsbereich ein figürliches (1507). – Die alte und die neue jüdische Synagoge stehen sich gegenüber (Hauptstr. 30 und 27). – Ein großer, ummauerter jüdischer Friedhof liegt im Süden des Dorfes im Wald über dem Neckar.

Hochberg. Ein mächtiger Torturm verdeckt das Schloss

OT Hochdorf

Dorfadel als eine Seitenlinie der Ritter von Owen saß auf einer Burg, die 1345 als württ. Lehen an die Nothaft kam. Diese konnten die Dorfherrschaft nur eingeschränkt ausüben, weil sich die freien Bauern erfolgreich gegen ihr Gericht wehrten. Ab 1513 war die Burg in Besitz der Hr. von Bernhausen, die sich damit dem Kanton Kocher der Reichsritterschaft anschlossen. 1609 erneut an die Nothaft, als Erbe 1684 an die Gemmingen und 1778/82 Verkauf an Württemberg.

Bauten: Das **Schloss** (1515) wurde an Stelle einer Burg erbaut und 1612 von Heinrich Schickhardt umgestaltet. Es ist ein lang gestreckter zweistöckiger, schmuckloser, sehr ländlich wirkender Fachwerkbau unter Satteldach, der von der Ortsverwaltung und für Wohnungen genutzt wird. – Sonstiges: Unterhalb bildet die „Meierei" den Schlossvorhof mit Ökonomiegebäuden. Sie grenzt an den zentralen Dorfplatz (Wilhelmsplatz). – Über dem Schloss steht die evang. Kirche mit drei Epitaphien. Ihr seltsam über Eck gestellter Ostturm stammt wohl von einem Wehrturm. - Schloss und Kirche stehen erhöht über dem Dorf.

OT Neckarrems

Das Dorf an der Mündung der Rems in den Neckar war bereits 1268 in Besitz der Gf. Württemberg. Links über der Rems stand ihre Burg **Remseck,** die sie von Vögten verwalten ließen. Die Ruinen der 1306 und 1576 zerstörten Burg wurden 1841 an einen Major Grimm verkauft, der ein neugotisches Schloss erbaute.

Remseck

Er musste jedoch wegen Homosexualität ins Gefängnis und verkaufte deshalb das Schloss an die aus Norddeutschland zugezogenen Frh. von Knyphausen.
Bauten: Das **Schloss Remseck** (1842) ist eine romantisch wirkende Winkelhakenanlage mit Stufengiebeln und zinnenbekröntem Eckturm. Im Garten befindet sich die Familiengruft der Knyphausen, die bis vor kurzem das Schloss bewohnten. Inzwischen ist es in Besitz einer Industriellenfamilie. Lage: Links der Rems, Schlossweg, Zufahrt über „Am Unteren Schlossberg".

UMGEBUNG: Im benachbarten Dorf **Bittenfeld** (Gem. Waiblingen) wohnte im 13.Jh Ortsadel als Ministeriale der Gf. Württemberg. 1574 wurde das Dorf an die Augsburger Patrizierfamilie Herwart verliehen, die sich nach ihm nannte und durch Heinrich Schickhardt ein Schlössle an Stelle einer Wasserburg bauen ließ. Dessen Hauptgebäude brannte 1852 ab. Erhalten blieben drei zweistöckige Fachwerkhäuser, die privat bewohnt sind. Sie stehen von modernen Bauten verdeckt gegenüber der Kirchenruine am östlichen Dorfeingang, Richtung Kernstadt (Am Schlosshof 3-5, Zufahrt über Schlossgasse). – Ein schönes Ensemble bildet das Dorfzentrum mit der evang. Kirche und vielen Fachwerkhäusern.
(2009)

02 Rheinfelden LÖ

Herzog Rudolf von Rheinfelden fiel 1080 im Investiturstreit als Gegenkönig zu Kaiser Heinrich IV. Seine Stammburg war Burg Stein mitten im Rhein bei Rheinfelden. Mit seinem Sohn Bertold starb 1090 das Geschlecht aus. Das Erbe, das sich bis in die Westschweiz erstreckte, fiel an Bertold II von Zähringen, der mit seiner Tochter Agnes verheiratet war. Später kam das linksrheinische Burgstädtchen Rheinfelden an Habsburg und wurde zusammen mit dem Fricktal von Napoleon 1803 dem Kanton Aargau einverleibt. Rechts des Rheins entstand jedoch im 19.Jh unter badischer Herrschaft ebenfalls eine Stadt Rheinfelden, und zwar um einen Bahnhof der Strecke Basel-Waldshut. Aufgrund der Ansiedlung Schweizer Großfirmen wuchs sie zur industriell geprägten Großen Kreisstadt heran.
Der **Deutsche Orden** wurde als Spital (= Altenheim) des Adels bezeichnet. Des Landadels, wie in der Kirche von Schloss Beuggen die Wappentafeln für verstorbene Ordensritter sowie im Schloss die vielen Familienwappen belegen. Vertreten sind Reichsritter aus dem Hegau, die Breisgauer Ritterschaft, oberelsässische und Schweizer Geschlechter. Zudem ist die Anlage kein Kloster, sondern ein Wasserschloss. Beuggen ist ein Geheimtipp, den man alleine schon aufgrund seiner Lage am Hochrhein bei einer Tagung genießen sollte.

Schloss Beuggen

Ortsadel schenkte 1246 die Wasserburg dem gerade mal 50 Jahre jungen Deutschen Orden. Rund ein Dutzend Ritter sowie Ordenspriester für die Betreuung der umliegenden Pfarrkirchen lebten hier in der Anfangszeit. Darüber hinaus wurde Beuggen wegen der günstigen Lage direkt am Rhein zur Zentrale der Ballei

Rheinfelden

Elsass-Burgund (s. Altshausen), war also Sitz des Landkomturs. Aufgrund der Konflikte zwischen Habsburg und den unruhigen Eidgenossen siedelte 1450 der Landkomtur ins reichsunmittelbare Altshausen um. Beuggen sank zu einer Kommende unter Habsburger Landesherrschaft ab, war zu einem reinen Verwaltungszentrum und damit zur Versorgungsanstalt für einen Komtur geworden. Nach der Aufhebung (1806) richtete hier der evang. Pädagoge Zeller eine Lehrerbildungsanstalt mit Armenschule ein, ein Reformidee im Sinne von Pestalozzi. Seit 1985 ist es eine evang. Tagungsstätte für Südbaden.

Bauten: Die **Burg** („Altes Schloss"), ein spätgotischer Bau mit Staffelgiebel und Erker über dem Rhein, besitzt zwei Säle mit Wappenreihe. Das **Schloss** („Neues Schloss") ist die Verlängerung der Burg nach Norden, ein Barockbau unter Walmdach mit einem atlantenflankierten Eingang. Verdeckt dahinter (nach Osten) die kath. Kirche mit den Wappen der verstorbenen Komture.

Schloss Beuggen. In der ehem. Deutschordenskommende am Hochrhein kann man tagen

- Einmalig in BW ist die Form, in der die Anlage durch einen Halbkreis von Wirtschafts- und Verwaltungsbauten abgeschlossen und von Wassergraben und Rhein geschützt wird. - Man stößt immer wieder auf Wappen des Ordens oder von Komturen, im Inneren des Schlosses wie Außen. - Großer Park entlang des Rheins.

UMGEBUNG: Der **OT Degerfelden** erhielt seinen Namen von den Rittern von Tegerfelden, die Ende des 13.Jh an den Dinkelberg kamen, jedoch bereits 1386 in der Schlacht von Sempach ausgelöscht wurden. Das Dorf kam zur Habsburger Herrschaft Rheinfelden. Das Vogtshaus, ein gotisches Gebäude „Am Mühlenbach", steht vermutlich an Stelle einer Wasserburg. Ein Staffelgiebelhaus (Am Dorfbach 8) war Gerichtssitz. – Der 3 km entfernte **Hagenbacher Hof** gehörte zur Deutschordenskommende Beuggen, woran ein Doppelwappen am Wohnhaus mit Staffelgiebel erinnert.

UMGEBUNG: Der **OT Nollingen** war das Zentrum für den rechtsrheinischen Teil der Herrschaft Rheinfelden. Darauf gehen Vogteistraße und Ritterstraße zurück. An die Ritter von Nollingen, die bis um 1400 im Dorf wohnten, erinnert gegenüber die Wasserburgstraße. – Wappen in kath. Kirche. (2010)

Riedlingen BC K10

Die einen stiegen auf, die anderen stiegen ab, ... der Tod behandelte beide gleich. Während die Hr. von Gundelfingen im OT Neufra ihren Aufstieg demonstrierten, musste eine im OT Grüningen sitzende Seitenlinie der Württemberger in Italien ihre Haut zum Markte tragen. Nämlich die Gf. von **Grüningen-Landau**, von denen drei als Condottieri in Italien einen berühmt-berüchtigten Ruf erwarben. Ludwig von Landau leitete so erfolgreich die Große Kompanie (s. Dietingen), dass er vom Mailänder Herzog Bernabo Visconti 1376 eine seiner unehelichen Töchter samt der enormen Aussteuer von 12.000 Gulden erhielt. Aber auch hier zeigte sich der Abstieg, denn sein Verwandter Eberhard III von Württemberg durfte die eheliche Tochter Antonia mit sagenhaften 70.000 Gulden Aussteuer heiraten (s. Bietigheim). Schließlich stiegen die Gf. Landau im 16.Jh zu Rittern ab und starben 1690 aus. Ihre Nachfolge in Grüningen traten die Frh. von Hornstein an, die noch heute hier wohnen. - Ganz anders verlief die Entwicklung der Hr. von **Gundelfingen,** die ihr Herrschaftszentrum aus dem Unteren Lautertal (s. Münsingen) hierher nach Neufra verlegten. Ihren Stellenwert in der damaligen Adelshierarchie zeigen die Namen der angeheirateten Frauen, die nach 1500 durchwegs gräflicher Herkunft sind: Montfort, Werdenberg, Zweibrücken-Bitsch. Kurz vor der Erhöhung zu Grafen starben sie 1546 aus, weshalb man in Neufra prachtvolle Epitaphien von ihnen sowie den beerbenden Gf. Helfenstein findet, was es zusammen mit dem „hängenden Garten" zu einem „muss" macht.

OT Neufra

Über die Ritter von Hornstein kam der Ort 1399 an die Hr. von Gundelfingen, die ihn zum Herrschaftsmittelpunkt machten. Nach ihrem Aussterben gelangte das Erbe an die Gf. Helfenstein, welche Schloss und „Lustgarten" bauen ließen. Nach deren Aussterben 1627 diente Neufra als Verwaltungssitz für den Streubesitz der erbenden Gf. Fürstenberg.

Bauten: Das **Schloss,** 1569-73, steht an Stelle einer Burg erhöht über dem Dorf. Nur noch das Hauptgebäude ist vorhanden, da Süd- und Westtrakt 1869 abgebrochen wurden. Es ist ein dreigeschossiger, lang gestreckter Bau unter steilem Satteldach, geschmückt mit zwei Renaissancetürmchen. Ein massiver Torbau führt in den Hof,

Neufra. Die Kirche überrascht mit prachtvollen Epitaphien

dem sich ein weiter Park anschließt. Das seit 1975 in 19 Eigentumswohnungen aufgeteilte Gebäude steht im Westen der Kirche und bietet zur Donau hin einen markanten Anblick. – **Sonstiges:** In den Wirtschaftsbauten (Fruchtkasten, Marstall) entlang der bergauf führenden Straße sind ebenfalls Eigentumswohnungen eingerichtet. Eine lange Mauer umgrenzt einen großen Park. - Die kath. Kirche überrascht in der südlichen Seitenkapelle mit prachtvollen Standbildern und Epitaphien der Hr. Gundelfingen und Gf. Helfenstein. Hier stehen ein berühmtes Werk des Ulmer Bildhauers Niklaus Weckmann (1528), wertvolle Epitaphien aus Bronze und einer der seltenen Transi (= der Körper wird von Gewürm zerfressen). - Weithin bekannt ist der 1569 errichtete Renaissancegarten. Der 1989 wiederhergestellte „hängende Garten" entstand an steilem Gelände als ein Terrassengarten. Die technisch ausgefallene Lösung besteht in einer Unterkonstruktion aus Stützmauern und zwei Ecktürmen, die der Besucher noch heute bei der Anreise aus dem Dorf sehen kann. Die dahinter liegenden Gewölbe sind zugänglich über das ehemalige herrschaftliche Renthaus, heute

Gasthof und Minihotel. Das Erstaunliche dabei ist, dass man sich eine solch aufwändige Konstruktion in BW nur in diesem Nest und bei der Heidelberger Residenz leistete.

OT Grüningen

Hier saßen die abgestiegenen Verwandten der Württemberger. Eine Seitenlinie der Gf. von Württemberg, die sich ab 1269 nach Grüningen und später nach ihrer (verschwundenen) Burg Landau (Landauhof beim nahen Dorf Binzwangen) nannte, musste sich im 14. Jh ihr Geld in Italien verdienen. Ihre Grablege im nahen Kloster Heiligkreuztal ist erhalten (s. Altheim). Sie wurden 1335 vom benachbarten Ministerialengeschlecht der Hr. von Hornstein beerbt, die noch heute hier wohnen. Diese schlossen sich dem Kanton Donau der Reichsritterschaft an.

Bauten: Das **Obere Schloss**, 1686, besitzt einen romanischen Kern mit Buckelquadern. Es ist ein dreigeschossiger Bau unter steilem Krüppelwalmdach, mit Ecktürmen. Dabei ein kleiner Renaissancegarten und Wirtschaftsgebäude des 18.Jh. Bewohnt von Frh. von Hornstein. Es liegt im Westen des Dorfes an der Straße nach Pflummern. - Das Untere Schloss aus dem 18.Jh steht erhöht auf einem künstlichen Hügel in der Dorfmitte („Adlerberg"). Der schmucklose zweigeschossige Steinbau unter Walmdach ist privat bewohnt. - **Sonstiges:** Neben dem Oberen Schloss steht die kath. Kirche (1741) mit fünf Wappenepitaphien der Hornstein. - Deren heutige Gruft ist an die Friedhofskapelle (1832, am westlichen Dorfrand) angebaut. – In der Schutzengelkapelle (1668, an Straße nach Riedlingen) ist eine Genealogie der Hornstein auf Holztafeln verewigt.

OT Zwiefaltendorf

Auch dieser Ort gehörte zum Kanton Donau der Reichsritterschaft. Im 15.Jh war die Dorfherrschaft an die Hr. von Speth unter Oberhoheit der Gf. von Württemberg gelangt. Württemberg wollte 1534 die Reformation einführen, scheiterte jedoch am benachbarten Kloster Zwiefalten, welches das Kirchenpatronat besaß.

Bauten: Das **Schloss**, 1660, ist ein Steinbau mit zwei Erkertürmchen unter Satteldach. Das zweistöckige Gebäude ragt steil über der Donau auf und wirkt, direkt neben der geschmacklos modernen Donaubrücke stehend, als Blickfang. Vor kurzem an Privat verkauft wird es frisch reno-

Zwiefaltendorf. Das Speth-Schloss über der Donau

viert für Festveranstaltungen vermietet. - Auf der Südseite zeigen tiefe Gräben die Stelle der abgebrochenen **Wasserburg** an, die das Wasser der Zwiefaltener Ach zum Schutz nutzte. - **Sonstiges:** Ein verwinkelter Fußweg, an dem die Wirtschaftsbauten (u.a. Scheune mit Wappen) stehen, führt an einer Mühle vorbei ins alte Dorf. – Die kath. Kirche mit Herrschaftsempore im Chor überrascht durch die vielen figürlichen Epitaphien der Hr. von Speth, die sowohl im Chor wie auch im Schiff stehen.

Riedlingen

UMGEBUNG: Das Pfarrhaus im **OT Zell** diente dem Abt des Klosters Zwiefalten als Sommersitz. Der zweigeschossige Bau unter Mansarddach ist mit einem Wappenstein (1781) über dem Eingang geschmückt. Pfarrhaus, Kirche und Zehntscheune bilden ein imposantes Ensemble über der Donau. (2008)

N6 Rielasingen-Worblingen KN

Zersplittert und zerfleddert war das weltliche Territorium des Bf von Konstanz (= Fürstbistum). Auf der Höri besaß er infolge einer Schenkung des Stauferkaisers Friedrich Barbarossa die Oberhoheit (s. Gaienhofen). Damit erreichte er 1610, dass die **Herrschaft Rosenegg** an ihn abgetreten wurde. 1618 baute er die Burgruine Rosenegg zum Lustschloss um, das jedoch bereits im 30j. Krieg erneut zerstört wurde. Es stand westlich von OT Rielasingen erhöht auf einem Phonolithkegel, weshalb man von hier aus einen weiten Blick auf die Ebene mit der Stadt Singen hat. Im Bereich der Vorburg befindet sich heute ein Hofgut mit Gaststätte. Die Zufahrt von der Straße Rielasingen-Gottmadingen ist ausgeschildert.

OT Worblingen

Ursprünglich saßen Ministeriale der Hr. von Klingenberg auf einer Burg am nordwestlichen Ortsrand über der Aach, wo heute die Villa Wieland steht. Die Burg wurde 1499 im Schweizerkrieg zerstört. Ihre Steine dienten z.T. dem Bau des Schlosses. Die Ortsherrschaft wanderte im 16.Jh als Lehen des Bf. Konstanz durch viele Hände. Anschluss an Kanton Hegau der Reichsritterschaft. Ab 1706 in Besitz der Fam. von Liebenfels im nahen Gailingen (s. d.).
Bauten: Das **Schloss**, 1611, wurde 1843 klassizistisch umgebaut. Es ist ein schlichter zweistöckiger Bau unter Satteldach mit dem Wappen eines Frh. von Fingerlin im Dreiecksgiebel. Im 19.Jh jüdisches Kaufhaus, daher Luken am Dachgiebel (s. Gailingen). Seit 1979 Wohnung und Arztpraxen (Hörstr. 28) – **Sonstiges:** Zwei Epitaphien (1798) in kath. Kirche. – Jüdischer Friedhof in Neubaugebiet neben Schule. (2008)

L6 Rietheim-Weilheim TUT

Warum sind die Kirchen in Rietheim und Hausen ob Verena evangelisch, in den Nachbardörfern jedoch katholisch? Weil diese beiden Dörfer unterhalb des Hohenkarpfen eine Herrschaft unter Württemberger Oberhoheit bildeten. Im Spätmittelalter dehnte Württemberg seine Herrschaft auf das Gebiet an der Oberen Donau aus, wovon jedoch nur einzelne Kleckse übrig blieben (s. Talheim). So auch die Miniherrschaft **Karpfen,** die als Lehen an einen illegitimen Nachkommen bzw. solch treue Gefolgsleute wie die Fam. Widerholt vergeben wurde. Auf deren Epitaphien stoßen wir in Rietheim.

OT Rietheim

Ortsadel 1100-1312, Teil der Gft. Lupfen. Nach deren Erwerb 1444 durch Württemberg wurden die Dörfer Hausen und Rietheim als Herrschaft Karpfen

(s. Hausen ob V.) abgetrennt. Graf Eberhard im Barte verlieh sie an seinen außerehelichen Sohn Hans von Wirtemberg, von dessen Nachkommen sie 1663 an den Neffen des Konrad Widerholt (s. Kirchheim u.Teck) kam, der ebenso wie sein Onkel Kommandant der Festung Hohentwiel war.
Bauten: Das **Schloss,** 1534 als Wasserburg erbaut, ist ein dreistöckiges Gebäude unter Walmdach mit Widerholt-Wappen über dem Eingang. Es liegt im weiten, bachdurchflossenen Park. Als Erbe 1912 an Frh. von Varnbühler, nach 2. Weltkrieg an Frh. von Clausbruch (ostelbisches Geschlecht). Im Süden des Ortes Richtung Weilheim, ca 200 südlich der Kirche gelegen. – **Sonstiges:** Außen an der evang. Kirche stehen Epitaphien der Widerholt. Auf dem Friedhof daneben befindet sich die Grabstätte der Fam. von Varnbühler. (2006)

Rosenberg MOS B9

Im 30j. Krieg starb der Landadel massenhaft aus. Dieses Los traf zwei Adelsfamilien aus Rosenberg. Zuerst (1622) die **Mönch (Münch) von Rosenberg,** die 1251 als Ministeriale der Hr. von Dürn erwähnt wurden. Nach dem Verlust von Rosenberg (1285) tauchten sie unter verschiedenen Münch-Kombinationen (- von Hainstadt, von Dittwar) auf und stellten im Kloster Oberstenfeld zwei Äbtissinnen. - Dann (1632) die **Reichsritter von Rosenberg,** welche aufgrund der Boxberger Fehde im ganzen Alten Reich bekannt waren (s. Boxberg). 1285 traten sie erstmals auf. In Diensten der Kurpfalz erreichten sie hohe Positionen. 1381 kauften sie die Herrschaft Boxberg, wohin sie ihr Herrschaftszentrum verlegten, und 1415 Burg Haldenbergstetten (s. Niederstetten). Sie galten als reichste Familie im Kanton Odenwald. Ihr Besitz war so umfangreich, dass sie nach der Reformation eine eigene Kirchenzentralbehörde mit einem Superintendenten bilden konnten. In Rosenberg erinnern nur noch Epitaphien an sie.

Kernort

Das Dorf kam von den Mönch von Rosenberg 1285 an eine Nebenlinie der Ritter von Uissigheim (s. Külsheim), die sich anschließend von Rosenberg nannten. Sie schloss sich der Reichsritterschaft und der Reformation an. Nach ihrem Aussterben (1632) wurde ihr Besitz vom Bf. von Würzburg eingezogen und an seinen Bruder Gf. Melchior von Hatzfeld gegeben. 1730 Verkauf an die kath. Linie der Gf. Wertheim, die sich seit 1803 Fürsten Löwenstein-Wertheim-Rosenberg nennt. Die konfessionellen Konflikte aufgrund der Rekatholisierungsmaßnahmen waren im 17. und 18.Jh so massiv, dass schließlich sogar der Reichstag eingriff. Die Beilegung in einem Vertrag wurde bis vor kurzem in Rosenberg am 16.Juni gefeiert.
Bauten: Das 1926 abgebrannte **Schloss** stand zwischen den beiden Kirchen. - In der evang. Kirche erinnern fünf figürliche Epitaphien an die Hr. von Rosenberg. In der kath. Kirche (1756) erinnert im Chor die Herrschaftsloge mit einem prächtigen Wappen an die Gf. Wertheim.

Rosenberg

OT Sindolsheim

Ortsadel. Im 14.Jh erhielten die Rüdt von Collenberg vom Bf. Mainz das Dorf als Lehen. Sie schlossen sich dem Kanton Odenwald der Reichsritterschaft und der Reformation an. Das Schloss kam als Erbe 1695 an die Hr. von Erffa, die es 1730 an mehrere Bauern verkauften („Schlossbürger").

Bauten: Das **Schloss** (18.Jh) ist nur noch ein lang gestrecktes, schmuckloses Herrenhaus unter Mansarddach, weil bei einem Brand (1801) Ummauerung wie Ökonomiegebäude zerstört wurden. Das renovierungsbedürftige Gebäude mit einem Fachwerkobergeschoss ist in Besitz von zwei verschiedenen Parteien (Antiquitätenhandel?). - **Sonstiges:** Schmuckreicher als das Schloss ist die evang. Kirche mit zwei Herrschaftsemporen und drei Epitaphien der Rüdt.

UMGEBUNG: Die benachbarte Stadt **Osterburken** war Sitz einer Cent des Bf. Mainz im Bauland. Daran erinnern der Amtshof (heute Wohnungen) sowie die Kellereistraße. - Ein Beispiel für das Aussterben von Klöstern durch die Reformation ist die Frauenzisterze **Seligental**. Der Landadel wurde protestantisch, die adligen Nonnen traten aus dem Kloster aus. Die erhaltene Klosteranlage liegt verdeckt in einem Bauernhof beim Dorf Schlierstadt. (2008)

F10 Rosengarten SHA

Das **Amt** „Rosengarten" der Reichsstadt Schwäbisch Hall gab dieser 1972 entstandenen Gemeinde den Namen. Es war eines der sieben Ämter, über welche die Reichsstadt ihr 450 km² großes Territorium verwaltete. Dabei gehörte ein Teil des Territoriums gar nicht der Reichsstadt selbst, sondern dem Haller Spital. Dieses jedoch stand vollständig unter Kontrolle des Rates, der über seine Verwaltung bestimmte und seinen Besitz dem Reichsstädtischen Territorium eingliederte (s. Frankenhardt). Dies war eine reichsstadttypische Konstruktion, so handhabten es alle Reichsstädte. Im OT Tullau gehörte dem Spital sogar das Schloss.

OT Tullau

Auf der Wasserburg saß Ortsadel, der 1339 an einen Haller Patrizier verkaufte. Die Reichsstadt verstand es, den Besitz 1520 ans städtische Spital und damit unter ihre Kontrolle zu bringen. Der Weiler wurde dem Amt Rosengarten zugeordnet.

Bauten: Das **Schloss** besteht aus zwei massiven, dreigeschossigen Gebäuden, von denen das nördliche mit romanischer Kapelle aus dem 13.Jh, das südliche aus dem 16.Jh stammt. Der Landwirtschaftshof wurde im 17.Jh hinzugefügt. Heute in Privatbesitz, vermietet. Zugang in den Hof offen.

Tullau. Das Territorium der Reichsstädte umfasste auch den Besitz ihrer Patrizier und ihres Spitals

UMGEBUNG: Die außergewöhnlich große spätgotische Kirche im **OT Rieden** war vor der

Reformation Wallfahrtskirche. Das unauffällige Epitaph für Rudolf Senft von Suhlburg (1577) an der Nordwand des Chores erinnert daran, dass die Ortsherrschaft im 16.Jh zwischen dem Haller Spital und der Patrizierfamilie Senft geteilt war. Ihr Schlösschen stand wohl an der Stelle des heutigen Pfarrhauses. (2002)

Rot an der Rot BC L11

Zwei Ordensneugründungen vom Anfang des 12.Jh prägten Europa und hinterließen in BW bis heute ihre Spuren: die Zisterzienser und die **Prämonstratenser.** Beide entstanden fast zeitgleich mit fast gleichartigen Zielsetzungen und Idealen. Der Unterschied bestand darin, dass erstere Laienmönche waren, während letztere Klerikermönche, also Priester im Mönchsgewand waren. Am Beispiel des Prämonstratenserstiftes Rot (Mönchsrot) kann man ersehen, wie sich dieser Orden und damit seine Idee in der Gründungsphase explosionsartig ausbreitete.

Kernort

Als erstes Prämonstratenserkloster/stift im süddeutschen Raum wurde Mönchsrot 1126 gegründet. Von hier aus erfolgten zahlreiche Tochtergründungen, so auch Obermarchtal (s.d.). Über den Erwerb von Pfarreien, an denen die Chorherren als Priester tätig waren, und

Rot an der Rot. Prämonstratenserstift mit vielen Türmen

über Schenkungen und Käufe baute sich das Stift ein Territorium auf. Die bereits von Anfang bestehende Königsvogtei mündete in die Reichsunmittelbarkeit. Die Herrschaft über 75 km² und rund 3.000 Einwohner in 13 Dörfern und Weilern wurde 1803 an Gf. Ludwig von Wartenberg vergeben. Als dessen Erben verkauften die Gf. Erbach die Standesherrschaft mit Ausnahme des Schlossgutes 1844 an Württemberg.

Bauten: Die weitläufige Anlage, mehr **Schloss** als Kloster, wurde nach dem 30j. Krieg erbaut. Die Konventgebäude bilden zusammen mit der im Norden stehenden Kirche eine Vierflügelanlage. Daraus springt nach Osten der Museumsbau und nach Süden die Prälatur (= Abtsgebäude) hervor. Der älteste Teil ist der Aureliusturm (1510) und der Kuchelbau mit Staffelgiebel und Renaissancebemalung. Aufgrund ihrer vielen Türmchen wirkt die verschachtelte Anlage puppenstuben-verspielt. Im Inneren überraschen Empfangsraum, Refektorium, Kreuzgang und Treppenhaus mit Stuckdecken, die von italienischen Künstlern stammen. Die Gebäude sind seit 1959 in Besitz der Diözese Rottenburg-Stuttgart, welche sie als Jugendbildungshaus nutzt. Besichtigung ist möglich. - **Sonstiges:** Außergewöhnlich in Aufwand und Größe ist der Wirtschaftshof zu Füßen des Klosters, dessen umbaute Fläche ca. 1 ha. betrug. Nur zwei Flügel blieben erhalten, die als Rathaus sowie Geschäfts- und Wohnhäuser genutzt werden. – Unterhalb der Konventanlage liegt der (nicht zugängliche)

Rot an der Rot

Abtsgarten mit Forsthaus und Orangerie unter Mansarddach. – Mehrere Epitaphien von Äbten in Barockkirche und Kreuzgang. - Der Zugang zur Gesamtanlage wird durch zwei wappenverzierte Toranlagen begrenzt.
UMGEBUNG: Im **OT Haslach** erinnert der ehem. Pfarrhof, ein Gebäude mit zwiebelüberdachtem Achteckturm (1714), an die Herrschaft des Klosters Rot. Ähnliches gibt es in Berkheim (s. Erolzheim). Damit haben die Äbte den Klosterbesitz in Dörfern und Weilern von dem Besitz des konkurrierenden Klosters Ochsenhausen abgegrenzt. (2009)

D12 Rot am See SHA

Hohenlohe ist das Land der kleinen **Dorfkirchen**. Das mit Weilern und Kleindörfern dünn besiedelte Land ist überzogen von altertümlich wirkenden Chorturmkirchen. Aufgrund ihrer massiven Türme dienten sie zugleich als Wehrkirchen (s. Niederstetten). In Hohenlohe konnten sie sich besser erhalten als in anderen Regionen BWs, weil diese Region bis heute wenig industrialisiert wirkt. Und weil man protestantisch wurde und daher einer Erneuerung im typisch kath. Stil des Barock ablehnend gegenüberstand. Typisch protestantisch ist, dass sie meist geschlossen sind. Es lohnt sich jedoch, einen Schlüssel zu besorgen. Denn viele Kirchen überraschen im Innern mit einem altertümlich wirkenden Innenraum, so z.B. die im OT Hilgartshausen.

In Folge der **franz. Revolution** gab es in kurzer Zeit (1792-1809) fünf Kriege gegen Frankreich, die von den verschiedenen europäischen Staaten in ständig wechselnden Koalitionen geführt wurden. Bei jedem Krieg gewann Frankreich und weitete seine Grenzen aus. So umfasste es auf dem Höhepunkt seiner Macht (1809) 152 Departements anstatt der ursprünglich 83, hatte strategische Schlüsselpositionen wie Hamburg, Rom und Triest seinem Staatsgebiet angegliedert. Bereits im ersten Koalitionskrieg war Frankreich so erfolgreich, dass Preußen 1795 im Sonderfrieden von Basel aus der Koalition austrat und seine Neutralität erklärte. Diese galt auch für die kurz zuvor ererbten fränkischen Markgrafschaften Ansbach und Bayreuth, welche jedoch aufgrund der territorialen Zersplitterung vielerorts nicht klar von anderen Territorien abgegrenzt waren. Daher kennzeichnete Preußen durch entsprechende Abzeichen (Patente) seinen Besitz, so auch das Jagdschloss in Reinsbürg.

Reinsbürg. Schutzpatent gegen französisches Revolutionsheer

OT Reinsbürg
Die Burg an der Straße von Brettheim nach Michelbach an der Lücke (s. Wallhausen) gehörte im 14.Jh der Patrizierfamilie Rein aus der Reichsstadt Rothenburg (= Reins-Burg). Die Markgrafschaft Ansbach kaufte sie 1557 und machte daraus ein Jagdschloss, das 1791 mit Ansbach an Preußen kam. – **Bauten:** Der dreistöckige Steinbau unter Walm-

dach steht inmitten des Weilers am Ende einer Sackgasse und ist Teil einer Gutshofanlage. Über der Türe hängt eine Tafel als eine Art Schutzpatent: „Maison de chase appartenante au Roi de Prusse".
UMGEBUNG: Der **OT Hilgartshausen** gehörte zum Territorium der Reichsstadt Rothenburg. Dies verkündet in der evang. Kirche, einer typischen Wehrkirchenanlage der Gegend, eine Wappentafel von Rothenburger „Senatoren". Die Reichsstadt schützte ihr Gebiet mit einer Hecke (s. Niederstetten), die an Straßendurchgängen durch Türme zusätzlich gesichert wurde. Diese Funktion besaß der Rohrturm 2 km westlich des Dorfes an der Straße nach Musdorf.

UMGEBUNG: Beim Weiler **Bemberg** steht die Stammburg der Hr. von **Bebenburg.** Das 1140 erwähnte edelfreie Geschlecht, eine Nebenlinie der Hr. von Weinsberg, gründete das Zisterzienserkloster Schöntal. Nach seinem Aussterben (1216) nannte sich eine Ministerialenfamilie danach, die das Eremitenkloster Anhausen gründete und darin ihre Grablege einrichtete (s. Satteldorf). Ihr bedeutendstes Mitglied wurde Bf. von Bamberg (1352-63) und war Verfasser von staatspolitisch folgenreichen Schriften, aufgrund deren die deutschen Könige nicht mehr zur Kaiserkrönung nach Rom fahren mussten. 1516 starben sie aus. Von ihrer Burg ist ein Rest des Bergfrieds erhalten. Lage: Über der Brettach an der Straße von Rot nach Amlishagen.
UMGEBUNG: Im nahen Dorf **Gammesfeld** (Gem. Blaufelden) kann man eine von Graben und Brücke geschützte Zweiflügelanlage entdecken. Sie ist ein ehem. Schloss, das im 16./17. Jh an Stelle einer mittelalterlichen Burg für den Rothenburger Obervogt erbaut wurde. Die zweistöckige Anlage wirkt heute mehr als Bauernhof denn als Schloss. Privatbesitz, am Dorfrand in der Schlossstraße.   (2006)

Rottenburg TÜ 17

Mit dem Erwerb der **Gft. Hohenberg** (1381) krönte Habsburg eine 150 jährige Partnerschaft. Bereits 1245 waren verwandtschaftliche Bindungen zwischen beiden Familien entstanden, als Gertrud von Hohenberg den späteren König Rudolf von Habsburg heiratete. Ihr Bruder Albert, der als Minnesänger in der Manessehandschrift verewigt ist, fiel als Landvogt von Niederschwaben im Kampf für die Habsburger Politik (s. Dornhan). Damals stand das Geschlecht, dessen Herrschaftsschwerpunkt sich von der (verschwundenen) Stammburg auf dem Hohenberg bei Schömberg hierher ins Neckartal verlagert hatte, auf dem Höhepunkt seiner Macht. Anschließend ging es abwärts, v.a. infolge der vielen Erbteilungen. Die Besitzungen im Nagoldtal (Nagold, Wildberg, Altensteig) wurden sukzessive an die Gf. Württemberg verkauft. Hoch verschuldet verkaufte der letzte Graf 1381 seine zersplitterte Grafschaft, die sich vom Neckar (Horb, Rottenburg) über Kloster Kirchberg (s. Sulz) und die Stammbesitzungen auf der Alb (Schömberg, Spaichingen) bis an die Donau (Fridingen) erstreckte. In ihrem Rahmen entwickelte sich landsässiger wie auch reichsritterschaftlicher Landadel, so auch im Gebiet der heutigen Stadt Rottenburg mit ihren 17 (!) eingemeindeten Dörfern.

Rottenburg

Die **Frh. von Hohenberg,** die 1657 Oberndorf am Neckar erwarben und als Obervögte in Rottenburg ihr Schloss zur Ansiedlung der Jesuiten zur Verfügung stellten, sind außereheliche Nachkommen von Mgf. Karl von Burgau. Der stammte aus der Verbindung des Erzherzogs Ferdinand II mit der Augsburger Patriziertochter Philippine Welser. 1726 starben sie aus. Ihr Rottenburger Stadtpalais ist heute Bischofsresidenz.

Kernstadt

Die römische Siedlung Sumelocenna, deren Toilettenanlage heute das Kernstück des Stadtmuseums bildet, ging im Alemannensturm unter. So ist die Stadt eine Neugründung der Gf. Hohenberg um 1270. Sie wurde nach 1381 unter den Habsburgern zum Verwaltungszentrum der Grafschaft Hohenberg als Teil Vorderösterreichs. Für ein so bedeutendes Verwaltungszentrum ist es selbstverständlich, dass sich hierin Familien des umwohnenden Land- und zugezogenen Dienstadels ansiedelten, weshalb man außergewöhnlich viele Adelssitze antrifft. 1806 wurde die Stadt württembergisch und ist seit 1821 Zentrum des neu gebildeten kath. Bistums Rottenburg(-Stuttgart).

Bauten: Das Habsburger Schloss wurde im 18.Jh abgebrochen. An seiner Stelle steht eine andere Art von Schloss, denn hier wird man „eingeschlossen" (Gefängnis). - Schlossartig wirkt jedoch das 1658 erbaute **Stadtpalais** des Habsburger Statthalters von Hohenberg (Eugen-Bolz-Platz 1). 1661 wurde es von den neu angesiedelten Jesuiten erworben und zum Studienkolleg mit einer (inzwischen abgerissenen) Kirche umgebaut. Heute dient es als Sitz der Bistumsverwaltung, denn 1821 wurde Rottenburg zum Bischofssitz für das Königreich Württemberg. Der massive dreistöckige Zweiflügelbau mit Staffelgiebel erinnert mit einem Wappen und einer Erinnerungstafel am Eingang an den Erbauer, den Frh. von Hohenberg. – **Sonstiges:** In der Sülchenkirche (im Friedhof an der Straße nach OT Wurmlingen) stehen moderne Epitaphien der Bischöfe. - Die gotische Morizkirche im Stadtteil Ehingen rechts des Neckars („St. Morizplatz") diente den Gf. von Hohenberg als Grablege, woran drei außergewöhnlich feine figürliche Epitaphien aus dem 14.Jh und Totenschilde erinnern. Sie ist bestückt mit Epitaphien sowohl von Pröpsten und Amtleuten des 1330 gegründeten Kollegiatstiftes als auch von Rittern und Adeligen. - **Adelssitze:** Links des Neckars in der Altstadt: Am Marktplatz (Nr. 8, Junker Erckenbrecht und Nr. 12, Frh. von Ow bzw. Wagner von Frommenhausen), in der Königstraße (Nr. 12, Raßler v. Gamerschwang), in der Oberen Gasse (Nr. 12, mit Allianzwappen Wernau-Weichs), in der Schütte (Nr. 6, Sitz des Obervogtes). Rechts des Neckars im Stadtteil Ehingen: In der Tübingerstraße (Nr. 6 „Bochinger Schlössle"), am Morizplatz (Nr. 4, „Nonnenhaus", Fachwerk, ursprünglich in Besitz der Frh. von Speth), in der Königstraße (Nr.

Rottenburg. Der Schadenweiler Hof im Neckartal-Nebel

Rottenburg

86, Fachwerk, Kirchberger von Kirchberg) und am Ehinger Platz (Nr 6, Fachwerk, Themar von Schadenweiler).
UMGEBUNG: An der Landstraße Richtung Hechingen liegt der **OT Weiler,** entstanden als Burgweiler der verschwundenen Rotenburg oberhalb im Wald, in der wahrscheinlich Gertrud (bzw. Anna) von Hohenberg geboren wurde. Heute steht hier ein Aussichtsturm.
UMGEBUNG: An der Straße nach OT Weiler liegt ca 1 km abseits der **Schadenweiler Hof,** ein ehemaliger, schlossartiger Adelssitz. Im 17.Jh wurde er durch die Familie von Themar errichtet, die ihn anschließend wegen Verarmung an die Stadt Rottenburg verkaufte. Die zerfallene Anlage wurde durch die SA 1933 grundlegend renoviert. Heute ist darin die Fachhochschule für Forstwirtschaft untergebracht, wozu moderne Gebäude angefügt sind, was jedoch den Schlosscharakter nicht zerstört. Es ist eine geschlossene Vierflügelanlage mit jeweils einem Eckürmchen. Das Herrenhaus unter Mansarddach ist schmucklos. (Schadenweiler Straße).

OT Obernau

Bei dem Ort findet man Reste einer römischen Wasserleitung. Im 12.Jh Sitz der Hr. von Ow, die hier eine Stadt gründen, was man noch heute an der halbkreisartigen Straßenführung erkennen kann. 1512 ging ihr Erbe an die Hr. von Ehingen, die es 1559 nach einem Vatermord für über 100 Jahre von Habsburg als Lehensherren entzogen bekamen. Dabei wurde der Ort landsässig gemacht. Nach deren Aussterben zusammen mit Börstingen (s. Starzach) 1698 an Frh. Raßler von Gamerschwang.
Bauten: Die **Burg** ist ein freistehender Turm aus dem 13.Jh („Römerturm"), der Rest der Wasserburg. Daneben steht das **Schloss,** 1775-80 von Raßler erbaut. Es ist ein schlichter Rechteckbau unter Walmdach, heute in Besitz des örtlichen Mineralwasserunternehmers. Beide im Ortszentrum neben der kath. Kirche.
UMGEBUNG: Der benachbarte **OT Bieringen** gehörte zur Reichsritterschaft. Das 1753 abgebrochene Schloss stand neben der kath. Kirche (1788), in deren Chor das Holzepitaph (16.Jh) einer von hier stammenden Frau von Dalberg hängt

OT Frommenhausen

Das Entstehen einer landsässigen Ortsherrschaft ist aufschlussreich. Der Jurist J. Wagner, Landschreiber der Grafschaft Hohenberg, besaß hier zwei Höfe. Habsburg konnte 1656 ein von seiner Frau gegebenes Großdarlehen tilgen, indem es ihm (- nicht ihr -) die Ortsherrschaft verlieh. Die Familie erhielt den Adelstitel, machte im 18.Jh Karriere in badischen und im 19.Jh in württ. Diensten. 1891 starb sie aus.
Bauten: Das **Schloss** neben der Kirche, 1832, ist ein unauffälliges dreistöckiges Gebäude unter Krüppelwalmdach. Schlichtes Wappen über Eingang. Seit 1970 in Besitz der Gemeinde, heute Kindergarten und Ortsbücherei (von Wagner-Straße). - **Sonstiges:** Grabmal der Wagner auf dem Friedhof. – In der Kirche eine Gedenktafel zu den Toten des Russlandfeldzugs (1812) und des 30j. Krieges. Gedenktafeln zu den Napoleanischen Kriegen gibt es auch in Nachbardörfern.

Rottenburg

OT Hemmendorf

Dieses Dorf gehörte dem Johanniterorden, der hier seit 1258 eine Kommende unterhielt. Als Geschenk des Ortsadels war es an den Ritterorden gelangt. Man war nicht reich, aber reichsunmittelbar, wenn auch Habsburg diesen Anspruch bestritt. 1806 an Württemberg.

Bauten: Das **Schloss,** 1790, ist eine hübsche Dreiflügelanlage mit zwei Treppentürmchen des Vorgängerbaus (1608, mit Inschrifttafel). Der zweistöckige Steinbau hat über dem Südportal das Wappen des Erbauers, Komtur Gf. Fugger. Heute Ortsverwaltung, Schulhaus, Wohnungen. Die Schlossanlage wurde 1889 durch den Bau der Verbindungsstraße nach Bodelshausen stark beeinträchtigt, weil dabei der Landwirtschaftsteil und die Ummauerung beseitigt wurden. - **Sonstiges:** Die kath. Kirche schließt die Anlage zum Dorf hin ab. In ihrem Chor stehen die Epitaphien von zwei Komturen, darunter ein „angeberisch"-figürliches (1614).

Hemmendorf. Das Malteserschlösschen am Rande des Rammerts

OT Baisingen

Rund 15 km westlich der Kernstadt liegt das ehemals zum Kanton Neckar der Reichsritterschaft gehörende Dorf. Ortsadel im 13.Jh. 1380-1505 in Händen der Hr. von Gültlingen, dann der Schütz von Eutingen und nach dem 30j. Krieg der Schenk von Stauffenberg. 1640 Ansiedlung von Juden, deren stattliche Häuser aus dem 19.Jh das Ortsbild prägen.

Bauten: Das **Schloss,** Neubau 1820, ist ein schmuckloser zweistöckiger, kastenartiger Steinbau unter Walmdach. Daneben die Schlossscheune, ein großer Bruchsteinbau mit Krüppelwalmdach (heute Festhalle). Das ummauerte, von der Gemeinde genutzte Ensemble, bildet eine schöne Ortsmitte. - **Sonstiges:** Ein Epitaph der Stauffenberg in kath. Kirche, umrahmt von Wappen. - Synagoge, 1782, eingeklemmt zwischen Wohnbauten (deshalb 1938 nicht abgebrannt), ca 150 vom Schloss entfernt („Judengasse"). Seit 1988 in Besitz der Stadt und als Museum gestaltet. - Der jüdische Friedhof (1778) liegt überwuchert am Waldrand hinter dem Sportplatz, Richtung Vollmaringen.

UMGEBUNG: Zwischen Baisingen und Rottenburg liegt **OT Seebronn.** Hier erinnert ein großes Doppeladlerwappen über dem Westeingang der Kirche an die Habsburg-Herrschaft.

UMGEBUNG: Aus dem benachbarten **OT Hailfingen** stammt ein weit verbreitetes Rittergeschlecht, das zahlreiche geistliche und weltliche Ämter übernahm. 1527 starb es aus. Von der Burg sind keine Spuren mehr erhalten. In der kath. Kirche stehen drei schlichte Epitaphien von Beamtenfrauen. (2008)

Rottweil RW K5

„Hopp Schwyz" könnte es heute in einem Kanton Rottweil heißen, wenn nicht Napoleon 1802 die Reichsstadt mit 28 Dörfern und einem Territorium von rund 220 km² Württemberg angegliedert hätte. An die **Eidgenössische** Vergangenheit als **Zugewandter Ort** erinnert der Marktbrunnen an der Straßenkreuzung, auf dem ein Fähnleinführer anstelle des reichsstadttypischen Kaisers, eines württ. Herzogs oder einer Heiligenfigur steht. Daran erinnern auch die Altstadthäuser mit so schönen Erkern wie in Schaffhausen oder St. Gallen. Die politische Anbindung erwuchs aus Geschäftsbeziehungen, denn die Bauern am Oberen Neckar produzierten Getreide, das die Kaufleute der Reichsstadt ins getreidearme Bergland der Eidgenossenschaft verkauften. So schloss sich ab 1463 die Reichsstadt schrittweise der Eidgenossenschaft an, war jedoch nach dem 30j. Krieg nur noch pro forma Mitglied.

Rottweil besitzt noch eine weitere Einmaligkeit in BW: das **kaiserliche Hofgericht.** Es entwickelte sich vermutlich im 13.Jh aus dem Gericht eines frühmittelalterlichen Königshofes und anschließendem Gericht des Herzogs von Schwaben. Den Vorsitz dieses nach dem Reichshofrat und dem Reichskammergericht wichtigsten deutschen Gerichtes nahmen über Jahrhunderte die Gf. Sulz ein, deren Stadthaus neben der Hochbrücke stand (Infotafel vorhanden). Die dort angestellten Juristen nutzten die Rittersitze des Umlandes für ihren Aufstieg in den Landadel.

Rottweil. Der Hofgerichtsstuhl an Königstraße/Lorenz-Bock-Straße

Kernstadt

Die historische Stadt wurde um 1200 planmäßig hoch über dem Neckar errichtet und erreichte im 14.Jh den Status der Reichsstadt. In ihr finden wir Patrizier- und Bürgerhäuser mit schönen gotischen und barocken Erkern, vergleichbar denen in Schweizer Städtchen. Zudem sind in zwei Kirchen einige Epitaphe von Patriziern erhalten. So stehen in der Dominikanerkirche (heute evang. Kirche) an der Westwand zwei Epitaphien von Assessoren des Hofgerichts. Und im Heiligkreuzmünster wurde der südliche Seitenchor zur Familienkapelle der Juristenfamilie Hettinger mit dem Epitaph eines Bürgermeisters (1587). Hier hängen zudem versteckt im südlichen Eingangsbereich zwei Epitaphe (1606, 1624) der Spreter von Kreidenstein auf der Neckarburg (s.u.).

UMGEBUNG: Zum Aufsteiger-Adelssitz wurde das **Hofgut Hochmauren** am Rande des OT **Altstadt,** der auf eine 73 n. Chr. gegründete römische Siedlung rechts des Neckars zurückgeht. Im Mittelalter wohnten im Hofgut Beginen. Nach dem Bauernkrieg kam es an den Hofgerichtsschreiber Möck, der es zum Schlösschen umbaute und anschließend mit dem Erwerb des Ritterguts Balgheim (s.d.) in den reichsunmittelbaren Landadel aufstieg. Dann kam es an den Schweizer Söldnerhauptmann Brenneisen, ab 1700 an die örtlichen Jesuiten.

Schließlich wurde es zum Bauernhof. Kern des frisch renovierten, ummauerten Hofgutes ist das dreigeschossige Herrenhaus unter Satteldach mit einem Festsaal im 2. Stock.

UMGEBUNG: Auf einem Umlaufberg des Neckars steht die Ruine der **Neckarburg,** ein Ortsadelssitz des 12.Jh. Das reichsritterschaftliche Rittergut wurde 1580 von Johann Spreter, Chef der Hofgerichtskanzlei, erworben. Der nannte sich anschließend von Kreidenstein (Epitaph im Heiligkreuzmünster, s.o.). Nach der Zerstörung im 30j. Krieg kam das Rittergut 1706 ans Kloster St. Georgen in Villingen, das den Landwirtschaftshof links des Neckars errichtete. 1821 an Stadt Rottweil, die 1836 an den Gf. Bissingen-Nippenburg im nahen Schramberg verkaufte. Das prächtige Wappen des Abtes (1711) und das bescheidene des Grafen sind übereinander an der Eingangstüre des Hofgutes zu sehen. Lage: Nördlich der Kernstadt, Zufahrt über Straße nach Villingendorf. Hofgut links, Burgruine rechts des Neckars erhöht im Wald. - Ca 200 östlich steht die 1981 wieder hergerichtete Michaelskapelle, die vermutlich ursprünglich eine Mutterkirche war.

UMGEBUNG: Die Frauenzisterze **Rottenmünster** war samt einem fünf Dörfer umfassenden Territorium bis 1803 reichsunmittelbar. Ihr Aussehen wird zwar durch die heutige Nutzung als Psychiatriezentrum geprägt, man kann jedoch das geschlossene Konventgeviert um die Kirche erkennen. In der aufwändig stuckierten Barockkirche stehen zwei Epitaphien von Äbtissinnen, der Eingang wird vom Klosterwappen geziert. Im Neckardurchflossenen Park stehen einige stattliche barocke Wirtschafts- und Verwaltungsbauten, z. T. mit Wappen. Man findet die Anlage im Süden der Stadt, beim OT **Bühlingen.** In diesem Dorf überrascht ein schönes Fachwerkhaus, weil darin nicht ein Kloster- oder Reichsstadtvogt, sondern ein württ. Vogt saß (Vogthof, Eckhofstr. 14, privat bewohnt).

UMGEBUNG: Die Nachbargemeinde **Deißlingen** gehörte zum Territorium der Reichsstadt. Der Kelhof des Klosters Reichenau war ab 1457 in Händen Rottweiler Patrizier. So auch ab 1503 in Besitz der Möck (von Balgheim), die ihn schlossartig ausbauten. Das zweistöckige schmucklose Gebäude wird samt dazu gehörendem Wirtschaftshof heute vollständig von der Gemeinde als Rathaus und Feuerwehrhaus genutzt. (2008)

K1 Rust OG

Die Reichsritterschaft gab es auf beiden Seiten des Rheins, also auch im Elsass. So gehörte z.B. rund ein Dutzend Dörfer auf der linken Rheinseite gegenüber von Rust zum Verband der **Unterelsässischen Reichsritterschaft.** Ihr Entstehen wurde durch die Reichsstadt Straßburg gefördert, die den umgebenden Landadel in der Stadt mitregieren ließ und Stadtpatriziern den Erwerb von Rittergütern erlaubte. So auch bei den Böcklin von Böcklinsau, die in der Reichsstadt über 100-mal das dem Adel reservierte Amt des Städtmeisters inne hatten und als Reichsritter ein halbes Dutzend Dörfer (z.B. im Elsass das nahe Obenheim) besaßen. Die Unterelsässische Reichsritterschaft, rund 80 Familien mit ca. 650 km² Besitzungen, unterstellte sich 1661 dem Sonnenkönig und nahm als „königliche Ritterschaft" eine Sonderstellung im absolutistischen französischen Staat ein. Dabei galt ab 1685 die Verfügung, dass Leitungsämter den Katholiken reserviert waren. Da dies die Böcklin im Gegensatz zu den meisten Standesgenossen in mehreren Linien waren, konnten sie bis zur franz. Revolution eine dominierende Rolle übernehmen. Ihr Stadtpalast in Straßburg wurde vom König 1685 gekauft und der Ritterschaft als Direktorium und Archiv zur Verfügung gestellt (17, Place St. Etienne = Stephansplatz 17). - Auch in Rust regierte eine kath. Linie der Böcklin.

Kernort

Auf einer Wasserburg saß im 13.Jh Ortsadel als Ministeriale des Bf. Straßburg. 1442 wurde damit der Patrizier Bernhard Böckel aus Straßburg belehnt. In der Renaissance wurden daraus die Böcklin von Böcklinsau. Die meisten Mitglieder der weit verzweigten Familie, die 1150 erstmals erwähnt wurde, blieben beim Alten Glauben. Die Ruster Linie schloss sich dem Kanton Ortenau der Reichsritterschaft an. Ihre Untertanen waren anscheinend nicht zufrieden mit ihnen, denn zwei Aufstände der Bevölkerung 1747 und 1923 (!) mussten durch die Polizei gewaltsam niedergeschlagen werden („Ruster Revolution"). 1955 starb der letzte Böcklin. Schloss und Park wurden zum Europapark mit rund 2 Mio. Besuchern pro Jahr.

Bauten: Das **Schloss** („Balthasarburg", 1577) ist ein dreigeschossiger Bau unter Satteldach. Der polygonale Treppenturm besitzt ein phantasievolles, renaissancetypisches Portal. Der frisch renovierte Bau dient heute als Schlossrestaurant und der Verwaltung des Europaparks. Der Wasserburgcharakter ist noch zu spüren, denn zwei Elzarme und ein Kanal („Junkerbächle") fließen

Rust. Im Böcklin-Schloss sitzt die Verwaltung des Europaparks

durch den Schlosspark, aus dem ein Vergnügungspark wurde. – Das **„Balzareschlössle"** (1598), ein Wohnhaus mit schönem Renaissancefachwerk, diente wohl zeitweise den Böcklin als Witwensitz. Heute privat bewohnt (Ritterstr. 33). - **Sonstiges:** Gegenüber dem Schloss Balthasarburg befand sich bis 1955 die Domänenverwaltung in einem kompakten Fachwerkhaus unter Walmdach (ehem. Gasthof Krone). - An der kath. Kirche erinnert eine Tafel an den 1813 verstorbenen „Musikbaron". - Im Schlosspark wurde 1955 eine Grabkapelle für die verstorbenen Böcklin erbaut. Am und im Schloss werden ihre Epitaphien gesammelt aufbewahrt. - Der Platz der 1938 zerstörten Synagoge ist eine Gedenkstätte. (2009)

F7 Sachsenheim LB

Wenn die Statue des betenden Ritters Hermann in der ranghöchsten Kirche des Herzogtums Württemberg steht, so muss die **Fam. von Sachsenheim** eine wichtige Rolle in der württembergischen Geschichte gespielt haben. Denn der betende Ritter im Chor der Stuttgarter Stiftskirche stellt den 1508 gestorbenen Landhofmeister dar. Seine Vorfahren saßen seit dem 13.Jh an der unteren Enz. Im 14.Jh übernahmen sie als Ministeriale der Gf Württemberg leitende Ämter in der Verwaltung: Vögte, Burgvögte, Obervögte. Im 15.Jh schließlich erreichten sie die höchste Position als Landhofmeister (= Erster Minister) und waren an der Absetzung von Hzg. Eberhard dem Jüngeren (1498) beteiligt. Aber bereits 1561 starben sie aus. Ihr Stammsitz war Großsachsenheim.

OT Großsachsenheim

Der Name geht vermutlich auf eine Ansiedlung von Sachsen zurück. Ortsadel saß wohl im Adelshof (heutiges Pfarrhaus) neben der Kirche. Das edelfreie Geschlecht von Sachsenheim jedoch hatte im 13.Jh seinen Sitz auf Burg Altsachsenheim (s.u.) und baute sich erst im 14.Jh eine Wasserburg im Dorf, dem es 1495 die Stadtrechte verschaffte.

Großsachsenheim. Schlossherr ist hier der Bürgermeister

Karrieren in württ. Diensten und zwei Heiraten mit reichen Bürgertöchtern ermöglichten es, Besitzungen in der Umgebung (z.B. Sersheim) aufzukaufen und den Gf. Württemberg hohe Darlehen zu geben. Nach ihrem Aussterben in männlicher Linie (1561) fiel der Besitz an Württemberg als Lehensherrn, das hier eine Obervogtei sowie die Waldvogtei für den Stromberg einrichtete.
Bauten: Das **Schloss** (1544, mit Teilen der mittelalterlichen Wasserburg) zeigt durch Graben und Steinbrücken seine ursprüngliche Funktion als Wasserschloss. Die geschlossene Form eines Zwölfecks, das Fachwerkgeschoss auf hohem Steinsockel und die aufwändige Renovierung machen es zu einem gelungenen Ensemble. Seit 1951 Gemeindebesitz, als Rathaus genutzt. Ritterfigur und Wappen der Hr. von Sachsenheim am Eingang. - Im Park steht ein Teehaus (1629). – **Sonstiges:** Die Wirtschaftsbauten (Fruchtkasten) im ehem. Schlossvorhof bilden zum Dorf hin ein Halbrund. - Kirchenburgartig wirkt die evang. Kirche, geschützt mit einem Wehrturm und Mauern. In ihr sind zahlreiche figürliche Epitaphien der Hr. von Sachsenheim, darunter auch eine Kopie des betenden Ritters. – Auf der Ostseite steht der vermutliche Sitz eines Ortsadligen, 1473 zur Vogtei umgebaut, heute Pfarrhaus mit zwei Allianzwappen. - Im Friedhof an der Bissingerstrasse Grabmäler der Schlossbesitzer des 19.Jh (von Misani, von Roeder), deren Wappen auch im Kirchenfenster zu sehen sind.

UMGEBUNG: Die Burg **Altsachsenheim** steht ca. 2 km südlich des Ortes über dem Enztal. Der Stammsitz der Hr. von Sachsenheim aus dem 13.Jh verfiel nach dem Umzug ins Dorf. Die Ruine mit mächtigen Umfassungsmauern ist gesichert. Infotafel. Ca. 100 m vor der Burg liegt der Weiler **Egartenhof,** dessen

stattliche Gebäude eine Meierei und ein Pfründhaus (= zur Pfarrpfründe gehörend) waren. - Von der Burg aus sieht man in Untermberg den **Mäuseturm** (= Mautturm), einen ehem. Zoll- und Wachtturm (s. Bietigheim-Bissingen).
UMGEBUNG: Im OT **Kleinsachsenheim** steht das Schlössle (Kelterstr. 25), im 15.Jh wahrscheinlich Wohnsitz eines Angehörigen der Hr. von Sachsenheim. Durch verschiedene Umbauten ging jedoch der herrschaftliche Charakter verloren. Evang. Kirche mit Schießscharten.
UMGEBUNG: An der Strasse nach OT Hohenhaslach liegt die Domäne **Rechentshofen.** Die ehem. Frauenzisterze wurde nach ihrer Auflösung (1534) zum **Jagdschlösschen** und schließlich zum Hofgut. Die stattliche (profanierte) Kirche steht nahe dem Eingangstor. Privat, kein Zugang.
UMGEBUNG: Der OT **Hohenhaslach** ragt burgartig aus der Ebene empor. Der Ort hatte für die Gf. von Vaihingen solch große Bedeutung, dass sie ihm Stadtrecht erteilten, weshalb man heute noch Teile der Stadtmauer, ein Rüsthaus (= Waffenkammer) und einen Markplatz vorfindet. In der evang. Kirche stehen mehrere Epitaphien einer Ministerialenfamilie, die in der (verschwundenen) Burg Bromberg (ca. 2 km nw Richtung Ochsenbach) wohnte.
UMGEBUNG: Im OT **Ochsenbach** sind in der evang. Kirche mehrere Epitaphien des Ortsadels. Der bekannte Weinort besitzt ein schönes Ortsbild mit schmucken Fachwerkhäusern.

UMGEBUNG: Auch in der Nachbargemeinde **Sersheim** war die Ortsherrschaft im Spätmittelalter in Händen der Hr. von Sachsenheim. Nach deren Aussterben 1561 verwaltete Württemberg, das als Rechtsnachfolger der Gf Vaihingen Lehensherr war, den Ort in Eigenregie. Das verschwundene **Schlössle** wurde 1607 auf den Resten einer Wasserburg errichtet. Sein Steinsockel mit Bruchsteinen dient einem modernen Neubau, der Teil des Rathaustraktes ist. Dabei wurde ein gerettetes Kellerportal vor die nüchterne Betonmauer des Bürgerhauses gesetzt, eine überraschende Kombination. (Schlossstr.). – In der Backgasse 7 steht ein verputztes Haus mit einem Stabwerksportal (1619), wohl ein ehem. Adelshof. Heute privat bewohnt. - In der evang. Kirche hängen mehrere manieristische Holztafeln. Zudem eines, auf dem ein Indienfahrer (1744) seine Geschichte erzählt. (2009)

(Bad) Säckingen WT O 3

„Der Trompeter von Säckingen" ist das Thema eines noch heute bekannten **historischen Romans.** Solche Romane erlebten im 19.Jh ihre Blüte, da sie zum Historismus als Baustil und zur „nationalen Wiedergeburt" passten. Als erfolgreicher Verfasser weiterer historischer Romane („Ekkehard") erhielt Victor (von) Scheffel sogar den Adelstitel. (Im preußisch-militaristischen Deutschland konnten es Literaten doch zu etwas bringen!). - Das „Trompeterschlössle" und ein Epitaph erinnern an die wahre Liebesgeschichte aus dem 17.Jh mit Happy End. Dabei nimmt das Schlösschen entsprechend seiner Bedeutung nur eine Randlage im Städtchen ein, wie der

(Bad) Säckingen

Besucher feststellen muss. Denn im Zentrum stand und steht das Damenstift, dessen markanten Kirchtürme die Silhouette für die historische Rheinbrücke bilden.

Säckingen. Das Trompeterschlössle wurde durch einen historischen Roman berühmt

Kernort
Bereits in der Merowingerzeit wurde auf einer Rheininsel das Frauenkloster gegründet. Reserviert für den Hochadel (also kein Ministerialenadel) erwarb es einen riesigen Grundbesitz bis ins Alpengebiet (z.B. Glarus = Verballhornung des Klosterheiligen Hilarius). Habsburg kam im 12.Jh in Besitz der Vogteirechte und überlies das Meieramt (s. Schwörstadt) als eine Art Untervogtei den Hr. von Schönau. Diese nutzten es als Sprungbett, um in den Tälern von Wiese und Wehra ein eigenes Territorium aufzubauen (s. Wehr). Da sie häufig auf Kosten des Klosters handelten, das sich vergeblich mit Prozessen wehrte, kann man sich das vergiftete Klima im Städtchen vorstellen. Denn sie wohnten nur einen Steinwurf entfernt vom Kloster in einem eigenen festen Haus, dem Schlössle.

Bauten: Das **„Trompeterschlössle"** (1600) ist ein stattliches Herrenhaus unter mächtigem Krüppelwalmdach. Die zwei Ecktürme erhielten nach dem 30j. Krieg welsche Hauben, wodurch eine Mischung von Renaissance und Barock entstand. Seit 1929 in Stadtbesitz, heute (Trompeten-)Museum. Dahinter der weite Park mit einem Barockpavillon („Teehäuschen"). – Der **Stiftsbezirk** wirkt herrschaftlich. Da aus dem Kloster ein Damenstift wurde, trifft man Stiftshäuser statt einer geschlossenen Klosteranlage an. Bauten aus verschiedenen Perioden sind im Halbrund um die Kirche angeordnet. So steht hinter dem Chor der Kirche, vermutlich an der Stelle der karolingischen Pfalz, der **„Alte Hof"** (14.Jh), in dem im Mittelalter die Fürstäbtissin residierte. Die neue **Residenz** („Stiftsgebäude", Rathausplatz 5) wurde 1575 gebaut, ein massives Steinhaus mit Staffelgiebeln, das heute von Behörden genutzt wird. – **Sonstiges:** In der Kirche mit karolingischer Krypta steht das Epitaph einer Fürstäbtissin. An der Choraußenseite mehrere Epitaphien, darunter auch das des Trompeters. - Des weiteren steht an der überdachten hölzernen historischen Rheinbrücke das Amtshaus des Deutschen Ordens, ein 1600 errichtetes Steinhaus mit Treppenturm („Hallwiler Hof").– Das Rathaus ist in einem ehem. Adelpalais neben der Stiftskirche.

UMGEBUNG: Das Damenstift benötigte zum Schwarzwald hin einen Schutz. Dem diente die Burg **Wieladingen** (Gem. Rickenbach) über der Murgschlucht, aus deren Ruinen der besteigbare Bergfried empor ragt. Sie steht ca. 10 km nordöstlich Richtung Rickenbach, der Zugang ist vom Parkplatz her ausgeschildert. Die Lage über der Schlucht imponiert. (2010)

Salach GB H11

Die Ritter von **Degenfeld** wurden erstmals 1257 erwähnt. Sie waren Ministeriale der Gf. Helfenstein, dann der Rechberg. 1456 kauften sie Eybach (s. Geislingen), wo bis heute eine Linie wohnt. Sie schlossen sich der Reformation an. 1597 verkauften sie ihr Stammdorf Degenfeld (s. Schwäb. Gmünd) an Württemberg. Im Alten Reich wurden sie v.a. durch einen Skandal bekannt, als Louise von Degenfeld, Hofdame in Heidelberg, vom Kurfürsten geheiratet und 1667 zur Raugräfin erhoben wurde. Seit 1665 saß eine Linie auf Burg Staufeneck.

Burg Staufeneck
Der Name geht auf staufische Ministeriale zurück, die vom Hohenstaufen hierher zogen. Nach ihrem Erlöschen saßen hier 1333-1599 die Hr. von Rechberg mit einer eigenen Linie, die sich dem Kanton Kocher der Reichsritterschaft anschloss. Nach ihrem Aussterben annektierte Württemberg vorübergehend die Herrschaft, die schließlich 1665 an die Hr. von Degenfeld kam.
Bauten: Von der staufischen **Burg** sind nur noch Teile der Ummauerung, die Palasruine und der 30m hohe runde Bergfried aus Buckelquadern erhalten. Der Zugang in die Burgruine ist offen. - Der Vorburgbereich, in den ein Rundbogentor mit Wappen führt, wird vollständig von einem Gaststättenbetrieb genutzt. Hier stehen die Wirtschaftsgebäude (18.Jh) und ein als Hotel-Restaurant genutztes Herrenhaus mit Treppentürmchen. Lage: Ca. 2 km östlich des Dorfes Salach auf einem Ausläufer des Rehgebirges, Zufahrt ausgeschildert.
UMGEBUNG: Das Dorf **Salach** war Teil der Herrschaft Staufeneck. Württemberg erzwang die simultane Nutzung der Kirche, in welcher im 16.Jh die hiesigen Rechberg ihre Grablege eingerichtet hatten. Daher stehen in der seit 1905 rein evang. Kirche mehrere Wappenepitaphien sowie zwei schöne figürliche (1576, 1592) der Gf. von Rechberg. (2004)

Salem FN M8

Kloster = Schloss!? Wer das Zisterzienserkloster sucht, findet das Schloss. Barocke Klosteranlagen waren so prachtvoll angelegt, dass sie nach der Säkularisation (1803) ohne weiteres als Schloss genutzt werden konnten. Aufschlussreich ist der Begriffswechsel im Barock, der einen grundlegenden Paradigmenwechsel (= Bedeutungswechsel) anzeigt: Aus dem mittelalterlichen Kloster wurde die **Abtei**. Damit wird ausgesagt, dass nicht mehr die Gemeinschaft der Mönche, sondern der Chef entscheidend ist. Der residierte und regierte in der prächtigen **Prälatur** und nannte sich jetzt (Reichs-)Prälat, weil er einem reichsunmittelbaren Klosterstaat vorstand, Damit verkehrte er auf einer Stufe mit Reichsgrafen bzw. als Fürstabt mit Fürsten (s. Bonndorf). Einen höheren Status konnte ein Nichtadliger sonst nirgends erreichen. Durch die Säkularisation fielen die wirtschaftlich gesunden Klosterstaaten mit ihren schlossähnlichen Abteien an den weltlichen Adel. So auch Salem, das anschließend als Markgräflich-Badisches Schloss diente, weshalb die Hinweisschilder „Schloss" den Weg zum Kloster zeigen.

Salem

Salem. Die Prälatur, mehr Schloss als Kloster

Kernort

Das Kloster Salem wurde 1134 gegründet. Es besaß wie alle Zisterzienserklöster von Anfang an die Königsvogtei (s. Gutenzell-Hürbel), was als Ausgangsbasis für die bereits 1354 erreichte Reichsunmittelbarkeit diente. Neben dem Umland erwarb es auch noch die Herrschaft Ostrach und das reichsritterschaftliche Stetten a.k.M. (s.d.). Der Kaisersaal, ein Festsaal mit Kaiserstandbildern, kann als Demonstration der Reichsfreiheit gelten. In der Barockzeit saß der Salemer Abt als ranghöchster Prälat auf der schwäbischen Prälatenbank im Reichstag. Mit der säkularisationsbedingten Aufhebung 1803 fiel das Territorium (330 km² mit rund 6.000 Einwohnern) an das Großherzogtum Baden, die Klosteranlage jedoch als persönlicher Besitz an die nachgeborenen Söhne der Markgrafenfamilie. Diese gründete 1920 zusammen mit dem Reformpädagogen Kurt Hahn die international berühmte Schule „Schloss Salem". Seit 2009 ist die Anlage vollständig in Landesbesitz.

Bauten: Das **Schloss** ist die ehem. Klosteranlage auf einem 17 Hektar-Gelände, welche nach der totalen Zerstörung durch einen Brand (1697) als prachtvolle Barockanlage von Vorarlberger Baumeistern errichtet wurde. Dabei ist im Grunde genommen jedes Gebäude in der weitläufigen Anlage schlossartig-repräsentativ, angefangen vom wappengeschmückten Torbau bis hin zum lang gestreckten Wirtschaftsgebäude. Den Kernbereich jedoch bilden zusammen mit der gotischen Kirche der Prälatenbau mit Kaisersaal und der von der Schule genutzte Konventbau. – **Sonstiges:** Selten findet man eine solch gut erhaltene Pferdeschwemme, die auch zum Säubern der Kutschen diente. – Hinter dem Kernbereich „verbergen" sich weitere stattliche Gebäude (Rentamt, Sennhof). – Die Gebäude werden von der Schule sowie als Verkaufsräume und Museen genutzt. - Trotz hohem Eintrittspreis ist Salem das wohl meistbesichtigte ehem. Kloster BWs.

UMGEBUNG: Im OT **Mimmenhausen** steht in der Kirche das Epitaph des berühmten Barockkünstlers J.A. Feichtmayr. Für seine Arbeit im Kloster hatte er seine Werkstatt auf einer Insel im Killenweiher (letzter See links an Strasse nach Mühlhofen) eingerichtet. Hierzu bekam er 1722 die ehem. Fischmeisterei des Klosters, von der die gotische Kapelle erhalten blieb. Er errichtete ein spätbarockes Gebäude, das seit 1792 als Forsthaus genutzt wird.

UMGEBUNG: Der „Prälatenweg" führt von Salem zur berühmten Wallfahrtskirche Birnau. Unterhalb der Kirche liegt direkt am Bodenseeufer **Schloss Maurach** (Gem. Uhldingen-Mühlhofen), eine ehemalige Grangie (= Gutshof) der Salemer Zisterzienser. Diese wurde im 18.Jh zum Sommerschloss ausgebaut und ist heute Bildungsstätte.

(2009)

Sankt Blasien WT N3

„Wem gehört dieses Schlösschen?" „Dem Fürstabt von St. Blasien!" „Wer hat dieses schöne Pfarrhaus erbaut?" „Das Kloster St. Blasien!" So könnte das Märchen vom gestiefelten Kater im Hochschwarzwald und im Breisgau lauten, wo man ständig auf die prachtvollen Spuren dieses **Benediktinerklosters** stößt. St. Blasien saß für eine Grafschaft auf der Fürstenbank im Reichstag (Bonndorf), hatte mehrere Adelsherrschaften aufgekauft (Staufen, Kirchhofen) und besaß sechs Schlösschen (s. Wutach). Zudem unterhielt es Filialen (Propsteien und Priorate) in Schlösschen (Bad Krozingen, Bürgeln) bzw. in durch Größe und Gestaltung schlössleähnlichen Bauten, die heute Pfarrhäuser sind (Grafenhausen, Todtmoos). Daher ist es nicht verwunderlich, dass man hier im tiefsten Schwarzwald eine immense Klosteranlage antrifft, in welcher der Fürstabt in einem Flügel regierte und residierte.

Kernort

Das im 9.Jh gegründete Benediktinerkloster erschloss den südlichen Schwarzwald durch Rodung und Tochtergründungen (= Priorate). Es wurde im Bereich des heutigen BW zum Kloster mit dem größten Grundbesitz, für dessen Verwaltung es Propsteien (in Schlössern) einrichtete. Politisch jedoch war es den Habsburgern untergeordnet,

St. Blasien. Im Prälatenflügel residierte und regierte der Fürstabt

weil diese die Vogtei und damit die weltliche Oberhoheit von den Zähringern erworben hatten. Immerhin nahm der Abt ab 1666 den Vorsitz des Prälatenstandes bei den vorderösterreichischen Landständen ein und konnte durch den Erwerb der reichsunmittelbaren Grafschaft Bonndorf (s.d.) zum Fürstabt aufsteigen. In der Blütezeit des 18.Jh wurden mehrere Adelsherrschaften erworben (z.B. Staufen) und die riesige Klosteranlage gebaut. 1806 kam das Kloster an das Großherzogtum Baden, der Konvent zog nach St. Paul im Lavanttal in Kärnten. Seit 1933 unterhalten die Jesuiten eine (berühmte) Schule in den Gebäuden.

Bauten: Alleine aufgrund ihrer Größe kann man die barocke Abtei mit ihren Wirtschaftsbauten als schlossähnlich bezeichnen (s. Salem). Der eigentliche **Schlossteil** ist jedoch der Westflügel der Anlage (Prälatur), in welchem der Abt (= Prälat) residierte. Hierin befinden sich mit dem Rokokotreppenhaus, dem Festsaal und dem Habsburger Saal die repräsentativen Räume (bei Führungen zugänglich). Dieser Flügel wirkt jedoch trotz seines überhöhten Mittelrisalites mit dreifachen Portalen äußerlich bescheiden, wenn man ihn mit den Schlössern von (kleineren) Adelsherrschaften vergleicht. Wahrscheinlich äußert sich der begrenzte politische Spielraum in einer begrenzten Repräsentation. – **Sonstiges:** Ein „muss" ist die (nach Süden ausgerichtete) nüchtern-klassizistische Kirche mit der drittgrößten Kuppel Europas, ein „Tempel der Vernunft". – Im Ort werden die schmucken Wirtschaftsgebäude noch heute genutzt. So sind das Rathaus im barocken Torflügel und die Kurverwaltung im gotischen Gästehaus untergebracht. (2006)

L3 St. Peter FR

Die Aufhebung der Klöster in der Napoleonischen Säkularisation kam nicht aus heiterem Himmel, sondern wurde von vielen Vorboten angekündigt. Ein Vorbote war die Frage nach dem Sinn der Orden und Klöster, die in der Epoche der Aufklärung im 18.Jh immer wieder gestellt wurde. Ein anderer war die Aufhebung des Jesuitenordens (1773). Der drohenden Gefahr versuchten einige Klöster zu begegnen, indem sie auf die Bedeutung ihres hochadligen Gründergeschlechts verwiesen. Besonders anschaulich machte dies das Benediktinerkloster St. Peter mit seiner Gründerfamilie, den
Herzögen von **Zähringen**. Diese waren wahrscheinlich ursprünglich die Gf. in der Baar. Im 11.Jh saßen sie auf dem Berg Limburg auf der Schwäbischen Alb. Mit der Heirat der Tochter Rudolfs von Rheinfelden, des Gegenkönigs Kaiser Heinrichs IV, verlegten sie ihren Herrschaftsschwerpunkt in den Hochschwarzwald. 1061 erhielten sie den Titel des Herzogs von Kärnten, den sie später auf ihre Burg Zähringen bei Freiburg übertrugen und sich Herzöge von Zähringen nannten. Von den Staufern erhielten sie das Rectorat (= Oberhoheit) in Kleinburgund, was dem Gebiet zwischen Schweizer Jura und Genfer See entspricht, sowie die Reichsvogtei über die Bistümer Lausanne, Genf und Sion. Als systematische Städtegründer gingen sie in die Kulturgeschichte ein: Freiburg im Breisgau und im Üchtland, Bern, Offenburg, Villingen, Neuenburg, Murten, Solothurn, Thun, Burgdorf, Rheinfelden. 1218 starben sie aus. Ihre Nachfahren waren die Gf. Fürstenberg und die Gf. Baden. Im Kloster St. Peter stehen sie vor den Wandpfeilern und als fiktive Stifterepitaphien im Chor.

Kernort

1073 wurde das Benediktinerkloster in Weilheim an der Teck als Hauskloster und Grablege der Zähringer gegründet. Mit der Verlegung des Herrschaftsschwerpunktes siedelte auch der Konvent 1093 in den Schwarzwald um. Zusammen mit dem benachbarten St. Märgen trug das Kloster viel zur Erschließung des Hochschwarzwalds bei. Die Schutzvogtei kam nach dem Aussterben der Zähringer über die Gf. Freiburg und die Gf. Baden 1526 an Habsburg, womit es landsässig im Breisgau wurde. Nach den Kriegszerstörungen des 17.Jh kam eine Blütezeit, in welcher es die barocke Klosteranlage baute. Mit den Standbildern der Zähringer statt des sonst üblichen Kaisersaals distanzierte es sich von Habsburg. Wie die anderen Breisgauer Klöster wurde es erst 1806 aufgehoben. In die Gebäude zog das Priesterseminar des neu gegründeten Erzbistums Freiburg ein.

Bauten: Barockklöster haben **Schlosscharakter** (s. Salem), so auch diese 1752-57 erstellte Anlage. Südlich der Kirche bilden die Konventbauten (Osthälfte) und die Prälatur (Westhälfte) zwei Innenhöfe. Im Mitteltrakt zwischen beiden befindet sich der prachtvolle Bibliothekssaal, vergleichbar dem in Schussenried (s.d.). Breite Mittelrisalite und Mansarddächer lockern die geschlossene Gebäudefront auf. - **Sonstiges:** Im Langhaus der Kirche stehen die Zähringer reihum auf Podesten, seitlich des Hochaltars ist das fiktive Stiftergrab angebracht. – Auf der Westseite liegen zwei hufeisenförmige Wirtschaftshöfe, voneinander durch eine Straße getrennt. Mit ihren Arkaden geben sie dem Dorf ein außergewöhnlich stattliches Aussehen.

St. Peter

UMGEBUNG: Das benachbarte Augustinerchorherrenstift **St. Märgen** stand im Schatten von St. Peter. Von der Barockanlage blieb nur wenig erhalten. Die unscheinbaren Gebäude dienen als Rathaus, Pfarrhaus und Museum. (2003)

Satteldorf SHA E12

Ach, wie vergänglich ist die Welt! Nur noch die „**Anhauser Mauer**" im freien Feld erinnert an das Paulinerkloster Anhausen und eine bedeutende Ritterfamilie. Die Hr. von Bebenburg (s. Rot am See) hatten dem Orden der **Pauliner-Eremiten** um 1400 die Betreuung der umliegenden Pfarrkirchen übertragen. Rund ein Dutzend Niederlassungen dieses aus Ungarn stammenden Ordens gab es im Gebiet des heutigen BW. Alle sind weitgehend verschwunden, bis auf den Rest des Klosters Anhausen. Hier blieb nach den Zerstörungen im Bauernkrieg und der reformationsbedingten Aufhebung nur die Nordwand des gotischen Chores mit fünf Standbildern der 1516 ausgestorbenen Hr. von Bebenburg stehen. Sie steht an einer Ortsverbindungsstraße/Feldweg ca. 2 km nordwestlich vom OT Gröningen.

Einsam steht die Anhauser Mauer im weiten Feld

Die fränkische Ritterfamilie von **Seckendorff** wird erstmals 1254 erwähnt. In Mittelfranken lag ihr Schwerpunkt: Bei Cadolzburg stand ihre Stammburg, als Amtleute der Mgf. von Ansbach machten sie Karriere (s. Creglingen), in Obernzenn wohnen sie noch heute in zwei Schlössern. Aufgrund ihrer weiten Verzweigung nahmen sie führende Positionen in den drei fränkischen Reichsritterschaftskantonen Gebürg, Steigerwald und Odenwald ein. Hier im Grenzbereich zur Markgrafschaft Ansbach besaßen sie mehrere Rittergüter wie in Burleswagen und Gröningen.

OT Burleswagen

Die Burg war bereits im 12.Jh Sitz von Reichsministerialen. Aufteilung in eine Ganerbengemeinschaft, zu der die Seckendorff gehörten. Diese schloss sich dem Kanton Odenwald der Reichsritterschaft an. Wiederaufbau nach Zerstörung im 30j. Krieg.

Bauten: Die **Burganlage** steht auf einem Bergsporn oberhalb der Jagst. Erhalten sind der Bergfried aus Buckelquadern, ein gotisches Steinhaus mit Ecktürmchen, Reste der Umfassungsmauern mit zwei Türmen sowie Bauten des 17.Jh. Daneben Bauten aus 19. und 20. Jh. Seit 1924 in Besitz der gleichen Familie. Nichtzugängliche Schlosskapelle mit Epitaphien der Frh. von Crailsheim. Erhöht über Jagsttal, ca. 1 km westlich Satteldorf. Ausgeschilderte Zufahrt bis zum Weiler Burleswagen (Sackstraße). Zugang nur bis Schlosstor.

UMGEBUNG: Einen schönen Blick auf Schloss Burleswagen hat man von der Jagstbrücke beim **OT Neidenfels**. Hier befand sich eine Burg, die im 19.Jh abge-

Satteldorf

brochen wurde. Auch Neidenfels gehörte zum Ritterschaftskanton Odenwald. Von der Ansiedlung von Obdachlosen nach dem 30j. Krieg zeugen die kleinen Häuschen an der Straße zur Jagst.
UMGEBUNG: Zur Herrschaft Burleswagen gehörte das Dorf **Satteldorf** mit der gotischen Kirche, an deren Außenwand drei Epitaphien der Hr. von Seckendorff stehen. Auf dem Friedhof überrascht ein Grab der Gf. Üxküll-Güllenbrand.

OT Gröningen

Die Urkirche und die bis in die Neuzeit hier wohnenden freien Bauern lassen Gröningen als ein bedeutendes Dorf der frühen fränkischen Besiedlung vermuten. Im Laufe des Mittelalters zersplitterte die Dorfherrschaft immer stärker, das Dorf wurde von einer Ganerbengemeinschaft mehr schlecht als recht regiert. Reformation und Anschluss an Kanton Odenwald der Reichsritterschaft durch Hr. von Crailsheim. Erst 1643 einigte man sich auf eine gemeinsame Dorfordnung unter Führung der Hr. von Seckendorff.
Bauten: Das **Schloss** (1611-27) ist ein zweistöckiges, verputztes Gebäude mit Volutengiebeln und je drei schönen Renaissance-Dachgauben (= Zwerchhäuser) auf den Längsseiten. Anzahl und Verarbeitung der Dachgauben sind für ein Landschloss außergewöhnlich. Allianzwappen über Eingang. Das renovierungsbedürftige Gebäude wird nur als „Schlosskneipe" genutzt. – Sonstiges: Gegenüber steht die evang. Kirche mit mehreren Epitaphien der Hr. von Crailsheim.
UMGEBUNG: Der **OT Ellrichshausen** war Stammsitz eines 1271 erstmals erwähnten Ministerialengeschlechts, das im 14.Jh zwei Deutschordens-Hochmeister stellte (s. Möckmühl). Seine verschwundene Burg stand in der Nähe der evang. Kirche, in der die Markgräfler Altar-Kanzel-Wand an die anschließende Herrschaft der Mgf. von Ansbach erinnert. (2010)

G11 Schechingen AA

Das Plateau zwischen Kocher und Lein wird nach dem Dörfchen Frickenhofen (Gem. Gschwend) als **Frickenhofer Höhe** bezeichnet. Der Untergrund dieses waldarmen Plateaus besteht aus Schwarzem Jura (Lias), auf dem eine schwere Lehmdecke liegt. Es handelt sich damit um eine Vorstufe der Schwäbischen Alb. Das Plateau wurde erst im Hochmittelalter, in der Stauferzeit, mit der Ansiedlung von freien Bauern erschlossen, die als Rodungsbauern ihr eigenen Gericht hatten („Waibelhube" s. Spraitbach). Sie schufen eine landwirtschaftlich geprägte Streusiedellandschaft, die ihren besonderen Reiz besitzt. Schechingen liegt an ihrem südöstlichen Rand.
Von hier stammen die 1289 erstmals bezeugten **Hr. von Schechingen.** In Diensten der Gf. Württemberg stiegen sechs Mitglieder zu Äbten im Kloster Lorch auf. Ende des 16.Jh starben sie aus. An sie erinnert ihre Grablege in Lorch, jedoch nichts in Schechingen, denn bereits im 14.Jh gaben sie ihre Stammburg auf.

Schechingen

Kernort

Ortsadel als Ministeriale des Klosters Ellwangen saß auf einer Burg. Im 14.Jh häufiger Besitzerwechsel. Im 15.Jh kauften die Hr. Adelmann von Adelmannsfelden die Rechte auf und schlossen sich dem Kanton Kocher der Reichsritterschaft und der Reformation an. Mit der Konversion der Adelmann wurde das Dorf ebenso wie das benachbarte Hohenstadt (s. Abtsgmünd) im 30j. Krieg rekatholisiert.

Bauten: Das **Schlössle** (1759) ist ein stattliches zweigeschossiges Herrenhaus mit der Schauseite zum Marktplatz. Das Satteldach wird von drei barocken, mit Heiligenfiguren gekrönten Dachgauben unterteilt. Heute Rathaus. – **Sonstiges:** Der Marktplatz ist für ein Dorf außergewöhnlich groß. - 11 Epitaphien der Adelmann in der kath. Kirche, darunter einige figürliche. (2010)

Scheer SIG L9

Mächtig ragen zwei Schlossgiebel und eine Kirche auf, wenn man auf Straße oder Schiene von Sigmaringen kommend die Donau entlang fährt. Der Anblick vermittelt Geschichte: Dieser Weißjurafelsen (keltisch Scherra = Felsen) in einer Donauschleife bot sich zum Bau einer Burg an. Sie war das Zentrum der **Gft. Friedberg-Scheer"**, die 1785, also kurz vor dem Ende ihrer Existenz, sogar noch gefürstet wurde. Damit stieg die Aufsteigerfamilie von Thurn und Taxis in den Reichsfürstenstand auf, weshalb sie auch die exorbitante Summe von 2.100.000 Gulden dafür zahlte. Schloss, Kirche, Burgstädtchen und Donau bilden eine malerische Einheit.

Kernort

Frühe Alemannensiedlung. Die Burg war im 13.Jh in Besitz der Pfalzgrafen von Tübingen und fiel als Erbe an die Gf. Montfort. Diese gründeten die Stadt zu Füßen der Burg. 1369 Vereinigung mit der Gft. Friedberg (heute OT von Saulgau). 1452 Verkauf an eine Linie der Gf. Waldburg,

Scheer. Das Städtchen wird vom Schloss dominiert

die 1455 die Gft. Sonnenberg zwischen Feldkirch und Arlberg kaufte und sich auch nach deren Verlust an Habsburg (1473) danach nannte. Aus dieser Linie stammt der Kölner Bf. Gebhard, der 1582 heiratete und das Erzstift zum weltlichen Herzogtum machen wollte. Als Folge dieses missglückten Versuchs war die Herrschaft Scheer mit riesigen Schulden belastet, die erst 1785 durch den Verkauf an Thurn und Taxis abgetragen werden konnten. 1785 Erhebung zum Fürstentum.

Bauten: Das **Schloss** wurde 1486-96 durch Gf. Andreas von Waldburg-Sonnenberg erbaut, dessen Wappen am Erker auf der Stadtseite und dessen Epitaph im Chor der Kirche angebracht ist. Es ist eine verschachtelte, aus drei mittelalterlich-mächtigen Hauptgebäuden bestehende Anlage mit Staffelgiebeln. Zwischen Schloss und Kirche steht der barockisierte Torbau unter Mansarddach, mit Wappen (1561). Seit 1970 in Privatbesitz, für Wohnungen genutzt, Zugang in den Innenhof möglich. Das renovierungsbedürftige Schloss überragt massivdominant das Städtchen. - Die **Burgruine** Bartelstein, 1218-1456 Sitz eines Niederadelsgeschlechtes, wurde im 19.Jh historisierend überbaut. Das Wohngebäude unter Satteldach mit zwei Rundtürmen ragt links der Donau auf einem Felsen empor. Privatbesitz, kein Zugang. Man kann den massiven Steinbau vom rechten Donauufer und vom Kirchenvorplatz aus gut erkennen. – **Sonstiges:** Im Chor der spätbarocken kath. Kirche mit Herrschaftsempore steht ein figürliches Epitaph (1511) im weichen Stil. – Mehrere Gebäude im Städtchen sind durch Infotafeln als zur Herrschaft gehörig gekennzeichnet (Amtskanzlei, Zehntscheune, Rentamt). - Die Lorettokapelle (1645) an der Straße nach Laucherthal fällt durch ihre Renaissance-Westfassade mit Allianzwappen auf. (2009)

J10 Schelklingen UL

Nach der Burg Berg bei Ehingen nannte sich Ende des 11.Jh eine Hochadelsfamilie, die als Verwandte der Staufer in Herzogsfamilien in Polen, Mähren und Böhmen einheiratete und 1212 Markgrafen von Burgau (in Bayrisch Schwaben) wurde. Die Hauptlinie hatte die Hr. von Schelklingen beerbt und nannte sich anschließend **Gf. von Berg**-Schelklingen. Bereits 1346 starb sie aus, die das Erbe fordernden Schwiegersöhne Württemberg und Werdenberg wurden von Habsburg ausgetrickst. In Schelklingen erinnern nur die Burgruine und das von ihnen gegründete Kloster Urspring an sie.

Kernstadt

Die Burg war im Sitz der edelfreien Hr. von Schelklingen, deren Erbe um 1200 an die Gf. Berg kam, die sich anschließend Gf. von Berg-Schelklingen nannten. Sie gründeten 1234 die Stadt und verkauften 1343 an Habsburg. Diese war ständig an regionale Adelsfamilien verpfändet, die sich in der Stadt ihren Adelssitz bauten, und war zeitweise sogar in Besitz der Stadt Ehingen.

Schelklingen. Das Wernauer Schlössle

Bauten: Von der **Burg** Hohenschelklingen (12.Jh) blieb nur ein Bergfried aus Buckelquadern, der als Wahrzeichen über der Stadt steht. - Der größte Adelssitz ist das **Wernauer Schlösschen** (1532), Sitz der Hr. von Wernau. Der stattliche, vierstöckige Fachwerkbau auf Steinsockel wurde im 18.Jh zum Spital und ist heute Museum. Er steht südlich der Kirche und bildet einen Teil der Stadtmauer. – Das Bemelberger **Schlössle** (um 1560) ist eine Hofanlage mit einer Renaissance-Holzgalerie. Das heute privat bewohnte Haus ist durch spätere Umbauten nicht mehr als Adelshof zu erkennen (Bemelberger Gasse 30). – Rund 100 m weiter steht der ebenfalls durch Umbauten veränderte „**Schlosshof**", ein

langes schmuckloses Gebäude der Schenken von Stauffenberg. Privat bewohnt (Schlossstr. 9-11). – Das Gasthaus Rössle, ein schönes, frisch renoviertes Fachwerkhaus, war ehem. das Stadthaus der Reuß von Reußenstein (Färberstr. 2).
UMGEBUNG: Nur 2 km westlich der Kernstadt liegt das ehem. Benediktinerinnenkloster **Urspring** an einem Quelltopf, gestiftet 1127 von den Hr. von Schelklingen. Die Vogteirechte kamen über die Gf. Berg 1342 an Habsburg. 1475 erzwang Habsburg mit Gewalt die Aufnahme bürgerlicher Nonnen. - Die Anlage besitzt mehrere herrschaftliche Gebäude: Im Priorat („Unteres Gasthaus", 1520) wohnte der Prior als geistlicher Betreuer der Frauengemeinschaft. Im Herrenhaus („Oberes Gasthaus", 15.Jh), einem Gebäude mit Staffelgiebel und umlaufendem Fries, residierte der Vertreter Habsburgs als Vogtherrn. Die ehem. Oberamtei war das Amtshaus („Amtsschreiberei", um 1700). Von den Konventbauten ist nur noch der östliche Flügel mit einem Erker (1630) erhalten, in dem die Äbtissin wohnte. – In der Kirche liegen mehrere Grabplatten des umwohnenden Adels. Sie wird heute als Speiseraum der Urspringschule genutzt, einem reformpädagogischen evang. Landschulheim.
UMGEBUNG: An der Straße nach OT Justingen liegt auf einer Waldlichtung der Domänenhof **Muschenwang,** ein ehem. befestigtes Haus, das der Urspringer Äbtissin als Sommersitz diente.

Schloss Neusteußlingen

Der Sitz der Hr. von Steußlingen kam 1385 an Hr. von Freyberg. Die Oberhoheit lag bei Württemberg, das 1581 die Herrschaft kaufte und das Schloss zum Sitz des Landvogtes für die umliegenden Dörfer und Weiler machte. Sie waren ein evang. Vorposten im kath. Umland, daher der Name „Lutherische Berge".
Bauten: Das **Schloss** (1898) wurde unter Verwendung von Teilen des 1812 abgebrochenen Landvogtsitzes im Historismusstil erbaut. So besteht der Hauptbau aus Bruchsteinmauerwerk unter Einbeziehung der Schildmauer. Er bildet mit mehreren Wirtschaftsbauten eine ummauerte, geschlossene Anlage. Erbaut durch einen Druckereibesitzer aus Ulm, dessen Nachkommen es noch heute besitzen. Idyllische Lage über dem Schmiechtal. Zufahrt von Talsteußlingen (neben Gasthof) über ca. 1 km langen Fahrweg. Keine Ausschilderung, Zugang bis Tor möglich.
UMGEBUNG: Eine Nebenlinie der Steußlingen saß auf Burg **Justingen,** die als Ruine über OT Hütten steht. 1530 kam sie an die Hr. von Freyberg, die sich dem Kanton Donau anschlossen und dem Reformator Caspar Schwenckfeldt wiederholt hier Schutz boten (s. Öpfingen). 1751 Verkauf an Württemberg. - In der kath. Kirche von OT Justingen steht ein Frauenepitaph. (2003)

Schemmerhofen BC K10

Es war vor allem die zähe und konsequente Politik Habsburgs und nur selten eine spektakuläre Aktion, welche das Vordringen der Reformation in Süddeutschland stoppte und die **Gegenreformation** so erfolgreich machte. Einige Beispiele mögen dies verdeutlichen. So vergab man die verpfändete Herrschaft Warthausen (s.d.) an den Reformationsgegner Hans von Schad statt an die evang. Reichsstadt. So benutzte man die Oberhoheit über Öpfingen (s.d.) für eine militärische Besetzung gegen die Hr. von Freyberg, welche den „Ketzer" Schwenckfeld unterstützten. So hielt man mit der Aussicht auf lukrative Posten und Heiratspartien viele Adelsfamilien von einem Wechsel ab (s. Königseggwald) oder brachte sie in den Schoß der Alten Kirche zurück (s. Waldenburg). Das einfachste Mittel war jedoch, das Aussterben einer evang. Familie abzuwarten, um dann das heimgefallene Lehen nicht an die nächsten Verwandten, sondern an einen Parteigänger mit dem richtigen Gesangbuch zu geben. So geschah es hier in Alberweiler, wo den Erben sogar der Eigenbesitz bestritten wurde, bis sie schließlich alles verkauften.

„Jeden Tag einen Treffer" wünsche ich mir bei meiner **Spurensuche.** Also eine überraschende Entdeckung oder eine unvorhergesehene Begegnung oder ein besonders schönes Objekt oder etwas rätselhaftes…... Der überraschende Anblick des Schlössles in Alberweiler hinterließ bei mir tagelang eine angenehme Erinnerung. Was ist Glück?

Alberweiler. Ein Bilderbuch-Dorfadelsitz

OT Alberweiler

Das Dorf hing in seiner geschichtlichen Entwicklung mit dem benachbarten Warthausen zusammen. So saß hier seit dem 14.Jh eine Nebenlinie der Hr. von Warthausen, die wiederholt mit den hier ebenfalls begüterten Hr. von Stadion aus dem nahen Oberstadion um die Ortsherrschaft kämpfen musste. Sie schloss sich dem Kanton Donau der Reichsritterschaft an, konnte jedoch die Reformation gegen den Widerstand Habsburgs nur im direkten Schlossbereich durchsetzen. Nach ihrem Aussterben vergab Habsburg das Lehen 1585 an die Gf. Stadion in Warthausen, welche die Reformation rückgängig machten. Diese verkauften 1826 die gesamte Standesherrschaft an Württemberg.

Bauten: Das **Schlössle** (1488) ist ein hoher Fachwerkbau auf Steinsockel. Ummauert am Rande des Dorfes stehend und wie ein mittelalterliches festes Haus wirkend ist es ein Paradebeispiel für einen dörflichen Adelssitz. Unter den Stadion nur noch Vogteisitz, ab 1700 in Privatbesitz. Nach Umbau von 1880 langsamer Verfall. 1968 verkauft und grundlegend restauriert. Privat bewohnt. – **Sonstiges:** Daneben die kath. Kirche mit Gestühl der Ortsherrschaft und zwei Priester-Epitaphien.

UMGEBUNG: Im **OT Schemmerberg** hatte das Kloster Salem eine Zentrale für seinen hiesigen Besitz eingerichtet. Von hier aus wurden die Dörfer Altheim, Äpfingen und Sulmingen verwaltet sowie das Hochgericht über das Gebiet der Frauenzisterze Heggbach ausgeübt. Der Klosterpfleger residierte in einem Schloss, das 1837 abgebrochen wurde. Erhalten blieb ein reizvolles Ensemble von wappengeschmücktem Fruchtkasten (1738), einstöckigem Torhaus mit Staffelgiebel und Zehntscheune („Schlossgasse"). Die ehem. Mühle fällt wegen des Salemer Wappens auf. (2009)

Schliengen LÖ N1

Die **Frh. von Baden** haben wenig mit den Mgf. von Baden gemeinsam. Als Ministeriale der Zähringer wurden sie Vögte der Burg Baden (= Badenweiler) und benannten sich danach. Als Mitglieder der Breisgauer Ritterschaft übernahmen sie Ämter bei den Habsburgern und wurden Ordensritter, zwei Brüder sogar Deutschordens-Landkomture (s. Achberg). Den Karrierehöhepunkt erreichten sie als badische Minister, kurz bevor sie 1830 ausstarben. Ihr Stammsitz war seit 1336 das Dörfchen Liel.

In nur fünf Dörfern rechts des Rheins war der **Bf. von Basel** in der Neuzeit Landesherr. Denn der Schwerpunkt des Hochstiftes Basel verlagerte sich im Spätmittelalter vom Oberrhein in den Schweizer Jura (heutiger Kanton Jura). Verbindungen zum Breisgau-Hochrhein-Gebiet gab es jedoch bis zum Ende des Alten Reiches. So kam der Bischof wiederholt aus dem hiesigen Landadel, z.B. Baden-Rötteln, von Schönau, von Roggenbach, von Neveu. Zudem residierte das Domkapitel nach der Reformation 1529-1678 in Freiburg („Basler Hof"), wohin es auch in der franz. Revolution flüchtete. Dabei durften hier die Domherren eigentlich keine geistlichen Funktionen ausüben, weil der Breisgau zum Bistum Konstanz gehörte. So auch das Dorf Schliengen, wo im 18.Jh ein Oberamt für die rechtsrheinischen Basler Besitzungen bestand.

Kernort

Die Herrschaftsverhältnisse waren kompliziert und unübersichtlich. Der größte Grundbesitzer war das elsässische Hochadelskloster Murbach, nach dessen Hausheiligen St. Leodegar die Kirche ihr Patrozinium erhielt. Daneben besaß das Frauenstift Säckingen einen Freihof, während die Wasserburg in Privatbesitz war. Der Pfarrhof wiederum war in Besitz des Johanniterordens im nahen Heitersheim. Die meisten Rechte besaß der Bf von Basel, der von hier aus die benachbarten Dörfer Mauchen, Steinenstadt, Istein und Huttingen verwalten ließ. Dabei war jedoch die Oberhoheit zwischen ihm und den Gf. Baden-Hachberg umstritten und wurde erst 1769 endgültig geklärt. Er konnte auch erst 1696 die Murbacher Besitzungen und 1725 das Wasserschloss „Entenstein" erwerben. Dies ermöglichte es ihm, hier ein Oberamt mit einem adligen Landvogt einzurichten. Nach der Säkularisation fiel der Besitz an Baden. Das Schloss wurde 1857 von den Gf. Andlaw-Homburg aus dem benachbarten Bellingen gekauft, die 1961 ausstarben.

Schliengen. Das Wasserschloss des Bischofs von Basel

Bauten: Das **Wasserschloss** „Entenstein" war ursprünglich Sitz einer Dorfadelsfamilie, der über mehrere patrizische Besitzer erst 1725 an den Bf. von Basel gelangte. Es entstand aus einer mittelalterlichen Wasserburg, die mehrmals umgebaut wurde. Daher besteht das dreistöckige, kompakte Gebäude unter Walmdach aus Bauteilen des 16.-19.Jh. So wurde z.B. der von einem Portalturm gekrönte Eingang mit dem Andlauwappen erst 1858 erbaut. Besuchens-

Schlingen

wert ist es v.a. wegen seiner idyllischen Lage: auf allen Seiten von Wasser und einem Park umgeben. Seit 1970 in Gemeindebesitz, heute Rathaus. – **Sonstiges:** Der weite, ummauerte Park wird begrenzt von einem barocken Mansarddachhaus. - Ein Epitaph des Basler Landvogtes Reich von Reichenstein in der kath. Kirche. – Am Pfarrhaus ist das Johanniterwappen angebracht.

OT Liel

Ortsadel saß auf einer Burg unterhalb der Kirche. Ab 1336 übernahmen die Hr. von Baden als Ministeriale Habsburgs Aufgaben und bekamen Einfluss. Schließlich erwarben sie 1466 die Dorfherrschaft und bauten sich ein Herrenhaus im Dorf. Sie gehörten damit unter Habsburger Landeshoheit zur Breisgauer Ritterschaft. Ihr Erbe kam im 19.Jh an die aus dem Elsass stammenden Frh. von Türckheim.

Bauten: Das **Schloss** (18.Jh) ist ein zweigeschossiges Herrenhaus unter Mansarddach. Die Fassade ist mit einem Mittelrisalit, der im Giebel das Allianzwappen Baden-Kageneck trägt, aufwändig gestaltet. Es steht versteckt im Dorfzentrum, durch Mauer und einen Mineralwasserbetrieb („Lieler Schlossquelle") völlig abschirmt. Als Privatbesitz nicht zugänglich. – **Sonstiges:** Die kath. Kirche mit zwei Epitaphien steht erhöht außerhalb des Dorfes. An sie angebaut ist die gotische Grabkapelle der Frh. von Baden, die mit ihren Ausmalungen, den wappengeschmückten Fenstern, der schönen Holzdecke und vielen figürlichen Epitaphien absolut sehenswert ist. Man findet sie über einen separaten Zugang. – Auf der Freifläche zwischen Dorf und Kirche stand die (verschwundene) mittelalterliche Wasserburg.

Schloss Bürgeln, die schönste Klosterpropstei in BW

UMGEBUNG: Zur Gemeinde gehört auch noch das ca. 10 km entfernt einsam auf einer Schwarzwaldhöhe liegende elegante **Schloss Bürgeln,** eine ehem. Propstei von St. Blasien. Das Benediktinerkloster ließ von hier aus seinen Grundbesitz in den umliegenden Dörfern betreuen, die durchwegs alle seit der Reformation durch Baden-Durlach protestantisch waren. Das Rokokoschlösschen (1762) mit Kapelle besitzt eine elegante Gartenseite mit bemaltem Mittelgiebel, Balkon, Terrasse und geschwungener Treppe. Auch ein französischer Garten darf nicht fehlen. 1806 fiel es an das Großherzogtum Baden. Vor dem Verfall gerettet wurde es durch den „Bürglenbund", der es 1920 kaufte und seitdem im Sommer als Museum und Gaststätte öffnet. Der heutige Mensch wundert sich, dass ein Kloster solch ein „Lustschlösschen" in dieser Einöde erbaute. Aber der Rundblick zu Vogesen und Jura ist fantastisch. Lage: Ausgeschildert, abseits der Strasse Kandern-Badenweiler. (2009)

Schönau HD C6

Warum machte man die **Abgabe eines Huhns** zum Symbol der Herrschaft? Weil auch der ärmste Tagelöhner Hühner hatte, jedoch kein Geld oder Vieh. Daher kam es bei dieser Abgabe nicht auf den Wert an, sondern auf den Akt an sich, mit dem weitere Verpflichtungen (z.B. Frondienst, Steuerabgabe) verbunden waren. So ging das Leibhuhn an den Leibherrn, das Fasnachtshuhn an den Grundherren, das Vogts-, Rauch-, Herd-, Feuerstatthuhn an den Ortsherrn. Die Übergabe eines dieser Hühner war ein rechtssymbolischer Akt, den ein Herr oder in seiner Vertretung der Hühnervogt (= Faut) vollzog. In Schönau nennt sich das Gebäude der herrschaftlichen Verwaltung dementsprechend Hühnerfautei.

Kernort
Das 1142 gegründete Kloster erschloss den südlichen Odenwald und erwarb dadurch immensen Waldbesitz. Es hatte wie alle Zisterzienserklöster zuerst den König als Vogt, rutschte jedoch schrittweise über die Schutz- und Kastvogtei in die Abhängigkeit von den Pfalzgrafen am Rhein. Damit übte die Kurpfalz die Kontrolle über die weltlichen Angelegenheiten des Klosters aus und konnte es in der Reformation 1560 aufheben. Anschließend wurden Religionsflüchtlinge aus Wallonien (= Belgien) angesiedelt, welche das Kloster zum Bau von Wohnhäusern auseinander nahmen. Erhalten blieb ein reizendes Städtchen, das an allen Ecken und Enden aus Resten des verschwundenen Klosters besteht.

Schönau. Der Speisesaal der adligen Mönche

Bauten: Als herrschaftlich kann man das Vogtshaus („Hühnerfautei") bezeichnen, weil in diesem Gebäude der Vertreter der Herrschaft saß. Es ist ein kompakter, urtümlich wirkender dreistöckiger Steinbau unter Satteldach mit romanischen und gotischen Fenstern. Evtl. der älteste Profanbau in BW. Heute Klostermuseum, in der Klosterstraße. – **Sonstiges:** Vom Kloster blieb das Herrenrefektorium (= Speisesaal der adligen Mönche) erhalten, weil es zur evang. Kirche umfunktioniert wurde. In und an ihr stehen Grabplatten von Adligen, die das Kloster förderten. (2005)

(Bad) Schönborn KA E5

Anscheinend war man bei der Gemeindereform 1972 vom hiesigen Gefängnis so begeistert, dass man sich nach seinem Erbauer nannte: Kardinal Damian Hugo von Schönborn, Bf von Speyer. Die Fam. **Schönborn** stammt nicht von hier, sondern war ursprünglich eine Rheinländische Ministerialenfamilie, die nach einer protestantischen Zwischenphase ab 1648 rheinische und fränkische Bischofssitze sammelte. Auf dem Höhepunkt der Macht (1725) regierten vier Schönborn-Bischöfe sieben Bistümer, davon zwei Erzbistümer (Mainz und Trier). In diesen 75 Jahren hatte sich das Familienvermögen 50-fach vermehrt, war man in den Grafenstand aufgestiegen und konnte in den Fürstenstand einheiraten. Im 18.Jh

(Bad) Schönborn

bildete sich eine fränkische, österreichische und böhmische Linie, wobei aus letzterer der momentane Erzbischof von Wien stammt. - Die Schönbornbischöfe waren berühmt wegen ihrer „Bauwut" und hinterließen riesige Residenzen (z.B. in Bruchsal). Schloss Kislau jedoch brachte es nur zum Gefängnis.

Schloss Kislau

Die Wasserburg war in der Stauferzeit Sitz eines edelfreien Geschlechts. 1250 kam sie an den Bf. von Speyer und wurde Sitz des Landvogts für den Bruhrain, dem sämtliche Amtleute des rechtsrheinischen Besitzes unterstanden. Nach der Zerstörung durch den Sonnenkönig (1675) wurde 1723 ein Jagdschloss errichtet, das seit der Säkularisation als Gefängnis dient. Der Landvogt war bereits 1771 in die Residenz nach Bruchsal umgezogen.

Bauten: Das **Schloss** (1723) ist eine Dreiflügelanlage mit dem staufischen Bergfried im Zentrum. Die dreigeschossige Hauptfassade zeigt nach Norden zum ehem. Burghof, wo Wirtschafts-, Kavaliers- und Torbauten ein typisch barockes Ensemble bilden. Lage: Zwischen OT Mingolsheim und Kronau, Zufahrt nicht ausgeschildert. Zugang bis zum äußeren Tor, es sei denn, man darf länger hier wohnen. (2004)

D9 Schöntal KÜN

Johann Gottfried von Aschhausen war der erste Bischof, der eine Personalunion zwischen den beiden fränkischen Bistümern Bamberg (1609) und Würzburg (1617) herstellte, was durch sechs weitere Bischöfe zur Tradition wurde. – Ein edelfreies Geschlecht **von Aschhausen** existierte 1163-1193. Ab 1234 wurden Ministeriale von Aschhausen erwähnt. Diese standen im 16.Jh in Diensten des Bf. Würzburg und schlossen sich wie die gesamte hiesige Reichsritterschaft der Neuen Lehre an. Nach einer Heirat mit der Nichte des Würzburger Bischof Zobel kehrten sie zum Alten Glauben zurück. 1657 starben sie aus. Ihr Stammsitz Aschhausen fiel an das Kloster Schöntal.

Die Entwicklung eines Ordens über Jahrhunderte ist vergleichbar der eines Menschen über Jahrzehnte. Die Anpassung an die Welt mit ihren „Sachzwängen" lässt jugendliche Ideale im Nachhinein als übersteigert und unrealistisch erscheinen. Mitunter macht man als 50-jähriger gerade das, was man ursprünglich verurteilt hatte. Dann beruhigt und belügt man sich mit „man muss mit der Zeit gehen". Ähnlich scheint es auch beim **Zisterzienserorden** gewesen zu sein, wo in den Bauvorschriften des 12.Jh Gold, Ausmalungen, farbige Fenster und Kirchtürme verboten waren. In Schöntal hingegen wird man bereits von weitem von einer Doppelturmfassade begrüßt, die einen Vorgeschmack auf die gesamte barocke Anlage gibt. Dabei verstanden sich die barocken Schöntaler Mönche ebenso als Zisterzienser wie ein asketischer Bernhard von Clairvaux. So fühlt man sich als Tagungsteilnehmer hier mehr im Schloss als im Kloster!

Kloster Schöntal

Das 1157 gegründete Zisterzienserkloster erwarb immensen Grundbesitz, den es über neun Grangien (= Wirtschaftshöfe) bewirtschaftete. 1418 galt es als reichsunmittelbar, wurde jedoch 1495 von Kaiser Maximilian der Schirmvogtei des Bf. Mainz unterstellt, was das Kloster nie akzeptierte. So kaufte es konsequent ein Herrschaftsgebiet zusammen, vergleichbar den oberschwäbischen Reichsklöstern. So entstand im 18.Jh die Barockanlage als Demonstration von Unabhängigkeit, Reichtum und Größe. 1803 kam es an Württemberg, das darin ein evang. Seminar einrichtete (s. Blaubeuren).

Bauten: Mehr **Schloss** als Kloster ist die immense, an der Jagst liegende Anlage. Aus dem Mittelalter stammt der Torbereich, worin das Rathaus und die evang. Kirche untergebracht sind. Westlich davon steht die Alte Abtei, die man an den prachtvollen Renaissance-Schweifgiebeln erkennt, heute Wohnungen. Im Zentrum ragt die festliche Barockkirche mit figürlichen Epitaphien von Äbten und Wohltätern empor. Die Gebäude auf ihrer Südseite sind um einen Innenhof errichtet, auf dessen östlicher Seite der Konventbau mit den Zellen der Mönche vergleichsweise bescheiden wirkt. Ganz anders hingegen der Abtsbau auf der Westseite, der als Prälatur „Regierungszentrale" war und mit einem repräsentativ-prachtvollen Eingangsbereich ausgestattet ist. Welch ein elegantes Treppenhaus! - Im Ostflügel des Kreuzgangs befindet sich die figürlichen Epitaphien der Hr. von Berlichingen, darunter auch ein gewisser Götz, hier mit vollständiger Hand. – Über den Zellen hat sich der Bauherr, Abt Knittel, mit seinen „Knittelversen" verewigt. - Die Anlage wird vom Bistum Rottenburg-Stuttgart als Bildungsstätte genutzt. Zugang als Tagungsteilnehmer oder bei Führungen.

Schöntal. Das Treppenhaus im Kloster eines ursprünglich streng asketischen Ordens

- **Sonstiges:** Zahlreiche Wirtschaftsbauten, die z.T. als Waldschulheim genutzt werden. - Die Anlage ist ummauert, Wehrtürme sind noch erhalten. - Jenseits der Straße gehörten der ehem. Abteigarten, die Apotheke und der Gasthof zum Kloster. – Alte Brücke über die Jagst. Jenseits steht ein Wachtturm auf dem Berg.

OT Berlichingen

Stammsitz der Hr. von Berlichingen, die das halbe Dorf dem Kloster Schöntal schenkten. Die Berlichingen verlegten ihren Hauptwohnsitz 1370 ins benachbarte Jagsthausen (s.d.). Sie schlossen sich der Neuen Lehre und dem Kanton Odenwald der Reichsritterschaft an. Das Kloster besaß das Kirchenpatronat und verhinderte so die Einführung der Reformation. Da ist es leicht nachvollziehbar, dass viele Konflikte vor dem Reichskammergericht ausgetragen wurden. Ansiedlung von Juden im 18.Jh.

Bauten: Von der **Wasserburg** der Berlichingen blieb ein dreigeschossiges, turmartiges Gebäude unter Krüppelwalmdach, das aufgrund seiner Steinmauer und dem Götz-Denkmal auffällt. Das privat bewohnte Gebäude steht unterhalb der Kirche im Tränkweg. - Sonstiges: Im Süden des Dorfes liegt der jüdische Zentralfriedhof für mehrere Dörfer mit rund 1200 Grabsteinen.

Schöntal

OT Bieringen

Hier befand sich die Mutterkirche für mehrere Dörfer. Dorfadel als Ministeriale der Hr. von Boxberg saß auf einer Wasserburg. 1/3 der Dorfherrschaft war in Händen häufig wechselnder Adelsfamilien, die sich damit dem Kanton Odenwald der Reichsritterschaft anschlossen. 2/3 war in Händen von Kloster Schöntal, das 1631 den Rest aufkaufte.

Bauten: Das **Schlösschen** (1736) steht an Stelle einer Wasserburg, von der noch Grundmauern vorhanden sind. Es ist ein zweistöckiger Winkelhackenbau unter Walmdach mit schönem wappengeschmückten Eingang. Heute Pfarrhaus, durch eine Brücke über den leeren Wassergraben mit der Kirche verbunden.

OT Aschhausen

Im 12.Jh Sitz eines edelfreien Geschlechts, dann eines Ministerialengeschlechts. Wegen Unterstützung des Raubritters Hans Thomas von Absberg wurde die Burg 1523 vom Schwäbischen Bund zerstört. Anschluss an den Kanton Odenwald der Reichsritterschaft. Nach ihrem Aussterben (1657) fiel das Dorf an den Bf. Mainz, der es 1671 an Kloster Schöntal verkaufte. Nach der Säkularisation (1803) schenkte es Württemberg den Kindern des verstorbenen Staatsminister Gf. Zeppelin.

Bauten: Das **Schloss** (1713-1740) ist eine weitläufige Anlage, die im Vorhof der zerstörten Burg errichtet wurde. Es ist ein dreistöckiges Gebäude unter Walmdach. Zusammen mit den stattlichen Wirtschaftsbauten und den oberhalb stehenden Resten der mittelalterlichen **Burg** (Bergfried, Brücke) bildet es einen großen Hof. Zwei Rundtürme mit oktogonalem Aufsatz und barocker Eingang auf Dorfseite. Bewohnt von Fam. Gf. von Zeppelin. Der Zugang in den Hof ist offen. - **Sonstiges:** An der zuführenden Straße liegt der Privatfriedhof der Familie. – In der schlichten Kirche im Kameralamtsstil (19.Jh) wurde ein Fenster mit dem Allianzwappen Zeppelin/Böcklin gestiftet. An der Choraußenwand steht in einer Nische ein figürliches Epitaph im wunderbar weichen Stil.

OT Rossach

Im 12.Jh Sitz eines edelfreien Geschlechts. Ab 1360 erwarben die Hr. von Berlichingen die Burg und den Weiler. Die hier noch heute wohnende Linie schloss sich der Reformation und dem Kanton Odenwald der Reichsritterschaft an.

Rossach. Bis heute im Besitz der Fam. von Berlichingen.

Bauten: Das **Schloss** ist eine Gutshofanlage mit mehreren Fachwerkbauten auf hohem Steinsockel. Das zweistöckige Herrenhaus unter Krüppelwalmdach fällt durch seinen Zwerchgiebel auf. Die in sich geschlossene, bewohnte Anlage kann von der Straße her betrachtet werden.

UMGEBUNG: Das Kloster Schöntal baute schöne Pfarrhäuser in OT **Oberkessach** und OT **Marlach**. In Marlach überrascht in der kath. Kirche das prächtige Wappen (1758) der Patronatsherrschaft Gf. Löwenstein-Wertheim-Rosenberg über dem Chorbogen. - Eine Grangie war das Hofgut **Halsberg,** das im 19.Jh von den Berlichingen-Rossach gekauft wurde, die es jetzt für Ferienwohnungen anbieten. Hier steht ein stattliches Steinhaus mit einem Steinturm. (2004)

Schopfheim LÖ N2

Das Amt Schopfheim wurde zum östlichsten Vorposten der **Oberen Markgrafschaft** Baden. Dabei war ursprünglich der südwestliche Hochschwarzwald als Habsburger Lehen an die Hr. von Schönau vergeben. Nach der Schlacht bei Sempach (1386) jedoch, in der Rudolf Hürus von Schönau zusammen mit dem Habsburger Herzog Leopold durch die Eidgenossen den Tod fand, gerieten die Hr. von Schönau in eine Krise und verkauften die Rodungssiedlungen bis zur Wehra (Hasel, Gersbach) an den Mgf. von Hachberg-Rötteln (s. Lörrach). Das markgräfliche Schopfheim wurde Sitz eines (ab 1503 badischen) Obervogtes. Obwohl die Oberhoheit von Habsburg beansprucht wurde, konnte Baden-Durlach die Reformation durchführen. Weshalb man hier häufig vor geschlossenen Kirchen steht, wie es mir leider in Schopfheim erging.

Kernstadt

Das elsässische Hochadelskloster Murbach besaß hier großen Grundbesitz. Da Habsburg die Schutzvogtei über dieses Kloster ausübte, beanspruchte es auch hier die Oberhoheit. Die Verwaltung der Klostergüter jedoch und damit die Dorfherrschaft lag in Händen der Hr. von Rötteln, die um 1250 Schopfheim als Stadt gründeten. Nach dem Kauf des Umlandes (1386) war sie Sitz eines Badisch-Hachbergischen, ab 1535 Badisch-Durlachischen Obervogtes. Reformation. Die Stadt wurde im 30j. Krieg total zerstört.
Bauten: Ein **Schlossrest** existiert in der Nordwestecke der Altstadt (Wallstrasse 21), worauf am Gebäude „Wirtschaft zum Hans Sachs" eine Inschrift hinweist. Dieses Haus mit Turm war vermutlich der Marstall. Dort verkündet auch eine (versteckte) Inschrift mit leider beschädigtem Wappen des Hr. von Rötteln, dass 1413 das Schloss erbaut wurde. – **Sonstiges:** Wenige Schritte entfernt steht die alte evang. Kirche, die nur noch für Ausstellungen genutzt wird. In ihr sind Epitaphien von Obervögten (z.B. Hr. von Roggenbach) und Pfarrern sowie die Grabkapelle der Landadelsfamilie Höcklin, die im OT Raitbach auf einer der zerstörten Burgen saß. – Grabsteine stehen auch im benachbarten Stadtmuseum, das vormals Stadtpalais der Hr. von Ulm war und jetzt eine Abteilung zur Geschichte der Hr. von Roggenbach unterhält.

OT Fahrnau

Das mit der Kernstadt zusammen gewachsene Dorf Fahrnau war in seiner Geschichte eng mit Schopfheim verbunden. Die Hr. von Roggenbach, die beim Alten Glauben blieben, besaßen nur ein freiadliges Gut (= Freihof), jedoch nicht die Dorfherrschaft. Da ihre Wasserburg jenseits (= enner) des Flüsschens Wiese stand, wurde daraus das Schlösschen **Ehner-Fahrnau.**

Schopfheim

Bauten: Das **Schlössle** Ehner-Fahrnau (16.Jh) ist ein schlichtes zweistöckiges Gebäude unter Satteldach, das im 19.Jh durch Zubauten verändert wurde. Am Treppenturm das barocke Wappen der Hr. von Roggenbach. Privatbesitz. Gutshofanlage mit Wirtschaftsbauten und Golfplatz. Zugang zu Fuß möglich.
UMGEBUNG: Im **OT Eichen** (im Südosten der Kernstadt) steht an Stelle des ehem. Weitenauer Meierhofs (s. Steinen) ein Schlössle, das im 17.Jh von den Gf. Baden-Durlach an verdiente Amtleute vergeben wurde. Das zweigeschossige Gebäude unter Satteldach wurde 1609 mit Treppenturm und gotischen Fenstern erbaut und 1729 um eine Laube erweitert. Das privat bewohnte Haus steht am westlichen Rande des Dorfes im Bereich des Hofackerwegs. (2009)

G9 Schorndorf WN

„Mein Land hat kleine Städte" rühmt sich Eberhard im Barte in „Der reichste Fürst" von Justinus Kerner. Das Herzogtum Württemberg bestand aus kleinen Amtsstädten, die mit ihrem Umland zusammen einen **Amtsbezirk** bildeten und in denen der (adelige) Vogt als Stellvertreter des Landesherren in einem herzoglichen Stadtschloss wohnte. Derartige **Verwaltungsschlösser** finden wir bis heute in Altensteig, Backnang, Balingen, Bietigheim, Brackenheim, Göppingen, Heidenheim, Hornberg, Kirchheim, Lauffen, Leonberg, Münsingen, Neuenbürg, Neuenstadt, Schorndorf, Tübingen, Urach, Winnenden. Verschwunden sind sie in Besigheim, Böblingen, Markgröningen, Marbach, Nürtingen, Waiblingen, Wildbad. - Der Amtsbezirk Schorndorf war mit über 60 Dörfern und Weilern vermutlich der flächengrößte in Württemberg, hier wurden sogar zwei Schlösser mit unterschiedlichen Funktionen errichtet.

Kernstadt

Das Stauferdorf kam bereits um 1250 an die Gf Württemberg, die eine Stadt gründeten. Als Herzog Ulrich die Grenzen des Landes sicherte, wurde die hiesige Wasserburg 1538 zur Festung ausgebaut. Sein Sohn Christoph, auf den die meisten der württ. Schlösser zurückgehen, errichtete daneben 1555 ein Jagdschloss, das gleichzeitig als Sitz des adligen Obervogtes Verwaltungszwecken diente.
Bauten: Einen Eindruck von der 1538 errichteten **Festungsanlage** vermitteln Graben und Bastionsreste sowie das wappengeschmückte Burgschloss, das als mächtige, geschlossene Vierflügelanlage mit vier runden Ecktürmen im Südosten der Altstadt steht. Heute von Behörden genutzt. – Nördlich davon das **Neue Schloss** (1555), Jagdschloss und Obervogtei. Der lange, zweigeschossige Bau ist heute Finanzamtssitz (J. P. Palm-Straße 28). – **Sonstiges:** Viele Epitaphien von Stadtpatriziat und adeligen Obervögten in der evang. Stadtkirche.
UMGEBUNG: Im **OT Haubersbronn** bilden die Fachwerkhäuser um die evang. Kirche ein schönes Ensemble. Leider ist der gegenüber liegende Adelshof (Storchengässle 1/3) nur ein unscheinbarer Putzbau. Das 1573 erbaute, heutige Geschäftshaus war in Besitz der Hr. von Gaisberg, die im benachbarten Großheppach (s. Weinstadt) im Schlössle wohnen.

Schorndorf

UMGEBUNG: Aus dem benachbarten **Urbach** stammen die Hr. von Urbach bzw. Auerbach, ein weit verzweigtes Ministerialengeschlecht, das seinen Schwerpunkt an den Unteren Neckar verlagerte (s. Mundelsheim). Die hiesige Herrschaft verkauften sie im 16.Jh an Württemberg. Ihr Schloss in Oberurbach wechselte als Adelssitz häufig den Besitzer, wurde 1883 zur Anstalt für entlassene weibliche Strafgefangene und ist momentan Altenheim. Das schmucklose dreistöckige Hauptgebäude (1568) hat durch neuere An- und Umbauten sein herrschaftliches Aussehen verloren. Es steht erhöht am nordwestlichen Ortsrand. Dabei ein großer Baumgarten. (2004)

Schramberg RW K5

Im **Netzwerk** des Hauses **Habsburg** übernahm die kleine Herrschaft Schramberg eine wichtige Funktion. Aufgrund ihrer Lage zwischen den Besitzungen am Neckar (s. Horb) und im Schwarzwald wollte Habsburg sie bereits 1518 von der verbündeten Fam. von Rechberg erwerben, hatte jedoch nicht das Geld dafür. Der Übergang war nur noch eine Verhandlungssache, als sie in Besitz österreichischen Beamtenadels (Merz, Zott) gelangte. Nach dem Kauf (1583) versorgte man damit verdiente Parteigänger bzw. unebenbürtige Familienangehörige: Zuerst den Gf. von Zimmern, dann Karl von Burgau aus der Ehe eines Erzherzogs mit der Augsburger Patriziertochter Philippine Welser, und schließlich 1648 Friedrich von Bissingen.

Die Gf. von **Bissingen-Nippenburg** entstammen der Verbindung von sächsischem und schwäbischem Adel, weil der kaiserliche Kommandant von Rottweil, Friedrich von Bissingen, eine Erbin der ausgestorbenen Fam. von Nippenburg heiratete. Sie stiegen 1647 in den Freiherren- und 1746 in den Grafenstand auf, erwarben 1836 die Neckarburg (s. Rottweil) und leben heute auf dem Hofgut Hohenstein (s. Dietingen). In Schramberg erinnern Epitaphien und das „Bissinger Schloss" an sie.

Kernstadt

Die drei Adelsfamilien von Ramstein, von Falkenstein und von Schilteck saßen auf verschiedenen Burgen im Quellgebiet der Schiltach. Diese wurden von Hans von Rechberg erworben, ein in Habsburger Diensten gegen die Eidgenossen und die Städte kämpfender Raubritter. Der formte daraus 1452 die Herrschaft Schramberg und sicherte sie mit der Festung Hohenschramberg ab. Nach dem Verkauf (1526) an die Hr. von Breitenlandenberg (aus dem Schweizer Tösstal) kam es zu einem mörderischen Kleinkrieg mit der Reichsstadt Rottweil, eine der typischen Ritterfehden des 16.Jh („Landenberger Fehde"). Anschließend erwarb 1547 der Beamtenadlige Rochus Merz von Staffelfelden (im Oberelsass)

Schramberg. Klassizistisches Schlösschen am Schwarzwaldbach

Schramberg

die Herrschaft und schloss sich damit dem Kanton Neckar der Reichsritterschaft an. Von dessen Erben, dem Tiroler Beamtenadel Zott von Berneck, kaufte sie schließlich Habsburg, um sie anschließend ständig zu verpfänden und schließlich 1648 als Lehen an Bissingen-Nippenburg zu geben. Schramberg nahm dabei eine für BW einmalige Zwitterstellung ein, denn es gehörte gleichzeitig zur Reichsritterschaft und zu Vorderösterreich.

Bauten: Das **Schloss** (1840) ist ein klassizistisches, zweistöckiges Stadtpalais unter Walmdach mit einem Mittelrisalit. Seit 1923 in Stadtbesitz, heute Kulturzentrum mit Museum. Kleiner Park am Bach. An Kreuzung Bahnhofstr./Schlossstr. – Schräg gegenüber steht das **„Schlössle"**, ein 1770 erbautes schmuckloses Amtshaus, heute VHS. – Auf eine Burg geht die 1689 zerstörte Festung **Hohenschramberg** zurück, eine imposante Anlage über der Stadt. - **Sonstiges:** Fünf klassizistische Epitaphien der Bissingen in der kath. Kirche. – In der Falkensteinkapelle am Ortsausgang Richtung Tennenbronn richteten die Bissingen 1860 ihre Grablege ein. – Mächtig wirkt Burg Berneck, eine 1910 erbaute Fabrikantenvilla im Neorenaissance-Burgenstil, heute Teil des Krankenhauses.

UMGEBUNG: Die vielen Burgruinen um Schramberg machen die strategische Lage offensichtlich: Burg **Falkenstein** (im Süden Richtung Tennenbronn), Burg **Schilteck** (im Norden Richtung Schiltach). (2009)

D11 Schrozberg SHA

Warum lebten Katholiken und Protestanten 120 Jahre lang nach unterschiedlichen Kalendern, was hier schließlich zum „Osterkrieg" führte? Die Ursache lag in der **Gregorianischen Kalenderreform.** Der **Julianische** Kalender (von Julius Cäsar) hatte die geringe Ungenauigkeit von einem um 11,232 Minuten zu langen Jahr. Dies summierte sich im Laufe der Jahrhunderte auf 10 Tage. Papst Gregor XIII verfügte folglich 1582 eine entsprechende Korrektur, bei der unter Beibehaltung des Wochentages 10 Kalendertage gestrichen wurden: aus 21. März (Frühlingsanfang) wurde 11. März. Zugleich wurde eine erneute Ungenauigkeit durch das Weglassen des Schaltjahres jeweils zum vollen Jahrhundert, z.B. im Jahre 2100, weitgehend korrigiert. Da die Protestanten den Gregorianischen Kalender nicht akzeptierten, galten im konfessionell gemischten Deutschen Reich fast 120 Jahre lang unterschiedliche Kalender, mit dementsprechenden Problemen. Als sie ihn schließlich 1700 übernahmen, legten sie zugleich eine genauere Berechnung des Frühlingsanfanges vor, was sich zweimal bei der Berechnung des Ostertermins auswirkte. Demnach ergab sich 1724 und 1744 eine Abweichung von 1 Woche für den Ostertermin (und damit in Folge für Himmelfahrt und Pfingsten). Dementsprechend setzte 1743 der evang. Teil des Reichstages den Ostertermin um eine Woche früher an als nach dem Gregorianischen Kalender vorgesehen. Daraus entwickelte sich im Herrschaftsbereich der Hohenlohe-Bartenstein der sogenannte Osterkrieg.

In Bartenstein war die Keimzelle für die Gründung der französischen **Fremdenlegion.** Hier wohnte in der franz. Revolution der Bruder des hingerichteten französischen Königs. Ihm stellte man ein Regiment zur Verfügung, was dieser 1816 als König mit der Gründung einer „Legion Hohenlohe", bestehend aus Nichtfranzosen, honorierte.

OT Bartenstein
Die Burg der Hr. von Stein kam 1475 an die Gf. Hohenlohe und war ab 1688 Residenz der Linie Hohenlohe-Waldenburg. Diese war zuvor (1667) zur Alten Kirche zurückgekehrt. Da die alteingesessene Dorfbevölkerung bei ihrer Konfession blieb, wurden Katholiken als Schlossbedienstete angesiedelt und errichteten Franziskanermönche in der Schlosskapelle eine „Missionsstation". Zum Krieg kam es, weil die Herrschaft 1744 den evang. Untertanen vorschrieb, den Ostertermin entsprechend der „kath. Berechnung" zu feiern. Auf dem Höhepunkt der Eskalation besetzte die Mgft. Ansbach als Schutzmacht der evang. Bevölkerung 1750 das Ländchen.

Schloss Bartenstein. Hier kam es zum Krieg um den exakten Ostertermin

Bauten: Das **Barockschloss** (18.Jh) ist eine imposante Drei-Flügelanlage auf einem Bergsporn über dem Ettebachtal. Es öffnet sich in Form eines Ehrenhofs zum Städtchen hin, so dass der Mittelteil (Corps de logis) mit einem prächtigen Wappen im Dreiecksgiebel voll zur Entfaltung kommt. Der Nordflügel enthält die kath. Schlosskapelle mit Fürstenloge, der Schlossturm wurde zum Kirchturm. Das noch heute von der Fam. Fürst von Hohenlohe bewohnte Schloss dient teilweise als Militärmuseum. – **Sonstiges:** Die von Beamtenhäusern gesäumte und mit einem Torhaus begrenzte Straße zum Schloss wirkt herrschaftlich. Parallel dazu der Park mit einem Barockpavillon.
UMGEBUNG: In der evang. Kirche, die auf halbem Wege zum **OT Ettenhausen** steht, ist eine Herrschaftsloge.

Kernort
Hier saßen Ministeriale der Hohenlohe, die sich ab 1409 die Dorfherrschaft mit den Frh. von Berlichingen teilten. Nach ihrem Aussterben zogen im 17.Jh die Gf. Hohenlohe als Lehensherrn die Herrschaft an sich und bauten die Wasserburg zu einer Nebenresidenz mit einem Tiergarten aus. Die hier residierenden Linien (Weikersheim, ab 1677 Langenburg, ab 1765 Ingelfingen) gehörten zum evang. gebliebenen Zweig der Hohenlohe-Öhringen, weshalb eine tiefe Kluft zu den Verwandten in Bartenstein bestand.
Bauten: Das **Schloss** steht an Stelle einer ehemaligen Wasserburg. Die schmucklose Dreiflügelanlage ist aus mehreren Teilen zusammen gestückelt: Alter Bau des 15.Jh (Berlichingenbau), Westflügel mit rundem Treppenturm (1628), Ostflügel 18.Jh mit einem Hohenlohe-Allianzwappen über dem Hoftor. Seit 1949 in Gemeindebesitz. Heute Rathaus und Behörden. - Der nach Norden offene Hof geht in einen 1701 angelegten Park am Vorbach über. – **Sonstiges:** Figürliche Epitaphien der Berlichingen und eines Gf. Hohenlohe (1758) in evang. Kirche. (2006)

M10 (Bad) Schussenried BC

Man kann Klosteranlagen in vier Bereiche unterteilen: Geistlicher Bereich (Kirche, Konventbauten, Kapitelsaal), wirtschaftlicher (Ökonomie, Wasserwirtschaft, Verwaltung), politischer (Prälatenbau, Repräsentationsbauten) und geistig-wissenschaftlicher Bereich. Letzterer wurde v.a. durch die Existenz von Bibliotheken belegt. Eine Sonderentwicklung bilden dabei im 18.Jh die barocken **Bibliothekssäle**, weil man hier weniger nach Innen als vielmehr nach Außen seine Bildung und Weltläufigkeit demonstrierte. Gerade für Klöster war dies wichtig, da man ihnen Rückständigkeit und Scheuklappendenken vorwarf. Der Bibliothekssaal in Schussenried ist bis heute eine Attraktion, obwohl er keine Bücher mehr enthält.

Kernort

Bei der Gründung 1183 erhielt das Prämonstratenserstift die Königsvogtei und 1512 die Hochgerichtsbarkeit und somit den Status der Reichsunmittelbarkeit. Zugleich konnte es ein Territorium von rund 100 km² erwerben. Ebenso wie andere Oberschwäbische Reichsstifte drückte es diesen Status durch einen aufwändigen Bau aus, dessen Ausmaße noch heute imponieren. Dabei blieb die Anlage unvollendet, weil der Weiterbau nach dem Vorbild von Weingarten (s.d.) unterblieb. Der geplante Südflügel und die Barockkirche fehlen.

Bauten: Wie ein **Schloss** wirken die Barockbauten mit dem berühmten Bibliothekssaal, der nach Außen durch einen mehrachsigen Mittelrisalit im Nordflügel hervorgehoben wird. Von der mittelalterlichen Anlage stehen noch Kirche, Teile der Klausurmauer und einige Wirtschaftsbauten. Lange Zeit als Psychiatrische Klinik genutzt, dienen die Gebäude heute einer Stiftung und für Ausstellungen. Das Städtchen wirkt wie ein Anhängsel an das Kloster.

UMGEBUNG: Im **OT Otterswang** bildet die Rokokokirche zusammen mit dem barocken Pfarrhaus eine malerische Anlage. Das Dorf gehörte zum Stift Schussenried, das an der Kirchenwestfront und über dem Pfarrhauseingang sein Wappen (1719) anbrachte. - Ca 1 km östlich des Dorfes steht auf einer Insel im **Schwaigfurter Weiher** ein „Lusthäuschen" (für Mönche?!). Der 1777 erstellte eingeschossige Achteckbau mit mythologischen Themen als Innenstuck kann nur von Außen besichtigt werden. Zudem ist er nur per Schwimmen oder mit dem Boot erreichbar (Bootsverleih bei der Weihergaststätte). (2009)

G10 Schwäbisch Gmünd AA

Zwei Landadelsfamilien hatten ihren Stammsitz im heutigen Stadtgebiet. Zum einen die **Gf. Rechberg** auf Burg Hohenrechberg, deren Urahn Ulrich 1179 als Marschall des Herzogtums Schwaben erwähnt wird. Die Linie „Unter den Bergen" (= im Rems- und Kochertal) starb im 15.Jh aus. Die Linie „Auf den Bergen" (= im Rehgebirge) stieg in den Grafenstand auf und war bis 1985 in Besitz der Stammburg . - Zum anderen die **Gf. Degenfeld** im OT Degenfeld, deren Urahn Ulrich 1270 als Ministerialer der Gf. Helfenstein erwähnt wird. 1597 verkauften sie ihren Stammsitz an Württemberg, überlebten aber andernorts bis heute (s. Dürnau, Geislingen und Gemmingen). - Von den Rechberg finden wir hier noch viele, von den Degenfeld hingegen nur noch wenige Reste.

Schwäbisch Gmünd

Gmünd gilt als die älteste **Stadt der Staufer.** Als Riesgaugrafen und Pfalzgrafen von Schwaben treten sie im 11.Jh in die Geschichte ein. Ihr Aufstieg begann erst richtig mit einem Friedrich, der 1079 Herzog von Schwaben wurde, die Tochter des Salierkaisers Heinrich IV heiratete, den salischen Besitz im Remstal um Waiblingen erbte, das Kloster Lorch als Familiengrablege gründete, auf dem Berg Staufen eine Burg baute und sich danach nannte. Seine Nachkommen stellten fast ununterbrochen 1138-1254 die Deutschen Könige bzw. Kaiser. Davon profitierte Schwäbisch Gmünd, das aufgrund seiner erworbenen Privilegien Reichsstadt wurde. Folglich sind hier reichsstädtische Bauten und Patrizierpalais zu erwarten.

Kernstadt
Die Stadt wurde vermutlich vom Stauferkönig Konrad III, dem Onkel Barbarossas, Anfang des 12.Jh gegründet. Als Zentrum des staufischen Besitzes im oberen Remstal zählte sie zum Königsgut, sodass sie nach dem Untergang der Staufer Reichsstadt werden konnte. Aufgrund von Fernhandel im Rahmen ihrer Lage an einer wichtigen Ost-West-Verbindung und spezialisiertem Handwerk (Sensenherstellung, Goldschmiedekunst) prosperierte sie. Damit war sie in der Lage, das Münster von der Starachitektenfamilie Parler bauen zu lassen. Die Einführung der Reformation wurde 1525 mit militärischer Gewalt unterdrückt, weshalb sie zu den wenigen großen Reichsstädten zählt, die beim Alten Glauben blieben. Das zusammenhängende Territorium von 150 km² mit rund 15.000 Einwohnern kam 1803 an Württemberg.

Schwäb. Gmünd. Das Stahlsche Schlösschen, das schönste Gartenhaus in BW

Bauten: Einmalig in BW dürfte das elegante **Rokokoschlösschen** sein, das sich der Bürgermeister Franz von Stahl von J. M. Keller im Stadtpark erbauen ließ. Das zweistöckige Gebäude unter Mansarddach zeigt zur Stadt hin sein Wappen entsprechend dem Adelsnamen „Edler von Pfeilhalden". Heute Gaststätte und Festsaal. Lage: Neben Congress-Centrum, im Westen der Stadt. – Die Stadt verdankt den eleganten Marktplatz im Rokokostil ihrem Stadtbaumeister Johann Michael Keller, der hier eine Reihe von **Patrizierpalais** erstellte. So das 1758 erbaute Stammhaus der Stahl (heute Cafe am Markt). So das Rathaus, das 1783 für den Patrizier Debler erbaut wurde. So weitere Patrizierhäuser (Nr. 18, 20, 25). – Das schmucklose Deblersche Palais ist heute Finanzamt (Bocksgasse 31). – **Sonstiges:** Zwei Häuser dienten dem staufischen Schultheißen als Wohnsitz. Zuerst die Grät (= Zeughaus) am Marktplatz, das älteste Haus der Stadt. Anschließend das Fuggerhaus am Münsterplatz, ein Gebäude mit romanischem Steinsockel (heute Gaststätte). – Der freistehende Glockenturm des Münsters war ursprünglich ein um 1200 erbauter Geschlechterturm. – Zwei Brunnen sind mit Patrizierwappen geschmückt (Markplatz und Münsterplatz). – Viele Epitaphien und Totenschilde hängen im überdimensionierten Münster, wo die einzelnen Patrizierfamilien ihre eigene Kapelle im Chorumgang unterhielten. - Epitaphien findet man in der Franziskanerkirche, v.a. im Kreuzgang auf der Nordseite. – Das größte Gebäude ist das Spital auf der Nordseite des Markplatzes. – Daneben Torbogen mit Wappen des Deutschen Ordens. - Große Teile der Stadtbefestigung sind erhalten.

OT Lindach

Auf der Burg saßen die Hr. von Weiler als staufische Ministeriale. Im 14.Jh erwarb Württemberg die Oberhoheit und vergab das Rittergut an häufig wechselnden Landadel (Rechberg, Limpurg, Diemar). Aber auch die Reichsstadt Gmünd erwarb einen Teil der Rechte, was 1543 zu einem bewaffneten Konflikt mit den Hr. von Diemar als Schlossherrschaft führte. Diese verkauften 1579 an den württ. Landhofmeister Erasmus von Laymingen, der sich damit dem Kanton Kocher der Reichsritterschaft und der Reformation anschloss. 1752 erwarb der Eisenwerkpächter Blezinger aus Königsbronn (s.d.) das Schlossgut.

Lindach. Staufische Burg, Reichsritterschloss, Sanatorium, Religiöses Zentrum

Bauten: Die **Schlossanlage** (1577) besteht aus einem dreistöckigen Steinhaus unter Walmdach und einem Winkelhakenbau mit Staffelgiebel. Das Steinhaus steht an Stelle eines staufischen Wohnturms, dessen Buckelquader den Unterbau bilden. Angebaute Treppentürme und Wehrtürmchen auf der Ummauerung lockern den Anblick auf. Großer Park dabei. Die Anlage wurde nach dem 2.Weltkrieg als Sanatorium genutzt und gehört z.Z. den 7-Tages-Adventisten. Lage: Am Dorfrand Richtung Mutlangen (Schlossstraße) über dem tief eingeschnittenen Pfaffenbach. Zugang in Hof offen.

OT Straßdorf

Ortsadel als Ministeriale der Staufer. Im 15.Jh wurde das Dorf von den Hr. von Rechberg gekauft, die sich damit dem Kanton Kocher der Reichsritterschaft anschlossen. Sie blieben im Unterschied zu den meisten „Kollegen" beim Alten Glauben. Die verschiedenen Linien vererbten ihre jeweiligen Anteile, was zu einer Herrschaftszerstückelung führte.

Bauten: Das **Schlössle** ist ein dreistöckiger Fachwerkbau auf Steinsockel unter Satteldach. Es dient als Wohnung und Arztpraxis (Graf-Rechberg-Str. 6). - **Sonstiges:** Ein Fußweg führt vom Schlössle zur kath. Kirche, in der ein Epitaph von Ulrich von Rechberg mit Frau im Chor steht, 1572 angefertigt vom berühmten Sem Schlör.

UMGEBUNG: Südlich Straßdorf liegt **OT Rechberg** mit der Stammburg der Gf. Rechberg, die im 16.Jh zur Festung ausgebaut wurde und 1865 abbrannte. 1985 erwarb sie ein Unternehmer und ließ sie wieder aufbauen. Eine steinerne Bogenbrücke führt in den Vorburgbereich mit dem Torturm. Ein tiefer Wallgraben trennt die Vorburg von der um 1200 erbauten Kernburg, die von Buckelquadermauern und Türmen geschützt wird. Die Kernburg mit dem Palas im Westen und Rundbogenfenstern an der Südwand strahlt staufischen Glanz aus. Im Ostbau ist ein Museum zur Burggeschichte eingerichtet. Die imposante Anlage liegt weithin sichtbar hoch über dem Dorf auf dem **Hohenrechberg.**

OT Degenfeld

Das Dorf liegt im Quellbereich der Lauter, ca. 20 km südlich der Kernstadt und ca. 2 km nördlich Weißenstein (Gem. Lauterstein). Ortsadel wohnte um 1200 in einer verschwunden Burg über dem Dorf auf einem Bergsporn des Kalten Feldes. Jedoch bereits im 14.Jh erwarben die Hr. von Rechberg den Ortsteil links der Lauter. So bestand hier nach der Reformation eine Konfessionsgrenze, weshalb man zwei Kirchen in diesem 300-Seelen-Nest vorfindet. Die ständigen Reibereien veranlassten die Hr. von Degenfeld, ihren Teil rechts der Lauter 1597 an Württemberg zu verkaufen. Nur noch ein einziges Epitaph (1557) in der evang. Kirche erinnert an sie. (2009)

Schwäbisch Hall SHA E10

Salz = weißes Gold. So lautete in früheren Zeiten eine Formel, als man noch nicht den Massentransport kannte. Daher hatten die Städte mit **Salzförderung,** die sich häufig Hall (keltisch, Hal = Salz) nennen, eine garantierte Einnahmequelle. Ihre Umgebung war auf sie angewiesen, denn Mensch wie Vieh benötigen dieses Mineral zum Leben. Die Stadt Hall konnte aufgrund ihres Reichtums den umgebenden Adel (Limpurg, Vellberg) auskaufen und als Reichsstadt ein Territorium von ca. 450 km² erwerben. Dieses umgab sie mit einer Landhege, von der noch ein Turm bei Hörlebach an der Straße von Ilshofen zum Schloss Morstein steht. - Das in Franken liegende Hall nannte sich schwäbisch, um Herrschaftsansprüchen des Bischofs von Würzburg als „Herzog in Franken" zu entgehen. Doch der besaß mit dem Ritterstift Großkomburg seinen südlichsten Vorposten direkt vor der Haller Haustüre.

Kernstadt

Keltische Salzsiedlung. Im 12.Jh in Besitz der Gf. von Komburg, deren Erbe an die Staufer ging. Die ließen hier einen Silberpfennig herstellen, den Heller, der im Alten Reich zum Inbegriff des Kleingeldes wurde. Nach deren Untergang führte die Bürgerschaft einen erfolgreichen Kampf gegen die Schenken von Limpurg und erreichten 1280 die Anerkennung als Reichsstadt. Die Staufischen Ministerialen bildeten das Patriziat, an der Spitze des Stadtrates stand der Stättmeister. Die Zünfte und Salzsieder erkämpften sich im 14.Jh eine Beteiligung am Stadtregiment und entmachteten 1512 weitgehend den Stadtadel, so dass dieser aufs Land zog (s.u. Eltershofen).
Bauten: Die Reichsstadt besitzt außergewöhnlich viele Bauten aus dem Mittelalter. So stecken im „Adelshof" Reste des Staufischen **Königshofes.** So gibt es bauliche Reste von noch acht **Geschlechtertürmen,** darunter als besterhaltener der Turm der Patrizierfamilie Keck, der dem Museum „Keckenburg" als Hauptbau dient. Mittelalterlich wirken die Adelshäuser in den beiden, dem Stadtadel

Schwäbisch Hall

reservierten Herrengassen. - Nach einem großen Stadtbrand (1728) zog der Rokokostil ein. Besonders prächtig mit dem Rathaus mit achteckigem Turm, das hinter keinem **Schlössle** zurückstehen muss. - **Sonstiges:** Die evang. Michaelskirche mit ihrer monumentalen Freitreppe über Marktplatz und Rathaus ist gepflastert mit Epitaphien von Patriziern. Insbesondere der Chorumgang, den sich die Stättmeister (= Bürgermeister) als Familienkapellen reservierten, ist ein Beispiel für die Parallelen zwischen Landadel und Stadtpatriziat hinsichtlich Familienkult. - Aus dem 16.Jh. stammt das gewaltige „**Büchsenhaus**" (= Zeughaus = Waffenarsenal, heute Stadthalle), ein Symbol der wehrhaften Reichsstadt. Von der Stadtbefestigung blieben viele Reste (Mauern und Türme), wobei besonders die Bastionen zur Limpurg (s.u.) hin beeindrucken.

UMGEBUNG: Erhöht über der alten Straße nach Steinbach (rechts des Kochers) liegt die **Limpurg**. Hier, direkt vor den Toren der Reichsstadt, stand die Stammburg der Schenken von Limpurg. Von der Lage her bot sich Hall als ihre Hauptstadt an. Zudem waren Schenken und Reichsstadt wirtschaftlich aufeinander angewiesen, da die Stadt das Holz der Limpurger Berge zum Salzsieden brauchte. Am Ende eines langen und harten Konfliktes kaufte die Stadt 1541 die Burg um teures Geld, nur um sie anschließend zu zerstören. – **Bauten:** Die Grundmauern der Burg sind noch sichtbar. Unterhalb der Burg an der Unterlimpurger Straße (Nr.13) steht das Zollhaus, ein stattlicher Fachwerkbau. In dieser Straße ist auch ein schön renovierter Wohnturm (1396, „Hohes Haus", Nr. 81) sowie die Pfarrkirche der Burg (evang. Urbanskirche) mit mehreren Epitaphien. - (Die Grabdenkmäler der Gf. Limpurg stehen in der Schenkenkapelle auf der Comburg sowie in ihren Residenzstädtchen.)

Kloster Comburg

Nur ca. 3 km südlich der Reichsstadt thront die Großkomburg als Blickfang über dem Kochertal. Mit ihrem Namen, den turmbewehrten Mauern und dem befestigten Zugang ist sie mehr Burg als Kloster. Ursprünglich war sie der Sitz der hochadligen Gf. von Komburg, die sie in der Zeit des Investiturstreites in ein Benediktinerkloster umwandelten (1078). Reich geworden aufgrund vieler Schenkungen kam im 14.Jh der totale Niedergang. Die Umwandlung (1488) in ein weltliches Stift unter der Oberhoheit des Bf. von Würzburg rettete sie. Sie wurde zum **Ritterstift** (s. Wimpfen), reserviert für den Nachwuchs des Landadels. Die Stiftsherren bezogen zusätzliche Einnahmen als Chor- oder Domherren in Würzburg. Zahlreiche Epitaphien des umwohnenden Adels und der Stiftsherren erinnern an die Verbindung Ritter-Kloster-Stift. Da die Schenken von Limpurg vor der Reformation hier ihre Grablege hatten, heißt der ehemalige Kapitelsaal Schenkenkapelle. Der Burgeindruck wurde im 16.Jh noch verstärkt durch den Bau von zwei weiteren Ringmauern. Heute ist hier eine Akademie für Lehrerfortbildung. Regelmäßige Führungen im Sommer, Zugang in den Hof offen.

OT Eltershofen

Die Landhege der Reichsstadt war so weit gefasst, dass sie auch Dörfer anderer Herrschaften einschloss, welche innerhalb des Territoriums der Reichsstadt lagen. So auch dieses reichsritterschaftliche Dorf, das seine Reichssteuern an den Kanton Kocher abführte. Hier saß im Mittelalter Dorfadel auf einer Wasserburg. Ab dem 16.Jh war der Ort meistens in Besitz von Haller Patriziern, die dem Druck der Zünfte in der Reichsstadt auswichen und sich mit einem Rittergut dem Landadel anschlossen. Das Dorf selbst war dem Haller Amt „Schlicht" zugeteilt, eines der sieben Reichsstädtischen Ämter (s. Frankenhardt).

Eltershofen. Patriziersitz und Reichsritterschloss zugleich

Bauten: Im **Schloss** stecken noch Reste der mittelalterlichen Wasserburg. Es erhielt seine Form in der Barockzeit und durch Erweiterungen im 19.Jh. Ein Graben mit Brücke umgibt das in einem schönen Park liegende Gebäude mit vier Türmchen. Seit 1896 in Besitz der Gf. Westerholt. „Schlossstraße". Zugang bis zum Hoftor. (2002)

Schwaigern HN   E7

Die 1140 erstmals erwähnten **Hr. von Massenbach** stammen aufgrund ihres Wappens wahrscheinlich von den Gemmingen ab. Vermutlich waren sie Edelfreie, die im 13.Jh zu Ministerialen wurden und die Stauferpfalz Wimpfen absicherten. Im 14.Jh in Diensten der Kurpfalz. 1450 spaltete sich eine preußische Linie ab, die 1590 die Pfälzer Linie beerbte. Anschluss an Reformation und Reichsritterschaft. Im 30j. Krieg überlebte ein Zweig in Lothringen, wurde katholisch, erhielt ¼ des Dorfes Massenbach, hatte seine Grablege in Massenbachhausen, siedelte ab 1715 Katholiken an, nannte sich ab 1768 Gemmingen von Massenbach und wohnt seit Ende des 18.Jh in Bayern. – Die evang. Linie, deren Nachkommen heute in Balzheim wohnen, brachte 1933 ihren Stammbesitz in eine Stiftung, die bis heute das Schloss in Massenbach unterhält.

OT Massenbach

Die Karolingersiedlung war im 12.Jh in Besitz von Ortsadel, wohl einer Seitenlinie der Gemmingen (ähnliches Wappen). Anschluss an Kanton Kraichgau und Reformation. Zeitweise standen drei Schlösser im Dorf. Im 18.Jh übernahmen die Hr. von Massenbach Ämter in der Kurpfalz. Die evang. Linie, deren Nachkommen heute in Balzheim wohnen, lag 1755-91 im Dauerstreit mit den Untertanen, was als „Massenbacher Irrungen" die Kurpfalz, die Reichsritterschaft und sogar den Kaiser aktivierte. 1791 verkaufte die kath. Linie ihren Restbesitz an die evang. Linie.

Bauten: Das **Obere Schloss** (um 1760) ist eine Dreiflügelanlage um einen offe-

Schwaigern

nen Hof. Der breit gelagerte, einstöckige Mansarddachbau wirkt aufgrund seiner Masse und der Wappen über dem Eingang herrschaftlich. In Besitz der Massenbachschen Waldstiftung, renovierungsbedürftig, teilweise bewohnt. Im Großen Park hinter dem Schloss steht am Bach die stattliche Zehntscheune mit Wappen, die an Gewerbebetriebe vermietet ist. Die Anlage liegt auf der Nordseite des Dorfes an der Straße nach Massenbachhausen. - **Sonstiges:** In der evang. Kirche über dem Dorf stehen viele Epitaphien, davon einige hervorragende figürliche. Im Friedhof neben der Kirche wird die Grablege der Frh. von Massenbach bis heute benutzt.

Kernort

Namengebend war ein fränkischer Viehhof, eine Schweige. Im 12.Jh Sitz eines edelfreien Geschlechts, das sich später nach der 5 km entfernten Höhenburg Neipperg (s. Brackenheim) nannte, zu Ministerialen der Staufer wurde und schließlich die Dorfherrschaft unter der Oberhoheit der Gf. Württemberg besaß. Bereits 1525 wurde die Reformation eingeführt.

Schwaigern, evang.Kirche. Ein Wappenfries muss nicht langweilig sein

Anschluss an Kanton Kraichgau der Reichsritterschaft. Die hiesige Neipperg-Linie stieg in Habsburgs Diensten in höchste militärische Ämter auf, wurde 1726 in den Grafenstand erhoben und kehrte zum Alten Glauben zurück.

Bauten: Das **Schloss** (1702) ist eine weite Anlage, die durch Bauten des 19.Jh vervollständigt und ergänzt wurde. So wurde 1871 eine kath. Schlosskapelle auf der Nordseite angefügt. Die zweistöckigen, schmucklosen Flügel wirken geduckt. Bewohnt von Gf. Neipperg und Sitz der Verwaltung, mit Weinverkauf. Zugang in Vorhof offen. Im riesigen, nichtöffentlichen Schlosspark eine künstliche Ruine und ein belvedereartiger Wasserturm. - **Sonstiges:** Unterhalb des Schlosses steht die evang. Kirche mit über zwei Dutzend Steinepitaphien, darunter mehrere figürliche, so auch ein hervorragendes im weichen Stil. Ein Totenschild, mehrere Holzepitaphien. Außergewöhnlich sind der wappengeschmückte Herrschaftsstuhl und ein Fries mit den Wappen des verwandten Landadels. – Daneben steht das ehem. Amtshaus, ein schmucker Fachwerkbau, heute Hotel „Altes Rentamt". – Teile der Stadtmauer erhalten.

UMGEBUNG: An der Straße Massenbach - Schluchtern steht das Hofgut **Marienhof,** ehem. als Bühlerhof in Besitz der Gf. Neipperg. Diese errichteten im 19.Jh ein klassizistisches Wohnhaus, das leider durch moderne Umbauten entstellt wurde. Auf der Rückseite blieb jedoch die Terrasse mit klassizistischen Säulen erhalten. Bauernhof in Privatbesitz.

UMGEBUNG: Auch das (selbständige!) Nachbardorf **Massenbachhausen** war in Besitz der Gf. Neipperg und reichsritterschaftlich. Nach dem 30j. Krieg wurde das Dorf mit südeuropäischen Katholiken neu besiedelt, was den häufigen Familiennamen Farny erklärt. In der Folge verlegten die rekatholisierten Gf.

Schwaigern

Neipperg ebenso wie die kath. Linie der Massenbach ihre Grablege in die kath. Kirche, in der aber nur das Epitaph einer Gräfin Neipperg mit ihren beiden Söhnen steht. Auf dem Friedhof ist ein eigener Teil am Eingang den Gf. Neipperg reserviert. (2009)

Schwanau OG J2

Die im 19.Jh entstehenden evang. **Diakonissenanstalten** wollten den negativen Auswirkungen der Industrialisierung entgegen wirken. Denn es fehlte die Infrastruktur hinsichtlich Krankenhäusern, Behindertenheimen und Kinderbetreuung (s. Kernen). Die erste Kleinkinderschule in BW eröffnete hier 1851 Regina Jolberg, eine zum evang. Glauben konvertierte Jüdin. Angeschlossen war eine Ausbildungsanstalt für Kinderpflegerinnen, ein ansonsten noch nicht existierender Beruf. Eine ihrer Schülerinnen, Wilhelmine Canz, war die Gründerin der entsprechenden Institution im Königreich Württemberg, der Diakonissenanstalt in Großheppach. - Im badischen Nonnenweier wurde aus einem Rittergut das Mutterhaus einer evang. Gemeinschaft mit sage und schreibe 350 Stationen.

OT Nonnenweier

Alemannensiedlung. Aus dem Besitz des Bf Straßburg gelangte das Dorf 1401 an die Reichsstadt Straßburg, welche die Reformation einführte. Es war Straßburger Politik, den Landadel im Stadtumfeld als Bundesgenossen zu fördern (s. Rust). So vergab die Reichsstadt das Lehen an die Fam. von Grün, die sich dem Kanton Ortenau der Reichsritterschaft anschloss. Damit gehört der Ort zu den wenigen protestantischen innerhalb des Kantons (s. Hohberg). Anschließend ging die Herrschaft an zwei unterelsässische Ritterfamilien: 1698 an die Rathsamhausen, 1790 an die Böcklin von Böcklinsau. Diese verkauften 1851 an die Kaufmannstochter Regina Jolberg.
Bauten: Das **Schloss** (1750) ist ein schmuckloses zweistöckiges Herrenhaus unter Mansarddach. Es steht am Rande von vielen Neubauten in einem weiten Park mit einem schönen Eingangstor. Die Anlage nimmt den nördlichen Rand des Dorfes ein. - **Sonstiges:** Der jüd. Friedhof liegt in Richtung Kippenheim.

UMGEBUNG: Ca 10 km nördlich liegt das ebenfalls ehem. reichsritterschaftliche Dorf **Meißenheim.** Auch hier saß seit 1464 ein elsässisches Geschlecht, nämlich die Wurmser von Vendenheim, auch hier war man protestantisch. Leider fehlt ein Schloss. Dafür kann man jedoch bei der Rokokokirche einiges entdecken. Zum einen erinnern zwei aufwändige Stuckkartuschen an der Nordwand an die Erbauung der Kirche (1763-66). Dabei ist aufschlussreich, dass die am Kirchenbau beteiligten Personen in der einen Kartusche namentlich aufgeführt werden, der Ortsherr sich jedoch in der anderen nur mit Wappen „outet". Zudem gibt es mehrere Epitaphien der Wurmser an der Choraußenwand und - welch schöne Überraschung - direkt daneben die romantisch gestaltete Gedenkstätte für Goethes Studentenliebe Friederike Brion. Diese wohnte von 1805 bis zu ihrem Tode (1813) im benachbarten Pfarrhaus bei Schwester und Schwager. (2004)

Schwarzach MOS

Die Kurpfalz hatte ihr rechtsrheinisches Territorium in **Centen** (Zenten) aufgeteilt. Das waren Gerichtsbezirke, in denen die Hochgerichtsbarkeit vom **Centgraf** als Richter ausgeübt wurde. So war aus dem ursprünglich fränkischen Gericht für eine Hundertschaft (Centum = Hundert) im Laufe der Jahrhunderte ein abgegrenzter Bezirk geworden. Diesen erwarb die Kurpfalz im 14.Jh vom Reich und baute auf den damit verbundenen Rechten ihre **Landeshoheit** auf. Damit galt der im Centbezirk wohnende Adel als landsässig (s. Neckargmünd). Die Kurpfalz war entsprechend den Gerichtsorten in folgende Centen aufteilt: An der Bergstraße Heppenheim und Schriesheim, am Neckar und im Odenwald Eberbach und Mosbach, zwischen Neckar und Rhein Kirchheim, im nördlichen Kraichgau Meckesheim und Reichartshausen. Für letztere wohnte der Centgraf in Schloss Schwarzach.

OT Unterschwarzach

Die Wasserburg kam 1419 von den Gf. von Weinsberg an die Kurpfalz. Diese richtete darin eine Kellerei (= Finanzamt) für fünf Dörfer ein, die nach dem 30j. Krieg mit der benachbarten Kellerei auf der Minneburg zusammengelegt wurde. Zugleich übernahm der Keller 1663 auch das Amt des Centgrafen für die umgebende Reichartshauser Zent, die seit

Unterschwarzach. Burgrest. Centbezirke dienten der Kurpfalz zur Territoriumsbildung

1380 in Händen der Kurpfalz war. Dieses Amt wurde jedoch vom Amtmann auf dem Dilsberg auf geringfügige Vergehen reduziert, weil der die kriminellen Fälle richtete (s. Neckargmünd).
Bauten: Das **Wasserschloss** (18.Jh) ist ein verputztes zweistöckiges, neunachsiges Gebäude, zu dem eine kleine Brücke über einen Wassergraben führt. Das schmucklose Gebäude ist seit 1834 Forstamt. Dahinter steht ein massives Steinhaus, das ebenso wie Teile der Befestigungen (Rondell) von der Burg des 16.Jh stammt. Die Anlage liegt neben dem Behindertenzentrum „Schwarzacher Hof", auf halber Strecke zwischen Unter- und Oberschwarzach. Idyllische Lage am Bach, Zugang offen. - **Sonstiges:** Mehrere schlichte Gedenktafeln der Amtleute in kath. Kirche.

UMGEBUNG: Nur noch mächtige Ruinen stehen von der **Minneburg** (Gem. Neunkirchen), die 1349 an die Kurpfalz kam. Aufgrund ihrer Lage hoch über dem Neckar wurde sie Anfang des 16.Jh zur Festung ausgebaut. Bis zur Zerstörung im 30j. Krieg war hier eine Amtskellerei und ein Centgrafenamt eingerichtet. Die Burg war häufig verpfändet, so auch 1518-1565 an Wilhelm von Habern, der als Marschall den Bauernkrieg in der Kurpfalz brutal niederschlug. Ein Epitaph für dessen einzigen Sohn steht im Friedhof der kath. Kirche von **Guttenbach** (Gem. Neckargerach). Dieses Dorf am Fuße der Minneburg gehörte zur Burgherrschaft. Von der hiesigen Neckarbrücke hat man einen sehr schönen Blick auf die Minneburg. (2004)

Schwendi BC K11

Aus dem oberschwäbischen Rottal stammen zwei benachbarte Reichsritterfamilien, die am Oberrhein in hohe Positionen aufstiegen. Zum einen die Fam. **von Rodt,** deren Schloss im OT Bußmannshausen steht. Sie erlebte ihre Glanzzeit im 18.Jh unter drei Brüdern. Der eine verteidigte als General die Oberrheinlande gegen Frankreich, sein 10m hohes Grabdenkmal dominiert den Chor des Freiburger Münsters. Die beiden anderen wurden Bischöfe von Konstanz, darunter einer sogar Kardinal (1750-1800), was keine andere schwäbische Ritterfamilie erreichte. Damit hatte sie sich jedoch personell übernommen und starb mit dem Tod des letzten Bischofs aus. - Zum anderen die Fam. **von Schwendi,** die bereits 1128 erwähnt wird. Sie war eine der vielen edelfreien Familien, die im 13.Jh in den Niederadel abstiegen. Auffallend ist, dass sie auf ihren Herkunftsort in Oberschwaben beschränkt blieb. Nur ihr berühmtestes Mitglied Lazarus von Schwendi (1522-83) konnte im Oberrheintal mehrere Herrschaften erwerben (s. Ehrenkirchen). 1689 starb die Familie im Mannesstamm aus. In Schwendi erinnern v.a. die Grablege sowie die prächtigen Totenschilde an sie.

Kernort

Die edelfreie Fam. von Schwendi saß auf einer Wasserburg. Bei einer Krise wurden ¾ des Dorfes an das Ulmer Spital verkauft (1406), konnten jedoch 50 Jahre später zurückgekauft werden. Sie schloss sich dem Kanton Donau der Reichsritterschaft an und blieb beim Alten Glauben. Beim Aussterben (1689) brachte die Tochter das Rittergut als Erbe an die Hochadelsfamilie der Gf. Öttingen-Spielberg. Diese verkauften 1820 an die evang. Augsburger Bankiersfamilie von Süßkind, welche noch heute hier wohnt.

Schwendi. Vom Hochadel über den Landadel zum Geldadel

Bauten: Das villenartige **Schloss** wurde 1852 durch die Frh. von Süßkind erbaut. Es ist ein schmuckloses zweistöckiges Herrenhaus unter Walmdach, verbunden mit einem Barockbau. Privat bewohnt. - Von dem 1550 erbauten und 1804 abgebrochenen Wasserschloss steht noch ein Flügel mit einer ausgefallenen Renaissancefassade zur Straßenseite hin. Er wird ebenso wie die Gebäude des angeschlossenen Schlosshofes von Geschäften genutzt. Die zugängliche Anlage liegt in der Ortsmitte am Rande eines Parks. – **Sonstiges:** An der Stelle einer mittelalterlichen Burg wurde 1561 die kath. Kirche gebaut, in der viele (figürliche) Epitaphien in einer Chorseitenkapelle sowie sechs Totenschilde im Langhaus sind. Das Pfarrhaus daneben, ein 1551 erbautes wunderbares Fachwerkhaus mit drei Wappen an der Türe, war ehemals Wirtschaftsgebäude der Burg. – Sehenswert ist auch die Annakapelle neben dem Rathaus mit romanischen Resten.

OT Orsenhausen und Bußmannshausen

Die beiden Dörfer nördlich von Schwendi liegen am Flüsschen Rot. Sie bildeten (zusammen mit dem benachbarten Walpertshofen) ab 1434 eine kleine Herr-

Schwendi

schaft der Fam. von Rodt, die sich dem Kanton Donau der Reichsritterschaft anschloss und wiederholt dessen Direktor stellte. Drei Mitglieder machten Karriere als Bf. von Konstanz. Nach dem Tode von General Christoph von Rodt (1768) fiel ihr Erbe an den Neffen und war bis vor kurzem in Besitz der Hornstein.

Bußmannshausen: Die **Burg** wurde 1908 durch Brandstiftung zerstört. Grundmauern sind noch im Wald am Ende der Straße „Schlossberg" zu entdecken. Interessant ist das Sammelepitaph für die Fam. von Rodt in der kath. Kirche, weil es 1797 mit einem Auferstehungsrelief von Hans Morinck (1585) kombiniert wurde.

Orsenhausen: Das klassizistische **Schloss** wurde 1754 durch Bf. Maximilian von Rodt an Stelle einer Wasserburg erbaut. Der zweistöckige Bau unter Walmdach mit einem gewaltigen Wappen über dem Mittelgiebel ist seit 1992 in Besitz des Heizbrennerfabrikanten Weishaupt. An Hauptstraße Richtung Schwendi in riesigem Park an der Rot gelegen. Kein Zugang, nur Blick auf Ökonomiegebäude möglich. – In der kath. Kirche sind zwei Kinderepitaphien der Rodt und zwei Epitaphien der Hornstein.

UMGEBUNG: Im benachbarten Dorf **Rot** (Gem. Burgrieden) erinnert die 1912 gebaute „Villa Fugger" (heute Kunstmuseum) daran, dass dieser Ort ab 1547 den Gf. Fugger zu Weißenhorn gehörte. Im Dorf stand eine 1850 abgebrochene Wasserburg. (2007)

C5 Schwetzingen HD

Wie das politische System – so der Garten. Die Gestaltung eines Parks drückt den jeweiligen Zeitgeist aus. So gilt beim **Französischen Garten,** der im Zeitalter des Absolutismus entwickelt wurde, eine streng hierarchische Gliederung mit starren Achsen und symmetrischer Anordnung. Der Garten und das dazu gehörende Schloss standen im Zentrum eines einheitlichen Ordnungssystems, ja häufig sogar im Zentrum des Staates. Von hier aus gingen die Wege in Versailles strahlenförmig wie von einer Sonne ins Land (s. Karlsruhe und Rastatt). Der **Englische Landschaftspark** hingegen steht für Liberalismus und Freiheit. Die hier vorgenommene Modellierung der Landschaft muss so natürlich wirken, dass Park und Landschaft miteinander verschmelzen. Geschwungene Wege, exotische Bäume, kleine Staffagen und romantische Ruinen sollen dem Besucher das Gefühl einer zwanglos-harmonischen Welt vermitteln. Im berühmten Schwetzinger Park finden wir beide Gartenwelten.

Kernstadt

Die Siedlung gehörte zur Grundausstattung des karolingischen Klosters Lorsch, über das im 12.Jh der Pfalzgraf bei Rhein (= Kurpfalz) die Schutzvogtei ausübte, womit er des-

Schwetzingen. Moschee im schönsten Schlosspark des Landes

Schwetzingen

sen Besitz schließlich im 13.Jh vereinnahmen konnte (s. Weinheim). Als Lehen wurden Dorf und Burg an die Hr. von Erligheim und die Hr. von Sickingen vergeben. 1427 kaufte die Kurpfalz die Herrschaft zurück und errichtete im 16.Jh ein Jagdschloss, Wohnsitz der Raugräfin Luise von Degenfeld (s. Gemmingen). Nach der Zerstörung durch den Sonnenkönig (1689) wurde das Schloss zur Sommerresidenz ausgebaut und der berühmte Park angelegt. Es ist typisch für das Denken dieser Zeit, dass man sich dabei an einer schnurgraden Achse vom Königsstuhl bei Heidelberg zum höchsten Berg des Pfälzer Waldes (Kalmit) orientierte, die in der Mitte von Schloss und Park verläuft.

Bauten: Die immense **Schlossanlage** geht in ihrem Kern auf das Jagdschloss (16.Jh) zurück, das 1717 im Stile des Barock umgestaltet und anschließend total erweitert wurde. So entstand eine typische Dreiflügelanlage um einen Ehrenhof, die von Wachthäuschen und einem wappengeschmücktes Prunktor zur Stadt hin abgegrenzt wird. Den üblichen Rahmen sprengt jedoch die Gartenseite, wo die beiden Orangerien als weite Zirkelbauten den Blick aufs Schloss zentrieren und das Auge vom Schloss aus in einen „unendlich" weiten Park schaut. - An die Anlage angebaut sind viele Wirtschaftsbauten. Die Nutzung der zwei- und dreistöckigen Gebäude ist unterschiedlich, vom Museum über staatliche Ämter bis zur Fachhochschule. - **Sonstiges:** Der riesige **Schlosspark** ist einmalig in BW. Aufgrund der vielen Bauten, Ruinen, Tempel und Seen ist die Erkundung ein Abenteuer. Berühmt ist die Moschee als idealisierte orientalische Tempelanlage. – Schloss und Park werden von der Achse Heidelberg-Kalmit halbiert. Deren baulicher Startpunkt sind Schlossplatz und Karl-Theodor-Straße, an welcher der Marstall mit einem prächtigen Kurzpfalz-Wappen überrascht. – Es gibt mehrere Palais in der Stadt: Palais Hirsch und Rabaliatti-Haus am Schlossplatz, Palais Ysenburg in der Forsthausstraße, Prinzenbau in der Zeyerstraße. - Das Epitaph eines Grafen an kath. Kirche.

UMGEBUNG: Das Hofgut **Bruchhausen** (Gem. Sandhausen) liegt am Rande des Schwetzinger Hardtwaldes. Die Grangie des Zisterzienserklosters Schönau (s. d.) kam mit dessen reformationsbedingten Aufhebung an die Kurpfalz und wurde 1750 zum Jagdschloss umgebaut. Von der Ummauerung steht noch ein runder, massiver Wehrturm. (2007)

Schwieberdingen LB G8

Die Ritter von **Nippenburg** werden 1275 erstmals erwähnt. Sie nannten sich nach der Fliehburg auf einem Sporn über der Glems. Als Ministeriale der Gf. Württemberg bauten sie sich im 15.Jh eine beachtliche Herrschaft mit den Burgen Wunnenstein, Lichtenberg, Sachsenheim, Ingersheim, Unterriexingen, Hemmingen und Schaubeck auf. Ab 1515 waren sie Erbschenken von Württemberg. Nach ihrem Aussterben 1646 vergab Württemberg die Lehen an Parteigänger. Der Eigenbesitz jedoch kam über die beiden Erbtöchter an Friedrich von Bissingen, der sich anschließend Bissingen-Nippenburg nannte, und hier an die Leutrum von Ertingen.

Schwieberdingen

Schloss Nippenburg

Ca. 2 km südlich Schwieberdingen steht die Nippenburg auf einem Sporn über der Glems. Die **Burgruine** auf ovalem Umriss ist öffentlich zugänglich. Im Vorburgbereich wohnt die Fam. Gf. Leutrum von Ertingen in einer Gutshofanlage. Das dreistöckige, schlichte **Herrenhaus** mit einem Wappen über dem Eingang wurde 1552 erbaut und 1721 umgebaut. Dahinter der Park, heute Golfplatz.

Kernort

An einer Furt, wo die Heerstrasse Speyer-Ulm die Glems überquerte, entstand eine alemannische Siedlung. Wahrscheinlich zog die hier in einer Wasserburg wohnende Adelsfamilie auf die 2 km entfernte Nippenburg, die zuvor als Fliehburg diente. Die Ritter von Nippenburg saßen 1275 – 1611 auf beiden Burgen und in der Umgebung. Seltsamerweise war die Nippenburg dem Kanton Neckar der Reichsritterschaft angeschlossen, das Dorf jedoch stand unter der Landeshoheit der Gf Württemberg. So kam es mit dem Aussterben der Fam. Nippenburg 1646 zu einer Trennung. Die Leutrum erbten nur das Rittergut, denn Württemberg behielt das Dorf und vergab es an die Fam. Wallbrunn.
Bauten: Vom **Wasserschloss** (16.Jh) sind nur noch Reste vorhanden. Ein Stück Mauer und der östliche Teil, ein Fachwerkhaus (1682) mit Allianzwappen, sind in den Rathausneubau eingefügt. Daneben steht die Schlossscheune mit einem schönen Allianzwappen (1565). Die gesamte Anlage bildet in der Mischung von alt und modern einen gelungenen Dorfmittelpunkt. – **Sonstiges:** An der Bruckmühle jenseits der Glems ist ein manieristisches Allianzwappen (1618) angebracht. – Rund 20 Epitaphien der Hr. von Nippenburg sind in der wuchtigen Kirchenburg, die erhöht über dem Dorf steht. Die frühen (13.Jh) als Wappengrabsteine, die späten (16.Jh) als figürliche Arbeiten. - Unterhalb der Kirche steht das **Schlösschen** (1774), eine schlichte Hofanlage mit dreigeschossigem Fachwerkbau. Es war Wohnsitz eines württ. Prinzen, der später zum ersten König Württembergs wurde. Heute privat bewohnt. (Info-Tafeln sind an den Objekten angebracht.) (2009)

02 Schwörstadt LÖ

Das Meieramt des Hochadelsklosters Säckingen war wohl das bedeutendste im Gebiet des heutigen BW. Der **Meier** als Vorsteher des Fronhofes bzw. Meierhofes war zuständig für die wirtschaftlichen Belange einer Grundherrschaft: Die Abgaben eintreiben, die Hörigen beaufsichtigen, dem Dorfgericht vorstehen. Viele Meier schufen daraus eine eigene kleine Herrschaft, indem sie ihr Amt in der Familie vererbten und die Bauern zu ihren Leibeigenen machten. Das Frauenkloster Säckingen wertete das Meieramt noch auf, indem es nur eine Familie als Meier für rund 15 Dinghöfe (s. Friesenheim) eingesetzte. Somit verwalteten die Hr. von Schönau als Meier den riesigen Grundbesitz in der Umgebung des Frauenklosters Säckingen am Hochrhein. Sie hatten dieses Amt 1350 von den Hr. von Stein geerbt und bauten sich mit der Unterstützung durch Habsburg, das mit der Klostervogtei die politische Kontrolle ausübte, eine eigene Herrschaft auf. In Schwörstadt wohnen sie seit 650 Jahren.

Kernort

Der Ort entstand aus den beiden Teilorten Ober- und Unterdorf, was man bis heute an der lang gestreckten Hauptstrasse bemerken kann. Eine Burg, die im Oberdorf neben der Kirche stand, kam zusammen mit dem Säckinger Meieramt 1350 an die Hr. von Schönau. Sukzessive erwarben sie die verschiedenen Rechte und schufen auf Kosten des Klosters ein geschlossenes Gebiet, das im Norden Säckingens bis Wehr reichte. 1608 fiel auch das Unterdorf an sie. Ab 1628 saß hier eine eigene Linie, die der Breisgauer Ritterschaft angeschlossen und damit landsässig in Vorderösterreich war.

Schwörstadt. Schloss im Weinbrennerstil

Bauten: Das **Schloss** wurde nach einem Brand (1797) im Weinbrennerstil nüchtern-klassizistisch 1835 erbaut. Das zweistöckige Herrenhaus unter Walmdach mit einem schönen Balkon steht auf einem Felsen. Es liegt samt drei Wirtschaftsgebäuden in einem großen Naturpark (Biotop) außerhalb des Ortes an der Strasse nach Bad Säckingen, eingeklemmt zwischen Bahnlinie und Rhein. Privat bewohnt. (2004)

Seckach MOS C8

Häufig entschieden Zufälle, ob ein Rittergut **reichsritterschaftlich** oder **landsässig** wurde. So auch hier in den dicht nebeneinander liegenden Dörfern Groß- und Kleineicholzheim. Die Ritter von Eicholzheim starben 1559 aus, also gerade in der Gründungsphase der Reichsritterschaft. Über den Allodialbesitz (= Eigenbesitz) konnten die Erben frei verfügen und sich damit der Reichsritterschaft anschließen. Der Lehensbesitz jedoch fiel zurück an die Kurpfalz, die ihn anschließend immer mit der Klausel der Landesherrschaft vergab. Damit war der Lehensnehmer in der Position eines Untertanen, war landsässig. Dies erklärt, weshalb Kleineicholzheim als Eigenbesitz reichsritterschaftlich und Großeicholzheim als Lehen landsässig wurde.

OT Großeicholzheim

Das Dorf kam als Lehen der Gf. Weinsberg bzw. Kurpfalz an die Rüdt von Collenberg, die es 1489 an die Hr von Eicholzheim verkauften. Diese schlossen sich der Reformation an. Nach ihrem Aussterben (1559) fiel es zurück an die Kurpfalz, die damit den umwohnenden Adel belehnte, jedoch die Landesherrschaft behielt. Es war somit ein landsässiges Rittergut, das im 18.Jh an die kath. Gf. Degenfeld vergeben wurde, die hier Katholiken ansiedelten.

Bauten: Vom **Wasserschloss** (1556) blieben nur Reste eines Treppenturms mit Stabwerktüre und ein lang gestreckter, schmuckloser, zweistöckiger Winkelhakenbau. Die von der Gemeinde genutzten Gebäude stehen in einem bachdurchflossenen Park. Man kann anhand der wallartigen Anlage die ehemalige

Seckach

Wasserschlossform erkennen. Es steht im Dorfzentrum gegenüber der kath. Kirche (Schlossstraße). - **Sonstiges:** In der evang. Kirche sind 11 Wappen-Epitaphien der Dorfherrschaft, v.a. im Chor. Rätselhaft ist ein Stein (Kopf mit Zunge) auf der Nordseite. – Gegenüber der Kirche überrascht ein Fachwerkhaus durch sein kunstvolles barockes Schnitzwerk (Marktplatz 3).

UMGEBUNG: Die Ritter von Eicholzheim gehörten zu den Reichsministerialen im Umkreis der Wimpfener Stauferpfalz. Ihr Stammsitz war eine verschwundene Wasserburg im Süden des Dorfes **Kleineicholzheim** (Gem. Schefflenz). Das Dorf fiel 1559 als Allodialbesitz an verschiedene erbende Familien, die sich damit dem Kanton Odenwald der Reichsritterschaft anschlossen. Die Hr. von Berlichingen bauten im 18.Jh ein schmuckloses Schloss im Dorf, das durch mehrfache Umbauten völlig verändert wurde. Das äußerlich unscheinbare Gebäude steht gegenüber dem ehemaligen Rathaus inmitten einer Häuserreihe. (2007)

J3 Seelbach OG

„Wir sind im Jahre 1807. Sämtliche Kleinfürstentümer und -staaten am Oberrhein sind infolge der napoleonischen Flurbereinigung aufgelöst worden. Sämtliche? Nein, das Dorf Seelbach widersteht als **Fürstentum Hohengeroldseck** dem Großherzogtum Baden. Aber zum lange Widerstehen fehlte ein Zaubertrank..." Überraschend taucht ein Fürstentum Hohengeroldseck in Besitz der Fam. von der Leyen beim Untergang des Alten Reiches (1806) als Mitglied des Rheinbundes auf. Das Erreichen dieses begehrten Status als souveräner Staat erklärt sich damit, dass die Fürstin eine Schwester des Rheinbund-Präsidenten, Fürstprimas Carl von Dalberg war. Es verpasste jedoch 1813 den Wechsel in die Koalition gegen Napoleon, weshalb es auf dem Wiener Kongress aufgelöst und Österreich zugesprochen wurde. Das veräußerte es in einem Gebietstausch 1819 an das Großherzogtum Baden.

Das Geschlecht der **Gf. von Geroldseck** zerbrach auf dem Höhepunkt seiner Macht. Aufgrund seiner Rodungstätigkeit im Umland der Burg Hohengeroldseck und als Parteigänger der Staufer hatte es eine Herrschaft aufgebaut, die vom Oberen Neckar (Sulz) über den mittleren Schwarzwald (Kinzigtal) und die Rheinebene (Lahr, Mahlberg) bis ins Elsass und nach Lothringen (Gft. Veldenz) reichte. Silberbergbau im benachbarten Prinzbach ermöglichte es Walther von Geroldseck, die Wahl zum Bischof von Strassburg zu erkaufen. Dagegen wehrte sich jedoch eine Allianz von Bürgerschaft und konkurrierendem Hochadel, welche der Geroldseckschen Partei in der Schlacht bei Hausbergen 1262 eine vernichtende Niederlage zufügte. Die Ablösung der Bischofsherrschaft verschaffte Straßburg den Status „Freie Reichsstadt". Die anschließenden Erbteilungen in vier Zweige führten zur politischen Bedeutungslosigkeit. 1634 starb das evang. Geschlecht aus und hinterließ eine gewaltige Burgruine.

Burg Hohengeroldseck

Von hier aus eroberte sich die Hochadelsfamilie die umgebenden Orte. Ihr Abstieg führte dazu, dass sich die Herrschaft Hohengeroldseck 1454 der Landvogtei Ortenau (s. Ortenberg) unterordnen musste und damit unter Habsburger Oberhoheit gelangte. Deshalb konnte Habsburg nach ihrem Aussterben im 30j. Krieg die Herrschaft als Lehen an einen Parteigänger, nämlich die Frh. von Cronberg (aus dem Taunus) vergeben, von denen sie als Erbe 1693 gegen den Widerstand Badens an die mosselländischen Gf. von der Leyen gelangte.

Bauten: Die **Burg** (13.Jh) wurde 1689 zerstört. Als die mächtigste Burgruine der Ortenau steht sie in strategisch geschickter Lage auf einem Vorberg zwischen Kinzigtal und Schuttertal. Die Hauptburg auf einem Porphyrfelsen besteht aus mehreren Gebäuden mit schönen romanischen Fenstern. Nach Restaurierungen (um 1900) und dem Bau einer Wendeltreppe (1951) ist die Anlage ein Besuchermagnet. Man findet sie auf halber Strecke an der Strasse Seelbach-Biberach (B 415), 5 Min. vom PKW-Parkplatz.

Kernort

Nur noch geringe Reste erinnern an die Burg Lützelhardt über dem Dorf, wo bereits im 12.Jh ein Ortsadelsgeschlecht saß. Erst im 14.Jh kamen Burg und Dorf an die Gf Geroldseck und teilten das Schicksal der Herrschaft Hohengeroldseck (s.o.). So wurde nach dem Herrschaftswechsel (1634) eine rigorose Rekatholisierung durchgesetzt, die in die Ansiedlung von Franziskanern (1732) mündete. - Das Schloss **Dautenstein**, Sitz einer Ministerialenfamilie der Gf. Baden, gelangte erst 1428 an die Gf. Geroldseck und löste 1595 die Burg als Residenz ab.

Bauten: Das **Schloss Dautenstein** steht an Stelle einer im Bauernkrieg zerstörten Staufischen Wasserburg, an welche die drei runden Ecktürme der Ummauerung erinnern, deren Unterbau aus Sandstein-Buckelquadern besteht. Das Hauptgebäude, ein schmuckloses Herrenhaus, wurde nach einem Brand (1755) errichtet. Es besitzt außergewöhnlich gut erhaltene Tapeten aus Rixheim im Elsass (1814). 1924-1988 häufiger Besitzerwechsel. Grundlegend renoviert, samt Park und Ökonomiebauten privat bewohnt. Lage: südlich des Dorfes am Ende der Dautensteinstrasse. – **Sonstiges:** An der Außenwand der kath. Kirche stehen mehrere Grabsteine. Darunter auch welche der Schlossverwalterfamilie Schmidt, die in der kurzen Zeit staatlicher Souveränität geadelt wurde. (2009)

Schloss Dautenstein. Rixheimer Tapeten mit Landschaftsmotiven (hier: Schweizer Berge) waren im 19.Jh begehrt

D7 Siegelsbach HN

Typisch für den Kraichgau sind die **konfessionell geteilten** Dörfer, was sich in beinahe jedem „Nest" in Form von zwei Kirchen zeigt. Die Gegenreformation begann in der Kurpfalz 1685 mit dem Aussterben der calvinistischen Hauptlinie und der Regierungsübernahme durch die rekatholisierte Seitenlinie Pfalz-Neuburg (a.d. Donau). Davon waren auch landsässige Herrschaften betroffen, weil – im Falle eines Heimfalls des Lehens – kath. Familien mit ihnen belehnt wurden. So geschah es auch in dieser 1600 Einwohner kleinen Gemeinde, wo sich zwei Kirchen auf Sichtweite gegenüber stehen.

Siegelsbach. Der evang. Pfarrer darf heute im Schlössle wohnen

Kernort
Der Grundbesitz des Kollegiatstiftes Wimpfen im Tal wurde von den Hr. von Helmstatt und den Hr. von Hirschhorn verwaltet. Die Landeshoheit war seit 1379 in Händen der Kurpfalz, das Dorf war also landsässig. Gemeinsam führte man die Reformation durch. Turbulenzen gab es erst nach dem 30j. Krieg. Zuerst wollte die Kurpfalz 1684 im Ort die calvinistische Konfession gegen die Ortsherrschaft durchsetzen, dann nach dem Herrschaftswechsel die kath. Konfession. Hierzu wurde 1698 das Dorf an Gf. Wiser, den Kanzler der Pfalz, verliehen. Darauf folgten konfessionelle Konflikte bis hin zur Vertreibung des evang. Pfarrers, die erst durch den Bau der evang. Kirche (1765) gemildert wurden.
Bauten: Das **Schlössle** (um 1700) ist ein barockes Herrenhaus. Das schmucklose zweigeschossige Dreiflügel-Gebäude unter Walmdach dient seit 1868 als evang. Pfarrhaus. In einem Flügel ist der Kindergarten untergebracht. – Sonstiges: Die barocke evang. Kirche wurde 1765, die kath. Kirche im Rundbogenstil 1858 errichtet. (2005)

L8 Sigmaringen SIG

Wir sind im Jahre 1806. Sämtliche Kleinfürstentümer und -staaten Süddeutschlands sind infolge der napoleonischen Flurbereinigung aufgelöst worden. Sämtliche? Nein, die beiden hohenzollerischen **Duodez-Fürstentümer** Hechingen und Sigmaringen konnten widerstehen und existieren weiter, dank der persönlichen Beziehungen einer Amalie Zephyrine von Sigmaringen zu Josephine de Beauharnais, der Frau des Caesars Napoleon. Vitamin B(eziehung) als Zaubertrank! Deshalb konnten die beiden Fürstentümer als souveräne Staaten zuerst im Rheinbund und nach 1815 im Deutschen Bund überleben. Aber nur bis zur Revolution von 1848, denn anschließend traten beide Fürsten wegen der offensichtlichen Probleme ihre Herrschaftsrechte an die Berliner Verwandten ab. Hohenzollern wurde zum kleinsten Regierungsbezirk Preußens. - Der Name wurde nach dem 2. Weltkrieg von den Besatzungsmächten für das neu geschaffene Land **Südwürttemberg-Hohenzollern** verwendet, das 1952 als Regierungsbezirk im Bundesland BW aufging und bei der Verwaltungsreform von 1973 in Regierungsbezirk Tübingen umbenannt wurde. – Sigmaringen verströmt bis heute die Atmosphäre der Biedermeier-Mini-Residenzstadt.

Kernstadt

Bereits im 11.Jh saß ein Hochadelsgeschlecht auf der Burg über der Donau. Die Oberhoheit gelangte an Habsburg, das im 14.Jh zuerst an die Gf. Württemberg (s. Tuttlingen) und schließlich 1399 an die Gf. Werdenberg verpfändete. Nach deren Aussterben 1534 vergab Habsburg die Herrschaft als Lehen seinen Parteigängern, den Gf. von Zollern in Hechingen. Unter Habsburger Oberhoheit regierte ab 1575 eine eigene Linie in Sigmaringen, die 1634 Haigerloch (s.d.) als Erbe übernehmen konnte. Die schwäbischen Hohenzollern (Hechingen und Sigmaringen) wurden 1623 vom Kaiser in den Fürstenstand erhoben, als Belohnung für ihre diplomatischen Dienste im Zusammenhang mit einer in den 30j. Krieg mündenden Rekatholisierungspolitik. Im 17. und 18.Jh häuften sich die Konflikte zwischen Herrschaft und Bürgerschaft und endeten erst 1806 mit dem Erreichen der Souveränität. Das Stadtbild wird geprägt vom Schloss und den Residenz- und Behördenbauten an der Karlstrasse.

Sigmaringen. Das Hohenzollernschloss auf einem Jurafelsen

Bauten: Das **Schloss,** das nach einem Brand 1893 teilweise zerstört und in romantisierender Weise wieder aufgebaut wurde, enthält Elemente der mittelalterlichen **Burg** (Bergfried, Palasmauern), des Werdenberger Schlosses (16.Jh) und des Barockschlosses sowie einen neugotischen Galeriebau. Die imposante, märchenhaft wirkende Anlage steht auf einem Felsen über der Donau. Sie ist teilweise bewohnt, teilweise als Museum der Öffentlichkeit zugänglich. Ein Hofpark liegt zur Donau hin. – **Sonstiges:** Die kath. Pfarrkirche am Aufgang zum Schloss diente den Gf. Werdenberg und anschließend den Hohenzollern als Grablege, bis letztere 1844 ihre Gruft in die ehem. Klosterkirche Hedingen (am Ende der Karlstraße) verlegten. - Die Karlstraße wird gebildet von den Residenz- und Behördenbauten des 19.Jh. Es begann mit einem Schlösschen für Amalie Zephyrine nach ihrer Rückkehr aus Paris. Daneben wurde 1842-47 ein Palais für den Prinzen errichtet. Beide Gebäude wurden zum **Prinzenbau** verbunden (Karlstr. 1-3). Die neugotischen Räume, seit 1980 in Landeseigentum, sind als Staatsarchiv z.T. öffentlich zugänglich (Bibliothek). - Daneben steht das schmucklose klassizistische Prinzessinnenpalais, zeitweise Witwensitz und heute Verwaltungsgericht (Karlstr. 9). - Unterhalb dieser Gebäude erstreckt sich ein schmaler Park zum Bahnhof hin („Prinzengarten").

UMGEBUNG: Die Straße nach Krauchenwies durchquert ein immenses, dem Fürstenhaus gehörendes Waldgebiet mit einem 2.700 ha großen Wildpark. Darin auf halber Strecke das Jagdschloss **Josefslust,** 1727 erbaut, im

Sigmaringen

19.Jh klassizistisch verändert. Heute Forsthaus. Offener Zugang vom Wanderparkplatz her.

UMGEBUNG: Im Laucherttal (B 32 Richtung Reutlingen) steht im **OT Jungnau** in der Dorfmitte ein massiver Burgturm („Kaiser-Wilhelm-Turm"). Es ist der Rest einer 1846 abgebrochenen Burg der Hr. von Jungingen (1316-67), nach welchen das Dorf benannt ist. Später in Besitz der Gf. Werdenberg, bei deren Aussterben (1534) das Dorf als Eigenbesitz an die Gf. Fürstenberg fiel. Diese richteten eine Obervogtei für den umliegenden Besitz ein. In der daneben stehenden kath. Kirche überrascht ein Allianzwappen über dem Chorbogen.

OT Gutenstein

Malerisch im engen Donautal liegt dieses Dorf, das nie zu Hohenzollern gehörte. Auf der Burg saß im 13.Jh Ortsadel. Habsburg gab die Miniherrschaft über vier Dörfer (Ablach, Altheim, Engelswies, Gutenstein), die Teil der Gft. Hohenberg war (s. Rottenburg), als Pfand oder Lehen an verschiedene Familien. Unter Napoleon kam sie 1810 an das Großherzogtum Baden, weshalb Gutenstein bis 1973 zum badischen Teil BWs gehörte.

Bauten: Das **Schloss,** um 1600, ist ein schmuckloses dreistöckiges Herrenhaus auf einem Felsen über der Donau. 1834 an den Gf. Langenstein verkauft und damit 1872 an Gf. Douglas (s. Gondelsheim). Seit 1978 in bürgerlichem Besitz.

UMGEBUNG: Am Rande der benachbarten Gemeinde **Inzigkofen** liegt idyllisch-versteckt ein ehemaliges Augustinerchorfrauenstift, heute als Volkshochschulheim genutzt. Es diente den Sigmaringer Hohenzollern als Hauskloster für unverheiratete Töchter. Nach der Säkularisationsbedingten Auflösung wurde das ehemalige Amtshaus zum **Schloss** für Amalie Zephyrine umgebaut. Von Paris nach Inzigkofen …. welch ein Kulturschock! Dieses zweigeschossige, klassizistische Herrenhaus mit einer Dachbalustrade ist heute in Privatwohnungen aufgeteilt. Es steht außerhalb der Klosteranlage südlich der Kirche. Dazwischen steht das „Teehaus" mit einer neobarocken, säulengeschmückten Schaufassade, das ursprünglich wohl als Wachlokal erbaut wurde. - Mit der Klosteranlage verbunden ist ein von Amalie Zephyrine geschaffener englischer Landschaftspark, der zu romantischen Stellen in den Felsen über der Donau führt („Teufelsbrücke, Amalienfelsen…."). - Am Südwestrand des Parks steht die „Einsiedlerkapelle", welche die vertriebene Fam. Herzog von Mecklenburg-Strelitz im 20.Jh zu ihrer Gruft machte.

UMGEBUNG: Zu Inzigkofen gehört der Weiler **Dietfurt**. Die Burg war das Zentrum einer kleinen Herrschaft der Hr. von Reischach, welche das Kloster Inzigkofen gründeten. Der Zugang zur Ruine, die wie ein hohler Zahn auf einem Felsen über der Donau steht, ist möglich. (2009)

Sigmaringendorf SIG L8

Ursprünglich war die **Nutzung von Bodenschätzen** ein königliches Recht, das erst im Laufe des Mittelalters in die Hände der Landesherren gelangte. Diese vergaben es häufig in Lizenz an Unternehmer, - die Augsburger Fugger sind die bekanntesten Profiteure. Aber auch Landesherren versuchten sich auf diesem Gebiet, insbesondere beim Erz- und Silberabbau (s. Freudenstadt). Da es auf der Schwäbischen Alb im Unterschied zum Schwarzwald keinen Erzbergbau gab, musste man sich mit dem Sammeln von minderwertigem Eisen in Form von kleinen, bohnenförmigen Erzknollen zufrieden geben. Berühmt für die gekonnte Verarbeitung dieses **Bohnerzes** sind die Gusseisenplatten aus Königsbronn und Wasseralfingen auf der Ostalb. Aber auch hier im Lauchertthal ließen die Fürsten von Hohenzollern diesen Brauneisenstein verarbeiten. Ihr Unternehmen floriert bis heute - inzwischen ohne Bohnerz!

OT Laucherthal

Die Siedlung entstand aus einem 1707 gegründeten Hüttenwerk zur Verarbeitung von Bohnerz. Aus dieser Zeit stammt das herrschaftliche Verwaltungsgebäude, das als Teil des modernen Stahlwerkes in Besitz des Fürstenhauses Hohenzollern-Sigmaringen ist. Das Dorf daneben geht auf eine Arbeitersiedlung zurück. In der 1956 gebauten Kirche verweist das Wappen auf das damals noch bestehende Kirchenpatronat der Hohenzollern.

Kernort

Von hier stammte das Hochadelsgeschlecht, welches die Burg Sigmaringen baute. Dieses bei der Landnahme der Alemannen entstandene Dorf war also das ursprüngliche Sigmaringen. Als Teil der Grafschaft Sigmaringen teilte es dessen Schicksal. Die Existenz eines Schlösschens lässt sich wohl damit erklären, dass links der Lauchert eine eigene, kleine Siedlung in Händen der Hr. von Ratzenhofen bestand.

Sigmaringendorf. Eine seltene Art von Nutzung: Das Schlössle als Teil der Schule

Bauten: Das **Schlössle** „Ratzenhofen" wurde 1542 durch Fam. von Ratzenhofen erbaut, 1589 von den Gf. Hohenzollern-Sigmaringen gekauft und nach Zerstörung im 30j. Krieg 1650 wieder aufgebaut. Das dreistöckige Gebäude unter Walmdach fällt durch seine beiden klobigen Eckerker auf. Seit 1903 in Gemeindebesitz, heute Teil der Schule. Schöne Lage über dem Mühlkanal neben einer Fußgängerbrücke („Schlössleweg"). Es ist auch von der Bahn her zu sehen. (2009)

Singen KN

Die **Hegauvulkane** sind das i-Tüpfelchen der vielfältigen BW-Schichtstufen-Landschaft (s. Küssaberg), die folgendes Spektrum umfasst: Urgestein im Südschwarzwald, Bundsandstein in Nordschwarzwald und Odenwald, Muschelkalk in Gäu und Hohenlohe, Keuper im Schwäbisch-Fränkischen Wald, Jura auf der Alb, Moränenlandschaft in Oberschwaben. Vor 7 Mio. Jahren ist der letzte Vulkan erloschen, nur noch ihre imposanten Reste in Form eines umgestülpten Bechers (= Staufen) prägen das Bild des Hegaus, der in x-Miniherrschaften aufgeteilt war (s. Engen). Abgebildet ist diese Landschaft auf der A 81 beim Rasthof Hegau anhand eines Panoramabildes. Der imposanteste Vulkanrest ist der Hohentwiel bei Singen.

Mit dem Abstieg der edelfreien Hr. von **Klingen** war der Aufstieg ihrer Ministerialen von **Klingenberg** verbunden. Beide stammten aus dem Thurgau (Altenklingen). Was die einen verloren, das erwarben die anderen: um 1300 die Burg Hohentwiel und schließlich sogar 1433 die Herrschaft Hohenklingen mit dem Städtchen Stein (am Rhein) samt dortigem Benediktinerkloster. Die Aufsteiger stellten zwei Bischöfe, mehrere Äbte und sogar zu Beginn des 15.Jh den Kanzler des Reiches. Aber anschließend erlebten auch sie den Abstieg infolge von Fehden und Erbteilungen. Der große Gewinner war schließlich Herzog Ulrich von Württemberg, welcher 1521 den Hohentwiel erwarb. Der wurde als weit abgelegene Exklave im 30j. Krieg zum wichtigsten Berg Württembergs.

Burg Hohentwiel

Westlich der Stadt Singen bildet dieser Vulkankegel eine Barriere. Seine markante, wuchtige Form prädestinierte ihn zum Sitz des Herzogs von Schwaben (10.Jh), woraus Victor von Scheffels Roman „Ekkehard" eine romantische Geschichte machte. Die Burg kam im 13.Jh an die edelfreien Hr. von Klingen, 1300 an die Hr. von Klingenberg und schließlich 1521 an den aus Württemberg vertriebenen Herzog Ulrich. Der versuchte von hier aus die Rückeroberung seines verlorenen Herzogtums. Anschließend wurde anstelle der Burg eine Festung samt Schloss gebaut. Diese wurde im 30j. Krieg zum Faustpfand, da sie unter dem Kommandanten Konrad Widerholt drei Belagerungen überstand und zudem Ausgangspunkt für Überfälle und Burgenzerstörung war (z.B. in Friedingen und Bohlingen, s.u.). Napoleon ließ die zum Staatsgefängnis gewordene Anlage zerstören. Erst 1969 wurde der Hohentwiel mit der Eingemeindung nach Singen badisch.

Bauten: Der Besucher trifft auf eine weitläufige Festungsruine, die sich über zwei Ebenen erstreckt. Auf der Gipfelhochfläche, wo die mittelalterliche Burg stand, ragen die Ruinen von Festung und Schloss empor. Hier wird der ehem. Kirchturm als Aussichtsturm genutzt. Darunter liegt die Vorhofebene mit den Ruinen der nach dem 30j. Krieg erbauten Bastionen. Dazwischen ein noch heute mächtig wirkendes Rondell. Die imposanten Ruinen sind Museum.

Kernstadt

Das Dorf war als Lehen des Benediktinerklosters St. Gallen in Händen der Hr. von Bodman. Diese verkauften die Dorfherrschaft an Habsburg, das zudem mit

Singen

dem Erwerb der Landgrafschaft Nellenburg (s. Stockach) die Landeshoheit gewann. Es vergab das Dorf nacheinander an verschiedene Parteigänger, so 1657 an den aus Tirol stammenden Konstanzer Stadthauptmann Johann von Rost, der es mit der benachbarten, ebenfalls landsässigen Herrschaft Mägdeberg (s. Mühlhausen-Ehingen) vereinigte. 1774 kam es durch Heirat an den ebenfalls aus Tirol stammenden Gf. Enzenberg. Die heutige Bedeutung und Größe der Stadt geht auf das 19.Jh zurück, weil nach dem Entstehen abgeschlossener nationaler Wirtschaftsräume viele Schweizer Firmen einen günstigen Industriestandort innerhalb von Deutschland suchten und Singen gut mit dem Schweizer Eisenbahnnetz verbunden war.

Bauten: Das Obere **Schloss** ist das 1660 erbaute Amtshaus der Obervögte, das 1809 zum Schloss umgebaut wurde. Der stattliche, dreigeschossige Bau unter Mansardwalmdach ist seit 1950 Hegaumuseum. Ein Stockwerk wird jedoch noch vom adligen Besitzer (Vetter von der Lilie) bewohnt. Daneben privater Schlosspark. – Das unscheinbare Untere **Schloss** auf der Musikinsel am Rande des Dorfes war eine zum Schloss umfunktionierte Tabakfabrik, die anschließend im 19.Jh erneut gewerblich genutzt wurde und heute für Theater und Musikschule dient. - **Sonstiges:** Mehreren schlichte Erinnerungstafeln der Enzenberg in der kath. Kirche.

Singen. Das Rittergut als Belohnung für Tiroler Beamtenadel

OT Friedingen

Sitz eines edelfreien Geschlechtes, das weit verbreitet in Schwaben war und im 14.Jh zu Ministerialen abstieg. Schließlich musste es im 15.Jh seine Burg Hohenfriedingen infolge wirtschaftlicher Probleme verkaufen. Nach der Zerstörung durch die Eidgenossen (1499) ist sie seit 1539 in Besitz der Stadt Radolfzell, welche ihre hiesigen Besitzungen durch einen Vogt verwalten ließ.

Bauten: Die **Burg** („Friedinger Schlössle") auf dem Berggipfel ist eine kleine, geschlossene Anlage von schmucklosen Wohn- und Ökonomiebauten, die sich an eine 6 m hohe Ringmauer anlehnen. Als beliebtes Ausflugslokal, ca. 1 km östlich des Dorfes, ist sie nur über eine schmale Zufahrt erreichbar. – **Sonstiges:** In der kath. Kirche erinnert ein Wappenepitaph an einen Hr. von Thurn und Valsassina, den es in der französischen Revolution hierher verschlug.

OT Beuren

Ortsadel auf einer Wasserburg. Das Dorf kam 1554 an die Überlinger Patrizierfamilie Reichling von Meldegg, die sich dem Kanton Hegau der Reichsritterschaft anschloss. Häufiger Besitzerwechsel im 18.Jh.

Bauten: Das **Meldegg-Schlössle** (Ende 16.Jh), ein Herrenhaus mit rundem Treppenturm, wurde an Stelle einer Wasserburg erbaut. Das dreistöckige Steinhaus unter Mansarddach steht „einsam" an der Aach, da die Nebengebäude

Singen

abgebrochen wurden, nachdem die Anlage im 19.Jh in bürgerliche Hände gelangt war und als Gaststätte diente. Heute privat bewohnt. Zugang in den Hof offen („Meldeggstrasse").

OT Schlatt unter Krähen

Die Hr. von Friedingen (s.o.) mussten die Ortsherrschaft im 16.Jh verkaufen. Häufiger Besitzerwechsel. Anschluss an den Kanton Hegau der Reichsritterschaft.
Bauten: Das **Schlössle**, 1571, ist ein dreistöckiges Steinhaus unter Satteldach mit vier Ecktürmen und Renaissance-Fassadenbemalung. Allianzwappen Reischach-Bodman über dem Eingangsportal. Im Inneren ein Epitaph (1610). Ab 1816 in Besitz der Fam. Reischach, heute bewohnt von Gf. Douglas. Lage: Am westlichen Dorfrand in großem Park, versteckt hinter Bäumen, kein Zugang. Man kann jedoch von Westen her, wo eine lange Allee von einem Kapellchen zum verschlossenen Gartentor führt, einen Blick darauf werfen.

Schlatt. Abgeschirmt steht das Schloss am Rande des Dorfes

OT Bohlingen

Ministeriale des Konstanzer Bischofs saßen auf ihrer Burg neben der Kirche, von der noch ein runder Turm steht. 1497 kaufte der Bischof die Dorfherrschaft auf und machte den Ort zum Verwaltungsmittelpunkt für fünf Dörfer.
Bauten: Das **Schloss** wurde 1686 als Amtshaus erbaut und 1816 umgebaut. Der zweigeschossige Barockbau unter Mansarddach steht auf einem hohen Sockelgeschoss. Auffallend sind die beiden Portale mit prächtigen Bischofswappen. Er wurde im 19.Jh als Gasthaus genutzt und ist heute Privatinternat für lernschwache Schüler. (Schlossstrasse). – **Sonstiges:** Als Rest der im 30j. Krieg zerstörten Burg steht ein runder Turm neben der spätgotischen kath. Kirche, die mit den Steinen der Burgruine erweitert wurde. (2008)

D6 Sinsheim HD

Der **Kraichgau**, eine Hügellandschaft zwischen Odenwald und Nordschwarzwald, steigt sanft in einer 100-150 m hohen Stufe von der Rheinebene auf. Er gilt als reiches Bauernland, obwohl sein Untergrund aus Keuperböden gebildet wird. Dieser wird jedoch von einer dicken, fruchtbaren Lössschicht bedeckt, die das Landschaftsbild mit Hohlwegen und sanften Bachtälern formt. Denn Löss ist kein Gestein, sondern angewehte und verfestigte Erde, die schnell vom Wasser ausgewaschen werden kann. – Mit Sinsheim stoßen wir auf die größte Stadt, die typischen Reichsritterschaftsdörfer und zugleich auf die höchste Erhebung des Kraichgaus, denn auf der Stadtgemarkung liegt der 333 m hohe Steinsberg, der „Kompass des Kraichgaus".

Sinsheim

Die deutschen Könige bzw. Kaiser setzten die ihnen direkt unterstellten **Reichsstädte** als Mittel ein, um Reichsfürsten für ihre Politik zu gewinnen. So verpfändeten sie diese Städte an Parteigänger, wobei König wie Fürst davon ausgingen, dass das Pfand später nicht mehr ausgelöst würde. Damit verloren diese ihren Reichsstadtstatus und wurden landsässig. Von diesem Vorgehen profitierte v.a. die Kurpfalz, welche im Laufe ihres Aufstiegs die meisten Reichsstädte erhielt, darunter Mosbach, Eberbach und hier Sinsheim.

Kernstadt

Sinsheim war in der Merowingerzeit der Hauptort des Elsenzgaus. Die Gf. Zeisolf-Wolfram machten ihn im 11.Jh zu ihrem Hauptsitz und gründeten das Kloster als ihre Grablege. Unter den Staufern Reichsstadt geworden, wurde die Stadt 1362 vom König an die Pfalz verpfändet und stand als Amtsstadt hinter Hilsbach zurück (s.u.). Vollständige Zerstörung 1689 durch den Sonnenkönig. 1803 fiel es an das Fürstentum Leiningen, das 1806 von Baden mediatisiert wurde.

Bauten: Burgartig steht die Anlage des ehem. Klosters/Stiftes über der Stadt, errichtet an Stelle der Grafenburg. Reste der romanischen Bauten (Torbau, Kirche) haben die Zerstörung von 1689 überlebt. Heute Landesjugendheim, Zugang offen. - Die Burggasse neben der evang. Stadtkirche erinnert an einen 1689 zerstörten Steinbau.

OT Weiler mit Burg Steinsberg

Ende des 12.Jh war die Burg Steinsberg, der „Kompass des Kraichgaus", Wohnort eines Minnesängers. Sie kam 1307 von den Gf. Öttingen an die Pfalz, die sie 1517 gegen Hilsbach (s.u.) an die Ritter von Venningen vertauschte. Diese schlossen sich mit ihr und dem unterhalb gelegenen Weiler dem Kanton Kraichgau der Reichsritterschaft an. Reformation und nach dem 30j. Krieg teilweise Rekatholisierung im Rahmen häufigen Besitzerwechsels.

Burg Steinsberg. Zauberschlinge am Aufgang zur Stauferburg

Bauten: Von der **Burg Steinsberg** aus der Stauferzeit blieben der 30 m hohe Bergfried mit regelmäßigen Buckelquadern und die innere Ringmauer erhalten. Die Wohnbauten wurden 1777 bei einem Blitzschlag zum Großteil zerstört. Die äußere Ringmauer, die sich wie eine Schnecke den Hang hoch windet, stammt aus dem 16.Jh. Die Anlage ist seit 1973 in Stadtbesitz und als Ausflugslokal vermietet, an dessen Eingang ein verwittertes Allianzwappen an den Wiederaufbau nach dem Bauernkrieg erinnert. Phänomenaler Rundblick vom begehbaren Turm. – Im Dorf **Weiler** steht das **Schlössle** (18.Jh), das zugleich als Amtshaus diente. Der dreistöckige Steinbau unter Mansarddach mit einem Allianzwappen Venningen/Hutten steht im Ortszentrum an der Durchgangsstraße. Privat bewohnt, Zugang in Hof offen.

Sinsheim

UMGEBUNG: Mit der Burg Steinsberg waren zwei Versorgungshöfe verbunden, angelegt in ca. 2 bzw. 3 km Entfernung. Im Norden der **Birkenauer Hof** mit einem Wappen über der Türe des Herrenhauses, den nach dem 30j. Krieg Mennoniten bewirtschafteten. Im Westen der **Buchenauer Hof** mit schlichtem Herrenhaus, an Straße nach Waldangelloch.
UMGEBUNG: Im benachbarten **OT Waldangelloch** saßen bis 1619 die Hr. von Angelloch. Von ihrer Burg blieben zwei rechteckige Türme und Teile der Ringmauer erhalten. Zufahrt „Schlossruine". In der evang. Kirche steht ein Epitaph (1535).

OT Hilsbach

Die Kurpfalz erwarb 1310 die zuvor von den Gf. Öttingen gegründete Stadt und gab sie als Lehen den Hr. von Venningen. Die Nachkommen der hiesigen Linie überlebten alle anderen Linien (s. Neidenstein). 1517 tauschte die Kurpfalz Hilsbach gegen Burg Steinsberg ein und machte es zum Verwaltungszentrum im Elsenzgau. Hier war der Sitz eines Centgerichts (= Hochgericht) und der Finanzverwaltung (= Kellerei). Daneben unterhielt der Deutsche Orden ein Amtshaus für seinen Grundbesitz. 1803 fiel der Ort an das Fürstentum Leiningen und kam damit 1806 an Baden.
Bauten: Einem **Schlössle** ähnlich ist das ehemalige Amtshaus (1733), das nach 1803 zum Rentamt der Gf. Leiningen wurde. Der stattliche, elfachsige Walmdachbau ist mit einem Barockwappen vom benachbarten (abgerissenen) Amtshaus des Deutschen Ordens geschmückt. (Lampertsgasse 14). – **Sonstiges:** Von der Kellerei, errichtet an Stelle einer Burg, stehen nur noch Ruinen mit einem achteckigen Turmstumpf. Daneben Reste der Stadtmauer. – Ein imposantes Wappenfries der Venningen in der evang. Kirche. – Klassizistisches Torhaus am Stadteingang („Wachthaus").

OT Eschelbach

Als Lehen des Klosters Lorsch im Odenwald ging das Dorf 1294 an die Hr. von Hirschhorn, die aus dem Odenwald stammen und sich dem Kanton Odenwald der Reichsritterschaft und der Reformation anschlossen. Teilweise Rekatholisierung durch den Bf. Mainz, der als Rechtsnachfolger von Lorsch die Herrschaft nach dem Aussterben der Hirschhorn 1632 übernahm.
Bauten: Das **Schlössle** (1593) diente als Amtssitz und Jagdschloss. Das zweistöckige Fachwerkhaus auf Steinsockel unter einem hohen Satteldach wird heute von der Ortsverwaltung genutzt. Wappen der Hirschhorn über dem Eingang. Frisch renoviert ist es ein Schmuckstück im Ortszentrum („Hirschhornstraße"). - Die evang. Kirche ist noch heute als Kirchenburg zu erkennen.
UMGEBUNG: Auch das benachbarte Dorf **Hoffenheim** gehörte den Hirschhorn und war deshalb dem Kanton Odenwald der Reichsritterschaft angeschlossen. Nach ihrem Aussterben 1632 fiel es an die Gemmingen. Deren Barockschloss wurde 1965 abgebrochen, nachdem es ein LKW gerammt hatte. In der evang. Kirche erinnert ein Epitaph (1776) an einen Gemmingen als Kommandanten der Festung Luxemburg. – Heute wohnt hier Geldadel, der sich mit dem „Hopp-Stadion" für das 3.000 Seelen-Dorf ein Denkmal errichtete.

Sinsheim

Schloss Neuhaus

Ortsadel saß im 13.Jh auf einer Burg, die wohl früh zerstört wurde, weshalb man das „Neue Haus" baute. Anschluss an den Kanton Kraichgau der Reichsritterschaft. Überschuldet erschoss sich 1580 der letzte Namensträger, Philipp von Neuhaus. Sein Erbe fiel an die Fam. von Degenfeld, deren hier gebildete Linie nicht in den Grafenstatus aufstieg und 1921 im Mannesstamm ausstarb. Ihr Erbe fiel an die Familien Gemmingen und Thumb von Neuburg.

Schloss Neuhaus. Suizid tritt in allen Gesellschaftsschichten auf, auch im Adel

Bauten: Das **Schloss** (1596) ist ein viergeschossiger Winkelhakenbau unter Walmdach. Geschmückt von zwei Ecktürmen, einem durchgehenden Renaissance-Erker und einem runden Treppenturm. Heute in Besitz der Gemmingen-Hornberg und für Festlichkeiten vermietet. Lage: Ca. 3 km südlich Ehrstädt, Zufahrt über schmale Straße. - **Sonstiges:** Unterhalb der Schlossanlage steht die Schlosskapelle mit Epitaphien.

UMGEBUNG: Am Rande des **OT Ehrstädt** errichteten die Gf. Degenfeld nach einer Erbteilung 1769 ein Schlössle. Es ist ein schlichter, dreistöckiger Zweiflügelbau unter Satteldach im ummauerten Park, bewohnt von Fam. Thumb von Neuburg. Lage: An der Straße nach Steinsfurt („Schlossstraße"). – Ebenfalls an der Straße nach Steinsfurt steht der Eulenhof, ebenfalls von den Gf. Degenfeld erbaut (1793). Das zweistöckige, unauffällige Herrenhaus unter Krüppelwalmdach ist heute ein Gutshof in Besitz der Gemmingen-Hornberg. (2005)

Sontheim HDH

Die **Güssen von Güssenberg** werden 1171 als Ministeriale der Staufer erwähnt. Ihr Stammsitz war eine Burg im nahen Hermaringen, von der nur noch Grundmauern im Wald erhalten blieben. Sie übernahmen hohe Ämter für Habsburg und erwarben im 14.Jh. für kurze Zeit das Städtchen Leipheim (in Bayrisch-Schwaben). In Brenz, das sie seit dem 13.Jh besaßen, wohnte eine eigene Linie, die 1608 wegen Verarmung an Württemberg verkaufen musste und wahrscheinlich anschließend verbürgerlichte.

Eine 1617-1705 bestehende württembergische Nebenlinie nannte sich **Württemberg-Weiltingen** nach einem Dorf bei Dinkelsbühl. Sie besaß eine Miniherrschaft mit kaum 2.000 Einwohnern, die infolge der Schulden der zuvor hier sitzenden Ritterfamilien (Hr. von Knöringen in Weiltingen, Güssen von Güssenberg in Brenz) an Württemberg gekommen war und 1617 einem nachgeborenen Sohn überlassen wurde. Hinzu kam im Laufe des 17.Jh das Rittergut Oggenhausen (s. Heidenheim). Zudem konnte sie in Schlesien eine eigene Nebenlinie bilden: das Fürstentum Württemberg-Oels, 1648-1792. Nach dem Aussterben der Hauptlinie Weiltingen fiel die Miniherrschaft 1705 an Württemberg zurück. Als einziges ihrer Schlösser hat das im OT Brenz überlebt.

Sontheim

OT Brenz

Vermutlich war hier bereits vor und unter den Römern ein Heiligtum, worauf der eingemauerte römische Stein in der Kirchenwand hinweist. In dieser Tradition entstand die frühe Merowingersiedlung mit einer Urkirche und anschließend ein karolingischer Königshof. Als Reichsgut wurde das Dorf 895 an das Kloster St. Gallen geschenkt. Im 12.Jh tauchte Ortsadel auf, dessen Besitz an die Güssen von Güssenberg fiel. Die hier gebildete Linie überlebte als einzige, musste jedoch 1608 wegen Überschuldung an Württemberg verkaufen. Das Schloss diente als Nebenresidenz bzw. Verwaltungszentrum für den Streubesitz der Umgebung.

Brenz. Romanische Kirche und Schloss ragen malerisch aus dem Brenztal empor

Bauten: Das **Schloss**, 1672, ragt über die Talaue des Flüsschens Brenz empor. Es ist eine Vierflügelanlage mit einem galeriengesäumten Renaissancehof und zwei Türmen. Die Gräben und Verteidigungsanlagen sind z.T. erhalten. Seit 1847 in Gemeindebesitz, genutzt als Heimatmuseum und Festsaal. Renovierungsbedürftig. Zugang zum offenen Schlosshof über eine Brücke. - Das **„Schlössle"** wurde 1620 als illegale württ. Münzstätte erbaut, war dann Wohnsitz des Herzogsbruders und ist heute Gasthof Hirsch (in Erinnerung an den minderwertigen, hier geprägten Hirschgulden, s. Balingen). Das schmucklose Steingebäude mit zwei Ecktürmen steht am „Marktplatz". – **Sonstiges:** Das Amtshaus, Ende 17.Jh, ist ein hochgiebeliges Haus mit Blendarkaden. Das bewohnte Haus steht gegenüber dem „Schlössle" am „Marktplatz". - Die evang. Gallus-Kirche, auf einer Urpfarrkirche um 1190 erbaut, ist ein Glanzpunkt der Romanik. Sie besitzt viele Epitaphien der Güssen sowie einen für ein Rittergeschlecht sehr frühen Grabstein (1190).

UMGEBUNG: Im Kernort **Sontheim** erinnert in der Kirche ein barockes Wappen (1722) über der Ostempore daran, dass dieses Dorf zu Württemberg gehörte. – Der **OT Bergenweiler** wurde 1472 von den Güssen an die Hr. von Stain in Niederstotzingen verkauft, die sich dem Kanton Donau der Reichsritterschaft anschlossen. An deren Schloss erinnert der „Schlosshof". In der evang. Kirche hängen zwei Epitaphien der ehem. Herrschaft. (2007)

F10 Spraitbach AA

Auf ursprünglich **freie Bauern** stößt man immer wieder in BW (s. Leutkirch), so auch hier zwischen Kocher und Lein auf der Frickenhofer Höhe (s. Schechingen). Anscheinend wurde dieses Plateau sowie das Gebiet der Oberen Rems erst in der Stauferzeit gerodet, wofür Bauern ihre Freiheit erhielten. Als Rodungsfreie waren sie in der sogenannten **Waibelhube** zusammen geschlossen. Diese umfasste rund 70 Höfe in Streusiedlung, die einen Sonderstatus einnahmen und bis 1557 ihr eigenes Niedergericht im benachbarten Rupperts-

Spraitbach

hofen hatten. Ihre eigentliche Freiheit jedoch verloren sie im 15.Jh an die benachbarten Territorialmächte, an die Schenken von Limpurg, Hr. von Rechberg, Reichsstadt Gmünd und Württemberg. So bestimmte auch hier nach der Reformation der Landesherr die Konfession. Die Weiler um Spraitbach gehen auf diese Bauern zurück.

Kernort

Das Rodungsdorf des Hochmittelalters gehörte zum Gericht in Ruppertshofen. Die Gmünder Patrizierfamilie Horkheim von Horn erwarb im 15.Jh die Dorfherrschaft, verkaufte sie jedoch 1537 an das Gmünder Spital. Die Reichsstadt machte das Dorf zum Zentrum für ihren umliegenden Besitz. So wurde das Horkheimer Schlössle zum Vogtsitz und blieb das Dorf katholisch.

Bauten: Das **Schlössle** ist ein schlichtes Wohnhaus (Vogteistraße). - **Sonstiges:** Schlichte Epitaphien von Vögten in der evang. Kirche, die bis 1866 kath. Pfarrkirche war.

UMGEBUNG: Im Nachbarort **Täferrot** kamen die Freibauern unter die Herrschaft des Klosters Lorch und damit nach der Reformation an Württemberg. In der evang. Kirche steht das figürliche Epitaph eines Ritters (1604), dessen Bruder hier Pfarrer war. Einmalig für eine Dorfkirche ist hier das Chorgestühl mit 32 Plätzen, an denen die Stuhlbesitzer namentlich aufgeführt werden.   (2006)

Starzach TÜ   J6

Die **Fam. von Ow** (gesprochen Au) kann auf 900 Jahre zurück blicken. 1095 wird sie in einer Urkunde als Freiadel aufgeführt. Es ist möglich, dass aus ihr der Minnesänger Hartmann von Aue stammt. Im 13.Jh stand sie im Dienst der Gf. Hohenberg (s. Rottenburg). Bereits 1275 teilte sie sich in drei Linien auf: Wachendorf, Hirrlingen (ausgestorben 1720), Bodelshausen (ausgestorben 1558). Bis auf ein kurzes Intermezzo in Wachendorf blieben die Familien katholisch und zählten zu den Parteigängern Habsburgs. Mit ihren Besitzungen, die v.a. auf der Muschelkalkebene zwischen Rottenburg und Hechingen lagen, schlossen sie sich dem Kanton Neckar der Reichsritterschaft an. Am Ende (1806) zählte ihre Herrschaft knapp 2.000 Untertanen. In Starzach, ein aus den Flüsschen Starzel und Eyach gebildeter Namen, wohnten und wohnen mehrere Ow-Familien.

OT Wachendorf

Die Familie von Ow besaß seit 1275 die Dorfherrschaft als Ministeriale der Gf. Hohenberg. Im 16.Jh schloss sie sich der Reichsritterschaft und der Reformation an und erwarb sogar die Hochgerichtsbarkeit. Nach ihrem Aussterben (1615) fiel das Erbe an die kath. Linie in Felldorf (s.u.), bereits 1630 galt das Dorf als rekatholisiert. 1681 Aufstieg in den Freiherrenstand. Die verzweigte Familie wohnt heute hier und auf Schloss Neuhaus (s.u.).

Bauten: Die **Schlossanlage** bildet eine verschachtelte Einheit von Wohnbauten, Kirche und Wirtschaftshof. Das Schloss (um 1500) ist ein dreigeschossiges Steinhaus mit Staffelgiebeln und einem Rundturm. Dem schließt sich nach Westen ein Torbau an, über dem ein Wappen an die sensationelle Liaison eines Hans von Ow

Starzach

mit der (verwitweten) Markgräfin Rosina von Baden erinnert. Daran angebaut ist das „Neue Schloss", 1555, mit Staffelgiebel und Fachwerkfront zum Wirtschaftshof. Der wird vom „Reiterhaus" mit Renaissance-Malerei nach Westen abgeschlossen. - An den Wirtschaftsgebäuden stehen mehrere Epitaphien, die von anderen Orten hierher gebracht wurden. - Ein langer Park rundet die Anlage nach Westen ab. – **Sonstiges:** Die kath. Kirche besitzt zahlreiche, mit Infotafeln versehene Epitaphien am Eingang und im Chor, z.T. figürlich. Darunter ist auch ein Paar, das ehemals auf einer im Chor stehenden Grabtumba lag, was typisch evangelisch ist. - Auf dem Friedhof (geschlossene) Rokoko-Kapelle als Familiengrablege mit zahlreichen Epitaphien aus 19./20.Jh.

UMGEBUNG: Ca. 2 km sw an Straße Richtung Bad Imnau liegt das **Hofgut Neuhaus**. 1537 wurde das dreistöckige, schmucklose Herrenhaus unter steilem Satteldach von der Fam. von Ow erbaut und mit einer Mauer umgeben. Es ist bis heute in Familienbesitz. Wappen am Hoftor.

UMGEBUNG: Zur Herrschaft Neuhaus gehörte das benachbarte Dorf **Bierlingen**. Hier findet man im Chor der kath. Kirche vier kleine Bronze- und fünf steinerne Epitaphien der Ow, darunter zwei figürliche. Der benachbarte Meierhof stand an Stelle der verschwundenen Burg. Erhalten blieb das neu gerichtete Schafhaus, ein langes Steingebäude, heute Bürgerhaus.

UMGEBUNG: Das Dorf **Felldorf** kam im 15.Jh aus den Händen der Megezer von Felldorf an die Fam. von Ow. Diese blieb beim Alten Glauben und rekatholisierte nach 1615 Wachendorf (s.o.). An Stelle ihres 1886 abgebrochenen Schlosses steht das Rathaus mit dem Lokal „Schlosskeller", dahinter der Schlosshof mit mehreren Wirtschaftsbauten. In die moderne kath. Kirche wurden zwei Wappenepitaphien übertragen, am gotischen Flügelaltar findet man ihr Stifterbildnis und am freistehenden modernen Turm ihr Wappen.

Schloss Weitenburg

Als Blickfang liegt das Schloss über dem tief eingeschnittenen Neckartal. Im 14.Jh war es eine Ministerialenburg. Da die Besitzer aufgrund einer Raubritteraktion in Reichsacht gerieten, verkauften sie 1448 an die benachbarten Herren von Weitingen. Anschluss an Kanton Kocher und Einführung der Reformation. Nach häufigem Besitzerwechsel und hoher Verschuldung ging die Herrschaft 1689 an das Kloster Obermarchtal, das schrittweise die Rückkehr zur Alten Kirche durchsetzte und 1720 an die Raßler von Gamerschwang verkaufte. Dies waren ursprünglich Leibeigene von Kloster Salem, die in der Gegenreformation in kaiserlichen Diensten als Diplomaten Karriere machten und 1661 das Rittergut Gammerschwang (s. Ehingen) erwarben.

Schloss Weitenburg. Schlosshotel über dem Tal des jungen Neckar

Bauten: Das **Schloss** ist eine Dreiflügelanlage um einen geschlossenen Hof. Aus dem 16.Jh stammt das Hauptgebäude (Ehingerbau), ein dreistöckiges Steinhaus mit Staffelgiebeln unter steilem Satteldach, flankiert von barockem Westflügel und neugotischem Ostflügel (mit Kapelle). Heute Hotelbetrieb in Besitz der Frh. von Raßler. Von Hotelterrasse herrlicher Blick übers Tal des jungen Neckars. Ausgeschilderte Zufahrt von Börstingen und Weitingen. - Davor ein landwirtschaftlicher Gutshof.

OT Börstingen

Unterhalb der Weitenburg liegt am Neckar das ehemalige Reichsritterschaftsdorf, das nach wiederholtem Besitzerwechsel 1698 von Habsburg der Fam. Raßler von Gammerschwang verliehen wurde. Sie besitzt noch heute das an Stelle einer Wasserburg errichtete Herrenhaus, vermietet an eine diakonische Jugendhilfe-Einrichtung. Der Golfplatz beim Ort entstand auf ihrem Gelände.
Bauten: Das **Schlössle**, 1756, ist ein schmuckloses dreistöckiges Herrenhaus mit Sandsteinfenstern. Park zum Neckar hin. Es liegt am Dorfausgang Richtung Rottenburg. - **Sonstiges:** In der kath. Kirche sind zwei bescheidene Epitaphien. – Auf dem Friedhof steht eine Gruftkapelle der Raßler.
UMGEBUNG: Auch im benachbarten **OT Sulzau** stand eine Schlossanlage der Raßler. Von ihr blieb nur das Wirtschaftsgebäude erhalten. Der lang gestreckte, spätbarocke Bau unter Mansarddach ist in Wohnungen unterteilt. Neben der kath. Kirche. (2009)

Staufen FR M2

Staufen, Hohenstaufen, Staufenberg, Stauffenberg.... Viele Adelsgeschlechter nennen sich nach ihrer Burg auf einem typisch geformten Berg. Als **Stauf oder Staufen** bezeichnete man einen umgestülpten Becher bzw. eine kegelförmige Erhebung. Anschaulich zeigt dies der Staufen, ein separat stehender Schwarzwald-Vorberg am Eingang zum Münstertal. Nach diesem kegelförmigen Berg nannten sich die **Hr. von Staufen,** die bereits 1115 als Ministeriale der Zähringer erwähnt werden. Mit ihrer Burg kontrollierten sie das Münstertal samt dem Benediktinerkloster St. Trudpert, dessen Vögte sie waren. Das Tal war wegen des Silberabbaus so lukrativ, dass sie darin die Stadt Münster gründeten. Dann erlebten sie Rückschläge: Die Stadt wurde von den Bürgern der konkurrierenden Stadt Freiburg 1346 zerstört, das Kloster erwarb die Silbergruben; wegen ihrer Konflikte mit dem Kloster verloren sie die Klostervogtei an Habsburg. Schließlich wurden sie wie der umwohnende Landadel zu landsässigen Mitgliedern der Breisgauer Ritterschaft. 1602 starben sie aus und hinterließen eine imposante Ruine.

Kernort

Die Hr. von Staufen gründeten im 13.Jh das Städtchen am Fuße des Burgbergs. Nach ihrem Aussterben übernahm Habsburg als Landesherr die Herrschaft, verpfändete sie 1628 an den Hr. von Schauenburg und verkaufte sie schließlich 1738 an das finanzstarke Kloster St. Blasien, das hier eine bedeutende Herrschaft aufbaute (s. Krozingen).
Bauten: Das **Stadtschloss** (1566) diente nach dem Aussterben der Hr. von Staufen als Amtshaus. Die schmucklose, zweigeschossige Zweiflügelanlage auf

hohem Kellersockel wird von einem polygonalen Treppentürmchen erschlossen. Das von Forstamt und Winzergenossenschaft genutzte Gebäude steht zurück gebaut an der Krozinger Straße. Verwittertes Allianzwappen Staufen/Hohenlohe und Infotafel am Gebäude. – In malerischer Lage über der Stadt schaut die im 30j. Krieg zerstörte Burg weit in den Breisgau hinein. Teile des Bergfrieds sowie die äußeren Umfassungsmauern sind erhalten. - **Sonstiges:** Die schöne Stadtanlage und der Mythos als Fauststadt ziehen die Touristen an.

UMGEBUNG: Im Zentrum der benachbarten Gemeinde **Münstertal** steht mächtig auf einer Anhöhe das ehem. Benediktinerkloster **St. Trudpert.** Von der Vierflügelanlage stammen nur noch Kirche und Westflügel aus dem Barock, da Ost- und Südflügel nach der Säkularisation abgerissen und erst wieder im 20.Jh errichtet wurden. Alleine schon der Zugang über eine großzügige Treppenanlage ist eines Schlosses würdig. Seit 1918 wohnen hier die Josephschwestern, eine im Elsass im 19.Jh entstandene Kongregation, deren Schwerpunkt Kranken- und Altenpflege ist. Die Gebäude sind als Tagungsstätte teilweise zugänglich. (2007)

L3 Stegen FR

Die moderne **Ordenslandschaft** ist schwer überschaubar. Seit Mitte des 19.Jh ist eine solche Vielfalt von Gemeinschaften und Kongregationen entstanden, dass der Überblick schwer fällt. Eines ist dabei bei den männlichen Gemeinschaften weitgehend gemeinsam, nämlich der Schwerpunkt Apostolat, also das aktive Arbeiten in und an der Gemeinde. Damit decken sie ein Spektrum ab, das von der Seelsorge über die Jugenderziehung bis hin zur Mission reicht. Das ist auch bei den im 19.Jh in Frankreich gegründeten **Herz-Jesu-Priestern** der Fall, deren Grundidee in der Verehrung des Herzens Jesu liegt. Darüber hinaus wollen sie jedoch auch aktiv tätig sein, weshalb sie im Schloss Weiler der Jugend den rechten Pfad zeigen.

Schloss Weiler
Der hiesige Grundbesitz des Klosters St. Peter wurde von einer Meierfamilie mit dem Namen Niessen verwaltet, die damit in den Niederadel aufstieg. Ihr Erbe kam 1486 an die Hr. von Reischach, die den Maierhof zum Wasserschloss ausbauten. Habsburg als Landesherr vergab die Miniherrschaft als Lehen an verdiente Parteigänger, so 1596 an den Justizsekretär Dr. Moser und 1702 an den vorderösterreichischen Statthalter Friedrich von Kageneck. Nach dem Aussterben der hiesigen Linie wurde die Anlage 1928 an die Herz-Jesu-Priester verkauft, die auf dem Schlossgelände ein Gymnasium mit Internat einrichteten.
Bauten: Das **Schloss** (1663) wurde 1843 um ein Stockwerk mit Walmdach

Stegen. Schloss Weiler wurde zum kath. Internat

erhöht. Das dreigeschossige, schmucklose Herrenhaus wurde 1953 um Seiten- und Rückflügel für Schulzwecke erweitert. Herrschaftszeichen sind ein Allianzwappen Kageneck/Sickingen über dem Hauseingang und das wappengeschmückte Parktor. Lage: am Ortsrand von Stegen an Straße nach Ebnet, Zugang in Park offen.- **Sonstiges:** Epitaphien an (Moser) und in der Schlosskapelle (Kageneck), die separat im weiten Park steht. In ihr sind die Fenster aus dem 19.Jh von der Fam. von Kageneck gestaltet. (2008)

Steinen LÖ N2

Warum bezahlte ein kath. Kloster das Gehalt von evang. Pfarrern und ließ deren Kirchen renovieren? Diese **konfessionsübergreifende** Zusammenarbeit war nach der Reformation nicht ungewöhnlich. Insbesondere im Bereich des südwestlichen Schwarzwaldes, wo der Grundbesitz des Klosters St. Blasien unter der Schirmvogtei der Markgrafen von Baden-Hachberg und damit ab 1503 Badens stand (s. Lörrach), entwickelte sich nach der Reformation ein derartiges Verhältnis. Baden-Durlach setzte die Reformation als Landesherr weitgehend durch, St. Blasien bezog weiterhin seine Abgaben und war an der Einsetzung der evang. Pfarrer beteiligt. Das Kloster Weitenau ist hierzu ein Musterbeispiel.

Kloster Weitenau

Das Kloster St. Blasien unterhielt zur Verwaltung seines hiesigen immensen Besitzes eine Propstei, die jedoch infolge der Reformation in der Oberen Markgrafschaft Baden 1560 aufgelöst wurde. Statt dessen setzten die Gf. Baden-Durlach als Vögte einen evang. Pfarrer ein. St. Blasien bezog daraufhin weiterhin die Einkünfte und baute sogar ein Pfarrhaus, wie das dort angebrachte Wappen (1569) zeigt.
Bauten: Mehrere stattliche Gebäude blieben aus dieser Zeit erhalten (Pfarrhaus, Kirchturm, Mühle mit Wappen) und werden von einer Suchthilfeeinrichtung bewohnt. Kloster Weitenau liegt ca. 3 km nördlich Steinen (Achtung: Nicht verwechseln mit OT Weitenau!).

Kernort

Dorfadel saß im 12.Jh auf einer Burg, die wahrscheinlich später in Händen häufig wechselnder Adelsgeschlechter war, von denen mehrere als adlige Obervögte für Baden tätig waren. Der Grundbesitz jedoch war in Händen des Klosters St. Blasien und stand unter der Schirmvogtei der Hr. von Rötteln und ab 1315 der Gf. Baden-Hachberg. Diese bauten die Vogtei zur Dorfherrschaft und die Hochgerichtsbarkeit zur Landeshoheit aus. Steinen wurde zum Sitz eines Obervogts für vier Dörfer und als Teil der Mgft. Baden-Durlach evangelisch.
Bauten: Das **Schlössle** (1563) ist ein dreieinhalbgeschossiger Satteldachbau mit vier Seitentürmen. Es war in häufig wechselndem Besitz. Das renovierungsbedürftige Gebäude ist in Privatwohnungen unterteilt. Auf einer Seite ist der Schlossgraben mit einer kleinen Brücke noch erhalten. Im kleinen Park steht ein Wirtschaftsgebäude. Die Anlage steht im Nordwesten der Kernstadt, umge-

ben von moderner Wohnbebauung (Schlossstr. 7). - Das **Vogtshaus** (1594) ist ein stattliches Steinhaus mit Staffelgiebel unter einem Satteldach. Im Keller des dreistöckigen Gebäudes befindet sich eine Gaststätte, ansonsten wird es kulturell genutzt. Es liegt am Rande der Altstadt (Eisenbahnstr. 4). (2009)

F8 Steinheim a. d. Murr LB

Der **Brüssele** ist bei den Kennern württembergischen Weines ein Begriff. Er geht zurück auf einen Grafen von Brussele, der 1853 Schloss Schaubeck erbte und hier auf französische Art einen Rotwein ausbaute. Die Gf. Adelmann als seine Erben führten diese Tradition fort und unterhalten im Schloss ein renommiertes Weingut.

Die Hr. von **Plieningen** besaßen hier im Bottwartal mit Burg Schaubeck und dem Dorf Kleinbottwar für rund 150 Jahre eine kleine Herrschaft. Erstmals erwähnt wurden sie 1142 als Ministeriale der Gf. Tübingen. Nachdem ihre Stammburg in Stuttgart-Plieningen 1288 von König Rudolf von Habsburg zerstört worden war, verkauften sie ihren dortigen Besitz an das Kloster Bebenhausen. In Württemberger Diensten gelang der Neuaufstieg, bei dem sie die Herrschaft Schaubeck 1480 als württ. Lehen erhielten. Ihre Blütezeit wird durch ein Brüderpaar verkörpert. Dietrich gehörte um 1500 als Übersetzer von lat. und griech. Literatur zum kleinen Kreis der adligen gebildeten Humanisten und Hans Dietrich war Landhofmeister in Württemberg. Die Familie nahm führende Positionen in Ritterkanton Kocher ein, bevor sie 1645 ausstarb. Ihre Epitaphien stehen in der Stadtkirche von Steinheim und in der Dorfkirche von Kleinbottwar.

OT Kleinbottwar mit Schloss Schaubeck

1272-1412 saß auf der Wasserburg Schaubeck ein Ritter Schobelin als Ministerialer der Gf. Baden (Schaubeck = Schobelins Eck). Württemberg erwarb im 15.Jh die Oberhoheit und vergab die Herrschaft 1480 an die Hr. von Plieningen, die sich dem Kanton Kocher der Reichsritterschaft anschlossen und die Reformation einführten. Nach ihrem Aussterben (1645) kam das Erbe an die Hr. von Gaisberg und schließlich über Gf. Brussele 1877 an die gräfliche Linie der Adelmann von Adelmannsfelden, in deren Besitz das Schloss bis heute ist.

Bauten: Das **Schloss Schaubeck** hat sich aus einem mittelalterlichen turmartigen Wohnbau, der im 16.Jh verlängert wurde, entwickelt. 1621 kam ein parallel erstellter Flügel hinzu. Diese beiden durch Mauern miteinander verbundenen, vierstöckigen Steinhäuser unter Satteldach umschließen einen kleinen, mit Fachwerk ausgeschmückten Innenhof. Die Burg-Schloss-Anlage liegt in einem weiten Park. Nördlich davon, zum Dorf hin, stehen verschiedene Wirtschaftsbauten. Jenseits der Bottwar liegt die Schlosssmühle, ein Fachwerkensemble aus dem 18.Jh. Lage: Südlich außerhalb des Dorfes, Zufahrt ausgeschildert. – Im Dorf gibt es ein **Mittleres Schloss** (Straße „Mittelsschloss"), 1663 von der Fam. von Ellershofen erbaut. Es ist eine Hofanlage ohne äußerlich auffallende Gebäude. – Zudem wird das ehem. Amtshaus als **Unteres Schloss** bezeichnet. Das schöne Fachwerkhaus steht ca. 100 m oberhalb der Kirche in der Amtsstraße. – **Sonsti-**

ges: Im 16.Jh verlegten die Hr. von Plieningen ihre Grablege von Steinheim hierher. Daher befinden sich in der evang. Kirche viele figürliche Epitaphien.

OT Höpfigheim

Diese alte Siedlung kam im 14.Jh von den Gf. Vaihingen an die Gf. Württemberg, welche die Dorfherrschaft an häufig wechselnde Adlige vergaben. 1488-1587 nannte sich eine Linie der Hr. von Speth nach dem Dorf und schloss sich damit dem Kanton Kocher der Reichsritterschaft an. Gegen ihren Willen

Höpfigheim. Ein Dorfadelssitz wie aus dem Bilderbuch

führte Württemberg als Patronatsherrschaft die Reformation ein und gab 1587 das Rittergut an den württ. Geheimrat Jäger von Gärtringen. Dessen Nachkommen tauschten es 1678 gegen das Rittergut Rübgarten (s. Pliezhausen), Württemberg richtete hier ein eigenes Stabsamt ein und brachte nach langem Streit den Kanton Kocher 1754 zum Verzicht auf seine Ansprüche.

Bauten: Idyllisch liegt die Wasserburganlage (um 1590) am Bach. Man betritt sie vom Dorf her durch ein schmales Torhaus mit Wappen und zugemauerten Schießerkern und kommt zu einer Steinbrücke. Dahinter steht das Schloss, ein dreistöckiges Fachwerkensemble auf Steinsockel. Das Torhaus mit Wappentafel (1588) des Melchior Jäger führt in einen offenen Innenhof. Auf der Ostseite ein Wehrgang, auf der Westseite eine ursprünglich offene Loggia. Seit 1815 in Gemeindebesitz, heute Bankfiliale und Wohnung. – **Sonstiges:** In der evang. Kirche sind zwei figürliche Epitaphien, darunter eines vom berühmten Sem Schlör für Melchior Jäger, der das Wasserschloss baute.

Kernort

Steinheim ist berühmt wegen eines rund 250.000 Jahre alten Urmenschschädels (Museum neben Kirche). Im Hochmittelalter saß Ortsadel auf zwei Burgen. Das 1250 gegründete Dominikanerinnenkloster war das reichste im Gebiet des heutigen BW. Württemberg erwarb 1563 die Vogtei von den Gf. Hohenlohe und löste das Kloster gewaltsam auf. Das Dorf nahm nach der Reformation eine Sonderstellung ein, weil es direkt der herzoglichen Kammer unterstellt war.

Bauten: Ein 1624 erbautes **Schlössle** blieb teilweise erhalten. Der Wohnbau aus Stein mit Fachwerk steht erhöht im Dorf. Auf der Seite zum Schlösslesweg (Nr. 4) besitzt es einen schönen Renaissanceeingang, auf der Lehrgassenseite wirkt er als massiver Wohnturm. Das Schlössle bildete ursprünglich mit seinen (verschwundenen) Wirtschaftsbauten eine geschlossene Anlage. Heute steht es eingeklemmt zwischen modernen Wohnhäusern. Privat bewohnt. - **Sonstiges:** Vom 1643 zerstörten Kloster ist leider nur noch ein Mauerrest übrig, der als Teil des Klostermuseums verwendet wird („Klosterhof"). In geringer Entfernung an der Klosterstraße stehen die Klosterhofmeisterei und die Klosterkelter. - Die Schutzvogtei über das Kloster war vom Kaiser an die Gf. Hohenlohe und von diesen als Untervogtei an Ministeriale vergeben. Deren Hofanlage, eine

Steinheim a. d. Murr

Ansammlung von Häuschen, mündet als „Deutscher Hof" in die Marktstraße. – In der evang. Kirche erinnert nur noch ein einziges Wappenepitaph (1485) daran, dass die Hr. von Plieningen im 15.Jh im Südflügel ihre Grablege besaßen. An der Außenwand hängen barocke Epitaphien von Bürgern. – Gegenüber der Kirche steht das Haus des württ. Vogtes, ein Gebäude mit barockem Eingang (Badtorstr. 12). – Prächtiges Rathaus, davor ein Brunnen mit württ. Wappen.

UMGEBUNG: Im benachbarten Dorf **Murr** an der Murr tagte bis 1839 ein Waldgericht, dessen Vorsitzender der Hofmeister des Klosters Steinheim war. Es regelte die Holzverteilung in einer Markgenossenschaft, bestehend aus sieben Orten. Diese hatten 1280 den Hardtwald zwischen Steinheim und Kleinaspach von Elisabeth von Blankenstein geschenkt bekommen. Sieben Steinsitze unter der „Hardtlinde" erinnern daran. Man findet sie beim Alten Friedhof, Richtung Steinheim. - Bereits seit 1302 besaß Württemberg die Dorfherrschaft. Unterhalb des neuen Rathauses, in der Mühlgasse, blieb ein schönes Fachwerkensemble erhalten: Das **Schlössle**, ein 1614 erbautes Fachwerkhaus mit einer im gleichen Stil erbauten Scheune, beides gefühlvoll restauriert und heute von einem Architekturbüro genutzt. Die Anlage wird abgerundet von der unterhalb stehenden Zehntscheune. (2008)

N7 Steißlingen KN

Die **Hr. von Stotzingen** stammen von Niederstotzingen auf der Ostalb, wo ein Ulrich 1268 erstmals erwähnt wird. Von dort aus verbreiteten sie sich in Schwaben. So erwarben sie 1455 Rißtissen bei Ehingen, 1527 Geislingen und Dotternhausen bei Balingen, 1556 Dellmensingen bei Erbach. 1562 wurden sie Freiherren. Sie schlossen sich der Reichsritterschaft an und blieben als Parteigänger der Habsburger beim Alten Glauben. Im 1471 erworbenen Heudorf (s. Dürmentingen) bildete sich eine eigene Linie, die 1790 an die Fürsten Thurn und Taxis verkaufte und mit dem guten Kaufpreis anschließend die Rittergüter Wiechs und Steißlingen erwarb, wo sie noch heute wohnt.

Kernort

Siedlung aus Merowingerzeit. Unter der Oberhoheit des Bf. Konstanz war das Dorf 1566-1656 zwischen den Fam. von Bodman und von Freyberg geteilt, daher zwei Schlösser. Anschluss an den Kanton Hegau der Reichsritterschaft. Im 18.Jh in Besitz der Ebinger von der Burg, einer im Bodenseeraum weit verbreiteten Ritterfamilie. Von ihnen kauften es 1790 die Frh. von Stotzingen.

Steißlingen. Sakramentshaus in der kath. Kirche

Bauten: Das **Schloss** (1724) ist ein schmuckloses dreigeschossiges Herrenhaus unter Mansarddach mit einem Allianzwappen über dem Eingang. Es steht am Rande des Dorfes im weiten umzäunten Park. Bewohnt von Fam. von Stotzin-

Steisslingen

gen. Der Haupteingang (zum Dorf hin) wird verdeckt durch das Witwenhaus, das eine Mischung von Historismus und Landhausstil bietet. Das Schloss liegt unterhalb der kath. Kirche (Schlossstr.4). - Das **Seehofschlösschen** wurde 1789 an Stelle einer Wasserburg erbaut. Es ist ein schlichtes, hinter Bäumen verstecktes, eingeschossiges Lusthaus direkt am See. Privatbesitz, für Tagungen genutzt. Zugang über Singenerstr. 40. - **Sonstiges:** Vier Epitaphien von den Ehinger von der Burg in kath. Kirche. Vier Wappen in den Chorfenstern. Am Sakramentshaus die Wappen Homburg und Marschall. Die Grabkapelle der Stotzingen ist angebaut an die Südseite der Kirche (Anblick nur von außen).

OT Wiechs

Auch dieser reichsritterschaftliche Ort wurde 1791 von der Fam. von Stotzingen gekauft, die bis heute das Schloss besitzt. Zuvor war er unter Habsburger Oberhoheit an die Frh. von Bodman als Lehen vergeben.

Bauten: Das **Schloss** ist ein 1652 errichtetes und 1720 umgebautes Herrenhaus. Es ist ein dreistöckiges, schmuckloses Barockgebäude unter Walmdach. Daneben steht ein Gebäude, dessen Kern aus einem Wohnturm (12.Jh) besteht. Privat bewohnt, kein Zutritt. Lage: 150 m südlich der kath. Kirche am Dorfrand hinter einem Bauernhof (Brunnenstraße). (2008)

Stetten am kalten Markt SIG K8

„Stetten am kalten Arsch", heißt es bei den Bundeswehrrekruten, die es hierher verschlägt. Seit 1910 gibt es auf dem Großen Heuberg, einem dünn besiedelten Gebiet der Südwestalb, einen **Truppenübungsplatz**. 1933 war hier für 1 Jahr ein Internierungslager („Konzentrationslager") für 4.000 Regimekritiker eingerichtet. 1945, zwei Monate vor Kriegsende, fand hier der weltweit erste bemannte Raketenflug statt, mit tödlichem Ausgang. Hierzu hat die Bundeswehr ein Museum eingerichtet.

Vor lauter Militär übersieht man das historische Stetten der **Hr. von Hausen,** die im 12.Jh als Ministeriale der Gf. Habsburg auftauchen. Sie schlossen sich dem Kanton Hegau der Reichsritterschaft an, dessen Direktoren sie wiederholt wurden. Ein Mitglied der altgläubig gebliebenen Familie wurde Fürstpropst von Ellwangen sowie Bf. von Regensburg. Ihr Aussterben mit dem Ende des 30jährigen Krieges (1648) ist typisch für viele Landadelsfamilien. Nach der Zerstörung ihrer Burg über dem Donautal (1470, s. Beuron) wohnten sie im Schloss in Stetten.

Kernort

Stetten an der kalten Mark (= Grenze) hieß er Ort ursprünglich. Die Gft. Hohenberg (s. Rottenburg) besaß die Oberhoheit. Die Dorfherrschaft war seit 1432 als Lehen in Besitz der Hr. von Hausen, die sich damit dem Ritterkanton Hegau anschlossen. Nach ihrem Aussterben

Stetten. Schloss- Eingangshalle. Der schönste Totenschild im Lande

(1648) vergab Habsburg die verschuldete Herrschaft als Lehen an häufig wechselnde Parteigänger, bis sie schließlich 1756 vom Zisterzienserkloster Salem gekauft wurde, mit dem sie 1803 an Baden fiel. Großherzog Ludwig von Baden kaufte das Schlossgut, um es seinem außerehelichen Sohn, dem „Gf. von Langenstein" zu überlassen, der es an seinen Neffen Gf. Douglas vererbte.
Bauten: Das **Schloss,** Ende 16.Jh, ist ein kompaktes vierstöckiges Gebäude mit wappengeschmücktem Eingang. In der gotischen Eingangshalle hängt der wohl prachtvollste Totenschild BWs mit der vollplastischen Figur des letzten Hr. von Hausen. Zudem wurden hier die Wappen der verschiedenen Dorfherrschaften angebracht. Heute Rathaus. - **Sonstiges:** In der kath. Kirche, erbaut im 30j. Krieg, steht ein Epitaph und hängen die Totenschilde der beiden letzten Hr. von Hausen, die jeweils an einem 9.November starben. – Zwischen Schloss und Kirche steht das ehem. Amtshaus, ein sehr schönes Fachwerkhaus, heute Gasthof Kreuz. - In der 1934 eingeweihten evang. „Hindenburggedächtniskirche" blieb ein Majolikamosaik erhalten, auf dem Staatspräsident Hindenburg verherrlicht und die damalige Nähe der evang. Kirche zu Nationalismus und Militarismus ersichtlich wird. (2009)

E12 Stimpfach SHA

Die bereits komplizierten Herrschaftsverhältnisse im Alten Reich wurden bei der Reichsritterschaft noch unübersichtlicher, weil hier das mittelalterliche **Lehensrecht** nachwirkte. So konnte der Reichsritter nur über seinen Eigenbesitz (= **Allod**) frei entscheiden, die als Lehen erworbenen Besitzungen jedoch fielen bei fehlender männlicher Nachfolge an den Lehensherrn zurück. Zu welchen Verwicklungen dies im Zeitalter der Konfessionsspaltung führen musste, dies zeigt uns die Situation im OT Rechenberg.

OT Rechenberg
Sitz des Ortsadels 1229-1405. Nach häufig wechselnden Besitzern erwarben 1532 die Hr. von Neidenfels den Ort zur Hälfte in Eigenbesitz (= Allod) und zur Hälfte als Lehen des Klosters Ellwangen. Als Mitglied des Kantons Kocher der Reichsritterschaft schlossen sie sich der Reformation an. Mit ihrem Aussterben (1608) fiel der Lehenanteil an das Kloster zurück, der Allodanteil ging an die Frh. von Berlichingen auf Neunstetten (s. Krautheim). Selbstverständlich rekatholisierte das Kloster seine Untertanen, die zum Gottesdienst in den Nachbarort Stimpfach mussten. 1796 besetzte Preußen den Ort, weil es die Oberhoheit besaß (s. Crailsheim).

Rechenberg. Idyllisch stehen evang. Kirche und Schloss über einem Stausee

Bauten: Die **Schlossanlage** besteht aus einem hochragenden, viergeschossigen Steinbau mit Fachwerkaufsatz („Altes Schloss") und einem Steinbau mit Achteckstürmchen („Neues Schloss", 1571). Allianzwappen am Verbindungsturm.

Das burgartig wirkende Schloss ist seit 1842 in Gemeindebesitz und seit 1960 Jugendherberge. Romantische Lage über einem Stausee am Rande des Virngrundes, eines Waldgebiets nördlich von Ellwangen. Bereits schon aufgrund der abgeschiedenen Lage lohnt sich ein Besuch. – **Sonstiges:** Die evang. Kirche mit 10 Epitaphien der Berlichingen, darunter einige figürliche. (2010)

Stockach KN M7

Den Titel **Gf. Nellenburg,** die 1056 erstmals erwähnt werden, führten vier edelfreie Familien nacheinander: Zuerst eine Seitenlinie der Gf. des Zürichgaus, die im Investiturstreit zwischen Kaiser und Papst zu vermitteln suchte. Ihr folgten 1105 die verwandten Gf. von Bürgeln (s. Schliengen) als jüngere Linie. Deren Erbe kam 1170 an die Gf. von Veringen, die ihren Herrschaftsschwerpunkt hierher verlegten und 1275 zu Landgrafen im Hegau wurden. Nur noch ein Wappenepitaph des 1371 verstorbenen Gf. Eberhard im OT Hindelwangen erinnert an sie. Ihr Erbe kam 1422 an die Hr. von Tengen, die schließlich 1465 an Habsburg verkauften.

Unter dem Dach der **Landgrafschaft Nellenburg** besaß Habsburg die Oberhoheit über einen Flickenteppich von Kleinstterritorien im Bodenseeraum. Um 1800, also kurz vor der Auflösung, betrug der Teppich rund 500 km² mit 6 Städtchen, 6 Marktflecken, 83 Pfarrdörfern, 9 Klöstern, mehr als 30 Burgen und Schlössern. Ein Teil davon war direkter Besitz der Landgrafschaft, ein Teil unterstand als landsässige Klöster und Adelssitze der Habsburger Landesherrschaft, ein Teil gehörte Reichsrittern und Reichsgrafen. Diese Art von Herrschaftsausübung ist typisch für Habsburg, wir finden sie in ähnlicher Weise für den Breisgau und die Gft. Hohenberg (s. Rottenburg). Nach der Zerstörung der Nellenburg wurde die Verwaltungszentrale ins Städtchen Stockach verlegt.

Kernstadt

Der Sitz der Landgrafschaft war die Nellenburg, die ca. 2 km westlich des Bahnhofs auf einem Molassefelsen stand. Nachdem im 30j. Krieg die Nellenburg vom nahen Hohentwiel aus zerstört worden war, zog die Verwaltung in die Stadt Stockach um. Die Alte Landvogtei (Hauptstr. 14) wurde zum Sitz eines Oberamtes. Zudem war hier das Rentamt (= Finanzverwaltung), in dessen Obergeschoss eine Stuckdecke außergewöhnlich schön ist. Das Gebäude in der Salmannsweilerstraße ist heute Stadtbücherei und Touristinformation. Zwei prachtvolle Barockepitaphe von adligen Landvögten hängen in der kath. Stadtkirche. - Der Salmannsweilerhof, der mächtige Stadthof des Klosters Salem, demonstriert mit seinem prächtigen Wappen, dass das Madach, ein Gebiet östlich der Stadt, dem Kloster gehörte.

UMGEBUNG: Die Ruine **Nellenburg** ließ man im 18.Jh verfallen, so dass davon nur noch wenige Grundmauern vorhanden sind (Gasthaus daneben). Von hier hat man einen schönen Blick auf die Alpen. - Eine Grabplatte des 1371 verstorbenen Gf. Eberhard steht im Chor der Michaelskirche im **OT Hindelwangen**.

Stockach

OT Espasingen

Unter der Oberhoheit der Landgrafschaft gehörte dieses Dorf zum Kanton Hegau der Reichsritterschaft. Im 15.Jh hatte es die Fam. von Bodman erworben, die nach der Zerstörung ihrer Burg Altbodman im 30j. Krieg hier ihr Schloss baute. Im 19.Jh zog sie in ihr heutiges Schloss im benachbarten Dorf Bodman um.

Espasingen. Vom Schloss zur Brauerei. Die Nutzung ist entscheidend für den Erhalt

Bauten: Das **Schloss** (1685) wurde nach dem Wegzug der Bodman 1839 zu einer Brauerei umgebaut. Die Dreiflügelanlage mit schönen Staffelgiebeln wurde nach einem Brand (1892) wieder erbaut, woran eine Gedenktafel zur Straße hin erinnert. Seit der Stilllegung 1968 wirkt die Anlage verwahrlost, ist der Schlosscharakter nicht mehr ersichtlich. Im Gebäude ist ein Gasthaus untergebracht, über dessen Eingangstüre ein Allianzwappen Bodman-Schindelin von Unterraitenau (1685) auffällt. – **Sonstiges:** In der kath. Kirche steht das Epitaph dieses Paares (1692).

OT Wahlwies

Dieser Ort besaß im Frühmittelalter eine besondere Bedeutung. Hier tagte der Landtag von Schwaben und war wohl ein Herzogssitz. Im 13.Jh taucht Ortsadel auf, dessen Besitz über die Hr. von Homburg im 15.Jh an die Fam. von Bodman kam. Anschluss an den Kanton Hegau der Reichsritterschaft.
Bauten: Das **Schlössle**, ein zweistöckiges Herrenhaus unter Walmdach, steht verdeckt im weiten Park. Von Fam. Bodman bewohnt, im Süden des Dorfes (Espasingerstr. 7). – **Sonstiges:** In Fortführung der Espasingerstraße gelangt man zur B 34. An der Einmündung steht der Mooshof, ein Gutshof mit einem stattlichen Herrenhaus unter Walmdach, ebenfalls in Besitz der Bodman. – Außen am Chor der kath. Kirche hängt das gusseiserne Epitaph des Johann von Bodman.

OT Zizenhausen

Als direkt der Landgrafschaft untergeordnet bestanden hier ursprünglich nur frühindustrielle Gewerbebetriebe, welche die Wasserkraft der Stockacher Aach nutzten: Mühle, Ziegelhütte, Eisenschmelze. Ein vorhandener Hof wurde 1781 von Habsburg an den Landrichter Karl von Festenburg-Fronberg vergeben, dem das daraus entstehende Dorf unterstand. Der baute auch das Schloss in das enge Tal (nördlich der Kernstadt).
Bauten: Das **Schlössle**, 1785, ist ein spätbarocker, schlichter, dreistöckiger Bau unter Walmdach, erbaut über der Aach. Sein einziger Schmuck ist ein Mitttelrisalit mit Dreiecksgiebel. Es wird von der Ortsverwaltung genutzt. - Gegenüber liegt eine kleine Parkanlage. (2008)

Straßberg BL K8

Es passt ins Bild des politisch zerstückelten Südwestens, dass auch ein hochadliges Damenstift ein eigenes Territorium als Landesherrschaft besaß. Das freiweltliche **Damenstift Buchau,** das bei den Grafen im Schwäbischen Kreis saß, hatte im Schmeietal um Straßberg ein geschlossenes Gebiet erworben und an Landadlige als Lehen vergeben. Schließlich übernahm es die Herrschaft in Eigenregie und hinterließ in Straßberg Burg und Schlössle.

Kernort

Der bereits in der Karolingerzeit bedeutende Ort entwickelte sich aus zwei Siedlungen, die eine unterhalb der Burg, die andere bei der Pfarrkirche. Um 1300 erwarb das Frauenstift Buchau die Oberhoheit und vergab die Dorfherrschaft als Lehen an häufig wechselnde Ritterfamilien, zuletzt an die Hr. von Westerstetten. Nach dem Aussterben der hiesigen Linie übernahm 1625 das Frauenstift die Verwaltung in Eigenregie. Ein Obervogt für Straßberg, Frohnstetten und Kaiseringen saß zuerst auf der Burg, ab 1745 im Schloss. In der Säkularisation fiel die Herrschaft an die Thurn und Taxis, die 1806 unter die Landesherrschaft des Fürstentums Hohenzollern-Sigmaringen kamen und 1836 Besitz und Rechte vollständig verkauften.

Straßberg. Burg des Frauenstiftes Buchau

Bauten: Das Neue **Schloss,** 1745, ist die ehem. Obervogtei. Das schmucklose, dreistöckige Gebäude unter Mansardwalmdach wirkt aufgrund seiner Kompaktheit. Kleines Wappen der Äbtissin von Königsegg-Rothenfels über dem Eingang. Seit 1880 in Gemeindebesitz, heute Rathaus. Lage: neben kath. Kirche. - Die **Burg** über dem Dorf geht mit ihrem fünfeckigen Wohn- und Wehrturm aufs 12.Jh zurück. Die Wohnbauten des 16.Jh wurden 1782 umgebaut. Vor dem Eingang die Ruine der Schlosskapelle (1625). Seit 1966 bürgerlicher Privatbesitz und von Bürgerinitiative gerettet. Die Burg liegt links der Schmeie hoch über dem Dorf (Fußweg). Zugang bis zur Kapelle. **Sonstiges:** In der kath. Kirche das schlichte Epitaph eines Hr. von Westerstetten.

UMGEBUNG: In der benachbarten Gemeinde **Winterlingen** wird im **OT Harthausen** das Pfarrhaus als Schlössle bezeichnet, weil es ursprünglich ein Jagdschloss der Frh. von Speth war. Das zweistöckige Gebäude (um 1800) südlich der Kirche wirkt jedoch völlig unauffällig. (2009)

Straubenhardt PF G5

Das edelfreie Geschlecht der **Hr. von Straubenhardt** wird 1090 erwähnt. Es schuf sich zwischen den Flüssen Enz und Alb eine kleine Herrschaft, indem es im Auftrag der Gf. Vaihingen Waldhufendörfer im unerschlossenen Nordschwarzwald anlegte. Von Württemberg wurde es der Beteiligung am Überfall in Wildbad (1367) beschuldigt, weshalb es in Reichsacht kam und die Stammburg (im Wald bei Dennach) zerstört wurde. Bei seinem Aussterben (1442) fiel der

Lehensbesitz an Württemberg und wurde dem Amt Neuenbürg zugeordnet. Der Eigenbesitz kam über die Erbtochter an Jakob Schenner aus Calw und bildete die Basis für das Geschlecht der **"Schöner von Straubenhardt"**. Das schloss sich der Reichsritterschaft und der Reformation an. Als es 1598 wegen Überschuldung das Schloss im OT Schwann an Württemberg verkaufen musste, baute es sich das Schlössle Rudmersbach in Ottenhausen, starb jedoch kurz darauf (1620) aus.

OT Ottenhausen

Das Schlössle **Rudmersbach** entstand als Ersatz für das verkaufte Stammschloss in Schwann auf den Fundamenten einer Burg. Es kam nach 1620 an häufig wechselnde Besitzer, darunter den Holzhändler Lidell (s. Neuenbürg). Erst 1769 verzichtete der Reichsritterschaftskanton Neckar auf die Steuerhoheit.
Bauten: Die Anlage ist ein Bauernhof mit **Herrenhaus** (1598), ein schlichter zweistöckiger Fachwerkbau auf massivem Steinsockel unter Krüppelwalmdach. Über dem schönen Stabwerkportal des Treppenturms ein Allianzwappen Straubenhardt/Geispitzheim. Der Gutshof liegt am Nordrand des Dorfes gegenüber der evang. Kirche und ist heute eine Pferdepension.
UMGEBUNG: Im **OT Schwann** steht vom Schloss nur noch ein Nebengebäude, heute ein verwahrloster Bauernhoftrakt (Schlossweg 3). Württemberg hatte es 1598 gekauft und ließ es anschließend verfallen. Es steht unterhalb der kleinen evang. Kirche, in der die Schlusssteine im Chor und ein Wappen im Chorfenster an die Herrschaft der Schöner erinnern.

UMGEBUNG: Auch das nahe Dorf **Weiler** (Gem. Keltern) wurde von den Hr. von Straubenhardt angelegt. Die Burg kam als Erbe an die Schöner von Straubenhardt und wurde zum Sitz einer Nebenlinie, die 1682 ausstarb. Das Rittergut fiel an Baden-Durlach. Von der Burg sind nur noch Fundamentreste abseits von Haupt- und Schlossstraße in den Wiesen zu sehen. – Die evang. Kirche ist eine Wehrkirche, in der die Schöner ihre Grablege unterhielten. In ihr stehen vier Epitaphien aus dem 17.Jh, davon drei figürliche. Eingeklemmt in den Rahmen stellt eines in seiner Unproportioniertheit eine kulturhistorische Rarität dar. (2009)

N4 Stühlingen WT

Die **Landgrafschaft Stühlingen** ist die Nachfolgerin der nach dem Flüsschen Alb benannten Landgrafschaft Albgau. Letztere war von den Gf. Lenzburg 1172 an die Hr. von Küssaberg und 1251 an die Hr. von Lupfen vererbt worden. Aber der Bf. Konstanz spaltete seine 1244 erworbene Herrschaft Küssaburg ab (s. Küssaberg). Und auch die Rodungsfreien der Grafschaft Hauenstein (s. Waldshut-Tiengen) entzogen sich dem Einfluss des Landgrafen. So blieb schließlich nur noch ein Landstrich entlang der Wutach als um die Hälfte verkleinerte Landgrafschaft Stühlingen übrig.
Die **Hr. von Lupfen** werden 1095 erstmals erwähnt. Ihre Stammburg stand bei Talheim (s.d.) nordwestlich von Tuttlingen. 1251 erbten sie die Landgrafschaft Stühlingen und teilten sich in die Linien Lupfen und Stühlingen. Erstere

Stühlingen WT

wurde zu Raubrittern, musste an Württemberg verkaufen und starb 1499 aus. Letztere stellte mehrere Mitglieder im Straßburger Domkapitel, erwarb 1404 die Herrschaft Hewen mit der Stadt Engen sowie die Herrschaften Bonndorf, Wutachtal und Roggenbach. 1582 starb sie aus. In Stühlingen erinnert Schloss Hohenlupfen an sie.

Kernort

Die Burg über einer Alemannensiedlung war Sitz der Landgrafen im Albgau. 1251 kam die Herrschaft als Erbe an die Hr. von Lupfen. Diese legten 1262 zwischen dem Dorf an der Wutach und der Burg eine Fünfeck-Stadt an, Zentrum der geschrumpften Landgrafschaft Stühlingen. Die Forderung der Gräfin, mitten in der Erntezeit Schneckenhäuser zu sammeln, löste 1524 den Bauernkrieg aus. Nach dem Aussterben der Gf. Lupfen wurde die Herrschaft 1582 von den evang. Gf. Pappenheim und 1637 von den kath. Gf. Fürstenberg geerbt. Diese saßen hier mit einer eigenen Linie, die 1724 nach Donaueschingen umzog. Anschließend fiel das Städtchen in einen Dornröschenschlaf.

Bauten: Der Anblick von **Schloss Hohenlupfen** (1620-33) wird vom mittelalterlichen Bergfried mit Buckelquadern und barocker Zwiebelhaube dominiert. Die schmucklose, dreistöckige Winkelhakenanlage mit drei Wappen über dem Torhaus liegt malerisch über Stadt und Wutachtal. In Besitz der Fam. Fürst von Fürstenberg. - **Sonstiges:** Ein Symbol der Gegenreformation ist die 1680 erbaute Loretokapelle beim Kapuzinerkloster im „Städtle". – Den besten Blick auf Städtle und Schloss hat man aus dem Wutachtal.

OT Bettmaringen

Dorfadel saß bis ins 14.Jh auf einer Burg. Das Kloster St. Blasien erwarb 1344 das Dorfgericht und 1417 die Vogtei, womit es die Dorfherrschaft besaß. Die Oberhoheit lag bei der Landgrafschaft Stühlingen, von welcher 1612 schließlich die Hochgerichtsbarkeit erworben wurde.

Bettmaringen. So aufwändig gestaltete St. Blasien Pfarrhäuser

Bauten: Als **Schlössle** kann man das Pfarrhaus bezeichnen, das dem Kloster St. Blasien zugleich als Amtshaus diente. Der dreistöckige massive Steinbau (16.Jh) mit Staffelgiebel und rundem Treppenturm wurde im Inneren barock ausgestaltet. Das Haus mit einem schönen Abtswappen steht oberhalb der Kirche und ist momentan unbewohnt. (2007)

Stutensee KA E5

Doppelt hart traf es die **Glaubensflüchtlinge** aus den Niederlanden, die in die Kurpfalz geflüchtet waren. Diese **Wallonen** aus dem französischsprachigen Teil Belgiens waren im 16.Jh unter der spanischen Herrschaft eines Herzogs Alba geflüchtet. Als Calvinisten hatte sie der calvinistische Pfälzer Kurfürst in eigen-

Stutensee

ständigen französischsprachigen Gemeinden angesiedelt. Rund 100 Jahre später wurden sie jedoch im Pfälzer Erbfolgekrieg erneut vertrieben, und zwar diesmal durch die Truppen des Sonnenkönigs (s. Bretten). Die meisten flüchteten ins calvinistische Brandenburg. Aber überraschenderweise durfte sich eine Gruppe in der lutherischen Markgrafschaft Baden-Durlach ansiedeln. Im **OT Friedrichstal** kann man ihre 1699 planmäßig angelegte Siedlung noch heute erkennen. Sie wohnten in einstöckigen, giebelständigen Häusern entlang straßendorfartiger Häuserzeilen. Friedrichstal ist eines der vier Dörfer (Blankenloch, Spöck, Staffort), die sich 1975 bei der Gemeindereform nach dem in ihrer Mitte liegenden Schloss Stutensee nannten.

Schloss Stutensee

Der Namen verrät die ursprüngliche Funktion dieses Schlosses: 1652 wurde es als Gestüt von den Gf. Baden-Durlach gegründet. 1721 wurde es zum Jagdschloss und schließlich 1750 zum Mustergut umgewandelt. Seit 1819 ist es Erziehungsanstalt bzw. Landesjugendheim.

Schloss Stutensee empfängt den Besucher mit einer barocktypischen Symmetrie

Bauten: Die **Schlossanlage** (1748-81) ist eine symmetrische Anlage, die sich auf drei Seiten um einen weiten Hof erstreckt. Im Zentrum steht das Schloss, ein zweistöckiger Steinbau mit einem Mittelrisalit, der vom badischen Wappen im Dreiecksgiebel gekrönt wird. Zwei Wachhäuschen, zwei Ökonomiegebäude und zwei Nebengebäude bilden eine Art Hof. Der Zugang in die Anlage ist offen.

UMGEBUNG: Im **OT Staffort** kam die Burg des Ortsadels im 14.Jh an die Gf. Baden. Diese richteten darin im 16.Jh eine Druckerei ein, deren Schriften für Baden bedeutend waren. 1689 wurde das Schloss von den Truppen des Sonnenkönigs zerstört. Erhalten blieben Zierteile, die in der Brückenmauer und im unmittelbar dabei gelegenen Haus eingemauert sind. (2004)

G8 Stuttgart

Von oben sollte man sich diese Stadt anschauen und sich wundern, wie sie trotz Kessellage zur **Hauptstadt** eines Herzogtums bzw. Königreichs und daraus zur heutigen Landeshauptstadt werden konnte. Historisch geeignet ist hierfür das Mausoleum auf dem Rotenberg über Untertürkheim, wo ehemals die Stammburg des Hauses Württemberg stand. Von diesem zu Ehren von Königin Katharina errichteten Rundbau geht der Blick Richtung Westen in ein Neckartal, das angefüllt ist mit Industrieanlagen. Im Hintergrund die Kernstadt. Hier zeigt sich Gegenwartsgeschichte: Baden-Württemberg wurde nach dem 2. Weltkrieg zum **wirtschaftsstärksten** Bundesland Deutschlands, das Pro-Kopf-Einkommen des mittleren Neckarraums ist vergleichbar dem der führenden europäischen Zentren. Aus dem (rohstoff)armen Alemannien/Schwaben ist ein Hightech-Land geworden, dessen Einwohnerzahl sich nach dem 2.Weltkrieg auf heute über 10 Millionen beinahe verdoppelt hat. Letztlich ist der Aufstieg seiner Hauptstadt nur erklärbar anhand des politischen Aufstiegs des Hauses Württemberg. Aber selbst in dessen Kerngebiet konnten sich kleine reichsritterschaftliche Herrschaften behaupten, von denen mit Mühlhausen, Hofen und Stammheim drei innerhalb des heutigen Stadtgebietes liegen. Hochadel wie Landadel hinterließen ihre Schlösser, wenn auch in unterschiedlichen Dimensionen.

Kernstadt

Keimzelle der Stadt war wahrscheinlich ein um 950 vom Herzog von Schwaben angelegtes Gestüt (Stutengarten) mit Burg, das um 1200 an die Gf. von Baden kam. Diese gründeten die Stadt, welche 1245 als Heiratsgut an die Gf. Württemberg fiel. Wohl aufgrund der günstigen Verkehrslage an einem Fernhandelsweg entstand hier ein Herrschaftszentrum, das sukzessive mit dem Anwachsen des württembergischen Territoriums wuchs. Es wurde 1495 Hauptstadt des Herzogtums, 1806 des Königreichs und schließlich 1952 des neu geschaffenen Bundeslandes. So findet man hier Herrschaftsbauten, die das Spektrum von der Grafenburg bis zur Biedermeierzeit (19. Jh) abdecken.

Stuttgart. Das Landesmuseum im Renaissanceschloss

Bauten: Das **Alte Schloss** (16.Jh) ist mit seinem arkadengesäumten Innenhof ein typisches Kind der Renaissance. Wuchtig steht es im Stadtzentrum und vermittelt das Bild der frühneuzeitlichen Residenz, obwohl es nach einem Brand 1932 als Museumsneubau (Württembergisches Landesmuseum) in veränderter Form aufgebaut wurde. Im Südflügel nimmt die Schlosskirche zwei Stockwerke ein. Diese Querschiffkirche ist als erster evangelischer Kirchenbau im Gebiet des heutigen BW bedeutend. – **Sonstiges:** Um 1600 wurde auch der Schillerplatz davor gestaltet, dessen Gebäude (Alte Kanzlei, Prinzenbau, Fruchtkasten) die notwendige Ergänzung zum Schloss bilden. Abgeschlossen wird das Herrschaftszentrum von der Stiftskirche, dem ranghöchsten protestantischen Gotteshaus Württembergs. Hier bietet sich eine Verbildlichung der Symbiose von geistlicher und weltlicher Macht: Die Standbilder von elf Grafen sowie der Sarkophag des Stifterpaares dominieren den Innenraum. Nicht zugänglich ist die Fürstengruft des Hauses Württemberg unter dem Chor, die 1608 für die Herzöge erbaut wurde und worin 66 Särge dicht gedrängt stehen. (Die Lücke zwischen 1608 und den mittelalterlichen Grafen füllt die Stiftskirche in Tübingen). Zudem findet man mehrere Epitaphien von Hofmeistern und Hofadligen in Langhaus und Chor, darunter auch den Ritter von Sachsenheim (s.d.).

Das **Neue Schloss** steht in geringer Entfernung zum Alten Schloss, aber außerhalb der mittelalterlichen Stadtmauern. Der Dreiflügelbau unter Mansarddach wurde im 18.Jh nach Versailler Vorbild erbaut. Dabei ist der große Ehrenhof („Schlossplatz") nicht auf die (Alt-)Stadt hin ausgerichtet, was als symbolhaft

Stuttgart

für das damalige Verhältnis Landesherr - Untertanen verstanden werden kann. Heute befinden sich zwei Landesministerien in dem Gebäude.

Mit dem Lustschloss **Solitude** (= Einsamkeit) gibt es einen weiteren Schlossbau aus der Zeit des Absolutismus (18.Jh). Es drückt das Bedürfnis von allmächtigen Herrschern aus, sich mit dem Rückzug in ihr „Traumschloss" von der Last des Regierens zu befreien. Das Schloss auf der Höhe westlich der Stadt war ursprünglich das Zentrum einer riesigen Parkanlage, von der nur der eigentliche Schlossbau überlebte und besichtigt werden kann. Die ansteigende Allee wird von Kavaliershäusern gesäumt, in denen der engere Kreis des Fürsten wohnen durfte.

OT Bad Cannstatt

Der Ort ist älter und ursprünglich bedeutender als Stuttgart. Hier standen zwei Mutterkirchen für die Siedlungen links und rechts des Neckars. Hier ließ 746 der Frankenkönig in einem Strafgericht den Adel der aufständischen Alemannen hinrichten. Hier überquerte der Fernhandelsweg Speyer – Ulm den Neckar, was dem jeweiligen Ortsherren entsprechende Einnahmen garantierte. Dies zahlte sich für die Gf. Württemberg aus, die Ende des 13.Jh Ortsherren wurden und mit den Zolleinnahmen Herrschaften aufkauften. Aber erst im 19.Jh hinterließen sie hier zwei entsprechend dem Zeitgeist gebaute Schlösser.

Bauten: Das **Schloss Rosenstein** wurde 1824-29 auf dem Kahlenstein von König Wilhelm, der hier starb, als Endpunkt des von der Kernstadt hierher verlängerten Schlossparks gebaut. Das langgestreckte eingeschossige Gebäude mit Säulen umschließt zwei Innenhöfe. Erbaut im klassizistischen Palladiostil ist es durch die Terrassen und Säulen wie ein Landhaus mit der umgebenden Natur verbunden. Heute Naturkundemuseum. – Der dazu gehörende, als Englischer Garten angelegte Rosensteinpark wurde weitgehend dem Zoo „Wilhelma" eingefügt. Dieser Zoo entstand 1962 auf dem Gelände des weiten Parks des **Wilhelma-Schlosses** (1847-65), benannt nach König Wilhelm. Aufgrund einer Begeisterungswelle für fremde Kulturen wurde es im Maurischen Stil erbaut (s. Langenargen). Nach dem 1.Weltkrieg war es das Hauptgebäude eines Botanischen Gartens. Bei der Umgestaltung zum Zoo wurde leider der prächtige Festsaal abgerissen.

OT Hohenheim

Wasserburg des Ortsadels, aus dem Bombastus von Hohenheim stammt, der als Arzt Paracelsus in Europa bekannt wurde. Nach der Zerstörung im 30j. Krieg baute der Generalkriegskommissar von Garb ab 1676 ein Barockschloss. 1768 fiel das Lehen an Württemberg zurück. Herzog Carl Eugen schenkte es seiner Mätresse und späteren Gattin Franziska, die zur „Gf. von Hohenheim" wurde. Das Schloss diente als Sommerresidenz und das „Dörfle" mit Englischem Garten zum Rückzug aus dem Alltag, analog zum Dörfchen im Park von Versailles. Überraschend wurde doch noch eine riesige Schlossanlage errichtet, die sogar als Hauptresidenz vorgesehen war. Da die Nachfolger die Residenz in der Stadt bevorzugten, ließen sie das Schloss ausräumen und die Anlage ungenutzt stehen. Erst die innovative Königin Katharina und ein neuer Zeitgeist machten 1818 Hohenheim zu einer landwirtschaftlichen Musteranlage,

Keimzelle der heutigen Universität. So findet der Besucher eine Anlage vor, die weitgehend von der Universität genutzt wird.
Bauten: Die immense Schlossanlage (1789) umfasst drei Höfe (Schlosshof, Westhof, Osthof). Das eigentliche **Schloss** besteht aus einem kuppelgeschmückten Mittelteil, den zwei Flügel flankieren und der v. a. auf der Parkseite seine Schauwirkung entfaltet. Dem schließen sich zweigeschossige, unterschiedlich genutzte Bauten in Karreeform an, welche die Höfe bilden. Die Gebäude sind als Universitätseinrichtungen teilweise zugänglich. – **Sonstiges:** Ein historischer Rundweg kann entsprechend einer Broschüre gegangen werden. Das romantische „Dörfle" jedoch ist leider verschwunden.

OT Stammheim

Ortsadel als Ministeriale der Gf. Tübingen bzw. Gf. Württemberg. Die Hr. von Stammheim hatten ihre Glanzzeit im 15.Jh., als sie Beihingen, Geisingen und Heuchlingen (alle s. Freiberg) erwarben. An ihrem Stammsitz besaßen sie die Hälfte des Dorfes, mit der sie sich dem Kanton Kocher und der Reformation anschlossen.

Stammheim. Das Schickhardtschloss ist heute Altenheim

Nach ihrem Aussterben (1588) fiel das Erbe an die Schertlin von Burtenbach, die Stammheim 1737 an Württemberg verkauften, das bereits das halbe Dorf besaß.
Bauten: Das **Schloss** (1579) ist eine zweistöckige Dreiflügelanlage unter Satteldach mit Treppenturm und Fachwerkgiebeln. Östlich davon stehen Fruchtkasten und Schlossscheune. Heute Altenheim. - **Sonstiges:** Acht Epitaphien (1397-1690) stehen geschützt unter dem Vordach der evang. Kirche, darunter mehrere figürliche und eines mit wuchernder Spätgotik („Flammengotik").

OT Mühlhausen

Eine Ministerialenfamilie von Blankenstein nannte sich ab 1257 nach Mühlhausen. Nach ihrem Aussterben um 1360 wechselten die Besitzer des Wasserschlosses, bis es 1461 an die Hr. von Kaltental kam. Diese schlossen sich dem Kanton Kocher der Reichsritterschaft und der Reformation an. Nach ihrem Aussterben (1586) und wiederholtem Besitzerwechsel kaufte 1728 die frisch geadelte Fam. von Palm das Rittergut. Zeitweise standen drei Burgen im Dorf.
Bauten: Das **Schloss** (16.Jh) wurde nach der Zerstörung im 2.Weltkrieg völlig verändert erbaut. Durch die Um– und Anbauten wirkt es als eine unharmonische Gebäudeansammlung, in der das Bezirksrathaus untergebracht ist. Nur auf der Parkseite vermitteln der Treppenturm und einige Schmuckelemente sowie zwei Wappen ein wenig Schlossatmosphäre. Es steht am Rande des alten Dorfes in der Mönchfeldstraße. – Im Park die Fundamente einer **Burg** („Engelburg"). - **Sonstiges:** Über den beiden Eingängen der weithin bekannten, schönen evang. Dorfkirche sind drei Mühleisen als sprechendes Wappen der Hr. von Mühlhausen angebracht. Im Inneren überraschen die Ausmalung, zwei Totenschilde so-

Stuttgart

wie drei figürliche und mehrere Wappen-Epitaphien bzw. Grabplatten der Hr. von Kaltental. – Imposant steht die Ruine der ehem. St. Walpurgiskirche über dem Dorf, wohl an Stelle einer verschwundenen Burg („Heidenschloss"). Chorturm und Langhausruine, an die das moderne evang. Gemeindehaus angebaut wurde, dienen als Kulisse für ein Freilichttheater. Interessant sind die im Boden liegenden Bruchstücke von zwei Epitaphien (16.Jh).

OT Hofen

Gegenüber Mühlhausen liegt jenseits des Neckars Hofen. Die Gf. Württemberg gaben Burg und Dorf als Lehen an die Hr. von Neuhausen. Da sich diese dem Kanton Kocher der Reichsritterschaft anschlossen, durften sie entsprechend dem Augsburger Religionsfrieden die Konfession ihrer Untertanen bestimmen. Deshalb blieb man hier katholisch und wurde zur Pfarrei der Katholiken, die am württ. Herzogshof beschäftigt waren. 1753 kaufte Württemberg das Rittergut.
Bauten: Das **Schlössle** (1722) ist ein schmuckloses Barockgebäude. Das privat bewohnte zweistöckige Gebäude unter Satteldach (mit Infotafel und einem Marienmedaillon) steht am Rande des verwinkelten Dorfes am Ende der Scillawaldstraße, unterhalb der Dorfkirche. – Daneben ragt die Ruine der im 30j. Krieg zerstörten **Burg** (12.Jh) mit einer mächtigen Schildmauer empor. - **Sonstiges:** An der Außenwand der kath. Dorfkirche St. Barbara stehen drei Epitaphien der Hr. von Neuhausen sowie mehrere verwitterte. Im Umfeld sind die Grabmale von auswärtigen Katholiken (Italiener, Hofmaler) interessant. – Einen schönen Blick auf Burg und Kirche hat man von der Hofener Neckarbrücke. (2008)

J5 Sulz RW

Burg **Albeck** südlich der Stadt war die Stammburg der **Gf. von Sulz,** die 1092 erstmals erwähnt werden. Unter den Staufern stiegen sie im 12.Jh zu Grafen auf, verloren jedoch im Interregnum ihren Stammsitz Sulz an die Gf. Geroldseck (1251) und das Landgrafenamt in der Baar an die Gf. Fürstenberg (1283). Als Entschädigung erhielten sie dafür 1299 den Vorsitz im Rottweiler Hofgericht. Mit der Heirat der Erbin von Habsburg-Laufenburg (1410) verlegten sie ihre Herrschaft in die Landgrafschaft Klettgau (s. Waldshut-Tiengen), wo sie 1687 ausstarben. In Sulz hinterließen sie nur die Burgruine Albeck.

Kernort

Sulz = Salz. Eingebettet in den Muschelkalk liegt ein riesiges Salzflöß, das in Sulz mit einer (verschwunden) Saline abgebaut wurde und heute von Haigerloch-Stetten aus abgebaut wird. - Stammsitz der Gf. von Sulz. Bereits 1251 fiel ihr Erbe an die Gf. Geroldseck, die 1471 gewaltsam von Württemberg vertrieben wurden. Die Stadt wurde Sitz eines württ. Obervogtes.
Bauten: Die 1688 zerstörte stauferzeitliche **Burg Albeck** steht als gut erhaltene Ruine auf einem Berg ca. 2 km südlich des Städtchens. - In der evang. Kirche sind mehrere Epitaphien der Gf. Geroldseck und der württ. Obervögte.

OT Glatt

Die Hr. von Neuneck saßen bereits im 13.Jh auf einer Wasserburg. Ihr berühmtestes Mitglied Reinhard machte im 16.Jh Karriere als Söldnerführer, Diplomat und Verwaltungsbeamter, womit er den Schlossneubau finanzieren konnte. Anschluss an den Kanton Neckar der Reichsritterschaft. Nach ihrem Aussterben (1671) wechselten die Besitzer häufig.

Glatt. Ein Bilderbuch-Wasserschloss am Oberen Neckar

Ab 1706 jedoch baute das Aargauer Kloster Muri von hier aus eine geschlossene Herrschaft auf, die von zwei Mönchen verwaltet wurde (s. Horb). Bei der Säkularisation fiel diese an die Hohenzollern in Sigmaringen. Glatt wurde Sitz eines Oberamtes.

Bauten: Das **Wasserschloss**, in der Blütezeit ab 1533 an Stelle einer mittelalterlichen Wasserburg erbaut, wirkt kompakt. Die quadratische Anlage mit vier Ecktürmen und einer Renaissance-Schlosskapelle wird vollkommen von einem Wassergraben umschlossen. Seit 1970 in Besitz der Gemeinde, heute Kulturzentrum und reich ausgestattetes Rittermuseum. Am Eingang und im Hof mehrere Wappen (Neuneck, Landenberg, Muri, Hohenzollern). Die Schlossanlage wird auf der Nordseite durch einen dreiflügeligen Wirtschaftshof (Bauernmuseum, Cafe) zur Glatt hin abgegrenzt. Auf der Ostseite ein Park entlang dem Flüsschen Glatt. Die frisch renovierte Anlage bildet ein Bilderbuchensemble. – Gegenüber steht das um 1560 erbaute „**Schlössle**" einer anderen Neuneck-Linie, das später von Kloster Muri als Amtshaus und seit 1804 als Pfarrhaus genutzt wird. Es ist ein zweigeschossiger Bau unter Satteldach mit einem Allianzwappen am Rundturm. – **Sonstiges:** Daneben das ehem. Badehaus (Schwefelquelle!) mit Wappen von Kloster Muri, heute Rathaus. - Jenseits des Flüsschens Glatt (an der Umgehungsstrasse) steht das privat bewohnte „Schlössle im Gießen". Das massive Steinhaus (1469) diente einer Neunecklinie als Wohnsitz und wurde nach deren Aussterben (1590) zum herrschaftlichen Schafhaus. Es fällt durch sein preußisches Wappen auf. – In der kath. Kirche sind mehrere figürliche Epitaphien, darunter auch das des grimmig schauenden Reinhard (1551) in Lebensgröße.

OT Hopfau mit Schloss Neunthausen

Das Dörfchen an der Glatt gehörte dem Kloster Alpirsbach und stand damit unter württ. Oberhoheit. Schloss **Neunthausen** oberhalb des Dorfes jedoch war Sitz eines Ortsadelsgeschlechts, das sich dem Kanton Neckar der Reichsritterschaft anschloss. Nach dessen Aussterben im Besitz der von Grüntal, dann von Gaisberg und schließlich im 19.Jh des Frh. von Linden. Seit 1895 in Besitz des Rottweiler Industriepioniers Duttenhofer bzw. dessen Nachkommen. Umgestaltung zu einer Apfelplantage.

Bauten: Das **Schlössle** steht erhöht über dem Ort (an Strasse nach Sulz)

Sulz

inmitten eines großen Parks. Die schmucklosen neugotischen Gebäude schmiegen sich an den Berg. Das Herrenhaus fällt durch den neugotischen Staffelgiebel auf. Privatbesitz, Verkauf von Äpfeln und Säften.

UMGEBUNG: Immer eines Besuches wert ist das abgelegene ehem. Dominikanerinnenkloster **Kirchberg,** ca. 10 km östlich der Stadt. Die barocke, repräsentative Anlage steht an der Stelle einer Burg mächtig auf einem Hügel, einem Schloss vergleichbar (s. Salem). In der Klosterkirche sind zwei Grabsteine der Stifterfamilie (Gf. Hohenberg) aus dem 13.Jh, darunter auch vom Minnesänger Albert (s. Dornhan). Der barocke Kirchenvorbau (heutiger Eingang) stammt von der Ministerialenfamilie von Weitingen, die ihn 1692 als Grablege erbaute. Daher ihr Wappen über dem Eingang. Die Anlage dient heute als evang. Fortbildungsstätte („Berneuchener Haus").

UMGEBUNG: Im **OT Bergfelden** hat die uralte, evang. Remigiuskirche ihren Kirchenburgcharakter erhalten können. Sie steht erhöht im Dorf, geschützt von einer turmbewehrten doppelten Mauer. (2008)

F9 Sulzbach (Murr) WN

Die Landschaft nordöstlich von Stuttgart wird geformt von **Keuperhöhen.** Diese ziehen sich als bewaldete Höhenrücken bis Crailsheim hin, unterbrochen von Bachtälern. Der Keuper mit seinen schweren Mergelböden bildet den Übergang vom Muschelkalk im Neckartal zum Jura der Schwäbischen Alb. Die vielen Weiler und Einzelhöfe schaffen das Bild eines dünn besiedelten Raums, der als **Naturpark** Schwäbisch-Fränkischer-Wald die ideale Ergänzung zum dicht besiedelten Neckartal bietet (s. Obersontheim). Sulzbach liegt idyllisch im weiten Tal der Murr zwischen den Löwensteiner Bergen und dem Murrhardter Wald.

Kernort

Das Reichsdorf gelangte im 13.Jh an die Hr. von Löwenstein, die hier ein Amt für 16 Weiler einrichteten. Die Kurpfalz erwarb 1441 die Oberhoheit, musste sie jedoch 1504 an Württemberg abtreten. Als Teil der Grafschaft Löwenstein kam sie bei der Teilung 1611 an die evang. Linie Löwenstein-Wertheim-Freudenberg, die 1867 ihre Besitzungen um Sulzbach verkaufte.

Sulzbach, Schloss Lautereck. Ein Schmuckstück im Murrtal

Bauten: Das **Schloss Lautereck** (16.Jh) ist ein rechteckiger Fachwerkbau auf Steinsockel mit zwei runden Ecktürmen. An die ehem. Wasserburganlage erinnern Reste des Grabens. Das frisch renovierte und als Kulturzentrum genutzte Gebäude liegt am Ende der Backnangerstraße.

Sulzbach (Murr)

UMGEBUNG: Das benachbarte Städtchen **Murrhardt** erwuchs aus einem karolingischen Benediktinerkloster, das in der Reformation 1558 von Württemberg aufgehoben wurde. Die Anlage diente anschließend als württ. Klosteramt, an dessen Spitze ein evang. Prälat stand. Dessen Wohnhaus, die ehem. Prälatur, ist heute Pfarrhaus. Trotz Zerstörung des eigentlichen Klosters durch Kriege und Brand blieb die Anlage in ihrer Grundform erhalten. So stammen die Gebäude um den „Klosterhof" (Langer Bau mit Abtswappen, Zehntscheunen) vom ursprünglichen Wirtschaftshof. Dieser Hof wird auf der Nordseite vom **„Fürstenbau"** abgeschlossen, dessen Namen sich auf die Umwandlung des Konventsüdflügels in einen herrschaftlichen Wohntrakt als Ausgangspunkt für die Jagd im Murrhardter Wald bezieht. Dieses „Jagdschloss" besteht aus dem ehem. Refektorium mit Spitzbogenfenstern und einem zweigeschossigen Massivbau mit bemalter Bretterdecke. Erhalten blieben auch noch die berühmte romanische Walterichskapelle und Reste der Klostermauer mit dem „Hexenturm". In der Klosterkirche, heute evang. Stadtkirche, sind viele Epitaphien von Äbten sowie eine gotische Tumba mit dem Herzen des Klostergründers Kaiser Ludwig der Fromme. Zudem findet man in der außerhalb stehenden Walterichskirche Epitaphien eines Abtes und von Bürgern. (2009)

Sulzbach-Laufen SHA F10

Die **Schenken von Limpurg** hatten sich in die beiden Hauptlinien Gaildorf und Obersontheim (mit Nebenresidenzen in Untergröningen und Michelbach) aufgeteilt. Um weitere Aufteilungen zu vermeiden, die das Ländchen total zerstückelt hätten, fand man innerhalb der Gaildorfer Linie eine Sonderlösung: Der jeweils nachgeborene Sohn sollte die Herrschaft Schmiedelfeld erhalten. Daher diente Schloss Schmiedelfeld, das weithin sichtbar oberhalb von Sulzbach steht, 1557-1690 als Ausweichresidenz für jüngere Familienmitglieder.

Schloss Schmiedelfeld

Seit dem 12.Jh Sitz eines Ortsadelsgeschlechts. Die Burg gelangte um 1437 an die Schenken von Limpurg, die sie als Witwensitz und 1557-1690 als Ausweichresidenz für nachgeborene Söhne verwendeten. Nach dem Aussterben der Schenken (1713) wurde das Erbe unter den Töchtern aufgeteilt und die Herrschaft 1781 an Württemberg verkauft, das ins Schloss einen Amtmann setzte.
Bauten: Das **Schloss** wurde 1581 auf den Resten einer staufischen Burg erbaut, 1739 umgebaut und nach Erwerb durch die Gemeinde (1832) teilweise abgebrochen bzw. gewerblich genutzt. Heute ist es in Privatwohnungen zerstückelt und äußerlich kaum mehr als Schloss erkennbar. Auf der Nordseite steht eine Buckelquaderwand als

Schloss Schmiedelfeld, Schlosskapelle. Gerettet von einer Bürgerinitiative

Sulzbach-Laufen

Rest der staufischen Ministerialenburg. – Das Glanzstück ist die profanierte Schlosskapelle (1594), die ebenfalls weitgehend zerstört war und nur durch die gewaltige Leistung einer örtlichen Bürgerinitiative (1994-2001) wieder hergestellt wurde. Gerettet wurden dabei auch mehrere Wappenepitaphien sowie ein prächtiges Monumentalgrabmal (1603). Die Kapelle wird für Veranstaltungen vermietet. (2009)

M2 Sulzburg FR

Warum gründeten im Frühmittelalter so viele Adlige Klöster und statteten sie mit ihren Besitzungen aus? Ein wichtiger Grund dafür war wohl die rechtliche Möglichkeit, sie als **Eigenkloster** zu besitzen. Damit hatte der Adlige Einfluss auf die Abläufe im Kloster (z.B. Abtswahl) und regelte die weltlichen Angelegenheiten (z.B. Zugriff auf die finanziellen Ressourcen). Er durfte sogar seine Rechte über das Kloster vererben oder verschenken. Die Cluny-Hirsau Reformbewegung schränkte dieses Eingriffsrecht zwar ein, als **Klostervogtei** erlebte es jedoch eine Renaissance (s. Zwiefalten). Die Geschichte des Klosters Sulzburg ist ein Beispiel für die Verfügungsgewalt der weltlichen Macht über die geistliche.

Kernort

Sulz = Salz. In diesem Schwarzwaldtal gab es schon immer Bodenschätze (Silber, Blei), weshalb die Stadt Sitz eines Bergamtes war. 993 wurde hier ein Benediktinerinnenkloster von einem Gf. Birthilo gegründet. Als Eigenkloster übergab es sein Sohn an den Bf. von Basel, der es wiederum seinen Parteigängern, den Hr. von Üsenberg, schenkte. Diese gründeten 1260 die Stadt auf Eigengut des Klosters, ein häufig anzutreffendes Vorgehen. Stadt und Klostervogtei kamen schließlich als Erbe 1392 an die Gf. Baden-Hachberg (s. Emmendingen) und damit 1415 an die Gf. Baden, die ab 1515 zeitweise hier residierten. Das Schloss diente anschließend wiederholt als Witwensitz. In der Reformation (1556) wurde das Kloster von Baden-Durlach aufgelöst.

Bauten: Das **Schloss** (1527) ist nur noch in Resten als Zweiflügelanlage erhalten, denn 1834 wurde es für Strassen- und Rathausbau weitgehend abgerissen. Der zweigeschossige schmucklose Hauptbau öffnet sich mit großen Jochbögen zum Marktplatz. Heute Antiquitätengeschäft. Auf der gegenüberliegenden Seite steht das Rathaus (1834) an Stelle eines abgerissenen Schlossflügels. Davor die ehem. Schlosskirche, heute Bergwerkmuseum. Der Schlosspark ist heute Kurpark. – **Sonstiges:** Im Norden der Stadt (beim Friedhof) blieb die romanische Klosterkirche St. Cyriakus erhalten. In ihr sind viele Wappen-Epitaphien von Adligen, Amtleuten und wohl auch Äbtissinnen. – Sulzburg war seit 1727 Sitz des Rabbiners für die Obere Markgrafschaft. Erhalten blieben die Synagoge (Gustav-Weil-Str.) und der jüd. Friedhof hinter dem Campingplatz (an Straße nach Bad Sulzburg). – Das Städtchen mit Staffelgiebeln, Stadttor und Stadtmauer ist klein, aber fein. (2006)

Sulzfeld KA E6

Ravensburg = Rabans Burg. **Die Göler von Ravensburg** sind die direkten Nachfahren von Raban von Wimpfen, der 1190 als Reichsministerialer mit mehreren Burgen die Stauferpfalz Wimpfen absicherte. Von ihnen spalteten sich anschließend die Helmstatt und die Mentzingen ab, weshalb diese drei Geschlechter den Raben im Wappen führen. Der Zusatz Göler (= männlicher Hühnervogel) erscheint ab 1278. Wie fast alle Mitglieder des Kantons Kraichgau der Reichsritterschaft schlossen sie sich der Reformation an. Auffallend ist ihre Ortsbeständigkeit, weswegen sie seit rund 800 Jahren auf der Ravensburg bzw. in Sulzfeld wohnen.

Kernort

Merowingersiedlung. Die Ravensburg wurde im 13.Jh zur Sicherung der Stauferpfalz Wimpfen erbaut und bildete mit dem Dorf zu ihren Füßen eine Herrschaft. Die Oberhoheit kam 1364 an die Gf. Katzenelnbogen und damit als Erbe an Hessen-Darmstadt, weshalb die Burg als „Hessische Burg" bezeichnet wurde (s. Angelbachtal). Die Göler schlossen sich dem Kanton Kraichgau der Reichsritterschaft und der Reformation an. Mit den Untertanen gab es häufige Konflikte, wobei nach dem 30j. Krieg ein Ausgleich nach dem Eingreifen des Ritterschaftskantons gefunden wurde. Im 18.Jh war die Familie so zerstritten, dass Kaiser Joseph II eine Schlichtungskommission schickte.

Bauten: Zwei Schlösser stehen im Dorf. Neben der evang. Kirche steht das **Pforzheimer Schloss** (1609), so genannt, weil der Erbauer zugleich Obervogt im badischen Pforzheim war. Es ist eine große, von Nutzbauten gebildete Hofanlage, die heute als Verwaltungszentrum (Rentamt) und dem Weinverkauf dient. Herrschaftliche Toreinfahrt mit Allianzwappen (Hauptstr. 44). – An der Straßengabelung nach Kürnbach/Ochsenburg steht **Schloss Amalienhof** (1740). Der lang gestreckte eingeschossige Barockbau unter einem beherrschenden Walmdach wird geziert von einer Freitreppe und zwei quadratischen Türmchen. Privat bewohnt, Zugang bis Hoftor. Davor steht im Park ein Ökonomiegebäude, in dem Zahnarztpraxis und Zahnklinik untergebracht sind. - **Sonstiges:** In und an der evang. Kirche sind 12 Epitaphien der Göler, teilweise figürlich, das bedeutendste versteckt in der Sakristei. Der alte Friedhof daneben dient seit dem 19.Jh den Göler als Grablege.

UMGEBUNG: Über dem Dorf steht die **Ravensburg.** Aus der Stauferzeit blieb der hohe Bergfried mit Buckelquadern erhalten. Man betritt die Kernanlage über eine Brücke durch das Torhaus, hinter dem ein Portal mit Allianzwappen in den Palas führt. Diese Gebäude stammen vom Ende des 16.Jh. Die weitläufige Anlage ist von einer Mauer mit Rondellen umgeben. In Besitz der Göler von Ravensburg, als Restaurant genutzt. Infotafel am Eingang. Wirtschaftsbauten im Vorburgbereich. (2009)

Talheim HN

Die **Hr. von Talheim** werden 1180 erstmals erwähnt. Sie gründeten 1280 ein Klarissenkloster in Flein, das 1302 in die Reichsstadt Heilbronn umzog. Als Amtleute standen sie in württ. Diensten und waren 1534 an der Rückeroberung Württembergs für Gf. Ulrich beteiligt. 1605 starben sie aus. An sie erinnern ein Schloss sowie einige Epitaphien in der evang. Kirche.

Landjudengemeinden gab es v.a. in den Dörfern der Reichsritterschaft. Nachdem viele große Territorien (z.B. Württemberg) und fast alle Reichsstädte (so auch das benachbarte Heilbronn) die Juden vertrieben hatten, ergab sich hier eine Marktlücke für die Reichsritter. Sie nahmen die vertriebenen Juden nicht aus Nächstenliebe auf, sondern um zusätzliche Einnahmen in Form von Schutzsteuern zu erhalten. Erst im Zuge der Gleichstellung infolge der franz. Revolution (s. Kippenheim) wanderten die Juden in die großen Städte ab. Daher lebten im Alten Reich die Juden v.a. im schwäbischen und fränkischen Raum, weil die Reichsritterschaft hier besonders stark ausgeprägt war. Im Dorf Talheim wohnten sie sogar im Schloss.

Kernort

Ortsadel saß hier bereits im 13.Jh auf einer Burg. Im Laufe der Zeit entstand jedoch eine Ganerbengemeinschaft, an der zeitweise zehn verschiedene Herrschaften beteiligt waren. Anschluss an die Reichsritterschaft und Einführung der Reformation. Im 16. und 17.Jh kaufte die Heilbronner Kommende des Deutschen Ordens sukzessive 2/3

Talheim (HN). Im Oberen Schloss bildete sich eine Landjudengemeinde

der Dorfherrschaft auf und siedelte nach dem 30j. Krieg Katholiken an. Juden durften bereits seit dem 15.Jh nach ihrer Vertreibung aus Heilbronn hier wohnen. Den Juden aus der Burg Horkheim (s. Heilbronn) überließen 1778 die Hr. von Gemmingen, die das restliche Dorfdrittel besaßen, das verfallene Obere Schloss.

Bauten: Das **Obere Schloss** („Judenschloss") geht in seinem Kern mit der Schildmauer und dem Rundturm auf das 13.Jh zurück. Das verwinkelte Gebäude mit Fachwerkaufsatz ragt massiv empor, weil es zur Dorfseite hin auf einer gewaltigen Unterkonstruktion steht. Es ist heute in Privatwohnungen aufgeteilt. Im offenen, zugänglichen Hof stand die Synagoge. Infotafel am Eingang. – Das **Untere Schloss** („Neues Schloss") wurde 1766 an Stelle einer mittelalterlichen Wasserburg erbaut. Die schlichte dreistöckige Winkelhakenanlage mit einem Renaissance-Eingang ist seit 1985 in Gemeindebesitz und wird privat sowie für Veranstaltungen genutzt. Sie steht im Norden des Dorfes Richtung Sontheim. Zufahrt über die Schlossstrasse. Daneben sind die private Wohnanlage „Schlossgut Ehrenberg" und ein Park. - **Sonstiges:** Viele (auch figürliche) Epitaphien der Hr. von Talheim (1370-1605) und weiterer Ganerben in der evang. Kirche (Kilianskirche), die erhöht über dem Dorf beim Friedhof steht. - Das Amtshaus des Deutschen Ordens diente im 19.Jh als Pfarrhaus und wurde 1883 neu erbaut. An der Rückfront des privat bewohnten Gebäudes blieb die Fassade mit dem Ordenswappen und der herrschaftliche Eingang erhalten (Hauptstr. 3). - Das Amtshaus der Gemmingen ist ein hoher Fachwerkbau (Hauptstr. 16). – Der Zehnthof des Bf. Würzburg (Hauptstr. 21) ist ein renovierungsbedürftiges Wohnhaus mit einem verwitterten Wappen.

UMGEBUNG: Südlich der Straße nach Untergruppenbach liegt der **Hohrainhof**. Er kam 1665 aus dem Besitz des Deutschen Ordens an das Zisterzienserkloster Kaisheim (Bayr. Schwaben), das darin eine Rokokokapelle einrichtete. Die barocke Anlage ist heute eine Außenstelle der Justizvollzugsanstalt und kann besichtigt werden. (2009)

Talheim TUT L5

Auf einer Linie von Tuttlingen an der Donau bis Schwenningen am Neckar erstreckt sich das größte zusammenhängende Gebiet von protestantischen Orten südlich der Schwäbischen Alb. Dies ist das Erbe Württembergs, das im Spätmittelalter an die Obere Donau vorgestoßen war (s. Tuttlingen), jedoch nur in der Umgebung von Talheim mit den Resten der **Grafschaft Lupfen** ein relativ kompaktes Territorium behielt: Schwenningen, Trossingen, Aldingen, Tuningen, Öfingen, Oberbaldingen. In Tuttlingen saß der zuständige Obervogt, die einzelnen Dörfer wurden von Vögten verwaltet. Das Vogtshaus in Talheim wirkt aufgrund seiner prächtigen Fassade wie ein Schlösschen.

Kernort

Auf dem Lupfen oberhalb Talheim saß ein Hochadelsgeschlecht, das 1250 die Lgft. Stühlingen (s.d.) erbte und 1256 eine Teilung in die beiden Linien Lupfen (1499 ausgestorben) und Stühlingen mit Schloss Hohenlupfen vornahm. Die Burg Lupfen wurde von der Reichsstadt Rottweil 1377 zerstört, die Grafschaft Lupfen 1444 an Württemberg verkauft. Reformation durch Württemberg, das Talheim von einem Vogt verwalten ließ. 1975 machte das 1.000-Seelen-Dörfchen Schlagzeilen, weil es sich erfolgreich vor dem Staatsgerichtshof gegen die Eingemeindung nach Trossingen wehrte.

Bauten: Als **Schlössle** darf das ehem. Vogtshaus („Ochsenbeckenhaus") bezeichnet werden. Es ist ein quergeteiltes Einhaus mit Wohn- und Wirtschaftstrakt und damit eigentlich ein typisches Bauernhaus. Außergewöhnlich ist es jedoch wegen des schönen Fachwerks mit farbiger Bemalung, darunter ein Wappen des Hzg. Eberhard Ludwig (1693-1733) am Eckpfosten, sowie wegen der beiden schönen Eingangstüren (1580). Der Name geht auf die Kombination von Bäckerei und Gasthaus zum Ochsen zurück. Heute privat bewohnt, an der Ecke Vogtsstr./Bauerngasse. Zufahrt ausgeschildert. – Eine bewehrte Germania am Schneckenburger Platz erinnert an den hier geborenen Verfasser der „Wacht am Rhein". (2009)

F13 Tannhausen AA

Wie kompliziert und zersplittert die **Besitzverhältnisse** in den meisten Reichsritterschaftsdörfern waren, dies zeigt die folgende Übersicht. In Tannhausen waren 1734 von 107 Haushalten gerade mal 23 als Eigenbesitz oder Lehen in Händen der Dorfherren, der Frh. von Thannhausen. Die restlichen teilten sich auf zwischen dem Bf. von Augsburg (49), den Gf. Oettingen (22), dem Kloster Kirchheim (8), der Reichsstadt Dinkelsbühl (5). Damit floss der Großteil der Abgaben in andere Herrschaften ab, ein enormer Kaufkraftverlust.

Die **Frh. von Thannhausen** (mit h) wurden 1246 als Ministeriale der Gf. Oettingen erwähnt. Ihre Herrschaft beschränkte sich weitgehend auf das Dorf, mit dem sie sich dem Kanton Kocher der Reichsritterschaft anschlossen. Ihr Zubrot verdienten sie in Diensten der Gf. Oettingen oder der Mgf. von Ansbach. Im 16.Jh wurden sie protestantisch, ab 1720 waren sie wieder katholisch. Noch heute leben sie hier in Tannhausen.

Kernort

Ortsadel unter der Oberhoheit der Gf. Oettingen saß auf einer Wasserburg. Anschluss an Kanton Kocher und die Reformation. Da jedoch das Kirchenpatronat beim Augsburger Domkapitel lag, blieb das Dorf katholisch. 1806 an Bayern, 1810 an Württemberg.
Bauten: Das **Schloss** (18.Jh) ist ein zweistöckiges Barockgebäude unter Walmdach. Zwei Seitentürmchen und ein Treppenturm geben ihm ein solides Aussehen. Bewohnt von Fam. von Thannhausen. Park und Wirtschaftsgebäude dabei, von Mauer umgeben. Lage: Am westlichen Ortsrand, „Schlossstraße". - **Sonstiges:** Ein Epitaph an Außenwand der kath. Kirche.

UMGEBUNG: Im 5 km entfernten Weiler **Dambach** (Gem. Stödtlen) saßen ebenfalls Oettingsche Ministeriale. Im 14.Jh kam die Herrschaft unter der Landeshoheit der Gf. Oettingen an die Kröll von Grimmenstein. Das Schlössle (1686) besteht aus zwei schmucklosen, einstöckigen Gebäuden unter Mansarddach mit einem Wappen. Unbewohnt und verwahrlost steht es am Rande eines Bachdurchflossenen Parks. „Schlossstraße". (2006)

L12 Tannheim BC

Die **Gf. Schaesberg** stammen aus der südholländischen Provinz Limburg. Ihre Besitzungen lagen ursprünglich zwischen Aachen und Maastricht, aber durch lukrative Heiratsverbindungen erreichten sie eine permanente Besitzausweitung und -streuung über mehrere Provinzen im Rhein-Maas-Gebiet (Limburg, Geldern, Jülich, Kleve). Sie galten als streng katholisch, weshalb sie ihren politischen Schwerpunkt aus den calvinistischen Niederlanden ins kath. Herzogtum Jülich-Berg verlegten. Hier stiegen sie als Kanzler der Gf. Pfalz-Neuburg, die als Kurpfälzer Seitenlinie in Düsseldorf residierten, 1706 in den Grafenstand auf. Reichsunmittelbar waren sie mit der Grafschaft Kerpen-Lommersum, für deren Verlust infolge der franz. Revolution sie 1803 mit dem Klosteramt Tannheim entschädigt wurden.

Tannheim

Kernort

Das Dorf wurde im 12.Jh dem neu gegründeten Benediktinerkloster Ochsenhausen geschenkt, das es zum Mittelpunkt eines Amtes machte. Als 1803 das Kloster an die Gf. Metternich fiel, wurde das Amt ausgegliedert und den Gf. Schaesberg zugesprochen. Es war ab 1806 Standesherrschaft unter württembergischer Landeshoheit.
Bauten: Das **Schloss** (1696) war der Amtshof des Klosters. Es ist ein schmuckloser dreistöckiger Winkelhakenbau unter Satteldach, der v.a. durch seine massige Form auffällt. Zusammen mit einem Ökonomiegebäude und der kath. Kirche formt es einen geschlossenen Innenhof. Das Gebäude wirkt kaum genutzt. - **Sonstiges:** Die Fam. Graf Schaesberg wohnt südlich gegenüber inmitten eines großen Parks in einem neobarocken Anwesen. Sie hat ihre Grablege in einem Mausoleum östlich gegenüber im öffentlichen Park.

Tannheim. Mausoleum mit Gruft, eine besondere Form des Ahnenkultes

UMGEBUNG: Im benachbarten Dorf **Berkheim** musste sich das Kloster Ochsenhausen die Herrschaft mit dem Prämonstratenserstift Rot teilen. So finden wir das Ochsenhausener Wappen über dem Eingang des frühbarocken Gasthofs Krone. Das Pfarrhaus hingegen, das aufgrund seiner vier barocken Ecktürmchen wie ein Schlössle wirkt, wurde 1529 von Rot errichtet. - Über dem **OT Bonlanden** (Gem. Berkheim) ragt eine dominierende Gebäudegruppe empor. Dies ist das Mutterhaus der Kongregation der Franziskanerinnen von Bonlanden, die sich im 19.Jh hier ansiedelte. (2009)

Tauberbischofsheim TBB B10

Das **Erzbistum Mainz** baute sein Territorium rechts des Rheins kontinuierlich über Jahrhunderte aus. Um die Jahrtausendwende wurde durch meinen Vorfahren Erzbischof Willigis Aschaffenburg erworben, das anschließend als Zweitresidenz sowie als Sitz des Vizedomus und als Verwaltungszentrale diente. Damit setzte eine Expansion in Spessart, Odenwald und Bauland bis zur Jagst ein (s. Walldürn). Widerstand kam vor allem von der Kurpfalz (s. Weinheim). Die Amtsstädte des Vizedominats schlossen sich 1346 zum **Neunstädtebund** zusammen und erhielten weitgehende Selbstverwaltung, vergleichbar den Amtsstädten Habsburgs. Damit konnten sie im Bauernkrieg eine Verständigung mit den Aufständischen aushandeln, was ihnen anschließend als Verrat ausgelegt und der Bund aufgelöst wurde. Davon betroffen war auch Tauberbischofsheim, einer der frühesten, östlichsten und wichtigsten Vorposten des Bf. von Mainz.

Tauberbischofsheim

Tauberbischofsheim. Im Schloss war die östlichste Verwaltungszentrale des Fürsterzbistums Mainz

Kernstadt
Bereits unter Bf. Bonifatius, dessen Verwandte Lioba hier ein Frauenkloster gründete, kam der Merowinger-Königshof als Geschenk des Karolingers Karl Martell an das Bistum Mainz (um 730). Darauf geht der Name Bischofsheim zurück, der erst im 19.Jh den Zusatz Tauber bekam (s. Neckarbischofsheim). Mainz richtete hier ein Centgericht, ein Oberamt und eine Finanzverwaltung ein, begehrte Stellen beim Landadel. Die Stadt nahm eine führende Stellung im Neunstädtebund ein und hatte eigene Steuereinnahmen, was ihr jedoch nach dem Bauernkrieg entzogen wurde. 1803 kam sie an das neu gebildete Fürstentum Leiningen (s. Mudau) und damit 1806 an Baden.

Bauten: Das **Schloss** ist ein verwinkelter Gebäudekomplex. Im Zentrum ragt der Bergfried („Türmersturm") aus der Stauferzeit empor. Die Südseite wird vom zweistöckigen Palas mit dem schönen Kapellenerker (1490), heute Museum, gebildet. Auf der Nordseite begrenzen mehrere Wirtschafts- und Verwaltungsbauten sowie ein Rundturm den Hof. Die ursprünglich von einem Wassergraben umgebene Anlage steht am südlichen Rande der Altstadt (Schlossplatz) neben einem unterirdischen Parkhaus. - **Sonstiges:** Mehrere Epitaphien an und ein prächtiges Renaissance-Epitaph der Hr. von Riedern in der kath. Martinskirche. - An der Peterkapelle stehen mehrere Grabsteine von Amtleuten und Bürgern aus dem ehemaligen Friedhof. - Zwei auffallende Bürgerhäuser stehen nebeneinander in der Hauptstraße östlich des Marktplatzes: das Lieblerhaus, bemalt mit Melusinen und Wassermännern (1618), und das Barockpalais des Weinhändlers Bögner (1744).

OT Distelhausen
Das Dorf war Teil der Herrschaft Lauda, mit der es zuerst an die Gf. Rieneck und 1506 an den Bf. von Würzburg kam. 1803 zum Fürstentum Leiningen.
Bauten: Das **Schloss** der Zobel von Giebelstadt ist ein schmuckloses, einstöckiges Gebäude des 19.Jh mit schöner Eingangstüre. Es steht in einem großen, ummauerten Park am Ortsausgang Richtung Tauberbischofsheim (Schlossstraße). Heute Kreismedienzentrum. – Im Dorf neben der Kirche steht das **Schlössle** Abendantz. Die schöne Hofanlage mit einem schmucklosen Herrenhaus (1758) ist heute Feuerwehrhaus (Wolfgangstr. 8). (2007)

H5 (Bad) Teinach-Zavelstein CW

Die **Bouwinghausen von Wallmerode** sind ein rheinisches Rittergeschlecht, benannt nach dem Stammsitz Wallmenroth über Betzdorf (Sieg) und dem ererbten Rittergut Beuinghausen bei Waldbröl. Benjamin erreichte als Diplomat in württ. Diensten, dass der franz. König Henri IV das Herzogtum Alencon in der Normandie 1605-12 als Pfand für ein von Württemberg gegebenes Darlehen verlieh.

Dies war ein spektakulärer Akt, denn Krondomänen wurden ansonsten nur an Mitglieder der königlichen Familie vergeben. Dafür erhielt Benjamin die Herrschaft Zavelstein als Lehen.

OT Zavelstein

Die im 13.Jh von den Gf von Vaihingen errichtete Burg kam im 14.Jh an Württemberg. Wahrscheinlich hierher flüchtete sich Gf Eberhard der Greiner 1367, als er von den „Martinsvögeln" (Schleglerbund, s. Heimsheim) überfallen wurde. Burg und Städtchen bildeten eine bis Wildbad reichende Herrschaft, die ständig an den umwohnenden Adel verpfändet und 1616 an Benjamin Bouwinghausen verliehen wurde. 1710 Rückkauf und Sitz eines Vogtes für einen Amtsbezirk. Zavelstein war noch im 19.Jh die kleinste Amtsstadt Württembergs mit eigenem Abgeordneten.

Bauten: Vom **Schloss,** das Heinrich Schickhardt errichtete, blieben nur romantische Ruinen, da es 1692 durch franz. Truppen zerstört wurde. Bergfried mit Buckelquadern (13.Jh), zweigeschossiger Palas, Reste der Zwingeranlage. – **Sonstiges:** In der evang. Kirche steht rund ein Dutzend Wappen-Epitaphien der Bouwinghausen. – Das Burgstädtchen besteht nur aus einer einzigen Straße und bildet zusammen mit der Burgruine ein idyllisches Ensemble.

UMGEBUNG: Die bereits 1345 als Wildbad erwähnte Heilquelle im **OT Bad Teinach** diente über Jahrhunderte den Gf. von Württemberg zur Erholung. Vermutlich wurde hier Gf. Eberhard überfallen (s.o.). An die „herrschaftliche Vergangenheit" erinnert das 1864 errichtete Badhotel sowie die kabbalistische Bildtafel in der evang. Kirche, die von der Schwester des Herzogs 1672 aufgestellt wurde. Hier äußert sich vorpietistisches Gedankengut.

UMGEBUNG: Das nahe Städtchen **Neubulach** war bedeutend als Bergbaustadt. Seit 1440 in württ. Besitz war es Sitz eines Vogtes speziell für den Bergbau, der in der Bergvogtei zusammen mit dem Berggericht tagte. Diese Bergvogtei ist ein schönes Fachwerkhaus, heute Bergwerksmuseum (Burgstr.1). – Der repräsentative Adelssitz der erfolgreichen Bergunternehmerfamilie Grückler, die über 400 Jahre den hiesigen Pfarrer stellte, steht an der Stadtmauer am Platz der mittelalterlichen Burg. Das Fachwerkhaus auf Steinsockel mit schönem Torbogen ist heute Privatbesitz (Kachelofenfirma, Burgstr. 8). Ihre Epitaphien mit den gekreuzten Bergwerkshämmern im Wappen stehen in der evang. Stadtkirche. - Die Geschlossenheit der Stadtanlage mit Fachwerkhäusern, umgeben von Teilen der Stadtmauer, gibt dem Städtchen einen romantischen Anstrich.(2010)

Tengen KN M5

Wie groß musste eine Grafschaft im Alten Reich sein, um zum **Fürstentum** werden zu können? Anscheinend reichte hierfür auch ein halbes Städtchen von 250 x 60 Meter! Denn diese Hälfte verkaufte 1663 Habsburg an die **Gf. Auersperg** aus Kärnten/Slowenien. (Die andere Hälfte wurde als eigenständige Stadt in Besitz des Deutschen Ordens vom benachbarten Blumenfeld aus verwaltet, s.u.). Mit der anschließenden Erhöhung in den Fürstenstand belohnte

Tengen

der Kaiser aus dem Hause Habsburg einen Parteigänger – eine seit dem 30j. Krieg gängige Maßnahme, um die kath. Partei zu stärken. Die gefürsteten Gf. Auersperg richteten anschließend nur eine Obervogtei statt eines Schlosses ein, residierten also gar nicht hier. Wie winzig das Ganze war und ist zeigt sich schon darin, dass im Städtchen nicht einmal eine Kirche steht. Jedoch: Nicht ohne Grund heißt es: „Engen, Tengen, Blumenfeld, sind die schönsten Städtchen auf der Welt!".

Die hochadligen **Hr. von Tengen** werden bereits 1080 erwähnt. 1404 erwarben sie durch Heirat die Landgrafschaft Nellenburg-Hegau und stiegen 1422 in den Grafenstand auf. Aber bereits 1445 mussten sie wegen Schulden an Habsburg verkaufen, ebenso 1522 ihren Stammbesitz Tengen. Schließlich kauften sie die Herrschaft Wehrstein bei Horb, wo sie 1591 ausstarben. Als markante Erinnerung ragt der Rest ihrer Stammburg im Städtchen empor.

Kernort

Tengen war dreigeteilt. Zum einen gab es das frühmittelalterliche Dorf, in dem bis heute die Pfarrkirche steht. Zum weiteren entstand bei der um 1200 erbauten Burg, auf der die Hr. von Tengen saßen, eine hochmittelalterliche Siedlung südlich („Hinterburg") und eine nördlich („Vorderburg"). 1275 wurde Tengen-Hinterburg an die Hr. von Klingenberg verkauft, erhielt 1291 das Stadtrecht und gelangte 1488 zusammen mit Blumenfeld (s.u.) an die Deutschordens-Kommende Mainau. Tengen-Vorderburg, das als systematische Anlage entlang einer breiten Straße bereits bei der Gründung das Stadt- und Marktrecht erhalten hatte, blieb in Besitz der Hr. von Tengen und wurde erst 1522 (zusammen mit zwei Dörfern) an Habsburg verkauft. Beim Weiterverkauf 1663 an die Gf. Auersperg behielt Habsburg die Oberhoheit, obwohl die Grafschaft zum Fürstentum erhoben wurde. Nach der Napoleonischen Mediatisierung Verkauf an das Großherzogtum Baden. Erst 1876 wurden die drei Teile zur Stadt vereinigt. **Bauten:** Die **Burg,** 13.Jh, auf einem Felsen stehend und von der Stadt „Vorderburg" durch einen Graben getrennt, brannte 1519 ab. Nur der 32m hohe Bergfried blieb erhalten. Die Burg gehörte zu Tengen-Vorderburg. - Die **Obervogtei,** 1748, ist ein dreistöckiges Steinhaus unter Satteldach. Das privat bewohnte Haus mit Auersperg-Wappen über dem Eingang ragt in die Stadtstraße hinein. - **Sonstiges:** Das Städtchen mit seiner typischen Lage als Burgsiedlung auf einem Bergsporn wirkt märchenhaft. Infotafel vor Ort. Das Informationsmaterial der Stadtverwaltung zum historischen Hintergrund ist hervorragend gestaltet. – An der Straße nach Leipferdingen steht im freien Felde eine uralte Gerichtslinde mit Infotafel.

Blumenfeld. Deutschordensstädtchen im Hegau

OT Blumenfeld

Die Hr. von Blumenegg gründeten 1275 das Städtchen bei ihrer Burg und verkauften um 1300 an die Hr. von Klingenberg auf dem Hohentwiel. Als diese in finanzielle Schieflage kamen, verkauften sie 1488 an die Deutschordenskommende Mainau (s. Konstanz). Obwohl das Gebiet mit 10 Dörfern, darunter auch Tengen-Hinterburg (s.o.), größer war als das von Mainau, wurde Blumenfeld nicht zu einer selbständigen Kommende aufgewertet, sondern durch einen Obervogt verwaltet. Mainau war damit die reichste Kommende innerhalb der Ballei Elsass-Burgund.

Bauten: Das **Schloss** (16.Jh) ist eine verschachtelte, mittelalterlich-burgartig wirkende Anlage von dreistöckigen Steinbauten unter Satteldach. Die Staffelgiebel und der wappengeschmückte Erker erzeugen einen malerischen Anblick. Mehrere Wappen. Gelungen ist die Verbindung mit einem modernen Anbau für das 1980 eingerichtete Altenheim. – **Sonstiges:** In der neugotischen kath. Kirche überraschen die beiden Wände über den Seitenaltären aufgrund ihrer Wappengalerie von Deutschordensrittern. – Neben der Kirche das Pfarrhaus mit Wappen (1582). - Stadttor erhalten. - Die renovierte herrschaftliche Mühle (heute Hotel-Restaurant) liegt idyllisch am Wasserfall der Biber. - Schloss und Städtchen, die einem Rundling ähnlich auf einem Bergrücken über dem Bach Biber eine Einheit bilden, wirken wie Relikte einer vergangenen Welt. Überwältigend ist der Anblick auf Schloss und Städtchen von Norden (Straße nach Tengen).

OT Büsslingen

Auch dieses Dorf direkt an der Grenze zur Schweiz kam als Teil der Herrschaft Tengen-Hinterburg 1488 an den Deutschen Orden und wurde Sitz eines Untervogtes. Daneben gab es jedoch noch Ortsadel auf einer separaten Wasserburg inmitten des Dorfes.

Bauten: Das **Schloss** („Schlössli") wurde 1610 wahrscheinlich an Stelle einer Wasserburg erbaut. Der dreigeschossige Bau unter Satteldach mit Staffelgiebel und Fachwerk-Erker ist bewohnt (Zollstr. 1). - Das **Amtshaus,** 1602, war Sitz des Untervogtes. Das herrschaftliche Haus (1602) mit Staffelgiebeln steht oberhalb der Kirche und ist heute Pfarrhaus. (2009)

Teningen EM L2

Die Freiburger **Patrizierfamilie Snewlin** kaufte im 14.Jh nicht mehr nur Maierhöfe mit festen Einkünften, sondern sogar Burgen mit Herrschaftsrechten, womit sie zeitweise zum bedeutendsten Burgenbesitzer im Breisgau wurde und in den Landadel wechselte. Die einzelnen Linien nannten sich nach ihrer Burg, so auch die hiesige Linie Snewlin-Landeck, die zeitweise das Dreisamtal von Ebnet bis zum Feldberg beherrschte und 1562 ausstarb (s. Freiburg-Ebnet). Die Burg Landeck war kurz zuvor an die Gf. Baden-Hachberg verkauft worden.

Im Breisgau findet man eine Reihe von Adelsgeschlechtern, deren Namen ihre **französischsprachige Herkunft** verrät: Schackmin (Chaquemin), Hennin, Mercy, Neveu, Garnier, du Viviers. In der Regel stammen sie aus Belgien oder Lothringen und kamen als Parteigänger der Habsburger hierher, wo sie Mitglied der Breisgauer Ritterschaft wurden. So auch die aus den Habsburger Niederlanden (= Belgien) stammenden von Duminique, deren Ahne Jakob als

Teningen

Kommandant von Freiburg 1704 in den Breisgau kam und das Rittergut Heimbach erheiratete. Sein Urenkel, von Beruf General, fertigte den Plan für ein eigenartiges Schloss.

OT Heimbach

Das Dorf gehörte zum weit verstreuten Besitz des Klosters St. Gallen im Breisgau (s. Ebringen). Die Dorfherrschaft kam 1279 an die Gf. Baden-Hachberg, die sie 1470 an Breisgauer Adel verkauften. Habsburg setzte seine Landeshoheit gegenüber häufig wechselnde Besitzern durch. Es vergab 1652 das Dorf als Lehen an Wilhelm Goll aus Schlettstadt (Selestat), der erfolgreich für Habsburg in Münster/Osnabrück verhandelt hatte. 1719 fiel es an die Fam. von Duminique, die 1805 ausstarb. Das Erbe kam über mehrere Zwischenerben (Ulm-Erbach, Ostman, May) an Fam. von Elverfeldt.

Heimbach. Schloss. Im Breisgau ist Adel französischer Herkunft gängig

Bauten: Das **Neue Schloss** (1803-06) ist eine eigenwillige Mischung von Klassizismus und Romantik. Das zweistöckige Herrenhaus unter Walmdach wird auf der Talseite von einem hervortretenden runden Mittelteil, auf der Gartenseite hingegen von den beiden seitlichen Türmchen dominiert. Über einen Gang ist es mit einem Haus verbunden, in dem Frh. von Elverfeldt wohnt. Zwei quer stehende Wirtschaftsgebäude runden die ummauerte Anlage ab. Sie liegt erhöht in einem kleinen Park im Ortszentrum. – Gegenüber glänzt das **Alte Schloss** (1578), ein zweistöckiger Stufengiebelbau, dessen Nebengebäude verschwunden sind. Als Feuerwehrhaus ist es seit seiner Renovierung (1978) das Schmuckstück des Dorfes. - **Sonstiges:** In der kath. Kirche erinnern mehrere Tafeln an die jeweilige Dorfherrschaft sowie eine Tumba an Fam. von Duminique. Einmalig in BW (und anscheinend ganz Deutschland) ist ein Ölgemälde mit Tafel (1650), auf der Hr. von Goll schildert, dass er mit der Hl. Lanze in Nürnberg dieses Gemälde durchstoßen habe. – Schönes Dorfzentrum.

UMGEBUNG: Am Ende eines Schwarzwaldtals liegt **Landeck** mit einer weithin sichtbaren Burgruine. Die im Bauernkrieg zerstörte Burg war im 13.Jh von den Gf. von Geroldseck errichtet worden, von denen sie 1300 über die Johanniter an die Snewlin gelangte. Die hiesige Linie baute sich eine bedeutende Herrschaft auf, musste jedoch 1511/1538 verkaufen. Von der mächtigen Anlage sind noch die Reste von zwei Palas-Wohnbauten und einer Kapelle erhalten. Sie steht auf einem Felsen inmitten des Weilers und ist teilweise begehbar. Zufahrt von Emmendingen-Mundingen.

UMGEBUNG: Im **OT Köndringen** fällt das stattliche Zentrum mit evang. Kirche und Pfarrhaus auf. Das Haus des badischen Vogtes ist ein repräsentatives Fachwerkhaus mit Inschrift (1619) (Bahnhofstr. 2). – Auch **OT Teningen** war badisch. Hier fällt das prachtvolle Rathaus mit Türmchen auf, das seit 1851 in einem zuvor schlossähnlichen Gasthof untergebracht ist. (2007)

Tettnang FN N10

„Der Krug geht so lange zum Brunnen, bis er bricht." Schmählicher als die **Gf. Montfort** konnte eine Hochadelsfamilie kaum enden: Konkurs mit Ansage. Diese Abspaltung der Pfalzgrafen von Tübingen teilte sich so häufig, dass ihr am Ende nur ein Miniterritorium blieb, das zudem seit dem 16.Jh stark verschuldet war. Um den Aufstieg in den Fürstenstand zu schaffen, bauten die Grafen 1712-20 eine teure Barockanlage, finanziert auf Pump und über eine Geldverschlechterung. Statt einer Fürstenurkunde schickte der Kaiser eine Untersuchungskommission. Als die Residenz abbrannte, war mit dem Wiederaufbau der Ruin unausweichlich. Habsburg machte von seinem Vorkaufsrecht Gebrauch und übernahm 1780 die Konkursmasse. Sieben Jahre später starb der letzte Graf kinderlos. Er hinterließ mit einem wunderbaren Rokokoschloss eine bleibende Erinnerung in Tettnang.

Kernstadt

Eine alemannische Siedlung und eine Urpfarrkirche weisen Tettnang als bedeutenden Ort im Frühmittelalter aus. Im 12.Jh kam er an die Pfalzgrafen von Tübingen, wurde bei der anschließenden Erbteilung der Gft. Bregenz zugeschlagen, kam bei der nächsten Erbteilung zwischen Werdenberg und Montfort zu

Tettnang. Dieses Rokokoschloss trieb die Gf. von Montfort in den Konkurs

letzteren und war ab 1354 Sitz einer eigenen Linie. Das von ihnen gegründete Städtchen blieb aufgrund der starken Konkurrenz der nahen Reichsstädte eine Ackerbürgerstadt. Aber immerhin wurde bereits im 16.Jh die Leibeigenschaft aufgehoben. Infolge weiterer Teilungen und Verkäufe schrumpfte das Territorium immer mehr. Trotz hoher Verschuldung zogen die Gf. Montfort im 18.Jh nochmals ein ehrgeiziges Bauprogramm durch, das in den Ruin mündete. Habsburg kaufte 1780 das Restgebiet auf und schloss es Vorarlberg an. Napoleon jedoch schlug es seinen Verbündeten zu: 1806 Bayern und ab 1810 Württemberg.
Bauten: Das **Neue Schloss** entstand 1712-20 an Stelle einer im 30j. Krieg zerstörten Burg und wurde nach Brand (1753) wieder aufgebaut. Es ist eine elegante Rokoko-Vierflügelanlage mit übereck gestellten Erkertürmen. Das dreistöckige Gebäude unter Walmdach mit einem aufwändigen, wappengeschmückten Mittelrisalit hat eine tolle Fernwirkung ins Tal. Heute Museum, Schulamt, Notariat. Die Schlosskapelle ist evang. Kirche. - Am Platz davor steht das **Alte Schloss,** 1667, ein massiver Staffelgiebelbau mit Allianzwappen über dem Portal. Heute Rathaus. - Die spätmittelalterliche **Burg** „Torschloss" am Bärenplatz, verbunden mit Stadttor und Teil der Stadtbefestigung, wirkt malerisch. Heute Historisches Museum. – **Sonstiges:** Die kath. Kirche St. Gallus, enthält ein Marmorepitaph des letzten Grafen in der Eingangshalle. – Das Städtchen auf einem Höhenrücken über dem Schussental ist eine „Puppenstuben-Miniresidenz". (2003)

Tiefenbronn PF

Im **Überschneidungsbereich** rivalisierender Territorialmächte bot sich dem Landadel die Chance, sich als Reichsritter dem Kaiser direkt zu unterstellen. Eine solche Gelegenheit war südöstlich Pforzheim gegeben, wo Baden von Württemberg zurück gedrängt wurde (s. u. Mönsheim) und daher bereitwillig als Lehensherr die Hr. von **Gemmingen-Hagenschieß** unter seine Fittiche nahm. Diese konnten so ein für Ritterverhältnisse außergewöhnlich großes und geschlossenes Gebiet von acht Dörfern aufbauen. Damit schlossen sie sich der Reichsritterschaft an, jedoch nicht (wie zu erwarten) dem näheren Kanton Kraichgau, sondern dem Kanton Neckar. Ihre Meisterleistung bestand wohl darin, die beiden großen protestantischen Nachbarn gegenseitig so auszuspielen, dass sie selbst weiterhin beim Alten Glauben bleiben konnten. Als Belohnung durften sie - im Unterschied zu den evang. Gemmingen - in der Gegenreformation mit Augsburg und Eichstätt zwei Bischofssitze „erobern". Folglich trifft man hier an der Würm, im Bereich des Waldgebiets „Hagenschieß", auf eine kath. Enklave mit einer spektakulären Konversion im Schloss von Mühlhausen.

OT Mühlhausen

Die bereits in der Merowingerzeit gegründete Siedlung an der Würm war seit 1150 Teil der Herrschaft Steinegg (s. Neuhausen). Zeitweise saß hier ein eigener Zweig der Gemmingen-Hagenschieß. 1823, in den Anfängen der evang. Erweckungsbewegung, trat der kath. Pfarrer Aloys Henhöfer zusammen einem Drittel der Gemeinde zur evang. Kirche über. Der daran beteiligte Patronatsherr Julius von Gemmingen stellte anschließend sein Schloss als Pfarrhaus zur Verfügung.

Mühlhausen. Das Schloss wurde zum evang. Pfarrhaus

Bauten: Das **Schloss** (1553) steht an Stelle einer Wasserburg an der Würm. Das dreistöckige Hauptgebäude unter Krüppelwalmdach wirkt aufgrund seiner Fachwerkfassade ländlich. Angefügt ist ein quadratischer, massiver Eingangsturm. Die Anlage wird von einer mit Rundtürmen bewehrten Mauer und gegen die Straße hin von Nebengebäuden abgeschirmt. Seit 1823 Pfarrhaus. Lage: An der Würmtalstraße, unterhalb der evang. Kirche. – **Sonstiges:** Das **Neue Schloss** (1791) an der Tiefenbronner Straße ist ein längliches, zweigeschossiges, schmuckloses, unauffälliges Gebäude, das heute als Kindergarten genutzt wird. - Daneben steht die spätgotische kath. Kirche mit Epitaphien der Gemmingen.

Kernort

Das Ausbaudorf des Mittelalters gehörte zur Herrschaft Steinegg (s. Neuhausen) und teilte deren Schicksal. So besaß die Linie Gemmingen-Hagenschieß bis 1806 unter badischer Oberhoheit die Dorfherrschaft. 1839 verkaufte sie ihre Rechte an das Großherzogtum.
Bauten: Das **Schloss** wurde 1851 abgerissen. Das zweistöckige, turmbewehrte, massive Herrenhaus im Renaissancestil stand südlich der kath. Kirche. Von

den Gebäuden, die westlich der Kirche den Wirtschaftshof des Schlosses bildeten, stehen die Zehntscheune mit Staffelgiebel (angebaut an das St. Martin-Wohnhaus), das Jägerhaus (heute Sparkasse) und das sogenannte Asylhaus, ein wunderschönes Fachwerkhaus (1512, heute Gemeindebürgerhaus). - **Sonstiges:** Über 50 Epitaphien, darunter viele figürliche, sowie zwei Friese mit je 38 Wappen an der Nordwand des Langhauses überraschen in der kath. Kirche. Zudem stehen außen an der Nordwand einige Epitaphien.

UMGEBUNG: Durch die nahe Gemeinde **Mönsheim** verlief bis 1806 die Grenze zwischen Württemberg und Baden. Ursprünglich hatte Baden hier die Oberhoheit und vergab das Dorf im 14.Jh an die Diepold von Bernhausen. Der 22 m hohe Bergfried in der Dorfmitte ist der Rest ihrer 1645 zerstörten Burg **(Diepoldsburg)**. Zudem gibt es mehrere Wappenepitaphien in der evang. Kirche. 1481 jedoch erwarb Württemberg sowohl die Oberhoheit als auch die Dorfherrschaft. – Das rund 1 km entfernte **Schloss Obermönsheim** hingegen blieb badisch und wurde 1561 vom badischen Haushofmeister von Rüppur erworben. Die Dreiflügelanlage mit Renaissance-Erker ist seit 1923 in Besitz der Fam. von Gaisberg und als Wohnanlage vermietet. Im Vorburgbereich moderne Neubauten. Lage: oberhalb der Straße nach Wimsheim. Am Fußweg vom Schloss zum angeschlossenen Golfplatz befindet sich ein kleiner Waldfriedhof der Schlossherrschaft.

UMGEBUNG: Im nahen **Weissach** wurde an Stelle einer Burg eine Kirchenburg mit dem ehem. Bergfried als Kirchturm errichtet. Die Anlage wird von einer massiven Mauer geschützt, an die Gaden (= Vorratsspeicher) angebaut sind. Sie steht am Dorfrand erhöht über dem Dorf. (2009)

Todtmoos WT N3

Neue Techniken und neue Industrien brachten die Erschließung der Mittelgebirge im Hochmittelalter (12./13.Jh). Denn neben den Rohstoffen benötigte man auch vermehrt Energie, und die fand man in Form von Wasserkraft und Holz hier im Hochschwarzwald. So flößte man das hiesige Holz auf der Wehra nach Wehr, wo es für die Eisenverhüttung eingesetzt wurde. Oder man verarbeitete es vor Ort in **Glasbläsereien**. Für 100 kg Glas benötigte man rund 200 Kubikmeter Holz, davon 95% alleine für die Herstellung von Pottasche. Daran erinnert der Todtmooser OT Glashütte. Im Kernort zeigen die stattlichen Häuser mit ihren weit hervorragenden Vordächern den dadurch erworbenen Wohlstand.

Kernort

Die Erschließung des Waldes im oberen Wehratal setzte im 13.Jh durch die Hr. von Klingen ein, weil sie das Holz für die Eisenverarbeitung brauchten. Die dabei entstandenen Rodungen wurden landwirtschaftlich genutzt, es entstand die Schwarzwaldtypische Form der Weide- und Waldwirtschaft. Die Gf. Habsburg erwarben 1272 den Hochschwarzwald und machten Todtmoos mit den umliegenden Rodungssiedlungen zu einer eigenen Herrschaft innerhalb ihrer Wald-

Todtmoos

vogtei. Zudem wurde die Kirche zu einer bedeutenden Maria-Himmelfahrt-Wallfahrtsstätte, weshalb das nahe Benediktinerkloster St. Blasien 1504 ein Priorat für die Betreuung der Pilger einrichtete. 1655 konnte es sogar die Dorfherrschaft kaufen und seinen zahlreichen Besitzungen hinzufügen.
Bauten: Als **Schlössle** kann man das 1733 erbaute Prioratsgebäude mit dem St. Blasien-Wappen bezeichnen, denn es besitzt ein repräsentatives Treppenhaus und ein Fürstenzimmer. Nach der Säkularisation wurde es zum Pfarrhaus, heute wird es von polnischen Paulinermönchen bewohnt (s. Satteldorf). Es steht erhöht über dem Dorf neben der kath. Kirche im Rokokostil, bei der die Eingangstüre in verspieltem Manierismus (1625) außergewöhnlich ist, denn im 30j. Krieg baute man keine Kirchen. (2006)

J8 Trochtelfingen RT

Das altertümliche Burgstädtchen Werdenberg im Rheintal an der Schnellstraße zum St. Bernardino-Pass besteht aus nur zwei von stattlichen Holzhäusern gesäumten Straßen und einem Schloss. (Daher der Spottvers: „Werdenberg ist eine Stadt, die weder Kirch noch Brunnen hat"). Nach diesem Ort nannten sich das Hochadelsgeschlecht der **Gf. Werdenberg.** Es entstand 1258 durch eine Abspaltung von den Gf. Montfort, die ihrerseits von den Pfalzgrafen von Tübingen abstammen und die pfalzgräflichen Besitzungen im Alpenraum 1206 geerbt hatten (s. Langenargen). Ebenso wie die Gf. Montfort verloren die Gf. Werdenberg infolge ständiger Erbteilungen an Bedeutung. Im Donau-Bodensee-Raum stoßen wir auf sie mit mehreren Besitzungen, so auch hier im verträumten Burgstädtchen Trochtelfingen, eine Art Sprungbrett für weitere Erwerbungen.

Kernort

Bereits in der Bronzezeit gab es hier viele Siedlungen. Bei der Landnahme der Alemannen entstand ein bedeutendes Dorf. Das Städtchen jedoch ist eine Gründung der Gf. Tübingen, die ab 1095 die Burg erworben hatten. Anschließend gelangte die Herrschaft über Umwege 1316 an die Gf. Werdenberg. Die hier regierende Linie erbte Heiligenberg, Veringenstadt und Sigmaringen, starb jedoch 1534 aus. Trochtelfingen wurde als Eigenbesitz von den Gf. Fürstenberg geerbt und Sitz eines Obervogtes. 1806 fiel es unter die Landeshoheit von Hohenzollern-Sigmaringen.

Trochtelfingen. Hoher Turm, Schloss und Kirche prägen die Silhouette des Städtchens

Bauten: Das **Schloss** aus dem 15.Jh ist ein massiver, dreistöckiger burgartiger Steinbau mit Staffelgiebeln. Allianzwappen über dem Eingang zum Treppenturm. Heute Schule. – Daneben blieben Reste der Befestigungsanlage erhalten: östlich ein wuchtiger Geschützturm und westlich der Pulverturm. – **Sonstiges:** In der kath. Kirche befand sich die Grablege der Werdenberg beim rechten

Seitenaltar, woran eine wunderbare gotische Tumba (1465) erinnert. Im Chor sind zwei Epitaphien (Priester, Frau des Obervogts). – Das Rathaus mit Staffelgiebel war zuvor der herrschaftliche Fruchtkasten (1636). Daneben steht das ehem. Rentamt (1678), ein Fachwerkhaus. Beide passen zum schönen Ortsbild mit vielen Fachwerkhäusern und verwinkelten Ecken, das seit 1980 unter Denkmalschutz steht. - Zur barocken Burgkapelle, die als Rundbau an der Stelle einer verschwundenen Burg erhöht nördlich des Städtchens steht, führt ein Kreuzweg. – Der Seckbach ist ein typischer Karstquellenbach.
UMGEBUNG: Im **OT Steinhilben** findet man „Im Schlössle" minimale Reste der Ringmauer einer Ortsadelsburg. (2009)

Tübingen TÜ 17

Die **Pfalzgrafen von Tübingen** nannten sich nach dem Amt, das sie um 1140 von den Staufern erhielten: Pfalzgrafen des Herzogtums Schwaben. Als Grafen im Nagoldgau hatten sie Besitz im Donautal und auf der Alb erworben, weshalb sie ihren Herrschaftsmittelpunkt im 11.Jh hierher verlegten. 1152 erheirateten sie die Grafschaft Bregenz, was jedoch anschließend zur Abspaltung der Gf. von Montfort führte (s. Tettnang). Weitere Teilungen in die Linien Böblingen, Herrenberg und Asperg endeten im Ausverkauf an die Gf. Württemberg und im Abstieg zu landsässigen Grafen im Breisgau (s. Kenzingen). Ihre Wappenfahne wurde von Städten in BW, Vorarlberg und Ostschweiz übernommen und ist als Universitätswappen international bekannt.

Das geistige und geistliche Zentrum Württembergs war und ist diese **Universitätsstadt**. Seit der Gründung der Universität 1477, der dritten im Bereich des heutigen BW nach Heidelberg und Freiburg, lehrte und lebte hier eine geistige Elite. Wegen der Universitätsjuristen hielt der Reichsritterschaftskanton Neckar-Schwarzwald hier seine Konvente ab und lagerte hier sein Archiv. Schlösser von Reichsrittern sind in den eingemeindeten Dörfern anzutreffen. - Nach der Reformation bekam die Universität eine zusätzliche Funktion, denn von hier aus wurden nicht nur das Herzogtum, sondern auch die Kleinterritorien der evang. gewordenen Grafen, Reichsritter und Reichsstädte mit lutherischen Pfarrern versorgt. Noch heute ist das **evang. Stift** eine weithin bekannte Institution. Nachdem Württemberg unter Napoleon ein konfessionell gemischter souveräner Staat geworden war, übergab man der Universität auch die Ausbildung der kath. Priester, so dass wir heute in einem ehemaligen Schloss (Ritterakademie) kath. Theologen antreffen.

Kernstadt

Die Gf. von Tübingen bauten im 11.Jh ihre Burg über dem Neckar und gründeten die Stadt. Politisch bedeutungslos und verarmt verkauften sie 1342 an die Aufsteiger, die Gf. von Württemberg. Tübingen wurde nach Stuttgart zur zweiten Residenz, was sich in der Einrichtung einer Landesuniversität und des Hofgerichts sowie anhand der herzoglichen Grablege im Chor der Stiftskirche zeigt. Württemberg baute 1594 die schlossartige Ritterakademie („Collegium Illustre") an der Stelle des abgebrannten Franziskanerklosters, die erste in

Deutschland. Diese diente für die standesgemäße Ausbildung des Adels außerhalb des bürgerlichen Universitätsbetriebs.
Bauten: Das **Schloss** Hohentübingen steht dominant über der Stadt auf dem Höhenrücken zwischen Neckar- und Ammertal. Es wurde nach 1500 als Landesfestung begonnen, daher die massiven Rundtürme und Bastionen. Andererseits ist es ein typisches Fürstenschloss der Renaissance (z.B. Portal, Treppentürme). Heute v.a. Nutzung durch Universität. - Die schlossartige **Ritterakademie** wurde 1588-93 als Vierflügelanlage mit drei massiven Rundtürmen erbaut. Außen ein prachtvolles Renaissance-Wappen. Heute kath. Wilhelmstift für Priesterausbildung (Collegiumsgasse 5). – **Sonstiges:** Die evang. Stiftskirche enthält über 80 Epitaphien von Adeligen (z.B. Studenten), Professoren und der Ehrbarkeit. Ihr Chor diente den württ. Herzögen (16./17.Jh) als Grablege. Als Kollegiatstift war sie Keimzelle der Universität. – Die Kanzlei des Ritterkantons Neckar befand sich 1644-98 an der Stelle des heutigen Hotel Hospiz (Neckarhalde 2) und anschließend in der Pfleghofstraße. - Schloss, Stiftskirche und Ritterakademie liegen in der verkehrsberuhigten, gut erhaltenen Altstadt mit stattlichen Fachwerkbauten von Professoren und Landadel. - Der Historismusstil des 19.Jh zeigt sich v.a. in den burgartigen Bauten von Studentenverbindungen (auf Schlossberg und Österberg) sowie bei der schlossartigen Neorenaissance-Nervenklinik (Osianderstr. 24, Blickfang vom Schloss aus).

OT Bebenhausen

Ca 10 km nördlich von Tübingen liegt das ehemalige Zisterzienserkloster im Schönbuch. 1190 wurde es von den Gf. Tübingen gegründet. Es konnte durch Schenkungen und Käufe ein Territorium von 12 Dörfern erwerben und 16 Grangien (= Gutshöfe) einrichten. Die Gf. Württemberg, welche die Vogtei erworben hatten, lösten es in der Reformation auf. Es war anschließend Sitz eines evang. Abtes, der zugleich als Superintendent die evang. Kirchen der Region leitete. Das Klosteramt für die Dörfer blieb bestehen, der Abtsbau wurde zum Jagdschloss. Nach dem 2. Weltkrieg tagte hier der Landtag des neu gebildeten Landes Südwürttemberg-Hohenzollern.
Bauten: Die gotische Klosteranlage ist weitgehend erhalten. Das 1532 im Osten der Klosteranlage errichtete Gästehaus und das Klosterkrankenhaus wurden 1870 zum **Jagdschloss** umgebaut. Der württembergische König Wilhelm bewohnte es nach seiner Abdankung (1918). Nach dem 2. Weltkrieg tagte hierin der Landtag. Heute Museum.

Schloss Roseck am Schönbuchrand

UMGEBUNG: An der Straße nach Tübingen liegt am Rande des **OT Lustnau** die ehemalige Grangie (= Gutshof) des Klosters. Auf dem Höhepunkt seines Reichtums hatte Bebenhausen 16 derartige Grangien, von denen aus Laienbrüder das umgebende Land bewirtschafteten. Bei dieser Anlage fällt auf, dass sie wie eine kleine Burg mit Mauer und Turm gesichert war. Heute dient sie einer Suchttherapie-Einrichtung.

Schloss Roseck
Ebenfalls (seit 1410) in Besitz des Klosters Bebenhausen war **Schloss Roseck** im Nordwesten des **OT Unterjesingen**. Hier saß ein Verwalter für den Klosterbesitz im Ammertal. 1947 richteten die Franziskanerinnen von Heiligenbronn (bei Schramberg) hierin ein Müttererholungsheim ein. Seit 1993 ist es ein Pflegeheim in Privatbesitz.
Bauten: Das schmucklose dreistöckige Gebäude unter Walmdach mit einem kleinen Innenhof wurde im 16.Jh auf den Fundamenten einer Burg errichtet. Auf der Ringmauer sitzen Bauten des 20.Jh. Es liegt abgelegen am Schönbuchrand, ca 2 km nördlich der B 28 Richtung Herrenberg, von der ein Fahrweg 100 m hinter dem Ortsende von Unterjesingen abzweigt. Von der Anlage, die auf einem Ausläufer des Schönbuchs steht, bietet sich ein wunderbarer Blick übers Ammertal und das Waldgebiet Rammert bis hin zur Schwäbischen Alb.

OT Kilchberg
Im Neckartal Richtung Rottenburg befinden wir uns im Kerngebiet des Kantons Neckar-Schwarzwald der Reichsritterschaft (s. Ammerbuch). Kilchberg gelangte im 15.Jh an die Hr. von Ehingen, einem aus Rottenburg stammenden Geschlecht. Diese schlossen sich der Reformation und mit ihren Rittergütern Kilchberg,

Kilchberg. Burgturm und Schloss, bis heute ein Adelssitz

Kressbach und Bläsiberg (s.u.) der Reichsritterschaft an. Nach ihrem Aussterben (1608) wurde der Besitz aufgeteilt. Kilchberg kam über die Hr. von Closen an die Gf. Leutrum von Ertingen. Seit 1765 wohnt die aus Pommern stammende Fam. von Tessin hier.
Bauten: Das **Schloss** entstand aus einer Wasserburg (15.Jh), von der es noch den Turm (mit Aussichtsplattform) und massive Mauern besitzt. Darin die gotische Schlosskapelle. Das Hauptgebäude ist ein dreistöckiges Steinhaus unter steilem Satteldach. „Hinteres Schloss" und Wirtschaftsbauten schließen sich nach Norden und Osten an. Im 6,5 ha großen Park überrascht eine lichtdurchflutete Orangerie (20.Jh). Am Rande des Parks, an der Mauer zur Umgehungsstraße, steht das **Untere Schloss** (18.Jh), ein Gebäude mit Fachwerkobergeschoss. Diese Mauer grenzt die gesamte Anlage nach Außen ab. In Besitz der Fam. von Tessin. – **Sonstiges:** Gegenüber steht die evang. Chorturmkirche mit Herrschaftsloge und vielen prachtvoll-figürlichen Epitaphien der Ehingen, deren Gruft sich unter der Kirche befand. Über dem Eingang und an der Herrschaftsempore das Wappen der Leutrum von Ertingen. – Die Grablege der Tessin ist im Gemeindefriedhof am Waldrand. - Das landwirtschaftlich wirkende Dorf wurde im Halbkreis um das Schloss herum gebaut. Ein Teil des Parks ist öffentlich.

Tübingen

OT Bühl

Auch dieses Nachbardorf gehörte zur Reichsritterschaft und war gleichzeitig Teil der Grafschaft Hohenberg (s. Rottenburg). Einem Rottenburger Patriziergeschlecht gelang es, seit 1292 eine eigene Herrschaft aufzubauen, die nach seinem Aussterben 1502 an die Stein zum Rechtenstein fiel. Dieses katholisch gebliebene Geschlecht baute das Schloss. 1665 zog Habsburg als Lehensherr das Rittergut ein und gab es dem Jesuitenkolleg in Rottenburg.

Bauten: Das **Schloss**, um 1550, ist ein dreigeschossiges, massives Steinhaus mit zwei Rundtürmen und achteckigem Treppenturm (mit Inschrift des Erbauers). Ausgefallen sind die Masken auf der Nordseite (Neidköpfe?) zur Umgehungsstrasse, die hart am Schloss vorbei führt. Auf drei Seiten ummauerte, geschlossene Anlage mit kleinem Park. 1792 an Bürger verkauft und als Brauerei-Gasthof genutzt. Seit 1983 nach Totalrenovierung Eigentumswohnungen bzw. Akademie für Verhaltenstherapie. - **Sonstiges:** In der kath. Kirche zwei Epitaphien von Frauen, darunter ein figürliches. – Der Übergang vom Schloss zum Dorf ist fließend, einige Häuser gehörten hier wohl zum Schlossgut.

UMGEBUNG: Im Steinlachtal (B 27, Richtung Hechingen) stehen zwei Schlösser, die ehemals zum Kanton Neckar der Reichsritterschaft gehörten. So links der Steinlach auf einer Anhöhe das Rittergut **Kressbach**, erbaut 1766 von den Frh. von Saint André, die es momentan an eine private medizinische Einrichtung vermietet haben. Es ist ein Barockbau mit frühklassizistischer Fassade. Der vordere Eingang wird von einem Balkon auf toskanischen Säulen, der hintere Eingang von einem Wappen gekrönt. Im verwahrlosten Park unterhalb des Schlosses steht eine renovierungsbedürftige Kapelle mit Epitaphien des 19.Jh. - Über eine Allee gelangt man zum Hofgut **Eckhof**, ca 2 km südlich gelegen, dessen Walmdachhaus vom Frh. von Saint André bewohnt wird. - Und rechts der Steinlach steht auf einem Hügel das Rittergut **Bläsiberg**, erbaut um 1560. Das schmucklose dreistöckige Steinhaus (1560) unter Satteldach ist in Stadtbesitz und wird heute von einer Therapieeinrichtung genutzt.

UMGEBUNG: Von Bläsiberg aus führt ein Fahrweg zum ehemals zum Rittergut gehörenden Dorf **Wankheim** (Gem. Kusterdingen), wo in der dortigen evang. Kirche zwei Wappen- und ein figürliches Epitaph der Hr. von Ehingen stehen. Die Herrschaft siedelte Juden an, deren Friedhof am Waldrand Richtung Kusterdingen erhalten blieb. (2008)

L6 Tuttlingen TUT

Diese Stadt war der äußerste **Vorposten Württembergs** an der Oberen Donau, Rest eines groß angelegten Vorstoßes mit dem Erwerb der Grafschaft Sigmaringen und der Grafschaft Lupfen (s. Talheim). Aufgrund der Machtschwächung infolge der Landesteilung (1441) wurden entfernt liegende Gebiete an der Donau wieder verkauft. Übrig blieben nur einzelne Flecken wie Trossingen, Schwenningen, Neuhausen ob Eck, die von einem in Tuttlingen sitzenden Obervogt verwaltet wurden. Mit Württemberg wurde man evangelisch in einer ansonsten beim Alten Glauben bleibenden Landschaft. Da war es beruhigend, mit der Landesfestung Honburg über Tuttlingen abgesichert zu sein. .

Kernstadt

1377 erwarb Württemberg von den Gf. Sulz die Stadt und machte sie zum Sitz eines Obervogtes. Von der württ. Herrschaft zeugen neben der Ruine Honburg (s.u.) zwei Elemente. Zum einen die Konfession, ersichtlich an den überwiegend evangelischen Kirchen, darunter eine Jugendstil-Stadtkirche von Dolmetsch. Zum anderen die klassizistische Stadtanlage mit ihrem konsequenten Rechteckraster. Hier hatte Kurfürst/König Friedrich nach einem verheerenden Stadtbrand (1803) ebenso wie für die württembergischen Landstädte Balingen und Göppingen kurzerhand eine moderne Neuplanung verordnet: logisch-quadratisch-gut, dem radikal neuen Denken der französischen Revolution entsprechend.

UMGEBUNG: Nur noch Ruinen stehen von der **Honburg,** die bereits im 15.Jh von Gf. Eberhard im Barte zur frühesten Festungsanlage Württembergs ausgebaut wurde. Sie bildete den Sperrriegel an der wichtigen West-Ost-Achse, die sich an der Donau orientierte und auf die Römer zurückging. Diese Bedeutung kann man noch heute nachvollziehen, weil der Burgberg im Osten der Stadt zwischen zwei Bundesstraßen liegt, B 14 zum Bodensee und B 311 nach Oberschwaben. Im 30j. Krieg war die Stadt aufgrund ihrer Lage heftig umkämpft. Damals wurde auch die Festung Honburg zerstört, und zwar - Ironie des Schicksals - von Konrad Widerholt, der von der Festung Hohentwiel aus für Württemberg seine Überfälle machte. Sie wurde 1890 als romantische Ruine teilweise wieder aufgebaut.

OT Möhringen

In eine andere Welt kommt der Besucher in diesem verträumten Städtchen an der Donau mit ihrem mittelalterlichen Stadtmuster. Vom Ortsadel, Ministerialen des Benediktinerklosters Reichenau, war das Dorf um 1300 an die Hr. von Klingenberg gekommen. Diese gründeten zwischen Fluss und Berg die Stadt nach einem strengen Rechteckraster, versehen mit drei Toren. Infolge ihres Niedergangs (s. Tengen) verkauften sie 1520 an die Gf. Fürstenberg, die hier eine Obervogtei für rund ein Dutzend Dörfer einrichteten.

Möhringen. Verwaltungszentrum eines kleinen Fürstenberg-Amtes

Bauten: Das **Schloss** entstand im 16.Jh auf den Resten einer Burg der Klingenberger. 1697 Umbau zum Sitz des Obervogtes und Jagdschloss. Es ist ein massiver dreistöckiger Steinbau unter Satteldach mit einem Fürstenbergwappen über dem schönen Renaissance-Portal. Im 19.Jh an Privat verkauft, als Schenkung an die Stadt und als Rathaus genutzt. (H. Leiber-Strasse). – **Sonstiges:** Zwei verwitterte Epitaphien in der kath. Kirche, in welcher der Taufstein mit den Wappen der Amtspersonen geschmückt ist. – Die historischen Gebäude sind vorbildlich mit Info-Tafeln versehen. (2009)

Überlingen FN

Das **Stadtpatriziat** gehört zu einer bedeutenden Reichsstadt wie das Salz zur Suppe. Es entstand bei der Stadtgründung aus der Ministerialenschicht, die im Dienst des Königs Verwaltungsaufgaben übernahm (s. Schwäbisch Hall). Zusammen mit den Fernkaufleuten, mit denen es durch Heirat weitgehend verschmolz, trieb es den Prozess der Reichsfreiheit voran. In der Regel musste es sich jedoch Ende des 14.Jh die Macht mit den Zünften teilen. Da war ein zweites Standbein in der Reichsritterschaft willkommen, wie es die Reichlin von Meldegg mit dem Erwerb des benachbarten Billafingen (s. Owingen) praktizierten. Deren Stadtschlösschen zeigt die Weltläufigkeit der reichsstädtischen Oberschicht, denn hier wurde bereits Ende des 15.Jh in reinster italienischer Renaissance gebaut.

Überlingen. Stadtschloss der Reichlin von Meldegg. Rustikaquader sind typisch für italienische Renaissance

Kernstadt

Hier war wahrscheinlich im 7.Jh der Sitz des Herzogs von Schwaben, woran die so genannte Gunzoburg erinnert. In der Stauferzeit wurde der Grundstein für die Reichsfreiheit gelegt, die 1397 mit dem Erwerb der Hochgerichtsbarkeit faktisch bestand. Aufgrund der Lage am Bodensee blühte der Getreidehandel mit der Eidgenossenschaft, die wegen der klimatischen Voraussetzungen nicht genügend Brotgetreide produzieren konnte. Als eine der wenigen Reichsstädte schloss man sich nicht der Reformation an. Nach dem 30j. Krieg mussten Teile des umfangreichen Territoriums zur Schuldentilgung verkauft werden.

Bauten: Der **Stadtpalast** der Reichlin von Meldegg wurde 1462 erbaut und in der Barockzeit grundlegend umgestaltet. Seit 1909 ist er in Stadtbesitz und Heimatmuseum (Krummebergstrasse). Seine Fassade fällt wegen der Rustikaquadern auf, wie man sie in der italienischen Renaissance verwendete – bei uns eine absolute Seltenheit. - **Sonstiges:** In der Stadt kann man mehrere Patrizierhäuser anhand der Wappen entdecken, v.a. in der Lindenstrasse und in der Gradebergstrasse. – Die im 2. Weltkrieg zerstörte Trinkstube der Patrizier („Haus zum Löwen") wurde wieder aufgebaut (Westseite der Hofstatt). - In der kath. Stadtkirche (Münster) hängen 10 patrizische Totenschilde und im Friedhof stehen Grabmale von Patriziern. - Die Altstadt mit Kommunalbauten, Klosterhöfen und gut erhaltener Stadtbefestigung konnte ein Stück Reichsstadtherrlichkeit konservieren. Einmalig ist der Rathaussaal mit den Vertretern der Stände des Alten Reiches.

UMGEBUNG: Im Osten der Stadt, in den Vierteln des 20.Jh, stehen versteckt zwei **Schlösschen.** Zum einen das Schlösschen **Burgberg,** ein äußerlich unauffälliges, privat bewohntes Gebäude („Burgbergring"). Es wurde an der Stelle einer mittelalterlichen Burg nach dem 30j. Krieg erbaut. Als Zugang dient eine Steinbrücke, da es von einem See umgeben ist. Zum anderen das 1903 im Neobarockstil erbaute Schlösschen **Rauenstein,** das mit einem fantasievollen Waffen-

Überlingen

wappen am Eingang überrascht. Es steht in einem großen Park mit herrlichem Seeblick. Heute als Akademie genutzt (Rauensteinstr. 66)
UMGEBUNG: Im Westen erhöht über der Stadt liegt **Schloss Spetzgart,** erbaut vom Prämonstratenserstift Obermarchtal als Verwaltungszentrum für seinen umliegenden Besitz. Seit 1928 von der Privatschule Schloss Salem genutzt, welche Neubauten und Sportanlagen hinzufügte. Das Schloss von 1650 wurde später barockisiert, der Staffelgiebel stammt von 1906. (Zufahrt von der Stadt oder von der Straße Goldbach-Hödingen.) (2009)

Uhingen GP H10

Das 60 km lange **Filstal** bildet das Rückgrat des Landkreises Göppingen, dessen sämtliche Gemeinden zur Fils hin entwässern. Im engen Tal drängen sich Industriegebiete und Einkaufszentren von Geislingen bis zur Mündung bei Plochingen. Hier war eines der Pioniergebiete der gewaltigen **Industrialisierungswelle,** die im 19./20.Jh den Neckarraum völlig umgestaltete. Dazu trug der Bau der Eisenbahn nach Ulm über die Geislinger Steige bei, mit der man ab 1850 Kohle und Eisen vom Neckarhafen Heilbronn direkt und schnell beziehen konnte. Der ursprüngliche und natürliche Ansatzpunkt für die Ansiedlung der Industriebetriebe war jedoch die **Wasserkraft.** Zur Fils und zu den vielen künstlich angelegten Mühlkanälen drängten sich im 19.Jh die mechanischen Betriebe. Aber die Plätze, an denen Wasserräder angebracht werden durften, waren durch altverbriefte Rechte festgelegt, um die Versorgung mit Getreidemühlen zu gewährleisten (s. Langenbrettach). Folglich musste man sein „Industriewerk" den vorhandenen Mühlen anschließen. Mit dem Ergebnis, dass man heute von dem auf einem Ausläufereck über der Fils liegenden Schloss Filseck in ein Tal blickt, in dem sich nahtlos Gemeinde an Gemeinde reiht.

Schloss Filseck

Auf der Burg saßen Ministeriale der Gf. Aichelberg. Württemberg erwarb mit dem Kauf der Grafschaft 1318 die Oberhoheit und vergab das Lehen 1350 an die Reuß von Reußenstein, die sich dem Kanton Kocher der Reichsritterschaft anschlossen. Nach 1568 wechselten häufig die Besitzer, darunter 1710-1721 das

Schloss Filseck liegt hoch über dem dicht bebauten Filstal

Kloster Schöntal. 1749 erwarb der Augsburger Bankier Christian von Münch das Schloss, das als Erbe 1920 an die Fam. von Podewils fiel.
Bauten: Das **Schloss** (17.Jh) ist eine Vierflügelanlage mit zwei runden Treppentürmchen. Die zweistöckigen Steinbauten unter Satteldach wirken v.a. zur Talseite hin aufgrund der zwei Ecktürme. Es ist seit 1986 in Besitz des Landkreises, genutzt als Museum, Galerie, Kreisarchiv und Gaststätte.
UMGEBUNG: Das Dorf **Uhingen** kam 1332 an Württemberg, das es von ei-

J11 Ulm UL

In Ulm, um Ulm und um Ulm herum gab es Schlösschen und Herrensitze, weil die Reichsstadt eine Adelsrepublik war. In fast allen Reichsstädten bestand die Führungsschicht im 12./13.Jh aus Rittern (miles), die als Ministeriale für den Stadtherren politische und administrative Funktionen übernahmen. Sie nannten sich **Geschlechter,** weshalb man ihre steinernen Wohnburgen als Geschlechtertürme bezeichnet. Das eigentliche reichsstädtische **Patriziat** entstand jedoch erst im 13.Jh infolge der Vermischung von Rittern und reichen Fernhandelskaufleuten (cives). Seine Mitglieder nannten sich Bürger, nur sie durften ihren Meister (= Bürgermeister) wählen. Ein Machtwechsel trat im 14.Jh. nach Aufständen ein, bei denen die Gemeinde in Gestalt der Handwerkerzünfte eine politische Teilhabe an der Macht eroberte. Dem machte jedoch 1551 Kaiser Karl V nach seinem Sieg über den evangelischen Schmalkaldischen Bund ein Ende, indem er die uneingeschränkte Herrschaft der Patrizier in den Reichsstädten wieder herstellte. Seine Ratsverfassung galt in rund 25 Reichsstädten bis zur Napoleonischen „Flurbereinigung" (1803). Aus der Reichsstadtzeit überlebten im Ulmer Umland mehrere Schlösschen (s.u. Böfingen, Obertalfingen) und in der Stadt zwei Adelspaläste sowie die vermutliche Trinkstube der Patrizier.

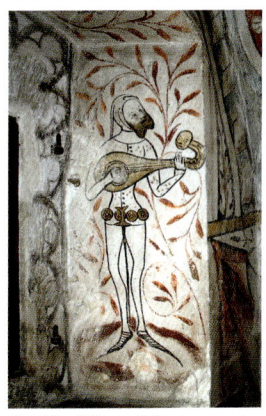

Ulm. Der Ehinger Hof war vermutlich die Trinkstube des Stadtadels

Kernstadt

Die Wurzel der Stadt war eine karolingische Königspfalz im Bereich des Weinhof. Nördlich davon entstand im 11.Jh eine Marktsiedlung, die unter den Staufern zur Reichsstadt aufstieg. Sie erwarb ein Territorium, das in seiner Ausdehnung vergleichbar dem der Reichsstädte Nürnberg, Bern, Zürich und Metz war: rund 830 km², drei Städte, 80 Dörfer (s. Langenau). Ulm übernahm die Führungsrolle im Schwäbischen Städtebund und schloss sich der Reformation an. Napoleon gab 1803 das Reichsstadtgebiet an Bayern, das die Erwerbungen westlich der Iller 1810 an Württemberg abtreten musste. In die Geschichte ging die Schlacht bei Ulm (1805) ein, mit der sich Napoleon den Weg zur Dreikaiserschlacht von Austerlitz frei machte. Als Konsequenz daraus wurde Ulm 1842-50 vom Deutschen Bund zu Europas größter Festung ausgebaut (Bundesfestung), wovon noch heute gewaltige Anlagen stehen.

Ulm

Bauten: Dem Territorium entsprechend prächtig und groß fiel das **Rathaus** aus. Der Baukomplex aus mehreren Jahrhunderten ist vergleichbar einem Schloss. Zusammen mit dem gotischen Fischkastenbrunnen dominiert es den Marktplatz. – Die Geschlechtertürme sind leider vollständig verschwunden. Und nur zwei **Adelspaläste** haben die Bombardierung 1944 überstanden. Zum einen das **„Kiechelhaus"**, benannt nach der Kaufmannsfamilie Kiechel, erbaut von der Patrizierfamilie Ehinger. Das Renaissancegebäude ist heute Teil des bedeutenden Ulmer Museums (Neue Str. 96). - Zum anderen der rund 100 m entfernte **Ehingerhof** (auch Reichenauer Hof genannt). Dieser enthält einen kreuzgratgewölbten Raum (um 1380), den sogenannten Meistersingersaal, der wohl den Patriziern als Trinkstube diente und einmalig für BW ist: Das Gewölbe ist über und über mit Musikszenen und Spruchbändern ausgemalt. Heute Behördensitz, daher Besichtigung an Werktagen möglich (Grüner Hof 2). – Anmutig wirkt die Renaissance-Gartenloggia des ansonsten zerstörten **„Weickmannschen Schlössles"**, die als Teil der Gaststätte „Drei Kannen" öffentlich zugänglich ist (Hafenbadstraße). - **Sonstiges:** Einmalig in BW ist die Anzahl der **Totenschilde** der Patrizierfamilien im Münster. Diese überstanden in den Familienkapellen der Ehinger, Besserer, Krafft, Baldinger, Schad u.a. den Bildersturm der Reformation, da sie als private Erinnerungsstücke galten. Hinzu kamen anschließend weitere Totenschilde, so dass rundum im Kirchenschiff ein Feuerwerk patrizischer Selbstdarstellung zu besichtigen ist. – In der evang. Dreifaltigkeitskirche, Rest des ehem. Dominikanerklosters, stehen mehrere Epitaphien, darunter das des Klosterstifters (Ritter Krafft, 1297). – Sehenswert sind verschiedene Kommunalbauten der Reichsstadt, vom Kornhaus über den Salzstadel bis hin zur ausgedehnten Zeughausanlage (= Waffenarsenal). - Große Teile der Stadtmauer, v.a. zur Donau hin, sind erhalten. – Viele Gebäude der Bundesfestung des 19.Jh sind zu besichtigen.

OT Böfingen

Ministeriale des Klosters Reichenau wohnten auf einer Burg, die 1365 an die Ulmer Patrizierfamilie Strölin kam. 1446 setzte die Reichsstadt ihre Landeshoheit durch, so dass die belehnten Patrizierfamilien nur die niedere Gerichtsbarkeit ausüben durften. In neuester Zeit wurde hier eine Trabantenstadt mit 9000 Einwohnern erbaut, weshalb das Schlössle schwer zu finden ist.

Ulm. Das Böfinger Schlössle, ein versteckter Patriziersitz

Bauten: Das **Schlössle** wurde 1587 vom Patrizier Jakob Löw erbaut. Es ist ein schmales, dreistöckiges Steinhaus mit Satteldach und Treppenturm. Giebelseite mit Fachwerk. Seit 1875 in Besitz der Stadt ist es heute Teil der Gustav-Werner-Schule. Lage: Südlich des Ortszentrums, am Ende des „Bösinger Weg". Zugang offen.

UMGEBUNG: Ebenfalls Patrizierbesitz war **Obertalfingen.** 1540 kam das Dorf in Besitz der Familie Besserer, von denen sich eine Linie danach benannte und ihren Sommersitz hier baute. Dieses Schlössle ist ein Herrenhaus mit quadratischem Turm, umgeben von einem großen Park. Heute in Privatbesitz und durch eine Mauer völlig zur Umgebung abgeschirmt. Lage: „Obertalfinger Weg", direkt an der Grenze zum bayrischen Thalfingen (hier „Schlossweg").

OT Wiblingen

Das 1093 von den Gf. von Kirchberg gegründete Benediktinerkloster erwarb ein eigenes Territorium mit rund 3.000 Untertanen. Es wurde jedoch nicht reichsunmittelbar wie viele der oberschwäbischen Klöster, sondern stand unter der Landeshoheit der Habsburger, war also ein landsässiges vorderösterreichisches Kloster. Damit konnte es sich vor einer Aufhebung durch die protestantisch gewordene Reichsstadt Ulm retten. Folglich wurde es auch erst 1806 säkularisiert und fiel an Württemberg, das daraus eine Residenz machte.

Bauten: Die weitläufige, prachtvolle Barockanlage wirkt eher wie ein **Schloss** als wie ein Kloster (s. Salem) und wurde 1806-1822 auch als Schloss bewohnt. Im Zentrum steht die Kirche, auf allen Seiten eingefasst von Konventbauten. Dabei stammt der Südwestflügel aus dem 1. Weltkrieg, als die Anlage eine Kaserne war (ab 1848). Seit 1945 von Universität und als Museum genutzt. Der weite Hof wird von Ökonomie- und Verwaltungsbauten begrenzt. - **Sonstiges:** Mehrere Epitaphien in der kath. Kirche stammen aus der Zeit, als die Gf. von Kirchberg die Klostervogtei innehatten. – Auf der Südseite der Anlage steht das ehem. Amtshaus, ein dreistöckiges Gebäude unter Walmdach (heute Gasthof „Schlössle"). (2007)

L2 Umkirch FR

Die **Ritter von Beroldingen** stammen aus dem Kanton Uri, wo sie im 15.Jh mehrere Landammänner stellten. Nach einer politischen Niederlage zogen sie 1679 auf ihre Besitzungen im Thurgau, heirateten in den süddeutschen Landadel ein, stiegen 1800 zu Grafen auf und starben 1908 aus. 1683 hatten sie Umkirch erworben, wo sie ein wunderbares „Trauzimmer" hinterließen.

Vom Partygirl zur sozial engagierten Landesmutter entwickelte sich **Stephanie de Beauharnais,** die als Adoptivtochter Kaiser Napoleons 1806 den badischen Thronfolger Karl heiratete. Diese erzwungene Verbindung war ein Preis, den der Markgraf für den Aufstieg zum Großherzog zahlen musste. Nach mehreren Skandalen in den ersten Ehejahren änderte sich Stephanies Verhalten grundlegend. Sie verlor zwei Söhne bei der Geburt, wovon einer der später aufgefundene Kaspar Hauser gewesen sein soll. Schließlich wurde sie nach dem frühen Tod ihres Gatten (1818) zu einer Integrationsfigur für den südlichen Teil Badens. In Umkirch gründete sie Sparkasse und Waisenhaus und hinterließ ein Schloss.

Kernort

Das Dorf war im 11.Jh in Besitz des Bf. von Basel. Ortsadel saß auf einer Burg im Dorfzentrum, die 1362 von den Freiburger Patrizier-Rittern Snewlin gekauft wurde. Die häufig wechselnden Besitzer waren Mitglied der Breisgauer

Ritterschaft und damit unter Habsburg landsässig. So auch ab 1683 die Hr. von Beroldingen, die 1743 einen Teil der Dorfherrschaft und 1788 den Rest an die Gf. Kageneck verkauften. Diese bauten sich ein Schloss außerhalb des Dorfes, das 1826 von Stephanie von Baden erworben wurde und über ihre Tochter an die Sigmaringer Hohenzollern kam, die es noch heute besitzen.

Bauten: Ca. 100 m außerhalb des Dorfes an der Straße nach Waltershofen steht das **Schloss** (18. Jh) in einem immensen Park. Es gliedert sich in einen dreigeschossigen Mittelbau mit Dreiecksgiebeln und Belvedere und zweigeschossige Flügelbauten mit einer umlaufenden Balustrade. Der Mittelbau zeigt seine Schauseite zum Garten hin: über dem Eingang ragt ein Balkon auf vier dorischen Säulen (Portikus) empor. Wappengeschmückte Orangerie. Parktor geschlossen. – Im Zentrum des Dorfes steht **Schloss Büningen,** benannt nach dem Erbauer. Das zweistöckige Herrenhaus unter Krüppelwalmdach wurde nach dem 30j. Krieg errichtet. Frisch renoviert und geschmackvoll mit modernen Anbauten versehen dient es heute als Rathaus. Sehenswert ist das „Trauzimmer" mit barockem Stuck und einem Allianzwappen Beroldingen-Falkenstein. - **Sonstiges:** Die Gebäude des weiten Wirtschaftshofs vor Schloss Büningen werden von der Gemeinde genutzt. – Ein Epitaph (von Stadion, 1587) in der kath. Kirche und fünf Wappenepitaphien an der Friedhofsmauer.

Umkirch. Auch im Breisgau wohnen heute Hohenzollern

UMGEBUNG: Rund 1,5 km westlich des Dorfes steht das Hofgut **Dachswangen,** Rest eines abgegangen Weilers. Hier war ursprünglich der Mittelpunkt einer kleinen Herrschaft (Waltershofen, Bollschweil-Geiersnest, Merdingen, Merdingen-Harthausen) in Händen der Hr. von Blumeneck. Diese Familie tötete 1401 im Streit mit dem Stift St. Märgen dessen Abt. Nach ihrem Aussterben (1577) kam die Herrschaft schließlich an die Gf. Kageneck und wurde ebenfalls an Stephanie von Baden verkauft. Nur die ehem. Mühle blieb erhalten. Das schön renovierte zweistöckige Haus unter hohem Walmdach ist seit 1977 in bürgerlichem Besitz und als Biobauernhof zugänglich.

UMGEBUNG: Ebenso wie Dachswangen gehörte das Nachbardorf **Merdingen** ursprünglich (seit 1372) den Hr. von Blumeneck, die von Blumberg nach Freiburg umsiedelten. 1577 starben sie aus; eine Kapelle im Freiburger Münster ist nach ihnen benannt. 1716 wurde das Dorf von der Freiburger Kommende des Deutschen Ordens erworben. Die ließ durch den Ordensbaumeister J.C. Bagnato eine neue Kirche und ein zweigeschossiges Pfarrhaus unter Walmdach erbauen. Dabei wurde über dem Portal des schlössleartigen Pfarrhauses eine Kartusche mit den Wappen des Altshausener Landkomturs von Froberg und des Freiburger Komturs von Breitenlandenberg angebracht. (2006)

L11 Ummendorf BC

„Jedem Abt sein eigenes Rittergut oder wenigstens ein Sommerschloss" scheint eine Maxime für die Barockzeit gewesen zu sein. Denn überall im Lande stoßen wir auf kleine Herrschaften und Rittergüter, die durch Klöster aufgekauft wurden (Immenstaad, Bonndorf und hier Ummendorf). Selbst Schweizer **Klöster** beteiligten sich an der Einkaufsrallye (s. Horb). Wenn es nicht zum Rittergut reichte, so musste es wenigstens ein Sommerschloss sein, wie für das Stift Schussenried in Eberhardzell (s.u.). Dabei wirtschafteten Klöster im Unterschied zum Adel so gut und waren daher so finanzstark, dass sie ihre Käufe weitgehend ohne Schuldenaufnahme tätigen konnten. So auch das Kloster Ochsenhausen, das nach der Übernahme der Herrschaft Ummendorf im 16.Jh anschließend noch weitere Schlösser dazu kaufte, darunter das Rittergut Horn (s.u.).

Ummendorf. Klöster wirtschafteten generell besser als Adlige und kauften Adelsherrschaften

Kernort

Der Ort war 1373-1554 in Besitz des Prämonstratenserklosters Weissenau und kam 1565 an das benachbarte Benediktinerkloster Ochsenhausen, weil sich der zwischenzeitliche Besitzer, die Augsburger Patrizierfamilie Manlich, mit dem Schlossbau finanziell übernommen hatte. Da Ochsenhausen auch noch die Hochgerichtsbarkeit erwarb, konnte es damit sein reichsunmittelbares Territorium abrunden. Bei der Säkularisation kam der Ort zusammen mit dem Kloster an Gf. Metternich und wurde 1825 an Württemberg verkauft.
Bauten: Das **Schloss** (1558-64) ist ein dreigeschossiger, massiver Rechteckbau mit zwei runden Ecktürmen. Es diente als Sommerresidenz. Nach der Säkularisation wurden die beiden Seitenflügel, das Torhaus sowie ein gedeckter Kirchgang abgerissen und es wurde zum Pfarrhaus. Seit 1983 Gäste- und Tagungshaus der FHS Biberach. Es steht imposant in einem ummauerten Park mit Türmchen und einem Musikpavillon.
UMGEBUNG: Abseits der Straße Fischbach – Dietenwengen liegt am Waldrand **Schloss Horn,** ein ehem. reichsritterschaftliches Rittergut. Das schmucke Herrenhaus mit Burgkapelle aus dem Mittelalter und schönem Eingangsbereich ist durch die Umbauten des 18.Jh geprägt. Nach dem Kauf durch das Kloster Ochsenhausen (1748) teilte es dessen weiteren Weg und kam mit der Säkularisation an den hoch verschuldeten Gf. Metternich. Seit 1844 ist es in Besitz der Fam. von Waechter-Spittler, von der es noch heute bewohnt wird. Diese Familie geht zurück auf den württ. Justizminister Karl Eberhard Wächter, der 1841 zum Freiherren aufstieg und den Namen seines Schwiegervaters anhängte, eines bekannten Ministers und Historikers. Zugang bis Hoftor möglich.
UMGEBUNG: Das Nachbardorf **Eberhardzell** wurde von Habsburg an den Landadel verpfändet. So 1478 an die Hr. von Neydegg (Neideck) aus dem Vinschgau, von denen ein figürliches Epitaph (1502) im Chor der kath. Kirche

Ummendorf

steht. 1520 erwarb Georg von Waldburg (Bauernjörg) die Herrschaft. Zeitweise wohnte hier eine eigene Waldburglinie, von der ein Truchsess Heinrich 1609 die **Heinrichsburg** baute. Die ummauerte trapezförmige Schlossanlage besteht aus einem Palas mit Stufengiebeln, mehreren Wirtschaftsgebäuden und einer Kapelle. Sie ist in Privatbesitz und nicht zugänglich. Lage: An der Straße nach Hochdorf. - Die Dorfherrschaft lag in Händen der Gf. Waldburg. Der größte Grundbesitzer war jedoch das Prämonstratenserstift Schussenried, das zudem die Kirche besaß. So übernahm das Pfarrhaus die Funktion eines Verwaltungszentrums und wurde 1746 zudem noch zur **Sommerresidenz.** Das große, zweistöckige Gebäude unter Walmdach mit Mittelrisalit und Freitreppe ist v.a. wegen seiner Inneneinrichtung mit prachtvollen Türen und Decken sehenswert. Heute Rathaus. (2002)

Untergruppenbach HN E8

Bis hierher kamen die **Gf. Fugger.** Eigentlich lagen ihre Herrschaften zwischen Lech und Iller (heutiges Bayrisch Schwaben), also im Umfeld ihrer Heimatstadt Augsburg. Im Gebiet des heutigen BW finden wir sie daher an der Iller (Illerkirchberg, Dietenheim), aber auch in Niederalfingen (bei Aalen) und hier. Warum behielten sie diesen weit abgelegen Besitz 200 Jahre lang? Eine Erklärung bietet eine 1546 abgeschlossene innerfamiliäre Vereinbarung, wonach sie ihren Grundbesitz niemals verkaufen, sondern nur vererben wollten. So harrten sie als kath. Grafen auf Schloss Stettenfels aus, obwohl die Umgebung geschlossen evangelisch geworden war und konfessionelle Streitigkeiten ihnen den Alltag verdarben.

Schloss Stettenfels
Die von den Gf. Löwenstein erbaute Burg kam 1144 an die Gf. Weinsberg. Seit 1277 besaß die Kurpfalz die Oberhoheit, musste sie jedoch 1504 im Landshuter Erbfolgekrieg an Württemberg abtreten. Die Ortsherrschaft war als Lehen an häufig wechselnden Landadel vergeben, so ab 1527 an die Ritter von Hürnheim,

Schloss Stettenfels. Ein Blickfang an der Autobahn nach Heilbronn

die sich der Reformation und dem Kanton Kocher der Reichsritterschaft anschlossen. Aus finanziellen Gründen verkauften sie ihre gesamte Herrschaft 1551 an die Gf. Fugger (s. Hüttlingen). Als diese Katholiken ansiedelten und 1734 Kapuziner zu deren Betreuung aufs Schloss holten, griff der (kath.) Herzog von Württemberg militärisch ein und erzwang schließlich den Verkauf der Herrschaft (1747) an Württemberg.

Bauten: Das **Schloss** (1576) wurde von den Gf. Fugger an Stelle einer Burg erstellt, von der noch der Graben und Mauern mit massiven Wehrtürmen erhalten sind. Die geschlossene Anlage steht imposant am Rande einer Hochfläche. Die schmucklosen Gebäude unter Satteldach werden von drei Ecktürmchen

Untergruppenbach

geziert. Auf der Nordseite steht das 1527 als Kapuzinerhospiz erbaute Gästehaus, ein schmuckloser Bau. Privatbesitz, der Innenhof ist bei Konzerten zugänglich. Restaurant im Vorburgbereich. Die Anlage liegt als Blickfang über dem Dorf und der Autobahn. - **Sonstiges:** Im Dorf Untergruppenbach steht ein Epitaph (16.Jh) in der evang. Kirche. (2004)

K9 Untermarchtal UL

Die älteste Gemeinde BWs ist dieses 1.000-Seelen-Dorf. Jedenfalls hinsichtlich des Durchschnittsalters. Diese überraschende Feststellung lässt sich damit erklären, dass hierher Frauen ziehen, wenn sie (mit über 70 Jahren) aus dem aktiven Arbeitsleben ausscheiden. Nicht weil das Dorf so attraktiv wäre, sondern weil die **Barmherzigen Schwestern** von Untermarchtal hier die Betreuung ihrer alten, aus dem Gemeindedienst zurückkehrenden Schwestern zentralisiert haben. Ihr Mutterhaus erwuchs aus dem örtlichen Schloss.

Kernort

Die Hr. von Speth kauften 1442 das Dorf unter Habsburger Oberhoheit. Eine eigene Linie schloss sich dem Kanton Donau der Reichsritterschaft an. Nach ihrem Aussterben (1850) erwarb ein Rottweiler Kaufmann das Schloss und schenkte es den Barmherzigen Schwestern (Vinzentinerinnen) in Schwäbisch Gmünd, bei denen seine Tochter

Untermarchtal. Das Speth-Schloss war die Keimzelle des heutigen Klosters

eingetreten war. Diese hatten aufgrund eines gewaltigen Nachwuchsschubes Raumprobleme und verlegten daher 1891 ihre Zentrale (Mutterhaus) hierher. Heute wird das Dorfbild mit Bildungshaus, Altenheim und ultramoderner Kirche durch sie geprägt.

Bauten: Das **Schloss** ist ein dreigeschossiges Steinhaus mit vier Eckerkern unter Satteldach. Bauinschrift (1576) und Allianzwappen der Speth/Öttingen (1842) über dem Portal zum Klosterinnenhof. Seine Wirkung ist v.a. zur Donau hin gegeben, da es als Teil des Mutterhauses ansonsten von modernen Bauten umgeben ist. – **Sonstiges:** Ein Epitaph in kath. Kirche hoch über dem Dorf im Friedhof. (2009)

E10 Untermünkheim SHA

Städtische Patrizier als Landadlige tauchen im Umkreis von Reichsstädten häufig auf. Mit dem Erwerb eines Rittergutes sicherte man sich Unabhängigkeit von innerstädtischen Entwicklungen, sei es politischer oder wirtschaftlicher Art. Mitunter schied jedoch ein Patriziergeschlecht im Streit und schadete anschließend als Ritter bewusst seiner Heimatstadt (s. Mittelbiberach). So wanderte 1512 der Haller Sulmeister (= Salzsiedemeister) Senft nach einem Machtwechsel aus, erwarb die halbe Dorfherrschaft von Untermünkheim und schadete der Stadt, indem er ihr die Gf. Hohenlohe vor die Nase setzte. Immerhin verdanken wir ihm ein ausgefallenes Schlösschen.

Kernort
Ortsadel saß hier 1216 auf einer verschwundenen Wasserburg, der in die Reichsstadt Hall umzog und 1507 beim Aussterben seinen Anteil an der Dorfherrschaft der Reichsstadt vermachte. Diese fügte das Dorf ihrem Territorium ein. Völlig im Gegensatz dazu verhielten sich die Haller Senft zu Suhlburg mit ihrem Dorfanteil, den sie 1543 an die Gf. Hohenlohe verkauften. Damit war ein Kleinkrieg vorprogrammiert, bis Hall 1611 die Landeshoheit erwerben konnte. 1686 bis zu ihrem Aussterben (1802) wohnten die Senft wieder im Schloss, hatten jedoch keine Herrschaftsrechte mehr.

Untermünkheim. Im „Senftenschlössle" wurden bei der letzten Renovierung diese Malereien entdeckt

Bauten: Die **Burg** („Senftenschlössle", 1515) steht als befestigter Adelssitz versteckt im Dorf (Hohenloherstr. 46, hinter Bäckerei). Der massive, dreistöckige Fachwerkbau auf Steinsockel unter Krüppelwalmdach wurde in Privatinitiative frisch renoviert, wobei man in einem Raum verspielte Renaissancemalerei frei legte. Dieser Prototyp einer Dorfburg ist jetzt als eine Art Radlerhotel der Öffentlichkeit zugänglich. – **Sonstiges:** Originell sind die geschnitzten barocken Figuren „Adam und Eva" am Fachwerk-Rathaus. - An der evang. Barockkirche sind Epitaphien aus dem 18.Jh angebracht, z.T. verwittert.

UMGEBUNG: Südlich des OT **Obermünkheim** findet man das Hofgut **Lindenhof,** in dem das Allianzwappen Limpurg/Sulburg (1611) an einem Wirtschaftsgebäude an seine ehemaligen adligen Besitzer erinnert. Heute ist es eine Besamungsstation. Von hier führt ein Fußweg ca. 500 zur Ruine **Geyersburg** auf einem Rundhügel.

UMGEBUNG: Westlich **Obermünkheim** im Weiler **Suhlburg** hatte sich die Haller Sulmeisterfamilie Senft im 15.Jh eine Burg erbaut und sich anschließend Senft von Suhlburg genannt. Auf den Grundmauern steht heute ein Wohnhaus, dessen Besitzer die Ruine zur Zeit wieder richtet. (2006)

Unterschneidheim AA F13

Warum wurden die Niederlassungen der **Ritterorden** (Deutscher Orden, Johanniterorden) erst 1806 und nicht bereits bei der **Säkularisation** von 1803 aufgelöst? Weil in der Kommission, welche den Reichsdeputationshauptschluss fällte und damit über die Säkularisation entschied, ein Vertreter des Deutschen Ordens saß. 1806 jedoch wurden die Kommenden kurzerhand von den Rheinbundstaaten (Bayern, Württemberg usw.) okkupiert, weil der Kaiser als Schutzmacht mit dem Ende des Alten Reiches ausschied. Damit entfiel eine wichtige

Unterschneidheim

Versorgungsinstitution für den kath. Landadel. Beim Anblick des Schlössles in Unterschneidheim kann man den Schmerz darüber nachvollziehen.

Unterschneidheim. Im und um das Nördlinger Ries besaß der Deutsche Orden viele Besitzungen

Kernort
Ortsadel als Ministerialen der Gf. Öttingen saß auf einer Wasserburg. Die Deutschordens-Kommende Mergentheim erwarb die Dorfherrschaft. Sie trat sie 1456 an die Kommende in Nürnberg ab, die hier im Mittelpunkt ihrer sonstigen Besitzungen eine Vogtei errichtete. 1806 fiel Unterschneidheim mit der Annexion der Nürnberger Kommende an Bayern und kam im Gebietsaustausch 1810 an Württemberg.

Bauten: Das **Schlössle** (1514) steht an Stelle einer mittelalterlichen Turmhügelburg. Es ist ein zweistöckiges Haus unter Satteldach mit einem schönen Dreifach-Wappen auf der Frontseite. Die Anlage ist umgeben von einem Graben, über den eine Brücke mit barockem Portal führt. Heute als Rathaus genutzt. **Sonstiges:** In der kath. Kirche das Ordenswappen über dem Chorbogen.

UMGEBUNG: In den Kirchen der Teilorte kann man schöne Deutschordenswappen entdecken, so in OT Zipplingen und OT Nordhausen (auch am Pfarrhaus). (2006)

19 (Bad) Urach RT

Die **Gf. von Urach** mit dem Leitnamen Egino sind vermutlich mainfränkischer Herkunft. Um 1060 nannten sie sich nach der Burg Hohenurach. Von ihnen stammen die Gf. von Achalm und die Gf. von Vaihingen ab. In der Ordensgeschichte spielte Konrad von Urach als Generalabt der Zisterzienser und Kurienkardinal eine bedeutende Rolle, weil er die Anfang des 13.Jh neu entstandene Beginenbewegung förderte. Durch die Heirat Eginos IV mit Agnes von Zähringen erbten sie 1218 Freiburg und Villingen auf der Baar. Nachdem sie 1235 an der misslungenen Rebellion König Heinrichs gegen Kaiser Friedrich beteiligt waren, zogen sie in den Südschwarzwald. Anschließend teilten sie sich in die Linien Freiburg und Fürstenberg. 1265 verkauften sie ihre Besitzungen auf der Alb an die Gf. Württemberg, sodass wir in Urach keine direkten Erinnerungen an sie vorfinden.

40 Jahre lang war die Gft. Württemberg in zwei Hälften aufgeteilt. Ludwig und Ulrich (der Vielgeliebte), Söhne der berühmten Henriette von Mömpelgard, teilten 1442 ihr Erbe in **Württ.-Urach** und **Württ.-Stuttgart**. Die Teilungslinie zog sich in nordsüdlicher Richtung längs durch die Grafschaft und trennte in eine westliche (Urach) und eine östliche Hälfte (Stuttgart). Erst Eberhard im Barte aus der Uracher Linie erreichte 1482 im Münsinger Vertrag die Wiedervereinigung. Der Aufstieg Urachs zur (kurzzeitigen) Residenzstadt hinterließ hier viele Spuren.

(Bad) Urach

Kernstadt

Die Gf. auf Hohenurach gründeten um 1250 die Stadt im Ermstal. Bereits 1265 kam die Herrschaft an die Gf. Württemberg und war 1442-1482 Residenzstadt. Damals wurden das Schloss und die Stiftskirche erbaut sowie die Kartause Güterstein gegründet. Nach dem Ende der Residenzzeit wurde das Schloss weiterhin zur Repräsentation genutzt

Urach. Der Goldene Saal, eine Orgie des Manierismus

und dementsprechend wiederholt „modernisiert". Die Stadt, Mittelpunkt eines Oberamtes, erlebte im 17.Jh einen Wirtschaftsboom durch Leinwandhandel und Schäferei, was die vielen prachtvollen Fachwerkhäuser erklärt. Eine Stadtbesichtigung anhand des hervorragenden Führers „Historische Spaziergänge durch Bad Urach" ist eine Bereicherung!

Bauten: Das **Schloss** (1443) ist ein dreistöckiger Steinbau unter Satteldach, dem 1568 ein malerischer Vorbau aus Sichtfachwerk angefügt wurde. Jedes Stockwerk bietet im Inneren etwas Besonderes. Im Erdgeschoss der große, säulengestützte Dürnitz (= Saalbau). Im 1. Stock der Palmensaal von Gf. Eberhard im Barte (1475) mit den Wappen seiner Ahnen, dahinter der Weiße Saal von Herzog Carl Eugen (1775) mit Rokokostuck. Im 2. Stock, im Anschluss an den Ausstellungssaal, der Goldene Saal von Herzog Johann Friedrich (1608) mit einer manieristischen Pracht, wie sie sonst nirgends mehr in BW zu finden ist. Alleine schon dieser Saal sowie die außergewöhnliche Sammlung an Prachtschlitten machen Urach eines Besuches wert! – Nordwestlich der Stadt steht **Burg Hohenurach** auf einem steilen Bergkegel über dem Ermstal. Sie wurde im 16.Jh zur Landesfestung ausgebaut, diente zeitweise als Staatsgefängnis und ist seit 1765 eine mächtige Ruine (nur zu Fuß erreichbar). - **Sonstiges:** Neben dem Schloss steht ein Tor mit Wappen (1603), das ursprünglich als Eingang zur Weberstadt und dann zum Tiergarten diente. – Zahlreiche Epitaphien und Totenschilde in der evang. Stiftskirche. Ein besonderes Schmuckstück ist der Betstuhl von Gf. Eberhard. Die daneben erbauten Stiftsgebäude für die „Brüder vom gemeinsamen Leben" (s. Dettingen) sind heute Fortbildungshaus der evang. Landeskirche. – Das Haus am Gorisbrunnen (Stuttgarterstr.15), ein wunderbares Fachwerkhaus, wurde wahrscheinlich durch Gf. Eberhard erbaut. Seine Funktion ist rätselhaft. – Am Beginenhaus (hinter der Stiftskirche am Gf. Eberhard-Platz) überrascht ein Totenkopfrelief, aus dem Schlangen kriechen. – Teile der Stadtmauer mit „Dickem Turm" sind erhalten. – Sehr schöner Marktplatz mit vielen Fachwerkhäusern. – Eigenes Weberviertel (Weberstraße).

UMGEBUNG: Auf halbem Weg nach Dettingen, hinter dem Kurbezirk, fällt die ursprünglich ummauerte Weberbleiche auf. Am Hauptgebäude ist das prachtvolle Wappen Herzog Friedrichs (1599) erhalten. Das Gebäude gehört seit 1896 der Gustav-Werner-Stiftung, die hier eine große Behinderteneinrichtung unterhält.

(Bad) Urach

OT Seeburg

Mit der Gft. Urach kam dieses idyllisch gelegene Dorf an die Gf. Württemberg, die es als Lehen an die Hr. von Stein und von Speth vergaben. 1562 übernahm Württemberg die Dorfherrschaft in Eigenregie.
Bauten: Das **Schlösschen Uhufels** (1883) ist ein vom württ. Hofmarschall von Hayn erbautes romantisches Schlösschen. Das privat bewohnte Gebäude liegt schwer zugänglich im Wald oberhalb des Dorfes. Darunter das Hofgut Uhenfels mit einem klassizistischen Herrenhaus (1836). Zufahrt zu beiden über die Hofsteige. – Das Cafe „Schlössle" ist ein Ende des 19.Jh im Historismusstil gebautes Jagdschloss. Pittoresk in eine Felsennische eingebettet liegt es am Dorfausgang Richtung Kernstadt. (2008)

L10 Uttenweiler BC

Bestimmte Erhebungen wirken so markant, dass man sie als heilig bezeichnet. Das bekannteste Beispiel ist wohl der Odilienberg im Elsaß. In Oberschwaben gilt dies für den Bussen, der mit seinen 767 m die Landschaft zwischen Donau und Federsee überragt. Hier wie dort knüpfen in heutiger Zeit Wallfahrten an alte Traditionen an. Aber zum Burgenbau boten sich solche markanten Berge natürlich auch an.

Bussen

Der „Heilige Berg Oberschwabens" war im Frühmittelalter Sitz eines alemannischen Herzogsgeschlechts mit dem Leitnamen Berthold. Durch die anschließende territoriale Zersplitterung sank der Bussen zum Verwaltungszentrum für den umgebenden Habsburger Besitz ab. Dieser war an die Truchsessen von Waldburg verliehen, deren Obervogt hier wohnte. Zudem standen im Mittelalter noch zwei Ministerialenburgen auf dem Bussen.
Bauten: Die (hintere) **Hauptburg** ist seit dem 30j. Krieg zerstört. Auf ihren Resten wurde 1869 ein Aussichtsturm gebaut. Die gotische Wallfahrtskirche steht an der Stelle der vorderen Burg. Die Zufahrt ist vom OT Offingen her ausgeschildert.

Kernort

Ortsadelssitz im 13.Jh. Die Dorfherrschaft unter Oberhoheit von Habsburg war 1382-1692 in Händen der Hr. von Stein. Diese schlossen sich dem Kanton Donau der Reichsritterschaft an. Nach ihrem Aussterben (1692) wurde die Herrschaft an das Kloster Obermarchtal verkauft, weshalb sie 1803 (Säkularisation) an Thurn-und-Taxis kam. Im Ort gab es seit 1452 ein Kloster der Augustiner-Eremiten, ein Bettelorden, den man sonst nur in Städten antrifft.
Bauten: Das **Schloss** (1617) ist ein schlichtes dreistöckiges Gebäude unter Krüppelwalmdach. Der Barockbau, der in der Zwischenzeit wiederholt verändert wurde, steht zurück gesetzt von der Hauptstraße neben Brauereigebäuden und verwahrlosten Ökonomiegebäuden. Heute in Besitz der Brauerei. – **Sonstiges:** Dahinter versteckt sich ein vom Bach durchflossener Park mit öffentlichem Weg. - Die Schlösslesmühle ist ein Fachwerkbau mit dem Wappen des Abtes von Obermarchtal. (2009)

Vaihingen LB F7

Die **Gf. von Vaihingen** sind eines der vielen Hochadelsgeschlechter, die von den Gf. von Württemberg ausgebootet wurden und untergingen. Sie gehen auf Gf. Egino (von Urach) zurück, der um 1050 die Erbin der Enzgaugrafen heiratete und über dem Dorf Vaihingen eine Burg baute. Diese ältere Linie starb nach drei Generationen aus. Durch die Einheirat eines Gf. Gottfried (von Calw) entstand um 1165 eine jüngere Linie, die aktiv an der Rodung des Nordschwarzwalds beteiligt war (s. Straubenhardt). Aber bereits im 13.Jh begann ein schleichender Abstieg, der 1324 in den Verkauf des Kerngebiets und 1356 des Restbesitzes an Württemberg mündete. Anschließend starben sie aus. Da sie keine Epitaphien hinterlassen haben, erinnert nur noch die Burg Kaltenstein über Vaihingen an sie.

Kernstadt

Bau der Burg um 1096. Stadtgründung um 1230. Gottfried, der Begründer der jüngeren Linie, nahm im Gefolge der Stauferkaiser hohe Ämter ein. Seine Nachfolger Konrad I bis V mussten sukzessive ihre Besitzungen verkaufen, darunter 1324 die Stadt Vaihingen an die Gf. Württemberg. Anschließend nahm die Burg eine strategisch wichtige Position ein, da sie die Nordwestflanke Württembergs sicherte. Dementsprechend wurde sie wiederholt auf den neuesten Verteidigungsstand gebracht, war Sitz eines Obervogtes und diente häufig als Ort für Verhandlungen mit Baden oder der Kurpfalz.

Bauten: Als Blickfang steht **Schloss Kaltenstein** burgartig über dem Enztal und der Stadt, mit der sie durch Schenkelmauern verbunden ist. Die viergeschossig-wuchtige, geschlossene Anlage mit Buckelquadern wird überragt von einem Turm. Auf den Umbau zur Festung (1734) gehen die Reste von Bastionen zurück. Wiederaufbau nach Brand (1978). Seit 1947 in Besitz des Christlichen Jugenddorfwerkes. - **Sonstiges:** Epitaphien von Bürgern in der ehem. Peterskirche in der Stadt (heute Museum).

OT Riet

Württemberg hatte im 14.Jh von den Gf. von Vaihingen die Oberhoheit erworben. Die Dorfherrschaft war zersplittert, es gab eine Zeit lang vier Burgen im Dorf. Der größte Anteil war dabei in Händen der Truchsessen von Höfingen und kam 1453 durch Heirat an die Frh. von Reischach. Die schufen hier zusammen

Riet. Bis heute ein Adelssitz

mit den Nachbardörfern Nussdorf und Eberdingen eine kleine Herrschaft, mit der sie sich dem Kanton Neckar der Reichsritterschaft und der Reformation anschlossen.

Bauten: Das **Schloss,** eine ehem. Wasserburg (15.Jh), steht in einem Park. Der massiv wirkende dreistöckige Steinbau unter Satteldach besitzt vier runde

Vaihingen

Ecktürmchen. Daneben Ökonomiebauten, z.T. aus Bruchsteinmauerwerk. Bewohnt von Gf. Reischach steht es im Ortszentrum neben einem Bach. - **Sonstiges:** Der Park wird von der evang Kirche abgeschlossen, in der ein figürliches Frauenepitaph (1562), zwei Wappenepitaphien sowie ein Totenschild sind.

UMGEBUNG: Die Gf. von Vaihingen besaßen nach 1324 nur noch die Herrschaft Eselsberg mit der Stadt (heute OT) **Horrheim,** in der eine Ministerialenfamilie wohnte. Nach dem Verkauf an Württemberg (1356) wurde die Ortsherrschaft an die Ritter von Weihingen (aus Enzweihingen) vergeben, von denen zwei Epitaphien in der evang. Kirche stehen. Das Wappen der Gf. Württemberg ist noch am Alten Zollhaus (Mühltorstr. 15) zu sehen.
UMGEBUNG: Auch **OT Kleinglattbach** gehörte zur Herrschaft Eselsberg und wurde von Württemberg oft verliehen. Das Rittergut kam im 19.Jh an die Fam. von Neurath, die aus Alsfeld in Nordhessen stammt und als Amtleute in Nassauischen Diensten geadelt wurde. Konstantin war nationalsozialistischer Reichsaußenminister (1933 38) und Reichsprotektor in Böhmen und wurde als einer der 24 Hauptangeklagten im Nürnberger Prozess zu 15 J. Haft verurteilt. Auf sie gehen die Backsteinbauten mit Fachwerkaufsatz zurück, die im Ortszentrum den Gutshof bildeten. Die Anlage ist in Stadtbesitz und wurde renoviert.
(2009)

E11 Vellberg SHA

Ein Hochadelsgeschlecht von Vellberg taucht nur kurz im 12.Jh auf. Ihnen folgten die **Ritter von Vellberg,** die 1253 erstmals erwähnt werden. Sie waren wohl Burgvögte im Auftrag der Gf. Hohenlohe. Infolge finanzieller Probleme mussten sie im 14.Jh ihre Stammburg in Vellberg mit anderen Familien teilen (= Ganerbenburg). Durch Heiraten mit reichen Patriziertöchtern der Reichsstadt Hall sanierten sie sich und konnten 1394 sogar die Reichsburg Leofels (s. Gerabronn) erwerben. Weil sie dem geächteten Ritter Hans Thomas von Absberg Unterschlupf gewährten, wurde 1523 ihre Burg durch den Schwäbischen Bund zerstört. 1592 starben sie aus. Die Erben verkauften die Herrschaft an die Reichsstadt Hall, was zu diesem Zeitpunkt gegen die Standesnormen verstieß, wonach Adel an Adel verkaufte.
Ein Miniatur-Rothenburg erwartet den Besucher in diesem **altfränkischen** Städtchen mit seinen Fachwerkhäusern. Auf einem Bergsporn über der Bühler stehen gerade mal zwei Dutzend Häuser im Dreieck, von Mauern, Türmen und Bastionen geschützt. Dazu das Renaissanceschloss auf der Spornspitze. Und was es noch faszinierender macht: Hier stand einmal ein merowingischer Königshof mit einer Urpfarrkirche. Vellberg, abseits der Verkehrs- und Tourismusströme, ist ein „muss".

Kernort

Auf Stöckenburg, dem Hügel jenseits des Bühlerbaches, stand ein merowingischer Königshof mit einer königlichen Eigenkirche, der Urpfarrkirche der Gegend. Mit großer Wahrscheinlichkeit diente der Ort im 6.Jh als Grenzfestung zu den Alemannen und war politisches, militärisches und kirchliches Zentrum des Maulachgaues. Dafür spricht auch der Kirchenheilige St. Martin, der Nationalheilige der Franken. Erst um 1100 taucht auf dem gegenüberliegenden Hügel eine Hochadelsburg auf, aus welcher sich das Burgstädtchen Vellberg entwickelte. Die später hier sitzenden Ministerialen der Hohenlohe nannten sich nach dem Ort. Reformation und Anschluss an den Kanton Odenwald der Reichsritterschaft. Nach ihrem Aussterben 1592 kaufte die reiche Nachbarin Hall die Herrschaft auf, wodurch sie ihr Territorium um rund 20% erweitern konnte. Sie musste jedoch wegen der Steuer einen Prozess mit dem Ritterkanton führen, der erst 1760 mit einem Kompromiss endete. Vellberg wurde zur Festung ausgebaut.

Bauten: Das Untere bzw. Neue bzw. **Hintere Schloss,** (1545) fällt vom Tal her wegen seines ungewöhnlichen Renaissance-Staffelgiebels mit vorgebautem Kamin auf. Das dreistöckige, burgartige Gebäude unter einem steilen Satteldach steht auf dem äußersten Punkt des Sporns über dem Bühlertal und wird zum Tal hin von bastionsartigen Mauern geschützt. Heute Privatbesitz. Die Schlosskapelle mit Renaissance-Malereien ist bei Führungen zugänglich. – Gegenüber steht das sogenannte Schlössle, ein schmuckloses Gebäude, das heute als Gästehaus von einem Hotel genutzt wird. – **Sonstiges:** Der Burgbereich wird durch einen Graben vom „Städtle" abgetrennt. Im Übergangsbereich steht ein mit neckischen Frauenfiguren und dem Haller Wappen verzierter Brunnen (1720), aus dem beim Stadtfest Wein fließt. – Daneben steht das Amtshaus, ehemals Sitz des reichsstädtischen Amtmanns. Das wunderbare Fachwerkhaus (um 1500) wird heute als Rathaus genutzt. Es ist über einen gläsernen Gang mit dem „Oberen Schloss" verbunden. Dieses verputzte Fachwerkhaus hat seinen Namen wohl daher, dass hier ursprünglich die Obere Burg stand. – Daran angebaut ist die „Alte Kaserne", ein mächtiger Fachwerkbau unter Mansarddach. – Diese Ansammlung von stattlichen Fachwerkhäusern erzeugt den altfränkischen Charakter. Hervor gehoben sei das „Ganerbenhaus Kammerer" mit wunderbaren Renaissance-Ausmalungen, in dem man sogar übernachten kann. - Die außergewöhnlich starken Bastionen und Mauern (16.Jh) mit einem unterirdisch begehbaren Wehrgang sind ein Erlebnis. - Ein wappengeschmückter Torturm schützt den Zugang ins Städtchen.

UMGEBUNG: Auf **Stöckenburg** stand der merowingische Königshof. Die dortige evang. Martinskirche besitzt viele künstlerisch hochwertige Epitaphien der Hr. von Vellberg. Zudem sind in einem (verschlossenen) Vorraum auf der Westseite rund zwei Dutzend Wappenepitaphien gelagert. Die außen angebrachten Grabsteine stammen von Amtmännern und Pfarrern aus dem reichsstädtischen Patriziat. (10 min. Fußweg zur Stadt). (2009)

Vellberg. Ein Mini-Rothenburg. Blick auf Renaissanceschloss, Stadttorturm (mit Uhr), Schlössle und Bastionen

L5 Villingen-Schwenningen VS

Mit der Vereinigung der rund 10 km auseinander liegenden Städte zu einer **Doppelstadt** hat man 1972 Hund und Katz unter ein Dach gezwungen. Villingen als geplant angelegte Zähringersiedlung, eine habsburgisch-katholische Beinahe-Reichsstadt. Schwenningen als ehemaliges Bauerndorf, eine württembergisch-protestantische Exklave, die erst mit der Industrialisierung groß und 1907 zur Stadt wurde. Dementsprechend Unterschiedliches ist zum Thema „Schlösser" zu erwarten: Hier Patrizierhäuser und Klosteranlagen, dort das Schlössle des Vogtes und Industriepaläste.

OT Schwenningen

Ortsadel als Ministeriale der Zähringer. Deren Erben, die Gf. Fürstenberg, verkauften 1443 die Oberhoheitsrechte an Württemberg, das zudem von den Hr. von Falkenstein die Dorfherrschaft erwarb. Schwenningen wurde zum Vorposten des evang. Württemberg und stieg im 19.Jh infolge der Industrialisierung (v.a. Uhrenfertigung) zu dessen größtem Dorf auf. Die Bevölkerung explodierte von 2.200 (1800) über 10.000 (1900) auf 30.000 (1960).

Bauten: Als **Schlössle** kann man das ehem. Vogthaus in der Kronenstraße aufgrund seiner Funktion und der Fassade im Stil der italienischen Renaissance bezeichnen. Das zweistöckige Gebäude unter Satteldach ist heute Gasthaus. Der anschließende Park wurde nach dem Uhrenfabrikanten Mauthe bezeichnet, der das Vogthaus 1901 gekauft hatte. – **Sonstiges:** Überall in der Stadt stößt man auf Relikte der Gründerzeit, seien es Firmengebäude (z.B. Uhrenindustriemuseum) oder Fabrikantenvillen (z.B. Schlenker-Grusen-Villa, Oberdorfstr. 16).

OT Villingen

An das Dorf erinnert der Friedhof links der Brigach mit seiner ehem. Pfarrkirche. Die systematisch angelegte Zähringerstadt rechts der Brigach erkaufte sich von den Gf Fürstenberg so viele Freiheiten, dass diese aufgrund der ständigen Reibereien 1326 an Habsburg verkauften. Über Jahrhunderte hinweg durfte sie sich weitgehend selbst verwalten.

Bauten: Es gibt zwar kein Schloss, dafür aber eine Reihe von Bauten, die herrschaftlich wirken. So ist das **Rathausensemble,** eine Mischung von gotischen und barocken Bauten, einer Reichsstadt vergleichbar (Münsterplatz). Am Alten Rathaus überrascht ein prachtvolles Wappen. – **Patrizierhäuser** mit Wappen oder mit schönen Erkern kann man über die Stadt verteilt entdecken. - Imposant sind die Klöster bzw. Klosterhöfe, von denen einige nicht der Stadtobrigkeit unterstellt waren. An 1. Stelle steht hier der Stadthof des Benediktinerklosters im nahen **St. Georgen,** der nach der Reformation selbst zum Kloster St. Georgen wurde, um einen Teil der Besitzungen übernehmen und damit vor dem Zugriff Württembergs retten zu können. Die barocke Klosteranlage liegt im NW der Altstadt an der Stadtmauer („Benediktinerring"; ein Renaissance-Wappen (verwitterte Kopie) des Abtes hängt am Prälatenbau (Schulstr. 23). – Wenig entfernt (Josefsgasse 7) dehnt sich der Stadthof des Benediktinerklosters **St. Blasien** aus. – Ebenfalls an der westlichen Stadtmauer steht das ehem. **Franziskanerkloster,** in dessen Kirche sich der umwohnende Landadel, die Granegg, Falkenstein und Kürneck bestatten ließen. Ihre Epitaphien sind leider verschwunden. Heute ist es Museum zur Stadtgeschichte (Rietgasse 2). – An der östlichen Stadtmauer nahm

Villingen-Schwenningen

die Kommende des **Johanniterordens** eine Sonderstellung als reichsunmittelbare Institution ein, woran die dortige Schlösslegasse vermutlich erinnert. In der (heute evang.) Kirche findet man ein verwittertes Epitaph. – Wenige Schritte entfernt fällt das **Bickenkloster,** ein ehem. Klarissen- und heute Ursulinenkloster, durch seinen barocken Eingang auf (Bickenstr. 23). – Selbst das Kloster des **Kapuziner**-Bettelordens überrascht wegen des prächtigen Volutengiebels der ehem. Kirche (Niedere Straße, heute Bürogebäude und Gasthaus).

UMGEBUNG: Im nahen Weiler **Burgberg** (Gem. Königsfeld) stößt man auf zwei mittelalterliche Burgtürme, die sehenswert sind. Zum einen ragt inmitten des Weilers ein Bergfried empor, Rest einer mittelalterlichen Wasserburg. Der Ministerialensitz kam 1472 an die Gf. Württemberg und wurde 1519 von der Reichsstadt Rottweil zerstört. Und ca. 2 km im Westen des Weilers steht die **Burg Waldau** in einem idyllischen Bachtal. Ihr 25 m hoher Turm mit Buckelquadern und die Schildmauerreste ragen hinter einem Bauernhof empor und bilden mit ihm eine malerische Kulisse. Auch diese Burg kam im 15.Jh an Württemberg, das damals die Vogteirechte über das benachbarte Kloster St. Georgen zum Aufbau einer kleinen Herrschaft im Schwarzwald nutzte (s. Hornberg). (2009)

Vogtsburg FR L1

Wein vom **Kaiserstuhl** besitzt eine besondere Qualität. Warum? Zuerst einmal wegen des Gesteins, denn der Kaiserstuhl besteht aus vulkanischen Gesteinen, die vor rund 15 Mio. Jahren gebildet und erst nachträglich aus der Tiefe an die Oberfläche gehoben wurden. Dabei wagte erst Anfang des 19.Jh ein Arzt den Anbau auf dem Vulkangestein, zuvor hatte man einen Verschnittwein auf der rund 20 m dicken Lössschicht erzeugt. Sodann wegen des Klimas, denn hier ist die wärmste und trockenste Region Deutschlands, weil die Westwinde von den Vogesen ins Rheintal absinken und sich dabei erwärmen. Zudem bilden sich hier keine frostbringenden Kaltluftsenken, da das 10x15 km große **Bergmassiv** um 200-350 m über die Rheinebene empor ragt. So erstaunt es nicht, dass hier auch die Schlossgüter von Weinbergen umgeben sind.

OT Burkheim

Die Siedlung am Rhein wurde von den Hr. von Üsenberg zur Stadt erhoben. 1330 kam sie an die Gf. von Habsburg, die sie zum Zentrum der kleinen Herrschaft „Talgang" inmitten des Kaiserstuhls machten und als Lehen an wechselnde Adlige vergaben. So auch im 16.Jh an den berühmten Lazarus von Schwendi (s. Ehrenkirchen), der das Schloss baute. Im 18.Jh besaß die Fam. von

Burkheim. Schlossruine und Städtchen. Lazarus von Schwendi erwarb eine Miniherrschaft im Kaiserstuhl

Vogtsburg

Fahnenberg das Lehen und gehörte damit zur Breisgauer Ritterschaft. Sie geht zurück auf den Freiburger Stadtschreibers Martin Mayer, der 1713 Freiburg vor der Zerstörung durch das Stecken von weißen Fahnen gerettet hatte und dafür geadelt wurde.

Bauten: Das 1672 zerstörte **Schloss** steht als dreigeschossige Ruine markant in den Weinbergen. Es ist in Besitz eines Weingutes und nur bei Veranstaltungen zugänglich. – Wie ein **Schlössle** wirkt das 1604 erbaute Amtshaus, ein dreistöckiges Gebäude mit einem Treppenturm unter Satteldach. Sein schönes Portal wird von einem Habsburger Wappen (1604) mit der Ordenskette vom Goldenen Vlies geschmückt. Heute Ortsverwaltung (Mittelstadt Nr. 9). - **Sonstiges:** In der kath. Kirche sind mehrere Epitaphien von Amtleuten sowie hinter dem Altar das eines Pfandherren. Das Fachwerkstädtchen mit Stadttor ist ein Geheimtipp.

UMGEBUNG: Auch **OT Oberrotweil** gehörte zur Herrschaft Talgang unter Habsburger Landeshoheit. Im Ortszentrum fällt das ummauerte Weingut Frh. von Gleichenstein auf. Es geht zurück auf die hier stehende Zehntscheune mit Weinpresse (Torkel) des Klosters St. Blasien, welche 1680 der geadelte Breisacher Politiker J.J. Dischinger zusammen mit dem Zehnten dem Kloster abkaufte. Über wiederholtes Vererben durch Töchter kam es 1772 an Fam. von Gleichenstein, einem 1746 geadelten Geschlecht, das es noch heute besitzt. Das 1802 erbaute **Herrenhaus** ist ein schmuckloses zweistöckiges Gebäude unter Satteldach in einem großen, rebenbepflanzten Park (Bahnhofstr. 12).

UMGEBUNG: Die benachbarte **Burg Sponeck** wurde um 1300 zur Absicherung eines Rheinübergangs gebaut. Für Württemberg, das sie im 14.Jh erwarb, war sie als Zugang zu den linksrheinischen Besitzungen von strategischer Bedeutung. 1930 richtete ein Kunstmaler in ihren Ruinen ein Atelier ein. Der damals entstandene turmartige Wohnbau bestimmt heute das Erscheinungsbild. Man findet die Anlage im Westen des OT Jechtingen (Gem. Sasbach) über die ausgeschilderte Zufahrt zur daneben stehenden Gaststätte. Der Zugang in den Park mit römischen Mauerresten ist offen. (2006)

G10 Wäschenbeuren GP

Ist die Wäscherburg die Stammburg der **Staufer?** Wohnte hier Friedrich von Büren (= Beuren, 1020-50), Graf des Riesgaus, der als Stammvater der Staufer gilt. Er erbte die Herrschaft im Remstal und erwarb durch die Heirat mit Hildegard von Egisheim (franz. Eguisheim) die Herrschaft im Unterelsass. Sein Sohn Friedrich errichtete die Burg auf dem Hohenstaufen, nach welcher sich das Geschlecht anschließend benannte. Er stiftete zudem das Kloster Lorch (s.u.). - Eine Stauferburg ist die Wäscherburg jedoch auf jeden Fall, denn hier saß im 13.Jh ein staufisches Ministerialengeschlecht. Sie gilt als Musterbeispiel einer kleinen hochmittelalterlichen Dienstmannenburg.

Wäschenbeuren

Schloss Wäscherburg

Burg Büren kam 1271 von den Schenken von Limpurg an Konrad den Wascher, einem Ritter aus der Burgmannschaft des Hohenstaufen. Bereits 1274 fiel sie jedoch an die Hr. von Rechberg, die sie 1465 der Oberhoheit Habsburgs unterstellten. Sie schlossen sich dem Kanton Kocher der Reichsritterschaft, jedoch nicht der Reformation an. Nach dem Aussterben dieser Rechberglinie vergab Habsburg das Rittergut als Lehen an verschiedene Parteigänger, bis es schließlich 1857 an das Königreich Württemberg verkauft wurde.

Bauten: Von der **Stauferburg** stammen Keller und Erdgeschoss des Palas sowie Schildmauer und Umfassungsmauer, die mit Buckelquadern erbaut wurden. Zum **Schlössle** wurde das Gebäude durch die Erhöhungen um Fachwerkgeschosse (1500, 1699). Das Gebäude unter Walmdach wird heute als Museum genutzt. - **Sonstiges:** Gebäude und Umfassungsmauer formen einen trapezförmigen Innenhof. Die Anlage liegt östlich des Kerndorfes beim OT Wäscherhof.

Kernort

Das Dorf erwuchs aus einer Rodungssiedlung des Hochmittelalters. Als Teil der Herrschaft Wäscherburg teilte es dessen Geschichte. 1588 zog der Amtmann von der Burg ins Dorf.

Bauten: Als **Schlössle** (1588) darf man das ehem. Amtshaus bezeichnen. Das zweistöckige Gebäude unter Satteldach fällt durch sein schönes Zierfachwerk, ein Wappen und die beiden Eckerker mit welschen Hauben auf. Das als Sparkassenfiliale genutzte Gebäude steht im Dorfzentrum neben der kath. Kirche,

UMGEBUNG: Das Benediktinerkloster über dem benachbarten Städtchen **Lorch** wurde 1102 von Herzog Friedrich von Schwaben als staufische Grablege an Stelle einer Burg gegründet. Der rasante Aufstieg der folgenden Generationen führte jedoch dazu, dass die Stauferkönige und Stauferkaiser über Europa verstreut begraben liegen. Nur weniger bedeutende Familienmitglieder fanden hier ihre Ruhestätte. Deren Gebeine sind in einem Tumbengrab (1477) inmitten des Kirchenschiffs gesammelt. Im Spätmittelalter diente die Klosterkirche den Rittergeschlechtern Woellwarth und Schechingen als Grablege, weshalb deren figürliche Epitaphien im Querhaus stehen. Darunter befindet sich auch der besterhaltene Transitus BWs (= Darstellung des Toten als Skelett). Die teilweise erhaltene Klosteranlage (Abtei, Kapitelsaal, Refektorium) liegt unübersehbar erhöht über der Stadt. Zufahrt ausgeschildert. (2010)

Waghäusel KA E5

Die Sehnsucht nach Rückzug und Einsamkeit scheint in allen Menschen zu schlummern. Was der christliche **Einsiedler** aus religiösen Motiven im 3.Jh mit dem Rückzug in die Wüste („Wüstenväter") begann, was mit dem Kartäuserorden

Waghäusel. Schloss Eremitage lag bis vor wenigen Jahren im Schatten von Zuckerrüben

im Spätmittelalter zu einer Idealform des westlichen Mönchtums aufstieg, was im Barock mit der Eremitenklause bei der Wallfahrtskirche seine volksnahe Entsprechung fand, dies mündete zum Freizeitvergnügen für eine gestresste Hofgesellschaft: Die **Eremitage** (= Einsiedelei) wurde im 18.Jh zu einem Teil der Adelskultur. In Waghäusel steht eine, die in ihrer Art in BW einmalig ist.

Kernort

Hier entstand im Spätmittelalter die bedeutendste Wallfahrt des Bistums Speyer. Ab 1616 siedelte man zur Betreuung ein Kapuzinerkloster an, das 1819 aufgelöst und seit 1924 wieder bewohnt ist. Der Ort gehörte zum Territorium des Hochstifts Speyer, dessen Bischöfe im 18.Jh in Sichtweite zum Kloster eine Rotunde mit Eremitenhäuschen bauen ließen. Sie diente dem Rückzug und der Jagd. Der berühmte Balthasar Neumann fügte ihr vier Flügel („Ohren") und die Kavaliershäuser an. Nach der Säkularisation wurde die Staatsdomäne 1836 zur Gründung einer Zuckerfabrik verwendet.
Bauten: Das **Schloss Eremitage** (1726) ist eine 16eckige Rotunde mit einem erhöhten Belvedere. Durch die später angefügten vier Flügel („Ohren") entstand ein kreuzförmiger Grundriss. Von den ursprünglich vier länglichen Kavaliershäusern stehen noch drei. Seit 1997 in Stadtbesitz, Abriss der Zuckerrübensilos und in Renovierung. - **Sonstiges:** In der benachbarten Wallfahrtskirche ist das Herz Bf. Franz von Hutten neben dem Gnadenaltar beigesetzt. (2004)

D7 Waibstadt HD

Man kann die **Reichsstädte** grob in drei Kategorien einteilen: frei; reichsunmittelbar; ehemalig. a) Frei durfte sich eine Reichsstadt nur dann nennen, wenn sie sich von ihrem Landesherrn befreit hatte. Dies waren v.a. Bischofsstädte wie z.B. Straßburg, Worms und Speyer, wo der Bischof seine Stadtherrschaft an die Bürger verloren hatte. b) Reichsunmittelbar, aber nicht frei, waren die meisten Reichsstädte, weil sie (von den Staufern) auf Reichsboden gegründet wurden und damit der König bzw. Kaiser die Funktion des Landesherrn besaß. Dem waren sie direkt unterstellt und wurden in der Regel von einem königlichen Landvogt kontrolliert, wie z.B. in der Landvogtei Ortenau (s. Offenburg). c) Viele von letzteren verloren den Reichsstadtstatus, weil sie von den Kaisern im 14.Jh an Parteigänger verpfändet wurden. Nutznießer waren die Fürsten, die sich damit für ihre Unterstützung der kaiserlichen Politik belohnen ließen. Obwohl die verpfändeten Städte häufig die Pfandsumme aufbrachten und sich damit vom aufgezwungenen Landesherrn loskauften, wurden sie anschließend vom nächsten König wieder verpfändet. Waibstadt ist ein Extrembeispiel, weil diese Stadt sogar noch im 18.Jh ihre Reichsfreiheit wieder erlangen wollte.

Kernort

Stadtgründung durch die Staufer und 1241 Reichsstadtstatus. König Ludwig der Bayer verpfändete die Stadt 1330 an den Bf. von Speyer als seinen Parteigänger, der sie anschließend an den regionalen Adel weiter verpfändete, dar-

unter auch die Hr. von Helmstatt. Nach dem 30jährigen Krieg führte die Stadt bis 1774 vergeblich einen Prozess, um sich selbst wieder auslösen zu dürfen.
Bauten: Das **Degenfeldsche Schlösschen** (16.Jh) war ein Freihof, den die Hr. von Helmstatt 1608 an die Hr. von Degenfeld, Kraichgauer Linie, verkauften. Es ist ein dreistöckiges, schmuckloses, verputztes Herrenhaus unter Satteldach. Typisch für einen befestigten Adelssitz ist seine Lage an der ehem. Stadtmauer. Mit den Ökonomiegebäuden bildet er eine geschlossene Anlage. Privat bewohnt (Schlossstr. 11). – Ebenfalls ein Freihof war der **Helmstatthof** (16.Jh). Der Fachwerkbau auf Steinsockel fällt durch seine beiden eingemauerten Wappensteine (Helmstatt-Raben) auf. Privat bewohnt, schön renoviert (Langestr. 18-22). - **Sonstiges:** Rund 2 km östlich der Stadt im Mühlbergwald ist ein jüd. Friedhof mit Mausoleum.

OT Daisbach

Sitz eines Reichsministerialen im Umkreis der Stauferpfalz Wimpfen. Das Dorf gehörte zur Meckesheimer Cent (s. Zuzenhausen), welche die Kurpfalz mit Hilfe eines königlichen Privilegs 1330 erwerben und anschließend zur Landeshoheit ausbauen konnte. Damit durfte sich die hier wohnende Linie der Göler von Ravensburg nicht der Reichsritterschaft anschließen, blieb also landsässig. Bereits 1522 Reformation.
Bauten: Die **Wasserburg** wurde im 30j. Krieg zerstört, der anschließende Wiederaufbau aus finanziellen Gründen abgebrochen. So steht ein unvollendetes Barockschlösschen mit einem Renaissance-Treppenturm als romantische Ruine vor einem Quellteich. – Oberhalb davon, im ehem. Burgvorhof, steht das **Schlössle.** Das zweistöckige Herrenhaus mit einem Wappen über den Durchgang ist heute von der Fam. Göler gewohnt. Zugang bis Hoftor (Daisbachtalstr. 54). (2005)

Wain BC K11

Hugenotten, Waldenser, Wallonen, Täufer, Wiedertäufer, Hutterer, Mennoniten, all dies sind Bezeichnungen für **Glaubensflüchtlinge** im Umfeld der Reformation. Erst im 17.Jh, als die Gegenreformation klare Konfessionsabgrenzungen geschaffen hatte, setzen die großen Flüchtlingsströme ein. So auch aus Innerösterreich, das die Herzogtümer Kärnten, Steiermark und Krain (= Slowenien) umfasste und weitgehend protestantisch geworden war. Durch die konsequente Politik der regierenden Habsburger wurde diese Entwicklung rückgängig gemacht und die heutige Konfessionsverteilung hergestellt. In Wain stößt man auf Lutheraner aus der Kärntner Grafschaft Ortenberg, die nach dem 30j. Krieg diese konsequente Politik am eigenen Leibe spürten und deshalb auswanderten.

Wain. Memminger Bankier und Kärtner Protestanten

Kernort

200-300 Flüchtlinge wurden 1650 in einer eigenen Siedlung Bethlehem angesiedelt. Die gusseisernen Grabkreuze auf dem (ehemaligen) Friedhof bei der Kirche dürften ein Erbe dieser Herkunft sein, denn sie sind typisch für alpenländische Dörfer. Zur Zeit der Ansiedlung gehörte Wain zum Territorium der Reichsstadt Ulm und war somit protestantisch. 1773 wurde das Dorf für eine gigantische Summe an den Bankier von Herman verkauft, dessen Palais in Memmingen heute Museum ist. Dem war es dies wert, weil er damit in den Freiherrnstand aufstieg. Zugleich wurde die Herrschaft reichsunmittelbar.

Bauten: Das **Schloss,** 1780, klassizistisch, ist eine prachtvolle Dreiflügelanlage. Im Zentrum steht das zweistöckige herrschaftliche Herrenhaus mit einem wappengeschmückten Dreiecksgiebel über dem Mittelrisalit. Rechts und links flankieren freistehende Flügelbauten mit Arkadengängen. Riesiger Park. Noch heute in Familienbesitz, Zugang bis Hoftor. Als Blickfang am Dorfende Richtung Balzheim gelegen. – **Sonstiges:** Bei der evang. Dorfkirche stehen drei gusseiserne Grabkreuze auf der Nordseite und einige Epitaphien der Fam. Herman auf der Südseite. Deren bis heute genutzte Grabstätte mit eigener Kapelle befindet sich auf dem Dorffriedhof. (2007)

N10 Waldburg RV

Der **Truchsess** (von althochdeutsch truht = Schar und sitzen) wurde vom „Vorsitzenden einer Kriegerschar" zum Vorsteher der Hofverwaltung (Hausmeier, Haushofmeister), womit er eines der vier klassischen Hofämter ausübte (Mundschenk, Marschall, Kämmerer). Diese dienenden Funktionen übernahmen unfreie Ministeriale. So waren die **Truchsessen von Waldburg** ursprünglich Ministeriale der Stauferkönige, unter denen sie ihre Glanzzeit erlebten, als die Reichsinsignien auf ihrer Burg aufbewahrt wurden. Ein berühmt-berüchtigtes Familienmitglied ist der „Bauernjörg", der Feldherr des Schwäbischen Bundes im Bauernkrieg (1525). Infolge einer konsequenten Anlehnung an Habsburg und die katholische Partei konnten sie 1628 in den Grafenstand aufsteigen. (Es gibt aber auch den protestantischen Zweig Waldburg-Capustigall, der auf einen preußischen Deutschordensritter zurückgeht). Schließlich wurden aus den ehemals unfreien Ministerialen 1803 Fürsten - das gelang im Alten Reich nur wenigen Familien. Heute sind sie im württembergischen Allgäu, wo sie über Jahrhunderte hinweg ein geschlossenes Herrschaftsgebiet aufbauten, die größten Grundbesitzer. Bei all ihren Teilungen in diverse Linien (Trauchburg, Scheer, Wolfegg, Waldsee, Wurzach, Zeil) blieb eines über die Jahrhunderte hinweg gemeinsamer Besitz: die Stammburg Waldburg.

Kernort

Die ursprünglichen Truchsessen von Waldburg, die 1197 in diesem Amt erwähnt wurden, starben kurz darauf aus. Der Name samt Amt und Besitz ging an die benachbarten Herren von Tanne (Alttann, s. Wolfegg) über, deren Aufschwung sich auch nach dem Untergang der Staufer fortsetzte. So übernahmen sie hohe Ämter (z.B. Landvogt für Oberschwaben), erhielten Habsburger Besitzungen und die 5 Donaustädte als Pfand und beerbten diverse benachbarte Familien, darunter die Gf. Sonnenberg in Vorarlberg. Ihre Schwäche lag in den Teilungen, bei denen sie sich immer weiter verästelten (s. Wolfegg), vergleichbar den Hochadelsfamilien der Hohenlohe und Öttingen. Ihr gemeinsamer Besitz blieb jedoch die Waldburg, die keinerlei wehrtechnische Bedeutung mehr besaß.

Bauten: Die **Burg** (13. und 14.Jh) steht auf der höchsten Erhebung Oberschwabens (772 m). Die ummauerte Anlage besteht aus dem hochragenden Palas, dem schmalen Kapellenturm und einem Wirtschaftsgebäude. Wappenfries am Verbindungsgang Kapelle-Palas. Heute Museum in Besitz des Landkreises. Hoch über dem Ort, Zugang nur über Fußwege (ca. 10 min.). Bereits der Blick von der Aussichtsplattform auf die „unruhige" Jungmoränenlandschaft und die Alpen lohnt den Aufstieg. – **Sonstiges:** Das Rathaus ist das ehem. Forsthaus. - Die kath. Dorfkirche mit Epitaph eines Jakobspilgers und zwei Epitaphien von Burgverwaltern an Außenmauer.

Waldburg. Ministerialensitz mit legendärer Vergangenheit

UMGEBUNG: Rund 5 km östlich liegt das Rittergut **Mosisgreut** (Gem. Vogt). Als Lehen der Gf. Waldburg kam es 1576 an die Roth von Schreckenstein und schließlich 1685 an den Hr. von Werner aus Sachsen, der sich anschließend danach Werner von Kreit nannte. Seit 1826 wohnt die Fam. Werner von Kreit im Rittergut, das durch die Straße von Vogt nach Hannober geteilt wird. So stehen auf der einen Seite das 1793 erbaute turmburgartige dreistöckige Herrenhaus und die gotische Kapelle. Auf der anderen Straßenseite liegt das Hofgut.

UMGEBUNG: In der Nachbargemeinde **Bodnegg** steht einer der größten Pfarrhöfe Oberschwabens. Das schlossartige, barocke, dreigeschossige Gebäude (1731) unter Mansarddach wurde vom Prämonstratenserkloster Weißenau (s. Ravensburg) errichtet, das hier größter Grundbesitzer war. Zudem hatte es sich die Kirche inkorporiert, womit es deren Einnahmen erhielt. (2007)

Waldenbuch BB H7

Reichsforst bzw. Königsforst bezeichnet das Recht des Königs, über herrenloses und unbebautes Land zu verfügen. Dieses Recht wurde im Hoch- und Spätmittelalter von den deutschen Königen an ihre Parteigänger und Vasallen für geleistete Dienste vergeben. Diese benutzten das Privileg, um damit ihre Territorien auszubauen. Aus dem Königsforst wurde somit der **Wildbann**, also das Verfügungsrecht (= Bann) über wildes Ödland. So auch im Falle des **Schönbuchs,** ein von Tübingen bis zu den Fildern reichendes Waldgebiet. Die Verfügungsgewalt über den Reichswald Schönbuch ermöglichte es den Gf. Württem-

Waldenbuch

berg, ihre Landesherrschaft bis zum Kloster Bebenhausen auszuweiten. Zudem erhielten sie ein Jagdgebiet direkt vor den Toren ihrer Hauptstadt, das sie als Bannwald jeglicher sonstigen Nutzung entzogen. Im Waldenbucher Schloss residierte der für den Schönbuch zuständige Waldvogt bzw. Oberforstmeister.

Kernort

Die Hr. von Bernhausen saßen als Ministeriale der Gf. Hohenberg im 13.Jh auf einer Burg. Stadtgründung um 1363. Württemberg erwarb 1381 die Burg und machte sie zum Sitz eines Waldvogtes, der unter Herzog Christoph als Oberforstmeister für den gesamten Schönbuch zuständig wurde. Das Schloss wurde zudem als Jagdschloss genutzt. Als 1807 die Waldvogtei nach Bebenhausen verlegt wurde, stand das Schloss z.T. leer.

Bauten: Reste der mittelalterlichen **Burg** wurden im Keller des Südflügels verbaut. - Das **Schloss** ist eine Dreiflügelanlage um einen trapezförmigen Hof. Der Ostflügel wurde 1570, der Westflügel 1691 und der Südflügel 1719 erbaut. Im Ostflügel ist eine Spindeltreppe des berühmten Treppenbaumeisters Martin Berwart erhalten. Die dreistöckigen Bauten unter Krüppelwalmdach stehen erhöht über dem Städtchen und dem Aichtal und bilden zusammen mit der evang. Stadtkirche ein wunderbares Ensemble. Das Schloss wird vom Landesmuseum für Volkskultur genutzt. - **Sonstiges:** Die 1605 erbaute Kirche St. Vitus war Zentrum einer Pilgerwallfahrt von Menschen, die an Veitstanz (= Chorea Huntington) erkrankt waren.

UMGEBUNG: Nordöstlich von Waldenbuch beginnt das **Siebenmühlental,** in dem als 6. Mühle die **Schlösslesmühle** (Gem. Leinfelden-Echterdingen) steht. 1600 baute Gf. Johann von Kielmannsegg, Berater von drei württ. Herzögen, das herrschaftliche Wohnhaus am Reichenbach. Es ist ein zweistöckiges Fachwerkhaus, dessen Südwestwand von einem Staffelgiebel geziert wird. Heute Gaststätte. Es liegt an einer Nebenstraße von Waldenbuch nach Echterdingen. (2005)

E10 Waldenburg KÜN

Spektakulär war der **Konfessionswechsel** zweier Gf. Hohenlohe aus der Linie Waldenburg-Schillingsfürst. Diese Linie, die auf Schloss Schillingsfürst (heute Mittelfranken) wohnte, war im 30j. Krieg von der protestantischen zur kalvinistisch-reformierten Kirche gewechselt. Als sie diesen Wechsel auch an ihren Untertanen vollziehen wollte, hinderten sie daran die lutherischen Hauptlinien in Waldenburg und Neuenstein. In die Querelen hinein platzte 1667 der Wechsel zur katholischen Kirche, ausgelöst durch die Heirat mit zwei Gräfinnen Hatzfeld, die Nichten des Bf. von Würzburg waren. Dieser Schritt führte zu den unterschiedlichsten Folgen, von der Ansiedlung von Katholiken in ihren Residenzstädtchen (s. Kupferzell) über die Erhöhung in den Fürstenrang vor den evang. Verwandten bis hin zu einem Krieg wegen des Ostertermins (s. Schrozberg). Da anschließend die Hauptlinie in Waldenburg und die Seitenlinie in Pfedelbach beerbt wurden, ist bis heute die Linie Hohenlohe-Waldenburg katholisch. Aus ihr stammen zwei um 1900 im Deutschen Reich wichtige Brüder:

Kardinal Gustav Adolf (!) und Reichskanzler Clodwig von Hohenlohe-Schillingsfürst. - Das Städtchen, das als Blickfang über der Hohenloher Ebene schwebt, gab einem Teil des fränkisch-schwäbischen Keuperberglandes seinen Namen: Waldenburger Berge.

Kernort
Bereits im 12.Jh stand hier eine Burg zur Sicherung der Reichsstraße nach Nürnberg. Als Teil des Öhringer Stiftbesitzes gelangte sie 1253 an die Gf. Hohenlohe. Stadtgründung 1330. Ab 1551 bei der Landesteilung Sitz der neben Neuenstein zweiten Hauptlinie, die sich jedoch weiter verästelte in Schillingsfürst, Bartenstein, Pfedelbach, Kupferzell. Sie wurde von der kath. Seitenlinie Schillingsfürst 1679 beerbt. Seit 1807 ist Waldenburg erneut Sitz einer eigenen, gefürsteten Linie.

Waldenburg. Unübersehbar ragen Schloss und Städtchen in die Hohenloher Ebene hinein

Bauten: Das **Schloss**, 16.Jh, enthält den Bergfried der mittelalterlichen Burg. Die Drei-Flügel-Anlage der Renaissance wurde im 18.Jh zu einer schlichtbarocken Zwei-Flügel-Anlage mit kath. Schlosskapelle (1781) umgebaut. Von massiven Bastionen geschützt. 1945 zerstört, Wiederaufbau. Die Bauten im Vorhofbereich sind privat vermietet (Künstleratelier, Zahnarzt), das Hauptgebäude wird von der Adelsfamilie bewohnt. Zugang in Hof offen. – **Sonstiges:** Viele Epitaphien an und in der evang. Stadtkirche, auch auf der Empore. Dabei ein monumentales des letzten evang. Grafenpaares. - Das Städtchen schlängelt sich auf/mit dem schmalen Höhenrücken und wird durch einen doppelten Graben zur Bergseite hin gesichert. Obwohl es 1945 zu 80% zerstört wurde, hat es sein Flair als Burgstädtchen nicht verloren. Schloss und Stadt schweben als pittoreske Silhouette über der Hohenloher Ebene. - Der außerhalb liegende Lindenplatz war ehem. Gerichtsstätte. (2004)

Waldkirch EM L3

Warum übergab ein Adelsgeschlecht seine Herrschaft freiwillig einem mächtigeren Geschlecht und erhielt sie anschließend als **Lehen** zurück? Weil es einen starken Beschützer suchte, nachdem mit dem Untergang der Staufer die deutschen Könige eine nur noch schwache Zentralgewalt ausübten. Davon profitierten im Breisgau die Gf. Habsburg, denen sich neben vielen kleinen Rittern auch Hochadelsgeschlechter wie die Hr. von Üsenberg und hier die **Hr. von Schwarzenberg** unterordneten. Deren alte Linie starb 1210 aus. Ein Neffe war Stammvater der neuen Linie, welche nach der Wahl König Rudolfs ihren Besitz an Habsburg übergab und ihn anschließend als Lehen zurück erhielt. Dies rächte sich ein Jahrhundert später. Denn inzwischen hatte sie aus Geldnot ihre Herrschaft an die Freiburger Patrizier-Ritter Snewlin und Malterer verpfändet, die beide 1386 bei Sempach fielen. Habsburg griff als Lehensherr zu und vergab die Herrschaft nicht mehr an sie, sondern an häufig wechselnde Parteigänger. Nur wenig Eigenbesitz verblieb den Hr. von Schwarzenberg, die schließlich im 15.Jh ausstarben. Auf sie gehen im idyllischen Elzachtal die Städte Elzach und Waldkirch sowie zwei Burgen zurück.

Kernort

Das 918 gegründete Benediktinerinnenkloster war für Frauen aus dem Hochadel reserviert. Die Vogtei gelangte an die Hr. von Schwarzenberg, welche die Stadt gründeten und sich ein Territorium auf Kosten des Klosters aufbauten (s. Endingen). Dieses löste sich schließlich auf, mit dem Restbesitz gründeten 1431 die Klosterkapläne ihr eigenes, florierendes Kollegiatstift. Habsburg verschaffte sich die Oberhoheit über das Stift (Klostervogtei), die Stadt und die gesamte Herrschaft Schwarzenberg-Kastelberg. Letztere wurde an Parteigänger verpfändet, bis sie Habsburg ab 1565 unter einem Obervogt in Eigenregie führte. So bestanden nebeneinander drei Herrschaften unter dem weiten Mantel Habsburgs, typisch für Vorderösterreich.

Bauten: Als **Schloss** darf man die Propstei des Stiftpropstes aufgrund ihrer prächtigen Fassade und ihrer aufwändigen Innenausstattung bezeichnen. Das 1753 erbaute dreigeschossige Gebäude mit Eckrisalit und drei Ziergiebeln steht unterhalb der kath. Stiftskirche. Es wird heute als Museum genutzt. – Über der Stadt ragt die Ruine der im 30j. Krieg zerstörten **Kastelburg** empor, erbaut von einer 1316-48 bestehenden Seitenlinie der Hr. von Schwarzenberg. Der 28 m hohe Bergfried und der überwucherte Palas bieten zur Stadt hin einen romantischen Anblick. - Von der Burg **Schwarzenberg** stehen nur noch Grundmauern auf einem Ausläufer des Kandelbergs über dem Dettenbachtal, ca. 2 km südlich der Stadt. - **Sonstiges:** Die Stiftskirche bildet mit den Kanoniker- und Kaplanshäusern einen in sich abgeschlossenen Bezirk am Rande der Altstadt.

Buchholz. Die Breisgau-Ritterschaft, ein Instrument in Händen Habsburgs

OT Buchholz

Das Kloster Waldkirch unterhielt hier einen Maierhof. 1577 kam das Dorf zur Herrschaft Schwarzenberg-Kastelburg. Habsburg gab es als Lehen an leitende Beamte, so an einen vorderösterreichischen Kanzler und 1716 an den aus Tirol stammenden Freiburger Bürgermeister Beyer. Sein Sohn wurde damit geadelt, nannte sich anschließend Beyer von Buchholz und gehörte somit zur Breisgauer Ritterschaft. Die Familie baute das Schloss und starb 1809 aus.

Bauten: Das **Schloss** (1760) ist ein zweigeschossiges Herrenhaus unter Walmdach mit einem wappengeschmückten Rokokoportal. Eine Kapelle steht östlich davon. Das renovierungsbedürftige Gebäude in Besitz der Marschall von Bieberstein in Neuershausen (s. March) steht leer. Riesiger, ummauerter und von Häusern abgeschirmter Park dabei (Schwarzwaldstr. 52).

UMGEBUNG: Das benachbarte idyllische Schwarzwaldtal der Wilden Gutach wurde vom Kloster Waldkirch als Streusiedelgebiet erschlossen. Dessen Maierhof stand in **Altsimonswald** (Gem. Simonswald) neben der Pfarrkirche. Patrizier aus Freiburg und Waldkirch erwarben großen Grundbesitz und bauten sich ein Schlösschen, das jedoch keine Herrschaftsrechte besaß, da Habsburg das Tal der Herrschaft Schwarzenberg-Kastelburg eingeordnet hatte. Die 1556 erbaute zweigeschossige L-förmige-Anlage unter Walmdach steht in der Ortsmitte rechts der Wilden Gutach (Schlossstraße). Der Ostflügel wird privat bewohnt, während der renovierungsbedürftige Nordflügel mit Eckquaderung in Gemeindebesitz ist. Die davor stehende Nepomukstatue wurde beim Ausbau der Straße von der Brücke hierher versetzt.

UMGEBUNG: Das nahe Städtchen **Elzach** wurde ebenfalls von den Hr. von Schwarzenberg gegründet und kam unter die Landeshoheit von Habsburg. Die Stadtherrschaft gelangte über Heiraten nacheinander an von Rechberg, v. Ehingen, v. Reischach. Letztere bauten hier zwei Schlösser, die beide 1631 von Württemberg zerstört wurden. Auf den Grundmauern des Stadtschlosses wurde anschließend ein Haus erstellt, das seit 1884 als Pfarramt dient. Das zweigeschossige, quadratische Gebäude unter Walmdach fällt durch seinen Turmerker mit spitzem Helm auf. Es steht südlich der kath. Kirche. – Eine besondere Situation bestand im **Prechtal,** wo seit 1409 ein Kondominat zwischen Baden-Hachberg (bzw. -Durlach) und den Kinzigtaler Gf. Fürstenberg bestand. Die Herrschaft wechselte jährlich zwischen beiden, aber nur in Oberprechtal durfte Baden einen Teil der Bevölkerung reformieren. An die Herrschaftsteilung erinnert das Kondominatswappen am **Ladhof,** der ursprünglich Meierhof des Klosters Waldkirch war und ab 1522 als zentraler Verwaltungs- und Gerichtshof diente. Der zweistöckige Barockbau (1745) steht ca. 500 m außerhalb der Kernstadt an der Straße nach OT Prechtal. (2007)

(Bad) Waldsee RV M10

Warum konnte die Stadt Waldsee als **Donaustadt** bezeichnet werden, wenn sie rund 30 km von der Donau entfernt liegt? Weil sie zu den fünf Städten (Saulgau, Mengen, Riedlingen, Munderkingen, Waldsee) gerechnet wurde, die **Habsburg** im 14.Jh von verschiedenen Vorbesitzern erworben hatte und unter dem Begriff „Donaustädte" verwaltungsmäßig zu einer Einheit zusammenfasste. Habsburg hatte ihnen eine Verfassung mit beinahe reichsstädtischen Freiheiten eingeräumt. Die Realität sah jedoch anders aus. Denn 1386-1680 wurden sie mit harter Hand von den Gf. Waldburg regiert, an die sie verpfändet waren. Gegen dieses Regiment gab es wiederholt Aufstände und deren blutige Niederschlagung. Daher schlossen sich 1509 die Donaustädte gegen ihren Pfandherren zusammen und erreichten schließlich aufgrund ihrer Zähigkeit, dass Habsburg 1680 die Pfandsumme zurück zahlte. Das Schloss der Fam. Waldburg-Zeil in Bad Waldsee und ein elegantes Epitaph in der Stiftskirche sind Relikte dieser Zeit.

(Bad) Waldsee

Waldsee. Stiftskirche. Das eleganteste Renaissance-Epitaph in BW

Kernort
Ministeriale der Staufer gründeten die Stadt. 1331 wurde sie von Habsburg gekauft und 1386 zusammen mit den anderen „Donaustädten verpfändet". Anschließend lag sie beinahe 300 Jahre in einer Art Dauerclinch mit den Gf. Waldburg, bis hin zu Überfällen und sogar Krieg. Die Strafen von Seiten der Herrschaft waren drakonisch. Nach der Auslösung (1680), welche die Donaustädte selbst finanzierten, blieb das Schloss weiterhin Sitz einer Waldburglinie und Zentrum einer Herrschaft mit einigen Dörfern. In der Stadt jedoch stritten die Bürger weiter, diesmal untereinander. Dies ging so weit, dass sich das Augustinerchorherrenstift schließlich selbst auflöste, - ein einmaliger Vorgang im Habsburger Reich. Erst der Übergang an Württemberg (1806) beendete Ratsklüngel und Vetternwirtschaft, Schulden und Misswirtschaft.
Bauten: Das **Schloss** (1550), barock umgestaltet, ist ein von einem Wassergraben umgebener dreigeschossiger Rechteckbau mit halbkreisförmigen Treppentürmchen. Die Mittelachse wird durch eine wappengeschmückte Schaufassade betont. Es liegt idyllisch mit seinem Park-Biotop am Schlosssee. In Besitz der Fam. Waldburg-Wolfegg-Waldsee, z.Z. leerstehend. Versteckt auf der Südseite steht die Schlosskapelle (1745), ein Zentralbau. Die renovierten Nebengebäude werden von Kureinrichtungen der Waldburg-Zeil-Kliniken genutzt. – **Sonstiges:** In der gegenüber stehenden kath. Stiftskirche befindet sich die Grablege der Gf. Waldburg im Nordchor. Unter den drei Bronzeepitaphien ist das einmalig höfisch-elegante von Truchsess Georg I (um 1480). – Das zwischen zwei Seen eingezwängte Städtchen entspricht mit seinen Fachwerkhäusern und dem prachtvollen Renaissance-Rathaus dem Bild Oberschwäbischer Kleinstadtidylle.

OT Haisterkirch
Nach diesem Ort ist der Haistergau benannt, hier stand in der Karolingerzeit die Mutterpfarrkirche aller umliegenden Dörfer. Ortsadelssitz 1280-1430. Die Oberhoheit jedoch gelangte als Teil der Herrschaft Waldsee 1331 an Habsburg, daher gleiches Schicksal wie die Stadt. Das Kirchenpatronat kam 1362 an das Prämonstratenserstift Rot, das wegen der bedeutenden Einnahmen das Pfarrhaus zur Sommerresidenz ausbaute.
Bauten: Das **schlossartige** Pfarrhaus, 1736, ist eine große, schmucklose, dreigeschossige Dreiflügelanlage mit Schweifgiebeln. Heute Pfarramt, Schule und Gemeindeverwaltung. Wirtschaftsgebäude und Mauer bilden einen abgeschlossenen Bereich.
UMGEBUNG: Im **OT Gaisbeuren,** der zur Landvogtei Oberschwaben gehörte (s. Weingarten), stehen zwei verwitterte Adelsepitaphe in der kath. Kirche.

OT Michelwinnaden

Ortsadelssitz im 13.Jh. Über verschiedene Besitzer kam 1479 die Dorfherrschaft an das Prämonstratenserstift Schussenried, das 1754 mit dem Erwerb des Kirchenpatronats das Dorf vollständig besaß.

Bauten: Der **Amtshof** des Klosters wurde um 1600 an Stelle einer mittelalterlichen Burg errichtet. Es ist ein stattlicher, dreistöckiger Bau unter Satteldach mit einer mächtigen Holzdecke im Erdgeschoss. Nach der Säkularisation als Rathaus und Schule genutzt, heute Dorfgemeindehaus. Er steht neben der barockisierten kath. Kirche des 16.Jh. (2009)

Waldshut-Tiengen WT O4

Als wichtigste der vier **Waldstädte** (Rheinfelden, Säckingen, Laufenburg) sicherte Waldshut den südlichen Hochschwarzwald. Die Hüterin des (Hotzen-)Waldes trotzte zwei Belagerungen der Eidgenossen. Ansonsten wäre wahrscheinlich die Grafschaft **Hauenstein** mit den halbfreien, aufgrund des Rechtes zur Selbstorganisation in Einungen zusammengeschlossenen Rodungsbauern, zu einem Schweizer Kanton geworden. Den Einungen stand ein von Habsburg ernannter Waldvogt vor, der seit der Zerstörung der Burg Hauenstein (bei Laufenburg) in Waldshut residierte. An die ehemalige Bedeutung Waldshuts erinnern die dortige Waldvogtei und die stattlichen kommunalen und privaten Gebäude.

Die **Landgrafschaften** wurden von den Staufern geschaffen, um die rodungsfreien Bauern zu schützen. So entstanden im Gebiet BWs die Landgrafschaften Nellenburg (s. Stockach), Heiligenberg, Baar, Breisgau, Stühlingen und Klettgau. Die damit betreuten Grafenfamilien leiteten daraus später einen Anspruch auf Landeshoheit über alle Städte, Dörfer und Klöster innerhalb der Landgrafschaft ab. So auch die Gf. Sulz als Landgrafen des Klettgaus, die damit das Benediktinerkloster Rheinau ihrem „Schutz" unterstellen wollten, was jedoch an den Eidgenossen scheiterte (s. Jestetten). Da sie auch noch den nördlichen **Klettgau** an die Stadt Schaffhausen verloren, mussten sie sich mit einem Restterritorium um das Residenzstädtchen Tiengen begnügen.

OT Tiengen

Das Landgericht (Dingstätte) des Albgaus befand sich wahrscheinlich beim keltischen Menhir (4 m hoch, „Langer Stein") an der Wutach, gelegen zwischen Sportplätzen im Süden der Altstadt. Im 12.Jh war der Bf. Konstanz Stadtherr. Er vergab wiederholt die Stadt als Lehen und verpfändete sie schließlich 1482 an die Gf. von Sulz. Diese machten sie zur Hauptstadt ihrer 1408 von Habsburg-Laufenburg erheirateten Landgrafschaft Klettgau. So ergab sich die verzwickte Situation, dass die Landgrafschaft Stühlingen (s.d.) die Rechtshoheit über die Hauptstadt der Landgrafschaft Klettgau besaß. Erst die Gf. Schwarzenberg, die 1695 die Sulzer beerbten, konnten 1752 eine rechtliche Abklärung erreichen. - 1468 wurde die Stadt von den Eidgenossen besetzt und 1499 von ihnen zerstört, weshalb die Häuser des malerischen Residenzstädtchens alle nach 1500 errichtet wurden.

Waldshut-Tiengen

Tiengen. Residenz der Landgrafschaft Klettgau

Bauten: Das **Schloss** (16.Jh) ist ein unübersichtlicher Komplex von Gebäuden aus Spätgotik und Renaissance, die sich asymmetrisch aneinander reihen. Es wurde an den Turm der mittelalterlichen Burg, in dem das Heimatmuseum untergebracht ist, angebaut. Eindrucksvoll wirkt das hoch emporragende Hauptgebäude mit Staffelgiebeln von der Stadtseite her. Am Eingang ein Allianzwappen (1619). Die Anlage ist als Behördensitz teilweise zugänglich. - **Sonstiges:** Auf dem Schlossplateau steht die 1755 von Peter Thumb erbaute kath. Kirche. Ihr Vorgängerbau diente den Gf. Sulz als Grablege, deren Gruft ist bei Führungen zugänglich. – Südlich der Kirche stehen verwitterte Epitaphien an der Schlossmauer. – Teile der Stadtbefestigung sind erhalten. Jüdischer Friedhof mit drei Grabsteinen an der Feldbergstraße Richtung OT Gurtweil.

OT Waldshut

Die Stadt wurde 1240 von Gf. Habsburg als regelmäßiges Rechteck mit einer Hauptstraße, zwei Parallelstraßen und einer Querstraße angelegt. Damit sollten die neuen Erwerbungen auf dem Südabhang des Hochschwarzwaldes gesichert werden. Als eine der vier Waldstädte hatte sie weitgehende Rechte der Selbstorganisation. Nur durch ihre Verteidigung gegen die 1468 und 1499 vordringenden Eidgenossen (s.o. Tiengen) konnte Habsburg seine Besitzungen am Hochrhein halten. Die Stadt schloss sich der Täuferbewegung und dem Bauernaufstand an, weshalb sie 1525 ihre Privilegien verlor und ihr Stadtpfarrer Hubmayer verbrannt wurde. Beim Salpetereraufstand, einem bewaffneten Widerstand der Hotzenwaldbauern gegen die Zentralisierung durch das Kloster St. Blasien und durch Habsburg, wurde sie 1745 von den Salpeterern belagert. Im 18.Jh erlebte sie eine Blütezeit durch Großhändler, darunter auch die Fam. Troendlin, die 1763 mit dem Titel von Greiffenegg geadelt wurde.

Bauten: Im Südosten der Altstadt beim Johannisplatz steht der Freihof **Greiffeneggschlössle** (16.Jh). Das freistehende, von Mauern umwehrte, schmucklose zweistöckige Gebäude unter Satteldach wird privat bewohnt (Amtshausstr. 8). – Benachbart steht die 1775 von J.C. Bagnato erbaute Waldvogtei über dem tiefen Stadtgraben. Das schmucklose, dreistöckige Gebäude unter Walmdach mit barocker Eingangstüre ist heute Amtsgericht. – Daneben das unauffällige Amtshaus des Klosters St. Blasien. – **Sonstiges:** Barockes Stadtpalais (1738) des Dompropstes von Roll neben dem Westtor. – Prächtig wirken Rathaus und Metzig mit schönen Stadtwappen. - Teile der Stadtbefestigung, darunter zwei Stadttore mit Wappen,sind erhalten. - In der kath. Stadtkirche ein Epitaph der Greiffenegg. – Epitaphien der Führungsschicht sind an der Friedhofsmauer und in der von den Troendlin gestifteten Friedhofskapelle gesammelt. – Die systematisch angelegte, gut erhaltene Altstadt wirkt harmonisch-schön.

OT Gurtweil

Fränkische Siedlung auf römischen Mauern. Dorfadelssitz 1094-1294. Habsburg erwarb im 14.Jh die Oberhoheit und vergab das Dorf als Lehen an verschiedene Familien und ab 1647 an das Kloster St. Blasien. Dieses richtete im Schloss eine Propstei ein, die zum Verwaltungszentrum für die St. Blasener Besitzungen im Schlüchttal wurde. Von hier stammt Pater Jordan, Gründer der Salvatorianer und damit einziger deutscher Ordensgründer der Neuzeit.

Bauten: Das **Schloss** (1664) ist ein dreistöckiger, schmuckloser Kasten mit Staffelgiebel unter Satteldach. Die Orangerie im Garten wurde im 18.Jh hinzugefügt. Seit 1897 in Besitz der Franziskanerinnen von Gengenbach, die darin ein Behindertenheim unterhalten. Das Schlossgelände ist ummauert, der Zugang in den Hof ist offen. Die Anlage liegt unübersehbar im Süden des Dorfes. - **Sonstiges:** In der frei stehenden Schlosskapelle und in der Kirche hat sich St. Blasien mit seinem Wappen am Chorbogen verewigt. (2009)

Walldürn MOS B8

Die **Edelfreien von Dürn** werden 1171 erstmals erwähnt. Sie waren oft am Hof der Stauferkaiser, denn sie siegelten sage und schreibe 142 Urkunden. Als Vögte des Klosters Amorbach, des größten Grundbesitzers im Bauland, bauten sie 1171 die namengebende Burg Dürn. Entgegen weit verbreiteter Meinung waren sie nicht am Aufstand König Heinrichs gegen seinen Vater Kaiser Friedrich beteiligt, denn sie erreichten danach das Maximum an Besitzungen. Die anschließende Teilung (1253) in die Linien Wildenburg (bei Amorbach, bis 1308), Dilsberg (s. Neckargmünd, bis 1315) und Forchtenberg (bis 1323) brachte den Ausverkauf. Mit dem Kauf ihres Stammsitzes Walldürn (1294) wurde der Mainzer Erzbischof zur dominierenden Macht im Bauland.

Kernort

Das Dorf aus der Merowingerzeit wurde 1260 von den Hr. von Dürn zur Stadt erhoben. Diese kam 1294 an den Bf. Mainz und wurde zum Mittelpunkt eines kleinen Amtes mit Centgericht (s. Neckargmünd) und Kellerei (Finanzverwaltung) unter dem Oberamt in Amorbach. 1346-1525 bestand eine weitgehende Selbstverwaltung als Mitglied des Neun-Städtebundes (s. Tauberbischofsheim). Mit Bezug auf ein um 1330 angeblich geschehenes Blutwunder entstand im 15.Jh eine Wallfahrt, die aus Dürn Wallfahrtsdürn machte und es zur bedeutendsten Wallfahrtsstätte BWs werden ließ. Bei der Säkularisation 1803 kam es zusammen mit Amorbach zum Fürstentum Leiningen und 1806 an Baden.

Bauten: Das **Schloss** (16.Jh) ist eine Dreiflügelanlage, da der vierte Flügel (Westflügel) 1865 abgebrochen wurde. Auf der Südwestseite stehen Teile einer Mauer aus Buckelquadern, der Rest der staufischen **Burg.** Der große, dreigeschossige, äußerlich schmucklose Bau unter Walmdach war Sitz der Mainzer Verwaltung. Heute Stadtverwaltung (Burgstr. 3). - **Sonstiges:** Der Freihof der Hr. von Bettendorff, 1756, ein zweistöckiger Barockbau unter Krüppelwalmdach, fällt v.a. wegen seiner schönen Einfahrt mit einem Allianzwappen auf. Heute Hotel (Hauptstr. 14). – Ein Epitaph der Bettendorff ist in der Kirche neben dem Wallfahrtsaltar.

Walldürn

UMGEBUNG: im **OT Rippberg** steht ein (bewohnter) Torturm als Rest eines Schlosses, das 1835 abgebrochen wurde. Das Dorf unter Oberhoheit des Bf. Würzburg war Sitz einer Ministerialenfamilie, die sich mal von Dürn, mal von Rippberg nannte und 1575 ausstarb. Epitaphien von ihr findet man in der Friedhofskirche. Bf. Julius Echter von Mespelbrunn verlieh die Herrschaft an seine Brüder. Nach dem Aussterben der Echter (1665) wurde Rippberg bischöflicher Amtssitz für die umliegenden Dörfer. Der Torturm mit dem Allianzwappen Dürn/Rüdt von Collenberg stammt von der Vorgängerburg. Davor steht ein Renaissancebrunnen. („Am Schlossturm") (2004)

D11 Wallhausen SHA

Eine Begegnung mit unserer **nationalsozialistischen Vergangenheit** hatte ich in Michelbach an der Lücke. Auf Englisch wurde ich von einer Frau im Mietwagen wegen des Weges nach Rothenburg gefragt. Sofort war mir klar, dass ich es mit einer Jüdin zu tun haben musste, die nach den Spuren ihrer Vorfahren suchte. Die Frau erzählte mir anschließend, dass ihre hier geborene Mutter nach der „Reichskristallnacht" 1938 in die USA ausgewandert sei. In Michelbach hatte sie den Friedhof mit den Gräbern ihrer Vorfahren und die Gedenkstätte in der Synagoge besucht.

Die **Gf. Schwarzenberg** sind ein fränkisches Rittergeschlecht aus Scheinfeld am Steigerwald. In den Habsburger Stammlanden (Österreich, Böhmen) machten sie Karriere bis zum Staatskanzler und stiegen 1671 in den Fürstenstand auf. 1813 stellten sie den Oberbefehlshaber der Alliierten in der Vielvölkerschlacht bei Leipzig. Seit 1695 besaßen sie infolge Heirat die Landgrafschaft Klettgau im Südschwarzwald (s. Waldshut-Tiengen). Daneben besaßen sie viele kleine reichsritterschaftliche Besitzungen in den fränkischen Kantonen Steigerwald, Altmühl und Odenwald, wozu auch Michelbach gehörte.

OT Michelbach a.d. Lücke

Der Zusatz „an der Lücke" geht auf einen Durchlass durch die Rothenburger Landhege (s. Niederstetten) zurück. Der Ort kam 1423 aus dem Besitz Rothenburger Patrizier an die Berlichingen, welche sich der Reformation und dem Kanton Odenwald der Reichsritterschaft anschlossen. Verkauf 1601 an die Frh. von Crailsheim. Der Kaiser verhängte gegen diese im 30j. Krieg die Reichsacht und vergab das Dorf als Reichslehen an seine Parteigänger, die Gf. Schwarzenberg. Diese ließen das Rittergut durch einen Amtmann verwalten. Auch hier setzte Preußen 1796 seine Oberhoheit durch (s. Crailsheim). Bereits im 16. Jh hatten sich Juden angesiedelt, im 19. Jh machten sie 1/3 der Dorfbevölkerung aus.

Bauten: Das **Schloss** (1701) bildet zusammen mit den Wirtschaftsbauten einen geschlossenen Hof. Die schmucklose Anlage entstand an Stelle einer Wasserburg, von der noch Reste blieben (Graben, Torturm). – **Sonstiges:** Ein Epitaph in evang. Kirche, 1756. - Die Synagoge (1757) ist die älteste erhaltene in BW, heute Gedenkstätte (zurück gebaut in der „Judengasse"). - Der jüd. Friedhof liegt ca. 2 km nordwestlich des Dorfes.

UMGEBUNG: Im Weiler **Roßbürg,** der auch dem Kanton Odenwald der Reichsritterschaft angeschlossen war, stand eine verschwundene Wasserburg. - Im Weiler **Schainbach,** der zum Rittergut Erkenbrechtshausen (s. Crailsheim) gehörte, stehen vier prächtige, spätbarocke Epitaphien der Seckendorff in der klein-intimen evang. Jakobskirche. (2006)

Wangen RV N11

Die **Vogt von Summerau** werden als Ministeriale der Welfen bereits im 12.Jh erwähnt. Von ihrem Stammsitz Neu-Summerau bei Tettnang verwalteten sie Grundbesitz des Klosters St. Gallen. Nach dem Erwerb der Burg **Prassberg** (1411), mit der sie sich der Reichsritterschaft anschlossen, erweiterten sie ihren Namen. Man findet einen Zweig der Familie auch im Hegau (s. Eigeltingen), wo sie einen Bf. Konstanz stellten, und einen im Breisgau (s. Umkirch), wo sie einen Freiburger Regierungspräsidenten stellten. In Wangen erinnern an sie die sanierte Ruine Prassberg ca. 3 km nördlich der Kernstadt über der „Prassberger Mühle" und ihr Erbbegräbnis in der Stadtkirche.

„Bäckersohn steigt zum Fürstabt auf und rettet Reichskloster!". Der in Wangen geborene Ulrich Rösch gilt als der bedeutendste Abt des Benediktinerklosters St. Gallen, das im 15.Jh im Kampf mit der Reichsstadt **St. Gallen** unterzugehen drohte. Nicht nur, dass er dessen Existenz rettete! Er konnte sogar noch solch große Territorien im Umland dazu erwerben (u.a. das Toggenburg), dass es als reichsunmittelbare Fürstabtei in der Eidgenossenschaft eine Sonderstellung einnahm. Aber wie kommt ein Wangener Bürger in dieses Kloster?

Kernstadt

Das uralte Reichskloster St. Gallen besaß im Allgäu enormen Grundbesitz, so auch hier einen Kellhof (= Meierhof = Verwaltungszentrum) mit angeschlossenem Markt. Daneben ließ Kaiser Friedrich II als Vogt des Klosters die Stadt anlegen. Zur Verwaltung des Besitzes hatte das Kloster Ministeriale eingesetzt, die

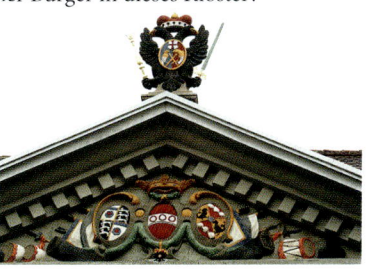

Wangen, Ritterhaus. Wappen der Hauptleute Humpis, Meldegg und Tratzberg sowie des Kantons

anschließend als Patrizier die Geschicke der Stadt bestimmten oder/und sich mit einem Landsitz der Reichsritterschaft anschlossen, darunter auch die Vogt von Summerau. So nahm die Stadt für den umgebenden Landadel eine zentrale Funktion ein, weshalb der Reichsritterschaftskanton Hegau-Allgäu-Bodensee seine Verwaltungszentrale (Kanzlei „Ritterhaus") für das Viertel Allgäu-Bodensee hier einrichtete. Über den Aufkauf der Klosterrechte gelangte Wangen 1348 in den Status der Reichsunmittelbarkeit und baute sich ein kleines Territorium von rund 50 km² auf. Wangen zählt zu den wenigen Reichsstädten, in denen die reformatorische Bewegung nicht Fuß fassen konnte.

Bauten: Als **Schlössle** alleine schon aufgrund seiner Funktion kann man das

Ritterhaus in der Herrenstrasse beim Ravensburger Tor bezeichnen. Es wurde 1784-89 vom Deutschordens-Baumeister Franz Bagnato im klassizistischen Stil erbaut. Im Dreiecksgiebel sieht man die Wappen der damaligen Direktoren (Humpis, Meldegg, Tratzberg) und darüber das Wappen des Ritterschaftskantons. Heute ist darin die Stadtkasse untergebracht. – Reichsstädtische Pracht demonstriert das **Rathaus,** einem Schlössle vergleichbar. Seine verschiedenen Teile entstanden in verschiedenen Blütezeiten. - **Sonstiges:** Auf die Patrizierfamilie Hinterhofer geht das Hinterhoferhaus (1542) mit seinem Renaissance-Arkaden-Innenhof zurück. Als Café neben dem Rathaus ist es zugänglich. - In der schönen Altstadt informieren Tafeln an mehreren Häusern in der Herrenstraße, dass sie von Patrizierfamilien bewohnt waren (Siegerist, Neukhom, Rist). - Von Patriziern und Bürgern stammen die Epitaphien an der Außenwand der kath. Stadtkirche, in deren Südflügel die Ritterfamilie „Vogt von Summerau und Prassberg" ihre Grabkapelle unterhielt, wovon mehrere aufwändige Epitaphien erhalten blieben.

UMGEBUNG: Die Reichsstadt ließ ihr kleines Territorium von Vögten verwalten, die auf einer Burg oder in einem festen Haus im Dorf saßen. Ein schönes Beispiel hierfür ist die mittelalterliche **Turmhügelburg** in **Oflings,** ca. 4 km nördlich der Kernstadt. Das schön renovierte Gebäude ist privat bewohnt. Zugang bis zum Gartentor. Der Ministerialensitz des Klosters St. Gallen war von der Reichstadt 1513 gekauft worden.

UMGEBUNG: Im OT Neuravensburg saßen in der Stauferzeit Reichsministeriale, wahrscheinlich aus Ravensburg stammend. Diese gründeten am Fuße der Burg eine Stadt, die jedoch im 15.Jh zum Dorf abstieg. 1270 erwarb das Reichskloster St. Gallen die Oberhoheit und ließ ab 1608 seinen Allgäubesitz von hier aus verwalten. Die Ruinen der im Bauernkrieg zerstörten Burg überragen weithin sichtbar den Ort. (2008)

K11 Warthausen BC

Warthausen. Das Schloss über dem Rißtal war im 18.Jh ein Musenhof

Das Schloss in Warthausen war im 18.Jh ein Oberschwäbischer **Musenhof.** Unter dem Gf. Friedrich von **Stadion,** der sich aus seiner hohen Stellung am Hof des Mainzer Kurfürstbischofs auf seinen Besitz zurückgezogen hatte, versammelte sich im 18.Jh ein nachträglich berühmter Künstler- und Gelehrtenkreis: Der Dichter Christoph Martin Wieland aus Biberach, die Schriftstellerin Sophie La Roche (die Großmutter Goethes, s. Bönnigheim), der Maler Johann Heinrich Tischbein.

Die aus Sachsen stammende Fam. **König** gelangte übers Elsass und über Esslingen im 18.Jh württembergische Dienste, wo sie 1812 geadelt wurde. Parallel dazu wurden Familienmitglieder Bankiers in Amsterdam. 1829 erwarb sie Fachsenfeld (s. Aalen) und 1829 Warthausen, wonach sie sich König von und zu Warthausen nannte.

Kernort
In der Burg über dem Ort saß im 12.Jh ein edelfreies Geschlecht. 1331 konnte Habsburg die Herrschaft mit insgesamt 13 Dörfern erwerben, verpfändete sie jedoch 1416 an die Reichsstadt Biberach. Als diese sich der Reformation anschloss, reagierte Habsburg sofort und gab die Dorfherrschaft 1529 als Lehen an Hans Schad von Mittelbiberach, den Gegner der protestantischen Partei in der Reichsstadt (s. Mittelbiberach). Nach dem Aussterben der hiesigen Linie fiel 1695 die Herrschaft an die Gf. Stadion, die hier ihren Hauptsitz nahmen und ein kulturelles Zentrum bildeten. Sie verkauften 1826 die Standesherrschaft an das Königreich Württemberg, von dem es 1829 an die Frh. von König kam, die 1985 an Freiherr von Ulm zu Erbach verkauften.

Bauten: Das **Schloss** wurde 1532-40 unter Verwendung älterer Burgteile erbaut. Es ist ein dreistöckiger Winkelhakenbau mit Staffelgiebel unter einem mächtigen Satteldach. Der Hauptflügel im Osten zeigt seine Schauseite zum Dorf hin, in Form von zwei Ecktürmen auf ehemaligen Geschützbastionen. Barocke Schlosskapelle. Der Burghof wird von den Wirtschafts- und Verwaltungsbauten (um 1750) begrenzt, die heute als Wohnungen vermietet sind. Reste des Landschaftsgartens mit dem „Wielandturm". Die Anlage liegt hoch über Dorf und Rißtal. Zufahrt über „Schlosssteige". Heute in Besitz der Frh. von Ulm zu Erbach, Zugang in den Vorhofbereich offen. – **Sonstiges:** Im Dorf moderne kath. Kirche mit zwei barocken Epitaphien. (2003)

Wehr WT O 3

Die **Hr. von Schönau** stammen aus dem Elsass (Schönau gegenüber Rust), wo sie 1229 als Truchsess des Bf Straßburg erwähnt werden. Die männlichen Mitglieder tragen den ausgefallenen Namen Hürus. Um 1350 erlangten sie durch Heirat das Amt des Meiers des Frauenstiftes Säckingen und verlegten ihren Herrschaftsschwerpunkt an den Hochrhein, wo sie unter Habsburger Landeshoheit weiträumige Territorien im Wiesetal (Zell) und hier im Wehratal aufbauten. In Habsburgs Diensten übernahmen sie leitende Verwaltungsaufgaben als Landvögte (Ortenau, Grafschaft Pfirt). Ihre Schlösser findet man in Säckingen, Stetten (s. Lörrach), Schwörstadt und hier in Wehr.

Wehr. Das Neue Schloss, heute Rathaus

Kernort
Über dem Wehratal stand bereits um 1100 eine Burg Steinegg, die von ihren späteren Erwerbern in Bärenfels umbenannt wurde (s. Grenzach-Wyhlen) und

Wehr

als Ruine weithin sichtbar ist. Im dazu gehörenden Ort gründeten die Hr. von Klingen 1256 ein Frauenkloster, das später als Kloster Klingental nach Basel (Kleinbasel, rechts des Rheins) übersiedelte. Habsburg erwarb die Herrschaft und vergab das Tal 1365 als Lehen an seine Ministerialen, die Hr. von Schönau. Diese spalteten sich 1628 in drei Linien, die sich der Breisgauer Ritterschaft anschlossen und damit landsässig in Vorderösterreich waren.
Bauten: Das **Neue Schloss** (1748) ist ein schmuckes dreigeschossiges Gebäude mit einer zweiläufigen Freitreppe und wappengeschmücktem Eingangsportal. Seit 1895 in Stadtbesitz, heute Rathaus. - Unterhalb steht am Bach das **Alte Schloss** (1579), ein dreigeschossiges kompaktes Steinhaus mit Treppenturm und Wappen. Es diente nach dem Bau des Neuen Schlosses als Amtshaus und heute für städtische Ämter. Lage: Am Südrand der Altstadt. – **Sonstiges:** Die erhöht über dem Städtchen stehende kath. Kirche besitzt auf der Nordseite zwei Epitaphien der Hr. von Schönau (19.Jh) sowie in einer Abstellkammer unter dem Turm weitere Epitaphien (18.Jh). Die Langhaussäulen sind mit Wappen geschmückt. (2009)

C11 Weikersheim TBB

Hier stand die Wiege der **Gf. Hohenlohe,** hier traten sie um 1150 als Verwalter von Reichsbesitz in die Geschichte ein. Erst anschließend (1178) nannten sie sich Hohenlohe nach der (abgegangenen) Burg Hohlach beim nahen Uffenheim in Mittelfranken, weil sie dort das Reichsprivileg des Begleitschutzes am Fernhandelsweg Frankfurt-Augsburg erhielten. Den höchsten Einfluss erreichten drei Brüder unter dem Stauferkaiser Friedrich II: Heinrich machte im noch jungen Deutschen Orden Politik als Deutsch- und Hochmeister, Gottfried und Konrad übernahmen höchste Reichsämter. Dabei verlagerten sie den Schwerpunkt ihrer Herrschaft in das Gebiet, das man heute nach ihnen benennt. Anschließend verloren sie jedoch immer mehr an Macht und Einfluss, u.a. infolge ihrer Erbteilungen, denen wir die vielen Miniresidenzen in Hohenlohe verdanken: Ingelfingen, Kirchberg, Kupferzell, Langenburg, Neuenstein, Öhringen, Pfedelbach, Schrozberg, Waldenburg, Schillingsfürst (in Bayern) und hier Weikersheim, wo Schloss, Park, Stadt und Kirche eine besonders gelungene Einheit bilden.

Kernort

Um 1150 tauchten die ersten Hohenlohe als Verwalteter von Reichsgut auf. Da sie beim Aufstieg unter den Staufern ihren Herrschaftsschwerpunkt ins heutige Hohenlohe verlegten, sackte Weikersheim zu einer Nebenresidenz ab und wurde sogar im 14.Jh wiederholt verpfändet. Erst eine der vielen Landesteilungen brachte 1585 wieder einen hier wohnenden

Weikersheim. Renaissanceschloss mit Barockgarten

Weikersheim

Grafen, der umgehend die Wasserburg in ein Renaissanceschloss mit einem berühmten Rittersaal umbauen ließ. Im 18.Jh brachte eine erneute Blüte die Erweiterung (Park, Schloss-Stadt-Verbindung). 1756 starb die Linie aus, das Städtchen fiel in Dornröschenschlaf. Das Haus Hohenlohe-Langenburg verkaufte 1967 Schloss und Park an das Land BW.

Bauten: Das **Schloss** bildet eine geschlossene Dreiecksanlage aus Teilen der Wasserburg mit dem mittelalterlichen Bergfried, Wirtschaftsbauten und dem Renaissance-Hauptgebäude. Elegant und dominant wirkt der dreistöckige Hauptbau mit Renaissancetypischen Rollwerkgiebeln, dessen Schauseite zum Park hin zeigt. In ihm sind der Rittersaal sowie eine Treppenspindel („Schnecke"), welche in ein prachtvolles Allianzwappen Hohenlohe-Nassau mündet, unbedingt sehenswert. Heute Museum und Musikakademie. - Der Park wurde 1991 als Barockpark nach französischem Muster mit Orangerie und originellen Steinfiguren wieder hergestellt. Hierin stellen Zwerge und Gnome das Schlosspersonal dar. (Eintritt gebührenpflichtig). – **Sonstiges:** Gelungen ist der fließende Übergang vom Schloss zum Städtchen in Form von Verwaltungsbauten, Brücke und geschwungenen Arkaden, die in den weiten Marktplatz münden. Der wird gesäumt von repräsentativen Herrschaftsbauten (Rathaus, ehem. Lateinschule, ehem. Rentamt, Wachgebäude, Kornbau) und evang. Kirche. - Unter den wenigen Epitaphien in der Kirche fällt ein Kinderepitaph („Prinzle") auf, das als das erste derartige in Deutschland gilt (1437). – Jüd. Friedhof im Wald an Sträßchen nach Honsbronn.

UMGEBUNG: Erhöht über Vorbach- und Taubertal, östlich von Weikersheim, wurde 1727-36 der **Wildpark Carlsberg** mit Jagdschloss und vier Kavaliershäuschen angelegt. Nach dem Abriss im 19.Jh blieben nur noch Nord- und Südpavillon erhalten, von denen einer als Forstmuseum dient. Seit 1977 ist der Park in Besitz der Stadt. Das 1742 erbaute „gelbe Haus" am Ende der Südallee dient als Gaststätte. Der Zugang in den ummauerten Park ist über Tiergatter offen.

OT Laudenbach

Sitz von Ministerialen der Hohenlohe. 1382 -1568 in Besitz der Hr. von Finsterlohr, die sich dem Kanton Odenwald der Reichsritterschaft sowie der Reformation anschlossen. Nach deren Aussterben zog Bf. Julius Echter von Würzburg das Lehen ein. Gegenreformation. Bf. Franz von Hatzfeld gab das Lehen 1641 an seinen Bruder Melchior, womit das Dorf an die Gf. Hatzfeld und 1794 an die Gf. Hohenlohe-Jagstheim als deren Erben fiel.

Bauten: Das **Schloss,** 16.Jh, ist ein massiver, viergeschossiger, burgartiger Steinturm mit Fachwerkobergeschoss. Es steht an Stelle einer mittelalterlichen Wasserburg in der Südwestecke des schönen Dorfes (neben Sportplatz). Privatbesitz, hervorragend renoviert. – Zugang zu Burg und Wirtschaftsbauten über eine Steinbrücke. – **Sonstiges:** Reste der Stadtmauer mit Turm blieben an der Durchgangsstraße erhalten. – In der kath. Dorfkirche stehen Epitaphien im nichtzugänglichen Turmerdgeschoss.

UMGEBUNG: Westlich über dem Ort steht die kath. **Bergkirche** im Wald, eine Marienwallfahrtskirche. Auf der Nordseite ist eine Grabkapelle angebaut,

Weikersheim

in deren Mitte die prachtvolle Tumba aus Alabaster für Generalfeldmarschall Melchior von Hatzfeld ins Auge springt. Weitere Epitaphien der (erbenden) Hohenlohe-Jagstheim, 19. und 20. Jh. Zufahrt ausgeschildert (2009).

G7 Weil der Stadt BB

SPQR (Senatus Populusque Romanorum) war das offizielle Signum des Römischen Reiches. Daran knüpften die Reichsstädte im Alten Reich an, bezeichneten ihren Stadtrat als Senat bzw. ihre Stadträte als Senatoren und übernahmen mitunter sogar dieses Signum. Wobei es bei ihrer geringen Größe und Bedeutung statt „Senat und Volk der Römer" wohl eher mit „Salz, Pfeffer, Quark und Rettich" übersetzt werden müsste. So auch in der kleinen Reichsstadt Weil der Stadt, die wiederholt ihr SPQR anbringen ließ.

Nach der Reformation bestand rund 1/3 des württ. Territoriums aus Gebieten aufgehobener Klöster, v.a. der Benediktiner und **Zisterzienser.** Letztere wollten als Reformorden in ihrer Anfangsphase zurück zum ursprünglichen „bete und arbeite" eines Benedikt von Nursia. Deshalb mussten hier neben den Laienbrüdern auch die Mönche körperlich arbeiten und ihr Wissen zum Erschließen unfruchtbarer Landstriche einsetzen. Harte Arbeit, sparsames Wirtschaften, neue Erschließungstechniken und Schenkungen führten dazu, dass die Zisterzienserklöster im Spätmittelalter enorm reich wurden. Mit dem Geld bauten sie systematisch ihre Kleinterritorien aus (s. Maulbronn). Weit abgelegene Besitzungen wurden unter einem Klosteramt gebündelt. Insbesondere das Kloster Herrenalb war mit seinem kompakten Besitz um Oberderdingen (s.d.) und hier um Merklingen für Württemberg ein „gefundenes Fressen".

OT Merklingen

Dorfadel saß 1100-1417 auf einer Burg neben der Kirche. Das Zisterzienserkloster Herrenalb erwarb infolge Schenkungen mit 19 Erblehen und einem Fronhof fast den gesamten Grund und Boden. 1296 kaufte es auch die Dorfherrschaft und richtete ein Klosteramt für fünf

Merklingen. Die besterhaltene Kirchenburg in BW

Dörfer ein. Die Oberhoheit war von den Gf. Calw an Württemberg gelangt, das zugleich 1338 an Stelle der Gf. Eberstein die Schutzvogtei über das Klosters erhielt und damit in der Reformation das Kloster aufheben konnte. Aus dem Klosteramt wurde ein Oberamt für den ehem. Klosterbesitz.

Bauten: Die **Kirchenburganlage** imponiert aufgrund ihrer Geschlossenheit. Sie besteht aus einem burgartigen **Steinhaus** (13Jh), Sitz des Ortsadels und später des württ. Schutzvogtes. Das urtümlich wirkende dreistöckige Gebäude unter hohem Satteldach mit den Wappen Eberstein und Herrenalb über den Eingängen wird für Veranstaltungen genutzt. - Daneben die evang. Kirche mit drei Epitaphien von württ. Amtleuten. Die von einem Graben umgebene Anla-

Merklingen

ge wird von einem halbrunden Turm und einem Torhaus zur Straße gesichert.
- **Sonstiges:** Das überdimensionierte Rathaus (1601), ein Fachwerkbau auf Steinsockel, steht jenseits des Grabens. – Ebenfalls außerhalb steht das Klosteramtshaus (17.Jh), heute Kindergarten (Hausenerstr. 19), das durch einen unterirdischen Gang mit dem Steinhaus verbunden ist.

Kernstadt

Die Merowingersiedlung am Schnittpunkt zweier Fernstraßen wurde von den Staufern 1241 zur Stadt erhoben und schließlich Reichsstadt. Der Aufbau eines Territoriums war jedoch infolge der Nähe Württembergs nicht möglich. Bereits 1522 Einführung der Reformation und überraschenderweise ab 1573 totale Rekatholisierung. Das Städtchen mit seinem schönen Marktplatz wirkt wie eine Puppenstuben-Reichsstadt.

Bauten: Zwei ehem. Adelssitze blieben erhalten, die beide 1479 von der Reichsstadt gekauft wurden. So das „Steinhaus", Sitz der Hr. von Gemmingen, ein viergeschossiges Gebäude mit verputztem Fachwerk unter Walmdach, das zum Alten Rathaus wurde (Marktplatz 14). Und auf dessen Rückseite der „Steinhof", ein privat bewohntes zweistöckiges Gebäude mit Renaissanceportalen (Steinhofgasse 8). - **Sonstiges:** In der kath. Kirche drei Epitaphien von Patrizierfamilien und SPQR an Altar und Orgel. – Blickfang am schönen Markplatz ist das Neue Rathaus (1582) mit wunderbarer Laube, Renaissance-Zwerchgiebel und Wappen mit SPQR. – Teile der Stadtmauer sind erhalten. (2009)

Weil am Rhein LÖ O 1

Als historisch interessierter Zeitgenosse muss man sich immer wieder bewusst machen, dass die Städte und Dörfer vor der industriellen Revolution nur 5-10% der heutigen überbauten Gemeindefläche einnahmen. Der **Bevölkerungszuwachs** im 19.Jh, die Flüchtlingswelle nach dem 2.Weltkrieg, die Ansiedlung von Industrie- und Dienstleistungsbetrieben und schließlich auch der ständig steigende Infrastruktur- und Wohnraumkomfort haben unsere Gemeinden zu ausufernden Gebilden werden lassen (s. Uhingen). Insbesondere in industriellen Ballungsräumen gab es eine Bevölkerungsexplosion, die auf den Zuzug Arbeitsuchender Menschen zurück zu führen ist. So auch hier im Umland der zur Chemiemetropole aufgestiegenen Stadt Basel, wovon man rechts des Rheins auf deutscher Seite profitierte. Massiv wirkte sich dies in Weil aus, das in 100 Jahren, zwischen 1871 und 1972, einen Bevölkerungszuwachs von 725% erlebte und damit von 3.100 auf 26.000 Einwohner anwuchs. Da übersieht man leicht das historische Dörfchen Alt-Weil mit seinem Schlösschen.

Kernort

Das Dorf wurde im 14.Jh von den Hr. von Üsenberg als Lehen an die Basler Patrizierfamilie Münch vergeben. 1361 kauften die Gf. Baden-Hachberg-Röttlen die Dorfherrschaft und setzten hier einen Obervogt für die Dörfer Weil, Kleinhüningen, Tüllingen und das Schloss Ötlikon ein. Als Teil der Herrschaft Röttlen

Weil am Rhein

kam Weil an Baden-Durlach und wurde protestantisch. Mit dem Bau der Eisenbahn nach Basel („Badischer Bahnhof") entstand die Gartenstadt (Neu-Weil), die das Bild des heutigen Stadtzentrums bestimmt. Östlich davon, im Umkreis der evang. Kirche vor dem Grenzübergang nach Riehen, bietet sich jedoch dem Besucher das Bild eines gemütlichen, landwirtschaftlich geprägten Dorfes.

Bauten: Das schlössleartige **Amtshaus** („Stapflehus") ist ein 1607 erbautes zweistöckiges Steinhaus unter Satteldach. Es fällt durch seine stattlichen Staffelgiebel, die gotischen Fenster und den zierlichen Treppenturm auf. – **Sonstiges:** Gegenüber steht die evang. Kirche mit mehreren Epitaphien von Vögten. - Ringförmig um die evang. Kirche sind entlang der Lindengasse weitere Herrschaftsbauten angeordnet: Der Hof des Basler Domstiftes („Domhof"), heute evang. Pfarrhaus, sowie der Dinghof des Klosters St. Blasien („Bläserhof") mit Wappen (1571). - An das verschwundene Schlößchen der Reutner von Weyl erinnern die Schlößligasse und eine lange Mauerwand samt Gesindehaus kurz vor dem Grenzübergang nach Riehen. Es war bis 1623 in Besitz der Basler Patrizierfamilie Reuttner (von Weyl). – Direkt am Grenzübergang nach Riehen steht der Meierhof, ein Freihof Basler Patrizier, heute privat bewohnt (Mühlenrain 3). (2007)

Alt-Weil. „Stapflehus". Sitz der badischen Obervögte

N10 Weingarten RV

Die Stadt Weingarten entstand 1865 aus der Vereinigung von zwei historisch verschiedenen Teilen: dem Benediktinerkloster Weingarten und dem Marktflecken Altdorf, dem ehem. Verwaltungszentrum der Landvogtei Oberschwaben. **Kloster Weingarten:** „Mehr Schloss als Kloster" kann man prinzipiell alle barocken Klosteranlagen kennzeichnen. Beim **barocken Klosterbauschema** wurden die Bauten so angeordnet, dass jeder Teil seine besondere Funktion erfüllte und zugleich harmonisch auf das Ganze bezogen war. Neben die Kirche als Zentrum trat dabei die repräsentative Schaufront der Prälatur, also der „Kommandozentrale" des Abtes, die man beim Kloster Weingarten vom Schussental her als kompakte Gebäudefront sieht. Der reichsunmittelbare Abt (= Prälat) demonstrierte so nach Außen die Bedeutung der Abtei (= Kloster) und lebte der Welt zu gewandt, damit die Mönche im abgesonderten Konventflügel ungestört beten konnten (s. Salem). In Weingarten entstand eine Modellanlage.

Altdorf: Die Entstehung der **Landvogteien** geht auf Rudolf von Habsburg zurück, der damit verlorenen Reichsbesitz unter Kontrolle bringen wollte (s. Ortenberg). Denn **Oberschwaben** war nach dem Ende der Staufer in ein loses Bündel kleiner Herrschaftsgebiete zerfallen: Klöster, Reichsstädte, Niederadel. Diese divergierenden Kräfte wurden durch die Schaffung einer Oberen und einer Unteren Landvogtei Schwaben kontrolliert. Landeshoheit gewann der Landvogt im Laufe der Jahrhunderte über 4 Städte, 11 Klöster und rund 150 Dörfer und Weiler, darunter die Freien auf der Leutkirchner Heide (s. Leutkirch). Zudem war der Landvogt für die Reichsstädte und Reichsklöster als Vertreter des Kaisers zuständig. Von Anfang an (1274) saß die Verwaltung im Dorf Altdorf, während der Landvogt bis 1647 auf der Veitsburg (s. Ravensburg) residierte. Somit wurden von hier aus die vielen kleinen reichsunmittelbaren Herrschaften Oberschwabens, darunter auch das Kloster Weingarten, durch die Vertreter des Kaisers beaufsichtigt und gegängelt. Für den Landadel waren dies begehrte Ämter, weil gesicherte Versorgung und v.a. Einfluss damit verbunden waren.

Kernstadt

Das Benediktinerkloster **Weingarten,** als Hauskloster der Welfen im 10.Jh gegründet, wurde 1274 bzw. endgültig 1685 reichsunmittelbar. Von den Welfen stammt eine Heiligkreuzreliquie, woran der jährliche Blutritt am Freitag nach Christi Himmelfahrt erinnert. Es besaß mit rund 320 km² das größte Territorium aller oberschwäbischen Klosterstaaten (s. Hagnau), was es mit einem entsprechend repräsentativen Barockneubau zeigen wollte. Nach der Säkularisation dienten die Klostergebäude dem König von Württemberg als Sommerresidenz. - Der Flecken **Altdorf** (= Altes Dorf = Kirchdorf), an dessen Namen heute nur noch der immense Altdorfer Wald erinnert, entstand am Fuße des Klosterberges um einen merowingischen (verschwundenen) Königshof. König Rudolf richtete hier 1274 die Verwaltung der Landvogtei ein, zu der 1531 das Kaiserliche Landgericht (von Lindau) und 1647 der Landvogt von der Veitsburg (s. Ravensburg) hinzu kamen.

Klosterbauten: Schlossartig wirkt die weitläufige Anlage auf dem Berg, die als Modellanlage barocken Klosterbaus gilt: Über 100 m lange Bauten, die symmetrisch um die Kirche als Zentrum angeordnet sind. Die Aufteilung zwischen Konvent-, Prälaten-, Tor-, Ökonomie- und Verwaltungsbauten kann als rational-ökonomisch bezeichnet werden. Dazu die enorme Fernwirkung aufgrund der geschlossenen Front von Prälatenbau (nördlich der Kirche) und schwingender Kirchenfassade samt hoher Kuppel. In der Kirche befindet sich die Grablege der Welfen und der Gf. Königsegg, die im 18.Jh das Landvogteiamt innehatten. Prächtig aufgrund seiner Volutengiebel wirkt im Wirtschaftsbereich der Fruchtkasten (1685), dessen mächtige Eichenbalken für 1600 t Getreide konstruiert waren. Die Gebäude sind zugänglich, soweit sie von Pädagogischer Hochschule (PH), Fachhochschule sowie der Akademie der Diözese Rottenburg genutzt werden.

Landvogteibauten: Im ehemaligen Marktflecken Altdorf war das **Schlössle** (16.Jh, Renaissance) Sitz des Landrichters. Das verwinkelte Gebäude mit Treppenturm, Voluten- und Staffelgiebel und dem zarten Innenstuck steht im Süden der Altstadt (Scherzachstrasse, heute Museum). – Der Landvogt wohnte im Amtshaus (um 1500), ein schmuckloses vierstöckiges Gebäude am Treppenaufgang zum Kloster („Münsterplatz", heute Tourismusbüro). - Die Landvogteiverwaltung war im späteren Finanzamt untergebracht.

Weingarten

UMGEBUNG: Auch in der jenseits der Schussen hoch liegenden Gem. **Berg** stößt man auf Kloster und Landvogtei. Aus Welfenbesitz war das Dorf Berg zum Kloster Weingarten gekommen, das hier ein Amt einrichtete. Ebenso richtete die Landvogtei ein Amt für „Berg und Weiler" ein, besetzt vom umwohnenden Landadel. So finden wir in der kath. Kirche am Nordeingang zwei Epitaphien (Roth von Schreckenstein, von Reutin). – Auf ein ausgefallenes Objekt des Historismus stößt man im Weiler **Benzenhofen.** Hier war im 13.Jh ein Ministerialensitz, der an das Prämonstratenserkloster Weißenau kam. 1899 errichtete Otto Benze ein neugotisches **Schloss** inmitten einer Obstplantage. Die wunderbar verspielte Anlage mit Türmen, Zinnen und Staffelgiebel ist seit den 1920er Jahren in Besitz einer Fam. Pfeiffer, die hier Obst verkauft. Sie liegt ca. 3 km westlich OT Weiler gegenüber dem Benediktinerinnenkloster Kellenried. – Im Weiler **Kleintobel-Burg** steckt im Steinsockel eines Fachwerkhauses der Rest einer Burg. (2004)

B6 Weinheim HD

Hier wurde 1308 die heutige Grenze zwischen BW und Hessen im Bereich der **Bergstraße** festgelegt. - Der Bf. von Mainz übernahm 1232 das uralte Benediktinerkloster **Lorsch** an der Bergstraße und wollte es anschließend einem Reform-Orden übergeben. Dieser Neuanfang hätte ihm ermöglicht, den immensen Besitz des aufgelösten Konvents selbst zu übernehmen. Dagegen wehrte sich verständlicherweise der Pfalzgraf, der die Vogteirechte über das Kloster besaß. Es kam zum Krieg, der 1247 mit einem (Schein-)Kompromiss endete. Der Bischof durfte Prämonstratenser einsetzen, die Kurpfalz behielt die Vogteirechte. Erst 1308 entschloss man sich nach weiteren Auseinandersetzungen zur räumlichen Trennung: Das Erzbistum Mainz bekam das Kerngebiet des Klosters (Heppenheim, Viernheim, Bensheim), das 1803 an Hessen fiel. Die Kurpfalz (und somit 1803 Baden) bekam den Streubesitz in ihrem Kerngebiet und konnte damit ihr Territorium am Neckar abrunden und festigen. Und erhielt dabei auch Weinheim, wo sich zuvor beide Kontrahenten mit jeweils einer eigenen Siedlung gegenüber standen, was man bis heute am Stadtbild erkennen kann.

Kernstadt

Das Kloster Lorsch erhielt 790 die fränkische Siedlung an der Peterskirche („Altstadt", „Alter Friedhof") und erbaute zur Sicherung 1080 die Burg Windeck. Mitte des 12.Jh erbte der Pfalzgraf am Rhein die Vogteirechte über das Kloster und gründete um 1250 ca. 1 km entfernt seine „Neustadt" im Bereich des heutigen Marktplatzes. 1308 schließlich erhielt er auch den Lorscher Besitz, Weinheim

Weinheim. Einen ganzen Berg nehmen Park und Schlossanlage (mit dem hohen Sandsteinquaderturm im Zentrum) ein

wurde pfälzisch. Da das Schloss weder im 30j. Krieg noch im Pfälzer Erbfolgekrieg zerstört wurde, diente es wiederholt aus Ausweichresidenz oder Prinzensitz.
Bauten: Das **Schloss** ist eine weitläufige, zweiteilige Anlage, die seit 1938 in Besitz der Stadt ist und weitgehend als Rathaus genutzt wird. Die Anlage wird durch die Obertorstraße halbiert. Auf der nördlichen Seite stand ursprünglich die Burg einer Ministerialenfamilie von Swende, die 1423 an die Pfalzgrafen kam, 1537 zur Residenz ausgebaut wurde und um 1850 durch den badischen Staatsminister Gf. Christian von Berckheim historisierend umgestaltet wurde. Aus dem Gebäudekomplex ragt der mächtige Sandsteinquaderturm mit Eckturmchen empor, ein Produkt des Berckheimschen Umbaus. Jenseits der Straße, auf der südlichen Seite, steht das Barockschloss der Gf. Ulner von Dieburg. Dieses Weinheimer Patriziergeschlecht starb 1771 aus, sein Erbe kam über Umwege 1850 an Christian von Berckheim. Es ist ein Dreiflügelbau, den man durch ein barockes Hoftor betritt. – Mit dem Schloss verbunden ist ein riesiger **Schlosspark** mit exotischen Bäumen, einem Mausoleum der Gf. Berckheim und einem See. Zur Blütezeit im Frühjahr ist hier die Hölle los! – **Sonstiges:** Am Marktplatz steht ein Adelshof (Molitorhaus), der an einen Wehrturm („Roter Turm") angebaut ist. - Das Amtshaus des Deutschen Ordens fällt durch sein prächtiges Barockwappen auf (Amtsgasse 2). - Epitaphien stehen in der kath. Laurentiuskirche (z.T. figürlich und sehr alt) und in der (geschlossenen) Ulnerschen Kapelle, beide am Marktplatz. – Über der Stadt stehen zwei Burgen auf Odenwaldausläufern. Die vom Kloster Lorsch errichtete **Burg Windeck** wurde 1674 zerstört und ab 1850 von Gf. Berckheim historisierend hergerichtet. Heute Ausflugslokal mit wunderbarer Aussicht. Gegenüber auf einem Berg steht die **Burg Wachenburg,** 1907-28 als Begegnungsstätte einer Studentenverbindung im neoromanischen Stil errichtet. Ebenfalls Ausflugslokal. Die Zufahrt zu beiden ausgeschildert.

UMGEBUNG: Die benachbarte Gemeinde **Hemsbach** kam ebenfalls aus Lorscher Besitz 1308 an die Kurpfalz, war jedoch oft an den Landadel und zeitweise an die Bf. von Worms verpfändet. Die Pfandinhaber bauten sich eine **Wasserburg,** von der noch der Palas („Ritterhaus") steht. Es ist ein massiver Steinbau (18x15 m) mit gotischen Fenstern. Heute Gaststätte, in deren Gartenwirtschaft ein romanisches Portal auffällt (Hildastraße). – Die um 1850 errichtete Schlossvilla des Barons Rothschild kam 1925 an die Gemeinde und wurde zum Rathaus. Es ist ein dreistöckiger Neorenaissance-Pavillon mit vierstöckigen Eckrilasiten und gusseisernen Balkonstützen. Park dabei (Schlossstraße). – Die jüdische Synagoge wurde vom Baron Rothschild finanziert. Sie ist heute Begegnungsstätte (Mittelgasse 16). – Der jüdische Friedhof mit über 1.000 Gräbern liegt in einem Neubaugebiet im Wald östlich des Ortes, „Am Mühlweg".
UMGEBUNG: Das **Hofgut Rennhof** gehörte ebenfalls Baron Rothschild, der es um 1850 zu einem Schloss im englischen Stil umbaute. Es liegt in der 1712 trocken gelegten Weschnitzniederung und kam nach dem 2. Weltkrieg zu Lampertheim-Hüttenfeld und damit zu Hessen. Die unauffälligen Gebäude werden seit 1953 von einem litauischen Gymnasium genutzt. (2004)

Weinsberg HN

Zwei spektakuläre Ereignisse sind mit Weinsberg verbunden. Zum einen die **Weiber von Weinsberg,** die anscheinend 1140 im Kampf der Welfen gegen den Stauferkönig Konrad III ihre Männer retteten, indem sie diese aus der Burg trugen. Seitdem heißt die Burg „Weibertreu". Zum anderen **„Weinsberger Blutostern",** als im Bauernkrieg am Ostersonntag zehn Ritter nach dem Gottesdienst durch die Spieße getrieben und damit getötet wurden. Darunter war auch der Schwiegersohn Kaiser Maximilians, Gf. Ulrich von Helfenstein. Dieser Mord brachte die Öffentlichkeit gegen die aufständischen Bauern auf, so auch Martin Luther.

Die **Gf. von Weinsberg** scheiterten auf dem Höhepunkt ihrer Macht am Geld. Als Ministeriale der Staufer mit der Stammburg Lindach (s. Schwäb. Gmünd) stiegen sie 1140 zu Verwaltern der Burg Weinsberg auf. Ihnen gelang die Einheirat in Grafenfamilien und der Aufbau eines Territoriums im Umfeld der Stauferpfalz Wimpfen. 1390 stellten sie den Ebf. von Mainz. Das größte politische Gewicht erwarb Gf. Konrad, der als Reichserbkämmerer für die Finanzen des Kaisers zuständig war und zum Protektor des Konzils in Basel ernannt wurde. Seine eigenen Finanzen jedoch hatte er nicht im Griff, weshalb er 1450 seinen Besitz an die Kurpfalz verkaufen musste. 1538 starb die Familie verarmt aus.

Kernort

Die Reichsburg, im 11.Jh Alterssitz der Kaiserin Adelheid, gelangte 1140 aus Welfenbesitz an die Staufer. Diese belehnten damit ein Ministerialengeschlecht, das sich danach nannte und zu Grafen aufstieg. Es hatte viele Konflikte mit der im 13.Jh entstandenen Stadt, weil diese die Reichsunmittelbarkeit forderte. 1440 kamen Burg und Stadt an die Kurpfalz und 1504 nach dem verlorenen Landshuter Erbfolgekrieg an Württemberg, das es zum Zentrum eines Amtes machte. Im Bauernkrieg wurden Burg und Stadt vollständig zerstört.

Bauten: Die 1525 zerstörte **Burg Weibertreu** wurde im 19.Jh von Justinus Kerner vor dem völligen Verfall gerettet. Erhalten blieben Reste von Bergfried, Toren und Rundtürmen sowie vom mächtigen runden Geschützturm (16.Jh). – Als **Schlössle** wird die ehem. Vogtei und Kellerei (= Finanzamt) bezeichnet, heute evang. Dekanat. Das verputzte, schmucklose Gebäude (1560) steht erhöht über dem Marktplatz unterhalb der evang. Kirche. - **Sonstiges:** Epitaphien von Priestern und von einem Vogt in evang. Kirche.

UMGEBUNG: Eine kath. Insel bildet **OT Wimmental,** weil hier 1487 das Zisterzienserkloster Schöntal die Dorfherrschaft erwarb. Württemberg führte aufgrund seiner Oberhoheit zwar die Reformation ein, das Kloster konnte sich jedoch im 30j. Krieg durchsetzen. Sehenswert ist der Schöntaler Pfleghof, eine ummauerte Hofanlage mit einem Keller für 9.000 hl Wein. Die barocke Anlage (1678) mit einem schönen Renaissance-Klosterwappen wird heute als Pfarrhof und von einer Firma genutzt. (2005)

Weinstadt WN G9

Vom **Amtsadel** in den Landadel stiegen die **Frh. von Gaisberg** auf. Aus der Stadt Kirchberg (Murr) stammend wurden sie 1392 Schorndorfer Vögte und von Württemberg mit Schnait belehnt. Es gelang ihnen, das Vogtamt innerhalb der Familie zu vererben, womit sie zum württ. Amtsadel und zur Ehrbarkeit gehörten. 1528 teilten sie sich in die beiden Linien Schnait (später Helfenberg) und Schöckingen (s. Ditzingen), die bis heute bestehen. Auch nach dem Erwerb des Adelstitels um 1500 blieben sie weiterhin in württ. Diensten, v.a. als Forstmeister. Zu den Reichsrittern konnten sie erst mit dem Erwerb der Rittergüter Schaubeck und Hohenstein aufsteigen. In OT Großheppach wohnen sie heute, ihr Stammsitz war bis 1780 Schnait.

OT Schnait

Bereits im 13.Jh kam das Dorf an die Gf. Württemberg, welche die Dorfherrschaft als Lehen an Parteigänger vergaben, so um 1400 an den Schorndorfer Vogt Fritz Gaisberger. Die Landeshoheit blieb bei Württemberg, weshalb die Reformation 1535 eingeführt wurde. Die Hr. von Gaisberg teilten sich lange Zeit die Herrschaft mit den Schenken von Limpurg. Sie bauten sich insgesamt drei Schlösschen, die sie zusammen mit dem Grundbesitz um 1780 an die Dorfbewohner verkauften.

Schnait. Das Schloss der landsässigen Hr. von Gaisberg

Bauten: Das **Obere Schloss** (1609) ist ein unauffälliges, verputztes, zweistöckiges Steinhaus unter Satteldach mit einer schönen Renaissance-Eckkonsole. Privat bewohnt (Haldenstr. 25). – Das **Untere Schloss** umfasst zwei Gebäude. Zum einen das Alte Schloss (Vaihinger Haus), ein 1559 errichtetes zweistöckiges Fachwerkhaus unter Walmdach. Zum anderen das Neue Schloss (Ellwanger-Schiller-Haus), ein 1650 errichtetes dreistöckiges Steinhaus unter Walmdach. Die von einer Mauer umgebene Hofanlage besitzt noch das Flair eines Adelshofes. Beide Häuser sind privat bewohnt (Silcherstr. 10, 12). - **Sonstiges:** An die Mitherrschaft der Gf. Limpurg erinnern ihr Amtshaus („Schenkenhaus", „Der Bau") und die Schenkenkelter in der Hochbergstraße. – Mehrere Wappenepitaphien der Gaisberg in der evang. Kirche.

OT Großheppach

1236 Ortsadel. Burg und Dorf kamen als Lehen der Kurpfalz im 14.Jh an verschiedene Adelsfamilien. 1506 erwarb Württemberg die Dorfherrschaft sowie die Oberhoheit und vergab das Dorf 1598 an den Kanzler Aichmann.
Bauten: Das **Schlössle** (um 1600) ist ein zweigeschossiges Gebäudeensemble unter Krüppelwalmdach, dessen Aussehen durch einen grundlegenden Umbau (1861) geprägt wird. Ein Türmchen und ein figurengeschmückter Erker wirken verspielt. Bewohnt seit 1918 von Fam. von Gaisberg, die es durch Heirat erwarb. Die Wirtschaftsbauten unterhalb des Hauptgebäudes werden vom Stadtarchiv

genutzt. Eine Mauer schirmt die Anlage sowie einen großen Park von der Straße ab. Es steht am Ostrand des Dorfes in der Schlossstraße.

UMGEBUNG: Im OT Beutelsbach stand die Wiege der Gf. Württemberg. Von ihrer 1311 zerstörten Burg südöstlich in den Weinbergen sind nur noch Fundamente vorhanden. Hier errichteten sie um 1080 ihre Grablege im hauseigenen Kollegiatstift, das sie 1311 nach Stuttgart verlegten. Die Stiftsgebäude standen vermutlich beim Stiftshof oberhalb der evang. Kirche, einer Kirchenburg mit Mauern und massivem Eingangsturm. Im Chor erinnert eine Platte an die Gf. Württemberg. (2009)

K6 Wellendingen RW

Nach dem Bauernkrieg sollte man eigentlich infolge der totalen Unterwerfung erwarten, dass bis zur französischen Revolution Totenruhe herrschte. Diese war jedoch nur für eine kurze Zeit gegeben, denn bis zum Ende des Alten Reiches produzierte das Verhältnis der **Herrschenden** zu den **Untertanen** in vielen Herrschaften eine Abfolge von Konflikten. Auch in Wellendingen ging es unter den Hr. von Freyberg heftig zu, wie die nachfolgende Aufzählung zeigt: 1608 (Beschwerdeschrift bei Herrschaftsübernahme), 1624-30 (mehrere Beschwerdeschriften), 1658 (45 Beschwerdeartikel), 1660/61 (Fronverweigerung), 1665 (militärische Exekution gegen die Einwohner), 1723-34 (Beschwerdeschriften), 1748-51 (Zehntverweigerung), 1785-90 (Fronverweigerung). Überraschenderweise bekamen die Untertanen wiederholt Recht von der vorderösterreichischen Regierung, die als Oberhoheit die Beschwerdeschriften erhielt. Eine Lösung brachte ein 1790 abgeschlossener Vertrag zwischen den Untertanen und Frh. Anton Fidelis von Freyberg, dessen Epitaph an der Außenmauer der Kirche steht.

Kernort

1258 wird Ortsadel auf der Burg erwähnt. Die Oberhoheit kam von den Gf. Hohenberg 1381 an die Gf. Habsburg. Die Dorfherrschaft wechselte häufig. In der Landenberger Fehde wurden 1526 Dorf und Burg zerstört. Anschluss an den Kanton Neckar der Reichsritterschaft. 1608 kam das Rittergut an die Hr. von Freyberg, die hier mit einer eigenen Linie saßen, dabei fast ständig am Rande des Konkurses standen und 1823 ausstarben.

Wellendingen. Die häufigste (und wohl sinnvollste) Nutzung für Dorfschlösser ist ihre Umwidmung zum Rathaus

Bauten: Das **Schloss** (16.Jh) ist ein stattliches, vierstöckiges rechteckiges Gebäude, das bei einer Barockisierung im 18.Jh sein Walmdach erhielt. Sehenswert sind mehrere Räume aufgrund ihrer Decken. Seit 1825 in Gemeindebesitz, heute Rathaus. Mit dem Abriss der Wirtschaftsbauten wurde ein freier Platz mit einer gewaltigen Linde geschaffen. – Auf der Nordseite, jenseits der

Straße, steht das „Untere **Schlössle**", ein lang gestrecktes zweistöckiges Gebäude unter Walmdach, das als Witwenbau diente (Schlossplatz 2). Bis vor kurzem war er „Gasthaus zum Schlössle". - **Sonstiges:** Ein Epitaph außen an Kirche, eines innen, eines im Eingangsbereich des Schlosses. (2006)

Wendlingen ES H9

Die **Grafen von Aichelberg** waren wahrscheinlich eine Nebenlinie der Gf. Berg (s. Schelklingen). Durch die Heirat mit einer Zähringertochter erbten sie deren Besitz auf den Fildern und im Raum Neckar-Fils. Um 1220 nannten sie sich erstmals nach dem Aichelberg. Nach Erbteilungen versanken sie in die Bedeutungslosigkeit und verkauften ihren Besitz, wovon hauptsächlich Württemberg profitierte. Durch sie besaß die Stadt Wendlingen für kurze Zeit Residenzfunktion, woran nur noch die große Kirche erinnert.

Die **Thumb von Neuburg** wurden erstmals 1188 als Ministeriale der Welfen in Baindt erwähnt. Den Zusatz „Neuburg" nahmen sie im 13.Jh nach Erwerb der Burg Neuburg bei Götzis in Vorarlberg an. Um 1300 kamen sie nach Graubünden und bauten die Neuburg bei Chur. Ihre Glanzzeit erlebten sie am Neckar, wohin sie 1382 durch die Heirat mit einer Gräfin Aichelberg gelangten. Denn sie erhielten sofort das Erbmarschallamt von Württemberg, stiegen wiederholt ins höchste Amt (Landeshofmeister) auf und zählten zum engsten Ratgeberkreis. Ihre Krise kam in der Reformation (s. Köngen). 1739 tauschten sie das benachbarte Köngen gegen Unterboihingen, wo sie seitdem wohnen.

OT Unterboihingen

Nach häufig wechselnden Besitzern kam das Dorf 1479 an die Hr. von Wernau, die hier eine kleine Herrschaft mit Wendlingen und Bodelshofen aufbauten. Sie schlossen sich dem Kanton Neckar der Reichsritterschaft an und blieben beim Alten Glauben. Von ihren Erben kam das Rittergut 1735 an Württemberg, das dafür 1739 das benachbarte Köngen mit den Thumb von Neuburg eintauschte. Das Zusammenleben der evang. Dorfherrschaft mit den kath. Untertanen verlief ohne schwerwiegende Konflikte.

Unterboihingen. Ein Beispiel konfessioneller Toleranz war die Herrschaft der evang. Thumb von Neuburg über ein kath. Dorf

Bauten: Das **Schloss** (16.Jh, barockisiert 1739) steht an Stelle einer Wasserburg. Es ist ein schmuckloses, zweistöckiges Gebäude mit Barockportal unter Mansardwalmdach. Eine Mauer mit Eckpavillon schirmt es gegen die Straße ab. Im bewohnten Schloss hängen acht Totenschilde der Thumb aus der Köngener Kirche. Daneben das Rentamt in einem geschlossenen Hof. Ein Park erstreckt sich Richtung Neckar und Bahnlinie. Lage: An der Kreuzung Schloss-/Bahnhofstraße. – **Sonstiges:** Jenseits der Straße stehen privat bewohnte Verwaltungsbauten. - Nahe der neugotischen kath. Kirche steht ein barockes

Pfarrhaus, in Größe und Aufwand vergleichbar einem in Oberschwaben. Über dem Eingang das kleine Wappen des erbauenden Pfarrers aus der Fam. von Stein und ein großes Wappen des Prämonstratenserinnenstiftes Unterzell (bei Würzburg), welches das Patronatsrecht besaß. Es ist heute Stadtmuseum. – Im Friedhof die (verschlossene) Wallfahrtskirche mit Epitaphien der Wernau und daneben in der Mauer das figürliche Epitaph eines Schilling von Cannstatt.

UMGEBUNG: Im **OT Wendlingen** erinnern nur noch einige Epitaphien in der evang. Kirche an den Versuch einer eigenständigen Adelsherrschaft. Die Gf. von Aichelberg hatten 1237 das Dorf zur Stadt erhoben und zur Zentrale ihrer Herrschaft gemacht. Ihr Abstieg infolge der Erbteilungen brachte Wendlingen 1390 an die Ritter von Wernau, die jedoch 1545 an die Gf. Württemberg verkauften. Die Burg nördlich der Kirche wurde abgerissen. Im Chor der kirchenburgartigen Eusebiuskirche sind mehrere Wappenepitaphien der Hr. von Wernau, darunter das von einem Tumbengrab stammende einer Elisabeth, geb. von Ehrenberg (weicher Stil, 1389).

UMGEBUNG: Auch der Weiler **Bodelshofen** war 1451-1615 in Besitz der Wernau, die sich damit dem Kanton Neckar anschlossen und ein Renaissanceschloss an der Stelle des heutigen Hofguts bauten. Im 17.Jh kam das Rittergut an Württemberg, das bereits zuvor die Reformation erzwungen hatte. Es wurde als Lehen an wechselnde Adlige gegeben. 1740 kauften es die Aufsteiger Palm, aus deren Besitz es 1947 als Erbe an die Fam. von Massenbach kam. In der kleinen evang. Jakobskirche stehen mehrere Epitaphien der Ortsherrschaft. (2009)

A10 Werbach TBB

Die **Hund von Wenkheim** führen seltsamerweise statt eines Hundes einen Pferdekopf im Wappen. Eine Nebenlinie in sächsischen Diensten erhielt 1492 Schloss Altenstein bei Eisenach und war an der Scheinentführung Martin Luthers auf die Wartburg beteiligt. Zwar schloss sich die hiesige Linie bereits 1522 der Reformation an, Georg Hund jedoch war als überzeugter Katholik 1566-72 Hochmeister des Deutschen Ordens. 1625 starb das Stammhaus in Wenkheim aus, wo es nur wenige Spuren hinterließ.

Der **Pfeifer von Niklashausen** ist als Vorläufer des Bauernkriegs eine traurige Berühmtheit geworden. Der Hirte und Musikant Hans Behem verbreitete 1476 nach einer Marienvision Ansichten, die später in den 12 Forderungen der Bauern ebenfalls auftauchen. Eine Massenwallfahrt mit zehntausenden Zuhörern setzte ein, woraufhin der Bf. Würzburg ihn nachts verhaften und als Ketzer verbrennen ließ. So einfach war das früher!

Die schöne Meerjungfrau **Melusine** ist in einer altfranzösischen Sage Gemahlin des französischen Grafen Lusignan, dessen Nachkommen zu Königen von Zypern aufstiegen. Laut Sage musste sie ins Wasser zurückkehren, als sie von ihrem Mann in Nixengestalt gesehen wurde. Diese Sage schlug sich um 1500 in Deutschland in vielen Melusinenbrunnen und in ähnlichen Sagen nieder. So auch hier in der märchenhaft wirkenden Mühle Eulschirben beim OT Gamburg, wo die Sage jedoch arg katholisch-moralisch endet.

Werbach

Mühle Eulschirben

Die Mühle gehörte im Mittelalter dem Zisterzienserkloster Bronnbach. Im 16.Jh gelangte sie an den Besitzer der Gamburg und wurde zum Jagdschloss erweitert. In der Sage diente eine Melusine als Magd in der Mühle, in die sich der Ritter von Gamburg verliebte und mit der er sich heimlich im nassen Keller traf. Der Müller legte daraufhin ein vom Bronnbacher Abt geweihtes Pergament auf die Kellertreppe, was die Melusine verschwinden ließ. Leider!

Mühle Eulschirben. Hier wartet man gerne auf die Wiederkehr einer Melusine

Bauten: Das **Jagdschloss** (1595) an der Tauber ist ein kompakter Renaissancebau mit Treppenturm, Erkern und Volutengiebeln. Über dem Eingang zum Treppenturm das Allianzwappen Cronberg/Brendel. Neben dem renovierungsbedürftigen Gebäude in Privatbesitz steht ein modernes E-Werk. Die in ihrer Art in BW einmalige Anlage befindet sich ca. 1 km nördlich des Dorfes auf halber Strecke nach Bronnbach, erreichbar vom Dorf oder über 100 m Fußweg von der Bushaltestelle an der Kreisstraße. Ein Geheimtipp!

OT Gamburg

Eine Nebenlinie der Hr. von Zimmern-Lauda saß im 13.Jh in Diensten des Bf. Mainz auf der Burg über dem Dorf links der Tauber. Nach deren Aussterben ließ Mainz die Herrschaft von einem Amtmann verwalten und vergab sie ab 1546 als Lehen an die Rüdt von Collenberg, ab 1600 an die Dalberg und ab 1701 an die Gf. Ingelheim.

Bauten: Das **Obere Schloss** besteht aus drei Teilen. Das Vordere Schloss ist der Palas der staufischen Burg mit Arkaden (1190) und Malereien (1220-70), die erst in den 1980er Jahren entdeckt wurden. Das Mittlere Schloss sind Bauten aus dem Spätmittelalter. Das Hintere Schloss ist ein Renaissancebau. Der 25 m hohe staufische Bergfried steht frei im Zentrum. Die ummauerte und von Bastionen geschützte Anlage wird von der Fam. von Mallinckrodt bewohnt. Sie liegt auf dem Schlossberg über dem Dorf. Führungen werden angeboten – Das **Untere Schloss** ist das ehem. Amtshaus. Das Gebäude (um 1700) mit klassizistischem Frontgiebel unter Mansarddach wird privat bewohnt und ist von einer Mauer zur Straße hin abgeschirmt. Es liegt im Osten des Dorfes am Aufgang zum Oberen Schloss.

OT Wenkheim

Die Merowingersiedlung kam 1149 an den Bf. Würzburg, der sie als Lehen an die Hr. von Wenkheim vergab. Deren Erbe fiel 1380 an die Hund, die sich nach dem Dorf nannten und sich bereits 1522 Luther anschlossen. Der evang. Gottesdienst war jedoch auf die Schlosskapelle beschränkt, da der Bischof das Kirchenpatronat besaß. Nach dem Aussterben der Hund (1625) übernahmen die Gf. Wertheim deren Dorfanteil, die Kirche wurde simultan genutzt.

Bauten: Vom 1673 zerstörten **Schloss** blieb nur ein massiver Bergfried erhalten, Rest der mittelalterlichen Burg. Er dient jetzt der kath. Kirche als Glockenturm. Kath. wie evang. Kirche stehen auf dem ehem. Schlossgelände am Dorfrand. - **Sonstiges:** Die 1841 errichtete jüdische Synagoge war Teil eines Gemeindezentrums. Das Gebäude mit Rundbogenfenstern ist äußerlich kaum von einem Wohnhaus zu unterscheiden (Breitestr. 7).

UMGEBUNG: Der **OT Niklashausen** gehörte zur Gft. Wertheim. Daran erinnern Epitaphien von Amtleuten im Chor der evang. Kirche. Diese musste 1518 neu erbaut werden, weil die ursprüngliche Kirche als Strafe für die Unterstützung des Pfeifers 1476 abgebrochen worden war. An den Pfeifer erinnert ein kleines Museum neben der Kirche. (2006)

H9 Wernau ES

Die **Hr. von Wernau** gaben dem Ort den Namen. Ihre Stammburg stand nördlich von Erbach an der Donau beim Weiler Wernau. Im 13.Jh wurden sie als Ministeriale der Gf. Berg erwähnt, in Schelklingen steht ein nach ihnen benanntes Schloss. Mit dem Erwerb von Wendlingen (1390) und von Bodelshofen, Unterboihingen Pfauhausen und Steinbach bauten sie sich im Laufe des 15.Jh eine beachtliche Herrschaft am Neckar auf. Die finanzielle Krise kam im 16.Jh, weshalb sie 1545 das benachbarte Wendlingen an Württemberg verkaufen mussten. Als Reichsritter blieben sie katholisch. 1684 starb die Linie Unterboihingen aus, 1696 die hier ansässige Linie. Die aus Pfauhausen und Steinbach entstandene Gemeinde nennt sich nach ihnen.

OT Steinbach

Die Merowingersiedlung kam im Hochmittelalter an die Gf. Teck. Nach deren Ende wechselte sie bis zum Ende des Alten Reiches häufig den Besitzer. So war sie auch nur für kurze Zeit im Besitz der Hr. von Wernau, die sie 1470 an die Fam. von Speth weiter verkauften. Anschluss an den Kanton Neckar der Reichsritterschaft, keine Reformation.

Steinbach, Palmsches Schloss. Das hohe Mansarddach ist typisch für Barockschlösser

Als die evang. Familie von Liebenstein die Ortsherrschaft ausübte, kam es 1772 zu einem vom Pfarrer angeführten Aufstand. Seit 1794 bis vor kurzem war das Rittergut in Händen der evang. Fam. von Palm.

Bauten: Das **Schloss** (18.Jh) steht an Stelle einer Wasserburg, von der noch der Graben zu sehen ist. Es ist ein stattlicher dreistöckiger Barockbau unter hohem Mansarddach. Schöne barocke Fensterumrahmungen. Das von einer Adelsfamilie bewohnte Haus ist umgeben von einem großen ummauerten Park mit Kelter und Fruchtkasten, die an Privatpersonen vermietet sind. Die Anlage liegt an der Kreuzung Schloss-/Hauptstraße. - Sonstiges: Ca. 300 entfernt stehen im aufgelassenen Alten Friedhof vier Wappenepitaphien (Freyberg, Bubenhofen, Liebenstein). - Steinbach bildet den oberen Teil von Wernau, Richtung Kirchheim.

OT Pfauhausen

Im 13.Jh Stammsitz der Hochschlitz von Hausen, Ministeriale der Gf. Teck. Die Oberhoheit fiel an Württemberg. Nach häufigem Besitzerwechsel gelangte die Herrschaft 1420 an die Hr. von Wernau. Anschluss an Kanton Neckar der Reichsritterschaft, keine Reformation. Ihr Erbe fiel 1696 an die Hr. von Rotenhan (s. Neuhausen/Fildern), die 1769 an den Bf. von Speyer verkauften, weshalb der Ort bei der Säkularisation 1803 zuerst einmal an Baden kam.

Bauten: Das **Schloss** (1588) kam 1820 in Gemeindebesitz und wurde abgebrochen. Nur der Rest eines Flügels ist vorhanden und in eine heutige Grundschule verbaut. Am Schuleingang hängt eine Erinnerungstafel zum Schlossbau. Der Schlosspark wurde zum Schulpark. - **Sonstiges:** Daneben steht die moderne kath. Kirche, in der drei Wappenepitaphien der Hr. von Wernau im alten Chor hängen. - Lage: direkt oberhalb des Bahnhofs. - Pfauhausen bildet den unteren Teil von Wernau, Richtung Neckar. (2009)

Wertheim TBB A9

Das **Lehensrecht** war eindeutig geregelt. Demnach fiel ein Lehen an den Lehensherrn zurück, wenn eine Familie im Mannesstamme ausstarb. Dies führte für die Grafschaft Wertheim zu einem verheerenden 20-jährigen Krieg (1598-1617) gegen den Würzburger Bischof Julius Echter und zur Reduzierung auf ein Drittel ihres ursprünglichen Gebietes. Die anschließend zersplitterte evang. Grafschaft war vollständig von kath. Territorien umzingelt.

Die **Gf. von Wertheim** werden erstmals 1132 erwähnt. Ihre Burg kontrollierte die Mainschifffahrt. Sie schufen sich eine Patchwork-Herrschaft aus verschiedensten Lehen: vom Reich, von Böhmen, vom Bistum Fulda und v.a. vom Bf. Würzburg. Um sich aus der Umklammerung des Bf. Würzburg zu lösen, versuchten sie wiederholt vergebens,

Wertheim. Die Burg, ein Inbegriff der Romantik

ein Familienmitglied auf den Bischofsthron zu bringen. Im 14.Jh erbten sie die Herrschaft Breuberg im (hessischen) Odenwald. Bereits 1524 führten sie die Reformation ein. Nach ihrem Aussterben 1556 mit Gf. Michael III erreichte dessen Schwiegervater Gf. Stolberg-Königstein, dass man ihm die gesamte Grafschaft übereignete und die (zukünftigen) Söhne seiner beiden ältesten Töchter erbberechtigt sein sollten. Jedoch: Söhne bekam nur die jüngste Tochter, die mit einem Gf. Löwenstein verheiratet war. Damit war für Bischof Julius Echter der Heimfall der Lehen gegeben. Er eroberte und rekatholisierte u.a. die im heutigen BW liegenden Herrschaften Freudenberg (s.u.) und Schweinberg (s. Hardheim). Die Restgrafschaft Löwenstein-Wertheim wurde ab 1611 von zwei Linien regiert: a) Linie Löwenstein-Wertheim-Rosenberg, die 1621 zum Alten Glauben zurückkehrte, 1711 gefürstet wurde und heute im bayrischen Kleinheubach am Main

Wertheim

wohnt. b) Linie Löwenstein-Wertheim-Freudenberg, die 1811(!) gefürstet wurde und heute auf der bayrischen Seite in Kreuzwertheim wohnt. - Wertheim ist als Inbegriff eines altfränkischen Residenzstädtchens eine Touristenattraktion.

Kernstadt

Die ursprüngliche Siedlung war Kreuzwertheim jenseits des Mains. Die Stadt Wertheim entstand erst im 13.Jh als Burgstädtchen im Mündungsdreieck zwischen Tauber und Main. Nach der Zerstörung der Burg im 30j. Krieg baute sich die evang. Linie eine Residenz in Kreuzwertheim und die kath. Linie eine am Rande Wertheims. Die Stadt entwickelte aufgrund ihrer Insellage zwischen kath. Territorien eine stark protestantisch geprägte Identität. Mit dem Ende des Alten Reiches wurde die Grafschaft unter Bayern, Hessen, Baden und Württemberg aufgeteilt. Das Städtchen abseits der Verkehrswege versank in einen Dornröschenschlaf.

Bauten: Spektakulär und imposant steht über der Stadt die **Burg-Schloss-Ruine,** eine der größten und schönsten in Deutschland. Von der staufischen Kernburg sind der Bergfried und als Ruinen der Palas und ein Wohngebäude erhalten. Die Kernburg wird von mächtigen Bollwerken des 16.Jh geschützt, darunter das massive Doppelturmtor. Von der Burg führen Schenkelmauern zur Stadt hinab. - Das **Schloss** (1749) ist die ehemalige Residenz (Hofhaltung) der kath. Linie. Die Zweiflügelanlage entstand an Stelle eines Stadthofs des Klosters Bronnbach (s.u.). Die schmucklosen dreistöckigen Gebäude unter Mansarddach bilden mit dem Bedienstetenbau eine fast geschlossene Hofanlage. Wappengeschmücktes Portal. Heute Rathaus (Mühlenstr. 26). – **Sonstiges:** Mehrere Gebäude dienten Mitgliedern der Grafenfamilie als Wohnhäuser. So die Kemenate (1610) am Weg zur Burg, ein nach der Zerstörung der Burg als Wohnung genutztes schmuckloses Gebäude (Schlossgasse 9). So das Erbgrafenhaus gegenüber der Stiftskirche, ein schmuckloses Gebäude mit Erker und Treppenturm (Rathausgasse 10). So ein Gebäude neben dem Engelsbrunnen. – Die evang. Stiftskirche diente nach 1621 als Simultankirche. Der Chor ist mit Epitaphien gepflastert. An die Stelle des Kirchenerbauers Gf. Johann (1407), dessen Hochgrab ursprünglich in der Chormitte stand, setzte sich der erste Gf. Löwenstein-Wertheim mit einer unübersehbaren Tumba aus Alabaster, „Bettlade" genannt. – Neben der Stiftskirche steht die Kilianskapelle mit dem Epitaph eines Hofnarren, wohl einmalig in BW. – Uralter jüdischer Friedhof (1406) am Schlossberg, rechts der Straße nach OT Eichel.

UMGEBUNG: Im Krieg mit Julius Echter spielten die ummauerten Dorfkirchen eine wichtige Rolle, weil sich darin wiederholt die Bevölkerung so lange verteidigen konnte, bis die Herrschaft zu Hilfe kam. Bis heute haben die evang. Kirchen in den OTs **Urphar, Dertingen** und **Eichel** ihren Wehrkirchencharakter erhalten.

OT Eichel

Der Name geht wohl auf eine hochmittelalterliche Siedlung im Eichenwald zurück. Die Pfarrkirche hatte Filialen jenseits des Mains im Spessart. In der Neu-

zeit wurden Kirche und Dorf mit der Stadt vereinigt und von der evang. Linie ein herrschaftlicher Park („Eichelhofgarten") angelegt.
Bauten: Das **Schlösschen** im Eichelhofgarten (1777) ist ein schlichter sechsachsiger Bau unter Mansarddach. Die allegorischen Figuren an den Kanten und eine Inschriftenkartusche über der Türe geben ihm einen verspielten Anstrich. Frisch renoviert dient es als Museum und für Veranstaltungen. Park mit einem Rundtempel dabei. Lage: im Westen des Dorfes (Hofgartenstraße). -

Wertheim. Das frisch renovierte Schlösschen am Eichelhofgarten

Sonstiges: Kleine romanische Wehrkirche im Dorfkern.

OT Bronnbach

1151 wurde ein Zisterzienserkloster gegründet, das bald unter Kontrolle des Bf. Würzburg geriet. Die Gf. von Wertheim erwarben 1354 die Vogteirechte und kontrollierten damit die Verwaltung der Klosterbesitzungen. So war es ihnen möglich, das Kloster in der Reformation aufzulösen und in den Gebäuden ein evang. Seminar einzurichten. Jedoch bereits 1560 mussten sie das Kloster dem Bf. Würzburg überlassen, der den Konvent reaktivierte. Bei der Säkularisation 1803 wurde die Anlage den kath. Gf. Löwenstein-Wertheim-Rosenberg zugesprochen, die hierher ihre Residenz verlegten. 1910-1921 wohnte hier die verschwägerte portugiesische Königsfamilie Braganza, die nach der Ausrufung der Republik vertrieben worden war. 1986 Verkauf an den Landkreis und verschiedenste Nutzungen.

Bauten: Die Klosteranlage wurde leider durch den Bau der Kreisstraße in der Mitte auseinander gerissen, so dass die Wirtschaftsbauten (Bursariat = Verwaltung, Remise = Kutschengarage, Scheunen, Ställe) zur Tauber hin einen abgeschnittenen separaten Hof bilden. Ins eigentliche Kloster, nämlich die Konventanlage um den Kreuzgang, kann man nur mit Führung gelangen. Hier wurden Süd- und Westflügel nach dem 30j. Krieg im Barockstil für den Abt neu erbaut, weshalb er nach der Säkularisation als fürstliche Residenz dienen und zum **Schloss** umgestaltet werden konnte (Prälatur, s. Salem). Insbesondere der Josephssaal, der als Fest- und Empfangsraum prachtvoll ausgestattet ist, erfüllte die Repräsentationsanforderungen der fürstlichen Familie.
– **Sonstiges:** Das Kloster diente den Gf. Wertheim und dem umwohnendem Adel (von Stettenberg, Dottenheim) als Familiengrablege, von denen sich in der romanischen Kirche und im Kreuzgang zahlreiche Epitaphien befinden, dazu welche von Äbten und zwei Braganza-Prinzen. – Vor der Abtei liegt ein Terrassengarten im französischen Stil mit Heiligenstatuen. – Im Nordwesten der Kirche steht das Gewächshaus (1740) mit einem konkav gebogenem Sonnenfang, einmalig in BW.

UMGEBUNG: Die Burg über dem nahen verträumten Mainstädtchen **Freudenberg** war bereits im 13.Jh als Lehen des Bf. Würzburg an die Gf. Wertheim gekommen. Die im 16.Jh zerstörte Burg steht auf einem Odenwald-Sandsteinfelsen und ist über Schenkelmauern mit der Stadt verbunden, die von den Gf. Wertheim 1287 gegründet wurde. Ihr Amtshaus, ein Fachwerkhaus mit starkem Giebel, war 1497-1507 Residenz von Gf. Asmus, woran eine Inschrift erinnert. Es ist heute Rathaus. Nach der Eroberung durch Bf. Julius Echter (1589) wurde 1627 ein neues Amtshaus erbaut. Das dreistöckige Barockgebäude mit Bauinschrift steht neben dem Rathaus. Das verschwundene Dorf Freudenberg lag ca. 2 km mainaufwärts bei der Alten Laurentiuskirche, der ursprünglichen Pfarrkirche, wo sich bis heute der Friedhof mit vielen historischen Grabdenkmälern befindet. - Als das Städtchen 1803 an die evang. Linie Löwenstein-Wertheim fiel, erweiterte diese ihren Namen damit. (2007)

G12 Westhausen AA

Das Territorium der **Fürstpropstei Ellwangen** umfasste 1803 rund 500 km² mit ca. 20.000 Einwohnern. - 764 war das Benediktinerkloster Ellwangen als fränkischer Vorposten gegen das Herzogtum Bayern gegründet und sofort dem König unterstellt worden. Dessen Schenkungen im Umland (z.B. 1024 das Waldgebiet Virngrund westlich der Stadt) bildeten zwar die Grundlage für ein eigenes Territorium, das Kloster musste sie jedoch als Lehen vergeben, um seine Dienstmannen (= Ministeriale) zu versorgen (s. Adelmannsfelden). Eine Krise im 15.Jh endete mit der Umwandlung zur Fürstpropstei. Obwohl Württemberg die Schutzvogtei 1370-1589 ausübte, konnte es das Stift in der Reformation nicht aufheben, weil der Fürstpropst als Reichsfürst zu unabhängig war. Anschließen folgte eine Blütezeit, in welcher durch heimfallende Lehen das Territorium abgerundet wurde. So auch hier in Westhausen, wo man sich die Herrschaft teilen musste.

Kernort

Ortsadel in Diensten des Klosters Ellwangen saß 1147-1394 auf einer Burg. Das Kloster vergab das Lehen anschließend an häufig wechselnde Adelsfamilien. Auch der Deutsche Orden, der bereits das Kirchenpatronat erhalten hatte, erwarb 1443 Anteile an der Dorfherrschaft. Als 1545 Ellwangen einen Teil der Dorfherrschaft als heimgefallenes Lehen

Westhausen. Wappen des Deutschordens-Hochmeisters am Chorbogen

einziehen konnte, richtete es im Schloss ein Unteramt ein. So bestand anschließend ein Kondominat von Fürstpropstei, Kommende Kapfenburg (s. Lauchheim) und Hr. von Woellwarth. Am deutlichsten zeigte die Kommende ihre Herrschaft, indem sie an Kirche, Pfarrhaus und Pfarrscheune ihr prächtiges Wappen anbrachte.

Westhausen

Bauten: Das **Schloss** (1760) steht an Stelle der Wasserburg der Hr. von Westhausen. Das schmucke zweistöckige Barockgebäude unter Mansardwalmdach war Sitz des Ellwanger Amtmanns. Nach 1806 diente es als Gaststätte. Seit 1960 ist es das Rathaus, wozu es mit modernen Anbauten versehen wurde. Es steht am Dorfrand neben dem Sportplatz (Jahnstr. 2). - **Sonstiges:** Kath. Kirche, Pfarrhaus und Pfarrscheune (heute Gemeindehaus) bilden ein sehr schönes Ensemble mit den Wappen des Deutschen Ordens. (2010)

Widdern HN C9

Ein Extrembeispiel an Zersplittertheit im Alten Reich bietet dieses **Ganerbenstädtchen**. Es war in 512 Anteile zerstückelt, von denen im 18.Jh der Bf. Würzburg 192, Württemberg 114, die Frh. von Gemmingen 110 und die Frh. von Zillenhardt 96 hielten. Die Reformation wiederum war von der Kurpfalz durchgesetzt worden, weil das Mosbacher Kollegiatstift das Kirchenpatronat besaß. Diese Zersplitterung wirkte sogar noch bis 1846, indem die durchs Städtchen rauschende Kessach die Grenze zwischen Württemberg und Baden bildete.

Kernort

Die Siedlung an der Jagst kam im 13.Jh unter die Oberhoheit des Bf. Würzburg, der sie als Lehen an die Hr. von Dürn vergab, welche ihr das Stadtrecht verschafften. Nach deren Aussterben wurde die Stadtherrschaft unter dem regionalen Landadel aufgeteilt: Gemmingen, Berlichingen, Adelsheim, Hofwart von Kirchheim, Zillenhardt. Prompt sank die Stadt zum Raubritternest ab. Auch die Kurpfalz hatte einen Anteil erworben, den sie 1504 nach dem Landshuter Erbfolgekrieg (s. Heidenheim) an Württemberg abtreten musste. 1806 teilten Baden und Württemberg im Verhältnis 19:13 das Städtchen, das schließlich 1846 ganz an Württemberg fiel. Mit 1800 Einwohnern ist Widdern heute die kleinste Stadt BWs und aufgrund seiner Lage und Kleinräumigkeit ein Geheimtipp.

Bauten: Die einzelnen Ganerben unterhielten ihre Verwaltungs- und Wohngebäude: Das Gemmingsche **Schlösschen** (Keltergasse 10), ist ein zweistöckiges Fachwerkhaus unter Satteldach mit einem Treppenturm. Gegenüber steht das Gemmingsche **Amtshaus,** ein Fachwerkhaus unter Satteldach (Keltergasse 3). Beide renovierungsbedürftigen Häuser sind Teil eines eigenen Viertels an der Jagst. - Das Zillhardtsche Schlösschen wurde 1875 abgebrochen, an seiner Stelle steht das heutige Rathaus. - Das Würzburger **Amtshaus** ist ein vierstöckiges Fachwerkhaus auf Steinsockel, das privat bewohnt für Kleinkunstaufführungen öffentlich zugänglich ist (Würzburger Gasse 23). - **Sonstiges:** In der evang. Kirche sind Epitaphien verschiedener Ritterfamilien (Gemmingen, Hofwart von Kirchheim). Einmalig für BW dürfte sein, dass sich sogar ein evang. Pfarrer mit einem figürlichen (!) Epitaph verewigt hat. – Überraschend ist das Bimmeln einer Glocke, die auf dem Wächterhäuschen über dem Städtchen angebracht ist.
UMGEBUNG: In **OT Unterkessach** hängen in der evang. Kirche zwei Epitaphien der Hr. von Berlichingen-Rossach, die sich mit dem Dorf dem Kanton Odenwald der Reichsritterschaft angeschlossen hatten. Eine Inschrift mit Wappen über dem Eingang erinnert an sie als Erbauer der Kirche. (2007)

Wiesensteig GP

Dass nur noch dieses Miniresidenzstädtchen und nur noch ein Flügel des Schlosses übrig blieben, dies ist symptomatisch für den Werdegang der **Gf. Helfenstein,** die ihren Stammsitz auf der Burg Helfenstein über dem nahen Geislingen hatten. Sie führten einen Elefanten im Wappen, was vermutlich von einem Kreuzzug her rührt, an dem sie teilnahmen. Auf dem Höhepunkt ihrer Macht dominierten sie die Ostalb, verkauften jedoch infolge von Teilungen die Grafschaft Geislingen (1396 an die Reichsstadt Ulm) sowie Blaubeuren und Heidenheim (1446 an Gf. Württemberg). Übrig blieb ihnen nur Wiesensteig, wo sie 1626 ausstarben.

Wiesensteig. Schlossinnenhof mit seltenem Sgraffitoschmuck

Kernort
Der Ort geht auf ein 861 gegründetes Benediktinerkloster zurück, das 1130 in ein Kollegiatstift umgewandelt wurde. Auf der Burg saßen Ministeriale der Gf. Helfenstein. Letztere gründeten 1356 die Stadt und machten sie nach dem Verkauf ihres Kernterritoriums (1396) zur Residenz einer Minigrafschaft. Sie schlossen sich der Reformation an, wurden jedoch durch den Jesuiten Petrus Canisius zum Alten Glauben bekehrt. So sind ihre Dörfer an der jungen Fils noch heute leicht zu identifizieren, da sie eine kath. Insel im protestantischen Umland (Württemberg, Ulm) bildeten. 1626 erbten die Gf. Fürstenberg 1/3 der Herrschaft (s. Meßkirch), während die beiden anderen Töchter ihren Anteil an das Herzogtum Bayern verkauften.
Bauten: Das **Schloss** (1555) wurde 1812 bis auf den Südflügel abgebrochen. Es ist ein siebenachsiger Bau mit Allianzwappen über dem Eingang und einer schönen Sgraffito-Dekoration an der Innenhoffassade. Seit 1983 in Besitz der Stadt, genutzt als Bürgerhaus und für Ausstellungen. (Hauptstr. 51). Kleiner Park zur Fils hin. - An Stelle der **Burg** steht das massive Steinhaus der Stiftspropstei neben der Kirche. – **Sonstiges:** An die Helfensteiner Herrschaft erinnern das Spital unterhalb der Kirche, der Stadtbrunnen mit Wappen, ein Gerichtsgebäude (16.Jh, gegenüber dem Schloss) und der Fruchtkasten in der Leonhardstraße. - In der kath. Stiftskirche war die Grablege der Gf Helfenstein. - Die Stadt wirkt aufgrund der vielen Fachwerkhäuser idyllisch.
UMGEBUNG: Ca 5 km nordwestlich liegt an der Strasse nach Schopfloch die Burgruine **Reußenstein** über dem Lindachtal (Zufahrt ausgeschildert). Der Sitz der Reuß von Reußenstein, einem dem Kirchheimer Stadtadel entstammenden Ministerialengeschlecht, kam 1441 ebenfalls an die Gf. Helfenstein. Von der Anlage auf einem steil abfallenden Albfelsen sind Reste von Vorburg, Palas und Bergfried erhalten. Unübersehbar ragt sie über dem Dorf Neidlingen empor.
UMGEBUNG: Das benachbarte Dorf **Unterdrackenstein** (Gem. Drackenstein) wurde 1589 an die Gf. Helfenstein verkauft und gehörte anschließend

zur Gft. Wiesensteig. Hier saßen ursprünglich die Hr. von Westernach und als deren Nachfolger die Hr. von Westerstetten, von denen sechs Epitaphien in der kath. Kirche erhalten blieben. Die Burg auf einem Felsvorsprung ist verschwunden. (2009)

Wiesloch HD D5

Die Kurpfalz fuhr nach der Reformation konfessionell Achterbahn und war schließlich im 18.Jh **trikonfessionell.** 1556 erfolgte unter Kurfürst Ottheinrich der Anschluss an die lutherisch-protestantische Reformation - diesbezüglich war die Kurpfalz das letzte große Territorium. Dann kalvinistisch-reformiert, dazwischen wieder lutherisch, schließlich weitgehend kalvinistisch und nach 1685 unter der kath. Linie Pfalz-Neuburg auf gegenreformatorischem Kurs. Ein grundlegender Vertrag (1705) garantierte die Gewissensfreiheit der Untertanen und teilte das Kirchengut im Verhältnis 5:2 zwischen Reformierten und Katholiken auf. Die Protestanten jedoch mussten sich selbst finanzieren. Erst im Großherzogtum Baden vereinigten sich mit der Union (1821) die beiden evangelischen Kirchen. In Wiesloch kann man anhand der beiden Stadtkirchen ein wenig diese Zerrissenheit nachvollziehen, wobei hier zudem die Juden als weitere Religionsgemeinschaft einen idyllischen Friedhof hinterließen.

Kernstadt

Möglicherweise stand an diesem Ort, wo bereits die Römer Silber abbauten, in der Karolingerzeit eine Königspfalz. Die Burg kam 1255 an die Pfalzgrafen, welche die Stadt mit quadratischem Grundriss gründeten. Die verwinkelten Straßen zeigen bis heute das darin steckende Vorgängerdorf. Aufgrund der Lage an einer wichtigen Ost-West-Verbindung und aufgrund des Silberbergbaus florierte die Stadt. Das Schloss diente als Rückzugsort für kurfürstliche Witwen und als Amtssitz. 1689 wurden Stadt und Schloss durch den französischen General Melac im Rahmen des Pfälzer Erbfolgekriegs (s. Bretten) zerstört. Auf dem ehem. Schlossgelände errichteten die kath. Kurfürsten ein Augustinereremitenkloster. – In der Stadt konnte ein Freihof, welcher in Besitz der Schlossherren von Altwiesloch (s.u.) war, die Befreiung von bürgerlichen Pflichten bewahren. Er bildete einen in sich abgeschlossenen Bezirk. – In der Aufbauphase nach dem 30j. Krieg wurde es Juden erlaubt, in der Stadt zu wohnen.

Bauten: Auf dem Burggelände, dessen Grundriss man noch erkennen kann, stehen jetzt Polizeigebäude. Nur der wieder aufgebaute Bergfried zeugt von der 1689 zerstörten **Burg.** Er wird als Glockenturm der Klosterkirche genutzt. - Daneben erhebt sich schlösschenartig das barocke **Amtshaus,** ein zweistöckiges Gebäude unter Krüppelwalmdach. Am Tor ist ein Prunkwappen angebracht. Die weite Anlage erstreckt sich im Nordwesten der Altstadt. Zugang von Bergstraße her. – Urtümlich wie ein mittelalterlicher Geschlechterturm wirkt der **Freihof** im Osten der Altstadt (Freihofstraße). Das Hauptgebäude (14.Jh), ein massives Steinhaus mit Stufengiebel und zwei Toilettenerkern, ist mit zwei Fachwerkhäusern zu einem Komplex verschmolzen. Das Gebäude mit den erneuerten Wappen der Sickingen, Bettendorff und Ehrenberg wird als Hotel genutzt. - **Sonstiges:** Sickingenwappen am Seiteneingang der evang. Kirche, die im Stadtzentrum neben dem Rathaus steht. – Versteckt unter Bäumen liegt der jüdische Friedhof in untypischer Lage am Rande der Altstadt. Als Verbandsfriedhof für die umliegenden Gemeinden ist er groß und dennoch leicht zu übersehen. Man findet die von einer Mauer abgeschirmte Anlage am Leimbach, neben dem Fahrradweg nach Dielheim bzw. der Straße nach Altwiesloch/Baiertal.

OT Altwiesloch

Stammsitz der Edelfreien von Wiesloch, aus welcher der Minnesänger Konrad stammte. Bereits vor ihrem Aussterben (1307) hatten sie die Burg an die Kurpfalz verkauft, die sie 1414 zusammen mit dem Freihof (s.o.) als Lehen an die Hr. von Sickingen vergab. Diese schlossen sich dem Kanton Kraichgau der Reichsritterschaft an. Nach wiederholtem Besitzerwechsel kam das Rittergut im 18.Jh an die Fam. von Bettendorff.
Bauten: Die mittelalterliche Wasserburg ist verschwunden, nur noch der Name „Schlosshof" erinnert an sie. Erhalten blieb jedoch ein eingeschossiges **Schlösschen** (1580) mit Freitreppe und einem wappengeschmückten Portal. Als Bürgerhaus wird es heute von den Vereinen genutzt. In und an der daneben stehenden Burgkapelle, jetzt kath. Pankratiuskirche, befinden sich viele Epitaphien.

OT Schatthausen

Als Teil der Meckesheimer Cent (s. Neckargmünd) lag die Landeshoheit bei der Kurpfalz. Diese vergab das Dorf 1414 zusammen mit Altwiesloch an die Hr. von Sickingen. Das landsässige Rittergut wechselte infolge Erbe und Teilungen häufig den Besitzer und ist seit 1828 in Besitz der Fam. Göler von Ravensburg.
Bauten: Die mittelalterliche Wasserburg wurde in der Barockzeit zu einem **Wasserschloss** umgebaut. Das zweistöckige Gebäude mit zwei Ecktürmen und einem Torturm ist vollständig von Wasser umgeben. So steht es in idyllischer Lage nördlich des Dorfes an der Straße nach Mauer. Im (geschlossenen) Hof erinnern Wappentafeln an die vielen Besitzer. - **Sonstiges:** Mehrere Epitaphien der Schlossherren in der evang. Kirche.

Schatthausen. Inmitten eines wunderbaren Biotops steht das Wasserschloss

Auf dem Friedhof über dem Dorf befindet sich die Grabstätte der Göler von Ravensburg.
UMGEBUNG: Rund 2 km südlich Schatthausen liegt der **Hohenhardter Hof.** Hier stand im 13.Jh die Turmhügelburg eines edelfreien Geschlechts, die nach dessen Aussterben zum Ministerialensitz wurde. Das Rittergut, das im 16.Jh dem Kanton Kraichgau der Reichsritterschaft angeschlossen wurde, ist seit 1946 in Besitz der badischen Landessiedlung und heute Teil eines Golfplatzes. Das dreistöckige quadratische Steinhaus (1694) unter Satteldach ragt hoch auf

dem künstlichen Hügel empor. Es wirkt mittelalterlich aufgrund seiner eingemauerten Bruchsteine. Über der Freitreppe ist ein kleines Allianzwappen angebracht. Zufahrt in Hof offen. (2005)

(Bad) Wimpfen HN D8

Im Umkreis der staufischen **Königspfalz** Wimpfen kann man exemplarisch den Ursprung der süddeutschen **Ritterschaft** verfolgen. Unter den Stauferkaisern stand hier eine Königspfalz, zu deren Sicherung man Burgen im Umland baute und unfreie Ministeriale als Burgverwalter ansiedelte. So gehen alleine auf den Ritter Raban von Wimpfen drei Landadelsfamilien zurück (Göler von Ravensburg, Helmstatt, Mentzingen). Auch zur Verwaltung der neu gegründeten Stadt benötigte man Ministeriale, die bei Bewährung in höchste Reichsämter gelangen konnten. So stieg z.B. der Schultheiß Wilhelm von Wimpfen zum Reichslandvogt auf. Die Ministerialen überlebten den Untergang der Staufer, weil staufisches Hausgut zum Reichsgut und sie damit zu Reichsministerialen geworden waren. Anschließend konnten sie im Dienste des Hochadels ihren sozialen Status absichern und schließlich im 16.Jh den Kern der Reichsritterschaft bilden. - Bis heute imponiert die Wimpfener Königspfalz und bildet mit dem Städtchen über dem Neckartal eine Bilderbuchkulisse.

Wimpfen am Berg

Die Gegend war fränkisches Königsgut, das dem Bf. Worms geschenkt wurde. Der baute seine Herrschaft aus und richtete eines der vier Wormser Archidiakonate im Kollegiatstift (s.u.) ein. Aber die Staufer booteten den Bischof aus und errichteten um 1200 die größte Königspfalz Deutschlands, in der sich 1235 König Heinrich seinem Vater Friedrich II unterwarf. Auch nach dem Untergang der Staufer übte die werdende Reichsstadt zentrale Funktionen mit der Landvogtei für Niederschwaben, dem kaiserlichen Landgericht und dem Berufungsgericht für viele fränkische Städte aus. 1523 Einführung der Reformation, wobei jedoch eine kath. Minderheit unter kaiserlichem Schutz geduldet werden musste. 1803 kam die Stadt an das Großherzogtum Hessen und erst seit 1945 durch einen Verwaltungsakt der Besatzungstruppen zu Württemberg. Wimpfen gehört damit also staatsrechtlich weiterhin zu Hessen.
Bauten: Die **Stauferpfalz** ist eine in BW einmalige Anlage, welche das gesamte Plateau an der Nordostspitze der Stadt einnimmt. Erhalten blieben (in der Reihenfolge von West (Rathaus) nach Ost der gewaltige Blaue Turm, das mächtige Steinhaus (wohl ehem. Frauenwohnhaus, heute Museum), die wunderbaren Arkaden des Palas (offen zugänglich), die Pfalzkapelle (heute Museum) und der Rote Turm (= ehem. Bergfried). Dazwischen hat sich leider ein modernes Gebäude eingenistet, wodurch die Silhouette gestört wird. - Wie an vielen Orten in Deutschland und Italien wurde hier vor kurzem eine Stele zur Erinnerung an die staufische Vergangenheit errichtet. - **Sonstiges:** Die Pfalzsilhouette wird nach Westen fortgeführt vom Verwaltungshof des Bf. Worms („Wormser Hof") mit mehreren romanischen Bau-

(Bad) Wimpfen

ten. – Zwei figürliche Epitaphien der stiftenden Gf. Weinsberg stehen in der Dominikanerkirche, die nach der Reformation den Altgläubigen reserviert war. Zudem hat sich hier der regionale Adel an der Orgelempore und an der Südwand mit seinen Wappen verewigt. – Gegenüber steht das Stadthaus der Frh. von Ehrenberg mit alemannischem Fachwerk (Klostergasse 10). – Wie ein Fremdkörper wirkt unter den vielen Fachwerkhäusern der palaisartige Barockbau des kath. gebliebenen Heiliggeist-Spitalordens (heute Gaststätte). Der direkt daran anschließende Teil des evang. gewordenen Spitals blieb jedoch im ursprünglichen Baustil als romanisches Steinhaus erhalten (heute Museum).

Wimpfen am Berg. Blauer Turm, davor eine moderne Staufer-Stele

Wimpfen im Tal
Römerkastell - fränkische Siedlung – Urkirche. Der Bf. von Worms machte im 10.Jh die Urkirche zu einem Kollegiatstift und dessen Propst zum Archidiakon für 89 Pfarreien (= Erzdiakon = Verwaltungschef für mehrere Dekanate des Bistums). Der zweiwöchige Markt an Peter und Paul erinnert an die frühe Bedeutung dieser Kirche. Das Stift wurde reichsunmittelbar und damit für den Landadel attraktiv. Schließlich wurde es als Ritterstift für den Landadel reserviert. So war es den Stiftsherren möglich, ein weitgehend weltliches Leben zu führen. 1803 fiel es an das Großherzogtum Hessen und wurde aufgelöst. 1947 bis vor kurzem war es durch Benediktinermönche aus Schlesien wieder besiedelt.

Bauten: Am Rande der Stiftsanlage stehen nebeneinander zwei **palaisartige** Gebäude, die Kustodie und die Dechanei. Die zweistöckigen Gebäude unter Mansarddach mit schönen Eingängen zum weiten, kastanienbestandenen Platz vor der Kirche dienen heute als Gästehaus. - **Sonstiges:** Der Ostflügel des Kreuzgangs ist gepflastert mit Epitaphien der Stiftsherren aus Ritterschaftsfamilien. - Die Anlage wird momentan grundlegend renoviert.

UMGEBUNG: Jenseits des Neckars erinnern im Dorf **Untereisesheim** mehrere Epitaphien an die adlige Ortsherrschaft. Als letzte Besitzer wohnten die Hr. von Lomersheim in einer Wasserburg westlich des Dorfes (Schlossweg). Sie schlossen sich dem Kanton Kraichgau der Reichsritterschaft und der Reformation an. 1634 starben sie aus. An sie erinnern vier Wappen- und ein figürliches Epitaph in der evang. Kirche. Das Dorf wurde 1655 von Württemberg gekauft. (2009)

Winnenden WN G9

Fürstliche Nebenlinien wurden in der Neuzeit selten, da man eine Verzettelung des Besitzes zu vermeiden suchte und daher nachgeborene Söhne lieber mit einer Apanage als mit Land ausstattete. Das Herzogtum Württemberg jedoch erlaubte sich im 17.Jh den Luxus von drei Nebenlinien: Weiltingen, Neuenstadt, Winnental. Die letzteren gehen auf Herzog Eberhard III zurück. Er schuf 1677 die Linie **Württemberg-Winnental** als Erbe für seinen 3. Sohn. Diese Linie fiel bereits 1734 an Württemberg zurück, da dessen Sohn Carl Alexander 1733 Herzog von Württemberg wurde und seine Brüder bereits 1734 als Militärs in europäischen Kriegen kinderlos starben. In Winnenden war ihre Residenz.

Kernstadt

Ortsadel saß auf einer Burg. Die Hr. von Neuffen gründeten um 1250 die Stadt und schenkten 1288 dem Deutschen Orden so viel Besitz und Rechte, dass der die Kommende Winnental neben der Pfarrkirche St. Jakob (im ursprünglichen Dorf) einrichtete. Württemberg erwarb 1325 die Stadt und machte sie zum Sitz eines Amtmanns. Nach der Reformation gab es so viele Konflikte, dass der Orden 1665 die Kommende an Württemberg verkaufte, das damit die neu geschaffene Nebenlinie ausstattete.

Bauten: Der Westflügel des **Schlosses Winnental** war ursprünglich die Kommende des Deutschen Ordens (15.Jh). Die württ. Nebenlinie baute das lang gestreckte Hauptgebäude (Corps de logis, 1696), ein schmuckloser, massiver, dreistöckiger Block mit württ. Wappen. Seit 1833 Psychiatrisches Krankenhaus, wozu 1976 ein Ostflügel angefügt wurde. Großer Park dabei. Zugang offen. Denkmal für einen berühmten Mopshund am Eingang rechts. - **Sonstiges:** Epitaphien von Komturen und Bürgern in ev. Schlosskirche (St. Jakob), einer Station am Jakobspilgerweg.

UMGEBUNG: Der **OT Bürg** war vermutlich der ursprüngliche Sitz des Winnender Adels. Die im 11.Jh erbaute Burg wurde 1538 zerstört. Der ehem. Flankenturm ist in eine Hotelanlage eingefügt, die als Blickfang erhöht über dem Tal steht.

UMGEBUNG: Im **OT Höfen** steht das „Schlössle" neben dem Torturm. Das zweistöckige Haus (17.Jh) mit schönem Portal ist Rest einer herrschaftlichen Hofanlage (Eckehardtstr. 26). (2004)

Winterbach WN G9

Forstmeister für fürstliche Wälder waren in der Regel adliger Abstammung, denn nicht die Waldnutzung war ihre primäre Aufgabe, sondern die herrschaftliche Jagd. Und wer hätte davon mehr verstanden als Adlige, da Jagen ja ein Privileg des Adels war. Häufig wurde dieses Amt innerhalb einer Familie vererbt, wie z.B. bei den Schilling von Cannstatt in Schnaitheim (s. Heidenheim). In der Neuzeit wurde der Titel Oberforstmeister gängig, um ihre übergeordnete Position zu betonen. In der Regel wohnte der in einem Schloss, das zugleich als Jagdschloss diente. Denn wenn die fürstliche Herrschaft zur Jagd kam, wollte sie selbstverständlich herrschaftlich untergebracht sein. So auch hier auf dem Engelberg.

Winterbach

Schloss Engelberg

Im Wald oberhalb Winterbach stand eine Wallfahrtskapelle. Hier siedelte Württemberg 1466 ein Augustinereremitenkloster an, das die seelsorgerische Betreuung der umliegenden Gemeinden übernahm. Es wurde im Bauernkrieg geplündert, in der Reformation aufgehoben und anschließend abgebrochen. An seiner Stelle baute Württemberg ein Jagdschloss, das zugleich als Sitz des Oberforstmeisters für die Wälder zwischen Rems und Fils zuständig war. Seit 1951 ist in den Gebäuden eine Walddorfschule untergebracht, ebenfalls ein ausgefallener Standort für diese Art von Schulen.

Bauten: Das **Schloss** (1602) ist ein langes, zweigeschossiges Gebäude mit Treppengiebel. Der schmucklose Fachwerkbau auf Steinsockel unter Satteldach wurde durch die Umgestaltung zur Schule stark verändert. Wirtschaftsbauten dabei. Es liegt direkt an der Landstraße nach Baltmannsweiler.

UMGEBUNG: Im Hauptort **Winterbach** wird das Dorfzentrum von der evang. Kirche St. Michael beherrscht. Diese Urkirche überragt als ehem. Kirchenburg, umgeben von einer Kirchhofmauer, das Dorfzentrum, das von mächtigen Fachwerkhäusern gebildet wird.

UMGEBUNG: Im Nachbardorf **Hebsack** (Gem. Remshalden) übten die Gf. Oettingen die Dorfherrschaft unter württ. Oberhoheit aus. Sie waren in diese Position als Vögte des Frauenklosters Zimmern im Ries gelangt. Nachdem sie in der Reformation das Kloster aufgelöst hatten, bauten sie 1622 ein Amtshaus an Stelle des Klosterpfleghofs. Dieses **Schlössle** wurde 1909 von Herzogin Wera von Württemberg gekauft und zu einem Heim für Mädchen umfunktioniert, das als Weraheim bis heute besteht. Das zweigeschossige schmucke Fachwerkgebäude auf Steinsockel unter hohem Satteldach steht an der Hauptstraße (Geradstettenerstr. 14/Werastraße). (2009)

F12 Wörth AA

Der Ausdruck „**Lutherischer Hügel**" für den OT Bösenlustnau kündet an, dass hier Protestanten isoliert in einem kath. Umfeld lebten. Die Gf. Öttingen hatten in diesem Weiler die Reformation durchgesetzt. Zudem sollte auch der Hauptort Wört reformiert werden, was jedoch daran scheiterte, dass das nahe Kloster Ellwangen das Kirchenpatronat besaß. Dies ist eines der vielen Beispiele für die komplizierten Verhältnisse im Alten Reich.

Kernort

Im 13. Jh saßen Ministeriale des Klosters Ellwangen auf einer Wasserburg. Über verschiedene Patrizier kam die Herrschaft 1395 an das Spital der Reichsstadt Dinkelsbühl, dessen Reformationsversuch scheiterte (s.o.).

Wört. Versteckt am Rande eines Sees liegt das privat bewohnte Schloss

Bauten: Das **Schloss,** 1626 im Renaissancestil erbaut, ist ein dreistöckiger massiver, schmuckloser Steinbau unter Satteldach. Es liegt wunderbar an einem See bzw. Schilfbiotop. Sein Zugang in der Schlossstraße ist leicht zu übersehen. Privatbesitz. – Schloss und kath. Barockkirche bieten einen schönen Anblick vom See her.
UMGEBUNG: Im OT **Bösenlustnau** steht eine wunderbare Jugendstilkirche, auf Kosten des württ. Königs vom Oberbaurat Dolmetsch 1905 für die Protestanten der Umgebung erbaut, damit diese nicht mehr ins bayrische „Ausland" zum Gottesdienst mussten. Hier hatten die Gf. von Öttingen als Dorfherren die Reformation durchsetzen können, jedoch keine eigene Kirche erbaut.   (2010)

Wolfach OG K4

Das Kinzigtal zählt – überraschenderweise - neben der Baar zu den Stammlanden der **Gf. Fürstenberg.** Denn bereits mit ihrem Erscheinen im 13.Jh gab es in Haslach eine eigene Linie in der Nachfolge der Zähringer, die 1386 ausstarb. Die Städtchen Hausach und Wolfach wiederum wurden schon im 14.Jh durch das Stammhaus in der Baar erheiratet. Immer wieder bildeten sich hier eigenständige Linien, darunter eine kurzzeitig protestantische. Dabei war die ab 1559 bestehende Linie im Erben besonders erfolgreich. So erheiratete sie die Landgrafschaft Stühlingen, beerbte von dort aus im 18.Jh alle anderen Linien und machte 1744 Donaueschingen zur Hauptstadt für rund 90.000 Untertanen. Zurück blieb ein Kinzigtal mit den (flussaufwärts entsprechend dem Alphabet angeordneten) anmutigen Miniaturstädtchen Haslach, Hausach und Wolfach.

Kernort

Die Herren von Wolfach auf Burg Altwolfach waren im 11.Jh an der Gründung der Benediktinerklöster St. Georgen und Alpirsbach beteiligt. Ihr Erbe fiel 1305 an die Gf. Fürstenberg. Diese gründeten die Stadt Wolfach an der Kinzigtalstrasse, der wichtigsten Ost-West-Achse durch den Schwarzwald. Nachdem sie mit Hausach und Haslach das

Wolfach. Fürstenbergschloss im Kinzigtal

mittlere Kinzigtal komplett erworben hatten, verlegten sie ihren Wohnsitz in die Stadt. 1504 erhielten sie sogar die Landvogtei Ortenau (s. Ortenberg), die sie jedoch an Habsburg abtreten mussten, weil der unberechenbare Söldnerführers Gf. Wilhelm die Reformation einführen wollte. Nach einer erneuten Teilung (1559) trug die Kinzigtallinie durch ihre Heiratsverbindungen entscheidend für die territoriale Ausweitung der Gf. Fürstenberg bei. So wurden die Grafschaften Messkirch-Gundelfingen (1629 von Gf Helfenstein) und Stühlingen-Engen (1639 von Gf Pappenheim) geerbt. Was zur Folge hatte, dass Wolfach zur Nebenresidenz wurde und auf der Stufe eines Ministädtchens stehen blieb.

Wolfach

Bauten: Das **Schloss** wurde 1671-81 an Stelle einer Wasserburg errichtet, von der noch drei Rundtürme stehen. Es deckt die gesamte Südseite des Städtchens ab und ist damit das größte der Ortenau. So durchquert man von Süden auf der Kinzigtalstrasse kommend die Schlossanlage ungefähr in der Mitte (Stadttor mit Torturm) und steht in der (wunderbaren) Hauptstraße des Städtchens. Auf der linken Straßenseite führt ein wappengeschmücktes Portal in eine Dreiflügelanlage mit der kleinen Schlosskapelle und dem Flößer- und Heimatmuseum. Auf der rechten Straßenseite werden die Schlossgebäude von Polizei und Finanzamt genutzt. – Auf der Wallanlage im Süden vor dem Schloss ist ein kleiner Park angelegt. – **Sonstiges:** Im Norden des Schlosses steht das ehem. Amtshaus mit Renaissance-Erker (Hauptstr. 38). – Das Städtchen ist so klein, dass es bis heute keine eigene Pfarrkirche benötigt, denn die befindet sich noch immer im ehem. Dorf Wolfach (= Niederwolfach), das zur Vorstadt wurde. An ihrer Westwand außen steht ein uralt wirkendes Wappenepitaph, vermutlich 14.Jh.
UMGEBUNG: Auf einem Hügel an der Straße nach Oberwolfach ragt die **Burgruine Altwolfach** empor, gut von der Straße aus zu sehen.

UMGEBUNG: Im ca. 5 km entfernten Städtchen **Hausach** saß im 11.Jh eine Seitenlinie der Hr. von Wolfach auf der **Burg,** von der noch Teile von Palas und Bergfried stehen. Im 14.Jh übernahmen die Gf Fürstenberg die Herrschaft und gründeten die Stadt unterhalb der Burg. An das Dorf erinnern Hausach-Dorf sowie die ehem. Pfarrkirche, heute Friedhofskirche. - Ein **Herrenhaus** wurde 1770 als Verwaltungsgebäude und Wohnhaus vom Besitzer des Hammerwerks erbaut. Der ansehliche zweistöckige Barockbau mit Mansarddach und doppelläufiger Freitreppe wird heute als Schule und Museum genutzt (Hauptstr. 1).

UMGEBUNG: Das nahe Städtchen **Haslach** entstand aus einer Bergbausiedlung, die im 12.Jh als Erbe der Zähringer an die Gf. Fürstenberg fiel. Von dieser 1386 bei der Schlacht von Sempach ausgelöschten Linie findet man in der Stadtkirche ein figürliches Epitaph des Gf. Götz (1341) und gegenüber das Wappenepitaph seiner Frau. Ihre im Spanischen Erbfolgekrieg (1704) zerstörte Burg befand sich am südlichen Rande der Altstadt, wo heute gegenüber dem Rathaus mit Fürstenberg-Wappen (1572) die Sparkasse steht. - Im 30j. Krieg holten die Gf Fürstenberg den gegenreformatorischen Orden der Kapuziner, um die Reste des Protestantismus zu beseitigen. In deren Kirche richteten sie ihre Grablege ein, woran eine Steinplatte im Fußboden, ein hölzernes Epitaph (1655) an der Südwand sowie eine manieristische Stiftertafel über dem Portal erinnern. Die gut erhaltene Klosteranlage im Westen der Altstadt dient heute als Trachtenmuseum und Tourist-Information. – Die Hauptstraße des verträumt wirkenden Städtchens macht einen doppelten Knick, weil 1505 die Kinzigtalstraße hinein verlegt wurde. So steht das Fachwerkhaus „Palais Gebele" mit dem Wappen der Gebele von Waldstein, die als Amtleute für die Gf. Fürstenberg tätig waren, am nördlichen Knick der Hauptstraße.   (2009)

Wolfegg RV M10

Waldburg in allen Variationen: Waldburg-Wolfegg-Waldsee, W.-Wolfegg-Wolfegg, W.-Scheer-Trauchburg, W.-Zeil-Trauchburg, W.-Zeil-Wurzach, W.-Zeil-Zeil..... Wie kommt es zu diesen umständlichen und komplizierten Familienkonstellationen der **Truchsessen von Waldburg?** Schuld daran sind die vielen Teilungen. Zuerst bildeten sich drei Linien, weil 1429 die Brüder Jakob, Eberhard und Georg das Erbe teilten. Nur die georgische Linie, bekannt durch den Bauernjörg (= Georg III), überlebte bis heute. Sie teilte sich jedoch 1595 in die Linien Wolfegg und Zeil, welche sich weiter aufspalteten, was zu solch dreinamigen Bezeichnungen wie Waldburg-Wolfegg-Wolfegg oder Waldburg-Zeil-Wurzach führte. So wohnt heute in Wolfegg eine Fam. Fürst Waldburg zu Wolfegg und Waldsee.

Kernort

Die Herren von Tanne, deren Stammburg im benachbarten Alttann stand (s.u.) und die sich nach der ererbten Waldburg (s.d.) nannten, übernahmen die hier stehende Burg. Bei der Teilung 1429 wurde sie Sitz der eberhardinischen Linie. Diese starb 1511 aus, Wolfegg wurde Sitz einer eigenen georgischen Linie, die 1628 wie alle Waldburgfamilien in den Grafenstand aufstieg. Bei einer erneuten Teilung 1672 entstand die Linie Waldburg-Wolfegg-Wolfegg, die 1798 ausstarb. Ihr Erbe kam an die noch heute hier wohnende und 1803 gefürstete Linie Waldburg-Wolfegg-Waldsee.

Wolfegg. Der Rittersaal verherrlicht die frühen Truchsessen von Waldburg

Bauten: Das **Schloss,** 1580-83, ist eine Renaissance-Vierflügelanlage mit wuchtigen Eckpavillons, ähnlich Meßkirch. Im 2. Stock des Südflügels befindet sich der 52 m lange Rittersaal mit 24 griesgrämig schauenden Truchsessen samt ihrem jeweiligen Allianzwappen und einer prächtigen Rokokobemalung. Privat. Zutritt bei Führungen oder Konzerten. – **Sonstiges:** Der Schlossvorhof wird von zahlreichen barocken Beamtenhäusern, die heute noch bewohnt sind, sowie Ökonomiebauten (mit Automuseum) gebildet. - Hier steht auch die kath. Kirche, ehem. Kollegiatstift und Grablege, mit einem mächtigen Epitaph an der Treppe zur nichtzugänglichen Fürstengruft auf der Nordseite.

UMGEBUNG: Im **OT Alttann** war der Stammsitz der Hr. von Tanne, die später zu Truchsessen von Waldburg wurden. Die heutige Kirche steht an der Stelle der ehem. Burg. Von Alttann führt ein Sträßlein nach **Neutann,** wo ein schlichtes Schlösschen aus dem 16.Jh steht. Es dient seit 1733 als Altenheim. Die Zufahrt zum Pflegeheim ist ausgeschildert. (2007)

Wüstenrot HN E9

Mit diesem Ort verbindet man automatisch eine typisch schwäbische Einrichtung: die **Bausparkasse.** Dabei war es gar kein Schwabe, der 1921 hier die erste Bausparkasse Europas gründete. Der aus Pommern stammende Georg Kropp

Wüstenrot

rief eine Genossenschaft ins Leben, welche mit dem Slogan „Jeder Familie ihr Eigenheim" so erfolgreich war, dass bereits nach wenigen Jahren (1930) die Zentrale nach Ludwigsburg verlegt wurde. Zurück blieb das einfache Gründungsgebäude als Museum. – „Jeder Adelsfamilie ihr Eigenburganteil" scheint die Devise im OT Maienfels gewesen zu sein, wo ständig wechselnde Adelsfamilien eine Burg gemeinsam bewohnten.

OT Maienfels

Die Burg war im 13.Jh Sitz einer Seitenlinie der Hr. von Neudeck (s. Langenbrettach), Ministeriale der Gf. Löwenstein. Durch Verkauf kamen im 14.Jh Teile der Burg an den regionalen Adel, so dass sich schließlich 4-6 Adelsfamilien die Burg teilten, wobei die einzelnen Teilhaber immer wieder wechselten. Als Raubritternest wurde sie von den Reichsstätten 1441 zerstört, jedoch anschließend wieder aufgebaut. Schließlich kauften die Gemmingen 2/3 der Herrschaft auf und schlossen sich dem Kanton Odenwald der Reichsritterschaft und der Reformation an. Die Oberhoheit wurde von der Kurpfalz 1504 im Landshuter Erbfolgekrieg an Württemberg abgetreten.

Maienfels. Wie ein Geiernest kleben Burg und Städtchen über dem Brettachtal

Bauten: Die **Burg-Schloss-Anlage** über dem Brettachtal wirkt märchenhaft, mächtig, mittelalterlich. Zur Bergseite hin ist sie durch eine Vorburg mit runden Flankentürmen und durch einen tiefen Felsengraben geschützt. Die Hauptburg ist von einer starken Ringmauer aus Buckelquadern und zwei Ecktürmchen umgeben. Hier stehen das dreigeschossige Herrenhaus unter Walmdach und das schlichte Amtshaus sowie mehrere Epitaphien. Die Anlage ist seit 1930 vollständig in Besitz der Fam. von Gemmingen, ein Zweig bewohnt sie noch heute.
- **Sonstiges:** Das mittelalterliche Bild wird abgerundet vom Burgstädtchen, das aus nur einer Straße besteht, jedoch seine eigene kleine Kirche hat. Zufahrt: Eine bequeme Straße besteht von Neuhütten-Kreuzle (ehem. Forsthaus) her; eine kurvenreiche, schmale Straße führt aus dem Brettachtal hoch. (2006)

L6 Wurmlingen TUT

Gar nicht christlich ging es oft zwischen Bischof und **Domkapitel** zu. Die Gründe für Konflikte lagen häufig in der Person des Bischofs und seinem Umgang mit Geld. Davon war auch die finanzielle Versorgung des Domkapitels betroffen, dessen Mitglieder sich dann heftig gegen den Bischof wehrten, mitunter sogar mit Waffengewalt. So ergab sich nach vielen Konflikten bereits im Hochmittelalter die allgemeine Regelung, dass die Einkünfte des Domkapitels unabhängig von den Bistumsfinanzen gesichert sein mussten. Hierzu erhielt der einzelne Domherr die Abgaben bestimmter Pfarrkirchen garantiert, wobei den Inhabern wichtiger Ämter (z.B. Propst, Dekan, Kustos) zusätzliche Einnahmen reserviert waren. Einmalig für das Gebiet des heutigen BW ist jedoch, dass sich ein Domkapitel eine so umfangreiche Herrschaft wie hier in Wurmlingen aufbaute.

Kernort
Das Dorf war der Mittelpunkt der Herrschaft Konzenberg, die 1299 vom Kloster St. Gallen an das Konstanzer Domkapitel verkauft wurde. Sie umfasste neben Wurmlingen die Dörfer Oberflacht, Seitingen, Weilheim und Durchhausen und wurde von einem Obervogt verwaltet. Um 1600 überließ das Domkapitel die Herrschaft seinem Vorsitzenden, dem Dompropst. Die Bedeutung dieses Dorfes zeigt sich auch darin, dass hier der Sitz eines Landkapitels (= Dekanat) war.
Bauten: Das **Schlössle** (16.Jh) ist ein schmucker dreistöckiger Kasten unter Walmdach. Bescheidenes Wappen über dem Eingang. Seit 1875 in Gemeindebesitz und als Schule genutzt. Es steht als Teil der Schule neben modernen Schulbauten im Dorfzentrum (Schlossstraße). - **Sonstiges:** Das Amtshaus („Alte Vogtei") ist ein dreistöckiges Fachwerkhaus auf Steinsockel unter einem mächtigen Satteldach, heute als Heimatmuseum genutzt. - Die ehem. Zehntscheune, ein Steinhaus mit gotischem Staffelgiebel, ist nach einer mustergültigen Renovierung in Wohnungen eingeteilt. Sie steht zurück gebaut zwischen Schloss und Vogtei.
UMGEBUNG: Idyllisch im Wald steht **Burg Konzenberg** (um 1200). Nur der 13 m hohe Bergfried und Ringmauerreste sind vorhanden. Die Steinquadern des Bergfrieds stammen von Molassegestein aus dem Hegau. Sie liegt an der halben Strecke von Möhringen nach Esslingen oberhalb der B 523, ca. 500 m Fußweg vom Parkplatz. (2009)

(Bad) Wurzach RV M11

„Aus Dienern wurden Fürsten". Die Truchsessen von Waldburg stiegen vom Ministerialenstand in den Fürstenstand auf. Dieser in Schwaben einmalige Aufstieg war möglich, weil die Kaiser **Standeserhöhungen** als Belohnung für treue Gefolgschaft einsetzten. Insbesondere die Habsburger, die 1438-1806 durchgehend den Kaiser stellten, hoben 1620-30 eine Reihe von katholischen Adelsfamilien um jeweils eine Stufe an: die Ritter zu Freiherren, die Freiherren zu Grafen (z.B. Rechberg), die Grafen zu Fürsten (z.B. Hohenzollern). Offensichtlich wurden diese in der ersten Phase des 30j. Krieges, in der die kath. Partei triumphierte, für ihre Unterstützung der radikalen Politik Habsburgs belohnt. So stiegen 1628 die verschiedenen Linien der Truchsessen von Waldburg zu Reichsgrafen auf. Schließlich kam sogar noch 1803 der Aufstieg zu Fürsten, so auch für die Linie in Wurzach.

Wurzach. Waldburg-Schloss mit schwindelerregendem Treppenhaus

(Bad) Wurzach

Kernort

Das Städtchen entstand im 13.Jh als eine Gründung der Truchsessen von Waldburg. Bei der Drei-Brüder-Teilung (1429, s. Wolfegg) kam es an die georgische Linie, bei deren Teilung 1595 an die Zeiler Linie. Schließlich wurde es bei einer weiteren Teilung 1675 Sitz einer eigenen Linie Waldburg-Zeil-Wurzach. Nach deren Aussterben 1903 fiel das Erbe an das Stammhaus in Zeil.

Bauten: Das **Schloss,** 1723-28, eine dreigeschossige Dreiflügelanlage mit einem fulminanten Treppenhaus, besitzt Reste einer zerstörten Burg im Nordflügel. Darin befindet sich die (offene) Schlosskapelle von 1612 mit einem zarten Epitaph von Truchsess Georg I („Georg im hübschen Haar", vergleichbar dem Epitaph in Waldsee). 1922 Verkauf an den Salvatorianerorden, Einrichtung eines Gymnasiums. Zwei Wachhäuschen grenzen den Hof zur Straße ab. – **Sonstiges:** Der Schlosspark hinter dem Schloss ist weitgehend verschwunden und für Schulzwecke überbaut. - In der frühklassizistischen kath. Pfarrkirche befindet sich das Epitaph (1515) von Gf. Helena sowie hinter dem Altar zwei Gedenkplatten der Gf. Waldburg mit 18 Namen. – Das Städtchen ist geprägt von herrschaftlichen Häusern, unter denen das Amtshaus (Schlossstr. 19) und das Spital (Ecke Marktstr./Herrenstr.) aufgrund ihrer Größe auffallen. Die Herrenstraße, in welcher die Beamten („Hofbürger") wohnten, wird von zwei Podesten und einem ehem. Zollhaus (Wachhaus) abgeschlossen

UMGEBUNG: Der OT **Haidgau** gehörte zur Herrschaft Wurzach. Das ehem. Amtshaus (18.Jh) steht neben der Kirche. Das aufwändigste Gebäude ist jedoch das Pfarrhaus mit dem Wappen des Prämonstratenserstifts Rot über dem Eingang. Rot hatte sich die Kirche inkorporiert und benutzte das Pfarrhaus als Sommersitz. (2009)

M4 Wutach WT

Aus der guten Aach (Gutach) wird die wütende Aach. Die Gutach entspringt am Feldberg, durchfließt den Titisee und Neustadt und wird nach 30 km ab der Vereinigung mit der Haslach zur Wutach. Dann bildet die **Wutachschlacht** 25 km lang die wildeste Flusslandschaft BWs. Sie entstand am Ende der letzten Eiszeit vor rund 15.000 Jahren. Damals transportierte eine am Feldberg entspringende Donau die Schmelzwasser der Hochschwarzwaldgletscher nach Osten zum Schwarzen Meer. Bei Blumberg-Achdorf wurde sie von der tiefer liegenden Ur-Wutach angezapft und nach Süden in den Hochrhein umgeleitet. Oberhalb Achdorf grub (und gräbt) sich anschließend der Fluss in das Gestein ein und schneidet fast alle Gesteinsschichten Südwestdeutschlands an: Gneis, Bundsandstein, Muschelkalk, Keuper und schließlich hier bei Ewattingen den Jurakalk.

Ewatingen. Eines der vielen Schlösschen des Klosters St. Blasien

OT Ewattingen

Dorfadel als Ministeriale des Klosters St. Gallen und später der Hr. von Blumegg im nahen Blumberg saß auf einer Burg. Im 15.Jh Aufkauf der Rechte durch das Benediktinerkloster St. Blasien, das hier eine Obervogtei innerhalb seiner Grafschaft Bonndorf einrichtete. Diese umfasste alle Dörfer und Weiler bis Stühlingen.

Bauten: Das **Schlössle** (1551) ist das ehemalige Amtshaus, erbaut an Stelle einer Dorfadelsburg. Der massive dreistöckige Steinbau mit Staffelgiebel wird auf der Hofseite vom Renaissance-Wappen des St. Blasener Abtes geziert. Frisch renoviert, privat bewohnt. Zugang in Hof offen. - **Sonstiges:** Am Chorbogen der kath. Kirche (1606) ist das St. Blasener Wappen angebracht. (2009)

Wutöschingen WT N4

Die **Säkularisation** war nicht ein einmaliges, auf die „Napoleonische Flurbereinigung" beschränktes Ereignis, sondern zog sich in Wellen über Jahrhunderte hin. Die letzte Säkularisationswelle begann mit Kaiser Joseph II, der in den 1780er Jahren im Habsburger Reich die meisten Klöster auflöste und nur Klöster mit Pfarrbetreuung oder Schulunterricht (bis heute) überleben ließ. Der Höhepunkt war mit dem Reichsdeputationshauptschluss 1803 erreicht, der neben den Klöstern auch die Besitzungen der Bischöfe im Deutschen Reich „verweltlichte". In der Schweiz war man etwas langsamer und säkularisierte in einigen Kantonen die Klöster erst in den 1860er Jahren, als in Europa der **„Kulturkampf"** tobte, an dessen Ende die Trennung von Staat und Kirche stand. Damals wurde aus dem Schloss Ofteringen das Kloster Marienburg.

OT Ofteringen

Ortsadel als Ministeriale der Gf. des Klettgaus. Der letzte Hr. von Ofteringen vermachte 1678 die Herrschaft dem nahen Benediktinerkloster Rheinau, das unter der Schirmherrschaft der Eidgenossen stand (s. Jestetten). Der Abt wich hierher aus, wenn ihm der Druck des protestantischen Zürich zu stark wurde. Bevor Rheinau im Kulturkampf aufgelöst wurde, verkaufte es 1862 das Schloss an eine Nonne, die hierin das Kloster Marienburg der „Benediktinerinnen von der ewigen Anbetung" gründete. Der überalterte Konvent lebt noch heute von der Hände Arbeit, insbesondere von einem süffigen Kräuterlikör.

Ofteringen. Aus dem Schloss wurde das Kloster Marienburg

Bauten: Das **Schloss** ist eine verschachtelte Anlage. Im Kern steht der Palas (1428) mit Staffelgiebeln. Daran im Stil angepasst ist ein Längsbau (1777), ebenfalls mit Staffelgiebel. Neubauten wurden 1929 hinzugefügt. Wappen des Klosters Rheinau im Innenhof - **Sonstiges:** Am Hofeingang die Schlosskapelle mit dem Wappen des Rheinauer Abtes. Wirtschaftsbauten dabei. - Die Anlage

Wutöschingen

liegt als Blickfang erhöht über Dorf und Wutachtal. Zugang bis Klosterpforte. – Die massive Klosterscheune im Dorf wird heute für kulturelle Veranstaltungen genutzt.

OT Schwerzen

Beim Weiler **Willmendingen** war im Mittelalter ein Tagungsort des Klettgauer Landgerichts. Die Gf. Sulz vergaben 1609 die Dorfherrschaft als Belohnung an ihren Landvogt Johann Jakob Beck, wobei jedoch die Landeshoheit bei der Landgrafschaft Klettgau blieb. Der nannte sich von Willmendingen und baute in Waldshut am Oberen Tor ein Stadtpalais. 1803 Verkauf an die Fürsten Schwarzenberg.
Bauten: Das **Schloss** (1609), ein dreistöckiger Rechteckbau unter Walmdach, wirkt trotz seiner massiven Größe elegant. In der Mittelachse der Gartenfassade steht ein Treppenturm. Privatbesitz, in Wohnungen und Gaststätte „Schlosskeller" aufgeteilt. Lage: Am Südende des Dorfes, Willmendingerstr. 24. - **Sonstiges:** Klassizistische Gedenktafel in kath. Kirche zur Erinnerung an die Familiengruft der Beck. (2009)

E7 Zaberfeld HN

Die edelfreie **Fam. von Sternenfels** stammt aus Kürnbach (s. d.). Ihre Stammburg auf dem benachbarten Berg Sternenfels, nach der sie sich seit 1232 nennt, kam bereits 1320 an Württemberg und wurde 1778 abgebrochen. An ihrer Stelle steht heute über dem Dorf Sternenfels ein mittelalterlich wirkender Aussichtsturm. Bereits im 13.Jh bildeten sich zwei Linien, von denen die Kürnbacher 1599 ausstarb, die andere jedoch bis heute besteht. Sie schlossen sich der Reformation und der Reichsritterschaft an. 1390-1749 hatten die Hr. von Sternenfels die Dorfherrschaft über die vier Dörfer der heutigen Gemeinde Zaberfeld (Zaberfeld, Michelbach, Ochsenburg, Leonbronn) als württ. Lehen inne, was einen weitgehend gleichartigen Geschichtsverlauf bewirkte.

Kernort

Das Dorf wurde 1321 von Zeisolf von Magenheim an die Gf. Baden verkauft, von denen es über die Gf. Vaihingen zusammen mit deren gesamten Besitz an die Gf. Württemberg fiel. Diese vergaben die vier Dörfer 1385 an die Hr. von Sternenfels, die sich damit dem Kanton Kraichgau der Reichsritterschaft und der Reformation anschlossen. Nach deren Aussterben übernahm 1749 Württemberg die Herrschaft in Eigenregie unter einem in Ochsenburg wohnenden Amtmann.
Bauten: Das **Schloss** (1587-1619) ist ein massives zweigeschossiges Herrenhaus mit geschweiften Giebeln. Schönes Barockportal mit Allianzwappen (1712). Im 19.Jh diente es als Pfarrhaus, heute ist es in Wohnungen aufgeteilt.
- **Sonstiges:** In der evang. Kirche sind vier Epitaphien der Sternenfels sowie ein ausgefallenes Sakramentshaus mit den Stifterfiguren.

Zaberfeld

OT Ochsenburg

Ortsadel saß auf einer Burg, nach dessen Erlöschen die Herrschaft an die Hr. von Magenheim und schließlich mit Zaberfeld in Besitz der Hr. von Sternenfels kam. Bereits im 14.Jh wurde das Dorf zum Städtchen und zum „Regierungssitz" der kleinen Sternenfelser Herrschaft. Württemberg richtete nach deren Aussterben (1749) hier ein Unteramt für die vier Dörfer ein. Das Steuerrecht der Reichsritterschaft wurde nach einem über 30-jährigen Prozess 1783 mit der immensen Summe von 115.000 Gulden abgelöst.

Ochsenburg. Kinderepitaphien. Rund 70% der Kinder starben vor dem 10. Lebensjahr

Bauten: Das Renaissance-**Schloss** (1588) wurde leider 1817 abgebrochen. Es stand zwischen der Eppinger Straße und den erhalten gebliebenen Wirtschaftsgebäuden, dem Fruchtkasten (1771) mit Allianzwappen und dem Bandhaus (1569) mit Staffelgiebel. Diese zu Wohnhäusern gewordenen Gebäude stehen nördlich der evang. Kirche bei der Bushaltestelle („Schlosshof"). – **Sonstiges:** In der evang. Kirche sind viele Epitaphien der Sternenfels aufgereiht. Ungewöhnlich ist die Ansammlung von vier Frauen- und acht Kinderepitaphien auf und unter der Empore. – Ausgefallen ist der Eingang zum Friedhof, ein Renaissance-Torbogen mit Inschrift und Allianzwappen. - An einer Scheune an der Straße Richtung Mühlbach ist ein Sternenfelswappen angebracht.

UMGEBUNG: Im **OT Michelbach** steht ein Schlösschen der Hr. von Sternenfels. Das zweistöckige Gebäude auf massivem Steinsockel unter Mansarddach mit einer schönen Türe (1709) steht gegenüber der Kirche an der Hauptstraße und ist heute Restaurant. Östlich der evang Kirche ist ein prächtiges Wappen (1559) an der ehem. Schlossscheune angebracht, die heute Wohnhaus ist. – Im **OT Leonbronn** tagte ein Centgericht an einem Steintisch mit Steinbänken. Die Anlage steht hinter der evang. Kirche, an der ein Epitaph der Hr. von Sternenfels angebracht ist. (2009)

Zell am Harmersbach OG J3

Eine **Bauernrepublik,** die bis 1803 überlebte, ist eine der vielen „Blüten" im Alten Reich. Am Rande der Ortenau schaffte dies das **Reichstal Harmersbach** als einziges im Gebiet des heutigen BW (s. Leutkirch). Dieses von freien Bauern besiedelte Tal erhielt im 14.Jh von Kaiser Ludwig den Status der Reichsunmittelbarkeit. Anschließend war es jedoch bis Ende des 17.Jh an den Bf von Straßburg verpfändet. Danach wäre es beinahe vom Reichsstädtchen Zell geschluckt worden, aber die Bauernrepublik wehrte sich vehement und besetzte sogar kurzzeitig Zell. Erst die moderne Gemeindereform (1972) riss das Tal auseinander und schlug die untere Hälfte (Unterharmersbach) Zell zu.

Zell am Harmersbach

Kernort

Das Kloster Gengenbach, der größte Grundbesitzer im Kinzigtal, gab die Siedlung als Lehen an die Gf. Zähringen. Nach deren Aussterben übernahm 1218 der Stauferkaiser Friedrich deren Rechte in der Ortenau. Die systematisch angelegte Stadt erhielt so viele Privilegien, dass sie als Reichsstadt galt. Als Territorium erwarb sie mehrere benachbarte Schwarzwaldtäler (z.B. Nordrachtal), jedoch nicht das direkt anschließende Harmersbachtal. Ein architektonisches Detail verrät das problematische Zusammenleben zwischen Reichstal und Reichsstadt. So ist das ausgefallene Westquerschiff der Unterharmersbacher Wallfahrtskirche damit zu erklären, dass eine Verlängerung nach Westen nicht möglich war, weil sonst die Grenze zur Reichsstadt überschritten worden wäre, wie der exakt vor dem Westeingang stehende Grenzstein noch heute zeigt.

Bauten: Die Minireichsstadt konnte ein wenig ihrer Verträumtheit über die Zeit retten, obwohl sie 1907 weitgehend abbrannte. So besteht die Altstadt aus einer Mischung von Fachwerk und Jugendstil. Aus der Reichsstadtzeit überlebten ein Stadtturm und die Stadtmauer. Epitaphien stehen an der Mauer der kath. Kirche, darunter auch eines der Hr. von Meyershofen (s.u.).

Burg Gröbern

Das Kloster Gengenbach vergab die Wasserburg als Lehen an die Ritter von Schneit. Im 14.Jh erwarben die Hr. von Grebern die Burg sowie die Herrschaft des Nachbardorfes Unterentersbach. Als Patrizier nahmen sie in den Ortenauer Reichsstädten Zell, Offenburg und Gegenbach Führungspositionen ein. Nach ihrem Aussterben (1582) kam die Burg an häufig wechselnden Adel und war 1698-1756 in Händen der Fam. von Meyershofen. 1862 wurde sie dem Kraichgauer Damenstift vererbt, das sie vor kurzem verkaufte. Die dazu gehörenden Wiesen werden inzwischen als Golfplatz genutzt.

Bauten: Die **Burg** (14.Jh) ist ein freistehender fünfstöckiger Wohnturm unter hohem Satteldach, Rest der Wasserburg. Die Buckelquadern an den Eckkanten zeigen ihr hohes Alter. Umgeben von einem ummauerten und zugewachsenen Park wirkt sie wie im Dornröschenschlaf. Privat bewohnt. Sie liegt an der Straße Zell–Unterentersbach. Davor ein Gasthof, daneben der Golfplatz. (2005)

K6 Zimmern u. d. Burg BL

Oberhoheit – Landeshoheit. Wie fließend der Übergang sein konnte, dies lässt sich anhand der gegensätzlichen Entwicklung der benachbarten Ritterschaftsdörfer Zimmern und Täbingen (Gem. Rosenfeld) aufzeigen. Zimmern stand unter der Oberhoheit von Habsburg, Täbingen unter der von Württemberg. Beide Territorialfürsten wollten ihre Oberhoheit zur Landeshoheit ausbauen. In Täbingen gelang dies Württemberg um 1500, weshalb es hier 1535 die Reformation einführen konnte und anschließend als Rechtsnachfolger des Klosters St. Georgen die Hälfte des Dorfes besaß. Der Anschluss an die Reichsritterschaft war folglich nur für das Rittergut möglich. Dieses wurde schließlich 1671 an Württemberg verkauft und aufgelöst. In Zimmern jedoch konnte sich die

Zimmern u. d. Burg

Herrschaft mit dem ganzen Dorf der Reichsritterschaft anschließen, weil Habsburg erst 1663 nach einem Besitzerwechsel die Landeshoheit gewann. Daher bestand das Rittergut Zimmern bis 1806 und hinterließ sogar noch ein Barockschlössle.

Kernort
Ortsadel saß auf einer bereits 1314 zerstörten Burg. Im 14.Jh bauten sich die Hr. von Sinkingen eine kleine Herrschaft mit jeweils einer Burg in Zimmern und Täbingen auf. Die Rittergüter kamen 1549 an die Hr. von Breitenlandenberg, die sich damit dem Kanton Neckar der Reichsritterschaft anschlossen und beim Alten Glauben blieben. Schließlich kam 1671 die Trennung, als Württemberg das Täbinger Rittergut kaufte und beseitigte. Zimmern hingegen, das seit 1661 in Besitz der Fam. von Stuben im nahen Hausen am Tann war (s. Dotternhausen), gelangte 1792 über verschiedene Erben an die Gf. Waldburg-Zeil.

Zimmern, Schlössle. Die Zugehörigkeit zur Reichsritterschaft prägt ein Dorf bis heute

Bauten: Das **Schlössle,** 1764, ist ein zweigeschossiges, schmuckloses Herrenhaus unter Mansardwalmdach. Seit 1833 in Besitz der Gemeinde, heute Rathaus, Kindergarten und Gemeindehaus. Die namengebende verschwundene Burg stand südöstlich des Dorfes. (2008)

Zuzenhausen HD D6

Lehensherr war der kath. Bischof, Landesherr war die kalvinistische Kurpfalz, Ortsherr war der lutherische Landadelige. Eine schwierige Konstellation, eine von vielen konfliktträchtigen Konstellationen im Alten Reich (s. Ahorn). Sie hatte sich so heraus gebildet, weil die Kurpfalz 1330 die mit dem Nachbardorf **Meckesheim** verbundene **Cent** aufgrund eines königlichen Privilegs erwerben und anschließend zur Landeshoheit ausbauen konnte (s. Neckargmünd). Damit übertrumpfte sie den Bf. Speyer, der hier ursprünglich eine Reihe von Ministerialen unterhielt und seine Position nur im benachbarten Waibstadt ausbauen konnte. Wir finden diese konfliktgeladene, spezielle Kombination in Eschelbronn und Zuzenhausen.

Kernort
Teil des Meckesheimer Centbezirks. Die Dorfherrschaft gelangte 1425 als Lehen des Bf. Speyer an die Hr. von Venningen, die aufgrund der Kurpfälzer Landeshoheit als landsässig galten. So wurde das Dorf mit der Kurpfalz evangelisch und aufgrund des Konfessionswechsels der Kurfürsten im 18.Jh teilweise rekatholisiert, weshalb das 2.000-Seelen-Dorf zwei Kirchen besitzt.

Bauten: Das **Schloss Agnestal** (1780) ist ein achtsachsiges, dreistöckiges Herrenhaus unter Walmdach. Allianzwappen Venningen-Hutten über dem Eingang. Turmartige Anbauten auf beiden Seiten. Aufgrund der im rechten Winkel angefügten Ökonomiebauten wirkt die Anlage wie ein ländlicher Gutshof. Un-

Zuzenhausen

typisch ist jedoch die Nutzung als Jugendfußballzentrum der TSG Hoffenheim, wozu eine aufwändige Renovierung vorgenommen und Neubauten im Umkreis erstellt wurden. Lage: Im Westen des Dorfes, an der Straße nach Horrenberg. Durch Metallzaun gesichert. – Von der 1643 zerstörten **Burg** stehen nur noch romantisch überwucherte Ruinen am Waldrand, östlich über dem Dorf.

Zuzenhausen. Schloss Agnestal wurde zum Jugendfussballzentrum

UMGEBUNG: Auch das benachbarte Dorf **Eschelbronn** unterstand der Kombination „Bf. von Speyer - Kurpfalz – landsässiger Adel". Die Venningen erwarben 1435 die Dorfherrschaft zur Hälfte und 1760 vollständig. Ihre Wasserburg wurde im 30j. Krieg zerstört, an ihrer Stelle ist heute ein Löschteich. Das südlich davon erbaute Barockschloss musste einem Gemeindezentrum weichen. Übrig blieb nur das Amtshaus mit dem Wappen Venningen-Hutten, das neben der evang. Kirche steht. (2009)

K9 Zwiefalten RT

Jede geistliche Gemeinschaft musste im Mittelalter einen **Vogt** (= **Advocatus**) als seinen Anwalt in weltlichen Angelegenheiten nehmen. Der sollte sie schützen und schirmen (= Schirmvogtei). Meistens wurde daraus ein Abhängigkeitsverhältnis, bei dem das Vogtamt vererbt oder verkauft werden konnte. Ganz abhängig wurde das Kloster, wenn der Vogt zum Kastvogt (von Kasten = Scheune) wurde, also die Abgaben der Klosteruntertanen einsammelte. Damit besaß er eine Kontrolle der Klostereinnahmen und konnte das Kloster für seine Landespolitik verwenden, es schließlich landsässig machen. Mit diesem Instrument hob Württemberg in der Reformation die von ihm bevogteten Klöster auf. Mit Ausnahme des Benediktinerklosters Zwiefalten, das ebenso wie das Stift Ellwangen trotz der Vogtei der Gf Württemberg nicht in der Reformation aufgehoben wurde.

Kernort

Alle Benediktinerklöster der Cluny-Hirsau-Reformbewegung besaßen bereits bei der Gründung die freie Wahl des Vogtes, so auch hier 1089. Aber dennoch gelang es Württemberg als den Rechtsnachfolgern der Klosterstifter, der Gf von Achalm, die Vogtei 1365 an sich zu ziehen. Dies führte schließlich ca. 100 Jahre später zu einem gewaltigen Konflikt unter Gf Eberhard im Barte, der energisch die Klöster in seine Politik einband. Habsburg schaltete sich ein, weil es in seinem Interessenbereich „Landvogtei Oberschwaben" tangiert wurde. Mit Habsburgs Unterstützung konnte sich 50 Jahre später der Abt erfolgreich gegen die wiederholten Versuche Württembergs wehren, die Reformation einzuführen. Schließlich kam es 1570 zu einem Vertrag, wonach Württemberg weiterhin die Schutzvogtei inne hatte, jedoch nicht in das innere Leben der Gemeinschaft

eingreifen durfte. Dies mündete 1750 in die Reichsunmittelbarkeit als Klosterstaat mit 220 km² und rund 20 Dörfern. Der Bau der Barockanlage ist als eine Demonstration der erkämpften Unabhängigkeit zu verstehen.
Bauten: Hier wird Herrschaft durch die Größe der **Klosteranlage** und Reichtum durch die überflutende Barockausstattung der Kirche demonstriert. Die Anlage entspricht jedoch nicht dem Idealplan des Barock (s. Weingarten), denn der Nordflügel wurde nicht gebaut. Folglich gibt es nur einen einzigen Flügel auf der Südseite der Kirche, den sich Mönche und Abt (= Prälat) teilen mussten. Dieser Südflügel wirkt relativ schlicht, mit Ausnahme des Eckpavillons auf der Westseite. In diesem war die Prälatur untergebracht, die zusammen mit dem Gästebau, der Kirchenfassade und dem nördlichen Eckpavillon (hierin die Klosterkellerei = Finanzverwaltung) die prächtige Westseite bildet. So macht der Zugangsbereich im Westen mit Torbau, Flüsschen und der gesamten Westfassade einen schlossähnlichen Eindruck. – **Sonstiges:** Im Norden der Kirche stehen die Meierei (heute Rathaus), das Studienhaus (heute Psychiatrie) sowie das Amtshaus (heute Pfarramt und Forstverwaltung). Der sogenannte Konventbau ist ein anstelle von Stallungen neu errichtetes Gebäude. Die Klosterbauten und der große Park sind als Teil des Psychiatrischen Krankenhauses begrenzt zugänglich. - Im Friedhof sind Gräber (20.Jh) der Fam. von Norman Ehrenfels (s. Hayingen). (2006)

Zwingenberg MOS C7

Die Kurpfalz baute ein **Satellitensystem** von abhängigen Lehensleuten auf. Hierzu gehörte die Ritterschaft in Kraichgau und Odenwald, so auch die **Hr. von Hirschhorn.** Deren Stammsitz lag gerade mal 10 km Luftlinie entfernt über dem romantischen Städtchen Hirschhorn am Neckar, das seit 1803 zu Hessen gehört. Als Erbtruchsessen der Kurpfalz übernahmen sie viele Pfälzer Pfandschaften und halfen damit aus Geldnöten. Den größten Zuwachs erreichten sie mit dem sukzessiven Auskauf der Hr. von Zwingenberg, die schließlich im 15.Jh ausstarben. Am Ende war die Kurpfalz der Gewinner, denn nachdem auch die Hr. von Hirschhorn 1632 ausgestorben waren, besetzte sie Burg Zwingenberg und kaufte sie nach über 100jähriger gerichtlicher Auseinandersetzung 1746 offiziell.

Kernort
Die Burg diente wahrscheinlich zur Sicherung der Stauferpfalz in Wimpfen. Die Hr. von Zwingenberg, deren Besitz sich v.a. rechts des Neckars im Odenwald bis Mudau erstreckte, wurden in die Auseinandersetzungen zwischen der Kurpfalz und dem Bf. von Mainz zerrieben (s. Weinheim). Die Kurpfalz erreichte ihre Verurteilung als Raubritter, zerstörte

Zwingenberg. Es ist nicht einfach, in den Innenhof der Burg-Schloss-Anlage zu gelangen

Zwingenberg

1364 ihre Stammburg und zwang sie zum sukzessiven Verkauf ihrer Herrschaft an die Hr. von Hirschhorn. Nach deren Aussterben (1632) übernahm die Kurpfalz die Burg und vergab sie 1696 als Lehen an den Hofkanzler Gf. Wiser, dessen Nachkommen sie jedoch aufgrund eines Gerichtsbeschlusses 1746 an die Göler von Ravensburg als Erben der Hirschhorn abtreten mussten. Diese verkauften sie sofort wieder teuer an die Kurpfalz. 1803 kam die rechtsrheinische Kurpfalz durch Napoleon an Baden, dessen Großherzog die Burg als Privatbesitz kaufte, so dass sie bis heute in Besitz der Fam. Großherzog von Baden ist.

Bauten: Die **Burg-Schloss-Anlage** auf einem steilen Felsen über dem Neckar bietet zusammen mit dem Ministädtchen ein Bilderbuchmotiv, vergleichbar den benachbarten Neckarburgen (Ehrenberg, Guttenberg, Hornberg, Horneck). Die lang gestreckte, ummauerte Anlage gliedert sich in eine Hauptburg und eine Vorburg. Ihre einzelnen Teile reichen von der Stauferzeit (Bergfried, Schildmauer, Kapelle) über die Renaissance (Laubengang, Treppenturm) und den Barock (Wiserbau) bis zur Neugotik (Forstamt). Privatbesitz. Zugang nur für Gruppenführung oder bei den Schlossfestspielen. Keine Zufahrt mit PKW erlaubt, keine öffentlichen Parkplätze im Burgstädtchen, Fußweg mindestens 10 min, vom Bahnhof 20 min. - **Sonstiges:** Die Burg grenzt an die Wolfsschlucht, weshalb bei den Schlossfestspielen die Oper „Der Freischütz" von C.M. von Weber aufgeführt wird.

UMGEBUNG: Rund 8 km entfernt liegt die Stadt **Eberbach** am Neckar. Als Reichsstadt wurde sie 1330 an die Kurpfalz verpfändet, die damit auch das Centgericht übernahm (s. Schwarzach) und hier ein eigenes Amt einrichtete. Deshalb findet man in ihr Steinhäuser des Kurpfälzer Adels, der im Fürstendienst sein Zubrot verdiente. So stehen in typischer Lage an der Stadtmauer die Adelshöfe der Hr. von Bettendorff und der Feuerstein, zwei stattliche Fachwerkhäuser auf Steinsockel mit eigenem Wehrgang (Pfarrgasse). – Die Stadt mit gitterförmigem Straßennetz, schönen Fachwerkhäusern und erhaltener Stadtmauer zum Neckar hin ist ein Touristenmagnet. - Die drei nebeneinander stehenden Burgen über der Stadt stammen aus dem 13.Jh, als der Bf. von Worms sowie zwei Ministeriale der Staufer von hier aus den Odenwald erschlossen. Die Burgruinen sind von der Straße nach Mudau über einen ca. 1 km langen Fußweg erreichbar. (2004)

Anhang 1: Reichsritterschaftsorte in Baden-Württemberg

Die anschließende Zusammenstellung soll dem Leser die Möglichkeit geben, systematisch nach den Resten der Reichsritterschaft in BW zu suchen. Sie wurde anhand der Angaben in der Fachliteratur zur Reichsritterschaft (s. Literaturempfehlung, S. 617-618) angefertigt. Sie ist daher möglicherweise mit Fehlern behaftet, da auch in der Fachliteratur mitunter widersprüchliche Zuordnungen auftauchen.

Es handelt sich um eine Zusammenstellung, die nach Kantonen geordnet wurde (s. Einleitung S. 10, Exkurs zur Reichsritterschaft). Die im Gebiet des heutigen BW vertretenen Kantone gehörten dabei

- a) zum Ritterkreis **Schwaben,** der insgesamt fünf Kantone umfasste: Donau, Hegau-Bodensee-Allgäu, Kocher, Kraichgau, Neckar-Schwarzwald (mit Ortenau). All diese Kantone waren im Gebiet von BW mit Rittergütern vertreten.
- b) zum Ritterkreis **Franken,** der insgesamt sechs Kantone umfasste: Odenwald, Altmühl, Steigerwald, Baunach, Rhön-Werra, Gebirg. Von diesen war nur der Kanton Odenwald im Gebiet von BW mit Rittergütern vertreten.
- Der dritte Ritterkreis **„am Rhein"** war im heutigen BW nicht mit Rittergütern vertreten.

Tipp zur Vorgehensweise: Die Zuordnung der aufgeführten Rittergüter zu den heutigen baden-württembergischen Gemeinden ist bei den meisten Rittergütern über den Ortsindex (S. 619) möglich. Einige Rittergüter (Dörfer, Gutshöfe) werden jedoch im Buch nicht dargestellt, da ich in ihnen keine Zeugnisse aus der Zeit der reichsritterschaftlichen Herrschaft entdecken konnte.

Kanton Donau (Ritterkreis Schwaben)
(Kanzlei in Ehingen)

Achstetten
Allmendingen
Altheim (bei Allmendingen)
Anhausen
Arnegg
Bergenweiler
Billafingen
Bissingen
Brandenburg (Schloss)
Bußmannshausen
Buttenhausen
Edelbeuren
Eglingen
Ehestetten

Ellmannsweiler
Erbstetten
Erolzheim
Fischbach
Gammertingen
Göffingen
Granheim
Griesingen
Grüningen
Hettingen
Heudorf
Horn (Schloss)
Hürbel
Kaltenburg (Burg)

Anhang

Kirchberg a.d. Iller
Laupheim
Lontal
Magolsheim
Mittelbiberach
Neufra (SIG)
Niederstotzingen
Oberdischingen
Oberstadion
Oberstotzingen
Öpfingen
Orsenhausen
Rechtenstein
Reggisweiler
Rißtissen
Schwendi
Stetten
Untermarchtal
Untersulmetingen
Wilflingen
Zwiefaltendorf
Wain

Kanton Hegau-Bodensee-Allgäu (Ritterkreis Schwaben)
(Kanzlei in Radolfzell und Wangen)

Amtzell
Beuren
Bietingen
Binningen
Bodman
Böttingen
Boll
Christazhofen
Eigeltingen
Espasingen
Freudental
Gailingen
Gottmadingen
Güttingen
Herfaz
Hohenkrähen (Burg)
Immendingen
Kattenhorn (Schloss)
Langenrain
Langenstein (Schloss)
Marbach (Schloss)
Möggingen
Mühlheim
Orsingen
Randegg
Ratzenried
Riedheim
Rielasingen
Rosenegg (Burg)
Schlatt unter Krähen
Schomburg
Siggen
Steißlingen
Wahlwies
Wangen
Weiterdingen
Wiechs
Worblingen

Kanton Kocher (Ritterkreis Schwaben)
(Kanzlei in Esslingen)

Adelmannsfelden
Adelstetten
Aldingen
Alfdorf
Altburg
Auenstein
Aufhausen
Beihingen
Bernhardsweiler
Bönnigheim
Degenfeld
Donzdorf
Dürnau
Ebersberg

Anhang

Eislingen
Essingen
Eybach
Fachsenfeld
Filseck (Schloss)
Freudental
Geisingen
Heutingsheim
Hochberg
Hochdorf
Hofen
Hohenrechberg
Hohenroden
Hohenstadt
Hohenstein
Horn
Jebenhausen
Kleinbottwar
Kressberg (Burg)
Laubach
Lautenbach
Lauterburg
Leinroden
Leinzell
Liebenstein (Schloss)
Lindach
Marktlustenau
Matzenbach
Mühlhausen
Neubronn
Neuhausen
Niederalfingen
Oberböbingen
Öffingen
Oppenweiler
Oßweil
Ramsberg (Schloss)
Rechberghausen
Rechenberg
Reichenbach
Schaubeck (Schloss)
Schechingen
Stammheim
Staufeneck
Steinegg
Stetten
Stettenfels (Schloss)
Strassdorf
Talheim
Tannhausen
Tempelhof (Schloss)
Trochtelfingen
Unterdeufstetten
Untergruppenbach
Wäschenbeuren
Wäscherschloß
Waldenstein
Weißenstein
Westhausen
Wildenstein
Winzerhausen
Winzingen

Kanton Kraichgau (Ritterkreis Schwaben)
(Kanzlei in Heilbronn)

Adelshofen
Altwiesloch
Babstadt
Bonfeld
Ehrenberg (Burg)
Ehrstädt
Eichtersheim
Eschenau
Flehingen
Fürfeld
Gemmingen
Grombach
Guttenberg (Schloss)
Heinsheim
Hochhausen
Hoffenheim
Ittlingen
Klingenberg
Königsbach
Lehrensteinsfeld

Anhang

Massenbach
Massenbachhausen
Menzingen
Michelfeld
Münzesheim
Neipperg
Neckarbischofsheim
Neidenstein

Rappenau
Ravensburg (Burg)
Schwaigern
Sickingen
Siegelsbach
Sulzfeld
Treschklingen
Weiler

Kanton Neckar-Schwarzwald (Ritterkreis Schwaben)
(Kanzlei in Esslingen, ab 1643 in Tübingen)

Ahldorf
Baisingen
Berneck
Bieringen
Bierlingen
Bläsiberg (Schloss)
Bodelshofen
Börstingen
Bühl
Dettensee
Dettingen
Deufringen
Diessen
Dillweisenstein
Dotternhausen
Eberdingen
Entringen
Felldorf
Geislingen
Glatt
Hammetweil
Harthausen
Hausen am Tann
Hemmingen
Hirrlingen
Hohenentringen (Schloss)
Hochdorf
Irslingen
Kilchberg
Köngen
Korntal
Kressbach (Schloss)
Lautlingen

Leinstetten
Liebeneck (Burg)
Lützenhardt
Margrethausen
Mauren
Mühlen
Mühlhausen
Mühringen
Münchingen
Neckarburg bei Rottweil
Neuhaus (Schloss)
Neuhausen a.d. Fildern
Neunthausen (Schloss)
Nippenburg
Nussdorf
Neuneck
Oberhausen (Schloss)
Oberriexingen
Pfäffingen
Pfauhausen
Poltringen
Rübgarten
Sindlingen
Steinbach
Sterneck (Burg)
Sulzau
Talheim
Tiefenbronn
Unterboihingen
Unterriexingen
Unterschwandorf
Vollmaringen
Wachendorf

Wankheim
Weitenburg (Schloss)
Wellendingen
Würm)
Zimmern u.d. Burg

Teilgebiet Ortenau
(Kanzlei in Kehl)
Altdorf
Berghaupten

Diersburg
Hofweier
Meißenheim
Niederschopfheim
Nonnenweier
Oberkirch
Orschweier
Rust
Schmieheim

Kanton Odenwald (Ritterkreis Franken)
(Kanzlei in Heilbronn, ab 1764 in Kochendorf)

Adelsheim
Amlishagen
Archshofen
Aschhausen
Assumstadt (Schloss)
Baumerlenbach
Berlichingen
Bieringen
Binau
Bödigheim
Bofsheim
Braunsbach
Buchenbach
Bürg
Burleswagen (Schloss)
Dörzbach
Domeneck (Schloss)
Dünsbach
Eberbach
Eberstadt
Edelfingen
Ellrichshausen
Erkenbrechtshausen
Eubigheim
Gissigheim
Gröningen
Großeicholzheim
Hainstadt
Haltenbergstetten (Schloss)
Hardheim
Hengstfeld

Hettigenbeuern
Hornberg (Schloss)
Horneck (Burg)
Kochendorf
Jagsthausen
Kocherstetten
Korb
Künzelsau
Laibach
Laudenbach
Leofels (Burg)
Maienfels
Merchingen
Messbach
Messelhausen
Michelbach an der Bilz
Möglingen
Morstein
Neckarzimmern
Neidenfels
Neunstetten
Niedersteinach
Niederstetten
Oberschüpf,
Oedheim
Reinsbronn
Rippberg
Rosenberg
Rossach
Roßbürg (Schloss)
Sachsenflur

Anhang

Satteldorf
Sennfeld
Sindolsheim
Stetten (Burg)
Tairnbach
Unterbalbach
Unterheimbach
Untermünkheim
Unterschüpf
Wachbach
Waldmannshofen
Weiler
Widdern
Willenbacher Hof
Züttlingen

Anhang 2: Adelsindex

Alphabetischer Überblick zu den Adelsfamilien, deren Familiengeschichte im Buch kurz dargestellt wird. Die Ortsangabe verweist auf die Kurzdarstellung in der entsprechenden Gemeinde. So werden z.B. kurze Informationen zur Familie Adelmann von Adelmannsfelden als Einführung in die Gemeinde Adelmannsfelden gegeben.

Adelmann (von Adelmannsfelden): Gem. Adelmannsfeld
Adelsheim: Gem. Adelsheim
Aichelberg (Gf): Wendlingen
Altenklingen: s. Klingen
Andlaw (Andlau): Bellingen
Aschhausen: Schöntal
Baden (Frh.): Schliengen
Baden (Mgf.): Backnang, Baden-Baden, Badenweiler, Karlsruhe, Liebenzell
Baden-Baden: s. Baden
Baden-Durlach: s. Baden
Baden-Hachberg (Mgf): Emmendingen, Kandern, Lörrach, Schopfheim
Bärenfels: Grenzach-Wyhlen
Bemmelberg (Boyneburg): Erolzheim
Berg: Schelklingen
Berlichingen: Jagsthausen, Neckarzimmern
Bernerdin zu Pernthurm: Jettingen
Beroldingen: Umkirch
Berstett (auch Holzing-Berstett): Bollschweil
Bettendorff: Nußloch
Bissingen-Nippenburg: Schramberg
Bodman: Gem. Bodman-Ludw., Radolfzell
Böcklin von Böcklinsau: Rust
Bohlen und Halbach: Bruchsal
Bollschweil: siehe Snewlin
Bouwinghausen (von Wallmerode): Teinach-Zavelstein
Bubenhofen: Geislingen, Hettingen
Buchheim: siehe Stürzel
Buol-Berenberg: Mühlingen
Calw (Gf): Gem. Calw
Castell, Schenk von: Oberdischingen
Collenberg: siehe Rüdt
Cotta: Dotternhausen
Crailsheim: Gem. Crailsheim
Degenfeld: Geislingen, Salach, Schwäb. Gmünd
Degenfeld-Schonburg: Gemmingen
Dillen (Dillenius): Grafenau
Douglas: Gondelsheim
Dürn: Walldürn
Dusslingen: siehe Herter
Eberstein (Gf): Gernsbach
Echter von Mespelbrunn: Königheim
Ehrenberg: Rappenau
Eichtal: Leimen
Ellerbach: Erbach
Ellrichshausen: Möckmühl
Enzberg: Mühlheim, Mühlacker
Enzenberg: Mühlhausen-Ehingen
Ertingen, Leutrum von: Markgröningen
Eyb: Dörzbach
Falkenstein: Breisach, Kirchzarten
Freyberg: Allmendingen, Öpfingen
Frohberg (Montjoie): Erolzheim
Fürstenberg: Donaueschingen, Wolfach
Fugger: Illerkirchberg, Hüttlingen, Untergruppenbach
Gärtringen: Neuffen
Gaisberg: Weinstadt, Ditzingen
Gemmingen: Gem. Gemmingen, Tiefenbronn

Adelsindex

Geroldseck: Seelbach
Giebelstadt (Geyer, Zobel): Lauda
Göler von Ravensburg: Sulzfeld
Grävenitz: Freudental
Graneck (Granegg), Ifflinger von: Fridingen
Gültlingen: Altensteig
Güssen (von Güssenberg): Sontheim
Gundelfingen: Riedlingen, Münsingen
Habsburg: Rottenburg, Ehingen, Stockach
Hachberg: s. Baden-Hachberg
Hanau-Lichtenberg: Kehl
Handschuhsheim: Heidelberg
Hatzfeld: Niederstetten
Hausen: Stetten a.k.Markt
Helfenstein: Geislingen, Wiesensteig
Helmstatt: Helmstadt, Neckarbischofsheim
Herter (von Herteneck): Dusslingen
Hessen-Darmstadt: Kürnbach, Angelbachtal
Hirschhorn: Zwingenberg
Höfingen (Truchsess von): Leonberg
Hofer (von Lobenstein): s. Lobenstein
Hohenberg: Rottenburg, Fridingen, Dornhan
Hohenklingen: s. Klingen
Hohenlohe: Waldenburg, Weikersheim, Creglingen, Kupferzell, Schrozberg
Hohenstaufen: Göppingen, Schwäb. Gmünd, Wäschenbeuren
Hohenzollern (Zollern): Balingen, Haigerloch, Hechingen, Sigmaringen
Holtz, vom: Alfdorf
Holzing-Berstett: s. Berstett
Horkheim (von Horn): Gögglingen
Horn: s. Horkheim
Horneck von Hornberg bzw. Hochhausen: Haßmersheim
Hornstein: Bingen, Hilzingen

Hürnheim: Kenzingen
Humpis (Humpiß): Meckenbeuren
Hund von Wenkheim: s. Wenkheim
Ifflinger von Granegg: s. Graneck
Jungingen: Hohenfels
Kageneck: Herbolzheim
Kaltental: Remseck
Katzenelnbogen: Angelbachtal
Kechler (von Schwandorf): Haiterbach
Keller (von Schleitheim): Horb
Kirchberg (Gf): Illerkirchberg
Klingen (Hohenklingen, Altenklingen): Singen
Klingenberg: Singen
Kniestedt: Pliezhausen
Knöringen: Kreßberg
König (von Warthausen): Warthausen
Königsegg: Königseggwald, Aulendorf
Krafft: Bernstadt
Krautheim: Krautheim
Kurpfalz: s. Pfalz
Landau: Riedlingen
Lauffen: Gem. Lauffen
Leiningen: Mudau, Neudenau
Leuchtenberg: Grünsfeld
Leutrum von Ertingen: s. Ertingen
Lichtenberg: s. Hanau-Lichtenberg
Liebenstein: Neckarwestheim
Limpurg (Schenken von): Gaildorf, Obersontheim, Sulzbach-Laufen
Lobenstein (Hofer von): Fichtenau
Löwenstein: Gem. Löwenstein, Sulzbach
Lupfen: Talheim (TUT), Stühlingen
Magenheim: Cleebronn
Massenbach: Schwaigern
Meldegg: s. Reichlin
Mentzingen: Kraichtal
Metternich: Ochsenhausen
Minner: Aspach
Montfort: Tettnang, Langenargen
Montjoie: siehe Frohberg

Adelsindex

Mönch/Münch von Rosenberg: s. Rosenberg
Münch: Horb
Münchingen: Korntal
Nassau: Mahlberg
Neipperg: Brackenheim
Nellenburg: Stockach
Neuburg: s. Thumb von Neuburg
Neuffen: Gem. Neuffen
Neuhausen: Gem. Neuhausen (Fildern)
Neuneck: Glatten
Neveu de la Folie: Durbach
Nippenburg: Schramberg, Schwieberdingen
Nothaft (von Hohenberg): Remseck
Oberndorff: Edingen-Neckarhausen
Öttingen: Bopfingen
Ow: Starzach
Palm: Balzheim
Pappenheim: Engen
Pfalz = Kurpfalz: Bretten, Heidelberg, Ilvesheim, Mosbach, Siegelsbach, Weinheim.
Pfalz-Mosbach: Mosbach
Pfalz-Neuburg: Heidenheim
Pfirt: (Bad) Krozingen
Plieningen: Steinheim
Podewils: Dornhan
Prassberg (Vogt von Summerau und Praßberg): Wangen
Racknitz (Ragnitz): Rappenau
Raitenau: Orsingen-Nenzingen
Raugrafen: Gemmingen
Ravensburg: s. Göler von Ravensburg
Rechberg: Donzdorf, Rechberghausen, Schwäbisch Gmünd
Reich (von Reichenstein): Inzlingen
Reichlin (von Meldegg): Owingen
Reischach: Eberdingen
Reuttner (von Weyl, Wyl, Weil): Achstetten
Riaucour: Binau
Riedern (Ridern): Königheim

Rieneck: Grünsfeld
Rodt: Schwendi
Roeder (von Diersburg): Kappelrodeck, Hohberg
Rötteln: Lörrach
Roggenbach: Bonndorf
Rosenberg (Münch/Mönch von): Rosenberg
Rosenberg: Boxberg, Rosenberg
Rost: Mühlhausen-Ehingen
Rotberg: Bellingen, Efringen-Kirchen
Roth von Schreckenstein: Owingen
Rüdt (von Collenberg): Buchen
Sachsenheim: Gem. Sachsenheim
Saint André: Königsbach-Stein
Salm-Reifferscheid: Krautheim
Schad (von Mittelbiberach): Mittelbiberach
Schaesberg: Tannheim
Schauenburg: Oberkirch
Schellenberg: Hüfingen
Schenk von Stauffenberg: s. Stauffenberg
Schertlin (von Burtenbach): Freiberg
Schilling (von Canstatt): Lenningen
Schleitheim: s. Keller von
Schmalegg: s. Winterstetten
Schnewlin: s. Snewlin
Schönau: Schwörstadt, Wehr
Schönborn: Schönborn
Schöner: s. Straubenhardt
Schonburg (Schönburg, Schomberg): s. Degenfeld-Schonburg
Schreckenstein: s. Roth von
Schüpf (Schenken von): s. Limpurg
Schwarzenberg (Hr.): Waldkirch
Schwarzenberg (Gf., Fürsten): Wallhausen
Schwendi: Ehrenkirchen, Schwendi
Seckendorff: Satteldorf
Senft (von Suhlburg): Untermünkheim
Sickingen: Oberderdingen

Adelsindex

Snewlin (Snewelin, Schnewlin, Schneulin): Bollschweil, Teningen
Speth (Späth, Spät): Gammertingen, Neufra
Stadion: Oberstadion, Warthausen
Stain/Stein (zum Rechtenstein): Rechtenstein, Neuhausen (PF)
Staufen: Staufen
Stauffenberg, Schenk von: Albstadt, Langenenslingen
Stein (zum Rechtenstein): s. Stain
Stein (von Steinegg): Neuhausen (PF)
Sternenfels: Zaberfeld
Stetten: Künzelsau
Stotzingen: Steißlingen
Straubenhardt, Schöner von: Gem. Straubenhardt
Stürzel (von Buchheim): March
Sturmfeder: Oppenweiler
Sulz: Sulz
Summerau: s. Prassberg
Teck: Owen
Tengen: Tengen
Thumb (von Neuburg): Köngen, Wendlingen
Thurn und Taxis: Dischingen
Tübingen: Gem. Tübingen, Kenzingen
Überbrück (von Rodenstein): Mühlhausen
Üsenberg: Endingen
Uissigheim: Külsheim
Ulm (zu Erbach): Gem. Erbach
Urach: Gem. Urach
Urslingen, Herzöge von: Dietingen
Vaihingen: Gem. Vaihingen
Varnbühler: Hemmingen
Vellberg: Gem. Vellberg
Venningen: Neidenstein
Waldburg, Truchsess von: Waldburg, Waldsee, Wolfegg
Wartenberg: Geisingen
Weiler: Obersulm
Welden: Laupheim

Wenkheim, Hund von: Werbach
Werdenberg: Trochtelfingen
Wernau: Gem. Wernau
Wertheim: Gem Wertheim, Hardheim
Wessenberg-Ampringen: Hartheim
Winterstetten, Schenken von: Ingoldingen, Auenwald
Wiser: Hirschberg
Woellwarth: Essingen
Württemberg: Balingen, Bietigheim, Freudenstadt, Heidenheim, Nürtingen, Schorndorf, Tübingen, Tuttlingen, Urach, Weil der Stadt
Württemberg-Neuenstadt: Neuenstadt
Württemberg-Weiltingen: Sontheim
Württemberg-Winnental: Winnenden
Wunnenstein: Beilstein
Zähringen: St. Peter, Freiburg
Zeppelin: Friedrichshafen
Zillenhardt: Dürnau
Zimmern: Epfendorf, Messkirch
Zobel: (s. Giebelstadt)
Zollern: (s. Hohenzollern)
Züllenhardt/Zyllenhardt: s. Zillenhardt

Literaturempfehlung

Auf Literaturhinweise zu den einzelnen Gemeinden und Objekten wurde verzichtet. Statt dessen sei aufs Internet verwiesen, wo sich inzwischen jede Gemeinde präsentiert. Hier sind auch häufig Hinweise auf Veröffentlichungen zur Ortsgeschichte zu finden. Bei der Recherche zu Adelsgeschlechtern wiederum ist Wikipedia sehr hilfreich.

Meine Literaturempfehlung beschränkt sich auf eine themenbezogene Auswahl:

a) Überblickswerke:
Handbuch der Historischen Stätten Deutschlands. Band 6, Baden-Württemberg. Stuttgart: Krönerverlag
Köbler, G.: Historisches Lexikon der deutschen Länder. München: C.H.Beck-Verlag
Kommission für geschichtliche Landeskunde: Handbuch der Baden-Württembergischen Geschichte. Bd. 2: Die Territorien im Alten Reich. Stuttgart: Klett-Cotta, 1995
Dehio: Handbuch der Deutschen Kunstdenkmäler. Baden-Württemberg in 2 Bänden (je 2 Regierungsbezirke in einem Band). Berlin: Deutscher Kunstverlag. Im Stuttgarter Theissverlag sind unter dem Titel „Kunst- und Kulturdenkmale....." die einzelnen Landkreise mit ihren jeweiligen Gemeinden dargestellt. Die Bände gibt es für die Landkreise AA, BB, BL, ES, HN, LB, PF, RA (mit BAD), RT, SHA, UL und WN. Einige Bände sind nur noch antiquarisch zu erhalten.
Dazu ein Tipp: Unter www.zvab.com (Zentralverzeichnis Antiquarischer Bücher) werden vergriffene Bücher deutschlandweit angeboten

b) Schlösser in den verschiedenen Regionen:
Blümcke, M.: Schlösser in Oberschwaben. Tübingen: Silberburg-Verlag, 2008
Fecker, H.: Stuttgart. Die Schlösser und ihre Gärten. Stuttgart: Steinkopf-Verlag, 1992
Gradmann, W.: Burgen und Schlösser in Hohenlohe. Stuttgart: DRW-Verlag, 1982
Gräter, C.: Burgen (in Tauberland, Mainfranken, Hohenlohe). Tauberbischofsheim: Frankonia, 2001
Gräter, C., Lusin, J.: Burgen in Hohenlohe. Tübingen: Silberburgverlag, 2009
Kress, W.: Burgen und Schlösser am Neckar (von Esslingen bis zur Mündung). Stuttgart: DRW-Verlag, 1991.
Losse, M., Noll, H.: Burgen, Schlösser, Festungen im Hegau. Singen: Greuter-Verlag, 2001
Ludwigsburger Kreiszeitung: Burgen und Schlösser im Kreis Ludwigsburg. 1981
Merten, K.: Schlösser in Baden-Württemberg. München: C.H.Beck-Verlag, 1987

Literaturempfehlung

Riehl, H.: Burgen und Schlösser im Kraichgau. Ubstadt-Weiher: Verlag regiokultur, 1997.
Schmitt, G.: Schlösser und Burgen am Bodensee. Biberach: Biberacher Verlagsdruckerei. Band I (Westteil), 1998; Band II (Nord-Ostteil), 2001
Schmitt, G.: Burgen, Schlösser und Ruinen im Zollernalbkreis. Ostfildern: Thorbecke-Verlag, 2007
Zu den Burgen in verschiedenen Regionen hat J. Zeune im Theissverlag die Reihe „Theiss-Burgenführer" heraus gebracht. Darin werden auch viele Schlösser dargestellt.

c) Werke zur Reichsritterschaft
Generell zur Reichsritterschaft:
Kollmer, G.: Die schwäbische Reichsritterschaft zwischen Westfälischem Frieden und Reichsdeputationshauptschluss. Stuttgart: Müller & Gräff, 1979.
Stetten, W. von: Die Rechtstellung der unmittelbaren freien Reichsritterschaft. Reihe „Forschungen aus Württembergisch Franken", Bd. 8, 1973. Schwäbisch Hall: Stadtarchiv

Zu einzelnen Kantonen:
Hellstern, D.: Der Ritterkanton Neckar-Schwarzwald. Tübingen: Stadtarchiv, Bd.5, 1971
Neumaier, H.: Reformation und Gegenreformation im Bauland unter besonderer Berücksichtigung der Ritterschaft. Reihe „Forschungen aus Württembergisch Franken", Band 13. Würzburg: Böhlerverlag, 1978
Neumaier, H.: „Daß wir kein anderes Haupt……" Der Ort Odenwald der fränkischen Reichsritterschaft. Stuttgart: Kohlhammer, 2005
Rehm, C, Krimm, K.: Zwischen Fürsten und Bauern – Reichsritterschaft im Kraichgau. Sinsheim: Heimatverein Kraichgau, 1993
Rhein, St.: Die Kraichgauer Ritterschaft in der frühen Neuzeit. Ostfildern: Thorbecke-Verlag, 1993
Schulz, Th.: Der Kanton Kocher der schwäbischen Reichsritterschaft 1542-1805. Esslinger Studien, Bd. 7, 1986. Esslingen: Stadtarchiv

d) Kirchenführer
Aufgrund der vielen Adelsgrabdenkmäler in Kirchen wird hier auf schriftliche Kirchenführer hingewiesen. Führer für einzelne Kirche bieten mitunter gute Hintergrundinformationen zum örtlichen Adel bzw. erklären die Epitaphien. Vor allem zwei Verlage haben sich auf Kirchenführer spezialisiert: Schnell & Steiner in München sowie der Kunstverlag Josef Finck in Lindenberg.
Zudem gibt es Kirchenführer für einzelne evang. Dekanate in Württemberg. Hierin wird jede Kirche des Dekanats mehr oder weniger ausführlich (mit Bild) beschrieben. Mir liegen Bände von folgenden Dekanaten vor: Besigheim, Balingen, Brackenheim (verfasst vom Zabergäuverein), Crailsheim, Heilbronn, Tübingen, Weikersheim, Weinsberg. Für den Landkreis Böblingen werden kath. und evang. Kirchen gemeinsam beschrieben.

Ortsindex

Achtung: bei Verweisen in Klammern wurde der Ort einer anderen Gemeinde zugeordnet. So wird z.B. Aach unter Freudenstadt behandelt, ist jedoch OT der selbstständigen Gemeinde Dornstetten (vergleiche. S. 150).

A

Aach	(zu Freudenstadt) 150
Aalen	14
Abstatt	(zu Beilstein), 51
Abtsgmünd	15,17
Achberg	17
Achstetten	18
Adelmannsfelden	18
Adelsheim	19
Adelshofen	Eppingen, 129
Adelstetten	Alfdorf, 25
Adolzfurt	(zu Pfedelbach) 399
Affaltrach	Obersulm, 382
Affalterbach	(zu Ludwigsburg) 313
Ahorn	20
Aichstetten	21
Aidlingen	22
Ailringen	Mulfingen, 343
Albeck	Langenau, 284
Albeck (Burg)	Sulz, 506
Alberweiler	Schemmerhofen, 448
Albstadt	23
Aldingen	Remseck, 418
Alfdorf	24
Allensbach	25
Allmendingen	27
Alpirsbach	28
Altburg (CW)	Calw, 87
Altdorf (OG)	Ettenheim, 138
Altdorf (RV)	Weingarten, 570, 571
Altdorf (BB)	(zu Holzgerlingen) 224
Alteberstein (Burg)	Baden-Baden, 45
Altensteig	29
Althausen	Mergentheim, 327
Altheim (BC)	31
Altheim (Alb)	30
Altheim	(zu Allmendingen), 27
Altkrautheim	Krautheim, 274
Altmannshofen	Aichstetten, 21
Altshausen	32
Altsimonswald	(zu Waldkirch) 557
Alttann	Wolfegg, 595
Altwiesloch	Wiesloch, 588
Amalienberg (Hofgut)	Gaggenau, 159
Amlishagen	Gerabronn, 171
Ammerbuch	33
Amrichshausen	Künzelsau, 279
Amtenhausen (Kloster)	Immendingen, 233
Amtzell	35
Angelbachtal	35
Angelthürn	Boxberg, 71
Anhausen	Hayingen, 196
Anhausen (Kloster)	Herbrechtingen, 213
Anhauser Mauer	Satteldorf, 443
Appenweier	(zu Offenburg) 392
Archshofen	Creglingen, 91
Argenbühl	37
Arnegg	Blaustein, 61
Aschhausen	Schöntal, 454
Aspach	38
Asperg	(zu Ludwigsburg) 313
Asselfingen	(zu Langenau), 285
Assumstadt (Schloss)	Möckmühl, 332
Aubach (Schloss)	(zu Bühl) 84
Auenwald	39
Aufhausen	Bopfingen, 68
Aulendorf	40
Aulfingen	Geisingen, 165

B

Babstadt	Bad Rappenau, 408
Bachzimmern	Immendingen, 232
Backnang	42
Bad: s. jeweilige Gemeinde (z. B. Bad Buchau = Buchau)	
Baden-Baden	43
Badenweiler	46
Bächlingen	Langenburg, 287
Bärenweiler	Kißlegg, 261
Baisingen	Rottenburg, 432
Baldern	Bopfingen, 67
Balgheim	47
Balingen	48
Ballenberg	Ravenstein, 414
Ballmertshofen	Dischingen, 95
Balzheim	49
Bambach	Bad Bellingen, 52
Bartenstein	Schrozberg, 459
Bauschlott	Neulingen, 363
Bebenhausen	Tübingen, 526
Beihingen	Freiberg, 144
Beilstein	50

619

Ortsindex

Bellingen (Bad)	51
Bemberg	Rot am See, 429
Bempflingen	(zu Neckartenzlingen) 350
Benzenhofen (Schloss) (zu Weingarten)	572
Berau	(zu Grafenhausen) 183
Berg	(zu Weingarten), 572
Bergenweiler	Sontheim, 486
Bergfelden	Sulz, 508
Berghaupten	(zu Gengenbach) 171
Berkheim	(zu Erolzheim) 515
Berlichingen	Schöntal, 453
Berneck	Altensteig, 29
Bernhardsweiler	Fichtenau, 141
Bernhausen	(zu Ostfildern) 396
Bernstadt	53
Besigheim	53
Betenbrunn	Heiligenberg, 207
Bettenhausen	Dornhan, 103
Bettenreute (Schloss)	Fronreute, 158
Bettmaringen	Stühlingen, 501
Beuggen (Schloss)	Rheinfelden, 420
Beuren	Singen, 481
Beuron	55
Beutelsbach	Weinstadt, 576
Biberach	Heilbronn, 206
Biberach/Riß	(zu Mittelbiberach) 331
Bichishausen	Münsingen, 342
Bickenreute (Hofgut)	Kirchzarten, 260
Biengen	Bad Krozingen, 276
Bieringen	Schöntal, 454
Bieringen	Rottenburg, 431
Bierlingen	Starzach, 488
Bietingen	Gottmadingen, 181
Bietigheim	56
Billafingen	Owingen, 398
Billigheim	(zu Neudenau) 355
Binau	57
Bingen	58
Binningen	Hilzingen, 217
Birkenauer Hof	Sinsheim, 484
Bittelbrunn	Engen, 127
Bittenfeld	(zu Remseck) 420
Bläsiberg (Schloss)	Tübingen, 528
Blansingen	Efringen-Kirchen, 112
Blaubeuren	59
Blaustein	60
Bleichheim	Herbolzheim, 212
Blumenfeld	Tengen, 518
Bodelshofen	Wendlingen, 578
Bodman	62
Bodnegg	(zu Waldburg) 553
Böbingen	(zu Heubach) 215
Böblingen	(zu Ehningen) 118
Böckingen	Heilbronn, 206
Bödigheim	Buchen, 81
Böfingen	Ulm, 533
Böhringen	Radolfzell, 405
Bönnigheim	63
Bösenlustnau	Wört, 593
Börstingen	Starzach, 489
Bötzingen	(zu March) 319
Bohlingen	Singen, 482
Bollschweil	65
Bonfeld	Bad Rappenau, 407
Bonlanden	(zu Erolzheim) 515
Bonlanden	(zu Ostfildern) 396
Bonndorf	66
Bopfingen	67
Boxberg	69
Brackenheim	71
Brandenburg (Schloss)	(zu Balzheim) 50
Bräunlingen	(zu Hüfingen) 230
Brauneck (Burg)	Creglingen, 90
Braunsbach	73
Breisach	74
Breitenau (Hofgut)	Hardheim, 192
Brenz	Sontheim, 486
Brettach	Langenbrettach, 286
Bretten	75
Brochenzell	Meckenbeuren, 322
Brombach	Lörrach, 309
Bronnen (Schloss)	Fridingen, 152
Bronnbach	Wertheim, 583
Bruchhausen	(zu Schwetzingen) 471
Bruchsal	77
Buch	Ahorn, 21
(Bad) Buchau	79
Buchen	80
Buchenauer Hof	Sinsheim, 484
Buchenbach	Mulfingen, 344
Buchheim	March, 318
Buchholz	Waldkirch, 556
Bühl	Tübingen, 528
Bühl (Klettgau)	(zu Küssaberg) 281
Bühl	83
Bühlerhöhe (Schloss)	83
Bühlingen	Rottweil, 434
Bürg	Neuenstadt, 357
Bürg	Winnenden, 591
Bühlerhöhe (Hotel)	Bühl, 83
Bürgeln (Schloss)	Schliengen, 450
Büsingen	84
Büsslingen	Tengen, 519
Burgberg	Giengen, 174

Ortsindex

Burgberg (Burg) (zu Villingen-Schwenningen)	547
Burgfelden	Albstadt, 24
Burkheim	Vogtsburg, 547
Burleswagen (Schloss)	Satteldorf, 443
Bussen (Berg)	Uttenweiler, 542
Bußmannshausen	Schwendi, 469
Buttenhausen	Münsingen, 342

C

Calw	85
Cannstatt (Bad)	Stuttgart, 504
Cappel	Öhringen, 389
Christophstal	Freudenstadt, 150
Cleebronn	87
Comburg	Schwäbisch Hall, 464
Crailsheim	88
Creglingen	89

D

Dachswangen (Hofgut)	Umkirch, 535
Dätzingen	Grafenau, 182
Daisbach	Waibstadt, 551
Dallau	Elztal, 123
Dambach	(zu Tannhausen) 514
Dauchstein (Burg)	Binau, 58
Dauenberg (Hofgut)	Eigeltingen, 120
Dautenstein (Schloss)	Seelbach, 475
Degenfeld	Schwäb. Gmünd, 463
Degerfelden	Rheinfelden, 421
Degernau	Ingoldingen, 238
Degmarn	Oedheim, 386
Deißlingen	(zu Rottweil) 434
Dellmensingen	Erbach, 131
Denkendorf	(zu Neuhausen) 362
Derneck (Burg)	Hayingen, 196
Dettensee	Horb, 225
Dettingen an der Erms	92
Dettingen	Horb, 224
Dettingen	Konstanz, 267
Dettlingen	Horb, 225
Deufringen	Aidlingen, 22
Diedelsheim	Bretten, 76
Diersburg	Hohberg, 220
Dießen	Horb, 225
Diessenhofen (Schweiz)	(zu Gailingen) 162
Dietenheim	(zu Balzheim), 50
Dietfurt	(zu Sigmaringen) 478
Dietingen	93
Dillweissenstein	Pforzheim, 400
Dilsberg	Neckargemünd, 348
Dischingen	94
Distelhausen	Tauberbischofsheim, 516
Ditzingen	96
Dörzbach	98
Döttingen	Braunsbach, 74
Domeneck (Schloss)	Möckmühl, 332
Donaueschingen	99
Donzdorf	101
Dornhan	102, 103
Dornstetten	(zu Freudenstadt) 150
Dotternhausen	103
Dürmentingen	105
Dürnau	105
Dürrenwaldstetten	Langenenslingen, 289
Dürrmenz	Mühlacker, 335
Dunstelkingen	Dischingen, 96
Durbach	106
Durlach	Karlsruhe, 247
Dusslingen	108
Duttenberg	Bad Friedrichshall, 156
Duttenstein (Schloss)	Dischingen, 95

E

Eberbach	(zu Zwingenberg) 606
Eberdingen	108, 109
Eberhardzell	(zu Ummendorf) 536
Ebersberg	Auenwald, 40
Eberstadt	Buchen, 81
Eberstein (Schloss)	Gernsbach, 172
Ebersteinburg	Baden-Baden, 45
Ebingen	Albstadt, 24
Ebnet	Freiburg, 148
Ebringen	110
Edelbeuren	Erolzheim, 132
Edingen	Edingen 111
Efrizweiler	Friedrichshafen 155
Efringen-Kirchen	112
Egelstal (Gutshof)	Horb, 227
Eglingen	Dischingen, 95
Eglingen	(zu Gomadingen) 178
Egringen	Efringen-Kirchen, 113
Ehestetten	Hayingen, 197
Ehingen	113, 114
Ehingen	Mühlhausen-Ehingen, 338
Ehner-Fahrnau (Schloss)	Schopfheim, 455
Ehningen	116
Ehrenberg (Burg)	Bad Rappenau, 406
Ehrenfels (Schloss)	Hayingen, 197
Ehrenkirchen	118
Ehrstädt	Sinsheim, 485
Eichel	Wertheim, 582
Eichen	Schopfheim, 456
Eichtersheim	Angelbachtal, 36

621

Ortsindex

Eigeltingen	119
Eimeldingen (zu Efringen-Kirchen)	113
Einsiedel (Schloss) Kirchentellinsfurt,	256
Eislingen	120
Ellmannsweiler(zu Gutenzell-Hürbel)	188
Ellrichshausen Satteldorf,	444
Ellwangen	121
Eltershofen Schwäbisch Hall,	465
Elzach (zu Waldkirch)	557
Elztal	122
Emerkingen (zu Oberstadion)	379
Emmendingen	123
Emmingen (zu Engen)	127
Endingen am Kaiserstuhl	124
Engelberg Winterbach,	592
Engen	126
Entenburg (Burg) Donaueschingen,	100
Entenstein (Schloss)	Schliengen
Entringen Ammerbuch,	34
Enzberg Mühlacker,	335
Epfendorf	128
Eppingen	129
Erbach	130
Erbstetten Ehingen,	116
Erkenbrechtshausen Crailsheim,	89
Ernsbach Forchtenberg,	142
Erolzheim	131, 132
Eschbach	132, 133
Eschelbach Sinsheim,	484
Eschelbronn (zu Zuzenhausen)	604
Eschenau Obersulm,	381
Espasingen Stockach,	498
Essingen	133, 134
Esslingen	134, 135
Ettenheim	137
Ettenheimmünster	137
Ettlingen	138
Eubigheim Ahorn,	21
Eulenhof (Schloss) Sinsheim,	485
Eulschirben (Mühle) Werbach,	579
Ewattingen Wutach,	599
Eybach Geislingen,	166

F

Fachsenfeld Aalen,	14
Fahrnau Schopfheim,	455
Falkenstein(Burg) (zuHerbrechtingen)	213
Favorite (Schloss) Rastatt,	410
Favorite (Schloss) Ludwigsburg,	312
Feldkirch Hartheim,	193
Fellbach	139
Felldorf Starzach,	488

Fessenbach Offenburg,	392
Fichtenau	140
Filseck (Schloss) Uhingen,	531
Finsterlohr Creglingen,	91
Fischingen (zu Efringen-Kirchen)	113
Flehingen Oberderdingen,	372
Flochberg (Burg) Bopfingen,	68
Forchtenberg	142
Frankenbach Heilbronn,	206
Frankenhardt	143
Frauenalb (zu Ettlingen)	139
Frauenzimmern (zu Brackenheim),	73
Freiberg	144
Freiburg	146
Freudenberg (zu Wertheim)	584
Freudenstadt	150
Freudental	151
Freudental Allensbach,	26
Fridingen	152
Friedingen Singen,	481
Friedenweiler	153
Friedrichshafen	154
Friedrichshall (Bad)	155
Friedrichsruhe(Schloss) (zuÖhringen)	389
Friesenheim	157
Frommenhausen Rottenburg,	431
Fronhofen Fronreute,	158
Fronreute	158
Fürfeld Bad Rappenau,	407

G

Gärtringen (zu Aidlingen),	23
Gaggenau	159
Gaienhofen	160
Gaildorf	161
Gailingen	162
Gaisbach Oberkirch,	374
Gaisbeuren Bad Waldsee,	558
Gamburg Werbach,	579
Gamerschwang Ehingen,	115
Gammesfeld (zu Rot am See),	429
Gammertingen	163
Garnberg Künzelsau,	278
Gauangelloch Leimen,	299
Gebrazhofen Leutkirch,	305
Geisingen (Baar)	164
Geisingen Freiberg,	145
Geislingen (Steige)	165, 166
Geislingen (BL)	167
Gemmingen	168
Gengenbach	170
Georgenau (Hofgut) Bad Liebenzell,	307

622

Ortsindex

Gerabronn	171
Gerlachsheim	Lauda-Königshofen, 291
Gernsbach	172
Giengen	174
Gießen (Burg)	(zu Langenargen) 284
Gissigheim	Königheim, 262
Glatt	Sulz, 507
Glatten	174
Gleichen (Burg)	Pfedelbach, 399
Gochsheim	Kraichtal, 270
Göggingen	175
Göppingen	176
Goldbach	Crailsheim, 89
Gomadingen	177
Gomaringen	178
Gommersdorf	Krautheim, 274
Gondelsheim	179
Gottesaue (Schloss)	Karlsruhe, 247
Gottmadingen	180
Grafenau	181
Grafeneck (Schloss)	Gomadingen, 177
Grafenhausen	182
Granheim	Ehingen, 116
Grenzach	Grenzach 183
Griesheim	Offenburg, 392
Gröbern (Burg)	Zell, 602
Gröningen	Satteldorf, 444
Grötzingen	Karlsruhe, 247
Grombach	Bad Rappenau, 408
Großaspach	Aspach, 39
Großbottwar	184
Großeicholzheim	Seckach, 473
Großeislingen	Eislingen, 121
Großheppach	Weinstadt, 575
Großrinderfeld	(zu Grünsfeld) 186
Großsachsenheim	Sachsenheim, 436
Grüningen	Riedlingen, 423
Grünsfeld	185
Grundsheim	(zu Oberstadion) 379
Gruol	Haigerloch, 190
Güglingen	(zu Brackenheim) 72
Gündringen	Nagold, 346
Güttingen	Radolfzell, 404
Gundelfingen	Münsingen, 342
Gundelsheim	186
Gutenstein	Sigmaringen, 478
Gutenzell	187
Gutmadingen	Geisingen, 165
Gurtweil	Waldshut-Tiengen, 561
Guttenbach	(zu Schwarzach) 468
Guttenberg (Burg)	Haßmersheim, 194

H

Hachberg (Burg)	Emmendingen, 124
Hagenbacher Hof	Rheinfelden, 421
Hagenschieß	Tiefenbronn, 522
Hagnau	188
Haidgau	Wurzach, 598
Haigerloch	189
Hailfingen	Rottenburg, 432
Hainstadt	Buchen, 82
Haisterkirch	Bad Waldsee, 558
Haiterbach	190
Halsberg (Hofgut)	455
Haltenbergstetten (Schloss)	Niederstetten, 366
Hammetweil (Hofgut)	Neckartenzlingen, 350
Handschuhsheim	Heidelberg, 201
Hardheim	191
Harteneck (Schloss)	Ludwigsburg, 313
Harthausen	Epfendorf, 128
Harthausen (Scheer)	(zu Straßberg) 499
Hartheim	192
Haslach	(zu Wolfach) 594
Haslach	Rot an der Rot, 428
Haßmersheim	193
Hatzenturm (Burg)	(zu Fronreute)
Haubersbronn	Schorndorf, 456
Hausach	(zu Wolfach) 594
Hausen	Oberrot, 377
Hausen am Tann	(zu Dotternhausen) 104
Hausen im Tal	Beuron, 56
Hausen ob Verena	195
Hausen vor Wald	Hüfingen 229
Hayingen	195
Hebsack	(zu Winterbach) 592
Hechingen	197
Hecklingen	Kenzingen, 250
Hegne	Allensbach, 25
Heidelberg	199, 200
Heidenheim	202
Heilbronn	204
Heiligenberg	207
Heiligenzell	Friesenheim, 157
Heiligkreuztal	Altheim, 31
Heilsberg (Burg)	Gottmadingen, 180
Heimbach	Teningen, 520
Heimerdingen	Ditzingen, 98
Heimsheim	208
Heinrichsburg (Schloss)	(zu Ummendorf) 537
Heinsheim	Bad Rappenau, 406
Heitersheim	209

623

Ortsindex

Helfenberg (Burg)	(zu Beilstein), 51
Helfenstein (Burg)	Geislingen, 165
Hellenstein (Schloss)	Heidenheim, 202
Helmstadt	Helmstadt 210
Hemmendorf	Rottenburg, 432
Hemmingen	210
Hemsbach	(zu Weinheim) 573
Herbolzheim	Neudenau, 355
Herbolzheim	211, 212
Herbrechtingen	212
Herdwangen	(zu Owingen) 398
Hermersberg (Schloss)	Niederhall, 364
Herrenalb	(zu Ettlingen) 139
Herrenzimmern	(zu Epfendorf) 128
Herrlingen	Blaustein, 60
Hersberg (Schloss)	Immenstaad, 234
Herteneck (Schloss)	Ludwigsburg
Hettigenbeuren	Buchen, 82
Hettingen	214
Heubach	215
Heuchlingen	(zu Göggingen) 176
Heuchlingen (Schloss)	Bad Friedrichshall, 156
Heudorf am Bussen	Dürmentingen, 105
Heutingsheim	Freiberg, 145
Hilgartshausen	Rot am See, 429
Hilsbach	Sinsheim, 484
Hilzingen	216
Hindelwangen	497
Hipfelhof (Hofgut)	Heilbronn, 206
Hirrlingen	218
Hirsau	Calw, 86
Hirschberg	219
Hochberg	Remseck, 419
Hochburg (Burg)	Emmendingen, 124
Hochdorf am Neckar	Remseck, 419
Hochdorf a.d. Enz	Eberdingen, 109
Hochhausen	Haßmersheim, 194
Hochmauren (Hofgut)	Rottweil, 433
Hochstatter Hof	Dischingen, 96
Höfen	Winnenden, 591
Höfingen	Leonberg, 302
Höpfigheim	Steinheim, 493
Hörden	Gaggenau, 159
Hofen	Stuttgart, 506
Hofen	Aalen, 14
Hofen	Friedrichshafen, 154
Hoffenheim	Sinsheim, 484
Hofweier	Hohberg, 220
Hohberg	220
Hohebach	Dörzbach, 98
Hohenasperg	(zu Ludwigsburg) 313
Hohenbodman (Burg)	Owingen, 398
Hoheneck	Ludwigsburg, 313
Hohenentringen (Burg)	Ammerbuch, 34
Hohenfels	221
Hohengeroldseck (Burg)	Seelbach, 475
Hohenhardt (Burg)	Wiesloch, 588
Hohenhaslach	Sachsenheim, 437
Hohenheim	Stuttgart, 504
Hohenkarpfen (Burg)	Hausen ob Verena, 195
Hohenkrähen (Burg)	(zu Mühlhausen-Ehingen) 338
Hohenlupfen (Schloss)	Stühlingen, 501
Hohenneuffen (Burg)	Neuffen, 360
Hohenroden	Essingen, 134
Hohenstadt	Abtsgmünd, 16
Hohenstaufen	Göppingen, 176
Hohenstein	Bönnigheim, 64
Hohenstein (Hofgut)	Blaustein, 61
Hohenstein (Schloss)	Dietingen, 93
Hohenstoffeln (Burg)	Hilzingen, 217
Hohentengen am Rhein	221
Hohentwiel (Burg)	Singen, 480
Hohenwettersbach	Karlsruhe, 248
Hohenzollern (Burg)	(zu Hechingen) 198
Hohrainhof	Talheim (HN), 513
Hollenbach	Mulfingen, 344
Holzgerlingen	223
Holzhausen	March, 318
Homburg (Burg)	Radolfzell, 404
Honburg (Festung)	Tuttlingen, 529
Honhardt	Frankenhardt, 143
Honstetten	Eigeltingen, 119
Hopfau	Sulz, 507
Horb	224, 227
Horkheim	Heilbronn, 206
Horn	Göggingen, 175
Horn	Gaienhofen, 160
Horn (Schloss)	Ummendorf, 536
Hornberg	227
Hornberg	Kirchberg, 255
Hornberg (Burg)	Altensteig, 30
Hornberg (Burg)	Neckarzimmern, 352
Horneck (Schloss)	Gundelsheim, 186
Hornstaad (Schloss)	Gaienhofen, 161
Hornstein	Bingen, 58
Horrheim	Vaihingen, 544
Hüfingen	228
Hürbel	Gutenzell-Hürbel, 187
Hüttlingen	230
Hugstetten	March, 318
Hundersingen	Münsingen, 342

Ortsindex

I

Iggingen	(zu Leinzell)	301
Illerkirchberg		231
Ilmspan	(zu Grünsfeld)	186
Ilvesheim		232
Immendingen		232
Immenstaad		234
Imnau (Bad)	Haigerloch,	190
Indelhausen	Hayingen,	196
Ingelfingen		235
Ingersheim		236
Ingoldingen		237
Inzigkofen	(zu Sigmaringen)	478
Inzlingen		238
Ippingen	Immendingen,	233
Irslingen	Dietingen,	93
Isny		239
Istein	Efringen-Kirchen,	112
Ittendorf	Markdorf,	320
Ittlingen	(zu Gemmingen)	169

J

Jagstberg	Mulfingen,	343
Jagsthausen		240
Jagstheim	Crailsheim,	89
Jebenhausen	Göppingen,	177
Jestetten		241
Jesuitenschlössle	Merzhausen,	328
Jettingen		242
Jölingen	(zu Bretten)	76
Josefslust (Schloss)	Sigmaringen,	477
Jungnau	Sigmaringen,	478
Justingen (Burg)	Schelklingen,	447

K

Kaiserstuhl im Aargau		
	(zu Hohentengen)	222
Kallenberg (Burg)	Fridingen,	153
Kaltenbronn	Gernsbach,	173
Kaltenburg (Burg)	Niederstotzingen,	368
Kalteneck (Burg)	Holzgerlingen,	223
Kaltenstein (Schloss)	Vaihingen,	543
Kandern		243
Kanzach	(zu Buchau)	80
Kapfenburg (Schloss)	Lauchheim,	289
Kappelrodeck		244
Kappelwindeck	Bühl,	84
Kargegg (Burg)	Allensbach,	26
Karlsdorf	(zu Bruchsal)	78
Karlsruhe		245, 246
Katharinenhof (Schloss)	Backnang,	42
Katharinenplaisir (Hofgut)	Cleebronn,	88
Kattenhorn (Schloss)	Öhningen,	387
Katzenstein	Dischingen,	96
Kehl		248
Kenzingen		249, 251
Kerkingen	Bopfingen,	67
Kernen		251
Kiechlinsbergen	Endingen,	125
Kilchberg	Tübingen,	527
Kippenheim		253
Kirchberg (Kloster)	Sulz,	508
Kirchberg an der Jagst		254
Kirchberg (Schloss)	Immenstaad,	234
Kirchbierlingen	Ehingen,	115
Kirchen	Ehingen,	116
Kirchensall	Neuenstein,	359
Kirchentellinsfurt		255, 256
Kirchhausen	Heilbronn,	205
Kirchheim am Ries		256
Kirchheim am Neckar	(zu Bönnigheim)	65
Kirchheim unter Teck		257, 258
Kirchhofen	Ehrenkirchen,	118
Kirchzarten		259
Kirnburg (Burg)	Herbolzheim,	212
Kislau (Schloss)	Bad Schönborn,	452
Kißlegg		260
Kleinbottwar	Steinheim,	492
Kleineicholzheim	(zu Seckach)	474
Kleingartach	Eppingen,	129
Kleinglattbach	Vaihingen,	544
Kleiningersheim	Ingersheim,	236
Kleinkems	Efringen-Kirchen,	113
Kleinsachsenheim	Sachsenheim,	437
Kleintobel-Burg	(zu Weingarten)	572
Klepsau	Krautheim,	274
Klingenberg	Heilbronn,	206
Klingenstein	Blaustein,	61
Kluftern	Friedrichshafen,	155
Kochendorf	Bad Friedrichshall,	155
Kocherstetten	Künzelsau,	278
Kochertürn	Neuenstadt,	358
Köndringen	Teningen,	520
Köngen		261
Königheim		262
Königsbach		263
Königsbronn		264
Königseggwald		265
Königshofen	Lauda-Königshofen,	292
Konstanz		265, 266
Konzenberg (Burg)	Wurmlingen,	597
Kork	Kehl,	249
Korntal		268
Kraichtal		269

625

Ortsindex

Krauchenwies	272
Krautheim	273
Kressbach (Schloss)	Tübingen, 528
Kreßberg	274
Kressbronn	(zu Langenargen) 283
Krozingen (Bad)	275, 276
Kuchen	(zu Geislingen) 167
Külsheim	276
Künzelsau	277, 278
Kürnbach	279
Küssaburg (Burg)	Küssaberg, 280
Kupferzell	281

L

Ladenburg	282
Ladhof	(zu Waldkirch) 557
Lahr	(zu Mahlberg) 315
Laibach	Dörzbach, 99
Laichingen	(zu Blaubeuren), 60
Landeck (Burg)	Teningen, 520
Langenargen	283
Langenau	284
Langenbrettach	285
Langenburg	287
Langenenslingen	288, 289
Langenrain	Allensbach, 26
Langenstein (Schloss)	
	Orsingen-Nenzingen, 394
Langenzell (Schloss)	
	(zu Neckargmünd) 348
Laubach	Abtsgmünd, 15
Laucherthal	Sigmaringendorf, 479
Lauchheim	289, 290
Lauda	291
Laudenbach	Weikersheim, 567
Lauf	(zu Bühl), 84
Lauffen	293
Laupheim	294, 295
Lautenbach	(zu Oberkirch) 376
Lautenbacher Hof	Oedheim, 386
Lauterach	(zu Rechtenstein) 416
Lauterburg	Essingen, 134
Lautereck (Schloss)	Sulzbach, 508
Lautern	Blaustein, 60
Lauterstein	296
Lautlingen	Albstadt, 23
Lehen	Freiburg, 149
Lehrensteinsfeld	297
Leibertingen	298
Leimen	299
Leinroden	Abtsgmünd, 15
Leinstetten	Dornhan, 103
Leinzell	300
Lendsiedel	Kirchberg, 255
Lenningen	301
Leofels (Burg)	(zu Gerabronn) 172
Leonberg	302, 303
Leutershausen	Hirschberg, 219
Leutkirch	304
Lichtenberg (Burg)	Oberstenfeld, 380
Lichteneck (Burg)	Epfendorf, 128
Lichteneck (Burg)	Kenzingen, 250
Lichtenstein	306
Lichtenstern (Kloster)	Löwenstein, 311
Lichtental	Baden-Baden, 44
Liebenau	Meckenbeuren, 323
Liebeneck (Burg)	Pforzheim, 401
Liebenstein (Schloss)	
	Neckarwestheim, 351
Liebenzell (Bad)	307
Liel	Schliengen, 450
Lienzingen	Mühlacker, 336
Limpurg	Schwäbisch Hall, 464
Lindach	Schwäb. Gmünd, 462
Lindich (Schloss)	Hechingen, 199
Lindenau (Grangie)	(zu Langenau), 285
Lindenhaus (Schloss)	(zu Bühl), 84
Lindenhof (Hofgut)	Untermünkheim, 539
Lindich (Schloss)	Hechingen, 199
Lobenhausen	Kirchberg, 255
Löffelstelz (Burg)	Mühlacker, 335
Löffingen	(zu Friedenweiler) 154
Lörrach	307, 309
Löwenstein	310
Lohrbach	Mosbach, 333
Lomersheim	Mühlacker, 336
Lonsee	(zu Bernstadt) 53
Lontal	Niederstotzingen, 367
Lorch	(zu Wäschenbeuren) 549
Ludwigsburg	311
Ludwigshafen	Bodman-Ludwigshafen, 63
Ludwigshöhe (Schloss)	Münsingen, 341
Ludwigsruhe (Schloss)	Langenburg, 288
Lustnau	Tübingen, 526

M

Machtolsheim	(zu Blaubeuren) 60
Mägdeberg (Burg)	
	Mühlhausen-Ehingen, 338
Magenheim (Burg)	Cleebronn, 87
Magolsheim	Münsingen, 341
Mahlberg	314
Maienfels	Wüstenrot, 596
Mainau	Konstanz, 267

Ortsindex

Mainhardt 315
Maisenburg (Burg) Hayingen, 196
Malterdingen (zu Kenzingen) 251
Mannheim 316
Marbach am Neckar (zu Freiberg) 146
Marbach (Schloss) Öhningen, 387
Marbach (Gestüt) Gomadingen, 178
Margrethausen Albstadt, 24
March 317
Markdorf 319
Markgröningen 320, 321
Marktlustenau Kreßberg, 275
Marlach Schöntal, 454
Massenbach Schwaigern, 465
Massenbachhausen (zu Schwaigern) 466
Matzenbach Fichtenau, 141
Mauer (zu Leimen) 300
Mauer (Hofgut) Korntal-Münchingen, 269
Maulbronn 321
Maurach (Schloss) (zu Salem) 440
Mauren Ehningen, 117
Meckenbeuren 322
Meersburg 323
Meißenheim (zu Schwanau) 467
Mengen 325
Menningen Meßkirch, 329
Menzingen Kraichtal, 270
Merchingen Ravenstein, 414
Merdingen (zu Umkirch) 535
Mergentheim (Bad) 325, 326
Merklingen Weil der Stadt, 568
Merzhausen 327
Meßbach Dörzbach, 99
Messelhausen Lauda-Königshofen, 292
Meßkirch 328
Mettnau Radolfzell, 404
Michaelsberg (Burg) Cleebronn, 88
Michelbach an der Bilz 329
Michelbach/Heuchelberg Zaberfeld, 601
Michelbach am Wald Öhringen, 389
Michelbach an der Lücke Wallhausen, 562
Michelfeld Angelbachtal, 36
Michelfeld (zu Lauchheim) 290
Michelwinnaden Bad Waldsee, 559
Mimmenhausen Salem, 440
Mittelbiberach 330
Minneburg (zu Schwarzach) 468
Mochental (Schloss) Ehingen, 116
Möckmühl 331, 332
Möggingen Radolfzell, 404
Möhringen Tuttlingen, 529
Mönsheim (zu Tiefenbronn), 523

Mötzingen (zu Jettingen) 243
Monrepos (Schloss) Ludwigsburg, 312
Moosbeuren Oberstadion, 379
Morstein Gerabronn, 171
Mosbach 333
Mosisgreut (zu Waldburg) 553
Mudau 334
Mühlacker 334
Mühlen Horb, 226
Mühlhausen (HD) 336
Mühlhausen (Hegau) Mühlhausen, 337
Mühlhausen (Enz) Mühlacker, 336
Mühlhausen (Neckar) Stuttgart, 505
Mühlhausen (Würm) Tiefenbronn, 522
Mühlheim an der Donau 338
Mühlingen 339
Mühringen Horb, 226
Müllheim 340
Münchhof (Schloss) Eigeltingen, 120
Münchingen Korntal-Münchingen, 268
Münsingen 340, 341
Münstertal (zu Staufen) 490
Münzdorf Hayingen, 196
Münzesheim Kraichtal, 271
Mulfingen 343
Mundelsheim (zu Besigheim), 54
Munderkingen 344
Munschenwang (Domäne)
 Schelklingen, 447
Munzingen Freiburg, 149
Murr (zu Steinheim) 494
Murrhardt (zu Sulzbach) 509
Muttensweiler Ingoldingen, 238

N

Nagelsberg Künzelsau, 278
Nagold 345
Neckarbischofsheim 347
Neckarburg (Burg) Rottweil, 434
Neckarburg Neckartenzlingen, 350
Neckarelz Mosbach, 334
Neckargmünd 348, 349
Neckarhausen
 Edingen-Neckarhausen, 111
Neckarmühlbach Haßmersheim, 194
Neckarrems Remseck, 419
Neckarsulm 349
Neckartenzlingen 349
Neckarwestheim 351
Neckarzimmern 351, 352
Neenstetten (zu Altheim/Alb) 31
Neidenfels Satteldorf, 443

627

Ortsindex

Neidenstein 353
Neipperg Brackenheim, 71
Nellenburg (Burg) Stockach, 497
Neresheim 353
Neu-Eberstein (Schloss) Gernsbach, 172
Neubronn Abtsgmünd, 15
Neubulach (Teinach-Zavelstein) 517
Neuburg (Schloss) Obrigheim, 383
Neuburg (Kloster) Heidelberg, 202
Neuburg (zu Rechtenstein) 416
Neudenau 354
Neudeck Langenbrettach, 286
Neudettingen (Burg) Konstanz, 267
Neudingen Donaueschingen, 100
Neuenbürg 355, 356
Neuenbürg Kraichtal, 271
Neuenstadt 357
Neuenstein 358
Neuershausen March, 319
Neuffen 359, 360
Neufra 360
Neufra an der Donau Riedlingen, 422
Neuhaus (Hofgut) Starzach, 488
Neuhaus (Burg) (zu Mergentheim) 327
Neuhaus (Schloss) Sinsheim, 485
Neuhausen (Fildern) 361
Neuhausen (PF) 362, 363
Neuhausen (zu Dettingen) 93
Neuhewen (Burg) Engen, 127
Neulingen 363
Neuneck Glatten, 175
Neunkirchen Mergentheim, 327
Neunstetten Krautheim, 274
Neunthausen (Schloss) Sulz, 507
Neuravensburg Wangen, 564
Neusatz Bühl, 83
Neusteußlingen (Schloss)
 Schelklingen, 447
Neutann (Schloss) Wolfegg, 595
Neutrauchburg Isny, 239
Neuweier Baden-Baden, 44
Neuwindeck (Burg) (zu Bühl) 84
Niederalfingen Hüttlingen, 230
Niedernhall 364, 365
Niederreutin (Hofgut) (zu Jettingen) 243
Niederschopfheim Hohberg, 220
Niederstetten 365, 366
Niederstotzingen 367
Niefern Niefern 368, 369
Niklashausen Werbach, 580
Nippenburg (Burg) Schwieberdingen, 472
Nollingen Rheinfelden, 421

Nonnenweier Schwanau, 467
Nordheim (zu Lauffen) 294
Nordstetten Horb, 225
Nordweil Kenzingen, 251
Nürtingen 369
Nussdorf Eberdingen, 109
Nußloch 370

O

Oberambringen Ehrenkirchen, 119
Oberbalzheim Balzheim, 49
Oberbiegelhof(Hofgut) BadRappenau,408
Oberböbingen (zu Heubach) 215
Oberderdingen 371, 372
Oberdischingen 373
Oberdorf Bopfingen, 68
Oberensingen Nürtingen, 370
Obergimpern Bad Rappenau, 408
Obergrombach Bruchsal, 77
Oberhausen (Hofgut)
 (zu Dotternhausen) 104
Oberherrlingen (Schloss) Blaustein, 61
Oberkessach Schöntal, 454
Oberkirch 374, 375
Oberkirchberg Illerkirchberg, 231
Oberlauda Lauda-Königshofen, 291
Oberlenningen Lenningen, 302
Obermarchtal 376
Obermönsheim (Schloss)
 (zu Tiefenbronn) 523
Obernau Rottenburg, 431
Oberöwisheim Kraichtal, 271
Oberrimsingen Breisach, 75
Oberrot 377
Oberrotweil Vogtsburg, 548
Oberschüpf Boxberg, 70
Obersontheim 377
Oberstaad (Schloss) Öhningen, 387
Oberstadion 378, 379
Oberstenfeld 380
Oberstetten Niederstetten, 366
Oberstotzingen Niederstotzingen, 367
Obersulm 381
Obersulmetingen Laupheim, 296
Obertalfingen Ulm, 533
Oberweiler Badenweiler, 47
Obrigheim 382, 383
Ochsenbach Sachsenheim, 437
Ochsenburg Zaberfeld, 600
Ochsenhausen 383, 384
Odenheim (zu Angelbachtal), 37
Oedheim 385

628

Ortsindex

Öffingen	Fellbach, 139
Öhningen	386
Öhringen	388
Öpfingen	390
Öschelbronn	(zu Jettingen) 243
Offenburg	391
Offenhausen (Kloster)	Gomadingen, 178
Oflings	Wangen, 564
Ofteringen	Wutöschingen, 599
Oggelshausen	(zu Buchau) 80
Oggenhausen	Heidenheim, 203
Oppenweiler	392, 393
Orschweier	Mahlberg, 315
Orsenhausen	Schwendi, 469
Orsingen	393, 395
Ortenberg	395
Oßweil	Ludwigsburg, 312
Osterburken	(zu Rosenberg) 426
Ostfildern	396
Ottenhausen	Straubenhardt, 500
Otterswang	Schussenried, 460
Owen	397
Owingen	397

P

Petershausen (Kloster)	Konstanz, 266
Pfäffingen	Ammerbuch, 34
Pfärrich	Amtzell, 35
Pfauhausen	Wernau, 581
Pfedelbach	398, 399
Pfitzingen	Niederstetten, 367
Pfohren	Donaueschingen, 100
Pforzheim	400
Pfullendorf	(zu Krauchenwies) 272
Pfullingen	401
Pliezhausen	402
Poltringen	Ammerbuch, 33
Prassberg (Burg)	Wangen, 563
Prechtal	(zu Waldkirch) 557
Presteneck (Schloss)	Neuenstadt, 358

R

Radolfzell	403
Rahlen (Hofgut)	Ravensburg, 413
Rammingen	(zu Langenau), 285
Ramsberg (Schloss)	Donzdorf, 102
Ramsberg (Burg)	(zu Heiligenberg) 208
Ramstein (Burg)	Dietingen, 94
Randegg	Gottmadingen, 181
Rappenau (Bad)	405, 406
Rastatt	409
Ratzenried	Argenbühl 38

Rauenberg	410
Ravensburg	411, 412
Ravensburg (Burg)	Sulzfeld, 511
Ravenstein	414
Rechberg	Schwäb. Gmünd, 462
Rechberghausen	415
Rechenberg	Stimpfach, 496
Rechentshofen (Hofgut)	Sachsenheim, 437
Rechtenstein	416
Reichenau	416
Reichenberg (Burg)	Oppenweiler, 393
Reichenstein	(zu Rechtenstein) 416
Reinsbronn	Creglingen, 91
Reinsbürg	Rot am See, 428
Remseck	418, 420
Renchen	(zu Kappelrodeck) 245
Rennhof (Schloss)	(zu Weinheim) 573
Rettigheim	Mühlhausen, 337
Reußenstein (Burg)	Wiesensteig, 586
Rheinfelden	420
Rheinheim	Küssaberg, 280
Rheinweiler	Bad Bellingen, 52
Rickelshausen (Schloss)	Radolfzell, 405
Rieden	Rosengarten, 426
Riedern	(zu Grafenhausen) 183
Riedheim	Hilzingen, 217
Riedlingen	421
Riegel	(zu Endingen) 125
Rielasingen-Worblingen	424
Riet	Vaihingen, 543
Rietenau	Aspach, 39
Rietheim	424
Rimpach (Schloss)	Leutkirch, 305
Rippberg	Walldürn, 562
Rißtissen	Ehingen, 115
Rittersbach	Bühl, 84
Rodeck (Schloss)	Kappelrodeck, 245
Röhrenbach	Heiligenberg, 208
Rötlen	Ellwangen, 122
Rötteln (Burg)	Hohentengen, 222
Rötteln	Lörrach, 308
Röttingen	Lauchheim, 290
Rohnhauser Hof	Konstanz, 267
Rohrbach	Eppingen, 129
Rohrbach	Heidelberg, 202
Rohrdorf	(zu Nagold) 346
Rommelshausen	Kernen, 252
Roseck (Schloss)	Tübingen, 527
Rosenberg	425
Rosenegg (Burg)	Rielasingen-Worblingen, 424
Rosengarten	426

629

Ortsindex

Rosenstein (Schloss)	Stuttgart, 504
Rossach	Schöntal, 454
Roßbürg	563
Rot an der Rot	427
Rot am See	428
Rot	(zu Schwendi) 470
Rotenberg	Rauenberg, 411
Rotenberg (Mausoleum)	Stuttgart, 502
Rotenfels (Schloss)	Gaggenau, 159
Rottenburg	429, 430
Rottenmünster	Rottweil, 434
Rottweil	433
Rudersberg	(zu Auenwald), 40
Rudmersbach	Straubenhardt, 500
Rübgarten	Pliezhausen, 402
Rüppur	Karlsruhe, 248
Rust	434, 435

S

Sachsenflur	Lauda-Königshofen, 293
Sachsenheim	436
Säckingen	437, 438
Salach	439
Salem	439, 440
Salzstetten	(zu Haiterbach) 191
St. Blasien	441
St. Nikolaus	Freiburg, 149
St. Märgen	(zu St. Peter) 443
St. Peter	442
St. Trudpert	(zu Staufen) 490
St. Ulrich	Bollschweil, 66
Sasbachwalden	(zu Kappelrodeck) 245
Satteldorf	443, 444
Sausenberg (Burg)	Kandern, 244
Schadenweiler Hof	Rottenburg, 431
Schainbach	(zu Wallhausen) 563
Schallbach	(zu Kandern) 244
Scharnhausen	Ostfildern, 396
Schatthausen	Wiesloch, 588
Schaubeck (Schloss)	Steinheim, 492
Schauenburg (Burg)	Oberkirch, 374
Schechingen	444, 445
Scheer	445
Scheibenhardt (Schloss)	Karlsruhe, 248
Schelklingen	446
Schemmerberg	448
Schemmerhofen	447
Schenkenzell	(zu Alpirsbach), 28
Schienen	Öhningen, 388
Schlatt unter Krähen	Singen, 482
Schliengen	449
Schlösslesmühle	(zu Waldenbuch) 554
Schmiedelfeld (Schloss)	Sulzbach-Laufen, 509
Schmieheim	Kippenheim, 253
Schnait	Weinstadt, 575
Schnaitheim	Heidenheim, 203
Schöckingen	Ditzingen, 97
Schönau im Odenwald	451
Schönborn (Bad)	451
Schöntal	452
Schomberg (Schloss)	Gemmingen, 169
Schopfen (Burg)	Reichenau, 417
Schopfheim	455
Schorndorf	456
Schramberg	457
Schrozberg	458, 459
Schülzburg (Burg)	Hayingen, 196
Schussenried	460
Schuttern (Kloster)	Friesenheim, 157
Schwäbisch Gmünd	460, 461
Schwäbisch Hall	463
Schwaigern	465, 466
Schwanau	467
Schwann	Straubenhardt, 500
Schwarzach	468
Schweinberg	Hardheim, 192
Schwendi	469
Schwenningen	Villingen-Schwenningen, 546
Schwerzen	Wutöschingen, 600
Schwetzingen	470
Schwieberdingen	471, 472
Schwörstadt	472
Seckach	473
Seckenheim	Mannheim, 317
Seebronn	Rottenburg, 432
Seeburg	Bad Urach, 542
Seehaus (Gut)	Leonberg, 303
Seelbach	474, 475
Seligental (Kloster)	(zu Rosenberg) 426
Sennfeld	Adelsheim, 20
Sersheim	(zu Sachsenheim), 437
Siberatsweiler	Achberg, 17
Sickingen	Oberderdingen, 371
Siebenmühlental	(zu Waldenbuch) 554
Siegelsbach	476
Sigmaringen	476, 477
Sigmaringendorf	479
Simonswald	(zu Waldkirch) 557
Sindlingen	Jettingen, 242
Sindolsheim	Rosenberg, 426
Sindringen	Forchtenberg, 142
Singen	480

630

Ortsindex

Sinsheim	482, 483
Sitzenkirch	Kandern, 244
Solitude (Schloss)	Stuttgart, 504
Sommershausen (Schloss)	Ochsenhausen, 384
Sontheim	485, 486
Spaichingen	(zu Balgheim), 47
Spetzgart (Schloss)	Überlingen, 531
Sponeck (Burg)	(zu Vogtsburg) 548
Spraitbach	486, 487
Stafflangen	(zu Mittelbiberach), 331
Staffort	Stutensee, 502
Stahringen	Radolfzell, 404
Stammheim	Stuttgart, 505
Stammheim	Calw, 87
Standorf	Creglingen, 89
Starzach	487
Staufen	489
Staufenberg (Schloss)	Durbach, 107
Staufeneck	Salach, 439
Stegen	490
Stein	Neuenstadt, 358
Stein	Königsbach-Stein, 264
Steinbach	Baden-Baden, 45
Steinbach	Wernau, 580
Steinegg	Neuhausen (PF), 362
Steinen	491
Steinheim an der Murr	492, 493
Steinhilben	Trochtelfingen, 525
Steinsberg (Burg)	Sinsheim, 483
Steißlingen	494
Stetten am kalten Markt	495
Stetten im Remstal	Kernen, 252
Stetten im Hegau	Engen, 127
Stetten (Schloss)	Künzelsau, 277
Stetten	Lörrach, 309
Stetten	Hechingen, 198
Stetten ob Lontal	Niederstotzingen, 368
Stettenfels (Schloss)	Untergruppenbach, 537
Stimpfach	496
Stockach	497
Stockheim	Brackenheim, 72
Stocksberg (Schloss)	Brackenheim, 72
Straßberg	499
Straßdorf	Schwäb. Gmünd, 462
Straubenhardt	499
Streichenberg (Burg)	Gemmingen, 169
Stühlingen	500, 501
Stutensee	501, 502
Stuttgart	502, 503
Süßen	(zu Donzdorf) 102
Sulburg	Untermünkheim, 539
Sulz am Neckar	506
Sulzau	Starzach, 489
Sulzbach an der Murr	508
Sulzbach-Laufen	509
Sulzburg	510
Sulzfeld	511
Syrgenstein (Schloss)	(zu Argenbühl), 38

T

Täferrot	(zu Spraitbach) 487
Tairnbach	Mühlhausen, 336
Talheim (HN)	512
Talheim (TUT)	513
Talheim	(zu Dusslingen) 108
Tannenburg (Burg)	(zu Obersontheim) 378
Tannhausen	514
Tannhausen	Aulendorf, 41
Tannheim	514, 515
Tauberbischofsheim	515, 516
Taxis (Schloss)	Dischingen, 94
Teck (Burg)	Owen, 397
Teinach-Zavelstein (Bad)	516, 517
Tempelhof (Rittergut)	Kreßberg, 275
Tengen	517, 518
Teningen	519
Tettnang	521
Teusserbad (Burg)	Löwenstein, 310
Thalheim	Leibertingen, 299
Tiefenbronn	522
Tiengen	Waldshut-Tiengen, 559
Tierberg (Burg)	Braunsbach, 74
Todtmoos	523
Treschklingen	Bad Rappenau, 408
Triberg	(zu Hornberg) 228
Trochtelfingen	Bopfingen, 69
Trochtelfingen	524
Trugenhofen	Dischingen, 95
Tübingen	525
Tullau	Rosengarten, 426
Tunsel	Krozingen, 276
Tuttlingen	528, 529

U

Überkingen (Bad)	(zu Geislingen) 167
Überlingen	530
Uhenfels (Schloss)	Urach, 542
Uhingen	531
Uiffingen	Boxberg, 71
Uissigheim	Külsheim, 277
Ulm	532
Umkirch	534

631

Ortsindex

Ummendorf	536
Unterambringen	Ehrenkirchen, 119
Unterbalbach	Lauda-Königshofen, 293
Unterbalzheim	Balzheim, 49
Unterböbingen	(zu Heubach) 216
Unterboihingen	Wendlingen, 577
Unterdeufstetten	Fichtenau, 140
Untereisesheim	(zu Wimpfen), 590
Untergriesheim	Bad Friedrichshall, 156
Untergröningen	Abtsgmünd, 16
Untergruppenbach	537
Unterheimbach	(zu Pfedelbach) 399
Unterkessach	Widdern, 585
Unterkirchberg	Illerkirchberg, 231
Untermarchtal	538
Untermünkheim	538
Unteröwisheim	Kraichtal, 271
Unterriexingen	Markgröningen, 321
Unterschneidheim	539
Unterschüpf	Boxberg, 70
Unterschwandorf	Haiterbach, 191
Unterschwarzach	Schwarzach, 468
Untersulmetingen	Laupheim, 296
Unterdrackenstein	(zu Wiesensteig) 586
Unterzeil	Leutkirch, 305
Urach (Bad)	540, 541
Urbach	(zu Schondorf) 457
Ursprung (Kloster)	Schelklingen, 447
Uttenweiler	542
Utzmemmingen	(zu Bopfingen) 69

V

Vaihingen a.d. Enz	543
Varnhalt	Baden-Baden, 45
Veitsburg (Schloss)	Ravensburg, 412
Vellberg	544
Villingen	546
Vimbuch	Bühl
Vogtsburg	547
Vollmaringen	Nagold, 346

W

Wachbach	Mergentheim, 326
Wachendorf	Starzach, 487
Wäldershub	Fichtenau, 141
Wäschenbeuren	548, 549
Wäscherschloß	Wäschenbeuren, 549
Waghäusel	549
Wahlwies	Stockach, 498
Waibstadt	550
Wain	551
Wald	(zu Messkirch) 329
Waldangelloch	Sinsheim, 484
Waldau (Burg)	(zu Villingen-Schw.) 547
Waldburg	552
Walddorf	(zu Pliezhausen) 402
Waldeck (Burg)	Calw, 87
Waldenbuch	553
Waldenburg	554
Waldenstein	(zu Auenwald) 40
Waldhausen	(zu Lauchheim) 290
Waldkirch	555, 556
Waldleiningen (Schloss)	Mudau, 334
Waldmannshofen	Creglingen, 92
Waldsee	557
Waldshut	560
Waldsteg (Schloss)	Bühl, 83
Waldstetten	(zu Lauterstein) 297
Walldürn	561
Wallhausen	562
Waltersweier	Offenburg, 392
Walzbachtal	(zu Bretten) 76
Wangen	563
Wangen	Öhningen, 387
Wankheim	(zu Tübingen) 528
Wartenberg (Schloss)	Geisingen, 164
Warthausen	564, 565
Wasenweiler	(zu Breisach) 75
Wasseralfingen	Aalen, 14
Wasserstelz (Burg)	Hohentengen, 223
Wehr	565
Weikersheim	566
Weil	Esslingen, 136
Weil am Rhein	569
Weil der Stadt	568, 569
Weiler	Rottenburg, 431
Weiler	Obersulm, 381
Weiler	Sinsheim, 483
Weiler	(zu Straubenhardt) 500
Weiler (Schloss)	Stegen, 490
Weilheim an der Teck	(zu Dürnau) 106
Weingarten	570, 571
Weinheim	572
Weinsberg	574
Weinstadt	575
Weinstetter Hof	Eschbach, 132
Weissach	(zu Tiefenbronn) 523
Weißbach	(zu Niedernhall), 365
Weißenau (Kloster)	Ravensburg, 413
Weißenstein	Lauterstein, 296
Weitenau (Kloster)	Steinen, 491
Weiterburg (Schloss)	Starzach, 488
Weiterdingen	Hilzingen, 218
Wellendingen	576

Ortsindex

Wendlingen	577, 578
Wenkheim	Werbach, 579
Werbach	578
Werenwag (Schloss)	Beuron, 55
Wernau	580
Wertheim	581, 582
Westgartshausen	Crailsheim, 89
Westhausen	584
Widdern	585
Wiblingen	Ulm, 534
Wieblingen	Heidelberg, 201
Wiechs	Steißlingen, 495
Wiedergrün	Durbach, 108
Wieladingen (Burg)	(zu Säckingen) 438
Wiesenbach	(zu Neckargmünd) 348
Wiesensteig	586
Wiesloch	587
Wildeck (Burg)	(zu Beilstein), 51
Wildenstein	Fichtenau, 141
Wildenstein (Burg)	Leibertingen, 298
Wildentierbach	Niederstetten, 366
Wilflingen	Langenenslingen, 288
Wilhelma (Schloss)	Stuttgart, 504
Willenbacher Hof	Oedheim, 386
Willmendingen	Wutöschingen, 600
Wimmental	Weinsberg, 574
Wimpfen	589, 590
Winnenden	591
Winnental (Schloss)	Winnenden, 591
Winterbach	591, 592
Winterstettenstadt	Ingoldingen, 237
Winzingen	Donzdorf, 102
Wißgoldingen	(zu Lauterstein) 297
Wittichen (Kloster)	(zu Alpirsbach), 28
Wittlingen	(zu Kandern) 244
Wölchingen	Boxberg, 70
Wöllstein	Abtsgmünd, 16
Wört	592
Wössingen	(zu Bretten) 76
Wolfach	593
Wolfegg	595
Wolfsölden	(zu Ludwigsburg) 313
Wolpertswende	(zu Fronreute), 158
Worblingen	Rielasingen-Worblingen, 424
Würm	Pforzheim, 401
Wüstenrot	595
Wurmlingen	596
Wurzach (Bad)	597, 598
Wutach	598
Wutöschingen	599
Wyhlen	Grenzach-Wyhlen, 184

Y

Yburg (Burg)	Baden-Baden, 45

Z

Zaberfeld	600
Zarten	Kirchzarten, 260
Zavelstein	Teinach-Zavelstein, 517
Zeil (Schloss)	Leutkirch, 305
Zell	Riedlingen, 424
Zell am Harmersbach	601, 602
Zimmern unter der Burg	602
Zizenhausen	Stockach, 498
Züttlingen	Möckmühl, 332
Zuzenhausen	603
Zwiefalten	604
Zwiefaltendorf	Riedlingen, 423
Zwingenberg	605

Weikersheim. Rittersaal. Es ist geschafft.

Ich bin geschafft.

Notizen

Notizen

Notizen

BADEN-WÜRTTEMBERG

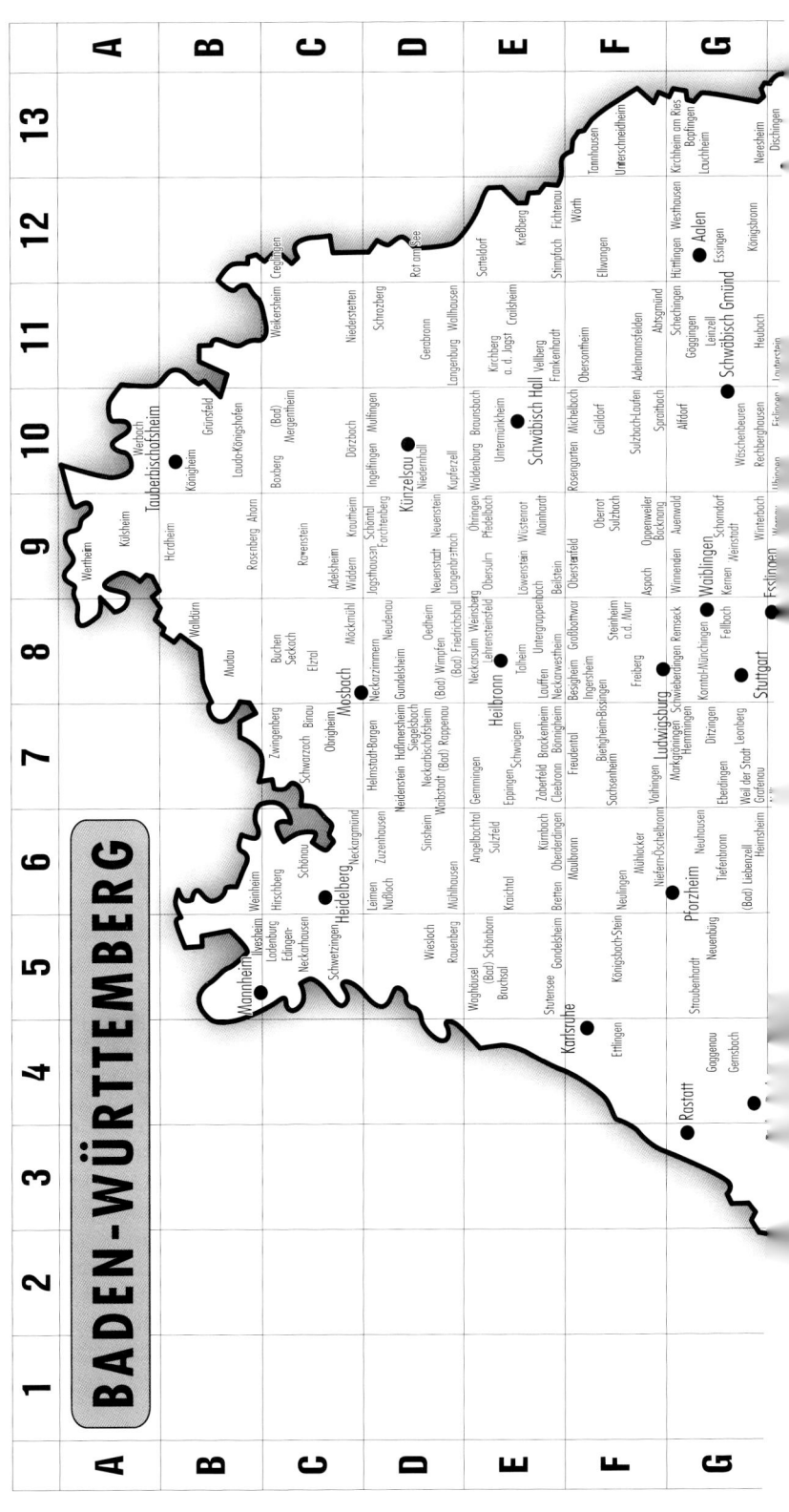

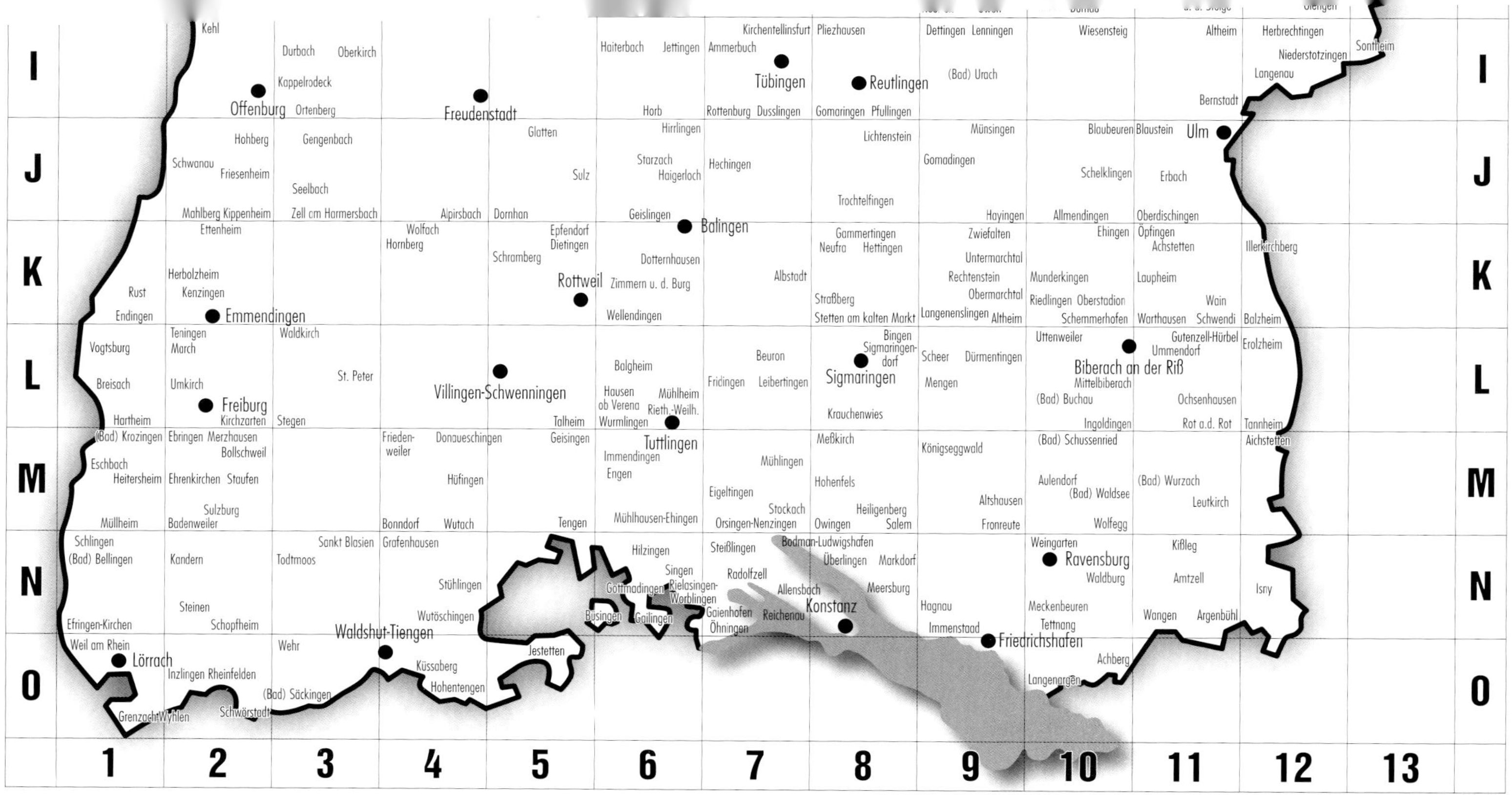
I
J
K
L
M
N
O
1
2
3
4
5
6
7
8
9
10
11
12
13
Kehl
Durbach
Oberkirch
Kappelrodeck
Offenburg
Ortenberg
Freudenstadt
Haiterbach
Jettingen
Ammerbuch
Kirchentellinsfurt
Pliezhausen
Tübingen
Reutlingen
Dettingen
Lenningen
(Bad) Urach
Wiesensteig
Altheim
Herbrechtingen
Niederstotzingen
Sontheim
Langenau
Bernstadt
Horb
Rottenburg
Dusslingen
Gomaringen
Pfullingen
Hohberg
Gengenbach
Glatten
Hirrlingen
Lichtenstein
Münsingen
Blaubeuren
Blaustein
Ulm
Schwanau
Friesenheim
Seelbach
Sulz
Starzach
Haigerloch
Hechingen
Gomadingen
Schelklingen
Erbach
Trochtelfingen
Mahlberg
Kippenheim
Zell am Harmersbach
Alpirsbach
Dornhan
Geislingen
Balingen
Hayingen
Allmendingen
Oberdischingen
Ettenheim
Wolfach
Hornberg
Epfendorf
Dietingen
Gammertingen
Neufra
Hettingen
Zwiefalten
Ehingen
Öpfingen
Achstetten
Illerkirchberg
Schramberg
Dotternhausen
Untermarchtal
Herbolzheim
Kenzingen
Rottweil
Zimmern u. d. Burg
Albstadt
Rechtenstein
Munderkingen
Laupheim
Rust
Obermarchtal
Riedlingen
Oberstadion
Wain
Straßberg
Endingen
Emmendingen
Wellendingen
Stetten am kalten Markt
Langenenslingen
Altheim
Schemmerhofen
Warthausen
Schwendi
Balzheim
Teningen
March
Waldkirch
Bingen
Sigmaringendorf
Uttenweiler
Gutenzell-Hürbel
Ummendorf
Erolzheim
Vogtsburg
Beuron
Scheer
Dürmentingen
Biberach an der Riß
Balgheim
Mittelbiberach
St. Peter
Villingen-Schwenningen
Sigmaringen
Breisach
Umkirch
Fridingen
Leibertingen
Mengen
Hausen ob Verena
Mühlheim
Freiburg
(Bad) Buchau
Ochsenhausen
Wurmlingen
Rieth.-Weilh.
Kirchzarten
Krauchenwies
Hartheim
Stegen
Talheim
Ingoldingen
Rot a.d. Rot
Tannheim
(Bad) Krozingen
Ebringen
Merzhausen
Frieden-weiler
Donaueschingen
Geisingen
Tuttlingen
Meßkirch
Königseggwald
(Bad) Schussenried
Aichstetten
Bollschweil
Immendingen
Eschbach
Mühlingen
Heitersheim
Ehrenkirchen
Staufen
Engen
Hüfingen
Hohenfels
Aulendorf
(Bad) Wurzach
(Bad) Waldsee
Eigeltingen
Leutkirch
Altshausen
Sulzburg
Stockach
Heiligenberg
Müllheim
Badenweiler
Bonndorf
Wutach
Tengen
Mühlhausen-Ehingen
Orsingen-Nenzingen
Owingen
Salem
Fronreute
Wolfegg
Schlingen
Sankt Blasien
Grafenhausen
Weingarten
(Bad) Bellingen
Kandern
Todtmoos
Hilzingen
Steißlingen
Bodman-Ludwigshafen
Überlingen
Markdorf
Kißleg
Ravensburg
Singen
Radolfzell
Stühlingen
Rielasingen-Worblingen
Allensbach
Meersburg
Waldburg
Amtzell
Gottmadingen
Isny
Steinen
Konstanz
Hagnau
Meckenbeuren
Büsingen
Gailingen
Gaienhofen
Reichenau
Wangen
Argenbühl
Efringen-Kirchen
Schopfheim
Wutöschingen
Öhningen
Immenstaad
Tettnang
Waldshut-Tiengen
Friedrichshafen
Weil am Rhein
Wehr
Jestetten
Lörrach
Achberg
Küssaberg
Inzlingen
Rheinfelden
Hohentengen
(Bad) Säckingen
Langenargen
Schwörstadt
Grenzach-Wyhlen